내부감사학 III

Stakeholders

Assurance
&
Consulting

Director

Internal
Auditor

김용범 지음

기업의 목표 달성과 가치의 증진을 위해
경영자, 감사자, 실무자 등 내부감시자와 주주, 채권자, 감독당국 등 외부감시자가

꼭 알아야 할 내부감사학 실무의 지침서

내부감사학 III

실무편

김용범 지음

| 차례 |

제3편 | 감사 실무

| 제3편 |

감사 실무

제1장

내부감사 실무 개관

제1절 내부감사 일반 기준

Ⅰ 내부감사의 일반

1. 내부감사의 정의

내부감사란 **조직 내부에 있는 감사기관이 한 조직의 목표를 달성하고, 가치를 증진 및 개선시키기 위하여 설계된 독립적이고 객관적인 검증과 진단 활동이다. 내부감사는 체계적이고 훈련된 접근방법을 이용하여 지배구조, 위험관리, 내부통제 그리고 부정관리 프로세스의 적정성 및 유효성을 검증 및 진단하여 그 결과를 경영진, 주주 등 이해관계자에게 전달하고 필요시 적절한 조치를 하거나, 하도록 하는 과정**이다.(김용범)

따라서 내부감사의 실효성과 독립성을 확보하고, 주주 등 이해관계자의 신뢰성을 증대시키기 위해서는 구체적으로 **이사의 직무집행에 대한 내부감사의 권한**은 ① **이사에 대한 영업보고 요구권,** ② **이사에 대한 자료제출 요구권,** ③ **회사의 업무 및 재산상태 조사권,** 그리고 ④ **감사결과에 대한 처분요구 및 조치권**이 포함된다 하겠다.

참고

타기관 내부감사의 정의

①**내부감사란** 특정 조직이나 감사 전문가가 실행하는 외부감사와는 달리 조직 내부에 있는 감사담당자가 조직의 목표를 효율적으로 달성하기 위하여 내부통제 조직을 조사, 평가하고 조직내부의 각 단위의 효율성을 측정하는 한편 회계기록 및 기타 경영에 관한 모든 기록을 점검하여 그 결과를 경영진, 주주 등 이해관계자에게 전달하고 필요시 적절한 조치를 하도록 하는 과정이다.(금융감독원)[1]

② **내부감사/자체감사**란 감사기구의 장이 그 소속되어 있는 기관(그 소속 기관 및 소관 단체 포함) 및 그 기관에 속한자의 모든 업무와 활동 등을 조사·점검·확인·분석·검증하고 그 결과를 처리하는 것을 말한다.(「공공감사에 관한 법률」제2조 제1항)

1 금융감독원, 「금융회사의 감사업무를 위한 실무지침서」, 2003, 5면

③ **내부감사**란 한 조직의 업무수행의 가치를 증대시키고 개선시키기 위해 설계된 독립적이고 객관적인 검증과 진단 활동이다. 내부감사는 체계적이고 훈련된 접근 방법을 이용하여 리스크관리, 내부통제 그리고 지배구조 프로세스의 유효성을 평가하고 개선시켜 조직이 그 목표를 달성하는데 도움을 준다."『국제내부감사인협회(IIA)』

내부감사의 정의에 대한 자세한 내용은 제2편 – 제3장 – 제2절 – Ⅰ. '내부감사의 개요'의 항목을 참고하시기 바랍니다.

2. 내부감사의 역할

내부감사는 形式的으로 하는 것이 아니다. 기업질서의 유지와 조직가치의 증진 및 개선에 목적이 있다. 따라서 내부감사의 역할은 사후에 잘못된 것을 찾아내서 구체적으로 제재하기보다는 사전에 분석·평가(진단)를 통해 '이것은 이렇게 하는 것이다'라고 지도 내지 제시를 함으로써 모든 사람이 따라하게 하는 것이다. 그게 비용이 적게 든다. 누군가 위반한 후에 다 잡는 것보다, 애초부터 위반하지 않게 하는 것이 최선이다.

즉, 내부감사는 독립적이고 객관적인 검증과 진단활동을 통해 기업질서의 유지와 조직가치의 증진 및 개선을 위해 ① 경영진에 대한 견제역할, ② 회사운영의 적법성 확보, ③ 회사경영의 투명성 제고, ④ 회사자산의 건전성 확보, ⑤ 위험관리의 유효성 확보, ⑥ 부정관리의 유효성 확보, ⑦ 회사 문화의 조정자 역할 등의 역할을 수행한다.

참고

타기관 내부감사의 역할

1) 내부감사의 역할은 ① 위험기반의 객관적인 검증·자문 그리고 통찰한 바를 제공함으로써 조직가치의 증진 및 보호, ② 직무수행방안을 통해 이 미션의 달성을 촉진한다.(IIA)
2) 회사의 내부감사는 ① 경영의 적정성 유지, ② 자산의 건전성 유지, ③ 업무의 효율성 달성, ④ 위험관리의 적정성 확보, ⑤ 정보의 신뢰성 확보 역할 등을 수행한다.(금융감독원)

내부감사의 역할에 대한 자세한 내용은 제1편 – 제2장 – 제3절 – Ⅰ. '내부감사의 역할'의 항목을 참고하시기 바랍니다.

II 내부감사의 헌장

내부감사헌장(Charter)은 내부감사 조직의 목적과 권한 그리고 책임을 명시한 공식적인 서면문건(문서)이다. **내부감사헌장**은 조직 내 내부감사 조직의 위상을 설정하고, 감사업무 수행과 관련된 기록, 사람 그리고 실물자산에 접근 권한을 부여하며, 내부감사활동의 범위를 정의한다.

1. 내부감사의 직무규정

내부감사의 직무규정은 내부감사조직이 내부감사업무를 수행함에 있어 반드시 준수해야 할 기준을 규정한 문서이다. 내부감사기관의 직무규정으로는 「**감사위원회직무규정**」, 「**상임감사위원직무규정**」, 「**감사직무규정**」 등이 있으며, 이는 내부감사 관련 법규 및 「내부감사직무수행기준(Standards)」등과 부합되게 작성되어야 한다.

가. 「감사위원회직무규정」

「감사위원회직무규정」은 ① 감사위원회의 본질적 기능을 수행하기 위한 미래지향적인 감사위원회의 운영에 대한 Best Practices를 제시하고, ② 감사위원회의 설치·구성부터 운영, 역할 및 책임, 의사소통 등에 대해 종합적으로 접근하며, ③ 감사위원회의 운영 내실화를 통한 회계투명성 제고와 지속가능 경영의 성취를 지향하여야 한다.

감사위원회가 기능을 제대로 수행하기 위해서 「감사위원회직무규정」에 일반적으로 포함되어야 할 주요 내용은 ① 내부감사기구, ② 감사위원회의 구성, 선임 및 자격 요건, ③ 감사위원회 운영, ④ 감사위원회 역할과 책임, ⑤ 외부감사인과의 관계, ⑥ 이해관계자와의 의사소통 등이 포함되어야 한다.

나. 「감사직무규정」

「감사직무규정」은 해당 기업이 처한 경영환경의 특수성을 고려하면서도 국제적인 관행에 부합하는 원칙과 기준을 「감사직무규정」에 담고자 노력하여야 하며, 또한 현행 법령상의 요구를 존중하면서도 미래지향적인 관점에서 바람직한 방향을 제시하는 데 노력하여야 한다.

감사가 내부감사 기능을 제대로 수행하기 위해 「감사직무규정」에 일반적으로 포함되어야 할 주요 내용은 ① 내부감사기구, ② 감사 선임 및 자격 요건, ③ 감사 활동, ④ 감사의 역할과 책임, ⑤ 외부감사인과의 관계, ⑥ 이해관계자와의 의사소통 등이다.

「감사위원회/감사 직무규정」의 주요 세부내용(예시)

1) 내부감사기구

① 감사위원회/감사　　② 내부감사부서

2) 감사위원회/감사의 구성, 선임 및 자격요건

① 감사위원회의 구성　　② 감사위원/감사의 선임과 종임

③ 감사위원/감사의 자격 요건

3) 감사위원회/감사의 운영 및 활동

① 감사위원회/감사의 운영　　② 감사위원회/감사의 활동

③ 감사위원회/감사의 평가　　④ 감사위원/감사의 보수

⑤ 감사위원/감사에 대한 교육

4) 감사위원회/감사의 역할 과 책임

① 직무와 권한　　② 감사보고　　③ 내부신고

④ 위험관리, 부정관리 및 내부통제체제 ⑤ 내부감사부서의 역할과 책임

5) 외부감사인과의 관계

① 외부감사인의 선임단계 ② 외부감사의 실시단계 ③ 외부감사의 종료단계

6) 이해관계자와의 의사소통

① 이사회와의 의사소통 ② 주주등과의 의사소통

「감사위원회직무규정」 및 「감사직무규정」은 규정의 법적인 정당성을 확보하기 위하여 이사회/감사위원회의 승인을 받아야 하며, 동 규정은 **문서로 작성**되어야 한다. 감사/감사위원회 위원 등 내부감사최고책임자는 직무규정에 정의되어 있는 내부감사 조직의 목적, 권한 그리고 책임이 그 목적을 달성하도록 적절히 지속적으로 유지되는지 **주기적으로 평가**해야 한다. 이런 주기적인 평가결과는 이사회/감사위원회에 보고되어야 한다.

2. 내부감사의 윤리강령

내부감사의 윤리강령은 내부감사업무 수행과 전문직에 관련된 원칙이며, 내부감사인에게 기대되는 행동을 명시한 행동규범이다. 윤리강령은 내부감사서비스를 제공하는 개인이나 기관 모두에게 적용된다. 윤리강령의 제정 목적은 내부감사 임무를 수행하는 직무에 윤리의식을 조성하는 데 있다.

윤리강령은 위험관리, 부정관리 및 내부통제 그리고 지배구조 운영에 관한 객관적 검증 및 진단을 함에 있어 신뢰의 기반위에 있어야 하는 내부감사활동 직무에 필요하고도 적절한 것이다. 「내부감사인의 윤리강령」은 내부감사 직무의 정의를 비롯하여 다음의 중요한 요소를 포함하는 데까지 확장된다.

① 내부감사 직무 및 감사수행과 관련되는 원칙(Principles)
② 내부감사인에게 요구되는 운영 및 행동 규범(Rules of management and conduct)

"내부감사인"은 IIA 회원(한국감사협회회원, 상장회사감사회회원 포함), IIA(한국 감사협회, 한국상장사협의회 포함)로부터 전문자격증을 받았거나 받기 위해 준비하는 수험생 그리고 내부감사 직무의 개념 정의 아래에서 내부감사서비스를 제공하는 사람들이며, 본 윤리강령은 내부감사 서비스를 제공하는 개인 및 기관 모두에게 적용된다.

가. 내부감사의 핵심원칙[2]

핵심원칙이란 감사/감사위원회 위원이 직무를 수행함에 있어 명심해야 할 주요 원칙을 말하며, 전체적으로 내부감사의 효과성에 대해 설명한다. 내부감사활동이 효과적이라는 평가를 받기 위해서는 모든 원칙이 존재하고 효과적으로 운영되어야 한다.

내부감사인과 내부감사부서가 핵심원칙을 달성하는 것을 보여주는 방식은 조직마다 차이

---

2 IIA, 「직무수행방안」, 2017, 5면.

가 클 것이다. 하지만 원칙 중 하나라도 지키지 못한다면 내부감사 활동은 내부감사의 임무를 완수하기에는 효과적이지 못하다는 것을 의미한다.

내부감사 직무수행을 위한 핵심 원칙

① 성실하게 감사 직무를 수행하여야 한다.
② 감사 역량을 갖추고, 정당한 전문가적 주의를 다함을 보여주어야 한다.
③ 부당한 영향력으로부터 자유롭고 객관적(독립적)이어야 한다.
④ 조직의 전략, 목표 및 위험과 균형을 이루어야 한다.
⑤ 적절하게 조직 내 위상이 정해지고, 충분한 자원이 공급되어야 한다.
⑥ 지속적으로 감사품질 개선을 도모하여야 한다.
⑦ 효과적으로 소통하여야 한다.
⑧ 위험기반 검증/진단을 제공하여야 한다.
⑨ 통찰력 있고, 선제적이며, 미래지향적이어야 한다.
⑩ 조직의 개선을 촉진하여야 한다.

나. 내부감사의 운영원칙

회사가 내부감사를 운영함에 있어 지켜야할 운영원칙은 일반적으로 지속성원칙, 독립성원칙, 명료성원칙, 공정성원칙 그리고 전문성원칙 등이 있다. 내부감사의 운영원칙의 자세한 내용은 제1편 – 제2장 – 제4절 – Ⅰ. '내부감사의 운영원칙'의 항목을 참고하시기 바랍니다.

다. 내부감사의 행동원칙

내부감사 서비스를 제공하는 개인 및 기관 모두에게 적용되는 내부감사의 행동원칙으로는 완전성원칙(무결점의 원칙), 객관성원칙(공정성의 원칙), 보안성원칙(기밀성의 원칙), 적격성원칙(전문성의 원칙), 효율성원칙(생산성의 원칙) 등이 있다. 내부감사의 행동원칙의 자세한 내용은 제1편 – 제2장 – 제4절 – Ⅱ. '내부감사의 행동원칙'의 항목을 참고하시기 바랍니다.

3. 내부감사의 복무수칙

「내부감사의 복무수칙」은 내부감사인이 감사업무를 수행함에 있어서 명심하여야 하는 감사인의 사명과 철저히 지켜야 하는 감사 자세 및 감사 예절 그리고 절대 위반해서는 아니 되는 금지사항을 포함하고 있다.

「내부감사의 복무수칙」에는 ① 내부감사인의 사명, ② 내부감사인의 자세, ③ 내부감사인의 예절, ④ 내부감사인의 금지사항이 있다. 이에 대한 자세한 설명은 제1편 – 제2장 – 제4절 – Ⅲ. "내부감사의 복무수칙"의 항목을 참조하시기 바랍니다.

참고

「공공감사기준」에 의한 감사자세[3]

① 감사인은 공인으로서 책무성을 인식하고 공정성·성실성 및 건전한 윤리의식에 기초한 감사자세를 견지한다.

② 감사인은 수감기관 등의 입장과 의견을 존중하고 충분한 의견진술의 기회를 주어야 하며, 편견이나 자의적 판단에 의하지 아니하고 동료감사인, 관계기관 및 전문가의 의견을 광범위하게 수렴하여야 한다.

③ 감사인은 수감기관 등에게 위압감이나 불쾌감을 주지 않도록 친절하고 겸손한 자세를 유지하여야 한다.

④ 감사기관과 감사인은 수감기관 등에게 과중한 부담을 끼치는 등 감사로 인한 부작용을 최소화하기 위하여 노력하여야 한다.

4. 국제내부감사의 헌장[4]

내부감사가 최고 수준에서 운영되려면, 반드시 지배기구(이사회, 감사위원회, 감사)와 경영진으로부터 명확하게 정의 및 기술된 규범에 의하여 지휘를 받아야 한다. 이를 가장 쉽게 달성할 수 있는 방법은 아래의 「국제내부감사헌장」을 기반으로 하여 잘 고안된 내부감사 헌장을 제정하는 것이다.

가. 국제내부감사 헌장의 정의

모든 조직은 내부감사의 수혜자가 될 수 있으며, **내부감사 헌장**은 내부감사최고책임자 및 내부감사 부서가 조직 내에서 그 역할을 효과적으로 수행할 수 있도록 해주는 주요 규정 문서이다.(IIA기준1000) **내부감사 헌장**은 **지배기구(이사회) 및 감사위원회**가 승인하고 **경영진이 합의한 공식 문서**이다. 내부감사 헌장은 최소한 다음 사항을 정의해야 한다.

내부감사 헌장에 최소한 정의해야 할 사항

① 조직 내에서 내부감사의 의의　② 조직 내에서 내부감사의 위상
③ 내부감사의 범위　④ 내부감사의 권한　⑤ 내부감사의 책임 등

나. 국제내부감사 헌장의 요소

국제내부감사 헌장은 내부감사부서의 전반적인 힘과 효과성을 뒷받침하므로, 내부감사 헌장은 다음의 7대 핵심 영역을 반드시 다루어야 한다. 일부 내부감사 헌장은 7대 요소를

---

3 「공공감사기준」(감사원규칙 제137호) 제8조.

4 국제내부감사인협회(IIA), 「내부감사헌장」, 성명서, 2019. 01.

포함하지 않을 수도 있지만 헌장에서 다루지 않은 영역은 궁극적으로 내부감사부서의 기능을 약화시킬 수 있다.

국제내부감사 헌장의 7대 핵심 영역

① 미션과 의의
② 국제 내부감사직무수행기준
③ 권한
④ 독립성과 객관성
⑤ 내부감사 업무 활동의 범위
⑥ 책임
⑦ 품질보증 및 개선프로그램

다. 국제내부감사 직무수행기준

IIA의 「국제내부감사 직무수행기준」(이하 '국제내부감사기준'이라 함)은 원칙에 기반한 필수적 요건들의 집합체이며, 일반기준, 실행기준, 적용지침으로 구성되어 있고, 내부 감사직무 수행과 그 성과의 효과성 평가를 위한 핵심적인 요건을 명시한 성명서를 포함하며, 조직이나 개인의 수준에서 국제적으로 적용하는 기준이다.

따라서 「국제내부감사기준」의 목적은 ① 국제직무수행방안의 필수요소 준수를 유도하고, ② 광범위하고, 가치가 증대된 내부감사활동을 수행하고 장려하기 위한 체계를 제공하며, ③ 내부감사의 성과평가를 위한 근거 및 기준의 설정과 ④ 조직의 프로세스 및 운영 개선을 촉진하는 데 있다.

Ⅲ 내부감사의 독립성과 객관성

1. 개요

내부감사부서는 **독립적**이어야 하며, **내부감사인**은 업무를 수행함에 있어서 **객관적**이어야 한다.[「국제내부감사기준」(이하 '국제감사기준'이라 한다) 1100] **독립성**은 **"내부감사부서의 내부감사활동이 편향되지 않게 내부감사의 책임수행을 위협하는 환경으로부터의 자유로운 상태"**로 정의된다.

그러한 환경은 종종 내부감사부서의 조직 내 위상 및 위임받은 내부감사 책임으로부터 발생한다. 예를 들어 내부감사부서가 조직 내 다른 기능 안에서 보고한다면 감사대상이 되는 그 기능으로부터 독립적이라고 여겨지지 않는다. 만약 내부감사최고책임자가 위험관리 또는 법규준수와 같은 내부감사업무 외의 기능적 책임을 지게 된다면 내부감사는 이러한 추가적인 기능으로부터는 독립되지 않는다. 그것들은 감사대상이 되기 때문이다.

내부감사최고책임자는 혼자서 내부감사의 조직 내에서의 독립 및 위상을 결정할 수는 없다. 내부감사최고책임자가 효과적으로 독립성을 유지하기 위해서는 이사회와 최고경영진의 도움을 필요로 한다. 따라서 일반적으로 내부감사최고책임자와 이사회, 최고경영진은 내부감사에 관한 책임, 권한 및 기대에 대한 공감대를 형성함으로써, 이것이 내부감사의 독립성과 조직 내 위상에 대한 논의의 출발점이 된다.

이사회와 최고경영진의 경험 및 기대에 의존하면서, 공통된 비전에 이르기 위해서는 독립성의 중요성, 그 달성 수단 및 보고 라인, 전문적인 규제의 요건, 벤치마킹, 그리고 조직의 문화적 이슈와 같은 핵심 고려사항에 대해 최고경영진 및 이사회의 인식을 증가시키기 위한 많은 노력이 필요하다. 일반적으로 내부감사헌장은 내부감사의 책임, 권한 및 기대뿐 아니라 조직 내의 위상과 보고라인에 대한 사항을 반영해야 한다.

IIA는 내부감사최고책임자가 행정적으로는 최고 경영자(CEO)에게 보고하는 것을 권고하며, 내부감사최고책임자는 명백하게 고위 지위에 속하고, 내부감사는 감사대상이 되는 운영부서에 속하지 않는다는 것을 보여준다. 내부감사최고책임자는 보고관계의 요건을 명시할 수 있는 규제기관이나 기타감독기관의 모든 요건을 인식해야 한다. 조직의 독립성은 내부감사최고책임자의 보고라인에 대해 추가 지침을 제공한다.(「적용기준」1110)

또한 내부감사최고책임자는 내부감사 외에 운영책임을 갖지 않도록 권고된다. 이런 다른 책임들은 그들 자체가 감사대상이 될 수 있기 때문이다. 어떤 조직에서는, 내부감사최고책임자가 위험관리나 법규준수와 같은 운영책임을 맡도록 요구되기도 한다. 그런 환경에서, 내부감사최고책임자는 일반적으로 이사회/감사위원회 및 최고경영진과 독립성에 관한 문제와 잠재적인 객관성의 손상에 관해 논의하고, 이사회 및 최고경영진은 그러한 손상을 제한하는 보호 장치를 수립하여야 한다.

보호 장치는 일반적으로 이사회가 수행하는, 독립성에 관한 충돌을 점검하고 처리하는 감독활동이다. 예로는 내부감사최고책임자의 책임을 주기적으로 평가하는 것, 추가적인 책임 영역과 관련된 검증과 진단을 확보하기 위한 대체 프로세스의 개발, 내부감사 위험 평가를 고려할 때 잠재적인 객관성 손상을 인식하는 것들이 있다.

객관성은 **내부감사인이 감사결과에 믿음을 갖고 있으며 어떠한 감사내용의 타협도 없었다**고 **합리적으로 확신할 수 있는 감사업무를 수행하기 위하여 요구되는 편향되지 않은 정신적 태도**를 말한다. 객관성은 내부감사인이 감사문제에 있어서 다른 사람의 판단에 종속되지 않기를 요구한다. 객관성에 대한 위협은 개별내부감사인, 감사업무, 기능별 및 조직 차원에서 관리되어야 한다.

이런 기준을 적용하기 위해, 내부감사최고책임자는 그러한 마음가짐을 제고시키거나 방해할 수 있는 조직 및 내부감사 내부의 정책 및 활동을 이해하고자 할 것이다. 예를 들어, 많은 조직들은 표준성과평가 기준 및 보상정책 뿐 아니라 종업원의 이해상충 정책을 갖고 있다.

내부감사최고책임자는 파악된 관련 정책의 성격을 이해하려 할 것이고 내부감사의 객관성에 대한 잠재적 영향을 고려할 것이다. 내부감사는 내부감사 역할을 구체적으로 다루기 위해 종종 조직 전체에 적용되는 정책들을 수정하고, 훈련 요건과 관련된 정책과 같은 내부감사를 위한 구체적이고 관련된 기타 정책들을 개발할 수 있다.

내부감사의 객관성 문제를 효과적으로 관리하기 위하여, 내부감사최고책임자는 모든 내부감사인들이 편향되지 않은 마음가짐을 갖기 위해서 다음과 같은 내용을 기술한 내부감사

정책 매뉴얼 또는 핸드북을 갖추고 있어야 한다.

내부감사 정책 매뉴얼 및 핸드북

① 내부감사 전문직에게 매우 중요한 객관성
② 객관성을 손상시킬 수 있는 환경/상황
③ 내부감사인이 문제를 인식하게 되면 취해야 할 행동
④ 내부감사인이 주기적으로 이해상충에 대해 고려하고, 공개해야 하는 보고요건/의무

이러한 정책의 중요성을 강화하기 위하여, 그리고 모든 내부감사인들이 그 중요성을 내면화하도록 하기 위해, 어떤 내부감사최고책임자는 이런 근본적인 개념에 관한 정책적인 워크숍 또는 훈련을 시킨다. 그런 훈련은 종종 내부감사인들이 객관성-손상시나리오를 고려함으로써 객관성을 더욱 잘 이해하고 최선의 대처를 하게 한다. 내부감사인을 특정업무에 배정할 때, 내부감사최고책임자는 잠재적 객관성 손상을 고려하고 이해상충이 되는 팀원을 배제하도록 하여야 한다.

성과 및 보상 실무는 개별감사인의 객관성에 중대하고 부정적인 영향을 줄 수 있는 것으로 널리 이해된다. 예를 들면, 만약, 한 내부감사인의 성과평가, 급여, 또는 보너스가 고객만족 설문조사에 따라 중요하게 결정된다면, 내부감사인은 고객이 낮은 만족도 등급을 주게 만들 수 있는 부정적인 결과를 보고하기가 망설여질 수 있다.

그러므로, 내부감사최고책임자는 내부감사 성과평가와 보상 시스템을 설계할 때 깊이 생각하여, 사용된 평가수단이 내부감사인의 객관성을 손상시킬지를 고려할 필요가 있다. 이상적인 평가과정은 내부감사인의 성과, 감사결과 및 고객의 피드백 측정치를 균형감 있게 고려하여야 할 것이다.

일반적으로 **감사조직과 내부감사인의 독립성**은 ① **개인적인 독립성**, ② **외부로부터의 독립성** 및 ③ **조직상의 독립성** 등 3가지로 대별할 수 있으며, 이들 중 **어느 한 가지라도 침해된다면 감사의 공정성과 신뢰성은 훼손**된다. **개인적인 독립성**은 내부감사인 개개인이 독립적으로 감사업무를 수행할 수 있어야 함을 뜻한다.

또한 **외부로부터의 독립성**이란 내부감사인이 외부의 청탁·압력·유혹이나 인력·예산·정보 등 감사자원에에 관한 부당한 간여로부터 자유로워야 함을 뜻한다. 그리고 **조직상의 독립성**이란 감사조직의 지위가 독립적이며, 감사결과의 보고, 인사 및 성과관리의 제도가 독자적으로 운영됨을 뜻한다.[5]

2. 내부감사 조직의 독립성[6]

---

5 미국, 「정부감사기준」, 제3.11조~제3.25조, 감사원, 「공공감사기준 주석서」, 2000.12., 37면.

6 김용범, 전게서, 2017, 1093~1095면. 국제내부감사인협회(IIA), 「International Professional Practices Framework(IPPF)」(국제직무수행 방안. 한글번역판), 2017, 59~64면. 「국제내부감사기준」 1110.

가. 개요

내부감사 조직상의 독립성이란 감사조직의 지위가 독립적이며, 감사결과의 보고, 인사 및 성과관리제도가 독자적으로 운영됨을 뜻한다. **내부감사조직의 독립성**은 ① **감사조직의 지위상의 독립성, ② 감사조직의 보고상의 독립상, 그리고 ③ 감사조직의 운영상의 독립성**으로 구분할 수 있다.

나. 감사조직의 지위상의 독립성

내부감사의 경우에는 감사부서가 의결기관, 최고경영진 및 집행부서로부터 분리된 별도의 조직으로 설치되고, 감사결과를 의결기관이나 최고경영진에게 자유로이 보고하고, 그에 대한 책임을 질 수 있어야 감사조직의 지위상의 독립성을 확보할 수 있다.

여기서 의결기관이라 함은 이사회 및 그 소속 위원회 등을 말한다. 따라서 감사조직은 다음 각 호와 같은 지위상의 독립성을 확보해야 한다.

감사조직의 지위상의 독립성 확보기준(예시)

① 대상회사의 의결기관과 집행부서로부터의 분리된 별도의 조직으로 설치·운영
② 감사결과를 의결기관 및 최고경영진에게 자유로이 보고
③ 감사활동에 필요한 예산 확보
④ 내부감사인의 임용, 교육, 승진, 보수 등에 관해 실적에 입각한 인사제도의 확립
⑤ 내부감사기구와 내부감사인에 대한 내부평가, 심사분석, 목표관리 등 성과관리제도의 독자적 운영 등

다. 감사조직의 보고상의 독립성

1) 개요

내부감사최고책임자는 내부감사부서가 그 책임을 완수할 수 있도록 허용하는 조직 내의 특정단계 이상에 보고하여야 한다. 내부감사최고책임자는 내부감사부서의 조직상의 독립성에 대해 적어도 1년에 한 번 이사회에 확인시켜 주어야 한다.(「수행기준」1110)

감사조직의 보고상의 독립성은 내부감사최고책임자가 기능적으로 이사회/감사위원회(이하 '감사'포함)에 보고할 때 효과적으로 달성된다. 이사회/감사위원회에 대한 기능적 보고는 이사회/감사위원회가 다음과 같은 기능을 하는 경우를 포함한다.

보고가 효과적이기 위한 이사회/감사위원회의 기능(예시)

① 내부감사헌장 승인
② 위험에 기반을 둔 감사계획 승인　　③ 내부감사 예산 및 자원계획 승인
④ 내부감사부서의 업무성과에 대해 내부감사최고책임자로부터 보고 수령

⑤ 내부감사최고책임자의 임명과 해임에 관한 승인

⑥ 내부감사최고책임자에 대한 보상 승인

⑦ 부적절한 감사범위 또는 자원의 제약이 있는지 결정하기 위해서 경영진과 내부감사최고책임자에게 적절한 질의 등

내부감사인은 그들의 임무를 자유롭고 객관적으로 수행할 수 있을 때에만 독립적이라 한다. **독립성**이란 **편향되지 않게 내부감사 책임을 수행할 수 있는 내부감사 활동능력을 위협하는 환경으로부터의 자유를 말한다.** 독립성은 내부감사인이 본연의 감사임무 수행에 있어 필수적인 공정하고 편향되지 않는 판단을 내리게 해준다. 독립성은 조직 내에서의 위상과 객관성에 의해 성취된다.

내부감사 담당조직의 책임을 효과적으로 달성하기 위한 수준의 독립성을 갖기 위해서, 감사(이하 "감사위원" 포함)는 직접적이고 제한 없이 최고경영자 및 이사회와 의사소통할 수 있어야 한다. 왜냐하면 최고경영자와 이사회는 내부감사 조직의 독립성 증진과 더불어 내부감사 조직이 감사고객의 협조를 얻고, 방해받지 않으면서 그들의 업무를 수행하도록 돕기 때문이다.

감사조직의 보고상의 독립은 내부감사최고책임자가 감사업무 수행과정에서 주요사항에 대해 기능상으로는 이사회/감사위원회(이하 '감사' 포함)에, 행정상으로는 최고경영자에게 보고할 때에 효과적으로 달성할 수 있다. 내부감사최고책임자[7]는 이사회/감사위원회에 직접 보고해야 한다. 이사회/감사위원회와 정기적인 의견교환은 독립성에 대한 확신을 심어줄 뿐만 아니라 내부감사최고책임자와 이사회/감사위원회의 상호 관심사항에 대해 이해를 증진 시키는 하나의 수단이다.

아울러 내부감사최고책임자가 이사에 관한 감독책임, 감사보고, 지배구조 및 내부통제, 위험관리, 부정관리와 관련되는 이사회 또는 감사위원회에 정기적으로 참석할 때 직접적인 의견교환이 가능해진다. 내부감사최고책임자는 이러한 미팅에 참석함으로써 전략적인 사업과 업무적 변화에 대한 정보를 얻게 되어 초기에 고도의 위험관리, 부정관리, 내부 통제의 시스템, 절차 및 형태 등의 쟁점사항에 대하여 사전에 의견을 제기할 수 있는 기회를 가질 수가 있다.

내부감사인은 고위 경영진 및 이사회의 지원을 받아 업무 수행 시 감사대상자의 협조를 유도하고 감사방해로부터 자유로워야 한다. 내부감사조직의 독립성에 대한 위협은 각 내부감사인, 감사업무, 감사기능 및 감사조직 차원에서 관리되어야만 한다. 그리고 내부감사 조직은 감사범위의 결정, 감사업무의 수행, 감사결과의 보고에 있어 내부감사조직이 아닌 외부로부터 어떠한 간섭도 받지 않아야 한다.

만약, 행정적 보고라인의 책임을 맡고 있는 사람이 조직 내에서 내부감사 대상이 되는 다

---

7 내부감사최고책임자(Chief Audit Executive : CAE)란 내부감사업무를 최종적으로 책임지고 있는 감사, 감사위원, 내부감사책임자(「금융사지배구조법」개정(안) 제20조 제2항), 감사담당 임원 등을 의미한다. 일반적으로는 감사업무를 책임지고 있는 감사담당 임원 등을 말한다.

른 업무활동도 책임지고 있다면 내부감사최고책임자는 적절한 독립성이 유지되기가 어려울 것이다. 따라서 이상적인 보고 구조는 기능적으로는 감사위원회 또는 감사(단, 중대한 사항에 한해 이사회에 보고)에게 보고하고, 행정적으로는 최고경영진(CEO)에게 필요할 경우 보고하는 것이라 할 것이다.

2) 기능적 보고

내부감사기능을 위한 기능적 보고라인은 궁극적으로 그 독립성과 권한을 부여하는 원천이다. 그러한 것으로서 「국제내부감사인 협회(IIA)」는 내부감사최고책임자가 기능적으로 감사위원회, 이사회 또는 기타 적절한 지배기구에 보고 또는 승인을 받을 것을 권고하고 있다. 이러한 맥락에서 기능적으로 보고하는 것은 이사회/감사위원회 또는 기타 적절한 지배기구가 다음과 같이 한다는 것을 의미한다.

기능적 보고 또는 승인 사항

① 내부감사 헌장/규정 또는 감사/감사위원회 직무규정
② 내부감사 리스크 평가 및 리스크에 기반을 둔 내부감사 계획
③ 내부감사 예산 및 자원계획
④ 내부감사최고책임자의 내부감사 활동결과 및 업무성과에 대한 평가 및 보상
⑤ 내부감사최고책임자의 선임/임명 및 해임 등

3) 행정적 보고

일반적으로 내부감사최고책임자는 또한 최고경영자에게 행정적인 보고라인을 갖는데, 그것은 내부감사가 책임을 완수하는 데 필요한 위상과 권위를 가능하게 해준다. **행정적 보고**는 내부감사기능의 일상적인 업무를 촉진하는 조직의 관리구조 측면에서의 보고관계를 의미한다. 행정적인 보고는 일반적으로 다음의 것들을 포함한다.

행정적 보고 또는 승인 사항

① 예산 및 관리 회계
② 인사평가 및 보상을 포함한 인사행정
③ 내부 의사소통 및 정보의 흐름
④ 조직의 내부 정책 및 절차 행정 등

행정적 보고에서 적절한 보고라인은 내부감사기능이 그 책임을 효과적으로 완수하기 위해 필요한 독립성, 객관성 그리고 조직 내의 위상을 확보하는 데 매우 중요하다. 「국제내부감사기준」은 독립성을 높이고 광범위한 감사영역을 보장하기 위해 충분한 권한이 있는 개인에게 보고해야 하는 점의 중요성을 강조한다.

따라서 내부감사최고책임자는 행정적 보고라인이 적절한지 정기적으로 평가해야 하며, 행정적 보고라인의 적절성을 평가할 때에는 다음의 속성들을 고려하여야 한다.

행정적 보고라인의 적절성 평가 시 고려사항

① 보고받는 사람은 그 기능의 효과성을 보장할 수 있는 충분한 권한을 갖고 있는가?
② 보고받는 사람은 적절한 통제권한을 갖고, 내부감사최고책임자를 지원한다는 지배구조상의 마음자세가 되어 있는가?
③ 보고받은 사람은 감사 사안에 대하여 내부감사최고책임자를 적극적으로 지원할 시간 및 관심은 있는가?
④ 보고받는 사람은 기능적 보고 관계를 이해하고 지원하는가?

라. 감사조직의 운영상의 독립성

내부감사인의 임용, 교육, 승진, 보수 등에 관해 실적에 입각한 인사제도를 확립하고, 자체감사기구와 내부감사인에 대한 내부평가, 심사분석, 목표관리 등 성과관리제도(실적주의 인사제도) 및 평가기준을 자체감사기구가 독자적으로 운영하는 것도 감사조직 운영상의 독립성 확보에 필수적이다.

왜냐하면 자체감사기구와 무관한 인사담당부서에서 내부감사인의 객관적인 실적과 무관하게 내부감사인에 대한 인사 사항을 결정하거나, 성과 관리 담당부서에서 내부감사기구나 내부감사인의 성과를 평가하는 것은 내부감사 조직의 운영상의 독립성을 저해할 우려가 있기 때문이다.

미국처럼 내부감사인의 임용을 포함한 인사권을 내부감사조직의 장이 행사하는 것은 내부감사기구의 조직 운영상의 독립성의 확보를 위해 매우 바람직하다. 다소 미흡하지만 내부감사인에 대한 내부감사기구의 독자적인 성과관리 제도를 확립하는 것만으로도 내부감사 조직에 대한 부당한 간여를 상당부분 배제할 수 있다.

마. 이사회/감사위원회와 직접적인 의견 교환

내부감사최고책임자는 이사회/감사위원회(이하 '감사' 포함)에 직접 보고하고, 의견교환을 하여야 한다.(「기준」1111. 이사회와 직접적인 의견교환)

일반적으로 내부감사최고책임자, 이사회/감사위원회 및 최고경영진은 내부감사의 책임, 권한 및 기대뿐 아니라 내부감사의 필수적인 조직상의 위상과 내부감사가 그의 의무를 완수하기 위한 보고관계에 대해 논의하고 합의한다. 보고관계는 보통 이사회/감사위원회 와의 직접적인 기능적 보고관계를 포함한다.

그런 보고관계를 통해 내부감사최고책임자는 이사회/감사위원회와 직접 소통하고 의사를 교환할 기회를 많이 가질 수 있다. 예를 들면 내부감사최고책임자는 보통 분기마다 열리는 감사위원회/이사회에 참여하여 내부감사계획, 내부감사예산, 내부감사 진행정도, 그 밖의 문제들에 대해 보고할 수 있다. 더욱이 내부감사최고책임자는 이사회의장/감사위원장, 감사 또는 그들 소속 구성원을 만나 내부감사 또는 조직이 직면한 민감한 사안들을 보고하기 위한 접촉의 기회를 가질 수 있다.

보통 그리고 적어도 1년에 1회 이상(보통 분기 1회 이상)은 이사회 또는 감사위원회와 내부감사최고책임자는 개별적으로 그런 문제나 사안을 논의하기 위해 공식적인 회의를 가져야 한다. 또한 내부감사최고책임자는 직접적이고 개방적인 소통을 위해 이사회 또는 감사위원회 위원장/감사 와 주기적으로 예정된 회의 전에 또는 연간 정기적으로 1 : 1 미팅 또는 화상회의에 참여하는 것이 도움이 된다.

3. 개별 내부감사인의 객관성[8]

내부감사인은 공정하고, 편향되지 않은 태도를 가져야 하며, 어떠한 이해상충도 피해야 한다.(「기준」1120. 개별 감사인의 객관성) **개별 내부감사의 객관성 유지**는 **내부감사인이 감사와 관련된 개인적인 이해관계의 상충을 스스로 배제하여야 함을 의미한다.** 이 경우 개인적인 이해관계는 실질적인 이해관계뿐만 아니라 객관성을 의심받을 수 있는 외관상의 이해관계까지 포함한다.

따라서 내부감사인은 ① 수감기관 또는 감사대상업무 관련자와 혈연 등 개인적인 연고나 경제적 이해관계로 인한 감사계획, 감사실시, 감사결과 처리과정에 영향을 미칠 우려가 있는 경우, 또는 ② 감사대상업무나 수감기관 등의 의사결정과정에 직·간접적으로 관여한 경우 등과 같이 개인적인 객관성의 저해요인이 있는 경우에는 당해 감사에 관여할 수 없다.

객관성이란 **내부감사인이 감사결과에 믿음을 갖고 있으며 어떠한 감사내용의 타협도 없었다고 합리적으로 확신할 수 있는 감사업무를 수행하기 위해 요구되는 편향되지 않은 정신적 태도**이다. 객관성은 내부감사인이 감사문제에 있어서 다른 사람의 판단에 종속되지 않기를 요구한다. 내부감사인은 공정하고, 편향되지 않은 태도를 가져야 하며 어떠한 이해상충도 피해야 한다. 따라서 내부감사인은 전문가로서 객관적인 판단을 내릴 수 없는 상황에 놓이지 않아야 한다.

이해상충이란 **신뢰관계에 있어야 할 내부감사인이 직무상 또는 개인적으로 경쟁적인 이해관계를 갖고 있는 상태**를 일컫는다. 그러한 **경쟁적 이해관계**는 그의 임무를 공정하게 완수하기 힘들게 할 수 있다. 이해상충은 비윤리적 또는 부적절한 행동결과가 없을 경우에도 존재하고, 내부감사인, 내부감사부서 및 전문가로서의 신뢰를 손상시킬 수 있는 부적절한 모습을 보일 수도 있으며, 한 개인의 객관적인 임무와 책임의 수행능력을 손상할 수도 있다.

내부감사 직원의 배정은 잠재적으로든 실제적으로든 이해상충이나 편향됨이 없도록 이루어져야 한다. 내부감사최고책임자는 주기적으로 내부감사 직원들로부터 정보를 입수하여 그들이 잠재적 이해의 상충 상황이나 편향되어 있는지 점검해야 한다. 내부감사인의 인원배정은 현실적으로 가능하다면, 감사인의 객관성 확보를 위해 내부감사직원을 주기적으로 循環 補職시키는 것이 바람직하다고 본다.

감사업무 수행결과는 해당 감사가 객관적으로 수행되었다는 합리적인 검증 및 진단을 하

---

8 김용범, 전게서, 2017, 1095~1096면. 국제내부감사인협회(IIA), 전게서, 2017, 70~73면. 「국제내부 감사기준」1120, 감사원, 「공공감사기준 주석서」, 2000.12., 38~39면.

기 위해 관련된 감사보고서가 배포되기 전에 반드시 검토되어야 한다. 내부감사인이 어떤 시스템을 통제하는 기준을 권고하거나 절차가 실행되기 전에 검토하는 것은 내부 감사인의 객관성을 손상하지 않는다. 다만 내부감사인이 직접 그러한 시스템을 설계하고 작동시키는 것과 절차의 초안을 작성 또는 운영하는 것은 객관성을 손상시킨다고 본다.

내부감사인의 객관성에 부정적인 영향을 미치는 것을 피하기 위해 최고경영진과 내부감사최고책임자는 감사업무 수행에 있어서 이해상충이 발생하지 않도록 신중한 주의가 요구된다. 그리고 내부감사최고책임자 또는 내부감사조직은 감사업무수행에 있어서 이해상충을 회피하도록 행동을 할 것을 약속하고, 이해상충 할 가능성이 있는 어떠한 활동도 공개할 것을 약속하는 정책을 채택하여야 한다.

원칙적으로 감사조직은 소속 내부감사인들의 개인적인 객관성을 저해하는 요인이 있는지를 검토하는 적절한 내부절차를 마련해야 한다. 그런 내부절차에도 불구하고 내부감사인이 감사업무를 수행하는 과정에서 개인적인 객관성을 저해하는 요인에 직면할 경우 내부감사인은 이를 소속 감사조직에 보고할 의무가 있다. 이런 경우 내부감사인이 소속한 감사조직은 당해 내부감사인을 감사에서 배제하는 등 적절한 조치를 취해야 한다.

개인적인 객관성을 저해하는 요인을 보고하였음에도 불구하고, 소속 감사조직으로부터 적절한 조치가 취해지지 아니하고 개인적인 객관성이 침해될 가능성이 여전히 남아있는 경우에 내부감사인은 당해 감사를 거부할 수 있다. 이와 관련하여 미국 정부「감사기준」제 3·14에서는 객관성의 저해요인이 있는 경우에 내부감사인은 당해감사를 거부할 것을 의무화하고 있다.

그러나 우리나라는 일부 내부감사기구의 경우 감사인력의 규모가 과소하여 현실적으로 감사를 거부하기 어려운 상황을 상정하여, 감사거부를 강행규정이 아니라 임의 규정으로 완화하여 운영하고 있다. 다만 이처럼 내부감사인이 감사를 거부할 수 없는 상황이라면 개인적인 객관성 沮害 要因을 감사보고서에 기술하도록 의무화함으로써 임의규정의 한계를 補完하는 것이 바람직하다.

내부감사인의 개인적인 객관성을 확보하기 위해 내부감사인이 감사대상기관 또는 부서의 직원이나 감사사항 관련자 중 친지등 특수관계인이 있을 경우에는 실지감사 착수이전에 특수관계인신고서를 내부감사최고책임자에게 제출하고, 실지감사 착수 이후에 특수관계인이 있는 사실을 알게 된 때에는 지체 없이 감사팀장/반장에게 보고하고 귀임 후 3일 이내에 특수관계인신고서를 내부감사최고책임자에게 제출하도록 한다.

4. 외부로부터의 독립성[9]

외부로부터의 독립성도 내부감사인 개인의 독립성과 관련되지만, 개인적인 이해관계의 상충에 초점을 두는 것이 아니고 **외부의 청탁 · 압력 · 유혹이나 인력 · 예산 · 정보 등 감사자원에 관한 부당한 관여로부터 내부감사인이 자유로워야 함을 뜻한다.**

9 감사원,「공공감사기준 주석서」, 2000.12., 39면.

아래 다음의 각호는 외부로부터의 독립성을 저해하는 예시에 불과하다. 비록 열거하지 않았더라도 실질적 또는 외관상 감사업무 수행의 독립성을 저해하는 경우에 내부감사인은 이를 소속 감사조직에 보고할 의무가 있다. 이 경우 감사인이 소속한 감사조직은 당해 내부감사인을 당해 감사에서 배제하는 등 적절한 조치를 취하여야 한다.

외부로부터 독립성을 저해하는 요인(예시)

① 감사범위, 감사절차와 방법, 감사시기와 기간, 감사증거 수집, 감사결과 처리 등을 제한하는 외부의 청탁·압력·유혹이나 간섭
② 내부감사인의 업무분장과 임명·승진·전보·보수 등 인사조치에 영향을 미칠 우려가 있는 외부의 청탁·압력·유혹이나 간섭
③ 기타 내부감사인의 업무수행 능력을 제약할 수 있는 인력·예산·정보 등 감사자원에 관한 외부의 부당한 관여 등

내부감사인은 외부로부터 독립성을 저해하는 요인을 보고하였음에도 불구하고, 소속 감사조직으로부터 적절한 조치가 취해지지 아니하고 외부로부터 독립성이 침해될 가능성이 여전히 남아있는 경우에 내부감사인은 당해 감사를 거부할 수 있다. 개인적인 객관성의 저해요인이 있는 경우와 마찬가지로, 이 경우 감사거부는 임의규정이다.

이 경우 불가피하게 내부감사인이 감사를 거부할 수 없는 상황이라면 외부로부터의 독립성 저해요인을 감사보고서에 기술하도록 의무화하는 것이 바람직하다. 이 경우에도 개인적인 독립성 저해요인의 경우와 동일하게 취급하는 것이 필요하다.

5. 독립성과 객관성의 손상[10]

내부감사인과 감사대상 기관 및 부서의 관계에서 ① 감사의 독립성을 저해할 우려가 있는 부당한 간여와 ② 양방향 감사의 활성화를 위하여 필요한 정당한 협력과 지원을 구분하여, 내부감사인이 감사대상기관 및 부서(이하 '감사대상기관'이라 함)의 고유기능이나 일상적인 업무에 대한 간여를 통해 감사업무 수행의 독립성을 손상하지 않도록 유의할 것을 강조하는 한편 독립성을 손상하지 않는 범위 내에서 감사대상기관에 대한 내부감사인의 전문적인 협조와 지원을 허용한다.

내부감사인은 감사대상기관과 우호적인 관계를 유지함으로써 필요한 감사정보를 자유롭고 솔직한 분위기에서 획득하고 상호 존중 및 이해하는 가운데서 감사대상기관과 토론할 것을 권고하면서도, 이 경우 내부감사인은 ① 감사대상기관의 고유영역에 간섭해서는 아니되고, ② 감사대상기관의 일상적인 관리나 운영에 참여하지 말 것을 권고하며, 그리고 ③ 감사대상기관의 관리자의 책임에 속하는 어떠한 의사결정 또는 결재 과정에도 관여하는 것을

10 김용범, 전게서, 2017, 1096~1097면. IIA, 전게서, 2017, 21~22면 및 74~75면, 「국제내부감사기준」1130.

금지하고 있다.

한편 내부감사인이 수감기관에 자문 또는 감사업무 이외의 서비스(이하 '**비감사업무**'라 함)를 제공하는 경우에는 그러한 서비스가 이해관계의 상충을 유발하지 않도록 유의하여야 하고, 특히 내부감사인이 수감기관 관리자에게 귀속되어야 할 책임을 맡거나 권한을 행사하는 것을 금지하고 있으며, 아울러 내부감사인으로 하여금 감사능력에 영향을 미치거나 감사업무의 독립적인 수행을 저해하는 것으로 비춰질 우려가 있는 수감기관의 관리자 또는 직원들과의 어떠한 교류도 회피하도록 하고 있다.

그럼에도 불구하고 만약 독립성과 객관성이 실제로 또는 외견상 손상된 경우, 손상된 구체적 내용을 관련 당사자들에게 밝혀야 한다. 어떤 수준으로 밝힐 것인지는 손상된 정도에 따라 정한다.(「기준」제1130. 독립성 또는 객관성의 손상) 조직상의 독립과 개인적인 객관성의 손상은 개인적인 이해상충, 감사범위의 제한, 기록·사람 및 자산에 대한 접근제약, 그리고 자금조달과 같은 자원의 제한 등을 포함한다.

내부감사인은 독립성이나 객관성의 손상이 실제적으로나 잠재적으로 그리고 합리적으로 추측되는 상황이나, 혹은 객관성 또는 독립성에 대한 손상을 나타내는 상황에 대한 의문이 있는 경우에 내부감사최고책임자에게 보고해야 한다. 만약 내부감사최고책임자가 독립성 또는 객관성의 손상이 존재한다거나 추측된다고 판단할 경우 그 내부감사인들의 업무를 변경 또는 조정하여야 한다.

조직의 독립과 개인적인 객관성의 손상환경은 일반적으로 私利私慾, 自體點檢, 親密, 偏見 또는 不當한 影響 등을 포함한다. 이런 환경은 개인적인 이해 상충, 감사 범위의 제한, 또는 기록, 사람, 자산에의 접근 제한, 그리고 자산 및 자원의 제약 등으로 이어질 수 있다. 조직상의 독립성 손상과 관련된 내부감사사례는 다음과 같은 사례가 있고, 사실 그렇다면 그것은 또한 내부감사인의 객관성을 손상시킬 수 있다.

독립성 손상 사례

① 내부감사최고책임자가 내부감사 외에 더 광범위한 기능적 책임을 갖고, 또한 그 내부감사최고책임자의 감독 하에 있는 기능적 영역에 대한 감사를 수행한다.
② 내부감사최고책임자의 감독자는 내부감사 외에 더 광범위한 책임이 있고, 내부감사최고책임자는 자신의 감독자의 기능적 책임 영역 안에서 감사를 수행한다.
③ 내부감사최고책임자는 이사회/감사위원회와 직접적인 보고 또는 상호 소통을 하지 않는다.
④ 내부감사 활동예산이 내부감사가 현장에서 명시된 책임을 완수할 수 없는 수준으로 축소/삭감된다.

객관성 손상의 사례

① 한직원이 다른 부서에서 내부감사부서로 이동해서 전 부서업무에 대한 감사에 배정되는 것처

럼, 내부감사인이 자신이 최근에 일했던 부서업무에 대한 감사를 한다.

② 내부감사인이 친척이나 가까운 지인이 근무하는 영역에 대한 감사를 한다.

③ 내부감사인이 증거도 없이 단지 지난번의 긍정적인 감사결과나 또는 개인적인 경험에만 근거하여 어떤 영역이 위험을 효과적으로 완화했다고 간주한다.

④ 내부감사인이 적절한 이유/정당성도 없이 종종 내부감사인의 상급자와 같은 다른 사람의 부당한 영향으로 인해 계획된 접근방법이나 결과를 수정한다.

종종, 내부감사 정책매뉴얼은 만약 내부감사인이 그러한 손상을 알게 되거나 염려되는 경우 수행해야 할 적절한 행동을 기술한다. 보통, 그 첫 단계는 그런 상황이 실제 손상이 있는지, 그리고 어떻게 하는 것이 최선인지를 결정하기 위해 내부감사관리자 또는 내부감사최고책임자와 그런 문제를 논의하는 것이다.

내부감사인이 손상처리 문제에 대해 논의할 사항

① 내부감사최고책임자는 그 손상이 사실은 아니지만, 손상으로 인식될 수 있다고 인정하는 경우, 그것을 운영관리자와 감사계획 수립회의에서 논의한 후, 그 논의 내용을 기록하며, 그 우려상황이 왜 중요치 않은지를 설명하는 것을 선택할 수 있다. 그런 공개는 최종 감사보고서에서도 적시할 수 있다.

② 내부감사최고책임자는 실제로 손상이 있고, 그 손상이 내부감사가 그의 의무를 독립적이고 객관적으로 수행할 능력에 영향을 미친다고 믿을 때, 그 손상에 대해 이사회/감사위원회 및 최고경영진과 논의하고 그 상황을 해결하기 위해 지원을 구하여야 할 것이다.

③ 감사가 수행된 직후에 손상을 알게 되면, 그리고 그것이 감사결과의 신뢰성(또는 인식된 신뢰성)에 영향을 미칠 경우, 내부감사최고책임자는 운영관리자 또는 최고 경영진, 그리고 이사회/감사위원회와 논의하여야 할 것이다.

④ 만약 최종 보고서가 중대한 오류나 누락이 있다면, 내부감사최고책임자는 수정된 정보를 보고서 원본을 받은 모든 당사자에게 배포하여야 한다.(「기준」2421) 내부 감사최고책임자는 항상 개인적으로 최상의 공개방법을 결정하는 데 개입한다.

감사범위의 제약이란 내부감사 활동의 목적과 계획이 완수되는 것에 방해가 되도록 내부감사 조직 앞에 가로놓인 어떠한 제한을 말한다. 감사범위를 제약하거나 제한하는 것으로는 다음과 같은 것을 들 수가 있다.

감사범위의 제약 및 제한 사항

① 내부감사헌장/규정에 명시/정의한 범위

② 내부감사업무 수행에 필요한 기록·사람·기타 실물자산(이하 '물리적 자원'이라 한다)에 대

한 내부감사조직의 접근 제약

③ 승인된 감사업무 스케줄/일정

④ 필요한 감사업무 절차

⑤ 승인된 감사인력 계획 및 재무적 감사 예산 등

감사범위의 제약은 그 잠재적인 영향과 함께 이사회에 가능하면 서면으로 보고할 필요가 있다. 내부감사최고책임자는 이전에 이사회에 보고되고 이사회에 의해 수용된 범위의 제약에 대해 이사회에 알리는 것이 적절한지 고려할 필요가 있다. 이것은 조직, 이사회, 최고경영진 등에 변화가 있을 때 특별히 필요하게 될 것이다.

내부감사인은 종업원, 의뢰인, 고객, 공급자, 또는 사업상의 제휴관계에 있는 사람으로부터 내부감사인의 객관성이 손상된 것처럼 外樣을 보일 수도 있는 수수료, 선물, 또는 접대를 받아서는 안 된다.

수수료, 선물 또는 접대의 객관성 훼손여부의 판단기준(예시)

① 객관성이 손상된 사례는 그 내부감사인에 의해 수행된 과거 또는 미래의 감사업무에 모두 적용될 수 있다.

② 계약의 성사 여부나 내부감사인의 신분이 수수료나 선물 또는 접대를 받는 것을 정당한 것으로 만들어 주지는 않는다.

③ 종업원이나 일반 대중이 쉽게 얻을 수 있는 값이 저렴한 펜이나 달력, 샘플 등 판촉 물건을 받는 것은 내부감사인의 전문가적 판단을 방해하지는 않을 것이다.

④ 그러나 내부감사인이 상당한 수수료나 선물의 제시를 받을 경우에는 전문가적 판단을 방해받을 수 있으므로 언제나 즉시 상급 감독자에게 보고하여야 한다.

아울러 내부감사인이 시스템 관리기준을 권고하거나 절차 시행 전 검토하는 것은 내부감사활동의 객관성을 손상한 것으로 여기지 않는다. 그러나 내부감사인이 정보 시스템의 설계, 설치, 구현 또는 선발에 참여했음에도, 그 시스템을 검토하거나 감사하는 경우는 객관성이 보장된다고 볼 수 없다.

또한 내부감사인은 자신이 이전에 책임을 맡았던 특정업무에 대해서 검증감사업무를 수행하지 않아야 한다. 어떤 내부감사인이 전년도에 자신이 책임을 맡았던 특정업무에 대해서 검증감사업무 즉, 감사업무를 수행하였다면 이는 객관성이 손상되었다고 할 수 있을 것이다. 따라서 내부감사최고책임자가 책임을 맡고 있는 기능에 대한 검증감사 수행은 내부감사부서 외에 제3자에 의해 감독되어야 한다.(「국제내부감사기준」 1130. A1. A2)

그러나 내부감사인은 자신이 전에 담당했던 업무에 대해 진단감사를 제공할 수 있다.(「국제내부감사기준」 1130.C1). 다만 내부감사인은 요청받은 진단감사가 감사인의 독립성과 객관성을 손상할 잠재적인 가능성이 있을 경우 해당 진단업무를 수용하기 전에 컨설팅 고객에게

그 내용을 밝혀야 한다.(「국제내부감사기준」1130. C2)

아울러 검증감사라 하더라도 이전에 행한 진단감사에 대하여는 진단감사의 성격이 객관성을 저해하지 않고, 그리고 내부감사인을 배정함에 있어 개별 내부감사인의 객관성이 관리되었다면, 내부감사부서는 이전에 진단감사를 수행했던 부서나 기관 이라 하더라도 검증감사를 제공할 수 있다.(「국제내부감사기준」 1130. A3).

6. 비감사업무의 수행 제한[11]

내부감사최고책임자가 내부감사직무 외의 업무(비감사업무)의 역할 또는 책임을 갖고 있거나 갖게 될 예정이라면 독립성이나 객관성의 손상을 제한할 보호장치/안전장치가 설치되어야 한다.[「국제내부감사기준」1112. 내부감사직무외의 업무(비감사업무)에 대한 내부감사최고책임자의 역할]

비감사업무란 내부감사인이 감사와 관련 없는 업무를 수행할 때 그 수행하는 업무를 말한다. 내부감사최고책임자는 법규 준수나 위험관리 활동에 대한 책임과 같은 내부감사업무 외의 추가적인 임무나 책임을 맡도록 요청될 수 있다. 이러한 역할이나 책임은 내부감사부서의 독립성이나 개별 내부감사인의 객관성을 손상시키거나, 또는 손상시키는 것처럼 보일 수 있다.

경영진의 역할이 내부감사최고책임자에게 요구되는 상황(예시)

① 새로운 법·규정 요건이 정책, 절차 및 위험관리 활동을 개발할 긴급한 필요성을 유발한다.
② 어떤 조직은 새로운 사업영역이나 지역적인 시장에 적용할 현실적인 위험관리활동을 필요로 한다.
③ 조직의 자원이 너무 제약되어 있거나 조직이 너무 적거나 하여 별도의 법규준수기능을 유지할 수 없다.
④ 조직의 프로세스가 너무 미성숙하고, 내부감사최고책임자는 조직에 위험관리 기준을 도입하는 최적의 전문성을 갖고 있다.

어떤 경우에는 내부감사최고책임자는 위험관리, 부정관리, 내부통제의 설계 및 운영 그리고 법규준수 영역 즉 준법감시영역에 대한 책임을 맡도록 요구될 수도 있다. 예를 들면, 만약 내부감사최고책임자가 기능적으로 이사회 대신에 경영진에게 보고하는 역할을 맡도록 요구되면, 내부감사 책임에 관한 내부감사최고책임자의 독립성이 손상된다.

조직의 경영진이 보기에는 타당하다고 판단되는 여러가지 업무상 이유들로 내부감사인들은 독립성과 객관성을 손상할 수 있는 역할과 책임을 수행할 것을 자주 요청받고 있다. 그리고 효율적, 효과적 업무개발 및 최소한의 자원사용에 대한 조직의 검증/진단 요구에 직면하

11 김용범, 전게서, 2017, 1097~1100면. IIA, 전게서, 2017, 65~69면. 「국제내부감사기준」 1112. 및 2007. 99~104면. 「국제내부감사기준」 1130. A1-1~A1-2.

여 몇몇 내부감사부서는 주기적으로 내부감사 검증을 받아야 할 업무에 대해 책임을 맡도록 또한 요청을 받기도 한다.

내부감사부서 또는 개별 내부감사인은 경영진으로부터 감사대상이 되는 업무를 책임 맡도록 요청받았을 경우 그런 책임의 수용은 독립성과 객관성을 손상할 수 있기 때문에 회사의 업무운영에 대한 책임을 가능하면 맡지 않아야 한다. 그러나 여러 가지 업무상 이유를 들어 몇몇 개별내부감사인 또는 내부감사부서는 경영진으로부터 監事의 監査對象이 되는 業務 즉, 非監査業務를 책임 맡거나 할당받는 것을 수용해 왔다.

내부감사부서 또는 개별 내부감사인이 감사대상이 되는 업무를 책임 맡고 있거나, 경영진이 업무할당을 고려하고 있을 경우 내부감사인의 독립성과 객관성은 손상된다고 이해된다. 더군다나 내부감사인이 지난해 본인이 업무권한이나 책임을 맡았던 어떤 활동분야에 대해 검증·검토를 수행한다면 객관성은 저해 받는 것으로 간주/추정된다.

만약 내부감사부서 또는 개별 내부감사인이 비감사업무를 맡게 될 예정이라면 독립성이나 객관성의 손상을 제한할 보호장치/안전장치를 설치해야 한다. 보호장치/안전장치는 보통 이사회/감사가 수행하는 감독활동으로서, 이런 잠재적인 손상을 해결하는 것을 말하며, 주기적으로 보고라인과 책임을 평가하고 추가적인 책임영역과 관련된 확신을 획득할 수 있는 대안이 되는 프로세스를 개발하는 것을 포함한다.

내부감사인이 불가피하게 비감사적인 업무기능 또는 운영에 대한 책임을 수용하여야 하는 상황에 직면하였을 때는 내부감사최고책임자는 독립성과 객관성에 미치는 영향을 평가함에 있어 최소한 다음과 같은 사항을 고려해야 한다.

비감사업무 수용이 독립성과 객관성에 미치는 영향평가 시 고려사항

① 「국제내부감사인협회(IIA)」의 「국제내부감사기준(Standards)」 또는 개별회사의 「윤리강령」 및 「내부감사/감사위원회 직무규정」상의 요건
② 주주, 이사, 경영진, 법정기구, 공공단체, 규제당국 그리고 여타 공공 이해집단을 포함하는 이해관계인의 기대치
③ 내부감사헌장 및 내부감사/감사위원회 직무규정 등에 명시된 허용과 제한
④ 「국제내부감사기준(Standards)」 및 「자본시장법」 등에서 요구하는 공시
⑤ 내부감사인이 수행한 활동 또는 책임에 대한 감사 수행
⑥ 조직에 대한 업무적 기능의 중요성(수익, 비용, 평판, 및 영향력 측면으로)
⑦ 업무 할당의 기간 및 책임의 범위 ⑧ 업무분장의 적정성
⑨ 내부감사인의 객관성이 위험에 처할 어떤 과거 이력이나 기타 증거가 있는지 여부 등

그 밖에 업무운영 책임이 내부감사조직에 할당될 경우 관련된 업무 영역에서 일련의 검증/진단감사 기능이 수행될 때에는 객관성을 확신할 수 있는 특별한 주의가 필요하다. 내부감사인이 지난해에 본인의 업무권한이나 책임을 맡았던 어떤 활동을 감사한다면 객관성은

沮害받은 것으로 看做되므로, 이러한 사실들은 감사인이 책임을 맡았던 업무 영역에 대한 감사결과 보고를 할 때 분명하게 기술되어야 한다.

내부감사조직으로 전근되었거나 일시적으로 고용된 직원은 최소 1년 정도의 기간이 경과하기 전까지는 그들이 전임지에서 맡았던 업무·활동 분야에 대해 감사업무를 할당받지 않아야 한다. 만약 기간 경과 전 전임지의 업무감사를 한다면 앞에서 한 번 언급하였다시피 객관성이 저해되었다고 할 수 있으며, 이 경우 해당 감사 수행 및 결과 보고에 대한 감독을 수행할 때 추가적인 고려가 있어야 한다.

내부감사인이 시스템 통제기준을 권고한 경우 또는 시스템이 가동되기 전에 절차를 검토하는 경우 등은 내부감사 기능에 해당되어 내부감사인의 객관성이 손상 받았다고 볼 수 없다. 그러나 시스템을 설계하고, 설치하고, 작동시키는 것은 감사의 기능이 아니며, 시스템 절차에 대해 초안을 작성하거나 운영하는 것도 감사의 기능이 아니다. 그러므로 그런 활동을 수행하는 것은 감사업무의 객관성을 손상한 것으로 간주할 수 있다.

그러나 내부감사인에 의해 일시적으로 수행된 비감사업무가 감사보고 과정에서 충분히 공개된다면 굳이 객관성을 손상했다고 할 필요는 없다. 그러나 이 경우에도 내부감사인의 객관성에 좋지 않는 방향으로 영향을 끼치는 것을 피하기 위해서는 비감사업무에 대한 감사업무를 수행함에 있어 내부감사인의 신중한 주의가 요구된다.

그리고 내부감사인은 비감사업무에 대한 책임을 맡게 될 기회에 직면하게 될 경우에 비감사업무의 수행에 있어서 적정한 행동절차인지 여부를 판단할 때 다음과 같은 사항을 고려하여야 한다.

가. 윤리강령 및 내부감사의 직무수행 기준

일반적으로 내부감사인의 「윤리강령」 및 「내부감사직무 수행기준」은 내부감사 활동 부서가 독립적이고, 내부감사인이 그 업무수행에 있어 객관적일 것을 요구한다.

내부감사인의 업무수행에 있어 객관성 확보 기준

① 내부감사인은 가능하면 내부감사의 주기적 검증대상이 되는 비감사 기능과 임무(비감사 직무)에 책임을 맡는 것을 피해야 한다.

② 이것이 불가능하다면 독립성과 객관성의 저해내용이 저해된 정도에 따라 필요한 당사자에게 그 내용이 공개되도록 요구한다.

③ 내부감사인이 1년 이내에 전 임지에서 책임 맡았던 업무에 대해 검증감사를 실시한다면 객관성은 저해된 것으로 보아야 한다.

④ 만약 경영진이 내부감사인에게 비감사업무를 수행할 것을 요청하였다면 이것은 그들이 내부감사인으로서의 역할을 수행하지 않은 것으로 간주되어야 한다.

나. 이해관계인의 기대치에 대한 평가 및 측정

제도적, 법적 요구사항을 포함하여 이해관계인의 기대치는 잠재적 객관성 저해와 연관지어 평가되고 측정되어야 한다.

다. 규정상 제한사항은 적절한 지배기구와 相議

내부감사헌장 또는 규정에 내부감사인의 비감사업무 할당에 관한 구체적인 제한 사항이 있거나 한정 문구가 있을 경우 그런 제한 사항을 알리고 경영진과 상의하여야 한다. 만약 경영진이 그런 임무를 강요한다면 이 사실을 이사회나 감사위원회 또는 적절한 기업 지배기구에 알리고 의논해야 한다.

만약 내부감사헌장 또는 규정에 이 문제의 언급이 없다면 아래 라. '비감사업무 수용의 경우 내부감사최고책임자의 자세'에서 언급한 점들을 고려하여야 한다. 아래 '라항'에서 언급되는 모든 내용들보다는 내부감사 헌장/규정의 조항이 더 우선한다.

라. 비감사업무 수용의 경우 내부감사최고책임자의 자세

내부감사부서가 비감사업무에 대해 업무적인 책임을 수용하고 그 업무가 내부감사계획의 대상이 되는 경우, 내부감사최고책임자는 다음과 같은 자세를 유지해야 한다.

<u>비감사업무 수용의 경우 내부감사최고책임자의 자세</u>

① 내부감사최고책임자는 업무적 책임을 맡고 있는 비감사업무에 대한 감사를 완수하기 위해 그 업무를 담당하고 있는 내부감사인이 아닌 제3자 또는 외부감사인을 이용하여 객관성에 대한 손상을 최소화해야 한다.

② 비감사업무운영에 책임을 맡고 있는 내부감사인은 그 업무에 대한 감사에 참여하지 않아야 한다.

③ 만약 비감사업무에 대한 책임을 맡고 있는 내부감사인이 감사에 참여할 경우 감사기능을 수행하는 내부감사인은 독립성과 객관성이 저해되지 않는 사람에게 감독을 받고 감사결과를 보고하여야 한다.

④ 내부감사인이 맡은 업무운영 책임은 관련 감사보고서와 감사위원회 또는 기타 기업 지배구조에 제출하는 표준보고서에 公開되어야 한다.

이를 종합하면 내부감사인의 업무적인 책임은 내부감사최고책임자에게 보고되는 영역에 관련된 감사보고서와 이사회에 제출하는 내부감사인의 표준감사보고서에 公開되어야 한다. 내부감사의 결과는 경영진 또는 기타 적절한 이해관계인과 논의될 수 있다.

독립성이나 객관성을 공개하더라도 내부감사최고책임자가 책임을 맡고 있는 기능에 대한 검증/진단감사가 내부감사부서 외에 위 제①항의 제3자에 의한 감독을 받아야 하는 요건은 준수되어야 한다.

참고

「공공감사기준」상의 독립성 내용[12]

① 감사기관과 감사인은 감사업무를 수행함에 있어 독립성을 유지하여야 한다.

② 제1항의 독립성에는 실질적인 독립성뿐만 아니라 독립성을 의심받을 수 있는 상황의 배제 등 외관상의 독립성이 포함된다.

③ 감사인은 다음 각호와 같은 개인적인 독립성의 저해요인이 있는 당해 감사에 관여할 수 없다.

1. 감사인이 수감기관 또는 감사대상업무 관련자와 혈연 등 개인적인 연고나 경제적 이해관계로 인한 감사계획, 감사실시, 감사결과 처리과정에 영향을 미칠 우려가 있는 경우.
2. 감사인이 감사대상업무나 수감기관 등의 의사결정과정에 직·간접적으로 관여한 경우.

④ 감사인은 제3항의 개인적인 독립성 저해요인 또는 다음 각호와 같은 외부로부터의 독립성 저해요인을 소속 감사기관에 보고하여야 한다.

1. 감사범위, 감사절차와 방법, 감사시기와 기간, 감사증거 수집, 감사결과처리 등을 제한하는 외부의 청탁·압력·유혹이나 간섭.
2. 감사인의 업무분장과 임명·승진·전보·보수 등 인사조치에 영향을 미칠 우려가 있는 외부의 청탁·압력·유혹이나 간섭.
3. 기타 감사인의 업무수행능력을 제약할 수 있는 인력·예산·정보 등 감사자원에 관한 외부의 부당한 관여.

⑤ 감사인은 제4항의 보고에도 불구하고 감사업무의 독립성이 침해될 우려가 있는 경우에는 당해 감사를 거부할 수 있다. 이 경우 감사를 거부할 수 없는 상황이라면 개인적 또는 외부적인 독립성 저해요인을 감사보고서에 기술하여야 한다.

⑥ 감사기관과 감사인은 감사대상기관의 고유기능이나 일상적인 업무에 간여함으로써 감사업무 수행의 독립성을 손상하지 않도록 유의하여야 한다. 이 경우 감사대상기관에 대한 감사기관의 전문적인 협조와 지원, 그리고 정보의 제공을 배제하는 것은 아니다.

⑦ 자체감사기구는 다음 각 호와 같은 조직상 독립성을 확보하여야 한다.

1. 감사대상기관의 의결기관과 집행부서로부터 분리된 별도의 조직으로 설치.
2. 감사결과를 소속기관장이나 부기관장에 자유로이 보고.
3. 자체 감사인의 임용, 교육훈련, 승진, 보수 등에 관해 실적에 입각한 인사제도의 확립.
4. 자체감사기구와 자체감사인에 대한 내부평가, 심사분석, 목표관리 등 성과관리제도의 독자적 운영.

⑧ 감사기관과 감사인은 다른 법령에 특별한 규정이 있는 경우를 제외하고는 감사목적을 달성하기 위해 감사대상기관의 업무와 관련된 장소, 기록 및 정보에 대해 완전하고 자유롭게 접근할 수 있어야 한다.

7. 감사정보 등에 대한 접근권[13]

12 「공공감사기준」(감사원규칙 제137호) 제8조.

13 감사원, 「공공감사기준주석서」, 2000.12., 44~45면.

감사의 독립성은 감사목적을 달성하기 위하여 감사인이 감사대상기관 및 부서의 업무와 관련된 장소, 기록 및 정보에 대한 완전하고 자유롭게 접근할 수 있어야 확보될 수 있다. 감사정보 등에 대한 접근권은 원칙적으로 감사대상기관 및 부서에 한정되지 아니하고, 감사대상기관 및 부서의 업무와 관련된 사항으로서 감사 목적상 필요한 경우에는 감사대상기관 및 부서 이외의 자에 대하여도 적용된다.

감사정보 등에 대한 접근권과 관련하여 감사인이 감사대상기관 및 그 운영과 관련된 어떠한 장소와 기록에도 완전하고 자유롭게 접근할 수 있는 권한과 함께 관련된 정보를 가진 자나 기관으로부터 이를 획득할 수 있는 적절한 권한이 법적으로 보장되어야 한다. 나아가 수감기관은 감사업무의 수행에 필요하고 관련된 경우에는 민감한 정보라 할지라도 특별한 사정이 없는 한 감사인이 이에 접근할 수 있도록 허용하여야 한다.

감사대상기관의 업무와 관련된 장소, 기록 및 정보에 대한 접근권은 다른 법령에 특별한 규정이 있는 경우에는 제한될 수 있다. 국가기밀에 속하는 사항, 금융거래 내역 등 개인의 사생활과 관련되는 사항 등이 그러한 예이다. 이 경우 감사인은 다른 법령이 규정하는 정당한 절차에 따라 감사정보 등을 획득하여야 할 것이다.

Ⅳ 내부감사의 숙달과 전문성

1. 개요

감사업무는 숙달 및 전문가로서의 정당한 주의를 기울여 수행되어야 한다.(「국제내부 감사기준」 1200). 숙달 및 전문가로서 정당한 주의를 다하여 감사업무를 수행하는 것은 모든 내부감사인의 책임이다. 두 가지 속성의 달성은 「국제직무수행방안(IPPE)」의 필수적 지침, 특히 IIA의 윤리강령을 이해하는 것으로부터 시작한다.

내부감사인들은 보통 교육, 경험, 전문가적 개발 기회, 그리고 내부감사 전문가로서 가장 관련성이 있고, IIA가 인정하는 공인내부감사사와 같은 자격증을 통하여 숙달을 개발한다. 전문가적 자격을 취득한 내부감사인들은 그들의 자격을 유지하기 위해 지속적인 교육요건을 필요로 한다는 것을 알아야 할 것이다.

전문가로서의 정당한 주의는 「국제직무수행방안(IPPF)」의 내부감사직무에 대한 조직적이고 훈련된 접근법의 이해가 필요하고, 그것은 내부감사최고책임자에 의해 수립된 조직에 따른 구체적인 정책과 절차들로 보완된다. 내부감사최고책임자는 내부감사부서가 전체적으로 본 기준을 준수할 책임을 진다.

내부감사부서 관리의 일환으로 내부감사최고책임자는 내부감사인들이 숙달과 전문가로서의 정당한 주의를 다해 업무를 수행하게 하는 정책과 절차를 수립한다. 이것은 내부감사최고책임자가 내부감사인의 채용, 훈련뿐만 아니라 적절한 계획수립, 감사인원 배정, 그리고 업무 감독하는 것 등을 포함한다.

2. 내부감사의 숙달[14]

내부감사인은 그들 각자의 책임을 수행하기 위해 필요한 지식, 기술 그리고 그 밖의 능력을 갖춰야 한다. 내부감사부서는 책임완수를 위해 필요한 지식, 기술 그리고 그 외의 능력을 총체적으로 소유 또는 획득하여야 한다.(「기준」1210. 숙달)

숙달은 **내부감사인이 전문가적 책임을 효과적으로 수행하기 위하여 요구되는 지식, 기술 및 기타 역량을 의미하는 총체적 용어**이다. 그것은 관련된 자문 및 권고를 할 수 있도록 현재의 활동, 경향 및 새로이 떠오르는 사안들을 고려하는 역량을 포함한다. 내부감사인들은 적절한 전문자격증 등을 취득해 그의 전문성을 증명하도록 권장한다. 이런 자격증으로는 IIA 및 기타 전문기관에서 제공하는 CIA 및 기타 자격증 등이 있다.

이런 기준을 달성하기 위해 내부감사인이 IIA의 「국제직무수행방안(IPPF)」의 필수지침을 이해하고 적용하며, 특정한 지식, 기술 및 역량을 갖추는 것이 매우 중요하다. 내부 감사부서의 총체적 역량을 확인하는 것은 내부감사계획을 완수하고 조직에 가치를 부가시키기 위해 내부감사부서와 그의 자원을 효과적으로 관리해야 하는 내부감사최고책임자의 전반적인 책임이다.

IIA의 「글로벌 감사역량 체계(Global Audit Competency Framework)」는 이사, 임원, 직원 등 내부감사 직무를 수행하는 모든 수준의 인원들이 「국제직무수행방안(The International Professional Practices Framework : IPPF)」의 요건을 완수하는 데 필요한 핵심역량을 정의한다. 「국제내부감사수행기준」(이하 '국제내부감사기준'/기준) 1210. '숙달' 항목을 준수하기 위해 내부감사최고책임자 및 내부감사인 들은 역량체계를 구성하는 아래 항목의 역량을 검토하고, 이해하며, 반영하기를 원할 수 있다.

숙달 항목을 준수하기 위한 역량체계 구성항목

① 내부감사최고책임자는 감사인들이 감사의 전부 또는 일부를 수행함에 있어 필요한 지식, 기술 그리고 그 밖의 능력이 결여되어 있을 경우 마땅한 자문이나 지원을 구한다.(1210.A1)

② 내부감사인은 부정위험과 그 부정이 조직 내에서 어떻게 관리되고 있는지를 평가할 수 있는 충분한 지식을 갖춰야 한다. 그러나 사고의 조사 및 적발이 주된 책임인 사람 정도의 전문능력을 지닐 것을 요구하지는 않는다.(1210.A2)

③ 내부감사인은 핵심 IT기술과 위험 및 통제에 관한 충분한 지식 그리고 주어진 업무수행에 필요한 기술기반 감사 테크닉을 갖춰야 한다. 하지만 모든 내부감사인들이 IT기술 감사업무에 우선적 책임이 있는 내부감사인의 숙달을 갖출 것으로 기대되는 것은 아니다.(1210.A3)

④ 내부감사최고책임자는 감사인들이 그들의 업무의 전부 또는 일부를 수행함에 있어 지식, 기술, 기타 능력이 결여되어 있는 부문에 대한 진단업무를 요청받을 경우 해당 업무를 거절하거나 마땅한 자문이나 지원을 구해야 한다.(1210.C1)

---

14 김용범, 전게서, 2017, 1101~1105면. IIA, 전게서, 2011, 80~85면 및 2017, 82~86면.

아울러 내부감사부서의 숙달을 향상시키기 위해서, 내부감사최고책임자는 현장교육, 전문가 컨퍼런스 및 세미나 참석, 또는 전문 자격증 취득 권장 등을 통해 내부감사인의 전문성 개발을 권장할 것이다. 내부감사인의 성과를 정기적으로 검토함으로써, 내부감사 최고책임자는 훈련의 필요성에 대한 통찰을 얻을 수 있고, 개별 감사인의 개발을 돕기 위한 피드백을 제공할 수 있다.

3. 내부감사의 전문성[15]

가. 개요

전문성은 **내부감사인이 전문직업인으로서 감사업무를 수행하는 데 필요한 전문지식과 실무경험을 말한다.** 특정 감사업무를 공동으로 수행하는 감사팀은 당해 감사업무 수행에 필요한 전문성을 구비해야 한다. 즉 개별 내부감사인이 특정 감사업무의 수행에 필요한 모든 분야의 전문적 지식과 실무경험을 구비할 필요는 없지만, 감사팀을 구성하는 감사인들 중 누군가는 당해 감사업무의 수행에 필요한 전문성을 갖추어야 한다.

감사팀 전체로는 집합적으로 임무수행에 지장이 없을 정도의 전문성을 구비해야 한다. 이를테면 감사업무에 통계적 표본추출방법이 필요한 경우에는 이를 활용할 수 있는 사람이 감사팀에 포함되어야 하고, 전산시스템에 대한 검토가 필요하면 전산감사기법을 숙지하고 있는 사람이 포함되어야 한다.

나. 내부감사인의 전문성 요건

내부감사인이 갖추어야 할 전문성 요건으로는 다음 각 호의 사항이 있다.

내부감사인의 전문성 요건

① 감사대상기관 및 부서의 조직, 사업 활동, 기능 및 환경에 대한 지식
② 내부감사에 적용할 수 있는 감사기법과 실무경험
③ 말과 글로서 명확하고 효과적으로 의사를 전달할 수 있는 능력
④ 분야별 감사실무와 관련되는 전문기술 등

내부감사인으로서 업무를 수행하는 데 필요한 전문지식과 기술은 감사대상기관 및 부서에 따라 다르겠지만, 일반적으로 회계학, 법률학, 재정학, 경영학, 경제학, 산업학, 감사학, 진단학 등 사회과학과 전산학, 정보학, 통제학, 위험학 등 다양한 분야에 걸쳐 있다. 내부감사인의 실무경험은 감사업무에 실제로 참여하여 쌓은 경험을 뜻한다.

내부감사최고책임자는 각 감사임무를 맡은 내부감사인들이 총체적으로 내부감사업무를 적절히 수행하는 데 필요한 지식과 기술 그리고 기타 역량을 갖추도록 해야 한다. 내부감사

15 감사원, 「공공감사기준주석서」, 2000.12., 46~48면.

인들의 전문성을 평가할 때에는 다음의 사항을 고려하여야 한다.

내부감사인의 전문성 보유 기준[16]

① 감사임무 수행에 있어서 내부감사 기준, 절차 그리고 기술을 적용하는 데 있어 숙달*이 요구된다.

* **숙달**이란 직면할 수 있는 상황에서 지식을 적용할 수 있는 능력이며, 기술적 연구나 도움에 크게 의지함 없이 문제를 다룰 수 있는 능력을 말한다.

② 재무기록과 재무보고서에 대한 폭넓은 감사업무를 수행하는 내부감사인에게 회계 기준과 회계 업무의 감사기법에 대한 숙달이 요구된다.

③ 부정 위험의 징후를 식별하는 지식과 부정행위를 적출하는 기법에 대한 내부감사인의 지식과 숙달이 요구된다.

④ 핵심 정보기술의 위험관리 및 내부통제에 대한 지식 및 이용 가능한 기술기반 감사기법에 대한 지식이 요구된다.

⑤ 바람직한 업무추진을 벗어난 경우 그 중요성과 심각성을 인식하고 평가하기 위해서 경영원칙에 대한 이해력*이 요구된다.

* **이해력**이라 함은 직면할 것으로 예상되는 상황에 폭넓은 지식을 적용하는 능력, 중요한 逸脫을 인식하는 능력, 그리고 합리적인 해결책을 마련하기 위해 필요한 조사를 수행할 수 있는 능력을 말한다.

⑥ 회계, 경제, 법률, 세무, 재무, 계량적 방법 그리고 정보기술 등에 대한 올바른 인식* 즉, 기본 지식이 요구된다.

* **올바른 인식**의 의미는 현존하는 문제, 잠재적 문제 등을 인식할 수 있고, 더 행해져야 할 추가적인 연구 조사나 필요한 지원을 결정할 수 있는 능력을 말한다.

⑦ 내부감사인은 사람들을 다루고 효과적인 의견교환을 할 수 있는 능력 즉, 의사소통 능력* 및 조직관리 능력**이 요구된다.

* **의사소통 능력**이란 효과적인 의견교환을 할 수 있는 능력이란 내부감사인은 인간관계를 잘 이해하고 감사고객과 만족스런 관계를 유지하는 능력을 말한다.

** **조직관리 능력**이란 집단의 목표달성을 위해 집단 내의 어떤 구성원이 다른 행동에 대해 적극적인 영향력을 미치는 과정, 즉 지도자로서의 능력이나 지도력, 통솔력, 자질 등을 말한다.

⑧ 내부감사인은 업무목표, 평가, 결론 그리고 권고사항을 분명하고 효과적으로 전달하기 위한 구두 또는 서면보고 기술이 요구된다.

내부감사인의 전문성 요건에 대한 자세한 내용에 대해서는 제1편 제2장 제4절 - Ⅰ - 4. '전문성 원칙'의 항목을 참조하시기 바랍니다.

---

16 국제내부감사인협회(IIA), 전게서, 2007, 106~107면 및 2011, 80면.

다. 내부감사 전문가 확보

내부감사부서의 역량을 培養하고 유지하기 위해, 내부감사최고책임자는 역량체계 또는 기타 기준(예, 성숙한 내부감사부서)에 기반을 둔 역량평가 틀이나 기술평가를 개발해야 한다. 그리고 내부감사최고책임자는 적절한 교육적 배경과 경험을 갖춘 내부감사인을 모집 하고 채용하는 데 도움을 주기 위해 기초적 내부감사역량의 기준을 직무기술서 및 채용자료에 포함시켜야 한다.

내부감사최고책임자는 또한 역량평가 툴을 사용하여 내부감사부서를 주기적으로 평가함으로써 역량차이를 확인할 수 있다. 그렇게 할 때 내부감사최고책임자는 내부통제, 위험관리, 부정관리 및 IT 관련 위험뿐만 아니라「국제내부감사기준」1210. A2 및 1210. A3에서 요구하는 가용 가능한 기술기반 감사기법을 고려하여야 한다.

내부감사최고책임자는 내부감사부서의 총체적인 역량 확보와 관련된 추가적인 의무가 있다. 이런 것으로는「국제직무수행방안」(IPPF)의 필수지침을 준수하여 내부감사부서를 관리하고(기준 2000-내부감사부서 관리), 내부감사부서가 감사계획을 완수하기 위해 적절히 혼합된 지식, 기술 및 역량을 보유하도록(기준2030-자원관리) 하는 것을 들 수 있다.

만약 내부감사부서가 직원 측면에서 적절하고 충분한 자원을 보유하고 있지 않다면, 내부감사최고책임자는 그 역량차이를 메우기 위하여 역량 있는 자문이나 도움을 획득할 필요가 있다. 내부감사최고책임자는 내부감사부서의 총체적 숙달면에서 차이를 파악하고 채용, 훈련, 아웃소싱 그리고 기타 방법을 통해 차이를 메울 계획을 개발하기 위해 역량 체계에 정의된 기준을 활용할 수 있다.(기준 2050 및 개별적용 지침)

아울러 내부감사최고책임자는 업무범위와 책임수준을 세심하게 고려하여 내부감사직원을 선발하는 데 필요한 교육이나 업무경력의 적절한 기준을 설정하여야 한다. 장차 감사업무를 맡아 내부감사 업무를 수행해야 할 각각의 내부감사인이 지녀야 할 필요한 자격과 숙달정도에 대한 합리적인 검증을 하여야 한다.

그리고 내부감사최고책임자가 내·외부로부터 내부감사인을 선발할 경우에는 제1편 제2장 제4절-1-5. '전문성 원칙'의 항목에서 언급한 내부감사에 필요한 특정한 지식, 기술 그리고 여타 능력을 갖춘 자 중에서 선발될 수 있도록「**내부감사인의 선발기준**」을 설정하여 운영하는 것이 바람직하다.

또한 감사기관은 전문성을 갖춘 우수한 감사인을 확보하기 위해 합리적이고 객관적인 기준에 의해 내부감사인과 그 보조자를 선발하고, 근무성적 등에 대한 평가결과에 따라 소속 내부감사인과 보조자를 승진시키는 실적주의 인사제도를 확립해야 한다. 정실 또는 연공서열에 의한 인사제도로서는 우수한 전문감사인을 확보하기 어렵기 때문이다.

라. 내부감사 자원의 활용

내부감사기관은 내부감사인의 전문 지식 및 실무 경험에 적합한 감사 업무를 수행하여야 한다. 감사업무의 부문별 난이도 및 복잡성 등을 감안하여 이에 걸 맞는 전문지식, 실무경험 및 숙련도 등을 갖춘 내부감사인에게 합리적으로 감사 업무를 할당하여 감사 성과를 극대화하여야 한다.

내부감사최고책임자는 내부감사활동이 그 책임을 완수하는 것을 보장해야 한다. 내부감사활동 내에서 가용할 수 있는 지식, 기술 그리고 역량을 정의하는 것은 내부감사최고책임자가 현재의 인력으로 내부감사활동의 책임을 다하기에 충분한지 결정하는 데 도움을 준다.

다음의 원칙 등은 내부감사최고책임자가 가용할 수 있는 자원을 정의하는 데 도움을 준다.

가용할 수 있는 자원을 정의하는 데 도움을 주는 사항

① 직원채용은 내부감사인력의 배경정보를 이해하는 데 중요한 부분이다. 이 과정에서 내부감사최고책임자는 내부감사활동의 책임을 다하기에 충분한지 결정하는 데 도움을 준다.

② 내부감사최고책임자는 구체적인 가용자원을 확인하기 위해 정기적인 감사기술평가를 실시해야 한다. 평가는 적어도 연단위로 시행되어야 한다.

③ 내부감사의 종료 시점에 감사인의 성과 평가를 수행한다. 이러한 평가는 내부감사최고책임자가 향후 교육의 요구와 현재 직원의 능력을 평가하는 데 도움을 준다.

④ 지속적인 전문성 개발은 계속적인 성장을 돕는다. 습득한 교육은 내부감사자원 정의 시 고려되어야 한다.

내부감사 배경정보를 저장하기 위하여 데이터베이스를 사용할 수 있다. 저장된 정보에는 관련 기술, 완료한 프로젝트, 습득한 교육, 그리고 개발 필요사항 목록을 포함한다. 내부감사인이 내부감사 책임을 이행할 수 없는 경우, 외부서비스 제공자의 이용을 고려해야 한다.

내부감사 자원의 활용에 대한 자세한 내용은 제3편 제1장 제3절-Ⅱ. '감사자원관리' 항목을 참조하시기 바랍니다.

4. 내부감사의 외부전문가 활용

내부감사최고책임자는 내부감사부서가 완전히 숙달되지 않은 분야에 대한 지원 또는 보완을 하기 위해 외부전문가의 지원 및 조력을 받을 수 있다. 내부감사최고책임자는 감사직원들이 감사의 전부 또는 일부를 수행함에 있어 필요한 지식, 기술 그리고 여타 능력이 결여되어 있을 경우 마땅한 조언이나 지원을 구해야 한다. 내부감사인은 내부 감사부서를 지원하는 추가서비스의 획득을 모색할 때에는 다음 사항을 고려해야 한다.

가. 외부서비스 제공자 이용 분야

내부감사부서는 회계, 감사, 경제학, 재무, 통계학, 정보기술, 공학, 세무, 법률, 환경 문제 그리고 기타 내부감사 책임을 완수하는 데 필요한 기타 영역에 대해 훈련되어 자격을 갖춘 감사직원을 채용하거나 외부서비스 제공자를 이용해야 한다. 그렇다고 내부감사부서의 개별 내부감사인이 모든 분야에 자격을 갖출 것을 요하지는 않는다.

나. 외부서비스 제공자 임무 지정

외부서비스 제공자란 어떤 특정분야에 특별한 지식과 기술과 경험을 소유한 개인이나 회사를 말한다. 외부서비스 제공자로는 보험계리인, 회계사, 변호사, 감정평가사, 환경전문가, 범죄수사관, 엔지니어, 지질학자, 보안전문가, 정보기술전문가, 외부감사인, 기타 감사조직이 있다.

외부서비스 제공자는 내부감사부서 또는 내부감사기관이 완전히 숙달되지 않은 분야에 대한 지원 또는 보완을 하기 위하여 외부 전문가의 지원 및 조력이 필요한 경우 감사위원회, 감사, 또는 내부감사최고책임자 등에 의해 감사 관련 외부서비스 제공 임무를 맡게 된다.

다. 외부서비스 이용 직무 종류

내부감사부서 또는 내부감사기관이 완전히 숙달되지 않은 분야에 대한 지원 또는 보완을 하기 위해 외부전문가의 지원 및 조력이 필요한 경우 내부감사부서 또는 내부 감사기관에 의해 이용될 수 있는 외부 서비스 이용 직무의 종류는 제1편 제8장 제2절 -Ⅰ. "내부감사 아웃소싱 대상" 항목을 참고하시기 바랍니다.

라. 외부서비스 제공자의 수행능력 판단

내부감사최고책임자는 외부서비스 제공자가 필요한 지식, 기술 그리고 여타 감사업무 수행 능력을 갖췄는지 확인해야 한다. 외부서비스 제공자의 수행능력 판단에 있어서 감사위원회, 감사 또는 내부감사최고책임자는 제1편 제8장 제4절 -Ⅰ. "서비스 제공자의 능력" 항목을 참고하시기 바랍니다.

마. 외부서비스 제공자의 독립성과 객관성 평가

내부감사최고책임자는 외부서비스 제공자에게 감사업무를 맡길 생각이 있을 경우, 해당 내부감사업무 수행과 관련하여 외부서비스 제공자의 능력과 독립성, 객관성을 평가해 보아야 한다. 이러한 평가는 외부서비스 제공자를 이사회, 감사위원회 또는 내부감사최고책임자가 선정하고 외부서비스 제공자의 감사내용을 내부감사최고책임자가 의존하고자 하는 경우에 이루어져야 한다.

내부감사최고책임자는 외부서비스 제공자의 독립성과 객관성이 그들의 감사업무 수행 중에 지속적으로 유지되도록 외부서비스 제공자와 전체 조직 사이 그리고 내부감사부서와의 관계를 평가하여야 한다. 그런 평가를 함에 있어 내부감사최고책임자는 외부서비스 제공자가 내부감사 업무를 수행하고 보고할 때 공정하고 편향되지 않는 그들의 판단과 의견을 가로막을 어떤 이해상충 관계가 없는지 확인해 봐야 한다.

내부감사최고책임자가 외부서비스 제공자의 독립성과 객관성을 평가할 때에 고려해야 할 사항으로는 제1편 제8장 제4절- 2. "서비스 제공자의 독립성과 객관성" 항목을 참고하시기 바랍니다.

바. 외부서비스 제공자의 독립성 손상 여부 확인

외부서비스 제공자가 그 조직의 외부감사인이며 업무의 성격이 확장된 감사서비스 일 경우 내부감사최고책임자는 수행된 업무가 외부서비스 제공자의 독립성을 손상하지 않는지 확인하여야 한다. **확장된 감사서비스란 외부서비스 제공자에게 일반적으로 수용되는 감사기준의 요건을 넘어서는 서비스**를 말한다.

만약 조직의 외부서비스 제공자가 그 조직의 최고 경영진, 관리자 또는 종업원으로 활동하거나 활동하는 것으로 비춰질 때 그들의 독립성은 손상된다. 부가적으로 외부서비스 제공자는 세무나 컨설팅 등 다른 서비스를 조직에 제공할 수 있다. 그렇지만 독립성은 조직에 제공된 전체 서비스와 관련하여 평가되어야 한다.

사. 외부서비스 제공자의 업무범위에 관한 정보 취득

내부감사최고책임자는 외부서비스 제공자의 업무 범위에 관한 충분한 정보를 가지고 있어야 한다. 이는 그들의 업무 범위가 내부감사부서의 목표와 잘 어울리는지 확인하기 위해서 필요하다. 이러한 또는 여타 문제를 감사계약 관련 서신이나 계약서에 문서로 남겨 놓는 것이 신중한 태도이다.

내부감사최고책임자는 외부서비스 제공자와 다음 사항을 검토하여야 한다.

<u>**외부서비스 제공자와 검토해야 할 업무 범위**</u>

① 업무의 목표와 범위
② 감사보고서에서 다루어질 것으로 기대되는 구체적인 사항들
③ 관련 기록, 사람, 실물자산에의 접근
④ 사용될 가정과 절차에 관한 정보
⑤ 필요한 경우, 감사 수행조서에 대한 소유권 및 보관
⑥ 감사 수행 중에 취득한 정보의 기밀 유지 및 제한
⑦ 필요한 경우 IIA의 「국제내부감사직무수행 기준(Standards)」과 감사부서의 「업무수행기준」의 준수에 대하여 업무 계약서에 포함

아. 내부감사 관련 규정 및 기준의 준수 여부 확인

외부서비스 제공자가 내부감사 업무를 제공할 경우는 내부감사최고책임자는 그 작업이 「국제내부감사기준(Standards)」과 해당 기업의 「감사위원회규정」, 「상근감사 위원직무규정」 또는 「감사직무규정」등 내부감사 관련 규정 및 기준을 준수하여 외부서비스가 진행되는지 명확하게 확인하여야 한다.

외부서비스 제공자의 작업을 검토할 때 내부감사최고책임자는 수행된 작업의 적절성을 평가하여야 한다. 이러한 평가는 도달된 결론 그리고 중대한 예외 사항이나 다른 특이한 문제 해결의 합리적인 기초를 제공하기 위해 취득한 정보의 충분성도 포함한다.

5. 내부감사의 직무능력 개발[17]

가. 내부감사인의 직무 교육

내부감사인은 지속적인 교육·훈련을 통하여 전문적인 감사능력을 연마하고 감사인으로서의 자질과 소양을 유지하여야 한다. 이와 관련하여 내부감사인은 언제나 전문직업적인 자세를 견지하고 감사업무를 전문적이고도 공정하게 수행하여야 한다.

내부감사인은 자신이 적임자라고 생각되지 않는 임무를 담당하는 것을 금지하며, 감사·회계·재무관리에 관한 기준·정책·절차 및 관행을 숙지·준수하는 한편 수감기관 및 부서의 운영과 관련된 법적·제도적 원칙과 기준을 충분히 이해하고 있어야 한다.

한편 감사기관은 체계적인 교육·훈련 프로그램을 시행하여 내부감사인이 전문지식, 실무경험, 인격을 고루 배양할 수 있는 기회를 제공해야 한다. 일반적으로 내부감사인에 대한 교육·훈련 등의 내용에는 다음 각 호의 사항이 포함되어야 한다.

내부감사인의 교육·훈련 등에 포함될 사항

① 회계학, 재정학, 법률학, 행정학, 정책학, 경제학, 경영학, 산업학, 감사학, 진단학 등 사회과학과 전산학, 정보학, 통제학, 위험학 등 감사실무와 관련되는 학문
② 체계적 분석기법, 분석적 검토 등 최근 감사기법 ③ 통계적 표본추출기법
④ 정책 분석기법 ⑤ 내부회계관리제도 및 내부통제제도 등의 평가
⑥ 위험관리·부정관리와 회계 및 재무관리 등

교육·훈련은 감사기관이 직접 실시할 수도 있고, 외부에 위탁할 수도 있으며, 국내·외의 연수 및 견학 방식을 활용할 수도 있다. 특히 감사기관은 감사업무에 투입할 인력이 부족함을 이유로 내부감사인의 능력개발을 위한 교육·훈련을 소홀히 함으로써 감사기관의 장기적·잠재적 역량을 저하시키지 않도록 각별히 배려하여야 한다.

나. 내부감사인의 직무능력 개발

내부감사인은 지속적인 교육·훈련을 통하여 전문적인 감사능력을 연마하고 감사인으로서의 자질과 소양을 유지하여야 한다. 내부감사인은 그들의 지식과 기술 그리고 그 밖의 역량을 지속적인 직무능력 개발을 통해 향상시켜야 한다.(「국제내부감사기준」 1230 지속적인 직무능력 개발)

내부감사인들은 현재 활동, 경향 및 새로운 사안들의 고려를 포함하는 역량을 요구하므로 그들의 역량을 향상시키고 직무능력 개발을 지속하기 위해 훈련 정책과 그들의 전문직,

17 김용범, 전게서, 2017, 1107~1108면. 국제내부감사인협회(IIA), 전게서, 2011, 87면과 2007, 143~144면, 그리고 2017, 90~92면. 「국제내부감사기준」, 1230.

조직, 산업, 그리고 모든 자격증 또는 특정 영역에 대한 직무교육 요건을 포함하여 그들의 직무요건에 대한 심사숙고를 필요로 할 수 있다.

추가적으로 내부감사인들은 최근의 성과 검토의 피드백, 그들의 「국제직무수행방안」(IPPF) 필수지침 준수에 관한 평가 결과, 그리고 IIA의 글로벌 내부감사 역량 체계 또는 유사한 기준에 근거한 자체평가 결과를 고려할 수 있다. 경력 목표를 숙고하는 것은 내부감사인의 직무능력 개발을 위한 자기계획 수립에 도움이 될 것이다.

1) 개별내부감사인의 직무능력 개발계획

내부감사인은 직무능력 개발계획 수립의 기초로서 역량체계와 같은 자체평가 툴을 이용할 수 있다. 개발계획은 현장교육, 코칭, 멘토링과 기타 내부 및 외부 훈련, 자원봉사자, 또는 자격증 취득 기회를 포함할 수 있다. 일반적으로 내부감사인들은 계획에 대해 내부감사최고책임자와 논의하고, 그들은 내부감사인의 성과평가(예, 핵심성과지표)의 측정수단을 개발하는 기초로서 직무개발계획 사용을 합의할 수 있다.

그런 성과 측정 수단은 감독상의 검토, 고객 설문조사 및 연간 성과 검토에 이용될 수 있다. 검토 결과는 내부감사최고책임자와 내부감사인이 지속적인 직무개발을 해야 할 우선순위를 정하는 데 돕는다. 궁극적으로 개별 내부감사인은 기준 1230(지속적인 직무능력 개발)을 준수할 책임이 있다.

2) 내부감사인의 지속적인 직무 개발

내부감사인의 직무개발 기회는 컨퍼런스, 세미나, 훈련프로그램, 온라인 코스 및 웹 세미나, 독학 프로그램, 또는 교실 코스에 참석하는 것 등과, IIA의 공인내부감사사(CIA), 한국상장회사협의회의 「기업내부감사사」, 국가공인 자격시험인 「공인회계사(CPA)」 등과 같은 전문자격증을 추구하는 것을 포함한다.

특정한 사업이나 전문영역(예, 데이터 분석, 금융 서비스, IT, 또는 시스템 디자인)과 관련된 지속적 감사관련 직무개발은 그런 특정 영역에서의 감사업무를 향상시키는 추가적인 직무역량을 갖게 할 수 있다. 내부감사최고책임자는 새로운 기술이나 내부감사 실무적 변경을 도입하기 위해 내부감사 직원 훈련 일정을 수립할 수 있다.

내부감사인의 지속적인 학습은 IIA, 한국감사협회, 상장회사감사회 등과 같은 감사관련 전문기관/조직의 구성원이 되어 참여 및 자원 봉사를 함으로서 이루어진다. 이는 전문가 컨퍼런스, 세미나 및 연수에 참여, 전문대학원과정 대학과정 및 자체학습 코스의 수학1, 그리고 연구 프로제트 참여 등을 통해서 이루어진다.

3) 내부감사최고책임자의 지속적인 직무개발 지원

내부감사인들이 그들의 지식, 기술 및 기타 역량을 향상시키는 기회를 갖게 하기 위하여 내부감사최고책임자는 내부감사인의 지속적인 직무개발을 지원하는 훈련 및 개발정책을 수립하여야 한다.

그런 정책은 각 내부감사인에 대한 최소 훈련시간(예, 40시간)을 정할 수 있고, 그것은 많은 전문자격증 요건과 일치할 수 있다. 내부감사최고책임자는 현재 또는 새로이 떠오르는 내부감사 직무의 필요뿐만 아니라 산업 또는 특정 분야의 구체적 경향을 평가하기 위해 벤치마킹 활용을 고려할 수 있다.

4) 내부감사인의 감사지식의 최신수준 유지

내부감사지식이 매일 최신수준을 유지하기 위해 내부감사인은 기준, 모범 실무 및 내부감사 직무나 그들의 조직 및 특정산업에 영향을 줄 수 있는 기법 등에 관해 IIA나 한국감사협회, 상장회사감사회 등이 제공하는 지침 등을 구독(購讀)할 수 있다.

이것은 IIA나 기타 전문 조직에서 현재 회원신분 유지, 내부사건 관련 네트워크 유지, 그리고 내부감사 직무 및 특정 산업 뉴스와 관련된 정보 또는 통신 서비스에 대한 점검 또는 구독을 포함할 수 있다.

5) 내부감사인은 적절한 전문자격증 취득

내부감사인은 「국제내부감사인협회(IIA)」에서 제공하는 「공인내부감사사(CIA)」, 한국상장회사협의회가 제공하는 「기업내부감사사」, 국가공인자격시험인 「공인회계사(CPA)」나 기타 인증서 등 적절한 직무관련 전문자격증 취득을 통해 그들의 직무상 숙련도를 입증하기를 권장한다.

6) 조직 활동 및 산업 관련 전문교육 권장

내부감사인은 그들이 속한 조직의 지배구조, 위험관리, 부정관리 및 내부통제 프로세스와 관련된 숙련도를 유지하기 위해 그들의 조직 활동 및 그들이 속한 산업과 관련된 지속적인 전문교육을 받도록 권장한다.

7) 특정한 감사 및 컨설팅업무 관련 특별교육 수강

특정한 감사 및 컨설팅업무를 수행하는 내부감사인은 정보기술, 세무, 보험계리, 시스템 디자인, 경영 컨설팅 등 그들의 내부감사업무를 능숙하게 수행하기 위해 특수한 직무 교육 받는 것을 권장한다.

8) 전문자격증 소유자는 지속적인 보수교육 이수

직무관련 전문자격증을 지닌 내부감사인은 전문자격증 소유에 따른 요구 조건에 부응하기 위하여 지속적으로 충분한 직무 보수교육을 이수해야 한다.

9) 전문자격증 미소유자는 교육프로그램 참여 또는 독학 권장

현재 적절한 자격증을 지니지 못한 내부감사인은 전문자격증을 취득하기 위해 교육프로그램에 참여하거나 개인적인 공부를 하도록 권장한다.

참고

「공공감사기준」상의 전문성 내용[18]

18 「공공감사기준」(감사원규칙 제137호) 제9조

① 특정 감사업무를 공동으로 수행하는 감사반은 당해 감사업무의 수행에 필요한 전문지식과 실무경험을 구비하여야 한다.

② 감사기관은 우수한 전문감사인을 확보하기 위하여 적극적으로 노력하여야 하며, 합리적이고 객관적인 기준에 의하여 감사인을 선발하여야 한다.

③ 감사인은 지속적인 교육훈련을 통하여 전문적인 감사능력을 연마하여야하며, 감사기관은 체계적인 교육훈련 프로그램을 시행하여 이를 지원하여야 한다. 이 경우 교육훈련은 감사기관이 직접 실시할 수도 있고 외부에 위탁할 수도 있다.

④ 감사기관은 감사인의 전문지식 및 실무경험에 적합한 감사임무를 부여하여야 한다.

⑤ 감사기관은 특정 감사업무에 대한 고도의 전문지식 또는 실무경험이 필요하다고 인정되는 경우에는 외부전문가를 활용할 수 있다.

V 내부감사의 자격요건과 필수역량

1. 내부감사의 자격요건

내부감사인의 자격요건에 대한 자세한 내용은 제2편 – 제2장 – 제2절 '감사의 자격과 겸임'의 항목을 참조하시기 바랍니다.

2. 내부감사의 필수역량[19]

가. 내부감사 역량의 개요

일반적으로 **역량**이란 개인이 직무 또는 과업을 잘 수행할 수 있는 능력 그리고 정의된 지식, 기술, 행동들의 합(合)을 의미한다.

역량체계는 내부감사인 개인들에게 있어서 그러한 역량을 식별, 평가, 개발할 수 있는 구조화된 가이드를 제공한다. IIA의 내부감사 역량체계는 내부감사직의 성공을 위하여 「국제내부감사직무수행방안」의 요구사항을 충족하는 데 필요한 역량을 정의한 도구이다.

역량체계는 광범위한 각각의 직무단계 즉, 내부감사직원, 내부감사관리자 및 내부감사최고책임자에게 권고하는 10가지 핵심역량들을 설명한다. 그 핵심역량의 상세리스트가 각각의 핵심역량을 뒷받침하지만, 그 모든 역량들의 연결성과 상호의존성도 이해해야 한다.

나. 내부감사 역량의 주체

내부감사의 역량체계는 아래의 주체들이 사용할 수 있도록 설계되어 있어야 한다.

① **내부감사인**: 내부감사인 개인의 경력 목표를 달성하는 데 도움을 줄 수 있는 역량을 개발

② **교육과정 개발자 또는 자격자단체** : 내부감사직 내의 교육과정 개발자와 자격자 단체가 교육과정과 자격연수를 통해 필수 역량을 개발하고 적정하게 평가

19 세계내부감사인협회(IIA), 「내부감사 역량체계」, 감사저널 2020. 11월호, 80~92면.

③ **고용주, 다른 직업군 그리고 일반대중** : 그들 자신의 역량체계를 벤치마킹하거나 비교할 목적으로 참고의 기준으로 사용하거나 또는 내부감사인에게 요구되는 전문적 지식 수준에 대한 명확하고 상세한 견해를 습득
④ **내부감사인협회 및 유관단체** : 기준 제정과 관련하여 국제사회에서 그들의 입장을 지원할 전략 개발
⑤ **학생** : 학생들이 성공적인 감사인이 되리라는 것을 증명하기 위해 필요한 그리고 그들의 경력개발계획을 평가하는 것을 도울 수 있는 역량을 이해
⑥ **학계** : 학생들의 내부감사직 입문준비에 필요한 교육과정 개발 시 고려해야 할 중요한 직무역량 리스트 제공
⑦ **채용업체 및 인사전문가** : 적절한 직무기술서 개발 및 적합한 직원의 채용

다. 내부감사 역량의 요소

내부감사의 역량체계는 다음과 같이 10가지 핵심역량의 요소들로 구성되어 있다.
① **전문가적 윤리 :** 전문가적 윤리의 촉진과 적용
② **내부감사 적정관리** : 내부감사 기능의 개발과 적정관리
③ **「국제내부감사직무수행방안(IPPF)」의 적용**
④ **지배구조, 위험관리, 부정관리 및 내부통제 이해** : 조직에 적합한 지배구조, 위험 관리, 부정관리 및 내부통제의 완벽한 이해
⑤ **비즈니스 통찰** : 비즈니스 환경, 산업 관행 및 특정한 조직상 요인들에 관한 전문지식의 유지
⑥ **의사소통** : 효과적인 의사소통
⑦ **설득과 협업** : 협업과 협조를 통한 설득 및 동기 부여
⑧ **비판적 사고** : 과정분석, 비즈니스 정보 및 문제해결 기술 적용
⑨ **내부감사 적정수행** : 개별 내부감사의 적정수행
⑩ **개선 및 혁신** : 변화 수용 및 개선과 혁신 추진

참고

역량체계의 구조 및 그 핵심역할들의 상호 연결성

개선과 혁신
⇩
내부감사 적정수행
⇩
개인적 리더십
(의사소통)　(설득과 협업)　(비판적 사고)
⇩

기술적 전문성

(IPPF 적용) (지배구조, 위험, 부정 및 통제 이해) (비즈니스 통찰)

⇩

내부감사 적정관리

⇩

전문가적 윤리

라. 내부감사 역량의 내용

내부감사 역량체계의 10가지 핵심 역량들에 대한 구체적 내용은 다음과 같다.

1) 전문가적 윤리

① 세계내부감사인협회의 윤리강령 지지 및 장려
② 피감활동에 윤리적 원칙과 가치 적용
③ 피감활동에 윤리적 원칙과 가치의 사용 주장
④ 조직의 주요 정책, 관행 및 절차 준수
⑤ 조직의 주요 정책, 관행 및 절차에 대해 설득력 있게 이야기
⑥ 조직의 윤리적 환경에 관하여 내부감사 관련 검토 과제 설명
⑦ 이사회와 경영진의 윤리적 분위기(또는 풍토) 평가 및 조성
⑧ 타인을 차별 없이 공평한 대우 ⑨ 외견상 및 사실상 객관성 유지
⑩ 내부감사최고책임자와 윤리적 갈등 논의
⑪ 이사회 및 최고경영진과 중요한 윤리적 갈등 논의
⑫ 윤리적 이슈들을 조사하고 해결책 논의
⑬ 윤리원칙을 지키지 않는 곳에서 충분한 주의를 기울여 행동
⑭ 행동방침을 결정할 때 공공의 이익을 고려 ⑮ 전문가적 주의의무 실행 등

2) 내부감사 적정관리

① 내부감사 기능과 그 가치를 조직 전체를 통해 주창
② 팀 구성원을 위해 높은 성과를 보여주는 롤 모델(Role Model) 역할
③ 조직에 개인적 이익을 극대화하기 위해 자신의 강점과 약점 분석
④ 직원관련 문제, 우려사항 및 질문들을 예상하고 세심하게 대처
⑤ 사업목표 및 기대를 명확하게 표현하고, 조직의 전략과 연결
⑥ 내부감사인과 내부감사기능의 성과기준을 명확하게 설정
⑦ 품질과 우수성을 위해 노력하고 다른 사람들도 그렇게 하도록 장려
⑧ 업무를 발전적이고 협력적인 방법으로 위임
⑨ 책임영역에서 수행된 결과에 대해 개인적으로 책임부담
⑩ 직원의 성과와 업무강도를 모니터링하고, 직원들이 목표를 달성하도록 발전적이고 시의적절한 피드백 제공

⑪ 다른 사람들이 그들의 능력과 전문성 개발을 강화하도록 지도
⑫ 내부감사부서 직원들의 전문성 개발계획을 만들고 실행
⑬ 전문성 개발을 계속하며 관련된 학습기회를 이용
⑭ 다른 사람들의 경력개발 요구에 기회와 조언 제공
⑮ 자기개발과 경력개발 요구를 평가하고, 새로운 도전을 개인적 및 전문적 성장을 위한 기회로 이용
⑯ 효과적인 내부감사 수행에 필요한 최신의 역량을 유지
⑰ 내부감사팀의 다양한 숙련기술과 다양성을 조직 목표와 위험에 일치
⑱ 지속적으로 유능한 직원을 채용하기 위한 인재채용시스템 구축
⑲ 내부감사부서 후보직원의 능력을 평가하기 위해 다양한 평가 Tool 과 테스트 활용
⑳ 내부감사부서 내 선발과정을 지원하고 공헌 등

3) 「국제내부감사직무수행방안(IPPF)」 적용

① IPPF의 최신 지식 유지
② 내부감사부서에서 IPPF의 실행 선도
③ 적용 가능성이 불분명할 경우 자문을 구하면서 IPPF의 적절한 사용과 해석을 입증
④ 개별감사업무를 계획하고 수행할 때 IPPF의 요구사항을 준수
⑤ 연간감사계획시 IPPF를 준수한 리스크 기반 접근방법을 채택하고 필요시 수정
⑥ 내부감사가 모든 시스템, 절차 및 사람에 대한 접근이 가능하도록 보장
⑦ 감사업무 수행 시 전문가로서의 정당한 주의의무에 대한 모범 실행 및 이를 관찰
⑧ 내부감사팀의 전문가로서의 정당한 주의의무에 대한 모범 실행 및 이를 관찰
⑨ 내부감사 현장의 개발, 실행, 검토를 선도하고, 이사회 승인
⑩ 감사기능의 독립성 보장　　⑪ 품질보증 및 개선프로그램을 구축 및 유지
⑫ 품질보증 및 개선프로그램을 관리 및 지원
⑬ 윤리강령 및 국제내부감사기준의 미준수 사항을 최고경영진 및 이사회에 공개

4) 지배구조, 위험관리, 부정관리 및 내부통제 이해

① 지배구조, 위험관리, 부정관리 및 내부통제에 관한 모범사례를 최고경영진 및 이사회 교육
② 조직의 지배구조, 위험관리, 부정관리 및 내부통제체계의 적정성을 평가
③ 조직 내 리스크 지향 문화 만들기에 기여
④ 조직의 현재 리스크 및 새로 나타나는 리스크 개요에 대한 전체적인 통찰 유지
⑤ 정치적, 경제적, 사회적, 환경적, 법적 또는 기술적 요인에 기반한 조직의 미래 리스크 변화 및 그에 따른 잠재적인 영향 모니터링
⑥ 조직의 지배구조, 위험관리, 부정관리 및 내부통제 체계 내에서 운영
⑦ 조직에 미치는 리스크 및 그 영향에 기반한 개별감사계획 수립
⑧ 감사활동 수행기간 동아 내부통제 개념 적용　　⑨ IT 지배구조 평가

⑩ 내부감사 활동이 조직의 전사적 위험관리 전략 및 리스크 개요에 부합하도록 하고 이를 강화
⑪ 내부통제를 개선하기 위한 제안이 조직의 목표 및 실행능력과 균형 유지
⑫ 조직의 리스크 개요에 대해 이사회 및 최고경영진에게 설명
⑬ 개별 감사업무의 리스크 개요를 관련당사자에게 설명
⑭ 조직의 모든 단계에 부정위험 인식 문화 조성
⑮ 부정위험 잠재성을 평가 및 설명하고, 조직과 관련된 부정의 일반유형을 식별
⑯ 부정위험 잠재성을 평가 및 설명하고, 내부감사업무와 관련된 부정의 유형을 식별
⑰ 부정조사를 하는 데 사용되는 절차를 이행하고 이를 유지 등

5) 비즈니스 통찰

① 조직과 그 리스크에 관한 지식 유지 ② 감사업무에 적합한 산업관련 지식 유지
③ 조직과 관련된 산업관련 지식 유지
④ 감사업무관련 기본적인 거시경제적 및 미시경제적 요인과 그 관련성을 평가 및 고려
⑤ 조직에 미치는 거시경제적 및 미시경제적 요인과 그 영향을 평가 및 고려
⑥ 최근의 국제적인 사건들, 규제와 법률 요건의 현황을 이해하고, 감사업무와 관련성을 이해
⑦ 조직과 관련된 최근의 국제적인 사건들, 규제와 법률체계의 현재를 이해
⑧ 감사업무에 적합한 재무회계, 관리회계 및 원가회계 개념, 회계기준, 시스템, 보고 프로세스의 기술적인 측면에 대한 지식을 유지
⑨ 조직에 적합한 재무회계, 관리회계 및 원가회계 개념, 회계기준, 시스템, 보고 프로세스의 기술적인 측면을 평가 및 고려
⑩ IT가 조직 목표, IT관련 위험 및 감사업무와의 관련성을 어떻게 기여하는지를 평가 및 고려
⑪ 감사업무관련 품질관리체계의 건전한 실무지식 입증
⑫ 조직에서 운영되는 품질관리체계 평가 ⑬ 조직의 문화적 측면 고려
⑭ 조직의 미션, 전략적 목표 및 업무특성 고려 등

6) 의사소통

① 서비스 지향적인 자세를 유지 ② 개방적 의사소통 촉진
③ 타인에 대한 존경을 나타내고, 목표청중의 요구사항을 반영하여 메시지 수정
④ 다른 사람에게 영향을 미칠 수 있도록 명확하고 자신 있게 아이디어를 조직 및 표현
⑤ 다양한 원천으로부터 중요한 정보를 추출하여 의사소통을 지원
⑥ 적절한 의사소통 형태(언어적, 비언어적, 시각적, 문서상)와 수단(대면, 전자적 방법, 서면) 결정
⑦ 언어의 기술적인 관례(철자, 구두점, 문법 등)를 정확하게 사용
⑧ 자신의 이해를 체크하기 위해 필요한 질문을 하면서 적극적으로 경청
⑨ 의사소통의 효과성 측정을 위하여 청중에게 피드백 요청

⑩ 의사소통에 대한 반응을 예상하여 미리 응답을 계획
⑪ 감사 발견사항과 그 영향을 적절히 조직, 계층화하고 능숙하고 명확하게 토의
⑫ 의사소통을 강화하기 위해 바디 랭귀지를 해석하고 사용
⑬ 프로세스와 다른 복잡한 정보를 의사소통하기 위해 그래프 방식 사용
⑭ 청중의 학습과 육성을 증대하기 위해 구조화된 방식으로 정보를 전달
⑮ 인터뷰 시 적절한 의사소통 기술 적용 등

7) 설득과 협업

① 서비스 지향적 자세를 유지
② 의사소통하고 관계를 구축할 때 다른 사람들에게 미치는 자신의 대인관계 스타일의 영향을 예상 및 고려
③ 협상과 의견불일치를 해결하여 갈등 관리
④ 조직의 정치를 고려 및 그에 따라서 행동 ⑤ 단호한 주장과 홍정에서 균형 유지
⑥ 사람들을 편안하게 대하고 모든 당사자들과 개방적이고 건설적인 관계 맺기
⑦ 감사업무 고객과 효과적인 파트너십을 만들고 키우면서 감사관련 성과 획득
⑧ 내부 및 외부의 주요한 이해관계자들(개인 및 그룹)과 전략적 파트너십을 만들고 키우면서 감사관련 성과 획득
⑨ 이해관계자의 요구사항과 기대사항을 식별하고 관리
⑩ 다른 사람들과 협업하고, 다른 사람들로 하여금 협력적으로 일하도록 장려
⑪ 어려운 상황에서 저항을 뚫고 나가는 정신적 강인함을 보여주면서 사람들과 건설적인 방법으로 일하기
⑫ 존경, 도움 주기 및 협력과 관련한 모범 보이기
⑬ 지위보다는 영향력, 개인적 확신 및 감수성을 통해 이끌기
⑭ 모든 상황에서 독립성과 객관성 유지
⑮ 다른 사람들에게 긍정적인 영향을 주고, 신뢰를 보이며, 존경과 협력 획득
⑯ 자신의 한계를 인식하고 필요한 경우에 조언과 지지 획득
⑰ 기밀성을 존중하며 다른 당사자의 신뢰 확보
⑱ 적극적인 합의와 지지를 만들기 위한 다양한 정략 구사
⑲ 팀 구성원으로서 전적으로 참여
⑳ 조직 내 장벽을 제거하는 데 일조하고, 내부감사팀을 도울 수 있는 자원들을 식별
⑳-2. 다른 사람들을 격려할 때 동기부여 이론과 집단역학 지식을 적용 등

8) 비판적 사고

① 호기심을 유지하고 전문가적 의구심을 발휘
② 업무 프로세스에 대한 데이터와 다른 정보를 얻기 위해 다양한 매뉴얼과 자동화된 Tool 및 기술들을 선택 및 사용
③ 업무 프로세스의 효율성과 효과성을 분석 및 평가

④ 업무 프로세스를 분석하는 동안 사용한 Tool과 기술들을 확인
⑤ 일상적인 상황들을 위한 문제해결 기법 적용
⑥ 복잡한 상황을 분석하고 해결하기 위한 적절한 리서치, 기업정보 및 문제해결 기술을 적절하게 선택 및 사용
⑦ 비판적 사고를 통해 업무 프로세스 개선을 위한 방법을 식별 및 제안
⑧ 감사활동을 통해 식별된 이슈를 해결하기 위한 실제적인 해결책을 찾도록 경영진 지원
⑨ 데이터 수집, 데이터 마이닝, 데이터 분석 및 통계적 기법 적용
⑩ 의사결정 시 정보가 적절, 정확 및 충분한지 확인
⑪ 의사결정과 주요 메시지를 지원하기 위해 벤치마크 연구 및 활용 등

9) 내부감사 적정수행

① 조직의 감사방법론을 적용하고, 특정한 감사업무 목표를 달성하기 위한 감사절차를 수행
② 감사업무계획과 수행의 질 확보
③ 감사목표의 달성 및 감사의 질이 확보되도록 감사업무의 실행을 감독
④ 감사업무 내내 객관성 유지
⑤ 감사업무의 목표가 달성되도록 모든 자원을 효율적으로 관리
⑥ 자신의 시간을 관리하여 감사업무 기한과 목표가 달성되도록 효율성과 지속성 발휘
⑦ 합의된 스케줄에 따라 감사업무가 수행되도록 감사계획을 기획, 실행 및 모니터링
⑧ 데이터 수집, 분석과 해석 및 보고 시에 적절한 Tool과 기술을 선택 및 적용
⑨ 주요 리스크와 내부통제를 식별할 수 있도록 감사업무의 계획 및 수행
⑩ 필요한 자원을 식별하고 감사업무 관련 한계점(애로사항) 해결
⑪ 신뢰성 있고 적절하고 충분한 증거를 획득하고 비판적으로 평가
⑫ 감사업무 발견사항으로부터 조직에의 전략적 함축 의미를 식별 및 발전 유도
⑬ 감사기간 동안 수행된 모든 활동을 진실하게 반영하도록 감사조서를 개발 및 확인
⑭ 발견사항의 제시와 조직에 미치는 영향과 이슈의 근본원인을 다루는 권고사항 제시
⑮ 최고경영진과 이사회에 검증 및 자문서비스 제공
⑯ 배정된 감사에 충분한 감사업무 범위를 확보
⑰ 경영진의 조치를 모니터링하는 사후관리 과정 구축
⑱ 경영진의 조치가 효과적으로 실행되고 있거나 또는 최고경영진이 조치를 수행하지 않음으로써 리스크를 부담하고 있는지 확인하기 위해 경영진과 함께 사후관리

10) 개선 및 혁신

① 변화, 지속적인 개선 및 혁신을 지지하고, 다른 사람들의 변화 등의 추구를 지원
② 지속적인 개선기회의 추구 및 정당화 ③ 책임 범위 내에서 변화의 시작 및 관리
④ 의도한 효익을 설명함으로써 다른 사람들이 변화를 수용하도록 격려
⑤ 조직 내에서 어떻게 변화가 실행되는지에 관한 비전 제시

⑥ 다른 사람들이 혁신적인 아이디어를 제안하도록 격려하고, 새로운 아이디어가 진행될 수 있도록 긍정적인 피드백 제공
⑦ 변화와 개선을 통한 통찰과 제안에 기여 ⑧ 조직의 변화 전략에 중요한 기여
⑨ 조직에서 변화해야 할 이유를 조사 및 분석
⑩ 변화와 관련된 리스크를 식별하고, 그러한 리스크를 관리할 수 있도록 감사활동을 조정
⑪ 변화를 주도하는 데 있어서의 잠재적인 진입장벽과 자원을 평가
⑫ 내부감사 기능과 팀 전체에서 변화 프로그램 실행
⑬ 변화하는 불확실한 상황에서도 개인적인 성과와 효과성을 유지
⑭ 업무 영역에서 새로운 우선순위를 수용하고 긍정적인 변화를 실행
⑮ 조직의 새로운 우선순위 및 변화하는 우선순위에 감사팀의 우선순위를 조정
⑯ 변화에 대한 반응을 예상해 다른 사람들을 지원할 수 있도록 자신의 스타일 조절

마. 소결

'전문가적 윤리'와 '내부감사 적정관리'는 내부감사 수행을 위한 확고한 기본토대를 제공한다. 효과적인 서비스를 제공하기 위해서는 내부감사인은 높은 윤리기준에 따라 업무를 수행하고 내부감사기능의 자원과 활동을 조정할 필요가 있다. 그리고 전문적인 지식과 관련하여 중요하게 집중해야 할 사항은 '국제직무수행방안(IPPF)의 적용', '지배구조, 위험관리, 부정관리 및 내부통제 이해', 그리고 '비즈니스 통찰'이다.

'국제직무수행방안(IPPF)'은 세계내부감사인협회(IIA)가 전 세계 내부감사전문가 및 내부감사인들에게 제공하는 권위 있는 내부감사관련 전문적 기준/지침이다. 또한 내부감사인은 그들의 업무를 알리고 조직의 목표달성을 도울 수 있도록 '지배구조, 위험관리, 부정관리 및 내부통제'에 있어서 기술적인 전문지식을 필요로 한다.

그리고 조직, 조직의 문화, 일하는 방식, 조직에 속해 있는 부문, 그리고 조직에 영향을 주는 국가적·세계적 요인에 대한 이해의 형태로서의 '비즈니스 통찰'은 내부감사인으로 하여금 효과적인 검증과 진단 서비스를 제공하고 조직에게 가치를 부가하게 하는 또 다른 필수적인 필요조건인 것이다.

내부감사인은 내부감사 적정수행을 위해서, 그리고 조직 내에 개선과 혁신을 이끌기 위해서 '의사소통', '설득과 협력', 그리고 '비판적 사고'에 능숙할 필요가 있다. 따라서 내부감사인은 내부감사업무를 적정하게 관리 및 수행하기 위해서는 기술적 전문성이나 개인적 리더십 그리고 전문가적 윤리를 두루 갖춘 완전한 사람이 되기를 원한다.

Ⅵ 내부감사의 복무수칙과 주의의무

1. 내부감사의 복무수칙 준수의무

가. 개요

내부감사인은 감사업무를 수행함에 있어 명심해야 하는 내부감사인의 사명과 철저히 지켜야 하는 감사자세 및 감사 예절 그리고 절대 위반해서는 아니 되는 금지사항을 준수하여

야 한다. 내부감사최고책임자나 내부감사인이 준수해야 하는 복무수칙에는 아래 사항이 주로 포함되어야 한다.

나. 내부감사인의 사명

'내부감사인의 사명'에 대한 자세한 내용은 제1편 제2장 제4절 Ⅲ - 1. '내부감사인의 사명' 항목을 참고하시기 바랍니다.

다. 내부감사인의 자세[20]

내부감사인은 공인으로서 회사가 자신에게 부여한 책무성을 인식하고 공정성·성실성 및 건전한 윤리의식에 기초한 감사자세를 견지하여야 한다. 내부감사인이 공정한 감사자세를 견지하지 못하면 감사에 대한 신뢰의 실추는 물론 수감자의 로비 등 불필요한 비용을 증대시키고 비리를 조장할 수 있다. 즉 수감자는 내부감사인에게 향응·선물을 제공하거나, 교통비·숙박비 등 감사경비를 대신 부담함으로써 미온적인 감사를 유도하고자 할 것이다.

더욱이 그러한 경비가 변칙적으로 수감기관이나 부서의 예산에서 집행되거나 수감비용의 조달 명목으로 수감업무에 관련되는 이해관계인 등을 통해 갹출되는 경우에는 감사활동이 오히려 불법행위를 촉진하는 결과를 초래하게 된다. 친척·동료 등으로부터 청탁을 받고 특정 사안을 감사표본에서 배제하거나 문제점을 묵인·축소·왜곡한다든지, 내부감사인으로서 우월적 지위를 악용하여 감사대상자에게 부당한 청탁과 압력을 행사하는 경우도 배제할 수 없다.

내부감사인은 수감기관 또는 부서 등의 입장과 의견을 존중하고 충분한 의견진술의 기회를 주어야 하며, 편견이나 자의적 판단에 의하지 아니하고 동료 감사인, 관계기관 및 전문가의 의견을 광범위하게 수렴하여 공정하고 개관적으로 감사업무를 수행해야 한다. 또한 내부감사인과 수감자가 대등한 입장에서 수행하는 양방향 감사가 아니라, 상대적 우월성을 상정한 위압적이고 일방향의 과잉감사로 치우칠 가능성을 경계하여야 한다.

내부감사인이 가시적인 성과를 의식하여 양방향 감사가 아니라 적발과 처벌위주로 감사를 수행하면 감사에 수반하는 비용이 아래와 같이 증가하게 된다.

적발과 처벌 위주 감사의 문제점

① 실제로는 틀린 데도 불구하고 그것을 옳은 것으로 잘못 받아들이는 오류 즉, 제2종 감사오류[21]의 피해 증가

② 위법·부당행위에 대한 감사의 한계적인 예방 효과가 감소

③ 감사에 대한 순응도가 낮아 감사의 운용비용과 함께 지적사항의 집행비용 증가

④ 적발된 수감자 사이에도 실질적으로 적용되는 벌칙의 형평성이 低減

20 감사원, 「공공감사기준주석서」, 2000.12., 49~50면.

21 감사의견의 제2종오류란 회생절차개시신청 등으로 계속기업으로서의 존속이 어려워진 기업에 대한 직전년도 감사의견이 계속기업 존속 불확실성 감사의견이 아닌 경우로서 이는 감사실패를 의미한다.

⑤ 적발된 수감자가 감사인을 매수할 유인이 증가

⑥ 적발된 자와 적발되지 아니한 자 사이에 사후 수평적 형평성의 격차도 증가

⑦ 가시적·직접적인 잘못은 줄어도, 過剩 順應이나 無事 安逸 등 內在的인 問題點 增加 등

또한 내부감사인이 가시적인 성과를 의식하여 아래와 같은 과잉감사를 수행하게 되면 회사의 감사협력 비용이 증가하게 된다

내부감사인의 과잉감사 사례

① 빈번한 또는 방대한 자료제출 요구 ② 제출된 자료의 잦은 수정 요구

③ 불필요한 출두요구 ④ 확인서·질문서·의견서·문답서의 남발

⑤ 제④항의 내용을 감사인 의도대로 작성할 것을 강요하는 행위 등

아울러 감사기관과 내부감사인은 수감기관 등에게 과중한 부담을 끼치는 등 감사로 인한 부작용을 최소화하기 위하여 노력하여야 한다. 감사로 인한 부작용의 상당부문은 過剩 監査로 인하여 야기되지만, 그 외에도 감사업무 수행과 관련된 비리, 특정기관 또는 부서에 대한 **편중감사** 또는 **중복감사**, 그리고 형식적으로 수행하는 **부실감사**도 각각 부작용을 유발한다.

따라서 내부감사인은 감사업무수행에 수반하는 각종 부작용을 최소화 하도록 최선의 노력을 다하여야 한다. '내부감사인의 자세'에 대한 자세한 내용은 제1편 제2장 제4절 Ⅲ-2. '내부감사인의 자세' 항목을 참고하시기 바랍니다.

라. 내부감사인의 예절

'내부감사인의 예절'에 대한 자세한 내용은 제1편 제2장 제4절 - Ⅲ-3. '내부감사인의 예절' 항목을 참고하시기 바랍니다.

마. 내부감사인의 금지사항

'내부감사인의 금지사항'에 대한 자세한 내용은 제1편 제2장 제4절-Ⅲ-4. '내부감사인의 금지사항' 항목을 참고하시기 바랍니다.

2. 내부감사의 정당한 주의의무[22]

가. 전문가로서의 정당한 주의의 개요

모든 내부감사인은 합리적인 신중함과 감사역량을 갖춘 내부감사인에게 기대되는 주의와 기술 즉, '전문가로서의 정당한 주의'를 적용해야 한다. 전문가로서의 정당한 주의가 결함이

---

22 김용범, 전게서, 2017, 1105~1107면. 국제내부감사인협회(IIA), 전게서, 2011, 44면 및 86면과 2007, 132~142면. 그리고 2017, 87~89면. 「국제내부감사기준」, 1220. 감사원, 「공공감사기준주석서」, 2000.12., 52~54면.

전혀 없음을 의미하지는 않는다. 따라서 **'전문가로서의 정당한 주의'**는 **신중하고 능력 있는 내부감사인이 같은 또는 유사한 상황에서 적절히 사용할 것으로 기대되는 주의와 기술을 의미**한다.

적절한 교육, 경험, 자격증 및 훈련을 획득하는 것은 내부감사인이 전문가로서의 정당한 주의로 의무를 수행하기 위해 필요한 기술 및 전문지식 수준을 개발하는 데 도움을 준다. 추가적으로 내부감사인들은 「국제직무수행방안(IPPF)」의 필수지침을 이해하고 적용해야 하며, IIA의 「글로벌 내부감사역량체계」에 기술된 핵심역량에 익숙해지는 데 도움이 됨을 확인할 수 있다.

즉 **정당한 주의의무**라 함은 **내부감사인에게 기대되는 공적 · 사회적인 요구를 충족시킬 수 있는 수준의 주의로서, 구체적으로 감사업무 수행 시 내부감사인에 대한 감사책임자의 적절한 지도 · 감독 및 감사와 관련되는 각종 법률 및 규정 등과 IIA의 「국제직무수행방안(IPPF)」 그리고 「공공감사기준」 등이 요구하는 사항을 준수하는 것을 뜻한다.**

아울러 **'전문가로서의 정당한 주의'**란 **합리적인 주의 및 능력 발휘를 의미하며, 完全 無缺 또는 非凡한 업무수행**(절대적 확신)**을 의미하지 않는다. 즉 내부감사인이 감사 관련 법령과 규정 및 기준 등에 따라 합리적 수준의 조사 및 사실 확인**(합리적 확신)**을 할 경우 '전문가로서의 정당한 주의'**를 다했다고 할 수 있다.

나. '전문가로서의 정당한 주의'를 다한 임무 수행

내부감사인은 다음과 같은 사항들을 고려하면서 '전문가로서의 정당한 주의'를 다하여 임무를 수행하여야 한다.(「직무수행기준」1220.A1)

'전문가로서의 정당한 주의'를 다하기 위한 고려 사항

① 감사업무 목표를 완수하는 데 필요한 업무 범위
② 검증절차가 적용되는 문제의 상대적 복잡성, 중요성 또는 심각성
③ 지배구조, 위험관리, 부정관리 및 내부통제 프로세스의 적절성 및 효과성
④ 중요한 오류, 부정행위 또는 규정 위반의 가능성
⑤ 잠재적 효익에 대비한 검증 비용 등

다. 기술기반 감사 및 표본감사 기법의 사용

'전문가로서의 정당한 주의'를 다하여 감사업무를 수행할 때 내부감사인은 기술기반 감사 및 기타 데이터분석 기법을 사용할 것을 고려해야 한다.(기준1220.A2) 현대적 감사는 全數監査를 하기보다는 방대한 감사대상 중 모집단을 대표할 수 있는 일부를 추출하여 평가하고 표본에 대한 평가결과를 토대로 모집단 전체의 적정성을 추론하는 **표본감사**에 의존하는 것이 불가피하다.

표본감사의 특성상 감사를 통하여 모든 불법행위, 오류 또는 낭비를 발견할 수는 없으므

로, 내부감사인은 감사대상기관 또는 부서의 업무처리에 관하여 통계적인 적정성을 부여하는 소극적인 의미의 의견표시를 할 수 있을 뿐이다. 또한 아무리 우수한 내부감사인이라도 감사표본의 모든 문제점을 찾아내는 것은 현실적으로 불가능할 뿐만 아니라 기대하기도 어렵다. 이처럼 감사는 그 속성이 본질적으로 불확실한 활동으로 한계를 지니고 있으므로 내부감사인에게 완전한 無過失을 요구하는 것은 무리이다.

따라서 감사결과 발견사항이 없다고 해서 감사대상기관의 모든 업무처리가 적정함을 의미하는 것은 아니며, 위법·부당한 행위와 관련된 임직원의 책임이 면제되는 것도 아니다. 수감기관 등의 불법행위, 오류 또는 낭비 등의 사실이 감사 종료 후에 발견되더라도, 그 자체만으로는 내부감사인이 정당한 주의의무를 다하지 않았다고 할 수 없다. 이 경우에도 내부감사인이 관계 법령과 규정 및 이 기준을 준수하여 감사업무를 수행하였다면 정당한 주의의무를 이행한 것으로 보아야 한다.

라. 부정행위 등 중요한 위험에 대한 경계 철저

내부감사인은 회사의 목표, 운영 또는 자원에 영향을 줄 수 있는 불법행위, 부정행위, 비정상적인 행위 등 중요한 위험에 대하여 경계를 철저히 하여야 한다. 그러나 검증절차가 비록 정당한 직무상 주의를 다했다 하더라도 모든 위험이 밝혀질 것이라는 보장을 하지는 않는다는 것을 명심해야 한다.(기준 1220. A3)

마. 진단업무 수행 시 '전문가로서의 정당한 주의'

내부감사인은 진단 업무를 수행할 때 직무상 주의를 다하기 위해 다음과 같은 사항을 고려해 '전문가로서의 정당한 주의'를 다해야 한다.(기준 1220.C1)

진단업무 수행 시 전문가로서의 정당한 주의 사항

① 진단업무 결과의 성격, 시기 그리고 의사소통 등 고객의 요구와 기대치
② 업무 목표를 달성하기에 필요한 임무수행의 상대적 복잡성과 범위
③ 잠재적 효익에 대비한 컨설팅 서비스 비용 등

바. 조직의 윤리강령 및 법 · 규정의 준수

내부감사인들에게 전문가로서의 정당한 주의는 IIA의 윤리강령을 준수를 요구하고, 조직의 행동강령 및 기타 취득한 전문자격증과 관련된 추가적인 행동강령의 준수도 요구할 수 있다. 내부감사부서는 내부감사인이 IIA의 윤리강령 또는 그 조직의 행동강령 관련 선언문에 매년 서명할 것을 요구하는 공식적인 프로세스를 가질 수 있다.

감사와 관련되는 법·령·규칙 등과 「공공감사기준」이 요구하는 사항의 준수의무는 단순히 관련되는 규정에 따를 뿐만 아니라, 감사범위의 결정, 감사방법의 선택, 감사절차의 선정, 표준감사대상의 추출, 감사증거의 수집, 감사결과의 평가 및 보고 등 감사업무 수행의 전반

에 걸쳐 내부감사인이 전문직업인으로서의 지식과 실무경험에 입각한 건전한 판단을 내릴 것을 요구한다.

이런 맥락에서 **정당한 주의의무**는 감사 실시 당시의 상황에서 감사 범위, 감사 절차, 감사대상 표본의 추출, 감사기법 및 감사증거 수집 등의 적정성과 그 결과에 근거하여 감사보고서가 성실하게 작성되었는지 여부에 의하여 결정된다.

정당한 주의의무와 관련해 「세계최고감사기구」*의 「감사기준」 제90조는 "감사인은 감사대상의 배경이 되는 상황에 유의하고, 통제가 미흡하지 않은지, 기록 유지가 부실하지 않은지, 회계상 오류, 특이한 거래 또는 거래결과로 미루어 비리나 부적절한 또는 불법적인 지출은 없는지, 결재를 받지 아니한 사항은 없는지, 낭비·비효율 또는 부주의에 따른 과실은 없는지 등을 주의 깊게 살펴보도록" 규정하고 있다.

*세계최고감사기구(International Organization of Supreme Audit Institutions ; INTOSAI)란 세계 각국의 감사기구 대표들이 모여 감사지식과 정보 등을 교환하기 위해 1953년 쿠바에서 창립된 기구. 현재 사무국은 오스트리아에 있다.

사. 내부감사부서의 정책 및 절차의 훈련

IPPF에 따르면, 내부감사부서의 정책 및 절차는 내부감사업무를 계획하고, 수행하고, 문서화하는 조직적이고 훈련된 접근방법을 제공한다. 따라서 이런 조직적이고 훈련된 접근법을 내부감사인들은 기본적으로 전문가로서의 정당한 주의에 적용한다. 하지만 전문가로서의 정당한 주의를 구성하는 요소 중 일부는 업무의 복잡성에 따라 결정된다. 「국제내부감사기준」 1220.A1, 1220.A2, 1220.A3, 1220.C1은 내부감사인들이 전문가로서의 정당한 주의를 다할 때 고려해야 하는 요소들을 기술한다.

예를 들어, 내부감사인들은 중대한 오류, 부정 및 미준수의 가능성을 고려해야 하고, 합리적이고 신중하고 역량 있는 내부감사인이 똑같은 또는 유사한 환경에서 수행할 것 같은 조사와 검증을 할 것으로 기대한다. 하지만, 기준 1220(전문가로서의 정당한 주의)은 또한 전문가로서의 정당한 주의가 무결점을 의미하지는 않는다고 명시한다. 그러므로 내부감사인들이 법·규정 등의 미준수 또는 불법행위가 존재하지 않는다는 완벽한 검증/진단을 제공할 것으로 기대되지 않으며, 단지 합리적인 검증/진단을 제공할 것으로 기대할 뿐이다.

아. 내부감사부서의 감사업무에 대한 감독

감사업무 단계에서 전문가로서의 정당한 주의를 확보하기 위해 기준 '2340-감사업무 감독'은 감사업무를 적절히 감독할 것을 요구한다. 감사감독은 일반적으로 고려되어야 하는 감사조서, 감사결과 및 감사결론에 대한 감독상의 검토를 포함한다.

그런 검토 후에 감독자들은 보통 감사업무를 수행한 내부감사인에게 종종 감사 후 회의를 통해 피드백을 제공한다. 내부감사인은 전문가로서의 정당한 주의에 대한 의견은 감사 후 감사고객 설문조사를 통해서 구할 수 있을 것이다.

자. 내부감사부서의 외부자문 및 타감사결과 활용

정당한 주의의무는 내부감사인이 외부의 자문을 구하거나 다른 감사결과를 활용하는 경우에도 적용된다. 즉 외부의 자문 또는 다른 감사결과를 활용하였다고 해서 내부감사인의 책임이 면제되는 것은 아니다.

감사인은 외부로부터 자문을 구하는 경우 자문 제공자의 전문성과 공정성에 관하여 적절한 주의를 기울여야 한다. 일시적으로 고용계약을 통하여 외부의 전문가를 감사에 활용하는 경우에도 마찬가지다.

또한 내부감사인은 선행 감사결과 등 다른 감사결과를 채택하는 경우에도 그것을 무비판적으로 원용(援用)할 것이 아니라 그러한 결과가 객관적인 감사증거에 기초하여 도출된 것인지를 성실히 검토한 후 이용하여야 한다.

차. 내부감사부서의 관리, 품질보증 및 개선프로그램 적용

내부감사부서를 관리하고(기준 2000 시리즈), 품질보증 및 개선프로그램을 적용할 때(기준 1300시리즈), 내부감사최고책임자는 전문가로서의 정당한 주의가 적용되는지를 확인하는 전반적인 책임을 갖는다.

그래서 내부감사최고책임자는 보통 자체평가와 같은 측정 툴, 핵심 성과지표와 같은 측정기준, 그리고 개별 내부감사인 및 내부감사부서의 성과를 전체적으로 평가하는 프로세스를 개발하여야 한다.

고객 설문조사에 더하여 개별 내부감사인을 평가하는 툴은 동료검토와 감독검토를 포함할 수 있다. 내부감사부서는 전체적으로 내·외부 평가를 통해, 기준 1310부터 1312를 따라 그리고 설문조사 또는 유사한 방식의 피드백을 통해 평가될 수 있다.

카. 내부감사인의 정당한 주의 의무 및 책임[23]

내부감사인이 정당한 주의의무를 준수하였는지 여부는 감사시기, 감사범위, 감사절차, 감사대상 표본의 추출, 감사기법 및 감사증거 수집 등의 적정성과 그 결과에 근거하여 건전한 판단을 하였는지의 여부에 의하여 결정하여야 한다.

내부감사인의 정당한 주의의무가 감사인의 무한책임을 뜻하는 것은 아니며 수감기관, 수감부서 등의 불법행위, 오류 또는 낭비 등의 사실이 감사종료 후에 발견되더라도 관계법령 및 위 기준을 준수한 경우에는 정당한 주의의무를 이행한 것으로 본다.

그러나 내부감사인의 정당한 주의 의무는 내부감사인이 외부의 자문을 구하거나 다른 감사결과를 활용하는 경우에도 적용되며, 외부자문 또는 다른 감사결과를 활용하더라도 내부감사인의 책임이 면제되는 것은 아니다. 또한 내부감사인이 고의 또는 중대한 과실로 정당한 주의의무를 다하지 못하여 물의가 야기되는 등의 경우에는 책임을 진다.

정당한 주의의무를 다하지 못한 사례

23 「공공감사기준」제11조.

① 정당한 주의의무를 다하였더라면 발견할 수 있는 중요한 문제점을 발견하지 못하여 물의를 야기한 경우
② 감사결과 처분(요구)한 사항이 객관적인 사실조사의 소홀 등으로 사후에 재심의 또는 소송 등에 의하여 번복되는 경우
③ 과잉감사 또는 고의 및 중대한 과실로 정당한 주의의무를 다하지 못해 물의를 야기한 경우 등

참고

「공공감사기준」상의 정당한 주의 의무[24]

① 내부감사인은 감사업무를 수행함에 있어 감사인으로서 하여야 할 정당한 주의의무를 다하여야 한다.
② 정당한 주의의무가 감사인의 무한책임을 뜻하는 것은 아니며 수감기관 등의 불법행위, 오류 또는 낭비 등의 사실이 감사 종료 후에 발견되더라도 내부감사인이 관계법령 및 이 기준을 준수한 경우에는 정당한 주의의무를 이행한 것으로 본다.
③ 내부감사인이 이 기준을 준수하였는지 여부는 감사시기, 감사범위, 감사절차, 감사대상 표본의 추출, 감사기법 및 감사증거 수집 등의 적정성과 그 결과에 근거하여 건전한 판단을 하였는지의 여부에 의하여 결정하여야 한다.
④ 정당한 주의의무는 감사인이 외부의 자문을 구하거나 다른 감사결과를 활용하는 경우에도 적용되며, 외부의 자문 또는 다른 감사결과를 활용하더라도 감사인의 책임이 면제되는 것은 아니다.
⑤ 감사인이 고의 또는 중대한 과실로 정당한 주의의무를 다하지 못하여 물의가 야기되는 등의 경우에는 책임을 진다.

Ⅶ 내부감사에 대한 조정과 통제

1. 개요

감사기관은 감사업무에 대한 신뢰를 확보하기 위하여 감사업무의 취약점이 반복되지 아니하고 개선될 수 있도록 감사의 질을 관리하기 위한 합리적인 관리와 절차를 마련하여야 한다.

이러한 감사의 질을 관리하기 위한 조정·통제제도의 성격과 범위는 당해 감사기관의 규모, 소속 감사인 및 조직의 전문성과 독립성의 정도, 감사업무의 성격과 負荷 등 다양한 변수에 의해 결정된다.

따라서 개별 감사기관의 여건에 따라 감사의 질 관리를 위한 다양한 조정·통제제도가 동원될 수 있다. 감사인력이 소수에 불과한 영세 자체감사기구의 경우에는 일부 조정·통제제도를 엄격하게 적용할 여력이 없기 때문에 이를 약식으로 적용하거나 완화하는 것이 불가피

24 「공공감사기준」(감사원규칙 제137호) 제11조.

할 수도 있다.

2. 내부감사에 대한 조정 · 통제제도의 운영

감사기관은 적용 가능한 감사기준과 적절한 감사정책 및 감사절차를 채택하여 준수하고 있다는 합리적인 확신을 줄 수 있는 내부의 조정·통제제도를 운영해야 한다. 여기서 **'감사기준'**이라 함은 공공기관 감사 및 기업 감사에서 일반적으로 적용되는 공공감사기준 및 기업감사기준 이외에 각급 감사기관의 여건에 걸맞게 제정한 하위 체계의 내부감사 기준까지 포함하는 개념이다.

감사의 質的管理를 위해 기본적으로 운용해야 할 내부의 조정·통제제도에는 다음의 내용이 포함되어야 하며, 아래 열거한 제도는 감사기관으로서 필수적으로 갖추어야 할 조정·통제제도이지만, 감사기관의 여건에 따라 이를 신축적으로 운용할 수 있다.

감사의 질적관리를 위해 기본적으로 운용해야 할 조정·통제제도

① 내부감사인이 감사과정의 전반에 걸쳐 감사기준을 준수하고 있는지 여부를 점검하는 감사기관 내부의 자체적인 통제제도
② 감사기관의 장기적·전략적 감사정책과 부합하는 방향으로 감사계획이 수립되고 있는지 여부에 대한 검토와 조정제도
③ 감사실시 과정에서 내부감사인에 대한 감사책임자의 체계적·효율적인 감독제도
④ 감사보고서의 내용 및 감사결과 처분(요구)의 적정성에 대한 내부의 중립적인 審理制度
⑤ 내부감사인에 대한 교육·훈련 프로그램의 내용과 효과에 대한 평가제도
⑥ 내부감사의 성과에 관한 과학적이고 공정한 평가제도 등

특히 감사기관 명의의 감사결과 처분(요구)서에 대해서는 당해 감사업무에 참여하지 않은 소속 내부감사인이 중립적인 관점에서 심층적으로 검토하는 **'동료평가제도'** 또는 **'자체 심사제도'**를 도입하여야 한다. 이는 감사증거의 요건, 법적 타당성, 처분(요구)의 형평성, 先行 處分(要求)과의 부합여부, 문안의 적합성 등을 심사함으로서 감사결과의 신뢰성을 제고하기 위해 필요하다.

공정하고 엄격한 심사를 보정하기 위해서는 가급적 ① 당해 사안을 적출한 내부감사인이 누구인지 심사자가 몰라야 하고, ② 아울러 내부감사인도 자신이 적출한 사안을 누가 심사하고 있는지 모르도록 양측의 익명심사제를 운용하는 것이 바람직하다. 다만 규모가 작은 자체감사기구의 경우에는 엄격한 내부심리절차를 운용하기 어려운 여건을 감안하여 전수심리가 아닌 표본심리를 허용하여야 할 것이다.

3. 내부감사에 대한 조정 · 통제제도의 점검

감사기관은 내부감사에 대한 조정·통제제도가 적절한지를 주기적으로 점검하여, 점검결과 문제점이 발견되는 경우 동 제도의 문제점을 개선해 나가야 한다. 이는 내부의 조정·통

제제도 자체가 감사 환경과 수요의 변화를 반영하지 못하고 낙후될 가능성을 경계하기 위한 것이다.

감사기구는 원칙적으로 감사의 운영실태와 내부의 조정·통제제도가 합리적인 확신을 줄 수 있을 정도로 효과적인지에 대하여 감독기관을 포함한 외부기관의 주기적인 평가를 받아야 한다. 외부 평가기관은 감사의 질에 대한 내부의 조정·통제가 적절하고 효과적으로 운영되는지와 이미 확립된 감사기준, 정책 및 절차가 각각 준수되고 있는지를 검토해야 한다.

참고로 미국의 「정부감사기준」 제3.33조는 감사기관이 제3의 기관에 의한 그러한 외부의 통제와 평가를 적어도 3년마다 한 번씩 받아야 한다고 적시하고 있다. 우리나라도 이를 참고하는 것이 바람직하다고 본다.

4. 내부감사에 대한 조정 · 통제제도의 평가

자체감사기구의 조정·통제제도에 관한 외부의 평가기관은 평가에 필요한 독립성과 전문성을 갖추어야 한다. 즉 외부의 평가기관은 평가대상인 자체감사기구, 그 소속 내부감사인 및 당해 감사기구의 수감기관으로부터 독립적인 지위를 지녀야 하며, 평가대상업무와 감사기준에 관한 최신 지식을 보유해야 한다.

이 경우 자체감사기구는 최근에 자신의 조정·통제제도에 대하여 평가한 기관을 逆으로 평가할 수 없다. 즉 자체감사기구끼리 평가자와 피평가자의 역할을 번갈아 상호평가 하는 것은 금지된다. 다만 민간전문가로 구성된 감사결과평가위원회 또는 호주의 경우 처럼 기관별 (비상설)감사위원회를 자체적으로 설치하여 조정·통제제도에 관한 주기적 평가를 받은 경우에는 외부평가로 갈음할 수 있다.

내부감사기구의 조정·통제제도에 관한 외부평가는 내부감사기구의 규모와 성격에 따라 적합한 절차가 적용될 수 있다. 가령 규모가 작은 내부감사기구에 대하여는 내부통제제도 및 내부감사정책뿐만 아니라 감사업무의 질에 대한 개별적·직접적인 검토까지 수행해도 무방할 것이다.

참고

「국제내부감사기준」상의 조정 및 의존

내부감사최고책임자는 적절한 감사범위를 확보하고, 업무의 중복을 최소화하기 위하여 정보를 공유하고, 활동을 조정하고, 다른 내부 및 외부 검증 및 진단 서비스 제공자의 업무결과에 의존할지를 고려해야 한다.(「국제내부감사기준」2050. 조정 및 의존)

업무를 조정할 때 내부감사최고책임자는 다른 검증 및 진단 서비스 제공자의 업무결과에 의존할 수 있다. 의존하기 위한 기초가 될 일관된 프로세스가 수립되어야 하고, 내부감사최고책임자는 검증 및 진단 서비스 제공자의 역량(전문성), 객관성, 그리고 전문가로서의 정당한 주의의 정도 등을 고려해야 한다.

내부감사최고책임자는 또한 다른 검증 및 진단 서비스 제공자가 수행한 업무의 범위, 목표, 그리고 결과에 대한 명확한 이해를 하여야 한다. 다른 이들이 작성한 업무결과에 의존하더라도, 내부감사최고책임자는 여전히 내부감사 활동에 의해 도출된 결론 및 의견에 대한 적절한 증거를 확보할 책무와 책임이 있다.

내부감사기구의 조정·통제에 대한 기타 필요한 내용은 제3편 제1장 제3절 – Ⅳ. '감사업무 조정 및 의존' 항목을 참조하시기 바랍니다.

Ⅷ 내부감사의 보안과 공개

1. 개요

일반기업의 경우 감사인은 직무와 관련하여 알게 된 정보를 정당한 사유 없이 누설하거나 감사목적 외에 사용하여서는 아니 된다. 다만, 공공기관의 경우는 감사계획의 개요와 감사보고서 등 감사업무와 관련된 정보를 다른 법령에 특별한 규정이 있는 경우를 제외하고는 가급적 공개하고 공개된 정보는 누구라도 이용할 수 있도록 하고 있다.[25]

2. 감사정보의 보안 유지

내부감사인은 직무와 관련하여 알게 된 정보를 정당한 사유 없이 누설하거나 감사목적 외에 사용하여서는 아니 된다. "정당한 사유"는 원칙적으로 감사의뢰인이라고 할 수 있는 국민 또는 주주 등의 알 권리를 충족하기 위하여 필요하고, 다른 법령에 저촉되지 않은 경우를 말한다.

따라서 내부감사인은 사익을 도모하기 위하여 정보를 누설하는 것은 당연히 금지되지만, 소정의 절차에 따른 감사결과의 보고·통보 또는 공개, 감사결과 발견한 불법행위의 수사기관에 대한 통보 또는 고발, 그리고 감사실시 과정에서 외부의 전문가에 대한 자문 의뢰 등은 여기서 말하는 "누설" 또는 "감사목적 외 사용"에 해당되지 않는다.

3. 감사정보의 공개 범위

내부감사인은 필요한 경우 소정의 절차를 거쳐 감사업무와 관련된 정보를 다른 법령에 특별한 규정이 있는 경우를 제외하고 가급적 공개하고, 공개된 정보는 누구라도 공정하게 이용할 수 있도록 하여야 한다. 이처럼 감사업무와 관련된 정보를 원칙적으로 공개하도록 하는 것은 정보의 이용자가 올바른 판단을 할 수 있도록 지원함을 목적으로 하기 때문이다. 따라서 원칙적으로 공개해야 할 감사정보의 범위는 감사계획의 개요와 공개불가 부분을 삭제한 감사보고서 요약분이 포함된다.

4. 감사정보의 공개 한계

다만 세부감사계획은 특정업체·인물에 대한 감사정보, 감사착안사항, 감사기법 및 접근

25 「공공감사기준」(감사원규칙 제137호) 제13조.

방법 등이 포함되므로 이를 공개할 경우 개인의 사생활을 침해하거나 감사업무의 수행에 지장을 초래할 수 있기 때문에 공개에서 제외한다. 감사조서 또는 감사일일보고와 같은 개별 처분(요구)서를 공개대상에서 제외한 것도 같은 취지이다.

감사정보의 공개 제외 사항

① 감사 착안사항과 감사 기법 등을 수록한 세부감사계획
② 감사조서 또는 감사일일보고
③ 개별 처분(요구)서 등

아울러 감사보고서의 내용 중에서도 사생활을 침해할 우려가 있거나 국가비밀 및 건전한 풍속 보호를 위하여 필요한 경우 또는 다른 법령의 규정에 의하여 공개를 제한하는 경우 등은 공개를 하여서는 아니 된다.

이러한 점을 감안하여 일반적으로 기업 및 공공기관은 감사정보의 공개를 강행규정으로 하지 않고, "가급적 공개" 하도록 권고하고 있다. 다만 이 경우 감사보고서 중에서 일반인에게 공개할 수 없는 정보의 성격과 비공개의무의 근거를 감사보고서에 명시하도록 규정하고 있다.

Ⅸ 내부감사 관련 법령 및 규정

내부감사인의 기본자세는 회사 및 주주의 수임인으로서 경영을 감시한다는 점을 인식하고, 회사의 건전한 경영과 주주의 권익 보호 및 회사의 사회적 신뢰의 유지향상에 노력하는 한편 효율적인 감사를 위해 내부감사인이 습득해야 할 감사업무 수행에 필요한 지식의 습득 및 이론의 연구와 감사기술의 향상에 노력하여야 한다.(「상장회사 감사/감사위원회의 표준 직무규정」 제4조 제1항 제1호 및 제2항 제2호)

여기서 말하는 효율적인 감사를 위해 내부감사인이 습득해야 할 감사업무 수행에 필요한 지식 중 법규에 대한 지식으로는 ① 감사제도에 관한 「상법」, 「신외감법」, 「공감법」에 대한 지식, ② 회사의 내부규정을 통해 마련한 일련의 감사관련 규정에 관한 지식, ③ 「상법」 이외에 감사관련 법령에 관한 지식 등이 있다.

내부감사 관련 법규로는 내부감사 핵심 법률로 「상법」, 「신외감법」, 「자본시장법」, 「공감법」, 「금융지배구조법」, 「공공기관운영법」 등이 있고, 내부감사 지원법률로는 「신용정보보호법」, 「공정거래법」, 「근로기준법」, 「개인정보보호법」, 「금융실명법」, 「통신비밀보호법」 등이 있다.

그리고 내부감사 핵심규정으로는 「정관」, 「이사회규정」, 「감사위원회직무규정」, 「상근감사위원 직무규정」, 「監事 職務規程」, 「監査 規程」 등이 있고, 내부감사지원규정 으로는 「내부통제규정」, 「내부회계관리규정」, 「리스크관리규정」, 「준법지원규정」/ 「준법감시규정」, 「취업규칙」, 「인사위원회규정」/「상벌규정」 등이 있다.

1. 내부감사 관련 법령

가. 내부감사 핵심 법률

(1)「상법」
(2)「주식회사 등의 외부감사에 관한 법률」(약칭 '신외감법')
(3)「자본시장과 금융투자업에 관한 법률」(약칭 '자본시장법')
(4)「공공감사에 관한 법률」(약칭 '공감법',「공공감사기준」포함)
(5)「금융회사의 지배구조에 관한 법률」(약칭 '금융지배구조법')
(6)「공공기관 운영에 관한 법률」(약칭 '공공기관운영법') 등

나. 내부감사 지원 법률

(1)「신용정보 이용 및 보호에 관한 법률」(약칭 '신용정보보호법')
(2)「금융실명 거래 및 비밀보장에 관한 법률」(약칭 '금융실명법')
(3)「독점규제 및 공정거래에 관한 법률」(약칭 '공정거래법')
(4)「근로기준법」
(5)「개인정보보호법」
(6)「통신비밀보호법」등

2. 내부감사 관련 규정

가. 내부감사 핵심 규정

(1)「정관」
(2)「이사회 규정」
(3) 감사위원회 관련 규정
○「감사위원회 직무규정」 ○「상근감사위원 직무규정」
(4)「감사 직무규정」
(5)「감사 규정」또는「검사 규정」
(6)「인사위원회규정」또는「상벌규정」등

나. 내부감사 지원 규정

(1)「지배구조 규정」
(2)「내부통제 규정」
(3)「리스크관리 규정」
(4)「준법지원 규정」또는「준법감시 규정」
(5)「내부회계관리 규정」
(6)「취업규칙」등

X 내부감사의 구분 및 방법

1. 내부감사의 기능별 구분

내부감사는 기능별로 경영감사, 운영감사, 재무감사, 준법감사, IT감사 등으로 구분할 수 있다. 자세한 내용은 제1편 - 제2장 - 제2절 -Ⅱ-1. '내부감사 수행기능에 따른 분류' 항목'을 참조하시기 바랍니다.

2. 내부감사의 형태별 구분

내부감사는 형태별로 분류된 감사를 실시함에 있어서 일상감사, 일반감사, 특별감사로 구분하여 실시한다. 자세한 내용은 제1편 - 제2장 - 제2절 -Ⅱ-2. '내부감사 수행형태에 따른 분류' 항목'을 참조하시기 바랍니다.

3. 내부감사의 방법별 구분

내부감사는 수행방법별로 분류된 감사를 실시함에 있어서 검증감사, 진단감사로 구분하여 실시한다. 자세한 내용은 제1편 - 제2장 - 제2절 -Ⅱ- 3. '내부감사 수행방법에 따른 분류' 항목'을 참조하시기 바랍니다.

4. 내부감사의 시기별 구분

내부감사는 수행시기별로 분류된 감사를 실시함에 있어서 기중감사, 분기감사, 기말감사로 구분하여 실시한다.

가. 기중 감사

내부감사를 어떤 특정한 시점에 실시하지 않고 회기 중에는 어느 때든지 가리지 않고 아무 때나 실시하는 일상감사, 일반감사, 특별감사는 기중감사에 해당된다.

나. 분기 감사

내부감사를 「자본시장법」, 「신외감법」 등에 의해서 분기 또는 반기에 실시하는 내부감사를 말하며, 이에는 분기·반기 결산감사, 분기·반기 보고서감사 등이 있다.

다. 기말 감사

내부감사를 「상법」, 「신외감법」 등에 의해서 회기 말에 실시하는 내부감사를 말하며, 이에는 기말결산감사, 주주총회감사, 내부회계관리제도의 운영실태 평가, 내부통제제도에 관한 적정성 평가, 내부감시장치 운영현황에 대한 평가 등이 있다.

제2절 내부감사 조직 체계

I 내부감사 조직체계 개요

감사(이하 '감사위원회' 포함)는 이사의 직무집행 전반에 대해 감사하므로 그 직무범위는 매우 넓다. 특히 영업활동이 복잡하고 다양한 대규모회사의 경우 한정된 인원과 시간으로는 감사를 효과적으로 실시하기란 현실적으로 매우 어렵다. 따라서 효율적인 감사를 위해서는 내부감사체계를 효과적으로 구축·활용하는 것이 무엇보다 중요하다.

감사체계란 매우 추상적인 개념이지만, 일반적으로 감사가 감사업무를 적정하게 효과적으로 수행할 수 있도록 회사 내부의 규정 등을 통해 마련한 「직무분담체계」나 「감사지원조직」 혹은 「업무연계체계」를 말한다. 따라서 감사체계의 개념 속에는 ① 감사 간의 직무분담은 물론이고, ② 감사직속의 이른바 감사보조기구의 설치, ③ 감사와 내부통제부서 및 외부감사인과의 업무연계도 당연히 포함된다.

감사체계의 구축에 관해서는 상장회사협의회가 제정한 「상장회사감사의 표준직무규정」 또는 「상장회사감사위원회의 표준직무규정」에서 표준적인 기준을 제시하고 있는데, 감사체계가 제대로 정비되어 있지 않은 회사의 경우에는 이를 참고로 회사의 실정에 맞게 내부규정을 사전에 마련해 두는 것이 바람직할 것이다.

II 내부감사 조직체계 내용

1. 감사/감사위원회[26]

우리나라의 경우 감사는 원칙적으로 1인 이상이면 족하므로 감사를 반드시 복수로 선임할 필요는 없다. 그러나 대규모 기업의 경우에는 감사업무의 복잡성 등을 고려하면 감사를 복수로 선임하는 것도 고려해 볼 수 있다. 이때에는 감사 간에 어떠한 형태로든 업무를 분담하고 상호협력하에 감사업무를 수행하는 것이 일반적이다.

감사의 업무분담은 조직적으로 효율적인 감사를 가능하게 한다는 점에서 그 필요성은 충분히 인정되지만, **감사**는 자기의 책임하에 독립적으로 감사업무를 수행하는 것(이른바 "독임제")을 직무로 하는 자이므로 감사가 복수로 존재하는 경우에도 감사는 각자 독립해서 회사의 업무 전반에 관하여 조사하고 진단하여 적법성 및 타당성 유무를 판단하는 것이 원칙이다.

그러므로 이 원칙에 반하는 형태의 직무분담은 허용되지 않는다. 예를 들면 영업부문을 담당하는 A감사와 영업이외의 부문을 담당하는 B감사가 있는 경우 A감사가 관리부문의 업무에 관해서는 일절 관여하지 않고, 검증감사 및 진단감사도 또는 적법성 및 타당성 여부에 관한 판단도 하지 않으면, 그것은 독임제 감사제도에 반하게 된다.

---

26 김용범, 전게서, 2017, 1111~1112면. 권종호, 「감사와 감사위원회 제도」, 한국상장회사협의회, 2004, 196~197면.

따라서 감사 간의 내부결정에 의해 각 감사가 담당할 중점조사 범위에 관해 역할을 분담하는 것은 상관이 없지만, 역할을 분담하여 조사한 내용이나 수집된 정보는 원칙적으로 각 감사가 공유하여야 하며, 이를 근거로 감사는 각자 적법성 및 타당성을 판단하고 최종 감사의견을 제시하여야 한다.

또 이 과정에서 수집된 정보에 의심되는 사항이 있으면 담당 외의 부분일지라도 스스로 조사하는 등 적절한 조치를 취하는 것이 필요하다. 특히 비상근 감사의 경우에는 회사의 일반적인 업무집행에 관해 얻는 정보는 부족할 수밖에 없으므로 상근감사 등으로부터 정보를 제공받는 것이 일반적일 것이다. 따라서 감사위원회의 감사위원의 경우도 이와 마찬가지다.

2. 감사보조기구[27]

감사보조기구란 **실무상의 용어로서 감사실, 윤리경영실, 검사부, 감사부속실 등의 명칭으로 회사에 따라 다양하게 불리는 監事 直屬의 組織을 統稱한 것**이다. 이 기구의 운영은 회사 사용인 중에서 감사요원을 선임하여 감사의 지휘·감독하에 감사업무를 보조하게 하는 형태로 운영되는 것이 일반적이나, 경우에 따라서는 감사가 외부로부터 직접 감사요원을 고용하여 그 비용을 회사에 청구하는 방법도 생각할 수 있다.

그런데 감사요원을 회사의 사용인 중에서 선임할 경우 문제는, 사용인은 원래 대표 이사의 지휘·감독을 받는 자이므로 대표이사로부터 어떻게 독립성을 확보하느냐이다. 이 문제의 해결은 기본적으로 감사요원에 대한 경영진의 영향력을 차단하는 것에서 그 답을 찾을 수밖에 없는데, 이를 위해서는 감사요원의 직무, 지위, 선임방법 등에 관해 회사 내부의 규정으로 미리 정해두는 것이 바람직하다.

감사보조기구의 설치 및 운영에 관해서는 감사 또는 감사위원회 직속으로 두는 방법, 또는 대표이사 등 경영진의 직속으로 두는 방법, 그리고 아웃소싱하는 방법 등 여러가지가 있으나, 가장 효율적이고 독립적인 내부감사업무를 수행하기 위해서는 회사의 규모, 회사의 사정 등을 고려하여 경영진으로부터 독립적이면서 해당 회사에 적합한 감사보조기구를 선택하는 것이 가장 중요하다.

실무적으로는 위에서 언급한 바 있는 「금융지배구조법」, 「공공기관운영법」, 「공감법」과 상장회사협의회에서 제정한 「상장회사표준감사직무규정」 또는 「상장회사표준감사위원회직무규정」에서 기준을 제시하고 있으므로, 이를 참고하면 많은 도움이 될 것으로 본다. 감사보조기구에 대한 자세한 내용에 대해서는 제2편 제3장 제13절-Ⅲ. '감사보조조직 설치·운영권'의 항목을 참조하시기 바랍니다.

3. 내부통제부서[28]

일반 회사의 경우 감사와 별도로 경영조직의 일부로서 준법감시실, 감찰실, 조사부 등과

27 김용범, 전게서, 2017, 1112~1113면. 권종호, 「감사와 감사위원회 제도」, 한국상장회사협의회, 2004, 197~198면.

28 김용범, 전게서, 2017, 1113면. 권종호, 전게서, 한국상장회사협의회, 2004, 198~199면.

같은 내부통제부서를 두는 것이 일반적이다. 이 내부통제부서는 대표이사의 지휘하에 사용인의 업무집행이 적절하게 이루어지고 있는지를 통제내지는 점검하는 것인데, 감사는 대표이사를 비롯한 이사의 직무집행 자체를 감사하는 것이므로 양자는 근본적으로 그 성격을 달리한다.

그러나 내부통제부서에 의한 점검과 그 결과는 감사가 직무를 수행함에 있어 중요한 정보가 될 수 있으므로 감사는 회사 내부의 내부통제부서와 긴밀한 협조 관계를 유지할 필요가 있다. 따라서 내부통제부서는 담당업무에 대한 통제 및 점검결과 중요사항에 대하여는 감사에게 보고토록 하는 것이 필요하다. 회사에 따라 다소 다르지만 일반적으로 내부통제부서로서는 감찰실, 준법감시실, 준법지원실, 리스크관리실, 조사부 등이 있다.

내부통제부서는 대표이사의 지휘·감독하에 회사의 관리조직, 내부통제조직 등 회사내부의 관리·통제·운영시스템이 유효하게 기능하고 있는지를 체크하고, 이를 통해 회사의 경영과 운영에 필요한 정보를 대표이사에 제공하는 것을 주된 목적으로 한다는 점에서 전술한 바와 같이 내부통제부서를 지휘·감독권을 갖는 이사의 직무 집행 그 자체를 감사하는 監事의 監査와는 근본적으로 차이가 있다.

따라서 내부통제부서의 점검결과는 감사로서는 중요한 정보이고, 관리조직 어디에 문제가 있으며 내부통제조직 어디에 약점이 있는지는 감사로서 반드시 알고 있어야 할 사항이다. 따라서 감사는 내부통제부서와 정기적으로 모임을 갖거나 점검계획이나 절차, 결과에 관해 정보를 교환하고 경우에 따라서는 내부통제부서에 대해 보고를 요구하거나 조사나 점검을 의뢰할 필요가 있다.

4. 외부감사인[29]

외부감사인은 「신외감법」과 「자본시장법」에 의해 일정 규모 이상의 회사에 그 선임이 의무화되고 있다. 이 외부감사인은 회계감사를 주된 직무로 하는 자이므로 감사로서는 외부감사인과의 긴밀한 협조관계를 유지하는 것이 감사의 실효성을 확보하는 데 절대적으로 필요하다.

현행법에 의하면 외부감사인은 감사과정에서 이사의 중대한 부정행위 또는 법령·정관 위반행위나 회계처리기준을 위반한 사실을 발견한 때에는 이를 감사에게 통보하여야하고(「신외감법」제22조제1항,제2항), 감사 역시 이사의 부정행위 또는 법령에 위반되는 중대한 사실을 발견하면 외부감사인에게 그 사실을 통보하여야 한다.(「신외감법」제22조제6항)

감사는 외부감사인과 이러한 법정사항에 관해서는 물론이고, 감사계획이나 방법 및 결과에 관해서도 상시적으로 정보를 교환하며 정기적으로 모임을 갖고 수시로 의논함으로써 감사의 실효성을 확보하는 데 최선을 다하여야 함은 말할 필요가 없다.

특히 감사와 외부감사인 간의 업무연계가 필요한 이유는 감사가 행하는 업무감사 및 회계감사와 외부감사인이 주된 직무로 하는 회계감사는 서로 표리관계 또는 보완관계에 있을

---

29 김용범, 전게서, 2017, 1113~1114면. 권종호, 전게서, 한국상장회사협의회, 2004, 199~200면.

뿐만 아니라 회사 감사과정에서 알 수 있었던 정보와 그에 관한 의견을 수시로 상호 교환하는 것이 감사의 질과 실효성을 제고하는 데 절대로 필요하기 때문이다.

Ⅲ 감사조직 간 협력체제 구축[30]

회사에 따라 다를 수 있지만 적어도 「신외감법」의 적용대상이 되는 상장회사 또는 "직전 사업연도 말 자산 총액 또는 직전 사업연도의 매출액이 500억 원 이상인 주식회사" 정도라면 監査는 ① 監事 보조조직인 내부감사부서, ② 대표이사 소속인 내부통제부서, ③ 외부감사인의 3자에 의해 행해지게 된다. 이러한 3자에 의한 감사는 근거법이 다르고 감사의 수준도 다르지만, 감사대상이 동일할 경우에는 중복된다.

따라서 이 3자에 의한 감사가 효율적으로 이루어지기 위해서는 각자가 유기적으로 협조해서 감사를 수행할 수 있어야 하며, 이를 위해서는 3자간의 협력체제의 구축이 선행되어야 함은 말할 필요가 없다. 특히 「신외감법」에 의해 연결재무제표나 결합재무제표의 작성이 의무화되고 있는 회사의 경우에는 자회사·계열기업의 감사와의 업무연계까지도 염두에 둔 시스템 구축이 필요한 것이다.

감사의 역할은 원론적으로는 **위법사항의 적발 또는 그 시정**에 그치지 않고 회사의 건전한 운영을 담보하고 발전을 도모하여 궁극적으로 **주주나 채권자를 보호**하는 데 있다. 원론적인 감사기능은 예방기능이며, 이사와 협의, 내부적인 권고·조정 등을 통해 회사 내부의 **자정기능을 효율적으로 작동**시키는 등의 방법으로 **위법행위의 발생을 미연에 방지**하는 것이 **감사의 궁극적인 목표**이다.

내부감사인(감사/감사위원회, 내부감사최고책임자), 내부통제인(대표이사, 준법감시인/준법지원인), 외부감사인(회계법인, 공인회계사)으로 대표되는 3자 간의 효율적인 업무체제의 구축은 이런 예방감사의 실현이라는 측면에서도 중요한 과제이다. 3자간의 협력체제는 정기적으로 모임을 갖는 것에서 출발하게 되지만, 이 정례모임은 감사와 외부감사인간의 정례모임에 내부통제부서 책임자가 참석하는 형태로도 이루어질 수 있을 것이다.

정례모임을 통해 외부감사인은 자신의 감사계획이나 감사결과, 혹은 감사보고서 등에 관해 설명할 수도 있으며, 이에 감사가 보다 상세한 사실을 파악하고 싶을 때에는 자신의 감사계획에 새로운 항목을 추가할 수도 있고, 내부통제책임자 역시 마찬가지일 것이다. 또 감사나 내부통제책임자로부터의 설명에 의해 외부감사인이 문제의 본질을 명확히 파악하고, 그 결과로서 회계감사의 충실화를 도모할 수 있을 것이다.

감사의 실효성 제고를 위해 감사에 필요한 정보를 적시에 정확하게 입수할 수 있는 합리적인 정보수집체제의 확립을 위해서는 다음과 같은 체제의 구축이 필요하다.

합리적인 정보체제의 구축(예시)

30 김용범, 전게서, 2017, 1114~1115면. 권종호, 전게연구서, 한국상장회사협의회, 2004, 200~202면.

① 중요한 결재·보고 서류나 법령에 근거하여 작성되는 서류 중 중요한 서류의 경우는 사전·사후 감사, 공람이나 수시 열람이 가능한 체제
② 중요한 회의의 경우에는 감사/감사위원의 출석을 보장하거나 기록을 열람할 수 있는 체제
③ 본부부서·공장·지점의 상황이나 자회사의 업무보고 등에 관한 서류의 경우 담당부서를 통해 정기적으로 입수할 수 있고 필요한 때에는 실지조사도 할 수 있는 체제
④ 사고 등 비상사태 등이 발생한 경우 연락을 받을 수 있는 체제 등

제3절 내부감사 조직 관리

Ⅰ 내부감사 요원 관리

1. 감사보조기구

감사의 효율적이고 원활한 업무수행을 위해 감사에 전속되는 감사보조기구[31]를 두어야 한다. 감사보조기구의 설치가 어려운 경우에는 내부통제부서 등의 인력을 활용하여 감사활동을 할 수 있다. 감사보조기구에는 조직의 운영에 필요한 일정한 수의 감사요원('감사담당 부서장'과 '감사담당 직원')을 두어야 한다.

감사보조기구의 감사요원(감사담당 부서장과 감사담당직원)은 감사의 업무를 보조하며, 감사의 지휘·명령을 받아 직무를 수행한다. 다만, 내부통제부서 등의 직원을 활용하거나 감사부문 아웃소싱 또는 외부전문가를 활용하여 감사활동을 수행하는 경우에는 그 인력을 감사요원으로 간주한다.

감사요원의 임면은 감사가 직접 임면하거나 감사의 동의를 얻어야 한다. 대표이사 등 경영진은 감사보조기구를 설치 및 운영하는 데 필요한 지원과 협조를 하여야 한다. 자세한 내용은 제1편 –제6장 – 제3절 –Ⅳ. '감사보조조직의 일반적 형태' 항목을 참조하시기 바랍니다.

2. 감사요원의 자격

감사요원은 감사업무를 수행하는 데 필요한 지식, 기능과 전문적 자격을 갖춘 다음 각 호에 해당하는 자 중에서 선발함을 원칙으로 한다.

<u>감사요원의 자격 요건(예시)</u>

① 감사업무를 수행함에 있어 필요한 자격증 소지자
② 전문적 지식이나 기술을 가진 자

31 감사보조기구는 회사에 따라 감사실, 감사팀, 감사부속실, 윤리경영실들 다양한 명칭으로 사용함.

③ 근무성적이 양호한 자
④ 근무기간이 일정기관 경과한 자
⑤ 기타 감사가 감사 업무 수행에 적합하다고 인정하는 자

그러나 감사요원 대상자 중에 징계 경력이 있거나 독립성이 확보되지 않은 다음 각 호에 해당하는 자는 부적격자로서 감사요원이 될 수 없다. 단 감사가 필요하다고 인정할 때에는 대표이사 등과 협의해 다른 직원으로 감사업무를 수행하게 할 수 있다.

감사요원의 부적격자(예시)

① 견책 이상의 징계를 받은 날로부터 일정기간 경과하지 않은 자
② 이사 및 집행입원으로부터의 독립성이 확보되지 아니하는 자
③ 기타 감사가 부적격자로 인정하는 자 등

3. 감사요원의 인사 및 대우

감사는 감사업무의 원활한 수행을 위하여 적절한 감사요원을 확보하여야 한다. 감사는 필요한 경우 대표이사에게 외부 전문 인력을 감사요원으로 채용할 것을 요청할 수 있다.

감사요원의 보직 및 전보는 감사의 서면요청에 의하여 대표이사가 지체 없이 행하여야 한다. 다만, 지체 없이 조치할 수 없는 경우 대표이사는 사유를 서면으로 통보해야 한다.

감사요원의 확보 기준(예시)

① 감사요원 중 2명 이상 또는 10% 이상은 전문인력*으로 구성되어야 한다.
* 전문인력이란 변호사, 공인회계사, 공인내부감사사(CIA), 기업내부감사사, IT관련 기술사 및 기타 전문 자격증 소지자와 3~5년 이상 주권상장법인에서 감사업무를 수행한 경력이 있는 자를 의미함.
② 감사는 필요한 경우 대표이사에게 외부 전문 인력을 감사요원으로 채용할 것을 요청할 수 있다.
③ 감사요원의 보직 및 전보는 감사의 서면요청에 의해 대표이사가 지체 없이 행한다. 다만 지체 없이 조치할 수 없는 경우 대표이사는 사유를 서면으로 통보한다.
④ 감사요원은 3년 이내 이동을 제한함을 원칙으로 하며, 승진 시에만 예외로 한다
⑤ 내부감사인력에 대하여는 별도의 인사평가 우대기준을 마련, 운영할 수 있다.
⑥ 내부감사인력에 대하여는 별도의 예산을 배정하여 감사수당을 지급할 수 있다.

감사요원의 인사 및 대우에 대한 자세한 내용은 제1편 – 제9장 – 제1절 –Ⅳ – 3. '감사보조조직에 대한 인사관리의 적정화' 항목을 참조하시기 바랍니다.

4. 감사요원의 신분 보장

감사요원에 대하여는 감사업무 수행의 독립성과 객관성을 확보하기 위하여 법령 위반 또는 그 직무를 성실하게 수행하지 아니한 경우를 제외하고는 신분상 또는 인사상 불리한 처분을 받지 아니한다.

5. 감사요원의 행동 규범

감사요원은 감사를 행함에 있어 일반적으로 다음 각 호의 행동 규범을 준수해야 한다.

감사요원의 행동규범(예시)

① 공정하게 감사를 실시해야 한다.
② 직무상 취득한 비밀을 임의로 누설하거나 직무목적 이외에 사용할 수 없다.
③ 관계법규 및 지시사항을 준수하고 사실과 증거에 의거하여 직무를 수행해야 한다.
④ 감사를 실시함에 있어 피감사인의 업무상 창의와 활동기능이 위축되지 않도록 유의하여야 한다.

자세한 내용은 제1편 – 제2장 – 제4절 –Ⅲ. '내부감사의 복무수칙' 항목을 참조하시기 바랍니다.

II 내부감사 자원관리[32]

1. 내부감사 자원관리의 개요

내부감사 자원관리란 내부감사 관련 인적·물적 자원이 승인된 감사계획을 완수할 수 있도록 적절하고, 충분하며 또한 효과적으로 사용되도록 관리하는 것을 말한다.(기준2030 감사자원관리) **'적절'**은 계획을 수행하는 데 필요한 지식, 기술 및 기타 능력의 **혼합**을 의미하고, **'충분'**은 계획을 수행하기 위해 필요한 자원의 **양**을 의미하며, **'효과적'**은 자원이 승인된 계획의 달성을 최적화하도록 사용되는 것을 의미한다.

내부감사계획을 개발하고(기준 2010), 이사회 및 최고경영진과 검토할 때(기준 2020), 내부감사최고책임자는 계획의 우선순위 사항을 완수하는 데 필요한 자원을 고려하고 논의한다. 기준 2030(감사자원 관리)을 적용하기 위해 내부감사최고책임자는 통상 이사회/감사위원회가 승인한 내부감사계획 중 내부감사활동에 가용한 자원에 대해 더 깊은 이해를 하는 것으로 시작한다.

내부감사최고책임자는 조직의 일정 제약 내에서 그 계획을 실행하는 데 가용한 직원의 수 및 실감사 투입시간을 주의 깊게 고려할 수 있다. 실감사투입 시간은 일반적으로 유급휴가 그리고 훈련 및 행정업무에 소요된 시간들과 같은 요소들은 제외한다. 내부감사부서의

32 김용범, 전게서, 2017, 1118~1119면. 국제내부감사인협회(IIA), 전게서, 2017, 137~139면.

총체적인 지식, 기술 및 기타 역량에 대한 개관(槪觀)을 얻기 위해 내부감사최고책임자는 문서화된 기술평가를 검토하고, 가능하면 또는 종업원 성과평가 및 감사실시 후 설문조사에서 정보를 수집할 수 있다.

2. 내부감사 자원관리의 내용

내부감사최고책임자는 내부감사 자원이 승인된 감사계획을 완수할 수 있도록 적절한지, 충분한지, 또한 효과적으로 사용되는지 확인하기 위해 아래내용을 수행하여야 한다.

1) 기본적으로 감사업무 수행에 필요한 감사인원 수, 지식, 기술 그리고 기타 능력을 포함하여 감사직원 선발과 감사예산 책정은 감사수행 일정, 행정활동, 교육 및 훈련요구 그리고 다른 연구 및 개발 노력에 따라 결정되어야 한다.
2) 내부감사최고책임자는 내부감사직원의 선발 및 개발관련 프로그램을 설정·운영하여야 한다. 이런 프로그램은 다음과 같은 내용을 제공하여야 한다.

내부감사 자원관리 프로그램에 포함될 내용

① 각 감사인의 등급수준별 서면 직무기술서 작성
② 감사 대상이 되는 분야와 관련하여 자격과 능력을 갖추고 내부감사기술을 적용하는 능력을 갖춘 직원 선발
③ 각 감사인의 훈련 및 지속적인 교육기회 부여
④ 내부감사인을 위한 연간 성과목표 설정
⑤ 최소 1년에 한 번 각 감사인의 수행성과 평가
⑥ 감사수행 성과 및 전문성 개발에 관하여 각 감사인에게 자문 등

3) 내부감사최고책임자는 내부감사헌장 또는 내부감사규정에 명시된 대로 내부감사 책임을 완수하도록 내부감사자원을 충분하게 유지하고 관리하는 최우선 책임을 진다. 이는 감사자원의 필요성과 상황에 대한 보고를 최고경영진과 이사회 그리고 감사위원회에 효과적으로 보고할 책임을 포함한다.
   내부감사자원은 내부감사요원 이외에 종업원, 외부서비스 제공자, 재무적지원, 그리고 기술기반 감사기법 등도 포함한다. 내부감사자원의 적절성에 대한 확신을 하는 것은 궁극적으로 조직의 최고경영진과 감사 또는 감사위원회/이사회의 책임이다. 내부감사최고책임자는 그들이 이러한 책임을 잘 수행하도록 지원해야 한다.
4) 내부감사요원의 기술, 수행능력, 전문지식은 계획된 감사업무에 적절해야 한다. 내부감사최고책임자는 내부감사활동을 수행하기 위해 필요한 특정한 기술을 결정하기 위해 주기적으로 기술에 대한 평가 및 재고조사를 한다.
   기술평가는 리스크 평가 및 감사계획에서 식별된 다양한 요구조건 들에 기초하여 고려된다. 이것은 전문지식, 언어 능력, 사업 감각, 부정 탐지와 예방 능력, 회계와 감사 전문지식에 대한 평

가를 포함한다.

5) 내부감사자원은 내부감사 헌장 또는 내부감사규정에서 명시하는 대로, 감사활동을 이사회/경영진 또는 감사위원회/감사가가 기대되는 만큼 폭 넓고, 깊이 있게 그리고 적시적으로 수행하기에 충분해야 한다. 내부감사자원 계획에 필요한 고려사항으로 감사대상 영역, 관련된 리스크 수준, 내부감사 계획, 예상되는 감사 범위, 그리고 예상치 못한 활동의 추정 등이 포함되어야 한다.
6) 내부감사최고책임자는 내부 감사자원을 효과적으로 배분하여야 한다. 이는 특정한 감사업무에 능력이 있고 자격을 갖춘 감사요원을 배정하는 것을 포함한다. 또한 내부감사최고책임자는 사업구조, 리스크 프로파일, 조직의 지역적 분산 정도에 따른 적절한 자원 조달 접근법 및 조직구조를 개발하여야 한다.
7) 내부감사최고책임자는 감사자원의 인수·인계 계획, 요원 평가 및 개발프로그램, 그리고 기타 인적자원 훈련을 고려한다. 내부감사최고책임자는 내부감사부서에 필요한 자원이 무엇이고, 그러한 기술이 내부감사부서 내에 존재하는지에 주의를 기울여야 한다. 또한 외부서비스 제공자, 조직 내의 다른 부서 종업원 또는 전문 컨설턴트도 감사자원으로 활용할 수 있다.
8) 내부감사최고책임자는 내부감사부서가 보유하고 있는 감사자원의 적절성에 대해 최고경영진, 감사위원회 및 이사회에 상시적인 보고 및 대화를 유지하여야 하며, 최고경영진, 감사위원회 및 이사회에 주기적으로 감사자원의 상태 및 적절성에 대한 요약 보고를 하여야 한다.

이러한 목적으로 내부감사최고책임자는 전반적인 감사자원의 적절성을 감시하는 적절한 평가기준, 목적, 그리고 목표를 개발한다. 이것은 또한 감사자원을 내부감사계획, 임시적인 부족 또는 결원이 생겼을 경우 발생될 영향, 교육 및 훈련활동과 비교하고, 조직의 사업, 운영, 프로그램, 시스템 그리고 통제의 변경으로 필요하게 되는 특정기술 등과 비교하는 것을 포함한다.

3. 내부감사 자원관리의 고려 사항

내부감사최고책임자는 내부감사 자원이 승인된 감사계획의 완수할 수 있도록 적절하고, 충분하며, 또한 효과적으로 사용되도록 하기 위해 아래 내용을 고려하여야 한다.

내부감사 자원관리의 고려사항

1) 내부감사최고책임자는 승인된 내부감사계획에 열거된 업무에 대한 구체적인 자원을 할당할 때, 가용한 자원을 감사업무 수행에 필요한 특정한 기술 및 시점과 어떻게 부합시킬지를 고려할 수 있다. 이 프로세스 중에 내부감사최고책임자는 보통 파악될 수 있는 모든 갭을 메우기 위한 일을 한다.
2) 내부감사최고책임자는 감사직원의 지식, 기술과 역량 관련된 갭을 메우기 위해 기존 직원에 대한 훈련을 제공하고 초빙 감사인 역할을 위해 조직 내에서 전문가를 요청하거나, 추가 직원을 채용하거나, 외부서비스 제공자를 고용할 수도 있다.

내부감사최고책임자는 만약, 자원의 양이 계획된 감사업무를 수행하기 부족하면 추가적인 직원을 고용하고, 업무를 아웃소싱 또는 코소싱[33] 하고, 한 명 또는 그 이상의 초빙 감사인을 사용하거나, 순환직감사 프로그램을 개발할 수 있다.

3) 내부감사최고책임자는 내부감사업무 일정을 개발할 때 조직의 일정, 개별 감사인의 일정 및 감사대상 조직의 가능성을 고려한다.
   예를 들어 만약 어떤 감사업무가 일 년 중 특정시점에 수행될 필요가 있을 때 그 업무를 완수하는 데 필요한 자원 또한 그때에 가용될 수 있어야 한다. 유사하게 감사대상 조직이 1년 중 특정한 기간 동안 감사 받을 수 없거나 제한된다면, 사업상 필요 때문에 감사업무는 그 기간을 피하도록 일정을 정해야 할 것이다.
4) 내부감사최고책임자는 자원제한의 영향에 대해(기준 2020) 그리고 내부감사부서의 계획 대비 성과에 대해(기준 2060) 보고를 해야 하기 때문에 내부감사최고책임자가 전반적인 자원의 적절성에 대해 지속적으로 추산하는 것은 중요하다.

내부감사최고책임자는 자원이 적절하고, 충분하고, 효과적으로 사용됨을 확인하기 위해 내부감사부서 및 개별 내부감사인에 대한 내부감사 활동의 성과를 평가하는 측정기준을 수립하고 내부감사고객으로부터 피드백을 구한다.

Ⅲ 내부감사 정책 및 절차[34]

1. 내부감사 정책 및 절차의 개요

사전적 의미로 **정책**이란 정부·단체·개인의 앞으로 나아갈 노선이나 취해야 할 방침을 말하고, **절차**란 일을 치르는 데 거쳐야 하는 순서나 방법을 말한다. 따라서 **내부감사 정책**은 중장기 감사계획 및 연간 감사계획에 의하여 구현되고, **내부감사절차**는 감사규정, 검사규정, 윤리강령 등에 의하여 구현된다.

2. 내부감사 정책 및 절차의 내용

내부감사최고책임자는 내부감사 부서의 지침이 되는 정책 및 절차를 수립하기 위하여 아래 내용을 수행하여야 한다.

1) 내부감사최고책임자는 내부감사부서의 지침이 되는 정책 및 절차(예, 중장기 감사계획, 연간 감사계획 및 감사규정, 검사규정, 윤리강령 등)를 수립하여야 한다.(기준 2040 정책 및 절차). 정책 및 절차의 형식과 내용은 내부감사부서의 규모 및 구조 그리고 그 업무의 복잡성의 정도에 따라 적절하게 결정하여야 한다.
2) 내부감사최고책임자는 내부감사 활동의 지침이 되는 정책 및 절차를 수립하기 위해 다양한 요소들을 고려한다. 내부감사 정책 및 절차가 「국제직무수행방안(IPPF)」의 필수지침과 일관성을 가져야 한다는 것은 기본적인 사항이다. 추가적으로 내부감사 현장

33 코소싱이란 내부감사인과 외부 서비스 제공자가 같이 업무를 수행하는 것을 말한다.

34 김용범, 전게서, 2017, 1119면. 국제내부감사인협회(IIA), 전게서, 2017, 140~142면.

과 일관성을 갖는 것은 이해관계인이 고려되도록 돕는다.

3) 내부감사최고책임자는 정보, 사례 및 양식 등을 IIA를 통해 취득 가능한 것들을 수집하는 것으로 정책 및 절차 개발을 시작할 수 있다. 양식은 조직에 맞게, 그리고 구체적인 내부감사 활동의 필요에 맞게 작성될 수 있다. 내부감사최고책임자는 조직의 리더십이 내부감사 정책 및 절차에 대해 검토 및/또는 승인을 기대하는 자를 포함하여 조직의 기존 전략 및 프로세스를 고려하는 것은 매우 중요하다.

4) 내부감사최고책임자는 정책과 절차를 개발한다. 공식적인 관리업무나 기술적인 감사 매뉴얼이 모든 감사활동 주체에 필요한 것은 아니다. 소규모 내부감사부서는 비공식적으로 관리될 수 있다. 그곳의 감사요원은 매일 밀접한 감독과 작성된 서면 안내서에 따라 지시받고 통제될 수도 있다.

5) 대규모 내부감사부서의 경우에는 내부감사 계획을 수행하는 내부감사요원의 지침이 되게 하기 위해 또는 내부감사요원을 내부감사활동의 수행기준에 맞게 감사요원을 일관되게 관리하기 위해 좀 더 공식적이고 포괄적인 정책과 절차가 필수적이다.

3. 내부감사 정책 및 절차의 고려사항

내부감사최고책임자는 내부감사 부서의 지침이 되는 정책 및 절차를 수립하기 위하여 아래 내용을 고려하여야 한다.

1) 내부감사최고책임자가 기준2040 정책 및 절차를 적용하는 것은 대체로 조직 및 내부감사부서의 구조, 성숙도 및 복잡성에 의존할 것이다. 대규모의 성숙된 내부감사부서는 정책 및 절차를 포함하는 공식적인 내부감사 운영 매뉴얼을 갖출 수 있는 반면, 소규모이거나 또는 덜 성숙한 조직은 그렇지 않을 수 있다.
   내부감사최고책임자는 소규모이거나 또는 덜 성숙한 조직의 경우 공식적인 내부 감사 운영 매뉴얼 대신에 정책 및 절차는 별도의 문서로 발행될 수 있고, 또는 감사 소프트웨어 프로그램의 일부로 통합될 수도 있다.

2) 다음 주제들은 일반적으로 내부감사 매뉴얼에 포함되거나 또는 내부감사 활동의 지침을 주기 위해 문서화될 수도 있다.

<u>내부감사 매뉴얼 포함 및 문서화할 사항</u>

① 내부감사 정책. ② 내부감사부서의 전반적인 목적과 책임.
③ IPPF 필수지침에 충실. ④ 독립성과 객관성. ⑤ 윤리.
⑥ 비밀 정보 보호. ⑦ 기록 유지 ⑧ 내부감사 절차.
⑨ 위험기반 감사계획 준비. ⑩ 감사계획 수립 및 감사수행프로그램 준비.
⑪ 감사업무 수행. ⑫ 감사업무 문서화. ⑬ 감사결과 보고.
⑭ 모니터링 및 사후관리 프로세스. ⑮ 품질보증 및 개선 프로그램.
⑯ 행정적인 사안들. ⑰ 훈련 및 자격증 기회.

⑱ 지속적인 교육 요건. ⑲ 성과 평가 등.

3) 내부감사직원들이 내부감사 정책 및 절차에 대해 적절히 알도록 하기 위해 내부감사최고책임자는 개별 문서, 훈련 자료 또는 종합적인 매뉴얼을 발행할 수 있고, 그 정보를 검토하는 훈련을 수행할 수 있다. 내부감사최고책임자는 내부감사인들이 그 정책 및 절차를 읽고 이해한다는 것을 나타내는 확인서에 서명을 요청할 수 있다.

4) 내부감사정책 및 절차는 내부감사최고책임자 또는 내부감사 프로세스 및 새로운 사안을 점검하는 책임을 부여받은 내부감사관리자에 의해 주기적으로 검토되어야 한다. 그런 검토는 내부감사부서의 내부평가기준(기준 1311 내부평가) 및 최소한 5년에 한 번 수행하는 외부평가(기준 1312 외부평가)에 포함될 수 있다.
운영적인 변경을 위한 제안은 품질보증 및 개선 프로그램, 또는 내부감사인이나 감사대상 조직으로부터 얻은 피드백에 대응하여 발생될 것이다.(예, 고객만족 설문조사) 만약 절차적인 변경이 발생하면, 그것들은 문서로 전달되고 또는 내부감사직원 회의에서 논의되어 그런 변경이 이해되도록 도울 수 있다. 예를 들면 새로운 절차를 보여주기 위해 훈련 또한 수행될 수 있다.

5) 정책 및 절차 관련 문서는 기준 2040 정책 및 절차 준수를 입증한다. 내부감사 정책 및 절차가 명백하게 내부감사직원에게 전달되었다는 증거로는 내부감사직원회의의 안건 및 회의록, 이메일, 서명한 확인서, 훈련 일정 또는 유사한 문서 등을 포함할 수 있다.

Ⅳ 감사업무 조정 및 의존[35]

1. 감사업무 조정 및 의존의 개요

감사업무의 조정 및 의존이란 적절한 감사범위를 확보하고, 업무중복을 최소화하기 위해 정보를 공유하고, 활동을 조정하고, 다른 내부 및 외부 검증 및 진단 서비스 제공자의 업무결과에 의존할 지를 고려하는 것을 말한다.(기준 2050 조정 및 의존)

업무를 조정할 때 내부감사최고책임자는 다른 검증 및 진단 서비스 제공자의 업무결과에 의존할 수 있다. 의존하기 위한 기초가 될 일관된 프로세스가 수립되어야 하고, 내부감사최고책임자는 검증 및 진단 서비스 제공자의 역량, 객관성, 그리고 전문가로서의 정당한 주의 정도 등을 고려해야 한다.

내부감사최고책임자는 또한 다른 검증 및 지난 서비스 제공자가 수행한 업무의 범위, 목표 그리고 결과에 대한 명확한 이해를 하여야 한다. 다른 이들이 작성한 업무결과에 의존하더라도, 내부감사최고책임자는 여전히 내부감사활동에 의해 도출된 결론 및 의견에 대한 적절한 증거를 확보할 책무와 책임이 있다.

35 김용범, 전게서, 2017, 1120~1121면. 국제내부감사인협회(IIA), 전게서, 2011, 115~116면 과 2007, 186~190면 그리고 2017, 143~146면, 「국제내부감사기준」, 2050.

2. 감사업무 조정 및 의존의 내용

내부감사최고책임자는 적절한 감사범위를 확보하고, 업무중복을 최소화하기 위하여 정보를 공유하고, 활동을 조정하고, 다른 내부 및 외부 검증 및 컨설팅 제공자의 업무 결과에 의존하기 위하여 아래 내용을 수행한다.

1) 내부 및 외부감사활동은 적절한 감사영역 배분과 업무노력의 중복을 피하기 위해 업무 조정이 되어야 한다. 내부감사 활동범위는 체계적이고 훈련된 접근방법으로 위험관리, 부정관리, 내부통제 및 지배구조 프로세스의 효과성을 평가·개선하는 과정이다. 내부감사의 활동범위는 「국제내부감사직무수행기준」 제2100조 감사업무의 성격에 명시되어 있다.
2) 한편 외부감사인의 통상적인 감사는 수행된 절차의 적정성과 연차 재무보고서의 전반적인 적정성에 관한 의견을 뒷받침하는 충분한 증거들을 확보하는 방향으로 이루어진다. 그리고 외부감사인의 업무범위는 그들의 전문분야 업무기준에 따른다. 다만 내부감사활동의 업무조정을 포함해서 외부감사인의 업무에 대한 평가 및 감독은 일반적으로 감사 및 감사위원회의 책임이다. 그러나 실제업무 조정은 내부감사최고책임자의 책임이 될 것이다.
3) 외부감사업무와 내부감사업무를 조정하기 위하여 내부감사최고책임자는 「직무수행기준」 제2100조(감사업무의 성격)의 이행을 위하여 내부감사인이 수행한 감사업무가 내부감사활동 영역을 커버하기 위해 의존하는 외부감사인의 감사업무와 가능한 한 중복되지 않도록 노력하여야 한다.
4) 전문가 단체와 조직 내의 보고책임이 허용되는 범위 내에서 내부감사인은 감사업무조정 및 효율성을 최대한 증진하는 방식으로 업무를 수행하여야 한다. 내부감사최고책임자는 내부감사와 외부감사의 업무조정에 관하여 정기적인 평가를 해야 한다. 그런 평가에는 전반적인 내부감사와 외부감사의 효율성/효과성의 측정을 포함한다.
5) 내부감사와의 업무조정 차원을 벗어난 문제까지 확장하여 외부감사인의 수행성과를 평가할 때에는 다음과 같은 추가적인 요소를 다루게 될 것이다.

외부감사인의 수행성과 평가 요소(예시)

① 전문가적 지식과 경험.
② 그 조직이 속한 업종에 대한 지식.
③ 독립성. ④ 특수한 서비스 수행능력.
⑤ 조직의 요구사항 예상과 부응정도.
⑥ 핵심 임무수행자의 합리적인 기간 동안 업무수행 지속.
⑦ 적절한 업무관계의 유지.
⑧ 계약된 준수요구사항의 달성.

⑨ 총체적 가치를 조직에 전달 등.

6) 내부감사최고책임자는 어떤 쟁점들에 대해 이해를 구하기 위해 외부감사인과 그런 문제들에 관하여 의견을 교환하여야 한다. 그런 문제로 다루어져야 할 것 같은 내용들은 다음과 같은 것들이다.

외부감사인과 의견교환이 필요한 사항(예시)

① 외부감사인의 독립성에 영향을 줄 수 있는 쟁점들.
② 중요한 내부통제, 위험관리, 부정관리의 취약점. ③ 오류와 부당행위.
④ 불법행위. ⑤ 경영자의 판단과 회계 상의 추정.
⑥ 중요한 감사 수정사항. ⑦ 관리자의 의견 불일치 사항.
⑧ 감사수행 시 직면한 어려움 등.

7) 감사노력의 조정에는 다음과 같은 상호 관심사항에 대하여 논의하기 위해 주기적인 모임을 갖는 것도 포함한다.

가) 감사영역

내부 및 외부감사인의 계획된 활동은 감사영역이 조정되고 중복노력이 최소화되도록 하기 위하여 토의되어야 한다. 감사업무가 조화를 이루고 효율적으로 적시에 임무가 완수되도록 하기 위하여, 또 그때까지 수행된 감사를 통해 확인된 관찰과 권고사항이 계획된 감사범위조정을 요구하는지 판단해 보기 위해 감사 수행기간 동안 충분한 토의를 수행하도록 일정을 잡아야 한다.

나) 상호 각자의 프로그램 및 감사조서에 접근

외부감사인의 감사프로그램이나 감사조서에 접근하는 것은 외부감사인의 작업에 의존하는 것이 내부감사 목적상 적격한지에 관한 판단을 하는 데 있어 내부감사인에게 중요할 수 있다. 그런 접근에는 해당 감사프로그램과 감사조서의 보안유지에 관한 책임이 수반된다.

아울러 외부감사인이 내부감사인의 감사프로그램이나 감사조서에 접근하는 것도 내부감사인의 작업에 의존하는 것이 외부감사 목적상 적절한지에 관한 판단을 할 수 있도록 동시에 진행되어야 한다.

다) 내부 감사보고와 외부 감사보고에 대한 교환

내부감사 최종보고서, 그런 보고서에 대한 관리자의 답변 그리고 일련의 내부감사 사후관리 검토내용이 외부감사인에게 제공되어야 한다. 이런 보고서는 외부감사인이 감사범위를 정하고 조정하는 데 도움을 줄 것이다. 또한 내부감사인도 외부감사인의 경영진에 대한 권고사항(Management letters)을 입수하여야 한다.

그런 보고서에 논의된 문제들은 향후 내부감사 수행에 있어서 강조할 부분에 대한 계획을 잡는 데 도움이 된다. 경영진에 대한 권고사항 그리고 이사회/경영진 구성원이 필요로 하는 어떤 시정활동의 개시 여부에 대한 검토 후에 내부감사최고책임자는 적절한 시정과 사후관리가 되었는지 확인해야 한다.

라) 감사기법, 방법, 용어에 대한 공통의 이해

첫째, 내부감사최고책임자는 외부감사인에 의해 감사범위를 이해하여야 하며, 외부감사인의 감사계획이 내부감사인의 감사계획과 함께 보았을 때 직무수행 기준 2100 (감사업무의 성격)의 요구사항을 충족시키고 있음에 대해 만족해야 한다. 그런 만족은 외부감사인이 계획 수립을 위해 사용한 중요성의 수준 및 계획된 절차의 특징과 범위에 대한 이해를 요구한다.

둘째, 내부감사최고책임자는 외부감사인의 기법, 방법 그리고 용어에 대해 내부감사인이 충분히 이해하고 있다는 확신을 가져야 하는데, 그래야만 하는 까닭은 다음과 같다. 내부감사최고책임자가 ① 내부감사와 외부감사 업무를 조정할 수 있게 하고, ② 결과에 대한 의존을 위해 외부감사인의 작업에 대해 평가하며, ③ 외부감사인의 목적을 완수하기 위해 임무를 수행하는 내부감사인이 효과적으로 외부감사인과 의견교환을 할 수 있다는 확신을 갖게 해준다.

마지막으로 내부감사최고책임자는 내부감사인의 기술, 방법 그리고 용어를 외부 감사인이 이해할 수 있도록 그들에게 충분한 정보를 제공하여야 한다. 외부감사인이 그런 기술, 방법 그리고 용어를 사용하여 수행된 내부감사 작업에 대해 신뢰를 갖고 의존하기 위함이다. 내부 및 외부감사인이 비슷한 기술, 방법 그리고 용어를 사용하는 것이 서로서로 그들의 작업에 대해 조정하고 의존하는 데 있어 더 효율적일 수 있다.

8) 검증 및 진단 서비스의 제공자의 역할은 조직에 따라 다르다. 그래서 그들의 노력을 조정하는 일을 시작하기 위해 내부감사최고책임자는 조직도 및 안건 또는 의사록을 검토하여 기존의 검증 및 진단 서비스의 제공자의 다양한 역할을 파악한다. 그 역할은 일반적으로 내부제공자 또는 외부제공자로 분류된다.

내·외부 검증 및 진단 제공자의 역할

① 내부 검증 및 진단 제공자는 최고경영진에게 보고하거나 최고경영진의 일부인 감독기능을 포함한다. 그들의 개입은 환경, 재무, 보건 및 안전, IT 보안, 법률, 내부 통제, 위험관리, 부정관리, 법규준수, 품질보증 등의 영역을 포함할 수 있다. 이런 것들은 종종 IIA의 제3차 방어선 이론에 따르면 "제2차 방어선"으로 간주된다.[36]

② 외부 검증 및 진단 제공자는 최고경영자 또는 외부 이해관계인에게 보고할 수도 있고 또는 내부

36 제3차 방어선이론은 부정이나 위험을 방지하기 위해서는 제1차 방어선은 프런트 오피스, 대고객 활동부서에서 담당하고, 제2차 방어선은 위험관리부서, 법무부서, 준법감시부서, 인사부서, 전산부서, 재무부서가 담당하며, 제3차 방어선은 내부감사부서가 최종적으로 담당한다는 이론이다.

감사최고책임자에 의해 고용되고 내부감사최고책임자에게 보고할 수도 있다.

9) 검증 및 진단 서비스제공자가 파악되면, 내부감사최고책임자는 조직의 비밀유지 요건에 따라 그들과 공유할 수 있는 정보의 유형 및 양을 고려한다. 내부감사최고책임자가 특히 외부 당사자들과의 기밀 정보의 공유 제한을 고려하는 것은 중요하다.

3. 감사업무 조정 및 의존의 고려사항

내부감사최고책임자는 적절한 감사범위를 확보하고, 업무중복을 최소화하기 위하여 정보를 공유하고, 활동을 조정하고, 다른 내부 및 외부 검증 및 진단 제공자의 업무결과에 의존하기 위하여 아래 내용을 고려한다.

감사업무 조정 및 의존의 고려사항

1) 내부감사최고책임자는 충분한 정보를 수집하기 위하여 개별 검증 및 진단 서비스 제공자를 만나고, 그렇게 함으로써 조직의 검증 및 진단 활동이 조정될 수 있다. 조직의 비밀 요건 제한 내에서, 당사자들은 목표, 다음 검토 시기, 평가 및 감사, 지난번 감사정보 및 서로의 업무에 대한 의존 가능성을 공유한다.

   검증 및 진단 활동을 조정하는 프로세스는 조직에 따라 다양하다. 소규모 조직에서는 조정은 비공식적일 수 있다. 대규모 또는 심하게 규제된 조직에서 조정은 공식적이고 복잡할 수 있다.

2) 검증 및 진단(이하 "검증"에는 진단을 포함 한다)범위를 조정하는 한 가지 방법은 파악된 중요한 위험범주를 관련된 검증자료와 연결하여 검증지도를 작성하고, 각 위험 범주에 대해 제공된 검증 수준의 등급을 정한다.

   그 지도는 종합적이므로 검증 범위의 갭 및 중복을 노출시켜, 내부감사최고책임자가 각 위험 영역에 대해 검증이 충분한지 평가할 수 있게 한다. 결과는 다른 검증 제공자와 논의될 수 있고, 그리하여 당사자들은 어떻게 중복된 활동 노력을 조정하고 검증범위의 효율성과 효과성을 극대화할지에 대한 합의에 이를 수 있다.

3) 검증 범위를 조정하는 또 다른 접근법은 '복합검증모델'이다. 내부감사는 2차 방어선 기능과 예로 법규준수 기능 같은 검증 노력을 조정할 수 있고, 내부감사 업무의 유형, 빈도 및 중복을 감소시킬 수 있다. 조정활동의 예로는 다음을 들 수 있다.

조정 활동의 사례(예시)

① 계획된 업무의 성격, 정도 및 시점을 동기화한다.
② 검증 기법, 방법론 및 용어의 보편적 이해를 확보한다.
③ 검증업무 프로그램, 감사조서 및 보고서에 대한 상호접근을 제공한다.
④ 중복되는 노력을 최소화하기 위해 상호간의 업무결과에 의존한다.
⑤ 완료된 업무 결과에 근거하여 계획된 업무의 시점을 조정하는 것이 필요한지 결정하기 위한 회

의를 간헐적으로 한다.

4) 내부감사최고책임자는 다양한 이유로 다른 제공자의 업무 의존을 선택할 수 있다. 예로 내부감사부서의 전문성을 벗어난 특정 영역을 평가하고, 또는 내부감사계획 이상으로 위험 범위를 확대시키는 것 등을 들 수 있다. 하지만 만약 내부감사부서가 다른 서비스 제공자의 업무에 의존하는 경우에도 내부감사최고책임자는 내부감사 결론 및 의견에 대해 최종적 책임을 진다.

그래서 내부감사최고책임자는 내부감사부서가 다른 제공자의 업무에 의존할 수 있는 일관성 있는 프로세스 및 기준들을 수립하는 것이 필수적이다. 이런 프로세스에 내부감사최고책임자는 다음과 같이 할 수 있다.

다른 제공자의 업무에 의존할 수 있는 프로세스 및 기준

① 그 제공자가 어떤 이해상충이 있는지 또는 있을 것으로 보이는지, 그리고 그것들은 공개되었는지를 고려하여 객관성을 평가한다.
② 제공자의 보고관계 및 이런 조정이 미치는 영향을 조사하여 독립성을 고려한다.
③ 그 제공자의 전문가적 경험, 자격, 자격증 및 소속이 적절하고 현재 통용되는지 확인하여 역량을 확인한다.
④ 그 제공자가 업무를 완수하기 위해 적용하는 실무적 요소들을 조사하여 전문가로서의 정당한 주의의무를 평가한다.
⑤ 내부감사최고책임자는 또한 제공자의 업무에 대한 의존의 정도를 결정하기 위해 실제 수행된 업무의 범위, 목표 및 결과를 이해하려고 할 수 있다.
⑥ 내부감사최고책임자는 보통 제공자의 발견사항이 합리적으로 보이는지, 충분하고, 신뢰할 만하며, 관련성 있는 감사증거에 근거하는지 고려한다.
⑦ 내부감사최고책임자는 지원하는 충분한 증거를 획득하고, 또는 원하는 의존수준을 증가시키기 위해 추가적인 업무나 테스트가 필요한지 정한다.
⑧ 만약에 추가적인 업무가 필요한 경우 내부감사부서는 다른 제공자가 제공한 결과를 다시 테스트할 수 있다.

Ⅴ 외부감사 서비스 이용

외부감사 서비스 이용에 대한 자세한 내용은 제3편 – 제1장 –제1절– Ⅳ–3–나. '내부감사부서의 지원이나 보완' 항목을 참조하시기 바랍니다.

Ⅵ 감사위원회 및 이사회에 보고[37]

37 김용범, 전게서, 2017, 1121~1122면. 국제내부감사인협회(IIA), 전게서, 2011, 115~116면과 2007, 186~190면 그리고 2017, 143~146면, 「국제내부감사기준」 2050.

1. 개요

내부감사최고책임자는 내부감사의 목적, 권한, 책임 그리고 감사계획 대비 수행실적과 윤리강령 및 국제내부감사기준 등의 준수에 대해 중요사항을 감사위원회 및 이사회(또는 최고경영진)에 주기적으로 보고하여야 한다.

그 보고서에는 중요한 위험, 통제 쟁점, 부정 위험, 지배구조 관련 쟁점들, 그리고 감사위원회 및 이사회(또는 최고경영진)의 관심을 필요로 하는 기타 사안을 포함하여야 한다.(기준 2060 최고경영진 및 이사회 보고)

보고의 빈도 및 내용은 내부감사최고책임자, 최고경영진, 감사위원회 그리고 이사회에 의해 협력적으로 결정된다. 보고 빈도 및 내용은 보고될 정보의 중요성과 최고경영진, 감사위원회 및 이사회가 해야 할 관련 행동의 긴급 정도에 따라 결정된다.

감사위원회 및 이사회(또는 최고경영진)에 대한 내부감사최고책임자의 보고 및 소통에는 다음과 같은 내용을 포함해야 한다.

최고감사책임자의 보고 및 소통에 포함되어야 할 사항

① 감사헌장
② 내부감사부서의 독립성
③ 감사계획 및 계획 대비 진척도
④ 자원 요건
⑤ 감사활동의 결과
⑥ 윤리강령 및 국제내부감사기준의 준수, 그리고 기타 준수사안을 관리하기 위한 조치계획
⑦ 내부감사최고책임자의 판단으로 조직이 수용하기 어려운 위험에 대한 경영진의 대응

2. 도입 배경

감사위원회 및 이사회(또는 최고경영진)와 효과적으로 소통하는 것은 내부감사최고책임자의 기본적인 책임이고, 본 기준은 국제내부감사기준 전체를 통하여 언급된 내부감사최고책임자의 우선적인 보고 요건들을 망라한다. 소통과 관련된 기준을 실행하는데, 내부감사최고책임자는 항상 보고와 관련되고 감사위원회 헌장에 명시될 수도 있는, 감사 위원회 및 이사회(또는 최고경영진)의 기대를 이해하고자 할 것이다.

세 당사자는 내부감사 보고의 빈도 및 형식, 그리고 조직에 가장 적절한 보고 일정뿐 아니라 다양한 유형의 감사정보의 중요성 및 긴급 정도를 논의하고 협력적으로 결정한다. 내부감사최고책임자가 중요하고, 긴급한 위험이나 통제의 쟁점과 감사위원회 및 이사회(또는 최고경영진)가 수행해야 할 관련 행동을 보고하기 위한 규약에 대해 미리 합의하는 것 또한 도움이 될 것이다.

추가적으로 내부감사최고책임자는 다음 사항을 수립하거나 검토하는 것이 도움이 될 것

을 확인할 수 있다.

내부감사최고책임자가 수립하거나 검토할 사항

① 내부감사부서의 목적, 권한 및 책임을 포함하는 내부감사헌장
② 내부감사활동의 계획달성 과정을 측정하기 위한 내부감사계획 및 핵심 성과지표
③ 내부감사활동의 국제직무수행방안(IPPF)의 필수지침 준수를 측정하는 품질보증 및 개선프로그램
④ 중요한 위험 및 통제 쟁점을 파악하는 프로세스

3. 적용을 위한 고려사항

기준 2060 감사위원회 및 이사회(또는 최고경영진 포함) 보고는 보고빈도 및 내용의 융통성을 허용하면서, 이런 요소들은 정보의 중요성과 감사위원회 및 이사회(또는 최고경영진)가 보고에 대응해 행동할 필요가 있는 긴급성에 의존할 것을 기록한다.

추가적으로 몇몇 기준들은 빈도에 관해 구체적인 요건을 명시한다. 예를 들어 최소한 1년에 1번 보고되어야 하는 것들은 조직상의 독립성 기준(기준 1110), 그리고 내부감사의 성과에 대한 상시점검 결과(기준 1320)를 포함한다.

감사위원회 및 이사회(또는 최고경영진)와 지속적이고 효과적인 소통을 유지하기 위해서 내부감사최고책임자는 국제내부감사기준 전체를 통해 언급된 모든 보고요건들을 집합한 체크리스트 사용을 고려할 수 있다. 그것들은 다음 주제들을 포함할 것이다.

내부감사최고책임자의 체크리스트에 포함될 주제

① 내부감사헌장
② 내부감사부서의 조직상 독립성
③ 내부감사계획, 자원 요건 및 성과 ④ 감사업무의 결과
⑤ 품질보증 및 개선 프로그램 ⑥ 윤리강령 및 국제내부감사기준의 준수
⑦ 중요한 위험 및 통제 쟁점, 그리고 경영진의 위험 수용

그런 체크리스트는 보고 일정 및 모든 승인 요건에 대한 주의사항을 포함할 수 있다. 이사회 안건에 고정적인 아이템을 포함시키는 것은 최고감사책임자가 규칙적으로 보고하는 기회를 확보한다.

가. 내부감사헌장

기준 1000-목적, 권한 및 책임에 따르면, 내부감사부서의 목적, 권한 및 책임은 내부감사헌장에 공식적으로 정의되어야 한다. 내부감사최고책임자는 주기적으로 헌장을 검토하고 감사위원회 및 이사회에 제출하여 승인을 받을 책임이 있다. 내부감사헌장에 인식되는 내부

감사 직무의 임무 및 IPPF의 필수지침은 또한 기준 1010 '내부감사헌장에 필수지침 인식'에 따라서 논의되어야 한다.

나. 내부감사부서의 조직상의 독립성

내부감사부서의 조직상의 독립성은 기준 1110 '조직상의 독립성'에 따라 매년 감사위원회 및 이사회에 확인시켜야 한다. 추가로 내부감사의 직무의 범위, 업무수행 또는 결과 보고의 결정에 대한 모든 방해뿐만 아니라 그런 방해의 영향까지 기준 1110. A1을 따라 감사위원회/이사회에 공개되어야 한다. 독립적인 보고 관계는 기준 1111 '감사위원회/이사회와의 직접적인 교류'에서 요구되는 대로 내부감사최고책임자가 감사위원회/이사회에 직접적으로 소통하는 능력을 촉진하기 위한 필수적 요소이다.

다. 내부감사계획, 자원 요건 및 성과

기준 2020(감사결과 보고 및 승인)과 관련된 적용지침은 내부감사부서의 계획 및 자원요건 보고에 대한 상세내용을 구체화한다. 기준 2060(감사위원회/이사회에 보고')은 내부감사부서의 계획 대비 성과의 보고 요건을 추가한다. 이것은 내부감사최고책임자가 내부감사활동 및 그들의 권고사항의 적용으로 향상되고 보호된 가치를 설명하는 기회가 된다.

성과수준을 계량화하기 위해, 많은 내부감사최고책임자들은 핵심 성과지표를 사용하는데, 예로는 완료된 내부감사계획의 퍼센티지, 경영진의 수정조치 상태, 또는 보고서 발행에 소요된 평균시간 등이 있다. 추가로 감사위원회/이사회(또는 최고경영진)이 요구한 모든 특별한 요청에 대한 정보는 감사위원회/이사회 회의에서 논의될 수 있다.

라. 감사결과

기준 2400 '감사결과 보고'는 감사결과 보고 요건을 다루며, 그 외에도 업무보고가 반드시 포함해야 할 정보, 그 정보의 품질, 오류 및 누락의 경우 필요한 규약 또는 특정한 업무에 영향을 미치는 윤리강령 또는 국제내부감사기준의 미준수 등을 포함한다. 기준 2440 '감사결과의 전파'는 감사보고서와 관련된 내부감사최고책임자의 책임을 논의하고, 기준 2450 '종합 의견'은 전반적인 의견을 발표하는 기준에 대해 기술한다.

마. 품질보증 및 개선프로그램

기준 1300 '품질보증 및 개선프로그램'은 내부 및 외부 평가를 포함하는 품질보증 및 개선프로그램을 개발하고 유지할 내부감사최고책임자의 책임을 다룬다. 기준 1320 '품질보증 및 게선 프로그램의 보고'는 내부감사최고책임자의 감사위원회/이사회(또는 최고 경영진)에 대한 보고요건을 명시한다.

이러한 보고는 평가가 완료된 때 보고되어야 한다는 내용도 포함된다. 하지만, 내부감사활동의 성과에 대한 상시점검의 결과는 내부평가의 프로세스의 일부인 최소한 1년에 한 번은 보고되어야 한다.

내부감사활동의 외부평가와 관련해서 최소한 5년에 한 번은 수행되어야 하는, 기준

1312 '외부평가'는 내부감사최고책임자가 외부평가자 또는 평가팀의 자격 및 독립성뿐만 아니라 모든 잠재적 이해상충에 대해서도 감사위원회/이사회와 논의할 것을 요구한다. 내부감사최고책임자는 외부평가에 있어 인식된 또는 잠재적인 이해상충을 감소시키기 위해 감사위원회/이사회의 외부평가에 대한 감독을 장려해야 한다.

바. 윤리강령 및 국제내부감사기준 준수

기준 1320(품질보증 및 개선프로그램 보고)은 내부감사최고책임자는 품질보증 및 개선프로그램의 결과에 대해 감사위원회 및 이사회에 보고를 상세히 기술하고 있다. 기준 1322 (미준수의 공개)는 "윤리강령 또는 국제내부감사기준을 준수하지 못하여 내부감사활동의 전반적인 감사범위 또는 활동에 영향을 줄 경우 내부감사최고책임자는 미준수와 그로 인한 영향을 감사위원회 및 이사회에 공개해야 한다"라고 명시하고 있다.

기준 1322 (미준수의 공개)는 또한 미준수 보고 시 고려할 사항을 기술하고 있다. 기준 2431(미준수 감사업무의 공개)는 미준수가 특정한 업무에 영향을 미칠 때 공개되어야 하는 정보를 기술하고 있다. 추가로 기준 2060(감사위원회 및 이사회에 보고)는 내부감사최고책임자가 준수와 관련된 모든 중대한 이슈를 해결할 행동 계획을 보고하도록 요구한다.

사. 중요한 위험 및 통제 쟁점 그리고 경영진의 위험 수용

최고감사책임자 보고의 최우선 목적은 조직의 지배구조(기준 2110), 위험관리(기준 2120), 부정관리(기준 1210. A2) 및 내부통제(기준 2130)에 관해 감사위원회 및 이사회(또는 최고경영진)에 검증 및 조언을 제공한다. 이런 프로세스의 심층적 이해는 기준 2100(감사업무의 성격)을 실행함으로써 획득될 수 있다.

기준 2060(감사위원회 및 이사회에 보고)은 조직에 부정적인 영향을 미칠 수 있는 중요한 위험관리, 부정관리 및 내부통제 이슈를 보고할 책임과 그의 목표를 완수하는 능력을 확인한다. 중요한 이슈는 감사위원회 및 이사회의 주의를 요하는 것으로 이해상충, 내부통제 취약, 오류, 부정, 불법 행동, 비효과성 및 비효율성을 포함할 수 있다.

만약 조직이 수용할 만하지 않다고 판단되는 수준의 위험을 최고경영진이 수용했다고 믿으면, 내부감사최고책임자는 우선 그 문제를 최고경영진과 논의해야 한다. 만약 내부 감사최고책임자 및 최고경영진이 그 문제를 해결할 수 없는 경우 기준 2600(위험수용에 대한 보고)는 내부감사최고책임자에게 감사위원회 및 이사회에 보고하도록 한다.

만약 그런 이슈가 예정된 정기감사위원회 및 이사회 회의를 기다리기에는 너무 긴급하다면 내부감사최고책임자는 좀 더 일찍 보고하는 협의 즉, 예를 들면 임시 감사위원회 및 임시 이사회를 소집하여 보고하도록 권고한다.

제4절 감사위험과 중요성

Ⅰ 개요

내부감사업무를 수행함에 있어 **감사위험과 중요성**을 고려하는 **근본적인 이유**는 **시간과 감사자원이 제한되어 있는 상황에서 감사업무를 가장 효율적으로 실시하기 위함이다.** 감사위험의 고려는 감사의 유효성과 감사결과의 신뢰도 제고를 위하여 필요하며, 감사위험을 판단하기 위해서는 감사대상의 중요성에 대한 판단이 앞서야 한다.

따라서 **감사위험과 중요성**은 감사계획을 수립하고 감사결과를 평가함에 있어 함께 고려해야 하는 매우 중요한 요소임에도 이에 대해 「상법」등 일반적인 법이나 규정이 존재하지 않고 오로지 일반회사 아닌 공공기관만 적용되는 「공공감사기준」에서만이 감사 업무 수행에 필요한 기본적인 원칙과 절차를 규정하고 있다.

내부감사인은 감사업무를 계획하고 실시하는 과정에서 수감부서 등의 직무상 불법행위·오류 또는 낭비 등을 발견하지 못할 위험(이하 **"감사위험"**이라 한다)을 평가하고, 이를 일정수준 이하로 감소시키기 위하여 노력하여야 하며, 내부감사인은 감사위험이 감사결과에 미칠 영향력의 크기와 민감도(이하 **"중요성"**이라 한다)를 사전에 합리적으로 설정하고 이를 감안하여 감사계획을 수립하여야 한다.(「공공감사 기준」 제16조 제1항, 제2항)

또한 **중요성 금액의 설정 이유**에 대하여는 **「신외감법」에서 재무제표 등의 왜곡표시가 감사에 미치는 영향을 평가할 때** 사용되는 것 이외에는 법에서 명시적으로 표시되어 있지 아니하지만, **「상법」상 감사보고서에 중요 보고사항을 결정할 때, 「자본시장법」상 주요 공시사항을 결정할 때** 등에 반드시 필요하다.

Ⅱ 감사위험[38]

1. 감사위험의 개요

내부감사인은 감사업무를 계획하고 실시하는 과정에서 감사의 실효성과 감사결과의 신뢰성을 제고하기 위하여 감사위험을 평가하고, 이를 일정 수준 이하로 감소시키기 위하여 노력하여야 한다.

가. 일반감사위험

감사위험은 내부감사인이 수감부서 등의 직무상 불법행위·오류 또는 낭비 등을 **발견하지 못할 위험** 또는 내부감사인이 중요하게 歪曲 표시되어 있는 재무제표에 대해 **부적절한 의견을 표명할 위험**으로 ① **고유위험,** ② **통제위험 및** ③ **적발위험**으로 구성된다.

감사받은 재무제표라 할지라도 여전히 중대한 왜곡표시사항이 존재할 가능성(이를 '**달성감사위험**'이라 함)이 있는데, 내부감사인은 이를 일정수준(이를 '**목표감사위험**' 또는 '**허용감사위험**'이라 함) 이하로 감소시키기 위하여 노력하여야 한다.

---

38 감사원, 「공공감사기준주석서」, 2000, 68~70면. 이창우외 3인, 「회계감사」, 경문사, 2019, 6-1~6-17면. 노준화, 「ISA 회계감사」, 도서출판 탐진, 2019, 213~227면.

나. 달성감사위험

감사받은 재무제표에 내부감사인이 발견하지 못한 중요한 왜곡표시가 존재할 가능성을 **달성감사위험**이라 한다. 달성감사위험은 감사의 고유한계 때문에 완전히 제거될 수 없다. 달성감사위험이 높을수록 감사품질은 떨어진다. 따라서 감사보고서의 신뢰성을 일정수준 이상 유지시키기 위해서는 달성감사위험이 일정수준(즉, 목표감사위험 또는 **허용감사 위험**) 이하로 유지되어야 한다.

다. 목표감사위험

내부감사인은 자신이 감수할 수 있는 감사위험에 대한 기준을 가지고 있는데, 이를 **목표감사위험**(또는 **허용감사위험**)이라 한다. 내부감사인은 **달성감사위험**이 **목표감사위험**(또는 **허용감사위험**, 이하 '목표감사위험'이라 함) 수준 이하로 달성될 수 있도록 감사계획을 수립한다. 만약 **목표감사위험** 이하로 감사위험을 낮추었다면 **감사성공**이라고 하며, **목표감사위험** 이하로 감사위험을 낮추지 못하였다면 **감사실패라**고 한다.

2. 감사위험의 구성요소

감사받은 재무제표에 중요한 왜곡표시 사항이 존재함에도 불구하고 이를 감사의견에 반영하지 못할 가능성은 그 발생 원인에 따라 고유위험, 통제위험 및 적발위험으로 구분할 수 있다. 즉, 감사위험은 부적절한 감사의견을 표명할 위험이고, 고유·통제·적발 위험의 결합 확률이다.

가. 고유위험

고유위험이란 모든 관련 통제를 고려하기 전에 거래유형, 계정잔액 혹은 공시에 대한 경영진의 주장이 개별적으로 또는 다른 왜곡표시와 합칠 때 중요하게 왜곡표시될 위험 또는 감사대상의 성격 등에 기인하여 감사대상에 불법행위·오류 또는 낭비 등이 발생할 위험이다. 이는 감사인이 증가 또는 감소시킬 수 없는 위험(**통제 불가능**)이며, 회사 및 산업에 대한 이해 등으로 고유위험의 평가가 가능하다.

<u>고유위험을 증가시키는 사항</u>

① 회사 사업의 성격(예 : 건설업 등)
② 회사가 속하는 산업의 상황(예 : 산업이 불황인 상황)
③ 경영진에 대한 비정상적인 압력
④ 경영진의 정직&성실성, 경험, 지식의 부족 및 잦은 교체 등

나. 통제위험

통제위험이란 수감기관 및 수감부서 등이 설정하여 운용하고 있는 내부통제 제도에 의하여 감사 대상에 내재된 불법행위·오류 또는 낭비 등 예외사항을 예방하지 못하거나, 예외사항을 적시에 발견하여 수정하지 못할 위험으로서 주로 내부통제제도의 유효성에 의하여 결정된다.

이는 내부감사인이 증가 또는 감소시킬 수 없는 위험(**통제 불가능**)이며, 회계제도와 내부통제제도를 평가함으로써 통제위험의 평가가 가능하다. 회계제도와 내부통제제도의 취약점과 내부통제제도를 준수하지 않은 것으로 파악된 사항 외에 통제위험을 증가시키는 사항으로는 다음과 같은 사항이 있다.

통제위험을 증가시키는 사항

① 경영진을 감독·감시할 만한 지배기구가 미흡하거나 무용지물인 경우
② 경영진이 내부통제제도를 무시하는 경향이 강한 경우
③ 조직의 구성원이 소수의 경영진에 의해 지배되고 있는 경우
④ 내부감사부서의 기능이 취약한 경우 등

다. 적발위험

적발위험이란 감사위험을 수용가능한 낮은 수준으로 감소시키기 위해 내부감사인이 수행하는 절차가 개별적으로 또는 다른 왜곡표시와 합칠 경우 중요할 수 있는 왜곡표시를 발견하지 못할 위험 또는 내부감사인이 감사대상에 내재된 불법행위·오류 또는 낭비 등의 예외사항을 감사를 통해 적발하지 못할 위험이다. 이는 내부감사인이 증가 또는 감소시킬 수 있는 위험(**통제가능위험**)이며, 적발위험을 통제하기 위해 주로 실증절차에 의존한다.

또한 적발위험은 감사위험을 수용가능한 낮은 수준으로 감소시키기 위하여 내부감사인이 결정하는 감사절차의 성격, 시기 및 범위와 관계가 있다. 그러므로 적발위험은 감사절차와 그 적용에 대한 효과성의 函數이다. 따라서 적발위험을 낮추는 방법인 다음과 같은 사항은 감사절차와 그 적용의 효과성을 높이는 데 도움이 되고, 내부감사인이 부적합한 감사절차를 선택하거나, 적합한 감사절차를 잘못 적용하거나, 감사결과를 잘못 해석할 가능성을 감소시키는 데 도움이 된다.(ISA 200-A43)

적발위험을 낮추는 방법

① 적절한 계획 수립
② 업무팀원의 적절한 구성
③ 전문가적 의구심의 적용
④ 수행된 감사업무의 감독 및 검토

3. 감사위험 구성요소 간의 관계

감사위험은 **고유위험**, **통제위험** 및 **적발위험**의 **결합확률**이다. 즉, 감사위험은 고유위험, 통제위험 및 적발위험 상호간의 합(+)의 관계가 아닌 곱(×)의 관계로 표시된다. 이는 고유위험, 통제위험 및 적발위험이 조건부 확률이기 때문이다. 즉, 통제위험은 주어진 고유위험을 전제로 정의되고 적발위험은 고유위험과 통제위험을 전제로 정의된다.

감사위험 = 재무제표가 중요하게 왜곡표시될 위험 × 중요하게 왜곡표시된 재무제표를 감사인이 적발하지 못할 위험

(AR) = [고유위험(IR) + 통제위험(CR)] × [적발 위험(DR)]

1) 내부통제와 통제위험과의 관계

내부통제가 적절하고 또한 그 제도를 제대로 운용하고 있다면 거래의 처리과정에서 부정이나 오류(왜곡표시)가 방지되거나 또는 적발될 가능성이 높다. 이 경우 거래의 요약체인 재무제표에는 중요한 부정이나 오류가 포함될 가능성이 낮다. 즉, **통제위험**이란 내부통제에 의해 중요한 부정이나 오류가 방지 또는 적발되지 않을 가능성을 말하므로 내부통제가 유효할수록 통제위험은 낮다.

2) 감사인과 적발위험과의 관계

경영진이 부정이나 오류를 방지 또는 적발하기 위하여 내부통제를 구축하여 운용하고 있지만 여전히 재무제표가 중요하게 왜곡 표시되었을 가능성이 높다. 또한 감사받지 아니한 재무제표가 중요하게 왜곡 표시되지 않았다 할지라도 재무제표 이용자는 이를 인식하지 못한다. 따라서 내부감사인마저도 감사의 고유한계 등 여러 가지 이유 때문에 중요한 부정이나 오류가 적발되지 못할 가능성이 있으며, 결국 적발위험은 감사의 고유한계와 내부감사인의 귀책사유로 중요한 부정이나 오류가 적발되지 못할 가능성을 말한다.

4. 감사위험과 감사계획

가. 목표감사위험의 설정

1) 정의

내부감사인이 감사업무를 실시하기 전에 사전적으로 설정한 감사위험으로서 내부감사인이 허용가능하다고 판단하는 감사위험의 목표수준(1 - 목표감사위험 = 감사의견에 대한 신뢰수준) 또는 100%와 내부감사인이 제공하는 확신의 차이(100%−내부감사인이 제공하는 확신의 수준)를 감사위험이라 하고, **감사위험**에서 내부감사인이 수용하기로 한 최대한의 허용치를 **목표 감사위험**(또는 허용감사위험)이라 한다.

이해를 돕기 위해 내부감사인이 통제하려는 감사위험의 목표수준을 5%라고 가정하자. 목표감사위험이 5%라는 의미는 내부감사인이 적절한 감사의견을 표명하지 못할 가능성을 5% 이하로 통제하겠다는 것을 의미한다. 따라서 내부감사인은 감사의 고유한계로 인하여 100%

절대적인 확신을 제공할 수 없기 때문에 목표감사위험(또는 허용감사위험)은 영(0)으로 설정할 수 없다.

2) 목표감사위험 설정시 고려요인

가) 이해관계자의 재무제표에 대한 의존도

상장기업같이 주주지분이 분산되어 있어 주주가 다수이거나 채권자가 다수인 경우에는 그만큼 감사의견이 잘못 표명되었을 경우 소송에 노출될 개연성이 높기 때문에 목표감사위험을 낮게 설정하여야 한다.

나) 감사대상회사의 계속기업으로서의 존속가능성

계속기업으로서의 존속가능성이 낮을수록 목표감사위험은 낮게 설정하여야 한다.

3) 목표감사위험 설정의 일반내용

이러한 목표감사위험은 내부감사인의 위험에 대한 선호도 차이 및 위험 측정에 대한 주관적 판단으로 인해 동일한 회사에 대해서도 다르게 설정하는 것이 일반적이다. 즉, 위험회피도가 큰 내부감사인 일수록 목표감사위험은 낮게 설정하려 할 것이다. 다만, 감사의 신뢰성을 위해서는 동일한 회사에 대하여 목표감사위험은 동일하게 설정될 수 있도록 내부감사인들은 품질관리 등을 통하여 노력하여야 한다.

나. 중요왜곡표시위험의 평가

내부감사인은 구체적으로 어떤 위험평가절차를 통하여 재무제표에 포함되어 있을 것으로 추정되는 중요왜곡표시위험을 식별하고 평가할 수 있을까? 위험평가 절차에는 기본적 위험평가절차와 구체적 위험평가절차가 있다.

1) 기본적 위험평가 절차

기본적 위험평가절차에는 ① 경영진과 기업 내부의 관련자에 대한 질문, ② 분석적 절차, ③ 관찰과 검사 등을 포함한다.(ISA 315-6)

가) 경영진과 기업 내부의 관련자에 대한 질문

내부감사인이 질문으로 얻는 정보는 대부분 경영진과 재무보고 책임자로부터 입수한다. 그러나 내부감사인은 기업내부의 관련자 및 기타 다양한 직급의 구성원들에게 질문함으로써, 중요왜곡표시위험을 식별하기 위한 정보 또는 상이한 견해를 입수할 수도 있다.

나) 분석적 절차

분석적 절차는 감사의 단계별로 서로 다른 목적을 가지고 실시하지만 이 단계에서 실시하는 분석적 절차는 내부감사인이 알지 못한 기업의 측면들을 식별함으로써 기업의 위험을 평가하고 전반감사전략과 감사계획을 개발하는 데 있다. 시기적으로는 대체로 12월 결산기업의 경우 3월부터 5월 사이에 이루어진다.

감사계획단계에서 실시하는 분석적 절차는 실증적인 분석적 절차보다 요약된 정보를 사용한다. 분석적 절차는 감사상 시사점이 있는 사항을 나타내는 것일 수 있는 비정상적인 거래나 사건, 금액, 비율 그리고 추세의 존재를 식별하는데 도움을 줄 수 있다. 비정상적이거나 예상치 못한 상관관계는 감사인이 중요왜곡표시위험, 특히 부정에 의한 중요왜곡표시위험을 식별하는 데 도움을 줄 수 있다.(ISA 315-A7~A10)

그러나 이러한 분석적 절차에 요약된 데이터가 이용되는 경우, 분석적 절차의 결과는 중요왜곡표시위험의 존재 여부에 대하여 광범위한 초기적 징후만을 제공한다. 따라서 이러한 경우에는, 분석적 절차의 결과와 더불어 중요왜곡표시위험의 식별을 위한 다른 절차(예, 문서검사 등)를 통하여 입수한 정보를 함께 고려하는 것이 내부감사인이 분석적 절차의 결과를 이해하고 평가하는 데 도움이 될 수 있다.(ISA 315-A7~A9)

다) 관찰과 검사

관찰과 검사는 경영진 등에 대한 질문으로 뒷받침할 수 있으며, 기업 및 기업 환경에 대한 정보를 제공할 수도 있다.(ISA 315-A11)

2) 구체적 위험평가 절차

내부감사인은 중요왜곡표시위험을 식별하고 평가하기 위해 다음의 구체적 위험평가절차를 수행하여야 한다.(ISA 315-26)

중요왜곡표시위험을 식별하고 평가하기 위한 구체적 절차

① 해당 위험과 관련된 통제 등 기업과 기업 환경을 이해하는 전 과정에서, 그리고 재무제표의 거래 유형, 계정잔액 및 공시를 고려함으로써 위험을 식별.
② 식별된 위험을 평가하며, 그러한 위험이 재무제표 전체에 더 전반적으로 관련되어 있는지 여부와 다수의 경영진 주장에 잠재적으로 영향을 미치는지 여부를 평가.
③ 내부감사인이 테스트하려는 관련 통제를 고려하여 식별된 위험을 경영진 주장 수준의 오류 가능성과 연결.
④ 복합적 왜곡표시의 가능성 등 왜곡표시의 발생가능성과 그러한 잠재적 왜곡표시가 중요한 왜곡표시가 될 만큼 규모가 큰 것인지 여부를 고려.

따라서 중요왜곡표시위험(고유위험과 통제위험)은 내부감사인이 증가 또는 축소시킬 수 없는 기업측 위험이고, 적발위험은 내부감사인이 조절할 수 있는 위험이다. 감사위험에 대한 내부감사인의 주된 목표는 달성감사위험이 목표감사위험 수준 이하가 되도록 통제하는 데 있다.

다. 적발위험 수준의 결정

중요왜곡표시위험(고유위험과 통제위험)은 **내부감사인이 증가 또는 축소시킬 수 없는 기업 측 위험이고, 적발위험은 내부감사인이 조절할 수 있는 위험**이다. 감사위험에 대한 내부감사인의 주된 목표는 달성감사위험이 목표감사위험 수준이하가 되도록 통제하는 데 있다. **따라서 내부**

감사인은 적발위험을 조절함으로써 전반적인 감사위험을 수용할 수 있는 수준 이하로 줄이고자 한다.

그러면 적발위험수준은 어떻게 조절할 수 있을까? 내부감사인은 다음에서 설명하는 실증절차의 성격, 시기 및 범위를 조절함으로써 적발위험을 조절할 수 있다. 예를 들면, 내부감사인이 감사범위를 확대하면 적발위험은 감소되며, 감사범위를 축소하면 적발위험은 증가한다. 그런데 내부감사인이 감사위험을 지나치게 낮추고자 한다면 감사품질은 높아질 수 있지만 감사가 비효율적이라는 지적을 받게 된다.

따라서 **내부감사인은 앞에서 기술한 전문가적인 판단에 따라 고유위험과 통제위험 즉 중요왜곡표시위험을 평가하고, 그 결과를 기초로 적발위험의 목표수준을 설정**하여야 한다. 이 경우 고유위험과 통제위험 즉 중요왜곡표시위험을 구분하지 아니하고 종합하여 평가할 수도 있다.

중요왜곡표시위험의 수준과 적발위험의 관계는 역의 관계에 있다. 따라서 내부감사인은 고유위험과 통제위험(즉 중요왜곡표시위험)의 수준이 낮을 때는 적발위험의 수준을 높게 설정하고, 반대로 고유위험과 통제위험의 수준이 높을 때에는 적발위험의 목표 수준을 낮게 설정하여야 한다.

라. 위험평가 결과에 다른 실증절차의 성격, 범위 및 시기 결정

해당업무에 통상적으로 수행되는 감사절차에 익숙한 기업 내의 인원들은 부정한 재무보고를 보다 잘 은폐할 수도 있으므로, 수행할 감사절차의 성격, 시기 및 범위 선택에 예측불가능성 요소를 반영하는 것이 중요하다. 이것은 예를 들어 다음과 같은 방법으로 달성할 수 있다.(「감사기준서」 240. A36)

감사절차의 선택에 예측불가능성요소의 반영

① 그 중요성이나 위험을 고려할 경우 테스트되지 않을 계정과목이나 경영진 주장을 선택하여 실증절차 수행.
② 예상되었던 감사절차의 시기를 조정. ③ 다른 표본추출 방법들의 적용.
④ 다른 장소 또는 예고하지 않은 장소를 선택하여 감사절차를 수행 등.

내부감사인은 중요한 왜곡표시의 위험이 높다고 판단하면 적발위험의 수준을 감소시켜 목표감사위험을 달성하기 위해서는 다음과 같이 감사절차의 성격, 범위 및 시기를 변경하여야 한다.(「감사기준서」 240. A37)

중요왜곡표시위험에 대한 감사인의 대응

① 성격 : 내부감사인은 보다 신뢰할 수 있거나 관련성이 있는 감사증거 또는 추가적인 확인적 정

보(보강정보)를 입수하는 것으로 대응.

② 시기 : 내부감사인은 보고기간 말 또는 보고기간 말에 근접한 때에 실증절차를 수행하는 것으로 대응.

③ 범위 : 내부감사인은 표본규모를 확대하거나 보다 세부적인 수준에서 분석절차를 수행 하는 것으로 대응 등.

내부감사인은 평가된 중요왜곡표시위험과 관계없이 중요한 각 거래유형과 계정잔액 및 공시에 대해서는 평가된 중요왜곡표시위험과 관계없이 실증절차를 설계하고 수행하여야 한다. 그 이유는 다음과 같다.(「감사기준서」 330. A42)

중요왜곡표시위험과 관계없이 실증절차를 요구하는 이유

① 내부감사인의 위험평가에는 판단이 수반되므로 모든 중요왜곡표시위험이 식별되지 않을 가능성

② 경영진의 통제무력화 등 내부통제에 고유한계가 존재 등

내부감사인은 다음과 같은 상황일 경우에는 실증절차의 성격과 범위에 대해서는 스스로 결정할 수 있다.(「감사기준서」 330. A43)

내부감사인이 해당상항에 따라 자율 결정할 수 있는 상황

① 실증적 분석절차만 수행하는 것으로 감사위험을 수용가능한 낮은 수준으로 감소시키기에 충분할 경우

② 세부테스트가 적합한 경우

③ 실증적 분석절차와 세부테스트의 공동수행이 위험평가에 가장 잘 대응할 경우

마. 합리적 확신을 가질 수 있는 감사절차의 설계

내부감사인은 위험평가에 기초하여 불법 행위나 오류 등에 의한 재무제표 상의 중대한 비정상(irregularities) 또는 왜곡표시(misstatements)가 적출될 수 있다는 **합리적 확신(reasonable assurance)을 가질 수 있도록 감사절차를 설계**하여야 한다. 또한 그동안 발견된 불법행위나 중대한 오류가 있는지에 대하여 관리자에게 질문하여야 한다.

합리적 확신은 내부감사인이 재무제표에 전반적으로 중대한 비정상성 또는 왜곡표시가 없다고 결론을 내리는 데에 필요한 감사증거가 충분히 축적된 경우에 지닐 수 있다. 다만, 감사에는 중대한 비정상성 또는 왜곡표시를 발견하는 내부감사인의 능력에 영향을 미치는 고유의 한계가 있다.

이러한 한계는 ① 시사(test audit)의 적용, ② 회계제도와 내부통제제도의 고유한계, 및 ③ 대부분의 감사증거는 결론적이 아니라 설득적이라는 사실 등에 기인한다. 내부감사인은

또한 간접적인 불법행위(indirect illegal acts)가 발생하였을 가능성에 대하여도 경계하여야 한다.

간접적인 불법행위는 재무제표에 중대하지만 간접적인 영향만 미치는 법·령·규칙 등의 위반을 뜻한다. 만약 이처럼 간접적인 불법행위의 가능성에 관한 특정한 정보가 입수되면, 내부감사인은 불법행위가 발생하였는지 여부를 확신할 수 있는 특별히 설계된 감사 절차를 수행하여야 한다.

불법행위는 통상 그 존재를 은폐하기 위하여 특별히 고안된 행위가 동반하므로 일반적으로는 오류나 낭비를 발견할 개연성이 불법해위를 발견할 개연성보다 높다.

바. 목표감사위험과 달성감사위험과의 비교[39]

내부감사인은 감사위험 평가결과를 감사계획에 반영한다. 감사위험은 감사증거량을 확대함으로써 감소시킬 수 있다. 그러면 내부감사인이 수집하여야 할 감사증거량은 과연 어느 정도일까? 내부감사인이 수집하여야 할 감사증거량의 합리적인 수준은 감사위험이 목표감사위험만큼 달성될 수 있는 수준이다. 그러나 목표감사위험을 정확히 달성하는 것은 우연한 경우를 제외하고는 매우 어렵다.

내부감사인이 수집하여야 할 **합리적인 감사증거의 수준**은 목표감사위험과 달성감사위험이 일치하는 수준이다. 만약 합리적인 수준을 초과하여 감사증거를 수집할 경우 감사비용이 합리적인 수준을 능가하므로 **비효율적인 감사**가 되며, 합리적인 수준에 미달된 감사증거를 수집할 경우 **비효과적인 감사**(또는 감사실패)가 된다.

한편 감사증거량을 증가시킴에 따라 달성감사위험의 수준이 체감하여 감소하는 것은 한계생산체감의 법칙 때문이다. 따라서 목표만큼 정확하게 감사위험을 달성할 수 없다면 내부감사인은 목표감사위험보다 낮은 수준으로 감사위험을 달성해야 한다.(목표감사위험 ≥ 달성감사위험)

참고

목표감사위험과 합리적인 감사증거의 관계

① **합리적인 감사증거**(목표감사위험=달성감사위험) : 내부감사인이 감수하기로 한 목표 감사위험만큼 감사위험을 달성할 수 있는 감사증거량이 가장 합리적인 수준이다.(적정 의견)

② **비효율적인 감사**(목표감사위험 > 달성감사위험) : 감사위험을 목표감사위험 수준 보다 낮게 달성하였을 경우를 **비효율적 감사**라 한다.(적정 의견)

③ **비효과적인 감사**(목표감사위험 < 달성감사위험) : 감사위험을 목표감사위험 수준 만큼도 달성하지 못하였을 경우를 **비효과적 감사 또는 감사 실패**라고 한다.(한정 의견 또는 의견 거절)

---

39 노준화, 전게서, 2018, 탐진, 225면.

사. 감사계획 및 절차의 수정 및 변경

내부감사인은 감사업무의 수행과정에서 채택한 감사절차에 의하여 적발위험이 목표수준의 범위 내에 해당되는지를 평가하여야 하며, 적발위험의 목표수준을 달성할 수 없는 경우에는 감사절차를 변경하는 등 필요한 조치를 취하여야 한다. 또한 내부감사인은 위험평가에 의해 입안된 감사절차의 실시과정에서 불법행위·오류 또는 낭비 등의 존재 가능성을 발견한 경우에 그것이 재무제표에 미칠 잠재적인 영향을 고려하여야 한다.

내부감사인이 그러한 불법행위·오류 또는 낭비 등이 재무제표에 중대한 영향을 미치고 있다고 믿는 경우에는 적절하게 수정한 또는 추가적인 감사절차를 적용하여야 한다. 그러한 수정 또는 추가적인 감사절차의 범위는 다음과 같은 사항에 대한 내부감사인의 판단에 의하여 결정된다.

<u>수정 또는 추가적인 감사절차를 적용할 사항</u>

① 존재 가능성이 있는 불법행위·오류 또는 낭비 등의 종류
② 불법행위·오류 또는 낭비 등의 발생 가능성
③ 특정 종류의 불법행위·오류 또는 낭비 등

또한 내부감사인은 상황이 그러하지 않다는 확실한 징후를 나타내지 않는 한, 특정 불법행위·오류 또는 낭비 등이 발견된 경우 다른 불법행위·오류 또는 낭비 등이 발생하였을 가능성을 배제할 수 없다.

Ⅲ 중요성[40]

1. 개요

가. 중요성의 개념

내부감사인은 감사대상의 중요성을 사전에 합리적으로 설정하고 이를 감안하여 감사계획을 수립해야 한다. **중요성**은 **감사위험이 감사결과에 미칠 영향력의 크기(size)와 민감도(sensitivity)를 뜻한다. 즉 감사를 수행함에 있어 중요성이란 재무제표 이용자들의 의사결정에 영향을 미칠 것이라고 판단되는 허용 가능한 왜곡(또는 허위/오류)금액**을 말한다.

한국공인회계사회가 제정한 「회계감사준칙」 320(감사의 중요성 원칙)은 국제회계기준위원회의 "재무제표의 작성과 표시를 위한 체계"를 원용하여, **"재무제표상 정보의 누락 또는 왜곡표시가 개별적으로 또는 집합적으로 재무제표에 기초한 이용자의 경제적 의사 결정에 영향을 미칠 것으로 합리적으로 예상될 수 있는 경우에 그러한 정보는 중요하다"**고 간주한

40 감사원, 「공공감사기준주석서」, 2000, 70~73면. 이창우외 3인, 「회계감사」, 경문사, 2019, 6-1~6-32면. 노준화, 「ISA회계감사」, 도서출판 탐진, 2019, 198~212면. 한국회계기준원 조사연구실, 「'중요성에 대한 판단' 번역서」, 2018. 3. 9.

다.(ISA 320-2)

결국 감사를 수행함에 있어서 **"중요성**이란 정보의 누락 또는 왜곡표시가 있는 특정 상황에서 판단한 해당항목이나 오류의 크기에 따라 결정된다. 그러므로 중요성은 정보가 유용하기 위해 갖추어야 하는 주요한 질적 속성이라기보다는 정보의 유용성에 대한 경계선이나 구분점을 제공하는 것"으로 풀이하고 있다.

이러한 **중요성의 판단은 주변 상황에 비추어 내려지며, 왜곡표시의 크기**(양적인 판단)**나 성격**(질적인 판단) **또는 양자의 결합에 의해 영향을 받는다.** 재무제표이용자에게 중요사항인지 여부는 집단으로서 이용자들의 공통적인 재무정보 요구사항을 고려하여 판단한다. 개별 이용자별 정보요구사항은 광범위하게 다양할 수 있으므로 왜곡표시가 특정의 개별이용자에게 미치는 영향은 고려하지 않는다.(ISA 320-2)

중요성의 수준은 양적으로 중요한 것만을 지칭하지 않고, 질적으로도 중요한지 여부를 전문가적 입장에서 판단하여야 한다. 이러한 중요성의 결정은 내부감사인의 전문가적 판단의 문제이며, 재무제표 이용자들이 필요로 하는 재무정보에 대한 내부감사인의 인식에 의해 영향을 받는다.

참고

중요성 수준의 판단 요소[41]

① 양적 요소

○ 예외사항 금액의 절대적 크기

○ 총매출액, 매출총이익, 당기순이익 및 주당 순이익에 미치는 정도

○ 총자산, 총부채, 순운전자본, 자기자본 및 자본금에 미치는 정도

○ 수익성과 안정성의 추세에 미치는 정도 등

② 질적 요소

○ 형식보다 실질의 존중

○ 예외사항이 재무제표에 전반적으로 미치는 영향의 정도

○ 예외사항과 회사의 정상적인 영업활동과의 관계

○ 자금흐름에 미치는 영향의 정도

○ 특수관계자와의 비정상적인 거래, 손익의 조작, 의도적인 왜곡 표시

○ 예외사항의 금액이 미래에 미치는 영향의 정도

○ 예외사항이 손익에 영향을 미치는지 여부

○ 자산의 가치평가, 현금회수 가능성, 계속기업으로서의 존속 가능성 등

참고

41 이점금, 「감사실무 Ⅲ-재무·회계·세무부문-」, 한국상장회사협의회, 2018.5. 16면.

미국「정부감사기준」제4·6조

"감사작업은 적절하게 계획되어야 하며, 내부감사인은 감사절차의 성격, 시기 및 정도를 결정하고 감사절차를 수행하여 얻은 결과를 평가함에 있어 다른 무엇보다도 감사대상의 중요성을 감안하여야 한다"고 규정하고 있다.

2. 중요성 기준에 대한 판단

중요성 기준에 대한 내부감사인의 판단은 감사할 사항, 그리고 표본조사와 분석적 검토 절차의 실시여부 등 감사계획 수립의 기초가 된다. 내부감사인은 이를 토대로 감사위험을 수용 가능한 낮은 수준으로 낮출 수 있다고 기대할 수 있는 다양한 감사절차를 선택할 수 있는 것이다.

중요성은 감사위험과 逆의 관계에 있다. 따라서 중요성 수준이 높을수록 감사위험은 낮게 되며, 중요성 수준이 낮을수록 감사위험은 높다. 내부감사인은 감사절차의 성격, 시기 및 범위를 결정할 때 그러한 중요성과 감사위험과의 逆의 관계를 고려하여야 한다. 즉, 상대적으로 중요성이 높은 항목에 대하여는 적발위험을 일정한 수준이하로 낮출 수 있도록 감사계획, 감사실시 및 감사결과 등 감사업무 전반을 적절하게 관리 및 통제해야 한다.

중요성기준의 판단은 내부감사인의 전문적인 영역에 속하며 감사목적과 감사 결과 이용자의 수요에 따라 달리 설정할 수 있다. **중요성의 기준**은 감사대상에 중요한 불법 행위·오류 또는 낭비 등의 예외사항이 없음을 뒷받침할 수 있는 충분한 감사증거를 확보할 수 있도록 적절히 설정되어야 한다. 중요성의 기준은 금액 또는 백분율 등을 적용하는 **계량적 방법** 또는 상(높음), 중(보통), 하(낮음)로 등급을 구분하는 **비계량적 방법**에 의하여 설정할 수 있다.

참고

미국「정부감사기준」제4·8조

"중요성에 관한 내부감사인의 고려는 전문직업적인 판단 문제로서, 재무제표를 이용하여 의사결정을 내릴 합리적인 사람(reasonable person)의 필요성에 관한 내부감사인의 인지도(perception)에 의해 영향을 받는다. 중요성은 주위 환경에 대한 양적·질적인 측면을 함께 고려하여 판단한다"고 규정하고 있다.

3. 일반적인 중요성의 기준

일반적으로 중요성의 기준에는 ① 감사대상 사안과 관련된 수치의 크기(size of figures), ② 감사의뢰인이 요구하는 확신의 수준(level of assurance), ③ 감사보고서 이용자가 가정하는 확신의 수준, ④ 내부감사인이 이용 가능한 감사자원의 양과 질 및 ⑤ 내부감사인 자신의 전문직업적 기준 등이 포함된다.

내부감사인은 양쪽의 관점 즉, ① 재무제표의 전체적인 수준에서 중요성과 ② 개별계정잔액, 거래유형 및 공시사항에 대한 중요성을 고려한다. 법률과 제규제, 그리고 개별재무제표 계정잔액과 그 상호관련성을 고려하는 것은 중요성에 영향을 미칠 수 있다. 또한 이러한 점들을 고려하는 과정을 통하여 고려의 대상이 되는 재무제표의 여러 측면에 따라 다른 중요성 수준이 도출될 수 있다.

감사위험을 포함한 감사여건이 동일한 경우에 공공부문 감사는 민간부문 감사보다 중요성의 기준을 엄격하게 설정하여야 한다. 이는 공공부문 감사가 이해관계인의 범위나 파급효과의 측면에서 책무성이 민간부문 감사보다 높으며, 공공부문 감사에는 다양한 법령상의 의무와 규제가 수반될 뿐만 아니라 감사대상이 되는 사업·활동 및 기능의 可視性과 敏感度도 공공부문 감사가 민간부문 감사보다 훨씬 높기 때문이다.

이하 '중요성'에 대한 자세한 내용은 제3편 – 제9장 – 제3절 – Ⅱ – 1. '중요성 수준 결정' 항목을 참조하시기 바랍니다.

4. 중요성 수준의 구체적 설정

'중요성 수준의 구체적 설정'에 대한 자세한 내용은 제3편 – 제9장 – 제3절 – Ⅱ – 1. '중요성 수준의 결정' 항목을 참조하시기 바랍니다.

5. 중요성 수준의 구체적 적용

가. 개요

일반적으로 중요성 수준은 감사위험과 마찬가지로 감사계획, 감사수행, 감사결과 평가 및 감사결과 보고 등 감사전반에 걸쳐 다양하게 적용되는 개념으로 다음의 시기에 중요성 수준이 적용된다.(ISA 320-5)

중요성 수준의 적용시기

① 내부감사인이 감사를 계획하고 수행할 때
② 식별된 왜곡표시가 감사에 미치는 영향과 미수정된 왜곡표시가 있는 경우 재무제표에 미치는 영향을 평가할 때
③ 감사보고서에 표명할 의견을 형성할 때 **④ 주요 공시사항을 결정할 때 등**

나. 중요성과 감사계획

중요성과 감사위험에 대한 내부감사인의 평가는 감사계획의 수립시점과 감사절차의 결과를 평가하는 시점에서 달라질 수 있다. 왜냐하면, 상황이 변하거나 감사결과로 인해 내부감사인이 아는 내용이 변할 수 있기 때문이다. 예를 들면, 내부감사인이 회계연도 말 즉 종료 전에 감사계획을 수립하는 경우 내부감사인은 해당기업의 영업 결과 및 재무 상태를 예측하는데 회계연도 종료 후에 판명된 영업 결과 및 재무 상태에 대한 실적이 예상과 상당히 다르다면 중요성과 감사위험에 대한 평가 역시 달라질 수 있다.

또한 내부감사인은 감사계획의 수립단계에서 설정하는 수용가능한 중요성 수준을 감사결과 평가단계에 이용하기 위하여 설정했던 수용가능한 중요성 수준보다 낮게 의도적으로 설정할 수도 있다. 이는 왜곡표시 사항을 발견하지 못할 가능성을 줄이고 감사 중 발견한 왜곡표시의 영향을 평가할 때 내부감사인에게 안전성을 여유 있게 확보하기 위한 것이다.

내부회계감사는 재무제표가 중요성의 관점에서 회계기준에 따라 작성되었는가에 대한 의견을 표명하는 것이다. 따라서 내부감사인은 중요한 누락 또는 왜곡표시사항(이것을 '부정, 허위 또는 오류'라 함)을 발견할 수 있도록 감사계획을 수립하며, 계획 수립에 필요한 중요성 수준은 사전에 합리적으로 설정하여야 한다.

참고

중요성수준과 감사계획의 관계

① **중요성 수준 높게 설정** : 내부감사인이 허용할 수 있는 부정이나 오류의 크기가 크다는 것을 의미.
- ○ 상대적으로 중요한 계정잔액(거래)이/가 적으므로, 입증절차 범위 축소.
- ○ 감사 범위 및 증거량 축소(표본 수 감소).
- ○ 중요성 수준을 자산총계로 설정하는 경우 → 모든 부정이나 오류를 허용.
- ○ 이와 같은 경우 감사인은 최소한의 실증절차만을 수행하는 감사계획을 수립.

② **중요성 수준 낮게 설정** : 내부감사인이 허용할 수 있는 부정이나 오류의 크기가 작다는 것을 의미
- ○ 상대적으로 중요한 계정잔액(거래)이/가 많으므로, 입증절차 범위 확대.
- ○ 감사 범위 및 증거량 확대(표본 수 증가).
- ○ 중요성 수준을 '0'으로 설정하는 경우 → 어떠한 부정이나 오류를 불허.
- ○ 이 경우 내부감사인은 전수감사를 수행하는 감사계획을 수립.

다. 중요성과 감사의견

내부감사인은 재무제표가 공정하게 표시되었는가를 평가할 때 감사에서 발견된 미수정왜곡표시의 총계 즉 전체합계의 중요성여부를 평가해야 한다. 미수정왜곡표시의 전체합계는 ① 전기 감사 시 파악된 미수정 왜곡표시사항의 당기 재무제표에 미치는 영향을 포함해 감사인이 발견한 특정의 왜곡표시 사항, ② 구체적으로 식별할 수 없는 기타 왜곡표시(추정오류 등)에 대해 내부감사인이 내린 가장 합리적인 추정치로 구성된다.

내부감사인은 미수정 왜곡표시사항의 전체합계가 중요한지 여부를 고려하여야 한다. 만일 미수정 왜곡표시 전체합계금액이 중요하다고 판단한 경우 내부감사인은 감사절차를 확대하거나 회사 경영자에게 재무제표 수정을 권고함으로써 감사위험을 감소시킬 필요가 있다. 경영자는 발견된 왜곡표시사항에 대하여 재무제표를 수정할 수 있다.

만일 경영자가 왜곡표시에 대하여 재무제표를 수정하기를 거부하고, 그리고 내부감사인이 확대한 감사절차의 결과로도 미수정 왜곡표시 사항의 합계가 중요하지 아니하다는 결론에 이르지 못한 경우에는 내부감사인은 「국제감사기준」 제700호 '재무제표에 대한 감사보고'에 따라 감사보고서를 적절히 수정할 것을 고려해야 한다.

내부감사인이 발견한 미수정 왜곡표시 사항의 합계가 중요성 수준 근접할 경우, 이와 함

께 발견되지 않은 왜곡표시 사항까지 고려하면 중요성 수준을 초과할 가능성이 있는지를 고려해야 한다. 따라서 발견되지 아니한 미수정 왜곡표시 사항의 합계가 중요성수준에 근접하는 경우 내부감사인은 감사절차를 추가 수행하거나 발견된 왜곡표시 사항을 재무제표에 수정·반영하도록 경영자에게 수정권고/시정요구를 할 수 있다.

내부감사인은 사전에 설정한 중요성수준과 감사위험을 고려하여 감사계획을 수립하고 이에 따라 감사절차를 수행한다. 내부감사인은 감사과정에서 발견한 왜곡표시사항[42]을 일목요연하게 정리하여, 미수정 왜곡표시의 중요성을 평가한 후, 그 결과를 수정 권고/시정 요구한다. 또한 내부감사인은 공표용 재무제표를 요청한다. 이때 내부감사인은 수정 권고/시정 요구한 미수정 왜곡표시가 공표용 재무제표에 모두 반영되었는가를 평가해야 한다.

만약 미수정 왜곡표시가 모두 수정/시정되고 반영되었다면 공표용 재무제표에는 중요한 미수정 왜곡표시가 존재하지 않으므로 **적정의견**을 표명할 수 있다. 그러나 미수정 왜곡표시가 반영/시정되지 않았다면 그 미수정 왜곡표시의의 중요성을 평가하여야 한다. 만약 미수정 왜곡표시가 중요하지만 전반적이지 않다면 내부감사인은 **한정의견**을 표명한다.

그러나 미수정 왜곡표시가 중요할 뿐만 아니라 전반적이라면 **부적정 의견** 또는 **의견 거절**한다. 여기서 주의할 것은 미수정 왜곡표시가 발견되었다는 자체만으로 감사의견을 표명하는 것이 아니라 수정 권고/시정 요구를 받아들이지 아니한 미수정 왜곡표시의 중요성을 평가하여 감사의견을 표명하는 것이다. 결국 감사의견은 공표용 재무제표에 대한 의견이지 회사가 최초로 제시한 재무제표에 대한 의견이 아니다.

이하 '중요성 수준의 구체적 적용'에 대한 자세한 내용은 제3편 – 제9장 – 제3절 – Ⅱ – 1– 다. '중요성의 적용' 항목을 참조하시기 바랍니다.

Ⅳ 중요성과 감사위험의 관계

감사위험과 중요성을 고려하는 근본적인 이유는 시산(試算)과 감사자원이 제한되어 있는 상황에서 감사업무를 가장 효율적으로 실시하기 위함이다. 감사위험의 고려는 감사의 유효성과 감사결과의 신뢰도를 제고하기 위하여 필요하며, 감사위험을 판단하기 위해서는 감사대상의 중요성에 대한 판단이 앞서야 한다.

따라서 감사위험과 중요성은 감사계획을 수립하고 감사결과를 평가함에 있어 함께 고려되어야 한다. 감사위험과 중요성을 고려하는 또 다른 이유는 공공기관의 경우 「공공감사기준」이 감사업무 수행에 필요한 기본적인 원칙과 절차만 규정하고 있기 때문. 즉 내부감사인은 전문가적 판단을 통해 「공공감사기준」 등의 관련조항을 신축적으로 적용할 필요성이 있는데, 이 경우 핵심적인 고려요소가 감사위험과 중요성이다.

내부감사인은 재무제표가 중요하게 왜곡 표시될 수 있는 요인이 무엇인지를 감사계획 수립 시 고려해야 한다. 특정계정의 잔액과 거래 유형에 관련된 중요성에 대해 내부감사인이

---

42 부정과 오류에 의한 왜곡표시 가능성이 존재하며, 부정은 의도적으로 수행되며, 치밀하게 은폐(예, 가공의 기계장치 구입증빙으로 비자금 마련)하는 것이고, 오류는 비의도적(자료수집 및 처리의 오류, 사실 간과 및 해석 착오, 회계기준 적용 오류)으로 수행한 것이다.

판단하면 내부감사인은 감사할 사항과 표본조사 및 분석적 감사절차의 실시여부 등을 결정한다. 이에 근거하여 내부감사인은 감사위험을 수용할 수 있는 낮은 수준으로 감소시킬 수 있게 감사절차를 선택할 수 있다.

중요성과 감사위험수준은 서로 역의 상관관계에 있으므로, 중요성 수준이 높을수록 감사위험은 낮게 되며, 중요성 수준이 낮을수록 감사위험은 높게 된다. 내부감사인은 감사 절차의 성격, 시기 및 범위를 결정할 때 중요성과 감사위험 간의 역의 상관관계를 고려해야 한다. 예를 들어 특정감사절차에 대한 계획을 수립한 후에 감사인이 수용할 수 있는 중요성 수준을 낮게 설정하면, 감사위험은 높아진다.

내부감사인은 이를 보완하기 위하여 다음 중 하나를 선택한다. **첫째,** 가능하면 통제위험의 평가수준을 낮추고, 낮춰진 통제위험의 수준을 뒷받침하기 위하여 내부통제에 대한 감사를 확대 또는 추가실시하거나, **둘째** 계획된 입증절차의 성격, 시기 및 범위를 조정하여 적발위험을 낮춘다.

감사위험은 재무제표가 중요하게 왜곡 표시되어 있을 경우에 내부감사인이 부적합한 감사 의견을 표명할 위험을 말한다. 감사위험은 중요 왜곡표시위험과 적발위험의 함수이다. 중요성과 감사위험은 감사의 全過程을 통하여 특히 다음과 같은 경우에 고려된다.

중요성과 감사위험을 고려하는 상황(ISA 320-A1)

① 중요 왜곡표시 위험의 식별과 평가 : 감사위험 평가
② 추가 감사절차의 성격, 시기 및 범위의 결정 : 감사계획
③ 미수정 왜곡표시가 재무제표 및 감사의견 형성에 미치는 영향에 대한 평가 : 감사 결과 평가

참고

「공공감사기준」상의 감사위험과 중요성[43]

① 감사인은 감사업무를 계획하고 실시하는 과정에서 수감기관 등의 직무상 불법행위·오류 또는 낭비 등을 발견하지 못할 위험(이하 "감사위험"이라 한다)을 평가하고, 이를 일정 수준 이하로 감소시키기 위하여 노력하여야 한다.
② 감사인은 감사위험이 감사결과에 미칠 영향력 크기와 민감도(이하 "중요성"이라 한다)를 사전에 합리적으로 설정하고 이를 감안하여 감사계획을 수립하여야 한다.
③ 중요성의 기준에 관한 판단은 감사인이 전문직업인 영역에 속하며, 감사 목적과 감사결과 이용자의 수요에 따라 달리 설정할 수 있다.
④ 감사여건이 동일한 경우에 공공감사는 민간부문 감사보다 중요성의 기준을 엄격하게 설정하여야 한다.

43 「공공감사기준」(감사원규칙 제137호) 제16조.

제2장

내부감사 기초업무

제1절 감사정보의 수집 및 관리

Ⅰ 감사정보의 일반[44]

1. 감사정보의 의의

가. 감사정보의 정의

자료(data)란 수, 영상, 단어 등의 형태로 가공되지 않은 다양한 것들로서 연구, 조사의 바탕이 되는 것이다. 다시 말해 특정 주제에 대한 단순한 사실들을 모아 놓은 것인데 글, 사진, 영상 등 그 형태가 다양하다. 반면에 이 자료들을 특정한 목적을 가지고 가공한 것이나 해석하여 의미를 부여한 것을 **정보**라고 부른다.[45]

따라서 단순한 자료로는 가공되기 전까지 그 자체만으로는 사용자에게 큰 의미가 없다. 따라서 내부감사인이 관찰, 면담이나 측정 등을 통해 수집한 자료(data)를 감사에 도움이 될 수 있도록 평가, 분석, 종합 및 해석한 결과로서 얻어진 지식 또는 그 자료를 **감사정보**라고 한다.

나. 감사정보의 필요성

내부감사인은 감사목표를 달성하기 위해 감사목표와 감사 수행범위에 관련된 모든 문제에 대해 감사정보를 수집해야 한다. 감사정보는 감사활동 및 감사결과의 적정성을 입증하기 위해서 반드시 필요하며, 아울러 감사정보는 조치(요구)의 대상이 되는 위법·부당사항의 입증은 물론 감사대상 업무가 적법·타당하게 수행되었음을 입증하기 위해서도 필요하다. 따라서 **현장감사**는 **감사정보의 수집 및 검증과정**이라 할 수 있다.

2. 감사정보의 요건

감사정보는 감사사항, 관찰사항과 권고사항을 위해 건전한 기초가 되기 위해서는 충분하고, 신뢰할 만하며, 연관되고, 유용해야 한다.(「국제내부감사기준」 제2310. 정보의 식별) 만약 감사목적에 적합한 감사정보를 수집하지 못할 경우 감사보고서의 품질 보장과 점검 목표달성

---

44 최준묵, 「감사정보 수집 방법 및 기법」, 한국금융연수원, 2016, 3~7면. 한국감사협회.「직무수행방안」. 2017. 199~211면.

45 천재학습백과.

은 실패할 가능성이 높아질 것이다.

가. 충분성

충분한 정보란 사실적이고, 적절하고, 설득력이 있어서 사려 깊고, 지식 있는 내부감사인이라면 동일한 결론을 내릴 것이라는 확신을 주게 하는 그런 정보다.

나. 신뢰성

신뢰할 만한 정보란 신뢰성 있는 적절한 감사기법을 이용하여 가장 잘 얻을 수 있는 정보를 말한다.

다. 관련성

연관된 정보란 감사 수행 중 발견사항과 권고사항을 지원하고 감사 수행목표와 일치하는 정보이다.

라. 유용성

유용한 정보란 조직이 그 목적을 달성하는 데에 있어 도움이 되는 정보이다.

3. 감사정보의 종류

가. 조사방법에 따른 분류

□ **인증(人證)** : 사람이 진술한 내용(문답서, 확인서, 녹취록 등)
□ **물증(物證)** : 물체 또는 사람 신체의 물리적 존재(실물표본)
□ **문서(文書)** : 서면에 기술되거나 나타난 내용의 의미가 증거가 되는 것(사본, 등본 등)

나. 정보속성에 따른 분류

□ **물적정보** : 내부감사인이 사람과 재산의 활동과 재고수량 등을 직접 관찰하고 조사하여 취득한 정보(사진, 지도 등이 첨부된다면 설득력 증가)

□ **인적정보**

○ 면담을 통한 진술, 설문지/질문지를 통한 응답을 통해 취득한 정보
○ 감사업무 방향에 중요한 지침을 제공
○ 객관성이 보장되지 않으므로 가능한 다른 형태의 정보로 보강이 필요

□ **문서정보**

○ 송장, 선적서류, 구매주문서, 검수기록서, 수표 등과 같이 항구적으로 존재
○ 내부감사인 들이 수집할 수 있는 가장 일반적인 형태의 정보
○ 내부적인 정보 : 회계기록, 검수보고, 구매주문, 정비기록 등
○ 외부적인 정보 : 회신한 조회서, 공급자 송장, 부동산 등기 등

□ **분석정보**

○ 데이터 간의 상호 연관성에서 도출하는 정보

○ 분석을 통하여 추론 형태의 정황 정보 산출
○ 분석 요소들 간의 일치/불일치, 상관관계 여부 등을 검토한 후 결론을 도출

다. 관련정도에 따른 분류

□ **직접정보** : 대상 사실을 직접적으로 증명하는 정보(수수 금품 등)
□ **간접정보** : 대상 사실을 간접적으로 증명하는 정보(정황 증거 등)

II 감사정보의 수집방법[46]

1. 관찰

가. 관찰의 의의

관찰이라 함은 사물이나 현상을 주의 깊게 조직적으로 파악하는 행위를 의미한다. 이는 내부감사인이 직접 관찰하여 수집한 증거로 2차적인 출처에서 수집된 증거보다 증거력이 강하다. 따라서 감사대상을 직접 관찰하기 위해서 현장 확인을 수행하는 것은 매우 효과적인 정보수집 기법이라 할 수 있다.

현장에서 관찰한 결과를 촬영해 둔 사진이나 비디오테이프를 점검보고서에 적절하게 활용하면 문장으로만 설명하는 경우에 비하여 간결하면서도 강력한 메시지를 전달할 수 있다. 이러한 관찰은 감사계획 및 현장 감사단계 모두에서 매우 유용하고 자주 활용할 수 있는 증거수집 기법이다.

현장 감사실시 단계에서의 직접 관찰은 재고를 조사하거나 실태를 입증하는데 최선의 방법이다. 예를 들면, 실제 어떤 기계를 구매했는지, 구매한 기계가 현재에도 잘 작동되고 있는지, 기계가 당초 목적대로 활용되고 있는지 등을 입증할 수 있다.

나. 관찰의 방법

내부감사인의 무작위적인 관찰결과 만으로는 일반화된 결론을 도출할 수 있는 근거로 사용하기에 극히 어렵다. 따라서 사람을 관찰할 때에는 더욱 주의를 기울여 공정하고 대표성 있는 관찰결과를 제시할 수 있도록 노력하여야 한다.

내부감사인이 무엇을 어떻게 관찰할 것인지를 미리 계획해 두어야 의미 있고 체계적인 관찰이 가능하며, 특히, 사람의 활동을 관찰할 때에는 미리 선입견을 갖지 않고 열린 자세로 접근하는 것이 중요하다.

관찰대상자들의 특성을 제대로 알지 못하는 상태에서 얻은 관찰결과는 증거로 활용하기가 어렵다. 이런 관찰결과를 증거로 채택한 경우 잘못된 점검결과를 도출하게 될 수 있어 내부감사인은 관찰대상자들의 특성을 최대한 파악하도록 노력하여야 한다.

내부감사인이 관찰대상자에 대하여 비디오나 사진을 촬영하는 경우 또는 면담 내용을 녹

---

46 최준묵, 「감사정보 수집 방법 및 기법」, 한국금융연수원, 2016. 8~37면.

취하는 경우 반드시 사전에 상대방, 즉 관찰대상자의 동의를 얻어야 한다. 만약 상대방의 사전 동의 없이 촬영 또는 녹취하는 경우 법의 제재를 받을 수 있다.

현장 확인의 장점 중 하나는 현장에서 근무하는 직원들의 애로사항을 내부감사인이 청취할 수 있다는 점이다. 내부감사인은 현장 담당직원들이 애로사항을 토로하는 것을 귀찮게 생각하여 차단하기보다는 상황이 허락하는 한 적극적으로 청취하여 감사의 단서를 포착하거나 증거를 확보하는 데 활용하여야 한다.

2. 인터뷰

가. 인터뷰의 의의

인터뷰란 辭典的 의미로서 **'특정한 목적을 가지고 개인이나 집단을 만나 정보를 수집하고 이야기를 나누는 일'**을 의미한다. 즉, **대화를 통해서 필요한 자료 또는 정보를 수집하는 기법**을 말한다.

보통은 다른 정보 수집기법들과 함께 사용하기 때문에 가장 빈번하게 이용된다. 정도의 차이는 있지만 모든 감사에서 일정 정도 인터뷰가 수행되며 특히 경영진이나 부·점장에게 아주 유용한 정보 수집기법이다.

재확인 또는 추가적인 정보 수집을 위해 질문의 기회를 제공하여야 하며, 증거력 확보를 위해 문서 검토, 관찰, 분석적 절차, 업무흐름도 작성, 설문조사 등 다른 증거의 수집을 통하여 보강할 필요가 있다.

나. 인터뷰의 유형

1) 비표준화 인터뷰

○ 질문의 내용/형식/순서 등을 미리정하지 않고 interviewer가 인터뷰 상황에 따라 적절히 변경하여 수행

○ 장점은 상황을 반영한 답변 확인 가능. 단점은 인터뷰 대상자의 진술 내용을 확증하기 어려운 문제점 때문에 면담 내용은 직접적인 증거로서 가치는 미약

2) 표준화 인터뷰

○ 인터뷰 조사표를 만들어 인터뷰 상황에 관계없이 모든 인터뷰 대상자에 대해 동일한 방식, 동일한 질문 가능

○ 장점은 계량화가 가능하고 신뢰성이 높을 수 있으나, 단점은 상황 변화에 대한 대처가 취약

다. 질문의 유형 및 태도

1) 폐쇄형 질문

□ **초점**

○ 사실의 확인(정보의 검증 단계)

○ 제한적으로 사용

□ **장점**

○ 고객의 감정이나 사고의 자극을 회피

○ "예", "아니오"와 같이 즉답이 가능한 대답의 획득 가능

○ 시간이 충분치 않고, 얻어야 할 정보의 양이 방대할 경우 유용

□ **단점**

○ 면담대상자가 취조를 받는 것 같은 불쾌한 감정을 느낄 가능성

2) 개방형 질문

□ **초점**

○ 정보의 취득(정보의 수집 단계)

○ 대화를 촉진하고 피면담자의 설명 유도

□ **장점**

○ 응답자가 설명과 서술을 통해 진술하도록 유도 가능

○ 상대방의 생각과 감정을 이야기하도록 만들기 때문에 상대방을 훨씬 잘 이해 가능

○ 얻을 수 있는 정보의 깊이가 심층적

□ **단점**

○ "예", "아니오."처럼 즉답이 불가능

○ 답변 내용이 답변자의 개인적인 감상이나 감정, 주관적인 판단에 근거한 의견이 포함

3) 질문의 태도

□ **발언 집중경청**

○ 상대방의 발언에 집중하고 배려하는 태도

○ 딴 생각이나 행동을 하지 않고 상대방에게 시선을 맞추고 반응

○ "편견"이라는 여과망 때문에 25% 이상은 한 번에 듣기 곤란

□ **편견 극복방법**

○ 換言 : 상대방의 말을 자신이 이해한 내용으로 바꾸어 진술

○ 再陳述 : 상대방이 말한 내용을 그대로 말함으로써 상대방이 자신이 말한 내용을 재점검할 수 있는 기회 제공

○ 요약 : 상대방의 말을 논리적으로 조직화

○ 共感 : 상대방의 입장에서 말의 의미와 감정을 이해하고 수용

라. 대화방법의 원칙

인터뷰할 때에 대화하는 방법에는 여러 가지가 있을 수 있으나 일반적으로 적용되고 있는 대화방법의 원칙은 아래와 같다.

대화 방법의 원칙

① 충분한 이해가 있기까지 판단·평가하지 말 것
② 자신의 생각이나 견해에 따른 결론을 내지 말 것
③ 자신의 생각이나 견해를 피면담인에게 말하여 믿게 하지 말 것
④ 주위를 산만하게 하지 말 것(면담 중 통화 등)
⑤ 자신의 마음을 피면담인에게 열어 놓을 것 -- 객관적, 우호적, 온화한 태도
⑥ 자신의 해석을 고집하지 말 것
⑦ 자신이 똑똑하여 피면담인에게 배울 것이 없다고 생각하지 말 것
⑧ 지나치게 수다를 떨지 말 것
⑨ 잘못된 사실이 발견되었을 경우 시정·개선을 요구할 것
⑩ 피면담인의 설명이나 의견을 경청하고 있음을 적극적으로 표현할 것
⑪ 80%는 듣고 20%는 설명하는 자세
⑫ 수사관이 취조하듯이 하지 말 것 등

마. 인터뷰의 진행

1) 인터뷰 계획 수립

① 정보 파악

○ 조직 및 업무분장, 담당업무, 규정, 매뉴얼, 프로세스맵.
○ 리스크 평가자료, 과거 점검 관련 자료, 외부 평가자료.
○ 각종 보고서, 자체 점검활동 결과.
○ 면담대상자의 성향, 업무태도 등.

② 질문 계획서 작성

○ 점검 범위, 인터뷰 목적, 질문 항목 간의 상관성.
○ 개괄 질문과 상세 내역에 대한 질문의 적절한 조화.
○ 질문 항목 간의 중복 배제.
○ 질문 순서의 우선순위 결정 등.

③ 면담 일정

○ 장소와 시간 사전 약속 --- 면담대상자 사무실 또는 제3의 장소.
○ 늦은 시간, 휴가 직전/직후, 식사 직후는 삼가.
○ 가능한 1:1원칙.
○ 장소, 시간 변경 시 즉시 양해를 구함 등.

2) 인터뷰 시작

○ 면담장소에 면담대상자 보다 먼저 도착.
○ 면담대상자를 편안하게 하는 멘트로 시작.
○ 인터뷰 목적을 설명---예외 : 부정행위.
○ 비밀 엄수를 확실하게 약속.
○ 사실만을 이야기할 것을 확실하게 약속.

○ 사실만을 이야기할 것을 사전에 고지.

3) 인터뷰 진행

① 인터뷰 진행의 일반적인 태도

○ 적극적인 경청 자세와 상대방을 배려함을 무언으로 표시.
○ 소음, 면담장소 위치 등 외부적 장애물 고려.
○ 메시지 전달 장애물 고려---전문용어, 모호한 표현.
○ 계획된 질문항목 및 순서에 따라 진행하되 필요 시 추가 질문.
○ 효과적으로 청취---행동관찰, 판단유보, 보충질문, 침묵허용 등.

② 면담자가 피해야 하는 질문

○ 유도성 질문.
○ '예', '아니오'라는 답만을 요구하는 폐쇄형 질문.
○ 점검 범위와 관련 없는 질문 등.
○ 면담자가 의심하여야 하는 답변
○ 지나치게 확신하거나 쉽게 하는 답변.
○ 면담자의 생각과 과다하게 일치하는 답변.
○ 개괄적 측면 위주의 답변.
○ 낯선 기술용어의 과다한 사용 등.

③ 면담자가 유의하여야 할 사항

○ 의견과 사실을 분리.
○ 상대방의 중요한 관점에 대한 이해.
○ 과다한 논쟁과 의견 불일치 지양 등.

④ 인터뷰 기록

○ 피면담자에게 기록의 필요성 설명 및 동의 구함.
○ 효율적인 기록 : 기록하면서 질문하기 등.

⑤ 설명에 대한 감사 인사 표시.

4) 인터뷰 종료 후 업무

○ 인터뷰 기록 내용의 정확성을 다시 면밀히 확인.
○ 정보 보강이 필요한 경우 추가 확인절차 수행계획 수립.
○ 인터뷰 내용을 문서화하여 피면담자에게 검토 및 확인 요청.
○ 인터뷰 진행 내용을 점검보고서에 기록.

바. 인터뷰의 단점 및 유의사항

1) 인터뷰의 단점

○ 질문자와 응답자의 기억에 잘못이 있는 경우.
○ 응답자가 사실을 정확히 모르는 상태에서 추측하여 응답하는 경우.

○ 질문이 제대로 작성되지 않거나 답변자가 이해하지 못하는 경우.
○ 고의적으로 틀린 답변을 하는 경우---"브래들리 현상[47]."
○ 진술정보로서 증거 결정력이 미흡---다른 문서 검토, 관찰, 분석적 절차수행, 업무 흐름도 작성, 설문조사 등 다른 증거수집으로 증거력 보강 필요.

2) 인터뷰 유의 사항

① 인터뷰 내용 문서화 및 인터뷰 대상자 서명·날인
○ 인터뷰 내용을 증거화하기 위해서는 인터뷰 내용을 문서화하고, 인터뷰 대상자 가 그 문서에 서명 또는 날인 필요.
② 인터뷰 대상자의 서명·날인 거부
○ 이런 경우 무리하게 확인서 등을 징구하려고 하면 인터뷰 대상자와 신뢰관계가 흔들려 오히려 인터뷰 목적 달성에 방해.
○ 감사인은 인터뷰 종료 후에 그 내용을 요약하여 참고자료로 활용하는 정도로 마무리하고 중요한 증거는 다른 출처에서 찾아 보완하는 것이 타당.
○ 이 경우 감사조서에 인터뷰 대상자의 서명 또는 날인 거부 사실을 기재.

3. 서류 · DB 검토

가. 서류 · DB 검토의 의의

서류 · DB 검토란 어떤 사실이나 내용의 옳고 그름을 따지기 위하여 서류·DB를 분석하거나 확인하는 것을 말한다. 감사대상부서의 서류/DB 검토는 점검계획단계에서 점검대상부서에 대한 이해, 중요한 이슈의 역사적 맥락을 파악하고, 인터뷰 등 다른 출처로 부터 얻은 자료나 정보를 보완 또는 확인하기 위해 주로 사용한다.

내부감사인은 감사대상부서의 서류/DB 등을 잘 활용하면 대상 부서를 좀 더 잘 이해할 수 있으며 점검에 투입되는 시간과 비용을 줄이고 점검결과 발견한 사항의 신뢰성을 높일 수 있다. 따라서 내부감사인은 감사대상부서의 서류/DB를 잘 활용하기 위해서는 평소에 점검대상부서가 어떤 종류의 자료 또는 정보를 산출·수집하고 있는지 파악하고 있는 것이 매우 중요하다.

그리고 내부감사인이 서류 및 DB를 검토할 때 가장 중요한 점은 검토할 서류 및 DB 등에 대하여 적정한 표본을 정하는 것이며, 적정한 표본을 선정하기 위해서는 선정한 자료 등이 모집단의 대표성을 지니고 있는지 여부와 그 자료를 확보하여 이해하는 데 소요되는 비용을 고려하여야 한다.

나. 서류 · DB 검토의 장단점

1) 서류 · DB 검토의 장점

---

47 **브래들리현상**이란 선거 당일 치러지는 출구조사에서, 답변인이 사회적인 시선이나 터부 때문에 조사원들의 답변에 일부러 거짓을 말하여 본의 아니게 통계 조작을 하게 되는 현상이다.

○ 자료 수집 비용이 상대적으로 저렴하다.
○ 입증을 위한 증거로서의 관련성이 비교적 높다.
○ 점검대상부서가 자료를 수집·관리하기 때문에 그 자료의 배경 및 중요성, 장단점 등을 잘 이해할 수 있다.
○ 그 자료에 입각한 점검결과 확인사항 및 결론이 더욱 신뢰를 받을 수 있다.

2) 서류 · DB 검토의 단점

○ 필요한 자료가 한 장소에 모여 있지 않고 여러 지역, 여러 부서 또는 사람에게 흩어져 있을 경우 어디에 어떤 자료가 있는지를 일일이 알아봐야 하는 번거로움이 있을 수 있다.
○ 자료가 점검인의 의도와 같은 목적으로 정리되어 있지 않은 경우에는 증거로 사용하기가 쉽지 않다.
○ 자료가 여러 부서(팀)에 서로 다른 방식으로 코드화되어 있거나, 지속적으로 갱신되지 않고 있는 경우 등이 있다.

4. 문헌 탐색

가. 문헌탐색의 의의

문헌탐색이란 辭典的 의미로서는 **'주제를 설정하여 깊은 연구를 하기 전에 그 주제 고유의 특징을 파악하기 위해 발표된 정보 가운데 특정한 항목을 탐색하는 것'**을 말한다.

문헌 탐색을 통해 감사대상과 관련된 간행물을 찾아내어 중요한 이슈나 일반적인 배경 등에 관한 정보를 얻을 수 있다. 문헌탐색은 새로운 감사사항을 수행할 때에는 반드시 실시하여야 한다.

나. 문헌 탐색의 유형

1) 감사대상과 관련된 일반적인 연구보고서, 논문 및 서적

이러한 자료를 통하여 감사인은 해당 감사에 적용되는 기본적인 원칙, 특성 및 개념 등에 대한 주요 지식을 얻을 수 있다.

2) 해당 분야에 대한 구체적인 연구결과로서 기존의 외부감사결과 또는 평가

이를 통하여 얻을 수 있는 세부적인 자료 등을 감사판단기준을 수립하는 데 유용하게 활용할 수 있다.

다. 문헌탐색의 장단점

1) 문헌탐색의 장점

○ 문헌탐색을 통하여 저렴한 비용으로 유용한 정보를 많이 얻을 수 있다.
○ 감사초점을 개발하거나 체계적으로 정리할 때 도움이 많이 된다.
○ 구체적인 감사방법상의 어려운 점을 찾아내고 이에 대처하는 기법과 절차를 찾아 낼 수 있다.
○ 감사대상의 배경 및 현재의 경향에 관한 대량의 정보에 신속하게 접근할 수 있다.

2) 문헌탐색의 단점

○ 탐색해야 할 할 범위가 넓은 경우 탐색에 많은 시간과 비용이 소요된다.

○ 문헌탐색을 통하여 수집한 자료 들이 정확한지 여부를 결정하기 어려운 경우도 많기 때문에 증거로 채택하기 위해서는 별도의 확인 작업이 필요하다.

5. 벤치마킹

가. 벤치마킹의 의의

벤치마킹은 어쩐 조직의 방식, 절차, 산출물, 서비스 등을 해당 범주에서 일관 되게 눈에 띄는 성과를 내는 다른 조직의 그것들과 대비하여 측정하는 과정이다. 즉, **벤치마킹**이란 개인, 기업, 정부 등 다양한 경제주체가 자신의 성과를 제고하기 위해 참고할 만한 가치가 있는 대상이나 사례를 정하고 그와 비교분석을 통해 필요한 전략 또는 교훈을 찾아보려는 행위를 가리킨다.

나. 벤치마킹의 유형

1) 모범사례 분석(Best Practice Analysis)

개별기업이 특정 분야의 최우수기업을 비교대상으로 삼아 자신의 경영프로세스 및 성과를 평가한 뒤 기업 발전을 위해 혁신이 요구되는 요인들을 찾고자 하는 벤치마킹 방법이다.

2) 동종기업 벤치마킹(Peer Benchmarking)

개별 기업이 동종 분야에서 사업을 수행하는 경쟁기업을 비교 대상으로 삼아 자신의 사업 경쟁력 이상 유무를 판단해 보고자 하는 벤치마킹 방법이다.

3) SWOT 분석(SWOT Analysis)

개별기업이 현재 직면하고 있는 사업 환경의 진단차원에서 자신에게 강점(strengths), 약점(Weakness), 기회(Opportunity), 위협(Threat)으로 작용할 수 있는 요인을 도출하려는 벤치마킹 방법이다.

4) 공동 벤치마킹(Collaborative Benchmarking)

기업들은 대체로 자기가 소속된 업계 공동의 이해관계를 대변하기 위한 이익단체에 회원사 자격으로 가입한다. 협회, 연합회 등이 그것이다. 이러한 단체가 회원사들을 대신해 모범사례분석을 수행하고, 그 결과를 각 회원사가 공유하도록 하는 벤치마킹 방법이다.

다. 벤치마킹 관련 유의사항

1) 감사대상기관(부서)가 고객, 직원, 업무 절차 등과 관련하여 지속적인 개선에 관심을 가지고 있는가?

○ 내부감사인은 감사대상기관(부서)에 해당 벤치마킹의 개념을 소개하고 대상기관의 적극적인 도입 자세를 확보하는 전략도 가지고 있어야 한다.

2) 벤치마킹이 감사대상기관(부서)에 맞는 감사전략인가?

○ 감사대상기관에 개방적 문화가 형성되어 있으면 벤치마킹으로부터 많은 것을 얻을 수 있다.

○ 그렇지 않은 경우라 하더라도 벤치마킹은 감사에 큰 도움을 줄 수 있다.

○ 벤치마킹은 믿을 만한 감사증거를 제공하거나 권고대안의 신뢰성을 높여 감사보고서의 독자들을 설득할 수 있다.

3) 누구를 벤치마킹해야 할 것인가?

○ 이상적인 벤치마킹 대상은 해당분야에서 감사대상기관 보다 높은 성과수준에 도달하고 있는 조직으로서 필요자료를 기꺼이 공유하고 관행에 관해 논의하려는 조직이다.

○ 그러한 벤치마킹대상 목록은 각종 산업 및 전문직종협회, 각종 분야의 전문가, 벤치마킹 소개 단체 또는 관련 문헌을 통해 얻을 수 있다.

4) 무엇을 벤치마킹해야 하는가?

○ 벤치마킹 시도가 성공하면 대개의 경우 업무수행 절차의 상당부분을 다시 설계하게 된다.

○ 따라서, 핵심적인 업무수행 절차를 움직이는 전략적 혹은 고객관점에서의 이슈가 벤치마킹의 대상으로 선택되어야 한다.

5) 무엇을 벤치마킹으로부터 얻어야 하는가?

○ 비교 가능한 성과자료를 얻는 것이 벤치마킹의 목적이다.

○ 그러나, 그 결과를 어떤 방법으로 성취하였는지에 대한 정보도 그에 못지않게 중요하다.

6) 자료를 능률적으로 수집할 수 있는 방법은 무엇인가?

○ 감사를 시작하기 전에 벤치마킹 대상업무가 어떻게 수행되고 있는지에 대하여 자세히 연구할 필요가 있다.

○ 그러나 이에 대한 완벽한 정보를 찾기 보다는 오히려 절차 및 산출물을 개선하기 위한 정보를 찾아내는 데 초점을 두어야 한다.

7) 벤치마킹 시도를 통해 배운 것을 가장 잘 활용하는 방법은 무엇인가?

○ 감사대상기관이 수행하고 있는 절차가 벤치마킹 대상기관이 수행하고 있는 절차와 어떤 차이가 있는지에 대하여 감사대상기관과 함께 결론을 내어야 한다.

○ 이때에는 벤치마킹 대상기관에 속해 있거나 관련이 있는 조직 또는 산업에 고유한 요인들을 먼저 고려함으로써 그 차이에 대한 관점을 형성하여야 한다.

라. 벤치마킹의 장 · 단점

1) 벤치마킹의 장점

○ 감사대상의 업무수행 절차, 관행 및 시스템을 객관적으로 검토하도록 자극한다.

○ 감사대상의 여러 부분간의 상호 관련성을 알게 해준다.

○ 감사대상 운영방식에 관한 외부의 객관적인 자료를 제공한다.

○ 감사대상 운영방식에 대한 의문을 제기하여 보다나은 운영방식을 찾아내게 한다.

○ 감사대상의 업무개선 방안을 제시한다. ○ 개선대안의 타당한 근거를 제시한다.

2) 벤치마킹의 단점

○ 원하고자 하는 정보를 찾는 데 상당한 시간이 필요하다.

○ 특정회사 또는 특정인의 정보에 의존함에 따라 정보의 왜곡이 일어날 수 있다.

○ 통상적으로 대외에 공개 가능한 정보만을 제공하는 경우가 많아 제한적인 정보입수만이 가능하다.

○ 내부 데이터가 없는 경우 외부 업체와의 비교 자체가 불가능하다.

6. 감사정보 수집 시 유의사항

가. 등본 또는 사본 채취

○ 등본 또는 사본이 결정적인 증거가 되는 경우 해당 서류를 취급하는 직원 등으로부터 **"원본과 상위 없음"**을 확인하게 하여야 한다.

○ 원본의 **결재란에 결재자의 성명이 없는 경우 사본에 이를 부기**하여야 한다.

○ 점검보고서에 인용될 **년 · 월 · 일 · 주소 · 성명 · 숫자 등이 불명확한 증거서류는 반드시 확인하여 보완**하여야 한다.

○ **부분적인 사본인 경우에는 출처를 반드시 명기**하여야 한다.

○ **중요한 수량과 금액은 산출근거를 명시하여야 한다.**

○ 유형이나 방법이 **동일한 지적사항이 많은 경우에는 명세서를 작성하고 대표적인 사항의 사본만을 작성하는 것이 바람직**하다.

○ 확인서, 조사표, 명세서 등에 의하여 입증이 가능한 사항은 별도의 증거서류 사본을 최소화한다.

○ 서면만으로 현장 등의 실태를 표현하기 곤란한 경우에는 표본·도표·사진·녹취 등을 징구하여야 한다.

○ 부분적인 사본을 징구할 때에는 전체적인 흐름이 연결되도록 하고, 부분적인 사본만 볼 때 전체적인 내용과 전혀 다른 뜻이 되거나 내용이 가감되어 사실의 축소·확대 또는 왜곡을 가져오지 않도록 유의해야 한다.

나. 명세표 또는 집계표 작성

○ 점검결과 조치요구 설명 등에 필요한 사항이 포함되게 한다.

○ 기준시점, 기간, 단위 등을 명확히 표시해야 한다.

○ 작성자와 확인자의 소속, 직·성명 및 작성일자를 명기해야 한다.

○ **다수의 증거 서류 내용을 발췌하여 작성하는 경우에는 사실이 축소 · 확대 또는 왜곡되지 않도록 유의하며, 원래의 증거서류의 출처를 명시하고 작성자 및 검토자의 소속과 직 · 성명을 기재하도록 날인(서명)을 받아야 한다.**

다. 표본품 채취

○ 표본품으로 징구하는 물품에 대하여 그 징구 경우를 밝히는 내용의 확인서를 징구하

여야 한다.

○ 모집단을 대표할 수 있는 표본품을 채취하여야 한다.

○ 채취한 표본품이 사건과 관련된 물품임을 증명할 수 있도록 물품의 고유번호, 규격, 특징 등을 확인하고, 징구한 다른 증거에 이러한 특징이 기술되어 있지 아니한 경우에는 별도의 확인서에 의하여 이를 밝혀 두어야 한다.

○ 표본품 사양서·내용설명서·보증서 등이 있는 경우 이들을 첨부해야 한다.

라. 사진 채취

○ 부실시공 현장과 같이 **점검대상의 상황을 사진으로 설명할 필요가 있거나 과거 시점의 상태 또는 그것과 현황의 비교가 필요한 경우 혹은 증거인멸이 우려되는 경우에**는 **사진징구의 방법으로 증거를 확보**해야 한다.

○ 중요한 증거로 사용될 사진은 촬영자의 소속·직·성명 및 촬영·촬영위치·상황 설명들을 기재한 확인서를 촬영자로부터 징구해야 한다.

마. 비밀서류 징구

○ 회사의 보안 관련 규정에 따라야 한다.

○ 점검인이 입수한 증거서류 중에는 비밀 또는 이에 준하여 관리해야 할 중요한 문서 그리고 비밀로 분류되지 않았다 하더라도 외부에 유출되는 경우에는 바람직하지 못한 결과를 가져올 수 있는 것들은 그 보관 및 관리를 철저히 해야 한다.

바. 점검증거서류에 편철되지 않은 기타 서류

○ 점검인 개인이 이를 보관해서는 안 되며, 실지 점검 책임자의 책임 하에 집중보관 또는 폐기해야 한다.

○ 점검현장에서 점검대상부서의 컴퓨터 등을 이용하여 점검증거를 생산한 경우, 입력된 원안을 삭제하는 등 점검증거가 외부에 유출되지 않도록 유의하여야 한다.

III 감사정보의 분석 및 평가[48]

내부감사인은 적절한 분석 및 평가를 근간으로 감사수행 결론 및 결과를 도출하여야 한다.(「국제내부감사기준」제2320. 정보의 분석 및 평가) 내부감사인은 결론을 내리기 위해 정보를 분석하고 평가할 때 다음의 사항들을 고려해야 한다.

1. 분석적 감사절차의 유용성

분석적 감사절차는 내부감사인에게 감사임무 수행 중에 수집한 정보를 평가하고 검증하는 가장 효율적이고 효과적인 수단을 제공한다. 평가는 정보를 내부감사인이 파악하거나 개발한 기대치와 상호 비교함에 의해 이루어진다.

---

48 김용범, 전게서, 2017, 1124~1126면. 국제감사인협회(IIA), 전게서, 2008, 333~335면. 2012, 57면 및 전게서, 2017, 203~208면.

분석적 감사 절차는 무엇보다도 다음과 같은 사실을 식별함에 있어 유용하다.

분석적 감사절차의 유용성

① 예상치 못한 차이 ② 예상했던 차이의 부존재
③ 잠재적 오류 ④ 잠재적 부정행위 또는 불법행동
⑤ 기타 특이하거나 자주 발생하지 않는 거래 또는 사건 등

2. 분석적 감사절차의 주요 내용

분석적 감사절차는 다음과 같은 주요 내용이 포함되어야 한다.

분석적 감사절차의 주요 내용

① 비율, 경향 및 회귀분석 ② 합리성 테스트
③ 당기의 정보와 전기의 유사 정보 비교(기간 대 기간 비교)
④ 당기의 정보와 예상 또는 예측과 비교(현상 대 예측 비교)
⑤ 재무정보와 적절한 비재무정보의 관련성 검토(예를들면, 평균 종업원수 변경과 계상된 급여비용 비교)
⑥ 정보의 구성요소 사이의 관련성 검토(예를 들면, 관련 부채 잔액의 변경과 계상된 이자비용의 변동 비교)
⑦ 다른 부서 및 조직의 유사정보와 비교
⑧ 조직이 속한 산업의 유사정보(벤치마킹 정보)와 비교 등

내부감사인은 예상 대비 나오는 모든 중요한 편차를 추가적으로 조사하여 그 偏差(예, 부정, 오류 또는 환경의 변화)의 원인 및/또는 합리성을 결정해야 할 수 있다. 추가적인 조사에 의한 설명 불가능한 결과는 추가적인 사후관리가 필요함을 암시할 수 있고, 내부감사최고책임자, 감사/감사위원회 및 이사회 또는 경영진에게 보고되어야 하는 중요한 문제가 존재함을 알려줄 수도 있다.

3. 분석적 감사절차의 주요 수단

분석적 감사절차는 화폐금액, 실물수량, 비율, 또는 퍼센트를 써서 수행될 수 있다. 특별한 분석적 감사절차로 비율분석법, 추세분석법 그리고 회귀분석법, 합리성 검증, 기간별 비교, 예산과 비교, 예측 그리고 외부 경제적 정보 등을 포함할 수 있다.

분석적 감사절차는 종종 매뉴얼 감사절차와 컴퓨터 지원 감사기법(CAATs)의 조합을 포함한다. 후자는 범용감사 소프트웨어 프로그램과, 프로세스 논리 및 기타 소프트웨어 그리고 시스템의 통제를 테스트하도록 특화된 프로그램을 포함한다.

가. 컴퓨터 지원 감사기법

내부감사인은 모집단 전체를 테스트할 수도 있고, 또는 대표 샘플을 테스트할 수도 있다. 만약 그들이 샘플을 정하면, 그들은 선택된 샘플들이 결과를 일반화할 전체 모집단 및/또는 기간을 대표하게 하는 방법론 적용에 책임을 진다. CAATs의 이용은 단순한 샘플 대신에 전체 모집단 정보를 분석하게 할 수 있다. 샘플링 및 CAATs에 대한 추가적 상세 내용은 IIA의 보조지침에서 찾을 수 있다.

나. 매뉴얼 방식 감사기법

단순한 매뉴얼 방식의 감사기법은 문의, 관찰 및 조사를 통해 정보를 수집하는 것을 포함한다. 기타 매뉴얼 방식의 감사기법은 수행하는 데 시간이 더 오래 걸리지만 일반적으로 더 높은 수준의 검증을 제공한다. 매뉴얼 감사기법으로는 다음과 같은 것들이 있다.

매뉴얼 방식의 감사기법

① **역진법** : 내부감사인은 유형의 자원 또는 지난번에 작성된 기록으로 逆追跡하여, 문서화된 또는 기록된 정보의 유효성을 테스트한다.
② **전진법** : 내부감사인은 문서, 기록 또는 유형의 지원으로부터 그 뒤에 작성된 정보를 추적해, 문서화된 또는 기록된 정보의 완전성을 테스트한다.
③ **재수행** : 내부감사인은 통제운영의 효과성을 직접적으로 입증할 수 있는 과업을 재수행하여 통제의 정확성을 테스트한다.
④ **3자확인** : 내부감사인은 독립적인 제3자로부터 문서화된 확인을 요청해 정보의 정확성을 확보한다.

분석적 절차는 정보를 예상과 대비한 비교에 사용된다. 또한 독립적인(예, 편향되지 않은) 원천에 기초하며, 정보들 간의 어떤 관계가 조건이 부재한 경우 합리적으로 반대로 예상될 수 있다는 전제에 근거한다. 분석적 감사절차는 감사계획수립(「국제 내부감사기준」 제2200.(개별 감사업무계획 수립) 중에도 사용될 수 있다.

분석적 감사절차를 통해 내부감사자는 추가적인 감사절차 수행이 요구되는 사항을 식별할 수 있다. 내부감사인은 「국제내부감사기준」 제2200조(수행권고 2210-1)에 명시된 지침 또는 자체 「내부감사규정」에 따라 감사수행을 계획할 경우는 분석적 감사절차를 이용해야 한다.

4. 분석적 감사절차의 활용시기 및 정도

분석적 감사절차는 감사 수행결과를 뒷받침하거나 정보를 조사 및 평가하기 위해 감사수행 중에 이용되어야 한다. 내부감사인은 분석적 감사절차를 어느 정도 이용해야 하는지 판단하기 위해 아래에 나열한 요소들을 고려해야 한다. 이러한 요소들을 검토한 후에, 내부감사인은 감사목적을 완수하기 위해 필요한 경우 추가적인 감사 절차 수행을 고려하고 추진해야 한다.

<u>분석적 감사절차의 활용을 위한 고려 사항</u>

① 조사되는 감사영역의 중요성
② 조사대상이 되는 영역에서의 리스크 및 리스크관리의 효과성 평가
③ 내부통제 시스템의 적정성 ④ 재무 및 비재무정보의 가용성과 신뢰성
⑤ 분석 감사절차를 통해 예견할 수 있는 결과의 정밀성
⑥ 조직이 속한 동종 산업에 관한 정보의 가용성과 비교 가능성
⑦ 여타 감사절차가 감사결과를 지원하는 정도 등

5. 예상치 못한 감사결과에 대한 조사 및 평가

분석적 감사절차를 통해 예상하지 못한 결과나 관련사항을 찾아냈을 때, 내부감사인은 그런 결과나 관련사항을 조사하고 평가해야 한다. 분석적 감사절차를 통해 나타난 예상치 못한 결과나 관련사항에 대한 조사 및 평가는 관리자에게 질의하거나 다른 감사절차를 사용하는 방법으로 내부감사인이 그런 결과와 관련이 충분히 설명되었다고 확신할 때까지 한다.

분석적 감사절차를 통해 나타난 예상치 못한 결과나 관련사항은 잠재적 오류, 부정행위 또는 불법행동과 같은 심각한 상황의 징후가 될 수 있다. 분석적 감사 절차를 통해 나타난 결과 또는 관련사항이 충분히 설명되지 못할 때에는 적절한 직급의 관리자에게 보고되어야 한다. 내부감사인은 상황에 따라 필요한 행동방향을 권고할 수 있다.

Ⅳ 감사정보의 기록 및 보존[49]

내부감사인은 감사 결과 및 결론 도출의 근거가 되는 충분하고, 신뢰성 있고, 관련성 있고, 유용한 정보를 문서화해야 한다.(「국제내부감사기준」2330) 그 주요 내용은 다음과 같다.

1. 내부감사 정보의 기록

감사업무수행조서는 감사프로세스 전체를 통해 생성된 정보를 문서화한 것을 말하며, 계획수립, 데이터의 테스트, 분석 및 평가, 그리고 감사결과 및 결론형성을 포함한다. 감사업무수행조서는 문서로, 전자적으로 또는 두 가지 모두로 유지될 수 있다.

감사 수행 내용을 기록하는 감사업무 수행조서는 내부감사인에 의해 준비되고, 내부 감사부서의 관리책임자가 검토해야 한다. 감사업무 수행조서는 파악된 정보와 그것의 분석내용을 기록하여 보고하게 될 관찰사항과 권고사항의 근거로 뒷받침되어야 한다.

가. 감사업무 수행조서의 용도

감사업무 수행조서는 대체로 다음과 같은 용도로 쓰인다.

49 김용범, 전게서, 2017, 1126~1134면. IIA, 전게서, 2008, 336~345면, 및 2017, 209~211면.

감사업무 수행조서 용도

① 감사가 적정하게 이루어졌는지를 평가하는 근거를 제공한다.
② 감사범위 및 감사방법을 구체적으로 기술함으로써 내부감사인을 보호하고 감사 실시상의 문제점을 검토하여 이를 개선자료로 활용할 수 있다.
③ 향후 감사 계획 수립 및 실행 시 도움을 준다.
④ 감사결과 보고서의 주요한 근거자료가 된다.
⑤ 감사 목표를 달성했는지 여부에 대해 문서화한다.
⑥ 수행된 감사업무의 정확성 및 완전성을 지원한다.
⑦ 제3자가 감사목적 달성여부 및 감사 적정성을 검토하는 데 도움을 준다.
⑧ 내부감사부서의 품질관리 프로그램의 평가에 있어 기초자료가 된다.
⑨ 보험금 청구, 부정 관련 소송, 법률 소송에서의 근거자료가 된다.
⑩ 내부감사 직원의 전문능력 개발 등 교육에 도움을 준다 등.

나. 감사업무수행조서의 구성

감사업무 수행조서의 구성, 설계 그리고 내용은 감사업무의 성격에 따라 차이가 있다. 감사업무 수행조서는 감사계획부터 감사결과에 이르는 업무프로세스의 모든 면을 문서화한다. 내부감사부서는 문서화에 사용된 매체를 결정하여 감사업무 수행조서를 보관한다.

감사업무수행조서는 감사업무의 성격 및 내용에 따라 다소 차이가 있지만, 일반적으로 다음과 같은 사항으로 구성 및 설계되어야 한다.

감사업무수행조서 구성

① 계획 수립
② 리스크관리 및 부정관리 시스템의 적절성과 효과성에 관한 조사 및 평가
③ 내부통제 시스템의 적절성과 효과성에 관한 조사 및 평가
④ 수행된 감사절차, 취득한 정보 그리고 도달한 결론
⑤ 검토
⑥ 보고
⑦ 사후관리 등

다. 감사업무 수행조서의 내용

감사조서의 내용, 조직 및 형태는 일반적으로 조직에 따라 그리고 업무의 성격에 따라 달라진다. 하지만, 내부감사부서 내에서 가능한 한 감사조서의 일관성을 유지하는 것이 중요하다. 왜냐하면 그것은 일반적으로 업무정보를 공유하고 감사활동을 조정하도록 촉진하는데 도움을 주기 때문이다.

감사업무 수행조서는 신뢰할만하고, 완전해야 하며, 다른 내부감사인 또는 외부감사인과

같은 신중하고 지식 있는 사람들에 의해서 작업의 재수행이 가능하게 하는 방식으로 감사 증거를 형성하고, 도달한 감사결론 및 결과를 지원 내지는 뒷받침해야 한다. 감사업무 수행조서에는 다음과 같은 내용들이 들어 있어야 한다.

감사업무 수행조서 내용

① 색인 및 참조 번호
② 검토 대상 영역 또는 프로세스를 식별하는 제목 또는 머리글
③ 감사업무 날짜 또는 기간 ④ 수행된 감사 범위
⑤ 데이터 수집 및 분석 목적에 대한 설명 ⑥ 감사조서에서 다룬 데이터의 원천
⑦ 샘플 규모 및 선정 모델을 포함하여 평가된 모집단에 대한 기술
⑧ 데이터 분석에 사용된 방법론 ⑨ 수행된 테스트 및 분석 상세 내용
⑩ 감사 관찰사항에 관한 감사조서 상호참조를 포함한 결론
⑪ 제안된 사후관리 감사업무로서 향후 시행될 사항
⑫ 감사업무를 수행한 내부감사인의 이름
⑬ 그 업무를 검토한 내부감사인의 검토 표시 및 이름
⑭ 그 밖에 감사 결론 및 결과를 지원 내지 뒷받침하는 자료 등

일반적으로 감사조서는 수행프로그램에서 개발된 조직구조에 따라 정리되고, 관련된 개별정보와 상호 참조된다. 최종 결과는 완료된 절차, 수집된 정보, 도달한 결론, 도출된 권고사항 및 각 단계별 논리적 근거를 문서화한 완전한 종합체이다. 이 문서는 최고경영진, 이사회 및 검토대상 영역 또는 프로세스 경영진을 포함해 내부감사인의 이해관계인에 대한 보고를 지원하는 일차적인 원천을 구성한다.

라. 감사업무 수행조서의 매체

감사업무 수행조서는 서류, 테이프, 디스크, 필름, 또는 여타 다른 매체의 형식을 가질 것이다. 만약 감사업무 수행조서가 서류가 아닌 다른 매체를 이용한다면 백업 사본을 만드는 것을 고려해야 한다.

마. 감사업무 수행조서의 표준화

내부감사최고책임자는 수행되는 다양한 감사형태에 필요한 감사조서 정책을 만들어야 한다. 질의서나 감사프로그램 등 표준화된 감사업무 수행조서는 감사의 효율성을 높여줄 수 있고, 감사수행의 위임을 용이하게 할 것이다. 감사업무 수행조서는 영구 또는 이월 감사업무 파일로 분류될 수 있다. 이러한 파일은 대체로 지속적으로 중요한 정보를 담고 있다.

바. 감사업무 수행조서의 작성 기법

감사업무 수행조서의 전형적인 작성기법으로 다음과 같은 것이 있다.

감사업무 수행조서 작성 기법

① 각각의 감사업무수행조서는 해당 임무, 감사실시 요령, 감사수행 내용 또는 감사목적을 기술하여야 한다.
② 각각의 감사업무수행조서는 감사를 실시한 감사 또는 내부감사인이 기명날인 또는 서명하여야 하며, 감사를 수행한 일자를 나타내야 한다.
③ 각각의 감사업무 수행조서에는 색인 또는 참조번호를 담고 있어야 한다.
④ 내부감사인 검증표시(또는 마크)는 적절히 설명되어야 한다.
⑤ 자료의 출처를 명기하여야 한다.

사. 「상법」상의 감사록[50]

현행 우리의 「상법」은 감사업무 수행조서와 유사한 감사록을 작성하도록 의무화하고 있으며, 감사록에는 감사의 실시 요령과 그 결과를 기재하고 감사를 실시한 감사가 기명날인 또는 서명하도록 되어 있다.(「상법」 제 413조의2 제1항, 제2항)

이는 감사실시 과정 및 그 결과에 관해 명확하게 기록으로 남기도록 하여 감사의 충실을 도모하는 한편, 감사의 책임이 문제되었을 경우 그 책임의 유무를 판단할 근거자료로 활용할 수 있기 때문이다.

그러나 「상법」은 구체적으로 '감사록'을 어떻게 작성해야 하는지에 대한 특별한 규정을 두고 있지 않다. 따라서 통상 **감사록**은 감사요원이 감사업무 수행조서를 기초로 요약·작성하며, 감사결과보고서를 도출하기 위해 적용하였던 감사절차의 내용과 그 과정에서 입수한 정보 및 정보 분석결과 등을 문서화한 서류를 의미한다.

따라서 **감사록**은 감사요원이 수행한 감사에 관한 기록인 동시에 감사결과 보고서를 작성하기 위한 기초자료로서도 활용되므로 감사한 사항별로 완전성, 질서성, 명료성, 경제성 등의 원칙에 입각하여 합리적으로 작성되어야 한다.

감사록에는 반드시 감사의 실시요령과 그 결과를 기재하여야 하는데, 감사의 실시요령은 구체적인 실시계획이나 방침, 정기감사, 수시감사 등 감사의 종류 및 절차, 감사실시와 관련한 다음의 구체적인 사항을 의미한다.

감사록 작성에 주요 포함할 사항

① 작성연월일, 감사의 성명
② 감사기간, 감사보조자의 성명
③ 감사항목, 피감사부문
④ 감사 절차, 입수한 정보 및 그 정보의 분석 결과, 질문한 경우에는 질문자와 그 내용

---

50 김용범, 전게서, 2017, 1129면. 이범찬 · 오욱한, 「주식회사의 감사제도」, 한국상장회사협의회, 1997, 64면. 권종호, 「감사와 감사위원회제도」, 2004, 135면. 한국상장회사감사회,「실무상담사례」.2014. 8.

⑤ 감사 결과, 특기사항, 문제점 ⑥ 감사결과의 개요 및 주요 내용 등

그러나 현실적으로 '감사결과보고서'와 '감사록'의 구별이 모호하고 또 실제 감사록을 별도로 작성하는 경우도 거의 없는 현실이다. 그리고 회사의 감사부서가 일반적으로 작성하는 '감사결과 보고서'에는 감사 실시요령이 명시되지 않으므로, '감사결과 보고서'를 '감사록'으로 보기는 다소 어려운 점이 있다.

따라서 법규에 부합하면서도 회사의 업무현실에 적합하도록 하기 위해 현행 '감사결과 보고서'에 감사실시요령을 세부적으로 기술하고 감사과정에서 작성 또는 징구한 문서 및 자료 등을 첨부문서로 하여 감사의 결재를 받음으로써, 이를 '감사록'에 갈음하는 것이 바람직할 것으로 보인다.[51]

감사록의 작성은 감사를 실시할 때마다 작성하여야 하며, 이를 작성하지 않으면, 감사임무해태가 되고, 작성하였더라도 기재할 사항을 기재하지 않았거나 부실하게 작성한 경우에는 500만 원 이하 과태료의 제재가 있다.(「상법」제635조제1항 제9호)

감사록의 보존기간은 10년으로 해야 한다는 견해도 있으나, 감사록은 감사보고서의 작성을 위한 기초자료로서도 의미가 있으므로 감사보고서(「상법」제448조제1항)에 준하여 본점 소재지에 5년, 지점에는 3년간 보존하는 것이 합리적일 것이다.[52]

2. 내부감사 수행기록의 통제[53]

내부감사최고책임자는 감사수행기록에 접근을 통제하여야 한다. 내부감사최고책임자는 외부 제3자에게 감사기록 등을 제공할 경우 제출 전에 그 적절성에 대하여 감사위원회, 최고경영진 또는 법률고문과 상의하여야 한다.(「국제내부감사기준」 2330. A1.)

가. 내부감사 수행기록은 승인받은 자에게만 접근 허용

내부감사 수행기록은 보관매체에 불문하고 보고서, 증거서류, 검토기록 그리고 주고받은 서신 등을 포함한다. '감사록' 또는 '감사조서'(이하 '감사록'이라 통칭한다)는 조직의 자산이다. 내부 감사부서는 감사록를 통제하여 승인 받은 사람에게만 접근을 허용해야 한다.

나. 내부감사 수행기록 접근에 대한 이사회와 경영진 교육

내부감사인은 외부인의 감사록 접근에 대해 이사회와 경영진을 교육할 수 있다. 누가 감사록에 접근권한을 부여받고 있는지, 접근요청 절차는 어떻게 되는지, 그리고 감사활동에 따른 특별조사가 필요한 경우 따라야 하는 절차에 관하여 이사회 또는 감사위원회에 의해 검토되어야 한다.

---

51 김용범, 전게서, 2017, 1129면. 금융감독원, 전게서, 2003, 206면.

52 한국상장회사감사회, 「실무상담사례」, 2014. 8.

53 김용범, 전게서, 2017, 1130~1131면. 국제내부감사인협회, 전게서, 2007, 339~310면. 2011, 167~168면.

다. 내부감사 수행기록의 통제 및 보안에 대한 조직 정책

감사부서의 정책에는 감사록의 통제 및 보안에 대해 조직 내 누가 책임을 맡고, 내부 및 외부 당사자 누가 그 기록에 대한 접근을 허용받고, 그런 기록에 대한 접근 요청은 어떻게 처리해야 할 것인지에 관한 설명이 있어야 한다. 그런 정책은 조직의 성격, 조직이 속한 업종이나 법에서 허용하는 접근 특권에 따라 달라질 수 있다.

라. 내부감사 수행기록의 접근에 대한 승인 요청 및 권한

조직의 경영진 및 다른 구성원은 감사록의 전부 또는 일부에 대한 접근을 요청할 수 있다. 그런 접근은 감사 중의 관찰 및 권고사항을 확인 또는 설명하거나, 다른 업무상 목적으로 감사서류를 이용하고자 할 경우 필요할 것이다. 내부감사최고책임자 또는 감사(감사위원회 포함)는 이런 요청에 대한 승인을 한다.

마. 외부감사인에 대한 내부감사 수행기록의 접근 승인 권한

각각 외부 및 내부감사인 사이에서 서로의 감사결과에 대한 의견 교환 및 주요 내용 통보는 법적인 의무인 동시에 일반적인 관행이다. 다만 외부감사인에 의한 감사록의 접근은 내부감사최고책임자 또는 감사(감사위원회 포함)의 승인을 받아야 한다.

바. 외부 제3자에 대한 내부감사 수행기록의 접근 승인 권한

외부감사인 이외에 조직 외 제3자가 감사록 및 보고서에 접근을 요청하는 경우가 있을 수 있다. 내부감사최고책임자 또는 감사(감사위원회 포함)는 이런 요청을 승인하여 그런 서류를 외부에 제공할 경우 제출 전에, 그 적절성에 대하여 최고경영진 또는 필요한 경우 법률고문(이하 '준법지원인/준법감시인'을 포함)과 협의하여야 한다.

사. 법률 소송과 관련 하여 내부감사 수행기록의 접근 허용

잠재적으로, 내부감사록은 특별히 보호되는 경우가 아니라면, 법률 소송의 경우 접근이 허용된다. 법률적 요건은 각 법률 관할 구역에 따라 많이 다를 수 있다. 법률 소송과 관련하여 감사록에 대한 특별한 요청이 있는 경우 내부감사최고책임자 또는 감사(감사 위원회 포함)는 법률고문과 긴밀히 상의하여야 한다.

3. 내부감사 수행기록의 접근허용에 대한 법률적 고려사항[54]

가. 외부 당사자들의 내부감사 수행기록에 대한 접근 요청

내부감사활동의 수행기록은 보관 매체에 불문하고 보고서, 증거서류, 검토기록 그리고 주고받은 서신 등을 포함한다. 내부감사 수행기록은 일반적으로 그 내용의 보안이 유지되고 사실과 의견 양자의 배합이 되어 있다는 가정 하에 만들어진다. 그러나 내부감사 프로세스

---

54 김용범, 전게서, 2017, 1131~1134면. IIA, 전게서, 2007, 341~344면 및 2011, 169~171면.

에 익숙하지 못한 사람은 이런 사실과 의견을 잘못 이해할 수 있다.

외부 당사자들은 형사소송, 민사소송, 세무감사, 규제당국의 검토, 정부계약의 검토, 자체 규제조직에 의한 검토 등을 포함하는 다양한 유형으로 내부감사 수행 기록에 대한 접근을 요청할 수 있다. 실제로 소송 의뢰인 정보비공개의 원칙에 의해 보호받지 못하는 모든 조직의 내부감사 수행기록은 형사소송의 경우에는 접근이 가능하다. 다만 형사소송이 아닌 경우 접근문제가 덜 명확하고 조직이 속하는 재판관할구역에 따라 變할수 있다.

나. 내부감사 수행기록에 대한 접근 및 통제 강화

내부감사부서의 내부감사활동에 있어서 다음과 같은 문서를 명확히 작성하고, 그에 따른 철저한 실행은 감사록에 대한 접근 및 통제를 강화할 수 있다.

내부감사 수행기록의 접근 및 통제에 필요한 문서

① 감사헌장 또는 감사규정　　② 직무기술
③ 내부감사부서 정책　　④ 법률고문의 조사에 대응하는 절차 등

내부감사부서나 내부감사 현장 또는 내부감사 규정은 그 기록을 보관하는 데 사용한 매체에 상관없이 조직 내의 기록이나 정보에 대한 접근과 통제를 다루어야 한다.

다. 내부감사활동을 위한 직무기술서 작성 및 운용

내부감사활동을 위해 직무기술서가 작성되어야 하며, 내부감사인이 수행해야 하는 다양하고 복잡한 임무가 그곳에 명시되어야 한다. 그런 명시는 내부감사인이 감사록의 요청을 다룸에 있어 도움이 될 것이다. 그것들은 또한 내부감사인이 그들의 감사범위를 이해하고, 외부감사인이 내부감사인의 임무를 파악하는 데 도움을 준다.

라. 내부감사부서의 내부감사 수행기록 관련 정책

내부감사부서의 정책은 내부감사 업무처리와 관련하여 만들어져야 한다. 이 문서화된 정책은 무엇보다도 감사록에 무엇이 포함되며, 얼마나 오랫동안 감사부서의 기록이 보관되며, 어떻게 외부 제3자의 감사록에 대한 접근을 다루어야 하고, 그리고 법률고문과 함께 조사를 수행할 때 어떤 특별한 실무절차를 따라야 하는지를 다루어야 한다.

감사업무의 여러 유형과 관련한 정책은 각각 감사록의 내용과 형식에 관하여 명시해야 하며, 내부감사인이 어떻게 그들의 검토기록을 다루어야 하는지 명시해야 한다. 즉, 문제가 제기되고, 그에 따라 해결된 대로 보관하거나 또는 제3자가 그것에 접근할 수 없도록 파기하거나 하는 것이 그것이다.

또한 내부감사부서의 내부감사 수행기록 관련 정책은 감사록의 보존기간을 명시해야 한다. 이런 기한 설정은 법적요구뿐만 아니라 조직의 필요에 따라 정해진다. 이 문제에 관해 법률자문을 받아 처리하는 것이 중요하다.

마. 내부감사부서의 기록 관련 통제 및 보안책임

내부감사부서의 정책에는 내부감사부서의 기록 관련 통제 및 보안에 대해 조직 내 누가 책임을 맡고 있고, 누가 그 기록에 대한 접근을 허용받고, 그런 기록에 접근요청을 어떻게 처리할 것인지에 대해 설명 및 문서화되어 있어야 한다.

그런 정책은 조직이 속한 업종이나 법률 관할 구역의 관행에 따라 만들어질 수 있다. 내부감사최고책임자는 같은 업종 내의 변화된 실무관행이나 법원의 판례에 있어서 변경을 주시하고 있어야 한다. 정책을 수립할 때 내부감사최고책임자는 언젠가 누군가가 그들의 감사기록에 접근을 원하게 될 것이라는 사실을 예상해야 한다.

바. 내부감사 수행기록 관련 정책에서 다룰 문제

내부감사 수행기록에 접근을 허용하는 정책 또는 규정은 다음과 같은 문제를 또한 다루어야 한다.

내부감사 수행기록 관련 정책에서 다룰 주요 문제

① 접근문제를 해결하는 처리과정 ② 감사결과물의 형태별 보존기간
③ 감사결과물에 대한 접근과 관련된 리스크와 문제점들에 대한 내부감사 직원 교육 및 재교육 과정
④ 장차 감사결과물에 접근을 원할 수 있는 사람을 판단하기 위한 프로세스 등

정책 또는 규정은 감사에 있어 특별조사 착수가 필요한 시기 즉, 감사활동이 변호사와 함께 하는 특별조사 활동이 되는 시기와 법률고문과 의견교환을 할 때 어떤 특별한 절차를 따라야 하는지에 관하여 판단을 내림에 있어 내부감사인에게 지침을 제공한다. 이 정책 또는 규정은 또한 특권을 가진 변호인에게 제공되는 어떤 정보에 대해 적절한 보존요청서를 다루는 문제도 포함하고 있어야 한다.

사. 내부감사 수행기록 접근 관련 리스크에 대한 교육

내부감사인은 또한 감사록 접근으로 인한 리스크에 관하여 이사회와 경영진을 교육해야 한다. 누가 감사록에 접근권한을 부여받을 수 있는지, 어떻게 그런 요구가 다루어지고 그리고 감사활동에 따른 특별조사가 필요한 경우 따라야 하는 절차에 관한 정책이 감사위원회(또는 동등한 기업지배기구) 또는 감사에 의해 검토되어야 한다. 이런 특별정책은 조직의 종류와 법에 의해 부여된 접근 특권에 따라 달라질 수 있다.

아. 내부감사 수행기록의 외부제공에 대한 유의 사항

내부감사 수행기록을 외부에 공개 내지는 제공을 요청받은 경우, 그것을 제공할 때에는 내부감사최고책임자는 항상 신중을 기하고 다음과 같이 해야 한다.

내부감사 수행기록의 외부제공에 대한 세부 유의사항

① 법률고문이나 정책 또는 규정에 의해 지시된 특정서류 만 제공한다. 이 경우 보통의뢰인 정보 비공개원칙에 해당되는 문서는 제외될 것이다. 변호사의 사고 전개 과정이나 전략을 노출하는 문서는 보통 그들의 특권이 될 것이며, 공개를 강요받지 않을 것이다.

② 문서는 변경될 수 없는 형태로 제공되어야 한다.(예, 워드프로세싱 형식이 아닌 이미지 형식을 통해) 종이로 된 문서인 경우, 내부감사최고책임자는 단지 사본만 공개하고, 원본은 보존한다. 특히, 원본을 연필로 작성된 경우에 더욱 그러하다. 만약 법원에서 원본을 요구할 경우, 내부감사부서는 사본 1부를 보존해야 한다.

③ 매 서류마다 보안문서라고 표시하고 그 서류를 허가 없이 제3자에게 재차 배포할 수 없다는 경구문구를 삽입해야 한다.

4. 내부감사 수행기록의 보존[55]

내부감사최고책임자는 각각의 기록이 보관되는 기록매체의 종류를 불문하고 내부감사 수행기록의 보존지침을 개발해야 한다. 이런 보존지침은 조직 전체의 지침, 관련 규정 또는 다른 요건들과 일관성을 가져야 한다.

내부감사최고책임자는 내부감사 수행기록 보존지침을 개발할 때 다음 사항들을 고려해야 한다.

내부감사 수행기록 보존지침 개발 시 고려사항

① 기록 보존 요구는 그 기록이 보관되는 형식과 무관하게 모든 감사기록에 적용되도록 고안되어야 한다.

② 감사기록의 보존 요건은 글로벌 기업의 경우 법률 관할 구역 및 법적 환경에 따라 달라진다.

③ 내부감사최고책임자는 조직의 필요와 조직이 속하는 법률 관할 구역의 법적요건을 충족 하는 문서화된 감사기록 보존 정책을 개발한다.

④ 기록 보존 정책은 적절한 외부서비스 제공자에 의해 수행된 업무와 관련된 기록의 보존에 대한 적절한 정리도 포함할 필요가 있다.

제2절 내부감사의 개인정보 이용[56]

내부감사인은 감사 목표를 완수하기 위해서 충분한 정보를 식별, 분석, 평가하고 문서화

55 김용범. 전게서. 2017. 1134면. 국제내부감사인협회, 전게서, 2007., 345면 및 2011., 172면.

56 김용범, 전게서, 2017, 1134~1136면. 국제내부감사인협회, 전게서, 2007, 329~330면 및 2011, 161~162면.

해야 한다. 정보기술과 의사소통의 발전이 사생활에 지속적으로 새로운 리스크와 위협을 가져오고 있으므로 개인 사생활 및 개인정보 보호에 대한 관심은 점점 명확하게 되고 주의를 끌고 세계적인 문제가 되고 있다.

개인정보 보호·통제는 세계 어느 곳에서나 사업을 하기 위한 필수 법적 요건이 되고 있다. 따라서 내부감사인은 감사활동, 즉 검증활동 및 진단활동 중에 개인정보를 사용하려고 할 때 다음의 사항을 고려해야 한다.

Ⅰ 개인정보의 일반

1. 감사업무 수행 중에 취득한 개인정보 보호

현대 사회는 정보기술 및 의사소통의 발전으로 개인정보 보호 리스크 및 위협이 드러나고 있으므로, 내부감사인은 감사업무 수행 중에 취득한 개인적으로 식별 가능한 정보, 즉 개인정보에 대한 보호를 고려할 필요가 있다. 개인정보 보호·통제는 많은 관할구역에서 법적인 요건이 되고 있다.

2. 감사업무 수행 중에 취득한 개인정보 종류

개인정보는 일반적으로 ① 특정 개인과 관련된 정보, ② 또는 식별하고자 하는 다른 정보와 합쳐져 특정인을 식별할 수 있게 하는 정보, ③ 제①항 또는 제②항을 가명처리 함으로써 원래의 상태로 복원하기 위한 추가 정보의 사용·결합 없이는 특정 개인을 알아볼 수 없는 정보(이하 '가명정보'라 함)를 말한다.(「개인정보보호법」 제2조 제1항). 그것은 사실적인 또는 주관적인 정보일 수 있고, 기록되거나 아닐 수도 있고, 어떤 형태나 매체에도 관계없다. 개인적인 정보는 다음과 같은 것들을 포함한다.

<u>개인 정보의 종류(예시)</u>

① 이름, 주소, 주민등록번호, 가족관계, 소득, 재산 ② 사상, 종교, 정치성향
③ 종업원 파일, 신용기록, 채권채무관계 ④ 종업원 건강, 병력 및 의료 데이터 등

Ⅱ 개인정보의 사용 제한

1. 감사 중 취득한 개인정보의 목적 외 사용 금지

대부분의 경우 법은 조직에게 정보가 수집되는 시점 또는 그 전에 개인정보를 수집하는 목적을 확인하도록 요구하고 있다. 이러한 법은 또한 개인의 동의 없이 또는 법이 요구하는 경우 외에는 그것이 수집된 목적 외에 다른 용도로 사용하거나 공개하는 것을 금지하고 있다.

2. 개인정보 사용에 관한 모든 법률 이해 및 준수

내부감사인이 그가 속한 관할구역 및 그의 조직이 사업을 영위하는 관할 구역의 개인정

보 사용에 관한 모든 법률을 이해하고 준수하는 것은 중요한 일이다. 내부감사인은 어떤 감사업무를 수행하는 중에 본인의 동의 없이 개인정보에 접속, 검색, 검토, 조작하거나 사용하는 것은 부적절하고 어떤 경우에는 불법이 될 수 있다는 것을 이해해야 한다.

개인정보의 사용제한에 대한 자세한 내용은 제2편 제7장 제4절 Ⅰ. '개인정보 활용의 법적위험' 항목을 참조하시기 바랍니다.

3. 개인정보 접근에 대해 사전 법률고문과 협의

내부감사인은 개인정보 접근에 대한 어떤 의문이나 관심이 있다면, 감사업무를 시작 하기 전에 내부 법률고문과 협의 또는 조언을 구해야 한다.

제3절 내부감사업무에 대한 감독[57]

감사의 목표가 달성되고, 감사의 질적 수준이 믿을 만하고, 감사직원의 개발이 이루어지고 있다는 확신을 주기 위해 감사업무는 적절히 감독되어야 한다.[「국제내부감사기준」 2340. (감사업무감독)] 내부감사인에게 요구되는 감독의 정도는 내부감사인의 능력과 경험 그리고 감사업무의 복잡성에 따른다.

내부감사최고책임자는 내부감사에 의해 수행되건 내부감사부서를 위해 수행되건 내부감사 업무에 대한 전반적인 감독책임이 있다. 하지만 내부감사부서의 적절한 경험이 있는 직원을 임명하여 감독하게 할 수 있다. 그리고 적절한 감독의 증거는 문서화되어 보관·유지되어야 한다.

Ⅰ 내부감사업무의 감독 개관

1. 감사업무 수행에 대한 적절한 감독

내부감사최고책임자 또는 위임받은 자는 감사업무 수행에 대한 감독이 적절하게 이루어지도록 노력해야 할 책임이 있다.

감독은 감사계획 수립단계부터 시작하여 조사, 평가, 보고 그리고 사후관리 등 감사 전체 프로세스에 지속된다. 감독은 다음의 내용이 포함된다.

감사업무 수행에 대한 적절한 감독 내용

① 선정된 감사요원이 총체적으로 그 업무를 수행하기 위한 지식, 기술 그리고 여타 필요한 능력을 지녔는지 확인한다.

57 김용범, 전게서, 2017, 1136~1138면. 국제내부감사인협회, 전게서, 2007, 346~348면. 2011, 173~174면 및 2017, 212~2면

② 감사계획을 수립하거나 감사수행 프로그램을 승인하는 중에 적절한 지시를 내린다.
③ 어떤 정당하고 인정될 만한 상황 변화가 있는 경우를 제외하고는 승인된 감사프로그램이 완수되는지 확인한다.
④ 감사조서가 관찰사항, 감사결론 그리고 권고사항을 적절하게 뒷받침하는지 판단한다.
⑤ 감사업무 보고는 정확하고, 객관적이며, 명료하고, 간결하며, 건설적이고, 시의적절한지 확인한다.
⑥ 감사업무의 목표가 달성되는지 확인한다.
⑦ 내부감사인의 지식, 기술 그리고 여타 능력개발을 위한 기회를 제공한다.

2. 감독의 적절한 증거에 대한 문서화

감독의 적절한 증거는 문서화되어 보관되어야 한다. 요구되는 감독의 범위는 내부감사인의 전문가적 능력과 경험 그리고 감사업무의 복잡성 정도에 달려 있다. 내부감사최고책임자는 감사업무에 대한 검토를 수행할 전반적인 책임을 지지만 내부감사부서의 적절한 경험이 있는 내부감사인을 지정하여 경험이 덜한 내부감사인이 수행한 감사업무를 검토하는데 활용할 수 있다.

II 내부감사업무의 감독 내용

1. 내부감사최고책임자의 책임완수와 수단

모든 할당된 내부감사업무는 그것이 내부감사부서에 의해 수행되든 내부감사를 위해 수행되든 내부감사최고책임자의 책임이 된다. 내부감사최고책임자는 감사수행계획 수립, 조사, 평가, 보고 그리고 사후관리 단계에서 내린 모든 중요한 판단에 대한 책임을 진다.

내부감사최고책임자는 그의 책임이 완수되고 있다는 확신을 갖기 위하여 필요한 적절한 수단을 사용해야 한다. 적절한 수단으로는 다음과 같은 목적으로 작성된 정책과 절차를 포함한다.

내부감사최고책임자의 책임완수를 위한 수단

① 내부감사인이 내릴 수 있는 전문가적 판단 또는 내부감사부서를 위한 다른 사람의 수행 작업이 내부감사최고책임자의 전문가적 판단과 불일치하여 감사업무에 심각한 부작용을 초래할 수 있는 리스크를 최소화한다.
② 감사임무 수행 관련 중대한 문제에 대해 내부감사최고책임자와 내부감사부서, 일반 감사직원 사이의 전문가적 판단에 차이를 해결한다.

그런 해결 수단으로 ⓐ 관련 사실 논의, ⓑ 추가 문의 및 연구 조사, 그리고 ⓒ 관점의 차이는 감사조서에 문서로 남기고 해소하는 것을 들 수 있다. 그리고 윤리문제와 관련하여 전문가적 판단의 차이가 있을 경우에는 적당한 해결 수단으로서 윤리문제에 책임을 맡고 있는 조직에 속한 권위 있는 윤리전문가에게 그 문제를 질의하는 방법도 선택할 수 있다.

2. 감사수행 절차 및 결과에 대한 검토

모든 감사업무 수행조서는 감사 수행 결과보고를 적절히 지원하고 있으며, 모든 필요한 감사절차가 수행되었다는 확신을 갖기 위해 검토되어야 한다. 감독자의 검토가 있었다는 증거로 감독자가 검토한 후, 각각의 감사조서에 약식 서명하고 일자를 적어 넣는 것이다.

감독자의 검토가 있었다는 다른 증거를 제공하는 여타 검토기법으로 감사조서 검토 점검표를 완성해 가거나, 검토의 종류와 범위 그리고 결과를 보여주는 메모를 작성하는 방법을 들 수 있다. 또한 감사조서 소프트웨어 안에 평가했는지 수용했는지에 대한 칸을 설치하는 것을 포함시킬 수 있다.

3. 검토과정에서 제기된 의문점의 기록

검토자는 리뷰과정에서 제기된 의문사항에 대한 서면기록 즉, 검토메모(리뷰 노트)를 남길 것이다. 검토메모를 지울 때는 감사조서가 검토 중 발견된 의문점이 해소되었다는 적절한 증거를 제시하고 있다는 확신을 갖도록 주의해야 한다. 검토메모 및 리뷰노트의 보관 및 폐기 처분에 관한 수용 가능한 대안으로 다음과 같은 것이 있다.

<u>수용 가능한 대안</u>

① 검토자가 제시한 의문점 및 그것들의 해결에 취해진 조치에 대한 기록으로서 그 결과를 포함하여 검토 메모를 보관한다.
② 제기된 의문점이 해소되고, 요구하고 있는 추가정보를 제공하도록 감사업무 수행조서를 적절히 수정한 후에 검토 메모를 폐기한다.

Ⅲ 내부감사업무에 대한 감독범위 확장

감사업무 감독은 직원들의 훈련 및 개발을 도우며, 또한 수행평가를 가능하게 한다. 그러므로 감사업무의 감독은 직원의 교육 및 개발, 수행능력 평가, 시간과 비용 통제 그리고 유사한 관리 분야까지 확장된다.

제4절 내부감사의 주요 성공 요소[58]

Ⅰ 개요

58 김용범, 전게서, 2017, 1139~1159면. 이정금, 「변화하는 Global 환경에서의 내부감사 핵심성공요소」, 「Auditor Journal 2016.」 5. 6. 7호. CBOK가 2015. 2. 2. ~2015. 4. 01. 동안 총 100개 문항을 가지고 전 세계 응답자 14,518명을 대상으로 조사한 결과.

지금까지는 기업의 환경적 요인에다가 감사의 중요성에 대한 인식 부족 등으로 감사가 本然의 역할을 다하지 못한 것이 엄연한 현실이고 이와 관련하여 감사제도의 形骸化 내지 無技能化가 우리나라 기업지배구조의 최대 문제점으로 지적되어 왔다.

이런 우리나라의 기업지배구조의 현실과 감사 관련 Global 환경변화에 대응해 비정상적인 기업 현실이 하루빨리 타개되고, 내부감사 직능의 중요성에 대한 새로운 인식을 회사 내부는 물론 사회전체에 확산시키기 위해 내부감사의 핵심적 성공요소가 무엇인지 살펴보고 향후 내부감사 관련 계획 및 정책 수립에 참고토록 하고자 한다.

II 내부감사 성공요소의 핵심 내용

1. 업무수행 가치 증진과 개선에 초점

내부감사는 조직의 목표달성에 기여하며 체계적이고 훈련된 접근방법을 이용하여 위험관리, 부정관리, 내부통제 및 지배구조 프로세스의 유효성을 평가 및 개선을 통하여 한 조직의 업무수행가치를 증진하고 개선시키기 위해 설계된, 독립적이고 객관적인 **검증**과 **진단** 활동이다.

검증감사는 회사의 위험관리, 부정관리, 내부통제 또는 지배구조 프로세스에 관한 독립적인 평가를 제공할 목적으로 수행하는 증거의 객관적인 조사(예, 업무감사, 회계감사, 성과감사, 규정준수감사, 시스템보안감사 등)를 말한다. **진단감사**는 회사의 지배구조, 위험관리, 부정관리 그리고 통제프로세스의 가치를 증대시키고 개선할 의도를 갖고 수행하는 자문 및 관련 서비스 활동을 말한다. 예를 들면 상담, 조언, 촉진, 훈련 등이 이에 해당된다.

고객들의 요구를 만족시키기 위해 고객에게 전달하기로 약속한 이익과 혜택의 집합을 **가치제안**이라 한다. 즉 내부감사의 가치제안은 체계적이고 전문적으로 위험관리, 부정 관리, 내부통제 및 지배구조 프로세스의 효과성을 평가하고 개선함으로써, 회사 목표를 달성하는데 도움을 주는 것이라 할 수 있다. 즉, 내부감사가 가치 제안을 함으로써 회사의 가치가 증진되고 업무가 개선되는 것이다.

전 세계적으로 내부감사는 다양한 방법으로 회사가치를 증진시키기 위해 노력하고 있다. 이 조사에 의하면, 회사의 가치증진에 가장 도움이 되는 내부감사활동으로 '내부통제시스템의 적정성과 효과성에 대한 검증'이 이라고 하였다. 다음으로는 '경영개선사항에 대한 권고'라고 하여, 검증이 아닌 영역 중에서 가장 많은 도움이 된다고 하였다.

회사 가치증진에 도움이 되는 내부감사활동으로서 내부통제시스템 적정성 및 효과성 검증, 위험관리·부정관리 및 지배구조 프로세스 검증, 법규준수 검증은 **검증활동**에 해당하고, 경영개선사항 권고, 경영진 및 감사위원회에 정보제공 및 조언, 신생 위험 파악, 부정 예방 및 조사는 경영진 등에게 통찰력과 객관적인 조언을 주는 **진단활동**들이라고 할 수 있다.

참고 1

회사 가치 증진에 도움이 되는 내부감사 활동

○ 내부통제시스템 적정성 및 효과성 검증 86%
○ 경영 개선사항 권고 55% ○ 위험관리 프로세스 검증 53%
○ 법규준수 검증 50% ○ 경영진에게 정보제공 및 조언 40%
○ 신생위험 파악 37% ○ 지배구조 프로세스 검증 37%
○ 부정 예방 및 조사 29% ○ 감사위원회에 정보제공 및 조언 28% 등.

이 조사 순위가 응답자가 속한 기관의 성격, 지리적 위치 등에 따라서 다소 차이가 난다. 예를 들어, 금융기관에서는 권고, 조언 등 보다는 검증을, 글로벌 평균에 비해 위험관리 프로세스 검증을 보다 중요하게 생각하였으며, 상장회사의 경우에는 부정 예방 및 조사가 높은 반면 법규 준수 검증은 낮은 결과로 각각 나타났다.

2. 이해관계자 관심사항 파악 및 고려

내부감사의 이해관계자는 최고경영진, 이사회(감사위원회 포함), 주주, 채권자, 최고재무책임자, 법률기관, 규제기관 등이다. 내부감사의 이해관계자 중 내부감사 최종 결과물인 내부감사보고서의 주된 이용자는 최고경영진과 이사회가 될 것이다. 따라서 내부감사보고서의 의견(결론)은 내부감사의 **독립성과 객관성을 해치지 않는 범위 내**에서 최고경영진 및 이사회의 기대치를 파악하고 고려해야 한다.

2015년 KPMG Survey[59]에 따르면, 전 세계적으로 이사회 및 감사위원회의 주요 관심 사항은 그 중요도에 다소 차이가 존재한다. 이사회는 '비즈니스모델 붕괴' 및 '영업 리스크'에, 감사위원회는 '법규 준수', '뇌물 및 부패방지'와 '재무리스크'에 보다 관심의 우선수위를 두고 있다.

참고 2

이사회의 주요 관심사항

○ 비즈니스모델 붕괴 64% ○ 영업리스크 43%
○ 뇌물 및 부패 방지 32% ○ 법규 준수 29% 등.

참고 3

감사위원회의 주요 관심사항

○ 법규 준수 35% ○ 뇌물 및 부패 방지 33%
○ 재무리스크 33% ○ 리스관리 프로세스 29% 등.

59 KPMG, 2015 Global Audit Committee Survey, 36개국,1,500명의 감사위원회 위원 대상 설문조사.

내부감사의 중점사항이 최고경영진 및 이사회의 관심사항과 차이가 남에 따라 그 기대차이(Expectation gap)가 존재할 수밖에 없다고 판단된다. 그러한 결과, 동 설문조사에 따르면, 회사의 내부감사기능이 회사가치 증대에 도움이 되는지에 대한 물음에 불과 40%만이 만족(약간 만족은 38%)한다고 하였다.[60]

따라서 내부감사인은 경영진 등 핵심 이해관계자의 관심사항(요구 및 기대)을 반영하기 위해서는 사전에 서로 의사소통을 하고, 관심사항에 차이가 있다면 그 차이를 분석하며, 차이를 줄이기 위한 설계 및 실행을 하고, 최종적으로 관심사항의 변화(진화)에 따른 피드백(Feedback)을 하여야 한다.

참고 4

이해관계자의 요구 및 기대 반영 방안

① 의사소통

○ 공식 및 비공식 의사소통 채널 활성화

○ 최근 추세 및 실무, 내부감사 역량, 핵심리스크에 대하여 인식.

○ 감사결과 도출된 리스크 및 통제, 신규 리스크 등을 종합해 결론도출.

○ 이해관계자 기대의 변화 가능성 인식, 그러한 기대치를 최소화.

② 기대차이 파악

○ 내부감사의 전략적 계획 구축.

○ 이해관계자의 기대 고려한 내부감사의 능력 및 역량 평가.

○ 상호간 차이를 해소할 수 있는 핵심 목표 및 목적 파악.

③ 설계 및 실행

○ 이해관계자 중심의 해결책 설계. ○ 달성 가능한 세부계획 작성.

○ 감사계획을 이해관계자와 의사소통하고 평가.

○ 이해관계자의 기대를 지속적 관리 등.

④ 평 가

○ 지속적으로 이해관계자와 소통.

○ 리스크 변화에 따라 이해관계자의 기대는 계속 변화 가능성 인식.

○ 이해관계자 기대 반영, 주기적, 지속적으로 내부감사계획 자동수정.

3. 리스크 등을 반영한 감사계획 수립

이 조사 결과, 내부감사 대부분(85%)은 「리스크 기반 방법론(Risk - based methodology)」의 사용을 통해서, 리스크를 기반으로 한 내부감사계획을 수립하고 있다. 그 밖에 경영진의 요구사항, 회사의 전략 및 경영목표 분석, 법규준수 요구사항 등을 반영하여 내부감사 계획을

60 이정금, 전게 게재문, Auditor Journal 2016.5., 13면.

수립한다고 하였다.

이해관계자인 경영진, 사업부문 책임자, 감사위원회, 외부감사인 등과의 논의 및 각각의 요구사항을 반영하여 계획을 수립하고 있다. 우리나라와 일본의 경우는 전년도 감사 계획을 근거로 당해 연도 감사계획을 수립한다는 비율이 83%(전 세계 평균 61%)으로서 가장 높고, 그 외의 항목은 대부분 글로벌 평균보다 낮다.

참고 5

내부감사 계획 수립 시 고려 사항

○ 리스크 기반 방법론 사용	전 세계 평균	85%	한국 및 일본	64%
○ 경영진의 요구사항	"	72%	"	66%
○ 회사의 전략 및 경영 목표 분석	"	64%	"	47%
○ 법규준수 요구사항	"	62%	"	43%
○ 사업부문 책임자의 논의	"	62%	"	26%
○ 전년 감사계획	"	61%	"	83%
○ 감사위원회의 요구사항	"	56%	"	19%
○ 외부감사인의 논의	"	26%	"	17%
○ 외부감사인의 논의 및 요구사항	"	19%	"	8%

내부감사는 리스크 기반 방법론 사용 및 경영진의 요구사항 반영 등을 통해서 내부감사 계획에 영업리스크를 가장 많이, 법규준수 리스크, 리스크 검증과 효과성, 전략적 사업 리스크, 정보기술, 재무리스크, 기업지배구조, 부정 등의 수준으로 포함하고 있다. 지역별 설문조사 결과가 파악되지 아니하지만, 일부 아시아의 경우에는 여전히 주로 회계감사 및 법규준수에 초점을 맞추고 있는 것으로 추정된다.

참고6

내부감사계획의 주요 초점

항목	비율
○ 영업 리스크	25%
○ 법규 준수	15%
○ 리스크관리 검증 및 효과성	12%
○ 전략적 사업리스크	11%
○ 정보기술	8%
○ 재무 리스크	7%
○ 기업 지배구조	6%
○ 부정	4%

4. 감사계획과 경영계획과의 연계성

내부감사계획은 회사의 경영계획에 맞춰 조정되어야 하고, 사업 변화 및 리스크 변화에 따라 내부감사계획을 재평가하여야 하며, 필요시는 갱신하여야 한다. **경영계획**은 회사의 미션, 상위 목표, 하위 목표를 지원하는 활동을 정리하고 결정하는 방법을 위한 계획을 말한다. 일반적으로 상위 및 하위 목표를 달성하는 데 필요한 명확하고 구체적인 활동이다.

이 조사결과에 따르면 리스크 변화에 따라 연간내부감사계획을 1년에 3회 이상 탄력적으로 갱신한 비율이 34%에 불과하였으며, 44%는 1~2회 갱신하였다고 대답하였다. 응답자 중 22%는 환경변화가 있더라도, 한번 수립된 내부감사 계획을 전혀 변경하지 않는 다고 하였다.

특히 한국을 포함하는 동아시아의 경우에는 연간감사계획을 전혀 갱신하지 않는 비율이 무려 41%에 달한다. 내부감사계획은 「**리스크 변화 속도에 맞추어 내부감사를 수행**(Audit at the speed of risk)」하여야 함에도 불구하고, 그렇지 못하고 있다는 반증이 아닌가 하는 의구심이 들 수밖에 없다.

참고7

내부감사계획의 갱신도

○ 갱신 없음	전 세계 평균	22%	동아시아(한국, 일본)	41%
○ 1~2회 갱신	"	44%	"	43%
○ 2회 이상 갱신	"	34%	"	16%

또한 내부감사계획과 회사의 경영계획을 완전히 또는 거의 연계하고 있다는 비율은 57%이고, 나머지는 거의 연계하지 않거나 조금 연계한다고 하였다. 우리나라를 포함한 동아시아의 경우, 경영계획과의 연계를 하지 아니한다는 비율이 25%로 글로벌 평균 대비 상당히 높은 편에 속한다.

참고8

내부감사계획과 경영계획의 연계 정도

○ 거의 연동하지 않음	전 세계 평균	8%	동아시아(한국, 일본)	25%
○ 조금 연동	"	35%	"	45%
○ 완전히 연동	"	57%	"	30%

5. 리스크에 기반을 둔 내부감사 수행

내부감사계획은 리스크 사정에 근거해야 하고, 리스크 사정은 적어도 매년 이루어져야 한다. 리스크 사정은「리스크 기반 감사」를 하기위해 필수적인 요소이다. 내부통제시스템 적정성 및 효과성 검증이 회사 가치 증진에 도움이 되는 내부감사활동이라고 여기는데, 내부감사가 회사의 지배구조, 업무운영, 정보시스템 등에 대한 통제의 적정성과 효과성을 평가하기 위해서는 리스크 사정 결과에 근거해야 한다.

이 조사 결과, 응답자의 23%는 리스크 사정을 지속적으로 하고 있고, 다른 36%는 매년 공식적으로 리스크를 갱신하면서 리스크 사정을 수행하는 것으로 파악된다. 나머지 41%는 1년간 리스크 변화 여부에 관계없이 리스크를 사정하지 않거나 비공식적으로 사정하였다. 세계가 아주 빠르게 변화하고 있고, 그 결과 회사가 직면하는 리스크 특성이 변화하고 있음에도 리스크 사정을 수행하지 않는 것은 내부감사기능의 효과성에 의문이 제기된다.

참고9

내부감사의 리스크 사정 빈도

항목	비율
○ 리스크 사정을 수행하지 않거나 비공식적 사정	41%
○ 매년 공식적 리스크 갱신 및 사정	36%
○ 지속적으로 사정	23%

변화하는 세계 속에서 회사의 리스크 사정을 수행할 때, 방대한 양의 데이터를 다루는데 상당한 어려움이 수반된다. 이 조사결과, 다행이도 응답자의 62%는 리스크 정보를 다루기 위해 설계된 소프트웨어(감사프로그램/통합패키지/독립된 리스크 패키지)를 사용하는 것으로 나타났다. 그 외 38%는 스프레드시트/데이터베이스패키지를 사용하고 있는데, 리스크 사정에 좀 더 효과적인 프로그램 사용을 고민하여야 할 것으로 보인다.

참고10

리스크 사정 시 사용 프로그램

항목	비율
○ 스프레드시트 또는 데이터베이스 패키지	38%
○ 감사 프로그램	26%
○ 통합(지배구조, 리스크, 법규준수) 패키지	23%
○ 독립된 리스크 패키지	13%

내부감사는 리스크 사정과「리스크 기반 감사(Risk-based Auditing)」를 통해, 감사보고서는 이해관계자가 알고 싶어 하는 것, 기업 목표에 영향을 미치는 것에 대한 내용이 전달되도록 변화되어야 한다. 리스크 기반 감사는 리스크 중심의 설계, 리스크 변화에 따라 능동적이고 적극적인 감사를 의미한다.

참고11

리스크 기반 감사

○ 중요한 리스크를 포함하도록 설계.
○ 감사계획은 지리적 위치나 프로세스가 아닌, 회사의 리스크를 기반으로 도출.
(프로세스·지역·사업부서 등의 순위화 → 리스크의 순위화)
○ 회사가 리스크를 다루는 방법과 연계.
○ 사업 또는 리스크가 변화하면 그에 따라 지속적으로, 즉시 갱신.

6. 효과성 측면의 내부감사 성과 평가

내부감사는 각 감사인에게 연간 성과 목표를 수립하여야 하고, 성과평가 프로세스를 마련하여야 하며, 감사위원회 또는 감사 등은 매년 성과평가를 실시하여야 한다. 그 평가 결과에 따라 급여, 승진, 전보 등의 보상이 결정되어야 한다.

이 조사결과에서는 내부감사의 성과를 평가하기 위하여 사용되는 구체적이 척도가 무엇인가라는 설문조사를 실시하였다. 응답자 중 66%는 성과평가 척도로서 감사계획의 달성정도를 선택하였다. 주요 쟁점사항의 해결 및 필수 감사범위 완결여부는 40%가 넘었다. 가장 많은 선택을 한 세 가지는 내부감사 자체적인 척도라 할 수 있으며, 내부적으로 어떻게 일을 잘하는지 여부에 대하여 초점을 맞춘 것으로 내부감사 관리의 효율성을 판단하는 척도이다.

반면, 감사고객의 만족도 및 이해관계자의 기대치 달성도는 4~5번째를 차지하였다. 이는 내부감사보고서 등의 이용자로서, 내부감사가 제공하는 혜택의 수령자에 해당하고, 내부감사 내부가 아닌 고객 관점의 척도이다. 외부 고객을 얼마나 만족시켰는지 여부에 대하여 초점을 맞추며, 내부감사기능의 효과성을 판단하는 척도이다. 최고경영진 등의 감사고객과 이해관계자 중심의, 효율성 척도보다는 효과성 척도가 우선시되는 방향으로의 변화가 바람직할 것이다.

참고12

내부감사 성과평가 척도

○ 감사계획의 달성도 66% ○ 주요 감사 쟁점사항의 해결 42%
○ 필수 감사 범위 완결 41% ○ 감사고객(피감대상) 만족도 38%
○ 핵심 이해관계자의 기대치 달성도 32%
○ 내부감사 예상 대비 실제 소요시간 29%
○ 내부감사 재무예산 대비 성과 23% ○ 성과 평가 척도 없음 15% 등

추가적으로 내부감사 성과를 향상시키기 위한 방법으로 내부감사는 감사고객 및 이해 관계자에 대한 설문조사, 내부감사의 자체 품질평가, 외부 품질평가 등의 방법을 주로 사용하는 것

으로 나타났다. 감사고객 등으로부터 의견을 청취함으로써, 이해관계자 중심의, 고객 만족의 관점에서 접근하는 것은 내부감사 효과성 측면에서 바람직한 접근이라고 볼 수 있다.

참고13

내부감사 성과 향상을 위한 방법

○ 감사고객(피감사대상) 설문조사 50%
○ 내부감사 자체 품질평가 47% ○ 이해관계자 설문조사 28%
○ 외부 품질평가 27% ○ 균형성과표 26%
○ 동료평가 20% ○ 외부규제기관의 검토 18% 등

7. IT리스크에 대한 적극적 감사 활동

IT리스크는 계속적으로 진화하기 때문에 관리하기가 매우 어렵다. 내부감사는 신흥 IT리스크를 인식하고, 모니터링하며 다루는 데 적극적으로 도움을 주어야 하며, 이사회가 최선을 다하도록 조언해야 한다. IT리스크는 내부감사가 가장 초점을 맞추는 주요 5가지 리스크 중의 하나이다.

내부감사의 내부감사계획의 주요 초점인, 5가지 주요리스크로는 영업 리스크, 법규준수 리스크, 리스크관리 검증 및 효과성, 전략적 사업리스크, 정보기술(IT) 리스크이다. 정보 기술(IT) 리스크에는 정보보호 및 사이버보안, 모바일환경, IT 거버넌스, 회사 내부의 IT시스템 개발, IT서비스 아웃소싱, 소셜미디어 사용, 빅데이터 등을 들 수 있다.

이 조사 결과에 의하면, 응답자 중 대부분에 해당하는 74%/54%는 향후 2~3년 내에 사이버보안과 소셜미디어(SNS 등)에 대한 내부감사활동이 각각 가장 크게 증가할 것이라고 조사되었다. 그러나 전 세계적으로 17%는 회사의 사이버보안 시스템에 대해, 27%는 소셜미디어에 대해 각각 내부감사활동을 전혀 실시하지 아니하였다.

사이버보안과 관련해 가장 큰 리스크는 회사의 민감하거나 기밀정보를 외부침입자(해커 등)가 탈취하는 것이다. 대부분의 회사는 그러한 데이터 유출이 회사의 브랜드와 명성에 심각한 손실을 초래한다는 것을 알고 있다. 그러므로 내부감사는 사이버보안 리스크가 회사에서 적절히 다루어지는지를 확인하여야 한다.

참고14

사이버 보안 및 소셜미디어에 대한 내부감사활동의 수행 정도

○ 전자정보에 대한 사이버보안 검증 : 수행 없음 17%, 보통 또는 미미하게 수행63%, 적극적으로 수행 20%.
○ 임직원의 소셜미디어 사용 검증 : 수행 없음 27%, 보통 또는 미미하게 수행61%, 적극적으로 수행 12%.

회사 규모에 따라 내부감사가 수행하는 역할이 다를 수 있다. 소규모회사(종업원 1,500명 미만)의 내부감사 50%는 사이버 보안 관련 내부감사활동을 거의 수행하지 않고 있으며, 큰 규모 회사의 약 40% 정도는 내부감사가 사이버 보안에 대해 적극적으로 내부 감사 활동을 수행하고 있다.

최근에는 소셜미디어의 사용이 급속히 증대되고, 그 파급효과가 아주 빠르게 영향을 미치므로 각 회사는 저마다 소셜미디어 정책 및 절차를 마련하고 있다. 이러한 정책은 임직원이 어떠한 소셜미디어를 사용하여야 하며, 소셜미디어를 통해 어떠한 내용이 금지되는지를 주요 초점으로 한다.

만약 임직원이 유해한 메시지를 회사의 의사와는 상관없이 소셜미디어를 통해 공개하는 경우 회사에 미치는 리스크로는 명예훼손 및 사생활 침해 등의 법적 책임 부담, 독점적 정보 또는 거래비밀의 누출 등으로 인한 회사의 경쟁력 상실 초래, 거짓 또는 폄하에 따른 회사의 명예에 심각한 타격을 들 수 있다.

회사는 소셜미디어 리스크를 다루기 위해서 적절한 소셜미디어 정책을 확립하여야 하고, 보안 및 훈련 프로그램을 통해 그러한 정책을 알려야 한다. 또한 불건전하거나 유해한 내용이 들어있는 사이트 등에 대한 접근이나 사용을 차단(또는 배제)하는 정보 필터링 소프트웨어를 구축하여야 하고, 실제 정책이 지켜지는지에 대한 모니터링을 하여야 하며, 그러한 정책을 위반하는 경우에는 상응한 책임을 물어야 한다.

내부감사는 소셜미디어 관련 리스크를 관리하는 데 핵심적인 역할(컨설팅 역할)을 할 수 있으므로, 소셜미디어 영역에 대한 내부감사를 연간감사계획의 일부분으로 포함할지 여부를 판단하여야 한다.

참고15

사이버 보안 및 소셜미디어에 대한 내부감사활동의 수행 내용

① 사이버보안

○ 매년 외부 네트워크에 연결된 부분에 대한 취약성 검토 및 침입 테스트 수행.

○ 외부 침입(데이터 유출) 대비 실제 수행되는 가상훈련이 위기관리계획에 따라 실시되는지 여부 확인.

○ 네트워크 정책 및 절차의 준수 여부 검증.

○ 최근 사이버보안 사고 관련, 사전계획 대로 정책과 절차가 적용되었는지 여부와 포렌식[61] 전문가 투입여부 검토 등.

② 소셜미디어

○ 소셜미디어 정책 및 절차에 대한 감사 수행.

61 **포렌식(Forensic)**이란 컴퓨터 관련 조사·수사를 지원하며 디지털 데이터가 법적 효력을 갖도록 하는 과학적 논리적 절차 및 방법을 연구하는 학문임.

○ 소셜미디어 관련 수행되어지는 의식교육의 적정성 검토.
○ 정보 필더링 소프트웨어 사용법을 숙지하고 효과적으로 수행되어지는지 여부를 모니터링.
○ 회사 관련 정보 유무를 파악하기 위해, 실제 소셜미디어 사이트 검토 등.

8. 외부의 압박으로부터 공정성 유지

내부감사자는 이해관계자가 진실을 듣고 싶어 하는지 여부와 관계없이, 그 진실(사실)을 말할 수 있는 용기(담대함)를 가져야 한다. 내부감사책임자(임원) 및 감사 부서장 등 내부감사인 10명 중 약 3명은 적정한 감사발견 사항 및 감사보고서를 은폐하거나, 수정하라는 과도한 압박을 받는다고 하였다.

참고16

내부감사최고책임자(임원)등의 감사발견사항 등에 대한 압박 경험

○ 내부감사 책임자(임원) : 없음 66%, 1번 이상 29%, 답변거부 5%.
○ 내부감사 부서장 : 없음 64%, 1번 이상 25%, 답변거부 11%.
○ 내부감사 직원 : 없음 66%, 1번 이상 20%, 답변거부 14%.

압박은 응답자의 직위에 따라, 다양한 경로로부터 받는다고 하였다. 내부감사최고책임자(임원)는 최고경영자(CEO), 운영경영자, 최고재무책임자(CFO)로부터 가장 많은 압박을 느낀다고 하였다. 감사부서장 및 직원은 내부감사부서로부터 압박을 가장 많이 받는다고 하였다. 즉, 이는 내부감사최고책임자가 최고경영자 등으로부터 받은 압박을 내부적으로 전이시킨다는 것으로 추정된다.

참고17

감사발견사항의 은폐 및 수정 등 압박 원천

○ 내부감사책임자(임원) : 최고경영자 38%, 운영경영자 26%, 최고재무책임자 24%, 이사회 12%, 기타 10%, 합계 100%
○ 내부감사부서장 : 내부감사부서 38%, 운영경영자 26%, 최고경영자 24%, 최고 재무책임자 18%, 기타 16%, 합계 100%
○ 내부감사직원 : 내부감사부서 44%, 운영경영자 21%, 최고경영자 15%, 답변 거부 15%, 기타 14%, 합계 100%

발견사항은 모범사항과 지적사항으로 구성된다. 모범사항은 회사 업무처리에 있어 프로세스 개선 등 효율성과 효과성이 증대된 내용을 의미하고, 지적사항은 위법·부당하거나 개선이 필요한 업무처리 관련 지적된 내용을 의미한다. 부정적 지적사항을 포함한 감사보고서는 피감사대상의 보상(승진 및 급여 등)에 영향을 미칠 수 있기 때문에 CEO 등 경영진으로부터 감사보고서 변경 등에 대한 압박을 받을 수 있다.

그러한 압박을 피하기 위해서는, 감사 발견사항 중에서 모범적인 임직원에게 용기를 북돋우고, 보상하는 내용도 포함하여야 한다. 또한 내부감사는 이러한 압박을 회피하기 위해서는 내부에서 좋은 협력자(이사회 및 감사위원회 등)를 찾아야 한다. 제기하고자 하는 주요 쟁점사항은 협력 네트워크의 동의를 구한 후에 최고경영진에게 전달되도록 하는 것 또한 좋은 방법이다.

9. 「국제내부감사직무수행기준」의 활용

우리나라의 경우, 외부감사인(회계법인 및 감사반)은 「신외감법」에 따라 일정 규모(전년도 자산 500억원 이상 등)의 주식회사 등에 대해 회계감사를 수행한다. 그 외부감사인의 행위기준은 (국제)회계감사기준이다.

그에 반해 국내 내부감사 관련 행위 기준은 없고, 국제적으로 가장 공신력 있게 통용되는 기준으로는 국제내부감사인협회(IIA)의 「국제내부감사직무수행기준」(이하 "IIA Standards 또는 국제내부감사기준"이라고 한다)이 있다.

국제내부감사기준은 내부감사활동(업무)을 성공적으로 수행하기 위한 길잡이 역할을 하고, 내부감사의 위상(위치와 권한)과 내부감사 품질을 제고시킬 뿐만 아니라 국제적인 기준의 계속적인 업데이트 등을 통해 내부감사 실무를 향상시킬 수 있다. 아울러 다른 나라의 감사인들과의 정보제공 및 의사소통으로 공통지식을 제공한다.

참고18

국제내부감사직무수행기준 활용 시의 장점

○ 내부감사 관련 국제적인 추세에 부합하고, 내부감사의 품질을 제고할 수 있다.
○ 국제적인 기준이 계속적으로 개정되고 업데이트 되므로, 내부감사 실무를 향상시킬수 있다.
○ 내부감사의 위상(위치 및 권한)을 제고하고 증대시킬 수 있다.
○ 다른 나라의 감사인, 기타 검증 서비스 제공자 등과 소통을 촉진시킬 수 있는, 공통의 지식을 제공한다.

전 세계적으로 동 기준의 활용은 증가하고 있다. 이 조사결과에 의하면, 「국제내부감사기준」의 모두를 활용(전부 활용)하는 비율은 54%로써 2010년 이 조사에 비해 8% 만큼 증가하였다. 그에 반해 그러한 기준을 활용하지 않는 비율은 14%에서 11%로 감소하였다.

참고19

국제내부감사수행기준 활용 정도

○ 2015년 : 전부 활용 54%, 일부 활용 35%, 활용하지 아니함 11%, 합계 100%
○ 2010년 : 전부 활용 46%, 일부 활용 40%, 활용하지 아니함 14%, 합계 100%

「국제내부감사기준」 활용정도는 지역에 따라 큰 차이를 보인다. 「국제내부감사기준」의 전부 활용 비율 관련, 북미는 68%로써 전 세계에서 가장 높고, 아시아 및 태평양지역은 39%로써 가장 낮다. 특히, 미국과 내부감사시스템이 다른 아시아 태평양지역에 속하는 동아시아, 즉 한국과 일본의 비율은 23%로써 가장 낮다.

참고20

국제내부감사기준의 지역별 활용 정도

○ 북미 : 전부활용 65%, 일부활용 24%, 미활용 및 기타 11%, 합계 100%
○ 아시아 및 태평양 : 전부활용 39%, 일부활용 41%, 미활용 및 기타 20%, 합계 100%
○ 한국 및 일본 : 전부활용 23%, 일부활용 51%, 미활용 및 기타 26%, 합계 100%

「국제내부감사기준」은 필수적인 지침으로 「일반기준」, 「수행기준」, 「이행기준」, 「윤리강령」 등을 갖추고 있다. 또한 강력히 권고되는 지침으로 「수행권고」 등이 있다. 동 기준은 검증하기 위한 전문적이고 체계적인 접근방법을 제시하기 때문에 동 기준을 준수하였다는 것은 이사회, 주주 등 이해관계자로 하여금 내부감사인의 활동과 업무를 신뢰하게 만든다.

내부감사활동의 품질을 향상시키기 위하여, 즉 내부감사활동의 효율성 및 효과성을 평가하고 개선사항이 있는지 여부를 확인하기 위해 「국제내부감사기준」에서는 「품질보증 및 개선프로그램(QAIP)」을 만들고 유지하도록 하고 있다.(IIA Standards 1300) 「품질보증 및 개선프로그램」은 내부적으로(내부평가), 외부적으로(외부평가) 내부감사활동을 평가하라는 것이다.

참고21

품질보증 및 개선프로그램(QAIP)

① 내부평가
○ 내부감사활동 수행 및 성과에 대한 상시모니터링
○ 상시모니터링은 평소의 내부감사활동에 대한 감독, 검토, 측정.

② 외부평가
○ 자격을 갖추고, 독립적인 제3자로부터 최소 5년에 1번 수행.

내부감사자는 자신이 이해관계자의 기대를 충족하는지 여부를 측정하기 위한 품질 보증 척도를 만들어야 한다. 예전부터 「IIA Standards 1300」은 전체 「IIA Standards」 중에서 준수도가 낮으며, 동 기준을 완전히 준수하는 정도는 전번 39%에서 금번 42%로 아주 조금 증가하였다. 즉, 내부감사활동에 대해 내부평가(자체평가) 및 외부평가가 잘 이루어지지 아니하고 있고, 평가 또한 난해하기 때문일 것이다.

참고22

IIA Standards 1300의 준수도

○ 2015년 : 모두 준수 42%, 일부 준수 41%, 미준수 및 기타 17%, 합계 100%
○ 2010년 : 모두 준수 39%, 일부 준수 44%, 미준수 및 기타 17%, 합계 100%

내부감사의 부가가치 증대 및 품질평가를 위한 체계로 「IIA Standards」를 적극 활용해야 한다. 구체적으로 먼저 감사위원회의 내부감사 전문성 및 노력에 대한 품질평가의 중요성을 보고해야 하고, 「IIA Standards」에서 요구하는 「품질검증 및 개선 프로그램」을 수립·운영하여야 한다.

그리고 「IIA Standards」를 준수하는지 여부를 확인하기 위해 매년 내부평가/자체평가(Self-assessment) 및 최소 5년마다 외부평가를 각각 수행하여야 한다. 최종적으로 감사위원회에 내부감사활동에 대한 평가 결과(개선사항 포함)를 보고하고, 취약점이 있을 경우에는 개선토록 하여야 한다.

10. 내부감사 직원의 교육 및 훈련 확대

이 조사 결과의 응답자는 일반적으로 대학에서 회계, 감사, 재무, 경영, 경제 등을 학습(전공)한 것으로 조사되었다. 이러한 대학 전공만으로는 내부감사 업무 수행에 있어 기술적 한계가 있을 수밖에 없고, 추가적인 기술 배양(노력)이 없다면, 감사실패로 귀결될 수밖에 없을 것이다.

참고23

내부감사자의 대학 전공

○ 회계학	57%	○ 감사학(내부)	42%
○ 재무학	32%	○ 경영학	27%
○ 감사학(외부)	23%	○ 경제학	22%

이 조사결과에 의거, 오늘날 내부감사최고책임자(임원)는 내부감사직원이 분석적/비판적 사고(64%), 의사소통 기술(52%)을 가장 많이 배양하여야 한다고(필요하다고) 생각하고 있다. 구체적 지식으로는 회계(43%)가 가장 높았으며, 리스크관리 검증(42%), 정보 기술(38%), 자신이 속한 회사 및 산업에서 요구하는 특정 산업 지식(35%)이 뒤를 이었다.

특정 지식이나 기술보다는, 특정 사안을 처리 및 판단할 때의 비판적이면서 분석적으로 사고하는 것이 가장 중요하다고 본 것이며, 내부감사 구성원 간의 의사소통 및 감사 고객(피감대상)과의 의사소통 기술 또한 필수적이다. 아울러 자신이 속한 회사의 산업 및 영업 전망을 감지할 수 있는 비즈니스 통찰력(27%)이 매우 중요하다.

주변 환경이 급속하게 변화하고 있음을 감안하여 리스크관리 검증 기술(42%) 및 IT 기술(38%)이 중요한 기술임에는 당연하고, 대용량화된 감사대상 데이터 및 부정감사의 중요성 등에 따라 데이터 마이닝 및 데이터 분석(31%)과 부정감사(23%), 재무(22%)가 각각 유의적으로 포함되어 있음을 주목하여야 한다고 판단된다.

참고24

내부감사자 직원에게 요구되는 지식 및 기술(전 세계)

○ 분석적/비판적 사고	64%	○ 의사소통 기술	52%
○ 회계	43%	○ 리스크관리 검증	42%
○ 정보기술(IT)	38%	○ 특정 산업 지식	35%
○ 데이터마이닝 및 분석	31%	○ 비즈니스 통찰력(감각)	27%
○ 부정감사	23%	○ 재무	22% 등

참고로 전 세계는 분석적/비판적 사고(64%), 의사소통 기술(52%), 회계(43%), 리스크 관리 검증(42%)순으로 높게 나타났으나, 반면에 동아시아(한국 및 일본)의 경우는 의사 소통기술(53%), 리스크관리검증(49%), 분석적/비판적사고(45%), 회계(45%)순으로 높게 나타나 지역적으로 다소 요구되는 지식 및 기술 중요도가 다르다는 것을 알 수 있다.

참고25

내부감사자 직원에게 요구되는 지식 및 기술(전 세계 vs 동아시아)

○ 분석적/비판적 사고	전 세계 평균	64%	동아시아	45%
○ 의사소통 기술	"	51%	"	53%
○ 회계	"	43%	"	45%
○ 리스크관리 검증	"	42%	"	49%

데이터 마이닝(Data mining)은 데이터 분석과정을 통하여 많은 데이터 가운데 숨겨져 있는 유용한 상관관계를 발견하여, 미래에 실행 가능한 정보를 추출해 내고 의사 결정에 이용하는 과정이다. 데이터에 숨겨진 패턴과 관계를 찾아내어 광맥(Min)을 찾아내듯이 유용한 정보를 발견해 내는 것이다.

여기서 **정보의 발견**이란 데이터에 고급 통계 분석과 모델링 기법을 적용하여 유용한 패턴과 관계를 찾아내는 과정을 말한다. **데이터 분석**은 데이터 마이닝(Data mining)을 통해 어떤 기존 시스템 또는 계획 중인 시스템에서 데이터와 데이터의 흐름을 체계적으로 조사하는 것을 말한다.

내부감사는 최근 회사 및 주변 경제 환경이 대형화, 겸업화, 복잡화, 데이터 홍수 속에 있음을 감안할 때, 내부감사업무를 효율적이고 효과적으로 수행하기 위해서는 내부감사 담당 부서 및 내부감사 담당 감사요원들에 대한 데이터 분석 및 데이터 마이닝 능력과 기술을 지속적으로 증대시켜야 한다.

이 조사 결과 데이터 마이닝과 분석을 부정파악에 가장 많이 사용하고 있다고 하였다. 다음으로 리스크 또는 통제 모니터링을 통해 제기된 쟁점사항 발굴, 표본이 아닌 전체「모집단 데이터 시사(Test)」에 사용하는 것으로 파악되었다. 데이터마이닝 및 분석은 내부감사 업무 품질제고 등에 필수적인 기술임에는 분명하므로 보다 확대되어야 할 것이다.

참고26

데이터 마이닝 및 분석 사용 분야

○ 부정 파악	49%
○ 표본이 아닌 모집단 전체 데이터 시사	47%
○ 리스크/통제 모니터일 통한 쟁점사항 발굴	47%
○ 법규준수 여부 시사	39%
○ 비즈니스 개선기회 파악	32% 등

내부감사 업무 수행에 있어 위와 같은 기술이 필요함에도 내부감사의 직원이 적을수록 교육 및 훈련프로그램이 제대로 갖추어져 있지 아니하다. 즉, 내부감사 직원 3명 이하인 내부감사조직에서는 대부분인 67%가 교육 및 훈련프로그램이 없거나 임시적이고, 33%만이 체계적으로 운영하고 있다는 것이다.

참고27

내부감사부서 직원 수에 따른 교육 및 훈련프로그램 운영

○ 1~3명	체계적으로 운영	33%	없거나 임시 운영	67%
○ 4~9명	"	45%	"	55%
○ 10~24명	"	63%	"	37%
○ 25~49명	"	68%	"	32%
○ 50명 이상	"	74%	"	26%

내부감사 교육 및 훈련프로그램을 갖추고 있는 경우 그 프로그램에 내부감사 기법(기술)(68%)을 가장 많이 포함하고 있다. 그 다음으로는 신입(전입) 직원에 대한 오리엔테이션

(54%), 비즈니스 지식(53%), 비판적 사고 기술(30%), 리더십 기술(27%) 등으로 구성되어 있다. 분석적/비판적 사고가 내부감사요원에게 가장 필요함에도 실제로는 30%에 불과하다.

내부감사 교육 및 훈련프로그램의 내용 중 내부감사가 속한 회사 및 산업의 비즈니스 지식(53%)을 충분하게 내부감사 책임자(임원) 및 내부감사 요원이 습득하여야 하는 것은 매우 중요하다. 그렇게 해야 회사가치를 제고하는 방향으로의, 중요한 감사 발견사항(Audit Finding) 등을 도출해 낼 수 있기 때문이다.

물론 그러한 지식을 가지기 위한 가장 좋은 방법은 감사고객(피감대상) 영역인 회사의 운영조직에서 다양하고 심도 있는 경험을 쌓는 것임을 부인할 수 없을 것이다. 그러므로 내부감사직원의 현업 실무경험 증대를 위해 다른 조직으로의 순환 근무 프로그램을 도입하면 개인 및 내부감사부서의 발전, 더 나아가 회사의 발전에 도움이 될 것이다.

참고28

내부감사 교육 및 훈련 프로그램의 구성

○ 내부감사 기법(기술)(감사보고서 작성 등)	68%
○ 신입(전입) 지원에 대한 오리엔테이션	54%
○ 사업 및 회사의 비즈니스 지식	53%
○ 비판적 사고 기술	30%
○ 리더십 기술	27%

체계적이고 지속적인 교육 및 훈련을 아무리 강조하여도 지나치지 아니함에도, 내부감사부서의 직원이 연간 이수해야 되는 교육 및 훈련시간 관련, 응답자 중 가장 많은 비율인 39%가 40시간 미만인 것으로 나타났다. 연간 이수하는 시간이 40시간 초과하는 비율 및 40시간 비율은 각각 33%와 28%로 조사되었다.

연간 40시간은 국제내부감사인협회(IIA)의 최저 요구수준이고, 전 세계적으로 IIA Standards(40시간) 이상을 이수하는 비율은 61%이다. 참고로 아시아 태평양 지역에서는 그 비율이 글로벌(61%) 대비 낮은 약 50%에 불과하다.

교육 및 훈련에 많은 시간을 투입 하고, 내부감사 관련 자격취득을 독려하며, 그러한 바탕 위에서 회사 및 내부감사부서의 가치제고를 위해 노력하면 더 많은 보상이 이루어질 수 있는 환경을 만들어야 할 것이다.

참고29

내부감사 직원 연간 교육 및 훈련 이수 시간

○ 0시간 미만	39%		
○ 40시간	28%	○ 40시간 이상	33%

이 조사의 응답자 중 내부감사 자격증을 보유한 비율은 43%이다. 인도, 동남아시아는 세계에서 내부감사 자격증을 가장 적게 보유(23%)하고 있고, 동아시아(한국 및 일본)의 보유비율은 66%로서, 전 세계 평균(43%)을 크게 상회하고 있다.

내부감사인은 회사에 효과적으로 기여하고, 자신의 경력관리에 도움이 될 수 있는 자격증을 취득하는 데 투자할 필요가 있다. 무엇보다 내부감사인의 자격취득, 교육 및 훈련에 적극 참여하도록 장려하여야 하고, 내부감사인 각 개인은 그러한 교육과 훈련 등이 각자의 장기적인 경력과 실무에 아주 유익할 수 있음을 깨달아야 할 것이다.

참고30

내부감사 자격증 보유(응답자)

○ 동아시아(한국 및 일본) 66%
○ 남아시아(인도 등) 23%
○ 전 세계 평균 43%

11. 내부감사 직원의 동기부여 및 경력관리

내부감사부서가 급격하게 변화하는 세계에서 성공적으로 임무를 수행하기 위해서는 다양한 능력과 광범위한 경험 및 실무를 갖춘 사람들을 유인하고 유지하여야 하며, 동기부여하기 위해 노력하여야 한다. 내부감사 직원에 대한 동기부여와 계속근무(유지)를 장려하기 위해서 많은 상여금을 제공하고 있다. 응답자 67%는 그러한 상여금을 받고 있으며, 개인의 성과(78%) 및 회사의 성과(74%)와 연계되어 있다고 하였다.

내부감사 관련 경력계획 관련하여 내부감사최고책임자(임원)는 72%, 내부감사 부서장 등은 75%가 각각 향후 5년간 내부감사업무를 계속 수행할 것이라고 하였다. 즉 장기간의 내부감사업무를 통해서 자신의 경력관리를 하겠다는 것이다. 이는 내부감사업무가 전문적인 직업군임을 간접적으로 나타내는 것으로 볼 수 있으며, 회사 내부에서 모든 역량과 기술을 가진 직원을 영입하기 또한 어렵다는 것을 의미한다.

참고31

향후 5년간 내부감사 관련 경력 계획

○ 내부감사최고책임자(임원) : 내부감사업무 계속 수행 72%, 퇴직 9%, 내부감사업무에서 이동·미정 19%, 합계 100%
○ 내부감사 부서장 및 직원 : 내부감사업무 계속 수행 75%, 퇴직 4%, 내부감사업무에서 이동·미정 21%, 합계 100%

내부감사 부서장 및 직원이 내부감사업무를 계속 수행하고자 하는 것은, 장래에 경력 목표로써, 내부감사최고책임자(임원)가 되고 싶어 하기 때문인 것으로 판단된다. 금번 조사에 참여한 내부감사책임자(임원)의 연령은 40대가, 회계학 전공이 가장 많다. 평균적으로 13.4년 동안 내부감사업무를 수행 중에 있고, 3명 중 2명은 CIA 자격증을 보유하고 있다.

참고32

품질보증 및 개선 프로그램(QAIP)

① **연령** : ○ 40대가 37%로써 다수, 50대 및 30대는 각각 32% 와 22%

② **학력** : ○ 94%가 최소 학사 학위 ○ 회계학 전공 64%로 다수, 내부감사 및 경영학 전공이 44% 동일(중복응답)

③ **경력** : ○ 평균 내부감사업무 13.4년 담당
○ 내부감사최고책임자(임원) 6.8년, 내부감사이사 2.1년, 내부감사 관리자 1.6년, 내부감사 직원 2.9년

④ **자격** : ○ 내부감사 관련 자격을 보유 53%
○ 국제공인내부감사사(CIA) 자격 68%
○ 리스크관리감사사(CRMA) 자격 29% ○ 국가별 내부감사자격 23% 등.

⑤ **교육** : ○ 평균 46시간 이수(동아시아 및 태평양 : 38시간으로 최저)

⑥ **자질** : ○ 내부감사책임자(임원)에게 요구되는 기술 : 비즈니스 및 리스크 이해, 리더십 및 윤리, 전략적 사고, 비판적 사고, 폭넓은 자식, 의사소통 기술 등.

회사 내부에서 비판적 사고, 회계 및 재무, IT등 내부감사업무 수행에 있어 필요한 모든 역량과 기술을 가진 직원을 영입(유인)하기 어렵기 때문에, 앞으로는 코소싱(Co-sourcing) 형태의 업무 수행이 계속적으로 활성화될 것으로 판단된다. 즉, 내부감사 부서가 필요로 하는 부분을 충족시키기 위해서, 내부감사부서와 특정 운영조직 쌍방이 핵심역량을 제공하며, 전략적으로 제휴하여 각자의 목표(또는 공동 목표)를 달성하는 형태가 될 것이다.

또한 현행 내부감사 인력의 확보(유지)를 위해서, 내부감사 직원이 다른 부서와 비교 하여 적절한 직무를 가지고 적정한 보수를 받을 수 있도록 내부 인력개발 전문가와 보다 긴밀하게 협조하여야 할 것이다. 훌륭한 내부감사 직원 등은 내부감사최고책임자의 업무를 수행한 후에는, 그 직책에 머물지 말고, 회사의 최고 경영진도 될 수 있다는 동기부여 또한 필요할 것이다.

핵심인재관리는 회사에서 필요로 하는 고급인재들을 확보하고 개발하며 유지함으로써 회사의 목표를 달성하고자 하는 사람관리기법을 말한다. 내부감사 직원 또한 인재관리 프로그램 대상에 포함해, 내부감사부서와 다른 부서 간 인력교류(순환근무)를 하면 내부감사 부서가 핵심인재 훈련과정이 되고, 그 인력은 경영진이 될 수 있다는 동기부여가 되는 것이다. 그렇게 되면, 내부감사부서의 위상은 제고될 것이고, 내부감사 직원의 자긍심은 높아질 것이다.

이 조사에 의하면 그렇게 공식적 및 비공식적으로 사용하고 있는 비율은 34%에 머물러 있고, 그러하지 아니한 비율(66%)이 훨씬 높다. 특이하게 남아시아(인도 등)의 비율은 80%로써, 글로벌 대비 월등하게 높다. 인도의 내부감사인협회장에 따르면 인도의 경우 내부감사 기능이 회계부서에 포함되어 있어서 부서 간 이동이 빈번하게 발생하였고, 내부감사 인력의 대다수는 전문적인 기술(지식)을 보유하고 있어 내부감사업무 외적으로 경력관리를 할 수 있으며, 경영진이 핵심 인재로 관리하기 위해 순환근무를 시키고 있다는 것이다.

참고33

핵심인재관리 훈련 코스로의 사용 정도(내부감사부서)

○ 전 세계 평균　　: 공식적 사용 12%, 비공식적 사용 22%, 미사용 66%, 합계 100%
○ 남아시아(인도 등) : 공식적 사용 25%, 비공식적 사용 45%, 미사용 30%, 합계 100%

12. 감사관련 임무해태자에 대한 제재의 엄정화[62]

내부감사최고책임자는 내부감사 관련자들이 고의나 중과실로 직무상 임무를 부작위하거나 태만히 하여 회사의 건전한 운영을 크게 저해하거나 질서를 크게 문란 시킨 경우에는 감사제도의 형행화 내지 무기능화를 방지하고, 내부감사의 효과를 증진시키기 위하여 아래 감사 관련자의 임무해태 등에 대한 제재를 매우 엄격하고 바르게 운영함으로써 성공적인 내부감사업무가 수행될 수 있도록 하여야 한다.

감사 관련 임무해태에 대한 제재대상자(예시)

① 감사요원의 의무를 위배한 자
② 감사(감사위원 포함) 및 감사요원의 요구를 정당한 사유 없이 불응한 자
③ 사고발생 보고를 지연하거나 은폐한 자
④ 감사 및 감사요원의 감사를 방해하거나 고의로 지연시키는 자
⑤ 감사결과 조치요구사항에 대한 필요한 조치를 정당한 사유 없이 태만히 한 자 등

13. 내부감사업무 수행의 이성과 감성의 융합화[63]

내부감사를 수행하는 사람의 자세는 "냉철한 두뇌와 따뜻한 가슴을 가져야"한다. 다시 말씀드리면 내부감사는 공정하고 철두철미하게 감사업무를 수행하여 불법·변칙적인 위법행위를 적출하되, 적출결과에 대한 처리는 제반사정, 불가피성, 주변 환경 등 정상(情狀)을 참

62 김용범, 전게서, 2017, 1158면.
63 김용범, 전게서, 2017, 1158면.

작(參酌)하여 처리하라는 것이다.

옛날부터 **"죄는 미워하되 사람은 미워하지 말라"**는 말이 있다. 이 말은 공자의 9대손인 공부(孔駙)가 편찬했다는 '공총자(孔叢子)'에 나오는 말로서 원문대로 해석하면 "옛날 재판을 하는 사람은 죄를 범한 그 마음은 미워해도 그 사람을 미워하지는 않았다"는 말이다. 옛날이나 지금이나 잘못한 사람을 처리하는 방법은 변함이 없다.

이는 고의적으로 나쁜 죄를 저지를 사람에게도 적용하라는 뜻은 결코 아니다. 우리는 위법한 행위를 한 사람에 대하여 근본적으로 나쁜 사람이라는 선입견을 가지고 접근하지 말고, 냉철하게 감사업무를 수행하되, 그 처리는 누구나 수긍할 수 있는 수준으로 공정하게 처리해야 한다는 의미이다.

III 맺는말

이상의 내용을 중심으로, 내부감사 관련 Global 환경 변화와 그에 따른 내부감사의 핵심 성공 요소를 살펴보았다. 우리나라와 같이 내부감사제도 및 운영체계가 선진화되지 못한 나라에서는 이를 참고하여 내부감사제도 및 운영체제를 보완 및 개선함으로써 내부감사가 한 단계 발전하는 계기로 삼기를 바란다.

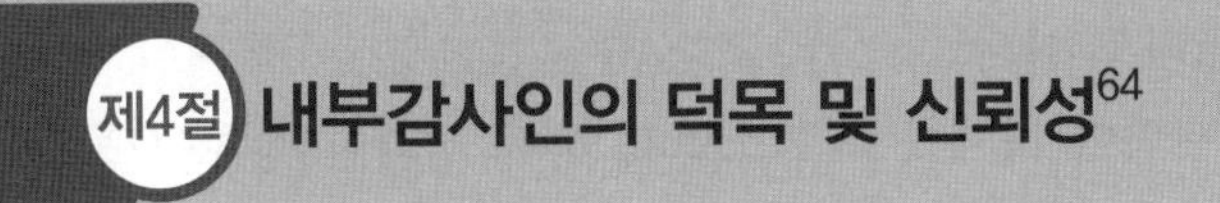

제4절 내부감사인의 덕목 및 신뢰성[64]

I 개요

내부감사인이 내부감사업무를 수행함에 있어 감사고객 및 이해관계자로부터 신뢰를 받기 위해서는 회사업무에 정통, 창의적 대안제시, 신속한 피드백, 청렴·정직한 자세, 경영진의 파트너, 회사재산의 수호자, 갈등의 중재자 등 내부감사인이 조건과 윤리적 규범 구비, 개방적 마음 형성, 적극적 소통력 등 내부감사인의 덕목 등을 구비하여야 한다. 그리고 경영진에 대한 주기적인 보고 등을 들 수 있을 것이다.

내부감사인의 경영에 대한 조언자로서 그리고 회사재산에 대한 수호자로서 감사고객 및 이해 관계자로부터 의지할 만한 사람, 믿을 만한 사람, 교감할 수 있는 사람으로 신뢰받기 위해서는 감사대상에 대한 비즈니스를 진정으로 이해하고, 감사인 자신보다는 피감사인의 이해관계를 우선순위에 배치하며, 감사인이 원하는 것이 아니라 피감사인의 근본적인 필요사항을 해결해 주는 것이 중요하다고 생각하고 행동하는 것이다.

II 신뢰받는 내부감사인의 요소

64 Urton Anderson, 「Internal Auditor : The Trusted Advisor」, 감사저널 가을호, 2016, 24~25면. Richard Chambers,「Internal Auditors as The Trusted Advisor」, 감사저널 가을호, 2017, 34면. 권영상, 「성공하는 감사의 10가지 키워드」, 감사저널 여름호, 2018, 6~13면.

1. 내부감사인의 조건

감사고객 및 이해관계자로부터 신뢰받는 내부감사인이 되기 위한 요소로서는 다음과 같은 조건들이 있다.

① 무엇보다 회사업무에 정통하라(Master)

감사인은 무엇보다 회사 업무에 정통해야 한다. 감사인은 해당 회사에 대한 업무는 물론 그 회사가 속해 있는 산업전반에 대한 현재상황 및 미래전망에 대하여도 철저히 파악하고 있어야 한다. 또한 한 걸음 더 나아가서 주위 환경변화에도 관심을 가지고 파악하고 있어야 한다.

감사인은 마치 연주자와 협연하는 오케스트라의 지휘자가 연주자만큼 연주능력을 갖출 필요는 없지만 곧 전체를 해석하고 觀照하는 능력을 갖추어야 하듯이, 조직의 경영목표를 이해하고, 감사역량을 조직에 가치를 부여할 수 있을 만큼 효과적으로 업무를 철저히 파악하고 있어야 한다.

② 창의적인 대안을 제시하라(Alternative)

어떤 감사인은 자신에게 돌려질 책임에 대한 막연한 두려움 때문에 무조건 결재를 거부 또는 NO라고 하는 업무 행태를 보임으로써 조직 내에서 '監事 때문에 일을 못 하겠다'는 불만이 팽배하게 하는 경우가 적지 않다고 한다.

이 같은 사태는 감사조직의 존재의미 자체를 의심스럽게 하는 심각한 상황이므로 절대 초래해서는 아니 된다. 감사의 기능이 단순 검증의 수준을 넘어서 조직을 혁신으로 이끄는 진단기능에 이르기 위한 필수적인 노력이 "대안을 제시하는 것"이다.

③ 피드백을 지체하지 마라(As Soon As Possible)

결재를 거부하는 것도 문제이지만 결재를 미루는 것도 문제이다. 감사조직 내의 결재의 경우에는 물론 특히 일상감사의 피드백 절차를 지체하지 말아야 한다. 감사조직, 특히 감사 또는 감사위원 때문에 업무가 조금이라도 지연된다는 평가도 받아서는 안 되기 때문이다.

일상감사에 앞서 사전에 업무보고를 하는 단계에서 미리 철저히 점검을 하되, 일단 결재 단계에 들어가면 전자결재시스템, 모바일결재 등을 이용하여 최대한 신속하게 결재하는 원칙을 세우고, 이를 실천할 필요가 있다. 이 경우는 반드시 **일상감사 전에 사전업무보고제도가 정립**되어 있어야 한다.

④ 우수한 인력을 확보하라(Manpower)

조직 내에서 가장 업무능력이 뛰어나고 합리적이며 흠이 없는 인재들을 찾아서 감사 인력으로 확보하고 감사업무를 수행함에 부족함이 없도록 지속적으로 교육하고 훈련을 시켜야 한다. 이것은 감사 또는 감사위원의 전문성을 보완할 수 있는 가장 효과적이며 필수적인 요건을 갖추는 것을 의미한다.

모름지기 감사조직은 조직 내에서 최고의 인재들이 꼭 경험해야 하는 곳으로 인식시키는 것이 필요하다. 따라서 「감사규정」또는 「인사규정」에 감사 또는 감사위원이 요구하는 경우

원하는 인력을 우선배치토록 하고, 일정기간 근무하고 타 부서로 복귀할 경우, 진급할 경우, 연수기회 등에서 불리함이 없도록 지원해야 한다.

⑤ 일할 동기를 부여하라(Motivation)

감사조직 직원들은 물론 조직 구성원들에게 열심히 일하도록 동기를 부여하여야 한다. 감사는 적발하고, 질책하기만 하는 조직이라는 잘못된 고정관념을 불식시켜야 한다. 부서 또는 기관별 종합감사를 하면서 잘못을 지적하는 데 그치지 말고 잘한 부분이 있으면 이를 찾아내어 표창 등으로 조직 내에 선양, 홍보함으로써 피감부서 및 기관의 자존감도 동시에 높이도록 해야 한다.

감사조직 내부적으로도 마찬가지다. 감사 진용을 베스트로 갖춘 다음 선수가 마음껏 뛰게 하여야 한다. 즉, 권한을 부여하고 소신껏 일하는 분위기를 조성하여야 한다. 열심히 일하면서 발생하는 실수는 중대한 법률 및 규정의 위반이 아니면 감면해 주어야 한다. 기회가 주어질 때마다 경영진 등의 앞에서 감사요원들을 칭찬하고 면을 세워주는 노력을 아끼지 말아야 한다.

⑥ 수용 가능한 것을 지적하라(Accept)

종합감사이든 특정감사이든 모든 감사활동에서 특별한 사정이 없으면 가능하면 피감 부서 또는 피감기관이 받아들이는 것을 지적하는 것이 좋다. 즉, 상대방이 OK할 때까지 지적을 유보하는 것이 좋다. 만약에 특별한 사정이 있어 최대한 설득을 하여도 끝까지 의견이 서로 다를 경우 제3 전문기관의 도움을 받는 것이 필요하다.

이 같은 감사태도가 감사활동의 위축을 가져오고 피감부서 또는 기관의 변명만 무성하게 하지 않을까 하는 우려를 할 수 있다. 그러나 그것은 기우에 불과하다. 오히려 권위적인 감사인이 자신의 기준만을 내세워 피감부서 또는 피감기관의 입장이나 의견을 무시한 채 고압적인 감사행위를 일삼을 경우 그 피해가 더 크다.

⑦ CEO의 파트너가 되어라(Partnership)

감사활동의 궁극적인 목표는 조직의 가치를 증진시키고, 조직이 그 목표를 완수하도록 돕는 데 있다. 흔히 공기업에서 CEO와 감사가 서로 대립하여 힘겨루기를 하는 터에 조직이 엄청난 부담과 부작용에 시달리는 사례들이 거론된다. 누가 옳고 그르든지 간에 그 기관에는 있을 수 없는 낭비이고 국가적으로도 손실이다.

감사와 CEO는 진정하게 서로 돕는 파트너가 되어야 한다. 돕는다는 것은 돕는 사람의 편의가 아니라 도움이 필요한 사람의 입장에서 필요한 방법과 내용으로 돕는 것을 의미한다. 감사는 CEO의 입장을 공감하고, 그 필요가 무엇인지 상황파악을 하고, 필요한 도움을 주되, 문제해결까지 하는 단계에 이르러야 한다.

더욱 잘하기로는 지속적인 지원도 아끼지 말아야 한다. 그러므로 감사는 이사회, 임원회 등에 적극참여하며, 경영책임의 일각을 든든히 지키는 자세를 보여야 한다. 대관업무도 가능하다면 지원함이 좋다. 이렇게 함으로써 감사가 경영의 파트너인 점이 조직에 더욱더 각인될 것이다.

⑧ **갈등의 중재자가 되어라(Mediator)**

조직 내에는 언제나 갈등이 존재할 수 있다. 개인 간의 갈등에서부터 노사대립까지 크고 작은 갈등은 조직이 살아있다는 증거이기도 하지만 조직의 통합성을 저해하고 경영의 효율성까지 잠식하는 암적 존재이다. 그러므로 임원상호간 갈등이나 노사 간 갈등 등 특수한 갈등은 제3자적 입장에서 감사의 개입이 필요한 경우가 많다. 따라서 감사는 갈등의 중재자가 되기를 자청해야 한다.

만약 임원간의 갈등이 존재한다면 적극 나서서 쌍방을 중재하여 갈등을 해소시켜야 한다. 더욱이 노사 간 갈등의 경우는 감사는 평소 노동조합을 조직을 떠받치는 주된 기둥의 하나라는 인식을 가지고 상호 교감관계를 유지하였다가 유사시에 스스로 노사 간 대화채널로 작동하기를 자임하여야 한다. 그래서 마주보는 폭주열차와 같은 노사갈등을 극적으로 해소하는 중재자로 기능하도록 해야 할 것이다.

⑨ **감사인은 청렴하고 정직하라(Honesty)**

굳이 청탁금지법이 제정되기 이전이라도 감사조직은 조직의 청렴도 향상을 끌어올리고 유지해야 하는 주무기관 내지 조직이다. 청탁금지법이 시행되면서 감사조직의 그 같은 위상과 책임이 공인되었다. 타인을 청렴하도록 이끄는 자가 스스로 깨끗해야 함은 당연하다. 그러므로 감사는 청렴하고 정직하여야 한다.

출근 시간을 엄격히 지키고, 점심시간을 함부로 남용하지 말고, 회사용지 한 장이라도 아끼는 모습을 보이고, 직위를 이용하여 청탁행위를 하는 것과 같은 권한 남용은 절대 하지 말아야 한다. 퇴임할 때 大過없이 임기를 마칠 수 있어서 기쁘다는 말을 아무나 할 수 있는 것은 아니라는 사실을 명심해야 한다.

⑩ **존경받는 감사인이 되어라(Respect)**

감사는 모든 조직 구성원의 주목을 받는 존재이다. 경우에 따라 질시의 대상도 될 수 있다. 그러므로 항상 누군가 자신을 지켜보고 있음을 한시도 잊지 말아야 한다. 흠이 없는 감사로서 존경의 기본조건을 갖추어야 한다. 앞서 거론된 모든 요건들을 갖추어 나간다면 감사는 감사조직의 가족이나 조직 구성원의 존경을 받게 될 것이다.

그러나 여기서 강조하고 싶은 것은 감사 자신이 조직과 조직 구성원, 무엇보다도 자신의 수족과 같은 감사조직의 직원들을 마음으로부터 사랑한다면 그 자신도 마땅하게 존경과 사랑을 받을 것이라는 점이다. 그들을 진심으로 사랑한다면 진심으로 존경을 받게 될 것이다.

위의 내부감인의 조건을 종합하면 앞의 4가지 ①항(Master), ②항(Alternative), ③항(ASAP), ④항(Manpower)은 감사가 업무를 수행함에 있어 갖춰야 하는 **역량 (Competency)**을 의미한다. 다음 4가지 ⑤항(Motivation), ⑥항(Accept), ⑦항(Partnership), ⑧항(Mediator)은 감사가 조직 구성원을 향해 끊임없이 **소통 (Communication)**하여야 함을 의미한다. 마지막 2가지 ⑨항(Honesty), ⑩항(Respect)는 감사가 마땅히 지녀야 하는 **인격(Integrity)**을 의미한다.

2. 내부감사인의 덕목

아울러서 내부감사인이 감사고객 및 이해관계자로부터 신뢰받는 조언자 또는 경영컨설턴트가 되기 위해서는 다음과 같은 덕목을 구비하여야 한다.

가. 개인적 덕목

① **윤리적 신념 구비** : 윤리적 행동은 진실성, 용기, 책임감, 신뢰를 말하며, 감사지적 사항의 변경(수정) 압박에 의연하게 대처 할 것.

② **결과 중심적 관심** : 내부감사를 통해 변화된 것은 있었는지 여부, 영향은 있었는지 여부, 생산적인/유익한 변화가 있었는지 여부, 개선을 유도하였는지 여부에 관심을 가질 것.

③ **지적 호기심 발현** : 사실관계 파악, 근본 원인 분석. 전문적이고 건강한 호기심,학습효과 등을 발현할 것.

④ **개방적 마음 형성** : 과거에 집착하지 말고, 충고에 근시안적인 견해를 지양하며, 흑백논리로 접근은 지양. 또한 쟁점사항의 미시적 접근 지양, 열린 마음과 유연성, 합리성을 통해 신뢰적 관계를 형성할 것.

나. 관계적 덕목

① **적극적인 소통력** : 소통기술은 필수적이고 그 기술에 대한 훈련은 반드시 필요. 품격있는 어조를 구비하여야 하고 부정적인 단어는 지양 할 것.

② **호감 있는 관계** : 지속적인 신뢰는 관계형성에 기인하고, 인기 영합적인 행동은 지양하며, 내부감사업무 내에서 관계형성 시작. 좋은 관계는 긍정적인 의도, 배려 하는 마음, 통찰력 있는 식견을 통해 형성 할 것.

③ **고무적인 지도력** : 동기 부여, 경험 공유, 적극적 인도, 칭찬 및 보상, 팀구성 및 팀워크 촉진, 도전 정신 유발, 구체적이고 명확한 목표 부여 등을 통해 실천(행동)하도록 유도 할 것.

다. 전문적 덕목

① **비판적인 사고** : 정보는 감정적이 아닌 논리적(이성적)으로 접근하고, 비판적 사고를 상호연결하며, 호기심을 통해 상호이해 할 것. 의구심은 비판적 사고가 필수적이며, 편견·성급·애매모호함은 비판적 사고의 방해요인임을 유념할 것.

② **전문적인 자격** : 무엇이든 알아야 하고, 배움은 그 무엇보다 중요하며, 사업· 산업·기술에 대한 경험·지식이 요구됨을 명심할 것.

Ⅲ 신뢰받는 내부감사인의 특징

감사고객 및 이해관계자로부터 신뢰받는 내부감사인의 특징에는 다음과 같은 특징들이 있다.

신뢰받는 내부감사인의 특징

① 감사대상 비즈니스를 진정으로 이해
② 내부감사인 자신보다 피감사인의 이해관계를 우선순위에 배치
③ 내부감사인이 원하는 것이 아니라 피감사인의 근본적인 필요사항을 해결하는 것이 중요하다고 신뢰
④ 신뢰받은 내부감사인은 의지할 만한 사람
⑤ 신뢰받은 내부감사인은 믿을 만한 사람 ⑥ 교감하는 능력을 보유
⑦ 겉치레와 기만은 지양 및 금지 ⑧ 진정으로 열정적이고 열광적으로 행동
⑨ 감사목적은 단기간 목표가 아니라 장기적인 관계를 향상시키는 것에 중점 등

Ⅳ 내부감사인의 신뢰성을 추락시키는 행동

내부감사인의 신뢰성을 추락시키는 행동에는 다음과 같은 행동들이 있다.

1. 내부감사인의 금지 행동

내부감사인들이 감사보고서에 사용하지 말아야 하는 행동에는 다음과 같은 행동들이 있다.

감사보고서에 사용을 금지하는 행동

① "경영진은 다음과 같은 사항을 고려해야 합니다......"
② 애매모호한 표현
③ 강의어*의 무분별한 사용
*강의어란 "그래서", "매우"처럼 다른 말의 뜻을 강화하는 형용사나 부사
④ 이번 문제는 아주 드문 경우입니다
⑤ 누군가에 대한 비난이 목적 ⑥ 피감사인이라는 단어의 사용
⑦ 불필요한 전문적인 용어 ⑧ 모든 사람의 신뢰를 얻으려는 태도
⑨ 사용한 표현이 인상적이라면, 재작성이 필요한 상황 등

2. 내부감사인의 나쁜 행동

내부감사인들이 감사업무를 수행하면서 해서는 안 되는 나쁜 행동에는 다음과 같은 행동들이 있다.

내부감사인이 행하는 나쁜 행동

① 듣기도 전에 자신의 의견 강요
② 모든 것이 잘되고 있음에도 불구하고 무엇인가 잘못된 것을 찾아내야 한다고 느끼는 책임감

③ 객관적인 증거로서 지지되지 않는 사항들에 대해서 감사보고서에 기술하는 것
④ 좀 더 다양한 사항을 고려해야 함에도 불구하고 단지 체크리스트에 따라 단순화하여 접근
⑤ 문서에만 집중하고 실제로 일어나는 내용에 대하여는 무지
⑥ 내부감사인 자신의 편견이 자신의 시야를 가리고 있음을 모르는 것
⑦ 내부감사인 자신의 주관적인 의견에 따라 잘되고 있는 것에 대해 문제가 있다고 예상하고 감사
⑧ 사실에 기초하지 않은 일반론에 따라 감사결과를 작성
⑨ 회사 운영에 있어 감사 모범사례가 미치는 함의에 대해 인지하지 못하는 것
⑩ 감정적인 분야에 대해 소홀 등

Ⅴ 내부감사인의 진단감사 활동 강화

내부감사인들이 회사의 가치를 증진하기 위해 진단감사 활동의 강화에는 다음과 같은 방법들이 있다.

내부감사인의 진단감사 활동 강화 내용

① 경영전략 수립에 적극적인 참여 ② 경영분석과 부실예방 방안 강구
③ 위험관리와 위험회피 방안 강구 ④ 부정관리와 부정방지 방안 강구
⑤ 내부통제와 내부통제 방안 강구 ⑥ 비상대비계획 수립과 연습 지원
⑦ 외부 감사기관 내부통제 이슈에 대한 이해관계자 연계 역할 등

Ⅵ 신뢰받는 내부감사인이 되기 위한 방법

내부감사인들이 신뢰받는 내부감사인이 되기 위한 방법에는 다음과 같은 방법들이 있다.

신뢰받는 내부감사인이 되기 위한 방법

① 현업부서와 좋은 관계 쌓기
② 조직문화에 대한 이해
③ 회사의 비즈니스에 대한 통찰력과 판단력 보유
④ 현업부서와 공유된 가치에 집중
⑤ 강력한 내부감사 헌장/규정과 감사 토대를 구성
⑥ 내부감사인은 자신의 한계 인지와 동시에 勇氣 보유
⑦ 가치를 증대시키기 위하여 감사기능을 보완
⑧ 사실관계(Facts)야 말로 감사인의 친구
⑨ 평정심의 유지
⑩ 정치적 압력을 예상 및 대처
⑪ 자기반성 및 숙고 등

Ⅶ 신뢰받는 내부감사인의 성과 모델

내부감사인들이 신뢰받는 내부감사인이 되기 위한 성과모델에는 다음과 같은 단계별 성과모델들이 있다.

신뢰받는 내부감사인의 성과모델

■ **검증 제공자**

○ 조직의 내부통제의 효과성에 대하여 객관적인 검증 활동.

↓

■ **검증 제공자 + 문제 해결자**

○ 감사지적사항 이행부서를 지원하기 위하여 감사지적사항에 대하여 근본적인 원인에 대한 분석과 해결방안 제공.

↓

■ **검증 제공자 + 문제 해결자 + 통찰력 제공자**

○ 리스크 관련 검증 및 진단 제공과 더불어 회사 발전을 위해 보다 적극적으로 유의미한 개선방안을 제시.

↓

■ **검증 제공자 + 문제 해결자 + 통찰력 제공자 + 신뢰받는 내부감사인**

○ 감사계획의 효과성과 효율성의 수준을 넘어 회사의 가치를 증진시키는 서비스와 적극적인 전략 조언을 제공.

제3장

내부감사 계획업무

제1절 내부감사 업무계획의 개요

Ⅰ 내부감사계획의 의의[65]

내부감사인은 감사목표, 감사범위, 감사시점 그리고 자원배분을 포함하여 각 업무별로 감사계획을 수립하고 문서화해야 한다. 계획은 감사업무와 관련된 조직의 전략, 목표, 그리고 위험을 고려해야 한다.(「국제내부감사기준」2200)

1. 내부감사계획의 정의

내부감사계획이란 **감사목적을 효과적으로 달성하기 위하여 감사대상 및 감사사항을 선정하고 감사하는 데 필요한 최선의 방법을 미리 선정하여 가장 효율적이고 시의적절한 감사업무를 수행할 수 있도록 하는 것**이다.

효율적이고 시의적절한 감사수행을 위해서는 합리적 감사기술을 선택하여 적시성, 질서성이 확보되도록 실시할 절차, 적용범위, 감사요점, 배치할 감사담당자들의 업무에 관한 감사사무를 배치하여야 한다.

일반적으로 감사계획은 대내외 경제상황, 회사의 경영 전략 및 목표와 감사 또는 감사위원회의 감사방향과 감독당국의 감독 방향을 감안하며, 그리고 기업의 리스크와 그 통제 정도를 고려하여 감사계획을 수립한다.

가. 중·장기 감사계획

일반적으로 **장기감사계획**은 5년 이상의 기간을 대상으로 감사기관/조직이 지향하는 가치와 비전을 제시하고, **중기감사계획**은 장기감사계획을 토대로 전략적인 관점에서 3년 내지 5년을 주기로 수립한다.

나. 연간 감사계획

매년 기업의 경영목표와 연계하여 **연간감사계획**을 수립하게 되는데, 이는 회계연도 개시에 앞서 결정된 감사방침을 기초로 하여 한정된 자원 및 시간 내에 감사를 효율적으로 수행

---

65 김용범, 전게서, 2017, 1160~1161면. 금융감독원, 전게서, 2003, 164면.

하기 위해 구체적으로 감사계획을 수립하는 것이다.

연간감사계획은 감사의 종류, 대상 부서/기관 및 사업장, 감사실시 시기 등이 포함되어야 하며, 내부감사최고책임자는 **회계연도 종료 전에 다음 회계연도의 감사계획을 수립하여야 한다. 이 연간감사계획은 감사/감사위원회의 승인과 이사회의 보고**가 있어야 한다. 연간감사계획은 정기적으로 감사계획을 수립한다고 해서 **정기감사계획**이라고도 한다.

다. 개별감사계획

개별감사계획은 연간감사계획에 책정되어 있는 정기 감사와 그 외 수시로 발생 가능한 특별감사에 대하여 당해 감사의 실시에 필요한 일정과 절차를 세부적으로 수립하는 **감사실행계획**이며, 이는 실제 감사활동의 기본이 되는 것으로 계획적이고 능동적인 감사실시가 가능하게 된다.

개별감사계획은 감사 실시에 있어 **월별로 또는 감사대상별로 감사실시의 구체적인 계획 내용 즉, 감사의 범위, 감사의 방법, 감사의 절차, 감사의 일정, 감사의 장소, 감사의 담당자 등에 대하여 정하는 것**이다.

내부감사인은 연간 내부감사계획에 정해진 목적 및 목표를 효과적으로 완수하고, 내부감사부서를 위해 수립된 조직의 정책 및 절차를 준수하기 위해 주의 깊게 감사업무를 계획하여야 하며, 그들의 검토대상 영역이나 임무, 비전, 목표, 위험, 위험성향, 통제환경, 지배구조, 부정관리 및 위험관리 프로세스의 이해로 시작하면 효과적인 감사계획을 수립할 수 있다.

개별감사계획은 보통 연간감사계획을 지원하는 문서 검토로 시작되며, 사전 조사 및 검토는 내부감사인이 감사 대상이 되는 영역 또는 프로세스의 충분한 이해를 달성하도록 돕는 가치 있는 틀이 될 수 있다. 감사업무계획 수립에 있어 내부감사인은 다음과 같은 사항을 사전에 검토 및 고려하여야 한다.(기준 2201. 계획수립 시 고려사항).

<u>감사계획 수립 시 기본적인 검토 및 고려사항</u>

① 검토대상 활동의 전략 및 목표, 그리고 그 활동의 업무수행을 통제하는 수단
② 대상 활동의 목표, 자원, 그리고 운영에 수반되는 중요한 위험과 위험의 잠재적인 영향력을 수용 가능한 수준으로 유지하기 위한 조치
③ 관련 체계나 모델과 비교한 검토대상 활동의 지배구조, 위험관리, 부정관리 및 통제 프로세스의 적정성과 효과성
④ 검토대상 활동의 지배구조, 위험관리, 부정관리 및 통제프로세스의 중요한 개선기회 등.

감사업무의 체계적 · 효과적인 수행을 위해서는 치밀하고 적절한 감사계획의 수립이 필수적이다. 한정된 감사자원에 의하여 감사성과를 극대화하기 위해서는 계획적인 감사업무의 수행이 불가피하기 때문이다.

치밀한 감사계획은 감사계획이 사전에 철저한 준비로 정교하고 빈틈이 없는 꼼꼼한 감사

계획을 의미하며, **적절한 감사계획**은 내부감사인으로 하여금 수감기관/부서의 중요한 부분에 대하여 적절한 주의를 집중하게 하고, 잠재적인 문제점을 식별할 수 있도록 하며, 감사업무를 신속히 완료할 수 있도록 도와주는 감사계획을 의미한다.

수감기관/부서의 업무 중 어떤 업무를 중점적으로 감사하고, 감사대상 업무별로 감사인력은 어떻게 배분하며, 어떤 감사방법을 채택할 것인지를 결정하는 감사계획은 監査 成果를 좌우한다. 구체적으로 감사계획은 다음과 같은 의의를 가진다.[66]

감사계획의 의의

① 감사계획은 감사목표 달성을 위한 필수 불가결한 수단이다.
② 감사계획은 감사자원과 시간을 최대한 활용함으로써 감사의 성과를 증대시킨다.
③ 감사계획은 감사활동의 효과적인 통제수단이다.
○ 감사계획은 내부감사인에 대한 일련의 지시서로서 감사업무의 적정한 수행을 통제하고 기록하는 수단으로 활용될 수 있다.
④ 감사계획은 감사활동의 성과를 측정하는 기준으로서 향후 감사계획 수립의 기초가 된다.

2. 내부감사방침의 결정[67]

대규모회사의 경우에는 영업활동이 복잡하고 다양하기 때문에 한정된 인원과 시간으로 효율적인 감사를 하기 위해서는 먼저 명확한「감사방침」을 정하는 것이 중요하다. 그리고 이를 바탕으로 구체적인「감사계획」을 수립하고, 동시에 감사계획의 실행에 소요되는 비용에 관해 예산을 편성하게 된다.

감사방침이란 당해 사업연도의 감사를 실시함에 있어서 감사는 사전에 중요성, 적시성, 실행가능성 등을 종합적으로 고려하여 당해 사업연도에 어떠한 목적하에 어떤 방법으로 감사를 실시할 것인가를 정하는 것을 말한다. 이는 통상 **경상(經常)감사항목(또는 기본 감사항목)과 중점(重點)감사항목(또는 특별감사항목)**으로 구분해 운영한다.

경상감사항목은 매년 계속적으로 감사를 행하는 항목으로 각 사업연도에 공통하고 감사가 항상 실태를 파악해 두어야 할 항목이다. 이 항목은 감사가 이사회 기타 중요한 회의에 출석, 문서의 열람, 실지조사, 자회사 조사 등 통상의 감사방법에 의해 감사가 恒時 체크해야 할 사항이다. 일반적으로 경상감사항목은 다음과 같다.

경상감사항목(예시)

① 회사 내 부정행위 및 법령·정관위반에 대한 감사

66 감사원,「공공감사기준주석서」, 2000. 12. 78면.

67 김용범, 전게서, 2017, 1160~1161면. 권종호,「감사와 감사위원회제도」, 한국상장회사협의회, 2004, 208~210면.

② 재산상태에 대한 감사

③ 내부통제체제의 정비 및 운영실태에 대한 감사 등

중점감사항목은 당해 사업연도에 중점을 두고 감사해야 할 항목으로 회사가 직면하고 있는 중요과제 중에서 감사 혹은 감사위원회가 판단하여 선택하게 된다. 중점감사항목으로 어떤 것을 선택하느냐에 따라 감사의 범위와 방법이 달라지므로 중점감사항목의 선정에 있어서는 충분한 협의와 신중함이 필요하다.

중점감시항목(예시)

① 본사 각부서의 관계법령 준수사항에 대한 감사

② 여유자금의 운영상황에 대한 감사(위험이 매우 높은 상품 등)

③ 위험관리 및 부정관리에 대한 감사 ④ 정보공시에 대한 감사

⑤ 설비의 가동 상태와 수지 효과에 대한 감사

⑥ 재고관리 등 물류상황에 대한 감사

⑦ 고정자산의 관리상황에 대한 감사

⑧ 산업폐기물의 관리상황에 대한 감사

⑨ 자회사·관계회사의 금융·보증상황에 대한감사 등

다만 회사의 사정에 따라서는 여기서 말하는 중점감사 항목 중에는 경상감사항목으로 분류하고 있는 것도 있을 수 있으며, 반대도 있을 수 있다. 그런데 중점감사항목의 경우는 지나치게 많아서는 곤란하며 목표를 제한하여 감사를 하는 것이 중요하고 필요한 때에는 내부통제부서의 협력을 구하는 것도 한 방법일 것이다.

감사방침 등의 결정은 감사위원회 설치회사의 경우에는 감사위원회에서 결정하게 되지만, 그러하지 않은 회사의 경우에는 감사 또는 감사 간의 협의로 결정하게 된다. 감사 또는 감사위원회는 감사전략, 감사목표, 감사인원, 감사조직, 감사절차, 감사기준, 감사평가 등을 고려하여 당기의 감사방침을 정하게 된다.

II 내부감사 업무의 목표[68]

1. 내부감사 업무목표의 의의

내부감사 업무목표는 내부감사인이 감사활동을 통하여 어떤 목적을 이루려고 지향하는 최후의 대상이며, 감사업무 수행절차를 통해 완수하고자 하는 것으로 정의한다. 감사업무 수행절차는 감사목표를 완수하는 수단이다. 감사 목표와 절차는 내부감사인의 업무범위를

68 김용범, 전게서, 2017, 1162~1163면. 국제내부감사인협회(IIA), 전게서, 2011, 156면 과 2003, 322면. 「국제내부감사기준」, 2210, 그리고 전게서, 2017, 184~186면.

함께 정의한다.

2. 내부감사 업무목표의 수립

내부감사 업무목표는 각 감사업무에 맞게 수립되어야 한다. 그리고 내부감사 업무목표를 수립할 때에는 다음의 사항을 반영하여야 한다.

내부감사 업무목표의 수립 시 반영할 사항

① 감사업무를 계획할 때에는 내부감사인은 감사대상 활동과 연관되는 리스크를 사전 평가해야 한다. 감사업무의 목표는 이러한 평가의 결과를 반영해야 한다.
② 내부감사인은 감사목표 수립단계에서 중대한 오류, 부정행위, 규정 미준수 그리고 노출된 여타 문제점의 발생 가능성을 고려해야 한다.
③ 진단감사 수행목표는 진단 고객과 합의된 범위 내에서의 위험관리, 내부통제, 부정관리 그리고 지배구조의 프로세스에 초점을 맞춰야 한다.
④ 실현가능한 내부감사 업무목표를 설정하여야 하고, 내부감사 목적을 달성하기 위해 내부감사인이 수행할 역할을 구체적으로 명시하여야 한다.

3. 내부감사 업무목표의 내용

내부감사인은 연간 내부감사계획 및 지난번 감사결과, 이해관계인과의 논의에 대한 검토 및 검토 대상 영역 또는 프로세스의 임무, 비젼 및 목표에 대한 고려를 통하여 예비적 감사목표를 작성할 수 있다.

예비적 감사목표는 검토대상이 되는 영역 또는 프로세스의 지배구조, 위험관리, 부정 관리 및 내부통제를 커버하는 위험평가 조사를 통해 더욱 향상될 수 있다. 감사목표는 감사업무가 구체적으로 무엇을 완수하고자 하고, 어떤 감사범위를 결정하고자 하는지를 설명한다.

내부감사 업무목표는 내부감사인이 어떤 절차를 수행할지 결정하는 데 도움을 주며, 그것은 내부감사인이 감사업무 중에 프로세스 및 시스템에 대한 위험, 부정 및 통제 테스트의 우선순위 결정을 돕는다. 이 통제 테스트는 일반적으로 설계의 적절성, 운영의 효과성, 법규 준수, 효율성, 정확성 및 보고에 대한 검증을 제공한다.

내부감사인은 명확한 목표가 있고, 간결하고, 위험, 부정 및 통제평가와 연관성을 갖는 목표를 수립하는 것이 중요하다. 종종 내부감사인은 위험, 부정 및 통제에 집중하기 위한 목표를수립할 때, 내부감사 분야에서 널리 인정받는 절차나 지침, 즉 모범실무[69] 및 COSO 위원회 체계 또는 ISO 31000[70]과 같은 체계를 활용한다.

69 소정의 목표를 달성하는 데 적절하고도 효과적인 수단이라는 점이 경험과 연구를 통해 입증되어 널리 인정받는 절차나 지침. 국제기록관리표준 ISO 15489, 국제 보존 기록 기술 규칙(ISAD(G)) 등은 모두 모범실무를 지향하는 표준이다.

70 리스크관리를 위한 국제표준이다. 이 표준은 종합적인 원칙과 가이드라인을 제공하여 리스크 분석 및 평가로 기업에 도움을 준다.

Ⅲ 내부감사 업무의 범위[71]

1. 내부감사 업무범위의 충분성

내부감사 업무범위는 감사업무의 목표를 만족시키도록 충분하게 설정하여야 한다. (「국제내부감사기준」 2220.) 내부감사인이 감사범위를 정할 때, 그들은 일반적으로 영역 또는 프로세스의 경계, 범위 내 또는 범위 외 설정, 하위 프로세스, 영역 또는 프로세스의 구성요소 및 기간과 같은 요소를 고려한다. 그리고 내부감사 업무범위를 설정할 때에는 다음 사항을 반영하여야 한다.

내부감사 업무범위 설정 시 반영할 사항

① 내부감사 업무범위를 설정할 때에는 제3자 관리 분을 포함해 관련시스템, 기록, 인적자원, 실물자산을 고려대상에 포함해야 한다.(2220.A1)

② 검증감사 도중에 중요한 진단감사의 기회가 생긴다면, 진단의 목적과 범위, 각 각의 책임 그리고 기타 기대사항들에 관한 특정의 문서화된 약정이 작성되어야 하고, 진단감사결과는 진단기준에 따라 보고되어야 한다.(2220.A2)

③ 진단감사를 수행함에 있어, 내부감사인은 업무범위가 합의된 목표를 달성하기에 충분한지를 확인해야 한다. 만약 내부감사인이 임무수행 중에 감사 범위가 유보된 것을 알게 된다면, 해당 임무를 지속할 것인지 판단하기 위해 이런 유보는 고객과 논의되어야 한다.(2220.C1)

2. 내부감사 대상 업무 및 부서

가. 내부감사 대상 부서

내부감사는 조직 내 모든 부서, 지점(또는 지사) 및 자회사(outsourcing 된 업무 등 포함)를 대상으로 한다.

나. 내부감사 대상 업무

내부감사 대상 업무는 일반적으로 지배구조, 리스크관리, 부정관리 및 내부통제 프로세스의 적절성 및 효과성과 부과된 책임에 대한 수행성과의 질을 대상으로 한다. 따라서 내부감사부서의 주요 감사대상 업무는 다음과 같다.

1) 경영진의 직무수행 업무

일반적으로 내부감사에서는 경영진의 직무수행업무의 적정성 및 효율성에 대한 감사 및 평가를 하며, 이는 주로 회사의 내부통제, 리스크관리 및 부정관리 시스템을 운영 측면에서

71 김용범, 전게서, 2017, 1163~1165면. 국제내부감사인협회(IIA), 전게서, 2011, 55~56면과 2003, 47~48면. 「국제내부감사기준」 2220 그리고 전게서, 2017, 187~188면.

감사 및 진단하고, 필요한 조치 및 개선방안을 제시하는 것을 의미한다. 내부감사를 실시할 때 특히 다음의 사항을 중점 검토·평가하여야 한다.

경영진의 직무수행업무에 대한 감사 사항

① 경영정책의 이행상황
② 위험관리, 내부통제 및 부정관리의 이행상황
③ 재무정보 및 경영정보의 신뢰성과 적시성
④ 전산정보시스템의 안전성과 신뢰성
⑤ 지원부서 기능의 원활한 작동여부 등

2) 관련법규 및 감독정책 준수

내부감사부서는 감사업무 수행 시에 관련 법규 및 감독정책(감독당국의 감독정책, 규정, 기준 등 포함)의 준수여부에 대해 관심을 기울여야 한다. 다만 이런 경우에도 내부 감사부서가 준법기능에 대하여 책임을 지는 것은 아니다.

3) 내부통제담당조직 통제업무

회사가 별도의 통제담당 부서를 두어 업무활동이나 자회사 등을 통제하고 모니터링하는 경우에도 내부감사부서는 통제부서의 통제대상 업무나 자회사 등에 대해 감사를 실시하지 않아도 되거나 또는 동 감사 관련 책임이 면제 또는 완화되는 것은 아니다.

내부감사부서는 효율적인 업무수행을 위해 통제담당 부서의 통제활동 결과보고서 내용을 활용할 수는 있으나 관련 업무 및 자회사 등의 내부통제시스템 구축·운영의 적정성을 감사하고 평가할 책임은 내부감사부서가 부담해야 한다.

4) 해외지점 및 자회사의 업무

회사가 경영상 중요한 해외지점을 운영하고 있는 경우 효율적이고 지속적인 감사업무수행을 위해 현지에 감사조직을 운영하는 것이 바람직하다. 해외 현지 감사조직은 내부감사조직의 일부로서 내부감사부서와 동일기준에 의해 조직되고 운영되어야 한다.

회사가 지주회사 또는 모회사의 자회사인 경우에는 법적으로 독립된 실체로서 독자적인 내부통제시스템과 내부감사기능을 구축하여야 한다. 다만 지주회사 또는 모회사의 내부감사부서가 자회사의 내부감사를 수행할 수 있다.

자회사의 내부감사부서는 내부감사 결과를 지주회사/모회사의 내부감사부서에 보고하여야 하며, 지주회사 또는 모회사는 자회사의 모든 업무 및 부서에 대해 필요할 경우 법이 허용하는 범위 내에서 감사를 수행할 수 있도록 필요한 조치를 취해야 한다.

모회사는 해외에 있는 지점 및 자회사에 대하여 통일된 내부감사기준을 제시하여야 한다. 모회사가 그룹 전체의 감사지침을 마련하고 모회사의 내부감사부서는 현지 내부 감사인의 임명 및 평가를 실시해야 한다.

제2절 내부감사 대상 업무에 대한 상시감시 수행[72]

Ⅰ 내부감사 대상 업무에 대한 상시감시 개요

'상시감시'란 소속 또는 관련 회사에 대하여 임직원 면담, 조사 출장, 영업실태분석, 재무상태 관련 보고서 심사, 경영실태 계량평가, 기타 각종 자료의 수집 및 분석을 통해 문제의 소지가 있는 회사 및 취약부문을 조기에 식별하여 현장 감사 실시와 연계하는 등 적기에 필요한 조치를 취함으로써 회사의 건전경영을 유도하는 감독 내지는 감사 수단을 말한다.

Ⅱ 내부감사 대상 업무에 대한 상시감시 수단

감사대상 회사 및 부서의 업무보고서, 사고보고서, 정보사항 등을 분석하여 해당 회사 및 부서에 대한 경영상태 및 업무현황을 파악하고, 감사대상 회사 임원 및 주요부서 담당자, 인터넷, 일간지 등을 통하여 관련 자료를 수집하여 분석하거나 각종 전산시스템을 활용하여 상시감시업무를 수행한다.

<u>주요 상시감시 수행업무 (예시)</u>

① 일반현황 파악
② 업무보고서 심사분석
③ 경영취약부문 면담 및 조사 출장
④ 비정상적인 거래의 모니터링
⑤ 사고 보고의 접수 및 처리
⑥ 민원 접수 및 처리에 관한 사항
⑦ 자체감사 보고 및 조치에 관한 사항
⑧ 정보·건의·첩보에 관한 사항
⑨ 언론·기사 내용 및 대응
⑩ 외부기관 및 감독기관 제출 자료
⑪ 업무기능별 현안사항 검토 및 대응
⑫ 대·내외 유관 기관 및 부서 협조 요청사항 대응
⑬ 감사결과 사후관리
⑭ 임직원 동향, 노조 동향, 주요소송 진행상황, 주요정책 이행상황 등 특이사항에 대한 종합분석 및 대응방안 등

---

72 김용범, 전게서, 2017, 1165~1167면. 금융감독원, 「금융감독실무개론」, 2006, 427 ~428면.

Ⅲ 내부감사 대상 업무에 대한 상시감시업무 수행절차

상시감시업무는 정보 수집, 정보 분석 단계에서 시장의 생생한 정보에 대한 사실관계를 인식한 후 감독 · 감사조치 계획 및 실행에 의하여 활용되고 사후관리의 과정을 거쳐 공유 및 향후에 참고토록 축적된다.

1. 전담감사인(RM)체제의 도입운영

전담감사인(RM : Relationship Manager) **체제**란 감사부서 내 모든 감사인력이 각 부서/기관들을 나누어 맡아 감사를 전담하는 체제를 말한다. 감사부서 직원별로 전담 부서/기관을 지정해서 담당 부서/기관에 대해 평소 사전적 감시·감독에 주력하도록 해 감사의 효율성을 제고하는 감사운영체제이다.

2. 감사대상 업무에 대한 정보 수집

감사대상 회사 및 부서의 업무보고서, 정보사항, 상시감시자료, 경영계획 실적보고서, 내 · 외 유관기관 및 부서에서 생산된 자료와 자체감사활동 및 회사 임직원과의 상시감시업무협의회 활동 등을 통하여 정보를 수집한다.

3. 감사대상 업무에 대한 정보 분석

감사대상 회사 및 부서의 업무보고서 심사 및 분석, 경영실태 계량평가 실시 등 재무정보 점검과 정보사항 수집 등 다양한 채널을 통하여 입수된 비재무 정보를 분석하여 회사별 또는 부서별 위험관리, 부정관리 및 내부통제 수준을 평가한다.

이러한 정보 분석 과정에서 내부감사인은 주요 판단지표를 면밀히 검토·분석하여 감사대상 회사 및 부서의 리스크의 규모, 잠재된 사고 등 부정위험, 경영상 취약점 및 문제 징후 등을 조기에 포착할 수 있다.

4. 상시감시 결과 조치계획 및 실행

문제 징후가 포착된 경우 내부감사인은 해당 회사 및 부서에 대한 자세한 정보를 수집하고, 필요시 조사 또는 점검을 실시하여 사실관계를 확인한 후 감사계획 수립 등 필요한 조치계획을 마련하며, 조치계획에 따라 감사실시, 시정지시, MOU체결 등 상시감시 결과에 따른 조치를 실행한다.

5. 상시감시 결과에 대한 사후 관리

전담감사인(RM)이 상시감시 결과에 따른 각종 조치에 대하여 전산 인프라(감사사후 관리시스템, 감사지식마당, RM정보마당, 면담보고서, 정보보고서 등)를 통해 입력하고, 사후관리 한다.

제3절 내부감사 계획의 반영을 위한 리스크 평가[73]

감사업무를 계획할 때 내부감사인은 감사대상 활동과 연관되는 리스크를 사전에 평가해야 한다(「국제내부감사기준」 2210. A1-1). 감사업무의 목표는 이러한 평가의 결과를 반영하여야 한다.

Ⅰ 감사활동 관련 경영진 평가 및 주변 정보 수집

1. 내부감사인의 감사대상 활동과 관련된 경영진 평가

내부감사인은 감사대상 활동과 관련된 경영진 평가를 고려해야 한다. 내부 감사인은 다음 사항을 고려해야 한다.

감사대상 활동과 관련된 경영평가 사항

① 경영진의 리스크 평가에 대한 신뢰성
② 위험관리, 부정관리 및 내부통제 쟁점에 대한 경영진의 모니터링과 보고 그리고 해결하는 프로세스
③ 조직의 리스크 수용한계를 초과하는 사건에 대한 관리자의 보고 및 이러한 보고서에 대한 경영진의 반응
④ 감사대상 활동과 관련되는 조직 내 다른 분야에 경영진이 식별한 리스크가 존재하고 있는지 여부
⑤ 리스크 관련 내부통제에 대한 경영진의 자체평가 등

2. 내부감사인의 감사대상 활동에 관한 주변정보 취득

내부감사인은 감사대상 활동에 관한 주변정보를 취득해야 한다. 주변 정보의 검토는 감사업무에 미치는 영향을 알아보기 위해 수행되어야 한다. 그런 정보로 다음과 같은 것이 있다.

감사대상 활동에 관한 주변 정보

① 조직 목표
② 업무나 보고서에 중대한 영향을 줄 수 있는 정책, 계획, 절차, 법, 규정 및 계약
③ 조직 관련 정보, 예를 들면 직원 수와 명단, 핵심직원, 직무기술서 그리고 주요 시스템의 변경을 포함해서 조직에서 최근 변화된 세부내용

73 김용범, 전게서, 2017, 1167~1171면. 국제내부감사인협회(IIA), 전게서, 2011, 157~158면과 2003, 323~325면.

④ 예산정보, 업무성과 그리고 감사대상 활동부서의 재무정보
⑤ 지난번 감사의 조서
⑥ 완성 또는 진행 중인 외부감사인의 감사를 포함해서 다른 감사업무 결과
⑦ 잠재적인 중요한 감사업무상 문제를 알아보기 위한 수발 문서철
⑧ 해당 감사활동 분야에 적절한 업무상 권위가 있는 전문적인 문헌 등

II 감사활동 관련 설문조사 및 발견사항 검토

1. 내부감사인의 감사대상 활동에 대한 설문조사 수행

내부감사인은 필요한 경우 감사활동, 위험관리, 부정관리 및 내부통제에 익숙해지고, 감사임무 수행에 있어 중점적으로 점검해야 할 부분을 파악하고, 수감자의 의견과 제안을 끌어내기 위해 설문조사를 수행할 수도 있다. 설문조사는 세세한 검증함이 없이 조사활동에 관한 정보를 수집하는 과정이다. 그의 주요 목적은 다음과 같다.

<u>감사대상 활동에 대한 설문조사 목적</u>

① 감사대상 활동의 이해
② 특별히 중점을 두어야 하는 감사영역의 확인
③ 감사업무 수행에 사용하기 위한 정보의 취득
④ 추가적인 감사가 필요한지 결정 등

설문조사는 감사업무를 계획하고 수행하는 데에 있어 많은 정보를 가지고 접근하는 것을 가능하게 하며, 가장 효과적으로 표현되어야 할 곳에 내부감사부서의 자원을 배분하게 하는 효과적인 수단이다. 설문조사의 초점은 감사업무의 성격에 따라 다양할 것이다. 설문조사의 범위와 요구되는 시간도 다양할 것이다.

설문조사에 영향을 주는 요소로는 내부감사인의 훈련과 경험, 조사되는 활동에 대한 지식, 수행되는 감사업무의 형태 그리고 그 설문조사가 일상 반복적인 것 혹은 사후관리 업무의 일부분인지 여부 등이 포함된다. 필요시간도 조사되는 활동의 크기와 복잡성 그리고 그 조사할 활동이 지리적으로 얼마나 흩어졌는지에 따라 영향을 받을 것이다. 설문조사에는 다음과 같은 절차의 이용이 포함된다.

<u>감사대상 활동에 대한 설문조사 절차</u>

① 감사고객과의 토의
② 감사활동 부서 업무결과 이용자등 감사활동에 영향을 받는 개인들과 면담
③ 현장 관찰
④ 관리자의 보고서와 연구에 대한 검토

⑤ 분석적인 감사절차 ⑥ 흐름도 작성
⑦ 기능별 추적조사(특정 업무활동에 대해 시작부터 끝까지 검증하는 곳)
⑧ 주요한 내부통제 활동 문서 작성 등

2. 내부감사인의 주요 발견사항에 대한 검토 및 요약

내부감사인은 경영진의 리스크 평가, 주변 정보, 설문조사 등에서 얻은 주요 발견사항 등을 검토하고 그 결과를 요약해야 한다. 그런 요약에는 다음의 사항이 포함되어야 한다.

주요 발견사항에 대한 검토 및 요약

① 중대한 감사대상 사안과 그것들을 세세히 조사해야 하는 사유
② 모든 자료로부터 획득한 관련 정보
③ 감사의 목표와 절차
④ 컴퓨터 지원 감사기법과 같은 기술기반 감사 및 샘플링 기법 등을 이용한 감사방법론
⑤ 잠재적 중요 통제점, 통제 취약점 그리고/또한 과도한 통제
⑥ 감사시간 및 필요자원의 예비적 추정
⑦ 보고단계와 업무완수에 있어서 변경일자
⑧ 필요하다면 감사업무를 중단한 사유 등

Ⅲ 내부감사인의 감사대상 활동과 관련된 리스크 평가[74]

1. 리스크가 기업에 미치는 영향

Business Risk가 기업경영에 미치는 영향은 다양하고도 직·간접 파급력이 아주 크다고 할 수 있다. 따라서 내부감사는 늘 기업의 리스크에 대한 관리를 주요 감사대상으로 삼는다 해도 과언이 아니다. 다양한 리스크가 기업에 미치는 영향은 다음과 같다.

리스크가 기업에 미치는 영향

① 부정확하고 신뢰성이 없는 정보를 사용함에 따른 의사결정의 오류 초래
② 기록 오류, 회계처리 오류, 허위 재무보고 및 재무적 손실과 연계
③ 기업의 자산 보호 실패 요인
④ 고객 불만, 부정적 여론 및 기업평판 실추
⑤ 조직의 방침, 계획, 절차 위배 및 관련 법규 미준수

---

74 김용범, 전게서, 2017, 1170~1171면. 금융감독원, 「주요국의 금융감독 프로세스와 우리나라 금융감독 선진화 방안」, 2005, 16~23면.

⑥ 비경제적 자원획득 및 비효율적 자원 활용
⑦ 궁극적으로 기업 경영활동의 목표달성 실패로 연결 등

2. 감사계획에 반영할 주요 위험평가 요소

감사계획 수립에 사용되는 위험평가 요소는 위에서 살펴본 바와 같이 Business Risk를 종합적으로 평가하여 감사 방향을 수립할 수 있는 정도로 특정하여야 한다. 그리고 각 요소별로 상대적 중요성에 대한 판단을 반영하여 위험평가 요소별로 優先順位 또는 加重値를 決定하게 된다.

① 경영층 신뢰도와 조직 분위기

이는 단위 조직이 경영층으로부터 받는 신뢰도나 해당 조직의 분위기를 종합적으로 판단하여야 한다는 의미이다. 경영층 신뢰도가 상대적으로 부족한 조직은 물론 필요 이상의 과잉보호 차원의 조직도 위험평가 시 고려대상으로 삼아야 할 것이다.

② 자산 규모, 유동성 및 거래량

이러한 요소들이 가지는 규모나 흐름의 볼륨이 크면 클수록 그 위험도 비례하여 증가한다고 여겨진다.

③ 경영활동의 복잡성 및 가변성

복잡하고도 가변적인 요소를 많이 지닌 경영활동일수록 각 단계별로 위험도도 한층 커지게 됨을 유념하여야 한다.

④ IT 활용도와 정보시스템 수준

동일 기업 내에서도 경영요소별 내지 단위 조직별 IT활용도나 그 수준이 다양하고 相異할 수 있어 IT수준과 위험도는 반비례 관계로 파악해 계획수립에 반영해야 한다.

⑤ 내부통제시스템의 적정성 및 유효성

모든 기업은 자신의 경영활동에 직결되는 내부통제시스템을 보유하게 된다. 감사계획 수립에는 이러한 내부통제시스템의 존재 여부, 적합성, 유효성 등을 일차적으로 반영해야 하지만 이에 못지않게 그 운용실태나 현황도 꼭 점검의 대상으로 삼아야 한다.

⑥ 감사 발견사항에 대한 수용성 및 시정조치 결과

감사결과에 대한 수용 내지 시정에 소극적이고 비협조적인 것일수록 그 위험도는 높게 마련이다.

⑦ 조직 구성원의 능력, 정직성과 인력수준 적정성

단위조직이 정태적, 동태적으로 유기적이며 효율적으로 운영되어진다면 그 조직이 당면하게 되는 경영위험은 상대적으로 감소하게 될 것이다.

⑧ 재무 상태, 경제 환경 및 경제 조건

어느 기업 전체 또는 그 단위조직이 가지는 다양한 지표상의 재무적 분석, 대·내외 경제환경, 직·간접적인 경제상황 및 시장의 현상 등을 유기적이고도 입체적으로 고려하여 위험평가에 반영하여야 한다.

⑨ 고객, 공급자 및 정부 규제의 영향

다양한 이해관계자와의 영향을 긴밀하게 고려해야 할 것이고 특히, 기업·단위조직이 직면하는 정부규제의 현실과 대처 방안, 실행 및 준수실적 등은 기업의 이윤확보 차원을 넘어 기업존립에까지 직·간접적인 영향을 미치게 되므로 각별 고려해야 한다.

⑩ 경영 활동의 지리적 분산 정도

예컨대 국내 지사보다 해외지사가 상대적으로 그 위험성에 더 크게 노출될 수 있다.

⑪ 주요한 경영 활동의 변화 정도

신상품, 사업재구축, 조직개편 등 항목에 대한 위험평가 시 전통적인 수동적 리스크 외에 적극적이고도 새로운 가치창출 차원의 리스크로서도 다양한 분석을 하여야 한다.

⑫ 직전감사의 수행 년도 및 결과

수감년도가 오래되었을수록 그 조직의 위험도 노출은 상대적으로 더 높아진다고 보여진다. 또한 과거 감사결과가 업무에 끼치는 리스크 영향 정도를 분석하여야 한다.

3. 감사활동 관련한 리스크 평가

내부감사인은 회사의 리스크가 가장 높은 분야에 감사활동을 집중시키기 위해 리스크 평가를 수행한다. 리스크 평가는 회사의 모든 리스크를 대상으로 각각의 리스크에 대한 회사의 강점과 취약점의 파악에 중점을 둔다.

일반회사는 업무성격과 활동범위에 따라 따양한 리스크의 결합과 집중현상이 나타나므로, 내부감사인은 리스크 평가 시에 회사의 전체 리스크 환경, 내부 리스크관리 시스템의 신뢰성, IT 시스템의 적정성, 중요활동의 연관된 리스크 종류 등을 고려해야 한다.

리스크 평가는 회사의 리스크 감내 수준과 개별 리스크에 대한 회사의 강점 및 취약점을 경영진이 인식하고 있는지를 평가하는 것에서 출발하며, 경영진 면담을 실시하거나 전략계획, 경영방침 등의 관련 문서의 검토를 통해 평가한다.

특히 회사의 기능이나 활동에 대한 리스크관리시스템의 적정성 평가 시에는 다음과 같은 핵심요소에 중점을 둔다.

리스크관리시스템의 적정성 평가 시 핵심요소

① 이사회 및 경영진의 감독수준의 적정성
② 방침, 절차 및 한도의 적정성
③ 리스크의 측정, 모니터링 및 경영정보시스템의 적정성
④ 내부통제, 부정관리의 적정성 등

내부감사인은 전체 리스크 환경 평가를 위해 회사의 내부통제기능, 위험관리기능, 부정관리기능, 준법감시/지원기능 등 자체 리스크관리 수준을 우선 평가하고, 외부감사결과도 리스크평가의 정보로 활용한다.

또한 회사의 중요활동에 대한 리스크관리부서의 자체 리스크 평가 결과를 참고하고 同結果를 감사목적의 리스크 평가와 비교한다. 내부 리스크관리 수준평가는 회사의 자체 리스크관리에 대한 감사인의 신뢰 정도에 대한 정보를 제공하며 감사 순위 및 감사범위 결정에 활용한다.

리스크평가서는 감사부서 내부의 감사계획 수립에 이용되며, 다른 감사기관과의 의견교환에도 활용한다. 그리고 리스크평가서의 목적은 회사에 대한 리스크 중심의 종합평가를 통해 감사가 필요한 부분을 파악하여 감사계획 수립에 활용하는 것이다.

리스크평가서의 형식과 내용은 다음의 사항을 고려하여 회사의 특성에 따라 결정한다.

리스크 평가서의 형식과 내용

① 회사의 경영전략 및 중요 리스크 변화 시에 동 평가서를 보완하여 회사의 동태적인 움직임을 반영한다.
② 리스크평가서는 단순한 사실의 나열이 아닌 회사의 리스크 현황에 관한 包括的인 분석서가 되어야 한다.
③ 타 회사 또는 외부 전문가의 분석정보도 리스크평가서에 포함한다.

일반적으로 내부감사부서 감사인이 작성하는 리스크평가서의 주요 기재사항은 다음과 같다.

리스크 평가서의 주요 기재 사항

① 회사 전체 종합리스크 평가
② 중요활동 및 경영전략의 개요
③ 리스크의 형태(신용, 시장, 유동성, 운영, 법규, 평판) 및 수준(높음, 보통, 낮음) 그리고 방향(증가, 안정, 감소)을 기술
④ 리스크를 크게 유발하는 주요 기능, 사업라인, 상품 등
⑤ 회사 리스크 현황에 영향을 미칠 수 있는 주요 문제점
⑥ 회사에 부정적인 영향을 미치는 사건의 발생가능성과 그로 인한 潛在的 손실 규모
⑦ 내 · 외부 감사의 리스크 평가 등 회사의 리스크관리시스템 등

제4절 내부감사 업무계획의 수립 및 보고

Ⅰ 내부감사 업무계획의 수립[75]

1. 내부감사 업무계획의 일반

감사방침이 결정되면 다음에 내부감사업무계획을 수립하게 된다. **내부감사업무계획**은 효율적인 감사 업무를 위한 지침으로서 뿐만 아니라 감사업무의 진척사항에 대한 점검기준으로도 중요한 의미가 있다.

내부감사업무계획은 경상감사항목과 중점감사항목을 시기별로 배분하여 수립하며, 내부감사업무계획서에는 감사대상에 관해 실시시기, 감사방법, 감사시의 유의점 등에 관해 구체적으로 기록하여야 한다. 이때에는 내부통제부서, 위험관리부서, 부정관리부서 및 외부감사인과 긴밀히 협력하는 것이 중요하다.

감사 또는 감사위원회는 내부통제조직, 위험관리조직, 부정관리조직 및 외부감사인과 긴밀히 협력하여 사안의 중요성, 시기의 적정성 여부를 고려하여 감사범위를 정하고 내부감사업무계획서를 작성해야 한다. 내부감사업무계획의 대상기간은 매 회계연도로 한다.

내부감사최고책임자는 조직 목표와 일관되도록 내부감사활동의 우선순위를 정하기 위해 위험에 기반을 둔 내부감사업무계획을 수립하여야 한다.(「국제내부감사기준」2010)

2. 내부감사 업무계획의 수립 원칙[76]

가. 중요성의 원칙

감사계획을 수립함에 있어서 유의하여야 할 사항은 첫째 **"중요성의 원칙"**이다. 현재 회사로서 무엇이 중요하며, 최우선적으로 감사를 하여야할 대상이 무엇인지를 파악하는 것이 바로 그것인데, 이를 그르치면 감사의 실효성은 기대할 수 없다.

예를 들면 의결권 행사와 관련한 이익공여에 관해 여전히 이사의 이해·인식이 부족한 경우에는 이를 이사에게 철저히 주지시키는 것이 필요하며, 따라서 그 방법, 빈도 내지는 감사 일정 등에 관해 구체적으로 계획을 세워야 하며, 이를 위해서는 사내의 네트워크를 총동원하여 회사의 문제점을 사전에 파악해 두는 것이 필요하다.

나. 적시성의 원칙

적시성의 원칙은 감사는 요구되는 시기에 맞추어 이루어져야 한다는 원칙이다. 즉, 내부

---

75 김용범, 전게서, 2017, 1162~1175면. 국제내부감사인협회(IIA), 전게서, 2017, 130~133면. 2011, 151~152면과 2003, 319~321면. 감사원, 「공공감사기준 주석서」, 2000. 12. 82~85면.

76 김용범, 전게서, 2017, 1172~1173면. 권종호, 전게연구서, 한국상장회사협의회, 2004, 210~211면.

감사는 그것을 필요로 할 때 수행되어야지 그때를 놓쳐서는 안 된다는 것이다. 예를 들면 현재 지사에서 사고가 진행 중인데 감사 착수를 하루만이라도 늦추게 되면 사고의 확대를 막지 못함으로써 회사는 큰 피해를 입게 되는 것과 같다.

내부감사가 적시에 이루어지기 위해서는 감사는 실효성 있는 상시 감시체제의 구축·운영, 내부고발제도의 활성화 및 사내 네트워크 등을 적극적으로 활용함으로써 회사의 사고 발생 또는 위험 징후를 사전 또는 조기에 포착하여 대응할 수 있도록 내부감사인은 노력하여야 한다.

다. 실행가능성의 원칙

아무리 훌륭한 감사계획이라 하더라도 실행할 수 없으면 그것은 아무런 의미가 없다. 따라서 감사계획을 수립함에 있어 **실행가능성의 원칙**은 과거의 감사계획을 참고하거나 선배 내부감사인의 자문을 구하는 등의 방법으로 실행 가능한 범위에서 감사계획을 수립해야 하는 것을 말한다.

실무적으로는 내부감사인은 감사가능 자원(감사가능 감사요원), 감사가능 일수(휴일, 휴가기간 등은 제외), 감사지원 예산 과 감사필요 기관/부서 및 영업점 수, 감사대상 기관/부서 및 영업점의 규모 등을 고려하여 사전에 시뮬레이션 한 후 실행 가능한 감사계획을 수립하여야 한다.

3. 내부감사 업무계획의 대상 기간

감사의 교체 등을 고려하여 감사계획의 대상기간은 정기총회일 익일부터 차기 정기 총회일까지로 하는 경우도 있다.[77] 그러나 현실적으로는 **영업연도 기준으로 작성**하는 것이 오히려 편리하고 합리적이다. 왜냐하면 **주주총회의 보고는 영업연도 기준**으로 보고하고 있고, **감사교체기**에도 "결산기 후에 발생한 사건"으로 처리하고 있기 때문이다.

그리고 감사계획을 실행함에 있어서는 당연히 여비나 교통비 등 감사비용이 필요하게 되는데, 여비나 교통비에 대한 예산 확보 및 회계처리도 영업연도 기준으로 하고 있다. 따라서 영업연도 기준으로 내부감사업무계획을 수립하는 것이 연간 감사실시 결과에 대한 평가 및 연간 감사계획 수립에도 도움이 된다.

감사와 영업연도와의 관계에서 문제인 것은 신임감사의 취임시기와 감사대상기간인 영업연도의 개시기간에 차이가 있다는 점이다. 한 예로 회사의 경우 신임감사가 선임되는 것은 통상 3월말의 주주총회이므로 신임감사가 감사를 개시하는 것은 그때부터이지만, 감사대상이 되는 영업연도는 이미 3개월 전인 1월 1일 부터 개시된 상태이다.

경영진의 업무계획을 보더라도 신임 경영진은 통상 3월경에 선임되나 업무계획은 前年度 말에 회계연도 기준으로 수립하는 것과 마찬가지로 **내부감사 업무계획도 會計 年度基準으로 수립**하는 것이 타당하며, **1월~3월간의 기간 동안**에 대해서는 **舊 監事가 監査**를 하게 되

77 「상장회사감사표준직무규정」(2018. 12. 12. 개정) 제18조 제3항.

나, **新任 監事도 다음과 같은 방법으로 監査**를 하면 된다.[78]

1월부터 3월간의 기간 동안에 대한 감사방법

① (舊)감사로부터 감사업무를 인수 또는 다른 재임감사로부터 설명을 청취한다.
② (舊)감사 또는 다른 재임감사(감사위원)의 감사관계 서류나 그 기간의 감사록, 이사회 의사록, 기타 중요서류를 열람한다.
③ 이사나 사용인으로부터 그 기간 중의 사정을 청취한다.
④ 필요에 따라 현장조사 등을 행한다.

新任 監事는 이러한 방법으로 **"결산기후에 발생한 사건"**에 관해 감사를 실시하고 그 감사결과를 근거로 영업보고서에 기재된 **"결산기 후에 발생한 중요한 사실"**(「상법시행령」 제17조 제10호)의 진실성을 확인하고, 동 보고서에 기재되지 않은 중요사실이 추가 적출되었을 경우에는 일반감사절차에 따라 처리하면 된다.

4. 내부감사 업무계획의 효과

내부감사최고책임자는 사전에 구체적으로 내부감사계획 즉, 연간 감사계획 및 개별 감사계획을 수립 · 운영함으로써 다음과 같은 효과를 거양한다.

내부감사 업무계획의 효과

① 감사인의 권한 강화 및 경영진의 간섭 배제
② 한정된 감사자원의 효율적인 사용 가능
③ 계획적이고 능률적인 감사 실시 가능
④ 동일절차의 중복 또는 필요절차의 누락 방지
⑤ 업무분담의 명확화와 책임의 확인 가능
⑥ 감사계획 대비 감사업무에 대한 통제 가능
⑦ 감사사항에 대한 기록 유지 및 증거 제공
⑧ 향후 감사계획 수립 시 참고 등

감사계획이 수립되면 그 다음에는 중요감사항목에 대해 점검표(체크리스트)를 작성하는 것도 좋은 방법인데, 이때에는 상장회사협의회의 감사점검표 등을 참고하여 회사의 실정에 맞게 작성하면 될 것이다. 점검표 작성에 의해 기대되는 효과로서는 ① 감사사항의 누락방지, ② 문제점 발견의 용이, ③ 감사의 통일성 유지 등이다.

78 김용범, 전게서, 2017, 1173~1174면. 권종호, 전게서, 한국상장회사협의회, 2004, 212면.

5. 내부감사 업무계획의 고려사항

내부감사업무계획을 수립함에 있어 내부감사최고책임자는 다음과 같은 사항 등을 고려해야 한다.

내부감사업무계획 수립 시 고려사항

① 대내외 경제상황 ② 회사의 경영목표
③ 감사 또는 감사위원회의 감사방향 및 감독당국의 감독방향
④ 종전의 감사 일자와 결과
⑤ 위험 평가결과 및 위험관리, 부정관리와 내부통제 프로세스의 효과성
⑥ 이사회 및 최고경영진의 요구사항
⑦ 조직의 지배구조와 관련된 최근의 현황
⑧ 기업의 사업내용, 업무절차, IT시스템 및 내부통제에 있어 주요한 변화
⑨ 업무활동에 도움이 될 수 있는 가능성(기회)
⑩ 감사인원의 변경 및 능력 등

6. 내부감사 업무계획의 수립

내부감사업무계획을 수립함에 있어 내부감사최고책임자는 다음과 같은 사항 등을 고려해야 한다.

가. 내부감사 업무계획의 일반

내부감사업무계획의 수립은 수집된 각종 감사 자료와 정보를 종합하여 본 감사의 실시를 위한 내부감사 업무계획을 수립하는 단계이다. 내부감사인은 감사성과의 확보를 위하여 내부감사업무계획을 수립함에 있어 다음사항을 감안하여야 한다.

내부감사 업무계획 수립 시 감안사항

① 내부감사업무계획은 감사목표의 성취를 위하여 적극적으로 공헌하고 효율적으로 달성할 수 있도록 수립되어야 한다.
② 내부감사업무계획에는 중점적으로 감사성과를 구현할 수 있는 전략적 요소가 고려되어야 한다. 감사대상에 대한 평면적인 인력배분보다 감사목표와 직접 연계되는 부분에 우수한 인력을 투입하여 심층 분석을 유도한다.
③ 내부감사업무계획에는 여러 가지 대안들 중에서 감사목표를 가장 효과적으로 달성할 수 있고 여러 가지 제약요소가 고려된 대안이 포함되어야 한다.
④ 내부감사업무계획에는 감사업무의 효율적인 수행에 지장을 초래하지 않도록 상황 변화에 따른 계획의 변경가능성이 포함되어야 한다.

⑤ 감사목표가 모호하거나 불명확하여 감사자원이 낭비되지 않도록 내부감사 업무계획은 간결하고 명료하게 수립되어야 한다.

나. 내부감사 업무계획의 문서화

내부감사 업무계획은 서면으로 작성되어야 한다. 감사계획을 서면으로 작성하는 이유는 감사계획의 구체화하는 의미 외에도 다음과 같은 감사계획의 다양한 유용성이 있기 때문이다.

내부감사 업무계획의 문서화에 대한 유용성

① 감사반에 편성된 감사인에 대한 감사계획의 전달 및 공유수단
② 감사활동에 대한 통제기준
③ 감사목표의 달성 여부 등 감사성과에 대한 사후평가의 기준
④ 미래 감사에 대한 참고자료 등

다. 감사부문별/사항별 전담자 지정

내부감사조직은 감사부문별/사항별로 전담자를 미리 정함으로써 전담자가 충분한 시간을 가지고, 선행감사결과를 검토하고, 감사 자료를 수집하여, 충분한 감사계획을 수립할 수 있도록 할 수 있다. 이 경우 감사부문별/사항별 전담자의 지정이 전담자가 아닌 다른 감사인의 책무성을 상대적으로 약화시키거나 감사준비를 이완시키지 않도록 유의하여야 한다.

라. 내부감사 업무계획의 명확화

내부감사업무계획은 명확하게 작성하여야 한다. 즉, **내부감사업무계획**은 감사의 목적과 그 우선순위 및 감사의 중점을 명확히 설정하여야 한다. **감사목적**은 감사를 통하여 달성하고자 하는 것으로서 중·장기 감사계획 및 단기감사계획에서 설정한 감사목표와 부합하는 방향으로 설정하여야 한다. **감사목적**은 감사사항, 감사범위, 예상되는 문제점 및 보고 사항 등을 명확히 부각하는 역할을 한다.

감사의 목적은 **실현가능성**이 있어야 한다. 형식적·이상적인 목적은 오히려 감사의 실익을 감퇴시킬 수도 있다. 공공감사의 경우에는 목적이 한 가지가 아니라 복합적으로 설정되고 또한 이들끼리 상충·경합될 수 있다. 이 경우 감사의 목적들의 우선순위를 제시해야 감사의 준거를 명확히 하고 감사업무 수행의 혼란을 최소화할 수 있다.

감사의 중점은 감사 목적 및 그 우선순위에 따라 설정되어야 한다. **감사의 중점**은 감사의 목적을 효율적으로 달성하기 위하여 방대한 감사의 범위, 대상 또는 감사의 절차를 집약하는 의의를 지닌다. 감사인은 설정된 감사의 목적 및 중점을 염두에 두고 예상 문제점 및 착안사항 등에 관하여 미리 연구하여야 한다.

마. 내부감사 업무계획의 감사범위

내부감사 업무계획은 감사범위를 명확하게 제시하여야 한다. **감사범위**는 감사업무의 수행에 대한 시간적·공간적·절차적 한계를 뜻한다. 시간적·공간적·절차적 관점에서 감사대상의 모든 측면을 빠짐없이 감사한다는 것은 사실상 불가능하기 때문에 감사대상기관/부서가 수행하는 기능과 업무의 모든 과정과 절차를 감사범위로 설정하는 것보다는 감사 대상의 시간적·공간적인 범위를 제한해야 한다.

또한 개별 사안의 잘잘못을 가리는 것보다 위험 및 부정 발생 가능성이 크다고 인정되는 핵심적인 분야에 대해 예비조사 등을 통해 파악한 문제점을 집중적·심층적으로 감사하는 것이 불가피하므로 감사의 범위를 제한해야 한다. 궁극적으로 감사범위는 감사대상기관/부서의 규모, 감사대상 업무의 복잡성과 중요성 그리고 감사인의 전문지식과 실무경험에 따라야 감사범위를 결정하여야 한다.

바. 내부감사 업무계획의 감사인력

내부감사 업무계획은 감사업무를 수행할 감사인력에 관한 계획을 포함하여야 한다. 감사인력 소요계획의 수립절차는 다음과 같다.

감사인력 소요계획의 수립절차

① 먼저 감사의 목적과 중점, 감사의 범위, 감사의뢰인 또는 수감기관/부서의 요구와 기대, 감사인력의 수급, 감사인의 능력 및 활용도 등을 감안하여 감사에 소요될 감사 연인원을 결정
② 이에 따라 각 감사영역별 또는 절차별 시간예산을 편성
③ 이어서 시간예산을 감안하여 감사기간과 감사인원을 확정

내부감사업무계획은 감사인력의 수급, 감사인의 능력 및 활용도 등을 감안할 때 다음과 같은 사항을 고려해야 한다.

감사인력계획에 대한 고려사항

① 감사업무의 규모와 복잡성
② 동원 가능한 인력 ③ 감사시기
④ 감사업무에 요구되는 지식과 경험
⑤ 소속 감사인의 계속성과 주기적인 순환
⑥ 실무교육의 기회 등

특히 감사인력계획은 실질감사가 해당 분야에 대한 감사인의 현장교육·훈련기회로 활용될 수 있도록 작성되어야 한다.

감사인력계획에 의하여 편성된 감사반/팀에는 감사대상의 성격과 설문조사나 비용편익분석 등 적용할 감사기법 등을 감안하여 필요한 전문가를 포함시켜야 한다. 소속감사인의

전문성만으로는 효과적으로 수행하기 어려운 특정 감사업무의 경우에는 高度의 전문지식 또는 특수한 실무경험을 갖춘 외부 전문가를 활용할 수 있다.

사. 내부감사 업무계획의 임무분장

내부감사 업무계획은 내부감사인별 감사임무의 분장사항을 제시하여야 한다. 내부감사인의 개인별 임무는 실질감사기 시작되기 훨씬 이전에 분장함으로써 내부감사인에게 충분한 감사준비기간을 부여하여야 한다.

감사임무는 개별 내부감사인의 전문지식, 실무경험, 적성 및 교육·훈련실적 등을 고려하여 분장한다. 감사인별 임무의 분장은 내부감사인이 임무를 이행하는 데에 필요한 정보와 함께 제시되어야 한다.

아. 평가방법과 감사위험 및 중요성

내부감사 업무계획은 관리통제제도에 대한 평가방법 및 감사위험과 중요성을 제시하여야 한다. 관리통제제도의 평가방법에 관하여는 후술하는 제3편 제7장 제1절 - Ⅰ. '내부통제제도의 평가 및 보고' 항목을 참고하기 바랍니다.

감사위험과 중요성은 제3편 제1장 제4절-Ⅳ. '중요성과 감사위험의 관계' 항목을 참고하시고, 상술한 바와 같이 예상되는 고유위험 및 통제위험의 평가와 중대한 감사영역의 식별, 중요성의 수준의 설정 및 중대한 비정상성 또는 왜곡표시의 가능성과 불법행위·오류 또는 낭비 등의 발생 가능성에 관하여 각각 기술하여야 한다.

자. 적용 감사절차와 감사기법 명시

내부감사 업무계획은 감사에 적용할 감사절차와 감사기법을 명시하여야 한다. 내부감사인은 감사목적의 달성에 충분하고 적합한 증거를 획득하기 위한 감사절차와 감사기법을 설계하고 표본의 크기를 결정하여야 한다.

합법성감사/적법성감사의 경우에는 오랫동안 연구하고 축적된 감사절차와 감사기법이 표준화 되어 있지만, 감사의 목적, 범위, 중점 및 감사위험과 중요성 등을 감안하여 이들에 걸맞은 감사절차와 감사기법을 선정하여야 한다.

성과감사/타당성감사의 경우에는 감사기법이 정형화되어 있지 않으므로 감사목적 등에 비추어 감사절차를 창의적으로 설계하고 과학적인 경영분석기법 또는 비용효과분석 등 다양하고 적절한 감사기법을 적용하여야 한다. 또한 내부감사인은 필요한 확신의 수준을 고려하여 감사위험에 대한 구체적인 평가와 입증절차를 설계하여야 한다.

차. 내부감사 업무계획에 관한 교육

감사의 실시에 앞서 내부감사인을 대상으로 감사계획에 관한 충분한 사전교육이 필요하며, 무엇보다도 내부감사인이 당해 감사목적과 중점, 그리고 감사의 준거를 명확히 인식하여 전체적으로 감사업무가 일관되게 수행되도록 하는 데에 교육의 중점을 둬야한다.

또한 내부감사인으로 하여금 감사임무의 분장을 숙지하도록 하고 감사반/팀원끼리의 토론을 통하여 감사대상의 예상 문제점과 착안사항을 도출하고, 적절한 감사절차 및 감사기법을 고안하도록 유도할 수 있어야 한다.

카. 내부감사 업무계획의 수정/변경

내부감사인은 감사업무의 전 과정에 걸쳐 지속적으로 감사계획을 검토하여야 하며, 필요한 경우 감사실시 중이라도 감사계획을 수정/변경할 수 있다. 감사계획은 감사를 실시하기 전에 수립한 것이거나 前任監事가 樹立한 것이므로 감사업무의 수행과정에서 예상과 다른 상황에 직면하는 경우에는 이에 대응하여 감사계획을 적절하게 수정/변경하는 것이 바람직하다. 이 경우 감사계획을 수정/변경한 이유와 내역은 반드시 문서화하여야 한다.

II 내부감사 대상의 선정[79]

감사/내부감사인은 감사대상기관/부서의 범위가 방대하므로 모든 감사대상기관/부서를 감사하는 것은 현실적으로 불가능하다. 또한 특정 감사대상기관/부서의 업무 전체를 전수조사할 수도 없다.

따라서 감사/내부감사인은 감사계획과 감사의 빈도 및 주기 등을 감안해 감사자원을 효율적으로 배분하고 특정 감사대상에 대한 감사의 偏重 또는 감사의 死角이 最小化 될 수 있도록 내부감사 대상을 선정하여야 한다.

1. 감사대상 일반적인 선정방법

감사대상 선정방법으로는 다음과 같은 방법이 있다. 다만 여기서 제시한 방법이 절대적인 것은 아니며, 이 방법들을 혼합하는 등 회사의 사정에 따라 선정할 수 있다.

감사대상 선정방법

① Risk Based Approach 에 의한 방법
② 감사 순기에 의한 방법(연간 순서대로 실시)
③ 경영현황, 재무제표, 민원 등의 자료 분석에 의한 방법
④ 정보에 의한 방법 등

2. Risk Based Approach에 의한 감사대상 선정방법

이제까지 일반 회사들은 내부감사시 리스크를 고려하지 않고 경영현황, 정보사항, 감사주기 등을 기준으로 내부감사를 수행하여 왔다. 그러나 새로운 업무가 확대되고 영업점이 증가함에 따라 수익/비용 개념에서 감사인력을 무한정 확보할 수 없는 상황이 전개되고 있는 현실이다.

---

79 김용범, 전게서, 2017, 1175~1177면.

따라서 한정된 감사자원을 효율적으로 활용하기 위해서는 이제까지의 감사대상 선정 방법을 개선할 필요가 있다. 그 개선 방안의 한 가지 방법이 **Risk Based Approach에 의한 감사대상 선정방법**이며, 이는 리스크의 양과 리스크의 관리상태 등을 수치화하여 리스크 보유 수준에 따라 우선적인 감사대상을 선정하는 방법이다.

Risk Based Approach에 의한 감사 대상 선정 방법은 아래와 같이 리스크 평가 단계부터 피드백 단계까지 6개 단계로 구분할 수 있으며, 일반적인 내부감사 프로세스와 유사하나, 사전에 리스크를 평가하여 감사대상을 선정하고, 감사 실행 시 리스크를 확인하고 리스크를 관리하기 위한 통제장치를 평가하는 것에 큰 차이가 있다.

〈 Risk Based Approach 방법에 의한 감사절차 〉

1) **위험 평가** : ① Risk Factor 선정 → ② Risk Factor별 자료 수집 및 분석 → ③ 리스크 평가 실시
2) **감사 계획** : ① 감사대상 선정→ ② 감사자원 배분→ ③ 감사계획 보고/승인
3) **감사 실행** : ① 부문별 Risk 확인→ ② 통제장치 작동여부 확인 → ③ Walk Through를 통한 확인/점검→ ④ 문제점 및 권고사항 제안
4) **감사 보고** : ① 감사보고서 작성→ ② 감사보고서 심의→ ③ 감사보고서 결재
5) **사후 관리** : ① 감사결과 통보 및 조치 요구→ ② 이의신청 및 조치요구 사항 확정→ ③ 조치요구사항 이행 여부 확인
6) **감사 반영** : ① 감사결과 분석→ ② 분석내용에 대한 원인 규명→ ③ 분석 피드백 결과를 차후 감사계획에 반영

3. 감사대상 선정 시 고려할 사항

내부감사인이 감사대상을 선정 시 주요 고려할 사항은 다음과 같다.

감사대상 선정 시 고려사항

① 대내외 경제상황 및 경영목표를 반영

예를 들어 리스크 평가 결과와 상관없이 대내외 경제상황의 악화가 예상되어 회사가 개인여신에 대한 사후관리 강화를 목표로 설정하였을 경우 해당 업무프로세스 를 점검하는 감사를 우선 선정할 수 있다.

② 감사(위원회), 경영진의 요구사항 또는 감독당국의 감독방향을 반영

예를 들어 리스크 평가 결과에 상관없이 감사 또는 감사위원회의 요구사항, 대표이사 등 경영진의 감사요구사항 그리고 감독당국의 감독방향을 반영한다.

③ 리스크 평가 결과를 반영

예를 들어 리스크의 익스포저가 크고, 그 리스크를 관리하기 위한 내부통제장치가 미흡

하다고 평가되는 업무에 대해서는 감사주기를 단축하여 우선적으로 감사를 실시하며, 이와 반대되는 경우에는 해당연도 감사를 생략할 수 있다.

④ 부서별/기능별 별도 감사목적을 반영

본무부서에 대하여는 부서별 업무의 특성과 수행할 기능 등을 감안하여 부서 기능 및 정책 수행의 적정성과 수행결과 Feed Back의 유효성 그리고 영업점 지원기능의 합리성에 중점을 두어야 한다. 예를 들면 내부통제시스템 평가를 위해 "준법감시인제도" 또는 "준법지원인제도"를 감사대상으로 선정할 수 있다.

⑤ 영업점은 본부부서와는 별도로 선정

영업점에 대하여는 영업점 유형, 전번 감사결과, 전번 감사기간, 상시감시결과, 민원 발생, 매출/매입 증가율, 컨피던스 등을 감안하여 본부부서와 별도로 선정한다.

Ⅲ 내부감사 업무의 수행을 위한 감사자원 배분[80]

내부감사인은 주어진 감사목표를 완수하기 위해 적절하고 충분한 자원을 결정해야 한다. 그 결정은 해당 감사업무의 성격과 복잡성, 시간 제약 그리고 가용자원에 대한 평가에 기초를 두고 이루어져야 한다.(「국제내부감사기준」2230)

적절함이란 업무를 수행하는 데 필요한 지식, 기술 그리고 기타 역량의 혼합을 말한다. **충분함**이란 전문가로서의 정당한 주의를 다하여 업무를 완수하는 데 필요한 자원의 양을 말한다.

내부감사인은 감사 수행에 필요한 감사 자원을 결정함에 있어 감사자원의 적절성과 충분성을 판단하기 위해 다음 사항을 고려해야 한다.

감사자원의 적절성과 충분성 판단을 위한 고려사항

① 내부감사부서 직원의 필요 인원수와 경험수준은 할당된 감사업무의 성격과 복잡성, 시간제약 그리고 가용자원에 대한 평가에 기초를 둬야 한다.

② 내부감사부서 직원의 지식, 기술 그리고 여타 능력이 해당 감사업무를 위한 내부 감사인 선발에 있어서 고려되어야 한다.

③ 각각 할당된 감사업무는 내부감사부서의 개발요구에 부응하기 위한 기초가 되기 때문에 내부감사인의 훈련 필요성이 고려되어야 한다.

④ 추가적인 지식, 기술 그리고 여타 능력이 필요한 경우 외부자원의 활용을 고려해야 한다.

또한 내부감사인은 리스크 평가를 통하거나 기타 다른 방법으로 감사대상을 선정한 후에는 감사 주기, 감사실시 기간, 감사 인력 등 다음 사항을 고려해서 감사 자원을 적정하게 배분하여야 한다.

---

80 김용범, 전게서, 2017, 1177~1178면. IIA, 전게서, 2017, 189~191면 및 2011, 159면.

감사자원의 적정 배분

① 리스크 평가 결과 및 기타 사항을 고려하여 감사 인력 및 감사실시 기간 등의 감사자원을 배분한다.

② 리스크가 크고, 리스크에 대한 관리가 미흡한 업무(부서)에 대하여는 감사인력도 많이 투입하고, 감사실시 기간도 길게 하며, 횟수도 연간 2회 이상 실시할 수 있다.

③ 특히 본부부서에 대해서는 해당 분야 전문 내부감사인을 우선적으로 고려 내지 배분해야 한다.

④ 감사 관련 예산은 관련 부서에 제출하여야 하므로 별도 예산계획서에 작성하는 것이 원칙이다. 왜냐하면 예산 외의 감사 관련 정보가 타 부서에 제공되어서는 곤란하기 때문이다.

내부감사최고책임자는 보통 목표를 가장 잘 달성하기 위해 감사업무에 할당해야 하는 자원의 유형과 양을 결정하는 데 그들의 최상의 전문가적 판단을 사용한다. 내부 감사인의 가용성, 지식, 기술 및 경험에 근거하여 적절한 인원을 내부감사업무에 배정하는 것이 매우 중요하다.

만약 가용한 내부감사인의 특화된 기술이 감사업무 수행을 위해 충분치 않은 경우 내부감사최고책임자는 보통 추가적인 훈련이나 혹은 긴밀한 감독이 적절할지에 대해 고려해야 한다.

내부감사인이 감사업무를 수행하기에 전문성 또는 지식이 부족한 경우 내부감사 최고책임자는 기존의 자원에 客員監査人 즉, 해당 업무 전문가를 고용 또는 아웃소싱(out-sourcing)을 통한 보조를 고려할 수 있다.

Ⅳ 내부감사계획의 승인 및 보고[81]

내부감사최고책임자는 감사 목표, 감사 범위, 시간 설정, 자원 배분 등을 포함한 **연간 감사계획을 매 회계연도 개시 전에 수립하여, 감사 또는 감사위원회의 승인을 득한 후 이를 이사회에 보고**하여야 한다.

회계연도라 함은 결산을 기준으로 연도를 결정하는 것을 말하며, 예를 들어 A 회사의 경우에는 결산 기준일이 12월 말이므로 12월 말 이전에 연간 감사계획을 수립하여, 감사 또는 감사위원회의 승인을 득하여야 한다.

회계연도 개시 이전에 연간 감사계획의 세부내용을 수립하기 어려운 경우 감사방향 및 총괄적인 감사계획을 감사 또는 감사위원회에 보고하고, 매 분기 개시 전에 구체적인 분기별 감사계획을 수립하여 승인받을 수도 있다.

또한 감사환경에 중대한 변화가 있거나 새로운 감사 또는 감사위원회가 구성되어 감사계획의 중요한 부분이 수정 또는 변경이 필요한 경우에도 감사계획 실행 전에 감사 또는 감사위원회의 승인을 득한 후 이를 이사회에 보고하여야 한다.

---

81 김용범, 전게서, 2017, 1178면.

제4장

내부감사 수행업무

제1절 내부감사 수행 공통사항

Ⅰ 내부감사의 일반적 사항[82]

1. 내부감사 요원

감사요원이라 함은 감사업무를 보조하며, 감사/감사위원회(이라 '감사'라 함)의 명을 받아 감사 직무를 수행하는 자를 말한다. 감사요원은 감사의 명에 의하여 회사/부서 및 사업장 업무의 전부 또는 일부에 대하여 감사를 수행한다.

감사가 필요하다고 인정할 때에는 대표이사에게 요청하여 감사요원 이외의 직원을 지명하여 감사를 명할 수 있다. 이 경우 감사의 명을 받은 자는 이 규정에 의한 감사 요원의 직무를 수행한다.

내부 감사요원은 감사업무를 수행함에 있어서 다음 각 호에 해당하는 권한을 갖는다.

내부감사 요원의 권한

① 감사에 필요한 물품, 장부 및 관계서류 등의 제출 요구
② 관계자의 출석, 답변 및 진술서, 경위서 또는 확인서 제출 요구
③ 금고·창고·장부 및 물품 등의 봉인 또는 보관 요구
④ 필요시 거래처에 대한 확인 및 조사 자료의 징구 요구
⑤ 업무개선을 위한 제안, 건의 및 보고
⑥ 기타 직무수행에 필요한 사항

2. 감사반/팀 운영

감사반/팀(이하 '감사팀'이라 한다)은 감사업무 분장 내용에 따라 편성하고 감사반장/팀장(이하 "감사팀장"이라 한다)을 둔다. 감사팀장의 임무는 다음과 같다.

82 김용범, 전게서, 2017, 1179~1181면.

감사팀장/반장의 임무

① 감사요원 및 감사업무의 통할과 보고
② 감사요원의 업무 분장
③ 감사요원의 정보수집 독려 및 보고
④ 수감 부서 및 사업장의 감사결과 강평. 다만, 언급할 주요사항이 없다고 판단하는 경우에는 생략 가능

3. 감사요원 준수사항

감사요원은 내부감사업무를 수행함에 있어 '내부감사의 복무수칙' 등 다음 사항을 준수하여야 한다.

감사요원의 주요 준수 사항

① 감사요원은 감사와 관련된 제 규정을 성실히 준수하여 감사요원으로서의 품위와 신망을 지켜야 한다.
② 감사요원은 성실, 책임, 창의로써 맡은 바 감사업무를 공정하게 처리하여야 한다.
③ 감사요원은 감사업무 수행과정에서 알게 된 업무상 기밀이나 타인의 비밀을 누설하거나 다른 목적에 이용하여서는 아니 된다.
④ 감사요원은 감사를 실시함에 있어 피감사인의 업무상 창의와 활동기능이 위축되거나 지연되지 않도록 노력하여야 한다.
⑤ 감사요원은 부드러운 자세로 감사에 임하고 지도적 입장에서 피감사인의 사무 미숙 또는 오류를 계도·시정함은 물론 비위사실 적발에 노력하여야 한다.
⑥ 감사요원은 감사업무와 관련하여 어떠한 경우에도 청탁이나 향응, 금품수수 행위에 응하여서는 안 된다.
⑦ 감사요원은 고의적으로 사실과 다른 감사보고서를 작성하여서는 아니 된다.

감사는 감사요원이 위의 준수사항을 현저하게 위반하여 부실하고 형식적인 감사를 하였거나 물의를 야기한 경우에는 징계 등의 제재를 요구할 수 있다. 감사요원이 준수해야 할 주요 사항의 자세한 내용은 제1편 제2장 제4절 Ⅲ. '내부감사의 복무수칙' 항목을 참조하시기 바랍니다.

4. 사고적발 책임

감사는 감사요원이 부실 및 형식적 감사로 감사대상 기관 또는 부서 및 사업장에 잠재하고 있는 사고, 부정 또는 부당한 사실을 보통의 주의로써 적발이 가능하였음에도 불구하고 임무의 해태 또는 중대한 과실로 적발하지 못하였거나 고의로 은폐한 사실이 판명되었을 때에는 징계 등의 제재를 요구할 수 있다.

5. 내부감사 대상

감사요원은 법령, 규정 및 감사가 정하는 바에 따라 자산의 건전성, 경영의 합리성, 위험관리·부정관리 및 내부통제의 적정성 그리고 업무처리의 타당성을 분석·검토하되 다음 사항 등을 감사하여야 한다.

내부감사 대상(예시)

1) 법령, 규정 및 지시를 위배하여 회사질서를 문란케 한 사실의 유무
2) 현금, 유가증권, 제증서 및 서류 등의 실사 및 내용 검토
3) 업무취급상의 위법·위규 유무 검토와 부정 및 사고의 적발
4) 회계제도의 적정성과 회계처리의 타당성 여부
 ① 거래기록의 신뢰성
 ② 각 계정에 기재된 사실의 정확성
 ③ 재무제표 표시방법의 타당성
 ④ 재무제표가 회계기준 및 공정·타당한 회계 관행에 준거하였는지 여부
 ⑤ 회계방침의 계속성
 ⑥ 재무제표가 회사의 재정상태 및 경영성과를 적정하게 표시되었는지 여부
5) 위험관리·부정관리 및 내부통제의 적정성과 업무처리의 타당성 여부
6) 자산의 건전성과 경영의 합리성 여부 7) 경비지출, 인사관리의 적정성 여부
8) 문서관리 및 환경정비 상황 9) 본부 지시사항에 대한 이행 여부
10) 감사/감사위원회가 필요하다고 인정하는 사항 등

감사요원은 감사목적에 따라 전 항의 감사범위와 그 주요 감사사항을 감사의 승인을 얻어 조정할 수 있다.

6. 내부감사 방법

감사는 현장감사, 서면감사 그리고 화상감사의 방법으로 실시한다.

① **현장감사**는 감사요원을 감사대상 기관, 부서 및 사업장에 직접파견 또는 직접 임점하여 확인하는 방법으로 실시한다.
② **서면감사**는 감사대상 기관 또는 부서 및 사업장으로부터 관련 자료를 징구하여 검토·확인하는 방법으로 실시한다.
③ **화상감사**는 사후감사의 일종으로 영상회의 시스템을 활용한 감사를 말한다. 영상회의 솔루션(소프트웨어)과 사용자장비(하드웨어)를 이용하여 감사대상기관 또는 부서 및 사업장과 비대면 '온택트(On-tact)' 방법으로 실시한다.

II 내부감사의 전략적 思考[83]

내부감사인의 균형 잡힌 평가와 현명한 의사결정을 위해 내부감사의 전략적 사고의 주요 내용을 살펴보고, 향후 내부 감사 관련 계획 및 정책 수립에 내부감사최고책임자는 '내부감사의 전략적 사고'를 반영하거나 활용하는 것이 필요하다 하겠다.

1. 전략적 사고 개요

전략적 사고란 균형 잡힌 평가와 현명한 의사결정을 위하여 자료를 축적하고, 분석하고, 조합할 수 있는 능력을 말한다.

○ 가용한 모든 정보원으로부터 수집된 정보를 객관적으로 분석하는 정신 프로세스로서, 사안의 유·무형 측면뿐 아니라 어떤 행동의 함의까지 가치평가를 시행
○ 이유를 설명할 수 있는 결론과 합리적 방법론을 통해 얻은 결과를 토대로 어떤 상황이나 과업에 접근하는 열린 마음 자세

2. 전략적 사고의 중요성

내부감사업무를 수행함에 있어 내부감사인의 전략적 사고의 중요성은 다음과 같다.

내부감사인의 전략적 사고의 중요성

① 우리를 둘러싼 세계는 항상 변화하고 진화
② 조직의 경쟁력을 지속시키기 위해서는 혜안을 갖고 앞서 생각하며, 신속하고 좋은 의사결정을 통해 조직의 가치를 창출
③ 훌륭한 회사는 직원에게 더욱 더 전략적으로 사고할 수 있도록 도움 주는 회사
④ 전략적 사고와 문제 해결 능력이 직장에서 가장 중요한 기술(고용주의 72%)

3. 전략적 사고가 감사에 미치는 영향

전략적 사고가 내부감사에 있어서 다음과 같이 품질(Quality)과 가치(Value)에 영향을 준다.

■ **품질에 미치는 영향.**
○ 아이디어, 의사결정, 계획, 문서화, 대응, 프로세스의 품질에 대한 평가 가능
○ 결론의 신뢰성을 향상
○ 보다 효과적인 감사 가능
○ 전문가적 의구심(어떤 사안에 대하여 궁금해하고 감사 증거에 대하여 전략적 사고를 갖게 하는) 보유
○ 전문가적 판단(다양한 가능한 대안들 중에서 결론을 내거나 유도하게 하는 프로세스) 보유 등

---

83 Carrie Weber,「Critical Thinking for Auditors」, 2016년, 제75차 감사인대회.

■ **가치에 미치는 영향**
○ 새로운 정보와 아이디어 유도
○ 리스크에 미치는 새로운 방식
○ 기회를 발굴하기 위한 비즈니스 프로세스 개선 등

4. 전략적 사고의 개발

가. 전략적 사고의 개발 방법

내부감사에 있어서 내부감사인의 전략적 사고를 개발하는 방법에는 다음과 같은 방법이 있다.

전략적 사고의 개발 방법

① 사안이 무엇이고, 무엇이 중요한지의 이해
② 기법의 사용 ③ 연습
④ 행동에 대한 코칭과 모델링
⑤ 피드백 등

나. 전략적 사고를 위한 유용한 기술

내부감사에 있어서 내부감사인의 전략적 사고를 위한 유용한 기술에는 다음과 같은 기술이 있다.

전략적 사고를 위한 유용한 기술

① 懷疑的인 態度 ② 열린 마음
③ 증거에 대한 신뢰 ④ 과도한 단순화 회피
⑤ 감정적인 추론의 회피
⑥ 감정적인 영향에 대한 이해
⑦ 논리성 ⑧ 뛰어난 분석 기술
⑨ 건전한 판단
⑩ 새로운 방식으로 일을 해내는 창의성
⑪ 업무에 대한 지식
⑫ 변화에 대한 열린 마음
⑬ 날카로운 분석 ⑭ 객관적인 태도
⑮ 전문가적 의구심 등

다. 전략적 사고를 막는 문제점

내부감사에 있어서 내부감사인의 전략적 사고를 막는 문제점에는 다음과 같은 것이 있다.

전략적 사고를 막는 문제점

① 과거에 執着	② 성급한 결론 도출
③ 증거에 대한 불신	④ 보이는 것에만 執着
⑤ 충분하지 않은 조사	⑥ 고집(固執)
⑦ 다른 사람의 관점에 대한 불신	⑧ 성급(性急)
⑨ 나태(懶怠)	⑩ 좁은 식견(識見)
⑪ 완벽주의 등	

5. 문제해결을 위한 전략적 사고 모델

모델의 목적은 특정한 상황에서 전략적으로 思考하도록 도와주는 것이며, 모델은 구조이고 툴이며 다르게 생각하게 만드는 훈련법이다. 내부감사에 있어서 문제해결을 위한 전략적 사고 모델에는 다음과 같은 모델이 있다.

가. 문제나 이슈에 대한 정의

○ 중요한 이슈는 무엇인가?
○ 결정되어야 하는 것은 무엇인가?
○ 해결되어야 하는 문제는 무엇인가?
○ 문제를 정의하기 위해 충분한 시간을 갖고 천천히 진행하라.
○ 질문하고 또 질문하는 호기심을 가져라.
○ 경청해라.
○ 불명확한 것은 해결할 수 없으니 명확히 하라.
○ 이슈를 이해하기 위하여 충분히 연구하라.
○ 어떤 문제가 있을 수 있는지 생각하라.
○ 중요한 것에 집중하라 등.

나. 증거에 대한 감사

○ 이슈나 문제를 지지할 만한 증거가 존재하는가?
○ 증거의 품질은 어느 정도인가?
○ 증거의 신뢰성은 어느 정도인가?
○ 이슈가 사실이라면 우리는 어떻게 찾아낼 수 있는가? 어떻게 검증할 수 있는가?
○ 추측과 사실을 구분하라. ○ 가장 중요한 연관 정보를 확인하라.

○ 질문하라. ○ 기대하고 있는 것이 무엇인지 확인하라.
○ 증거는 추정했던 문제나 이슈를 지지하는가?
○ 증거의 출처는 어디인가? ○ 놓친 것은 없는가?

다. 가정의 분석

○ 자신과 타인의 편견을 조심하라.
○ 숨겨진 의제와 기득권을 확인하라.
○ 다른 관점에서 접근하라.
○ 다양한 가능성을 살펴라.

라. 논리적인 추론 적용

○ 주어진 가정에 부합할 만한 합리적이고 인정할 만한 로직(logic)을 적용하라.
○ 일이 복잡해질 것을 두려워하지 마라.
○ 다양한 리스크와 기회 등 다양한 경우를 고려하라.
○ 자신이나 다른 사람이 갖고 있는 해결책은 어떤 영향을 미칠 수 있는가?
○ 같은 증거로 다른 결론을 낼 수 있는 사람이 있는가?
○ 구체적으로 어떤 증거가 그러한 결론을 도출하게 하였는가?
○ 모든 증거물은 상호 합리적인가?

6. 전략적 사고를 내부감사에 적용하기 위한 필수 요소

내부감사에 있어서 전략적 사고를 감사에 적용하기 위한 필수 요소는 다음과 같다.

전략적 사고를 내부감사에 적용하기 위한 필수 요소

① 열린 마음
○ 대안에 대한 인식, 가정에 대한 평가, 합리적인 결론 추정 등

② 상황 분석
○ 깊은 이해와 명확화를 위해 문제를 사실 단위로 분해할 수 있는 능력

③ 맥락(脈絡)에 대한 이해
○ 알려진 것과 알려지지 않은 것에 대한 구분, 제시된 맥락에 대한 이해

④ 브레인스토밍
○ 깊은 분석과 해결책을 찾기 위한 깔대기형 아이디어 도출

⑤ 결론
○ 주어진 상황으로부터 창의적인 정보 결합

제2절 일상 감사[84]

Ⅰ 일상감사의 정의

일상감사란 **경영진의 일상 업무집행에 대해 감사 또는 감사위원회가 정한 일정 범위의 업무와 중요서류에 대하여 최종 결재자의 결재 전·후에 그 내용을 검토하고 필요시 의견을 제시하는 방법으로 실시하는 감사**를 말한다.

Ⅱ 일상감사의 종류

1. 사전감사

사전감사는 최종결재권자의 결재에 앞서 실시하는 감사를 말한다.

2. 사후감사

사후감사는 사전감사 대상 이외의 업무로서 최종결재권자의 결재 후에 실시하는 감사를 말한다.

3. 사후공람

사후공람은 사전감사 및 사후감사 대상 이외의 서류 중 대표이사의 결재 후에 실시하는 공람을 말한다.

Ⅲ 일상감사의 대상

1. 사전감사

사전감사는 이사회, 이사회 내 위원회, 집행임원회 와 상무회의, 경영전략회의, 임원회의 등과 같이 일부 핵심이사 또는 회사업무를 상근으로 하는 업무담당 임원으로 구성되는 회의에 부의되는 안건(결의사항 및 보고사항)을 대상으로 한다.

참고

사전감사 대상 업무(예시)

(1) 결의 사항

(가) 주주총회에 관한 사항

① 주주총회의 소집　② 영업보고서 승인　③ 재무제표의 승인

84 김용범, 전게서, 2017, 1181~1188면. 금융감독원, 전게서, 2003, 174~177면.

④ 정관의 변경 ⑤ 자본의 감소 ⑥ 회사의 해산, 합병, 분할합병
⑦ 회사의 영업 전부 또는 중요한 일부의 양도 및 회사의 영업에 중대한 영향을 미치는 다른 회사의 영업전부 또는 일부의 양수
⑧ 영업 전부의 임대 또는 경영위임, 타인과 영업 손익 전부를 같이하는 계약, 그 밖에 이에 준하는 계약의 체결이나 변경 또는 해약
⑨ 이사 · 감사의 선임 및 해임 ⑩ 주식의 액면미달발행
⑪ 이사의 회사에 대한 책임의 감면 ⑫ 현금·주식·현물의 배당 결정
⑬ 주식매수선택권의 부여 ⑭ 이사 · 감사의 보수
⑮ 회사의 최대주주 및 그의 특수관계인과의 거래의 승인 및 주주총회에의 보고
⑯ 법정준비금의 감액 ⑰ 그 밖에 주주총회에 부의할 의안

(나) 경영에 관한 사항

① 회사 경영의 기본방침의 결정 및 변경
② 신규 사업 개발 ③ 자금계획 및 예산운영
④ 대표이사의 선임 및 해임 ⑤ 회장, 사장, 부사장, 전무, 상무의 선임 및 해임
⑥ 공동대표의 결정 ⑦ 이사회 내 위원회의 설치·운영 및 폐지
⑧ 이사회 내 위원회의 결의사항(감사위원회 결의사항은 제외)에 대한 재결의
⑨ 지배인의 선임 및 해임 ⑩ 급여체계, 상여 및 후생제도
⑪ 노사정책에 관한 주요 사항 ⑫ 기본조직의 제정 및 개폐
⑬ 지점, 사무소, 사업장의 설치, 이전, 통합 또는 폐지
⑭ 간이합병, 간이분할 합병, 소규모합병 및 소규모분할합병의 결정
⑮ 흡수합병 또는 신설합병의 보고
⑯ 중요한 사규, 사칙의 제정 및 개폐 등

(다) 재무에 관한 사항

① 투자에 관한 사항 ② 중요한 계약의 체결 ③ 중요한 재산의 취득 및 처분
④ 결손의 처분 ⑤ 중요시설의 신설 및 개폐 ⑥ 신주의 발행
⑦ 사채의 발행 또는 대표이사에게 사채발행의 위임
⑧ 준비금의 자본전입 ⑨ 전환사채의 발행
⑩ 신주인수권부사채의 발행 ⑪ 거액의 자금 차입 및 보증행위
⑫ 중요한 재산에 대한 저당권, 질권의 설정
⑬ 자기주식의 취득 및 처분 ⑭ 자기주식의 소각 등

(라) 이사 등에 관한 사항

① 이사 등과 회사 간 거래의 승인 ② 이사의 회사기회 이용에 대한 승인
③ 이사회 부의 사항 등

(마) 기타 사항

① 중요한 소송의 제기 ② 주식매수선택권 부여의 취소
③ 그 밖에 정관에 정하여진 사항, 주주총회에서 위임받은 사항 및 대표이사가 필요하다고 인정하는 사항

(2) 보고 사항

① 경영상 중요한 업무집행에 관한 사항
② 이사회 내 위원회에 위임한 사항의 처리 결과
③ 이사가 법령 또는 정관에 위반한 행위를 하거나 그 행위를 할 염려가 있다고 감사가 인정한 사항
④ 외부감독기관 감사의 결과 ⑤ 그 밖에 이사가 보고할 필요가 있다고 인정한 사항

2. 사후감사

사후감사는 일반적으로 사전감사 대상을 제외한 본부장 또는 준법감시인(준법지원인 포함) 전결 이상 업무로서 감사 또는 감사위원회(상근감사위원 포함)가 정한 업무를 대상으로 한다.

참고

사후감사 대상 업무(예시)

1. 운영감사

① 규정(지침, 기준, 요령 포함), 약관, 업무방법서 등의 제정 및 개정
② 사업계획의 수립, 본부 및 영업점 목표배정, 성과평가에 관한 사항
③ 신상품(자체개발 상품에 한함), 신서비스, 신제도에 관한 사항
④ 유가증권거래(인수, 취득, 매입, 매출, 처분 등)에 관한 사항(○천만 원/○억 원 이상)
⑤ 원화, 외화예치금 운용에 관한 사항(○천만 원/○억 원 이상)
⑥ 장기연수(3개월 이상) 실시에 관한 사항
⑦ 인력수급계획 및 직원의 채용에 관한 사항
⑧ 직원의 상벌, 승격, 이동, 퇴직에 관한 사항
⑨ 주주총회의 소집, 이사회의 소집에 관한 사항
⑩ 수수료의 책정 및 변경에 관한 사항 등

2. 재무감사

① 예산의 편성, 예산의 전용, 이월 및 예비비 사용
② 회계단위의 설정 및 폐쇄 ③ 내부회계관리제도의 운영에 관한 중요사항
④ 부동산, 동산, 무형고정자산 등의 취득, 처분, 임대차, 재평가에 관한 사항(○천만 원/ ○억 원 이상)
⑤ 결산, 가결산 및 잉여금 처분에 관한 사항
⑥ 자금의 조달과 대출 및 지급보증에 관한 사항

- 증자 및 사채 발행 사항
- (○천만 원/○억 원)을 초과하는 차입
- (○천만 원/○억 원 이상)을 초과하는 대출이나 지급보증 등

⑦ 가지급금 지급 및 정리(○천만 원/○억 원 이상) 등

3. 준법감사

① 소송과 중재 및 사고처리에 관한 사항(○천만 원/○억 원 이상)
② 재계약의 체결 및 계약 내용의 주요 변경(○천만 원/○억 원 이상)
③ 유입물건의 처분(○천만 원/○억 원 이상)
④ 채권의 감면, 포기 및 채권의 대손처리에 관한 사항(○천만 원/○억 원 이상)
⑤ 보증채무, 이자(연체이자, 연체료 포함), 지연배상금 감면(○천만 원/○억 원 이상) 등

4. 경영감사

① 전략적 제휴 업무에 관한 중요사항
② 경영공시에 관한 중요사항
③ 지배구조에 관한 중요사항
④ 내부통제에 관한 중요사항
⑤ 리스크관리에 관한 중요사항
⑥ 준법감시에 관한 중요사항
⑦ 윤리경영에 관한 중요사항
⑧ 개인정보의 보호에 관한 중요사항
⑨ 신용정보의 관리·보호에 관한 중요사항 등

5. IT 감사

① 전산업무의 중장기 계획에 관한 사항
② 전산업무의 연간 업무계획에 관한 사항
- 전산·정보 개발 및 운영
- 주요 전산기기 운영 및 전산 관련 예산·인원

③ H/W, S/W의 기종 및 도입에 관한 사항(○천만 원/○억 원 이상)
④ 개발기간이 3개월 이상 소요되는 신규 업무 개발에 관한 사항(○천만 원/○억 원 이상)
⑤ 전산시스템의 안전보호에 관한 중요사항 등

6. 기타사항

- 기타 감사가 필요하다고 인정하는 사항

3. 사후공람

사후공람은 사전감사 및 사후감사 대상 이외의 서류 중 대표이사가 결재한 서류를 대상으로 한다. 사후공람은 최종 결재권자 결재 후 7영업일 이내에 이를 감사에게 공람하도록 한다.

Ⅳ 일상감사의 절차

1. 일상감사 문서접수

회사에서 기안 내지 품의 문서가 일상감사 대상에 해당되면, 그 문서를 기안한 부서에서 일상감사를 관리하는 감사보조 조직(이하 '내부감사부서 또는 내부감사부서장'이라 한다)을 경유하

여 감사 또는 상근감사 위원에게 제출하여야 한다.

이 경우 사전감사 대상서류는 회의 3영업일 ~ 1주일 이전에 감사 또는 상근감사 위원에게 제출하여야 하고, 사후감사 대상서류는 최종 전결권자 결재 후 3영업일 ~ 1주일 이내에 감사 또는 상근감사위원에게 제출하여야 한다.

2. 일상감사 문서검토

일상감사 문서검토 시에는 해당 문서가 일상감사 대상인지, 사전 감사대상인 경우는 최종 결재 직전인지, 사후 감사대상인 경우는 최종 결재 이후인지, 필요한 경우 관련부서의 합의를 득한 것인지 등을 먼저 검토 · 확인한다.

3. 일상감사 주요내용

그리고 난 후 해당 문서에 대하여 아래와 같이 부문별로 적정성과 타당성 등을 검토·확인한다.

부문별 적정성 및 타당성의 검토 · 확인 사항

① **재무부문** : 회계기준 및 회계시스템의 적정성, 회계정보, 재무보고서의 정확성 및 신뢰성과 유용성, 각종 회계 관련법규나 규정에의 적합성 및 타당성을 검토·확인

② **준법부문** : 관계 법령 및 규정 등의 준수 여부, 준법감시시스템의 적절한 작동여부 등을 검토·확인

③ **운영부문** : 업무계획, 조직구성 및 업무평가의 적정성 및 타당성, 조직내 업무절차 및 시스템의 적정성 및 타당성 등을 검토·확인

④ **경영부문** : 경영전략과 경영계획의 적정성 및 유용성, 위험관리, 부정관리와 내부통제의 적정성 및 유용성 등을 검토·확인

⑤ **IT 부문** : 전산부문의 적정성과 유용성, 정보부문의 안전성 및 건전성 등을 검토·확인

4. 일상감사 문서결재

감사보조 조직에서는 일상감사 내용의 검토 · 확인이 끝난 후에 일상감사 일련번호, 의견 등을 기재하여 감사 또는 상근감사위원의 결재를 받는다. 만약 감사의견이 있을 경우에는 별도 문서로 작성하거나, 또는 原 文書에 별도 기재하여 결재를 받는다.

5. 일상감사 결과통보

감사보조 조직은 일상감사 문서를 감사나 상근감사위원의 결재 받은 후 감사의견이 없는 경우는 일상감사 문서를 기안부서 또는 품의부서에 통보한다. 다만 감사의 의견이 있는 경우는 감사의견을 별도문서로 작성하거나 또는 原 文書에 별도 기재하여 기안부서 또는 품의부서에 통보한다.

특히 조건부의견이나 반대의견 또는 개선방안 제시 등으로 인해 감사의견이 길어지는 경

우에는 별도문서로 작성하는 것이 바람직하며, 原 文書에 감사의견을 기재할 경우에는 原 文書를 복사하여 관리하여야 한다.

6. 일상감사 일지작성

감사보조 조직은 일상감사 관리를 위해 '일상감사록' 또는 '일상감사일지'를 작성하여 감사 또는 상근감사위원의 결재를 받아 유지 · 관리하여야 한다. 일상감사일지 또는 일상감사록에는 사전감사 또는 사후감사 구분, 기안부서, 일련번호 및 접수일자, 주요내용, 감사의견 등이 포함되어야 한다.

〈 일상감사록 또는 일상감사일지 양식 예시 〉

감사인	부서장	감사

<u>일상감사일지</u>

<table>
<tr><td rowspan="3">안
건</td><td>사전</td><td>사후</td><td>기안부서</td><td></td></tr>
<tr><td rowspan="2"></td><td rowspan="2"></td><td>일련번호</td><td></td></tr>
<tr><td>접수일자</td><td></td></tr>
<tr><td>주
요
내
용</td><td colspan="4"></td></tr>
<tr><td>감
사
의
견</td><td colspan="4"></td></tr>
<tr><td>붙
임</td><td colspan="4"></td></tr>
</table>

7. 일상감사 사후관리

감사 또는 상근감사위원이 조건부 의견이나, 반대 의견, 또는 개선방안을 제시한 경우 내부감사부서는 감사의견에 대한 사후관리 하여야 한다.

그리고 해당 경영진 또는 부서장은 동 의견에 따라 적절한 조치를 취하고 그 처리결과를 감사의견서 접수일로부터 15일~1개월 이내에 내부감사부서장을 경유 감사 또는 상근 감사위원에게 보고하여야 한다.

감사, 상근감사위원 또는 감사부서장은 그 결과를 확인하여 적정하다고 판단하는 경우 해당업무에 대한 일상감사 절차를 종결한다.

제3절 일반감사[85]

Ⅰ 일반감사의 정의

일반감사란 정기적인 감사계획에 의거하여 재무, 준법, 업무, 경영, IT 등 기능별로 감사를 실시하고, 기능별 과정의 적정성 및 유효성 평가, 문제점 적시, 개선방안 제시 등을 포함한 감사보고서를 작성·제출하는 방식으로 실시하는 감사를 말한다. 이는 정기적으로 실시한다 하여 **'정기감사'**, 종합적으로 실시한다 하여 **'종합감사'**라 한다.

Ⅱ 일반감사의 대상

일반감사는 위험관리, 부정관리, 내부통제, 지배구조, 업무처리, 회계처리, 경영정책, 주주총회 처리 등 회사 업무 전반을 대상으로 한다.

Ⅲ 일반감사의 사전준비

1. 일반감사 실시 품의

감사부서장은 감사실시에 앞서 다음사항에 대한 稟議文 또는 起案文를 작성하여 감사/상근감사위원 또는 내부감사최고책임자(이하 '감사'라 통칭함)의 승인을 받아 실시한다.

<u>일반감사 품의서 주요 내용(예시)</u>

① **감사 구분** : 종합감사, 부문감사 등으로 구분

② **수감 부서** : 수감대상이 되는 특정부서/기관을 명시하되, 업무분야에 따라서는 1개 이상의 부서/기관을 명시하는 것도 가능

85 김용범, 전게서, 2017, 1189~1194면. 금융감독원, 전게서, 2003, 178~184면.

③ **감사 방법** : 임점감사 또는 서면감사 등으로 구분

④ **감사 범위** : 감사분야를 명시, 종합감사의 경우 업무전반으로 기재 가능

⑤ **감사기준일**:

- 본부부서 종합감사의 경우 주로 감사 착수 전 월말일
- 영업점의 경우에는 감사 착수일 또는 착수일 전 영업일
- 다만 특별감사의 경우는 감사 목적에 따라 조정이 가능

⑥ **감사대상기간**:

- 종합감사의 경우 원칙적으로 전번 종합감사 기준일 이후
- 특별감사의 경우에는 감사목적에 따라 조정

⑦ **감사실시기간** : 감사 목적 및 감사팀 편성 내용을 감안하여 조정

⑧ **감사팀 편성** : 감사팀은 원칙적으로 2명 이상을 편성하여 그중 1명을 팀장으로 임명. 다만 감사 목적에 따라 1명으로 편성 가능

참고

감사팀/반 편성 시 고려사항

ⓐ 감사 목적에 맞는 인원 및 전문 감사인 배정

ⓑ 감사인과 수감부서장을 포함한 직원과의 학연, 지연 등 특수 관계 여부

ⓒ 감사목적에 따라서는 감사대상부서에 근무했던 감사인은 일정기간(제척기간 : 예, 1년 이상 또는 2년 이상) 이상 해당부서 감사에서 제외

⑨ **주요 감사사항** : 중점감사 사항 기재

2. 일반감사 자료 징구

감사부서 또는 감사팀은 사전검토를 위해 감사에 필요한 자료를 감사 실시 전에 징구할 수 있다. 감사부서 또는 감사팀은 **감사에 필요한 최소 자료만을 징구**하여 감사자료로 인한 업무 불편을 방지하여야 한다.

감사부서 또는 감사팀은 수감부서가 아니더라도 관련부서에 감사에 필요한 자료제출을 요구할 수 있다. 감사부서 또는 감사팀으로부터 자료제출을 요구받은 경영진 및 부서장은 자료를 지체 없이 제출하고, 원활한 감사수행을 위해 적극 협력해야 한다.

3. 일반감사 사전 검토

감사명령을 받은 감사인은 다음 각 호의 사항을 감사실시 전에 검토하여 現場 감사 수행에 만전을 기하여야 한다.

감사실시 사전 검토자료

① 감사 사전 徵求 資料
② 상시감시 결과 蓄積 資料
③ 전번 대내외 감사 결과(지적사항, 조치내용 및 내부통제평가 결과 등)
④ 과거 사고 및 주요 민원
⑤ 관련부서의 확인 요청 사항
⑥ 기타 감사실시에 필요한 사항 등

또한 감사명령을 받은 내부감사인은 다음 각 호의 사항에 대해 사전에 준비하여 효율적인 감사업무가 수행될 수 있도록 철저를 기하여야 한다.

감사실시 사전 준비사항

① 감사목적 및 업무종류에 따른 관련 법규 습득
② 감사대상부서에 대한 자료수집과 업무현황의 파악
③ 회사의 주요 경영정책 및 주요 지시사항 숙지
④ 감사대상부서에 대한 효율적인 감사방법 및 착안 사항 숙지 등

Ⅳ 일반감사의 현장실행

1. 감사명령서 제시

감사팀장은 검사착수 시 검사대상 부서장/기관장에게 감사/상근감사위원 또는 내부감사최고책임자(이하 '감사'라 통칭함)의 명의의 **'감사명령서'** 또는 **'감사착수통지서'**를 제시하여야 한다. 다만, 서면감사 착수 시 또는 현장 조사 시에는 이를 생략할 수 있다. 위의 '감사명령서' 또는 '감사착수통지서'는 감사의 명에 의거 감사부서장이 발행한다.

2. 현장감사 착수

가. 감사 착수시간 및 방법

감사는 원칙적으로 영업시간 중에 예고 없이 착수하여야 한다. 그러나 현물감사의 경우 영업시간 종료 후 또는 개시 전에 착수할 수 있으며, 감사목적에 따라 감사예고를 하는 것이 합리적인 경우에는 감사를 사전에 통보할 수 있다.

나. 현금 및 현물감사 실시

현금과 현물감사는 감사 착수 당일 중에 완료하여야 하나, 불가능한 경우에는 봉인 또는 기타의 방법으로 내부감사인의 관리 하에 두도록 조치하여야 한다.

현금과 현물 감사 시에는 **반드시 수감부서 책임자/업무담당자를 입회**시켜 내부감사인이 현금 및 현물에 대한 관리책임을 부담하는 사례를 사전에 예방하여야 한다.

다. 감사 착수 곤란 및 대응

감사팀장은 감사 착수 당일에 중대한 사유 등으로 감사 착수 또는 감사의 계속진행에 곤란한 상황이 발생한 경우에는 필요한 조치를 취하고, 지체 없이 감사 부서장을 경유하여 감사 또는 상근감사위원에게 보고하고 그 지시를 받아야 한다.

라. 감사 착수 결과 및 보고

감사팀장은 현장 감사 착수 결과를 지체 없이 감사담당부서장에게 보고하여야 한다.

3. 감사수행 방법[86]

감사요원은 집행기구와 타 부서로부터 독립된 위치에서 감사를 실시한다. 감사요원은 감사가 승인한 주요 감사사항과 감사 징구자료를 기초로 하여 감사를 실시한다. 監査는 장부 및 증거서류 등을 기초로 하여 관계법령 및 규정과 업무처리지침 등에 따라 사실과 증거에 의하여 행하여야 한다.

감사요원은 감사를 진행함에 있어 감사대상 기관/부서 및 사업장의 일상 업무 수행에 지장이 없도록 항시 유의해야 한다. 현장에서 감사를 수행하면서 주로 사용하는 감사기법은 아래와 같다.

가. 관찰(Observation)

관찰이란 타인이 수행하는 어떤 과정이나 절차를 감사인이 주의 깊게 조직적으로 파악하는 행위를 말한다. 회사가 수행하는 재고자산의 실사를 관찰(재고자산 실사의 입회)하거나 회사가 수행하는 통제활동을 내부감사인이 관찰하는 것을 예로 들 수 있다.

관찰은 어떤 과정이나 절차의 수행에 대한 감사증거를 제공하지만, 내부감사인이 수집할 수 있는 증거의 범위는 관찰이 행해지는 시점으로만 제한된다. 또한 그 행위가 내부감사인에 의해 관찰되고 있다는 사실 자체가 그 과정이나 절차에 영향을 미칠 수 있다는 제한이 있다.(International Standards on Auditing <ISA> : ISA 500-A17)

관찰에 대한 자세한 내용은 제3편 제2장 제1절 Ⅱ - 1. '관찰' 항목을 참고하시기 바랍니다.

나. 질문(Inquiry)

1) 질문의 개요

질문이란 회사의 내부 또는 외부의 관련지식이 있는 사람에게 정보를 구하는 행위를 말한다. 질문은 제3자에게 발송하는 공식적 서면질의에서 회사 내부의 인원에 대한 비공식적인 구두질문까지 망라한다. 내부감사인은 질문에 대한 답변으로부터 이전에 갖지 못했던 정보나 보강적 감사증거를 입수할 수 있다.

---

86 노준화, 「new ISA 회계감사」, 도서출판 탐진, 352~362면. 이효익외 2인, new ISA 회계감사」, 신영사, 2018, 202~205면. 이창우 외 3인, 「회계감사 Study Guide」, 경문사, 2018. 7-8~7-12면.

질문에 대한 답변 자체로는 증거력이 매우 낮다. 따라서 내부감사인이 감사증거를 확보 하기 위한 절차로서 질문을 선택할 경우 그 답변을 평가하는 것은 필수적인 후속절차 이다.(ISA 500-A22) 또한 어떤 경우 더 나아가 경영진(적절한 경우 지배기구포함)으로 부터 서면진술을 입수하는 것이 필요하다고 판단할 수 있다.(ISA 500-A25).

예를 들면, 내부감사인이 분석절차를 통하여 당기에 비정상적으로 매출액이 증가한 상황 특히 결산일이 가까운 월에 매출액이 비정상적으로 급증한 것에 대하여 경영진에 이유를 질문할 수 있다. 경영진은 질문에 대하여 답변할 것이고 답변 그 자체로는 감사증거로서 신뢰성을 확보하기 어려운 경우도 있다. 그 답변이 합리적이지 않다고 판단될 경우 내부감사인은 경영진 답변이 사실인지 여부를 확인하는 추가절차를 이행한다.

예를 들면, 경영진이 결산일 가까운 월에 새로운 해외거래처로부터 기대하지 않았던 대량주문이 있었고 이를 납품하였기 때문이라고 답변하였을 경우 감사인은 실제로 새로운 해외거래처의 대량주문이 있었다는 것을 문서검사 등을 통하여 확인한다. 이와 같이 질문에 대한 답변을 추가적으로 평가하는 이유는 질문으로부터 얻을 수 있는 검사증거의 신뢰성이 낮기 때문이다.

2) 질문의 적용

질문을 통하여 얻을 수 있는 증거는 다른 감사증거에 비하여 그 증거력이 낮다. 그러면 왜 질문을 통하여 증거를 확보하는 것을 허용하는 것일까? 예를 들면, 부외부채, 우발부채의 존재 등과 같이 질문 이외에 다른 선택 가능한 절차가 제한적인 경우 질문은 선택 가능한 좋은 감사절차이다.

3) 질문으로서 얻을 수 있는 증거

감사인은 질문에 대한 답변에서 이전에 갖지 못했던 정보나 확인적 감사증거를 입수할 수 있다. 또한 통제기능에 대한 경영진의 무시 또는 경영진의 통제무력화 가능성에 관한 정보와 같이, 감사인이 입수한 다른 정보와 유의적으로 차이가 있는 정보가 입수되는 때도 있다. 이는 감사인이 감사절차를 변경하거나 추가적인 감사절차를 수행하는 근거가 되기도 한다.

감사인은 경영진의 의도와 관련된 질문을 할 수도 있다. 이와 같은 경우 그 진위 여부를 확인할 수 있는 정보는 제한적일 수 있다. 예를 들면, 감사인이 회사의 계속기업으로써 의문을 가지고 있고 경영진이 자구책을 제시하였을 경우를 가정해 보자. 경영진이 제시한 자구책이 과연 실현가능성이 있는지를 확인할 수 있는 정보는 매우 제한적일 수밖에 없다.

이와 같은 경우 내부감사인이 취할 수 있는 선택적인 방법은 경영진이 과거에 기술했던 의도를 실천한 이력, 경영진이 특정한 일련의 조치를 선택한 이유, 그리고 이러한 일련의 조치를 추진할 경영진의 능력 등을 통하여 경영진의 의도에 대한 확신을 얻을 수 있다.

다. 조회(Confirmation)

조회란 문서나 전자 형태 또는 기타 형태에 의해, 제3자(조회대상자)가 내부감사인에게 직접 회신함으로써 내부감사인이 입수할 수 있는 감사증거를 말한다. 조회는 일반적으로 특정

계정 잔액 및 그 구성 요소와 연관된 경영진 주장을 확인하는 때 유용하다.

그러나 조회의 대상을 예금 등과 같이 특정계정의 잔액에만 국한할 필요는 없다. 예를 들면, 내부감사인은 어떤 기업이 제3자와 맺은 계약이나 거래조건에 대하여 확인할 필요도 있을 수 있다.

이 경우 조회는 해당 계약에 어떤 수정이 있었는지 그리고 수정이 있다면 관련 세부 사항은 무엇인지 확인하는 것으로 설계될 수 있다. 조회는 수익인식에 영향을 미칠 수 있는 "이면계약"이 없다는 것과 같이, 특정 조건이 존재하지 않는다는 것에 대한 감사 증거를 얻기 위해 사용되기도 한다.

내부감사인은 조회를 통하여 예금·차입금·매출채권·매입채무 그리고 타처 보관 재고 자산 등에 대한 실재성, 발생 사실 및 권리와 의무에 대한 증거를 수집할 수 있다. 그러나 채권의 회수 가능성(평가)이나 채권의 존재 상태(완전성)에 대한 증거를 제공하지는 않는다.

라. 검사(Inspection)

검사란 기록이나 문서 또는 실물을 감사인이 직접 조사하는 것을 말한다. 검사는 내·외부의 문서, 전자 또는 기타 매체의 기록이나 문서에 대한 문서검사 와 자산에 대한 실물검사로 나눌 수 있다.

1) 문서검사

문서검사란 기록이나 문서를 감사인이 직접 검사하는 것을 말한다. 문서적 감사증거는 그 성격과 원천 그리고 이를 처리하는 내부통제의 유효성에 따라 신뢰성이 相異하다.

예를 들면, 회사 내부로부터 수집한 증거 보다는 외부로부터 수집한 증거가 신뢰성이 더 높다. 또한 같은 내부문서라 할지라도 내부통제제도가 양호한 회사로부터 수집한 문서증거일수록 신뢰성이 높다.

주식이나 채권 같은 금융상품의 문서는 자산의 실재성에 대한 신뢰성 있는 감사증거를 제공해 준다. 그러나 문서검사가 반드시 소유권이나 가치에 관한 감사증거를 제공하는 것은 아니다.

또한 계약서와 같은 문서에 대한 검사는 수익인식과 같이 회계정책의 적용과 관련된 감사증거를 제공할 수 있다.(ISA 500-A15) 기록이나 문서를 검사하는 방법에는 거래 증빙서에서부터 추적해 재무제표의 기록에 이르기까지 순차적으로 대조하는 방법(전진법)과 그 반대의 방법(역진법)이 있다.

참고

기록 및 문서의 검사 방법

□ **전진법(원천문서에서 거래기록까지) : 완전성**

전진법은 기록과 문서를 거래의 발생과 기록 순으로 추적·대조하는 방법이다. 전진법은 '발생한 거래가 모두 회계장부와 재무제표에 누락 없이 완전하게 기록되었는가? 라는 완전성을 감사하는 데 유용한 방법이다. 즉, 전진법은 거래증빙에서 표본을 추출하여 → 회계전표 → 분개장 → 보조원장 → 총계정원장의 거래기록순으로 추적·대조한다.

□ **역진법(거래기록에서 원천문서까지) : 실재성과 발생사실**

역진법은 기록과 문서를 거래의 발생과 기록의 역순으로 추적·대조하는 방법이다. 역진법은 '회계장부와 재무제표상에 거래나 계정잔액이 실제로 발생하고 존재하는 것인가?'라는 실재성과 발생사실을 확인하는 데 유용한 감사기법이다. 즉, 역진법은 총계정원장에서 표본을 추출하여 → 보조원장 → 분개장 → 회계전표 → 거래증빙의 거래기록 역순으로 추적·대조한다.

2) 실물검사

실물검사란 내부감사인이 물리적 자산을 직접 검사하는 것을 말한다. 물리적 자산의 검사는 실재성에 대한 신뢰성 있는 감사증거를 제공하지만, 소유권(권리)이나 가치(평가)에 대한 감사증거를 제공하는 데는 한계가 있다. 실물검사는 현금, 재고자산, 유가증권, 받을어음, 유형자산 등과 같은 물리적 자산을 검증할 때 사용된다.

실물검사는 자산의 실재성을 검증하는 수단으로 증거입수 방법 중에서 가장 신뢰할 수 있으며, 객관적인 방법이다. 한편 현금, 유가증권, 받을어음 등 상호융통이 가능한 자산은 동시에 실물검사하여 상호 대체가능성을 차단해야 하며, 가급적 재무제표일에 실물 검사하여 증거의 적시성을 확보해야 한다.

마. 재검(Re-Investigation)

1) 재계산

재계산이란 문서나 기록의 산술적 정확성을 점검하는 것을 말한다. 재계산은 수작업 또는 전자적 수단으로 수행될 수 있다.(ISA 500-A19). 내부감사인은 재계산을 통하여 정확성 등에 대한 감사증거를 수집할 수 있다.

2) 재수행

재수행이란 내부감사인이 원래 내부통제의 일부로서 수행되었던 절차와 통제를 독립적으로 실행하는 것을 말한다.(ISA 500-A20) 내부감사인은 재수행을 통하여 내부통제의 운용효과에 대한 증거를 얻을 수 있다.

또 다른 예로 회사가 작성한 은행계정조정표와는 별도로 내부감사인이 독립적으로 은행계정조정표를 작성하여 비교하기도 하는데, 이 또한 재수행의 예라고 할 수 있다.

바. 분석(Analyzation)

분석은 다른 말로 분석적 절차를 말하며, **분석적절차**란 재무데이터와 비재무데이터 간의 관계를 이용하여 재무정보를 평가하는 것을 말한다. 분석적절차에는 다른 관련된 정보와 일관성이 없거나 예측금액에서 유의적으로 벗어난 추세 또는 상관관계에 대하여 조사하는 것을 포함한다.(ISA 500-A21)

즉, 이는 비율과 추세, 관련 있는 재무 또는 비재무정보 간 상관관계를 이용하여 특정계정 잔액에 대한 합리적인 기대치를 산출하고 이를 재무제표상의 금액과 비교함으로써 재무제표상의 금액이 적정한지 여부에 대한 증거를 수집하는 것을 말한다.

따라서 분석적절차를 수행하기 위해서는 ① 데이터 간의 상관관계가 존재, ② 알려진 조건에 반증이 없는 한 그런 관계가 지속된다는 기대와 같은 가정이 전제되어야 한다. 만약 이런 가정이 전제되지 않는다면 비율과 추세, 상관관계를 이용하여 산출한 기대치가 합리적이라고 할 수 없기 때문에 분석적 절차의 설득력이 떨어진다.

분석적 절차에는 ① 감사계획단계에서 실시하는 **위험평가로서의 분석적 절차**, ② 위험평가의 결과 수립한 감사계획에 따라 실증절차단계에서 실증적 감사증거를 수집하기 위하여 실시하는 **실증적인 분석적 절차** 및 ③ 감사의 종료단계에서 전반적인 결론을 내리기 위해 실시하는 **전반적인 결론을 내리기 위한 분석적 절차** 등의 세 가지가 있다.

4. 표본감사 기법[87]

가. 표본감사 개요

1) 표본감사의 의의

표본감사란 내부감사인에게 모집단 전체에 대한 결론을 도출할 수 있는 합리적 근거를 제공하기 위해 감사와 관련이 있는 모집단에 속한 모든 표본단위가 추출될 기회를 가지도록 하여 전체항목(100%)보다 적은 수의 항목에 대하여 감사절차를 적용하는 감사를 말한다.

2) 표본감사의 필요성

일반적으로 감사의 실증절차에서 전수감사를 수행하는 경우도 있지만, 전수감사는 현실적으로 제한된 감사자원을 가지고 수행하기는 거의 불가능할 뿐만 아니라 감사의 효율성 측면에서도 바람직하지 못하다.

내부감사인이 감사의견의 형성에 있어서 대개는 가능한 모든 정보를 조사 내지 감사하지 않는 이유는 그렇게 하는 것이 비현실적이고, 표본감사를 이용해서도 타당한 결론을 내릴 수 있기 때문이다.

나. 표본감사의 설계

감사 샘플의 구조와 규모를 설계할 때 내부감사인은 특정한 감사목표, 모집단과 샘플링의 성격 그리고 선택방법을 고려한다. 내부감사인은 샘플을 분석하고 설계할 적절한 전문가를 포함시킬 필요를 고려한다.

다. 표본감사의 단위

샘플링 단위는 샘플목적에 따라 결정된다. 통제에 대한 준거테스트를 위해서는 샘플링 단위가 사건이나 거래인 속성 샘플링이 전형적으로 사용된다.(예 : 송장에 대한 권한 위임과 같

---

87 국제내부감사인협회(IIA), 전게서, 2003, 244~250면. 노준화, 「ISA회계감사」, 2019, 736~794면. 정보통제시스템 감사통제협회(ISACA), 「감사샘플링(Audit Sampling)」, 문서 G10.

은 통제) 실증테스트를 위해서는 샘플링 단위가 금전적으로 표시되는 변량샘플링 또는 추정 샘플링이 종종 사용된다.

라. 표본감사의 요소

1) 감사 목표

감사목표는 감사를 통해 완수하고자 하는 것을 말하며, 내부감사인은 달성하기 위한 특별한 감사목표와 그런 목표를 이루기에 가장 적절한 감사절차를 고려해야 한다. 그리고 내부감사인은 감사 샘플링이 적절할 때 추구되는 감사증거의 본질 및 가능한 오류 조건을 고려해야 한다.

2) 감사 샘플링 모집단

모집단은 내부감사인이 모집단에 관한 결론에 도달하기 위해 샘플링을 추출해 내는 데이터의 전체 집합이다. 그러므로 샘플이 추출되는 모집단은 적절해야 하고 특정 감사목표를 위해 완전한지 검증되어야 한다.

3) 감사 샘플링 계층화

계층화란 각 샘플단위가 오직 하나의 층에 속할 수 있도록 명시적으로 정의된 유사한 특성으로 모집단을 하위 모집단으로 나누는 작업을 말한다. 효율적이고 효과적인 샘플 설계를 지원하기 위해서는 계층화가 적절할 수도 있다.

4) 감사 샘플링 사이즈

내부감사인은 샘플 사이즈를 결정할 때 샘플링 위험, 수용 가능한 오류의 크기와 예상되는 오류의 범위를 고려해야 한다.

5) 감사 샘플링 위험성

샘플링 위험은 표본에 근거한 내부감사인의 결론이 모집단 전체에 동일한 감사절차를 적용하였을 경우 도달하였을 결론과 다를 수 있는 위험을 말한다. 샘플링 위험에는 다음과 같이 두 가지 종류가 있다.

<u>샘플링 위험의 종류</u>

① **잘못된 승인의 위험** : 실제로는 모집단이 현저하게 왜곡표시 되었는데 현저한 왜곡표시가 없는 것처럼 평가될 위험.**(과대신뢰위험)**

② **잘못된 거절의 위험** : 실제로는 모집단이 현저하게 왜곡표시 되지 않았는데 현저한 왜곡표시가 된 것처럼 평가될 위험.**(과소신뢰위험)**

내부감사인이 수행하고자 하는 샘플링 리스크의 수준은 샘플링 크기에 영향을 준다. 샘플링 리스크는 감사위험 모델, 감사위험 구성요소, 내재적 위험, 통제위험 그리고 적발위험과 관련하여 고려되어야 한다.

6) 감사 샘플링 허용 가능 오류

허용 가능한 오류는 내부감사인이 받아들이고자 하고 여전히 감사목표를 달성하였다고 결론 내릴 수 있는 모집단에서의 최대 오류이다. 실증테스트에서 허용 가능한 오류는 중요성에 대한 내부감사인의 판단과 관계가 있다. 준거성 테스트에서 그것은 내부감사인이 기꺼이 받아들일 수 있는 미리 정해진 통제 절차로부터의 최대 편차율이다.

그리고 **예측된 오류**는 만약 내부감사인이 모집단에 오류가 존재한다고 예측한다면 모집단의 실제 오류가 계획된 허용가능 오류보다 더 크지 않다는 결론을 내리기 위해 일반적으로 오류가 예상되지 않을 때 추출하는 샘플보다 더 큰 샘플이 조사 또는 감사되어야 한다.

모집단에 오류가 없다고 예측될수록 더 작은 샘플 크기가 정당화된다. 모집단에서 예측되는 오류를 결정할 때 감사인은 지난번 감사에서 식별된 오류 수준, 내부통제평가로부터 얻을 수 있는 조직의 절차 및 증거의 변화, 그리고 분석적 검토절차를 통한 결과와 같은 내용을 고려해야 한다.

마. 감사 샘플링 선택 방법

1) 감사 샘플링 방법의 개요

표본감사에는 통계적 방법과 비통계적 방법이 있다. 통계적 표본감사방법이나 비통계적 표본감사방법 중 어느 것을 선택할지 여부는 특정상황에서 충분하고 적합한 감사증거를 수집하는 데 있어서 어느 방법이 더 효율적인지에 대한 내부감사인의 판단에 따라 결정 된다.

예를 들어 통제테스트와 같이 단순한 오류의 유무확인보다는 오류의 성격과 원인분석이 더 중요한 경우에는 비통계적 표본감사방법이 더 적절할 것이다. 통계적 표본감사 방법을 적용하는 경우 표본수는 확률이론이나 전문가적인 판단을 이용해 결정될 수 있으며, 표본수 자체는 감사 샘플링 방법을 구분하는 타당한 기준은 아니다.

2) 통계적 감사 샘플링 방법

가) 표본 무작위 추출법

표본무작위추출법이란 다음의 요건을 모두 갖춘 것으로 난수표 또는 컴퓨터 소프트웨어를 이용하여 표본을 추출하는 방법이다.

무작위추출방법의 요건

① 모집단의 모든 항목(표본단위)이 선택될 확률이 동등하다.

② 어떤 한 항목의 선택이 다른 항목의 선택에 영향을 미치지 않는다.

나) 표본 계층화 추출법

표본계층화추출법이란 모집단을 계층화 또는 분할하여 동질적인 몇 개의 집단으로 나눈 다음, 각 집단으로부터 각각 무작위추출로 표본을 선택하는 방법이며, 모집단이 상대적으로 분산이 클수록 표본추출 전 계층화는 의미 있는 과정이다. 계층화추출법의 적용단계는 다음과 같다.

<u>계층화추출방법의 적용단계</u>

① 조사대상 모집단을 상호 독립적이고 동질적인 소집단으로 나눈다(계층화).
② 각 소집단별로 추출할 표본수를 정한다.
③ 각 소집단별로 무작위추출법을 이용하여 표본을 추출한다.

다) 표본 체계적 추출법

표본체계적추출법이란 모집단금액을 표본수로 나누어 표본추출간격을 정하고 이를 기초로 실제표본을 추출하는 방법이다. 예를 들어, 표본간격이 50인 경우에 처음 50개의 항목 안에서 임의로 출발점을 결정한 후 이로부터 매 50번째 표본단위를 선택하는 것이다.

출발점은 임의로 정할 수도 있지만 난수발생 프로그램이나 난수표를 이용할 때 무작위추출 성격이 더욱 증가한다. 감사인은 체계적추출방법을 사용하는 경우 모집단에 존재하는 특성이 표본추출간격과 부합되지 않는지 유의해야하며, 이 방법을 응용하면 큰 금액이 추출될 확률이 높은 금액가중확률 표본감사와 유사한 결과를 달성할 수 있다.

라) 표본 금액단위 추출법

표본금액단위추출법은 금액가중추출법의 한 종류이며, 표본수, 표본추출 그리고 이에 대한 평가에 있어 그 결론이 화폐금액 형태로 나타난다.

3) 비통계적 감사 샘플링 방법

가) 표본구획추출법

표본구획추출법은 모집단 내의 이웃하는 항목으로 구성된 하나(또는 복수)의 구획을 선택하는 방법이다. 대부분 모집단의 연속된 항목들은 서로 유사한 특성을 가지며 모집단의 다른 부분에 있는 항목들은 다른 특징을 가지도록 구성되어 있으므로 구획추출은 일반적으로 표본감사에서 사용될 수 없다.

비록 경우에 따라 특정 구획의 항목을 조사하는 감사절차가 적합할 수 있으나, 내부감사인이 표본에 근거하여 전체 모집단에 대하여 유효한 추론을 하고자 할 경우 구획추출이 적절한 표본추출기법이 되는 경우는 드물 것이다.

나) 표본임의추출법

표본임의추출법은 내부감사인이 특정한 구조적기법을 사용하지 않고 표본을 추출하는 방법이다. 그러나 비록 구조적인 기법이 적용되지 않더라도 내부감사인은 의도적인 편의성이나 예측가능성을 피하고 모집단 내의 모든 항목이 동일한 추출의 기회를 갖도록 하여야 할 것이다.

예를 들면 추출하기 어려운 항목을 회피하거나, 각 페이지의 최초 또는 최종 항목만을 선택하거나 또는 무조건 배제하는 것이다. 따라서 통계적 표본감사방법을 사용하는 경우에는 표본임의추출방법은 부적절하다.

4) 소결

내부감사인은 샘플이 테스트되는 특성에 관해 모집단을 대표할 것으로 기대할 만한 방식으로 샘플을 선택해야 한다(예 : 통계적 샘플링 방식 이용). 감사의 독립성을 유지하기 위해 내부감사인은 모집단이 완전함을 확신해야 하고 샘플 선택을 통제해야만 한다. 또한 샘플이 모집단을 대표하기 위해 모집단의 모든 샘플링 단위는 동등한 또는 알려진 선택의 확률을 가져야 한다.

바. 감사 샘플링 문서화

감사조서는 충분한 세부 항목까지 포함하여 사용된 샘플링 목표와 셈풀링 절차를 명확하게 기술하여야 한다. 감사조서는 모집단의 출처, 사용된 샘플링 방법, 샘플링 파라미터(예 : 무작위 시작을 한 무작위 시작 숫자 또는 방법, 샘플링 간격), 선택된 항목, 실행된 감사테스트의 세부사항 그리고 도달한 결론 등을 포함한다.

사. 감사 샘플링 결과의 평가

각각의 샘플링 항목에 대해 특별한 감사목적에 적합한 감사절차를 수행한 후, 내부감사인은 샘플들에서 발견된 어떤 가능성 있는 오류들이 사실상 오류인지 그리고 필요하다면 오류의 성격 및 원인을 확인하기 위해 그것들을 분석해야 한다. 오류로 평가된 경우에는 만약 사용된 샘플 방법이 통계학적 근거를 갖는다면 오류는 모집단에도 해당되는 것으로 추정되어야 한다.

샘플에서 발견된 어떤 가능성 있는 오류는 그것이 실질 오류인지를 결정하기 위해 검토되어야 한다. 내부감사인은 오류의 정성적인 면을 고려해야 한다. 이런 것들은 오류의 원인과 성격을 포함하고 여타 감사단계에서 오류가 미칠 수 있는 효과를 포함한다. 자동화된 프로세스의 잘못된 결과로 발생한 오류는 오류율에 대해 보통 인적오류에서 보다 더 넓은 의미를 가진다.

내부감사인은 표본으로 선택한 각 항목에 대하여 특정 테스트 목적에 적합한 감사절차를 수행하여야 한다. 추출된 항목이 감사절차를 적용하기에 부적합한 경우에는 일반적으로 대체항목에 대하여 감사절차를 수행하여야 한다. 즉, 특정한 샘플 항목에 대해 기대된 감사증거를 얻을 수 없을 때 감사인은 선택한 항목에 대하여 대안적인 절차를 수행하여 충분한 감사증거를 얻어야 한다.

내부감사인은 샘플을 선택하기 위해 사용한 방법과 일관된 추정방법으로 모집단에 대해 샘플의 결과를 추정해야 한다. 샘플을 통한 추정은 모집단에 존재할 수 있는 오류를 예측하는 것과 발견된 어떤 오류의 정성적인 면과 함께 기술의 부정확함 때문에 발견되지 않을 오류를 예측하는 것을 포함한다. 또한 표본감사를 적용하는 것이 테스트 대상 모집단에 대한 결론에 합리적인 그거를 제공하였는지 여부를 평가하여야 한다.

내부감사인은 감사목표와 관련성 있는 감사절차의 결과를 고려하고, 추정된 모집단의 오류를 허용 가능한 오류에 비교하여 허용 가능한 오류를 초과하는지 여부를 고려해야 한다. 추정된 모집단 오류가 허용 가능한 오류를 초과할 때, 내부감사인은 샘플링 위험을 재평가하고, 만약 그 위험이 수용할 수 없는 경우라면 대안적인 감사 절차를 실행하거나 감사 절차를 확장하는 것을 고려해야 한다.

5. 감사실시 시간

監査는 원칙적으로 영업시간 중에 행한다. 그러나 필요한 때에는 영업시간 개시 전 또는 종료 후에도 실시할 수 있다.

6. 감사실시 협력

감사대상부서 직원은 감사업무 수행 상 필요한 제반의 편의를 도모하고 질의사항에 대하여는 허위 없이 답변하여야 함은 물론 감사요원이 요구하는 장부·서류·규정·시달·기타 감사에 필요한 자료 및 사항을 지체 없이 제출·열람 및 설명함으로써 감사가 원활·신속히 진행되도록 협력하여야 한다.(「공공감사법」제20조 제3항)

감사요원은 감사업무 수행에 필요한 경우 감사대상부서 직원 이외의 직원에 대하여도 업무와 관련한 질의 및 관련자료 제출을 요구할 수 있으며, 이를 요구받은 직원은 이에 적극 응해야 한다.

7. 현장 조사

감사요원은 필요한 경우 실물 소재지 또는 현장에 출장하여 점검·확인할 수 있다. 그리고 자산·부채 계정의 잔액 및 예산집행에 대하여 증명을 필요로 할 때에는 감사요원이 직접 그 진위를 점검·확인할 수 있다.

8. 타 부서/타 기관 감사

감사반장은 감사업무 수행과정에서 당해 감사업무와 관련하여 다음 각 호에 해당하는 경우에는 감사부서장을 경유하여 감사의 지시를 받아 타부서/타기관의 개별사항에 대한 감사 또는 확인을 할 수 있다.

타 부서/타 기관 감사 수행 사유

① 위법·부당행위에 대한 증거인멸의 우려가 있는 경우
② 사고의 규모가 급속히 확대될 우려가 있는 경우
③ 기타 감사대상 부서의 위법·부당행위의 내용을 종합적으로 파악하기 위해 필요한 경우

9. 감사실시 변경

감사반장은 감사실시 중에 감사범위 또는 일정 등의 변경을 필요로 할 경우에는 그 사실을 감사부서장을 경유하여 감사에게 보고하고, 그 지시를 받아야 한다.

10. 위급상황 대응조치

가. 위급상황 대응조치의 개요

감사팀장/반장(이하 '감사팀장'이하 함)은 감사업무 수행 시에 중대한 비위사실 또는 문제점을 발견하였을 경우와 불가피한 사유로 감사의 계속 진행이 곤란하다고 인정되는 경우에는 '위급상황 대응조치'의 규정에 의한 조치를 취하여야 한다.

감사팀장/반장은 감사종료 전이라도 적출사항이 重大 事故 또는 그 우려가 있는 경우에는 전화 또는 서면으로 감사부서장을 경유하여 감사에게 보고하고, 그 지시를 받아야 한다.

감사요원은 위의 경우 그 관련 직원으로부터 경위서, 확인서 등 관련 입증자료를 받을 수 있으며, 필요한 경우 감사팀장은 감사부서장을 경유하여 감사에게 보고하여 관련 직원의 직무를 정지하도록 요청할 수 있다.

나. 위급상황 대응조치 방법

감사팀장은 감사기간 중에 중대한 비위사실 또는 문제점이 발견되어 이에 대한 위급상황 대응조치가 필요하다고 인정하는 경우에는 필요한 조치를 취하고, 신속히 감사부서장을 경유해 감사에게 보고한 후 그 지시를 받아 처리하여야 한다. 이 경우 감사 또는 상근감사위원은 이를 대표이사에게 통보한다.

감사팀장으로부터 위급상황 대응조치 요구를 받은 부서장/기관장은 특별한 사유가 없는 한 이에 응하여야 하며, 불가피한 사유가 있어 응할 수 없을 경우에는 정당한 사유를 감사에게 서면으로 제출해야 한다.

감사부서장은 긴급히 감사를 하여야할 필요가 있거나 감사대상으로 지정된 부서를 긴급히 변경할 필요가 있다고 인정할 때에는 이에 대한 사전조치를 취하고, 감사의 사후승인을 얻어야 한다.

제4절 업무감사

업무감사란 이사의 직무집행이 법령 또는 정관에 위반하거나 현저하게 부당한지를 감사하는 것을 의미한다. 다만 이사의 직무는 회사의 경영 전반에 미치는 것이므로 이사의 직무집행의 개념 속에는 통상적인 업무집행뿐만 아니라 신주발행이나 사채발행과 같은 조직에 관한 사항, 주주총회나 이사회와 같은 기관에 관한 사항, 재무제표 작성과 같은 회계와 관련된 사항도 포함된다.

따라서 업무감사는 이사의 통상적인 업무집행은 물론 이사회의 직무와 관련된 모든 사항이 그 대상이 되며, 회계감사는 업무감사의 일부로 해석되기도 하나 기능상 감사를 분류할 때는 업무감사에서 회계감사는 제외한다. 따라서 업무감사에서 회계감사와 진단감사를 제외할 경우 일반적으로 준법감사만 남게 되나, 준법감사는 기업종류별로 요구하는 법규 수준이나 업무 내용이 千差萬別인 것이 현실이다.

위 제2절이나 제3절에서 설명하고 있는 일상감사나 일반감사는 대부분 업무감사를 기준으로 설명하고 있으므로 별도로 업무감사를 설명할 필요성은 매우 낮다고 본다. 또한 기업의 종류는 헤아릴 수 없이 많은 관계로 여기서 업무감사 방법의 통일성을 기하는 것은 현실적으로 불가능하다. 따라서 감사요원이 업무감사를 수행할 때에는 해당 기업에 대한 세부적인 업무내용을 把握하여 대응하는 것이 바람직하다.

제5절 회계감사

Ⅰ 회계감사의 의의

회계감사의 사전적 의미는 타인이 작성한 회계기록에 대하여 독립적인 제3자가 분석적으로 검토하여 그의 적정여부에 관한 의견을 표명하는 절차를 말한다[88]. 여기서 **회계기록**이라 함은 회계장표 만을 의미하는 것이 아니고, 회계장표의 객관적 사실을 뒷받침해 주는 각종 증빙서류와 회계기록의 내용을 명백히 하는 제사실 모두를 포괄하는 개념이다.

내부회계감사란 이사가 회계장부에 근거하여 매 결산기에 작성하여 정기총회에 제출하여야 하는 재무제표와 그 부속명세서, 영업보고서가 법령이나 정관에 위반하거나 현저하게 부당한 사항이 있는지를 조사하는 한편 이러한 회계 관련 서류가 일반적으로 공정·타당한 會計基準 및 會計慣行에 준거하여 회사의 재산 및 손익상태를 진실하고 적정 하게 표시하고 있는지를 확인하는 **재무제표감사**를 일반적으로 말한다.

그러나 **내부회계감사**는 매 결산기 정기총회에 제출하는 회계에 관한 자료를 확인하는 **재무제표감사** 뿐만 아니라 회계연도 중에 회계조직의 목표와 업무의 효율과 효과를 높이기 위하여 회계업무 절차와 방법을 검토하는 **회계운영감사**와 감사를 받는 대상이 회계 관련 법률 또는 규정 등을 준수하였는가를 감사하는 **회계준법감사**를 포함한다.(김용범)

아울러 **과거의 회계감사**는 주로 허위와 부정을 적발하는 데 주안점을 두었다고 할 수 있다. 그러나 **현대의 회계감사**는 허위나 부정 그리고 오류를 적발하는 것뿐만 아니라 오히려 회계처리가 적정한가를 확인하고, 재무제표상의 여러 계정을 분석하여 그것이 기업의 재무상태와 경영 성과를 적정하게 표시하고 있는지를 확인하는 데 있다.

물론 회계감사를 통하여 모든 허위나 부정 그리고 오류가 반드시 적발된다고 볼 수는 없

---

88 위키백과. 두산백과. 고려대 한국어대사전.

으나, 중요한 허위나 부정 그리고 오류는 적발할 수가 있으며, 이를 통해 허위나 부정 그리고 오류의 확대를 사전에 예방할 수도 있다. 그리고 기업의 재무상태나 경영성과의 적정여부에 대해 의견을 제시함으로써 이해관계자의 의사결정에 도움을 준다.

참고

회계감사에 대한 ASOBAC의 정의

"(외부감사인 측면) **회계감사**"란 어떤 실체의 경제적 행위와 사건들에 대하여 경영진이 주장하는 바와 관련된 증거를 객관적으로 수집하고 평가함으로써 그 주장과 사전에 설정된 기준과의 일치 정도를 확인하고 그 결과를 이해관계자에게 전달하는 체계적인 과정이다.

II 내부회계감사의 종류

1. 기중내부회계감사

기중내부회계감사는 회계연도 중에 계속적으로 실시하는 감사로서 조직의 목표와 업무의 효율 및 효과를 높이기 위하여 회계업무 절차와 방법을 검토하고 그 개선 방안을 제시하는 **회계운영감사**와 감사를 받는 대상이 회계 관련 법률 또는 규정을 준수하였는가를 감사하는 것을 목적으로 하는 **회계준법감사**를 중심으로 실시하는 감사이다.

2. 기말내부회계감사

기말내부회계감사는 회계연도 말에 경영진이 작성·제시하는 재무제표가 회계기준에 따라 적정하게 작성되었는지 여부에 대하여 실시하는 감사로서, 이는 재무제표에 대한 사회의 신뢰성을 높이고 주로 주주·채권자·금융기관·감독당국, 기타 이해관계자의 이익보호를 목적으로 **재무제표감사**를 중심으로 실시하는 감사이다.

3. 내부회계관리감사

내부회계관리감사는 사업연도마다 평가기준일 현재 내부회계관리제도가 효과적으로 설계 및 운영되고 있는지 여부를 회사의 대표자 또는 내부회계관리자가 제출한 내부회계관리 운영실태보고서를 참고하여 경영진과 독립적인 입장에서 평가하고, 그 결과를 내부회계관리제도의 평가보고서에 반영하기 위해 실시하는 감사이다.

III 내부회계감사의 대상

1. 기중내부회계감사

기중내부회계감사는 일상감사의 대상과 일반감사의 대상에서 회계처리 관련 부문을 대상으로 한다.

2. 기말내부회계감사

기말내부회계감사는 이사가 정기총회일 6주 전에 감사에게 제출하는 재무제표 및 영업보고서를 대상으로 한다.

3. 내부회계관리감사

내부회계관리감사는 회사의 대표자가 사업연도 마다 감사에게 보고하는 내부회계관리제도의 운영실태를 대상으로 한다.

Ⅳ 내부회계감사의 기술

회계감사기술은 회계감사인이 감사목적을 달성하기 위해 유효한 감사증거를 입수하는 수단을 말한다. 회계감사기술은 내부증거를 입수하느냐 또는 외부증거를 입수하느냐에 따라 일반회계감사기술과 개별회계감사기술로 구분할 수 있다.

1. 일반회계감사기술

일반회계감사기술은 증빙대조·장부대조·계산검증·계정대조 등과 같이 내부증거를 구하는 감사기술로서 다음의 종류가 있다.

가. 증빙대조

증빙대조란 장부기록과 증빙서류를 대조함으로써 그 기록의 정부(正否)를 판정하는 감사기술이다.

나. 장부대조

장부대조란 이는 일정항목의 감사에 있어서 상호 관련되는 장부를 대조함으로써 전기(轉記)[89]나 기록의 정부(正否)를 확인하는 감사기술이다.

다. 계산검증

계산검증이란 각종 장부 또는 계산표에 있어서의 합계액·차감잔액·적수(積數) 등의 계산을 검산하여 그 수적 정확성을 확인하는 감사기술이다.

라. 계정대조

계정대조란 총계정원장에 있어서 상호관계 있는 각 계정을 대조하여 그 기록의 정부(正否)를 확인하는 감사기술이다.

마. 전표대조

전표대조란 회계전표와 그 전표에 관계되는 증빙서 및 관계기록을 대조하여 그것의 정부

89 전기(轉記)란 分介를 계정에 옮겨 적는 것을 말한다.

(正否)여부를 확인하는 감사기술이다.

바. 통사(通査)

통사란 일별(一瞥)감사라고도 하는데 회계기록·증빙서류 등을 통람(通覽)함으로써 이상 항목이나 예외사항 등을 직관적으로 간취(看取)[90]하는 감사기술이다.

사. 열람(閱覽)

열람이란 각종의 감사자료를 비판적으로 열람하여 회계처리에 관한 절차 및 정당성, 전년도와의 변경유무 등을 파악하는 감사기술이다.

2. 개별회계감사기술

개별회계감사기술은 외부증거를 구하기 위하여 각 계정에 대하여 개별적으로 적용되는 특수한 감사기술로서 다음과 같은 종류가 있다.

가. 실사(實査)

실사란 자산의 현물을 실지로 조사하고 그 수량을 확인하는 감사기술이다. 실사의 대상은 피감사기관 또는 피감사부서가 보유하고 있는 현금이나 받을어음, 예금증서·유가증권·재고품·고정자산 등인데 실사는 가장 신뢰할 수 있고 가장 유력한 증거를 제공해 주는 감사기술이다.

나. 입회(立會)

입회란 재고자산의 실지조사, 그 밖의 각종 사무 및 계산의 타당성을 확인하기 위해 감사인이 직접 현장에 참석하여 그 상황을 視察하는 감사기술이다.

다. 확인(確認)

확인이란 외부의 거래처에 조회하여 그 거래처 책임자의 서명날인이 있는 문서적 회답을 직접 입수하는 감사기술로 주로 채권·채무·은행예금 등의 실재성과 사실여부를 확실히 하기 위하여 행해지는 것이다.

라. 질문(質問)

질문이란 감사를 행함에 있어서 불분명한 사실이나 기타의 의문사항에 대하여 회사의 업무담당자나 책임자에게 문의하여 설명 또는 회답을 구하는 감사기술이다.

마. 비교(比較)

비교란 2개 이상의 서류 및 숫자에 대한 이동성 및 불규칙성을 발견하기 위하여 상호대

90 간취(看取)란 보아서 내용을 알아차림을 말한다.

조해 보는 감사기술이다.

바. 계정분석(計定分析)

계정분석이란 특정계정에 대하여 차변기입 및 대변기입을 구성요소별로 분해하여 해당 계정 기입사항의 정확성과 타당성을 확인하는 감사기술이다.

사. 비율음미(比率吟味)

비율음미란 재무분석상의 제비율을 응용하여 계정잔액의 정부(正否) 또는 적부(適否)를 대국적으로 판단하는 감사기술이다.

아. 조정(調整)

조정이란 별개의 원천에서 입수된 관련 있는 2개 이상의 수치(數値)를 비교하여 상위(相違)가 있는 부분에 대하여 시차(時差)를 정리함으로써 실질적으로 상호일치함을 확인하는 감사기술로서 당좌예금의 잔액조정 등에 이용된다.

V 내부회계감사의 절차

내부회계 감사절차는 내부감사인이 감사의 목적을 달성하기 위하여 필요하도록 충분한 합리적 증거를 입수하고 회계기록의 정확성 또는 타당성에 대해서 자기의 의견을 표명 하는 수단 및 방법을 말한다.

내부감사인이 합리적인 증거를 입수하는 수단 그 자체를 말할 때에는 **감사기술**이라 하고 이 감사기술이라는 작업용구를 사용해서 실제로 감사 사무작업을 시행하는 방법을 말할 때에는 **감사절차**라고 하는 것이다.

감사절차는 감사관행에 의하여 내부감사인이 통상 실시하여야 할 감사절차로서 실시 가능하고 합리적인 한 생략해서는 안 되는 중요한 절차이다. 이 절차에는 감사목적 및 실질적 내용에 따라 예비조사절차, 거래기장의 감사절차, 계정잔액의 감사절차, 결산기장의 감사절차로 나눈다.

1. 예비조사 절차

예비조사절차는 감사착수 전에 감사를 실시할 준비로서 피감사기관 또는 부서의 회계제도·내부통제조직, 그 밖의 기초적 중요사항에 대해서 조사하는 것으로 감사계획 작성의 준비단계 절차인 것이다.

2. 거래기장의 감사절차

거래기장의 감사절차는 회계기록이 계속성의 원칙에 입각하여 일반적으로 인정된 회계원칙에 준거해서 기장되고 있는가의 여부를 확인하는 절차이다.

3. 계정잔액의 감사절차

계정잔액의 감사절차는 기말 각 계정잔액의 정부(正否) 또는 적부(適否)를 음미하는 절차인데, 그 대표적인 예를 들어보면 현금·어음·외상채권·유가증권 등의 실사, 외상매출금·외상매입금·미지급금의 확인, 예금 잔액증명서에 의한 예금 잔액의 감사, 재고자산의 실사 등이다.

4. 결산기장의 감사절차

결산기장의 감사절차는 결산절차의 일환으로 기말에 행하여지는 결산정리의 기장이 타당성 있게 이루어졌는가를 검토하는 절차이다.

Ⅵ 내부회계감사의 방법

1. 기중내부회계감사

기중내부회계감사란 회계연도 중에 계속적으로 실시하는 감사로서 조직의 목표와 업무의 효율과 효과를 높이기 위하여 회계업무 절차와 방법을 검토하고 그 개선 방안을 제시하는 **회계운영감사**와 감사를 받는 대상이 회계 관련 법률 또는 규정을 준수하였는가를 감사하는 것을 목적으로 하는 **회계준법감사**를 중심으로 실시하는 감사이다.

이는 회계기록이 계속성의 원칙에 입각하여 일반적으로 인정된 회계원칙에 준거해서 기장되고 있는가의 여부를 확인하는 **거래기장의 적정성 감사**와 특정일 현재 각 계정잔액의 正否 또는 適否를 확인하는 **계정잔액의 적정성 감사**를 包括한다.

그 대표적인 예를 들어보면 현금·어음·외상채권·유가증권 등의 실사, 외상매출금·외상매입금·미지급금의 확인, 예금 잔액증명서에 의한 예금 잔액의 감사, 재고자산의 실사 등이 이에 해당된다.

2. 기말내부회계감사

기말내부회계감사란 이사가 회계장부에 근거하여 매 결산기에 작성하여 정기총회에 제출하여야 하는 재무제표와 부속명세서, 영업보고서가 법령이나 정관에 위반하거나 현저하게 부당한 사항이 있는지를 조사하고, 이러한 회계 관련 서류가 일반적으로 공정 · 타당한 회계관행에 준거하여 회사의 재산 및 손익상태를 진실하고 적정하게 표시하고 있는지를 확인 · 점검하는 것을 말한다.

이는 회계연도 말에 경영진이 작성·제시하는 재무제표가 회계기준에 따라 적정하게 작성되었는지 여부에 대하여 실시하는 감사로서, 재무제표에 대한 사회의 신뢰성을 높이고 주로 주주·채권자·금융기관·감독당국, 기타 이해관계자의 이익보호를 목적으로 재무제표감사를 중심으로 실시하는 감사이다. 기말내부회계감사에 대한 자세한 내용에 대하여는 제3편 제9장 제3절 '회계감사' 항목을 참조하시기 바랍니다.

3. 내부회계관리감사

내부회계관리감사는 사업연도마다 평가기준일 현재 내부회계관리제도가 효과적으로 설계 및 운영되고 있는지 여부를 회사의 대표자 또는 내부회계관리자가 제출한 내부회계관리 운영실태보고서를 참고하여 경영진과 독립적인 입장에서 평가하고, 그 결과를 내부회계관리제도의 평가보고서에 반영하기 위해 실시하는 감사이다.

감사는 「신외감법」의 규정에 따라 내부회계관리제도의 운영실태를 평가해 이사회에 매 사업연도마다 보고하고, 그 평가보고서를 해당회사의 본점에 5년간 비치하여야 한다.(「신외감법」제8조 제5항) 내부회계관리감사에 대한 자세한 내용에 대하여는 제3편 제7장 제1절-Ⅱ. '내부회계관리제도의 평가 및 보고' 항목을 참조하기 바랍니다.

제6절 기타 감사[91]

Ⅰ 서면감사

1. 서면감사의 정의

서면감사란 감사요원이 수감 대상 기관/부서로부터 감사에 필요한 자료를 제출받아 검토 · 확인하는 방법으로 실시하는 감사를 말한다.

2. 서면감사의 방법

서면감사는 현장에 임점하지 아니하고 감사에 필요한 자료를 제출받아 검토·확인하는 방법으로 감사를 실시하는 것을 제외하고는 일반감사의 절차와 동일하다.

서면감사는 징구자료의 검토·확인을 통하여 문제소지가 있는 회사 및 취약 부문을 조기에 식별하여 현장 감사와 연계하는 등 적기에 필요한 조치를 취함으로써 회사의 건전 경영을 유도하는 유효한 감독수단의 하나이다.

서면감사는 임점감사의 장점인 현장 확인이 곤란하다는 단점이 있지만, 임점감사에 따르는 과다한 비용과 업무부담 감소, 감사주기의 장기화 해소, 회사 및 취약부문의 조기발견 가능 등으로 임점감사와 상호보완적으로 활용하고 있다.

Ⅱ 특별감사

1. 특별감사의 정의

특별감사는 민원·사고·정보제보 등 개별사항에 대한 조사와 이사회, 대표이사 또는 감독기관의 의뢰가 있을 때 그리고 감사위원회(이하 '상근감사위원' 포함) 또는 감사의 특별지시가 있을 때 특정사항에 대하여 실시하는 감사를 말한다.

---

91 김용범. 전게서. 2017. 1194~1203면.

2. 특별감사의 방법

특별감사는 사고, 민원 등 특정사안이나 재무감사, IT감사, 경영감사 등 특정분야에 대하여 감사 또는 감사위원회의 재량에 따라서 비정기적으로 실시한다.

특별감사는 사고감사, 민원감사, 정보수집에 의한 감사, 감독기관의 지시에 의한 감사, 대표이사의 요청에 의한 감사 그리고 감사 또는 감사위원회의 필요에 의한 감사 등으로 구별된다.

특별감사는 감사 대상 및 범위가 특정되는 것을 제외하고는 일반감사의 절차 및 방법을 준용한다.

Ⅲ 화상감사[92]

1. 화상감사의 개요

포스트 코로나19 시대를 맞이하여 국가 경제·사회 전반의 구조적 변화가 초래됨에 감사제도 역시 변화를 모색해야 하는 패러다임 전환의 필요성이 대두되고 있다. 따라서 포스트 코로나19 시대에 현장 실질감사의 축소는 필연적인 상황이 되었다.

대다수의 기업과 조직이 비대면으로 감사방향을 전환해 자체감사기구의 내부감사기능을 유지하고자 필사적으로 노력하고 있다. 디지털 뉴딜시대를 선도하고 포스트 코로나19 시대에 대비해 昨今 비대면 감사활동의 적극적인 전개가 필요한 시점이다.

2. 화상감사의 개념

화상감사란 사후감사의 일종으로 영상회의 시스템을 활용한 감사를 말한다. 영상회의 솔루션(소프트웨어)과 사용자 장비(하드웨어)를 이용하여 본사, 지점, 사업소 및 자회사와 비대면 '온택트(On-tact)' 감사를 시행하는 것을 특징으로 한다.

'온택트(On-tact)'는 비대면을 일컫는 '언택트(Untact)'에 온라인을 통한 외부와의 '연결(On)'을 더한 개념으로, 온라인을 통해 외부활동을 이어가는 방식을 말한다. 이는 2020년 코로나19 확산이 장기화 되면서 등장한 새로운 흐름이다.

이를 통하여 본사, 지점, 사업소 및 자회사 업무 전 분야에 대해 업무처리 결과를 감사하고 부정·오류 등 문제점을 적출하여 개선 및 시정토록 하며, 또한 회사의 경영 방침·경영목표 등의 이행실태를 점검하여 조직 가치의 증진에 기여한다.

3. 화상감사의 운영 체계

L.A.B[93]Center를 기반으로 자율적 내부통제와 현업부서 참여형 종합감사제도를 위해 다음과 같이 비대면 화상감사 운영체계를 확립한다.

① 내부감사최고책임자 주재로 종합감사를 시작하면서 감사철학과 방향을 공유하는

---

92 이동규, 「랜線 Audit 비대면 감사」, 감사저널, 2020. 11월호, 50~58면.

93 LAN線 Audit Begins의 약어.

'Priming'(내부감사최고책임자 참여)

② 수감사업장 상황에 따라 변호사, 세무사 등 전문 인력이 선별적으로 참여해 감사 전문성을 제고하는 'Coaching'(전문인력 참여)

③ 영상통화 애플리케이션을 활용해 취약분야(자재 등)에 대해 영상 현장점검을 불시 시행하는 'Probing'(비대면 현장 점검)

④ 감사종료 회의 및 강평을 영상으로 시행하면서 감사결과를 공유하고, 업무상 건의사항 등을 청취하는 'Closing'(강평 및 총평)

⑤ 화상감사의 객관성을 확보하기 위해서 타사 감사기법 벤치마킹을 위한 교차감사를 비대면으로 진행하는 'Crossing'(교차감사)

⑥ 비대면 감사를 진행하면서 확인된 취약점인 감사대상 사업장과의 소통, 현장점검 미흡 및 온라인징구 감사증거의 증거능력 문제 등을 보완하기 위해 감사대상 사업장 관리자와 감사인력 간 영상 티타임 등을 통해 현안사항을 양방향 소통하며 공유하는 'Listening'(양방향 소통)

⑦ 업무 간소화를 위해 온라인으로 제출된 비대면 감사 증거서류(확인서 등)를 감사실 전자인증을 통해 접수하는 'e-Signing'(증거징구)

⑧ 감사 시작부터 종료까지 완전한 비대면 감사가 이루어질 수 있도록 감사결과 심위위원회를 감사인력과 심위위원 간 비대면·비접촉으로 운영해 감사결과의 공정성과 투명성을 확보하는 'Confirming'(감사결과 심의)

⑨ 반복 지적사례 재발방지를 위해 전 사업장을 대상으로 분기별 비대면 온라인 교육을 하는 'Managing'(감사 사후관리)

참고

온택트(ON-TACT) 화상감사(요약)

1) 비대면 소통, 소통과 공감하는 화상감사「ON」

① Priming : 최고감사책임자의 감사철학 및 방향 공유

② Listening : 사업소 애로사항, 건의사항 등 청취

2) 디지털 기반 능동적 감사기법, 화상감사「T-ACT」

① Coaching : 전문인력 활용한 감사 전문성 제고

② Probing : 'S-Auditor' 활용, 비대면 현장점검

③ Crossing : 타사 벤치마킹, 교차감사 비대면 진행

④ E-signing : 감사 증거서류 전자인증제 도입

3) 비대면 감사문화 정착을 위한 화상감사「Wrap-up」

① Closing : 비대면 감사종료 회의

② Confirming : 비대면 감사결과 심의

③ Managing : 비대면 감사사후관리

4. 화상감사의 업무 프로세스

1) 화상감사 준비(본사) : • 「LAB Center」구축
• 감사 수감자료 확인 및 착안사항 작성
• 감사 실시계획의 수립 및 실시 통보

2) 화상감사 준비(사업소) : • 실지감사 전 사업소 관련 감사자료 제출
• E-감사시스템에 스캔파일로 자료 제출
(사업소 관련 자료 전산화 등록 및 관리 추진)
• 감사를 위한 전용 공간 설정

3) 화상감사 영상회의 : • 통신망 등 사용환경에 따른 화상감사 영상회의 프로그램 선정
• 화상감사 영상회의실 참석자 통보
• 비대면 종합감사 시 소통과 공감을 위한 「Priming」(감사 참여), 「Listening」(양방향 소통)시행

4) 실지감사 실시① : • 분야별 감사실시 시행 및 필요시 비대면 실지감사(Interview) 시행
• 인사기록원부 등록 사진 및 신분확인
(성명, 사번, 생년월일, 현재 직무 등)

5) 실지감사 실시② : • 인터뷰 진행 시 녹음 동시 진행
• 인터뷰 진행 : 20분 이내
• 증빙 실시간 공유 기능을 통한 증거서류 징구 시 디지털화 전자인증 체계 「E-Signing」활용

6) 실지감사 실시③ : • 감사 전문성 확보 및 자체감사 활동 내실화를 위한 「Coaching」(전문인력 참여),「Crossing」(교차감사) 시행
• 본사-사업소 모바일 영상 연결을 활용한 비대면 현장점검 「Probing」(비대면 현장점검) 시행

7) 화상감사 종료 : • 감사결과의 공정성 및 객관성 확보를 위한 「Closing」, 「Confirming」시행
• 비대면 온라인 교육 등 「Managing」을 통한 체계적인 감사결과 사후관리

5. 화상감사의 절차 및 방법

가. 화상감사의 준비

1) 본사

본사의 회의실 등 일정한 장소에 통상 의자 6석 이상 규모의 공간을 마련하여, PC(외부망/업무망)로 영상회의 시스템을 구성하고, 대규모 스마트 TV와 고성능 웹 카메라, 영상 공유기

등으로 「L.A.B Center」(화상감사 상황실)를 구축한다. 기존 대면 종합감사 시 예비감사 기간을 1주로 운영하던 것을 비대면 감사의 내실을 기하기 위해서 준비기간을 2주로 늘린다.

사업소 종합감사 기본계획에서 정한 감사 중점사항과 대상 사업소로부터 제출받은 E-감사자료 등을 종합적으로 검토한 후 업무 분야별 착안사항을 작성하고, 하도급 공사, 물품·공사계약, 기성고 및 준공서류 등 직접 검토가 필요한 경우 '감사 제출서류' 요청절차를 통해 사업소에 자료요청을 한다. 종합감사 대상사업소의 제반사정 등을 고려해 구체적인 방향에 따라 계획수립 및 감사실시를 해당 사업소에 통보한다.

2) 사업소

종합감사 대상사업소에서는 화상감사 'Priming', 'Closing'을 위한 회의장을 마련한다. 영상회의 시스템 활용 시 최상의 영상품질을 구현하고자 화상 카메라는 최소(Full HD, 1920×1080) 이상으로 준비하고 또한 영상회의와 문서공유 기능 등 동시 진행을 위한 듀얼 모니터(or 프로젝트등)의 연결, 영상회의를 위한 프로그램[(업무용) 영상회의, (인터넷망) PC 영상회의 등] 사전설치 등이 필요하다.

종합감사 대상 사업소에는 화상감사를 위한 독립된 전용공간(감사장)이 준비되어야 하며, 감사수감자의 보호를 위해서 사무실 공간이 아닌 독립된 공간이 필요하고, 사업소 감사장의 무분별한 출입을 막기 위해 '출입일지'를 작성한다.

나. 화상감사의 영상회의

감사과정에서 대상자를 선정하여 실지감사(interview)를 시행할 경우, 감사대상자에게 사전에 통보해서 일정을 조율해 비대면 감사장에서 서로 볼 수 있게 준비한다. 영상회의 프로그램을 통해서 '2○년도 ○○사업 화상 종합감사' 등의 이름으로 영상회의실을 개설하여 실지감사를 진행한다.

비대면 종합감사를 실시하면서 감사대상 사업소에서 종합감사에 대한 중요성 및 긴장감이 약화할 수 있는 문제와 대면 감사보다 소통의 기회가 줄 수 있는 문제를 해소한다. 기존 감사반장/감사팀장 대신 내부감사최고책임자가 화상감사 시작 전에 직접 영상회의에 참석해서 감사철학을 공유하고, 현장과 소통하는 기회인 화상감사 'Priming'을 시행한다.

내부감사최고책임자가 직접 감사대상 직원들에게 소통감사의 제도적 일환인 '자진신고제도', '적극면책제도'를 설명하고, 감사기간 동안 감사방향과 감사 중점점검항목을 전달하고, 사업소 업무 현황, 애로 사항 및 현안 과제를 청취하고, 사업장의 현안사항을 적극적으로 수렴하기 위해서 화상감사 'Listening'으로 감사반장, 반원이 사업소장, 관리자들과 매일 쌍방향 소통환경을 구축해서 의견을 청취하고 개선이 필요사항인 경우 주관부서와 협의 등을 통해 진단감사 등에 반영한다.

다. 화상감사의 실지감사

실지감사(Interview)를 실시할 때는 대상자 신분 확인을 인사기록원부 등록사진 대조 및 개인정보(성명, 사번, 생년월일, 현재 직무 등)를 통해 철저히 확인하고, 주변 소음 제거 및 정확한 의사전달 등 유의사항을 알려준다.

실지감사 시작 전에 영상회의 프로그램을 통해서 녹화가 시작됨을 알린 후에 시행한다. 문서공유 기능을 활용하여 필요시 증빙서류를 징구하고 필요서류를 작성하게 한다. 인터뷰 진행시 20분 내외로 실시하며 마이크 오염 등 사전예방을 위한 감사인 및 수감인은 반드시 마스크 착용을 필수로 한다.

감사대상 사업장 상황 분석에 따라 필요한 경우 화상감사 'Coaching'을 실시한다. 사업소감사 착안사항에 따라 전문인력이 선별적으로 참여한다. 예를들어 안전사고 관련 감사의 경우 재난안전실(안전)직원, 사업소 노무사항 컨설팅 관련 감사의 경우 노무사, 정기세무조사 지적사례(가산세)의 경우 세무사, 미채권 회수 진단의 경우 변호사를 해당 감사에 참여하게 하여 감사를 진행한다.

스마트폰 영상통화 기능을 활용하여 현장점검이 필요한 취약분야 점검을 위해서 화상감사 'Probing'을 시행한다. 비대면 현장감사 수행으로 공기구·자재관리 현황 등을 불시 점검하는데, 권역별 감사담당역 및 사업장별 S-Auditor를 동반하여 점검을 시행한다. 교차감사 대상기관 비대면 감사참여로 감사결과 객관성을 확보하기 위해서 비대면 감사시스템을 이용해서 화상감사 'Crossing'를 운영한다.

회사전용「○○ 영상회의」시스템을 활용해서 교차감사를 진행하고, 감사시작 전, 사전점검 내용 및 유사사례 처리결과를 공유하면서 감사를 진행한다. 비대면 감사 증거서류(확인서 등)징구를 위해서 감사증거서류 전자인증체계, 화상감사 'e-Signing' 을 운영한다. 화상감사 영상회의 시스템으로 증거서류 제출부터 전자인증을 통한 접수 및 확인까지 비대면 무서류 업무를 도입한다.

라. 화상감사의 종료

감사결과를 공유하고, 업무상 건의사항 등의 청취를 비대면으로 진행하는 비대면 감사종료회의, 화상감사 'Closing'을 진행하면, 감사대상 사업소와의 화상감사는 종료된다.

6. 결어

L.A.B Center 활용으로 전염병 예방강화 및 비대면 회의문화 정착에 기여하기 위해 본사 부·실 비대면 회의 필요시 공유하는 'Sharing'을 도입한다. 감사일정 검토 후 최대한 타부서에서 L.A.B Center를 사용할 수 있도록 협조해, 본사부서와 사업소 간 비대면 회의, 교육, 사업소장 영상회의 등에 활용한다.

또한 감사결과의 재발방지 등 체계적 관리를 위한 비대면 온라인 교육을 시행하는 'Managing'을 지속적으로 시행하여 감사인 전문성을 향상시키고 실무자 간 업무교류를 활성화해 나간다. 해외 사업장도 화상감사 시행을 통해 도출된 문제점들을 해소할 수 있도록 개선방안을 강구한다.

비대면 감사시스템 완비로 전염병 감염가능성 제로(Zero)화는 물론 감사대상 사업장 축소없이 감사업무 정상수행과 예산절감이라는 부대효과도 누릴 수 있다. 앞으로 화상감사 운영

체계를 통해 모든 감사업무에 비대면 업무를 정착시키고 회사업무 전반으로 확산시켜 위기 극복과 디지털 뉴딜시대를 대비할 필요가 있다.

Ⅳ 진단감사

1. 진단감사 일반[94]

가. 진단감사 개요

내부감사란 조직 내부에 있는 감사기관이 한 조직의 목표를 달성하고, 가치를 증진 및 개선시키기 위하여 설계된 독립적이고 객관적인 검증과 진단 활동이다. 이것은 체계적이고 훈련된 접근방법을 이용하여 지배구조, 위험관리, 내부통제 그리고 부정관리 프로세스의 적정성 및 유효성을 검증 및 진단하여 그 결과를 경영진, 주주 등 이해관계자에게 전달하고 필요시 적절한 조치를 하거나, 하도록 하는 과정이다.

따라서 내부감사인의 직무는 한 조직의 목표를 달성하고, 업무수행 가치를 증진 및 개선시키기 위해 제공할 수 있는 두 가지 유형의 서비스 즉 검증활동과 진단활동이므로 그 중에서도 내부감사기관의 진단 활동은 회사의 건전경영은 물론이고 조직의 업무수행 가치 증진 및 개선을 위해서도 매우 중요하고 필요한 활동이다.

나. 진단감사 정의[95]

"**진단감사(또는 컨설팅 감사)**란 내부 감사기관이 경영진과 같은 책임은 없이 조직의 위험관리, 내부통제, 부정관리 및 지배구조 프로세스의 가치를 증진시키고 개선할 의도를 갖고 하는 조언 및 관련 서비스 활동. 즉, 예를 들면 카운슬링, 조언, 지도 그리고 훈련"이라고 일반적으로 설명한다.

따라서 내부감사기관의 진단감사 활동은 경영진의 요청에 의하여 하는 경우도 있고, 내부감사기관의 평상시 일상 감사업무의 일부분으로 수행할 수도 있다. 각 내부감사조직은 제공될 진단감사 활동의 형태를 검토하고 각 활동의 형태별로 특별한 규정이나 절차를 마련해야 하는지 결정해야 한다.

다. 진단감사 종류

1) 자문 진단 감사(Advisory Consulting Engagements)

① 내부통제 설계 자문

② 정책과 시행절차의 개발에 대한 자문

③ 정보시스템 개발과 같이 고위험 프로젝트에 대한 자문역할로 참여

④ 리스크관리 및 부정관리에 대한 자문 등

---

94 김용범, 전게서, 2017, 1195~1196면. IIA, 전게서, 2007, 53~65면. 수행권고 1000. C1.

95 김용범, 전게서, 2017, 1195면. IIA, 전게서, 2007, 54~55면 및 2017, 253면.

2) 교육 진단 감사(Training Consulting Engagements)

① 리스크관리, 부정관리 및 내부통제에 대한 교육
② Best practices 를 습득하기 위해 다른 또는 비슷한 기관의 영역과 기업 내부 영역을 비교하여 벤치마킹
③ 사후 분석(프로젝트 수행 후 그 프로젝트로부터 학습) 등

3) 지도 진단 감사(Facilitative Consulting Engagements)

① 조직의 위험관리 및 부정관리에 대한 평가·지도
② 경영진의 내부통제에 대한 평가·지도
③ 조직의 지배구조 구축·운영에 대한 평가·지도
④ 회사의 회계처리, 업무처리, 경영정책에 대한 평가·지도 등

4) 혼합 진단 감사(Blended Consulting Engagements)

2. 진단감사 수행원칙[96]

가. 조직가치 증진제안

조직가치란 "회사가 타깃고객에게 제공할 수 있는 가치의 내용을 구체적으로 명확화하는 것으로 브랜드, 가격, 상품과 서비스의 편익 등을 말한다." 따라서 진단 감사는 **조직가치 증진을 제안**해야 하며, 이는 타깃고객이 명확해야 하고, 제공하는 혜택을 명확히 기술해야 하며, 경쟁사의 조직가치 증진제안보다 우월해야 하고, 회사자원과 능력으로도 실현가능해야 한다. 또한 충분한 수요와 이익의 가능성이 있어야 한다.

내부감사부서의 조직가치 증진제안은 해당조직의 문화와 자원에 맞는 적절한 방식으로 내부감사인을 고용한 모든 조직 내에서 실현된다. 조직가치 증진제안의 정의는 내부감사 직무의 정의에 들어 있으며, 지배구조, 리스크관리, 부정관리 그리고 내부통제 영역에 체계적이고 훈련된 접근방법을 도입해 조직의 가치를 증진시키도록 설계된 검증과 진단역할을 포함한다.

나. 검증 감사와 일관성

각 내부감사부서는 훈련되고 체계적인 평가방법을 가지고 있다. 다양한 감사서비스들은 검증감사와 진담감사의 광범위한 범주로 일반적으로 구성되어 있다. 그러나 그런 감사서비스들은 넓은 의미의 내부감사직무 정의와 일관되게 발전된 형태, 즉 진단감사는 검증감사와 일관성 있게 조직의 가치증대 서비스를 志向하여야 한다.

다. 타 감사활동의 未制限

내부감사가 수행하는 다양한 내부감사 활동들이 있다. 검증감사 활동과 진단감사 활동은

96 김용범, 전게서, 2017, 1196~1199면. IIA, 전게서, 2007, 64~66면. 수행권고 1000. C1.

서로 배타적이지 않고 조사, 비감사적 역할 등 여타 감사 서비스를 제한하지 않는다. 많은 다른 감사 서비스도 검증감사 역할이나 진단감사 역할을 한다.

라. 검증과 진단의 상관성

내부감사 서비스 중 진단감사 서비스는 내부감사의 부가가치를 더해 준다. 진단감사 서비스는 종종 검증감사 서비스의 직접적인 결과인 반면, 검증감사 서비스도 진단감사 서비스 임무의 수행으로부터 생성될 수 있다고 인식되어져야 한다.

마. 내부 감사기반의 확장

내부감사부서에서 행하는 많은 진단감사 서비스가 회사에 대한 검증감사 서비스를 자연스럽게 확장하는 역할을 수행하게 되며, 감사인은 공식적 또는 비공식적 자문, 분석 또는 평가를 수행하게 된다.

내부감사부서는 다음과 같은 기초하에 이러한 진단감사 서비스를 수행하도록 독특하게 자리 잡고 있다. 이에는 ① 최고의 객관성 기준 준수, ② 조직의 업무처리 프로세스, 리스크관리, 부정관리, 내부통제 그리고 전략에 대한 광범위한 지식이 그것이다.

바. 중요정보의 전달촉진

내부감사부서의 주요한 내부감사 활동의 가치는 이사회, 최고경영진 또는 감사(이하 '감사위원회'포함)에게 「검증(assurance)감사 서비스」와 「진단(consulting)감사 서비스」를 제공하는 데 있다.

내부감사최고책임자의 판단으로는 최고 경영진 또는 이사회 위원들에게 제공되어야 할 정보를 감추는 방식으로 컨설팅 업무가 수행될 수는 없다. 모든 진단감사 서비스는 진단 결과 취득한 중요 정보를 이들에게 전달을 촉진하는 역할을 한다.

사. 진단 원칙의 명문화

조직은 그 조직 내의 모든 구성원이 이해하는 진단감사 서비스의 수행의 기반이 되는 지침을 가져야만 하며, 이러한 지침들은 감사위원회 또는 감사의 승인을 받아 조직 내에 제정된 감사헌장 또는 감사직무규정/감사위원회직무규정 등에 명문화 되어야 한다.

아. 진단 요원의 전문화

경영진은 종종 외부진단 전문기관에 상당히 오랫동안 지속되는 진단 업무를 맡긴다. 그러나 조직 내 몇몇 공식적인 진단업무는 내부감사 활동부서가 유일한 자격을 갖추고 있음을 알 수 있다.

내부감사부서가 공식적인 진단임무를 수행한다면 내부감사 집단(내부감사 조직 및 내부감사인)은 진단 임무수행을 위하여 전문자격증을 취득하거나 체계적이며 훈련된 접근방법을 도입해야 한다.

자. 이해관계자의 소통성

진단서비스는 특별한 관리적인 쟁점들을 다루기 위해 내부감사최고책임자가 경영진과 대화할 수 있는 기회를 제공해 준다. 이런 대화를 통해 임무의 범위와 시간계획이 경영진의 요구에 부응하여 설정된다.

그러나 내부감사최고책임자는 진단 결과의 내용과 중요도가 조직에 중대한 리스크를 야기할 때 감사기법을 정하는 특권과 최고경영진 및 감사/감사위원회에 보고할 권리는 여전히 보유한다.

차. 법·규정의 엄격준수

내부감사인은 무엇보다 우선하는 감사업무 수행자이다. 그래서 모든 서비스 수행에 있어서 내부감사인은 회사 내부규정과 「윤리강령(Code of Ethics)」및 「국제내부감사 직무수행기준(Standards)」등의 일반기준 및 실행기준을 따라야 한다.

따라서 어떤 예기치 못한 분쟁과 활동 들은 회사 내부규정과 「윤리강령(Code of Ethics)」및 「국제내부감사 직무수행기준(Standards)」등의 일반기준 및 실행기준 등에 따라서 해결되어야 한다.

3. 진단감사 수행방법

가. 독립성과 객관성[97]

내부감사인은 이따금 그들이 전에 책임 맡고 있었던 업무나 검증감사 서비스를 수행했던 업무와 관련하여 진단감사 서비스를 부탁받는 경우가 있다.

내부감사최고책임자는 진단감사 서비스를 제공하기 전에 이사회가 진단감사 서비스 제공의 의미를 이해하고 승인하는지 확인해야 한다. 만약 승인한다면 진단감사 서비스의 책임과 권한이 포함되도록 내부 감사헌장 및 감사규정 등을 수정해야 하며, 내부감사 부서는 그런 진단감사 서비스를 수행하기에 적절한 정책과 절차를 만들어야 한다.

내부감사인은 경영진에게 어떤 결론을 내려 권고할 때에는 객관성을 유지해야 한다. 진단감사 서비스를 수행하기 전이나 수행 중에 독립성이나 객관성을 저해하는 요소가 있다면 즉시 경영진에게 그 내용을 알려줘야 한다. 또한 공식적인 진단감사 서비스를 수행한 후 1년 이내에 검증감사서비스를 수행한다면 독립성과 객관성이 沮害될 수 있다. 그런 沮害를 최소화하기 위하여 다음과 같은 조치를 취할 수 있다.

독립성과 객관성 저해를 최소화하는 조치

① 각각의 서비스에 서로 다른 감사인의 임명

97 김용범, 전게서, 2017, 1199~1200면. IIA, 전게서, 2007, 69~70면. 수행권고 11130. C1.

② 독립된 관리와 감독기능 마련
③ 해당 프로젝트 결과에 대한 별도의 책무(責務) 정의
④ 예상되는 저해 내용의 공개 등

그리고 경영진은 권고사항을 접수하고 이행하는 데 책임을 져야 한다. 특히 내부감사인은 진단감사 서비스 업무 수행 시, 당초의 업무 목표와 범위에 포함되지 않은 경영진이 하여야 할 일상적인 업무로 간주되는 것에 부적절하게 또는 무의식적으로 개입하는 일이 없도록 주의를 기울여야 한다.

내부감사부서는 비감사(컨설팅) 프로젝트를 수행하는 데 필요한 감사인 개인의 객관성 또는 총체적 내부감사기능의 독립성을 저해할 가능성을 축소하도록 지원하는 내부통제 기능을 설치하여야 한다. 내부감사인의 독립성과 객관성을 지원하는 내부통제기법은 다음과 같다.

내부감사인의 독립성과 객관성을 지원하는 통제기법

① 진단감사 서비스의 범주를 정의하는 감사헌장 또는 감사규정에의 표현
② 진단감사 프로젝트의 형태, 성격 그리고/또는 참여수준을 제한하는 정책 및 절차
③ 객관성을 위협할 수 있는 업무 수용에 대한 제한을 통해 진단감사 프로젝트를 심사하는 프로세스 사용
④ 같은 감사부서 내에서 진단감사를 수행하는 팀과 검증감사를 수행하는 팀을 분리
⑤ 업무별로 감사요원의 순환 근무
⑥ 진단감사 서비스 업무를 수행하기 위해 외부 전문가 고용 또는 감사부서가 지난 진단감사 서비스 업무에 참여한 것이 객관성/독립성을 저해하는 것으로 결정된 경우에 검증감사 서비스 업무를 수행하기 위해 외부전문가 고용
⑦ 지난 진단감사 서비스에 참여하여 객관성이 저해된 경우, 보고서에 그 사실을 공개

나. 정당한 전문가적 주의[98]

내부감사인은 다음과 같은 사항을 이해하여 공식적인 진단감사 서비스 업무수행에 있어서 정당한 전문가적 주의를 다하여야 한다.

진단감사 서비스 업무에 필요한 전문가적 주의사항

① 업무의 성격, 타이밍, 진단감사 결과 보고를 포함한 경영진들의 요구사항
② 서비스를 요구하는 사람들의 적절한 동기와 이유
③ 진단감사 목표를 완수하기 위해 필요한 업무량

98 김용범, 전게서, 2017, 1200~1201면. IIA, 전게서, 2007, 70~71면. 수행권고. 1210.C1., 1220.C1., 2130.C1., 2201.C1.

④ 진단감사 수행에 필요한 기술과 자원
⑤ 감사위원회 또는 감사로부터 旣 승인받은 감사계획에 미치는 영향
⑥ 미래의 감사 할당이나 진단감사 서비스 업무에 미치는 잠재적 영향
⑦ 진단감사 수행에서 오는 조직에의 잠재적 기여 내용 등

위의 언급된 독립성과 객관성 평가와 상당한 직무상 주의에 대한 배려 외에 내부감사인은 다음과 같이 수행하여야 한다.

진단감사에 필요한 내부감사인의 업무수행 자세

① 내부감사인은 제공할 서비스의 성격과 범위를 평가하기 위하여 적절한 모임을 갖고 필요한 정보를 수집해야 한다.
② 내부감사인은 진단감사 서비스를 제공받을 부서가 내부감사 헌장 또는 규정의 관련 지침, 내부감사 활동 정책 및 절차, 기타 다른 진단감사 임무 관련 지도지침을 이해하고 동의하는지 확인하여야 한다.
③ 내부감사인은 내부감사헌장 또는 규정에서 금하고 있거나, 내부감사부서 정책 및 절차와 배치되고, 조직의 가치증대 또는 최선의 이익을 촉진하지 못하는 진단감사 업무수행은 거절하여야 한다.
④ 내부감사인은 진단감사 업무수행이 내부감사부서의 전체 업무수행 계획과 배치됨이 없는지 점검해야 한다. 리스크에 초점을 둔 내부감사부서의 업무수행은 조직 전체에 필요한 커버리지를 제공하기 위하여 적절히 필요한 정도로 진단 감사 기능을 포함시키고 의존할 수 있다.
⑤ 내부감사인은 공식적인 진단감사 업무의 일반조건, 상호이해, 산출물 그리고 기타 주요 사안들을 서면계약서나 계획서에 문서화해야 한다. 보고와 의견전달 요구사항에 대해 내부감사인과 진단감사를 받을 대상 부서에 대하여 모두 이해하고 동의하는 것이 중요하다.

다. 진단감사 수행의 범위[99]

내부감사인은 진단감사를 받는 부서와 진단감사 목적과 범위에 대해 상호이해를 가져야 한다. 진단감사수행에 대한 가치와 이점에 대한 유보 그리고 어떤 부정적인 측면에 대해서 서비스를 받는 부서와 의견교환을 해야 한다. 내부감사인은 내부감사 부서의 전문성, 무결성, 신뢰성과 명성이 유지될 수 있도록 감사범위를 설정해야 한다.

내부감사인은 설정된 감사범위가 진단감사 업무의 목적을 달성하는 데 적절해야 하며, 업무목표, 범위 및 조건들은 주기적으로 업무수행 중에 재평가되어 조정되어야 한다. 내부감사인이 공식적으로 설정한 진단감사의 범위는 일반적으로 회사의 위험관리, 부정관리 및

99 김용범, 전게서, 2017, 1201면. 국제내부감사인협회, 전게서, 2007, 71~73면. 수행권고 2010.C1., 2110.C1~C2, 2120.C1~C2., 2201.C1., 2210.C1., 2240.C1., 2440.C2.

내부통제 프로세스의 적정성 및 효과성 등이다.

내부감사인은 진단감사 결과 상당한 위험 및 부정에 대한 노출 또는 중요한 내부통제 취약점은 관리자에게 알려서 주의를 갖도록 해야하며, 내부감사인은 도출된 사항의 규모 및 중요도에 따라 어떤 경우에는 내부감사최고책임자, 최고경영진, 감사/감사위원회 또는 이사회에 보고되어져야 한다.

내부감사인은 진단감사 업무수행 중에 다음과 같은 사항을 결정함에 있어 전문가적 판단을 하여야 한다.

진단감사 수행 중에 전문가적 판단이 필요한 사항

① 위험 노출 및 내부통제 취약점의 심각성 그리고 그런 약점들을 수정하거나 완화시키기 위해 취하거나 고려중인 행동

② 그러한 사항 들을 보고함에 있어서 내부감사최고책임자, 최고경영진, 감사/감사위원회, 이사회의 기대사항 확인 등

라. 내부감사인 역할의 핵심요소[100]

내부감사인은 검증 감사업무를 통하여 경영진이 조직의 목표를 완수하고, 업무 및 활동을 수행함에 있어 내부적 및 외부적인 요건을 준수하는 책임을 검증하는 데 도움을 준다. 이러한 업무는 개선을 위한 권고라는 차원까지 포함할 수 있지만, 내부감사인은 개선을 실행하거나 승인하는 궁극적인 책임은 없다.

만약 내부감사인이 업무적 개선을 실행하거나 승인하는 책임을 진다면, 검증감사 과정에서 권고한 경우든지 또는 진단감사 업무로서 권고한 것이든지, 내부감사인은 감사업무의 기본이 되는 독립성과 객관성을 저해하게 된다. 내부감사인은 진단감사 활동을 통해 조직을 지원할 때에는 그들의 활동을 감사기능의 핵심요소를 정의하는 범주 내로 유지하여야 한다. 이러한 핵심요소들은 다음과 같은 내용들을 포함한다.

내부감사인 역할의 핵심요소

① 내부감사인은 독립적이어야 하며 감사인의 객관성을 저해하는 관계나 상황을 피해야 한다.

② 내부감사인은 그들이 수행하는 업무를 감사할 수 없다.

③ 내부감사인은 경영기능을 수행하거나 경영의사 결정을 해서는 안 된다.

이런 요소들은 내부감사의 목표인 조직가치 증진제안, 즉 객관적인 제3자가 경영진 주장의 신뢰성을 검증한다는 원칙을 뒷받침하므로 핵심요소라 할 수 있다. 따라서 내부감사최고

---

100 김용범, 전게서, 2017, 1202면. IIA, 전게서, 2007, 76~77면. 수행권고 1000.C1-3.

책임자는 내부감사인을 보호하기 위해 진단감사 서비스를 제공할 때에도 발생할 수 있는 내부감사인의 독립성에 대한 잠재적 위협을 최소화해야 한다.

마. 진단감사 활동의 제한[101]

내부감사인이 검증감사 역할 외의 업무를 제한하는 특정 관할 영역의 규칙들은 외부감사를 수행하는 외부감사인에게만 적용될 수 있고 또는 모든 형태의 내부감사를 수행하는 내부감사인에게도 적용될 수 있다. 더욱이 그런 규칙들은 감독 또는 규제기관이 부여한 감사기능에 대한 수권 법령에 들어 있거나 또는 특정조직이나 관할 영역의 감사에 필요한 윤리강령이나 감사기준에 포함될 수 있다.

내부감사최고책임자는 감사부서의 규정과 그들의 정책 및 절차가 관련 지배규칙을 준수할 것을 보증할 책임이 있다. 그리고 진단 서비스를 제한하는 지배규칙의 적용을 받지 않는 곳에서도 내부감사인의 독립성이나 객관성에 대한 위협을 관리하거나 최소화하도록 설계된 품질관리시스템을 보증할 책임이 있다.

바. 진단감사 프로젝트를 위한 심사

진단업무를 승인하고 수행할 때 내부감사인들은 진단 서비스를 제공하는 근거를 문서화하고 그 서비스가 감사 역할의 핵심요소를 위반하지 않는다는 그들의 판단을 증명하여야 한다. 이런 정보는 외부 품질관리 검토자에게 공개되어야만 한다.

진단감사 프로젝트를 위한 심사(예)

① 진단감사서비스에 대한 요청을 받으면 내부감사부서는 그런 서비스를 제공하는 것이 실질적으로 또는 외양상으로 임무부여 받은 내부감사인의 객관성 또는 같은 영역 내에서 다음번 감사를 수행하기 위한 부서의 독립성에 부정적인 영향을 주는 개인적인 沮害를 가져올 것인가를 고려해야 한다.

② 만약 그 업무가 객관성이나 독립성을 저해하는 내용을 포함한다고 결정되면 그런 요청은 거절되어야 한다. 만약 거절된다면 그 요소들과 최종결론은 메모로 기록되어 그 서비스를 요청한 사람에게 보내져야 한다.

③ 진단감사서비스를 제공하기 전에 책임감사인은 그 업무의 결과에 대한 책임을 지고, 그래서 사실상으로나 외양상으로 진단업무의 결과에 대한 판단을 할 책임 있는 입장에 있다는 요청자와의 약정을 문서화한다. 내부감사부서는 목표, 범위, 진단 서비스에 부과된 제하에 관해 요청자와 계약을 수립하여야 한다.

101 김용범, 전게서, 2017, 1202면. IIA, 전게서, 2007, 77~78면. 수행권고 1000.C1-3.

4. 진단감사 수행결과 보고[102]

진단감사업무 진행과정 및 결과에 대한 보고는 업무의 성격과 고객의 요구에 따라 다양한 형태와 내용을 보일 것이다. 그리고 진단 업무 수행결과에 대한 보고의 틀에는 업무의 성격, 사용자가 알고 있어야 하는 어떤 한계, 제약과 컨설팅 수행결과 도출된 문제점 및 개선사항, 지도사항 등을 명백히 기술하여야 한다.

어떤 경우에는 내부감사인은 결과보고가 서비스를 받거나 요청한 수감자들 이상의 고위층에게 보고되어야 한다고 결론을 내릴 수 있다. 그런 경우에 내부 감사인은 결과가 적절한 당사자에게 전달되도록 보고 범위를 확장해야 한다.

보고 범위를 다른 당사자에게까지 확장할 때, 내부감사인은 문제해결에 만족을 얻기 위해서는 다음과 같은 절차를 수행하여야 하며, 당사자들에 대해서는 보고사항을 이해하고 동의하도록 설득절차를 수행하는 것이 바람직하다.

문제해결에 만족을 얻기 위한 수행 절차

① 먼저 컨설팅 보고에 대하여 내부감사 헌장 또는 감사활동 정책 및 절차에 나타난 지침을 확인
② 조직의 행동 강령, 윤리강령 그리고 여타 관련 규정이나 통첩 및 절차에 나타난 지침을 확인
③ 내부감사인에게 적용되는 직무수행기준 및 윤리강령, 기타 수행기준과 조문, 검토 중인 문제와 관련된 법규 등에 나타난 지침 등을 확인 등

내부감사인은 공식적인 진단감사 업무의 성격, 범위 그리고 진단감사 수행 결과를 다른 감사활동 보고서와 같이 경영진, 감사/감사위원회, 이사회 또는 여타 회사의 지배 기구에 보고하여야 한다. 내부감사인은 어떻게 감사자원이 사용되어졌는지 최고경영진 및 감사/감사위원회가 알고 있도록 하여야 한다.

5. 진단감사에 대한 문서화[103]

내부감사인은 공식적인 진단감사 서비스의 목적을 완수하고 그 결과를 지원하기 위해 수행된 감사내용을 문서화해야 한다. 그러나 검증감사에 요구되는 문서작성 요구가 반드시 진단감사 임무수행에 적용되는 것은 아니다.

내부감사인은 적절한 문서보존규정을 채택하여 컨설팅 수행 관련 기록에 대한 소유권 문제 등 관련 문제를 다루는 것이 필요하다. 그렇게 함으로써 조직을 적절히 보호하고, 그런 기록들에 대한 요구에 대해 잠재적 오해를 피할 수 있다.

특히 법적절차, 규제당국의 요구, 세무, 회계문제 등이 개입된 상황에서는 진단감사 관련 기록 들을 다룸에 있어 특별한 관심이 요구된다.

---

102 김용범, 전게서, 2017, 1203면. IIA, 전게서, 2007, 73~74면. 수행권고 2410.C1., 2440.C1.

103 IIA, 전게서, 2007, 74면. 수행권고 2330.C1. 김용범, 전게서, 2017, 1203면.

6. 진단감사에 대한 사후관리

내부감사부서는 진단감사 수행결과에 대해 사후 점검을 해야 한다. 서로 다른 진단감사 업무의 형태에 따라 다양한 점검이 필요할 것이다.

위의 진단감사에 대한 자세한 내용에 대하여는 제3편 제9장 제4절 '진단감사업무'항목을 참조하시기 바랍니다.

제7절 중요회의 출석

I 중요회의의 개요

중요회의란 회사의 경영전략이나 중요한 사항을 결의하거나 의견교환, 의견조율 등을 행하는 회의를 말한다. 통상 기업 실무에서는 중요한 결의사항에 관해 이사회 이외에 상무회의나 경영전략회의, 임원회의 등과 같이 일부의 핵심이사, 또는 회사업무를 상근으로 하는 업무담당 임원으로 구성하는 회의체에서 결정되는 경우가 적지 않다.

II 중요회의 출석 목적

1. 의사결정의 적법성 검증[104]

이사가 행하는 의사결정 중 가장 중요한 것은 이사회 결의에 의해 이루어지는 의사 결정이다. 감사는 이사회의 결의내용에 관해서는 항시 법령·정관 및 선관주의의무의 위반여부에 대하여 감사하여야 한다.

상무회, 리스크관리위원회, 경영위원회, 임원회 등 법령에서 정하고 있지 않은 회의라 하더라도 회사 내부 규정에 의해 중요사항이 심의 또는 결정되는 것에 대해서는 이사회에 준하여 취급할 필요가 있다.

그리고 사내의 직무전결규정 또는 결재규정에 의해 중요한 의사결정을 행하는 이사(경우에 따라서는 이사로부터 수권된 업무집행임원 또는 기타 사용인)에 대해서도 그의 의사결정에 관해 감사하여야 한다.

2. 경영판단의 합리성 검증[105]

이사회의 의사결정에 관해 적법성을 검증하기 위해서는 의사결정이 법령·정관의 구체적인 규정에 反한 것인지 그 여부에 대한 확인은 물론이고, 의사결정과정에 있어서 이사의 선관주의의무 위반이 있었는지에 관해서도 확인할 필요가 있다.

---

104 김용범, 전게서, 2017, 1204면. 권종호, 전게연구서, 한국상장회사협의회, 2004, 214면.

105 김용범, 전게서, 2017, 1204~1205면. 권종호, 전게연구서, 한국상장회사협의회, 2004, 214~215면.

이사의 의사결정, 즉 경영판단에 관해서는 이른바 "경영판단의 원칙"의 적용가능성을 둘러싸고 많은 논란이 있지만, 경영판단의 실패에 대해 이사가 책임을 지지 않기 위해서는 적어도 다음의 요건이 충족되어야 한다는 것이 일반적인 견해이다.

참고

경영판단을 적용하는 요건[106]

① 이사나 감사가 회사의 업무를 집행함에 있어 회사의 권능 및 자신의 권한의 범위 내에서 합리적인 근거를 가지고 있어야 한다.
② 일정한 경영상의 중요한 결정을 함에 있어서 필요한 자료를 충분히 검토한 후에 판단을 하여야 한다.
③ 자신이 회사의 최선의 이익에 합치한다고 성실하게 믿었던 사항 이외에는 아무런 영향도 받지 않고 그 독자적인 재량과 판단에 기초한 결과에 따라 성실하게 행동하여야 한다.

감사가 이사의 경영판단의 합리성에 관해 평가하는 경우도 기본적으로는 이 기준에 따라 다음의 점에 관해 검증하여야 할 것이다.[107]

경영판단의 합리성을 평가하는 데 검증할 사항

① 의사결정의 전제가 된 계약관계, 사실관계, 다른 당사자의 의향 등을 조사하고, 판단시점에서의 회사를 둘러싼 권리·의무관계 기타 상황 등을 정확하게 파악하고 있는가?
② 다양한 선택지를 검토하고, 각각의 선택지에 대해 손익관계를 정량적으로 비교하고, 최종적으로 선택한 안이 최선의 선택인지에 관해 검토가 있는가?
③ 경영판단에 중요한 영향이 있는 사실관계의 평가 등에 있어서 필요한 전문가의 의견 등을 구하였는가?
④ 실행 안에 내재하는 리스크를 분석하고 그 대책은 충분히 강구하고 있는가?

Ⅲ 중요회의 출석과 의견진술

1. 이사회 출석과 의견진술[108]

현행 「상법」은 감사에 대해서 이사회의 출석 및 의견진술권을 인정하고 있다.(「상법」 제391조의2 제1항) 물론 감사에게 이사회의 출석 「의무」가 있는지에 관해서는 학설의 다툼이 있으

106 김용범. 전게서. 2017. 1205면. 이철송. 전게서. 2021. 796면..

107 김용범. 전게서. 2017. 1205면. 권종호, 전게연구서, 한국상장회사협의회, 2004., 214~215면.

108 김용범. 전게서. 2017. 1205~1207면. 권종호, 전게연구서, 한국상장협회, 2004., 215~217면.

나, 어느 설에 의하든 정당한 사유가 없이 이사회에 출석하지 않으면 그것은 감사의 선관주의의무 위반이 된다는 데에는 이설이 없다.

따라서 감사는 정당한 사유가 없는 한 반드시 이사회에 출석하여야 하며, 또한 감사의 권한은 그것을 행사하는 것이 감사의 직무(의무)라는 점에서 필요한 경우에는 이사회에서 의견 진술도 하여야 한다.

2. 이사회에 대한 監事의 監査[109]

이사회에 대한 監事 또는 감사위원회(이하 '감사'라 함)의 監査는 크게 다음의 3단계로 나누어 이루어지게 된다.

첫째, **사전감사**로 감사는 「이사회 규정」의 정비 상태를 확인하는 한편 「상법」, 「정관」, 「이사회 규정」 등을 참고로 이사회 소집절차가 적법하게 이루어진 것인지 확인하고, 이사회에 제출되는 의안 및 서류에 대해서는 다음 사항을 중심으로 조사한다.

이사회에 제출하는 의안 및 서류에 대한 조사사항

① 의안의 내용이 법령·정관 및 규정 등에 위반하거나 또는 위반할 염려는 없는가?
② 의안의 내용이 회사에 현저하게 부당하거나 또는 그러할 염려는 없는가?
③ 의안의 내용이 회사에 현저한 손해 또는 중대한 사고를 초래할 염려는 없는가?
④ 의안의 내용이 충분한 정보와 자료에 기초하여 검토된 것인가?

이러한 조사의 결과 문제점을 발견하거나 의견을 갖고 있는 경우에는 이사회에서의 決議以前에 대표이사 등에 대해 의견제시·조언·권고 등을 행한다.

둘째, **이사회 당일의 감사**인데, 감사는 이사회에 출석하여 다음사항에 관해 적법성을 확인하여야 한다.

이사회에 출석하여 감사가 적법성을 확인할 사항

① 정족수의 충족
② 「정관」, 「이사회규정」에 근거한 의사의 운영
③ 의안제출의 방법
④ 결의사항의 내용
⑤ 결의방법
⑥ 보고사항의 내용 등

그 결과 의안의 내용이 현저하게 부당하거나 그 염려가 있는 등 문제의 소지가 있을 때에는 결의 전에 조언, 권고 등의 방법으로 이를 시정하도록 하는 한편, 의안에 대해 감사가 유용한 의견을 가지고 있을 때에는 적당한 시기에 이를 진술하여야 한다.

---

109 김용범, 전게서, 2017, 1205면~1207. 권종호, 전게연구서, 한국상장회사협의회, 2004, 215~217면.

특히 이사가 법령 또는 정관에 위반하는 행위를 하거나 그 행위를 할 염려가 있을 때에는 감사는 이사회에서 그 사실을 보고하고(「상법」제391조의2 제2항), 그로 인해 회사에 손해의 발생이 우려되는 경우에는 유지청구권(「상법」제402조)을 행사하는 등의 방법으로 이사의 법령·정관 위반행위를 미연에 방지하는 데 노력해야 한다.

셋째, **이사회가 종료한 후에는 감사**는 이사회 의사록에 의사의 안건, 경과요령 및 그 결과, 반대하는 자와 그 반대 이유가 정확하게 기재되어 있는 지를 확인하고 이에 기명날인 또는 서명하여야 한다.(「상법」제391조의3 제2항)

3. 임원회의 등 출석과 의견진술[110]

이상은 이사회에 관한 것이지만, 이사회 이외의 중요회의의 경우도 기본적으로 이사회에 준하는 절차와 요령으로 감사를 실시하여야 한다. 회사에 따라 차이가 있지만, 이사회 이외에 임원회의, 경영회의, 리스크관리회의 등으로 불리는 일부 핵심이사로 구성되는 중요회의가 있다.

이러한 회의는 대표이사의 업무집행에 관해 자문·보좌기관, 이사회의 예비심의기관으로서 기능을 수행하는 등 회사에 따라 그 지위나 운영방식은 다르지만 어느 경우이든 현행「상법」에서는 이러한 중요회의에 대해서 감사의 출석권과 의견진술권을 규정하고 있지 않다. 그러나 법정기관이 아니라도 업무집행에 관해 중요한 의사결정이 이루어지는 회의라면 그 회의에서의 심의 내용은 감사의 대상이므로 감사는 정당한 사유가 없는 한 출석해야 한다.

그 이외에도 회사에는 예산위원회, 연구개발위원회 등 각종 위원회나 조찬회의, 국내·외 지점장회의, 부장회의, 관련회사회의 등 여러 가지 회의가 있다. 이러한 각종 회의에 감사가 모두 출석해야 하는 것은 아니지만 그것이 중요한 회의일 경우에는 반드시 출석하여야 하며, 이를 위해서는 사전에 경영진과 협의를 해서 출석할 회의를 정해두는 것이 바람직하다.

Ⅳ 중요한 서류의 열람 [111]

회사의 중요서류에 대한 열람은 이사의 직무집행상황을 파악하는 데 매우 유용하다. 감사는 중요 결재서류 및 주요 의사록에 대한 열람은 물론 그 이외에도 중요한 것으로 판단되는 서류가 있으면 이를 당해 부서·사업소 등으로부터 제출받아 열람하는 것도 간과해서는 아니 된다.

주요 서류 및 의사록(예시)

1) 주요결재서류 : ① 품의서, ② 중요계약서, ③ 중·장기 사업계획서, ④ 결산서류
2) 주요의사록 : ① 주주총회의사록, ② 이사회의사록, ③ 기타 각종회의의 의사록

---

110 김용범, 전게서, 2017, 1206~1207면.

111 김용범, 전게서, 2017, 1207면. 권종호, 전게연구서, 한국상장회사협의회, 2004, 217~218면.

기업실무에서는 이사회결의사항(「상법」제383조 제1항)이 아닌 경우에도 중요도에 있어서 이사회결의사항에 못지않은 사항을 대표이사나 담당이사의 단독결재로 처리하는 예가 적지 않다. 감사로서는 이러한 결재서류에 대해서도 중요한 것은 반드시 사후공람토록 하거나 열람·조사·확인하여야 한다.

또한 감사는 중요한 계약서나 중장기사업계획서, 연도사업계획서, 연도예산 등은 회사의 대외활동이나 회사의 경영상황 및 방침을 파악하는 데 있어서 매우 중요한 자료이므로 이러한 서류 역시 열람·조사·확인하여야 하고, 필요한 때에는 이사 또는 사용인에 대해 그 설명을 요구하여야 한다.

이와 같은 중요한 서류에 대한 열람·조사·확인 등과 관련해서는 감사/감사위원회는 그 범위, 대상, 방법, 시기 등에 관해 사전에 이사와 협의하여 감사위원회직무규정/감사직무규정 등에 동 사항을 정해 두는 것이 감사업무의 효율화라는 측면에서 바람직할 것이다.

제8절 감사증거의 확보 및 강평[112]

Ⅰ 감사증거의 의의

감사증거는 **감사대상이 되는 사항의 진위와 적법 · 타당성 여부에 관한 감사인의 판단을 객관적으로 뒷받침할 수 있는 자료**를 말한다. 내부감사인은 감사규정 및 기준 등에 따라 감사를 실시하고, 감사를 실시하면서 획득한 합리적인 증거를 기초로 감사의견을 형성하여야 한다.

감사증거는 내부감사인이 검증할 수 있어야 하고, 감사목적과 부합되는 합목적성을 지녀야하며, 감사의견에 필요하고도 충분한 정보를 포함하여야 한다. 나아가 감사증거는 내부감사인이 신뢰할 수 있어야 한다. 감사증거의 구체적인 요건에 관하여는 아래 Ⅵ~Ⅷ 에서 상술하기로 한다.

감사활동과 감사결과의 적정성은 이를 입증할 수 있는 감사증거에 의하여 판단한다. 이러한 의미에서 **감사**는 감사증거의 수집 및 검증과정이라 할 수 있다. 감사증거는 처분(요구)의 대상이 되는 위법·부당사항의 입증뿐만 아니라 감사대상 업무가 적법·타당하게 수행되었음을 입증하기 위해서도 수집·검증하여야 한다.

감사업무의 수행과정에서 감사대상 업무의 처리가 위법·부당하다는 사실이 입증되기까지는 그러한 처리가 적법·타당하다고 간주하여야 하며, 위법·부당성은 이를 주장하는 내부감사인이 입증하여야 한다. 이러한 경우에 내부감사인은 증거의 불비로 인해 위법·부당한 사실이 적법·타당하다는 결론에 이르지 않도록 유의하여야 한다.

---

112 김용범, 전게서, 2017, 1208~1209면. 감사원, 「공공감사기준주석서」, 2000. 12. 110~124면. 노준화, 전게서, 2019, 350~380면.

다만, 현금 또는 물품을 출납·보관하는 자가 자신의 소관에 속하는 현금 또는 물품을 망실·훼손한 경우에는 당해 현금 또는 물품의 출납·보관자가 선량한 관리자주의 의무를 태만히 하지 아니한 사실을 입증하여야 할 책임이 있고, 이를 입증하지 못할 때에는 변상의 책임을 진다.

II 감사증거의 종류

감사증거는 그 성격에 따라 다음과 같이 여러 가지 기준에 의하여 분류할 수 있다.

감사증거의 종류

1) 감사증거의 조사방법에 따른 분류 : 人證(증인), 物證(증거물) 및 證據書類

① **人證** : 사람이 진술자로서 행한 진술내용으로서 문답서·확인서·감정서 등이 이에 속한다.

② **物證** : 물체 또는 사람의 신체가 증거로 되는 것으로서 실물 표본 등이 이에 속한다.

③ **證據書類** : 서면에 나타난 내용의 의미가 증거가 되는 것으로서 사본·등본 등이 이에 속한다.

2) 감사증거의 형태에 따른 분류 : 物理的證據, 書面的證據, 證言的證據, 分析的證據

① **物理的 證據** : 내부감사인이 사람·재산 또는 사업 등에 대해 직접 검사하거나 관찰 하여 얻은 증거로서 비망록·그림·차트·지도 또는 실물 표본의 형태로 기록될 수 있다.

② **書面的 證據** : 書翰·계약서·회계기록·송장 또는 성과에 관한 관리 정보 등 문서의 형태로 만들어진 것을 뜻한다.

③ **證言的 證據(口頭的 證據)** : 조사·면담·질문 등을 통해 획득한 것을 뜻한다.

④ **分析的 證據** : 계산·비교·요인별 정보 분류 및 합리적 논증 등으로부터 획득한 것을 뜻한다.

3) 要證 사실과 관련정도에 따른 분류 : 直接證據와 間接證據

① 直接證據 : 수수금품처럼 要證事實을 직접적으로 증명하는 증거이다.

② **間接證據** : 要證事實을 간접적으로 증명하는 증거로서 **情況證據** 또는 **狀況 證據**라고도 한다.

4) 감사증거의 긍정성과 부정성 여부에 따른 분류 : 本證과 反證

감사증거가 기존사항을 확인하는지 또는 반대하는지에 따른 분류이다.

① **本證** : 입증책임을 지는 감사인이 수집하여 제출하는 증거이다.

② **反證** : 본증에 의해 입증되는 사실을 부정하기 위하여 피감자 등이 제출하는 증거로서 소명자료 등이 이에 해당한다.

III 감사증거의 수집원칙

1. 개요

감사증거란 감사의견의 근거가 되는 것으로 내부감사인이 감사계획부터 감사결론에 이르기까지 수집한 모든 정보를 말한다. 감사증거에는 회계기록과 기타정보를 포함한다. **내부감사인은 충분하고 적합한 감사증거에 기초하여 감사의견을 형성하여야 하며, 그 정도에 따라 자신이 표명한 감사 의견에 대한 확신의 수준이 달라진다.** 여기서 **충분**은 감사 증거의 양적 수준을, **적합**은 감사 증거의 질적 수준을 의미한다.

감사는 **절대적이지는 않지만 높은 수준의 확신을 제공하는 것으로 정의**된다. 따라시 내부감사인은 높은 수준의 확신을 제공하는 데 필요한 수준의 감사 증거를 수집하고 이에 따라 감사 의견을 표명하여 소송으로부터 자신을 보호할 수 있다. 반대로 **검토**는 **보통 수준의 확신을 제공하는 것으로 정의**된다.

따라서 검토인은 보통수준의 확신을 제공하는 데 필요한 수준의 감사증거를 수집하고 이에 따라 검토의견을 표명하여 소송으로부터 자신을 보호할 수 있다. 그러나 **내부감사인**은 **어떤 경우에도 (극단적으로 전수 감사를 수행하더라도) 감사의 고유한계 때문에 絕對的 確信(100% 확신)을 제공할 수는 없다.**

그러면 **필요한 수준의 감사증거**란 어느 정도일까? 이에 대하여는 「상법」의 어느 곳에서도 규정되어 있지 아니하다. 다만 「공공감사기준」(제24조 제1항)과 「회계감사기준」(ISA 500)에서는 **충분하고 적합한 수준**이라는 **개념만을 제시**하고 있고 **구체적인 감사 증거의 수준**은 개별 감사인의 전문가적 판단에 맡기고 있다.

감사절차는 어떻게 하면 충분하고 적합한 감사증거를 수집할 수 있을까? 에 초점을 맞추고 있다. 즉, **감사**는 **합리적인 감사절차를 계획하고 이를 제대로 실행하면 충분하고 적합한 감사증거를 수집 할 수 있으며, 충분하고 적합한 증거에 기초한 내부감사인의 판단**(감사의견)**은 높은 수준의 확신을 제공할 수 있다는 믿음에 기초**하고 있다.

2. 충분성

감사증거는 **감사의 중요성 수준에 대응하여 감사의견의 형성에 필요한 만큼 충분한 양을 확보**하여야 한다. 감사의 중요성이 엄격하게 설정될수록 감사표본의 크기와 필요한 감사증거의 양은 증가하게 된다. **충분성**은 감사증거의 원천의 다양성도 감안하여 판단해야 한다. 대부분의 경우에 한 가지 원천에서만 획득한 감사증거는 충분하다고 볼 수 없으므로 **내부감사인은 다양한 원천으로부터 감사증거를 수집할 필요**가 있다.

감사증거의 충분성은 감사증거의 양적 척도이다. 다양한 원천이나 성격의 증거항목들이 일관성을 지닐수록 감사증거의 설득력은 높아진다. 또한 감사증거의 항목을 개별적으로 고려하였을 때보다 일괄 고려하였을 때 내부감사인의 자신감은 증가한다. 이 경우 하나의 원천에서 수집한 감사증거가 다른 원천에서 수집한 감사증거와 부합하지 않을 때 내부감사인은 추가적인 감사절차의 적용 여부를 결정해야 한다.

3. 적합성

적합성은 감사증거의 질적 척도이다. 즉, **적합성**은 감사의견의 근거가 되는 결론을 뒷받침할 때 감사증거의 관련성과 신뢰성을 말한다. **신뢰성**은 증거의 원천과 증거의 성격에 영향을 받으며, 해당 증거가 입수된 개별상황에 따라 다르다. **관련성**은 감사증거의 충분성과 적합성이 얼마나 서로 밀접한 관계가 있는지를 의미한다. 동일한 수준의 확신을 제공하기 위해 필요한 감사증거의 양은 해당증거의 질적 수준이 높을수록 작아진다.

가. 관련성

감사증거는 감사목적의 달성에 기여할 수 있도록 감사목적과 관련성을 지녀야 한다. **관련성**은 정보를 이용하지 않고 의사결정을 하는 경우에 비해 정보를 이용한 의사결정의 내용에 차이가 발생하는 정도를 말한다.

따라서 정보가 정보이용자의 기대를 확인 또는 변화시킬 때 그러한 정보는 관련성을 지닌다고 할 수 있다. 감사증거는 감사인이 검증하려고 하는 감사목적과 부합하여야 하는 것이다. 감사증거는 제공하고자 하는 증거와 관련성이 높을수록 적합하다.

나. 신뢰성

감사증거는 신뢰성을 지녀야 한다. **신뢰성**은 감사증거를 질적으로 믿을 수 있는 정도로서 감사 증거가 아무리 감사 목적과 부합하거나 양적으로 충분하다 하더라도 질적인 신뢰성이 낮으면 그 증거능력은 감소하게 된다.

감사증거는 신뢰성이 높을수록 적합하다. 감사증거로 사용되는 정보, 즉 감사증거 자체의 신뢰성은 그 원천과 성격, 그리고 해당되는 경우 그러한 증거의 작성과 유지에 대한 통제 등 감사증거가 입수된 상황에 영향을 받는다.

내부감사인은 신뢰성을 높이기 위하여 검증결과 당해 자료의 오류를 발견하거나 위의 세 가지 요건을 갖춘 감사증거를 획득하지 못한 경우 ① 다른 출처로부터 감사증거를 찾거나, ② 당해 자료를 사용할 필요가 없도록 감사목적을 변경하거나 또는 ③ 당해 자료의 한계를 감사보고서에 지적하고 검증되지 않은 결론 및 권고를 避하여야 한다.

4. 소결

내부감사인은 관련성, 신뢰성 및 충분성 등의 감사 증거의 요건을 판단함에 있어 다음의 사항을 종합적으로 감안하여 판단하여야 한다.

감사증거 요건의 판단 사항

① 고유위험의 성격과 수준
② 위험관리 및 부정관리의 통제수준
③ 회계제도와 내부통제의 적정성　④ 감사대상의 중요성
⑤ 선행감사의 결과　⑥ 이용 가능한 정보의 원천 등

내부감사인은 證據湮滅의 우려가 있는 경우에는 검증 등의 방법으로 즉시 감사증거를 확보하고 검증 목적과 시기적으로 일치되는 감사증거를 수집하여야 한다. 감사증거는 관련성, 신뢰성 및 충분성의 요건을 갖추어야 하지만 증거 인멸의 우려가 있는 경우에는 이들 요건을 다소 희생하더라도 적시에 감사증거를 수집하는 것이 증거능력을 높일 수 있기 때문이다.

내부감사인은 감사증거의 증거 능력 등 유용성과 수감 기관/부서 등의 증거 수집 비용을 감안하여 증거를 수집하여야 한다. 특히 **監査證據는 事案의 全貌를 밝히고 事實의 立證에 必要한 最小限의 事項과 分量만 徵求하여야 한다.** 다만 증거 수집에 소요되는 비용을 이유로 필요한 감사절차를 생략하여서는 아니 된다.

Ⅳ 감사증거의 수집방법

감사증거를 수집하는 방법을 **감사 기술이**라고 하며, 이러한 방법을 적용하는 절차를 **감사절차**라 한다. **감사기술**에는 **검사, 관찰, 외부조회, 재계산, 재수행, 분석적 절차 및 질문이 있다.** 이에 대한 자세한 내용은 제3편 제4장 제3절 Ⅳ-3. '감사수행방법'의 항목을 참조하시기 바랍니다.

Ⅴ 감사증거의 관리방법

내부감사인은 수집된 증거에 대하여 그 출처와 근거를 명시해야 한다. 특히 감사증거로서 등본 또는 사본을 채취하는 경우에는 다음 사항에 유의하여야 한다.

등본 또는 사본 채취의 경우 유의사항

① 해당 서류를 취급하는 임원 또는 직원 등으로 하여금 원본과 상위 없음을 확인하게 하여야 한다.
② 사본의 결재란에 결재자의 성명을 부기하여야 한다.
③ 처분요구서/직접조치서에 인용 될 연·월·일, 주소, 성명, 숫자 등이 불명확한 증거서류는 반드시 확인하여 보완하여야 한다.
④ 부분적인 사본의 경우에는 출처를 반드시 명기하여야 한다.
⑤ 중요한 수량과 금액은 산출근거를 명시하여야 한다.
⑥ 유형이나 방법이 동일한 지적 사항이 많은 경우에는 명세서를 작성하고 대표적인 사항의 사본만을 작성하는 것이 바람직하다.
⑦ 확인서·조사표·명세서 등에 의하여 입증이 가능한 사항은 별도의 증거서류 사본을 징구할 필요가 없다.
⑧ 서면만으로 현장 등의 실태를 표현하기 곤란한 경우에는 표본·도표·사진·녹음 등을 징구하여야 한다.
⑨ 부분적인 사본이나 명세서를 작성할 때에는 전체적인 흐름이 연결되도록 하고, 부분적인 사본만 보아서 전체적인 내용과 전혀 다른 뜻이 되거나 내용이 가감되어 사실의 축소·확대 또는 왜곡을 가져오지 않도록 유의하여야 한다.

감사증거로서 명세표 또는 집계표를 작성하는 경우에는 다음 사항을 유의해야 한다.

명세표 또는 집계표를 작성하는 경우 유의사항

① 기준 시점 또는 기간·단위 등을 명확히 표시하여야 한다.

② 처분요구서/직접조치서의 說示 등에 필요한 사항이 채택되도록 작성하여야 한다.
③ 작성자의 직·성명 및 작성일자를 명기하여야 한다.
④ 다수의 증거서류 내용을 발췌하여 작성하는 경우에는 사실이 축소·확대 또는 왜곡되지 않도록 유의하며, 원래의 증거서류의 출처를 명시하고 작성자 및 검토자의 소속과 직·성명을 기재하도록 하고 날인(서명)을 받아야 한다.

또한 감사증거로서 標本品을 채취하는 경우에는 다음 사항을 유의하여야 한다.

표본품 채취의 경우 유의사항

① 표본품으로 징구할 수 있는 물품에는 구매물품·통관물품·제조물품·현금·수표 등이 있으나, 그 중 현금·수표는 가능하면 자세한 내용의 확인서를 징구해야 한다.
② 모집단을 대표할 수 있는 標本品을 채취하여야 한다.
③ 채취한 표본품이 사건과 관련된 물품임을 증명할 수 있도록 물품의 고유번호·규격·특징 등을 확인하고, 징구한 다른 증거에 이러한 특징이 기술되어 있지 아니한 경우에는 별도의 확인서에 의하여 이를 밝혀 두어야 한다.
④ 표본품의 사양서·내용설명서·보증서 등이 있는 경우 이들을 첨부하여야 한다.

그리고 감사증거로서 사진을 채취하는 경우에는 다음사항을 유의하여야 한다.

사진 채취의 경우 유의사항

① 부실시공 현장과 같이 감사대상의 현황을 사진으로 설명할 필요가 있거나 과거시점의 상태 또는 그것과 현황의 비교가 필요한 경우 혹은 증거인멸이 우려되는 경우에는 사진 징구의 방법으로 증거를 확보하여야 한다.
② 중요한 증거로서 사용될 사진은 촬영자의 소속·직·성명·촬영일시·촬영위치·상황설명 등을 기재한 확인서를 촬영자로부터 징구하여야 한다.

감사대상기관/부서에서 대외비 서류를 포함하여 비밀로 분류된 서류를 열람 또는 징구할 때에는 감사기관/부서와 수감기관/부서의 보안관련 규정에 각각 따라야 한다. 내부감사인이 입수한 증거서류 중에는 비밀 또는 이에 준하여 관리하여야 할 중요한 문서가 있을 수 있고, 비록 비밀로 분류되지 않았다고 하더라도 외부에 유출되는 경우에는 바람직하지 못한 결과를 가져올 수 있으므로 그 보관 및 관리를 철저히 하여야 한다.

특히 감사증거서류에 편철되지 아니한 각종 감사관계서류는 내부감사인 개인이 이를 보관하여서는 아니 되며, 실지감사 책임자의 책임 하에 집중보관 또는 폐기하여 감사증거 등이 외부에 유출되지 않도록 해야 한다. 또한 감사 현장에서 감사대상기관/부서의 컴퓨터 등을 이용하여 감사증거 등을 생산한 경우에는 입력된 원안을 삭제하는 등 감사증거 등이 외부에 유출되지 않도록 유의하여야 한다.

Ⅵ 감사증거의 증거능력 검증

내부감사인은 수집된 개별감사증거의 증거능력을 검증해야 한다. **증거능력**이란 개별감사증거가 감사의견을 뒷받침할 수 있는 정도, 즉 관련성(또는 타당성)과 신뢰성을 말하며 적격성이라고도 한다.

감사증거의 증거능력은 감사증거의 종류와 성격에 따라 다르며, 동일한 종류의 감사 증거라고 하더라도 상황과 여건에 따라 달라진다. 감사증거의 증거능력을 검증함에 있어 유의할 사항은 다음과 같다.

<u>감사증거의 증거능력을 검증함에 있어 유의사항</u>

① 내부감사인은 수감기관/부서가 수집한 개별 감사증거의 관련성(또는 타당성)과 신뢰성을 검증하여야 한다. 이를 위해 내부감사인은 수감기관/부서의 내부통제 또는 관리통제가 효과적이라는 결론에 도달하면 감사증거에 대한 직접적인 감사를 줄이거나 경우에 따라서는 생략할 수도 있을 것이다.

② 내부감사인은 제3자가 수집한 개별 감사증거의 관련성(또는 타당성)과 신뢰성을 타인에게 의뢰하거나 직접 검증하여야 한다.

③ 내부감사인은 컴퓨터에 의해 수집한 개별 감사증거의 관련성/타당성과 신뢰성을 검증해야 한다. 이를 위해 감사인은 감사증거를 생산한 전산정보시스템의 통제가 효과적인지 또는 그러한 시스템이 감사증거의 관련성/타당성과 신뢰성 확립에 필요한 작업을 수행하였는지 여부를 규명해야 한다. 그 결과 전산정보시스템의 통제가 효과적이라는 결론에 도달하면 내부감사인은 컴퓨터에 의하여 수집한 감사증거에 대한 직접적인 감사를 줄이거나 경우에 따라서는 생략할 수도 있을 것이다.

다음과 같은 일반적인 원칙은 감사증거의 관련성(또는 타당성)과 신뢰성, 즉 증거능력의 검증에 도움이 될 수 있다. 다만, 이러한 일반적인 원칙이 증거능력의 검증에 절대적인 기준이 되는 것은 아니다.

<u>감사증거의 증거능력을 검증함에 있어 일반원칙</u>

① 수감기관/부서 등과 독립된 외부의 제3자(예: 금융기관)로부터 획득한 감사증거는 수감기관/부서의 내부로부터 획득한 감사증거보다 증거능력이 높다.

② 수감기관/부서 등의 회계제도와 내부통제 또는 관리통제가 효과적으로 운용되는 경우에 획득한 감사증거는 회계제도와 내부통제 또는 관리통제의 운용상태가 취약하거나 아예 없는 경우보다 증거능력이 높다.

③ 내부감사인이 직접 조사·관찰·계산·검사하여 획득한 감사증거는 간접적으로 획득한 감사증거보다 증거능력이 높다.

④ 物理的證據 또는 書面的證據는 證言的證據(口頭的證據)보다 증거능력이 높다.

⑤ 原始書類가 寫本보다 증거능력이 높다.

⑥ 자유롭게 진술할 수 있는 상황에서의 證言的證據(口頭的證據)가 그렇지 않은 상황에서의 證言的證據(口頭的證據)보다 증거능력이 높다.

⑦ 감사대상 영역에 대해 잘 알거나 편견이 없는 개인으로부터 획득한 證言的 證據(口頭的證據)가 당해 영역에 대해 부분적으로 알고 있거나 편견을 지닌 개인으로부터 획득한 證言的 證據(口頭的證據)보다 증거능력이 높다.

Ⅶ 감사증거능력의 보강방법

내부감사인은 감사결과 위법 · 부당한 취급사항이나 개선이 필요한 사항 또는 권고가 필요한 사항(이하 '지적사항'이라 한다)에 대하여는 그 사실을 증명하기 위한 입증 자료를 徵求하여야 한다.

다만, 지적사항 중에 개선사항이나 권고사항, 현지조치사항에 대하여는 내부감사인의 판단에 따라 그러하지 아니할 수 있다. 그리고 서면감사결과 지적사항에 대하여는 입증자료를 징구하지 아니할 수 있다.

감사결과 적출된 지적사항에 대해 감사 증거능력을 보강하는 입증자료의 종류·요구 사유 및 구비 요건은 다음 각 호와 같다.

1. 확인서

내부감사인은 감사결과 나타난 감사 증거(위법 · 부당행위)에 대한 증거를 보강하기 위해서 필요한 때에는 확인서를 징구할 수 있다. **확인서**란 내부감사인이 인지한 특정 사실에 대해 감사인 外의 자가 틀림이 없음을 입증하는 서면을 말한다. 확인서는 증거능력이 확실하게 인정되는 감사 증거를 수집할 수 없는 경우에 수감자나 관계자의 서면 확인에 의한 증거능력을 보강하기 위해 징구한다. 따라서 확인서는 완벽한 증거능력의 보장에 限界가 있음을 유의하여 확인서 징구만으로 감사절차를 종료하여서는 아니 된다.

확인서의 일정한 규격 또는 서식은 없으나, 6하 원칙에 따라 구체적 사실을 기재한 확인서를 징구해야 한다. 그 확인서는 명확한 사실 확인에 대한 기술과 취급 관련자가 명시되어 있어야 하고, 반드시 확인서에는 확인자의 기명·날인이 있어야 한다. 확인서에는 특정한 사실의 기재와 함께 수감자 또는 관계자(처리자·감독자·현직자 또는 이해 관계가 있는 제3자등)의 그에 대한 확인이 포함되어야 한다. 특정사실에 대한 다른 입증방법이 있는 경우에는 확인서가 감사결과 처리의 필수적 증거서류는 아니다.

확인서의 확인자는 확인한 내용에 따라 달라진다. 행위사실은 그 행위자 또는 행위의 목격자가 확인하고, 현장 확인 사실은 현장 확인자 등이 확인하며, 행위자·목격자가 없거나 확인을 거절하더라도 제3자 또는 현장에 가보지 아니한 사람으로부터 확인서를 징구하여서는 아니 된다. 확인서의 입회자는 대체로 확인자의 직근 상급자 또는 당해 기관/부서의 자체 감사인으로 한다. 입회자는 확인서의 신뢰성을 높인다.

내부감사인은 취급 관련자 등이 의견 진술을 희망하는 경우 의견서를 첨부하도록 할 수 있다. 그리고 내부감사인은 관련 문서 및 장표의 사본으로서 그 사실을 증명할 수 있다고 인정되는 경우에는 확인서의 징구를 생략할 수 있다. 내부감사인이 확인서를 징구하는 경우에 유의할 사항은 다음과 같다.

확인서를 징구하는 경우에 유의사항

1) 확인서는 특정한 형식은 없으나, 6하 원칙에 따라 가급적 다음의 내용 등이 포함되어야 하며, 확인내용과 관련된 자가 있으면 관련자의 소속, 직·성명, 담당기간, 담당 직무 및 현재의 근무처를 기재하도록 한다.

확인서에 포함되어야 할 사항

① 제목
② 확인의 내용
③ 사실의 확인임을 표시하는 내용
④ 확인 일자
⑤ 확인자 및 입회자의 서명·날인

2) 관계서류의 사본만 있으면, 충분한 사실 또는 설명하지 아니하여도 당연히 인정되는 사실에 대하여는 확인서를 징구할 필요가 없다.
3) 감사 현장을 떠나거나 시간이 경과하면 다시 확인할 수 없거나 변경될 가능성이 있는 사항은 현장에서 확인서를 받아야 한다.
4) 서면 만으로 실태를 표현하기 곤란한 경우에는 표본품·도표·사진·녹음 등을 징구한다.
5) 확인서를 징구하는 경우에도 가급적 당해 사실을 객관적으로 입증할 수 있는 증거를 따로 보강하여야 한다.

2. 문답서

내부감사인은 감사결과 적출된 사안이 변상판정 또는 징계(문책) 사유에 해당되거나, 기타 중요한 사안과 관련된 관계자의 책임 소재와 한계를 규명하고 행위의 동기·배경 또는 변명을 듣기 위하여, 필요한 경우에는 문답서를 작성할 수 있다. **문답서**란 대인적 사건의 조사에 있어서 내부감사인의 질문과 수감자의 답변을 문답 형식으로 정리한 서면 증거를 말한다. 문답서는 기본적으로 위법 · 부당사항에 대하여 행위의 동기 · 배경 등을 파악하고 책임의 소재 및 한계를 분명히 하기 위하여 작성한다.

문답서는 피조사자의 인적사항, 작성 일시와 장소, 감사인의 직·성명, 문답의 내용, 작성 내용의 확인(열람 · 낭독), 서명·날인, 간인·정정인, 입회인 등과 같은 형식적 요건을 갖추어야 한다. 또한 문답서의 핵심이 되는 문답의 내용은 행위자 여부, 사건의 규명, 행위의 동기 및 행위의 배경 등 실질적 요건도 함께 갖추어야 한다. 내부감사인이 문답서의 작성에 앞서 준비할 사항과 문답에 임하는 자세는 다음과 같다.

문답서 작성에 앞서 준비할 사항

① 사건을 완전히 파악할 것 ② 규명하여야 할 사항을 미리 결정할 것
③ 증거자료를 미리 준비할 것 ④ 논리의 전개를 구상할 것
⑤ 문답의 순서를 정할 것 ⑥ 예상되는 답변을 다각도로 검토할 것 등

문답에 임하는 기본 자세

① 단정한 복장과 용모를 갖출 것 ② 진지하고 誠意 있는 태도로 임할 것
③ 온화하고 침착하며 자신 있는 태도를 견지할 것
④ 선입견을 배제할 것 ⑤ 명예와 자긍심을 존중할 것
⑥ 끈기 있는 조사 자세를 유지할 것 등

내부감사인이 문답서를 작성하는 경우에 유의할 사항은 다음과 같다.

문답서 작성의 유의사항

① 존댓말을 사용하며 쉬운 한글(서명 기타 특수한 경우에는 한자를 병기)에 의하여 자연스럽고 간명하게 기재한다.
② 문답서를 작성하기 전에 상대방에게 진술을 거부할 수 있음을 알린다.
③ 문답 순서는 가급적 사건의 진행과 병행하되 기억하기 쉬운 사항부터 질문한다.
④ 질문은 짧게, 답변은 길게 하도록 유도한다.
⑤ 진술의 취지를 그대로 기재하며, 피조사자에게 유리한 내용은 물론 변명의 내용도 기재한다.
⑥ 법률적 용어는 피하고 피조사자가 사용하는 용어를 그대로 기재하되 외래어·학술용어·약어·방언 등은 괄호 안에 간단한 설명을 병기한다.
⑦ 수법이 동일한 다수의 사실에 대하여 문답하는 경우에는 1~2가지의 대표적인 사실에 대하여만 기재하고 나머지 사실은 일람표를 작성한다.
⑧ 피조사자의 내심의 뜻을 추측하여 기재하지 아니한다.
⑨ 문답서 작성 중에 피조사자가 제출하는 증거에는 문답서 상에 "이때 제출한 증거는 원본과 상위 없음을 확인하고 말미에 첨부한다"라고 기재하고 첨부한다.
⑩ 문답서 작성 후에는 유리한 진술과 변명의 기회를 부여한 후 그 뜻을 명백히 기재한 다음 서명·날인 전에 진술인에게 열람하도록 하고, 誤記 및 증감 여부를 확인해야 하며, 그러한 취지가 문답서에 실질적으로 나타나도록 기재한다.
⑪ 관련책임자가 다수인 경우에도 모든 관계자별로 충분한 내용의 문답서를 작성한다.

⑫ 문답서에 정정할 부분이 있는 경우에는 두 선을 긋고 정정하되, 정정한 부분을 알아볼 수 있도록 날인하고 좌우 여백에 "2자 정정", "3자 삭제" 등으로 기재한 후 날인한다.

⑬ 문답서 작성 시에는 피조사자의 직급에 상응하는 수감기관/부서의 자체감사인(자체감사인이 없는 경우에는 피조사자의 직근 상급자)을 입회시키고, 문답이 끝난 후 입회인으로부터 날인을 받는다.

⑭ 문답서의 면 사이에는 감사인과 피조사자가 함께 間印을 하고 진술인의 서명·날인은 본인 스스로 하도록 한다.

⑮ 문답서는 감사장에서 작성함을 원칙으로 하되, 불가피한 사유가 있는 경우에는 실질감사 책임자의 책임하에 다른 공공의 장소에서 작성할 수 있다. 이 경우 여관 등 감사인의 숙소에서 작성하여서는 아니 된다.

3. 질문서

감사기관/감사부서 또는 감사인은 감사결과 위법·부당하다고 인정되거나 개선이 요망되는 사항 또는 사무처리 내용이 미심한 사항 등에 대하여 수감기관 또는 수감자 등에게 설명 또는 변명을 들어 볼 필요가 있는 때에는 질문서를 발부할 수 있다. 이 경우 감사기관 등의 질문 내용을 기재·송부하여 수감기관 등의 책임 있는 답변을 요구하는 서면을 **질문서**라고 한다. 질문서는 내부감사인이 제출한 사안의 성립여부를 판단하는 데에 **긴요한 증거서류**이다.

질문서는 내부감사인이 개인적으로 발부할 수 있는 것은 아니며, 받는 사람의 직위에 상응하는 감사기관/부서 소속의 내부감사인 명의로 발부한다. 다만 실질감사 현장에서 질문서를 발부할 필요가 있는 경우에는 실질감사 책임자가 발부할 수 있다. 수감기관/부서의 감독기관 또는 수감자의 상급자로부터 의견을 청취할 필요가 있는 경우에는 감독기관 또는 상급자를 대상으로 질문서를 발부한다.

질문서에는 발부번호, 제목, 발부일자, 답변기한, 답변자(수신인), 발부자(서명 · 날인), 사건의 개요, 질문의 내용 등이 표시되어야 한다. 질문내용에는 항목별 당위성, 지적내용에 대한 의견, 처리 경위, 사유, 원인, 책임 소재, 처리 의견 및 관련자 등을 說示하여야 한다. 다만, 문답서 등 다른 증거서류에 의하여 확인할 수 있는 사항은 질문서에 언급하거나 표시하지 아니하여도 무방하다.

감사기관/부서 또는 내부감사인이 질문서를 발부하는 경우 유의할 사항은 다음과 같다.

질문서 발부할 경우 유의사항

① 내부감사인은 주관적인 의견의 개진이나 결과를 예견하는 질문을 해서는 아니 된다.
② 상대방에게 위압감·불쾌감을 주는 문구를 사용하여서는 아니 된다.
③ 문답서를 작성한 경우에는 피조사자의 기관/부서의 장 또는 감독자에게 질문서를 발부한다.
④ 다른 기관/부서와 관련된 지적사항에 대하여는 당해 기관/부서에 대하여도 질문서를 발부한다.
⑤ 답변 내용이 사실과 다른 경우에는 추가로 이를 반박하는 질문서를 재발부하거나, 확인서 징구,

문답서 작성 등에 의하여 증거서류를 보강한다.

⑥ 수감기관/부서의 처리가 정당하다는 변명이나 이유를 제시한 경우에는 이를 반박할 수 있도록 증거서류를 보강한다.

⑦ 법령의 해석상 문제점이나 여건 등을 들어 변명하는 경우에는 그에 관한 객관적인 증거를 첨부하도록 조치한다.

⑧ 답변자가 지적한 내용을 시인하는 답변을 하도록 유도하거나 시인하는 문안으로 수정하도록 강요하여서는 아니 된다.

4. 경위서

가. 경위서의 개요

경위서란 어떤 사건이나 사고가 발생하였을 때, 사건의 시작부터 마무리까지 순차적으로 작성하여 그 경과를 보고하는 글을 말한다. 즉, 경위서는 발생한 사건이나 사고의 현황과 그 원인을 보고하고 대책을 모색하기 위한 문서를 말한다.

본인의 과실이 있을 경우 이에 대한 잘못을 인정하고 재발방지와 그 대책 등에 관한 내용을 기재하여 제출한다. 내부감사인은 취급 관련자 또는 취급 관련 부서의 정황파악이나 설명이 필요한 경우에 보충자료로 경위서를 받을 수 있다.

나. 경위서의 특징

경위서는 사유서와 비슷한 개념으로도 사용되는데 사실 관계나 발생한 사건/사고에 대한 설명을 중심으로 한다는 점에서 반성을 중심으로 하는 시말서와는 다른 점이 있지만 최근에는 용어의 순화에 따라 시말서라는 용어는 경위서로 점차 대체하여 사용하는 추세이다.

경위서는 시말서와 유사하지만, 시말서보다는 가벼운 과실을 범하였거나 정당한 이유가 있었다는 것이 명확한 경우에 작성한다. 사건/사고의 현황을 분명하게 알 수 있도록 발생 경위와 원인, 결과의 핵심사항을 항목별로 구성하면 효과적이고, 기본적으로는 사죄나 반성의 내용을 작성하지 않아도 된다.

다만 본인의 과실로 인하여 사건/사고가 발생한 경우에는 반성의 뜻과 재발방지에 관한 내용을 작성할 수 있다. 그리고 경위서를 작성하는 사유에는 ① 사건/사고, ② 업무재해, ③ 불량품의 발생, ④ 배송오류 및 납품지연, ⑤ 장비의 고장, ⑥ 질병의 발생, ⑦ 발주의 오류, ⑧ 물품의 분실, ⑨ 부정행위 등이 있다.

다. 경위서의 종류

경위서는 사건·사고의 내용과 목적에 따라 다양하게 작성할 수 있는데, 일반적으로 많이 작성하는 경위서에는 다음과 같은 종류가 있다.

1) 사고 경위서

사고발생 경위서는 특히 육하원칙에 따라 누가, 언제, 어디서, 무엇을, 왜 등의 순서로 핵심을 쉽게 파악할 수 있도록 작성해야 한다. 사고경위서에는 작성자의 인적사항, 사고내용,

발생경위, 피해정도와 함께 목격자가 있는 경우 인적사항을 함께 기입한다.

2) 근태 경위서

근로자가 예기치 못한 결근·지각·조퇴 등 근태관리에 문제가 발생한 경우에 회사의 근무 질서를 유지하기 위해 근태에 대한 경위(사유서)를 작성하여 보고해야 한다.

3) 재해 경위서

업무 중 발생한 과로·질병이나 자연재해 등에 관하여 발생 원인과 현황을 쉽게 알 수 있도록 그 과정을 상세히 설명하여야 한다.

4) 범죄 경위서

고소를 당하거나 범죄사건에 연루되었을 때 당황하여 사건에 대한 조사에서 물음을 제대로 답할 수 없을 때가 있다. 그동안의 경우를 차분하게 작성한 경위서를 제출하면 보다 확실한 대응 자료를 확보할 수 있다. 경위서에는 금전, 협박, 사기, 폭력, 명예훼손 등 일상생활에서 일어날 수 있는 일로 관련되어 왜 그런 일이 일어나게 됐는지의 全 過程을 소상히 진술하면 된다.

라. 경위서와 유사개념

경위서는 중립적인 입장에서 발생한 사건의 경과를 설명하고 재발방지에 관해 기술 하는 문서이고, 시말서는 잘못한 일에 대하여 발생한 일의 전말과 본인의 사죄 내용을 상세하게 작성하는 문서이다. 그리고 사유서는 경위서와 유사한 문서로 주로 약속된 일을 수행하지 못하였을 경우에 소명하는 자료로 작성한다.

1) 전말서

전말서라는 용어는 한국어의 순화에 따라 경위서로 대체해 사용하는 경우가 많지만 경위서 보다는 중대한 과실을 범했거나 정당한 이유가 부족한 경우에 작성하는 문서이다. 사건의 내용을 분명하게 알 수 있도록 발생 경위와 내용, 원인, 결과의 핵심사항으로 구성하고 사죄와 반성의 내용 및 재발방지에 관한 내용을 작성하면 효과적이다. 전말서는 사건의 보고를 받는 사람에게 그 내용을 신속하고 정확하게 보고하여야 한다.

2) 시말서

시말서는 잘못한 일에 대하여 발생한 일의 전말과 본인의 사죄 내용을 상세하게 작성하는 문서로 "자신의 과실임을 인정하고 앞으로는 두 번 다시 이와 똑같은 문제를 일으키지 않겠다."고 서약하는 문서이다. 잘못을 저지를 사람에게 압력을 행사하여 재발방지를 꾀하는 효과적인 방법으로 시말서는 일종의 잘못을 반성하는 문서라 할 수 있다. 최근에는 용어의 순화에 따라 '경위서'로 대체되고 있는 추세이다.

3) 사유서

사유서는 일의 발생한 이유를 작성한 문서로 일반적으로 본인의 잘못이 아닌 어떤 다른 일, 예를 들어 부모님께서 위독하셔서 병원에 갔거나 하는 일이 있어서 약속된 일을 수행하지 못하였을 때 소명하는 자료로 작성된다.

마. 경위서의 작성 요령

경위서는 6하 원칙에 따라 작성하고, 취급관련자가 명시되어 있어야 하며, 반드시 작성자의 기명날인이 있어야 한다.

1) 경위서의 작성절차

① 사건/사고의 발생

사건·사고의 발생 시 신속하게 현황을 파악해야 한다.

② 경위서의 작성

사건·사고가 발생하게 된 원인과 경위를 명확하게 정리한다. 사죄나 반성의 내용은 필요에 따라 작성한다.

③ 재발방지 및 대책 수립

경위서는 재발방지와 대책을 수립하는 데 중요한 자료가 된다.

2) 경위서의 기본구성

① 사건/사고의 개요

어떤 문제가 발생되었고 어떻게 대응되었는지를 쉽게 파악할 수 있도록 간절하게 작성한다.

② 사건/사고의 내용

어떤 문제가 발생하였는지 시간대 별로 상세하게 작성한다.

③ 사건/사고의 원인과 대책

발생한 사건에 대한 원인을 분석하고 필요한 경우 대책을 수립한다. 의견의 작성은 객관적이고 설득력 있게 구성하는 것이 중요하다.

3) 사건/사고자 및 관련자의 인적 사항

사건/사고자 및 관련자의 이름과 소속 회사 및 그 회사의 직위, 부서를 기입한다.

4) 사건/사고 발생장소 및 사건/사고 발생일자

사건/사고가 발생한 구체적인 장소와 사건/사고 발생 일자를 기입한다.

5) 경위서의 제목

어떤 경위서인지 알 수 있도록 제목을 간단·명료하게 작성한다.

6) 경위서의 내용

사건/사고의 발생 경위를 쉽게 알 수 있도록 명확하게 작성한다.

7) 작성자의 기명날인

반드시 경위서에는 작성자의 기명날인이 있어야 한다.

바. 경유서 작성의 유의사항

경위서에 반드시 포함되어야 할 항목은 사건/사고의 원인과 경위, 책임 소재이다. 본인의 과실이 있을 경우에는 단순히 사건/사고가 일어난 이유를 변명하는 것이 아니라 반성하는 자세와 문제를 적극적으로 해결하려는 자세를 갖고 있음을 회사/감사인에게 알릴 수 있어야 한다. 이와 같은 태도를 갖추고 문서를 작성해야만 경위서를 제출하는 의의가 있다.

1) 발생 경위를 간단·명료하게 작성

사회생활을 하다 보면 업무상 과실이나 실수로 인해서 조직에 불이익을 끼치거나 거래처에 피해를 입히는 경우가 있다. 이때 불이익이나 피해의 정도가 경미한 경우에는 구두로 처리해도 되지만 사태가 중대한 경우에는 사실에 입각한 경위서를 소상히 밝혀 자신의 권익을 보호하기 위해서 서식에 맞게 경위서를 진술해 문서화하면 된다. 사건/사고의 발생 경위는 육하원칙에 따라 누가, 언제, 어디서, 무엇을, 어떻게, 왜 등의 순서로 간단하게 작성하는 것이 좋다.

2) 객관적인 입장에서 작성

경위서는 어떤 사건/사고가 발생하였을 때 객관적이고 중립적인 입장에서 발생한 사태의 경과를 설명하는 것이므로 개인적이고 주관적인 의견이나 변명이 아닌 정확한 사실의 내용과 경과를 객관적으로 기술해야 한다.

3) 과실은 반성하는 자세로 작성

과실로 인해 경위서를 작성하는 이유는 발생한 사건/사고로 인해 피해를 사죄하는 것이므로 경위서를 작성한 본인이 충분히 반성하고 있음을 전달하고, 이러한 마음을 알리기 위해서는 경위서를 최대한 충실하게 성심성의껏 작성해야 한다.

이때 상대방에게 책임을 전가하겠다는 느낌이 들지 않도록 주의해야 하고, 과실로 인한 잦은 경위서의 제출은 회사 또는 감사기관/내부감사인의 평가에 불리하게 작용하므로 가능한 회사 등의 규정을 준수하여 과실이 발생하지 않도록 주의해야 한다.

5. 문서 및 장표의 사본

사본(寫本)이란 원본을 그대로 베낀 책이나 서류 또는 원본을 사진으로 찍거나 복사하여 만든 책이나 서류를 말한다. 감사결과의 입증을 위해 필요한 경우에 받으며, 원본과 상위 없음을 관계인이 증명하도록 한다.

증명하는 방법으로는 취급 관련 부서 책임자의 **'원본대조필'** 도장의 날인을 받는다. 다만, 원본의 수량이 과다한 경우 필요한 부분을 발췌하거나 일정한 서식으로 정리할 수 있으며 이 경우 그 출처를 명시하고 작성자가 날인하도록 한다.

Ⅷ 감사 조서/문서

1. 감사 조서/문서의 개요

감사조서란 내부감사인이 수행한 감사절차, 입수한 감사 관련 감사증거 및 내부감사인이 도달한 결론에 관한 기록을 말하며, 감사문서라고도 한다.(ISA 500-6) 감사인은 감사업무 수행사항을 기록하여 감사조서 형태로 보존하여야 한다.

감사조서는 서면, 필름, 전자매체 또는 다른 매체에 저장된 자료 등 다양한 형태를 지닐 수 있다. 감사사조서의 예는 다음과 같다.(ISA 230-A3)

감사조서의 예시

① 감사프로그램 : 감사계획서(감사절차 지시서)
② 분석 자료
③ 이슈에 대한 비망록
④ 유의적 사항의 요약
⑤ 조회서 및 진술서
⑥ 점검표
⑦ 유의적 사항에 대한 왕복문서(전자우편 포함)

감사조서는 계속해서 사용할 수 있는 중요한 자료를 새로운 정보가 있을 때마다 갱신·정리한 **영구조서**와 감사와 관련된 정보만 정리한 **당기조서**로 구분된다. 당기조서라고 하더라도 통상 적어도 5년 정도의 충분한 기간 동안 보존하여야 한다.

2. 감사 조서/문서의 목적

가. 감사 조서/문서의 기본목적

감사조서는 기본적으로 다음의 증거를 제공한다.(ISA 230-5)

감사조서가 제공하는 기본적인 증거

① 내부감사인의 전반적인 목적의 달성에 관한 결론의 근거
② 감사가 감사기준과 관련 법규의 요구사항에 따라 계획되고 수행되었다는 사실

나. 감사 조서/문서의 추가목적

감사조서는 다음에 관한 사항 등 다수의 추가적인 목적에 기여한다.(ISA230-3)

감사조서가 제공하는 추가적인 효익

① 업무팀이 감사를 계획하고 수행하는 것을 지원
② 감독책임이 있는 업무팀원들이 감사업무를 지휘·감독하며, 감사기준에 따른 검토책임을 완수하도록 지원
③ 업무팀이 자신이 수행한 업무에 대하여 책임 수용

④ 향후의 감사에 지속적으로 유의적 사항에 대한 기록 유지
⑤ 품질관리기준에 따른 품질관리 검토와 검사 가능
⑥ 관련 법규 또는 기타 요구사항에 따른 외부 감사업무 수행 가능

3. 감사 조서/문서의 기능

감사조서는 다음과 같은 4가지 기능을 수행한다.

감사조서의 기능

① 감사조서는 감사결과보고서 작성의 기초가 된다.
② 감사조서는 감사의 質的인 관리에 기여한다.
③ 감사조서는 당해 감사업무가 감사기준에 의하여 수행되었는지 여부의 판단 등 감사책임 및 감사성과 평가의 근거가 된다.
④ 감사조서는 후속 감사의 계획 수립과 실시에 도움이 된다.

4. 감사 조서/문서의 작성시기

감사조서는 적시에 충분하고 적합하게 작성하는 것이 감사품질을 높이는 데 도움을 주며, 입수한 감사 증거 및 도달된 결론에 대하여 감사보고서가 확정되기 전에 효과적으로 검토하고 평가하는 데 도움을 준다.

따라서 감사조서는 감사보고서(합리적인 확신을 제공하는 의견)가 확정되기 전에 작성되어야 하며, 감사업무 수행 후에 작성된 감사조서는 감사업무 수행 중에 작성된 것보다 정확성이 낮을 것이다.(ISA 230-A1)

5. 감사 조서/문서의 내용/범위

내부감사인은 이전에 당해 감사에 관여되지 아니한 숙련된 내부감사인이 다음 사항을 충분히 이해할 수 있도록 감사업무 수행사항을 감사조서/문서에 구체적으로 기록하여야 한다. 이 경우 감사조서의 표준화는 감사조서의 작성·검토과정의 효율을 향상시키고 감사업무의 질을 통제하는 데에 유용하다.

감사조서에 기록해야 할 사항[113]

① 수감기관/부서의 일반적인 현황 및 여건에 관한 정보
② 감사의 목적과 범위 등 감사계획과 그 변경사항
③ 회계제도와 내부통제 또는 관리통제의 평가, 고유위험과 통제위험의 평가 및 그에 대한 수정사항

113 감사원, 「공공감사기준주석서」, 2000. 12. 126면.

④ 분석적 검토절차 및 그 결과
⑤ 감사표본의 추출방법 등 적용한 감사방법과 절차의 성격, 시기와 범위
⑥ 감사를 통해 발견한 예외사항과 비정상적인 사항
⑦ 발견한 사항에 대한 감사인의 평가 또는 의견 및 이를 뒷받침하는 감사증거
⑧ 수행된 업무에 대하여 실지감사 책임자가 검토한 증거 등

참고

회계감사기준상의 감사조서 내용[114]

① 감사기준과 관련 법규의 요구사항을 준수하기 위해 수행한 감사절차의 성격, 시기 및 범위
- 테스트한 특정 항목이나 사항에 대하여 식별한 특성
- 감사업무의 수행자 및 그 수행업무의 종료일
- 수행된 감사업무를 검토한 사람, 검토일 및 검토 범위

② 감사절차의 수행결과 및 입수한 감사증거
③ 감사 중 발생한 유의적 사항
- 유의적 위험을 발생시키는 사건
- 감사절차 수행결과 그것이 재무제표가 중요하게 왜곡 표시될 수 있다는 것을 나타내는 경우
- 감사의견을 변형시키거나 강조사항 문단에 포함될 수도 있는 사항을 발견한 경우 등

내부감사인은 감사에 대하여 전반적으로 이해할 수 있도록 완전하고 상세한 감사조서[115]를 작성하여야 한다. 다만 내부감사인이 수행한 모든 사항을 문서화하는 것은 필요하지도 않고 실무적으로도 불가능하므로, 감사조서의 작성 범위와 그 구체성은 내부감사인의 전문가적 판단에 의하여 결정될 수밖에 없다.

감사 조서/문서의 형태, 내용 및 범위는 아래와 같은 요소에 따라 달라질 수 있다.(ISA 230-A2)

감사조서의 형태, 내용 및 범위를 결정할 때 고려요소

① 기업의 규모와 복잡성
② 수행하여야 할 감사절차의 성격
③ 식별된 중요왜곡표시 위험

114 ISA 230-A2..

115 이 경우 감사인은 당해 감사에 경험이 없는 다른 감사인이 ① 수행된 감사업무와 ② 감사결과의 원칙적인 근거를 이해하기 위해 필요한 사항을 고려해야 한다. 즉 감사조서는 당해 감사에 대해 아무런 지식이 없는 숙련된 감사인이 감사조서만 읽어도 감사조서를 작성한 감사인의 판단과 결론을 지지할 수 있을 정도로 충분한 정보를 포함해야 한다.

④ 입수된 감사증거의 유의성
⑤ 식별된 예외사항의 성격과 범위
⑥ 수행한 업무나 입수한 감사증거의 문서화를 통해서는 손쉽게 결정을 내릴 수 없는 결론이나 그 근거에 대한 문서화의 필요성
⑦ 이용된 감사방법과 수단 등

6. 감사 조서/문서의 보안

내부감사인은 감사과정에서 얻게 된 기업의 정보를 감사조서에 수록한다. 감사인은 그 직무상 알게 된 정보를 정당한 사유 없이 누설하거나 감사목적 이외에 이를 사용하여서는 안니 된다. 이는 내부감사인 뿐만 아니라 모든 전문가에게 공통적으로 부여되는 의무이다.

여기서 **"정당한 사유"**는 원칙적으로 국민의 알권리를 충족하기 위하여 필요하고 다른 법령에 저촉되지 않는 경우에 해당한다. 따라서 내부감사인 등의 사익을 도모하기 위해 정보를 누설하는 것은 당연히 금지된다. 다만, 내부감사인은 필요한 경우 감사업무와 관련된 정보를 법령에 특별한 규정이 있는 경우를 제외하고는 공개할 수 있다.

법·규정 등이 정하는 소정의 절차에 따른 감사결과의 보고·통보 또는 공개, 감사 결과 발견한 불법행위의 수사기관에 대한 통보 또는 고발, 그리고 감사실시 과정에서 외부의 전문가에 대한 자문의뢰 등은 여기서 말하는 "누설" 또는 "감사목적 외 사용"에 각각 해당되지 않는다.

그러나 감사조서의 내용 중에서도 개인의 사생활을 침해할 우려가 있거나 국가기밀 및 건전한 풍속의 보호 등을 위하여 필요한 경우 또는 다른 법령의 규정에 의하여 공개가 금지된 경우에는 공개해서는 아니 된다. 감사조서의 보안에 대한 자세한 내용은 제3편 제2장 제1절 Ⅳ. '정보의 기록 및 보존' 항목을 참조하시기 바랍니다.

Ⅸ 감사결과 강평

감사가 종료되면 감사팀장 또는 내부감사최고책임자는 피감부서/피감기관의 관련 임직원에게 당해 부서/기관의 주요 문제점과 개략적인 평가 등에 대한 요지를 설명하고 상호의견을 교환하기 위하여 강평을 실시하여야 한다.

다만, 감사팀장 또는 내부감사최고책임자는 강평을 통하여 언급할 주요사항이 없는 경우에는 강평을 생략할 수 있다.

제5장

내부감사 보고업무

제1절 내부감사 결과 보고의 개요

Ⅰ 내부감사 결과 보고의 방법[116]

1. 감사결과 보고서의 개요[117]

감사활동의 최종산출물은 감사결과 보고서다. 즉, 감사결과는 감사결과 보고서라는 수단을 통하여 이해관계가 있는 이용자에게 전달된다. 따라서 **감사결과 보고서**는 **감사인이 실시한 감사의 개요, 감사요령, 발견사항, 감사결과 문제점과 그에 대한 조치 및 개선 방안 등을 기재하는 감사 결론서**이다.

감사결과 보고가 정당한 사유 없이 지연되면 감사결과 내용이 달라지는 등 부작용이 생길 수 있으므로 가급적 조기에 보고토록 하여야 한다. 일반적으로 회사에 따라 감사 종료 후 10일 또는 15일 이내 등으로 지정하여 운영하고 있다.

감사팀장은 감사 종료 후에도 감사결과에 중요한 영향을 미치는 사항에 대한 확인이 이루어지지 않는 등의 사유로 감사결과를 기한 내 보고하지 못할 경우에는 그 사유를 감사담당부서장을 경유하여 감사에게 보고 후 지시를 받아 처리하여야 한다.

2. 감사결과 보고서의 주요 내용

감사결과 보고서에 기재할 내용에 대하여 명시적인 규정은 없으나 일반적으로 다음의 내용이 포함되어야 한다.

감사결과 보고서의 주요 내용

① 감사 대상기관/부서(업무)	② 감사 종류	③ 감사 기준일
④ 감사 대상기간	⑤ 감사 실시기간	⑥ 감사 목적
⑦ 감사 실시요령/내용	⑧ 감사결과 평가의견(문제점, 개선사항, 종합의견)	

116 김용범, 전게서, 2017, 1210~1215면.

117 일반개별감사에 대한 보고서는 주주총회 때 감사/감사위원회가 회계연도 기간 중 실시한 감사결과를 보고하는 '**감사보고서**'와 구별하기 위하여 '**감사결과보고서**'라고 구별하여 부르기로 한다.

⑨ 내부통제시스템 구축 및 운영에 대한 평가　　　　⑩ 조치요구사항 등

감사실시 요령/내용에는 해당부서(업무)를 감사대상으로 선정한 기준 및 주요 이유, 임점감사 혹은 서면감사 여부, 감사의 범위와 주요 점검사항, 표본추출 방법 등을 구체적으로 기재하며, 특히 전수감사를 하지 못한 경우 세부감사대상을 기재함으로써 향후 발생할 수 있는 감사책임에 대한 근거자료로 활용할 수 있다. 감사결과 평가 의견란에는 감사결과를 바탕으로 기능별 문제점과 개선사항을 세부적으로 기술하고, 각 부분별 의견을 고려하여 총체적 시각에서 종합의견을 제시한다.

3. 감사결과보고서의 작성 배경[118]

내부감사인은 감사결과보고서에 감사의견을 표명함으로써 감사결과보고서 이용자의 의사결정에 유용한 정보를 전달하는 동시에 감사대상이 된 업무의 범위와 내용 및 적용한 감사방법과 절차 등을 언급함으로써 수행한 감사업무의 책임한계를 명확히 알 수 있다. 따라서 감사결과 보고서는 이러한 내용을 수록할 일정한 요건과 형식을 갖추어야 한다.

감사결과 보고서의 일정한 요건

① 감사기관/부서의 지적사항을 명확하게 전달하는 정보력
② 감사기관/부서의 지적사항이 지니는 가치와 타당성을 수감자 등에게 납득시킬 수 있는 설득력
③ 지적사항과 관련하여 감사기관/부서가 제시한 처분(요구) 또는 권고 등을 통하여 수감기관/부서의 責務性과 成果를 향상시킬 수 있는 실천력 등

이러한 맥락에서 감사결과 보고서는 다음과 같은 사항에 유의하여 작성하여야 한다.

감사결과 보고서의 일정한 형식

① 감사결과보고서는 수감자 등의 감사결과에 대한 이해를 촉진할 수 있도록, 지적 사항과 함께 지적사항이 합법·정당한 행위의 기준과 어떻게 다른지를 간단·명료하게 기술한다.
② 감사결과보고서는 수감자 등의 지적사항에 대한 신뢰와 동의를 확보할 수 있도록 적절한 감사증거를 제시하고, 실질적·잠재적 측면에서 지적사항이 초래할 수 있는 결과의 심각성에 대한 확신을 수감자 등에게 환기시킬 수 있어야 한다.
③ 감사결과보고서는 수감자 등이 처분(요구)이나 개선, 권고 등을 수용하고, 추후에는 유사한 잘못을 행하지 않도록, 지적사항과 인과관계가 있는 원인행위와 함께 건설적이면서 실천 가능한 대안을 제시하여야 한다.

---

118 감사원, 「공공감사기준주석서」, 2000. 12. 129~130면.

감사결과 보고서에 잘못된 결과만 지적하고 그 원인행위를 지적 내지 기술하지 않을 경우 수감기관/수감부서에서 그 원인행위의 교정이 이루어지지 않아 지적사항이 시정되지 않고 계속하여 반복되는 경우가 발생하는 수도 있다.

4. 감사결과 보고서의 작성 원칙[119]

감사결과 보고서는 정확하고 객관적이며 명확하고 간결해야 하며, 또한 건설적이고 완벽하며 시의적절해야 한다.

가. 정확성

정확한 보고서란 오류나 왜곡이 없고, 근간이 되는 사실에 충실한 보고서를 말한다. 정확성을 유지하기 위해서 감사업무 중에 수집된 증거로 뒷받침되는 정밀한 단어를 선택하는 것이 매우 중요하다.

제출된 자료와 증거의 수집, 평가 그리고 요약하는 방식은 신중하고 사려 깊게 해야 한다. 내부감사인은 그들이 알게 된 모든 중요한 사실들 중 만약 공개하지 않은 경우에 검토대상 활동에 대한 보고를 왜곡시킬 수 있는 사실들은 공개해야 한다.

나. 객관성

객관적인 보고서란 타당하고, 공평하며 그리고 편향됨이 없으며, 모든 관련된 사실과 상황을 공정하고 균형 있게 평가한 보고서이다. 객관성은 내부감사인이 감사업무를 수행할 때 지녀야 할 편향되지 않은 정신적 태도이다.

관찰, 결론 그리고 권고사항은 편견과 당파심, 개인적인 이해관계 그리고 타인의 부당한 영향을 받음이 없이 추출되고 표현되어야 한다. 그리고 내부감사인 및 내부감사부서는 객관적이고 부당한 영향을 받지 않아야 한다.

다. 명확성

명확한 보고서란 모호한 데가 없이 뚜렷하고, 주장을 뒷받침할 증거가 확실하며, 실제 사실과 꼭 맞아 틀림없는 보고서를 말한다. 더욱이 불필요한 전문적 기술용어를 회피 하는 것이다. 즉, 문제점이나 중요사항이 명확하게 파악되도록 구성해야 한다.

명확한 보고는 논리적이고 조직적이며 훈련된 그리고 위험에 基盤한 내부감사업무 접근법의 특징이다. 명확성은 내부감사인이 중요한 관찰사항과 발견사항을 보고하고, 특정한 감사업무에 대한 권고사항 및 결론을 논리적으로 뒷받침할 때 증가한다.

라. 간결성

간결한 보고서란 핵심을 다루고 불필요하고, 중요하지 않고 또는 감사업무와 무관한 정

---

119 김용범, 전게서, 2017, 1211~1212면. IIA, 전게서, 2007, 358~359면 및 2012, 182면 그리고 2017, 222~224면. 감사원, 「공공감사기준주석서」, 2000. 12. 130~132.

보를 제외시키는 간결한 보고서를 말한다. 또한 중복 및 군더더기를 피한 것이다.

간결한 보고서란 필요한 사항을 순서대로 논리적으로 정리하여 누가 보아도 알기 쉽게 작성하여야 한다. 간결성은 보고서를 지속적으로 고치고 편집함으로써 이루어진다.

마. 건설성

건설적인 보고서란 감사고객과 조직에 도움이 되고, 필요한 곳의 개선을 이끌어 내는 보고서이다. 건설적인 보고서는 감사업무 및 /또는 조직의 문제점을 적극적으로 개선하도록 촉진시키는 해결책을 만들어 내는 협력적 프로세스를 가능케 한다.

제시한 내용과 말투가 유용하고, 긍정적이며 그리고 많은 의미를 가지고 있으며 조직의 목표에 기여하는 것이 되어야 한다. 내부감사인이 보고 전체를 통하여 발견사항의 심각성을 반영하는 건설적인 어조를 사용하는 것은 도움이 된다.

바. 완벽성

완벽한 보고서란 그것을 받아보는 사람들에게 중요한 내용을 하나도 빠트리지 않으며, 감사 권고사항 및 결론을 뒷받침해 주는 모든 중요하고 연관된 정보와 관찰내용을 포함하는 보고서이다.

보고서의 완전성을 확보하기 위해 내부감사인이 목표로 하는 독자들에게 필수적인 모든 정보를 고려하는 것은 도움이 된다. 문서화된 완전한 보고서는 일반적으로 독자로 하여금 내부감사부서의 결정과 동일한 결론에 이르게 된다.

사. 적시성

시의적절한 보고서란 시간을 잘 맞추고, 시기에 맞게 해야 하며 그리고 권고 사항에 대해서 행동을 취할 사람들에 의해 신중한 검토를 하기에 시간적으로 적당한 그러한 보고서이다. 즉, 감사목적을 달성할 수 있도록 적정한 시기에 보고하여야 한다.

감사수행 결과의 제출 시기는 고의적인 지체가 없도록 하고 어느 정도 긴급하게 하여 신속하고 효과적인 행동을 가능하게 해야 한다. 최종적으로 내부감사인이 계획의 수립 단계에서 수립/계획한 마감시한까지 모든 보고서를 제출하는 것이 중요하다.

참고

금융감독당국의 감사보고서 작성 원칙[120]

① **정확성** : 보고서 내용을 가감하거나, 추측 혹은 허위 사실을 기재하면 안 되며, 오해를 가져올 수 있는 표현을 사용해서도 안 된다.

② **간결성** : 필요한 사항을 순서대로 논리적으로 정리하여 누가 보아도 알기 쉽게 작성하여야 한다.

120 금융감독원, 전게서, 2003, 188면.

③ **명료성** : 문제점이나 중요사항이 명확하게 파악되도록 구성하여야 한다.
④ **적시성** : 감사 목적을 달성할 수 있도록 적정한 시기에 보고하여야 한다.

참고

「공공감사기준」상의 감사보고서 작성 원칙[121]

① **적시성** : 감사결과는 지연 보고하여 감사성과를 저해하거나 수감기관의 업무처리에 지장을 주지 아니하도록 적기에 작성되어야 한다.
② **완전성** : 감사결과 보고는 전달하고자하는 감사목적의 달성에 필요한 모든 정보를 포함하여야 한다.
③ **간결성** : 감사결과의 보고는 전달하고자 하는 내용만을 간략하게 나타내고 필요이상으로 길거나 불필요한 반복을 피하여야 한다.
④ **논리성** : 감사결과의 보고는 논리적이고 이해하기 쉬워야 하며 애매모호한 표현이나 일반화되지 아니한 약어나 전문용어 등은 가급적 피하여야 한다.
⑤ **정확성** : 감사결과 보고는 수집된 감사증거에 기초하여 정당성을 입증할 수 있도록 올바르게 기술하고 감사범위, 방법 또는 감사증거에 한계가 있는 경우에는 이를 명백히 밝혀야 한다.
⑥ **공정성** : 감사결과 보고는 수집기관의 변명 또는 반론과 전문가의 자문을 충분히 감안하여야 하고 문제점을 과장하거나 편향된 시각으로 작성해서는 아니 된다.

5. 감사결과 보고서의 종류

감사인이 실질감사가 끝난 뒤에 작성·제출하는 보고서는 아래와 같이 **대내 감사결과 보고서와 대외 감사결과 처분(요구)서**로 대별한다.

감사결과 보고서의 종류

① **대내 감사결과 보고서** : 감사결과 지적사항의 개요와 조치의견 등을 기술하여 감사 및 감사위원 또는 내부감사최고책임자에게 제출하는 내부보고서를 말한다.
② **대외 감사결과 처분서** : 감사결과 지적사항에 대한 구체적인 내용과 조치 할 사항을 내부의 검토과정을 거쳐 수감기관 또는 임직원에게 송부하기 위한 최종보고서를 말한다.

실질감사 책임자/감사팀장은 실질감사가 끝난 뒤 일정 기간 내에 감사결과 보고서를 작성하여 내부감사최고책임자 또는 감사에게 제출하여야 한다. 감사의 독립성을 확보하기 위해 감사결과 보고서는 전결규정에 따라 감사라인을 통해 감사 또는 상근감사위원(내부감사최고책임자 포함)에 보고하거나 결재를 받아야 한다.

121 감사원, 「공공감사기준」제27조.

일부회사는 매 감사결과를 감사/감사위원회에 보고하는 것으로 규정하고 있는 곳도 있으나, 특히 감사결과 즉시 보고할 만한 중요한 적출사항도 없는데, 비상근감사나 3분의 2가 사외이사들로 구성되어 있는 감사위원회에 매 감사 종료 시마다 감사결과를 보고토록 하는 것은 불필요하며, 현실적으로도 실행하기도 매우 곤란하다.

따라서 내부감사에 관한 사항을 상근감사위원, 내부감사최고책임자 등에게 위임하여, 중요보고사항이 있는 경우를 제외하고는 매 감사종료 시마다 상근감사위원 또는 내부감사최고책임자 등에게 우선 보고토록 하고, 감사위원회나 비상근감사에게는 회의 개최 시나 특정일에 그동안 감사결과를 일괄 사후 보고하도록 운영하는 것이 일반적이다.

6. 감사결과 보고서 작성 요령[122]

내부감사인은 대내 감사결과 보고서 및 대외 감사결과 처분(요구)서에 다음 각 호의 사항이 포함되어야 한다. 다만, 제2항 및 제5항 내지 제10항의 사항은 해당사항이 있는 경우에 한하여 보고한다.

1) 감사가 해당 감사기준에 따라 수행되었는지 여부를 나타내는 문안

내부감사인은 대내감사결과보고서와 대외 감사결과 처분(요구)서에 당해 감사가 어떤 감사기준에 따라 수행되었는지 여부를 나타내는 문안(예: "이 감사는 「내부감사직무수행기준」, 「공공감사기준」, 「회계감사기준」 등에 따라 수행하였음")을 명시하여야 한다.

이는 내부감사인이 정당한 주의의무를 다하였는지 여부를 감사의 최종 산출물인 감사결과보고서에 명확히 함으로써 내부감사인이 부담하는 책임의 한계를 분명히 하고, 수감 기관/ 부서 및 보고서 이용자의 감사결과에 대한 오해나 편견을 배제하기 위함이다.

2) 감사가 해당 감사기준에 따르지 아니하였을 경우 그 범위와 이유 및 이 기준을 따르지 아니함으로써 감사결과에 미치는 영향

감사가 「내부감사직무수행기준」, 「공공감사기준」, 「회계감사기준」 등을 따르지 아니하였을 경우에는 대내감사결과보고서와 대외감사결과처분(요구)서에 그 범위와 이유 및 동 감사기준 등을 따르지 아니함으로써 감사결과에 미치는 영향을 명시해야 한다. 내부감사인은 특정상항에서 동 감사기준을 따르기가 현실적으로 불가능하거나 불합리한 경우에는 전문가적 판단에 따라 보다 합리적인 대체적 감사기준을 적용할 수 있다.

이 경우 내부감사인은 「내부감사직무수행기준」, 「공공감사기준」, 「회계감사기준」 등과 다르게 감사를 수행한 범위와 그 이유 및 「내부감사직무수행기준」, 「공공감사 기준」, 「회계 감사기준」 등을 따르지 않는 것이 감사 결과에 미치는 영향을 각각 제시하여야 한다. 이 역시 내부감사인의 감사에 대한 책임의 한계를 명확히 하고 수감기관/부서 및 보고서 이용자의 감사결과에 대한 오해나 편견을 배제하기 위함이다.

---

122 김용범, 전게서, 2017, 1213~1215면. 금융감독원, 전게서, 2003, 190~191면. 감사원, 「공공감사 기준주석서」, 2000. 12. 133~141면.

3) 감사 목적, 범위 및 방법

내부감사인은 감사목적·범위와 방법 등 감사실시에 관한 개요를 대내 감사결과 보고서와 대외 감사결과 처분(요구)서에 제시하여야 한다. 감사 목적·범위와 방법에 관한 지식은 보고서의 이용자로 하여금 감사활동 및 보고내용의 유용성과 중요한 제약사항을 이해하는 데에 긴요하기 때문이다. 특히 감사업무가 시간 또는 감사자원의 제약으로 인하여 제한된 경우에는 보고서의 이용자가 실제로 수행된 감사활동과 수행되지 아니한 감사활동을 혼동하지 않도록 유의하여야 한다.

감사목적을 보고할 때에 내부감사인은 왜 감사가 실시되었으며, 보고서가 이루고자 하는 것은 무엇인지를 기술하여야 한다. 감사목적이 제한되어 있음에도 불구하고 보고서의 이용자가 이를 포괄적으로 추론하는 것을 예방하기 위하여 때로는 감사가 의도하지 않았던 사항을 명시하는 것도 필요할 수 있다.

감사범위를 보고할 때에 내부감사인은 감사목적을 달성하기 위하여 수행한 감사활동의 깊이와 범위를 기술해야 한다. 내부감사인은 해당사항이 있는 경우에 ① 감사대상 모집단과 감사표본의 관계, ② 감사대상의 조직, 지리적 위치 및 기간, ③ 감사증거의 종류와 출처 및 ④ 감사증거의 질과 한계 등을 설명해야 한다. ⑤ 또한 내부감사인은 감사자료 또는 감사범위의 제약에 의해 감사활동상 감수한 중요한 제약요인을 기술해야 한다.

감사방법을 보고할 때에 내부감사인은 감사증거의 수집 및 분석기법을 명시하여야 한다. 내부감사인은 감사업무를 수행하면서 ① 채택한 중요한 가정, ② 적용한 비교기법, ③ 사용한 감사의 준거, ④ 표본 추출이 지적사항을 뒷받침하는 중요한 근거가 되는 경우에는 표본설계와 그 사유를 각각 기술하여야 한다.

4) 법령의 준수와 내부통제 또는 관리통제에 관한 평가절차와 그 결과

내부감사인은 대내감사결과보고서와 대외감사결과처분(요구)서에 법령의 준수와 내부통제 또는 관리통제에 관한 평가절차와 그 결과를 각각 제시하여야 한다. 내부감사인은 수감기관/부서의 법령준수와 내부통제 또는 관리통제를 평가한 범위와 평가절차를 보고하여야 한다. 나아가 내부감사인은 그러한 평가절차가 수감기관/부서의 법령준수와 내부통제/관리통제에 관한 감사의견을 뒷받침할 충분한 증거를 제시하였는지 여부도 보고해야 한다.

참고

보고서에 수록할 만한 내부통제의 결함(예)[123]

① 통제의 목적과 부합하는 적절한 임무의 분리의 결여
② 거래·기장 또는 산출물에 대한 적절한 검토와 승인의 결여
③ 자산의 안전보호에 관한 규정의 불충분

123 미국, 「정부감사기준」제5.26조.

④ 자산의 망실·손상 또는 오용에 대한 보호가 실패하고 있다는 증거
⑤ 통제절차의 잘못된 적용으로 인하여 수감기관/부서의 통제목적과 부합하는 완전하고 정확한 산출물을 생산하지 못하고 있다는 증거
⑥ 시스템의 전반적인 목적을 손상할 정도로 권한 있는 관리자가 내부통제를 고의적으로 무시하고 있다는 증거
⑦ 재조정의 불비 또는 적기 미수행 등 내부통제의 일부가 제대로 작동하지 않고 있다는 증거
⑧ 조직 내부의 통제의식 미흡
⑨ 재무제표에 직접적이고 중대한 영향을 미칠 수 있는 법령의 위반을 초래할 내부 통제의 설계 또는 운영상의 상당한 결함
⑩ 종전에 발견된 내부통제의 결함에 대한 후속조치 또는 수정의 미이행 등

5) 감사를 통해 발견한 불법행위, 중대한 오류와 낭비 등 지적사항

내부감사인은 실질감사를 통해 발견한 부정행위, 불법행위, 중대한 오류와 낭비 등 지적사항이 있는 경우에는 그러한 지적사항을 감사결과보고서와 감사결과처분(요구)서에 명시하여야 한다.

이 경우 내부감사인은 보고서의 이용자에게 지적사항의 빈도와 지적사항이 미칠 영향을 판단할 근거를 제공하기 위하여 감사대상 모집단 및 감사표본의 관계 등을 감안하여 지적사항을 제시하고 가급적 계량화하여야 한다.

내부감사인이 지적사항을 제시하는 경우에는 반드시 이를 입증할 수 있는 증거능력을 갖춘 충분한 감사증거를 함께 제시해야 한다. 나아가 내부감사인은 보고서의 이용자가 지적사항을 이해하는 데에 필요한 적절한 배경 정보도 보고하여야 한다.

일반적으로 지적사항은 준거, 조건, 효과 및 문제점의 원인 등 요소를 포함하지만, 지적사항의 요소는 감사목적에 따라 달라질 수 있다. 중요한 것은 지적사항이 감사목적을 충족시킴과 동시에 보고서의 이용자로 하여금 감사목적과 지적사항의 요소를 명확하게 연계시킬 수 있도록 기술되어야 한다는 점이다.

또한 일반적으로 감사결과 지적사항은 논리적인 추론으로서 상세히 기술되어야 하며, 감사고객·경영진·주주 등 감사결과 보고서의 이용자들에 의해 추론될 수 있는 여지를 남겨두어서는 아니 된다. 감사결과 지적사항의 권위는 궁극적으로 지적사항을 뒷받침하는 감사증거와 논리의 설득력이 좌우하게 된다.

대내감사결과보고서와 대외감사결과처분(요구)서에는 지적사항과 관련하여 수감기관/부서 등이 처분(요구)할 사항 또는 권고사항을 수록해야 한다. 처분(요구)사항 또는 권고사항은 수감기관/부서의 責務性과 成果를 향상시킬 수 있도록 건설적인 방향에서 작성되어야 한다. 이 경우 **"건설적"**이라 함은 처분(요구)사항 또는 권고사항이 ① 밝혀진 문제점의 원인을 해결할 수 있고, ② 실행가능성 및 구체성이 높으며, ③ 권한을 지닌 당사자를 대상으로 작성되는 한편, ④ 비용에 대한 효과가 높아야 함을 뜻한다.

나아가 내부감사인은 지적사항, 처분(요구)사항 또는 권고사항 등 감사의견에 대하여 수

감기관/부서 또는 책임 있는 관리자의 변명 또는 반론이 있는 경우에는 이를 함께 수록하여야 한다. 내부감사인이 이러한 변명 또는 반론에 동의하지 않는 경우에는 그 이유를 밝혀야 한다.

실질감사를 통해 발견한 부정행위, 불법행위, 중대한 오류와 낭비 등 문제점의 시정에 대한 수감기관/수감부서 또는 책임 있는 관리자의 약속 또는 계획 등 **'사전의견표시'**도 보고서에 기술되어야 한다. 다만 그런 '사전의견표시'가 있다고 하여 지적 사항, 처분(要求)사항 또는 권고사항을 보고서에서 누락하여서는 아니 된다.

내부감사인은 선행감사의 처분(要求)사항/권고사항 중 시정되지 아니한 상태로 남아 있는 사항은 함께 보고해야 한다. 개별처분(要求)사항은 원칙적으로 ① 前提(정당한 업무처리의 내용), ② 비난의 사실(위법 · 부당사항), ③ 변명과 결론(대안)으로 구분해 육하원칙에 따라 구체적으로 說示해야 한다.

먼저 지적사항의 대상이 되는 업무의 내용, 업무처리기준·절차 및 근거 등을 제시하고, 위법·부당하게 처리한 원인·이유와 그 결과를 명시해야 한다. 이어서 결론에 영향을 미치게 된 특별한 이유(또는 관련자, 관계기관/부서의 장 등의 당해 사건에 대한 변명)를 說示하고 이를 반박한다.

마지막으로 지적된 사항이 위법·부당하다는 결론을 내리고 그 대안 즉, 시정조치 등의 방향을 제시한다.

6) 수감기관의 문제점에 대한 개선 및 권고사항

위의 5)항의 설명을 참조.

7) 수감기관/부서의 모범사례 또는 괄목할 만한 성과

실질감사를 통해 발견한 수감 기관/부서의 모범사례 또는 괄목할 만한 성과가 있는 경우에 내부감사인은 이를 대내 감사결과 보고서와 대외 감사결과 처분(要求)서에 수록하여야 한다. 수감기관/부서의 문제점을 지적함과 동시에 우수한 사례와 성과를 발굴·제시하는 것은 보고서의 균형을 유지할 수 있을 뿐만 아니라 모범 사례나 괄목할 만한 성과를 다른 기관/부서 또는 영역으로 확산하는 데에 특히 유용하다.

8) 내부감사인의 의견에 대한 수감기관/부서의 변명 또는 반론

위의 5)항의 설명을 참조.

9) 일반인에게 공개할 수 없는 정보가 있는 경우에는 그러한 정보의 성격과 비공개의무의 근거

특정 정보는 법·령·규칙에 의하여 일반인에 대한 공개가 금지될 수 있다. 내부감사인은 그러한 정보를 알 필요의 법칙에 입각하여 그러한 정보에 접근할 수 있도록 권한이 부여된 사람에게만 제공해야 한다. 이 경우 내부감사인은 정보의 비공개를 정당화할 수 있는지에 관한 확신을 지녀야 하며, 일반인에게 공개할 수 없는 정보의 성격과 비공개의무의 근거를 대내감사결과보고서와 대외감사결과처분(要求)서에 명시하여야 한다.

10) 감사가 未盡하여 추가로 감사할 필요가 있는 사항

감사가 미진하여 추가로 감사할 필요가 있는 사항이 있는 경우에, 내부감사인은 향후의 감사업무에 참고할 수 있도록 이를 대내감사결과보고서에 명시하여야 한다. 감사업무의 수행 중 추가적인 확인·검증작업이 필요한 사항을 발견하였지만, 그러한 사항이 감사목적과 직접적으로 관련되지 아니하거나, 또는 동 사항을 확인·검증할 시간 또는 감사자원이 부족한 경우에 내부감사인은 그러한 사항과 그 이유를 대내감사결과보고서에 명시하여 향후의 감사계획 수립 등에 활용할 수 있도록 배려하여야 한다.

내부감사인은 추가적인 확인·검증이 필요한 사항을 가급적 향후 감사계획의 수립을 담당하고 있는 내부감사인에게 인계하는 것이 바람직하다. 또한 감사기간 내에 위법·부당하다고 인정되는 사항에 대해 종료하지 못하였으나, 그러한 사항이 감사목적과 직접적으로 관련되고 중요한 사항이어서 조사를 계속하고자 하는 경우에는 대내감사결과보고서에 감사미필사항으로 명시하여야 한다. 감사미필사항은 가급적 빠른 기일 내에 조사를 종료하고 그 결과를 역시 보고하여야 한다.

감사 실무에서는 위의 설명 외에 보다 다양한 감사결과 보고서 작성방법이 있을 수 있으나, 여기서는 지면 관계상 자세히 설명할 수 없어 다음과 같이 간략하게 감사결과 보고서의 항목별 작성요령을 요약·제시하고자 한다.

감사결과 보고서 항목별 작성 요령(예시)

(1) **감사대상 기관/부서(업무)** : 감사대상 기관/부시 또는 업무 명을 기록

(2) **감사대상 임원 및 부서장** : 감사 대상기간중 인사이동이 있었을 경우 기간별로 부서장 및 임원을 명시

(3) **감사 종류** : 종합감사, 특별감사 등을 기록

(4) **감사기준일** : ① 정기감사/종합감사 – 전월 말일
② 수시감사/특별감사 – 감사 착수일

(5) **감사대상기간** : 지난번 감사대상기간 이후 이번 감사 종료일까지를 대상으로 하는 것을 원칙

(6) **감사실시기간** : 감사 착수일 후 종료일까지의 날짜를 기록

(7) **주요 수록 내용** :

① 감사가 어떤 기준에 따라 수행되었는지 여부를 나타내는 문언
② 감사가 해당 감사기준에 따르지 아니하였을 경우에는 그 범위와 이유 및 이 기준을 따르지 아니함으로써 감사결과에 미치는 영향
③ 감사목적, 범위와 방법
④ 법령의 준수와 내부통제 또는 위험관리·부정관리 통제에 관한 평가절차와 그 결과

⑤ 감사를 통해 발견한 불법행위, 중대한 오류와 낭비 등 지적 사항
⑥ 수감기관/부서의 문제점에 대한 개선 및 권고사항
⑦ 수감기관/부서의 모범사례 또는 괄목할 만한 성과
⑧ 내부감사인의 의견에 대한 수감기관의 변명 또는 반론
⑨ 일반인에게 공개할 수 없는 정보가 있는 경우에는 그러한 정보의 성격과 비공개 의무의 근거
⑩ 감사가 미진하여 추가로 감사할 필요가 있는 사항 등

(8) 감사결과 평가의견

(가) 종합의견 :

각 부문별 의견을 종합하고 부서 또는 관련 업무에 대하여 총체적인 시각에서 나타난 문제점 및 개선방향, 우수사례 등을 총괄적으로 기술

(나) 부문별 평가의견 :

각 부문별로 감사결과를 세부적으로 기술하되 문제점 및 개선방향, 권고사항 등을 기술하고 우수사례가 있는 경우 이를 명시하는 등의 내용을 기술

○ 경영부문　　　　○ 재무부문
○ 운영부문　　　　○ 준법부문
○ IT 부문

(다) 지난번 감사결과 조치요구사항에 대한 조치 결과 :

조치내용 및 그 적정성을 평가하여 기술

(9) 조치요구사항 : 위규사항 등의 구체적 내용과 조치요구내용을 간결·명료하게 기술하고 관련 법령이나 규정 등을 명시. 일반적으로 지적사항은 준거, 조건, 효과 및 문제점의 원인 등 요소를 포함하지만, 중요한 것은 지적사항이 감사목적을 충족시킴과 동시에 보고서의 이용자로 하여금 감사목적과 지적사항의 요소를 명확하게 연계시킬 수 있도록 육하원칙에 따라 기술

(가) 문책사항　　　　(나) 개선사항
(다) 시정사항　　　　(라) 주의사항 등

참고

미국 CIA 교재의 감사보고서 목차 및 작성 요령 (예시)[124]

Ⅰ. 감사보고서 목차

124 금융감독원, 전게서, 2003, 192~193면, 미국 CIA 교재 번역분 참조 및 재인용

1) Summary(감사 요약)

2) Introduction(감사 개요)

3) Statement of purpose(감사 목적)

4) Statement of scope(감사 범위)

5) Statement of opinion(감사 의견)

6) Engagement observation(감사 결과)

① Criteria(기준)

② Condition(현상)

③ Cause(원인)

④ Effect(발생 효과)

7) Recommendation(권고 사항)

8) Corrective action taken(조치 결과) 등

Ⅱ. 감사보고서 작성 요령

1) 감사보고서는 내부감사활동의 결과임.

2) 중간 및 최종 감사보고서는 피감사대상에게 유용한 관찰사항, 결론, 권고사항을 제공하며, 또한 감사활동에 대한 평가기준이 됨.

3) 감사자는 감사결과를 신속하게 보고하여야 함.

4) 보고서에는 감사 목적과 범위 그리고 결론, 권고사항, 실행계획이 있음.

5) 또한 감사자의 전반적인 의견이 있어야 함.

6) 보고서 작성기준 :

① 보고서의 형식과 내용은 조직이나 감사종류에 따라 다양하겠지만, 적어도 목적, 범위 결과는 필히 포함하여야 함.

② 감사목적에는 감사를 행한 이유와 감사로부터 얻고자 하는 기대를 설명함.

③ 범위에는 기간 및 감사방법을 기재하고, 관련은 있지만 감사를 하지 않은 경우도 그 사유를 기재함.

④ 결과에는 발견사항, 결론(의견), 권고사항, 그리고 시정계획을 포함함.

⑤ 발견사항에는 현상에 대한 설명으로 감사인의 결론을 뒷받침하는 것으로 덜 중요한 발견사항은 비공식적으로 보고할 수 있음.

⑥ 발견사항과 권고사항은 타당한 프로세스와 비교로 나타남.

⑦ 결과는 발견사항과 권고사항의 영향에 대한 감사인의 평가임.

⑧ 권고사항은 발견사항과 결과에 근거하며, 시정하거나 강화시키는 것으로 어떤 경우에는 연구나 조사를 제안할 수도 있음.

⑨ 피감사부서의 의견도 포함될 수 있음.

⑩ 감사결과에 대해 피감사부서와 의견이 일치하지 않을 경우 양쪽의 입장과 이유를 포함할 수 있음.

⑪ 불법이거나 개인의 명예에 관련된 정보는 별도 보고서로 작성함.

⑫ 감사기간이 긴 경우에는 중간 보고서를 제출함.

7) 감사결과 시정행위를 담당할 사람 및 그것을 확인할 사람에게 통보되어야 하며 고위 경영진에게는 별도 요약보고서를 제출할 수 있음.

II 내부감사 결과 지적의 구분[125]

감사 기관/부서는 감사결과 개별지적사항에 대하여 당해 지적사항의 내용에 적합한 처분을 선택적으로 적용하여야 한다. 감사결과 처분요구는 문책사항, 주의촉구사항/경고사항, 변상사항, 개선사항, 시정사항, 주의사항, 현지조치사항, 권고사항, 현지지도사항(현지시정사항, 현지주의사항), 통보사항 등이 있다.

감사결과보고서의 모든 개별지적사항에 대하여는 원칙적으로 감사결과 처분요구서와 감사결과 직접조치서를 각각 작성하여야 한다. 다만, 동일한 유형의 사례가 반복 지적된 경우에는 그러한 지적사항들을 묶어서 단일 처분요구서(직접조치서)로 통합할 수 있다.

감사인의 감사 기관/부서에 대한 개별 감사결과 지적사항은 그 성질과 내용의 경중에 따라 다음 각 호와 같이 구분한다.

1. 문책사항

관련법규, 내규를 위반하거나 회사의 건전한 영업 또는 업무를 저해하는 행위를 함으로써 사회질서를 문란하게 하거나 회사의 경영을 위태롭게 하는 행위로서 재재대상에 해당하는 경우.

2. 주의촉구사항/경고사항

위법·부당행위 등 비위 사실의 정도가 경미하여 문책조치하기에는 부적절하거나 정상을 참작하여 문책요구 대상에는 해당하지 아니하나 상당한 주의 촉구 또는 경고가 필요한 경우.

3. 변상사항

고의 또는 중대한 과실로 관련 법규 등을 위반하는 행위 등으로 회사의 재산에 대하여 손실을 끼쳐 변상책임이 있는 경우.

4. 개선사항

규정, 제도 또는 업무운용 내용 등이 불합리하여 그 개선이 필요한 경우.

5. 시정사항

위법 또는 부당하다고 인정되는 사항 중 추징, 회수, 보전, 기타의 방법 등으로 시정 또는 원상태로 환원시킬 필요가 있는 경우.

6. 주의사항

125 김용범, 전게서, 2017, 1215~1216면.

위법 또는 부당하다고 인정되나 정상참작 사유가 크거나 비위 정도가 상당히 경미하여 문책 또는 주의 촉구대상에는 해당하지 아니하나 주의환기가 필요한 경우.

7. 현지조치사항

가. 현지시정사항

위법·부당행위 또는 불합리한 사항 중 그 정도가 경미하여 감사요원이 감사현장에서 시정 조치하는 사항.

나. 현지주의사항

위법·부당행위 또는 불합리한 사항 중 그 정도가 경미하여 감사요원이 감사현장에서 주의 또는 개선 조치하는 사항.

8. 권고사항

건전 경영관리 및 사고 예방 차원에서 지도, 점검, 검토 등이 필요한 경우.

9. 현지지도사항

지적사항에는 해당되지 아니하나 건전경영을 유도하기 위하여 지도의 필요성이 있는 사항에 대하여는 현지지도를 운용.

10. 통보사항

감사결과 특정인 등의 비위사실이나 위법·부당사항 등을 달리 처분(요구)하기는 부적합하나 감사대상기관/부서의 장에게 알릴 필요가 있다고 인정되는 경우.

제2절 내부감사 결과 처리의 방법[126]

I 내부감사 결과 보고

감사팀장은 감사결과 적출된 지적사항을 감사담당부서장을 경유하여 감사 또는 상임감사위원, 내부감사최고책임자에게 보고하여야 한다. 다만, 중요한 적출사항은 필요한 경우 감사위원회 또는 이사회에 보고하여야 한다.

II 위법·부당 행위 처리

감사 또는 감사위원회는 감사결과 적출된 사항을 처리함에 있어 위법·부당행위가 등기이

126 김용범, 전게서, 2017, 1217~1223면.

사에 의해 이루어진 경우와 비등기 임원 및 직원에 의하여 이루어진 경우로 구분하여 처리하여야 한다.

1. 위법 · 부당 행위자가 등기이사의 경우

감사결과 등기 이사가 법령 또는 정관에 위반하는 위법·부당행위를 한 경우 감사 또는 감사위원회는 사안의 경중에 따라 다음과 같이 처리한다.

가. 이사회 소집 및 보고

감사는 감사결과 이사가 법령 또는 정관에 위반한 행위를 하거나 그 행위를 할 염려가 있다고 인정한 때에는 다음과 같은 조치를 하여야 한다.

1) 이사회 소집 청구

감사(감사위원 포함)는 필요하면 회의 목적사항과 소집이유를 서면에 적어 이사회 소집권자에게 이사회 소집을 청구할 수 있다.(「상법」 제412조의4 제1항)

2) 이사회 직접 소집

감사의 이사회 소집 청구에도 불구하고 이사회 소집권자가 지체 없이 이사회를 소집하지 아니할 때에는 그 청구한 감사가 직접 이사회를 소집할 수 있다.(「상법」 제412조의4 제2항)

3) 이사회 보고 의무

감사는 이사가 법령 또는 정관에 위반한 행위를 하거나 그 행위를 할 염려가 있다고 인정한 때에는 이사회에 이를 보고하여야 한다.(「상법」 제391조의2 제2항)

나. 주주총회 소집 및 보고

감사는 감사결과 주주총회에서 감사업무와 관련하여 긴급한 의견진술이 필요한 경우에 다음과 같은 조치를 취하여야 한다.[127]

1) 주주총회 소집 청구

감사는 회의 목적사항과 소집의 이유를 기재한 서면을 이사회에 제출하여 임시 총회의 소집을 청구할 수 있다.(「상법」 제412조의3 제1항)

2) 주주총회 직접 소집

감사가 주주총회소집을 이사회에 대해 청구했음에도 불구하고 이사회가 지체 없이 총회소집절차를 밟지 않은 경우에는 감사는 법원의 허가를 얻어 직접 총회를 소집할 수 있다.(「상법」 제412조의3 제2항, 제366조 제2항)

3) 주주총회 의견 진술

감사는 소집된 주주총회에 참석하여 감사업무와 관련된 긴급한 사항에 대해 의견을 진술

---

127 김용범, 전게서, 2017, 1218면. 이철송, 전게서, 박영사, 2021, 877~879면.

하여야 한다.

다. 유지청구권[128]

1) 유지청구의 의의

이사가 법령 또는 정관에 위반하는 행위를 하여 회사에 회복할 수 없는 손해가 생길 염려가 있는 경우에는 감사(감사위원회 포함) 또는 소수주주는 회사를 위하여 이사에 대하여 그 행위를 유지할 것을 청구할 수 있다.(「상법」제402조)

감사 또는 소수주주의 이러한 권리를 **유지청구권**이라 한다. 이 위법행위 유지청구권은 이사의 위법행위를 사전에 방지하고 위법행위로 인하여 회사의 손해가 확대되는 것을 미연에 차단하기 위한 것이다.

유지청구는 일종의 보전행위라는 점에서 「상법」제407조의 직무집행정지제도와 목적을 같이하나 전자는 訴에 의하지 아니하고도 행사할 수 있으며, 또 후자처럼 이사의 권한을 일반적으로 정지시키는 것이 아니라 개별적 행위를 저지한다는 점에서 차이가 있다.

그리고 유지청구는 감사나 소수주주가 회사를 위해서, 즉 회사의 대표기관적 지위에서 이사를 상대로 한다는 점에서 대표소송과 비슷하나, 대표소송은 이미 발생한 손해의 회복을 위한 사후적 구제수단인 데 반해, 유지청구는 손해의 사전적 예방 수단이란 점에서 차이가 있다.

「상법」은 이사에게 업무집행을 위임하면서 그 권한 남용을 제재할 수단도 아울러 마련하였으므로 이사로 하여금 사후적인 책임추궁의 부담하에 자신의 판단에 따라 직무를 수행하도록 하는 것이 원칙이고, 감사나 소수주주가 사전에 이사의 행위에 관여하는 것은 권한과 책임의 동시부여 취지에 어긋난다.

그러나 이사의 행위 또는 이로 인한 손해의 성질상 회복이 불가능한 것이 있을 수 있고, 법률상 회복이 가능하더라도 이사의 無資力으로 사실상 회복이 불가능할 수도 있다. 유지청구권은 이와 같이 회복이 어려운 손해를 방지하기 위한 **긴급수단**으로 인정되는 제도이다.

2) 유지청구의 요건

가) 법령·정관에 위반한 행위

'법령·정관에 위반한 행위'에 대한 자세한 내용은 제2편 제3장 제8절 Ⅱ-1. '법령·정관에 위반한 행위' 항목을 참조하시기 바랍니다.

나) 회복할 수 없는 손해 발생의 念慮

'회복할 수 없는 손해 발생의 염려'에 대한 자세한 내용은 제2편 제3장 제8절 Ⅱ-2. '회복할 수 없는 손해발생의 염려' 항목을 참조하시기 바랍니다.

3) 유지청구의 당사자

128 김용범, 전게서, 2017, 1218면. 이철송, 전게서, 박영사, 2021, 829~833면.

가) 청구권자

'청구권자'에 대한 자세한 내용은 제2편 제3장 제8절 Ⅲ-1. '유지청구권자' 항목을 참조하시기 바랍니다.

나) 피청구자

'피청구자'에 대한 자세한 내용은 제2편 제3장 제8절 Ⅲ-2. '피청구자' 항목을 참조하시기 바랍니다.

4) 유지청구의 절차

'유지청구의 절차'에 대한 자세한 내용은 제2편 제3장 제8절 Ⅲ-3. '유지청구의 절차' 항목을 참조하시기 바랍니다.

5) 유지청구의 효과

유지청구를 위한 訴는 회사를 위해서 제기하는 것이므로 판결의 효과는 당연히 회사에 미친다.[129] (통설) 유지청구를 訴로 하는 경우에는 판결에 따라 그 효과가 주어질 것이나, 訴에 의하지 아니하고, 이사에 대한 의사표시로 청구할 경우 어떤 효과가 주어지느냐는 문제가 있다.

감사 또는 소수주주가 유지청구를 한다고 하여 이사가 반드시 이에 따라서 행위를 유지한다고 단정할 수는 없다. 유지청구가 정당하지 않을 수도 있기 때문이다. 그러므로 유지청구가 있으면 이사는 자신의 행위가 법령 또는 정관에 위반한 것인지 여부를 숙고하여 유지여부를 결정할 주의의무를 진다고 봐야 한다.[130]

가) 유지하지 않은 경우

'유지하지 않은 경우'에 대한 자세한 내용은 제2편 제3장 제8절 Ⅳ-1. '유지하지 않은 경우' 항목을 참조하시기 바랍니다.

나) 유지한 경우

'유지한 경우'에 대한 자세한 내용은 제2편 제3장 제8절 Ⅳ-2. '유지한 경우' 항목을 참조하시기 바랍니다.

6) 유지청구의 벌칙

'유지청구의 벌칙'에 대한 자세한 내용은 제2편 제3장 제8절 Ⅳ-4. '유지청구의 벌칙' 항목을 참조하시기 바랍니다.

라. 직무집행정지 가처분[131]

1) 직무집행정지 가처분의 의의

---

129 이철송, 전게서, 2021, 832면.

130 이철송, 전게서, 2021, 832면.

131 이철송, 전게서, 2021, 849~852면. 김용범, 전게서, 2017, 1219~1220면.

특정 이사의 지위에 다툼이 있어 장차 당해 이사의 지위가 박탈될 가능성이 있음에도 불구하고 당해 이사로 하여금 직무를 계속 수행하게 한다면 회사의 업무집행이 적정을 잃을 위험이 있다. 이러한 경우 일시적으로 이사의 직무수행 권한을 정지시키는 것이 **직무집행정지 가처분제도**라는 것이다.

2) 직무집행정지 가처분의 성질

「민사집행법」 제300조 제2항은 쟁의 있는 권리관계에 대해 「임시의 지위」를 정하기 위한 가처분제도를 두고 있다. 통설·판례는 「상법」 제407조의 이사의 직무집행정지가처분도 보전소송으로서 「민사집행법」상의 통상의 임시의 지위를 정하기 위한 가처분의 하나로 본다.[132]

따라서 이사의 직무집행정지가처분은 「민사집행법」상의 가처분에서와 같이 보전의 필요성이 있어야 하며, 그 절차는 「민사집행법」상의 가처분의 절차에 의한다. 「상법」은 이사에 관하여 제407조와 제408조를 두고 감사, 청산인 기타 지위에 있는 자에 대하여 이를 준용하고 있다.

3) 직무집행정지 가처분의 요건

가) 本案訴訟의 제기

이사의 직무집행정지 가처분을 신청하기 위해서는 이사의 지위를 다투는 본안소송이 제기되어 있어야 한다. 이사의 지위를 다투는 소송이어야 하므로 이사에 대한 손해배상청구와 같은 채권적 권리를 訴訟物로 하는 본안소송에 기해서는 직무집행정지가처분을 신청할 수 없다.[133] 「상법」은 그 본안소송으로서 이사선임(주총)결의의 무효의 訴(법 제380조), 취소의 訴(법 제376조 제1항), 이사해임의 訴(법 제385조 제2항)를 열거하고 있다.(법 제407조 제1항 본문) 이사선임결의의 부존재확인의 訴도 당연히 가처분의 본안소송으로 보아야 한다.[134]

이 밖에도 대표이사가 직무집행정지가처분의 대상인 경우 대표이사를 선정한 이사회 결의 또는 주주총회의 결의의 효력을 다투는 訴도 가처분신청의 전제가 되는 본안소송으로 보아야 한다.[135] 본안소송의 소송물이 가처분의 피보전권리와 동일하여야 함은 보전소송의 일반원칙으로서 이사의 직무집행정지가처분에도 적용된다. 회사설립무효의 訴(법 제328조 제1항)가 제기된 경우에는 소송물의 동일성을 인정할 수 없으므로 가처분을 허용하기 어렵다.[136]

나) 本案 前의 假處分

예외적으로 **「급박한 사정이 있는 때」에는 본안 소송 제기 전에도 가처분**을 할 수 있다.(「상

---

132 대법원. 1972. 1. 31. 선고. 71다2351. 판결.

133 대전지방법원 강경지원. 1989. 3. 15. 선고. 88카608. 판결.

134 대법원. 1989. 5. 23. 선고. 88다카9883. 판결.

135 강봉수, 「이사 등의 집무집행정지·직무대행자 선임의 가처분」, 재판자료 제38집. 222면. 김교창, 「이사의 직무집행정지 등 가처분」, 331면.

136 이철송, 전게서, 2021, 850면.

법」 제407조 제1항 단서) 「**급박한 사정**」이란 본안 전임에도 가처분을 해야 할 사정을 뜻한다. 즉, 이사의 직무수행의 현황에 비추어 본안소송까지 기다릴 여유가 없는 경우이다.

이 경우 판례는 보전의 필요성을 인정하는 데에 신중을 기하여야 한다는 이유에서 특별히 急迫한 사정이 없는 한 이사해임의 訴 등 본안소송을 제기할 수 있을 정도의 절차적 요건을 거친 痕迹이 疎明되어야 본안가처분의 필요성을 인정할 수 있다고 한다.[137]

急迫한 事情이 있어 本案 前에 가처분을 신청하더라도 일반적인 보전소송의 예에 따라 채무자(피신청인)의 신청이 있을 경우 법원은 신청인에게 상당한 기간 내에 本案의 訴를 제기할 것을 명하여야 할 것이며(「민집법」 제301조→제287조 제1항), 이 기간 내에 訴提起가 없으면 피신청인의 신청에 의해 가처분을 취소하여야 한다.(「민집법」 제301조→제287조 제3항)

다) 이사의 지위 유지

가처분신청의 대상인 이사가 가처분 시까지 그 지위를 유지하여야 한다. 만일 가처분 전에 이사가 사임하거나 기타 사유로 퇴임한다면 피보전권리가 없게 되므로 가처분신청을 각하하여야 한다. 이사가 사임하면 동일인이 새로운 주주 총회에서 이사로 선임되었다 하더라도 본안소송과 관련된 피보전권리가 없으므로 棄却해야 한다.[138]

가처분신청의 대상인 이사는 본안소송으로 그 지위를 다투는 것을 전제로 하므로 「상법」 제386조 제1항에 의한 퇴임이사는 가처분신청의 대상이 될 수 없다. 퇴임이사를 직무에서 배제하고자 할 경우에는 「상법」 제386조 제2항에 의해 법원에 一時理事의 직무를 행할 자의 선임을 청구하면 족하기 때문이다.[139]

라) 보전의 필요

일반적으로 가처분은 권리보전의 필요가 있어야 한다. 「민사집행법」(이하 "민집법"이라 함) 상 임시의 지위를 정하는 가처분의 경우 「**보전의 필요**」란 「특히 계속하는 권리 관계에 현저한 손해를 피하거나 급박한 위험을 막기 위하여 또는 그 밖의 필요한 이유」를 말한다.(「민집법」 제300조 제2항 단서) 이사의 직무집행정지가처분은 특수한 가처분으로서 보전의 필요를 요하지 않는 다는 일부 주장도 있으나, 이사의 직무집행정지가처분도 통상의 임시의 지위를 정하는 가처분의 하나로 보므로 역시 보전의 필요가 있어야 한다.[140]

따라서 이사의 직무수행으로 인해 회사에 특히 큰 손해가 초래된다든지**(현저한 손해)**, 직무수행의 내용으로 보아 그대로 방치하면 본안 판결을 받더라도 이를 무익하게 한다든지**(급박한 위험)**, 기타 이에 준하는 사유가 있을 때**(그 밖의 필요한 이유)**에 **가처분**할 수 있다. 保全의 필요성을 판단함에 있어, 일반적인 가처분에 있어서와 달리, 가처분채권자의 손해가 아니라 회사의 손해가 판단의 기준이 됨을 주의해야 한다. 이는 가처분 신청이 주주 등 신청인(가처분채

---

137 대법원. 1997. 1. 10. 선고. 85마837. 판결.

138 대법원. 1982. 2. 9. 선고. 80다2424. 판결.

139 대법원. 2009. 10. 29. 선고. 2009마1311. 판결.

140 이철송. 전게서. 2021. 851면.

권자)의 회사에 대한 共益權의 행사이기 때문이라는 것이 일반적인 설명이다.[141]

이사의 선임결의에 하자가 있기는 하나, 발행주식의 60%이상을 소유한 대주주에 의해 선임된 이사에 대하여는 직무집행정지가처분을 할 필요성 없다고 본 예[142]와 같이 보전의 필요성이 없는 한 이사의 선임결의에 하자가 있더라도 가처분을 할 필요는 없다.[143] 보전의 필요성은 가처분을 신청한 자가 疎明하여야 한다.(「민집법」 제301조→제279조 제2항)

4) 직무집행정지 가처분의 당사자

본안소송 중에 가처분을 할 수 있는 자는 본안소송의 원고임이 法文上 명백하다[법 제407조 제1항에서 「당사자 신청에 의하여」라고 표현하고 있다]. 본안 소송 전에는 본안소송의 원고가 될 자가 신청할 수 있다.

피신청인은 신청인의 주장에 의해 지위가 다투어지는 자(예컨대 해임소송에서 해임되어야 할 것으로 주장되는 이사)이며, 회사는 피신청인 될 수 없다.[144] 이로 인해 본안소송의 피고와 가처분신청의 피신청인이 달라지게 된다.

5) 직무집행정지 가처분의 절차

가) 가처분 절차

관할은 본안소송의 관할법원에 속하며(「민집법」 제303조), 기타 절차는 모두 「민집법」상의 가처분절차에 따른다.

나) 가처분 취소

법원은 당사자의 신청에 의해 가처분을 변경 또는 취소할 수 있다.(「상법」 제407조 제2항) 이 변경 또는 취소도 역시 「민집법」상의 같은 절차에 따른다.(「민집법」 제307조, 제309조, 제301조→제286조, 제288조)[145]

다) 가처분 등기

가처분 또는 가처분의 변경·취소가 있는 때에는 본점과 지점의 소재지에서 등기하여야 한다.(「상법」 제407조 제3항) 가처분은 제3자의 이해관계에도 영향을 미치므로 이를 공시할 필요가 있기 때문이다.

6) 직무집행정지 가처분의 효력

직무집행이 정지된 이사는 일체의 직무집행을 할 수 없다. 이에 반한 직무집행은 (절대)무효이며, 후에 가처분이 취소되더라도 소급하여 유효해질 수 없다.[146] 직무집행이 정지된

---

141 이철송, 전게서, 2021, 851면.

142 대법원, 1991. 3. 5. 선고, 90마818, 판결.

143 이철송, 전게서, 2021, 851면.

144 대법원, 1972. 1. 31. 선고, 71다2351, 판결, 및 1982. 2. 9. 선고, 80다2424, 판결.

145 이철송, 전게서, 2021, 852면. 손주찬, 상법(상), 2004, 767면. 정동윤, 상법(상), 2012, 603면.

146 김용범, 전게서, 2017, 1220면. 이철송, 전게서, 2021, 852면. 대법원 2008. 5. 29. 판결, 2008다 4537.

이사가 주주총회에서 다시 이사로 선임되더라도 직무집행정지가처분이 취소되지 않는 한 이사의 권한을 행사할 수 없다.[147]

직무집행정지가처분은 기간을 정한 때에는 그 기간이 만료함으로써 효력을 상실 하고, 기간을 정하지 아니한 때는 본안소송의 판결이 확정됨과 동시에 효력을 상실한다.[148] 직무집행정지가처분이 있더라도 이사 또는 대표이사는 직무집행에서만 제외될 뿐 이사 또는 대표이사의 지위를 잃는 것은 아니다. 물론 그 이사나 대표이사는 사임할 수 있고, 주주총회는 그를 해임할 수 있다.

마. 각종 訴의 會社 代表權[149]

1) 회사대표권의 의의

회사가 이사에 대하여 또는 이사가 회사에 대하여 소를 제기하는 경우에 감사는 그 소에 관하여 회사를 대표한다.(「상법」 제394조 제1항) 또한 소수주주의 청구에 의하여 회사(또는 자회사)가 이사(또는 자회사의 이사)의 책임을 추궁하는 소를 제기하는 경우에도 감사가 회사를 대표한다.(「상법」 제394조 제1항, 제403조 제1항, 제406조의2 제1항)

본 제도는 원래 대표이사가 회사를 대표할 일이나, 회사(또는 자회사, 이하 같다)와 이사(또는 자회사 이사, 이하 같다) 간의 소에 있어서 대표이사가 피고일 경우에는 바로 이해상충이 생기고, 다른 이사가 피고라 하더라도 이사들 간의 이해의 동질성으로 인해 회사의 권리 실현이 어려워 질 수 있으므로, 감사라는 지위의 중립성과 객관성을 신뢰하여 소송수행을 맡긴 것이다.

이 규정은 소송계속 중 소송을 수행하는 단계에서만 적용되는 것이 아니라 訴의 提起 자체에 대해서도 적용되므로 회사의 訴 提起는 감사에 의해 이루어져야 하고 이사가 회사를 상대로 訴를 제기할 때에도 감사를 대표자로 표시해야 한다.

2) 회사 대표권의 종류

가) 회사와 이사간의 소에 있어서 회사대표소송권

'회사와 이사간의 소에 있어서 회사대표소송권'에 대한 자세한 내용은 제2편 제3장 제10절-Ⅱ-1. '회사와 이사간의 소에 있어서 회사대표소송권' 항목을 참조하시기 바랍니다.

나) 소수주주의 청구에 의한 회사 주주대표소송권

'소수주주의 청구에 의한 회사 주주대표소송권'에 대한 자세한 내용은 제2편 제3장 제10절-Ⅱ-2. '소수주주의 청구에 의한 회사 주주대표소송권' 항목을 참조하시기 바랍니다.

다) 소수주주의 청구에 의한 회사 다중대표소송권

'소수주주의 청구에 의한 회사 다중대표소송권'에 대한 자세한 내용은 제2편 제3장 제10

147 대법원. 2014. 3. 27. 선고. 2013다39551. 판결

148 대법원. 1989. 5. 23. 선고. 88다카9883. 판결. 대법원. 1989. 9. 12. 선고. 87다카2691. 판결.

149 김용범, 전게서, 2017, 1220~1222면. 이철송, 전게서, 2021, 878~879면, 833~843면.

절 Ⅱ-3. '소수 주주의 청구에 의한 회사 다중대표소송권' 항목을 참조하시기 바랍니다.

3) 회사 대표 소제기 요건[150]

가) 이사의 책임

감사의 회사대표 소제기권은 원래 이사의 행위로 인한 회사의 손실이 동료 임원의 비호 아래 방치되는 것을 막기 위한 제도이므로 책임의 종류에 따라 그 필요성이 달라지는 것은 아니므로 이사가 회사에 대하여 부담하는 일체의 책임이 대표소송의 대상이 된다.(통설)[151]

나) 주주의 소제기 청구 또는 회사의 해태

소수주주가 대표소송을 제기하기 전에 먼저 이유를 기재한 서면으로 회사에 대하여 이사의 책임을 추궁할 소를 제기할 것을 청구하였거나,(「상법」 제403조) 또는 이사의 책임추궁은 원래는 회사의 권리임에도 불구하고 회사가 그 행사를 게을리 할 경우 감사 등의 대표소송은 인정된다.[152] 이사의 지위에 있는 동안에 발생한 모든 책임에 관하여 대표소송이 가능하며,[153] 일단 발생한 책임은 이사가 퇴임하더라도 추궁할 수 있다(통설). 또 이사가 취임 전에 부담한 채무에 대해서도 취임 후에 회사가 권리행사를 게을리 할 수 있으므로 대표소송 대상이 된다고 본다.[154]

4) 회사에 대한 책임 범위[155]

이사의 회사에 대한 손해배상 책임의 발생원인을 고의 또는 과실로 **「법령 또는 정관 위반」**과 **「임무 해태」**로 나누어 규정하고 있다.

「법령 또는 정관 위반」은 이사가 개별적·구체적인 법령 또는 정관의 규정에 위반한 행위를 하였을 경우이며, **「임무해태」**는 이사가 직무수행과 관련하여 선량한 관리자로서의 주의를 게을리 함으로써 회사에 손해를 가하거나 손해를 방지하지 못한 경우를 뜻한다.

이사의 회사에 대한 책임범위는 회사는 계속기업이므로 이사의 임무해태의 원인으로 다단계의 손해가 연속될 수 있으나 법률적 책임을 무한정 연장할 수 없다. 그러므로 손해배상의 일반원칙에 따라 법령 및 정관 위반 또는 임무해태와 상당인과관계가 있는 손해에 한하여 책임을 진다고 해야 할 것이다.(「민법」 제393조) (통설)[156]

따라서 이사의 임무해태가 있더라도 이후 다른 이사의 행위가 관련되어 손해가 발생하거나 확장된 경우에는 그 부분에 관해 전자의 이사는 책임을 지지 아니한다.(전게 판례). 일단 이사의 임무해태로 인해 손해가 발생한 이상, 이후 손해를 관리하는 과정에서 손해액의 변

---

150 김용범, 전게서, 2017, 1221면. 이철송, 전게서, 2021, 836~837면.

151 이철송, 전게서, 2021, 837면.

152 이철송, 전게서, 2021, 837면.

153 손주찬, 전게서, 2004, 822면. 최기원, 신회사법론, 박영사, 2012, 720면.

154 김정호, 회사법, 2019, 505면. 이범찬외, 회사법, 2012, 328면. 정동윤, 상법(상), 2012, 655면 등.

155 김용범, 전게서, 2017, 1221~1222면. 이철송, 전게서, 2021, 790~794면 및 806~808면.

156 김용범, 전게서, 2017, 1222면. 이철송, 전게서, 2021, 806면. 대법원 2007. 7. 26. 선고. 2006다 33609. 판결.

동이 있거나, 손해액이 확장되는 것은 당초의 손해배상책임에 영향이 없다.[157]

5) 회사 대표권의 범위

'회사대표권의 범위'에 대한 자세한 내용은 제2편 제3장 제10절 Ⅲ. '회사대표권의 범위' 항목을 참조하시기 바랍니다.

6) 회사 대표권의 효과

'회사대표권의 효과'에 대한 자세한 내용은 제2편 제3장 제10절 Ⅳ. '회사대표권의 효과' 항목을 참조하시기 바랍니다.

바. 감사보고서 기재 및 주주총회 보고

1) 감사보고서 기재

감사는 이사의 직무수행에 관하여 부정행위 또는 법령이나 정관의 규정에 위반하는 중대한 사실이 있는 경우에는 그 사실을 감사보고서에 기재하여야 한다.(「상법」 제447조의4 제2항 제10호) 「상법」 제447조의4 제2항 제1호 내지 제9호가 회계 감사를 대상으로 한 것인데 반해 제10호는 업무감사를 염두에 둔 것이다. 여기서 말하는 「직무수행」은 넓은 개념으로서 직무집행으로 행해진 행위뿐만 아니라 직무집행과는 직접적으로 관련이 없더라도 선관주의 의무 위반된 행위도 포함된다.

다만 법령·정관에 위반된 행위이더라도 그것이 중대한 사실이 아닐 때에는 제외된다. 중요성의 여부에 대하여는 회사의 규모, 위반의 정도, 회사 및 이해관계자에 끼치는 영향 등 제반 사정을 종합하여 판단하여야 한다. 따라서 재무제표에 반영된 것에 국한하지 아니하고 감사의 일반적인 업무감사권을 발동하여 이사의 직무수행의 적법성을 감사하고 부적법한 사실을 보고하게 한 것이다.

이상의 사항에 더하여 감사가 감사를 하기 위하여 필요한 조사를 할 수 없었던 경우에는 감사보고서에 그 뜻과 이유를 적어야 한다.(「상법」 제447조의 제3항) 감사의 유효한 감사는 이사의 협력 없이는 불가능하다. 따라서 이사의 비협조·수감불응·사고·재난·감사의 질병과 같이 조사를 불가능하게 하였던 사유는 모두 기재하여야 한다.

감사보고서 기재사항의 자세한 내용에 대하여는 제2편 제4장 제5절 – Ⅱ. '감사보고서의 기재사항'의 항목과 제3편 제7장 제2절 – Ⅱ. '감사보고서의 기재사항'의 항목을 참조하시기 바랍니다.

2) 감사보고서 주요 내용의 주주총회 보고

감사보고서의 법정기재사항 중 제3호, 제4호, 제6호, 제7호의 기재사항은 법령 또는 정관의 위반여부를 기재하도록 하고 있고, 제10호의 기재사항은 이사의 직무수행에 관하여 부정한 행위 또는 법령이나 정관의 규정에 위반한 중대한 사실을 기재하도록 요구하고 있으므로 감사/감사위원회는 선량한 관리자주의의무로서 이를 주주총회에 보고하는 것이 타당

---

157 이철송, 전게서, 2021, 806면. 대법원 2007. 5. 31. 선고. 2005다56995. 판결. 및 2007. 7. 26. 선고. 2006다33609. 판결.

하다 할 것이다.

「상법」에는 별도로 감사보고서의 주주총회에서 보고에 관한 규정은 없다. 그러나 실무상으로는 주주총회에 제출한 의안 및 서류에 대한 조사결과가 법령 또는 정관에 위반하거나 현저하게 부당한 사항이 있는지 여부와 일정한 영업연도의 이사의 직무 집행에 관해 업무 및 회계의 양면에서 행한 감사결과 부정행위 또는 법령이나 정관을 위반한 중대한 사실이 있는지 여부를 주주총회에 보고하는 것이 일반적이다.

감사보고서를 주주총회에 보고하는 방법에는 특별한 제한이 없으므로 서면에 의하든 구두에 의하든 상관이 없다고 본다. 따라서 회사는 주주총회에 제출한 의안 및 서류에 대한 조사결과인 **'주주총회 의안 및 서류에 대한 조사보고서'**와 이사의 직무 집행에 관한 업무감사 및 회계감사 결과인 **'감사보고서'**를 **주주총회에서 별도로 보고**하고 있다.[158] 감가보고서의 주요내용의 주주총회보고에 대한 자세한 내용은 제2편 제4장 제5절 – Ⅳ. '감사보고서의 주요내용 보고의무'의 항목을 참조하시기 바랍니다.

2. 위법·부당 행위자가 비등기 임원[159] 및 직원인 경우

감사/감사위원회는 감사결과 위법·부당한 사항 또는 개선이 요구되는 사항이 비등기 임원 및 직원인 경우에는 대표 이사 또는 관련 임원 및 부서장에게 다음 각 호의 처분 요구 및 직접 조치를 하여야 한다.[160]

가. 감사결과 처분요구 사항

감사결과 조치요구 사항에 대한 자세한 내용에 대하여는 제3편 제5장 제3절 Ⅱ – 1. '내부감사결과 처분요구 사항' 항목을 참조하시기 바랍니다.

나. 감사결과 직접조치 사항

감사결과 조치요구 사항에 대한 자세한 내용에 대하여는 제3편 제5장 제3절 Ⅱ – 2. '내부감사결과 직접조치 사항' 항목을 참조하시기 바랍니다.

제3절 내부감사 결과 조치의 방법

Ⅰ 내부감사 결과 조치기준[161]

158 김용범, 전게서, 2017, 1287면. 한국상장회사협의회, 「상장회사 감사의 감사실시요령」, 2009.6.18. 71면. 김용범, 「내부감사의 의무와 임무해태」, 내부감사저널 , April 2016, 47면.

159 금융감독원은 등기이사가 아닌 임원은 직원으로 간주하여 제재제도를 운영하고 있는바, 등기이사가 아닌 임원에 대한 징계내용 및 징계처리절차도 이에 준하여 관련내규에 명시하는 것이 바람직함.

160 김용범, 전게서, 2017, 1222면. 금융감독원, 전게서, 2003, 199면. 감사원,「공공감사기준주석서」, 2000. 9. 142면.

161 김용범, 전게서, 2017, 1223~1230면. 금융감독원 인력개발원, 「제재규정 및 제재심의기준」, 2013년 검사아카데미 기초과정,

1. 제재대상자의 분류

회사의 비등기임원 및 직원(이하 '직원'이라 함)에 대한 제재 시 제재대상자의 분류는 여러 가지 분류 방법이 있을 수 있으나, 일반적인 분류기준은 다음과 같다.

제재대상자 분류 기준

- 행위자 : 위법·부당한 업무처리를 실질적으로 주도한 자
- 보조자 : 행위자의 의사결정을 보조하거나 지시에 따른 자 또는 추종자
- 지시자 : 위법·부당행위를 지시 또는 종용한 자(사실상의 영향력을 행사하는 상위 직급자를 포함)
- 감독자 : 위법·부당행위가 발생한 업무를 지도·감독할 지위에 있는 자

2. 행위자의 판단기준

감사결과 회사의 직원에 대한 위법·부당사항에 대한 제재 시 행위자의 판단 기준은 다음과 같다.

제재 시 행위자 판단 기준

- 업무의 성질과 의사결정 관여 정도 등을 고려하여 **'실질적인 최종의사 결정권자'**를 **행위자로 판단**.
- **정책 결정사항**은 **최종 결재권자**에게 주된 책임을 부과하고 **일상적 · 반복적 업무**는 **실무 담당자**에게 **주된 책임**을 부과.

참고 1

행위자 판단 (예시)

- 정책 결정 사항 : 최종 결재권자
- 일상·반복 업무 : 실무담당자(또는 책임자)
- 중대한 위반행위 : 대표이사 또는 담당 임원
- 직무권한이 불명확한 경우 : 조직 통할 책임자 등

참고 2

공무원 징계 기준*

64~82면.

업무의 관련도 업무의 성질	비위행위자 (담 당 자)	직상감독자	2단계위의 감독자	최고감독자 (결재권자)
■ **정책결정사항**				
●중요사항	4	3	2	1
●일반적사항	3	1	2	4
■ **단순·반복 업무**				
●중요사항	1	2	3	4
●경미사항	1	2	3	–
■ **단독행위**	**1**	**2**	**–**	**–**

* 「공무원 징계령 시행규칙」참고, 내용의 1, 2, 3, 4는 문책 정도의 강도를 표시함.

3. 감독자의 감면기준

일반적으로 감독자에 대한 제재를 함에 있어 위법·부당행위의 정도, 고의·중과실 여부, 사후 수습노력, 그 밖의 정상을 참작하여 제재를 감경하거나 면제할 수 있다.

감독자 감면 기준(예시)

■ **감경 미적용** : 묵인, 방조, 위법행위가 다수, 장기간 반복되는 등 중대한 감독 소홀, 적극적 행위 개입 등

■ **1 단계 감경** : 기본적인 감독자 제재 수준

■ **2 단계 감경** : 위법·부당행위를 발견·보고한 경우, 사전 인지하기 어려운 객관적 사정이 있는 경우, 실질적 감독권한이 없는 경우 등

■ **3 단계 감경** : 충실히 감독하였음이 입증된 경우 등

4. 임직원의 조치기준

가. 제재 조치

제재라 함은 감사결과 등에 따라 관련 부서 및 사업장 또는 임직원에 대해 감사/감사위원회(상근감사위원)가 감사관련 법·규정 등에 의하여 취하는 조치를 말하며, 그 종류에는 면직, 정직, 감봉, 견책, 주의 촉구/경고, 주의 등이 있다.

1) 면직

① 고의 또는 중대한 과실로 위법·부당행위를 행하여 회사 또는 거래처에게 중대한 손실을 초래하거나 질서를 크게 문란시킨 경우

② 횡령, 배임, 절도, 업무와 관련한 금품수수 등 범죄행위를 한 경우

③ 변칙적·비정상적인 업무처리로 회사 질서를 크게 문란시킨 경우

④ 고의 또는 중과실로 감독당국이 관련 법규에 의하여 요구하는 보고서 또는 자료를 허

위로 제출함으로써 회사에 손실을 크게 야기시킨 경우

⑤ 고의 또는 중과실로 직무상의 감독업무를 태만히 하여 회사의 건전한 운영을 크게 저해하거나 질서를 크게 문란시킨 경우 등

2) 정직

면직사유에 해당되나 정상 참작 사유가 있거나 위법 · 부당행위의 정도가 비교적 가벼운 경우

3) 감봉

① 위법·부당행위를 한 자로서 회사 또는 거래처에게 상당한 손실을 초래하거나 질서를 문란시킨 경우

② 업무와 관련하여 범죄행위를 한 자로서 사안이 가벼운 경우 또는 손실을 전액 보전한 경우

③ 변칙적·비정상적인 업무처리를 한 자로서 사안이 가벼운 경우

④ 감독당국이 관련 법규에 의하여 요구하는 보고서 또는 자료를 허위로 제출하거나 제출을 태만히 한 경우

⑤ 직무상의 감독업무를 태만히 하여 회사의 건전한 운영을 크게 저해하거나 질서를 크게 문란시킨 경우 등

4) 견책

감봉에 해당되나 정상참작의 사유가 있거나 위법 · 부당행위의 정도가 비교적 가벼운 경우

5) 주의 촉구/경고 및 주의

앞서 제3편 제5장 제1절 – Ⅱ. '내부감사 결과 지적의 구분' 항목에서 기 설명하였으므로 이곳에서는 설명을 생략한다.

임직원의 위법 · 부당 행위 등에 대한 감사 또는 감사위원회(상근감사위원)가 취하는 징계 사유별 제재 조치기준의 자세한 내용은 **제2편 제7장 제6절 – Ⅱ. '징계사유의 정당성'** 항목을 참조하시기 바랍니다.

나. 제재 외 조치

제재 외 조치사항으로는 변상, 개선, 시정, 현지조치, 권고, 통보 등이 있으나, 앞서 제3편 제5장 제1절 – Ⅱ. '내부감사 결과 지적의 구분' 항목에서 기 설명하였으므로 이곳에서는 설명을 생략한다.

5. 제재의 양정 기준

위법·부당행위 관련 임직원등을 제재함에 있어 제재양정의 일반적인 기준은 다음과 같다.

일반적인 제재양정기준(예시)

위법 · 부당정도	비위의 도가 극심	비위의 도가 심각	비위의 도가 경미

유 형	(고의 · 중과실)	(중과실)	(경미 · 경과실)
•법령, 관계규성 등 위반	면직	면직 ~ 감봉	견책
•횡령, 배임, 절도, 금품 수수 등 범죄행위	"	면직 ~ 정직	감봉 ~ 견책
•회사에 금전적 손해 초래, 사회적 물의 야기	"	면직 ~ 감봉	견책
•회사의 정관 또는 내규 위반하거나 충실의무위반	"	"	"
•직무 태만	"	정직 ~ 감봉	"
•기타 위법	"	"	"

직원의 위법·부당 행위 등에 대한 감사 또는 감사위원회(상근감사위원)가 취하는 징계사유별 제재 양정기준의 자세한 내용은 **제2편 제7장 제6절 –Ⅲ. '징계양정의 적정성'** 항목을 참조하시기 바랍니다.

6. 제재의 가중 및 감면

위법·부당행위 관련 임직원등을 제재함에 있어 다음 각 호의 사유를 참작하여 제재를 가중하거나 감경할 수 있다.

제재의 가중 및 감면 사유

① 제재대상자의 평소의 근무태도, 근무성적, 공적, 개전의 정 및 동일·유사한 위반 행위에 대한 제재 등 과거 제재 사실 여부
② 위법·부당행위의 동기, 정도, 손실액 규모 및 회사질서 문란·사회적 물의 야기 등 주위에 미치는 영향
③ 제재대상자의 고의, 중과실, 경과실 여부
④ 사고금액의 규모 및 손실에 대한 시정·변상 여부
⑤ 자진신고, 감사업무의 협조정도 등 사후수습 및 손실 경감을 위한 노력 여부
⑥ 경영방침, 경영시스템의 오류, 금융·경제여건 등 내·외적인 요인과 귀책 판정과의 관계

7. 형사적 고발 및 고소

감사기관/부서는 감사업무 수행과정에서 범죄의 혐의사실을 발견한 경우에는 소정의 절차를 거쳐 이를 수사기관에 고발 또는 고지하여야 한다. 다만 증거인멸이나 도피의 우려가 있다고 인정되는 경우에는 실질감사 책임자가 통상의 고발절차보다 약식의 절차를 거쳐 수사기관에 수사를 의뢰할 수 있다.

구체적으로는 임직원의 위법·부당행위가 관련 법규상의 벌칙적용대상 행위로서 司法的

制裁가 필요하다고 인정되는 경우 또는「특정경제범죄 가중처벌 등에 관한 법률」(이하 '특경법'이라 함)에 열거된 죄를 범하였거나 범한 혐의가 있다고 인정된 경우에는 수사당국에 그 내용을 고발 또는 고지(이하 "고발"이라 한다)하여야 한다.

감사기관이 고발 또는 수사를 의뢰한 경우에는 수사기관의 협조를 받아 수사와 병행 하여 감사를 실시할 수 있으며, 범죄행위에 대한 고발대상, 고발주체, 고발절차 및 처리상황 보고 등은 감사 또는 감사위원회가 별도로 정하여 운용할 수 있다. 다만「특경법」에 열거된 죄를 범하였을 경우에는 동법의 처리기준에 따른다.

고소 · 고발 처리기준(예시)

1) **대상범죄** : 임직원이 직무와 관련하여「형법」,「상법」,「자본시장법」,「신외감 법」,「특경법」등에서 정한 죄

2) **사고보고** : 임직원은 직무와 관련하여 범죄혐의 사실을 발견한 경우에는 감사담당 부서장 및 감사에게 즉시 보고

3) **고발대상 :**

① 「특경법」에 열거 된 범죄 : 고발의무

② 임직원의 위법·부당행위가 관련 법규상의 벌칙 적용대상 행위로서 사법적 제재가 필요하다고 인정되는 경우

4) **고발주체 :**

① 범죄혐의자에 대한 고발은 소속 부서장이 담당함을 원칙

② 감사는 사안의 경중을 고려하여 법무담당부서장에게 담당토록 지시 가능

③ 소속 부서장이 특별한 사유 없이 고발 등을 지연하는 경우에는 감사가 주체와 시기 등을 별도로 정하여 지시 가능

5) **고발절차** : 고발 · 고소 등의 절차는「형사소송법」의 절차를 준수

6) **처리상황 보고 :**

① 소속 부서장은 고발·고소 후 고발/고소장 사본 등의 관련 서류를 감사담당 부서장을 경유하여 감사에게 보고

② 소속 부서장은 수사기관의 처리 내용 등 사후 진행사항을 감사담당 부서장을 경유하여 감사에게 보고

③ 감사담당 부서장은 고발 · 고소 관련 자료 일체를 관리

8. 제재 조치의 효과

임직원들의 위법·부당행위에 대한 징계 등 제재조치의 효과(예시)는 다음과 같다.

가. 직접적 효과

■ 면직 : 파면

- 정직 : 정직기간 + 18월간 승격 · 승급 불허
- 감봉 : 감봉기간 + 12월간 승격 · 승급 불허
- 견책 : 6개월간 승격 · 승급 불허
  * 승격·승급 불허기간은 근로·고용계약 종료 후 계약연장 또는 재계약의 경우(계약직으로서 사실상 임원신분으로 재고용하는 경우 포함)에도 적용. 근속기간은 승격 · 승급 불허기간에도 유지.

나. 간접적 효과

- 감봉이상의 제재를 받은 경우 법령 및 규정이 정하는 바에 따라 일정기간 임원선임 자격 제한
- 제재 가중 사유로 작용 등

II 내부감사 결과 조치방법

감사/감사위원회는 감사결과 위법·부당한 사항 또는 개선이 요구되는 사항이 비등기 임원 및 직원인 경우에는 대표 이사 또는 관련 임원 및 부서장에게 다음 각 호의 처분 요구 및 직접 조치를 하여야 한다.[162]

1. 내부감사 결과 처분요구

감사결과 처분요구 사항

① 규정 또는 제도의 개선
② 위법 또는 부당사항에 대한 시정·주의
③ 관련 임직원에 대한 주의, 문책성 주의 촉구/경고, 문책 또는 변상
④ 관련 임직원에 대한 교육 등 조치 등

2. 내부감사 결과 직접조치

감사결과 직접조치 사항

① 사법당국에 고지, 수사 의뢰 또는 고발 조치
② 감독 당국에 보고 또는 관련 기관 통보
③ 감사위원회, 이사회 또는 주주총회 보고
④ 유지청구, 직무집행정지 가처분, 대표소송 등

위법·부당 행위자가 비등기 임원 및 직원(이하 '직원'이라 함)인 경우 감사 또는 감사담당부

162 김용범, 전게서, 2017, 1222면. 금융감독원, 전게서, 2003, 199면. 감사원,「공공감사기준주석서」, 2000. 9. 142면.

서장은 감사결과 적출된 지적사항 중 문책성 주의 촉구/경고, 변상 및 문책사항에 대하여는 다음과 같이 처리한다.[163]

① 그 내용을 대표이사 또는 인사담당부서장 앞으로 통보하여 인사위원회 부의 및 필요한 조치를 취하고 그 결과를 즉시 보고해 줄 것을 요청하여야 한다.
② 대표이사 또는 인사담당부서장은 인사위원회 의결 내용 및 그에 따른 필요한 조치결과를 감사 또는 감사담당부서장에게 즉시 보고하여야 한다.

감사반장/팀장은 감사결과 적출된 지적사항 중 문책성 주의 촉구/경고, 변상 및 문책사항과 인사위원회의 의결 및 그에 따른 조치 결과 그리고 다른 지적사항을 종합·정리하여 감사결과 통지서를 작성한다.

감사반장/팀장은 감사결과통지서를 작성한 후 감사담당부서장을 경유하여 감사/상근감사위원의 결재를 받아 최종적으로 대표이사 또는 피감부서 및 사업장에 보낼 감사결과 통지서를 확정한다.

제4절 내부감사 결과 의사소통

Ⅰ 내부감사 결과 민감 정보의 보고[164]

1. 민감 정보의 개요

내부감사인은 매우 민감하고 조직에 실질적이며 중요한 잠재적결과를 야기하는 정보를 획득하게 된다. 이런 정보를 **민감정보**라 한다. 그 정보는 위험 노출, 위협, 불확실, 부정, 낭비, 부주의, 불법행위, 권력 남용, 공공의 건강과 안전을 위태롭게 하는 비리 또는 기타 범죄행위에 관련될 수 있다. 더욱이 이러한 정보는 조직 명성, 이미지, 경쟁력, 성공, 생존능력, 시장 가치, 투자 및 무형 자산 또는 소득에 부정적인 영향을 미칠 수 있다.

2. 민감 정보의 보고 체계

내부감사최고책임자는 새로운 민감 정보가 실질적이고 신뢰할 만하다고 판단한 경우 라면, 감사나 감사위원회를 거쳐, 최고경영진과 중대한 사항인 경우 이사회에 시의 적절하게 그 정보를 보고하여야 한다. 이런 보고는 보통 내부감사부서의 일반적인 명령체계에 따르면 될 것이다.

3. 경영진 해태에 대한 처리

163 일반적으로 문책사항은 면직, 정직, 감봉, 견책 등이 있음.

164 김용범, 전게서, 2017, 1229~1230면.

만약 내부감사최고책임자는 민감 정보보고 후에도 최고경영진이 수용할 수 없는 리스크에 노출시키고 있고, 적절한 행동이 취해지지 않는다고 판단되면, 내부감사최고책임자는 그런 정보와 의견 차이를 이사회에 보고하여야 한다.

4. 불법 행위에 대한 처리

내부감사최고책임자는 민감 정보에 대한 감사결과 불법행위로 판명된 경우 사안의 重要度에 따라 감사(감사위원회 포함), 이사회, 주주총회 또는 감독당국 및 유관기관 등에 대한 보고와 필요할 경우 시의 적절하게 사법당국에 고발 또는 고지하여야 한다.

5. 민감 정보에 대한 내부감사인의 책임

내부감사인은 모든 증거와 그가 내린 결론의 합리성을 주의를 기울여 평가하고 조직의 이익, 이해관계인, 외부사회 또는 사회단체들을 보호하기 위한 추가적인 행동이 필요한지 결정할 전문가적 의무와 윤리적 책임이 있다.

내부감사인은 정보의 소유권 및 가치를 존중하고 법적인 또는 전문가적인 의무가 없는 한 적절한 허가 없이는 공개를 회피하여야 하는「윤리강령」에 의해 부과되는 보안의식 의무를 준수하여야 한다. 이런 과정에서 감사인은 법률고문의 조언을 구해야 하고, 필요하다면, 다른 전문가들의 조언도 구해야 한다. 그런 조언은 상황에 대한 다른 관점을 제공할 뿐만 아니라 여러 가지 가능한 행동의 잠재적 영향력과 결과에 대한 의견을 제공해 준다.

II 내부감사 결과의 조직 내·외부에 전달[165]

1. 내부감사 결과의 조직 내부 전달

가. 감사결과 보고서 검토

감사 결론 및 권고 사항에 대한 논의는 최종보고서를 제출하기 이전, 즉 보통 감사 업무수행 중이나 감사 종료 후 갖는 회의(감사종료회의) 시간에 적절한 지위의 경영진과 이루어진다. 다른 기법으로는 감사 중 제기된 문제, 관찰 그리고 권고사항의 초안을 수감부서의 관리책임자가 검토하는 방법이다.

이런 논의와 검토는 감사고객으로 하여금 특정항목에 대해 명확히 설명하게 하고, 감사인의 관찰, 결론 그리고 권고사항에 대한 피감부서의 자기견해를 피력하게 하는 기회를 제공함으로써 사실에 대한 오해나 잘못된 해석이 없었다는 확신과 검사결과 보고서의 정확성을 확인해 주는 역할을 한다.

나. 감사결과보고서 논의

논의와 검토에 참여하는 정도는 비록 조직과 감사의 성격에 따라 차이가 있을 수 있지만, 일반적으로 업무에 대한 자세한 지식을 가지고 있고, 개인이나 시정 행동 또는 개선행동(이

165 김용범, 전게서, 2017, 1230~1233면.

하 “시정행동”이라 한다)의 실행을 승인할 수 있는 사람, 즉 적절한 지위의 경영진이 논의와 검토에 참여하여야 할 것이다.

감사고객과 내부감사인의 의견교환의 일부로, 내부감사인은 감사수행결과 및 업무개선을 위해 필요한 행동계획 또는 개선계획에 합의를 얻어야 한다. 내부감사인과 감사고객이 감사결과에 합의를 이루지 못할 경우, 감사결과보고서에 둘 모두의 의견을 기록하고 그 의견 불일치 사유를 밝혀야 한다.

다. 감사결과 보고서 승인

내부감사최고책임자 또는 감사총괄자로 지명된 책임자는 최종 감사결과 보고서가 발급되기 전에 감사결과 보고서를 검토하여 승인하여야 하며, 그 보고서를 누구에게 배포할 것인지를 결정하여야 한다. 내부감사최고책임자 또는 감사총괄자로 지명된 책임자는 모든 최종 감사결과 보고서를 승인하고 서명하여야 한다. 만약 특별한 사정이 있다면, 담당감사인, 감사감독자 또는 선임감사인이 내부감사최고책임자를 대리하여 서명하게 한다.

라. 감사결과 보고서 배포

최종 감사결과 보고서는 감사결과에 적절한 주의가 주어진다는 것을 확인해 줄 수 있는 조직의 구성원에게 배포되어야 한다. 이 말은 감사결과 보고서가 시정행동을 취할 수 있거나 시정행동이 취해졌음을 확신할 수 있는 지위에 있는 대표자 또는 책임자(통상 해당업무 본부장 또는 부서장)에게 배부되어야 함을 의미한다.

최종 감사결과 보고서는 검토한 업무활동의 관리책임자에게 배부되어야 한다. 조직 내 상위직급에 있는 구성원은 단지 요약보고서만 받을 수 있다. 이 보고서는 통상 수감기관 대표자/수감부서장에게 배포되며, 경우에 따라서는 이 보고서는 외부감사인과 이사회와 같은 관심 있고 영향을 받는 다른 당사자에게 배부될 수 있다.

2. 내부감사 결과의 조직 외부 전달

최고감사책임자는 조직 외부의 당사자에게 그 결과 보고서를 공개하기 전에 다음과 같은 조치를 하여야 한다.

감사결과 보고서의 공개 전 조치 사항

① 조직에 미칠 잠재적 위험 측정
② 최고 경영진 및/또는 법률고문과 적절한 의견교환 및/ 또는 상담
③ 감사결과 보고서의 사용에 대한 제한조치를 하여 배포 등

가. 내부감사 결과의 외부 전달 지침

내부감사인은 조직 외부에 정보를 전파하는 것과 관련된 감사업무 약정 또는 조직 내 정

책 및 절차에 들어있는 지침을 검토해야 한다. 「감사직무규정」 및 「감사위원회직무 규정」 등은 조직 외부에 정보를 전파하는 것과 관련된 지침을 담고 있어야 한다.

그런 지침이 없을 경우, 내부감사인은 그 조직이 채택하고 있는 적절한 정책 또는 전문가를 활용해야 한다. 정책에 포함되어져야 하는 적절한 정책은 다음과 같다.

정책에 포함되어야 하는 적절한 정책

① 조직 외부에 정보를 전파하는 데 요구되는 권한
② 조직 외부에 정보를 전파하기 위해 승인받는 절차
③ 전파될 수 있는 정보형태로 허용 가능한 것과 허용 불가능한 것에 대한 기준
④ 정보를 수취할 수 있는 권한을 가진 외부인 그리고 그들이 수취할 수 있는 정보의 형태
⑤ 관련 개인정보보호 규정, 제도적 요구사항 그리고 조직 외부에 정보를 전파하는 데 있어 법적 고려 사항
⑥ 조직 외부에 정보를 전파함에 의해 생기는 보고서에 포함되어질 수 있는 검증의 성격, 조언, 권고, 의견, 지침 그리고 기타 정보

나. 외부에 전파를 위한 정보의 검토

정보의 요구가 기존에 존재하는 정보, 예를 들면 과거에 발급된 내부감사 결과 보고서에 대한 정보와 관련될 수 있다. 새로 생성되거나 확인되어야 할 정보를 요청할 수도 있고, 그 결과로 새로운 내부감사업무를 필요로 하게 할 수도 있다.

만약 그러한 요청이 기존 정보 또는 과거에 발급된 내부감사 결과 보고서와 관련된 정보의 경우, 내부감사인은 조직 외부에 정보를 전파하는 것이 적절한지, 위법 사항은 없는지, 회사에 미치는 영향은 어떠한지 판단하기 위해 사전에 정보를 검토해야 한다.

다. 외부에 전파를 위한 보고서의 생성

어떤 특별한 사항에서는 조직 외부에 전파하기에 적당하게 정보를 만들기 위해 기존 보고서 또는 전에 수행된 작업에 기초를 둔 정보에 근거하여 특별한 목적의 보고서를 새로 만드는 것도 가능하다. 기존 보고서를 수정하거나 맞춤형으로 만들거나 또는 전에 수행된 작업에 기초하여 특별한 목적의 새로운 보고서를 만들 때에는 위법사항은 없는지 또는 정보가 왜곡되지는 않는지 적절하고 상당한 전문가적 주의가 요구된다.

라. 조직외부에 정보전파시 고려 사항

조직 외부에 정보를 전파할 때 다음과 같은 문제가 고려되어야 한다.

조직외부에 정보전파 시 고려사항

① 전파되는 정보에 관해 수취인과 작성하는 서면계약의 유용성과 내부감사인의 책임
② 정보제공자, 출처, 보고서 서명자, 정보 수취인 그리고 전파되는 보고서 또는 정보와 관련된 사람들 확인
③ 목표, 범위 그리고 해당되는 정보의 산출을 위해 수행된 절차의 확인
④ 의견, 권고사항, 의견거절, 한정 그리고 제공되는 확신이나 주장의 형태의 포함 또는 배제여부를 포함하여 보고서 또는 다른 전달수단의 성격
⑤ 추가적인 배포 또는 정보공유에 대한 저작권 문제 및 제한 등

마. 조직외부 정보전파 중 중요사항 발견 시 처리

내부감사인이 조직 외부에 정보를 전파하는 중에 그 정보가 경영진이나 감사위원회/ 감사에 보고할 만한 중요사항으로 판단될 경우, 내부감사최고책임자는 그런 해당되는 정보를 중요도에 따라 감사, 감사위원회, 대표이사, 이사회 등 적절한 당사자에게 즉시 보고하고, 필요할 경우 적절한 조치를 취하여야 한다.

Ⅲ 내부감사 결과 보고에 있어서 법률적 고려사항[166]

내부감사인의 감사 결과 보고에 있어서 필요한 법률적 고려사항은 다음과 같다.

내부감사인의 감사 결과 보고에 있어서 필요한 법률적 고려사항

① 내부감사인은 감사결과보고서나 감사조서에 법과 규정 위반 그리고 여타 법률문제에 관한 의견을 제시할 때에는 신중해야 한다. 이런 문제를 다루는 정책과 절차를 만들고 적절한 업무지원팀(법률고문, 준법감시팀 등)과 밀접한 업무 관계의 유지가 매우 권장된다.
② 비록 내부감사인이 정보를 적절히 수집하고 평가했더라도 그 밝혀진 사실과 분석 내용이 법적인 입장에서 볼 때 조직에게 불리하게 작용될 수도 있다. 갑작스런 폭로로 인해 법률고문과 내부감사인 사이가 서로 곤란한 상황에 놓이지 않도록 적절한 계획과 규정의 제정이 필수적이다.
③ "특권을 부여받은 사람들, 즉 신뢰가 기반이 되어 법적인 지원을 구하고, 획득하고, 고객에 대한 법적 지원을 제공하는 것이 목적인 사람", 사이에서 만들어지는 의사소통은 의뢰인정보 비공개원칙을 지킬 필요가 있다. 이는 변호인과의 대화 내용을 보호하기 위해 사용되는 특권이다.

현실적으로 감사결과 민감한 부문에 대하여는 감사결과보고서에 반영하지 아니함으로써 조기에 발견하여 시정하였더라면 사전 예방이 가능하였을 사안이 장기간 은폐됨에 따라 사고가 확대되어 결국회사가 파산하는 사례가 발생한다. 우리도 **'자기비판적분석특권'**과 **'제재면제특권'**[167]의 도입이 필요한 시기이다.

---

166 김용범. 전게서. 2017. 1233~1235면. 국제내부감사인협회, 전게서, 2007., 362~364면 및 2012., 175~177면.

167 미국에서 오랫동안 의료 등 다양한 분야에서 안전기준을 개선하고 유지하기 위해 필요한 정확하고 완전한 정보의 확보를 통해 사

제6장

내부감사 사후업무

제1절 내부감사 사후관리

Ⅰ 내부감사 사후관리 의의

내부감사 사후관리란 감사결과 통보한 지적사항에 대하여 경영진이 기간 내에 적절한 조치를 취하는지를 확인하는 절차를 말한다.[168] 내부감사 사후관리를 하는 목적은 처분 요구사항의 정리내용에 대하여 체계적이고 종합적인 심사분석 및 대응조치를 통하여 지적사항 이행 및 조기정리를 촉진시켜 감사의 효율성을 제고시키는 데 있다.

지적사항에 대한 문책, 개선, 시정 등의 조치를 취하는 것은 경영라인의 의무지만, 조치결과를 확인하는 것은 내부감사인의 책임이다. 조치결과를 사후관리 하지 않는다면 내부감사인도 감사를 소홀히 한 것으로 간주될 수 있다. 조치결과를 확인할 때에는 그것이 지적한 의도에 부합하는지, 객관적 자료로 확인해야 한다.

따라서 내부감사최고책임자는 경영진에게 전달된 감사결과가 어떻게 그리고 적정하게 다루어지고 있는지 점검할 수 있는 사후관리시스템을 설정하고 유지하여야 한다.

Ⅱ 내부감사 사후관리 일반[169]

1. 내부감사 사후관리 진행

감사결과에 대한 조치를 효과적으로 감시하기 위하여, 내부감사최고책임자는 다음을 포함하는 절차를 수립하여야 한다.

효과적인 내부감사 사후관리 절차

① 감사 지적사항 및 권고사항에 대하여 관리자의 답변이 요구되는 時限

② 관리자의 답변에 대한 평가

③ 답변의 진위 확인(필요한 경우)　　④ 사후관리 수행(필요한 경우)

고의 발생을 사전에 예방하기위해 도입한 특권이다.

168 김용범, 전게서, 2017, 1236면. 금융감독원, 전게지침서, 2003, 200면.

169 김용범, 전게서, 2017, 1236~1238면.

⑤ 리스크의 수용을 포함해서 불만족스런 답변/행동에 대해 적절한 지위의 최고경영진 및 이사회에게 알려주는 보고 절차

어떤 보고된 지적사항이나 권고사항은 너무 심각하여 최고 경영진 또는 이사회의 즉각적인 행동이 요구될 수 있다. 이런 상황은 조직에 영향을 미칠 수 있기 때문에, 내부감사부서는 그러한 사항이 시정이 이루어질 때까지 내부감사부서에서 사후관리를 해야 한다.

효과적인 사후관리 진행을 위해 사용되는 기법으로 다음과 같은 것들이 있다.

효과적인 내부감사 사후관리 기법

① 감사에서 확인된 지적사항 및 권고사항을 시정조치 할 책임이 있는 적절한 직급의 관리자에게 전달 또는 통지
② 감사에서 확인된 지적사항 및 권고사항에 대한 관리자의 답변을 감사수행 중 또는 감사결과를 전달한 후 일정기간 내에 접수하고 평가
③ 답변서는 그것이 최고감사책임자의 시정행위가 적절하고 시간에 맞게 했다는 평가를 내릴 수 있도록 충분한 정보를 담고 있을 경우 더 유용
④ 지난번 지적사항을 시정하기 위한 관리자의 노력 정도를 평가해 보기 위해 관리자로부터 주기적으로 최근 사항을 접수
⑤ 사후관리나 시정조치 성격의 업무책임이 부과된 조직 내 다른 부서에서 정보의 수집 및 평가
⑥ 감사에서 확인된 지적사항 및 권고사항에 대한 조치상태를 감사/감사위원회 또는 최고 경영진/이사회에 보고

2. 내부감사 사후관리 절차

내부감사최고책임자는 경영진이 효과적으로 감사지적사항에 대해 조치를 취하였는지 또는 최고경영진이 위험을 수용하였는지 감시하고 확인하기 위하여 사후관리 절차를 마련하여야 한다.

첫째, 내부감사인은 경영진의 시정조치가 있었는지, 권고사항은 실행되었는지 판단하여야 한다. 내부감사인은 바람직한 결과가 달성되었는지 또는 최고경영진이나 이사회가 보고된 시정사항에 대한 시정조치를 이행하지 않음에 따른 리스크를 수용했는지 또는 권고사항을 실행했는지 확인해야 한다.

둘째, 내부감사인에 의한 사후관리는, 외부감사인과 다른 사람이 만든 보고서를 포함해서, 보고된 감사에서 확인된 시정사항 및 권고사항에 대해 경영진 및 관리자에 의해 취해진 시정조치가 적절하고, 효과적이며, 그리고 시의적절 했는지를 판단 내지는 평가하는 하나의 과정이다.

셋째, 사후관리에 대한 책임은 내부감사부서 헌장/규정에 명시되어야 한다. 사후관리의 성격, 시기 그리고 범위는 내부감사최고책임자가 결정한다. 적절한 사후관리 절차를 결정함

에 있어 고려해야 할 요소로 다음과 같은 것이 있다.

적절한 사후관리 절차 결정 시 고려사항

① 보고된 시정 및 권고사항의 중요성
② 보고된 현상을 수정하기 위해 필요한 노력과 비용의 정도
③ 시정조치를 못했을 경우 초래할 수 있는 영향
④ 시정조치의 복잡성
⑤ 관여된 시간 등

넷째, 내부감사최고책임자는 감사업무 수행일정의 일부로서 사후관리 일정도 수립할 책임을 갖는다. 사후관리 일정은 관련된 리스크와 리스크 노출에 기초를 두어야 하며, 또한 시정조치를 취하는 데 있어 난이도와 처리시기의 중요성에 기초를 두고 작성되어야 한다.

다섯째, 관리자의 서면 또는 구두 답변을 검토한 결과, 감사에서 확인된 시정 및 권고 사항의 상대적 중요성 측면에서 비추어 보았을 때 이미 취한 조치가 충분하다고 내부 감사최고책임자가 판단한 경우 이 건에 대한 사후관리는 다음번 감사업무의 일부로 수행할 수 있다.

여섯째, 내부감사인은 감사에서 확인된 시정사항 및 권고사항에 대하여 취한 조치가 해당되는 현상을 치유했는지 확인하여야 한다. 또한 사후관리 활동은 적절히 문서화되어야 한다.

Ⅲ 지적사항 정리 및 보고[170]

1. 개요

감사 및 감사담당부서장은 감사결과 지적사항에 대하여 대표이사 및 소관 부서장의 이행사항을 사후 관리하여야 한다. 소관부서장은 지적사항에 대하여 의규 조치 및 사후 관리하여야 하며, 감사담당 부서장은 이를 통할하여 관련 직원으로 하여금 정리기일 내에 정리될 수 있도록 하여야 한다.

2. 지적사항 정리 및 보고

첫째, 대표이사 및 소관부서장은 감사결과 지적사항에 대하여 특별한 사유가 없는 한 감사결과통지서 접수일로부터 다음 기한 내에 정리하고, 그 결과를 지체 없이 감사담당 부서장을 경유하여 감사에게 보고하여야 한다.

지적사항 정리기간(예시)

1) 문책, 주의 촉구/경고 사항 : 1개월 이내

170 김용범, 전게서, 2017, 1238~1239면.

2) 변상, 개선, 시정사항 : 2개월 이내

3) 주의사항 : 즉시

4) 현지조치사항

① 현지시정사항 : 15일 이내

② 현지주의사항 : 즉시

5) 권고사항

① 당해연도 1월~ 6월 접수분 : 당해연도 7월 15일 까지

② 당해연도 7월~ 12월 접수분 : 익년도 1월 15일 까지

둘째, 지적사항 정리보고서 제출시 정상화로 정리된 사항에 대하여는 그 증거자료를 첨부하고 미정리사항에 대하여는 정리할 책임이 있는 임직원의 개별사유서를 첨부하여 제출하여야 하며, 사유서 작성 시에는 육하원칙에 의거 미 정리사유와 정리대책을 구체적으로 기술하여야 한다. 다만, 주의사항, 현지조치사항 중 주의사항에 대하여는 동 보고서 작성을 생략한다.

셋째, 1차 보고 후 미결사항이 있을 경우 정리될 때까지 계속 보고하되, 매 분기 말을 기준으로 익월 3일 까지 감사담당부서에 제출하여야 한다.

3. 지적사항 정리보고서 처리

첫째, 감사 및 감사담당부서장은 제출한 감사지적사항 정리보고서를 심사하여 다음 각 호의 정리기준에 따라 처리한다.

① 완 결 : 지시문언에 부합하게 처리한 사항

② 정상화 : 지시문언에 엄밀히 부합하지 않더라도 그 취지에 맞는 조치를 취함으로써 동일한 효과가 있는 사항

③ 미 결 : 미 정리된 사항

둘째, 감사 및 감사담당부서장은 정리 내용이 부적정 또는 미흡하거나 미 정리된 사항에 대하여는 그 사유 및 정리 예정일자의 타당성을 심사하고 정리에 필요한 적절한 기한을 정하여 재정리 요구한다.

셋째, 감사 및 감사담당부서장으로부터 미 정리사항에 대한 정리기한을 통보받거나 완결 또는 정상화로 보고한 사항의 정리내용이 미흡하여 재정리 지시를 받았을 때에는 대표이사 또는 소관 부서장은 앞의 지적사항 사후관리 절차에 따른다.

Ⅳ 장기 미정리사항 처리

감사담당부서장은 감사결과통보서 송부일로부터 2년 이상 경과한 장기 미정리 조치 요구사항에 대하여는 정리부진사유를 재검토하여 다음 각 호에 해당하는 경우에는 감사/감사위원의 승인을 얻어 종결 처리할 수 있다.

종결처리 대상 장기 미정리사항

① 정리절차가 진행 중에 있으나 조치요구사항의 취지에 일치되는 조치를 취한 경우로서 완결되기까지 장기간을 요하고 계속적인 사후관리의 실익이 없는 경우
② 정리 가능한 사항이었으나 추후 불가능한 상태로 된 경우
③ 정리의 선행조건으로서 법령의 개정 등 정책적 조치가 필요한 경우
④ 제반여건에 비추어 정리가 불가능하거나 정리의 실익이 없다고 인정하는 경우 등

Ⅴ 재심청구사항 처리

감사조치 등의 요구에 이의가 있을 경우에는 일정한 기간 내에 사유를 명시해 서면으로 재심을 청구할 수 있다. 재심기간이 정해진 경우에는 그 기간 내에, 그렇지 않은 경우에는 원징계절차 종료 후 상당한 기간 내에 재심이 이루어져야 할 것이고, 그러한 기간이 지난 후에 재심절차가 진행되는 경우에는 재심으로서의 효력이 없다고 본다.

첫째, 감사의 조치 등의 요구에 이의가 있을 때에는 대표이사가 그 이유를 명백히 하여 1개월 이내에 감사에게 서면으로 이의를 신청하여야 한다.

둘째, 경영진 및 관련 부서장은 감사결과에 대해 이의가 있을 경우 그 사유를 명시하여 서면으로 일정 기간 이내에 감사담당부서장에게 재심을 청구할 수 있다.

셋째, 감사는 이의 신청이나 재심청구를 받은 경우 다른 감사요원으로 하여금 조사하게 하거나 관련자와의 면담 등의 방법으로 재심사하고 필요한 조치를 취하여야 한다.

임직원의 위법·부당 행위 등에 대해 감사 또는 감사위원회(상근감사위원)가 취한 조치에 대하여 이의가 있을 경우 재심 청구 방법 및 재심 처리 절차에 대한 자세한 내용은 제2편 제7장 제7절- Ⅰ. '재심 절차" 항목을 참조하시기 바랍니다.

Ⅵ 임무해태자에 대한 제재

내부감사업무를 수행함에 있어 내부감사 업무의 효율성 및 적정성을 기하기 위해 감사/감사위원회는 다음 각 호에 해당하는 감사 관련 임무해태자에 대하여 징계 등의 필요한 제재조치를 취하여야 한다.

제재 대상 임무해태자

① 감사요원의 의무를 위배한 자
② 감사 또는 감사요원의 요구에 정당한 사유 없이 불응한 자
③ 사고 발생 보고를 지연하거나 은폐한 자
④ 감사 및 감사요원의 감사를 방해하거나 고의로 지연시킨 자
⑤ 감사결과 조치요구사항에 대한 필요한 조치를 정당한 사유 없이 태만히 한 자 등

제2절 주요 사고 및 사항의 관리

Ⅰ 주요 사고의 보고 및 처리[171]

1. 사고의 의의

사고란 임직원이 스스로 회사업무처리와 관련하여 위법·부당한 행위를 하거나 업무와 관련하여 타인으로부터 기망, 권유, 청탁 등을 받아 위법·부당한 행위를 함으로써 회사 또는 고객에게 손실을 초래하거나 사회질서를 문란하게 한 경우를 말한다.

2. 사고보고의 대상

사고보고의 대상은 다음 각호에 해당하는 경우로써 해당 임원 및 부서장은 감사 담당 부서장을 경유하여 감사/상임감사위원 또는 내부감사최고책임자(이하 '감사'라 통칭함)에게 보고하여야 한다.

감사업무 관련 사고 보고의 대상

① 범죄혐의 행위(횡령, 배임, 공갈, 절도, 금품수수 등)
② 과실에 의하여 회사에 0000만 원 이상 손실을 초래한 행위. 다만, 고의로 인한 사고는 금액의 다과에 불구하고 보고
③ 위법·부당한 업무처리로 회사의 공신력을 저해하거나 사회에 물의를 야기하는 등 사회질서를 문란케 한 행위
④ 위 각 경우에는 해당하지 아니하나, 사고가 새로운 수법에 의한 것이나 고질적인 유형에 속하는 행위
⑤ 회사가 민사소송에서 패소가 확정되었을 때 등

3. 사고보고의 시기 및 방법

사고보고의 시기는 사고사실의 인지 또는 발견 즉시 해당 임원 및 부서장은 감사 담당 부서장을 경유하여 감사에게 보고하여야 한다. 다만, 부득이한 경우에는 '구두보고' 후 지체 없이 '서면보고'하여야 한다.

사고보고의 방법은 사고보고 서식을 사용하여 사고발생 부점장 또는 해당 임원 명의의 서면보고를 하여야 한다. **사고보고**는 **'즉시보고'**, **'중간보고'**, **'종결보고'**로 구분하며, 사고보고의 서식에는 다음 각 호의 내용이 포함되어야 한다.

---

171 김용범, 전게서, 2017, 1241~1244면.

사고보고 서식의 주요 내용(예)

1) 사고 발생 부점
2) 사고발생일(기간)
3) 사고발견(인지)일
4) 사고자 및 관련 임직원
5) 사고내용 : ① 사고관련 금액, ② 사고금액, ③ 손실예상금액, ④ 실제회수금액 등
6) 사고발견경위
7) 사고조치 내용 : ① 사고자 및 관련 임직원에 대한 조치, ② 사고금 보전조치
8) 사고발생원인, 내부통제제도의 문제점 및 재발방지대책
9) 사고발생 부점에 대한 최근 자체 감사 내역
10) 기타 참고사항 : 고지·고발 여부 등

감독당국의 규제를 받는 금융기관, 공공기관의 대표이사/감사는 감독규정 등에서 정한 바에 따라 감독당국에 사고내용을 보고해야 한다. **사고보고**는 **'즉시보고'**, **'중간보고'**, **'종결보고'**로 구분하며, 감독당국이 정한 사고보고의 서식에 따라 보고하여야 한다.

4. 사고 관련자의 징계

사고 관련자의 범위는 원칙적으로 **행위자, 보조자, 지시자 및 그의 감독자**를 말한다. 그리고 **사고를 은폐, 방조, 묵인하는 등 직·간접적으로 사고와 관련된 자**도 사고 관련자의 범위에 포함한다.

사고관련자에 대하여는 감사 등을 통하여 책임 소재를 규명하고 감사결과 징계사유 등에 해당될 때에는 제3편 제5장 제3절 Ⅰ. '내부감사결과 조치 기준 및 방법' 의 항목에서 정하는 방법에 따라 징계 처리하여야 한다.

인사담당부서장은 「상벌규정」 또는 「인사위원회규정」 등에서 정하는 절차에 따라 사고관련자에 대해 징계를 하였을 때는 지체 없이 감사담당부서장에게 인사조치 내용을 보고하여야 하며, 보고서에는 징계의결서를 첨부하여야 한다.

5. 사고금의 정리

사고금 중 미보전액은 **가지급금으로 처리**하고, 사고자·사고관련자 및 신원보증인 등으로 하여금 자진 변상하게 하여 가지급금을 조속히 정리한다.

사고관련자의 자진변상 또는 신원보증보험, 임직원배상보험 등의 청구가 불가능하거나 충족되지 못할 경우 지체 없이 민사소송에 의하여 구상토록 한다.

사고금 중 사고관련자의 임의변제 및 소송 등에 의한 강제회수 등에 의하여도 정리가 불가능한 분은 규정에서 정하는 바에 따라 손실처리 한다.

6. 사고금의 변상기준

사고로 인한 회사의 피해액은 사고관련자 전원이 연대하여 책임을 지며 그 피해액은 전액을 변상함을 원칙으로 한다.

사고로 인한 회사의 피해액에 대한 변상처리가 순조롭지 못할 때에는 그 책임소재를 명확히 구분하고 개인별 변상액을 책정할 수 있다.

사고로 인한 회사의 피해액에 대한 개인별 변상요구 금액은 사고금액, 책임정도, 회수노력 정도, 회사에 대한 기여도 등을 고려하여 감사가 정한 변상기준에 따른다.

7. 변상 불이행 시 조치

사고금의 변상의무자가 기한 내에 변상의무를 이행하지 아니하였을 때에는 그 직원은 회사의 직원으로서의 자격을 잃는 것을 원칙으로 한다. 다만, 정도에 따라 대표이사가 승인한 경우에 한하여 그러하지 아니할 수 있다.

8. 퇴직직원에 대한 사고피해 처리

재직 중 업무상 과실 등으로 변상에 상당하는 책임이 있으나 관련 피해금액 미확정 등으로 변상금액을 확정할 수 없어 변상 전에 퇴직한 직원에 대한 사고피해 처리는 다음 각 호의 방법에 의한다.

변상 전 퇴직자에 대한 사고피해 처리

① 관련 부서는 변상의무자가 퇴직하기 전에 변상예상금액을 변상의무자로부터 받아 별단예금에 예치하는 등 변상예정금액에 대한 보전조치를 하여야 한다.

② 제1호에 의해 변상의무자에 대한 조치가 이행된 경우 퇴직직원에 대한 변상 금액 및 변상 시기는 감사가 정하는 바에 따른다.

9. 사고자 고발조치

사고관련 임직원의 위법·부당행위가 관련 법규상의 벌칙 적용대상 행위로서 사법적 제재가 필요하다고 인정되는 경우*이거나, 또는 「특경법」에 열거된 죄를 범하였거나 범한 혐의가 있다고 인정되는 경우에는 사법당국에 그 내용을 고발 또는 고지하여야 한다.

참고

사법적 제재가 필요하다고 인정되는 경우(예시)

① 위법·부당행위로 인한 회사사고가 사회적 물의를 야기한 경우

② 위법·부당행위가 회사에 중대한 손실을 초래하여 회사 부실화의 주요 요인이 된 경우

③ 고의로 위법·부당행위를 행함으로써 법질서에 배치되는 경우

④ 동일한 위법·부당행위를 반복적으로 행하여 사회질서를 저해할 위험이 있다고 인정되는 경우 등

범죄행위에 대한 고발대상, 고발주체, 고발절차 및 처리상황 보고 등은 제3편 제5장 제3절 - I -7. "형사적 고발 및 고소" 항목을 참조하시기 바랍니다. 다만, 사법당국에 그 내용의 고발 또는 고지 기준은 다음 각 호의 기준에 따른다.

참고

범죄행위에 대한 고발 또는 고지 기준(예시)

① 사회·경제적 물의가 크거나 위법성의 정도가 심하다고 인정되고, 위법성·고의성 등 범죄사실에 관하여 증거자료·관련자의 진술 등 객관적인 증거를 확보한 경우에는 수사당국에 고발한다.
② 사회·경제적 물의가 상대적으로 경미하거나 위법성·고의성의 혐의는 충분하나 감사권의 한계 등으로 객관적인 증거의 확보가 어렵다고 인정되는 경우에는 수사 당국에 고지(통보)한다.

10. 사고 사후처리 상황보고

사고 부서 및 사업장의 해당 부서장은 사고 사후처리 상황을 매분기 익월 10일까지 감사 담당 부서장에게 보고하여야 한다.

II 주요 사항의 보고 및 처리[172]

해당 임원 및 부서장은 사고에는 해당하지 아니하나 회사에 중대한 영향을 미칠 수 있는 다음 각 호에 해당하는 주요 사항은 사고보고에 준하여 감사 담당 부서장을 경유하여 감사에게 보고하여야 한다.

보고대상 주요 사항(예)

① 회사의 경영방침 및 업무관련 주요 정보사항
② 질서문란, 사회적 물의야기 또는 회사 공신력 저하를 초래할 우려가 있는 사항
③ 거액의 민사소송에 피소된 경우
④ 사고보고 및 주요정보 보고대상으로서 언론기관에 보도된 경우(사실여부 불문)
⑤ 대표이사 또는 감사가 대외감독기관 및 감사기관에 보고할 필요가 있다고 판단되는 사항 또는 사건 등

위의 주요사항 보고 시에 해당 임원 및 부서장은 요약 보고하되 사안에 따라 필요하다고 판단되는 경우에는 보고자 의견을 붙일 수 있다.

금융기관, 공공기관 등과 같이 감독당국의 규제를 받는 회사의 대표이사 또는 감사는 감독규정 등에 따라 감독당국에 주요사항을 보고하여야 한다.

---

172 김용범, 전게서, 2017, 1244~1245면.

Ⅲ 사고예방대책의 수립·시행

1. 개요

회사사고란 '회사의 임원 또는 직원이 업무처리와 관련하여 스스로 위법·부당행위를 하거나 타인으로부터 기망, 권유, 청탁 등을 받아 위법·부당행위를 저지름으로써 회사에 손실을 초래하거나 회사 질서를 문란케 하는 것'을 말한다.

회사사고의 유형을 보면, ① 내부직원에 의한 횡령, 금품수수 등 범죄사고, ② 외부인에 의한 현금 피탈 등 사고, ③ 업무부당 취급 등으로 구분할 수 있는데, 평소 내부통제와 자체감사를 강화하고, 외부인에 의한 사고에 대하여 경각심을 갖고 있으면 이들 사고는 대부분 방지할 수 있다.

2. 사고예방대책 수립

따라서 감사 또는 내부감사최고책임자는 사고의 미연 방지를 위하여 감사 또는 감사위원회의 승인을 얻어 「**사고예방대책**」을 업무별로 수립·시행하고, 이를 각 부점 등에 통보하여 자점감사계획 수립에 참고토록 하며, 이에 대한 각 부점장의 이행실태 점검 및 사고예방 교육 자료를 수시로 제공하여야 한다.

3. 자점감사 수립시행

아울러 내부감사최고책임자/감사담당 부서장은 매일 이루어지는 부문별 제반 업무에 대하여 법·규정 및 각종 지시사항 등의 준수 여부를 점검하기 위해, 감사/감사위원회 또는 내부감사 최고책임자의 승인을 얻어 「자점감사지침」을 수립·시행함으로써 부점장으로 하여금 부서 자체 사고예방에 만전을 기하도록 하여야 한다.

각 부점장은 본부에서 통보된 「사고예방대책」 및 「자점감사지침」에 근거하여 자점감사계획을 수립하고 개별 영업점 자체에서 실시되는 감사로서 내부통제의 일환으로 영업점장 또는 내부감사최고책임자/본부 감사담당부서장이 지명한 감사통할 책임자와 자점 감사자에 의하여 독립적으로 매일, 월별, 분기별로 시행한다.

4. 자점감사 실태점검

내부감사최고책임자/감사담당부서장은 본부에서 통보한 「**사고예방대책**」 및 「**자점감사지침**」에 의한 각 부점장의 자점감사 이행실태를 상시감시 차원에서 일별, 월별, 분기별로 점검하고 중요사항에 대하여 감사/감사위원회에 보고하거나 감사계획에 반영하여야 한다. 필요한 경우 대표이사 등 경영진에게도 통보하여야 한다.

제7장 내부감사 특수업무

제1절 내부감사 평가·보고 업무

Ⅰ 내부통제제도의 평가 및 보고[173]

1. 내부통제제도의 평가 개요[174]

가. 내부통제제도의 평가 의의

내부통제제도 평가란 감사 또는 감사위원회가 정기적으로 해당 경영진이 자체적으로 수립·운영하는 회사의 내부통제시스템이 효과적으로 작동하고 있는지를 평가하는 동시에 문제점이 발견되는 경우 이를 시정하여 회사가 노출되어 있는 각종 위험을 최소화 할 수 있는 개선방안의 제시까지를 포함하는 일련의 프로세스이다.

우리나라는 내부통제제도 평가 및 보고에 대해 「상법」등 어느 법률에도 명문규정은 없다. 다만, 「신외감법」, 「금융지배구조법」, 「자본시장법」, 「공기업·준정부기관 회계사무규칙」상 내부통제제도와 대법원 판례에 따라 회사의 이사 및 감사는 내부통제제도의 구축·운영과 적정운영에 대한 감시·감독책임 의무와 「상장회사감사위원회의 표준직무규정」 제31조, 「상장회사 감사의 표준직무규정」 제24조에 의거 회사의 내부통제제도 운영실태에 대한 평가 및 이사회 보고를 하고 있다.

나. 내부통제제도의 평가 주체

내부통제시스템의 적정성을 평가하고 개선점을 모색하는 것은 감사/감사위원회의 의무이다. 감사/감사위원회는 내부통제시스템의 적정성을 평가하기 위하여 기업자산의 보호를 위한 관리체계의 존재여부 및 동체계의 실효성을 확인하고, 내부 조직단위간의 적절한 견제가 이루어지고 있는지 여부에 대하여 평가하여야 한다.

다. 내부통제제도의 평가 효과

경영진이 자체적으로 수립·운영하는 내부통제제도의 적정성을 감사/감사위원회가 제3자

---

173 김용범, 전게서, 2017, 1246~1252면.

174 김용범, 전게서, 2017, 1246면. 금융감독원, 전게실무지침서, 금융감독원 검사총괄국, 2003, 225면.

입장에서 객관적으로 모니터링하고 평가하여 개선방안을 제시하는 등 평가결과를 이사회에 보고하는 역할을 수행함으로써 회사의 건전한 경영을 유도한다.

오늘날 일반회사의 영업환경은 어느 때보다 변화가 빠르고 업무범위가 광역화되면서 위험 요인도 매우 다양해졌다. 이런 시기에는 내부통제 평가활동을 활성화시킴으로써 예측하지 못한 미래흐름의 변화를 확인하여 위험을 사전에 대응하는 것이 가능하다.

내부통제제도의 평가는 감독당국의 회사 건전성을 제고하기 위한 감독업무를 보완하는 역할을 수행하기도 한다. 따라서 해당 회사 스스로 내부통제기능을 한층 개선시키고 제도나 운영상으로 결함이 없도록 자기성찰과 피드백 효과를 도모한다.

2. 내부통제제도의 평가 방법

가. 내부통제시스템 평가 시 주요 착안사항 [175]

1) 평가대상 부문의 주요 직위와 기능 파악

내부감사인은 특정사업부문 또는 단위업무에 대한 내부통제기능의 적정성을 점검할 때 내부통제의 핵심이 되는 주요 직원과 직위를 우선적으로 면밀히 파악하는 것이 중요하다.

다음으로 내부감사인은 정보처리 업무를 담당하는 컴퓨터프로그래머, 투자 및 거래활동을 담당하는 트레이더 등 재무기록에 영향을 미치거나 해당 회사 자산에 물리적으로 쉽게 접근할 수 있는 직원에 관심을 가져야 한다.

마지막으로 핵심직위를 파악하고 난 후에는 내부감사인은 내부통제기준이 핵심직위의 직원에 의한 誤謬나 逸脫行爲를 예방하거나 발생 시 이를 시스템적으로 신속히 探知할 수 있도록 설계되어 있는지 여부 등을 점검·평가하여야 한다.

2) 직무분리제도의 운영 및 이해상충 여부

내부감사인은 오류 및 일탈행위의 가능성을 최소화하기 위해 직원들의 책임과 의무가 적절 하게 분리되었는지를 확인해야 한다.

내부감사인은 특정직원이 해당 회사 자산에 대한 관리의무와 기록 유지의무를 동시에 수행하고 있는 분야가 있는지, 있다면 이에 따른 리스크를 완화할 수 있는 다른 통제수단이 존재하는지를 확인하여야 한다.

내부감사인은 임직원이 부당한 리스크를 취하고자 하는 환경 즉, 이해상충 문제에 露出되어 있는지 여부에 관심을 가져야 한다.

3) 정책 방향 및 적용 기준 逸脫 行爲 여부

내부감사인은 해당 회사 임직원이 제반정책, 업무처리 관행 및 절차로부터 벗어난 일탈행위에 주의를 기울여야 하는데, 통상 임직원의 일탈행위는 다음과 같은 상황에서 많이 발생하므로 정책 및 절차의 일탈행위 여부를 주의 깊게 점검해야 한다.

---

175 김용범, 전게서, 2017, 1247~1248면. 금융감독원, 전게실무지침서, 2003, 225~227면. 정창모,「금융사고」 2006, 131~133면. 「상장회사 감사위원회/감사의 표준직무규정」제31조, 제24조.

참고

정책 방향 및 적용 기준 일탈행위(예시)

① 업무지침이나 지시가 현재의 업무처리 관행을 반영할 수 있도록 정기적으로 검토되어 개선되지 않을 경우

② 직원들이 업무수행 과정에서 다소 번거로운 내부통제절차를 회피하기 위해 편법을 사용하는 경우

③ 정책 절차가 조직 또는 업무활동의 변화를 반영하지 못하는 경우

④ 직원의 직무내용이 내부통제정책에 영향을 주는 방향으로 중요하게 변화하는 경우 등

4) IT 운영에 관한 내부통제시스템 구축 여부

일반 회사는 주로 컴퓨터에 의존하여 업무를 수행하기 때문에 효과적인 내부통제시스템이 존재하지 않으면 컴퓨터를 통한 자금의 횡령 및 유용과 같은 범죄행위와 컴퓨터 조작의 부주의로 인한 사고가 발생할 수 있다.

직원의 PC 및 해당 회사의 자산이나 거래기록에 접근할 수 있는 컴퓨터 운영자, 프로그래머, 이들의 감독책임자 등이 이러한 범죄행위를 저지를 가능성이 높으므로 내부통제시스템이 효율적으로 구축되어 있어야 한다.

따라서 해당 회사는 주 전산기 운영뿐만 아니라 개인 PC에 저장된 기록, 네트워크에 관해서도 물리적 접근을 통제하는 등 정교한 내부통제 수단 내지는 장치를 운영하여야 하는 바, 내부감사인은 이러한 내부통제 수단 내지는 장치가 마련되어 있는지 여부를 점검하여야 한다.

5) 회계·정보처리에 관한 내부통제시스템 구축 여부

경영진은 회사의 경영정보시스템(MIS), 각종 거래 장부 및 각종 거래 기록의 정확성을 확보하기 위해서 정보 처리과정에 대해 내부통제시스템을 적절하게 구축 · 운영하여야 한다.

또한 경영진은 시산표와 보조원장을 유지하면서 정기적으로 총계정원장과 대사 하고 차이가 발생한 경우 이를 조정하도록 하여야 하며, 내부회계관리제도에 의한 내부회계통제시스템을 적절하게 구축·운영하여야 한다.

따라서 내부감사인은 회계·정보처리에 관한 내부통제시스템이 위와 같이 적절하게 구축·운영되고 있는지 여부를 점검하여야 한다.

나. 내부통제시스템의 평가 범위[176]

개별 해당회사에 적합한 내부통제제도의 형식은 주로 해당회사의 영업규모, 영업활동의 다양성 및 리스크 특성 등에 의해 결정되어서 내부통제제도는 다양한 형태를 가질 수 있다. 따라서 해당 회사의 내부감사조직 등 감사업무 수행능력에 의하여 내부통제의 평가 절차와

176 김용범, 전게서, 2017, 1249~1250면. 금융감독원, 전게실무지침서, 금융감독원 검사총괄국, 2003, 228~230면. 정창모, 「금융사고」 매일경제신문사, 2006, 133~135면.

방법도 개별 회사의 업종별, 규모별로 각기 다를 수 있다.

1) 내부통제 5요소에 의한 평가

COSO가 제시한 ① 통제 환경, ② 리스크 사정, ③ 통제 활동, ④ 정보와 의사 소통, ⑤ 감시 활동 등 내부통제 구성 5요소를 기준으로 평가하는 경우를 말한다. 내부통제시스템 평가에 있어서 내부통제 평가 부문 및 평가 항목은 제1편 제4장 제4절-Ⅱ. '내부통제의 구성요소' 의 항목을 참고하시기 바랍니다.

COSO 내부통제 5요소에 의한 평가항목

(1) 통제환경 부문

① 도덕성과 윤리적 가치에 대한 원칙 설정
② 이사회의 감독책임 수행
③ 조직구조, 권한 및 책임의 수립
④ 적격성에 대한 원칙 설정 ⑤ 내부통제 책임 강화

(2) 위험사정 부문

⑥ 적절한 목적의 구체화
⑦ 위험 식별 및 분석 ⑧ 부정위험의 평가
⑨ 중요한 변화사항에 대한 식별 및 평가

(3) 통제활동 부문

⑩ 통제활동의 선택 및 구축
⑪ 정보기술 일반통제의 선택 및 구축
⑫ 정책 및 절차를 통한 통제활동의 설계

(4) 정보와 의사소통 부문

⑬ 연관성 있는 정보의 취득, 생성 및 사용
⑭ 내부와의 의사소통 수행 ⑮ 외부와의 의사소통 수행

(5) 감시활동 부문

⑯ 지속적 그리고/또는 개별적 평가 수행
⑰ 미비점에 대한 평가 및 의사소통 등

2) 내부통제 8요소에 의한 평가

한국상장회사협의회가 제정한 「상장회사 감사의 표준직무규정」과 「상장회사 감사위원회의 표준직무규정」에 의한 위험요소의 적정한 인식 및 관련 위험통제 시스템 작동 여부 등 8요소 기준을 대상으로 평가한다.

상장협회 내부통제 평가 8요소에 의한 평가 항목

(1) 위험요소의 적정한 인식 및 관련 위험통제시스템 작동여부

① 전반적인 리스크 평가과정의 적정성

② 각 회사 업종별 리스크 관리체제 및 운영실태 평가 등

(2) 영업계획, 전략수립 과정상의 상의 준법성 및 경영목표와의 합치여부

○ 경영의사 결정시 승인절차 비준여부 등

(3) 회계정책 또는 추정변경의 타당성, 회계처리방법 등의 적정성 및 경영목표와의 합치여부

① 회계시스템 과 점검의 적정성

② 외부감사인 선정의 적정성 등

(4) 정보 보고, 공유, 관리체계의 적정성 여부

① 정보시스템의 적정성

② 의사소통시스템의 적정성 등

(5) 부서별 업무성과 분석체계의 효율성 및 효과성 여부

① 월, 분기, 반기, 연간 실적 보고의 적정성

② 연간 업무평가의 적정성 등

(6) 내부통제 관련 임직원 교육 프로그램의 적정성 여부

○ 내부통제 관련 임직원에 대한 교육 · 연수

(7) 준법감시인 또는 준법지원인제도 운영의 적정성 여부

① 준법감시인 및 준법지원인 임면의 적정성

② 준법감시인제도 및 준법지원인제도 운영의 적정성 등

(8) 조직 구조상 내부통제제도의 적정성 여부

○ 각 부문 역할 수행의 적정성 등

상기 2가지 평가(안) 가운데 COSO에서 제시하는 내부통제 5요소가 바람직한 평가 모범 기준이지만 현실상 이를 수행 못하는 회사가 많을 것으로 예상됨에 따라 대형 상장회사는 COSO에서 제시하는 내부통제 5요소 기준에 의한 평가를 실시하고, 그 이외의 회사는 한국상장회사협의회의 「상장회사 감사의 표준직무규정」과 「상장회사 감사위원회의 표준직무규정」에서 제시한 내부통제 8요소 기준에 의한 내부통제제도 평가를 이행하는 것이 실무적으로 바람직할 것으로 생각된다.

다. 내부통제시스템의 평가 방법[177]

내부통제시스템에 대한 평가는 일정기간 업무활동 전반을 대상으로 특별감사를 실시하는 방법과 일반적인 업무감사 즉, 종합감사 시 해당 사업부문 또는 부서별로 평가를 실시하여 기말에 종합하는 방법이 있다.

내부통제시스템 평가절차는 감사계획을 수립하고 내부통제 평가방법(내부통제 5요소, 내부

177 김용범, 전게서, 2017, 1250~1251면. 금융감독원, 전게실무지침서, 금융감독원 검사총괄국, 2003, 231~233면. 정창모, 「금융사고」 매일경제신문사, 2006, 135~137면.

통제 8요소 기준)을 결정한 후 회사 전체, 감사대상 업무 · 부서별 특성에 적합한 내부통제 목표를 확인하는 데서부터 시작하여 대체로 다음과 같은 순서로 평가가 이루어져야 한다.

내부통제시스템의 평가 순서

① 사업부문별, 부서별 특성에 적합한 내부통제 목표 확인
② 이사회와 경영진, 부서장과의 면담을 통하여 내부통제에 대한 인식, 내부통제 환경 및 문화, 감독활동, 직원들의 내부통제 준수의식 등을 관찰하여 통제환경의 적정성을 평가
③ 업무 처리하는 과정에서 발생하는 리스크의 종류 및 크기에 대한 확인
④ 리스크를 통제하기 위한 적정한 내부통제활동에 대한 검토 및 이에 부합하는 내부통제기준 등 마련 여부
⑤ 내부통제기준을 업무수행과정에서 제대로 준수하는지 여부를 표본적으로 점검하고 미비사항에 대한 개선 방안을 검토
⑥ 감사과정에서 수시로 임직원과 내부통제 문제에 대하여 특히 주요 발견사항, 관심사항 및 권고사항에 대하여는 충분하게 이견을 조정
⑦ 발견된 문제점에 대해서는 적절한 조치 방향을 검토 등

한편 평가주기에 관련해서는 조직 전체를 대상으로 내부통제 평가를 위한 감사를 매 회계연도 중 1~2회 실시하는 것이 바람직하다. 효율적인 평가를 실시하기 위해서는 사전에 마련된 체크리스트를 활용하는 것이 바람직하다.

참고 1

일반적인 내부통제시스템 평가 절차(예시)

제1단계 : 전략 분석(회사의 목표, 전략과 외부 환경 분석)
제2단계 : 업무 분석[업무프로세스 분석(리스크 및 통제 확인)]
제3단계 : 위험 평가[리스크 평가, 감사계획(내부통제 평가절차 작성)]
제4단계 : 통제 평가(감사실시)[통제 효과 평가(통제 Testing)]
제5단계 : 통제 평가(감사정리)(개선안 도출 및 통제 등급화)
제6단계 : 사후 조치(보고서 작성 및 사후 조치)

참고 2

회계감사기준상 내부통제시스템 평가 과정[178]

178 노준화, 전게서, 2019, 265~273면.

제1단계 : 내부통제의 설계에 대한 이해

1.1 통제환경의 이해

1.2 위험사정의 이해

1.3 정보와 의사소통의 이해

① 정보체제의 이해

② 의사소통의 이해

1.4 통제활동의 이해

1.5 감사활동의 이해

제2단계 : 내부통제의 설계에 대한 평가

제3단계 : 내부통제운영의 효과성 감사(TOC : Test of Control)

3.1 통제감사

① 통제가 효과적으로 운영되고 있다고 기대되는 경우

② 실증절차만으로 충분하고 적합한 감사증거를 제공할 수 없는 경우

3.2 통제감사의 성격과 범위

3.3 통제감사의 시기

3.4 중간기간 중 입수된 감사증거의 이용

3.5 이전 감사에서 입수된 감사증거의 이용

제4단계 : 내부통제운영의 효과성 평가

3. 내부통제제도의 평가 보고

감사실시 후 발견사항(문책, 개선, 시정, 주의사항 등)을 평가요소별로 분류하고 내부 통제 평가내용, 개선의견을 종합하여 '내부통제제도 평가보고서'에 반영해야 하며, 사후관리를 통하여 해당 관련 부서의 조치 여부를 확인하여야 한다.

회계기간 중 실시한 업무별, 부서별 감사에서 나타난 내부통제 평가 결과와 회계연도 말에 회사 전체에 대한 관점에서 실시한 내부통제 평가를 종합하여 평가항목별(해당 경영진별, 부서별, 또는 업무별)로 평가등급을 부여하고 평가의견을 작성한다.

위의 결과를 토대로 해당회사의 내부통제 평가요소 항목별로 현황, 문제점, 개선책을 제시하는 '내부통제제도 평가보고서'를 작성, 검토를 거친 후 근거자료를 첨부하여 감사위원회의 심의 또는 감사의 결재를 거쳐 이사회에 제출한다.

내부통제 평가와 감사결과는 익년 리스크 평가에 반영하여 감사계획 수립 시 기초자료로 활용할 뿐만 아니라 시계열로 관리하여 다음 평가에 참고자료로 활용될 수 있도록 한다.

참고

내부통제평가보고서(예시)

1) 개 요

① **대상기간** : 내부통제평가 횟수에 따라 연간 또는 반기별, 분기별로 대상기간 명시

② **평가방법** : 내부통제평가를 위한 감사 실시 내용을 일정별, 또는 부문별(부서별 또는 업무별)로 기술. 전체조직을 대상으로 한 특별감사 실시 여부, 연간감사 계획에 의한 종합감사결과 반영 여부 등을 명시

2) 내부통제시스템 구축 및 운영현황

내부통제 관련 규정의 주요 내용, 조직구조 및 조직운영 현황, 내부통제시스템 구축절차, 동 시스템 구축 및 운영에 대한 각 운영 주체별 역할 및 책임, 감사대상기간 중 주요 제도변경 내용, 내부통제 관련 교육활동 등을 기술

3) 내부통제시스템 평가결과

① **종합평가** : 부문별 평가결과를 종합하여 조직 전체의 내부통제시스템 구축·운영의 적정성에 대한 종합평점과 종합의견을 기술

② **부문별 평가** : 부서별(또는 업무별)로 각 내부통제 평가요소에 대한 평가결과(평점포함)를 기술하되 세부평가 내용에 대하여는 별도자료를 첨부 가능. 해당부서 또는 업무와 관련한 내부통제 운영주체별(이사회, 경영진, 일반직원) 내부통제 활동에 대한 평가결과도 제시하는 것이 바람직

4) 조치요구사항

내부통제시스템 적정성 평가결과 나타난 문제점을 개선하기 위해 이사회 또는 경영진의 조치가 필요한 사항을 중심으로 기술하되 필요한 경우 부서 관련 사항도 포함

II 내부회계관리제도의 평가 및 보고

1. 내부회계관리제도의 평가 개요

가. 내부회계관리제도의 평가 의의

회사의 대표자는 매 사업연도마다 이사회 및 감사에게 당해 회사의 내부회계관리제도의 운영실태를 보고하고, 감사는 매 사업연도마다 내부회계관리제도의 운영실태를 평가하여 이사회에 보고토록 규정하고 있다.(「신외감법」 제8조 제4항)

나. 내부회계관리제도의 평가 목적

내부회계관리제도는 회사의 재무제표가 회계기준에 따라 작성 및 공시되었는지에 대한 합리적 확신을 제공하는 것을 목적으로 한다. 따라서 **내부회계관리제도의 평가 목적**은 평가기준일 현재 내부회계관리제도가 효과적으로 설계 · 운영되고 있는지에 대한 합리적인 확신을 얻을 목적으로 한다.

이를 달성하기 위하여 경영진/감사는 재무보고의 신뢰성에 대한 위험을 식별하고, 이러한 위험을 처리하기 위한 통제가 존재하는지 평가하며, 위험평가에 근거한 통제운영에 대한 증거를 평가하여야 한다.(「평가·보고 모범규준」 문단 18)

다. 내부회계관리제도의 평가 시기

내부회계관리제도의 **평가는 평가기준일 현재** 내부회계관리제도가 효과적으로 설계·운영되고 있는지에 대한 합리적인 확신을 얻을 목적으로 한다. 그러나, 재무제표에 기록된 거래는 회계기간 중 지속적으로 발생하기 때문에 충분한 기간에 대하여 평가하며, 일반적으로 **평가기준일과 가까운 시기에 수행**한다.

그러나 평가기준일 이전의 가까운 시기에 모든 평가절차를 실시하는 것은 불가능하므로 당해 평가대상기간의 중간에 평가(**중간평가**)를 실시하고 기중 평가된 중요한 통제 중 평가 실시 이후 변경된 부분은 없는지, 기말 현재에도 여전히 효과적인지 등을 확인(**기말평가**)하는 평가 절차가 효율적이다.

회사의 대표자는 매 사업연도 마다 주주총회, 이사회 및 감사/감사위원회에 회사의 내부회계관리제도의 운영실태를 보고하도록 하고 있으며, 회사의 감사는 대표자가 제출한 동 운영실태를 기초로 내부회계관리제도의 운영실태를 평가하여 이사회에 사업연도마다 보고하여야 한다.(「신외감법」 제8조 제4항 및 제5항)

라. 내부회계관리제도의 평가자

1) 대표자의 평가

대표자는 내부회계관리제도를 구축하고 운영할 책임이 있다. 그러나 내부회계관리제도가 제대로 구축되고 운영되어 경영진이 보고하는 재무보고가 신뢰할 만한지에 대한 신뢰가 담보될 수는 없다. 따라서 「신외감법」에서는 구축·운영되고 있는 내부회계관리제도에 회사 내부인인 대표자가 자체 평가하도록 하고 있다.

대표자의 내부회계관리제도를 자체 평가한 보고서를 '내부회계관리제도 운영실태 보고서'라고 한다. 회사의 대표자는 사업연도마다 주주총회, 이사회 및 감사/감사위원회에게 해당회사의 내부회계관리제도 운영실태를 대면 보고하여야 한다.(「신외감법」 제8조 제4항)

2) 감사/감사위원회의 평가

회사의 감사/감사위원회는 경영진과 독립적인 입장에서 사업연도마다 내부회계관리제도의 운영실태를 평가하고, 그 '내부회계관리제도 운영실태평가보고서'를 이사회에 정기총회 개최 1주 전까지 대면 보고하여야 한다.(「신외감법」 제8조 제5항 및 「동법시행령」 제9조 제7항)

이 경우 내부회계관리제도 관리·운영에 대하여 시정의견이 있으면 그 의견을 포함하여 보고하여야 한다. 감사/감사위원회는 위의 이사회에 보고한 '내부회계관리제도 운영실태평가보고서'를 해당 회사의 본점에 5년간 비치하여야 한다.(「신외감법」 제8조 제5항 본문 및 단서)

마. 내부회계관리제도의 설계 및 평가 준거기준

회사의 대표자 및 감사/감사위원회는 내부회계관리제도를 설계·운영 및 평가·보고하기 위하여 준거기준으로 사용할 일반적으로 인정되는 내부통제체계를 선택하여야 한다.

일반적으로 인정되는 내부통제체계는 회사가 설계·운영 및 평가·보고하는 데 필요한 기본원칙을 제시하는 기준으로서 효과적인 내부통제에 실재 존재하고 작동할 것으로 기대되는 내부통제의 구성 내용을 정의한다.

1) 내부회계관리제도의 설계 및 운영 개념체계

회사의 대표자 및 감사/감사위원회는 일반적으로 인정되는 내부통제체계로서 내부회계관리제도운영위원회가 발표한 "내부회계관리제도 설계 및 운영 개념 체계"(설계·운영 개념체계)를 사용할 수 있다.

또한 회사의 대표자 및 감사/감사위원회는 보다 적절하다고 판단하는 경우 다른 내부통제체계(예, COSO Framework 등「신외감법」제8조의 정의에 부합되는 기타 기준)를 일반적으로 인정되는 내부통제체계로 사용할 수도 있다.

2) 내부회계관리제도의 평가 및 보고 모범 규준

'내부회계관리제도 평가 및 보고 모범규준(평가 · 보고모범규준)'은 회사의 대표자 및 감사/감사위원회가 선택한 내부통제체계에 따라 설계·운영한 내부회계관리제도의 평가 및 보고에 관한 지침을 제공하는 것을 목적으로 한다. 본「평가·보고 모범규준」은 내부회계관리제도 평가 시 하향식 접근방법 또는 위험기반의 접근방법을 적용할 수 있는 방안을 제공한다.

2. 내부회계관리제도의 평가 방법

가. 내부회계관리제도의 평가대상

내부회계관리제도의 평가대상은 내부회계관리제도의 5가지 구성 요소(통제환경, 위험사정, 통제활동, 정보 및 의사소통, 모니터링)는 모두 내부회계관리제도의 평가대상에 포함된다. 내부회계관리제도의 구성 요소들은 전사적 수준과 업무 프로세스 수준의 내부회계관리제도로 구분할 수 있다.

내부회계관리제도의 구성요소의 평가는 회사가 선택한 내부통제체계에서 제시하고 있는 각 통제 구성요소별 원칙과 평가대상 회사가 선택한 중점 고려사항에 대한 전사적 수준의 통제평가와 업무프로세스 수준의 거래수준 통제평가로 구분하여 평가 할 수 있다.

내부회계관리제도 평가대상 5가지 구성요소

① **통제환경** : 내부회계관리제도의 기반을 이루는 구성요소로 도덕성과 윤리적 가치에 대한 태도를 기반으로 이사회, 감사 및 감사위원회를 포함한 내부회계관리제도 관련 조직의 책임을 명확히 하고 해당 업무를 수행할 수 있는 조직체계의 구성, 교육을 포함한 인력운용 및 성과평가와의 연계가 이루질 수있는 체계를 포함한다.

② **위험사정** : 내부회계관리제도의 목적 달성을 저해하는 위험 즉 외부보고 재무제표가 중요하게 왜곡될 수 있는 위험을 식별하고 평가 및 분석하는 활동을 의미한다. 구체적이고 명확한 목적을 설정하여 관련된 위험을 파악하고, 파악된 위험의 중요도(심각성) 정도를 평가한다. 동 절차에서 부정위험 평가를 포함하여 고려하고, 회사의 중요한 변화사항을 고려하여 기존에 평가한 위험을 지속적으로 유지·관리하는 것을 포함한다.

③ **통제활동** : 조직 구성원이 이사회와 경영진이 제시한 경영 방침이나 지침에 따라 업무를 수행할 수 있도록 마련한 정책 및 절차가 준수될 수 있는 통제활동이 선택 및 구축될 수 있는 체계를

포함한다. 통제활동은 경영진의 업무성과 검토, 정보기술 일반통제, 승인, 대사 및 물리적 통제 등 다양한 방법이 포함된다.

④ **정보 및 의사소통** : 조직 구성원이 내부회계관리제도의 책임을 수행할 수 있도록 신뢰성 있는 정보를 활용할 수 있는 체계를 구비하고 4가지 통제구성 요소에 대한 대·내외 의사소통이 원활하게 이루어질 수 있는 체계를 포함한다.

⑤ **모니터링 활동** : 내부회계관리제도의 설계와 운영의 효과성을 평가하고 유지하기 위하여 상시적인 모니터링과 독립적인 평가 또는 두 가지 결합을 고려한 평가를 수행하고 발견된 미비점을 적시에 개선할 수 있는 체계를 포함한다.

구체적으로 회사는 내부회계관리제도 평가 및 보고 시 「신외감법」 등 내부회계관리제도 관련 법규 요구사항의 준수여부를 평가하여야 한다. 주요 평가 대상으로 다음 항목의 적정성을 고려하여야 한다.(「평가 · 보고 모범규준」 문단17)

내부회계관리제도의 주요 평가대상 항목

① 내부회계관리 규정과 관리 운영
② 내부회계관리 조직 및 내부회계관리자 지정
③ 회계정보의 작성, 변경, 폐기 관련 규정과 적용
④ 내부회계관리제도 설계 및 운영
⑤ 내부회계관리제도 평가 및 보고 절차
⑥ 기타 관련 법규 등에서 규정하는 사항

나. 내부회계관리제도의 평가·보고 원칙

「내부회계관리제도 평가·보고 모범규준」은 다양한 규모와 복잡성을 가진 회사들이 내부회계관리제도의 평가를 효과적이고 효율적으로 수행할 수 있도록 다음의 두 가지 원칙을 제시하고 있다.

1) 통제활동의 설계·구축에 대한 평가

첫 번째 원칙은 경영진이 재무제표의 중요한 왜곡표시를 적시에 예방하거나 적발하지 못할 위험을 적절히 다루기 위한 통제활동을 설계 및 구축하였는지 평가하는 것이다.

「평가·보고 모범규준」은 동 원칙에 대한 접근방법으로 전사적 수준 통제의 역할을 포함하여 재무보고 위험을 평가하고 통제의 적정성을 평가하는데 있어 적용할 하향식 접근방법 또는 위험기반의 접근방법을 설명한다.

「평가·보고 모범규준」은 경영진에게 프로세스의 모든 통제를 식별하거나 내부회계관리제도에 영향을 주는 모든 업무프로세스의 문서화를 요구하지는 않는다. 오히려 경영진은 중요한 왜곡표시 위험을 적절하게 다룰 수 있는 통제의 설계 및 운영을 평가하는 데 필요한 문서화와 평가절차에 중점을 둘 수 있다.

2) 통제활동의 운영에 대한 평가

두 번째 원칙은 경영진이 위험평가에 기초하여 통제 운영에 대한 평가를 수행하여야 한다는 것이다.

「평가·보고 모범규준」은 내부회계관리제도 평가에 필요한 증거에 대해 위험기반의 접근방법을 제시한다. 이를 통해 경영진이 재무보고의 신뢰성에 위험을 초래하는 정도에 따라 평가절차의 성격과 범위를 결정할 수 있도록 한다.

결과적으로 경영진은 위험이 낮은 부문의 증거자료를 수집할 경우 자기평가와 같은 좀 더 효율적인 접근방식을 적용할 수 있으며, 위험이 높은 부문의 증거자료를 수집할 경우 좀 더 광범위한 테스트를 수행할 수 있다.

다. 내부회계관리제도의 평가 방식

내부회계관리제도는 재무제표가 일반적으로 인정되는「회계처리기준」에 따라 작성·공시되었는지 여부에 대한 합리적인 확신을 제공하는 것을 목적으로 하기 때문에 재무제표상의 모든 계정과목이나 회사의 모든 업무 프로세스를 대상으로 하지 않을 수 있다.

따라서 회사의 대표자 또는 감사/감사위원회는 중요한 재무제표 왜곡표시가 발생할 가능성이 상대적으로 높은 계정과목 및 주석정보와, 이와 관련된 업무프로세스나 거래유형에 집중함으로써 내부회계관리제도의 평가를 효율적이고 효과적으로 수행할 수 있다.

이러한 하향식 접근방법과 위험중심 접근방법은 경영진이 회사 사업내용, 업무프로세스 및 회계처리에 대한 축적된 지식과 경험 및 판단을 합리적으로 활용해 중요한 왜곡표시가 발생할 수 있는 위험이 존재하는 계정과목 및 주석정보를 파악한 후, 관련 업무프로세스 및 사업단위를 결정하고, 업무프로세스 및 사업단위에서 설계 및 운영되는 통제를 식별, 문서화 및 평가하는 방식으로 이루어진다.

실무적으로는 각 통제구성요소가 존재하고 기능하기 위해서는 설계·운영 개념 체계에서 제시하는 17가지 원칙을 준수하여야 한다. 따라서 각 원칙별로 문서화된 회사의 중점고려사항과 적용기법을 확인하고, 각 원칙의 주요 항목별로 다음 사항을 확인하여 평가한다.(「평가·보고 적용기법」문단 23 및 24)

평가자가 확인할 사항

① 정책 및 절차가 존재하고 원칙과 중점고려사항이 부합하는지?
② 해당 절차가 잘 지켜질 수 있는 통제가 파악되어 통제기술서에 문서화되어 있는지?
③ 해당 통제의 설계와 운영은 적절한지? 등

회사는 상기 절차에 추가하여「신외감법」을 포함한 관련 법규에서 내부회계관리제도와 관련하여 요구하고 있는 항목의 준수여부를 평가한다. 또한 내부회계관리제도에 대한 감사/감사위원회 및 외부감사인의 검토/감사가 경영진의 내부회계관리제도 운영실태보고를 대상으로 한다는 점을 감안할 때 회사의 위험평가 결과를 내부감사인 및 외부감사인과 공유하는 것이 바람직하다.

라. 내부회계관리제도의 평가절차

1) 회사의 대표자

경영진은 체계적이고 합리적인 평가절차를 개발하여 내부회계관리제도를 평가하여야 하며 충분한 문서화를 통해 그 근거를 마련한다.

가) 내부회계관리제도의 평가 일반절차

내부회계관리제도 평가 시에 적용되는 일반적인 절차는 다음과 같다.(「평가·보고 적용기법」 문단7)

내부회계관리제도의 평가 일반절차

① 전사적 수준에서의 내부회계관리제도 고려
② 유의한 계정과목 및 주석정보의 파악
③ 경영자 주장의 식별
④ 유의한 업무프로세스 파악 및 평가 대상 사업단위의 결정
⑤ 내부회계관리제도 설계의 효과성 평가
⑥ 내부회계관리제도 운영의 효과성 평가
⑦ 내부회계관리제도 평가 결과 보고
⑧ 내부회걔관리제도 평가의 문서화 등

나) 내부회계관리제도의 평가 근거 확보

그리고 경영진은 다음 사항에 대한 충분한 문서화를 통해 내부회계관리제도의 평가의 근거를 확보한다.(「평가 · 보고 적용기법」문단8)

평가근거 확보를 위한 문서화 대상

① 내부회계관리제도 평가범위
② 내부회계관리제도 설계의 효과성 평가
③ 내부회계관리제도 운영의 효과성 평가
④ 내부회계관리제도의 효과성에 대한 최종 결론
⑤ 내부회계관리제도의 평가 결과의 보고
⑥ 내부회계관리제도의 위험평가 시기 등

다) 내부회계관리제도의 통제구성 요소별 평가

내부회계관리제도의 평가는 회사가 선택한 내부통제체계에서 제시된 각 통제구성요소별 원칙과 평가대상회사가 선택한 중점고려사항에 대한 전사적 수준의 통제와 「신외감법」등의 법률에서 요구하는 사항을 포함한다.(「평가 · 보고 적용기법」문단22)

내부회계관리제도 통제구성 요소별 평가

① **통제환경** : 효과적인 내부회계관리제도를 위해 내부회계관리 조직과 규정을 정비하여, 외부재무보고와 연관되는 임직원의 권한 및 책임을 제시하고 적격한 인력을 유지할 수 있는 정책과 통제활동이 설계되고 운영되는지 확인하며, 윤리 강령의 운영, 내부고발제도와 감사/위원회의 관리감독기능 등도 포함한다.

② **위험사정** : 회사의 통제환경과 주요 변화 사항을 고려하여, 재무제표의 주요계정, 주석사항 및 관련 프로세스에 대한 위험의 평가가 수행될 수 있는 절차와 통제활동이 설계되고 운영되는지 확인한다. 또한 부정발생 위험의 평가도 포함한다.

③ **통제활동** : 평가된 위험에 근거하여 경영진이 통제활동을 설계할 수 있는 체계를 유지·운영하고 연계된 정책 및 절차가 관리되는지 확인한다. 재무보고와 연관된 정보기술 일반통제활동을 포함하여 확인한다.

④ **정보 및 의사소통** : 임직원의 책임을 수행할 수 있는 시의 적절한 정보를 제공할 수 있는 체계 및 이에 기반한 내·외부 의사소통이 원활하게 이루어질 수 있는 체계와 통제활동이 설계되고 운영되는지 확인한다.

⑤ **모니터링 활동** : 내부회계관리제도의 설계 및 운영 여부를 주기적으로 평가하는 체계를 수립하여 적용하고 있고, 미비점에 대한 필요한 조치를 취하고 있음을 확인한다.

2) 감사/감사위원회

감사/감사위원회는 경영진이 실시한 평가절차와 운영실태 평가 결과의 적정성을 감독자의 관점에서 독립적으로 평가하여 이사회에 보고한다. 감사/감사위원회의 평가절차 및 그 결과를 문서화하여 충분한 근거자료를 마련하고 「신외감법」 등에서 요구하는 대면보고와 관련된 사항의 문서화를 포함하여야 한다.

가) 평가절차에 포함되어야 할 항목

감사/감사위원회는 내부회계관리제도 평가 시 필요에 따라 경영진의 평가와 관련된 자료를 근거로 평가절차를 수행할 수 있다. 감사/감사위원회는 다음 항목을 포함한 내부회계관리제도 평가를 수행한다.(「평가 · 보고 적용기법」문단160)

평가절차 수행에 포함되어야 할 항목

① 대표자 또는 내부회계관리자가 보고하는 위험평가 결과에 基盤한 평가계획의 적정성 검토

② 대표자 또는 내부회계관리자가 보고하는 중간평가 절차 및 결과
③ 대표자 또는 내부회계관리자가 보고하는 기말평가 절차 및 결과
④ 외부감사인과의 커뮤니케이션 내용 등

나) 평가절차에서 중점 검토할 사항

또한 평가절차 수행에 포함되어야 할 상기 항목에 대한 다음사항을 중점적으로 검토한다.(「평가·보고 적용기법」문단161)

평가절차 수행에 포함되는 항목에 대한 중점 검토할 사항

① 당기 중요한 변경 사항 등을 고려한 위험평가가 적절하고 이에 따른 평가계획이 작성되었는지?
② 평가자의 독립성과 적격성, 평가 방식(방법, 범위, 시기)이 적정한지?
③ 모든 유의한 미비점과 중요한 취약점이 포함되어 있는지(별도로 인지한 회계처리 오류 등과 관련된 내부통제활동의 평가가 적절한지)?
④ 내부회계관리제도와 관련된 내부고발 사항의 검토 항목을 고려하여 내부회계관리제도의 평가절차와 결과가 적절한지?
⑤ 내부회계관리제도 운영실태 보고서상 미비점 평가, 개선조치의 적정성 및 이행 현황이 적절한지?
⑥ 내부회계관리규정 위반이나 운영실태 보고서상 미비점으로 인한 성과평가 반영 계획이나 결과가 적절한지?

다) 감사/감사위원회의 독립적 평가절차

감사/감사위원회는 경영진과 독립적인 입장에서 내부회계관리제도의 운영실태를 평가하고 그 결과를 이사회에 보고하여 미비점이나 취약점을 시정하게 함으로써 내부회계관리제도가 원활하게 운영되도록 하는 역할을 수행한다. 다음 업무를 포함하는 감사/감사위원회의 활동은 감사/감사위원회의 독립적인 평가가 이루어졌다고 판단할 수 있다.(「평가·보고 모범규준」문단95)

감사/감사위원회의 독립적인 평가활동

① 평가기간의 위험평가 결과를 포함한 평가 계획의 적정성 검토(당기 조치 계획 및 결과, 평가기간, 평가 대상과 방식의 적정성 포함)
② 운영실태보고서에 모든 유의한 미비점과 중요한 취약점이 포함되었는지 확인(직·간접으로 인지한 회계처리 이슈 관련 내부회계관리제도의 적정성 평가)
③ 운영실태보고서 상 미비점 평가, 개선조치의 적정성 및 이행 현황 확인
④ 내부회계관리 규정 위반이나 운영실태보고서 상 미비점으로 인한 성과평가 반영 계획이나 결과의 적정성 확인

⑤ 외부감사인의 내부회계관리제도 감사 계획 및 결과의 적정성 확인
⑥ 내부회계관리제도에 대한 독립적 평가 결과의 이사회 보고
⑦ 내부회계관리제도와 관련된 내부고발 사항의 검토 및 내부회계관리제도에 미치는 영향 확인
⑧ 운영실태 보고서상 기타 항목의 적정성 확인과 내부회계관리제도 관리감독을 위한 검토 등

라) 감사/감사위원회의 평가절차 및 결과의 문서화

감사/감사위원회는 이와 같은 업무수행을 통하여 경영진이 실시한 평가절차와 운영실태 평가결과의 적정성을 감독자의 관점에서 독립적으로 평가하며, 내부회계 관리제도 평가 시 경영진의 평가와 관련된 자료를 주로 활용하고, 경영진의 평가 절차가 적절하지 않거나 충분하지 않은 경우 추가적인 테스트를 수행할 수 있다.

감사/감사위원회는 내부회계관리제도 평가 시 외부 전문가를 활용하여 독자적으로 평가하거나, 회사의 내부감사기능을 활용하여 추가적인 테스트를 수행할 수 있으며, 평가 절차 및 그 결과를 문서화 하여 충분한 근거자료를 마련하여야 한다.(「평가 · 보고 모범규준」문단 96)

3. 내부회계관리제도의 평가 보고

가. 회사의 대표자

회사의 대표자(또는 대표이사)는 사업연도마다 이사회, 주주총회 및 감사에게 해당 회사의 내부회계관리제도의 운영실태를 보고하여야 한다.(「신외감법」 제8조 제4항) 회사대표자의 내부회계관리제도 운영실태 평가보고서에는 다음과 같은 내용을 포함한다.(「평가 및 보고 모범규준」 문단88)

내부회계관리제도 운영실태 보고서 내용

① 보고서 제목에 내부회계관리제도 운영실태 보고서임을 기술
② 수신인이 주주총회, 이사회 및 감사/감사위원회임을 기술
③ 평가기준일에 평가 대상 기간에 대하여 내부회계관리제도의 설계 및 운영의 효과성에 대하여 평가하였다는 사실
④ 경영진이 선택한 내부통제체계와 이에 따른 내부회계관리제도의 설계 및 운영의 책임은 대표이사 및 내부회계관리자를 포함한 회사의 경영진에게 있다는 사실
⑤ 내부회계관리제도의 설계 및 운영의 평가기준으로 「평가·보고 모범규준」을 사용하였다는 사실
⑥ 중요성의 관점에서 「평가·보고 모범규준」에 따른 내부회계관리제도 평가 결론
⑦ 중요한 취약점이 있는 경우 내부회계관리제도의 설계와 운영상의 중요한 취약점에 대한 설명
⑧ 중요한 취약점이 있는 경우 중요한 취약점에 대한 시정조치 계획
⑨ 직전 사업연도에 보고한 중요 취약점에 대한 시정조치 계획의 이행 결과
⑩ 그 밖에 「신외감법」에 따른 기재사항

⑪ 보고서 일자
⑫ 대표이사 및 내부회계관리자의 서명 날인
⑬ 별첨 : 상세 평가 내용
- 전사적 수준 및 업무프로세스 수준의 통제평가 결과
- 유의한 미비점
- 유의한 미비점에 대한 개선사항
- 위반자에 대한 징계사항
- 중요한 취약점 및 시정조치 계획에 대한 상세 설명 등

나. 회사의 감사/감사위원회

회사의 대표자가 제출한「내부회계관리제도 운영실태보고서」를 기초로 내부회계관리제도의 운영실태를 평가하여 이사회에 사업연도마다 보고하고, 그 평가보고서를 해당 회사의 본점에 5년간 비치하여야 한다. 이 경우 내부회계관리제도의 관리·운영에 대하여 시정의견이 있으면 이를 포함하여 보고하여야 한다.(「신외감법」 제8조 제5항 단서) 평가보고서에는 다음과 같은 내용을 포함한다.

내부회계관리제도 운영실태 평가보고서 내용

① 제목이 내부회계관리제도 평가보고서임을 기술
② 수신인이 주주 및 이사회임을 기술
③ 평가기준일에 평가대상기간에 대해 내부회계관리제도의 설계·운영의 효과성에 대하여 평가하였다는 사실
④ 경영진이 선택한 내부통제체제와 이에 따른 내부회계관리제도의 설계·운영책임은 대표이사 및 내부회계관리자를 포함한 회사의 경영진에 있으며, 감사/감사위원회는 관리감독 책임이 있다는 사실
⑤ 감사는 내부회계관리자가 제출한 내부회계관리제도 운영실태 평가보고서를 참고하여 평가하였다는 사실
⑥ 내부회계관리제도의 설계·운영의 평가기준으로「평가·보고 모범규준」을 사용하였다는 사실
⑦ 중요성의 관점에서「평가·보고 모범규준」에 따른 내부회계관리제도 평가결론
⑧ 중요한 취약점이 있는 경우 내부회계관리제도의 설계와 운영상의 중요한 취약점에 대한 설명
⑨ 중요한 취약점이 있는 경우 중요한 취약점에 대한 시정조치 계획 및 이미 수행 중인 절차
⑩ 감사/감사위원회는 내부회계관리제도 운영실태보고서를 참고하여 평가하였 다는 사실, 추가적인 검토절차를 수행한 경우 해당 사실
⑪ 그 밖에「신외감법」에 따른 기재 사항
⑫ 보고서 일자
⑬ 감사/감사위원회의 서명 날인

⑭ 별첨 : 상세 평가 내용

- ㅁ 대표자의 보고내용 요약(평가 결론, 유의한 미비점, 시정 조치 및 향후 계획 등)
- ㅁ 평가결과 추가적으로 발견된 사항
- ㅁ 권고사항 등

다. 외부감사인

비주권상장법인의 외부감사인은 회계감사를 실시할 때 해당 회사가 「신외감법」 제8조에서 정한 사항을 준수하였는지 여부 및 동조 제4항에 따른 내부회계관리제도의 운영실태에 관한 보고내용을 **검토**하여야 한다.(「신외감법」 제8조 제6항)

다만, **주권상장법인의 외부감사인**은 「신외감법」 제8조에서 정한 사항을 준수했는지 여부 및 동조 제4항에 따른 내부회계관리제도의 운영실태에 관한 보고내용을 감사하여야 한다.(「신외감법」 제8조 제6항 단서)

「신외감법」 제8조 제6항에 따라 검토 또는 감사를 한 외부감사인은 그 검토결과 또는 감사결과에 대한 종합의견을 감사보고서에 표명하여야 한다.(「신외감법」 제8조 제7항)

Ⅲ 내부감시장치 가동현황의 평가 및 보고

1. 내부감시장치 가동현황의 평가 개요

주권상장법인, 그 밖에 대통령령이 정하는 법인(이하 "사업보고서 제출대상법인")은 그 사업보고서를 각 사업연도 경과 후 90일 이내에 금융위원회와 한국증권거래소에 제출하여야 한다.(「자본시장법」제159조 제1항)

사업보고서 제출대상법인은 제1항의 사업보고서에 회사의 목적, 상호, 사업내용, 임원의 보수, 임원 개인별 보수와 그 구체적인 산정 기준 및 방법, 보수액 기준 상위 5명의 개인별 보수와 그 구체적인 산정 기준 및 방법, 재무에 관한 사항 등을 기재하고, 대통령령이 정하는 서류를 첨부하여야 한다.(「자본시장법」제159조 제2항)

사업보고서에는 「자본시장법」 제159조 제2항에 따라 법인의 내부감시장치[이사회의 이사직무집행의 감독권과 감사(감사위원회가 설치되어 있는 경우에는 그 감사위원회를 말한다)의 권한, 그 밖에 법인의 내부감시장치를 말함]의 가동현황에 대한 감사의 평가 의견서를 첨부하여 제출해야 한다.(「자본시장법시행령」 제168조 제6항 제3호)

2. 내 · 외부감시장치의 구분 및 종류

내부감시장장치에 대하여는 법에서 구체적으로 정해진 바는 없으나, 회사의 경영감시장치로 외부감시기관과 내부감시기관으로 구분할 수 있다.

<u>외부감시기관</u>

① 「상법」상 전체 주주로 구성되는 「주주총회」

② 개별 주주로 구성되는 「단독주주」및 소액주주로 구성되는 「소수주주」
③ 일정규모 이상의 주식회사에서 그 선임이 의무화되는 「외부감사인」
④ 일정한 법정사항을 조사하기 위하여 선임되는 「감사인」 등

내부감시기관

① 이사의 직무집행을 감독하는 「이사회」
② 이사의 직무 집행을 감사하는 「감사(위원회)」
③ 금융기관에서 선임이 강제되고 내부통제부문을 감시하는 「준법감시인」 또는 일정 규모 이상의 상장회사에 준법부문을 감시하는 「준법지원인」
④ 내부회계관리제도에 따라 회계적정성을 감시하는 「내부회계관리자」 등

3. 내부감시장치 가동현황의 평가 보고

따라서 감사 또는 감사위원회는 사업보고서를 금융위원회와 거래소에 제출하기 전에 내부감시장치의 가동현황에 대한 평가를 실시하고, 그 평가 결과 및 시정 의견을 내부 감시장치의 가동현황에 대한 평가보고서에 반영하여야 한다.

내부감시장치의 가동현황에 대한 평가보고서에는 ① 내부감시장치의 개요, ② 내부 감시장치의 운영, ③ 내부감시장치의 가동현황에 대한 감사의 의견으로 구분하여 작성 한다. 이 경우 내부감시장치의 가동현황에 대한 평가결과, 중요하다고 판단되는 취약점 및 개선사항이 발견되었을 경우에는 동 내용과 이에 대한 시정의견을 포함해 작성 한다.

4. 내부감시장치의 가동현황에 대한 평가보고서 제출

내부감시장치의 가동현황에 대한 평가보고서의 작성은 표준양식에 대해 정해진 바 없으므로, 감사는 위의 내부감시기관의 기능 및 구성과 DART(금융감독원전자 공시 시스템) 작성 시 기재 상 주의사항을 참고로 하여 일반 투자자가 이해하기 쉽도록 수치나 사례를 제시하면서 서술식으로 작성하여야 한다.

주권상장법인, 그 밖에 대통령령이 정하는 법인(이하 "사업보고서 제출대상법인")은 사업보고서를 각 사업연도 경과 후 90일 이내에 금융위원회와 거래소에 제출하여야 하는데(「자본시장법」 제159조 제1항), 그 사업보고서에는 「자본시장법」 제159조 제2항에 따라 법인의 내부감시장치의 가동현황에 대한 감사의 평가보고서를 첨부하여 제출하여야 한다.(「자본시장법시행령」 제168조 제6항 제3호)

참고

내부감시장치의 가동현황에 대한 평가의견서(예시)

1) 내부감시장치의 개요

① 이사회, 감사, 내부감사부서 등 당해 회사의 내부감시장치를 구성하고 있는 요소와 그 기능
② 이사회에 사외이사 포함 여부
③ 감사의 선임 방법, 감사부서 직원에 대한 감사의 인사 관여 또는 인사상 신분보장 여부 등

2) 내부감시장치의 운영

① 일상감사, 반기감사, 결산감사 등 내부감시의 운영 실적
② 내부감사 결과 지적사항에 대한 보고체계, 조치 및 사후 관리 상태 등

3) 내부감시장치의 가동현황에 대한 감사의 평가의견

① 내부감시장치가 효과적으로 가동하고 있는지에 대한 감사의 평가의견
② 내부감시장치의 취약점 및 개선사항
③ 감사를 실시함에 있어서 이사의 거부 또는 회사의 사고, 기타 사유로 필요한 자료를 입수하지 못하여 의견을 표명하기 곤란한 경우에는 그 내용과 이유 등

제2절 감사보고서 작성·제출 및 보고 업무

Ⅰ 감사보고서의 개요

1. 감사보고서의 의의

감사보고서는 감사 또는 감사위원회가 일정 영업연도의 이사의 직무집행에 관해 업무 및 회계의 양면에서 행한 감사결과를 종합·정리한 것으로서 주주 및 회사채권자 등의 열람에 제공되는 일종의 공시서류이다.[179]

감사 또는 감사위원회(이하 "감사"라고 함)는 이사(대표이사)로부터 재무제표와 그 부속명세서 및 영업보고서를 정기종회일의 6주 전에 제출받아(「상법」 제447조의3) 정기총회일의 2주전까지 감사보고서를 작성하여 이사에게 제출하여야 한다.(「상법」 제447조의4 제1항)

이에 대해 상장회사의 경우 감사/감사위원회는 주주총회일 1주 전까지 감사보고서를 이사에게 제출하면 된다.(「상법」 제542조의12 제6항). 이는 이해관계자가 많은 상장회사의 경우 監事/監査委員會로 하여금 監査의 충실화를 도모하기 위한 것이다.

재무제표는 ① 대차대조표(재무상태표), ② 손익계산서, ③ 그 밖에 회사의 재무상태와 경영성과를 표시하는 것으로서 자본변동표 또는 이익잉여금처분계산서(또는 결손금처리 계산서)로 구성되며(「상법시행령」 제16조 제1항), 이 재무제표와 그 부속명세서는 영업 연도의 경영성과를 집약한 것이다.

영업보고서는 당해 영업연도 내에 있어서의 영업상태 등 회사의 영업현황을 나타내는 보

179 김용범, 전게서, 2017, 1254면. 권종호, 전게연구서, 한국상장회사협의회, 2004, 263면.

고서이다. 감사/감사위원회는 이러한 회계서류가 적법하게 작성된 것인지 감사하여 그 결과를 감사 보고시에 기재하여 이사회에 제출하는 것이 그 의무이다.

2 감사보고서의 기능[180]

감사는 기중 및 기말감사의 결과를 집계·정리하여 이를 바탕으로 감사보고서를 작성하게 되며, 이렇게 하여 작성된 감사보고서는 정기총회일 1주전부터 열람이 가능하므로 주주는 감사보고서의 평가를 참고로 하여 **재무제표의 승인 여부**나 **이사들에 대한 신임 여부를 결정**하게 된다.

그런 의미에서 **감사보고서의 기능은 주주의 재무제표의 승인여부나 이사의 신임여부 결정에 중요한 판단자료**일 뿐만 아니라 **회사 채권자나 일반투자자에게 있어서도 채권의 회수여부나 투자여부를 결정하는 데 매우 중요한 참고자료**라 할 수 있다.

감사, 특히 회계감사의 경우는 법령이나 정관, 혹은 공정·타당한 회계기준에 준거하여 감사가 이루어지게 되는데, 이때 감사의 準據性이 갖는 의미는 다음과 같은 것을 의미하는 것으로서 감사대상에 관해 진실성이나 적정성을 보증하는 것은 아니다.

<u>감사의 준거성이 갖는 의미</u>

① 감사가 실시한 감사의 질은 감사기준이 요구하는 감사의 질을 충족하고 있다는 것

② 감사는 당해 감사에 관해 감사기준의 범위 내에서 책임진다는 것을 의미하는 것

외부감사인이 감사보고서를 통해 표명하는 감사의견(예컨대 적정 · 한정 · 부적정 및 의견거절 등) 역시 이사가 작성한 재무제표가 해당 영업연도의 회사 재산 및 손익상태, 현금흐름을 적정하게 표시하고 있는지에 관해 의견을 진술한 것이고 감사대상 그 자체의 진실성과 적정성을 보증하는 것은 아니다.

이 때문에 감사보고서에 표명된 감사의견은 법적으로 구속력을 갖는 것은 아니며, 단지 회사의 경영상황을 파악하고 그에 따라 이사에 대한 신임을 계속하거나 책임을 추궁할 수 있는 근거자료를 주주나 회사채권자에게 제공하는 의미를 가질 뿐이다.[181]

II 감사보고서의 기재사항[182]

감사보고서의 기재사항에 관하여는 총 10개 항목에 걸쳐 법정하고 있는데(「상법」제447조의 4 제2항), 그 이유는 감사대상을 구체화하여 감사의 형식화를 막고 감사의 실효성을 제고하는 한편, 주주나 회사채권자에게는 구체적인 판단을 위한 자료를 제공하며 감사/감사위원

180 김용범, 전게서, 2017, 1254~1255면. 권종호, 전게연구서, 한국상장회사협의회, 2004, 264면.

181 김용범, 전게서, 2017, 1255면. 권종호, 전게연구서, 한국상장회사협의회, 2004, 264면.

182 김용범, 전게서, 2017, 1255~1259면. 권종호, 전게연구서, 한국상장회사협의회, 2004, 265면.

회에게는 책임의 한계를 명확히 하기 위해서다.

감사보고서의 작성 시 주의해야할 사항으로는 여러 가지가 지적될 수 있으나, 그중 중요한 것은 다음과 같다.

감사보고서 작성 시 주의할 사항

① 결산기 이후에 발생한 사건이나 중요한 거래, 즉 후속사건의 경우 결산기 현재의 시점(대차대조표일)을 기준으로 작성되는 재무제표나 영업보고서에는 기재되지 않지만, 감사는 이 후속사건에 관해서도 이사로부터 보고가 있으면 감사보고서에 그 사실을 기재
② 감사 간에 의견이 일치하지 않을 때에는 각자의 의견을 감사보고서에 기재
③ 감사보고서는 그 이용자가 알기 쉽도록 간단·명료하게 작성

감사보고서는 다음과 같은 10개 사항을 기재하여야 하는데(「상법」 제447조의4 제2항 제1호~제10호), 이는 동시에 각 해당사항을 감사해야 함을 의미한다.[183]

1. 감사방법의 개요(동 제1호)

감사보고서는 감사의 결과(감사의견)뿐만 아니라 감사가 실시한 감사방법 및 감사절차에 관해서도 기재하여야 한다. 감사의 경우 일정한 감사 방법 및 절차에 의해 얻어진 사실을 분석·평가하여 비로소 감사의견이 형성되므로 감사결과에 대한 신뢰성을 확보하기 위해서는 현실적으로 행한 감사방법에 관해 그 개요를 간단·명료하게 기재하여야 한다.

다만 감사방법의 개요에 관해 기재하면 족하다고 하나 감사방법의 여하가 감사보고서에 대한 신뢰성 여부를 결정하므로 감사보고서에 대한 신뢰성을 확보할 수준의 내용이어야 함은 말할 필요가 없다.

2. 회계장부에 기재될 사항이 기재되지 아니하거나 부실 기재된 경우 또는 대차대조표나 손익계산서의 기재내용이 회계장부와 맞지 아니하는 경우에는 그 뜻(동 제2호)

재무제표는 이른바 유도법에 의하여 회계장부를 근거로 작성되므로(「상법」 제30조 제2항), 회계장부의 정확성과 완전성이 확보되지 않은 상태에서는 재무제표의 진실성은 담보될 수 없다.

따라서 「상법」은 우선 회계장부의 완전성과 정확성을 감사대상으로 한 후 회계장부와 재무제표의 일치성에 관해서도 감사대상으로 정하고 있다. 다만 회계장부에 부실기재가 있거나 회계장부와 재무제표가 불일치하는 경우에는 그 내용에 관해 구체적으로 기술하여야 한다.

그리고 제2호의 기재사항에 잘못이 있으면 당연히 제3호 및 제4호의 이익잉여금 처분계산서(결손금처리계산서)에 관한 사항에도 영향을 미치게 되므로 그 내용에 관해서도 기재하여야 한다.

183 김용범, 전게서, 2017, 1256면. 권종호, 전게연구서, 한국상장회사협의회, 2004, 265~269면. 이철송, 전게서, 2021, 984~985면.

3. 대차대조표 및 손익계산서가 법령 또는 정관에 따라 회사의 재무상태 와 경영성과를 적정하게 표시하고 있는 경우에는 그 뜻(동 제3호)

대차대조표와 손익계산서가 회계장부를 정확히 반영하고 있더라도 그 내용이 회사의 재산·손익을 정확히 반영하고 있느냐는 별개의 문제이다. 본 호는 회계감사의 결론을 구성하는 중요한 기재사항이다.

대차대조표와 손익계산서(재무제표)가 법령 또는 정관이나 일반적으로 공정·타당한 회계원칙에 따라 자산을 조사·평가하고 계산하였는지 여부를 감사하여 정확하게 표시한 경우에는 적정의견을 표시하여야 한다.

4. 대차대조표 및 손익계산서가 법령 또는 정관을 위반하여 회사의 재무상태와 경영성과를 적정하게 표시하지 아니하는 경우에는 그 뜻과 사유(동 제4호)

제3호의 방법과 같은 방법으로 감사해 정확하게 표시하지 아니한 경우에는 부적법하다는 의견을 표시해야 한다. 부적법의견을 낼 때에는 위반사실과 그것이 회사의 재산 및 손익 상태에 미치는 영향에 관해 구체적으로 표시해야 한다.

다만 제3호와 제4호는 서로 선택적인 관계에 있으므로 재무제표가 어느 한쪽에 해당 하면 다른 쪽은 기재할 필요가 없게 된다.

5. 대차대조표 또는 손익계산서의 작성에 관한 회계방침의 변경이 타당한지의 여부와 그 이유(동 5호)

재무제표의 상대적 진실성을 확보하고 결산기별 비교가 가능하도록 하기 위해서는 회계의 계속성이 유지되어야 한다. 그러나 특별한 사정이 있고 합리적인 이유가 있는 경우에는 회계방침을 변경할 수 있는데, 이때에는 이사의 자의적인 회계처리의 가능성이 있으므로 회계방침의 변경에 관해서는 그 타당성을 감사하도록 한 것이다.

여기서 말하는 **회계방침**이란 회사가 재무제표를 작성함에 있어서 채택한 회계처리의 기준·절차 및 표기방법을 말한다. 따라서 재무제표가 종전과 다른 회계방침에 의해 작성된 경우(예컨대 재고자산 평가를 선입선출법에서 후입선출법으로 변경, 감가상각법을 정액법에서 정율법으로 변경), 감사는 그 타당성을 조사·판단하여야 한다.

6. 영업보고서가 법령 및 정관에 따라 회사의 상황을 적정하게 표시하고 있는지 여부(동 6호)

영업보고서는 주주총회에의 보고사항에 불과하지만 경영성과를 수치로 표현한 재무 제표와는 달리 회사의 경영상황에 관해 재무제표로는 알 수 없는 정보까지 다루고 있기 때문에 주주나 회사채권자에게 있어서는 매우 중요한 서류이다.

이 점을 고려하여 영업보고서의 적법성과 정확성을 보장하기 위하여 영업보고서의 법정 기재사항의 충족여부와 그 기재사항의 정확성을 조사·확인하고 그 여부를 감사 보고서에 표시하도록 한 것이다.

7. 이익잉여금의 처분 또는 결손금의 처리가 법령과 정관에 맞는지 여부(동 7호)

준비금의 적립, 이익배당, 결손의 전보 등 이익의 처분이나 결손금의 처리에 관해 법령이나 정관에서 정한 기준에 따라 적법하게 이루어졌는지 여부를 감사하는 것이다.

8. 이익잉여금의 처분 또는 결손금의 처리가 회사의 재무상태나 그 밖의 사정에 비추어 현저하게 부당한 경우는 그 뜻(동 제8호)

위의 제7호가 이익잉여금처분계산서나 결손금처리계산서의 적법성에 관한 감사라면 이 제8호는 타당성에 관한 감사를 정한 것이다. 이익잉여금의 처분이나 결손금의 처리에 있어서 그것이 법령이나 정관에 따라 적법하게 이루어진 경우라도 회사의 제반사정에 비추어 타당한 것인가는 별개의 문제이다.

예컨대 현금흐름의 악화나 회사 사정의 급변으로 이익배당을 하는 것이 부당함에도 장부상 배당가능이익이 있다는 이유로 배당을 강행하는 것이 바로 이익잉여금의 처리가 현저하게 부당한 경우에 해당하는데, 이때에는 감사보고서에 그 사실과 내용에 관해 구체적으로 기재하여야 한다.

9. 제447조의 부속명세서에 기재할 사항이 기재되지 않았거나 부실 기재된 경우 또는 회계장부·대차대조표·손익계산서나 영업보고서의 기재내용과 맞지 아니하게 기재된 경우에는 그 뜻(동 제9호)

부속명세서의 진실성과 정확성을 담보하기 위하여 부속명세서의 기재사항의 누락과 부실기재의 여부를 감사의 대상으로 한 것이다.

부속명세서는 재무제표의 기재사항만으로 불충분한 경우에 이를 보완하기 위하여 작성되는 회계서류이고, 회계서류 간에는 일관성과 통일성이 유지되어야 하므로 부속 명세서와 다른 회계서류 간에 내용이 일치하는지 여부를 감사대상으로 한 것이다.

따라서 부속명세서와 다른 회계서류가 일치하지 않을 경우에는 그 사실과 내용에 관해 구체적으로 기재하여야 한다.

10. 이사의 직무수행에 관하여 부정한 행위 또는 법령이나 정관의 규정에 위반하는 중대한 사실이 있는 경우에는 그 사실(동 제10호)

이상의 제1호 내지 제9호가 회계감사를 대상으로 한 것인데 반해, 제10호는 업무감사를 염두에 둔 것이다. 여기서 말하는 「직무수행」은 넓은 개념으로서 직무집행으로 행해진 행위뿐만 아니라 직무의 집행과는 직접적으로 관련이 없더라도 선관주의의무에 위반된 행위도 포함된다.

다만 법령·정관에 위반된 행위이더라도 그것이 중대한 사실이 아닐 때에는 제외된다. 중요성의 여부에 대해서는 회사의 규모, 위반의 정도, 회사 및 이해관계자에 끼치는 영향 등 제반사정을 종합하여 판단하여야 한다. 따라서 재무제표에 반영된 것에 국한하지 아니하고 감사의 일반적인 업무감사권을 발동하여 이사의 직무수행의 적법성 여부를 감사하고 부적법한 사실을 보고하게 한 것이다.

위 「상법」 제447조의4 제2항에서 명문으로 적시한 사항은 예시규정으로 보아야 할 것이므로 감사는 필요한 경우 법정기재사항 이외에 관해서도 감사보고서에 기재할 수 있다. 그리고 법정기재 사항이라도 해당사항이 없으면 감사보고서에 기재할 필요가 없으며, 다만 제1호, 제3호, 제4호, 제6호 및 제7호의 경우에는 그 성질상 반드시 감사 보고서에 기재하여야 할 것이다.

이상의 사항에 더하여 감사가 감사를 하기 위하여 필요한 조사를 할 수 없었던 경우에는 감사보고서에 그 뜻과 이유를 적어야 한다.(「상법」 제447조의4 제3항) 감사의 유효한 감사는 이사의 협력 없이는 불가능하다. 따라서 이사의 비협조·수감불응·사고·재난·감사의 질병과 같이 조사를 불가능하게 하였던 사유는 모두 기재하여야 한다.

본 항은 이사나 피감부서에 대해서는 감사에 적극적으로 협력할 것을 간접적으로 강제하는 효과가 있으며, 감사에 대해서는 조사 의무를 충실히 이행할 것을 촉구하는 효과와 함께 감사의 책임범위를 명확히 하는 효과가 있고, 그리고 감사보고서 이용자에게는 감사보고서에 대한 신뢰성을 제고하는 효과가 있다.

Ⅲ 감사보고서의 작성 및 제출[184]

1. 감사보고서 작성 및 제출의 개요

감사 또는 감사위원회는 「상법」 제447조의4 제1항의 규정에 의하여 대표이사로부터 재무제표 등 서류를 제출받은 날로부터 4주간 이내에 감사보고서를 작성하여 이사에게 제출하여야 한다.

다만, 「상법」 제542조의12 제6항에 의거 상장회사의 감사 또는 감사위원회는 「상법」제447조의4 제1항의 규정에도 불구하고 이사에게 감사보고서를 주주총회일의 1주전까지 제출할 수 있다.

2. 지적사항이 없는 경우 감사보고서

가. 회계방침의 변경이 없는 경우(예시)

감 사 보 고 서

본 감사(감사위원회)는 제××기 사업연도(20××년 ×월 ×일부터 20××년 ××월 ××일까지)의 회계 및 업무에 대한 감사를 실시하고 그 결과를 다음과 같이 보고합니다.

※ 복수의 감사를 설치한 경우에는 "본 감사는" 대신 "본 감사들은"을 사용함.

1. 감사방법의 개요

회계감사를 위하여 회계에 관한 장부와 관계서류를 열람하고 재무제표 및 동 부속명세서를 검토하였으며 필요하다고 인정되는 경우 대조·실사·입회·조회, 그 밖에 적절한 감사절차를 적용하였습니다.

---

184 김용범, 전게서, 2017, 1259~1266면. 한국상장회사협의회, 「상장회사 감사보고서 표준예시」, 2012.4.30.

※ 연결재무제표를 작성하여야 하는 회사는 '재무제표'를 '재무제표·연결재무제표'로 하여야 함.

업무감사를 위하여 이사회 및 그 밖의 중요한 회의에 출석하고 필요하다고 인정되는 경우 이사로부터 영업에 관한 보고를 받았으며 중요한 업무에 관한 서류를 열람하고 그 내용을 검토하는 등 적절한 방법을 사용하였습니다.

2. 재무상태표 및 포괄손익계산서에 관한 사항

※ 연결재무제표를 작성하여야 하는 회사는 '재무상태표'를 '재무상태표·연결재무상태표'로, '포괄손익계산서'를 '포괄손익계산서·연결포괄손익계산서'로 하여야 함.

재무상태표와 포괄손익계산서는 법령 및 정관에 따라 회사의 재무상태와 경영성과를 적정하게 표시하고 있습니다.

※ 연결재무제표를 작성하여야 하는 회사는 '재무상태표'를 '재무상태표·연결재무상태표'로, '포괄손익계산서'를 '포괄손익계산서·연결포괄손익계산서'로 하여야 함.

3. 이익잉여금처분계산서(결손금처리계산서)에 관한 사항

이익잉여금처분계산서(결손금처리계산서)는 법령 및 정관에 적합하게 작성되어 있습니다.

4. 영업보고서에 관한 사항

영업보고서는 법령 및 정관에 따라 회사의 상황을 적정하게 표시하고 있습니다.

20××년 ×월 ×일

○○○○ 주식회사

〈감사설치회사〉

감사 ○○○ (인)

(감사 ○○○ (인))

〈감사위원회설치회사〉

감사위원회 위원장 ○○○ (인)

나. 정당성이 인정되는 회계방침의 변경이 있는 경우(예시)

감 사 보 고 서

본 감사(감사위원회)는 제××기 사업연도(20××년 ×월 ×일부터 20××년 ××월 ××일까지)의 회계 및 업무에 대한 감사를 실시하고 그 결과를 다음과 같이 보고합니다.

※ 복수의 감사를 설치한 경우에는 "본 감사는" 대신 "본 감사들은"을 사용함.

1. 감사방법의 개요

회계감사를 위하여 회계에 관한 장부와 관계서류를 열람하고 재무제표 및 동 부속명세서를 검토하였으며 필요하다고 인정되는 경우 대조·실사·입회·조회, 그 밖에 적절한 감사절차를 적용하였습니다.

※ 연결재무제표를 작성하여야 하는 회사는 '재무제표'를 '재무제표·연결재무제표'로 함.

업무감사를 위하여 이사회 및 그 밖의 중요한 회의에 출석하고 필요하다고 인정되는 경우 이사로부터 영업에 관한 보고를 받았으며 중요한 업무에 관한 서류를 열람하고 그 내용을 검토하는 등 적절한 방법을 사용하였습니다.

2. 재무상태표 및 포괄손익계산서에 관한 사항

※ 연결재무제표를 작성하여야 하는 회사는 '재무상태표'를 '재무상태표·연결재무상태표'로, '포괄손익계산서'를 '포괄손익계산서·연결포괄손익계산서'로 하여야 함.

재무상태표와 포괄손익계산서는 법령 및 정관에 따라 회사의 재무상태와 경영성과를 적정하게 표시하고 있습니다.

※ 연결재무제표를 작성하여야 하는 회사는 '재무상태표'를 '재무상태표·연결재무상태표'로, '포괄손익계산서'를 '포괄손익계산서·연결포괄손익계산서'로 하여야 함.

3. 회계방침의 변경에 관한 사항

재무제표(연결재무제표) 주석××에 기재된 바와 같이 이 사업연도 중 ○○○에 관한 회계방침은 ×××로부터 △△△으로 변경하였는데 이 변경은 ……… 등의 이유로 타당한 것으로 인정됩니다.

4. 이익잉여금처분계산서(결손금처리계산서)에 관한 사항

이익잉여금처분계산서(결손금처리계산서)는 법령 및 정관에 적합하게 작성되어 있습니다.

5. 영업보고서에 관한 사항

영업보고서는 법령 및 정관에 따라 회사의 상황을 적정하게 표시하고 있습니다.

20××년 ×월 ×일

○○○○ 주식회사

〈감사설치회사〉

감사 ○○○ (인)

(감사 ○○○ (인)

〈감사위원회설치회사〉

감사위원회 위원장 ○○○ (인)

3. 지적사항이 있는 경우 감사보고서

가. 부당한 회계처리가 있는 경우(예시)

감 사 보 고 서

본 감사(감사위원회)는 제××기 사업연도(20××년 ×월 ×일부터 20××년 ××월 ××일까지)의 회계 및 업무에 대한 감사를 실시하고 그 결과를 다음과 같이 보고합니다.

※ 복수의 감사를 설치한 경우에는 "본 감사는" 대신 "본 감사들은"을 사용함.

1. 감사방법의 개요

회계감사를 위하여 회계에 관한 장부와 관계서류를 열람하고 재무제표 및 동 부속명세서를 검토하였으며 필요하다고 인정되는 경우 대조·실사·입회·조회, 그 밖에 적절한 감사절차를 적용하였습니다.

※ 연결재무제표를 작성하여야 하는 회사는 '재무제표'를 '재무제표·연결재무제표'로 함.

업무감사를 위하여 이사회 및 그 밖의 중요한 회의에 출석하고 필요하다고 인정되는 경우 이사로부터 영업에 관한 보고를 받았으며 중요한 업무에 관한 서류를 열람하고 그 내용을 검토하는 등 적절한 방법을 사용하였습니다.

2. 회계장부 및 재무상태표와 포괄손익계산서 및 부속명세서에 관한 사항

※ 연결재무제표를 작성하여야 하는 회사는 '재무상태표'를 '재무상태표·연결재무상태표'로,'포괄손익계산서'를 '포괄손익계산서·연결포괄손익계산서'로 하여야 함.

회계장부에는 다음과 같은 사항이 부실기재되어 있습니다. 따라서 재무상태표와 포괄손익계산서 및 그 부속명세서는 회사의 재무상태와 경영성과를 적정하게 표시하지 못하고 있습니다.

※ 연결재무제표를 작성하여야 하는 회사는 '재무상태표'를 '재무상태표·연결재무상태표'로,'포괄손익계산서'를 '포괄손익계산서·연결포괄손익계산서'로 하여야 함.

○ ……………………………………………………

○ ……………………………………………………

※ ① 본 2호의 기재사항에 잘못이 있으면 당연히 3호 항목의 이익잉여금처분계산서(결손금처리계산서)에 관한 사항에도 영향을 미치게 되므로 그 내용을 다음 3호에서와 같이 표시하여야 함.

② 회계장부 이외(예 : 재무상태표, 포괄손익계산서, 부속명세서)에 부실기재 등 잘못된 사항이 있는 경우에는 그 내용을 기재하여야 함.

※ 연결재무제표를 작성하여야 하는 회사는 '재무상태표'를 '재무상태표·연결재무상태표'로, '포괄손익계산서'를 '포괄손익계산서·연결포괄손익계산서'로 하여야 함.

3. 이익잉여금처분계산서(결손금처리계산서)에 관한 사항

위와 같은 사유로 인하여 당기순이익은 ×××원, 전기이이월이익잉여금은 ×××원 과대(과소)계상되어 있습니다.

따라서 당기말미처분이익잉여금이 ×××원만큼 과대(과소) 계상되어 있는 바 이를 기초로 한 이익처분계획은 법령 및 정관에 적합하지 아니합니다.

4. 영업보고서에 관한 사항

영업보고서는 법령 및 정관에 따라 회사의 상황을 적정하게 표시하고 있습니다.

20××년 ×월 ×일

○○○○ 주식회사

〈감사설치회사〉

감사 ○○○ (인)

〈감사위원회설치회사〉

감사위원회 위원장 ○○○ (인)

1. ※ 상법 제447조의4 제2항 제10호 및 제3항에 관한 사항에는 잘못이 없는 것을 전제로 하여 이 예시에서는 생략되었으나 동조 제2항 제10호 및 제3항의 사항이 잘못이 있다면 반드시 그 내용 을 기재하여야 함.

나. 부당한 회계방침의 변경이 있는 경우(예시)

감 사 보 고 서

본 감사(감사위원회)는 제××기 사업연도(20××년 ×월 ×일부터 20××년 ××월 ××일까지)의 회계 및 업무에 대한 감사를 실시하고 그 결과를 다음과 같이 보고합니다.

※ 복수의 감사를 설치한 경우에는 "본 감사는" 대신 "본 감사들은"을 사용함.

1. 감사방법의 개요

회계감사를 위하여 회계에 관한 장부와 관계서류를 열람하고 재무제표 및 동 부속명세서를 검토하였으며 필요하다고 인정되는 경우 대조·실사·입회·조회, 그 밖에 적절한 감사절차를 적용하였습니다.

※ 연결재무제표를 작성하여야 하는 회사는 '재무제표'를 '재무제표·연결재무제표'로 함.

업무감사를 위하여 이사회 및 그 밖의 중요한 회의에 출석하고 필요하다고 인정되는 경우 이사로부터 영업에 관한 보고를 받았으며 중요한 업무에 관한 서류를 열람하고 그 내용을 검토하는 등 적절한 방법을 사용하였습니다.

2. 회계장부 및 재무상태표와 포괄손익계산서 및 부속명세서에 관한 사항

※ 연결재무제표를 작성하여야 하는 회사는 '재무상태표'를 '재무상태표·연결재무상태표'로, '포괄손익계산서'를 '포괄손익계산서·연결포괄손익계산서'로 하여야 함.

재무제표(연결재무제표) 주석××에 기재된 바와 같이 이 사업연도 중 ○○○에 관한 회계방침은 ×××으로부터 △△△으로 변경하였는데, 이 변경은 ……… 등의 이유로 타당하다고 인정할 수 없습니다.

그러므로 재무상태표와 포괄손익계산서 및 부속명세서는 위와 같은 부당한 회계방침의 변경으로 인하여 당기순이익이 ×××원만큼 과대(과소)표시되고 있습니다.

※ 연결재무제표를 작성하여야 하는 회사는 '재무상태표'를 '재무상태표·연결재무상태표'로, '포괄손익계산서'를 '포괄손익계산서·연결포괄손익계산서'로 하여야 함.

※ 연결재무제표를 작성하여야 하는 회사는 "당기순이익이 ×××원만큼 과대(과소)표시되고 있습니다"를 "당기순이익이 ×××원만큼 과대(과소), 연결당기순이익이 ×××원만큼 과대(과소)표시되고 있습니다."로 하여야 함.

3. 이익잉여금처분계산서(결손금처리계산서)에 관한 사항

위와 같은 사유로 인하여 당기말미처분이익잉여금은 ×××원 과대(과소) 계상되어 있습니다.

따라서 이를 기초로 한 이익처분계획은 법령 및 정관에 적합하지 아니합니다.

4. 영업보고서에 관한 사항

영업보고서는 법령 및 정관에 따라 회사의 상황을 적정하게 표시하고 있습니다.

20××년 ×월 ×일

○○○○ 주식회사

〈감사설치회사〉

감사 ○○○ (인)

(감사 ○○○ (인))

〈감사위원회설치회사〉

감사위원회 위원장 ○○○ (인)

다. 영업보고서에 표시가 정확하지 않은 경우(예시)

감 사 보 고 서

본 감사(감사위원회)는 제××기 사업연도(20××년 ×월 ×일부터 20××년 ××월 ××일까지)의 회계 및 업무에 대한 감사를 실시하고 그 결과를 다음과 같이 보고합니다.

※ 복수의 감사를 설치한 경우에는 "본 감사는" 대신 "본 감사들은"을 사용함.

1. 감사방법의 개요

회계감사를 위하여 회계에 관한 장부와 관계서류를 열람하고 재무제표 및 동 부속명세서를 검토하였으며 필요하다고 인정되는 경우 대조·실사·입회·조회, 그 밖에 적절한 감사절차를 적용하였습니다.

※ 연결재무제표를 작성하여야 하는 회사는 '재무제표'를 '재무제표·연결재무제표'로 함.

업무감사를 위하여 이사회 및 그 밖의 중요한 회의에 출석하고 필요하다고 인정되는 경우 이사로부터 영업에 관한 보고를 받았으며 중요한 업무에 관한 서류를 열람하고 그 내용을 검토하는 등 적절한 방법을 사용하였습니다.

2. 재무상태표 및 포괄손익계산서에 관한 사항

※ 연결재무제표를 작성하여야 하는 회사는 '재무상태표'를 '재무상태표·연결재무상태표'로, '포괄손익계산서'를 '포괄손익계산서·연결포괄손익계산서'로 하여야 함.

재무상태표와 포괄손익계산서는 법령 및 정관에 따라 회사의 재무상태와 경영성과를 적정하게 표시하고 있습니다.

※ 연결재무제표를 작성하여야 하는 회사는 '재무상태표'를 '재무상태표·연결재무상태표'로, '포괄손익계산서'를 '포괄손익계산서·연결포괄손익계산서'로 하여야 함.

3. 이익잉여금처분계산서(결손금처리계산서)에 관한 사항

이익잉여금처분계산서(결손금처리계산서)는 법령 및 정관에 적합하게 작성되어 있습니다.

4. 영업보고서에 관한 사항

영업보고서의 기재내용 중 다음 사항은 법령 및 정관의 규정에 비추어 회사의 상황을 적정하게 표시하지 못하고 있습니다.

ㅇ ………………………………………………………………………………

ㅇ ………………………………………………………………………………

20××년 ×월 ×일

○○○○ 주식회사

〈감사설치회사〉

감사 ○○○ (인)

(감사 ○○○ (인))

〈감사위원회설치회사〉

감사위원회 위원장 ○○○ (인)

라. 위법한 이사의 직무수행이 있는 경우(예시)

감 사 보 고 서

본 감사(감사위원회)는 제××기 사업연도(20××년 ×월 ×일부터 20××년 ××월 ××일까지)의 회계 및 업무에 대한 감사를 실시하고 그 결과를 다음과 같이 보고합니다.

※ 복수의 감사를 설치한 경우에는 "본 감사는" 대신 "본 감사들은"을 사용함.

1. 감사방법의 개요

회계감사를 위하여 회계에 관한 장부와 관계서류를 열람하고 재무제표 및 동 부속명세서를 검토하였으며 필요하다고 인정되는 경우 대조·실사·입회·조회, 그 밖에 적절한 감사절차를 적용하였습니다.

※ 연결재무제표를 작성하여야 하는 회사는 '재무제표'를 '재무제표·연결재무제표'로 함.

업무감사를 위하여 이사회 및 그 밖의 중요한 회의에 출석하고 필요하다고 인정되는 경우 이사로부터 영업에 관한 보고를 받았으며 중요한 업무에 관한 서류를 열람하고 그 내용을 검토하는 등 적절한 방법을 사용하였습니다.

2. 재무상태표 및 포괄손익계산서에 관한 사항

※ 연결재무제표를 작성하여야 하는 회사는 '재무상태표'를 '재무상태표·연결재무상태표'로, '포괄손익계산서'를 '포괄손익계산서·연결포괄손익계산서'로 하여야 함.

재무상태표와 포괄손익계산서는 법령 및 정관에 따라 회사의 재무상태와 경영성과를 적정하게 표시하고 있습니다.

※ 연결재무제표를 작성하여야 하는 회사는 '재무상태표'를 '재무상태표·연결재무상태표'로, '포괄손익계산서'를 '포괄손익계산서·연결포괄손익계산서'로 하여야 함.

3. 이익잉여금처분계산서(결손금처리계산서)에 관한 사항

이익잉여금처분계산서(결손금처리계산서)는 법령 및 정관에 적합하게 작성되어 있습니다.

4. 영업보고서에 관한 사항

영업보고서는 법령 및 정관에 따라 회사의 상황을 적정하게 표시하고 있습니다.

5. 이사의 직무수행에 관한 사항

이사의 직무수행에 있어서 다음과 같은 부정한 행위 또는 법령이나 정관의 규정에 위반하는 중대한 사실이 있었습니다.

ㅇ ………………………………………………………………………………

ㅇ ………………………………………………………………………………

20××년 ×월 ×일

○○○○ 주식회사

〈감사설치회사〉

감사 ○○○ (인)

(감사 ○○○ (인))

〈감사위원회설치회사〉

감사위원회 위원장 ○○○ (인)

4. 감사를 위하여 필요한 조사를 할 수 없었던 경우 감사보고서

감 사 보 고 서

본 감사(감사위원회)는 …………………………………………… 의 사유로 인하여 필요한 조사를 실시할 수가 없었습니다.

※ 복수의 감사를 설치한 경우에는 “본 감사는” 대신 “본 감사들은”을 사용함.

※ 조사를 할 수 없었던 사유를 구체적으로 기재

따라서 본 감사(감사위원회)는 감사의견을 표명할 수 없습니다.

20××년 ×월 ×일

○○○○ 주식회사

〈감사설치회사〉

감사 ○○○ (인)

(감사 ○○○ (인))

〈감사위원회설치회사〉

감사위원회 위원장 ○○○ (인)

Ⅳ 감사보고서의 비치 및 공시

본 항목에 대한 자세한 내용은 제2편 제4장 제5절 – Ⅴ. ‘감사보고서의 비치·공시’ 항목을 참조하시기 바랍니다.

제3절 주주총회의 감사·보고 업무

Ⅰ 개요[185]

회사의 정기 주주총회는 주주명부폐쇄기간 내지 기준일 설정의 제한(「상법」 제354조 제2항, 제3항)과 사업보고서의 제출시한(「자본시장법」 제159조 제1항) 등으로 인하여 결산기 후 3월내에 개최되어야 했다. 이에 따라 12월 결산회사는 3월 중에 개최되었다. 2020년 「상법」 개정으로 재무제표를 이사회에서 승인하는 회사로서 「정관」에 기준일을 사업연도말과 달리 정한 회사는 4월 이후에도 정기주주총회를 개최할 수 있게 되었다.

그러나 일반주주들은 주주총회에 대해서는 대체로 무관심한 편이고, 소극적인 행동이 오히려 시간적·경제적으로는 합리적이라는 생각을 한다. 이러한 일반주주들의 주주총회에 대한 무관심을 반영하듯이 최근 주주 총회의 주주참석률이 10% 이하인 회사가 과반수가 넘을 정도로 주주들의 총회참석률이 저조하다.

소수주주들만이 참석하는 주주총회는 하나의 通過儀禮에 그칠 수도 있으나, 이 경우에도 최고 의사결정기관으로서의 주주총회의 경영자에 대한 견제력은 폄하(貶下)될 수 없을 것이다. 따라서 많은 회사에서는 주주총회의 원활한 진행을 위하여 총회 시나리오를 준비하거나 총회 리허설을 실시하는 것으로 알려지고 있다.

정기총회는 경영자뿐만 아니라 감사기관인 감사·감사위원회에 대해서도 중요한 의미가 부여된다. 감사 · 감사위원회는 감사활동을 통하여 회사의 건전하고 지속적인 발전에 기여하는 바, 그 직무는 막중하다. 따라서 주주와 이해관계인을 위하여 이사의 직무집행을 감사하는 감사기관은 경영진과는 독립적인 시각에서 주주총회를 준비해야 할 것이다.

Ⅱ 주주총회 前의 감사업무

1. 총회 소집절차 前에 확인할 사항[186]

가. 회사 이사의 임무

1) 재무제표의 작성

이사는 결산기마다 다음 각호의 서류와 그 부속명세서를 작성하여 이사회의 승인을 받아야 한다.(「상법」 제447조 제1항)

185 김용범, 전게서, 2017, 1267면. 임중호, 「정기주주총회와 감사·감사위원회의 역할」, 상장회사감사회 회보, 2014. 2. (제170호), 1~4면.

186 김용범, 전게서, 2017, 1267~1271면.

① 대차대조표
② 손익계산서
③ 그 밖에 회사의 재무상태와 경영성과를 표시하는 것으로서 대통령령으로 정하는 서류 [자본변동표, 이익잉여금처분계산서(또는 결손금처리계산서)]

대통령령으로 정하는 회사의 이사는 연결재무제표를 작성하여 이사회의 승인을 받아야 한다.(「상법」 제447조 제2항)

2) 영업보고서의 작성

이사는 매 결산기에 영업보고서를 작성하여 이사회의 승인을 얻어야 한다.(「상법」 제447조의2 제1항) 영업보고서에는 대통령령이 정하는 바에 의하여 영업에 관한 중요한 사항을 기재하여야 한다.(「상법」 제447조의2 제2항)

3) 재무제표 등의 제출

이사는 정기총회일의 6주간 전에 「상법」 제447조(재무제표의 작성) 및 제447조의2(영업보고서의 작성)의 서류를 감사에게 제출하여야 한다.(「상법」 제447조의3)

회사는 해당 사업연도의 재무제표를 작성하여 대통령령이 정하는 기간 내에 외부 감사인에게 제출해야 한다.(「신외감법」 제6조 제2항, 「신외감법시행령」 제8조 제1항)

참고

외부감사인에 재무제표 등의 제출

(1) 재무제표 : 정기총회 6주일 전(회생절차가 진행 중인 회사의 경우 사업연도 종료 후 45일 이내)
(2) 연결재무제표
① K-IFRS 적용회사 : 정기총회 4주일 전(회생절차가 진행 중인 회사의 경우 사업연도 종료 후 60일 이내)
② 일반기업회계기준 적용회사 : 사업연도 종료 후 90일 이내(「자본시장법」 제159조 제1항에 다른 사업보고서 제출대상회사 중 직전 사업연도 말 현재 자산총액이 2조 원 이상인 회사의 경우 사업연도 종료 후 70일 이내)

주권상장법인인 회사 및 대통령령이 정하는 회사는 「신외감법」 제6조 제2항에 따라 외부감사인에게 제출할 재무제표 중 대통령령이 정하는 사항을 대통령령이 정하는 바에 따라 증권선물위원회에 동시에 제출하여야 한다.(「신외감법」 제6조 제4항, 「신외감법시행령」 제8조 제2항부터 제4항)

참고

증권선물위원회에 재무제표 등의 제출

(1) 제출대상회사

① 상장회사 ② 직전 사업연도 말의 자산총액이 1천억 원 이상의 비상장회사
③ 「금융산업의 구조개선에 관한 법률」상의 금융기관, 농협은행

(2) 세부 내용

① 제출대상 재무제표 : 별도재무제표+별도주석 / 연결재무제표+연결주석

② 제출처

○상장회사 : 한국거래소 상장공시시스템(KIND)

○비상장회사 : 금감원 전자공시시스템(DART)

③ 제출시점 : 외부감사인에게 재무제표를 제출하는 시점

4) 재무제표 등의 비치·공시

이사는 대통령령으로 정하는 바에 따라 재무제표(연결재무제표를 작성하는 회사의 경우에는 연결재무제표를 포함함)를 비치·공시하여야 하며, 이때에 외부감사인의 감사보고서를 함께 비치 공시하여야 한다.(「상법」 제448조 제1항, 「신외감법」 제23조 제5항)

참고

재무제표 등의 비치·공시

① 이사는 정기총회일의 1주간 전부터 「상법」 제447조(재무제표) 및 제447조의2(영업 보고서)의 서류와 감사보고서를 본점에는 5년간, 그 등본을 지점에 3년간 비치

② 주주와 회사채권자는 영업시간 내에 언제든지 제1항의 비치서류의 열람 및 회사가 정한 비용을 지급하고 그 서류의 등본이나 초본의 교부를 청구 가능

주식회사가 「상법」 제447조의 서류 즉, 재무제표에 대한 주주총회의 승인을 얻은 때에는 제449조 제3항에 따라 대차대조표를 공고하여야 하며, 이 경우에는 외부 감사인의 명칭과 감사의견을 병기하여야 한다.(「신외감법」 제23조 제6항)

나. 회사 대표자의 임무

회사의 대표자는 사업연도마다 주주총회, 이사회 및 감사(감사위원회 포함)에게 해당 회사의 내부회계관리제도의 운영실태를 보고하여야 한다. 단, 필요한 경우 이사회 및 감사에 대한 보고는 내부회계관리자가 할 수 있다.(「신외감법」 제8조 제4항)

다. 외부감사인의 임무

1) 외부감사인의 감사보고서 작성

외부감사인은 감사결과를 기술한 감사보고서를 작성해야 한다.(「신외감법」 제18조 제1항) 감사보고서에는 감사범위, 감사의견과 이해관계인의 합리적인 의사결정에 유용한 정보를 포함하여야 한다.(「신외감법」 제18조 제2항)

외부감사인은 감사보고서에 대통령령이 정하는 바에 따라 외부감사 참여인원 수, 감사내용

및 소요시간 등 외부감사 실시내용을 기재한 서류를 첨부하여야 한다.(「신외감법」 제18조 제3항)

2) 외부감사인의 감사보고서 제출 등

외부감사인은 감사보고서를 대통령령으로 정하는 기간 내에 회사 및 감사/감사위원회·증권선물위원회 및 한국공인회계사회에 제출해야 한다.(「신외감법」 제23조 제1항, 「신외감법시행령」 제27조 제1항, 제3항)

가) 외부감사인의 감사보고서 회사 및 감사 제출 기한

(1) K-IFRS 적용 : 정기총회 개최 1주일 전(회생절차 진행 중인 경우 사업연도 종료 후 3개월 이내)

(2) K-IFRS 미적용:

① 재무제표　　　: 제 1호의 기한

② 연결재무제표 : 사업연도 종료 후 120일 이내(사업보고서 제출대상 회사 중 직전 사업연도 말 현재 자산총액이 2조 원 이상인 경우 사업연도 종료 후 90일 이내)

나) 외부감사인의 감사보고서 증선위 및 한공회 제출 기한

(1) 재무제표 : 정기주주총회 종료 후 2주 이내(회생절차가 진행 중인 회사인 경우에는 해당 회사의 관리인에게 보고한 후 2주 이내)

(2) 연결재무제표 :

① K-IFRS 적용 : 제1호 기한. 재무제표에 대한 감사보고서와 동시 제출.

② K-IFRS 미적용 : 사업연도 종료 후 120일 이내(사업보고서 제출대상 회사 중 직전 사업연도 말 현재 자산총액이 2조 원 이상인 경우 사업연도 종료 후 90일 이내)

3) 외부감사인의 내부회계관리제도에 대한 검토 또는 감사

외부감사인이 회계감사를 수행하는 경우 「신외감법」 제8조에서 정한 사항의 준수 여부 및 동조 제4항에 따른 내부회계관리제도의 운영실태에 관한 보고내용을 검토하여야 한다.(「신외감법」 제8조 제6항 전단)

다만, 주권상장법인의 외부감사인은 「신외감법」 제8조에서 정한 사항을 준수하였는지 여부 및 동조 제4항에 따른 내부회계관리제도의 운영실태에 관한 보고내용을 감사하여야 한다.(「신외감법」 제8조 제6항 후단)

「신외감법」 제8조 제6항에 따라 검토 또는 감사를 한 외부감사인은 그 검토결과 또는 감사결과에 대한 종합의견을 감사보고서에 표명하여야 한다.(「신외감법」 제8조 제7항)

라. 감사/감사위원회의 임무

1) 감사보고서의 작성

감사/감사위원회는 결산기가 도래하면 감사보고서를 작성하고 이를 이사에게 제출하여야 한다. 즉 감사는 정기총회일의 6주 전에 재무제표와 그 부속명세서 및 영업보고서를 이사로부터 제출받아(「상법」 제447조의3) 그로부터 4주간 이내(즉, 주주총회일 2주 전)에 감사보고

서를 작성하여 이사에게 제출하여야 한다.(「상법」 제447조의4 제1항)

이에 대해 상장회사의 경우 감사는 주주총회일 1주 전에 감사보고서를 제출하면 된다.(「상법」 제542조의12 제6항) 감사보고서의 기재사항 등에 세부적인 내용에 대하여는 제3편 제7장 제2절 '감사보고서 작성·제출 및 보고 업무'의 항목을 참조하시기 바랍니다.

2) 내부통제제도의 평가

내부통제제도 평가란 감사/감사위원회가 정기적으로 해당 경영진이 자체적으로 수립·운영하는 회사의 내부통제시스템이 효과적으로 작동하고 있는지를 평가하는 동시에 문제점이 발견되는 경우 이를 시정하고, 노출되어 있는 각종 위험을 최소화할 수 있는 개선방안을 제시하는 것까지 포함하는 일련의 과정이다.

회사의 감사/감사위원회는 해당 회사의 내부통제 평가요소별로 형황, 문제점, 개선책을 제시하는 내부통제평가보고서를 작성(감사/감사위원회의 결재/심의) 하여 이사회에 보고/제출하여야 한다. 내부통제제도의 평가·보고 등의 자세한 내용에 대하여는 제3편 제7장 제1절 Ⅰ.'내부통제제도의 평가 및 보고'의 항목을 참조하시기 바랍니다.

3) 내부회계관리제도의 운영실태 평가

회사의 감사/감사위원회는 사업연도마다 내부회계관리제도의 운영실태를 평가하여 정기총회 1주 전까지 이사회에 보고하고, 그 평가보고서를 해당회사의 본점에 5년간 비치하여야 한다. 이 경우 내부회계관리제도의 관리·운영에 대하여 시정의견이 있으면 이를 포함하여 보고하여야 한다.(「신외감법」 제8조 제5항)

내부회계관리제도의 운영실태 평가의 세부적인 내용에 대하여는 제3편 제7장 제1절-Ⅱ. '내부회계관리제도의 평가 및 보고'의 항목을 참조하시기 바랍니다.

4) 내부감시장치 가동현황의 평가

주권상장법인, 그 밖에 대통령령이 정하는 법인(이하 "사업보고서 제출대상법인")은 그 사업보고서를 각 사업연도 경과 후 90일 이내에 금융위원회와 거래소에 제출하여야 한다.(「자본시장법」 제159조 제1항)

사업보고서에는 「자본시장법」 제159조 제2항에 따라 법인의 내부감시장치[이사회의 이사직무집행의 감독권과 감사(감사위원회가 설치되어 있는 경우에는 감사위원회를 말함)의 권한, 그 밖에 법인의 내부감시장치를 말함]의 가동현황에 대한 감사의 평가의견서를 첨부하여 제출하여야 한다.(「자본시장법시행령」 제168조 제6항 제3호)

내부감시장치 가동현황 평가의 세부적인 내용에 대하여는 제3편 제7장 제1절-Ⅲ. '내부감시장치의 가동현황의 평가 및 보고'의 항목을 참조하시기 바랍니다.

5) 감사보고서 등의 비치·공시

이사에게 제출된 감사보고서는 주주총회일 1주 전부터 본점에서는 5년간, 지점에서는 그 사본을 3년간 비치하여야 하며, 주주나 회사채권자는 영업시간 내에는 언제든지 열람할 수 있으며, 회사가 정한 비용을 지급하고 그 등본이나 초본의 교부를 청구할 수 있다.(「상법」제

448조 제1항 및 제2항)

2. 총회 관련 주요 사항의 확인[187]

주주총회 일시, 장소, 주주총회의 목적사항 등은 원칙적으로 이사회의 결의에 의하여 결정되므로, 감사는 이에 관한 이사회의 결의사항이 법령이나 정관에 적합한지의 여부를 확인하여야 한다.

주주총회 관련 주요 확인 사항

1) 주주총회를 위한 이사회 결의(기준일, 명부폐쇄 등 : 정관에 규정이 없는 경우)
2) 기준일 설정 또는 명부폐쇄 신고(거래소 : 지체 없이, 정관규정이 없는 경우 폐쇄일로부터 2주 전까지)
3) 주주명부폐쇄 또는 기준일 공고(주주 : 폐쇄일로부터 2주 전)
4) 주식배당 신고(거래소 : 이사회 결의일 당일 공시, 사업연도 말 10일 전까지)
5) 재무제표 및 영업보고서 작성
6) 결산실적 공시 사전예고(거래소 : 결산실적 공시 3일 전)
7) 결산이사회(재무제표 및 영업보고서 승인)
8) 결산실적 공시(거래소, 사유발생 당일까지)
9) 손익구조 변경과 관리종목 또는 상장폐지사유 발생신고(거래소 : 사유발생일 당일까지)
가) 직전 사업연도 대비 30%(대규모 법인 15%) 이상 증가 또는 감소한 사실이나 결정이 있는 때
나) 관리종목 지정사유에 해당하는 경우 또는 상장폐지 사유에 해당하는 경우
10) 현금·현물배당 결정신고(거래소, 배당결의일 당일까지)
11) 감사 의뢰(감사 및 감사인 : 정기총회일 6주 전)
12) 주주총회 소집을 위한 이사회(일시, 장소, 안건 등)
13) 이사회 결의 공시(거래소, 이사회 결의일 당일까지)
14) 주주총회 소집통지 및 공고(주주·금융감독원·거래소, 정기총회일의 2주 전)
15) 외부감사인의 감사보고서 수령(이사회, 정기총회일의 1주 전)
16) 외부감사인의 감사보고서 공시(거래소, 감사인으로부터 감사보고서를 수령받은 당일까지)
가) 회계감사인으로부터 외부감사인의 감사보고서를 제출받은 때
나) 외부감사인의 감사보고서상 다음의 어느 하나에 해당하는 사실이 확인된 때에는 이를 함께 공시
① 감사의견이 부적정, 의견거절 또는 감사범위의 제한으로 인한 한정
② 최근 사업연도 말의 자본잠식율이 100분의 50이상 또는 자기자본 10억 원 미만
③ 최근 사업연도의 매출액이 30억 원 미만이거나 법인세비용차감전 계속사업손실인 사실이 확인된 때
④ 내부회계관리제도의 운영·검토와 관련하여 중요한 취약점이 존재하거나 중요한 범위제한 또

187 김용범, 전게서, 2017, 1271~1272면. 한국상장회사협의회, 「주요 주식업무 처리절차」, 2013. 11. 22. 3~4면.

는 검토의견이 표명되지 아니한 때

3. 법정 비치서류의 비치 상황의 확인[188]

감사(이라 '감사위원회" 포함)는 회사가 정기주주총회를 앞두고 반드시 비치하여야 할 서류 즉 법정비치서류의 비치여부를 확인하여야 한다. 이러한 서류는 주주의 현명한 의결권 행사에 필요하고 중요한 서류이므로 감사는 이러한 서류가 누락된 것이 없이 법정절차에 따라 제대로 비치되어 있는지 확인하여야 한다.

법정비치서류의 종류

1) 재무제표, 부속명세서 및 영업보고서(「상법」 제448조 제1항)
1)-① 연결재무제표(「상법」 제448조 제1항)
2) 감사의 감사보고서(「상법」 제448조 제1항)
3) 외부감사인 감사보고서(「신외감법」 제23조 제5항)
4) 정관(「상법」 제396조 제1항)
5) 전년도 주주총회 의사록, 주주명부, 사채원부(「상법」 제396조 제1항) 등

그리고 감사는 「상법」 제448조 제2항에 의하여 주주와 회사채권자가 비치서류의 열람이나 등본 · 초본의 교부를 청구하는 경우 이에 대응할 수 있는 준비가 되어 있는지를 확인하여야 한다.

4. 총회 제출 의안 · 서류의 조사[189]

감사는 이사가 주주총회에 제출한 의안 · 서류가 법령 또는 정관에 위반하거나 현저하게 부당한 사항이 있는지의 여부를 조사하여야 한다.(「상법」 제413조) **현저하게 부당한 사항**이란 형식적으로는 법령이나 정관의 구체적인 규정에 위반한 것은 아니지만, 그러한 의안이나 서류를 총회에 제출하는 것이 이사의 선관주의의무 내지 충실 의무에 위반하는 경우를 말한다.

감사가 조사하는 대상은 이사가 총회에 제출하는 모든 의안이나 서류이다. **의안**은 「상법」 또는 「정관」에 의하여 주주총회가 결의하여야 할 「정관」 변경, 이사·감사의 선임·해임, 이사·감사의 보수 결정 등 사항을 말하고, **서류**란 재무제표(연결재무제표)와 그 부속명세서, 영업보고서 등 주주총회에 제출되는 모든 서류를 말한다.

주주총회 제출 의안 및 서류는 주주총회 결의사항 및 보고사항과 표리의 관계에 있으므로 감사는 주주총회 결의사항 및 보고사항에 관하여 철저히 감사하는 것이 필요하다. 이러

188 김용범, 전게서, 2017, 1272~1273면. 권종호, 「감사와 감사위원회제도」, 한국상장회사협의회, 2004.9. 238면. 한국상장회사협의회, 「상장회사 감사의 감사실시요령」, 2009.6.18. 53면.

189 김용범, 전게서, 2017, 1273~1275면. 임중호, 전게칼럼, 상장회사감사회 회보, 2014. 2.(제170호), 2면. 권종호, 「감사와 감사위원회 제도」, 한국상장회사협의회, 2004. 9. 237면. 한국상장회사 협의회, 「상장회사 감사의 감사실시요령」, 2009.6.18. 52~53면.

한 보고사항 및 결의사항에 관해 감사는 그 내용, 보고 · 결의의 절차나 방법이 법령이나 정관에 적합한 것인지 확인하여야 한다.

조사대상 주주총회 주요 보고사항

1) 주주총회 제출 의안 및 서류에 대한 조사 결과(「상법」 제413조)
2) 영업보고서(「상법」 제449조 제2항)
3) 주요주주 등 이해관계자와의 거래(「상법」 제542조의9)
4) 이사회결의로 재무제표 등의 승인(「상법」 제449조의2 제1항)
5) 외부감사인의 선임 내용(「신외감법」 제10조)
6) 이사회결의로 이익배당(「자본시장법」 제165조의12 제9항) 등

조사대상 주주총회 주요 결의사항

1) 재무제표 등의 승인(「상법」 제449조 제1항)
○ 재무상태표, 손익계산서(또는 포괄손익계산서), 자본변동표, 이익잉여금 처분계산서 또는 결손금 처리계산서, 현금흐름표 및 주석
2) 이익의 배당(「상법」 제462조 제2항)
3) 이사의 선임 및 해임(「상법」 제382조, 제385조, 제393조의2, 제542조의5, 제542조의8)
4) 감사의 선임 및 해임(「상법」 제409조, 제415조, 제409조의2, 제415조의2, 제542조의5, 제542조의11, 제542조의12)
5) 이사의 보수(「상법」 388조)
6) 감사의 보수(「상법」 415조)
7) 정관의 변경(「상법」 433조, 제434조)
8) 이사 등의 회사에 대한 책임 면제
9) 주식회사의 유한회사로의 조직 변경 등

주주총회 제출의안의 경우에는 주주가 제안한 의안에 관해서도 각별히 유의할 필요가 있다. 의제 · 의안 제안권은 종래 이사회에 전속하였으나, 1998년 「상법」개정에 의해 주주제안권이 도입됨으로써 주주도 의제 · 의안 제안을 할 수 있다. 주주제안제도에 대해서는 제2편 제9장 제3절 – Ⅵ. '주주총회의 주주제안권'의 항목을 참조하시기 바랍니다.

다만, 주주제안에 대해서는 그 남용을 방지하기 위하여 제안주주의 자격요건이나 제안내용, 제안기간 등에 관해 엄격한 제한을 하고 있는데, 감사는 이런 점을 고려하여 특히 주주제안의 내용 및 주주제안의 절차에 관한 적법성과 회사 측에 의한 부당한 거절 가능성에 대해 유의하여 감사를 실시하여야 한다.

주주제안 내용의 거부사항

1) 법령 또는 정관에 위반하는 경우(「상법」 제363조의2 제3항)
2) 주주총회에서 의결권의 100분에 10 미만의 찬성밖에 얻지 못하여 부결된 내용과 같은 내용의 의안을 부결된 날로부터 3년 내에 다시 제안하는 경우(「상법시행령」〈이하 "상령"이라 한다〉 제12조 제1호)
3) 주주 개인의 고충에 관한 사항인 경우(「상령」 제12조 제2호)
4) 소수주주권에 관한 사항인 경우(「상령」 제12조 제3호)
5) 임기 중에 있는 임원의 해임에 관한 사항(법 제542조의2 제1항에 따른 상장 회사만 해당)인 경우(「상령」 제12조 제4호)
6) 회사가 실현할 수 없는 사항 또는 제안 이유가 명백히 거짓이거나 특정인의 명예를 훼손하는 사항인 경우(「상령」 제12조 제5호) 등

감사는 의안이나 서류의 감사결과, 그 내용이 법령이나 정관에 위반한 사항이 있거나 또는 현저하게 부당한 사항이 있는 경우에는 감사는 시정을 권고하여야 한다. 감사의 시정권고에도 불구하고 문제가 된 의안이나 서류가 총회에 제출된 경우에는 감사는 주주총회에서 그에 관한 의견을 진술하여야 한다.

5. 외부감사인 선임

외부감사인 선임에 대한 자세한 내용은 제2편 제3장 제12절-Ⅱ. "외부감사인 선임권"의 항목을 참조하시기 바랍니다.

6. 이사회 결의로 재무제표 등의 승인

이사회 결의로 재무제표 등의 승인에 관한 자세한 내용은 제2편 제3장 제13절-Ⅷ. "이사회 결의로 재무제표 승인에 대한 동의권"의 항목을 참조하시기 바랍니다.

7. 이사회 결의에 의한 이익배당

이사회 결의로 이익배당에 관한 자세한 내용은 제2편 제3장 제13절-Ⅷ. "이사회 결의로 재무제표 승인에 대한 동의권"의 항목을 참조하시기 바랍니다.

8. 주주의 질문에 대한 설명준비

상장회사협의회의 주주총회백서에 의하면 종래 감사에 대한 주주총회장에서의 질문은 적은 편이었다. 그러나 최근에는 기업의 지배구조에 대한 주주들의 관심이 많아지면서 감사활동에 대한 요구와 기대도 고조되고 있으므로, 주주총회장에서 주주들의 감사에 대한 질문도 점차 증가하고 있다.

따라서 감사 또는 감사위원은 주주총회 회의장에서 주주총회에 참가한 주주들의 질문이

있을 것으로 상정(想定)하고[190], 주주총회에 참석한 주주들이 감사 또는 감사위원에게 질문하였을 경우 성실하게 감사활동을 수행하였다는 것을 주주들에게 적절하게 설명할 수 있도록 감사 또는 감사위원은 사전에 철저한 준비와 점검이 필요하다[191]

Ⅲ 주주총회 當日 감사업무

1. 주주총회 출석의무[192]

주주총회가 열리는 것은 주식회사에 있어서 매우 중요한 행사이다. 그러나 감사의 주주총회 출석에 관해서는 「상법」상 명문의 규정이 없으나, 감사의 회사에 대한 선관주의의무로부터 주주총회의 출석의무가 인정될 수 있다. [193] 이사·감사는 비록 주주총회 구성원은 아니지만 주식회사의 기관으로서 당연히 총회에 출석하여야 한다.[194]

이사 중에서 대표이사는 대체로 소집권자로서 그리고 총회의 의장으로서, 다른 이사들은 보고나 의안의 설명 등을 위하여, 나아가 이들은 총회를 마친 후 의사록에 기명날인 또는 서명하여야 하므로 당연히 출석하여야 하는 것이다. 감사는 감사대로 총회에 나아가 보고하여야 하므로 감사도 주주총회에 당연히 출석하여야 한다.[195]

따라서 주주총회 출석에 관해서는 「상법」상 명문의 규정은 없으나, 감사가 정당한 이유 없이 주주총회에 출석하지 아니하는 것은 감사의 선관주의의무 위반으로서 임무해태가 될 수 있을 것이다. 이런 취지에서 「상장회사표준 주주총회운영규정」 제9조도 감사의 주주총회의 출석에 관한 규정을 두고 있다.[196]

이사·감사가 주주총회에 참석하지 않는 것은 선관주의의무 위반으로서 임무해태에 해당되지만, 위에서 설명한 바와 같이 이사·감사는 주주총회의 구성원이 아니므로 이들이 출석하고 안 하고는 총회의 성립에 전혀 영향이 없다. 이들이 출석하지 않았더라도 주주들이 모여 얼마든지 필요한 결의를 할 수 있다.[197]

2. 주주총회 운영의 적법성 확인[198]

감사는 주주총회의 의사진행이나 결의방법 등이 법령이나 정관에 적법하게 이루어지고 있는지의 여부를 확인하여야 한다. 주요 확인사항으로는 ① 결의요건, ② 의사의 운영, ③ 법령·정관의 적합여부 확인 등이다.(「상장회사감사의 감사실시 요령」 참조)

---

190 想定이란 어떤 상황이나 조건을 가정적으로 생각하여 판정하는 것을 의미한다.

191 김용범, 전게서, 2017, 1275면. 임중호, 전게칼럼, 상장회사감사회 회보, 2014. 2. (제170호), 2면.

192 김용범, 전게서, 2017, 1275~1276면.

193 김용범, 전게서, 2017, 1275면. 임중호, 전게칼럼, 상장회사감사회 회보, 2014. 2. 3면.

194 김용범, 전게서, 2017, 1275면. 김교창, 「주주총회의 운영」, 한국상장회사협의회, 2010, 227면.

195 김용범, 전게서, 2017, 1276면. 김교창, 「전게서」, 한국상장회사협의회, 2010, 227면.

196 김용범, 전게서, 2017, 1276면. 임중호, 전게칼럼, 상장회사감사회 회보, 2014. 2. 3면.

197 김용범, 전게서, 2017, 1276면. 김교창, 전게서, 한국상장회사협의회, 2010, 227면.

198 김용범, 전게서, 2017, 1276~1278면.

총회의 의사진행이나 결의방법 등에 문제가 있는 것으로 판단되는 경우에는 의장 등에게 이를 지적하여 적절한 조치를 취하도록 한다.[199] 주주총회의 결의방법은 보통결의, 특별결의, 특수결의로 구분되며, 이를 내용별로 분류하면 다음과 같다.

가. 보통결의사항

주주총회의 보통결의는 「상법」 또는 「정관」에 다른 정함이 있는 경우를 제외하고는 출석한 주주의 의결권의 과반수와 발행주식 총수의 4분의1 이상의 수로서 하여야 한다. (「상법」 제368조 제1항) 과반수 찬성에 의한 결의는 원래 모든 단체의 일반적인 의사 결정방법이기도 하다.

다만, 회사가 「상법」 제368조의4 제1항에 따라 전자적 방법으로 의결권을 행사할 수 있도록 한 경우에는 「상법」 제368조 제1항에도 불구하고 회사는 출석한 주주의 의결권의 과반수로 감사 및 감사위원회 위원의 선임 결의를 할 수 있도록 해 발행주식 총수의 4분의 1 이상 결의요건을 배제하였다.(「상법」제409조 제3항, 제542조의12 제8항).

특히 사원의 개성이 무시되는 순수 자본단체인 주식회사에서 보통결의에 의한 의사결정방법은 원칙적인 의사결정 방법이다. 따라서 「상법」이나 「정관」에서 특별결의나 총주주의 동의를 요하도록 정한 것 이외에는 모두 **보통결의**이다.(「상법」 제368조 제1항) 「상법」상 주주총회의 결의사항 중 보통결의사항은 다음과 같다.

주주총회의 보통결의사항

1) 이사의 선임 [「상법」 제382조 제1항(이사의 선임)]
2) 감사의 선임 [「상법」 제409조 제1항(감사의 선임), 제409조 제2항(감사선임시의 의결권 제한), 제542조의12 제1항~제4항(감사위원의 선임 등)]
3) 이사의 보수 [「상법」 제388조(이사의 보수)]
4) 감사의 보수 [「상법」 제382조 제1항(이사의 선임)]
5) 이사·감사의 책임 해제 [「상법」 제450조(이사 · 감사의 책임 해제)]
6) 검사인의 선임 [「상법」 제366조 제3항(소수주주에 의한 소집청구), 제367조(검사인의 선임), 제542조 제2항(준용규정)]
7) 재무제표의 승인 [「상법」 제449조 제1항(재무제표의 승인), 제533조 제1항(청산인의 회사재산조사 보고의무), 제534조 제5항(청산인의 재무제표 제출 및 승인요구)]
8) 이익 배당[(「상법」 제462조 제2항)]
9) 총회의 연기, 속행의 결정[「상법」 제372조 제1항(총회의 연기, 속행의 결의)]
10) 청산인의 선임, 해임과 그 보수[「상법」 제531조 제1항(청산인의 결정), 제539조 제1항(청산인의 해임), 제542조 제2항(청산인의 보수)]

199 김용범, 전게서, 2017, 1276면. 김교창, 전게서, 한국상장회사협의회, 2010, 227면.

11) 청산종료의 승인[「상법」 제540조 제1항(청산의 종결)] 등

나. 특별결의사항

특별결의란 **주주총회에 출석한 주주의 의결권의 3분의 2 이상의 수와 발행주식총수의 3** 분의 1 이상의 수로써 하는 결의이다.(「상법」 제434조) 「상법」에서 회사의 법적기초에 구조적 변화를 가져오는 사항으로써 대주주의 전횡과 그로 인한 소수주주들의 불이익이 우려되는 사항들에 관해 예외적으로 특별결의를 요구하고 있다.

주주총회의 특별결의 사항

1) 정관의 변경[「상법」 제434조(정관변경의 특별결의)]
2) 영업의 전부 또는 일부의 양도 등 [「상법」 제374조(영업의 양도, 양수, 임대 등), 「자본시장법」 제165조의4 (합병 등의 특례)]
3) 사후 설립 [「상법」 제375조(사후설립)]
4) 이사의 해임 [「상법」 제385조 제1항(이사의 해임)]
5) 감사의 해임 [「상법」 제415조(감사의 해임, 제385조 준용), 제542조의12 제3항(감사해임시의 의결권행사 제한)]
6) 자본의 감소 [「상법」 제438조 제1항(자본감소의 결의)]
7) 주식의 액면미달 발행[「상법」 제417조 제1항(액면미달의 발행), 「자본시장 법」 제165조의8(액면미달발행의 특례)]
8) 주주 이외의 자에게 전환사채 발행 [「상법」 제513조 제3항(주주 이외의 자에 대한 전환 신주인수권부사채 발행사채의 발행), 제516조의2 제4항(주주 이외의 자에 대한 신주인수권부사채의 발행)]
9) 주식매수선택원의 부여 [「상법」 제340조의2 제1항(주식매수선택권), 제542조의3 제3항(주식매수선택권)]
10) 회사의 해산 [「상법」 제518조(해산의 결의)]
11) 회사의 계속 [「상법」 제519조(회사의 계속), 제520조의2 제3항(휴면회사의 계속)]
12) 설립위원의 선임 [「상법」 제175조(설립위원의 선임)]
13) 합병 [「상법」 제522조(합병계약서의 승인결의)]
14) 분할·분할합병 [「상법」 제530조의2(분할·분할합병)]
15) 주식교환, 주식이전 [「상법」 제360조의3(주식교환계약서의 작성과 주주총회의 승인), 제360조의16(주주초회에 의한 주식이전의 승인)] 등

다. 특수결의사항

특수결의란 의결권 없는 주식을 포함하여 총주주의 동의를 요하는 결의이다. 상장회사에서는 현실성이 없는 결의요건이다. 이사 등의 손해배상책임을 면제하는 데에 이같이 이례적인 결의요건을 요구하는 까닭은 손해배상 책임면제는 모든 주주들에게 손실을 가져오는 처

분행위이므로 다수결로 강요할 사항은 아니기 때문이다.

주주총회의 특수결의사항

1) 이사 등의 회사에 대한 책임면제 [「상법」 제400조(회사에 대한 책임의 면제), 제324조(발기인의 책임면제), 제415조(감사의 책임면제: 제400조 준용), 제542조 제2항(청산인의 책임면제: 제400조 준용)]
2) 주식회사의 유한회사로의 조직변경 [「상법」 제604조(주식회사의 유한회사로의 조직변경)] 등

3. 주주총회 보고사항[200]

가. 제출한 의안 및 서류에 대한 조사 및 보고[201]

감사는 「상법」상 이사가 주주총회에 제출한 모든 의안 및 서류를 조사하여 거기에 법령 또는 정관에 위반하거나 현저하게 부당한 사항이 있는지에 관하여 총회에 그 의견을 진술하여야 한다.(「상법」 제413조) 감사는 정기주주총회에서만이 아니라 임시주주총회에서도 그 의견을 진술하여야 한다.

이는 監事로 하여금 총회에 제출한 의안이나 서류에 대한 監事의 조사결과를 총회에 보고 하도록 함으로써 주주총회가 위법 또는 부당한 결의를 하는 것을 방지하기 위한 취지이다. 따라서 감사의 조사결과 의견보고는 주주총회에 대한 감사의 일반적인 의무로써 중요한 의미가 있다.

1) 조사 및 보고 의무 개요

제2편 제4장 제4절 – Ⅰ. '조사 및 보고 의무 개요' 항목을 참조하시기 바랍니다.

2) 주주총회 의안 및 서류 조사 의무

제2편 제4장 제4절 – Ⅱ. '주주총회 의안 조사 의무' 항목을 참조하시기 바랍니다.

3) 주주총회 의안 및 서류 보고 의무

제2편 제4장 제4절 – Ⅲ. '주주총회 의안 조사결과 보고의무' 항목을 참조하시기 바랍니다.

나. 영업보고서 보고

제1편 제7장 제2절 – Ⅱ. '영업보고서' 항목을 참조하시기 바랍니다.

다. 주요 주주 등 이해관계자와의 거래 보고[202]

---

200 김용범, 전게서, 2017, 1278~1287면.

201 김용범, 전게서, 2017, 1278~1279면.

202 김용범, 전게서, 2017, 1279~1281면.

제2편 제9장 제6절 Ⅶ. '상장회사와 이해관계자 간의 거래에 대한 특례' 항목을 참고하시기 바랍니다.

라. 외부감사인 선임 내용 보고[203]

1) 외부감사인의 의의

「신외감법」에 의하여 외부감사를 실시할 수 있는 감사인은 「공인회계사법」 제23조의 규정에 의한 회계법인(「신외감법」 제2조 제7항 가호) 또는 「공인회계사법」 제41조의 규정에 의하여 설립된 한국공인회계사회에 총리령이 정하는 바에 의하여 등록을 한 감사반이다.(「신외감법」 제2조 제7항 나호)

2) 외부감사의 대상법인

「신외감법」제4조 및 「신외감법시행령」 제5조 제1항에 따라 외부감사인에 의한 회계감사를 받아야하는 주식회사는 다음 각 호의 어느 하나에 해당하는 회사이다.

외부감사 대상 법인

(1) 주권상장법인
(2) 해당사업연도 또는 다음사업연도 중에 주권상장법인이 되려는 회사
(3) 직전 사업연도 말의 자산총액이 500억 원 이상인 회사
(4) 직전 사업연도의 매출액이 500억 원 이상인 회사
(5) 다음 각목의 사항 중 3개 이상에 해당하지 아니하는 회사
 ① 직전 사업연도 말의 자산총액이 120억 원 미만
 ② 직전 사업연도 말의 부채총액이 70억 원 미만
 ③ 직전 사업연도의 매출액이 100억 원 미만
 ④ 직전 사업연도 말의 종업원이 100명 미만(유한회사의 경우 50명 미만) 등

3) 외부감사인의 선임

가) 외부감사인 선임 방법

「신외감법」제10조 제4항에 의거 회사는 다음 각호의 구분에 따라 선정한 회계법인 또는 감사반을 해당 회사의 외부감사인으로 선임하여야 한다.

(1) 주권상장법인, 대형비상장주식회사 또는 금융회사

① 감사위원회가 설치된 경우: 감사위원회가 선정한 회계법인 또는 감사반
② 감사위원회가 설치되지 아니한 경우: 감사인을 선임하기 위하여 대통령령이 정하는 바에 따라 구성한 감사인 선임위원회의 승인을 받아 감사가 선정한 회계 법인 또는 감

203 김용범, 전게서, 2017, 1281~1284면.

사반

(2) 그 밖의 회사 : 감사 또는 감사위원회가 선정한 회계법인 또는 감사반

(3) 다만, 다음 각목의 어느 하나에 해당하는 경우에는 해당 목에서 정한 바에 따라 선정

① 직전 사업연도의 감사인을 다시 감사인으로 선임하는 경우 : 그 감사인

② 감사가 없는 대통령령으로 정하는 일정규모 이상의 유한회사인 경우: 사원총회의 승인을 받은 회계법인 또는 감사반

③ ②목외의 감사가 없는 유한회사인 경우 : 회사가 선정한 회계법인 또는 감사반

나) 외부감사인 선임위원회 구성

「신외감법」 제10조 제4항 제1호 나목에 따른 감사인 선임위원회(이하 "감사인 선임위원회"라 한다)는 위원장 1명을 포함하여 5명 이상의 위원으로 구성한다.(「신외감법시행령」 제12조 제1항) 감사인 선임위원회의 위원(이하 이조에서 "위원"이라 한다)은 다음 각 호의 사람이 된다.(「신외감법시행령」 제12조 제2항)

외부감사인 선임위원회 구성

(1) 감사 1명

(2) 다른 법령에 따라 선임된 사외이사(이사로서 그 회사의 상무에 종사하지 아니하는 이사를 말함)가 있는 회사의 경우에는 그 사외이사 중 2명 이내

(3) 「법인세법 시행령」 제43조 제7항 및 제8항에 따른 지배주주 및 그와 특수 관계에 있는 주주를 제외한 기관투자자 중에서 의결권 있는 주식을 가장 많이 소유하고 있는 기관투자자의 임직원 1명

(4) 다음 각목의 어느 하나에 해당하는 주주를 제외한 주주 중에서 의결권 있는 주식을 가장 많이 소유한 주주(기관투자자 : 소속 임직원) 1명

① 「법인세법 시행령」 제43조 제7항 및 제8항에 따른 지배주주 및 그와 특수관계에 있는 주주

② 해당 회사의 임원인 주주　　　③ 제3호에 따른 기관투자자

(5) 「법인세법 시행령」 제43조 제7항 및 제8항에 따른 지배주주 및 그와 특수관계에 있는 주주를 제외한 채권자 중 채권액이 가장 많은 2개 금융회사의 임직원 1명

「신외감법시행령」 제12조 제1항의 외부감사인선임위원회 구성요건에도 불구하고 위의 각호에 해당하는 사람이 없는 등 부득이한 경우에는 감사인을 선임하는 회사로부터 독립하여 공정하게 심의할 수 있는 사람으로서 경영·회계·법률에 대한 전문성을 갖춘 사람으로 감사인 선임위원회를 구성할 수 있다.(「신외감법시행령」 제12조 제2항 단서)

다) 외부감사인 선임 시기 및 절차

외부감사대상 주식회사는 매 사업연도 개시일부터 45일 이내(단, 「상법」 제542조의11 또는 「금융회사의 지배구조법」 제16조에 따라 감사위원회를 설치하여야 하는 회사의 경우는 매 사업연도 개시일

이전)에 해당 사업연도의 외부감사인을 선임하여야 한다.(「신외감법」 제10조 제1항 본문)

다만, 회사가 감사인을 선임한 후 「신외감법」 제4조 제1항 제3호에 따른 기준을 충족하지 못해 외부감사대상에서 제외되는 경우에는 해당 사업연도 개시일로부터 4개월 이내에 감사계약을 해지할 수 있다.(「신외감법」 제10조 제1항 단서)

「신외감법」 제10조 제1항 본문에도 불구하고 직전 사업연도에 회계감사를 받지 아니한 회사는 해당 사업연도 개시일부터 4개월 이내에 감사인을 선임하여야 한다.(「신외감법」 제10조 제2항)

주권상장법인, 대형비상장주식회사 또는 금융회사는 연속하는 3개 사업연도의 외부감사인을 동일한 외부감사인으로 선임하여야 한다. 다만, 주권상장법인과 대형비상장주식회사 또는 금융회사가 제7항 각호의 사유로 외부감사인을 선임하는 경우에는 해당 사업연도의 다음 사업연도부터 연속하는 3개 사업연도의 감사인을 동일한 감사인으로 선임하여야 한다.(「신외감법」 제10조 제3항)

「신외감법」 제10조 제7항 각호의 사유

① 「신외감법」 제11조 제1항 및 제2항에 따라 증권선물위원회가 지정하는 자를 감사인으로 선임하거나 변경 선임하는 경우
② 「신외감법」 제15조 제1항 및 제2항에 따라 감사계약이 해지된 경우
③ 선임된 감사인이 사업연도 중에 해산 등 대통령령으로 정하는 사유로 감사를 수행하는 것이 불가능한 경우

4) 외부감사인 선임 보고

가) 외부감사인 선임 주주총회 보고

회사는 「신외감법」 제10조에 따라 외부감사인을 선임 또는 변경 선임하는 경우 그 사실을 외부감사인을 선임한 이후에 소집되는 「상법」 제365조에 따른 정기총회에 보고하거나 대통령령이 정하는 바에 따라 아래와 같이 주주 또는 사원에게 통지 또는 공고하여야 한다.(「신외감법」 제12조 제1항, 「신외감법 시행령」 제18조 제1항)

주주에게 감사인 선임 통지 또는 공고하는 방법

① 서면 또는 전자문서로 통지(통지대상 주주는 최근 주주명부 폐쇄일의 주주)
② 주식회사의 인터넷 홈페이지에 공고(공고기간은 감사대상 사업연도 종료일까지)

나) 외부감사인 선임 대외기관 보고

회사가 외부감사인을 선임 또는 변경 선임하는 경우 해당회사 및 외부감사인은 대통령령이 정하는 바에 따라 증권선물위원회에 보고하여야 한다. 다만, 회사는 다음 각 호의 어느

하나에 해당하는 경우에는 보고를 생략할 수 있다.(「신외감법」 제12조 제2항)

증권선물위원회 보고 생략 사항

① 회사의 요청에 따라 증권선물위원회가 지정한 자를 외부감사인으로 선임한 경우
② 증권선물위원회의 요구에 따라 외부감사인을 선임 또는 변경 선임하는 경우
③ 주권상장법인 또는 대형비상장주식회사 또는 금융회사가 아닌 회사가 직전 사업연도의 감사인을 다시 선임하는 경우

5) 외부감사인의 지정

가) 외부감사인 일반지정제도

증권선물위원회는 다음 각 호의 어느 하나에 해당하는 회사에 대하여 3개 사업 연도의 범위에서 증권선물위원회가 지명하는 회계법인을 외부감사인으로 선임하거나 변경 선임할 것을 요구할 수 있다.(「신외감법」 제11조 제1항)

증권선물위원회의 감사인 지정대상 회사

(1) 감사 또는 감사인선임위원회의 승인을 받아 제10조에 따른 감사인 선임기 간 내에 증권선물위원회에 감사인 지정을 요청한 회사
(2) 「신외감법」 제10조에 따른 기간 내에 감사인을 선임하지 아니한 회사
(3) 「신외감법」 제10조 제3항 또는 제4항을 위반하여 감사인을 선임하거나 증권선물위원회가 회사의 감사인 교체 사유가 부당하다고 인정한 회사
(4) 증권선물위원회의 감리결과 「신외감법」 제5조에 따른 회계기준을 위반하여 재무제표를 작성한 사실이 확인된 회사. 다만, 증권선물위원회가 정하는 경미한 위반이 확인된 회사는 제외
(5) 「신외감법」 제6조(재무제표의 작성 책임 및 제출) 제6항을 위반하여 회사의 재무제표를 감사인이 대신하여 작성하거나, 재무제표 작성과 관련된 회계처리에 대한 자문을 요구하거나 받은 회사
(6) 주권상장법인 중 다음 각목의 어느 하나에 해당하는 회사
① 3개 사업연도 연속 영업이익이 0보다 작은 회사
② 3개 사업연도 연속 영업현금흐름이 0보다 작은 회사
③ 3개 사업연도 연속 이자보상배율이 1 미만인 회사
④ 그 외 대통령령으로 정하는 재무기준에 해당하는 회사
(7) 주권상장법인 중 대통령령으로 정하는 자에 따라 증권선물위원회가 공정한 감사가 필요하다고 인정하여 지정하는 회사
(8) 「기업구조조정촉진법」 제2조제5호에 따른 주채권은행 또는 대통령으로 정하는 주주가 대통령령으로 정하는 방법에 따라 증권선물위원회에 감사인 지정을 요청하는 경우의 해당 회사
(9) 「신외감법」 제13조(감사인의 해임) 제1항 또는 제2항을 위반하여 감사계약의 해지 또는 감사인

의 해임을 하지 아니하거나 새로운 감사인을 선임하지 아니한 회사
(10) 감사인의 감사시간이 「신외감법」 제16조의2(표준감사시간) 제1항에서 정하는 표준감사시간보다 현저히 낮은수준이라고 증권선물위원회가 인정한 회사
(11) 직전 사업연도를 포함하여 과거 3년간 최대주주의 변경이 2회 이상 발생한 주권상장법인
(12)그밖에 공정한 감사가 특히 필요하다고 인정되어 대통령령으로 정하는 회사

나) 외부감사인 특별지정제도

증권선물위원회는 다음 각 호의 어느 하나에 해당하는 회사가 연속하는 6개 사업연도에 대하여 제10조(감사인의 선임) 제1항에 따라 감사인을 선임한 경우에는 증권선물위원회가 대통령령이 정하는 기준과 절차에 따라 지정하는 회계법인을 감사인으로 선임하거나 변경 선임할 것을 요구할 수 있다.(「동법」 제11조 제2항)

외부감사인 특별지정제도 대상

① 주권상장법인, 다만, 대통령령으로 정하는 주권상장법인은 제외
② 제1호에 해당하지 않은 회사 가운데 자산총액이 대통령령으로 정하는 금액 이상 이고 대주주 및 그 대주주와 대통령령으로 정하는 특수관계에 있는 자가 합하여 발행주식총수의 100분의 50 이상을 소유하고 있는 회사로서 대주주 또는 그 대주주와 특수관계에 있는 자가 해당 회사의 대표이사인 회사

다만, 「신외감법」 제11조 제2항에 의한 외부감사인 특별지정제도 대상에도 불구하고 다음 각호의 어느 하나에 해당하는 회사는 「동법」 제10조 제1항에 의한 일반감사인 선임절차에 따라 선임할 수 있다.(「신외감법」 제11조 제3항)

외부감사인 특별지정제도 예외 대상

① 증권선물위원회가 정하는 기준일로부터 과거 6년 이내에 「동법」 제26조에 따른 증권선물위원회의 감리를 받은 회사로서 그 감리결과 「신외감법」 제5조에 따른 회계처리기준 위반이 발견되지 아니한 회사
② 그 밖에 회계처리의 신뢰성이 양호한 경우로서 대통령령으로 정하는 회사

마. 이사회 결의로 재무제표 등의 승인 보고

회사는 다음과 같은 요건을 갖춘 경우에는 정관에서 정하는 바에 따라 주주총회에 갈음하여 이사회 결의로 재무제표를 승인할 수 있다.(「상법」 제449조의2 제1항) 수정 결의도 가능하다.

이사회의 승인 요건

① 재무제표의 각 서류가 법령 및 정관에 따라 회사의 재무상태 및 경영성과를 적절하게 표시하고 있다는 외부감사인의 의견이 있을 것
② 감사(감사위원회 설치회사의 경우에는 감사위원) 전원의 동의가 있을 것

재무제표를 이사회가 승인한 경우에는 이사는 재무제표의 각 서류의 내용을 주주 총회에 보고하여야 한다(「상법」 제449조의2 제2항). 기타 자세한 내용은 제1편 제7장 제2절 –Ⅲ–4. '재무제표의 최종 승인' 항목을 참조하시기 바랍니다.

바. 이사회 결의로 이익배당 보고

1) 이익배당의 의의

제1편 제7장 제4절 –Ⅰ–1. '이익배당의 의의' 항목을 참조하시기 바랍니다.

2) 이익배당의 요건

제1편 제7장 제4절 –Ⅰ–2. '이익배당의 요건' 항목을 참조하시기 바랍니다.

3) 배당가능이익의 산정

제1편 제7장 제4절 –Ⅰ–3. '배강가능이익 산정' 항목을 참조하시기 바랍니다.

4) 이익배당의 결정기관

가) 원칙(주주총회의 결의)

이익배당은 주주총회의 결의(보통결의)로 정한다.(「상법」 제462조 제2항) 배당의 여부, 배당의 크기에 관한 의사결정은 회사의 전반적인 재산 및 영업상태를 파악한 후에 내리는 정책적 결정이므로 재무제표의 승인권을 가진 주주총회로 하여금 이익배당을 결정하도록 하였다.[204]

나) 이사회의 결의

2011년 개정 「상법」은 소정의 요건을 구비할 경우 이사회로 하여금 주주총회에 갈음하여 재무제표를 승인하도록 하였는데,(「상법」 제449조의2 제1항) 재무제표와 이익배당의 연계성으로 인해 재무제표를 이사회가 승인한 경우에는 이사회가 이익배당을 결정하도록 하였다.(「상법」 제462조 제2항 단서)

다만, 재무제표를 이사회가 승인할 경우 이익배당도 이사회가 승인한다는 규정(「상법」 제462조 제2항 단서)은 주식배당에까지 적용되지 않으므로 이사회가 결정한 이익배당을 주식배당으로 하고자 할 경우에는 다시 주주총회의 결의를 요한다. (「상법」 제462조의2 제1항)[205]

5) 주주총회에 보고

주권상장법인이 「상법」 제462조 제2항 단서에 따라 이사회 결의로 이익배당을 정한 경

204 김용범, 전게서, 2017, 1285면. 이철송, 전게서, 박영사, 2021. 1,004면.

205 김용범, 전게서, 2017, 1285면. 이철송, 전게서, 박영사, 2021. 1,004면.

우 이사는 배당액의 산정근거 등 대통령령이 정하는 아래 사항을 주주총회에 보고하여야 한다.(「자본시장법」 제165조의12 제9항, 「자본시장법시행령」 제176조의12 제1항)

이익배당 관련 주주총회 보고사항

① 배당액의 산정근거
② 직전 회계연도와 비교하여 당기순이익 대비 배당액의 비율이 현저히 변동한 경우 변동 내역 및 사유
③ 그 밖에 이익배당에 관한 주주의 권익을 보호하기 위한 것으로서 금융위원회가 정하여 고시하는 사항 등

사. 회계 및 업무에 대한 감사보고

감사보고서는 감사/감사위원회가 일정 영업연도의 이사의 직무집행에 관해 업무 및 회계의 양면에서 행한 감사결과를 종합·정리한 것으로서 주주 및 회사채권자의 열람에 제공되는 일종의 공시서류이다.[206]

감사 또는 감사위원회(이하 "감사"라고 함)는 이사(대표이사)로부터 재무제표와 그 부속명세서 및 영업보고서를 정기총회일의 6주 전에 제출받아(「상법」 제447조의3) 정기총회일의 2주 전까지 감사보고서를 작성하여 이사에게 제출하여야 한다.(「상법」 제447조의4 제1항)

그러나 상장회사의 경우 감사는 주주총회일 1주 전까지 감사보고서를 이사에게 제출 하면 된다.(「상법」 제542조의12 제6항) 이는 이해관계자가 많은 상장회사의 경우 監事로 하여금 監査의 충실화를 도모하기 위한 것이다.

감사보고서의 기재사항 중에 제1호 내지 제9호가 회계감사를 대상으로 한 것인데 반해, 제10호는 업무감사를 염두에 둔 것이다. 여기서 말하는 「직무수행」은 넓은 개념으로서 직무집행으로 행해진 행위뿐만 아니라 직무의 집행과는 직접적으로 관련이 없더라도 선관주의 의무에 위반된 행위도 포함된다.[207]

따라서 감사보고서는 재무제표에 반영된 것에 국한하지 아니하고 감사의 일반적인 업무감사권을 발동하여 이사의 직무수행의 적법성 여부를 감사하고 부적법한 사실을 보고하게 한 것이다. 그러나 감사가 작성한 감사보서는 주주총회 전에 대표이사에게 제출하여 본점 및 지점에 비치하도록 되어있지만, 이와 별도로 주주총회의 보고에 관한 규정은 없다.

감사보고서의 법정기재사항 중 제3호, 제4호, 제6호, 제7호의 기재사항은 법령 또는 정관의 위반여부를 기재하도록 하고 있고, 제10호의 기재사항은 이사의 직무 수행에 관하여 부정한 행위 또는 법령이나 정관의 규정에 위반한 중대한 사실을 기재하도록 요구하고 있으므로 감사는 선량한 관리자주의의무로서 이를 주주총회에 보고하는 것이 타당할 것이다.

---

206 김용범, 전게서, 2017, 1286면. 권종호, 전게연구서, 한국상장회사협의회, 2004, 263면.

207 김용범, 전게서, 2017, 1286면. 권종호, 전게연구서, 한국상장회사협의회, 2004, 268면.

실무에서 감사는 주주총회에 제출한 의안 및 서류에 대한 조사결과가 법령 또는 정관에 위반하거나 현저하게 부당한 사항이 있는지 여부와 일정한 영업연도의 이사의 직무 집행에 관해 업무 및 회계의 양면에서 행한 감사결과 부정행위 또는 법령이나 정관을 위반한 중대한 사실이 있는지 여부를 주주총회에 보고하고 있는 실정이다.

감사의 의견을 주주총회에 보고하는 방법에는 특별한 제한이 없으므로 서면에 의하든 구두에 의하든 상관이 없다고 본다. 따라서 일반적으로 감사는 주주총회에 제출한 의안 및 서류에 대한 조사결과인 **'주주총회 의안 및 서류에 대한 조사보고서'**와 이사의 직무 집행에 관한 업무 및 회계에 관한 감사결과인 **'감사보고서'**를 주**주총회에서 각각 별도로 보고**하고 있다.[208]

회계 및 업무에 대한 감사보고의 자세한 내용에 대하여는 제2편 제4장 제5절 – Ⅳ. '감사보고서의 주요 내용 보고의무'의 항목을 참조하시기 바랍니다.

4. 위법 · 부당사항에 대한 주주총회 진술의무

감사(감사위원회 대표 포함)는 **이사가 주주총회에 제출할 의안 및 서류를 조사**하여 **'법령 또는 정관에 위반하거나 현저하게 부당한 사항이 있는지의 여부에 관하여 주주총회에 그 의견을 진술**하여야 한다.'(「상법」 제413조)라고 규정한 것은 **반드시 주주총회에 출석하여 구두로 진술**하라는 말이다. 서면으로 보고하는 데 그쳐도 되는 것이라면 그저 "보고하여야 한다." 라고 규정하였을 것이다.

그리고 이렇게 감사 또는 감사위원회 대표가 반드시 주주총회에 출석하여 구두로 진술할 의무는 조사결과 법령 또는 정관에 위반하거나 현저하게 부당한 사항이 있는 경우에 한하는 것이 아니라 그러한 사항이 없는 경우에도 마찬가지다. 이때에는 그러한 사항이 없다는 보고를 하여야 한다.

위법·부당한 사실이 감사보고서에 기재되어 있는 경우에도 감사는 주주총회에서 이에 관한 보고를 하여야 한다.(「상법」 제413조) 감사가 의안의 위법·부당한 사실을 지적하였으나, 이에 관한 감사의 의견보고 없이 총회 결의가 이루어진 경우에는 총회의 결의방법이 법령에 위반한 것으로서 결의취소의 원인이 될 수 있을 것이다.[209](「상법」 제376조 제1항)

'위법·부당사항에 대한 주주총회 진술의무'의 자세한 내용에 대하여는 제2편 제4장 제4절 – Ⅲ. '주주총회 의안 조사결과 보고 의무'의 항목을 참조하시기 바랍니다.

5. 주주총회 출석 및 설명 의무

현행 「상법」에서는 감사의 주주총회 출석의무나 설명의무에 관해 아무런 규정을 두고 있지 않다. 그러나 주주는 주주총회에서 질문권을 당연히 가지는 것으로 해석되므로 그것과 표리관계에 있는 감사의 설명의무도 당연히 감사에게 있는 것으로 보아야 한다. 그리고 감

---

208 김용범, 전게서, 2017, 1287면. 한국상장회사협의회, 「상장회사 감사의 감사실시요령」, 2009.6.18. 71면. 김용범, 「내부감사의 의무와 임무해태」, 내부감사저널, April 2016, 47면.

209 김용범, 전게서, 2017, 1287면.

사가 주주총회에서 설명의무를 이행하기 위해서는 주주총회에 출석하는 것이 전제가 되어야 할 것이므로 주주총회 출석 역시 감사의 의무라고 보아야 한다.[210]

설령 그렇게 보지 않더라도 감사는 그 직무와 관련하여 회사에 대하여 선관주의의무를 지므로 이 선관주의의무에 의해서도 감사는 주주총회에 출석하여 주주의 질문에 성실하게 답변할 의무가 있다고 본다. 따라서 정당한 이유 없이 주주총회에 출석하지 않거나 출석하였더라도 불성실하게 설명하는 것은 임무해태가 된다.[211]

다만 감사의 주주총회 불출석과 이로 인해 주주가 질문을 하지 못한 경우 이것이 결의방법의 하자를 구성하여 決議取消 訴의 대상이 될 수 있는지에 관해서는 검토를 요한다. 의안의 내용이 감사의 설명을 필요로 하는 경우라면 감사의 결석은 결의취소의 사유가 될 수 있지만, 그렇지 않은 경우라면 결의취소의 사유에 해당하지 않는다고 본다.[212]

주주가 의결권을 합리적으로 행사하기 위해서는 회사의 업무에 대한 구체적인 정보를 필요로 하므로 총회에서 임원에 대해 일정 사항에 관해 설명을 요구할 필요가 있다. 독일의 「주식법」에서는 주주의 說明請求權을 明文으로 인정하고 이를 주주의 固有權으로 보고 있으며(Auskunftsrecht. §131. AktG), 일본의 「회사법」에서도 같은 취지의 규정을 두고 있다.(「(일본) 회사법」 제314조)[213]

우리의 「상법」에는 주주의 설명청구권이나 이에 대응하는 이사(또는 집행임원)·감사의 설명의무에 관한 규정이 없다. 그러나 주주권에 內在하는 권리로서 주주는 당연히 회사의 업무와 재산상태를 질문할 수 있고, 이사·감사 등 임원은 이에 대해 설명할 의무를 진다는 점에 이견이 없다.[214]

주주의 설명청구권은 주주총회에서 행사할 수 있는 권리이다. 따라서 총회이외의 시기나 장소에서 임원에게 설명을 청구하는 경우에는 임원은 설명할 의무를 지지 않는다. 또한 의안과 무관한 사항, 설명하면 회사 또는 주주 공동의 이익을 해칠 사항 등에 대한 설명을 요구함은 주주의 권리남용으로 볼 수 있다.[215]

최근 주주의 질문권 및 임원의 설명의무 범위에 관해, 「주주의 질문권은 무한정 행사할 수 있는 것이 아니라 회의 목적사항을 적절하게 판단하는 데 필요한 범위라는 內在的인 限界를 가지고 있고, 회사는 이러한 범위를 넘는 질문에 대하여는 답변을 거절할 수 있으며, 의안을 판단하는 데 필요한 정도인지의 여부는 합리적인 평균적 주주를 기준으로 한다.」라고 판시한 사례가 있다.[216]

그러나 정당하게 행사된 주주의 설명청구를 무시한 경우 당해 주주가 관련 임원 및 회사

---

210 김용범, 전게서, 2017, 1288면. 권종호, 전게서, 132면.

211 김용범, 전게서, 2017, 1288면. 권종호, 전게서, 133면.

212 김용범, 전게서, 2017, 1288면. 권종호, 전게서, 133면. 상사법무연구회편, 전게서, 83면.

213 김재범, 「주주의 질문권과 회사의 설명의무」, 상연 21권 4호(2003), 151면. 이철송, 전게서, 박영사, 2021, 563면.

214 김용범, 전게서, 2017, 1288면. 이철송, 전게서, 박영사, 2021, 563면.

215 김용범, 전게서, 2017, 1289면. 이철송, 전게서, 박영사, 2021, 563면.

216 서울고법. 2005. 12. 16. 선고. 2005나6534 판결.

에 대해 손해배상청구권을 가지며,[217] 의안과의 관련성에 따라서는 결의의 효력에 영향을 줄 수 있다. 설명청구를 무시한 채 이루어진 결의는 현저하게 불공정한 결의(「상법」 제376조 제1항)로 보는 것이 일반적이다.[218]

'주주총회 출석·설명 의무'의 자세한 내용에 대하여는 제2편 제4장 제4절 – Ⅳ. '주주총회 출석 및 설명 의무'의 항목을 참조하시기 바랍니다.

Ⅳ 주주총회 終了 後의 감사업무

1. 주주총회 의사록의 확인[219]

가. 작성 의무

주주총회의 의사에는 의사록을 작성하여야 한다.(「상법」제373조제1항) 의사록에는 의사의 경과 요령과 그 결과를 기재하고, 의장과 출석한 이사가 기명날인 또는 서명하여야 한다.(「상법」 제373조 제2항) 의사록은 본점과 지점에 비치하여야 하며(「상법」 제396조 제1항), 주주와 채권자는 영업시간 내에 언제든지 의사록의 열람 또는 등사를 청구할 수 있다.(「상법」 제396조 제2항)

나. 인증

주주총회에서 결의한 내용이 등기할 사항인 때(예컨대 이사 · 감사의 선임, 합병, 자본금 감소 등)에는 등기신청서에 의사록을 제공하여야 하는데(「상등규」 제128조 제2항) 이때 의사록은 공증인의 인증을 받아야 한다.(「공증인법」 제66조의2 제1항) 이는 의사록의 진실성을 확보하기 위한 제도이다.

다. 효력

의사록은 주주총회의 성립과 결의에 관한 중요한 증거자료가 되지만 그것이 유일한 증거이거나 창설적 효력이 있는 것은 아니므로, 부실하게 기재되었다면 달리 증명하여 진실을 주장할 수 있고, 심지어 의사록을 작성하지 않았더라도 주주총회의 결의의 효력에 영향이 있는 것은 아니다.(통설)[220]

그러나 의사록은 진실성을 부인할 만한 사정이 없는 한, 총회의 절차적 요건에 관해서는 증명력이 인정되어야 하고, 따라서 반대의 사실을 주장하는 자가 증명책임을 진다고 보아야 한다.[221] 의사록의 보존기간에 대하여는 명문규정이 없으나, 상업장부의 보존기간 (「상법」 제

217 이철송, 전게서, 박영사, 2021, 564면. 서울중앙지법, 2006. 8. 16. 선고, 2004가단65211 판결.

218 김용범, 전게서, 2017, 1289면. 이철송, 전게서, 박영사, 2021, 564면.

219 김용범, 전게서, 2017, 1289~1290면.

220 김용범, 전게서, 2017, 1290면. 이철송, 전게서, 박영사, 2021, 586면.

221 대법원 2011. 10. 27. 선고, 2010다8862 판결.

33조 제1항)을 유추 적용하여 10년간 보존해야 한다고 본다.[222]

라. 감사의 확인 사항

주주총회의 의사록에는 의사의 경과 요령 및 그 결과가 적법하게 기재되어 있는지, 의장 및 출석이사의 서명 또는 기명날인이 있는지를 확인 확인한다.(「상법」 제373조)

2. 주주총회 결의사항의 이행상황 확인

감사는 주주총회결의사항에 대해 그 이행상황을 확인한다.[223]

주주총회 결의사항에 대한 이행상황

① 주주총회결과 공시 : 거래소, 주주총회 당일까지
② 이익준비금 및 적립금의 적립
③ 결산공고(대차대조표 공고) : 신문사·회사 홈페이지, 지체 없이, 회사의 공고 방법에 따라
④ 주주총회 결과 등기(상업등기) : 법원, 총회일로부터 본점 2주 이내, 지점은 3주 이내
⑤ 배당금 지급통지 및 지급 : 주주, 주총(또는 이사회) 결의 후 1월 이내(배당 결의 시 지급시기를 달리 정한 경우는 그 시기)
⑥ 사업보고서 신고 : 금융위 및 거래소, 사업년도 종료 후 90일 이내.(「자본시장법」 제159조 제1항, 제2항)

3. 비치서류의 확인

감사는 정기 주주총회 종료 후에는 법정비치서류에 관하여 그 비치여부를 확인하여야 한다.[224]

법정 비치 서류

① 재무제표 및 부속명세서와 영업보고서
② 외부감사인 및 감사의 감사보고서 ③ 정관
④ 주주 명부(실질주주명부를 포함한다), 사채원부
⑤ 주주총회 의사록, 이사회 의사록 등

4. 사업보고서에 대한 감사

---

222 김용범, 전게서, 2017, 1290면. 이철송, 전게서, 박영사, 2021, 586면.

223 김용범, 전게서, 2017, 1290면. 한국상장회사협의회, 「상장회사 감사의 감사실시요령」, 2009.6.18. 54면. 한국상장회사협의회, 「주식」공시 실무 안내」, 2013.11.22. 4면.

224 김용범, 전게서, 2017, 1290~1291면. 한국상장회사협의회, 전게 요령, 2009.6.18. 55면.

가. 사업보고서의 개요

사업보고서 제출대상법인은 그 사업보고서를 각 사업연도 경과 후 90일 이내에 금융위원회와 거래소에 제출하여야 한다. 다만 파산, 그 밖의 사유로 인하여 사업보고서의 제출이 불가능하거나 실효성이 없는 경우로서 대통령령이 정하는 경우는 사업보고서를 제출하지 아니할 수 있다.(「자본시장법」 제159조 제1항)

나. 사업보고서 제출대상 법인

사업보고서 제출대상법인은 다음 각 목의 어느 하나에 해당하는 법인을 말한다.(「자본시장법 시행령」 제167조 제1항)

사업보고서 제출대상 법인

1) 다음 각 목의 어느 하나에 해당하는 증권을 증권시장에 상장한 발행인
   ① 주권 외의 지분증권[집합투자증권과 자산유동화계획에 따른 유동화전문회사 등(「자산유동화에 관한 법률」 제3조에 따른 유동화전문회사 등)이 발행한 출자 지분은 제외]
   ② 무보증사채권(담보부사채권과 보증사채권을 제외한 사채권)
   ③ 전환사채권·신주인수권부사채권·이익참가부사채권 또는 교환사채권
   ④ 신주인수권이 표시된 것
   ⑤ 증권예탁증권(주권 또는 가목~라목까지의 증권과 관련된 증권예탁증권만 해당)
   ⑥ 파생결합증권
2) 제1호 외에 다음 각 목의 어느 하나에 해당하는 증권을 모집 또는 매출(법 제117조의10 제1항에 따른 모집 또는 법 제130조 제1항 본문에 따른 모집 또는 매출은 제외)한 발행인(주권상장법인 또는 제1호에 따른 발행인으로서 해당 증권의 상장이 폐지된 발행인 포함)
   가) 주권
   나) 제1호 각 목의 어느 하나에 해당하는 증권
3) 제1호 및 제2호 외에 「신외감법」 제4조에 따른 외부감사대상 법인으로서 제2호 각 목의 어느 하나에 해당하는 증권별로 그 증권의 소유자 수가 500인 이상인 발행인(증권의 소유자 수가 500인 이상이었다가 500인 미만으로 된 경우로서 제2항 제5호에 해당하지 아니하는 발행인을 포함)

다만, 파산, 그 밖의 사유로 인해 사업보고서의 제출이 사실상 불가능하거나 실효성이 없는 경우로서 대통령령으로 정하는 경우는 예외로 할 수 있다.(「자본시장법」 제159조 제1항 단서, 「자본시장법 시행령」 제167조 제2항)

사업보고서 제출 대상 예외 법인

① 파산인 경우

②「상법」 제517조, 그 밖의 법률에 따라 해산사유가 발생한 경우

③ 주권상장법인 또는 「동법 시행령」 제167조 제1항 제1호에 따른 발행인의 경우에는 상장의 폐지요건에 해당하는 발행인으로서 해당 법인에게 책임이 없는 사유로 사업보고서의 제출이 불가능하다고 금융위원회의 확인을 받은 경우

④「동법 시행령」 제167조 제1항 제2호에 따른 발행인의 경우에는 같은 호 각 목의 어느 하나에 해당하는 증권으로서 각각의 증권마다 소유자 수가 모두 25인 미만인 경우로서 금융위원회가 인정하는 경우. 다만, 그 소유자의 수가 25인 미만으로 감소된 날이 속하는 사업연도의 사업보고서는 제출

⑤「동법 시행령」 제167조 제1항 제3호에 따른 발행인의 경우에는 같은 항 제2호 각 목의 어느 하나에 해당하는 증권으로서 각각의 증권마다 소유자의 수가 모두 300인 미만인 경우. 다만, 그 소유자의 수가 300인 미만으로 감소한 날에 속하는 사업연도의 사업보고서는 제출

다. 사업보고서의 기재사항 및 첨부서류

사업보고서 제출대상 법인은 사업보고서에 다음 각 호의 사항을 기재하고, 대통령령이 정하는 서류를 첨부하여야 한다.(「자본시장법」 제159조 제2항)

1) 사업보고서의 기재사항

사업보고서 제출대상법인이 사업보고서에 기재할 사항은 다음과 같다.(「자본시장법」 제159조 제1항 전단)

사업보고서의 기재 사항

① 회사의 목적, 상호, 사업 내용

② 임원보수[「상법」, 그 밖의 법률에 다른 주식매수선택권을 포함하되, 대통령령으로 정하는 것(임원 모두에게 지급된 그 사업연도의 보수 총액)에 한정]

③ 임원 개인별 보수와 그 구체적인 산정기준 및 방법[임원 개인에게 지급된 보수가 5억 원 이내의 범위 내에서 대통령령으로 정하는 금액(5억원) 이상인 경우에 한정]

③의2 보수총액 기준 상위 5명의 개인별보수와 그 구체적인 산정기준 및 방법[개인에게 지급된 보수가 5억 원 이내 범위에서 대통령령으로 정하는 금액(5억 원) 이상인 경우에 한정]

④ 재무에 관한 사항

⑤ 그 밖에 대통령령으로 정하는 사항

사업보고서에 기재할 사항으로서 대통령령이 정하는 사항은 다음과 같다.(「자본시장법 시행령」 제168조 제3항)

대통령령으로 정하는 사업보고서 기재 사항

① 「자본시장법」 제159조 제7항에 따른 대표이사와 제출업무를 담당하는 이사의 제169조 각호의 사항에 대한 서명
② 회사의 개요
③ 이사회 등 회사 기관 및 계열회사에 관한 사항
④ 주주에 관한 사항
⑤ 임원 및 직원에 관한 사항
⑥ 회사의 대주주(그 특수관계인 포함) 또는 임직원과의 거래 내용
⑦ 재무에 관한 사항과 그 부속명세서
⑧ 회계감사인의 감사의견
⑨ 그 밖에 투자자에게 알릴 필요가 있는 사항으로서 금융위원회가 정하여 고시하는 사항

사업보고서를 제출하여야 하는 법인 중 연결재무제표 작성대상법인의 경우에는 「동법 시행령」 제168조 제3항 제7호에 따른 재무에 관한 사항과 그 부속명세서, 그 밖에 금융위원회가 정하여 고시하는 사항은 연결재무제표 기준으로 기재하되, 그 법인의 재무제표를 포함하여야 하며, 제3항 제8호에 따른 회계감사인의 감사 의견은 연결재무제표와 그 법인 재무제표에 대한 감사의견을 기재하여야 한다.(「자본시장법 시행령」 제168조 제4항)

2) 사업보고서의 첨부서류

사업보고서에는 「자본시장법」 제159조 제2항에 따라 다음 각호의 서류를 첨부하여야 한다. 제출대상법인이 사업보고서에 첨부하여야 할 서류는 다음과 같다.(「자본시장법 시행령」 제168조 제6항)

사업보고서에 첨부할 서류

① 회계감사인의 감사보고서
② 감사의 감사보고서(「상법」 제447조의4에 따른 감사보고서)
③ 법인의 내부감사장치[이사회의 이사직무집행의 감독권과 감사(감사위원회가 설치되어 있는 경우 감사위원회)의 권한, 그 밖에 법인의 내부감시장치를 의미]의 가동현황에 대한 감사의 평가 의견서
④ 그 밖에 금융위원회가 정하여 고시하는 서류 등

라. 사업보고서에 대한 대표이사 등의 확인·검토

사업보고서 제출대상 법인이 사업보고서를 제출하는 경우 제출 당시 그 법인의 대표 이사(집행임원 설치회사의 경우 대표집행임원) 및 제출업무를 담당하는 이사는 그 사업 보고서의 기재사항 중 중요사항에 관하여 거짓의 기재 또는 표시가 있거나 중요사항의 기재 또는 표시가 누락되지 아니하였다는 사실 등 대통령령으로 정하는 사항을 확인·검토하고 이에 각각 서명하여야 한다.(「자본시장법」 제159조 제7항)

사업보고서에 대한 대표이사 등의 확인·검토사항은 다음과 같다.(「자본시장법 시행령」제169조)

사업보고서에 대한 대표이사 등의 확인·검토 사항

① 사업보고서의 기재사항 중 중요사항에 관하여 거짓의 기재 또는 표시가 없고, 중요사항의 기재 또는 표시를 빠뜨리고 있지 아니하다는 사실
② 사업보고서의 기재 또는 표시 사항을 이용하는 자로 하여금 중대한 오해를 일으키는 내용이 기재 또는 표시되어 있지 아니하다는 사실
③ 사업보고서의 기재사항에 대하여 상당한 주의를 다하여 직접 확인·검토하였다는 사실
④ 「신외감법」 제4조에 다른 외부감사대상법인인 경우에는 같은 「동법」 제8조에 따라 내부회계관리제도가 운영되고 있다는 사실 등

마. 감사/감사위원회의 확인사항

감사 또는 감사위원회는 사업보고서에 대한 기재사항의 적정성 여부와 사업보고서에 대한 대표이사 등의 확인·검토사항의 누락된 사항이 없는지를 확인하여야 한다.

부정·위험의 감사·조치 업무

Ⅰ 이사의 중대 손해발생 위험보고에 대한 수령 및 조치

1. 보고 개요

제2편 제3장 제5절 – Ⅰ. '보고 개요' 항목을 참조하시기 바랍니다.

2. 보고 의무자

제2편 제3장 제5절 – Ⅱ. '보고 의무자' 항목을 참조하시기 바랍니다.

3. 보고 사항 및 시기

제2편 제3장 제5절 – Ⅲ. '보고 사항 및 시기'의 항목을 참조하시기 바랍니다.

4. 보고 위반의 효과

제2편 제3장 제5절 – Ⅳ. '보고 의무 위반의 효과'의 항목을 참조하시기 바랍니다.

5. 보고에 대한 감사의 조치

제2편 제3장 제5절 – Ⅴ. '보고에 대한 감사의 조치' 항목을 참조하시기 바랍니다.

II 외부감사인의 부정 및 위법행위 통보에 대한 수령 및 조치

제2편 제3장 제13절-Ⅶ. '외부감사인의 부정 및 위법행위 통보에 대한 수령 및 조치권'의 항목을 참조하시기 바랍니다.

III 회계부정행위 고지자로부터 고지에 대한 수령 및 조치

제2편 제3장 제13절 - Ⅷ. '회계부정행위 고지자로부터 고지에 대한 수령 및 조치권'의 항목을 참조하시기 바랍니다.

IV 외부감사인에 대한 부정 및 위법행위 통보 조치

제2편 제4장 제6절 - Ⅵ. '외부감사인에 대한 부정 및 위법행위 통보의무'의 항목을 참조하시기 바랍니다.

제5절 외부감사인의 선임·관리업무

I 외부감사인의 선임업무

1. 외부감사인의 선임시기

제3편 제7장 제3절 - Ⅲ - 3 - 라 -(다). '외부감사인 선임의 시기 및 절차' 항목을 참조하시기 바랍니다.

2. 외부감사인의 일반선임

제3편 제7장 제3절 - Ⅲ - 3 - 라 - (3) - (가). '외부감사인 선임 방법' 항목을 참조하시기 바랍니다.

3. 외부감사인의 예외선임

가. 외부감사인 일반지정제도

제3편 제7장 제3절 - Ⅲ - 3 - 라 - (5) - (가) '외부감사인 일반지정제도' 항목을 참조하시기 바랍니다.

나. 외부감사인 특별지정제도

제3편 제7장 제3절 - Ⅲ - 3 - 라 - (5) - (나) '외부감사인 특별지정제도' 항목을 참조하시기 바랍니다.

II 외부감사인의 관리업무

1. 외부감사인의 보수 등 관리

감사 또는 감사위원회는 외부감사인의 감사보수와 감사시간, 감사에 필요한 인력에 관한 사항을 문서로 정하여야 한다.(「신외감법」 제10조 제5항 전단)

이 경우 감사위원회가 설치되지 아니한 주권상장법인, 대형비상장주식회사 또는 금융회사의 감사는 감사인선임위원회의 승인을 받아야 한다.(「신외감법」 제10조 제5항 후단)

2. 외부감사인의 보수 등 확인

감사 또는 감사위원회는 「신외감법」 제23조 제1항에 따라 감사보고서를 제출받은 경우 「동법」 제5항에서 정한 사항이 준수되었는지를 확인하여야 한다. 이 경우 감사위원회가 설치되지 아니한 주권상장법인, 대형비상장주식회사 또는 금융회사의 감사는 「동법」 제5항에서 정한 사항이 준수되었는지를 확인한 문서를 감사인선임위원회에 제출하여야 한다.(「신외감법」 제10조 제6항)

3. 외부감사인의 선임보고

가. 외부감사인 선임 주주총회 보고

제3편 제7장 제3절 – Ⅲ – 3 – 라 – (4) – (가) '외부감사인 선임 주주총회 보고'의 항목을 참조하시기 바랍니다.

나. 외부감사인 선임 대외기관 보고

제3편 제7장 제3절 – Ⅲ – 3 – 라 – (4) – (나) '외부감사인 선임 대외기관 보고'의 항목을 참조하시기 바랍니다.

Ⅲ 외부감사인의 해임업무

1. 「공인회계사법」 위반에 따른 외부감사인 해임

외부감사인이 「공인회계사법」 제21조 또는 제33조를 위반한 경우에는 회사는 지체 없이 외부감사인과의 감사계약을 해지하여야 하며, 감사계약을 해지한 후 2개월 이내에 새로운 외부감사인을 선임하여야 한다.(「신외감법」 제13조 제1항)

2. 감사인 직무상 의무위반에 따른 외부감사인 해임

「신외감법」 제10조 제3항에도 불구하고 주권상장법인, 대형비상장주식회사, 또는 금융회사는 연속하는 3개 사업연도의 동일 감사인으로 선임된 감사인이 직무상 의무를 위반하는 등 대통령령으로 정하는 사유에 해당하는 경우에는 연속하는 3개 사업연도중이라도 매 사업연도 종료 후 3개월 이내에 다음 각 호의 구분에 따라 해임 요청된 외부감사인을 해임하여야 한다. 이 경우 회사는 외부감사인을 해임한 후 2개월 이내에 새로운 외부감사인을 선임하여야 한다.(「신외감법」 제13조 제2항)

감사인의 직무상 의무 위반 사유

① 감사인이 회사의 기밀을 누설하는 등 직무상 의무를 위반한 경우
② 감사인이 그 임무를 게을리하여 회사에 손해를 발생하게 한 경우
③ 감사인이 회계감사와 관련하여 부당한 요구를 하거나 압력을 행사한 경우
④ 해당회사가 「외국인투자촉진법」에 따른 외국인투자가(개인은 제외)가 출자한 회사 로서 그 출자조건에서 감사인을 한정하고 있는 경우
⑤ 「공인회계사법」 제3조 제1항에 따른 지배·종속의 관계에 있는 종속회사가 지배 회사와 동일한 감사인을 선임하려는 경우

감사인 해임 요청의 주체

① 감사위원회가 설치되어 있는 경우 : 감사위원회가 해임을 요청한 감사인
② 감사위원회가 설치되지 아니한 경우 : 감사가 감사인 선임위원회의 승인을 받아 해임을 요청한 감사인

3. 감사계약 해지나 감사인 해임에 따른 외부기관 보고

주권상장법인, 대형비상장주식회사 또는 금융회사는 「신외감법」 제13조제1항 및 제2항에 따라 감사계약을 해지하거나 감사인을 해임한 경우에는 지체 없이 그 사실을 증권선물위원회에 보고하여야 한다.(「신외감법」 제13조 제3항)

제8장

내부감사 평가업무

제1절 내부감사 품질평가 일반

Ⅰ 내부감사 품질보증 및 개선 프로그램의 개관

1. 내부감사 품질보증 및 개선 프로그램의 개요[225]

내부감사최고책임자는 감사부서의 업무능력을 평가하기 위해 내부감사부서의 모든 면을 다루는 「품질보증 및 개선 프로그램(Quality Assurance and Improvement Program : QA&IP)/QAIP」을 개발하고 유지하여야 한다.(「국제내부감사기준」 1300. 품질보증 및 개선프로그램)

내부감사의 품질보증 및 개선프로그램은 내부감사활동이 국제내부감사기준 등을 준수하는지, 그리고 내부감사인이 윤리강령을 준수하는지를 평가하도록 설계되었다. 이 프로그램은 또한 내부감사활동의 효과성과 효율성을 평가하고 개선의 기회를 식별한다. 내부감사최고책임자는 품질보증 및 개선프로그램에 대한 이사회의 감독을 권장해야 한다.

품질보증 및 개선프로그램은 「국제직무수행방안(IPPF)」의 필수요소에서 볼 수 있는 진단업무를 포함하여 내부감사부서를 운영하고 관리하는 모든 면을 포함하여야 한다. 그래서 그것은 상시적이고 정기적인 내부평가뿐만 아니라 자격 있고 독립된 평가자 또는 평가팀에 의한 외부평가를 포함하여야 한다.

2. 내부감사 품질보증 및 개선 프로그램의 설치[226]

내부감사최고책임자는 내부감사부서의 다양한 이해관계인들에게 다음과 같이 활동한다는 합리적인 보증을 할 수 있도록 설계된 프로세스를 설치할 책임이 있다.

내부감사최고책임자의 합리적인 보증을 하는 활동

① 「국제내부감사기준」 및 윤리강령 등과 일관성을 갖춘 감사헌장 또는 감사규정 등에 따라 업무를 수행한다.

② 효과적이고 효율적으로 운영한다.

225 김용범, 전게서, 2017, 1296면. IIA, 전게서, 2007, 145면. 2012, 88면 및 2017, 93면.

226 IIA, 전게서, 2007, 146면.

③ 조직의 가치를 증진시키고 업무를 개선하는 활동으로 이해관계자들에게 인식 시킨다.

이런 프로세스에는 적절한 감독, 주기적인 내부평가, 품질관리의 상시모니터링 그리고 주기적인 외부평가를 포함하여야 한다.

3. 내부감사 품질보증 및 개선 프로그램의 성격 및 범위[227]

품질보증 및 개선프로그램은 내부감사직무의 정의, 윤리강령, 국제내부감사기준 및 전문적 모범실무관행에서 발견되듯이, 내부감사부서의 운영이나 관리에 관한 모든 면을 포함하여 충분히 포괄적이어야 한다. 품질보증 및 개선프로그램 프로세스는 내부감사 최고책임자에 의하여 또는 내부감사최고책임자의 직접적인 감독 하에 수행되어야 한다.

소규모의 내부감사부서를 제외하고, 내부감사최고책임자는 품질보증 및 개선프로그램에 관한 대부분의 책임을 일반적으로 부하에게 위임하곤 한다. 대형 또는 복잡한 환경(예: 다수의 사업체 및 사업장소)에서는 내부감사최고책임자는 내부감사부서의 감사 및 진단 기능과는 별개로 공식적인 품질보증 및 개선프로그램 기능을 설치해야 한다.

이러한 독립적인 기능은 「감사관리자(audit executive)」가 맡아야 한다. 이 감사관리자는(그리고 제한된 감사직원) 일반적으로 모든 품질보증 및 개선프로그램에 관한 책임을 수행하지는 않고, 이러한 활동을 관리하고 모니터링하곤 한다.

4. 내부감사 품질보증 및 개선 프로그램의 핵심 요소[228]

품질보증 및 개선프로그램은 실무적으로 가능한 한 피검토대상 기능이나 활동과는 별개로, 최적 수준의 전문가적 숙달 및 검토수준을 달성하도록 구성해야 한다. 내부감사최고책임자가 수행하거나 또는 내부감사최고책임자의 지시를 받는 기능 또는 사람에 의해 수행되는 다음 핵심요소들은 품질보증 및 개선프로그램의 기능으로 고려되어야 한다.

품질보증 및 개선프로그램의 핵심요소

① 내부감사정책/절차 개발 및 실행을 감독 : 내부감사부서의 정책/절차매뉴얼을 운용/유지한다.
② 내부감사부서를 위한 예산 및 재무적 운용 측면에서 내부감사최고책임자와 감사관리자를 지원한다.
③ 포괄적인 감사리스크 영역을 유지하고 갱신한다. 이에는 감사 리스크 영역에 영향을 미치는 새로운 정보를 수집하고 통합시킨다. 내부감사, 외부감사 그리고 기타평가 및 조사기능들 가운데 책임부서를 감독한다.
④ 감사리스크 및 장기계획을 평가하기 위한 시스템의 일반적 업무를 진행한다. 이 부분에 대해 내

227 IIA, 전게서, 2007, 146면.
228 IIA, 전게서, 2007, 146~148면.

부감사최고책임자 및 감사관리자를 지원한다.

⑤ 검증 및 진단업무를 위한 전반적인 시간표 작성 프로세스 및 관련된 일정 추적을 지원한다.

⑥ 내부감사 관리 면에서 감사도구 들을 구입·유지 그리고 적응하고 여타의 기술을 사용하는 것을 지원한다.

⑦ 외부에서 인력을 충원하고 내부감사부서가 조직의 내부직원 순환과 관리자 개발 프로그램에 참여할 수 있도록 운영한다.

⑧ 직원들의 훈련 및 개발을 감독한다. 예, 훈련코스의 선택 및 개발 그리고 개별 감사직원들의 전문가적 개발을 위한 추적시스템을 포함하여 관련된 경력계획 및 성과평가 프로세스를 운영한다.

⑨ 내부감사 통계/측정기준, 감사 후 및 기타 설문조사(예 : 내부감사부서의 고객 및 이해관계인에 대한)시스템을 감독한다.

⑩ 공식적인 내부 및 외부 품질평가를 포함하여 품질보증 및 프로세스 개선활동을 운영하고 모니터링한다.

⑪ 내부감사부서가 최고경영진 및 감사위원회에 주기적인 요약보고서(내부 및 외부 품질 평가 결과 보고서를 포함하여)를 준비하고 정보를 수집하는 활동을 감독/운영한다.

⑫ 내부감사업무, 외부감사 및 기타 내부평가와 조사기능 업무의 결과로 야기되는 권고 사항 및 수정조치 활동에 대한 포괄적인 데이터베이스 사후관리를 운영 하고 유지한다.

⑬ 내부감사최고책임자, 내부감사관리자 및 직원들의 직무수행기준, 새로운 내부 감사전문가 모범실무관행 출현 및 변화, 규제관련 사항 그리고 여타 새로운 사안들 및 기회에 대해 내부감사관리자의 지시 하에 최신 자료로 업데이트될 수 있도록 지원한다.

⑭ '지원한다, 운영한다, 감독한다, 모니터링 한다. 그리고 유지 한다'는 단어들은 품질보증 및 개선프로그램 기능을 담당하는 사람(들)이 이러한 여러 가지 일을 꼭 해야 하는 것은 아니라는 것을 의미한다.

이러한 임무는-특정한 임무를 위한 임시적인 임무 부여일 수도 또는 장기적인 임무 부여일 수도 있으며-그 외의 내부감사 관리자 및 직원에게 임무를 부여될 수도 있으나, 품질보증 및 개선프로그램을 통해 감독되고 운영되어야 한다는 것이다.

II 내부감사 품질보증 및 개선 프로그램 평가의 요건[229]

1. 내부감사 품질관리 프로그램 평가의 개요

내부감사 품질관리 프로그램 평가는 내부감사부서에 의해 「수행권고」 1311에서 설명되는 것처럼 내부 검증 및 진단 업무에 대한 일상적으로/지속적으로 감독 및 검토 그리고 측정하는 내부평가('내부검토' 및 '자가평가'와 동의어)가 있다.

그리고 내부감사직무에 대해 높은 수준의 숙달 및 경험을 갖춘 개인이나 팀에 의해, 「수행권고」 1312와 일치하게 내부감사부서의 국제내부감사기준 준수 및 윤리강령 등을 적용하

229 IIA, 전게서, 2007, 149~151면 및 2017, 99~101면. 김용범, 전게서, 2017, 1298~1300면.

였는지에 대한 주기적인 외부평가로 이루어져야 한다.

2. 내부감사 품질관리 프로그램 모니터링

품질관리 프로그램의 모니터링은 내부감사부서가 수행한 검증 및 진단업무 전반에 대한 상시적이고 주기적인 평가를 의미하며, 품질보증 및 개선프로그램만을 평가한다는 의미는 아니다.

이러한 상시적이고 주기적인 평가는 일관되게 엄격하고 포괄적인 프로세스, 검증 및 진단업무에 대한 상시적 감독 및 성과테스트, 그리고 「국제내부감사기준」, 「윤리강령」과 해당 회사의 「감사/감사위원회직무규정」, 「내부감사규정」(이하 '「국제내부감사기준」 등'이라 함)등의 준수여부를 주기적으로 확인하는 것들로 구성되어야 한다.

모니터링은 또한 성과평가기준(예 : 감사계획 달성, 사이클 타임, 수용된 권고사항 그리고 고객 만족)에 대한 상시적인 측정 및 분석을 하는 것을 포함하여야 한다. 만약 이러한 평가결과 내부감사부서가 개선해야 할 분야를 식별하게 되면, 내부감사최고책임자는 품질보증 및 개선프로그램을 통하여 이를 개선하여야 한다.

3. 내부감사 품질관리 프로그램 평가의 내용

품질관리 프로그램의 평가는 내부감사활동의 품질을 평가하여 결론을 내리고 적절한 개선을 위해 권고사항을 이끌어 내야 한다. 품질관리 프로그램의 평가는 다음과 같은 사항의 평가를 포함한다.

품질관리 프로그램의 주요 평가 내용

① 「직무수행기준」, 「내부감사규정」과 「윤리강령」의 준수 여부
② 내부감사부서의 헌장, 규정, 방향, 목표, 정책 그리고 절차의 적정성
③ 조직의 지배구조, 리스크 관리, 부정관리 및 내부통제의 적절성에 대한 기여도
④ 적용되는 법, 규정 그리고 통제의 적절성에 대한 기여도
⑤ 상시적인 업무개선의 효과성 및 모범실무관행의 채택여부
⑥ 감사활동이 조직의 가치를 증진시키고 업무를 개선시켜주는지 여부 등

4. 내부감사 품질관리 프로그램의 상시적 개선

모든 품질관리 프로그램의 평가 및 개선 노력은 모니터링 및 평가활동을 통해 나타난 대로 자원, 기술, 프로세스 그리고 절차를 적합하고, 시의 적절하게, 상시적으로 개선 및 변경하는 것을 포함한다.

5. 내부감사 품질관리 프로그램 평가 결과의 보고

책임을 다하고 투명하게 하기 위해 내부감사최고책임자는 외부적 그리고 적절한 경우 내

부적 품질관리 프로그램 평가의 결과를 최고경영진, 이사회/감사위원회 그리고 외부 감사인 등의 다양한 이해관계인들과 공유해야 한다.

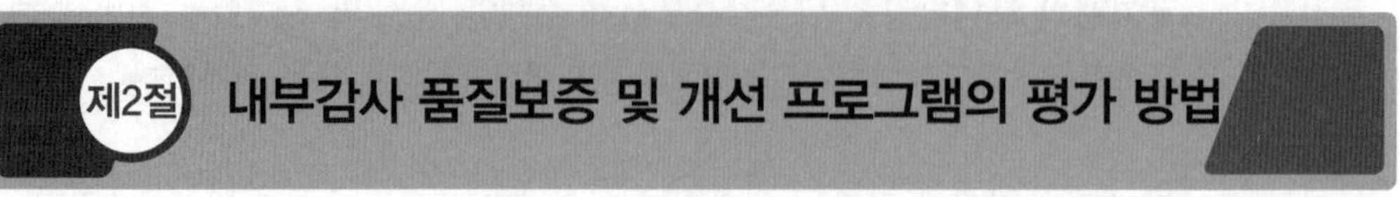

제2절 내부감사 품질보증 및 개선 프로그램의 평가 방법

Ⅰ 내부감사 품질보증 및 개선 프로그램에 대한 내부평가[230]

1. 내부감사 품질보증 및 개선 프로그램 내부평가의 개요

내부감사최고책임자는 「국제내부감사기준」 및 국제내부감사협회(IIA)가 정한 내부감사기준의 정의에 나오는 모든 행동을 감사 범위로 하는 내부감사부서를 설립할 책임이 있다. 이를 실천하기 위해 「국제내부감사기준」1300에는 내부감사최고책임자가 내부감사 품질보증 및 개선 프로그램을 개발할 것을 요구하고 있다.

내부감사 품질 보증 및 개선 프로그램은 상시적이고 주기적인 내부평가(내부평가란 용어는 수행권고에 쓰이는 '내부검토' 및 '자기평가'와 동의어)를 할 것을 포함해야 한다. 이러한 상시적이고 주기적인 평가는 내부감사부서가 수행한 검증 및 진단 업무 전반에 대한 평가이어야 하며, 내부감사부서의 품질 보증 및 개선 프로그램만을 평가하는 것에 그쳐서는 안 된다. 내부평가는 다음과 같은 사항을 반드시 포함하여야 한다.(「국제내부 감사기준」1311)

<u>내부평가에 반드시 포함되어야 할 사항</u>

① 내부감사부서의 수행성과에 대한 상시 점검
② 주기적인 자체평가 또는 내부감사 수행실무에 관한 충분한 지식을 가진 조직 내 다른 사람에 의한 평가

본 항목에서 **상시 점검**이란 매일 수행하는 내부감사활동에 대한 감독, 검토 및 측정을 종합하는 것을 의미하고, **주기적 자체평가**란 일반적으로 「국제내부감사기준」 및 내부감사활동에 대한 전반적이고 종합적인 검토를 말한다. 또한 **내부감사 수행실무에 대한 충분한 지식**이란 최소한 윤리강령 및 「국제내부감사기준」, 그리고 해당회사의 「감사/감사위원회 직무규정」, 「검사규정」 등의 모든 요소에 대한 이해를 의미한다.

내부감사최고책임자는 상시점검 및 주기적 자체평가가 모두 포함하는 내부평가를 내부감사부서가 지속적으로 수행하게 할 책임이 있다. 내부평가는 내부감사활동이 「국제내부감사기준」등을 지속적으로 준수하는지 검증한다. 내부감사최고책임자는 내부평가가 내부감사

230 IIA, 전게서, 2007, 152~154면. 2012, 102~107면. 2017, 102~107면. 김용범, 2017, 1300면.

활동의 지속적인 개선에 초점을 맞추고, 그 효율성과 효과성의 점검을 포함하는 것으로 이해한다.

2. 내부감사 품질보증 및 개선 프로그램 상시 점검

내부감사 품질보증 및 개선프로그램의 상시 점검은 우선적으로 감사업무 계획 수립 및 감독, 표준화된 업무 관행, 감사조서 절차 및 감독자의 서명, 보고서 검토, 그리고 모든 약점 또는 개선의 필요가 있는 영역의 파악 및 그것을 해결하기 위한 수정조치 계획 등과 같은 지속적인 활동을 통해 달성된다.

상시 점검은 내부감사절차가 매 감사업무마다 품질을 산출하는지를 판단하도록 돕는다. 일반적으로 상시 점검은 표준 업무 관행의 적용을 통해 一年 내내 일상적으로 발생한다. 이것을 촉진하기 위해 내부감사최고책임자는 내부감사인 들이 국제내부감사기준 등을 일관성 있게 적용하게 하고, 업무 전반을 통해 사용할 양식을 개발할 수도 있다.

적절한 감독은 모든 품질평가 및 개선 프로그램의 기본요소이다. 감독은 계획수립과 함께 시작하고 수행 및 보고 단계를 통해 지속된다. 적절한 감독은 기대 설정, 감사업무 중 내부감사인들 간의 상시소통, 그리고 감독업무 책임이 있는 사람에 의한 시기적절한 감독상의 서명을 포함하여 감사조서 검토절차를 통해 확인한다.

상시점검을 위해 일반적으로 사용되는 추가적인 방법은 다음을 포함한다.

상시점검을 위해 일반적으로 사용되는 추가적인 방법

① 내부감사인이 수립된 관행 및 절차를 준수하는지 그리고 「국제내부감사기준」등을 지속적으로 적용하는지에 대한 검증을 제공하기 위한 체크리스트/자동화된 툴(Tool)

② 내부감사팀의 효율성 및 효과성에 대한 내부감사 고객 및 기타 이해관계인들의 피드백

③ 직원 중에 공인내부감사사, 기업내부감사사 등의 수, 그들의 내부감사 경력년수, 그들이 연간 획득한 지속적 직무개발시간의 양, 감사업무의 적시성, 이해관계인의 만족 등과 같은 직원 및 핵심 성과지표(KPI)

④ 내부감사활동의 효율성과 효과성을 결정하는 데 가치가 있는 기타 측정 수단들

국제내부감사기준 등의 준수 검증에 더하여, 상시점검은 내부감사 활동을 개선하는 기회가 될 수 있다. 그런 경우에 내부감사최고책임자는 보통 이런 기회에 주의를 기울여 수정계획을 개발할 수 있다. 변경이 실행되면 핵심성과지표는 성공을 점검하는 데 사용될 수 있다. 상시점검결과는 「국제내부감사기준」1320-품질보증 및 개선 프로그램의 보고에서 요청된 대로 적어도 1년에 한 번은 이사회에 보고해야 한다.

3. 내부감사 품질보증 및 개선 프로그램 주기적 자체평가

내부감사 품질 보증 및 개선 프로그램 주기적 자체평가는 상시점검과 다른 집중을 하는데, 일반적으로 「국제내부감사기준」 및 내부감사활동에 대한 전반적이고 종합적인 검토를

한다. 반면에 상시 점검은 일반적으로 감사업무 수준에서 수행된 검토에 집중한다. 추가적으로, 주기적 자체평가는 모든 기준을 준수하는가를 고려하는 반면에 상시점검은 감사업무 수준에서 실행기준에 집중한다.

주기적인 자체평가는 일반적으로 내부감사부서의 상위 직원, 국제내부감사 직무수행 체제(IPPF)에 광범위한 경험을 가진 내부감사 내의 품질보증 전담 팀 및 개인, 공인내부감사사(기업내부감사사 등 포함) 또는 조직 내 어느 부서에서라도 임명될 수 있는 기타 역량 있는 내부감사 전문가에 의해 수행된다.

가능하다면 내부감사부서의 직원을 자체 평가 프로세스에 포함하는 것은 이익이 될 수 있다. 왜냐하면 그것은 내부감사인의 IPPF 이해를 향상시키는 유용한 훈련기회가 될 수 있기 때문이다. 내부감사부서는 그들이 「국제내부감사기준」 등을 지속적으로 준수하는지 검증하고, 다음 사항을 주기적으로 자체평가를 수행한다.

품질 보증 및 개선 프로그램의 주기적 자체평가 사항

① 수행된 업무의 품질 및 감독
② 내부감사 정책 및 절차의 적정성 및 타당성
③ 내부감사부서가 가치를 증진하는 방법
④ 핵심성과지표의 완수
⑤ 이해관계인의 기대를 충족하는 정도 등

이것을 완수하기 위해 자체평가를 수행하는 개인이나 팀은 내부감사활동이 기준을 준수하여 운영되고 있는지 결정하기 위해 개별기준을 평가한다. 이런 프로세스를 통해 내부감사 최고책임자는 보통 업무수행을 위한 정책 및 절차를 포함해 내부감사활동의 감사실무관행의 품질을 평가할 수 있다. 이는 내부감사부서의 구성원 또는 내부감사 실무 등에 대해 충분한 지식을 갖춘 조직 내 다른 사람들에 의해서 수행될 수 있다.

Ⅰ-2. 내부감사부서의 성과검토를 지원하기 위한 수단[231]

1. 서론

기준 등을^^일관성「국제내부감사기준」 1310조(품질보증 및 개선프로그램의 요건)는 품질보증 및 개선프로그램은 내부 및 외부평가를 모두 포함한다. 그리고 「동 기준」1 311(내부평가)는 내부평가는 ① 내부감사부서의 수행성과에 대한 상시 점검과 ② 주기적 자체평가 또는 내부감사 수행실무에 관한 충분한 지식을 가진 조직 내 다른 사람에 의해 평가해야 한다고 정함으로써 내부감사부서의 수행성과에 대한 상시점검을 제안하고 있다.

「국제내부감사기준」의 준수 외에 감사활동의 수행성과 측정은 다음을 포함할 수 있다. 위

231 김용범, 전게서, 2017, 1302~1306면. IIA, 전게서, 2007, 156~162면 및 2017, 99~107면.

험관리, 부정관리, 내부통제 그리고 지배구조의 개선에 기여한 수준, 부여된 핵심목표 달성 수준, 감사계획 대비 진행정도, 감사 프로세스에서 증가된 비용/효익 정도, 프로세스 개선을 위한 조치계획이 증가된 수, 적절한 업무계획 및 감독, 이해관계인의 필요를 완수한 효과성, 품질보증 검토의 충분성 정도 등이다.

2. 성과측정 프로세스 수립

효과적인 성과측정을 위하여 내부감사최고책임자는 다음의 프로세스를 수립해야 한다.

효과적인 성과측정을 위한 프로세스

1) **중요한 성과범주를 확인한다.**
   본 수행권고는 ① 이해관계인 만족, ② 내부감사 프로세스, ③ 혁신 및 능력 등의 범주를 이용할 것을 제안한다.
2) **성과평가 범주전략 및 측정지표를 확인한다.**
   전략은 「국제내부감사기준」, 기타 적절한 전문가 기준 그리고 관련된 법 규정을 준수하고 이해관계인을 만족시키는 방향으로 추구해야 하며, 성과측정은 「동기준」을 준수하기 위한 내부감사부서의 내부평가프로세스의 요소가 될 수 있다.
3) **지속적으로 감시되고, 분석되고 그리고 보고될 수 있는 성과측정을 위한 프로세스 를 마련한다.**

내부감사최고책임자는 사용된 수단이 부서규모에 적절하고, 산업, 국가, 법·규정 그리고 업무환경에 적절한지 확인하여야 한다. 성과측정은 그 조직에 맞게 구체적이어야 하고 내부감사최고책임자는 특정 내부감사부서에게는 의미가 없는 일반적인 수단에 의존하지 않도록 주의를 기울여야 한다.

3. 중요한 성과평가 범주 확인

위에서 언급한 바와 같이 내부감사최고책임자는 이해관계인 만족, 감사 프로세스, 내부감사의 혁신 및 능력과 같은 핵심성과측정 범주를 식별해야 한다. 이해관계인은 감사위원회, 감사, 경영진, 정부기관 및 규제기관 그리고 외부감사인을 포함한다. 감사 프로세스는 리스크평가, 계획 그리고 감사기법을 포함할 수 있다. 혁신 및 능력은 효과적인 기법의 이용, 훈련, 산업관련 지식을 포함할 수 있다.

4. 성과평가 범주 전략과 측정 확인

「국제내부감사기준」, 기타 적절한 전문가 기준, 회사 및 내부감사부서 전략계획, 법규정 그리고 내부감사부서 헌장/내부감사부서 규정 및 업무는 각 성과 범주에 대한 적절한 전략을 결정하기 위한 효과적인 토대를 제공할 것이다. 성과 범주 전략 및 측정은 이런 토대 및 이해관계인 만족의 분석에 근거한다.

참고

성과 평가 범주

1) **내부고객** : ① 이사회/감사위원회(감사포함), ② 최고경영진, ③ 업무관리자

2) **외부고객** : ① 규제기관, ② 외부감사, ③ 지역사회, ④ 기업의 고객

3) **내부감사프로세스** : ① 리스크 평가/감사 계획, ② 감사업무 계획 및 수행, ③ 보고

4) **혁신 및 능력** : ① 훈련, ② 기법, ③ 산업 지식 등

5. 내부 및 외부 이해관계인

전형적으로 내부감사부서에 대한 핵심 이해관계인(고객)은 내부 및 외부 이해관계인으로 구분된다.

이해관계인의 구분

① 내부 이해관계인 : 이사회/감사위원회(감사포함), 최고 및 업무 경영진 등

② 외부 이해관계인 : 규제기관 및 외부감사 등

내부감사최고책임자는 모든 관련 이해관계인 및 중요한 또는 각 이해관계인에게 중요해야만 하는 제품 및 서비스를 식별해야 한다. 내부감사최고책임자는 그들의 현재의 만족 수준(및 그에 필적할 만한 우선사항)과 식별된 어떠한 차이도 평가해야 한다.

평가는 인터뷰, 촉진된 회의 그리고/또는 질의서를 통해 수행될 수 있다. 차이가 식별되면, 내부감사최고책임자는 적절한 조치계획을 개발하도록 장려한다. 이해관계인들 간의 만족을 맞추고 검증할 필요가 있을 것이다. 관련된 이해관계인 및 그들의 만족을 식별하는데 고려할 사항은 다음과 같은 사항을 포함한다.

이해관계인의 만족을 식별하는 데 고려할 사항

① 조직과/또는 감사활동에 관한 규정의 범위

② 핵심적인 내부 및 외부이해관계인들과의 관계

③ 조직의 성격(예: 상장된 또는 개인소유의 기관) 등

6. 내부감사 프로세스

내부감사 프로세스에서 성과측정 범주를 식별할 때 「국제내부감사기준」 또는 「내부감사규정」등을 고려하여야 한다. 추가적으로, 「내부감사헌장」 또는 「내부감사규정」에서 요구되는 핵심 달성 목표도 고려되어야 한다.

피드백 및 측정기법은 경영진에 대한 진단업무 및 만약 「내부감사헌장」 및 「내부감사규

정」등에서 부정조사 서비스를 포함하고 있는 경우에는 부정조사 서비스와 관련된 정보를 수집하기에 알맞게 조정될 수 있다.

내부감사 프로세스 범주와 각 범주에서 측정할 잠재적 영역은 다음과 같다.

내부감사 프로세스 범주 측정의 잠재적 영역

1) 리스크 평가/ 감사 계획

① 감사부서가 리스크 관련된 사안을 효과적으로 처리했는가에 대해 핵심 이해 관계인(감사위원회, 최고경영진, 외부감사인)으로부터 피드백을 획득하는가?

② 내부감사부서는 핵심 리스크 영역이 다루어진 정도를 평가하는가?

2) 감사 계획 및 업무 수행

① 범위, 목표, 시점 그리고 자원배분을 포함하는 각 업무를 위해 적절한 감사계획이 수립되는가?

② 감사는 수립된 감사절차와 실무관행을 따라 수행되는가?

3) 전달 및 보고

① 자세한 품질수준 및 감사보고의 빈도에 대해 핵심 이해관계인으로부터 피드백이 획득되는가?

② 내부감사부서는 핵심 권고사항이 실행되는 정도를 측정하는가?

7. 혁신 및 능력

IIA의「국제내부감사 일반기준」및「국제내부감사 실행기준」과「내부감사규정」등은 내부감사부서의 혁신 및 능력에 관련된 성과측정 범주를 식별하는 데 고려되어야 한다. 혁신 및 능력 범주 및 각 범주에서 측정할 잠재적 영역은 다음과 같다.

혁신 및 능력을 측정할 잠재적 영역

1) 훈련

① 감사직원이 충분한 훈련을 받는지 확인하기 위한 측정을 하는가?(직원별 훈련시간, 직원에 의한 중요한 훈련과목 완수)

② 훈련에 대한 감사직원의 만족도는 측정되는가?

③ 직원 자격증의 수는 측정되는가?

2) 기술 이용

① 기술의 이용에 관해 직원 훈련을 위한 목표가 수립되었는가? 목표가 완수되었다는 것을 확인하기 위한 측정을 하는가?

② 감사 검증 및 분석을 효과적으로 지원하기 위해 기술을 사용하는 데 대한 목표가 수립되었는

가? 목표의 완수여부를 측정하는가?

3) 산업 지식

● 직원이 산업, 비즈니스, 업무 그리고 핵심기능에 관한 충분한 지식을 갖추고 있는지 측정하는가?(예 : 오리엔테이션 회의 수료에 대한 측정, 핵심영역에 대한 감사프로젝트, 실무 작업 참여)

8. 효과적인 성과측정 실행 및 보고 프로세스

내부감사최고책임자는 수립된 감사부서 목표를 지원하는 행동을 촉진하고, 그런 목표의 달성에 대한 적절한 평가를 하는 측정프로세스를 수립해야 한다. 효과적인 상시적 프로세스는 다음과 같은 것들을 포함한다.

<u>효과적인 성과측정 실행 및 보고 프로세스</u>

① 직무수행기준, 핵심 전략 목표, 그리고 적절한 법 규정과 일관성을 갖는 성과측정. 이런 측정 포인트는 명확하고, 측정가능하고, 달성 가능하고, 현실적인 목표 및 / 또는 기준
② 측정 데이터를 수집, 요약, 분석하기 위한 일관된 프로세스 및 적절한 피드백 제공
③ 기대치, 조건, 우선순위 그리고 목표의 변화에 맞추어 측정이 현실적으로 변경되는 것을 보증하는 프로세스
④ 부서 관리자 및 핵심 이해관계자에게 측정 프로세스 결과의 보고
⑤ 감사위원회에게 내부감사부서의 효과성에 대한 연간 보고 등

아래 그림은 성과측정 프로세스가 어떻게 적용될 수 있는지 보여주는 예다. 이 예는 회사전략과 감사전략 사이의 연결을 포함하여 혁신 및 능력 범주에 대한 성과 측정을 보여준다.

회사 전략
(핵심 재무 및 관리보고와 내부통제 자동화를 위한 핵심 시스템의 능력 향상)

내부감사 전략
(감사대상 핵심 프로세스를 지원하는 응용프로그램 감사에 대한 보고능력 증진)

성과 범주 : 혁신 및 능력
(범주 전략 : 직원 채용 및 시스템 보고와 감사능력에 대한 훈련)
(측정 : 관련 시스템에 대한 개별 간감사인의 훈련 시간 및 시스템 감사 경험이 있는 직원의 수)

Ⅰ-3. 독립적인 검증을 수반하는 내부감사의 자가평가[232]

1. 내부감사 품질보증 및 개선 프로그램 자가평가의 개요

내부감사최고책임자는 「국제내부감사기준」 및 IIA가 정한 내부감사 기준의 정의에 나오는 모든 활동을 감사범위로 하는 내부감사부서를 설립할 책임이 있다. 이를 실천하기 위해서는 「동 기준」1300에는 최고감사책임자가 품질보증 및 개선프로그램을 개발할 것을 요구하고 있다.

품질보증 및 개선프로그램은 자격을 갖춘 독립적인 외부 검토자 또는 검토팀으로부터 적어도 5년마다 한 번은 수행되는 주기적인 외부평가를 받아야 하는 것을 포함한다. 이러한 상시적이고 주기적인 평가는 내부감사부서가 수행하는 검증 및 진단업무 전반에 대한 평가여야 한다.(「국제내부감사기준」1300-1)

2. 독립적인 검증을 수반하는 내부감사 자가평가의 내용

그러나 자격있고 독립적인 검토인이나 검토팀에 의한 외부평가는 비교적 소규모 내부감사부서에게는 부담스러운 문제가 될 수 있거나 또는 독립적인 팀에 의한 완전한 외부평가가 적절하거나 필요하지 않다고 여겨지는 상황이 있을 수 있다. 따라서, IIA는 대안으로서 다음과 같은 특징을 갖춘 "독립적인 (외부적) 검증을 수반하는 자가평가"라는 프로세스를 만들었다.

외부평가가 필요하지 않다고 여겨지는 상황

① 광범위한 규제 및 감독 하에 있는 산업에 속한 경우.
② 지배구조 또는 내부통제에 관련된 광범위한 외부적 감독이나 지시를 받는 경우.
③ 최근 광범위한 모범실무관행을 벤치마킹한 외부적 검토 및/또는 진단서비스를 받은 경우.
④ 내부감사최고책임자가 판단할 때 직원의 능력개발을 위해 자체평가를 하는 혜택과 QAIP의 강도가 외부팀에 의한 품질평가에서 얻는 혜택보다 비중이 큰 경우.

독립적인 검증을 수반하는 내부감사의 자가평가

① 포괄적이고 완전히 문서화된 자가평가 프로세스로서, 적어도 「국제내부감사 기준」의 준수평가에서 외부평가 프로세스에 필적
② 자격 있는 검토자에 의한 독립적인 현장 검증 ③ 경제적인 시간 및 자원 요건
④ 「기준」1312-1(외부평가)에서 설명된 것과 같은 요건 및 기준이 적용
⑤ 일반적 고려사항 ⑥ 독립적 검증(외부평가)하는 사람의 자격

---

232 김용범, 전게서, 2017, 1310면. IIA, 전게서, 2007, 171~173면. 2011, 99~101면.

⑦ 독립성, 신의성실 및 객관성, 능력, 경영진 및 이사회의 승인, 범위(수단, 기술, 기타 모범실무관행, 경력개발, 부가가치 있는 행동 같은 분야는 제외)
⑧ 결과보고서(수정 행동 및 달성 결과를 포함)

내부감사최고책임자의 지시를 받고 있는 팀은 자가평가 프로세스를 수행하고 모두 문서화해야 한다. IIA의 품질평가 매뉴얼은 자가 평가에 대한 지침 및 수단을 포함하여 그 프로세스의 윤곽을 담고 있다. 외부평가에서 요구되는 것과 같은 보고서 초안이 작성되어야만 한다.

자격 있고 독립적인 검증자는 평가결과를 검증하고, 감사활동이 「국제내부감사기준」 등을 준수한 정도를 식별한 수준에 대한 의견을 표명하기 위하여 자가평가에 제한된 테스트를 수행하여야 한다. 이러한 독립적인 검증은 IIA의 품질평가 매뉴얼 또는 유사한 포괄적 프로세스에 설명된 프로세스를 따라야 한다.

3. 독립적인 검증을 수반하는 내부감사 자가평가팀의 평가

「국제내부감사기준」 및 「윤리강령」 등의 준수에 대한 자가평가팀의 평가를 엄격히 검토하는 것을 포함하여, 독립적인 검증을 완료한 경우 다음과 같은 내부감사 자가 평가팀의 평가가 있어야 한다.

내부감사 자가평가팀의 평가사항

① 독립적인 검증자는 위에서 언급된 보고서 초안을 검토해야 하며, 해결되지 않은 사안들이 만약 있다면 그것들에 대한 조정을 시도해야 한다.
② 만약 「국제내부감사기준」 및 윤리강령 준수에 대한 평가에 동의한다면, 독립적인 검증자는 평가에 동의한다는 문구를 보고서에 추가해야 하고, 필요하다면 발견 사항, 결론 그리고 권고사항에 동의한다는 문구를 추가해야 한다.
③ 만약 그 평가에 동의하지 않는다면 독립적인 검증자는 보고서에 동의하지 않는다는 문구를 추가해야 한다.
④ 대안으로 독립적인 검증자는 위에 언급한 동의 또는 동의하지 않는다는 내용을 표명하는 독립검증보고서를 자기평가 보고서에 추가해 따로 작성할 수도 있다.
⑤ 독립적인 평가가 수반된 자가평가의 최종보고서는 자가평가팀과 독립적인 검증자에 의해 사인되어야 하고 내부감사최고책임자(CAE)에 의해 발행되어 최고경영자와 이사회/감사위원회에 보고하여야 한다.

4. 독립적인 검증을 수반하는 내부감사 자가평가 보고서의 보고

완전한 외부검토는 내부감사활동에 최대의 혜택을 가져오고, 내부감사부서의 품질관리 프로그램에 꼭 포함되어야 하는 한편, 독립적인 검증을 수반하는 자가평가는 본 「국제 내부감사기준」 제1312조를 완전하게 만족시키는 대안적인 수단을 제공한다.

하지만, 가능한 한 최적의 품질보증과 프로세스 개선혜택을 획득하려면, 내부감사부서는 독립적인 검증이 수반되는 자가평가를 임시적인 수단으로 보고 다음 기간 중에는 완전한 외부평가를 받도록 노력하여야 한다.

II 내부감사 품질보증 및 개선 프로그램에 대한 외부평가[233]

1. 내부감사 품질보증 및 개선 프로그램 외부평가의 개요

내부감사최고책임자는 내부감사활동이 조직 외부의 독립적인 평가자 또는 평가팀에 의해 최소한 5년에 한 번은 외부평가를 받도록 할 책임이 있다. 내부감사부서의 품질 보증 및 개선 프로그램의 요건은 외부평가는 내부감사부서가 국제내부감사기준 등을 준수하고, 내부감사인들은 윤리강령을 적용하는지 검증하여야 한다. 그래서 내부감사최고책임자는 국제내부감사기준 등을 주기적으로 검토하고, 모든 변화를 인식해야 한다.

내부감사최고책임자는 보통 상이한 유형의 외부평가들뿐만 아니라 그런 서비스를 제공할 수 있는 다양한 자원에 대하여 알고 있다. 또한 보통 자신의 조직이 외부평가 제공자를 구하는 것과 관련될 수 있는 모든 조달정책을 인식하고 있다. 추가적으로 내부감사 최고책임자는 외부평가자/평가팀에 대한 독립성 요건을 인식하고, 독립성 및 객관성을 손상시키거나 이해상충을 야기할 수 있는 상황을 이해하여야 한다.

2. 내부감사 품질보증 및 개선 프로그램 외부평가의 일반

보통 내부감사최고책임자는 수행될 외부평가의 빈도 및 유형에 관해 최고 경영진 및 이사회/감사위원회와 논의한다. 그런 논의는 내부감사최고책임자가 이해관계인을 교육시키고, 조직의 기대를 공감하고 이해하게 한다.

「국제내부감사기준」은 내부감사부서가 최소한 5년에 한 번은 외부평가를 받도록 요구한다. 하지만, 이러한 요건을 최고경영진 및 이사회/감사위원회와 논의할 때 내부감사 최고책임자는 외부평가를 더 자주 하는 것이 적절하다고 결정할 수 있다.

더욱 빈번한 검토를 고려해야 하는 이유는 여러 가지가 있는데, 리더십의 변동(예, 최고경영진 또는 내부감사최고책임자), 내부감사 정책 및 절차의 중대한 변화, 둘 또는 그 이상의 감사조직을 한 내부감사부서로 통합, 심각한 직원 이직률 등을 들 수 있다.

추가적으로 특정 산업 또는 환경 관련 사안은 더 빈번한 검토를 필요로 할 수 있다. 외부평가는 내부감사활동이 국제내부감사기준 등을 준수하는지 평가하고, 내부감사인들이 윤리강령을 적용하는지에 대한 평가를 제공한다.

「국제내부감사기준」1320 품질보증 및 개선 프로그램의 보도에 명시된 바와 같이 외부평가결과는 평가자 또는 평가팀의 준수에 대한 결론을 포함하여 완수한 직후 최고경영진 및 이사회/감사위원회에 보고하여야 한다.

---

233 김용범, 전게서, 2017, 1306면. IIA, 전게서, 2007, 170, 2011, 88~98면 및 2017, 108~113면.

3. 내부감사 품질보증 및 개선 프로그램 외부평가의 범위

외부평가는 다음 두 가지 중 한 가지 접근법을 사용하여 완수할 수 있다. 하나는 완전한 외부평가, 또 하나는 독립적인 외부검증을 수반한 자체평가(self-assessment with independent external validation : SAIV)이다.

완전한 외부평가는 자격 있고, 독립적인 외부평가자 또는 평가팀에 의해 수행될 것이다. 그 팀은 역량 있는 전문가들로 구성하고, 경험 있는 전문가 프로젝트팀 리더가 이끌어야 한다. 완전한 외부평가의 범위는 보통 세 가지 핵심요소를 포함한다.

완전한 외부평가에 포함되어야 할 세 가지 핵심 요소

① **「국제내부감사기준」 및 윤리강령 등의 준수 수준**

이것은 내부감사부서의 헌장, 계획, 정책, 절차 및 실무검토를 통해 평가될 수 있다. 어떤 경우에 그 검토는 관련된 법·규정 요건을 포함할 수 있다.

② **내부감사 활동의 효율성 및 효과성**

이것은 QAIP를 포함해, 내부감사 활동 프로세스 및 기본체제의 평가, 그리고 내부감사직원의 지식, 경험 및 전문성의 평가를 통해 측정될 수 있다.

③ **내부감사활동이 이사회/감사위원회, 최고경영진 및 운영 경영진의 기대를 충족하는 정도, 그리고 조직에 가치를 부가시키는 정도**

외부평가 요건을 충족하는 두 번째 방법은 독립적인 외부검증을 수반한 자체평가(self-assessment with independent external validation : SAIV)이다. 이런 형태의 외부평가는 보통 내부감사부서에 의해 수행되고 자격 있고 독립적인 외부평가자에 의해 검증된다. 독립적인 외부검증을 수반한 자체평가(SAIV)의 범위는 보통 다음과 같다.

독립적인 외부검증을 수반한 자체평가의 범위

① 적어도 내부감사활동이 「국제내부감사기준」 및 윤리강령 등을 준수하는지 평가함과 관련해서, 외부평가 프로세스와 비견할 만한 종합적이고 완전히 문서화된 자체 평가 프로세스
② 자격 있고 독립적인 외부평가자가 수행하는 현장 검증
③ 벤치마킹, 검토, 컨설팅 및 첨단 실무관행의 적용, 그리고 최고 및 운영 경영진과의 면담과 같은 기타 영역에 대한 한정된 관심

4. 내부감사 품질보증 및 개선 프로그램 외부평가자의 자격

외부평가를 위해 어떤 접근법이 채택되더라도 자격 있고 독립적인 외부평가자/평가팀은 평가를 완수하기 위하여 재훈련 되어야 한다. 내부감사최고책임자는 항상 최고 경영진 및

이사회/감사위원회와 논의하여 평가자 또는 평가팀을 선정한다.

평가자 또는 평가팀은 두 가지 중요한 영역에서 전문성을 갖추어야 한다. 내부감사직무에 관한 전문적 실무(현재의 IPPF에 대한 심도 있는 지식을 포함), 그리고 외부 품질평가 프로세스, 선호되는 자격 및 역량은 다음과 같다.

외부 품질평가 프로세스에서 선호되는 자격과 역량

① 내부감사 전문 자격증(예, 공인내부감사사, 기업내부감사사, 공인회계사 등)
② 최신 내부감사 실무 지식
③ 업무 지식 및 IPPF의 적용 경험을 증명하는 경영진 수준에서의 충분한 그리고 최신의 내부감사직무 경험 등

조직은 평가팀 리더 및 독립적인 검증자에 대해 추가적인 자격 및 역량을 요구할 수 있다.

평가팀 리더/독립적인 검증자에게 요구되는 추가적인 자격과 역량

① 지난번 외부평가 업무에서 얻은 추가적인 역량 및 경험 수준
② IIA의 품질평가 코스 또는 유사한 훈련 완료
③ 내부감사최고책임자(또는 비견할 만한 내부감사관리) 경험
④ 관련된 기술 및 산업 경험 등

필요한 경우 다른 영역에 대한 전문성을 갖춘 사람들이 지원할 수 있다. 예를 들면 위험관리 전문가, 부정관리 전문가, IT 감사 전문가, 통계적 샘플링·모니터링 시스템 및 통제자체평가 전문가 등을 들 수 있다. 내부감사최고책임자는 외부평가를 위해 필요한 기술을 결정해야 하고 평가자 또는 평가팀을 선정하는 데 전문적 판단을 사용해야 한다.

예를 들면 내부감사최고책임자는 유사한 규모, 복잡성 및 산업의 조직에서의 내부감사 경험을 가진 사람을 선호할 수 있는데, 이는 이런 전문성이 더 가치가 있기 때문이다. 팀에 속한 개별 감사인들은 선호되는 모든 역량을 보유할 필요는 없다. 대신에 최선의 결과를 제공하기 위해 필요한 자격을 총체적으로 보유하여야 한다.

5. 내부감사 품질보증 및 개선 프로그램 외부평가자의 독립성

외부평가를 수행하는 개인이나 조직, 검토팀의 팀원 그리고 평가에 참여하는 여타의 개인은 그들의 내부감사활동이 외부평가의 대상이 되는 조직 또는 그 구성원에 대해 부담이나 이해관계로부터 자유로워야 한다.

독립적이란 뜻은 이해상충이 없고, 내부감사부서가 속한 조직의 일부도 아니고 영향을 받지도 않는 것을 의미한다. 외부평가자의 독립성과 관련하여 다음과 같은 특별한 고려가 필요하다.

<u>외부평가 독립성 관련 고려 사항</u>

① **평가를 수행하는 개인은 내부감사활동이 평가의 대상이 되는 조직으로부터 독립 되어야 하며, 실제로, 잠재적으로 또는 인지된 이해상충이 없어야 한다.**

'조직으로부터의 독립'은 내부 감사부서가 속한 조직의 일부가 아니고 통제도 받지 않아야 함을 의미한다. 외부평가자를 선택하는 데 검토자가 그 조직 또는 내부감사부서와 현재 또는 과거 관계 때문에 주고받을 것이 있는 등 가능성 있는 그리고 명백한 이해상충을 고려해야 한다.

② **내부감사부서와는 조직적으로 구분되지만, 그 조직 또는 관련 조직의 다른 부서에서 근무하는 사람은 외부평가 수행목적에서 볼 때 독립적이 아니다.**

'관련조직'은 한 그룹사의 모기업 또는 자회사일 수 있고, 그 내부감사활동이 외부평가의 대상이 되는 해당 조직에 대한 정기적인 감시, 감독 또는 품질보증 책임이 있는 기관일 수도 있다.

③ **두 조직 간의 상호 동료평가는 독립적이라고 간주되지 않는다.**

그러나 셋 또는 그 이상의 동료 조직(동종 산업, 지역조합, 또는 기타 유사집단 내의 조직들) 간의 상호평가는 독립적으로 간주될 수 있다. 여전히 독립성과 객관성이 손상되지 않고 모든 팀원들이 그들의 책임을 완전히 수행할 수 있음을 보장하기 위해서는 주의가 필요하다.

④ **독립성이 저해되거나 저해된 것처럼 보일 수 있는 우려를 극복하여야 한다.**

독립성 저해 우려를 극복하기 위해 한명 이상의 독립성이 있는 개인이 외부평가팀의 일원이 되거나 또는 외부평가팀의 업무를 독립적으로 검증하는데 참여하도록 정할 수 있다.

6. 내부감사 품질보증 및 개선 프로그램 외부평가자의 객관성

내부감사 품질보증 및 개선 프로그램 외부평가의 **객관성**이란 정신적 상태이며 검토팀의 서비스에 가치를 부여하는 특성이다. 객관성의 원칙은 공정하고, 정직하고, 이해상충으로부터 자유로워야하는 의무를 부과한다.

내부감사 품질보증 및 개선 프로그램 외부평가의 **신의성실성**은 검토팀에게 정직성과 비밀유지 제약조건 범위 내에서 솔직성을 요구한다. 서비스와 공공신뢰가 개인적 이득이나 혜택에 종속되어서는 곤란하다.

7. 내부감사 품질보증 및 개선 프로그램 외부평가자의 전문성

외부평가를 수행하고 그 결과를 보고함에 있어 전문가적 판단력의 발휘가 요구된다. 따라서 외부평가자로서 검토 임무를 수행하는 개인은 다음과 같은 역량을 갖추어야 한다.

<u>품질보증 및 개선 프로그램 외부평가의 역량</u>

① 능력 있고「직무수행기준」또는「내부감사규정」에 대한 상세한 지식을 갖추고 있는 CIA, CPA,

CA, CISA, 기업내부감사사 등 공인된 감사전문가이어야 한다.

② 해당 전문 업무분야에 대해「모범실무관행(best practice)」 또는 감사업무를 숙지하고 있어야 한다.

③ 관리자급으로 내부감사활동부서에서 최소한 3년 이상의 경험을 가져야 한다.

④ 외부평가팀의 리더와 독립적인 평가자들은 아래와 같은 추가적인 능력과 경험을 필요로 한다.

추가적인 능력과 경험

① 전에 외부품질평가팀의 일원으로서 일하여 얻은 능력과 경험

② IIA의 품질평가코스 또는 유사한 훈련을 성공적으로 완수하여 얻은 능력과 경험

③ 내부감사최고책임자 또는 이에 비견될 만한 내부감사 관리경험 등으로부터 얻은 능력과 경험 등

검토팀은 정보기술 전문가와 검토대상 업종 경험자를 포함해야 한다. 다른 전문분야 수행능력을 가진 개인이 외부 검토팀을 지원할 수 있다. 예를 들면 전사적 리스크 관리, 통계적 샘플링 등에 관한 전문가 등이 검토의 어떤 분야에 참여할 수 있다.

8. 내부감사 품질보증 및 개선 프로그램 외부평가의 범위

품질보증 및 개선 프로그램 외부평가의 범위는 다음과 같은 내용을 포함한 내부감사 부서의 광범위한 업무영역을 포함한다.

품질보증 및 개선 프로그램 외부평가의 범위

①「직무수행기준」, IIA의「윤리강령」 그리고 내부감사부서의 헌장 또는 규정, 계획, 정책, 절차, 방법, 기타 적용 가능한 법적, 제도적 요구사항의 준수

② 이사회, 경영진 그리고 일선 관리자가 표명하는 내부감사 활동부서에 대한 기대

③ 지배구조 프로세스에 개입되는 핵심 그룹들 사이에서의 부수적인 관계를 포함 하여, 내부감사부서의 기업지배 프로세스에의 통합 정도

④ 내부감사부서에서 사용한 방법과 기술

⑤ 프로세스 개선 등에 초점을 맞추는 감사직원을 포함해서 지식, 경험 그리고 훈련을 받은 감사인의 구성

⑥ 감사활동이 조직의 가치를 증대하고 업무를 개선하는지 여부 결정 등

9. 내부감사 품질보증 및 개선 프로그램 외부평가 결과의 보고

책임을 다하고 투명하게 하기 위하여 최고감사책임자는 외부적 그리고 적절한 경우 내부적 품질관리 프로그램 평가의 결과를 최고경영진, 이사회 그리고 외부감사인 등 활동의 다양한 이해관계인 등과 공유해야 한다.

II-2. 공공기관 감사에 대한 직무수행실적 평가[234]

1. 공공기관 감사에 대한 직무수행실적평가의 개요

상임감사·감사위원 직무수행실적평가는 「공공기관운영에 관한 법률」 제36조에 따라 공기업·준정부기관의 상임감사·감사위원에 대한 직무수행실적을 평가하여, 그 결과를 인사와 성과급에 연계시킴으로써 상임감사·감사위원의 책임성 확보 및 내부견제시스템의 활성화 유도하기 위하여 운영되고 있다.

2. 공공기관 감사에 대한 직무수행실적평가의 대상

상임감사·감사위원(이하 "상임감사"라 함) 직무수행실적 평가 대상은 평가대상년도에 재직한 공기업·준정부기관(이하 "공공기관"이라 함)의 상임감사 또는 상임감사위원이다. 구체적으로 기술하면 평가대상년도 말일을 기준으로 임용된 지 6개월이 경과한 공공기관 상임감사의 직무수행실적을 평가대상으로 한다.

3. 공공기관 감사에 대한 직무수행실적평가의 조직

공공기관 상임감사의 직무수행실적 평가는 관련 분야 전공 대학교수 및 전문가 10명으로 구성된 상임감사 평가단에 의해서 실시한다.

4. 공공기관 감사에 대한 직무수행실적평가의 방법

평가지표는 상임감사 직무수행실적을 체계적이고 종합적으로 평가할 수 있도록 '감사역량' 과 '직무수행성과'의 2개 범주로 구성되어 있으며, 비계량 평가와 계량평가로 구분되어 있다.

비계량평가는 감사활동의 적정성 및 직무성과에 대한 질적인 측면을 3개의 하위지표('감사의 전문성', '감사의 윤리성 및 독립성 확보', '내부통제 기능 강화')로 나누어, 각 지표별 실적내용에 대한 성과와 노력의 정도에 따라 9등급(A^+, A^0, B^+, B^0, C, D^+, D^0, E^+. E^0)으로 평가한다.

이어서 계량평가는 외부평가기관인 감사원의 '내부감사 운영 성과 및 사후 관리의 적정성' 평가결과와 국민권익위원회의 '기관청렴도' 평가결과를 반영한다. 각 범주별 세부지표 내용과 가중치는 아래와 같다.

각 범주별 세부지표 내용

1) 감사역량

① 감사의 전문성 확보	비계량	25%
② 감사의 윤리성 및 독립성 확보	비계량	25%
소 계		50%

234 기획재정부, 「공기업·준정부기관 상임감사·감사위원 직무수행실적 평가보고서」, 2019. 8. 9~15면.

2) 직무수행성과

① 내부통제 기능강화	비계량	20%		
② 내부감사 운영성과 및 사후관리의 적정성 (감사원 자체감사활동 심사결과 반영)			계량	25%
③ 기관의 청렴도 (국민권익위원회의 청렴도 측정결과 반영)			계량	5%
소 계		20%		30%
전체 합계	**비계량**	**70%**	**계량**	**30%**

이렇게 합산 산출된 상임감사의 종합 점수는 최종적으로는 아래와 같이 6등급의 절대평가체제로 전환·운영하는데, 이는 예측 가능성을 확보하고 평가과열을 방지하기 위함이다.

절대평가체제의 등급별 정의

① 탁월(90점 이상) : 모든 감사활동 영역에서 체계적인 감사시스템을 갖추고 효과적인 감사활동이 이루어지고 있으며, 탁월한 성과가 지속적으로 창출되는 단계

② 우수(80점 이상~90점 미만) : 대부분의 감사활동 영역에서 체계적인 감사시스템을 갖추고 효과적인 감사활동이 이루어지고 있으며, 매우 우수한 성과가 지속적으로 창출되는 단계

③ 양호(70점 이상~80점 미만) : 대부분의 감사활동 영역에서 체계적인 감사시스템을 갖추고 효과적인 감사활동이 이루어지고 있으며, 비교적 우수한 성과가 지속적으로 창출되는 단계

④ 보통(60점 이상~70점 미만) : 대부분의 감사활동 영역에서 일반적인 감사시스템을 갖추고 있고, 일반적인 감사활동이 이루어지며, 개선활동이 이루어지는 단계

⑤ 미흡(50점 이상~60점 미만) : 일부 감사활동 영역에서 일반적인 감사시스템을 갖추고 있고, 일반적인 감사활동이 이루어지며, 개선 지향적 체계로의 변화를 시도하는 단계

⑥ 아주 미흡(50점 미만) : 대부분의 감사활동 영역에서 감사시스템이 체계적 이지 못하고 감사활동이 효과적으로 이루어지지 않으며, 개선 지향적 체계로의 변화 시도가 필요한 단계

5. 공공기관 감사에 대한 직무수행실적평가의 활용

기획재정부장관은 공공기관 상임감사·감사위원의 직무수행실적평가 결과 그 실적이 저조한 상임감사·감사위원에 대하여는 운영위원회의 심의·의결을 거쳐 해임하거나 그 임명권자에게 해임을 건의할 수 있다.(「공공기관운영법」 제36조 제2항)

제3절 내부감사 품질 보증 및 개선 프로그램의 보고[235]

I 보고의 개요

내부감사최고책임자는 내부감사 품질 보증 및 개선 프로그램의 결과에 대해 최고경영자 및 이사회/감사위원회에 보고하여야 한다. 내부감사 품질 보증 및 개선 프로그램의 보고는 다음과 같은 내용을 포함하여야 한다.(「국제내부감사기준」1320)

보고에 포함되어야 할 내용

① 내부 및 외부평가의 범위 및 빈도
② 잠재적 이해상충을 포함한 평가자 또는 평가팀의 자격 및 독립성
③ 평가자의 결론 ④ 수정조치 계획 등

내부감사 품질보증 및 개선 프로그램 결과보고의 형식, 내용, 빈도는 최고 경영자와 이사회/감사위원회와 논의를 통하여 수립되며, 내부감사헌장에 포함된 것과 같이 내부 감사부서와 내부감사최고책임자의 책임을 고려한다.

윤리강령 및 「국제내부감사기준」등을 준수함을 증명하기 위해서 외부평가 및 주기적 내부평가결과는 완료하는 즉시 보고하고, 상시점검의 결과는 적어도 1년에 한 번은 보고하여야 한다.

II 내부 및 외부평가의 범위 및 빈도

내부 및 외부평가의 범위와 빈도는 이사회/감사위원회 및 최고경영진과 논의되어야 한다.(기준 1311-내부평가 및 기준, 1312-외부평가 참조) 범위는 내부감사헌장에 기술된 것처럼 내부감사부서와 내부감사최고책임자의 책임을 고려해야 한다.

그것은 또한 국제내부감사기준 대비 평가된 내부감사 실무뿐 아니라 내부감사활동에 영향을 줄 수 있는 기타 모든 규제적 요건 또한 포함해야 한다. 외부평가의 빈도는 내부감사부서의 규모와 성숙도에 따라 변동된다.

1. 내부평가

내부감사최고책임자는 내부감사활동의 신용도와 객관성을 향상시키기 위하여 적어도 매년 내부평가결과를 보고하는 방법을 수립해야 한다. 「국제내부감사기준」 1320의 해설은 주기적인 내부평가 결과는 그런 평가가 완료되는 즉시 보고되어야 하고, 상시 점검 결과는 적

235 김용범, 전게서, 2017, 1312~1313면. IIA, 전게서, 2007, 174면. 2011, 47면. 2017, 114~119면.

어도 매년 완료되어야 한다.

2. 외부평가

내부감사최고책임자는 외부평가의 빈도에 대해 최고경영자 및 이사회/감사위원회와 논의해야 한다. 「국제내부감사기준」은 내부감사부서가 최소한 5년에 한 번은 외부평가를 받도록 요구한다.

하지만, 최고경영자 및 이사회/감사위원회와 아래와 같은 사유가 있을 경우 이런 요건에 대한 논의를 통해 내부감사최고책임자는 외부평가를 더 자주 수행하는 것이 적절하다고 결정할 수 있다.

외부평가를 자주 수행할 수 있는 사유

① 리더십의 변동(최고경영진, 내부감사최고책임자 등)
② 내부감사 정책 또는 절차의 중대한 변경
③ 둘 또는 그 이상의 감사 조직을 한 내부감사부서로 통합
④ 심각한 직원 이직률 등

Ⅲ 평가자 또는 평가팀의 자격과 독립성

외부평가자 또는 평가팀을 선정할 때 내부감사최고책임자는 보통 경영진 및 이사회/ 감사위원회와 잠정적 평가자의 자격, 그리고 실제로, 잠재적으로, 또는 인지된 이해상충을 포함하여 독립성 및 객관성과 관련된 몇 가지 요소를 논의한다.

평가자 또는 평가팀의 자격과 독립성에 대한 자세한 내용에 대하여는 위의 제3편 제8장－Ⅱ－4. '내부감사 품질보증 및 개선 프로그램 평가자의 자격'의 항목과 5. '내부감사 품질보증 및 개선 프로그램 평가자의 독립성'의 항목을 참조하시기 바랍니다.

Ⅳ 평가자의 결론

외부평가보고서는 외부평가결과에 대해 의견 및 결론 표명을 포함한다. 내부감사부서의 「국제내부감사기준」에 대한 결론에 더하여 보고서는 각 기준 및 또는 기준 시리즈에 대한 평가를 포함할 수 있다.

내부감사최고책임자는 최고경영진 및 이사회/감사위원회에 결론의 등급에 대해 설명해야 한다. 또한 그 결과가 미치는 영향도 설명해야 한다. 준수 수준을 나타내는 등급의 한 예는 다음과 같다.

준수 수준을 나타내는 등급(예시)

① 일반적 준수 : 「국제내부감사기준」 등을 준수한다고 판단. 최고 등급

② 부분 준수 : 실무적 취약점이 「국제내부감사기준」 등을 벗어난 것으로 판단
③ 미준수 : 실무적 취약점이 매우 중대하다고 판단

V 수정조치 계획

외부평가를 하는 중에 평가자는 「국제내부감사기준」 등을 준수하지 않는 영역을 해결하기 위해 권고사항 및 개선을 위한 기회를 제공할 수 있다. 내부감사최고책임자는 외부평가자가 제공한 권고사항을 처리하기 위한 모든 행동계획을 최고경영진 및 이사회/감사위원회에 보고하여야 한다.

내부감사최고책임자는 또한 외부평가 권고사항 및 조치계획을 내부감사부서의 내부 감사업무 발견사항과 관련된 기존의 점검 프로세스에 추가하는 것을 고려할 수 있으며, 외부평가 중에 파악된 권고사항이 실행된 후 내부감사최고책임자는 일반적으로 이것을 내부감사활동에 대한 사후관리의 일부로서 또는 QAIP의 일부로서 내부평가(「동 기준」1311)를 통한 별도의 사후관리를 통해 이사회/감사위원회에 보고한다.

제9장

내부감사 실무관련 주요 이슈

제1절 질문서/문답서 작성 요령

Ⅰ 개요

1. 작성 대상

위법·부당 행위의 정도가 크거나 취급경위가 복잡하고 책임소재가 불분명한 사항으로 '개인주의 및 문책'이 예상되는 건에 대하여 작성한다. 감사인이 피감사자(이하 '진술인'이라 함)와 질의·응답하는 방법으로 작성한다.

2. 작성 목적

진술인의 위법·부당행위에 대하여 감사인은 진술인의 ① 행위의 동기·배경, ② 위법·부당행위의 정도, ③ 관련자의 책임소재 등을 파악하여 증거자료로 활용하고, 진술인에게는 ④ 의견진술의 기회를 부여할 목적으로 작성한다.

Ⅱ 문답 필수항목

1. 행위의 동기 및 배경

(1) 진술인의 관련기간

문 : 본 건~와 관련하여 귀하의 직위, 담당 업무 및 기간, 현 소속 및 직위는 어떠합니까?

- 진술인의 본 건과 관련된 기간이 인사기록카드상의 내용과 일치하는지 여부 확인

– 감사인은 미리 인사기록카드 사본을 확보

(2) 사실 확인

문 : 본 건의 사실관계는 어떠합니까?

- 진술인이 기 작성한 확인서의 내용이 사실인지 여부를 재확인

– 가급적 확인서의 문구와 일치하도록 작성

(3) 경위 확인

문 : 본 건이 발생된 경위는 어떠합니까?

- 진술인이 기 작성한 경위서의 내용이 사실인지 여부를 재확인

- 가급적 경위서의 문구와 일치하도록 작성

(4) 행위의 동기 및 배경

문 : 본 건~를 한 동기 및 배경은 어떠합니까?

• 회사의「감사규정」등에 의거 행위의 동기 및 배경 파악

- 확인서와 경위서 등에 언급된 내용 중 구체적 설명 및 규명이 필요한 모든 사항에 대하여 추가적 질문

(5) 진술인의 주장 및 근거

문 : ~라는 귀하의 주장에 대한 근거는 어떠합니까?

• 규명이 필요한 진술인의 주장에 대한 근거를 질문

- 지금까지 진술한 내용 중 규명이 필요한 부분은 모두 질문

(6) 주장 및 근거에 대한 반박

문 : ~임에도, ~라는 귀하의 말씀에 대하여 제3자는 어떻게 생각할 것 같습니까?

• 진술인의 주장 및 근거가 객관적으로 타당한지 여부를 진술인이 생각해 보도록 질문

- "Ⅳ. 문답실시-상황별 대처 요령"을 참조

2. 위법·부당행위의 정도

(7) 고의성 여부

문 :「○○○법」제○조에 의하면 ~를 금지하고 있는데, 이를 알고 있었습니까?

• 진술인이 행위 당시에 법규위반 사실을 알고 있었음에도 고의로 위규를 하였는지 여부를 확인

- 진술인은 대부분 "몰랐다"라고 답변하므로, 납득할 만한 수준의 규명 필요

(8) 피해자 규명

문 : 본 건과 관련하여 피해자는 누구이며, 그 내용은 무엇입니까?

• 예상되는 피해자 및 피해 정도를 규명함으로써, 과실의 정도를 확인하고, 민원 방지 등의 대책을 마련

- 감사인은 사전에 구체적인 피해자 및 금액을 파악

(9) 피해자 구제

문 : 본 건과 관련된 피해자에 대하여는 어떻게 하실 생각입니까?

• 피해자 구제를 위한 대책을 마련토록 촉구

- 감사 후 진술인이 번복하지 못하도록 구체적인 일정을 명시

(10) 정당처리 내용

문 : 본 건이 제대로 처리되었다면 어떻게 되었어야 한다고 생각하십니까?

• 과실에 대한 사실을 인정하고 향후 처리 방안의 방향을 제시

- 저촉된 법규의 취지에 부합되도록 작성

(11) 향후 처리 방안

문 : 향후 ~는 어떻게 하실 생각입니까?

- 감사 후에 조치이전에 즉시 시정할 수 있는 사항에 대하여 개선방안을 마련토록 촉구

– 위규 행위 중 진술인이 지금 당장 조치가 가능한 부분을 위주로 작성

(12) 회사의 과실

문 : 본 건과 관련하여 귀사가 잘못한 점은 무엇입니까?

- 회사의 과실에 대한 부분을 확인

– 진술인이 회사의 위규행위를 인정토록 유도

3. 관련자의 책임소재

(13) 최종 의사결정자

문 : 이러한 결정은 누가 한 것입니까?

- 최종 의사결정을 한 자를 확인

–「위임전결규정」상의 최종 결재자를 참고하여 작성

(14) 책임 소재

문 : 본 건과 관련하여 귀하가 지시받은 상대방, 일자 및 내용은 무엇입니까?

- 지시한 감독자의 지시받은 추종자를 확인

–「직제규정」 및「위임전결규정」을 참고하여 작성

(15) 진술인의 책임

문 : 본 건과 관련하여 귀하의 책임은 무엇입니까?

- 「감사직무규정」 또는「감사규정」 제 0 조에 의거 관련자 책임 소재를 명확히 규명

– 감사반장은 진술인으로부터 문답서 또는 질문서를 징구

4. 의견진술의 기회부여 등

(16) 제3의 관련자

문 : 본 건 취급과 관련하여 압력「청탁」 지시 또는 권유 등을 받은 사실이 있습니까?

- 외압 등 제3의 관련자가 있는지 여부 확인

(17) 감경 사항

문 : 감독기관, 행정부처, 대표이사 등으로부터 훈장, 포상, 표창 등을 받은 적이 있습니까?

- 「감사직무규정」 또는「감사규정」 등의 제0조에 의한 감경대상에 해당하는지 여부

참고

감경대상 공적사항(예시)

①「상훈법」에 의하여 훈장 또는 포상을 받은 공적

② 「정부표창규정」에 의하여 장관 이상의 표창을 받은 공적
③ 감독당국, 대표이사 등의 표창을 받은 공적 등

(18) 의견 진술

문 : 본 건과 관련하여 참고로 더 하실 말씀이나 증거가 있습니까?

- 「감사직무규정」 또는 「감사규정」 제0조에 의거 의견진술의 기회를 부여

- 감사반장은 감사결과 나타난 위법·부당행위의 관련자 또는 당해 조직에 대하여 의견진술의 기회를 부여

Ⅲ 문답 준비

1. 자료 준비

(1) 경위서 작성 : 담당자와 해당 부서장

- 진술인에게 일자별 진행사항 등이 포함된 경위서(별도의 양식 없음)를 작성하도록 요구
- 감사인은 동 경위서 초안을 확인서와 문답서에 들어갈 내용들을 모두 포함(사실 및 배경)시켜 수정한 후, 진술인에게 서명하도록 요구
- 경위서를 자세히 작성할수록 문답이 수월하며, 진술인이 경위서에 서명할 경우 확인서 및 문답서에 서명하는 데 거부감 감소

(2) 입증자료 수집

- 경위서 내용 중 입증이 필요한 모든 사항에 대하여 입증자료(인사기록카드, 법규 자료, 결재문서, 장표 등의 사본)를 수집 및 작성
- 문서 및 장표의 사본은 감사결과의 입증이 필요한 경우에 받으며, '원본과 상위 없음'을 관계인이 증명하도록 요구(원본 대조필 및 서명 날인 요구 등)
- 다만, 원본의 수량이 과다한 경우 필요한 부분을 발췌하거나 일정한 서식으로 정리할 수 있으며 이 경우 그 출처를 명시하고 작성자의 서명날인 요구

(3) 확인서 작성

- 확인서는 감사결과 나타난 위법·부당행위에 대한 증거를 보강하기 위하여 6하 원칙에 따라 구체적 사실을 기재한 확인서를 받을 수 있으며, 관련자 등이 의견진술을 희망하는 경우 의견서의 첨부 가능
- 진술인이 확인서에 서명을 거부하는 경우

- "잘못된 부분이 있으면 언제든지 수정이 가능하니까, 지금까지 확인된 사실에 대해 우선 서명하시고, 의견이 있으면 제출하라"라고 안내
- 추후 진술인이 확인서의 수정을 요구할 경우 잘못된 부분을 입증할 수 있는 증거자료의 제출을 요구

(4) 문답서 초안 작성 : 주로 해당 부서장 및 임원

- 문답서의 시간을 단축하고 문답의 일관된 진행을 위하여 경위서와 확인서를 참고하여

질문사항과 답변사항을 미리 작성

– 경위서나 확인서에 언급된 내용은 "~한 경위는 어떠합니까?"라고 질문을 포괄적으로 하고, 답변은 가급적 경위서나 확인서의 문구를 그대로 사용

– 기 진술한 표현으로 진술인의 거부감을 완화

2. 환경 조성

(1) 진술인 선정

• 실무자 또는 제재양정이 낮은 자를 먼저 진술인으로 선정함으로써, 최종 의사 결정자의 저항의지 약화

(2) 입회인 선정

• 입회인의 자격에 대한 규정은 없으나, 객관성을 유지하기 위하여 피감사 부서의 직원으로 하며, 다른 직원도 가능

• 입회인이 계속 입회할 것인지, 작성 완료된 문답서에 대하여 확인만 할 것인지 여부를 입회인과 진술인이 선택하도록 제안

– 계속 입회할 경우 조금 떨어진 장소에서 입회

– 통역 등 제3자의 참석이 불가피한 경우 의견을 제시하지 못하도록 사전 경고

(3) 문답 장소 선정

• 주로 감사장으로 하고, 여자 진술인의 경우 반드시 입회인이 있는 장소에서 실시

– 감사요원이 한 명인 경우 입회인이 있어도 출입문을 개방하는 등 성희롱 논란의 소지를 원천제거

(4) 문답서 작성의 목적과 방법을 안내

• 안내 문구(의견진술 거부권에 대한 설명 포함)

–"문답서 작성의 목적은 행위의 동기와 배경을 파악하고, 의견 진술의 기회를 부여하기 위한 것으로서, 진술을 거부할 수는 있으나 이 경우 법규의 위반사항에 대해 의견이 없는 것으로 보도록 되어 있습니다."

–"문답서 작성의 방법은 제가 질문을 하면 이에 대하여 솔직하게 임의 답변하는 방식으로 진행됩니다."

• 진술인의 산발적인 답변을 방지하기 위하여 사전에 "마지막에 충분한 의견 진술의 기회가 있으니, 질문에 부합되는 답변만 하시라"라고 안내

(5) 진술인의 방어 의지 완화

• 진술인에게 위로와 칭찬을 하면서, 본 감사가 회사의 발전에 도움이 될 것이라고 설명함으로써 방어 의지를 완화

(6) 법규위반 사실을 부인하려는 태도 차단

• 회사 직원 또는 00종사자로서 소비자 보호 및 선량한 재산관리에 대한 도덕적 의무를

인식하고 업무에 임하여야 한다고 강조

- 도덕적 해이는 법규 위반보다 더 큰 처벌을 받아야 한다고 말함으로써, 법규 위반 사실을 부인코자 하는 태도를 차단

(7) 문답서 초안에 대한 거부감 해소

• 관련 직무기간과 관련한 첫 질문을 하면 진술인은 기억 재생 노력 경주

- 이때 "기억하기 힘들까 봐 증빙을 토대로 미리 작성하였습니다."라고 말하며 문답서 초안의 해당 답변을 낭독
- 문답서 초안은 유도심문을 위해서가 아니라 진술인의 편의를 위한 것임을 안내하여 거부감을 해소

(8) 변경소지가 있는 통계수치는 확인서를 인용

• 문답서의 정정은 입회인 및 간인 등이 필요하므로 복잡

- 위규 건수 등 추후 변경소지가 있는 통계수치는 FAX 등으로 정정이 가능한 확인서의 내용을 인용

Ⅳ 문답 실시

1. 문답에 임하는 자세

(1) 진술인의 임의성을 유지하려는 자세

• 부당한 장시간 심문, 진술거부권 불고지, 기망 등의 방법에 의한 진술은 임의성이 훼손되어 증거능력이 부인될 수 있으므로 주의

(2) 예의를 갖춘 친절한 자세

• 항상 존댓말을 사용하며, 고압적 자세로 인해 진술인으로 하여금 불필요한 적대감을 형성하지 않도록 주의

(3) 침착한 자세

• 쟁점사항에 대하여 진술인과 논쟁을 하지 않도록 하며, 화를 내거나 흥분하여 목소리를 높이지 않도록 주의

• 진술인이 자백 혹은 시인을 하는 경우 성급하게 다그치거나 윽박지르지 말고 침착한 자세를 견지

2. 상황별 대처요령

(1) 문답서 작성을 거부할 경우

• 건강 악화 등 그 이유가 타당한 경우 추후에 진행하거나 질문서로 대체

- 부당할 경우 "진술을 거부할 경우 미리 작성한 모든 질문에 무응답이라고 기재하여 입회인이 서명하게 됩니다."라고 안내하여 문답을 유도

(2) 진술인이 우는 경우

- 진술인이 여자인 경우 대부분 우는데, 분위를 부드럽게 한 후 문답 진행
  - 심하게 울면 진정하고 오도록 안내하고, 눈물만 흘리면 "담당 ○○장은 누구시죠?" 등 일상적인 대화로 분위를 부드럽게 유도한 후 문답을 속행

(3) 감사인과 진술인이 감정이 격화된 경우

- 감사인과 진술인의 감정이 격화되어 문답진행이 곤란하면 휴식 후 진행
  - "힘드실 텐데, 잠시 차 한잔하신 후 진행하겠습니다."라고 말하며 감정이 누그러질 때까지 휴식 후 진행

(4) 진술인에게 불리한 중요 사실이 드러난 경우

- 의외의 질문을 하여 화제를 돌린 후, 다른 질문 항목을 먼저 질문 후 확인
  - 감사요원이 이 사실을 중요하게 생각하지 않는다는 느낌을 진술인에게 갖도록 함으로써 방어적 태도를 완화시킨 후 우회적으로 재확인

(5) 진술인이 기억이 안 난다고 하는 경우

- 실제로 기억하지 못한다고 판단될 경우
  - 기억이 되살리는 데 도움이 되도록 관련 증빙을 제시
- 거짓으로 기억이 안 난다고 말하는 것으로 판단되는 경우
  - 이는 선택적 진술거부에 해당될 수 있다고 진술인에게 안내
  - 감사인이 증거를 제시하여도 기억이 안 난다고 답변하면, 대화내용을 그대로 기재하고 낭독

예시

문 : '00.0.0.자 결제서류상에 귀하가 담당임원으로서 서명하면서 결재를 받으러 온 직원에게 지시한 내용은 무엇입니까?

답 : 기억이 나지 않습니다.

문 : 직원들은 당시 귀하가 ~를 지시하였다고 말하는데 어떠합니까?

답 : 기억이 나지 않습니다.

문 : 만약 귀하가 직원들에게 ~를 지시한 것이 사실이라면 귀하에게 유리하겠습니까? 불리하겠습니까?

답 : 불리할 것입니다.

문 : 지금까지 귀하는 귀하에게 유리한 것은 기억이 나고 불리한 것은 기억이 나지 않는다고 말씀하셨는데 맞습니까?

답 : (무응답)

(6) 진술인이 사실을 부인하는 경우

- 진술인에게 "예", "아니오"로만 답변하도록 요구한 후, 단계별로 세밀하게 나누어 여러 번 질문함으로써 원하는 답변을 도출

• 원하는 답변이 나오면 "지금까지 문답한 내용을 다 기재할까요? 아니면 결론만 기재할까요?"라고 물어본 후 원래 의도했던 문답내용만을 기재*

*문답서는 제3자가 보는 것이므로 가급적 간략히 작성하는 것이 좋음.

(7) 진술인이 억지 주장을 하는 경우

• "문답서는 제3자가 사실을 판단하도록 작성하는 것인데, 그렇게 말하면 제3자는 어떻게 생각할까요?"라고 질문하여,

• 억지 주장이 제3자에게는 거짓말하는 사람으로 인식될 수 있어 오히려 불리할 수 있다고 안내

• 설득하려고 하지 말고 입장을 바꾸어 생각하도록 유도

(8) 진술인이 사실 인정을 지연하는 경우

• "이 사실을 인정하지 않거나 대답하지 않는 것은 거짓 진술이 되며, 이는 더 큰 문제가 되는데, 대답하지 않았다고 써드릴까요?"라고 질문

• 진술인의 진술을 충분히 들어주되, 지연하면, "대답하지 않음"이라고 기재할 수 있음을 안내

(9) 진술인의 변명 논리에 말려든 경우

• 진술인의 변명 논리에 의하여 위규사실이 부인됨으로써 문답이 오히려 진술인의 변명을 위한 증거자료가 될 수 있다고 판단되면,

• "잠깐 화장실에 다녀오겠습니다."라며 일단 자리를 피하여 생각을 정리하고, 정리가 안 될 경우 익일 면담할 것을 요청하여 추가 조사 후 재개

V 문답 마무리

(1) 의견 진술기회 부여

• 마지막으로 진술인에게 의견 진술의 기회를 부여하면, 진술인은 문답과정에서 의견을 충분히 진술한 상태이므로 주저하게 되는데,

– 감사인은 성심껏 진술인을 위한 변명과 "선처를 부탁합니다."라는 문구를 대신 써줌으로써,

– 향후 조치 과정에서 감사인이 진술인을 보호하기 위하여 노력할 것이라는 믿음 형성

(2) 문답서 유출 방지

• 진술인이 문답서를 복사하거나 검사장 이외의 장소에서 수정하려는 경우는 "개인의 사생활 및 비밀 보호"를 이유로 제지

– 첫 번째 진술인의 문답이 끝나면 검사장 내에서 수정토록 하고, 두 번째 진술인과의 문답을 바로 진행함으로써 첫 번째 문답내용의 유출을 방지*

*유출될 경우 경위 문답서에 기재된 개인정보 등이 공개될 소지가 있으며, 진술내용을 번복하는 등 불필요한 마찰의 소지.

(3) 문답서 수정

- 작성 완료된 문답서를 인쇄하여 "잘못된 것이 있으면 수정할 수 있습니다."라고 말하며 진술인에게 주되, 진술인이 위규사실을 부인하는 핵심적 내용에 수정을 요구할 경우 적극적으로 제지
- 전산화일의 내용을 수정하여 재인쇄하지만, 재인쇄가 곤란한 경우 문답서에 직접 가필하여 정정

참고

문답서 가필 · 정정 방법

① **글자 정정** : 해당 부분에 두 줄을 긋고 그 위에 정정 내용을 기재
○ 진술인은 정정 내용 위에 서명하고, 감사인은 수정한 행의 좌 또는 우 여백에 정정한 글자 수를 "정○자"라고 기재한 후 그 위에 서명
② **글자 추가** : 해당 부분에 "V" 표시하고 그 위에 추가 글자를 기재
○ 진술인은 추가한 글자의 위에 서명하고, 검사인은 정정한 행의 좌 또는 우의 여백에 추가한 글자 수를 "가 ○자"라고 기재한 후 그 위에 서명
③ **글자 삭제** : 해당 글자의 원형을 알아볼 수 있도록 두 줄을 그음
○ 진술인은 삭제한 글자의 위에 서명하고, 감사원은 삭제한 행의 좌 또는 우 여백에 삭제한 글자 수를 "삭 ㅇ자"라고 기재한 후 그 위에 서명
④ **행 삭제** : 해당 행의 원형을 알아볼 수 있도록 두 줄을 그음
○ 진술인은 삭제한 행의 위에 서명하고, 검사인은 삭제한 행의 좌 또는 우 여백에 삭제한 행수를 "삭 ○행"라고 기재한 후 그 후에 서명

(4) 문답서 작성 종료

- 입회인으로 하여금 문답서를 읽어보고 최종 수정 후 서명 또는 무인하도록 하되, 오탈자 이외의 의견은 제시하지 못하도록 제지
  - 진술인과 입회인은 문답서 각 장을 접어 간인
  - 진술인에게 "잘못된 부분이 있으면 언제든지 수정이 가능*합니다."라고 안내하여 서명에 대한 부담을 완화

    * 문답서의 수정을 요구할 경우 잘못된 부분을 입증할 수 있는 증거자료 제출을 요구
- 작성 완료 후 감사인은 진술인에게 정중히 "수고하셨습니다."라며 악수를 요청하고 위로함으로써, 작성 과정에서 발생했던 불편한 감정 등을 해소

(5) 조치방향 안내 및 보완자료 작성담당자 지정

- 진술인이 향후 조치방안을 문의하면
  - "문답은 지금까지의 사실을 확인한 데 불과하며, 구체적인 조사가 계속 진행될 것이다."라고 답변하고, 조치방향을 거론할 단계가 아니라고 안내

- 조치방향에 대한 구체적인 언급은 진술인의 불안감을 가중시켜 진술인이 조치 진행 과정에 개입하는 등의 불필요한 행동 초래
- 향후 각종 보완 자료를 작성하여 제출할 당사자를 지정하여 줄 것을 요구
- 가급적 검사현장에서 자료의 작성 및 수집을 완료하되, 감사 종료 후에 자료의 필요한 경우를 대비

참고

문답서(견본)

소속 :

직위 :

성명 : 홍길동(주민등록번호 : XXXXXX-XXXXXXX)

주소 : 서울특별시 ○○구 ○○동 ○○번지

위 사람은 "--------------" 와 관련하여 ---- (주) 검사장에서 감사인 ○○○ 과 자유로이 임의 문답하다.

1. 진술인의 관련 기간

문 : 본 건 " ----------------------" 와 관련하여 귀하의 직위, 담당 업무 및 기간, 현 소속 및 직위는 어떠합니까?

답 :

2. 사실 확인

문 : 본 건의 사실관계는 어떠합니까?

답 :

3. 경위 확인

문 : 본 건이 발생된 경위는 어떠합니까?

답 :

4. 행위의 동기 및 배경

문 : 본 건 "----------------"를 작성한 동기 및 배경은 어떠하십니까?

답 :

5. 진술인의 주장 및 근거

문 : "---------을 몰랐다."라는 귀하의 주장에 대한 근거는 어떠하십니까?

답 :

6. 주장 및 근거에 대한 반박

문 : "------ 업무 담당자(대표이사)로서 ---------하는 것은 당연하고도 매우 중요한 일임에도, --------하는 것을 몰랐다."라는 귀하의 말씀에 대해 제3자는 어떻게 생각할 것 같습

니까?

답 :

7. 고의성 여부

문 : 「○○법」 제ㅇㅇ조에 의하면 "----------행위"를 금지하고 있는데, 이를 알고 있었습니까?

답 :

8. 피해자 규명

문 : 본 건과 관련하여 피해자는 누구이며, 그 내용은 무엇입니까?

답 :

9. 피해자 규제

문 : 본 건과 관련된 피해자에 대하여는 어떻게 하실 생각입니까?

답 :

10. 정당처리 내용

문 : 본 건이 제대로 처리되었다면 어떻게 되었어야 한다고 생각하십니까?

답 :

11. 향후 처리방안

문 : 향후 " -----"은 어떻게 하실 생각입니까?

답 :

12. 회사의 과실

문 : 본 건과 관련하여 회사가 잘못한 점은 무엇입니까?

답 :

13. 최종 의사 결정자

문 : 이러한 결정은 누가 한 것입니까?

답 :

14. 책임 소재

문 : 본 건과 관련하여 귀하가 지시받은 상대방, 일자 및 내용은 무엇입니까?

답 :

15. 진술인의 책임

문 : 본 건과 관련하여 귀하의 책임은 무엇입니까?

답 :

16. 제3의 관련자

문 : 본 건 취급과 관련하여 압력 · 청탁 · 지시 또는 권유 등을 받은 사실이 있습니까?

답 :

17. 감경 사항

문 : 감독기관 또는 정부로부터 훈장, 포상, 표창 등을 받은 적은 있습니까?

답 :

18. 추가 의견 진술

문 : 본 건과 관련하여 참고로 더 하실 말씀이나 증거가 있습니까?

답 :

위와 같이 문답한 후 진술인에게 열람케 한 바, 진술내용과 상위 없으며 오기나 증감할 것이 없음을 확인하므로 간인한 후 서명케 하다.

년 월 일

진술인직위 ○○○ 성명 ○○○ (인)

감사인직위 ○○○ 성명 ○○○ (인)

입회인직위 ○○○ 성명 ○○○ (인)

제2절 확인서 작성 요령[236]

I 확인서의 개요

1. 확인서의 의의

확인서란 감사인이 감사하다가 관련 법규를 위반한 것으로 보이는 사항이나 업무처리방법이 불합리한 것으로 보이는 사항을 발견한 경우, 이를 6하 원칙에 따라 구체적으로 기재한 위법 · 부당행위의 입증자료이다.

또는 감사인이 감사결과 나타난 위법 · 부당한 취급사항이나 개선이 필요한 사항 또는 권고가 필요한 사항(이하 "지적사항"이라 한다)에 대하여 그 사실을 증명하기 위해 6하 원칙에 따라 구체적으로 기재한 입증자료이다.[237]

아울러 확인서에는 관련자 등이 의견진술을 희망하는 경우 의견서를 첨부할 수 있다. 다만, 관련 문서 및 장표의 사본 등에 의하여 위법·부당행위가 입증되는 경우에는 이를 받지 아니할 수 있다.

2. 확인서의 용도

가. 위법 · 부당행위의 관련자 입장

236 김용범, 전게서, 2017, 1328~1331면.

237 금융감독원, 「금융기관 검사 및 제재에 관한 규정 시행 세칙」 제24조 제1항 제1호 참조.

위법·부당행위의 관련자에게 확인서는 감사요원이 제시한 증거자료를 확인하고, 기재 내용이 사실과 맞으면 "맞다", 틀리면 "틀리다"는 관련자의 의견을 제시하기 위한 자료이다.

나. 감사요원 입장

감사요원에게 확인서는
① 감사반의 제재여부 및 조치수준 결정 기초 자료
② 감사결과 조치 안건, 감사서 초안 작성 근거 자료
③ 감사결과 조치예정 내용 사전통지서 작성 근거자료
④ 감사실 자체심의반의 감사의 적정성 여부 심사자료
⑤ 인사위원회에서 제재의 적정성 여부 심사자료 등의 입증자료이다.

II 확인서 작성 과정 및 형식

1. 확인서의 작성 과정

① 감사 중 임직원의 위법 · 부당 혐의사실 발견

② 감사팀장에게 발견사항을 보고하고 감사 진행방향 협의

③ 문서 등 입증자료를 확보하여 구체적인 사실관계 확인

④ 관련 법규, 회사 내규 등에 따라 확인서 초안 작성

⑤ 감사반장과 협의를 거쳐 확인서 문안을 결정

2. 확인서의 작성 형식

가. 확인서 작성 절차

① 확인서 제출을 요구할 경우 '조력을 받을 수 있는 권리 및 이의신청 절차에 대한 유의사항'을 설명 및 서명 징구

② 증거자료 1. 제시 · 설명, 증거자료 2. 제시 · 설명 · 방법으로 관련 임직원에게 충분히 소명할 수 있는 기회 부여

③ 확인서에 의견이 있는 경우 의견서를 제출하도록 안내

④ 확인서 제출을 거부 · 지연할 우려가 있는 등 필요한 경우 감사반장 명의로 기한을 정해 문서(확인서 제출 요구)로 요구

⇓

⑤ 서명을 받은 경우 확인서 접수대장에 기록 · 유지

나. 확인서 작성 양식

확 인 서

감사팀장 : ○ ○ ○ 귀하

1. 제목 :
2. 확인 내용 : 붙임 1
3. 관련 법규 : 붙임 2
4. 관련 임직원 :

직위	성명	관련자	구분	담당 업무	담당 기간	현 소속

ㅁ 상기 내용이 사실과 다름없음을 확인합니다.(의견 첨부 가능)

ㅁ 상기 내용 중 사실과 다른 내용이 있거나 이견이 있으므로 별도의견서를 제출합니다.

ㅁ 기타

년 월 일

확인자 : ○○회사 ○○부장 ○○○ (인)

Ⅲ 확인서 작성 관련 의문점

1. 확인서 작성 의무자

확인서는 감사요원이 감사과정에서 확보한 위법·부당행위에 대한 증거를 제시하는 것이므로 감사요원이 작성한다.

2. 확인서 제목 표기

확인서 제목은 제목만 봐도 지적 내용을 쉽게 이해할 수 있도록 구체적으로 집약하여 표기하여야 한다.

3. 확인서 사실 관계

확인서에는 사실관계를 6하 원칙에 따라 구체적으로 적는다.

① 사실관계를

ㅇ 사실관계(증거자료 1, 2, 3...)는 아무리 많아도 있는 그대로 다 적는다.

② 6하 원칙에 따라

ㅇ (언제, 어디서, 누가, 무엇을, 어떻게, 왜)확인서 작성하면서 조치(안)을 생각한다.

③ **구체적으로 적는다.**

○ 2013.8.8.~2013.9.5. 기간 중, 금액 : ₩23,456,789-(조치안 : 23백만 원).

4. 확인서 징구 대상자

(1) 회사 임원

위법·부당행위로서 그 동기·결과가 ① 회사의 경영방침이나 경영자세에 기인한 경우, ② 관련 부서 또는 점포가 다수인 경우, ③ 임원이 주된 관련자이거나 다수의 임원이 관련된 경우는 대표이사나 관련 임원으로부터 확인서를 징구한다.

(2) 부서의 장

위법·부당행위로서 그 동기·결과가 ① 부서 또는 점포 내에 관련자가 다수인 경우, ② 부서장 또는 점포장이 주된 관련자인 경우는 관련 부서장 또는 점포장으로부터 확인서를 징구한다.

(3) 관련 직원

위법·부당행위로서 그 동기 · 결과가 직원이 주된 관련자인 경우는 직접 직원으로부터 확인서를 징구한다.

5. 의견서를 첨부한 확인서의 효력

확인서의 효력은 사실관계에 의하여 결정되며, 행정처분의 효력은 처분의 근거가 되는 사실관계 및 그에 따른 법률적 평가에 의하여 결정된다.

따라서 행정처분의 효력은 확인서를 부인하거나 의견서를 첨부하였다고 부인되는 것은 아니다.

제3절 회계감사업무

Ⅰ 회계감사의 개요

1. 회계감사의 의의

내부감사 측면의 회계감사란 이사가 회계장부에 근거하여 매 결산기에 작성하여 정기총회에 제출하여야 하는 재무제표와 그 부속명세서, 영업보고서가 법령이나 정관에 위반하거나 현저하게 부당한 사항이 있는지를 조사하는 한편 이러한 회계 관련서류가 일반적으로 공정·타당한 會計基準 및 會計慣行에 준거하여 회사의 재산 및 손익상태를 진실 하고 적정

하게 표시하고 있는지를 확인하는 **재무제표감사**를 일반적으로 말한다.[238]

그러나 회계감사는 매 결산기 정기총회에 제출하는 회계에 관한 자료를 확인하는 **재무제표감사** 뿐만 아니라 회계연도 중에 회계조직의 목표와 업무의 효율과 효과를 높이기 위하여 회계업무 절차와 방법을 검토하는 **회계운영감사**와 감사를 받는 대상이 회계 관련 법률 또는 규정 등을 준수하였는가를 감사하는 **회계준법감사**를 포함한다.

이 회계감사의 경우에는 감사의 대상이 재무제표 등 회계 관계 서류로 제한되는 등 그 범위·내용이 비교적 명확하다는 점과 회사 내부의 監事 또는 감사위원회(이하 '감사'라 한다)에 의한 감사 외에도 일정규모 이상의 회사의 경우에는 회사 외부의 회계전문가인 외부감사인에 의한 監査가 의무화되어 있다는 점에서 업무감사와는 다르다.

회계감사의 경우 감사가 이사로부터 재무제표 등을 제출받은 후 그때부터 감사보고서를 제출할 때까지 행하는 「**결산회계감사**」가 중요하지만, 결산감사를 효과적으로 수행하기 위해서는 평소 재무제표의 근거가 되는 회계장부의 적정성에 대해 「**기중회계 감사**」가 철저히 이루어져야 하며, 특히 분식결산, 자금횡령 등의 회계부정은 대부분 결산기 以前의 일반 회계처리과정에서 이루어진다는 점에서 평소에 철저한 기중회계감사가 필요하다.

최근에 「외감법」이 전면 수정되어 「신외감법」이 도입됨에 따라 감사 또는 감사위원회의 회계감사에 대한 책임과 의무가 대폭 강화되었음에도 불구하고, 외부감사에 대한 「신외감법」 및 「회계감사기준」과 공공감사에 대한 「공감법」 및 「공공감사기준」과 같이 내부 감사기관에 대하여는 법적인 뒷받침이 구비되지 아니하여 實效性 있는 내부회계감사에 어려운 점이 많은 바, 외부감사와 내부감사는 지향하는 목적이 다소 상이하나 이 절에서는 「회계감사기준」 등을 援用하여 내부회계감사 수행절차를 정립해 보고자 한다.

참고적으로 **외부감사 측면의 회계감사**란 "어떤 실체의 경제적 행위와 사건들에 대하여 경영진이 주장하는 바와 관련된 증거를 객관적으로 수집하고 평가함으로써 그 주장과 사전에 설정된 기준과의 일치정도를 확인하고 그 결과를 이해관계자에게 전달하는 체계적인 과정"을 말한다.[239]

2. 회계감사의 대상

일반적으로 **회계감사의 대상**은 재무제표와 그 부속명세서 및 영업보고서의 회계 관련 부분이다. 재무제표는 ① 대차대조표(「신외감법」상 재무상태표), ② 손익계산서(「신외감법」상 손익계산서 또는 포괄손익계산서), ③ 자본변동표, ④ 이익잉여금 처분계산서 또는 결손금 처리계산서를 의미(「상법」 제447조 및 「동법시행령」 제16조)하지만, 「신외감법」에서는 현금흐름표와 주석을 추가하여 재무제표라 한다.

그러나 **회계감사**는 사전적 의미로 타인이 작성한 회계기록에 대하여 독립적 제3자가 분석적으로 검토하여 그의 적정여부에 관한 의견을 표명하는 절차를 말한다. 여기서 **회계기록**이

---

238 김용범, 전게서, 2017, 도서출판 어울림, 83면. 권종호, 「감사와 감사위원회제도」, 2004, 240면.

239 미국회계학회가 1973년 「A Statement of Basic Auditing Concepts(ASOBAC) : 기초적 감사개념에 관한 보고서」에서 발표한 것으로서 회계감사에 대한 정의로 가장 널리 인용되고 있음.

라 함은 회계장표만을 의미하는 것이 아니고, 회계장표의 객관적 사실을 뒷받침해주는 각종 증빙서류와 회계기록의 내용을 명백히 하는 제 사실 모두를 포괄하는 개념이다." 따라서 앞에서 설명한 일반적인 회계감사 대상 이외 회계장부나 연결재무제표도 회계감사 대상이다.

가. 회계장부

주식회사가 상업장부의 하나로 작성해야 하는 회계장부의 경우도 회계감사의 대상이냐는 점이다. **회계장부**란 상인이 영업상의 재산 및 손익의 상황을 명백히 하기 위하여 작성하는 상업장부의 하나로서 거래와 기타 영업재산에 영향이 있는 사항을 기재한 장부이다.(「상법」 제29조 제1항, 제30조) 회계장부는 그 명칭에 상관없이 실질에 의해 판단 되기 때문에 상인이 거래나 기타 영업상의 재산에 관해 그 일상의 동적상태를 기록하기 위해 작성한 서류이면 그것은 모두 회계장부이며, 傳票, 日記帳, 分介帳, 원장이 이에 해당한다.

대차대조표는 이른바 誘導法에 의해 이 회계장부에 근거하여 작성하여야 하며(「상법」 제30조 제2항), 손익계산서도 기본적으로 회계장부에 근거하여 작성된다.(「상법」 제447조의4 제2항 제2호) 회계감사의 대상은 재무제표라고 하지만 그 재무제표의 하나인 대차대조표나 손익계산서가 이처럼 회계장부를 기초로 작성되는 것이므로 회계장부에 대한 감사 없이는 재무제표의 적정성을 확인할 수가 없을 뿐만 아니라 기중회계감사는 회계장부에 대한 감사이다. 따라서 회계감사의 대상에는 회계장부도 당연히 포함된다.[240]

나. 연결재무제표

연결재무제표란 회사와 다른 회사(조합 등 법인격이 없는 기업 포함)가 「신외감법 시행령」으로 정하는 지배·종속의 관계에 있는 경우 지배하는 회사(이하 '지배회사'라 한다)가 작성하는 ① 연결재무제표, ② 연결손익계산서 또는 연결포괄손익계산서, ③ 연결자본변동표, ④ 연결현금흐름표, ⑤ 주석 등의 서류를 말한다.(「신외감법」 제2조 제3호 및 「동법시행령」 제3조 제2항)

지배 · 종속의 관계란 회사가 경제활동에서 효용과 이익을 얻기 위해 다른 회사(조합 등 법인격이 없는 기업을 포함)의 재무정책과 영업정책을 결정할 수 있는 능력을 가지는 경우로서 「신외감법」 제5조 제1항 각호의 어느 하나에 해당하는 회계처리기준(이하 '회계처리기준'이라 함)에서 정하는 그 회사(이하 '지배회사'라 한다)와 그 다른 회사(이하 '종속회사'라 한다)의 관계를 말한다.(「신외감법시행령」 제3조 제1항)

「상법」에 의하면 타 회사를 지배하고 있는 회사(지배회사)의 이사는 그 종속회사와의 연결재무제표를 작성해야 한다.(「상법」 제447조제2항) 이렇게 하여 작성된 연결재무제표는 주주총회일의 6주 전에 감사/감사위원회(이하 '감사'라 한다)에게 제출되고(「상법」 제447조의3), 감사는 서류를 받은 날로부터 4주內(상장회사의 경우 株總 1주前)에 감사보고서를 작성하여 이사에게 제출해야 한다.(「상법」 제447조의4, 제542조의12 제6항)

그런 점에서 연결재무제표 그 자체는 監事의 감사대상이 분명하므로 이사가 업무집행의

240 권종호, 전게서, 2004, 244면.

일환으로 연결재무제표를 작성하기 위해 행하는 일련의 결산절차도 물론 監事의 감사대상이다. 다만 감사가 그 직무를 수행하는 과정에서 연결재무제표에 대해 조사하는 것이 필요한 경우라면 이때에는 자회사에 대한 조사권(「상법」 제412조의4)을 통해 이들 서류에 대한 조사를 당연히 할 수 있다.[241]

3. 감사의 회계기준

회계감사 시 내부감사인이 판단기준으로 삼아야 할 회계기준에 대하여 「상법」은 회사의 회계원칙으로 "회사의 회계는 「상법」과 「상법시행령」으로 규정한 것을 제외하고는 일반적으로 공정·타당한 회계 관행에 따르도록 하였고(「상법」 제446조의2), 이를 이어받은 「상법시행령」에서는 회사 유형에 따라 적용하여야 할 회계기준을 다음 각 호의 구분에 따른 회계기준을 제시하고 있다.(「상법시행령」 제15조)

회사유형에 따른 회계처리기준

1) 「신외감법」 제4조에 따른 외부감사 대상회사 : 「신외감법」 제5조제1항에 따른 회계처리기준

가) 한국채택국제회계기준 : 「신외감법시행령」 제6조 제1항 및 제2항

① 주권상장법인

② 해당사업연도 또는 다음 사업연도 중에 주권상장법인이 되려는 회사

③ 「금융지주회사법」에 따른 금융지주회사 ④ 「은행법」에 따른 은행

⑤ 「자본시장법」에 따른 투자매매업자, 투자중개업자, 집합투자업자, 신탁업자 및 종합금융회사

⑥ 「보험업법」에 따른 보험회사 ⑦ 「여신전문금융업법」에 따른 신용카드업자

⑧ 지배·종속의 관계에 있는 경우로서 지배회사가 연결재무제표에 한국채택국제회계기준을 적용하는 경우에는 연결재무제표가 아닌 재무제표에도 동 회계기준을 적용

⑨ 한국채택국제회계기준의 적용대상이 아닌 회사라도 한국채택국제회계기준의 적용가능

나) 일반기업회계기준 : 「신외감법」 제5조 제1항 제2호

① 외부감사대상 중에서 한국채택국제회계기준을 적용하지 아니한 회사

② 외부감사대상 제외 법인 중에서 중소기업회계기준을 적용하지 아니한 회사

2) 「공공기관운영법」 제2조에 따른 공공기관 : 「공공기관운영법」에 따른 공기업·준정부기관의 회계원칙(기획재정부령 제177호. 2011. 1.1. 「공기업·준정부기관 회계사무규칙」)

3) 1) 및 2)에 해당하는 회사 외의 회사 등 : 법무부장관이 중소벤처기업부장관 및 금융 위원회와 협의하여 고시한 회계기준(법무부고시 제2013-29호. 2014. 1. 1. 「중소기업 회계기준」)

---

241 권종호, 전게서, 2004, 245면.

II 회계감사 기본

1. 중요성수준 결정

가. 중요성의 일반

1) 중요성의 개념[242]

중요성이란 재무제표상 정보의 누락 또는 왜곡표시가 재무제표를 기초로 이루어지는 재무제표 이용자의 의사결정에 영향을 미치는 정도를 의미한다. 그리고 그 정보에 의해 재무제표 이용자의 의사결정에 영향을 주어 의사결정이 달라졌다면 그 정보는 중요하다고 판단한다.[243]

참고

중요성의 개념(ISA 320-2)

① 누락 등 왜곡표시가 개별적으로 또는 집합적으로 재무제표에 기초한 **이용자의 경제적 의사결정에 영향을 미칠 것으로 합리적으로 예상될 수 있는 경우 중요**하다고 **간주**한다.

② 중요성에 대한 판단은 주변상황에 비추어 내려지며, **왜곡표시의 크기나 성격 또는 양자의 결합**에 의해 영향을 받는다.

③ 재무제표 이용자에게 중요한 사항인지 여부는 **집단으로서 이용자들의 공통적인 재무정보 요구사항**을 고려하여 판단한다.

④ 개별 이용자별 정보 요구사항은 광범위 하게 다양할 수 있으므로 왜곡표시가 특정의 개별 이용자에게 미치는 영향은 고려하지 않는다.

재무제표의 감사 목적은 회사의 재무제표가 회계기준에 따라 **중요성의 관점**에서 공정하게 작성되었는지의 여부에 대해 감사인의 의견을 표명하는데 있다. 여기서 **"중요성의 관점에서"**라는 표현에는 회계감사가 완벽한 것이 아니라 **의사결정에 영향을 미칠만한 중요한 사항이 회계기준에 위배되었는가를 감사하는 것**이라는 뜻이 내포되어 있다.[244]

회계감사는 그 고유한 한계 때문에 완벽할 수는 없다. 완벽한 감사를 수행할 것인가 아니면 중요성의 관점에서 감사를 수행할 것인가는 감사받은 재무제표가 어떤 목적으로 이용되는가에 달려있다. 일반적으로 회계정보 이용자는 재무제표를 경제적 의사결정의 정보원으로 이용한다.

따라서 **외부회계감사**는 일반적으로 회계정보 이용자가 재무제표를 경제적 의사결정에 정보원으로 이용하므로 의사결정에 영향을 미치지 않는 소소한 누락 또는 왜곡표시 사항은 합

---

242 김용범, 전게서, 2017, 585 – 588면.

243 김용범, 전게서, 2017, 585면.

244 노준화, 「회계감사」, 도서출판 탐진, 2019, 198면.

리적인 의사결정에 지장/영향을 초래하지 않기 때문에 **외부회계감사인**은 **重要性의 觀點에서 監査**를 수행하는 것이 원칙이다.

그러나 **내부회계감사**는 매 결산기에 정기총회에 제출하여야 하는 재무제표 등 회계 관련 서류를 확인하는 **재무제표감사**뿐만 아니라 회계연도 중에 회계조직의 목표와 업무의 효율과 효과를 높이기 위하여 회계업무 절차와 방법을 검토하는 **회계운영감사**와 감사를 받는 대상이 회계 관련 법률 또는 규정 등을 준수하였는가를 감사하는 **회계준법감사**를 포함하므로 **내부회계감사인은 完全性의 觀點에서 監査**를 수행하는 것이 일반적이다.

2) 내부감사인의 가정

내부감사인의 중요성 결정은 전문가적 판단사항이며, 재무제표 이용자들의 재무정보 수요에 대한 내부감사인의 인식에 의해 영향을 받는다. 이런 관점에서 내부감사인은 재무제표이용자에 대하여 다음과 같이 가정하는 것이 합리적이다.

재무제표 이용자에 대한 내부감사인의 가정(ISA 320-4)

① 이용자는 사업과 경제활동 및 회계에 대하여 합리적인 지식을 보유하고 있으며, 합리적인 주의를 기울여 재무제표에 담긴 정보를 연구하려는 의향을 가지고 있다.

② 이용자는 재무제표가 중요성 수준에서 작성, 표시되고 감사가 이루어지고 있다는 점을 이해하고 있다.

③ 이용자는 추정치의 사용, 판단 그리고 미래 사건들에 대한 고려에 기초한 금액측정에 내재하는 불확실성을 인식하고 있다.

④ 이용자는 재무제표에 담긴 정보에 기초하여 합리적인 경제적 의사결정을 한다.

3) 중요성의 적용시기

일반적으로 회계측면에서 중요성의 개념은 다음의 시기에 적용된다.

중요성의 적용시기(ISA 320-5)

① 내부감사인이 감사를 계획하고 수행할 때 : 수행중요성

② 식별된 왜곡표시가 감사에 미치는 영향과 미수정된 왜곡표시가 있는 경우 재무제표에 미치는 영향을 평가할 때

③ 감사보고서에 표명할 의견을 형성할 때 등

중요성 수준은 감사위험과 마찬가지로 계획, 수행, 결과평가 및 보고 등 감사 전반에 걸쳐 다양하게 적용되는 개념으로 감사의 각 단계별로 등장하는 중요성의 개념은 다음과 같다.[245]

---

245 신영규, 「회계감사 써포트」, 샘앤북스, 2017. 3-28면.

감사단계별 중요성 수준

① 전반 감사전략 수립시 : 재무제표 수준의 중요성
② 감사계획의 개발(세부감사계획 시) : 특정 거래유형, 계정잔액 및 공시에 대한 중요성
③ 감사 수행 시 : 수행중요성
④ 결과 평가 및 의견 형성 시 : 재무제표 전제 수준의 중요성

4) 중요성과 감사위험[246]

재무제표 감사를 수행할 때 내부감사인의 전반적인 목적은 재무제표가 전체적으로 부정이나 오류 때문에 중요하게 왜곡 표시되지 아니하였는지에 대해 **합리적인 확신을 얻는 것**이다. 내부감사인은 감사위험을 수용가능한 낮은 수준으로 감소시키기 위해 충분하고 적합한 감사증거를 입수함으로써, 합리적인 확신을 얻는 것이다.

감사위험은 재무제표가 중요하게 왜곡 표시되어 있을 경우에 내부감사인이 부적합한 감사의견을 표명할 위험을 말한다. **감사위험은 중요 왜곡표시위험과 적발위험의 함수**이다. 중요성과 감사위험은 감사의 전 과정을 통하여 특히 다음과 같은 경우에 고려된다.

중요성과 감사위험을 고려하는 상황(ISA 320-A1)

① 중요 왜곡표시 위험의 식별과 평가 : 감사위험 평가
② 추가 감사절차의 성격, 시기 및 범위의 결정 : 감사계획
③ 미수정 왜곡표시가 재무제표 및 감사의견 형성에 미치는 영향에 대한 평가 : 감사결과 평가

나. 중요성의 설정[247]

1) 중요성 수준의 개요

중요성 수준이란 정보의 누락, 왜곡표시가 특정 시점을 기준으로 하여 상반된 의사 결정을 하게 되는 금액적으로 표현된 기준을 말한다. 중요성 금액 혹은 중요성 기준금액(중요성 허용수준 금액)이라고 한다. 내부감사인은 감사절차의 성격, 시기 및 범위를 결정하는 데 있어 중요성 수준을 반드시 수립하여야 하며, 재무제표 이용자들이 필요로 하는 재무정보에 대한 내부감사인의 인식에 따라 달라질 수 있다.

2) 중요성 수준의 판단기준[248]

중요성 수준의 판단기준은 내부감사인이 재무제표 이용자의 의사결정에 개별적으로 또

246 노준화,「회계감사」, 도서출판 탐진, 2019. 200면.

247 노준화, 전게서, 2019, 200~213면. 신영규, 전게서, 2017. 3-29~3-39면.

248 이점금, 「감사실무 Ⅲ-재무·회계·세무부문-」, 한국상장회사협의회, 2018. 5. 16면. 이효익 외 2인. 「New ISA 회계감사」. 신영사. 2018. 215~216면.

는 집합적으로 영향을 미칠 것으로 판단되는 왜곡표시의 크기 또는 특성을 사전에 설정한 기준을 말한다. 감사기준에서는 중요성의 절대적 기준을 제시하지 않고 있다. 왜냐하면 중요성은 상황에 따라 내부감사인의 전문가적 판단을 요하는 사항이기 때문이다.

왜곡표시된 금액이 중요한지 여부는 기업의 성격이나 규모에 다라 차이가 있다. 또한 자본, 자산 혹은 매출액의 크기 그리고 거래유형 또는 계정잔액 성격에 따라 금액의 중요성이 달라진다. 따라서 중요성은 양적요소인 규모뿐만 아니라 질적요소인 왜곡표시의 성격을 동시에 고려하여 결정된다.

참고

중요성 수준의 판단 요소

(1) **양적 요소** : 재무제표가 재무보고체계에 따라 공정하게 표시되고 있는가를 결정할 때 금액이나 비율면에서의 중요성을 판단해 주는 기준이다.
- ○ 예외사항 금액의 절대적 크기
- ○ 총매출액, 매출총이익, 당기순이익 및 주당 순이익에 미치는 정도
- ○ 총자산, 총부채, 순운전자본, 자기자본 및 자본금에 미치는 정도
- ○ 수익성과 안정성의 추세에 미치는 정도 등

(2) **질적 요소** : 왜곡표시의 성격이나 특징이 재무제표에 미치는 영향을 고려하여 판단하는 기준을 말한다.
- ○ 형식보다 실질의 존중
- ○ 예외사항이 재무제표에 전반적으로 미치는 영향의 정도
- ○ 예외사항과 회사의 정상적인 영업활동과의 관계
- ○ 자금흐름에 미치는 영향의 정도
- ○ 특수관계자와의 비정상적인 거래, 손익의 조작, 의도적인 왜곡 표시
- ○ 자산의 가치평가, 현금회수 가능성, 계속기업으로서의 존속 가능성 등

3) 전체에 대한 중요성 수준

내부감사인은 감사계획을 수립할 때 중요성 수준과 감사위험을 고려한다. 중요성 수준을 낮게 설정하고 감사위험이 높다고 판단하면 감사범위를 확대하는 계획이 바람직하다. 내부감사인은 전반 감사전략을 수립할 때 재무제표 전체에 대한 중요성을 결정해야 한다.

기업의 상황에 따라 다르지만 적합한 벤치마크의 예로는 법인세비용차감전순이익, 총매출, 매출총이익 및 총비용 같은 보고이익의 범주, 총자본이나 순자산가치와 같은 것들이 포함된다. 영리기업의 경우 종종 법인세비용차감전 계속영업이익이 사용된다.

다만, 법인세비용차감전 계속영업이익의 변동성이 크다면 매출총이익이나 총매출처럼 다른 벤치마크 금액이 보다 적합할 수 있다. 일반적으로 재무제표 전체 수준의 중요성 수준은 다음과 같은 사항을 고려하여 산정하며, 계속감사의 경우 전기감사의 경험을 토대로 산

정하는 것이 일반적이다.

가) 재무제표 전체에 대한 중요성수준을 결정할 때 우선 고려해야 할 요소(ISA 320-A3)

① 재무제표 요소 : 예, 자산, 부채, 자본, 수익, 비용

② 특정기업의 재무제표 이용자가 중점을 둘 가능성이 높은 항목들이 존재하는지 여부 : 예, 이용자는 재무성과의 평가를 위하여 이익, 매출 또는 순자산에 중점

③ 기업의 성격, 기업 수명주기 상의 위치 그리고 기업이 속한 산업 및 경제 환경

④ 기업의 소유구조와 자본조달 방법 : 예, 어떤 기업이 자본이 아닌 부채만으로 자금을 조달한다면, 이용자는 기업의 이익보다는 자산 및 이에 대한 청구권에 더 중점

⑤ 벤치마크의 상대적 변동성 등

나) 재무제표 전채수준의 중요성 산정 일반적인 공식

■ **재무제표 전체수준의 중요성 일반식 : 벤치마크 × 백분율 × 질적 요소의 조정**
(양적 요소) (전문가적 판단)

다) 벤치마크 선정 시 고려요소[249]

① 기업의 소유구조와 자본조달 방법 등

○ 예, 회사가 외부차입금에 크게 의존하는 경우 재무제표 이용자는 회사의 이익보다는 자산 및 자산의 청구권(부채)에 중점.

② 사업의 성격, 기업수명주기, 기업이 속한 산업 및 경제 환경 등

○ 영리기업의 경우 일반적으로 법인세비용차감전 순이익

○ 펀드 등 자산기반 회사는 순자산가치 ○ 비영리기업의 경우 총자산 또는 총비용

○ 세전이익이 적거나 영(0)에 가까운 회사는 총매출 및 총자산이 적절

○ 신생회사의 경우 해당 연도의 손실이 회사의 영업성과 및 미래 예상되는 영업을 대표한다고 할 수 없으므로 총매출, 총비용, 총자산, 총자본 등이 적절

③ 기준금액의 상대적 변동성

○ 세전손익의 변동이 큰 경우 총매출이나 총매출이익이 적절

○ 기준금액의 변동성이 큰 경우 수행할 감사절차의 성격, 시기 및 범위가 매년 달라져 부적절한 것으로 간주

라) 백분율 적용 시 고려요소 [250]

(1) 고려 요소

① 이해관계자의 범위/정도

○ 재무제표가 소수의 이용자에게만 제한적으로 배포 또는 사용되는 경우, 또는 회사가

---

249 신영규, 전게서, 2017. 3-29~3-30면.

250 신영규, 전게서, 2017. 3-30~3-31면.

제한된 수의 주주만 있는 경우 높은 수준의 백분율 적용

- ㅇ 재무제표 이용자가 널리 분산되어 있거나 회사가 공개예정/상장기업인 경우 낮은 수준의 백분율 적용

② **차입약정규모**

- ㅇ 회사에 유의한 수준의 외부차입금이 없거나 재무비율 약정이 위험수준은 아닌 경우, 또는 금융기관이 회사의 재무제표 이외에 기타 다른 경영정보를 입수 가능한 경우 높은 수준의 백분율 적용
- ㅇ 회사가 유의한 수준의 외부 차입금을 보유하거나, 재무비율 약정의 존재와 같이 영업실적에 민감한 약정사항이 있거나 공모채인 경우 낮은 수준의 백분율 적용

③ **사업 환경**

- ㅇ 회사의 사업이 안정적이거나 복잡하지 않고, 생산제품, 제공서비스가 단순한 경우 높은 수준의 백분율 적용
- ㅇ 회사가 복잡하고 다양한 사업을 영위하거나 경제적, 사회적 환경이 불안정한 경우 낮은 수준의 백분율 적용

④ **기타 사항**

- ㅇ 회사의 외부차입에 대하여 지배회사 또는 다른 종속회사의 지급보증을 받은 경우 등 그룹 내의 지원이 있는 경우 높은 수준의 백분율 적용
- ㅇ 규제감독이 심하거나 최근에 회사가 매각되었거나 매각될 예정인 경우 낮은 수준의 백분율 적용

(2) 백분율 사례

① **순액기준금액**

- ㅇ 세전손익 × (5~10%)
- ㅇ 순자산 등 × (0.5~3%)

② **총액기준금액**

- ㅇ 총매출 × (0.08~2%)
- ㅇ 총자산 등 × (0.5~2%)

마) 질적 요소 조정 시 고려사항[251]

① **이익 또는 기타 추세**

- ㅇ 예외사항으로 인해 당기순이익이 당기순손실 혹은 그 반대결과가 발생한 경우
- ㅇ 예외사항으로 인해 완전자본잠식 상태가 되는지 여부
- ㅇ 예외사항이 특수 관계자와의 비정상적 거래 등과 관련되어 있는 경우
- ㅇ 예외사항이 경영진의 보수증가에 영향을 미치는 경우(예, 예외사항을 반영하지 아니하면 경영진의 상여지급조건이나 기타 성과급 지급조건이 충족되는 경우)

---

251 신영규, 전게서, 2017. 3-31면.

② 산업/경제 환경의 시장 통계 및 추세

- ○ 예외 사항이 법령 또는 감독기관규정에서 정한 준수사항을 위반하여 발생한 경우
- ○ 예외 사항이 금융기관의 여신제공 또는 채무감면 등에 따른 이행조건 또는 계약 조건 등에 영향을 미치는 경우

③ 재무제표 이용자의 고려사항 및 기타

- ○ 예외 사항이 비자금 조성, 횡령, 배임, 불법자금 세탁 등과 관련되어 있는 경우
- ○ 기타 비계량적 요소로서 합리적인 의사결정자의 경제적 의사결정에 영향을 미치는 경우

4) 부분에 대한 중요성 수준

가) 개요

내부감사인은 전반감사전략을 수립할 때 재무제표 전체에 대한 중요성을 결정해야 한다. 해당 기업의 특정한 상황에서 하나 이상의 특정 거래유형, 계정잔액 혹은 공시에 대하여 재무제표 전체에 대한 중요성보다 작은 왜곡표시가 재무제표에 기초한 이용자의 경제적 의사결정에 영향을 줄 것이라고 합리적으로 예상되는 경우, 내부감사인은 이러한 특정거래유형, 계정잔액 혹은 공시에 적용되는 중요성 수준도 결정해야 한다.(ISA 320-10 : 특정거래유형과 계정잔액에 대한 중요성 수준)

따라서 내부감사인은 거래유형별 또는 계정잔액별로도 중요성에 대한 판단기준이 필요하다. 특정 거래유형, 계정잔액에 대한 중요성 수준은 재무제표 전체에 대한 중요성 수준보다 작게 설정되며(특정 거래유형 또는 계정잔액이 재무제표 전체보다 작기 때문에), 통상적으로 해당 거래 또는 잔액의 크기와 왜곡표시 될 위험의 정도 등을 고려하여 전체에 대한 중요성 수준에 비례하여 계산한다.

재무제표 전체에 대한 중요성 수준보다는 작지만 재무제표에 기초한 경제적 의사결정에 영향을 줄 수 있는 특정 거래유형, 계정잔액 또는 공시가 존재할 것이라고 판단할 수 있는 요소는 다음과 같다.(ISA 320-A10)

작지만 경제적 의사결정에 영향을 줄 수 있는 요소

- ○ 법규 또는 해당 재무보고체계가 어떤(예, 특수관계자와의 거래, 경영진과 지배기구에 대한 보상)의 측정이나 공시에 대한 이용자의 기대에 영향을 미치는 여부
- ○ 기업이 속한 산업에 관련된 핵심 공시(예, 제약회사의 연구개발비)의 측정이나 공시에 대한 이용자의 기대에 영향을 미치는지 여부
- ○ 재무제표에 별도로 공시되는 회사 사업의 특정 측면에 주의가 집중되는지 여부(예, 신규 인수사업)

내부감사인은 기업의 특정 상황에서 이러한 거래유형과 계전잔액 및 공시가 존재하는지 고려할 때, 지배기구 및 경영진의 시각과 기대를 이해하는 것이 유익하다.

나) 일반원칙[252]

(1) 재무제표 전체수준의 중요성과 수행중요성이 산정되었다면 전반감사전략이 수립된 것이며, 보다 세부적인 감사계획의 개발로 연결시키려면 중요한 특정거래유형, 계정잔액에 대하여 중요성 수준(금액)을 배분하여야 한다. 이때 배분되는 중요성 수준(금액)을 **"허용왜곡표시"**라고 한다.

(2) 표현보다는 그 의미에 주의하여야 한다. 회계감사 책에는 "배분(allocate)"의 표현을 사용하지만 원가배분처럼 재무제표 전체수준의 중요성 수준(금액)을 말끔하게 거래 및 계정잔액에 나누어주는 계산과정이 아니다. 효과성과 효율성을 고려하여 감사 업무 팀원들에게 업무를 할당하는 과정이다. 이에 따라 재무제표 전체수준의 중요성 수준(금액)은 배분 후 금액과 달라질 수 있다.

(3) 효과성과 효율성을 고려하는 중요성 수준(금액) 배분원리는 다음과 같다.

(가) 효과성

① 감사와 관련되는 중요한 계정과목에 중요성 수준(금액)을 배분한다.

업무를 할당하는 과정이므로 중요성 수준(금액)을 배분한다 함은 해당 계정과목에 대한 감사계획을 수립한다는 의미이다.

② 중요성 수준을 계전잔액별로 배분할 때 개별 감사위험을 고려하여 배분해야 한다.

감사위험모델에서 내부통제별로 목표감사위험이 상이하며, 회계감사기준에는 합리적인 확신을 높이기 위해 "위험이 높은 분야에 감사노력을 집중할 것"을 요구하고 있으므로 위험이 높은 분야에 감사노력을 집중하기 위해 보다 낮은 중요성 수준(금액)을 배분할 것을 고려한다.

(나) 효율성

① 재무제표 간의 연계성에 의하여 재무상태 항목에 배분하면, 관련된 손익항목에 중요성 수준이 배분되는 효과가 있다.

예를 들어, 재무상태표 항목 중 외상매출금에 중요성 수준(금액)을 배분하면, 외상매출금 담당 회계사는 자연스럽게 관련된 손익항목인 매출액, 대손상각비, 환율변동손익 등 연관계정에 대해서도 감사를 진행한다. 따라서 굳이 손익항목에 대해서도 중요성 수준(금액)을 배분하는 절차를 수행할 필요는 없다.

② 재무상태 항목 중 미처분이익잉여금은 손익항목의 누적잔액이므로 이미 중요성 수준의 배분이 있었다고 보아 중요성 수준을 별도로 배분하지 않는다.

③ 중요성 수준을 계정잔액별로 배분할 때 감사비용을 고려하여 배분하여야 한다. 명백히 사소하다고 판단한 항목은 감사범위에서 제외하거나, 발견된 수정사항에 대한 고려를 배제하도록 하기 위해 별도의 기준을 추가로 마련한다.

④ 계정과목별로 배분된 중요성 수준(금액)의 합계는 일반적으로 재무제표 전체수준의

---

252 신영규, 전게서, 2017. 3-34면.

중요성 수준(금액)을 초과할 수 있다.

다) 중요성 배분원리[253]

(1) 거래 및 계정잔액별로 배분한 중요성의 합계는 일반적으로 재무제표 전체 수준의 중요성보다 크게 하는 것이 일반적이다. 왜냐하면 만약 이 두 항목 간의 금액이 같게 배분한 경우에는 연관관계 및 상쇄효과를 고려하지 않아 너무 비효율적인 감사계획(=보수적인 감사계획)이 될 수 있기 때문이다.

계정과목별 중요성 합계가 전체 중요성을 초과하도록 배분하는 이유

① 감사업무의 연계성에 따라 특정계정에 대한 감사절차를 통하여 관련된 타계정의 왜곡표시가 적발될 수 있다.
② 계정과목별 왜곡표시는 과대계상과 과소계상의 양방향으로 나타나는 등 상쇄하는 효과가 존재할 수 있다.

(2) 회계감사기준에서는 중요성과 감사위험 및 이에 근거한 감사계획을 전문가적 판단으로 취급하고 있다. 그리고 실무적으로도 재무제표 전체수준의 배분방법은 매우 다양하게 존재할 수 있으며, 회계법인 간 통일된 원리도 없다. 더욱이 회계감사기준의 개별규정에서도 배분된 금액의 합계가 전체금액과 같도록 요구하고 있지도 않다.

(3) 한편 실무적으로 다양한 방법이 존재하더라도 이렇게 재무제표 전체 수준의 중요성을 거래 및 계정잔액으로 배분하는 하향식 접근법이 더욱 타당한 방법으로 받아들여지는 이유는 감사팀들이 재무제표 전체수준에서 왜곡표시 위험을 먼저 고려하고 감사를 계획하도록 유도하기 때문에 위험 평가접근법과 가장 적절하게 접목될 수 있기 때문이다.

5) 회계감사 수행의 중요성

가) 수행중요성의 정의

수행중요성이란 내부감사인이 원래 계획했던 재무제표 전체(또는 특정 거래유형과 계정 잔액 및 공시)의 중요성(예, 3%) 보다 엄격한 수준으로 설정한 금액(예, 2%)을 말한다. 즉, ① 내부감사인이 재무제표 전체의 중요성보다 작게 설정하는 금액을 의미한다. 또 어떤 경우에는 ② 내부감사인이 특정거래 유형과 계정잔액 및 공시에 대한 중요성 수준(들)보다 작게 설정한 금액을 말하기도 한다.(ISA 320-9)

이는 우리가 어떤 목표를 달성하기 위해 노력하는 단계에서 달성하여야 할 목표보다 높게 달성할 수 있도록 노력할 경우에 비로소 목표라도 간신히 달성할 수 있는 것과 같은 논리

253 신영규, 전게서, 2017, 3-35면.

이다. **감사위험**은 왜곡표시가 포함되어 있는 재무제표에 대하여 적절한 의견을 표명하지 못할 가능성을 말한다. 즉, 비적정의견이 표명될 재무제표에 대하여 적정의견이 표명될 가능성이 감사위험이다.

따라서 수행중요성은 감사위험을 회피하고자 보수적인 차원에서 내부감사인의 전문가적인 판단에 따라 주관적으로 설정하는 중요성 수준이다.

나) 수행중요성 설정의 취지[254]

(1) 감사의견 형성을 형성할 때 이용하는 중요성수준은 재무제표 전체 수준의 중요성이다. 수행중요성은 감사를 계획하고 수행할 때만 나타나고 意見形成 시에는 사라지는 개념이다. 그럼에도 불구하고 수행중요성은 보수적인 감사계획을 수립하도록 하는 지표이므로 감사의견이 잘못 표시될 가능성을 감소시키는 효과가 있다.

(2) 즉, 감사를 엄격하게 수행하는 대신 감사결과를 평가할 때는 본래의 중요성 수준을 적용하여 내부감사인이 왜곡표시를 발견하지 못하고 이에 따라 감사의견에 반영하지 못할 가능성을 낮추자는 취지이다.

수행중요성을 설정하는 이유

① 감사수행단계 : 미수정왜곡표시와 미발견왜곡표시의 합계가 특정 거래유형, 계정잔액과 공시의 중요성을 초과할 가능성을 적절하게 낮은 수준으로 감소시키기 위함.

② 의견형성단계 : 미발견왜곡표시로 인해 잘못 표명할 가능성을 감소시키기 위함.

다) 수행중요성 결정에 영향을 주는 요소

수행중요성 결정은 ① 내부감사인의 위험평가절차의 수행 중 갱신기업에 대한 이해, ② 과거의 감사에서 식별된 왜곡표시의 성격과 범위 그리고 ③ 이에 따른 당기의 왜곡표시와 관련된 내부감사인의 예상에 영향을 받는다.(ISA 320-A12)

라) 수행중요성 산정방식[255]

수행중요성은 다음과 같은 2가지 접근법이 가능하다. 어떠한 접근방법을 내부감사인이 고려하건 조건이 똑같다면 결과는 동일할 것이다.

[방식 1] 재무제표 전체수준의 중요성에 삭감률을 적용하는 방법

$$\underbrace{\text{재무제표 전체수준의 중요성} \times (1 - \text{삭감률})}_{\text{수행중요성}} \rightarrow \underset{(\text{배분})}{\text{거래유형 등 수행중요성}}$$

254 신영규, 전게서, 2017. 3-37면. 이효익외 2인, 전게서, 2018. 217면.

255 신영규, 전게서, 2017. 3-38면.

[방식 2] 배분된 중요성 수준에 삭감률을 적용하는 방법

$$\text{재무제표 전체수준의 중요성} \xrightarrow{(\text{배분})} \frac{\text{거래유형 등 중요성} \times (1 - \text{삭감률})}{\text{수행중요성}}$$

마) 삭감률 산정 시 고려요소[256]

수행중요성 산정시 삭감률의 상한선과 하한선을 적용할 때 고려할 요소는 다음과 같다.

(1) 전기 감사 중 누적된 왜곡표시의 성격, 발생요인 및 금액 등을 고려

[상한선 : 수행중요성을 낮추는 경우]

① 감사 수정사항이 빈번하게 발생하는 회사의 계속 감사

② 통제환경 또는 내부통제에서 유의한 미비점이 발견된 이력이 있거나 통제미비점의 개수가 많은 경우 등

[하한선 : 수행중요성을 높이는 경우]

○ 감사 수정 사항이 없거나 제한적이었던 회사의 계속 감사

(2) 전반적 업무 위험 또는 감사위험

[상한선 : 수행중요성을 낮추는 경우]

○ 중요한 판단을 요하는 회계이슈가 많아지거나 추정치의 불확실성이 높은 추정치가 증가한 경우

[하한선 : 수행중요성을 높이는 경우]

○ 위험이 높은 산업에 속하지 않은 경우, 과도하게 높은 시장의 압력을 받지 않는 경우 등

수행중요성은 왜곡표시의 합계(미수정왜곡표시와 미발견왜곡표시의 합계)가 재무제표 전체에 대한 중요성을 초과할 가능성을 적절하게 낮은 수준으로 감소시키기 위해 설정되므로, 통상 수행중요성 계산 시 재무제표 전체에 대한 중요성의 25~50%를 삭감하여 계산할 수 있다.

6) 명백하게 사소한 기준금액

가) 명백하게 사소한 왜곡표[257]**시의 의의**

내부감사인은 일정한 금액에 미달되는 왜곡표시는 명백하게 경미하여 재무제표에 중요한 영향을 미치지 않을 것으로 예상하기 때문에, 집계할 왜곡표시에 포함시키지 않도록 그 금액을 지정할 수 있다. 이를 **명백하게 사소한 왜곡표시에 대한 기준**이라 한다.

그러나 내부감사인은 감사과정에서 명백하게 사소한 왜곡표시를 발견할 수도 있다. 업무 팀원이 명백하게 사소하여 이것이 다른 왜곡표시와 누적되어도 중요하지 않을 것이라고

---

256 신영규, 전게서, 2017. 3-38면.

257 노준화, 전게서, 2019, 207~208면. 신영규, 전게서, 2017. 3-41면.

판단하면 이는 팀장에게 보고하지도 않고 팀원수준에서 무시할 수도 있다.

따라서 이는 왜곡표시의 집계인 '미수정왜곡표시'에도 집계되지 않으며, 경영진의 서면 진술에도 포함하지 않는다. 이는 명백하게 사소하기 때문에 경영진에게 왜곡표시라고 인정하게 할 필요조치가 없다는 것을 의미한다.

나) 명백하게 사소한 금액의 지정

내부감사인은 **어느** 왜곡표시가 일정금액에 미달하며, 이 항목이 명백하게 사소할 것이고 또한 그 합계금액이 재무제표에 중요한 영향을 미치지 않을 것이 명백하다고 예상되므로 그 왜곡표시의 집계도 불필요할 것이라고 판단하는 일정금액을 지정할 수 있다.

"명백하게 사소하다"는 것은 "중요하지 않다"와 동일한 표현이 아니다. **명백하게 사소한 사항**이란 중요성의 규모와는 전적으로 다른(즉, 작은) 차원이 될 것이며, 개별적으로나 집합적으로 보거나, 혹은 크기, 성격 또는 상황의 어느 기준으로 판단하더라도 명백하게 영향이 미미한 사항이 이에 해당한다.

명백히 사소한 항목에 대한 기준은 중요성 수준(금액)의 어떠한 종류도 아닌 것이며, 실무적으로 이러한 항목은 감사 범위에서 제외하며(scope- out), 설령 발견된 왜곡표시 사항이 있더라도 이 기준에 미달한다면 수정 권고할 필요도 없다.

따라서 특정 사항이 명백하게 사소한지 여부에 대해서 「국제감사기준(ISA)」에 의하면 특정 사항이 명백하게 사소하지 않고 어떤 불확실성이 존재한다면, 이는 명백하게 사소한 사항이 아니라고 판단해야 한다고 한다.(ISA 450-A2)

7) 소규모기업에 대한 고려

소유주가 경영하는 사업과 같이 소유주 자신에 대한 보수형태로 세전이익의 상당부분을 취하고 법인세비용차감전 계속영업이익이 지속적으로 경미한 금액일 때에는 해당 보수 및 세금을 차감하기 전의 이익과 같은 벤치마크가 보다 관련성이 있을 것이다.(ISA 320-A8)

〈 예시 〉

㈜갑을 감시하는 내부감사인은 중요성수준을 결정할 때 법인세비용차감전순이익의 5%를 기준으로 한다. 그러나 ㈜갑은 소규모 기업이고 주요 재무정보는 다음과 같다.

자산총계	: 3,200,000,000원
매 출 액	: 3,000,000,000원
소유경영진의 보수	: 250,000,000원
법인세비용차감전 순이익	: (−) 5,000,000원

① 기존의 중요성 수준

기존의 중요성 수준 = 법인세비용차감전순이익 × 5% = (−) 5,000,000원×5%
= (−) 250,000원.

② 발생 이유

소규모 기업이고 소유주가 경영자이기 때문에 이익 대부분을 자신의 보수로 지급하고 있다. 이는 소유경영진의 보수를 자신이 결정할 수 있는 소규모기업에서 발생할 수 있는 사례이다. 그 결과 세전이익은 '0'에 가깝거나 사례와 같이 음(−)의 세전이익이 보고될 수 있다.

③ 불합리한 이유

중요성수준의 기준을 세전이익으로 선정할 경우 중요성수준이 매우 낮거나 때로는 음(−)의 값을 가지기 때문에 중요성수준으로서의 기능으로 불합리하다.

④ 새로운 중요성 수준

새로운 중요성 수준 = (법인세비용차감전순이익 + 소유경영진의 보수) × 5%
= [(−) 5,000,000원 + 250,000,000원] × 5% = 12,250,000원

8) 중요성 수준의 수정[258]

내부감사인은 다음과 같이 최초에 설정한 중요성을 다르게 결정했을 정보를 감사 중에 알게 된 경우, 재무제표 전체에 대한 중요성 혹은 특정 거래유형과 계정잔액 및 공시에 대한 중요성 수준을 수정해야 한다.(ISA 320-A13 수정)

중요성 수준은 주요사업의 처분 결정 등 감사 중에 발생된 상황의 변화, 새로운 정보 또는 후속 감사절차의 수행에 따른 기업과 사업에 대한 이해의 변화에 따라 수정될 필요성이 생길 수 있다.

① 상황 변화 및 새로운 정보

내부감사인은 감사 중에 실제의 재무결과가 재무제표 전체에 대한 중요성을 결정하기 위하여 처음 사용된 연간 재무결과의 예측치와 상당히 차이가 있을 것 같다면 최초 중요성을 수정한다. 이를테면 11월 중간감사 시 입수한 10월말 재무제표를 기준으로 수립한 기말 실증절차에 대한 중요성은 잔여기간 동안 재무제표에 큰 변화가 없는 경우에는 내부감사인의 판단에 따라 수정하지 않을 수 있다.

② 이해와 위험평가의 변화

감사와 관련된 특정 통제 테스트결과 유효하다고 결론내리고 통제위험이 낮은 것으로 평가하였으나, 이후 실증절차 수행 시 해당 내부통제가 유효하지 않다는 실증적인 감사증거를 입수하게 된 경우에는 다시해당 통제가 유효하지 않다고 결론을 내리고 통제위험을 높게 평가한다. 이에 따라 기존에 결정한 중요성 수준(금액)보다 더 낮게 중요성 수준(금액)을 수정한다.

중요성 수준(금액)을 변경하는 경우 주의하여야 할 점은 기존에 결정된 중요성 수준(금액)을 낮추는 것은 용인되지만 완화(높이는 것)하는 것은 용인되지 않는다는 것이다. 만약 감사인이 재무제표 전체에 대한 중요성과 특정 거래유형과 계정잔액 및 공시에 대한 중요성 수준을 최초에 결정한 중요성보다 낮추는 것이 적합하다고 결정한 경우, 수행중요성을 수정하

258 노준화, 「회계감사」, 도서출판 탐진, 2019, 209~210면. 신영규, 「회계감사 써포트」, 샘앤북스, 2017. 3-41면.

는 것이 필요한지 그리고 후속 감사절차의 성격, 시기 및 범위가 여전히 적합한지 여부를 결정하여야 한다.(ISA 330-12)

9) 문서화

중요성 수준의 결정은 단순한 기계적 계산이 아니라 전문가적 판단이 수반되며, 중요성 결정에 관련된 전문가적인 판단에 대한 근거를 충분히 문서화하여야 한다. 또한 중요성 수준에 관련하여 다음을 반드시 문서화하여야 한다.(ISA 320-14)

중요성 수준과 관련하여 문서화할 사항

① 재무제표 전체에 대한 중요성
② 해당되는 경우, 특정 거래유형과 계정잔액 및 공시에 대한 중요성 수준
③ 수행중요성
④ 감사 진행에 따른 중요성 수준의 수정 내용

다. 중요성의 적용[259]

1) 중요성과 감사계획

회계감사는 재무제표가 중요성의 관점에서 회계기준에 따라 작성되었는가에 대한 의견을 표명하는 것이다. 따라서 내부감사인은 중요한 누락 또는 왜곡표시사항(이것을 '부정이나 오류'라 함)을 발견할 수 있도록 감사계획을 수립하며, 계획 수립에 필요한 중요성수준은 사전에 합리적으로 설정한다.

참고

중요성수준과 감사계획의 관계

① **중요성 수준 높게 설정** : 감사인이 허용할 수 있는 부정이나 오류의 크기가 크다는 것을 의미
- ㅇ 상대적으로 중요한 계정잔액(거래)이 적으므로, 입증절차 범위 축소
- ㅇ 감사 범위 및 증거량 축소(표본 수 감소)
- ㅇ 중요성 수준을 자산총계로 설정하는 경우 → 모든 부정이나 오류를 허용
- ㅇ 이와 같은 경우 감사인은 최소한의 실증절차만을 수행하는 감사계획을 수립

② **중요성 수준 낮게 설정** : 감사인이 허용할 수 있는 부정이나 오류의 크기가 작다는 것을 의미
- ㅇ 상대적으로 중요한 계정잔액(거래)이 많으므로, 입증절차 범위 확대
- ㅇ 감사 범위 및 증거량 확대(표본 수 증가)
- ㅇ 중요성 수준을 '0'으로 설정하는 경우 → 어떠한 부정이나 오류를 불허

259 노준화, 전게서, 2017. 210 ~ 212면. 이점금, 전게자료, 한국상장사협의회, 2018. 5. 17면.

○ 이 경우 감사인은 전수감사를 수행하는 감사계획을 수립

2) 중요성과 감사의견

내부감사인은 사전에 설정한 중요성수준과 감사위험을 고려하여 감사계획을 수립하고 이에 따라 감사절차를 수행한다. 내부감사인은 감사과정에서 발견한 왜곡표시사항[260]을 일목요연하게 정리하여, 미수정 왜곡표시의 중요성을 평가한 후, 공표용 재무제표를 요청한다. 이때 내부감사인은 수정 권고한 미수정 왜곡표시가 공표용 재무제표에 모두 반영되었는가를 평가하여야 한다.

만약 미수정왜곡표시가 모두 수정되고 반영되었다면 공표용재무제표에는 중요한 미수정왜곡표시가 존재하지 않으므로 적정의견을 표명할 수 있다. 그러나 미수정왜곡표시가 반영되지 않았다면 반영되지 아니한 미수정왜곡표시의 중요성을 평가하여야 한다. 만약 미수정왜곡표시가 중요하지만 전반적이지 않다면 내부감사인은 한정의견을 표명한다.

그러나 미수정왜곡표시가 중요할 뿐만 아니라 전반적이라면 부적정의견 또는 의견거절한다. 여기서 주의할 것은 미수정왜곡표시가 발견되었다는 자체만으로 감사의견을 표명하는 것이 아니라 수정권고를 받아들이지 아니한 미수정왜곡표시의 중요성을 평가하여 감사의견을 표명하는 것이다. 결국 **감사의견**은 **공표용재무제표에 대한 의견이지 회사가 최초로 제시한 재무제표에 대한 의견이 아니다.**

참고

감사결과 평가할 때의 중요성 수준

① 미수정 왜곡표시(감사범위 제한 포함) ≥ 중요성 수준
 ○ 중요함 but 전반적이지 않음 : 경영진이 수정 거부하면 한정의견
② 미수정 왜곡표시(감사범위 제한 포함) ≫ 중요성 수준
 ○ 중요함 & 전반적적임 : 경영진이 수정 거부하면 부적정의견 또는 의견거절
③ 미수정 왜곡표시(감사범위 제한 포함) 〈 중요성 수준
 ○ 중요하지 않음 : 경영진이 거부하더라도 적정의견

2. 회계감사의 위험[261]

가. 감사위험의 정의

감사위험(audit risk)이란 내부감사인이 중요하게 왜곡표시되어 있는 재무제표에 대하여 부적합한 감사의견을 표명할 위험을 말한다. **감사위험은 중요왜곡표시위험과 적발위험**

260 왜곡표시에는 부정과 오류가 있으며, 부정은 의도적으로, 치밀하게 은폐하여 수행하는 것(예, 가공의 기계장치 구입증빙으로 비자금 마련)이고, 오류는 비의도적으로 잘못이나 실수로 수행하는 것(예, 자료수집 및 처리 오류, 사실 간과 및 해석 착오, 회계기준 적용 오류)을 말한다.

261 노준화. 전게서. 2019. 213~227면. 신영규. 전게서. 2017. 3-2~16면. 이창우외 3인. 「회계감사」.경문사. 2019. 6-10~6-17면.

의 함수이다.(ISA 200-13)

감사받은 재무제표라 할지라도 여전히 중대한 왜곡표시사항이 존재할 가능성(이를 '**달성감사위험**'이라 함)이 있는데, 내부감사인은 이를 일정수준(이를 '**목표감사위험**' 또는 '**허용감사위험**'이라 함) 이하로 감소시키기 위하여 노력하여야 한다.

1) 달성감사위험

감사받은 재무제표에 내부감사인이 발견하지 못한 중요한 왜곡표시가 존재할 가능성을 **달성감사위험**이라 한다. 달성감사위험은 감사의 고유한계 때문에 완전히 제거될 수 없다. 달성감사위험이 높을수록 감사 품질은 떨어진다. 따라서 감사보고서의 신뢰성을 일정 수준 이상 유지시키기 위해서는 달성감사위험이 일정수준(즉, 목표감사위험 또는 허용 감사위험) 이하로 유지되어야 한다.

2) 목표감사위험

내부감사인은 자신이 감수할 수 있는 감사위험에 대한 기준을 가지고 있는데 이를 **목표감사위험**(**또는 허용감사위험**)이라 한다. 내부감사인은 달성감사위험이 목표감사위험(또는 허용감사위험, 이하 '목표감사위험'이라 함) 수준 이하로 달성될 수 있도록 감사계획을 수립한다. 만약 목표감사위험 이하로 감사위험을 낮추었다면 감사의 효과가 있다고 하며, 목표감사위험 이하로 감사위험을 낮추지 못하였다면 **감사실패**라고 한다.

나. 감사위험의 구성요소

감사받은 재무제표에 중요한 왜곡표시 사항이 존재함에도 불구하고 이를 감사의견에 반영하지 못할 가능성은 그 발생 원인에 따라 고유위험, 통제위험 및 적발위험으로 구분할 수 있다. 즉, **감사위험**은 **부적절한 감사의견을 표명할 위험**이고, **고유 · 통제 · 적발 위험의 결합 확률**이다.

1) 고유위험(Inherent Risk)

고유위험은 모든 과련 통제를 고려하기 전에 거래유형, 계정잔액 혹은 공시에 대한 경영진의 주장이, 개별적으로 또는 다른 왜곡표시와 합칠 때 중요하게 왜곡 표시될 가능성을 말한다.(ISA 200-13) 즉, 관련 내부통제가 없다고 가정할 경우, 계정잔액(거래)이 왜곡 표시될 위험을 말한다. 이는 내부감사인이 증가 또는 감소시킬 수 없는 통제 불가능 위험이며, 회사 및 산업에 대한 이해 등으로 고유위험의 평가가 가능하다.

2) 통제위험(Control Risk)

통제위험은 거래유형, 계정잔액 혹은 공시에 대한 경영진의 주장에서 발생할 수 있으며, 개별적으로 또는 다른 왜곡표시와 합쳐 중요할 수 있는 왜곡표시가 기업의 내부통제에 의해 적시에 예방되거나 발견, 수정되지 못할 위험을 말한다.(ISA 200-13) 이는 내부감사인이 증가 또는 감소시킬 수 없는 통제 불가능 위험이며, 회계제도와 내부통제제도에 대한 평가를 함으로써 통제위험의 평가가 가능하다.

통제위험은 재무제표 작성과 관련된 기업의 목적달성에 위협이 되는 것으로, 식별된 위험에 대처하기 위하여 경영진이 설계, 실행, 유지하는 내부통제 효과성에 대한 내부감사인의 평가에 따라 달라진다. 그러나 아무리 내부통제가 잘 설계되고 운영되어도 내부통제는 그 고유한계로 인해 재무제표의 중요왜곡표시위험을 제거할 수 없으며, 단지 감소시킬 수 있을 뿐이다.

이러한 한계에는 인적실수나 오류의 가능성, 공모 또는 경영진의 부적절한 統制無力化로 인해 회피되고 있는 통제가 포함될 수 있다. 따라서 어느 정도의 통제위험은 항상 존재할 것이다. 감사기준은 내부감사인이 수행할 실증절차의 성격, 시기 및 범위를 결정할 때 통제의 운영효과성을 반드시 테스트해야 하거나 선택적으로 테스트할 수 있는 조건을 제시하고 있다.(ISA 200-A39)

3) 적발위험(Detection Risk)[262]

적발위험은 감사위험을 수용가능한 낮은 수준으로 감소시키기 위해 내부감사인이 수행하는 절차가 개별적으로 또는 다른 왜곡표시와 합칠 경우 중요할 수 있는 왜곡표시를 발견하지 못할 위험을 말한다.(ISA 200-13) 내부감사인은 적발위험을 통제하기 위하여 주로 실증절차에 의존한다. 즉, **적발위험**은 내부감사인이 수행하는 입증절차에 의해서 적발되지 못할 위험을 의미한다.

적발위험의 수준은 실증절차의 성격, 시기 및 범위와 직접적으로 관계되어 있다. 대부분의 감사증거가 결정적이라기보다는 설득적이기 때문에 계정잔액이나 거래를 전수 조사하더라도 일정수준의 적발위험은 항상 존재한다. **결정적인 증거**란 인과관계를 객관적으로 검증할 수 있는 증거를 말하며, **설득적인 증거**란 인과관계를 합리적으로 추론할 수 있는 증거를 말한다.

따라서 결정적인 증거는 확신의 정도가 100%인 반면에, 설득적인 증거는 확신의 정도가 상당히 높지만 100%는 아니다. 회계감사는 적발위험을 통제하기 위하여 그 특성상 결정적인 증거보다는 설득적인 증거 즉, 입증절차에 많이 의존하기 때문에 설득적인 증거만으로는 적발위험을 완전히 제거할 수는 없다. 그러나 적발위험은 내부감사인이 증가 또는 감소시킬 수 있는 통제 가능한 위험이다.

가) 적발위험의 발생원인

적발위험에는 실증절차를 수행할 때 추출하는 표본이 모집단을 대표하지 못하기 때문에 발생하는 **표본위험**(sampling risk)과 전체 모집단을 대상으로 전수조사를 실시하였더라도 발생할 수 있는 **비표본위험**(non-sampling risk)이 있다.

(1) 표본위험

회계감사는 표본감사를 원칙으로 한다. 즉, 표본을 추출하여 감사를 수행하고 표본감사 결과를 통하여 모집단을 추론한다. 따라서 표본이 모집단을 대표하지 못한다면, 모집단에

---

262 노준화, 전게서, 2019, 216~218면.

대한 내부감사인의 결론도 잘못될 수 있다. 표본이 모집단을 대표하지 못함으로써 발생할 수 있는 통계적 위험을 **표본위험**이라 한다.

감사과정에서 내부감사인이 ① 비통계적인 방법보다 통계적인 방법으로 표본을 추출하고 결과를 평가하며, ② 추출할 표본의 크기를 증가시켜 감사범위를 확대하는 방법을 적용한다면, 회계감사의 표본위험을 다소 감소시킬 수 있다.

(2) 비표본위험

비표본위험이란 내부감사인이 모집단을 전수감사 하더라도 감사결과가 모집단의 특성을 적절하게 반영하지 못할 위험을 말한다. 비표본위험이 발생할 요인으로는 ① 내부감사인이 감사절차를 잘못 선택할 경우, ② 내부감사인의 不注意 또는 전문지식의 부족, ③ 시사(試事)의 결과를 잘못 해석하는 경우 등을 들 수 있다.

나) 적발위험을 낮추는 방법

적발위험은 감사위험을 수용가능한 낮은 수준으로 감소시키기 위하여 내부감사인이 결정하는 감사절차의 성격, 시기 및 범위와 관계가 있다. 그러므로 적발위험은 감사절차와 그 적용에 대한 효과성의 函數이다. 따라서 적발위험을 낮추는 방법인 다음과 같은 사항은 감사절차와 그 적용의 효과성을 높이는 데 도움이 되고, 내부감사인이 부적합한 감사절차를 선택하거나, 적합한 감사절차를 잘못 적용하거나, 감사결과를 잘못 해석할 가능성을 감소시키는 데 도움이 된다.(ISA 200-A43)

<u>적발위험을 낮추는 방법</u>

① 적절한 계획 수립 ② 업무팀원의 적절한 구성

③ 전문가적 의구심의 적용 ④ 수행된 감사업무의 감독 및 검토

다. 감사위험 구성요소간의 관계

감사위험은 고유위험, 통제위험 및 적발위험의 결합확률이다. 즉, 감사위험은 고유위험, 통제위험 및 적발위험 상호간의 합(+)의 관계가 아닌 곱(×)의 관계로 표시된다. 이는 고유위험, 통제위험 및 적발위험이 조건부 확률이기 때문이다. 즉, 통제위험은 주어진 고유위험을 전제로 정의되고 적발위험은 고유위험과 통제위험을 전제로 정의된다.

감사위험 = 재무제표가 중요하게 왜곡표시될 위험 × 중요하게 왜곡표시된 재무제표를 감사인이 적발하지 못할 위험

(AR) = [고유위험(IR) × 통제위험(CR)] × [적발 위험(DR)]

1) 내부통제와 통제위험과의 관계

내부통제가 적절하고 또한 그 제도를 제대로 운용하고 있다면 거래의 처리과정에서 부정이나 오류(왜곡표시)가 방지되거나 또는 적발될 가능성이 높다. 이 경우 거래의 요약체인 재무제표에는 중요한 부정이나 오류가 포함될 가능성이 낮다. 즉, **통제위험**이란 내부통제에 의해 중요한 부정이나 오류가 방지 또는 적발되지 않을 가능성을 말하므로 내부통제가 유효할수록 통제위험은 낮다.

2) 내부감사인과 적발위험과의 관계

경영진이 부정이나 오류를 방지 또는 적발하기 위하여 내부통제를 구축하여 운용하고 있지만 여전히 재무제표가 중요하게 왜곡 표시되었을 가능성이 높다. 또한 감사받지 아니한 재무제표가 중요하게 왜곡 표시되지 않았다 할지라도 재무제표 이용자는 이를 인식하지 못한다.

따라서 회계감사가 필요하지만 내부감사인마저도 감사의 고유한계 등 여러 가지 이유 때문에 중요한 부정이나 오류가 적발되지 못할 가능성이 있으며 이를 **적발위험**이라 한다. 결국 적발위험은 감사의 고유한계와 내부감사인의 귀책사유로 중요한 부정이나 오류가 적발되지 못할 가능성을 말한다.

라. 감사위험과 감사계획[263]

1) 감사위험모형

가) 목표위험(허용감사위험)

재무제표는 여러 이유로 왜곡 표시될 가능성이 있다. 다만, 그 정도는 기업마다 다르다. 감사인은 재무제표를 감시하고 자신의 의견을 표명한다. 감사의견은 내부감사인의 주관적인 의견이고 또한 감사의 고유권한이기 때문에, 자신의 의견에 대하여 100% 확신할 수는 없다. 감사기준은 수치로 제시하지는 않지만 감사의견에 대하여 100%는 아니지만 상당히 높은 수준의 확신을 요구하고 있고 이를 충족하기 위한 수 많은 절차를 제시하고 있다.

100%와 내부감사인이 제공하는 확신의 차이(100%-감사인이 제공하는 확신의 수준)를 **감사위험**이라 한다. 감사위험에서 내부감사인이 수용하기로 한 최대한의 허용치를 **목표감사위험/허용감사위험**이라 한다. 이해를 돕기 위해 내부감사인이 통제하려는 감사위험의 목표수준을 5%라고 가정하자. 목표감사위험이 5%라는 의미는 내부감사인이 적절한 감사의견을 표명하지 못할 가능성을 5% 이하로 통제하겠다는 것을 의미한다. 내부감사인이 목표감사위험의 수준을 영(0)으로 설정하지 않는 이유는 감사의 고유한계가 존재하기 때문이다.

나) 감사위험모형

내부감사인에게 주어진 중요왜곡표시위험을 어떻게 수용 가능한 수준 이하로 낮출 수 있을까? 감사기준에서는 다음과 같은 감사위험모델을 통하여 감사인이 감사위험에 대해 대응하도록 제시하고 있다.

---

263 노준화, 전게서, 2019, 221~223면.

감사위험을 대응하기 위한 감사위험모델

감사위험(AR) = 고유위험(IR) × 통제위험(CR) × 적발위험(DR)
=100%−확신　　중대한 왜곡표시 위험　　조절변수

내부감사인에게 주어진 재무제표에는 중요왜곡표시위험이 존재한다. 그 수준은 고유위험과 통제위험을 곱한 수준이다. 내부감사인은 위험평가절차를 통하여 주어진 재무제표의 왜곡 표시위험을 평가한다. 감사기준은 일반적으로 고유위험과 통제위험을 구분하여 언급하지 않고 이들을 결합하여 평가한 "**중요왜곡표시위험**"으로 정의하고 있다.

중요왜곡표시위험(고유위험과 통제위험)**은 내부감사인이 증가 또는 축소시킬 수 없는 기업 측 위험**이고, **적발위험은 감사인이 조절할 수 있는 위험**이다. **감사위험에 대한 내부감사인의 주된 목표는 달성감사위험이 목표감사위험 수준 이하가 되도록 통제**하는 데 있다. 따라서 **내부감사인은 적발위험을 조절**함으로써 **전반적인 감사위험을 수용할 수 있는 수준 이하로 줄이고자 한다.**

그러면 적발위험 수준은 어떻게 조절할 수 있을까? **내부감사인은 실증절차의 성격, 시기 및 범위를 조절함으로써 적발위험을 조절**할 수 있다. 예를 들면 내부감사인이 감사범위를 확대하면 적발위험은 감소되며, 감사범위를 축소하면 적발위험은 증가한다. 그런데 내부감사인이 감사위험을 지나치게 낮추고자 한다면 감사품질은 높아질 수 있지만 감사가 비효율적이라는 지적을 받게 된다.

요약하면, 목표감사위험은 내부감사인이 정하는 것이고 중요왜곡표시위험(고유위험 × 통제위험)은 기업에 내재된 것으로 내부감사인이 평가하여야 한다. 그러면 중요왜곡표시위험은 어떻게 식별하고 평가하는 것일까? 우리는 목표감사위험과 중요왜곡표시위험만 알면 감사위험모형을 통하여 내부감사인이 조절하여야 하는 적발위험의 목표수준을 계산할 수 있고, 이를 근거로 구체적인 감사계획을 수립할 수 있다.

2) 목표감사위험과 합리적인 감사증거

내부감사인은 감사위험 평가결과를 감사계획에 반영한다. 감사위험은 감사증거량을 확대함으로써 감소시킬 수 있다. 그러면 내부감사인이 수집하여야 할 감사증거량은 과연 어느 정도일까? 내부감사인이 수집하여야 할 감사증거량의 합리적인 수준은 감사위험이 목표감사위험만큼 달성될 수 있는 수준이다. 그러나 목표감사위험을 정확히 달성하는 것은 우연한 경우를 제외하고는 매우 어렵다.

내부감사인이 수집하여야 할 합리적인 감사증거의 수준은 목표감사위험과 달성감사위험이 일치하는 수준이다. 만약 합리적인 수준을 초과하여 감사증거를 수집할 경우 감사비용이 합리적인 수준을 능가하므로 **비효율적인 감사**가 되며, 합리적인 수준에 미달된 감사증거를 수집할 경우 **비효과적인 감사**(또는 감사실패)가 된다.

한편 감사증거량을 증가시킴에 따라 달성감사위험의 수준이 체감하여 감소하는 것은 **한계생산체감의 법칙** 때문이다. 따라서 목표한 만큼 정확하게 감사위험을 달성할 수 없다면 내부감사인은 목표감사위험보다 낮은 수준으로 감사위험을 달성하여야 한다.(**목표감사위험 ≥ 달성감사위험**)

참고

목표감사위험과 합리적인 감사증거의 관계

① **합리적인 감사증거(목표감사위험 = 달성감사위험)** : 내부감사인이 감수하기로 한 목표 감사위험만큼 감사위험을 달성할 수 있는 감사 증거양이 가장 합리적인 수준이다.

② **비효율적인 감사(목표감사위험 > 달성감사위험)** : 감사위험을 목표감사위험 수준보다 낮게 달성하였을 경우를 비효율적인 감사라 한다.

③ **비효과적인 감사(목표감사위험 < 달성감사위험)** : 감사위험을 목표감사위험 수준만큼도 달성하지 못하였을 경우를 비효과적인 감사 또는 감사 실패라고 한다.

3) 목표감사위험의 변경과 감사증거

내부감사인이 감수하기로 한 감사위험의 수준(목표감사위험)을 변경하면 수집하여야 할 감사증거양도 변동된다. 예를 들면, 목표 감사위험을 높이는 경우 감사증거양은 감소(감사범위 축소)하게 되고, 목표 감사위험을 낮추는 경우 감사증거양은 증가(감사범위 확대)하게 된다.

3. 왜곡표시의 위험[264]

가. 중요왜곡표시위험의 수준

1) 전체 재무제표 수준

재무제표 수준의 중요왜곡표시위험은 재무제표 전체에 전반적으로 관련된 위험을 말하며, 잠재적으로 다수의 경영진 주장에 영향을 미친다. 이러한 성격의 위험은 거래유형과 계정잔액 및 공시수준의 특정 경영진 주장에 반드시 식별될 수 있는 위험이 아니다.

오히려 이러한 위험은(예, 경영진이 내부통제를 무력화하는 것 등) 경영진 주장 수준의 중요왜곡표시위험이 증가될 수 있는 상황을 나타내는 것이다. 재무제표 수준의 위험은 내부감사인이 특히 부정에 의한 중요왜곡표시위험을 고려할 때 관련이 있을 수 있다.

재무제표 수준의 위험은(경기침체 상태와 같은 다른 요소들과 관련될 수도 있지만) 특히 미비된 통제환경으로부터 비롯될 수 있다. 예를 들어 경영진의 적격성 부족과 같은 미비점은 재무제표에 보다 전반적인 영향을 미칠 수 있으며, 내부감사인의 전반적인 대응이 요구될 수 있다.(ISA315-A105. A106)

2) 거래유형, 계정잔액 및 공시에 대한 경영진 주장 수준

거래유형과 계정잔액 및 공시에 대한 경영진의 주장 수준의 중요왜곡표시위험을 고려할

264 노준화, 전게서, 2019, 227~234면. 신영규, 전게서, 2017. 3-17~3-22면.

필요가 있는 것은 이것이 충분하고 적합한 감사증거를 입수하는 데 필요한 경영진 주장 수준의 추가감사절차의 성격, 시기 및 범위를 결정하는 데 직접적으로 도움이 되기 때문이다.

내부감사인은 경영진 주장 수준의 중요왜곡표시위험을 식별하고 평가할 때, 식별된 위험이 재무제표 전체에 더욱 전반적으로 관련되어 있고 잠재적으로 다수의 경영진 주장에 영향을 미친다는 결론을 내릴 수도 있을 것이다.(ISA 315 – A109)

경영진 주장수준의 중요왜곡표시위험은 개별 계정잔액별 또는 거래유형별로 평가한다. 내부감사인은 평가한 고유위험과 통제위험에 따라 계정잔액 또는 거래유형별로 감사위험모델을 적용하여 목표적발위험을 결정하고 감사절차의 성격, 시기 및 범위를 결정한다.

나. 중요왜곡표시위험의 식별·평가하기 위한 감사절차

내부감사인은 구체적으로 어떤 위험평가절차를 통하여 재무제표에 포함되어 있을 것으로 추정되는 중요왜곡표시위험을 식별하고 평가할 수 있을까? 위험평가절차에는 기본적 위험평가절차와 구체적 위험평가절차가 있다.

1) 기본적 위험평가절차

기본적 위험평가절차에는 ① 경영진과 기업 내부의 관련자에 대한 질문, ② 분석적 절차, ③ 관찰과 검사 등을 포함한다.(ISA 315-6)

가) 경영진과 기업 내부의 관련자에 대한 질문

내부감사인이 질문으로 얻는 정보는 대부분 경영진과 재무보고 책임자로부터 입수한다. 그러나 내부감사인은 기업 내부의 관련자 및 기타 다양한 직급의 구성원들에게 질문함으로써, 중요왜곡표시위험을 식별하기 위한 정보 또는 상이한 견해를 입수할 수도 있다.

나) 분석적 절차

분석적 절차는 감사의 단계별로 서로 다른 목적을 가지고 실시하지만 이 단계에서 실시하는 분석적 절차는 내부감사인이 알지 못한 기업의 측면들을 식별함으로써 기업의 위험을 평가하고 전반감사전략과 감사계획을 개발하는 데 있다. 시기적으로는 대체로 12월 결산기업의 경우 3월부터 5월 사이에 이루어진다.

감사계획단계에서 실시하는 분석적 절차는 실증적인 분석적 절차보다 요약된 정보를 사용한다. 분석적 절차는 감사상 시사점이 있는 사항을 나타내는 것일 수 있는 비정상적인 거래나 사건, 금액, 비율 그리고 추세의 존재를 식별하는 데 도움을 줄 수 있다. 비정상적이거나 예상치 못한 상관관계는 내부감사인이 중요왜곡표시위험, 특히 부정에 의한 중요왜곡표시위험을 식별하는 데 도움을 줄 수 있다.(ISA 315-A7~A10)

그러나 이러한 분석적 절차에 요약된 데이터가 이용되는 경우, 분석적 절차의 결과는 중요왜곡표시위험의 존재 여부에 대하여 광범위한 초기적 징후만을 제공한다. 따라서 이러한 경우에는, 분석적 절차의 결과와 더불어 중요왜곡표시위험의 식별을 위한 다른 절차(예, 문서검사 등)를 통하여 입수한 정보를 함께 고려하는 것이 내부감사인이 분석적 절차의 결과를 이해하고 평가하는 데 도움이 될 수 있다.(ISA 315-A7~A9)

다) 관찰과 검사

관찰과 검사는 경영진 등에 대한 질문으로 뒷받침할 수 있으며, 기업 및 기업 환경에 대한 정보를 제공할 수도 있다.(ISA 315-A11)

2) 구체적 위험평가절차

가) 구체적 위험평가절차

내부감사인은 중요왜곡표시위험을 식별하고 평가하기 위하여 다음의 구체적 위험평가절차를 수행하여야 한다.(ISA 315-26)

중요왜곡표시위험을 식별하고 평가하기 위한 구체적 절차

① 해당 위험과 관련된 통제 등 기업과 기업 환경을 이해하는 전 과정에서, 그리고 재무제표의 거래 유형, 계정잔액 및 공시를 고려함으로써 위험을 식별

② 식별된 위험을 평가하며, 그러한 위험이 재무제표 전체에 더 전반적으로 관련되어 있는지 여부와 다수의 경영진 주장에 잠재적으로 영향을 미치는지 여부를 평가

③ 내부감사인이 테스트하려는 관련 통제를 고려하여 식별된 위험을 경영진 주장 수준의 오류 가능성과 연결

④ 복합적 왜곡표시의 가능성 등 왜곡표시의 발생가능성과 그러한 잠재적 왜곡표시가 중요한 왜곡표시가 될 만큼 규모가 큰 것인지 여부를 고려

나) 내부감사 상 특별한 고려가 요구되는 위험

(1) 목적 : 중요한 왜곡표시위험을 식별하고 평가

(2) 내부감사인은 식별한 위험 중에 유의적인 것이 있는지 판단

① 해당 위험이 부정위험인지 여부

② 해당 위험이 최근의 유의적인 경제·회계 또는 기타의 변화와 관련되어 특별한 주의를 요하는지 여부

③ 거래의 복잡성

④ 해당 위험이 특수관계자들과의 유의적 거래와 관련된 것인지 여부

⑤ 해당 위험과 관련된 재무정보의 측정에 있어 주관성의 정도, 특히, 그러한 측정에 광범위한 불확실성이 내포되어 있는 경우

⑥ 해당 위험이 그 기업의 정상적 사업과정을 벗어나거나, 비경상적으로 보이는 유의적 거래와 관련되어 있는지 여부

(3) 유의적 위험[265]이 존재한다고 판단되는 경우 : 내부감사인은 통제활동 등 해당위험과 관련된 기업의 통제를 이해

---

265 **유의적 위험**이란 감사상 특별한 고려가 요구되는 위험을 말한다.

다. 실증절차만으로는 충분하고 적합한 감사증거를 제공하지 못하는 위험

일부 위험의 경우 내부감사인은 실증절차만으로는 충분하고 적합한 감사증거를 입수할 수 없거나 실행가능하지 않다고 판단할 수 있을 것이다. 이러한 위험은 일상적인 유의적 거래유형이나 계정잔액의 부정확하거나 또는 불완전한 기록과 관련될 수 있는데, 이들은 그 특성상 종종 수작업이 거의 또는 전혀 개입되지 않는 고도로 자동화된 방식으로 처리가 이루어진다. 이 경우 이러한 위험에 대한 기업의 통제는 감사와 관련성이 있으며, 따라서 내부감사인은 이러한 통제를 이해하여야 한다.(ISA 315-30)

라. 위험평가의 수정

내부감사인은 특정 통제가 효과적으로 운용되고 있다는 기대에 근거하여 위험평가를 수행할 수 있다. 그러나 이러한 기대와는 달리 내부감사인의 통제테스트를 수행할 때, 통제가 적시에 효과적으로 운용되고 있지 않다는 감사증거를 입수할 수 있을 것이다. 마찬가지로 실증절차를 수행할 때 내부감사인은 내부감사인이 평가한 위험보다 그 금액이나 빈도가 더 큰 왜곡표시를 발견할 수도 있다.

이와 같이 추가감사절차를 수행하면서 경영진 주장 수준의 중요왜곡표시에 대한 내부감사인의 평가는 최종 평가의 근거가 된 감사증거와 일관성 없는 감사증거나 새로운 정보를 입수한 경우, 내부감사인은 기존의 평가를 수정하고 동시에 계획된 추가감사절차도 변경하여야 한다.(ISA 315-31)

마. 문서화 : 중요왜곡표시위험의 식별과 평가

내부감사인은 중요왜곡표시위험의 식별과 평가 후 다음 사항을 감사문서로 남겨야 한다. (ISA 315-32) 계속감사에 있어 어떤 문서는 다음 보고기간으로 이월하고, 기업의 사업이나 절차의 변화를 반영하는 데 필요한 갱신을 할 수 있을 것이다.

위험의 문서화할 사항

① 업무팀원 간의 토론 내용 및 도달된 유의적 결정사항
② 기업과 기업환경의 각 측면 및 각각의 내부통제 구성요소와 관련하여 얻은 이해의 핵심요소, 그러한 이해를 얻은 정보의 원천 및 수행된 위험평가 절차
③ 재무제표 수준과 경영진 주장 수준에서 식별되고 평가된 중요왜곡표시 위험
④ 식별된 위험 및 감사인이 이해한 관련 통제 등

4. 평가위험의 대응[266]

266 노준화, 전게서, 2019, 235~243면.

가. 재무제표 수준의 위험에 대응한 감사절차

1) 일반적 대응

재무제표 수준의 평가된 중요왜곡표시위험에 대처하기 위한 전반적인 대응에는 다음 사항이 포함될 것이다.(ISA 330-A1)

재무제표 수준의 위험에 대응한 일반적인 감사절차

① 업무팀이 전문가적 의구심을 유지할 필요성을 강조
② 보다 경험이 풍부하거나 특수한 기술을 보유한 인력을 배정 또는 전문가를 활용
③ 감독활동을 강화
④ 수행될 추가 감사절차를 선택할 때 예측불가능성 요소를 추가로 반영
⑤ 감사절차의 성격, 시기 또는 범위를 전반적으로 변경
예, 실증절차는 기중보다는 보고기간 말에 수행하거나, 보다 설득력 있는 감사증거를 입수하기 위하여 감사절차의 성격을 변경

재무제표 수준의 중요왜곡표시위험에 대한 평가 그리고 이에 따른 내부감사인의 전반적인 대응은 통제환경에 대한 내부감사인의 이해에 의해 영향을 받는다.

2) 통제환경이 효과적인 경우의 대응

통제환경이 효과적이면 내부감사인은 기업의 내부통제와 기업 내부에서 생성된 감사증거를 보다 신뢰할 수 있고, 이에 따라 내부감사인이 일부감사절차를 보고기간 말이 아닌 기중에 수행할 수 있을 것이다.(ISA 330-A2)

3) 통제환경이 효과적이지 않은 경우의 대응

통제환경의 미비점은 반대의 영향을 미친다. 이에 따라 내부감사인은 비효과적인 통제환경에 대하여 다음과 같이 대응할 것이다.(ISA 330-A2)

비효과적인 통제환경에 대한 대응

① 기중보다 보고기간 말에 더 많은 감사절차 수행
② 실증절차를 통해 보다 확대된 감사증거를 입수
③ 감사범위에 포함되는 사업장의 수를 확대

나. 경영진 주장 수준의 위험에 대응한 감사절차

내부감사인은 경영진 주장 수준의 평가된 중요왜곡표시위험을 기초로 하여 이에 대응하는 추가감사절차의 성격, 시기 및 범위를 설계하고 수행하여야 한다.(ISA 330-6) 내부감사

인은 예를 들어 다음과 같이 결정할 수 있을 것이다.

위험에 대응하기 위해 내부감사인이 결정할 수 있는 방법

① 통제테스트를 수행하는 것만으로 특정 경영진주장에 대한 평가된 중요왜곡표시위험에 효과적으로 대응할 수 있다. 이는 위험만 평가하고 실증절차는 추가로 수행하지 않는다는 것을 의미한다. 예를 들어 위험이 지나치게 낮아 추가적으로 실증절차의 필요성을 느끼지 못함을 의미한다.

② 특정 경영진주장에 대하여는 실증절차만을 수행하는 것이 적합하므로 관련된 위험을 평가할 때 통제가 미치는 영향을 배제한다. 이는 내부감사인이 위험평가절차를 통해 해당 경영진 주장과 관련된 효과적인 통제를 전혀 식별하지 못했거나 통제를 테스트하는 것이 비효율적이기 때문에, 내부통제에 의존하지 않고 실증절차 위주로 감사하기로 결정한 경우를 말한다.

③ 통제테스트와 실증절차를 모두 병행하는 결합적 접근방법이 효과적이다. 이는 효과적인 내부통제가 존재하고 내부통제에 의존하는 것이 효율적이라고 판단될 경우 위험 평가 결과에 따라 실증절차의 성격, 시기와 범위를 조절하는 경우에 해당한다.

일반적으로 내부감사인은 중간감사기간 동안 내부통제를 평가하고, 기말감사기간 동안 실증절차를 수행한다. 중간감사는 내부통제를 평가함으로써 통제위험을 평가하는 데 주안점을 두고, 실증절차는 재무제표가 회계기준에 따라 작성되었는가에 대한 감사증거를 수집하는 데 중점을 둔다.

그러나 중간감사기간 중에도 실증절차를 실시하는 경우가 있는데 「**이중목적테스트(dual-purpose test)**」가 바로 그것이다. 여기서 **이중목적테스트**란 통제테스트(내부통제운용에 대한 테스트)와 실증절차(거래유형, 계정잔액 및 공시의 세부테스트와 실증적인 분석절차)를 동시에 실시하는 것을 말한다.

내부감사인은 감사위험과 중요성 등을 고려해 추가감사절차의 감사계획을 수립한다. 추가감사절차는 통제테스트와 실증절차가 있다.(ISA 330-4) 이를 위험평가 후 추가적으로 실시하는 감사절차라는 의미에서 **추가감사절차**라 한다. 실증절차의 계획은 실증절차의 성격, 시기 및 범위에 대한 계획이며, 이는 다음과 같이 정의된다.

1) 추가감사절차의 성격

감사절차의 성격이란 감사절차의 목적(즉, 통제테스트 또는 실증절차)과 유형(즉, 검사, 관찰, 질문, 재계산, 재수행 또는 분석적 절차)을 말한다. 감사절차의 성격은 평가된 위험에 대응할 때 가장 중요하다. 즉, 감사절차의 성격이란 상기의 감사절차 중 어떤 절차를 선택하여 적용할 것인가에 대한 것이다.

가) 위험이 높다고 평가한 경우

예를 들어, 위험이 높다고 평가한 경우 내부감사인은 문서에 대한 조사에 추가하여 계약상대방에게 계약조건의 완전성에 대하여 확인할 것이다. 또 어떤 경영진 주장을 확인할 때에는 특정 감사절차가 다른 절차 보다 더 적합할 수 있다.

나) 수익에 대한 완전성 주장을 감사하는 경우

예를 들어 수익과 관련하여 완전성 주장에 대하여 평가된 중요왜곡표시위험에 대하여는 통제테스트가 발생사실 주장에 대한 평가된 중요왜곡표시위험에 대하여는 실증절차가 가장 잘 대응하는 것일 것이다.

다) 위험이 낮다고 평가한 경우

해당 위험에 대한 평가 이유는 감사절차의 성격을 결정할 때 관련성이 있다. 예를 들어 관련된 통제를 고려하지 않더라도 해당 거래유형의 특별한 성격 대문에 위험이 낮다고 평가한 경우, 내부감사인은 실증적인 분석적 절차만으로도 충분하고 적합한 감사 증거를 입수할 수 있을 것이다.

이와 달리 내부통제 때문에 위험이 낮다고 평가되었고 내부감사인이 이러한 낮은 평가에 기초하여 실증절차를 수행할 계획이라면, 통제테스트를 수행한다. 예를 들어 기업의 정보시스템에 의해 일상적으로 처리되고 통제가 이루어지는 비교적 통일된 형태의 복잡하지 않은 거래유형이 이러한 경우에 해당될 것이다.

2) 추가감사절차의 시기

감사절차의 시기는 감사절차가 언제 수행되는지, 또는 감사증거의 해당기간이나 일자를 말한다. 내부감사인은 통제테스트나 실증절차를 기중 혹은 보고기간 말에 수행할 수 있다. (ISA 330-A11~14)

가) 중요왜곡표시위험이 높은 경우

중요왜곡표시위험이 높을수록, 내부감사인은 기중보다는 보고기간 말 또는 보고기간 말에 근접한 시기에 실증절차를 수행하거나 불시에 또는 예측불가능한 시기에 감사절차를 수행하는 것이 더 효과적이라고 결정할 수 있을 것이다.

이러한 방법은 부정위험에 대한 대응을 고려할 때 특히 관련이 있으며, 고의적인 왜곡표시위험 또는 조작위험이 식별되었을 때, 내부감사인은 감사결론을 기중의 일자에서 보고기간말까지 확대하는 감사절차가 효과적이지 않을 것이라고 결론을 내릴 것이다.

한편, 내부감사인이 보고기간 말 이전에 감사절차를 수행하면 내부감사인이 감사의 초기단계에서 유의적 사항을 식별하고 이에 따라 경영진의 지원을 받아 해당사항을 해결할 때, 이러한 사항에 대처하기 위한 효과적인 감사접근방법을 개발할 때 도움이 될 것이다.

나) 보고기간 말 또는 그 이후에만 수행할 수 있는 감사절차

특정 감사절차는 보고기간 말 또는 그 이후에만 감사절차 수행이 가능한 것이 있다. 예를 들면 다음과 같은 감사절차이다.

보고기간 말 또는 그 이후에만 수행할 수 있는 감사절차

① 재무제표가 회계기록과 일치하는지 대조하는 절차
② 재무제표의 작성 과정에서 발생된 조정사항을 검토하는 절차
③ 보고기간 말에 기업이 부적절한 판매계약을 체결하거나 거래가 완결되지 않을 위험에 대응하는 절차 등

다) 감사절차의 시기를 결정할 때 감사위험을 추가하여 고려할 사항

내부감사인이 언제 감사절차를 수행할지를 고려하는 데 영향을 미치는 추가적 관련 요인들 에는 다음과 같은 것들이 있다.

감사절차의 시기를 결정할 때 감사위험에 추가하여 고려할 사항

① 통제환경
② 관련된 정보의 이용가능 시기 : 예, 전자파일은 추후에 덮어 쓰여 질 수 있으며, 관찰대상이 되는 기업의 어떤 절차는 특정시기에만 발생될 수 있다.
③ 위험의 성격 : 예, 이익기대치를 달성하기 위해 허위의 판매계약을 만들어 이익을 과대계상 할 위험이 존재하는 경우, 내부감사인은 보고기간 말에 입수 가능한 약정을 검토하려 할 것이다.
④ 감사증거가 관련되는 해당 기간이나 일자

3) 추가감사절차의 범위

내부감사인이 필요하다고 판단되는 감사절차의 범위는 중요성, 위험평가 그리고 내부감사인이 얻고자 하는 확신의 수준을 고려하여 결정된다. 단일의 목적이 여러 절차들의 조합에 의해 달성되는 경우, 개별적인 절차의 범위는 분리하여 고려한다.

일반적으로 중요왜곡표시위험이 증가할수록 감사절차 범위도 증가한다. 예를 들어 부정으로 인한 중요왜곡표시위험의 평가내용에 대응할 때는, 표본규모를 늘리거나 보다 상세 수준의 실증적 분석절차를 수행하는 것이 적합할 수 있다. 그러나 감사절차의 범위를 확대하는 것은 해당 감사절차 자체가 특정위험과 관련성이 있는 경우에만 효과적이다.

컴퓨터를 이용한 감사기법의 적용은 전자형태의 거래파일과 계정파일에 대한 보다 광범위한 테스트를 가능하게 하는데, 이 기법은 내부감사인이 부정에 의한 중요왜곡표시위험에 대응하여 테스트의 범위를 변경하기로 한 때에도 유효하다. 이러한 기법은 주요 전자 파일로부터 표본거래를 추출하거나, 특정의 성격을 지닌 거래를 가려내거나 표본 대신 전체 모집단을 테스트하기 위해 사용될 수 있다.(ISA 380-A15~A17)

다. 소규모기업에 대한 고려

소규모 기업의 경우, 내부감사인이 식별할 수 있는 통제활동이 많지 않을 수도 있다. 또한 통제활동의 존재나 통제운영에 관한 기업의 문서화 범위가 제한되기도 한다. 이때는 내부감사인은 실증절차 위주의 추가감사절차를 수행하는 것이 보다 효율적이다. 드문 경우지

만, 통제활동이나 통제의 다른 구성요소가 결여되어 충분하고 적합한 감사증거를 입수하는 것이 불가능할 수도 있다.(ISA 330-A18)

라. 문서화 : 평가된 위험에 대한 감사인의 대응

내부감사인은 평가된 위험에 대한 감사인의 대응에 대하여 다음 사항을 감사문서에 포함하여야 한다.(ISA 330-28)

평가된 위험에 대한 내부감사인의 대응

① 재무제표 수준의 평가된 중요왜곡표시위험에 대처하기 위한 전반적인 대응, 수행된 추가 감사절차의 성격과 시기 및 범위
② 이러한 감사절차와 경영진 주장 수준의 평가된 위험과의 연결 관계
③ 감사절차의 결과(명확하지 않은 경우에는 그 결론을 포함)

5. 재무회계의 이해[267]

가. 회계의 기본개념

1) 회계의 정의

회계란 회계정보이용자가 합리적인 판단이나 경제적 의사결정을 할 수 있도록 기업실제에 관한 경제적 정보를 식별하고, 측정하여 전달하는 과정을 말한다.

2) 회계정보 이용자

기업의 회계시스템은 기업의 이해관계자가 기업과 관련된 의사결정을 하려고 할 때 유용한 정보를 제공하게 된다. 최근의 기업은 소유와 경영이 분리되면서 다양한 이해 관계자 즉, 회계정보 이용자가 있는데 대표적인 이해관계자로는 경영자, 종업원, 채권자, 주주, 투자자, 거래처, 정부기관 등이 있다.

나. 재무제표의 이해

1) 재무제표의 정의

재무제표는 기업의 외부정보이용자에게 의사결정에 유용한 정보를 제공할 목적으로 재무상태나 경영성과 등의 재무정보를 제공하는 보고서이다.

회사의 경영활동	→	재무제표	→	**이해관계자**
(경제적 사건)	집약		정보제공	(정보이용자)

2) 재무제표의 기본가정

267 김성수, 「경영진단」-재무제표분석·취약부문발견기법, 한국상장회사협의회, 2018. 1~23면.

재무제표는 발생기준과 계속기업이라는 일정한 가정 하에 작성된다.

가) 발생기준

거래나 그 밖의 사건의 영향을 현금이나 현금성자산의 수취나 지급시점이 아니라 당해 거래 또는 사건이 발생한 기간에 인식하며 해당기간의 장부에 기록하고 재무제표에 표시하는 것이다.

나) 계속기업

기업이 예상 가능한 기간 동안 영업을 계속할 것이며, 경영활동을 청산하거나 중요하게 축소할 의도나 필요성을 갖고 있지 않다는 것이다.

다. 재무제표의 종류

1) 재무상태표/대차대조표

일정시점 현재 기업의 재무상태를 나타내는 정태적 재무제표

가) 의의

- 기업의 재무상태를 명확히 보고하기 위하여 재무상태표일 현재의 모든 자산·부채 및 자본을 나타내는 정태적 보고서
- 기업의 재무상태란 경영자본의 운영 상태와 조달 원천의 관계를 의미하는 것
- 재무상태표는 기업이 지배하고 있는 경제적 자원(자산)과 그 자원에 대한 채권자와 주주의 청구권(부채와 자본)을 표시

나) 요소

- 자산 : 과거 사건의 결과로 기업이 통제하고 있고 미래 경제적 효익이 기업에 유입될 것이라고 기대되는 자원. 자산은 유동자산과 비유동자산으로 구분. 유동자산은 당좌자산과 재고자산으로 구분하고, 비유동자산은 투자자산, 유형자산, 무형자산, 기타 비유동자산으로 구분
- 부채 : 경제적 효익이 내재된 자원이 기업으로부터 유출됨으로써 이행될 것으로 기대되는 현재의 의무. 부채는 유동부채와 비유동부채로 구분
- 자본 : 자산에서 부채를 차감한 잔여 지분(자산 = 부채 + 자본). 자본은 자본금, 자본잉여금, 자본조정, 기타포괄손익누계액 및 이익잉여금(또는 결손금)으로 구분

다) 효율성

- 유동성과 재무건전성에 대한 정보제공
- 자본구조에 대한 정보제공

라) 재무상태표의 형태

(1) 자산부문 : 자금의 사용

① 유동자산

- 당좌자산
- 재고자산

② 비유동자산

- 투자자산
- 유형자산
- 무형자산
- 기타비유동자산

(2) 부채부문 : 자금의 조달(타인자본)

① 유동부채 ② 비유동부채

(3) 자본부문 : 자금의 조달(자기자본)

① 자본금 ② 자본잉여금

③ 자본조정 ④ 기타포괄손익누계

⑤ 이익잉여금(또는 결손금)

2) 손익계산서

일정기간 동안 기업의 재무성과에 대한 정보를 보고하는 동태적 재무제표

가) 손익계산서의 의의

- 일정기간 동안 기업체의 재무성과에 대한 정보를 보고하는 동태적 보고서
- 특정 기간 동안의 기업 경영활동의 경영성과를 보여주는 보고서

나) 손익계산서의 중요성

- 기업 경영활동의 성과를 평가할 때 유용한 정보를 제공
- 주주나 채권자에게 미래 현금흐름에 관한 정보를 제공
- 기업의 내부적으로 경영계획이나 배당정책을 수립하는 데 중요한 자료로 이용

다) 수익과 비용의 인식 기준

- 손익계산서를 작성하는 주된 목적 중 하나는 기업의 이익을 측정
- 기업의 이익을 측정하기 위해서는 수익과 비용을 인식하여야 하는데 전통적인 인식 방법에는 현금기준과 발생기준이 존재

① 현금주의 : 현금이 들어올 때 인식하고 현금이 나가는 시점에 비용을 인식하는 회계

② 발생주의 : 현금의 실질적인 유출입 과는 별도로 그러한 거래를 유발시키는 회계사건이 발생한 시점에 관련되는 수익과 비용을 인식하는 방법

- 발생기준이 현금기준 보다 기간별로 관련된 수익과 비용을 적절히 대응시켜 정확한 재무성과를 측정하므로 현행 회계에서는 발생주의에 의해 수익과 비용을 인식

라) 손익계산서의 형태

손익계산서는 다음과 같이 구분하여 표시한다. 다만, 제조업, 판매업 및 건설업 외의 업종에 속하는 기업은 매출총손익의 구분표시를 생략할 수 있다.

① 매출액 ② 매출원가 ③ 매출총손익

④ 판매원가와 관리비 ⑤ 영업손익 ⑥ 영업외 수익

⑦ 영업외 비용 ⑧ 법인세비용 차감전 계속사업손익 ⑨ 계속사업손익법인세비용

⑩ 계속사업손익 ⑪ 중단사업손익(법인세효과 차감 후) ⑫ 당기순손익

수익과 비용은 각각 총액으로 보고하는 것을 원칙으로 한다. 다만, 다른 계약에 의해 수익과 비용을 상계하도록 요구하는 경우에는 상계하여 표시하고, 허용하는 경우에도 상계하여 표시할 수 있다. 또한, 동일 유사한 거래나 회계사건에서 발생한 차익, 차손 등은 총액으로 표시하지만, 중요하지 않은 경우에는 관련 차익과 차손 등을 상계하여 표시할 수 있다.

마) 당기순손익

당기순손익은 계속사업손익에 중단사업손익을 가감하여 산출하며, 당기순손익에 기타 포괄손익을 가감하여 산출한 포괄손익의 내용을 주석으로 기재한다. 이 경우 기타 포괄손익의 각 항목은 관련된 법인세 효과가 있다면, 그 금액은 차감한 후의 금액으로 표시하고 법인세 효과에 대한 내용을 별도로 기재한다.

3) 자본변동표

일정시점 현재 기업의 자본의 크기와 일정기간 동안 기업실체의 자본의 변동에 관한 정보를 제공하는 재무제표

가) 자본변동표의 의의

■ 자본변동표는 자본의 크기와 그 변동에 관한 정보를 제공하는 재무보고서로서, 자본을 구성하고 있는 자본금, 자본잉여금, 자본조정, 기타포괄손익누계액, 이익 잉여금(또는 결손금)의 변동에 대한 포괄적 정보를 제공

■ 자본변동표에는 자본의 각 구성요소별로 기초잔액, 변동사항 및 기말잔액을 표시. 따라서 자본변동표는 이익잉여금처분계산서 및 결손금처리계산서를 포함하는 보다 포괄적인 재무보고서

나) 자본변동표의 중요성

■ 자본변동표는 재무제표 간의 연계성을 제고시켜 이용자들이 재무제표간의 관계를 보다 명확하게 이해할 수 있게 지원. 이러한 자본변동표에는 재무상태표에 표시되어 있는 자본의 기초잔액과 기말잔액이 모두 제시됨으로써 재무상태표와 연계되고, 자본의 변동 내용은 손익계산서와 현금흐름표에 나타난 정보와 연계

■ 자본변동표는 손익계산서를 거치지 않고 재무상태표의 자본에 직접 가감되는 항목에 대한 정보를 제공. 이러한 항목에는 매도가능증권평가손익과 같은 미실현손익이 포함되는데, 이러한 미실현손익의 변동내역을 나타냄으로써 자본변동표는 손익계산서에서 나타낼 수 없는 포괄적인 경영성과에 대한 정보를 직·간접으로 제공

다) 자본변동표의 형태

■ 자본변동표는 자본금, 자본잉여금, 자본조정, 기타포괄손익누계액, 이익잉여금(또는 결손금)의 각 항목별로 기초잔액, 변동사항, 기말잔액을 표시

(1) 자본금의 변동 : 유상증자(감자), 무상증자(감자)와 주식배당 등에 의하여 발생하며,

자본금은 보통주 자본금과 우선주자본금으로 구분하여 표시

(2) 자본잉여금의 변동 : 유상증자(감자), 무상증자(감자), 결손금의 처리 등에 의하여 발생하며, 주식 발행초과금과 기타자본잉여금으로 구분하여 표시

(3) 자본조정의 변동 : 자기주식은 구분해 표시하고, 기타자본조정은 통합하여 표시가능

(4) 기타포괄손익누계액의 변동 : 매도가능증권평가손익, 해외사업환산손익 및 현금흐름 위험회피 파생상품평가손익은 구분하여 표시하고, 그 밖의 항목은 그 금액이 중요할 경우에는 적절히 구분하여 표시 가능

(5) 이익잉여금의 변동 : 다음과 같은 항목으로 구분하여 표시

① 회계정책의 변경으로 인한 누적 효과 ② 중대한 전기오류수정이익

③ 연차배당(당기 중에 주주총회에서 승인된 배당금액으로 하되 현금배당과 주식배당으로 구분하여 기재)과 기타 전기말 미처분이익잉여금의 처분

④ 중간배당(당기 중에 이사회에서 승인된 배당금액) ⑤ 당기순손익

⑥ 기타 : ① 내지 ⑤ 외의 원인으로 당기에 발생한 이익잉여금의 변동으로 하되, 그 금액이 중요한 경우에는 적절히 구분하여 표시

- 자본변동표에서 전기에 이미 보고된 이익잉여금(또는 결손금)의 금액이 당기에 발생한 회계정책 변경이나 중대한 전기오류수정으로 인하여 변동된 경우에는 전기에 이미 보고된 금액을 별도로 표시하고 회계정책 변경이나 오류수정이 매 회계연도에 미치는 영향을 가감한 수정 후 기초이익잉여금을 표시

4) 현금흐름표

일정기간 동안 기업의 현금유입과 현금유출에 대한 정보를 제공하는 재무제표

가) 현금흐름표의 의의

- 현금흐름표는 기업의 현금흐름을 나타내는 표로서 현금의 변동 내역을 명확하게 보고하기 위해 해당 회계기간에 속하는 현금의 유입과 유출내용을 적정하게 표시
- 현금주의 기준에 의하여 회계기간 동안 발생한 현금흐름을 영업활동, 투자활동 및 재무활동으로 분류하여 보고

나) 현금흐름표의 유용성

- 기업의 미래 현금 및 현금성자산의 창출능력에 관한 정보를 제공
- 기업의 부채상환능력, 배당금지급능력, 외부자금조달의 필요성에 관한 정보를 제공
- 이익의 질을 평가할 수 있도록 영업활동과 관련된 자금흐름의 정보를 제공
- 기업의 일정기간 중 현금예금 및 비현금예금의 투자 및 재무거래가 기업의 재무상태에 미치는 영향 탐지 가능

다) 현금흐름표의 작성방법

- 현금흐름표는 영업활동으로 인한 현금흐름, 투자활동으로 인한 현금흐름, 재무활동으로 인한 현금흐름으로 구분표시하고, 이에 기초의 현금을 가산하여 기말의 현금을

산출하는 형식으로 표시

(1) 영업활동으로 인한 현금흐름

■ 영업활동이란 일반적으로 제품의 생산과 상품 및 용역의 구매·판매활동을 말하며, 투자활동과 재무 활동에 속하지 아니하는 거래를 모두 포함

■ 영업활동으로 인한 현금의 유입에는 제품 등의 판매에 따른 현금유입(매출채권의 회수 포함), 이자수익과 배당금수익, 기타 투자활동과 재무활동에 속하지 아니하는 거래에서 발생된 현금유입이 포함

■ 영업활동으로 인한 현금의 유출에는 원재료, 상품 등의 구입에 다른 현금유출(매입채무의 결제 포함), 기타 상품과 용역의 공급자와 종업원에 대한 현금지출, 법인세(토지 등 양도소득에 대한 법인세 제외)의 지급, 이자비용, 기타 투자활동과 재무활동에 속하지 아니하는 거래에서 발생된 현금유출이 포함

■ 영업활동으로 인한 현금흐름의 표시방법에는 직접법과 간접법으로 구분

① 직접법 : 현금을 수반해 발생한 수익 또는 비용항목으로 총액으로 표시하되, 현금유입액은 원천별로 현금유출액은 용도별로 분류하여 표시하는 방법

② 간접법 : 당기순이익(또는 당기순손실)에 현금의 유출이 없는 비용 등을 가산하고, 현금의 유입이 없는 수익등을 차감하며, 영업활동으로 인한 자산·부채의 변동을 가감해 표시하는 방법.

(2) 투자활동으로 인한 현금흐름

■ 투자활동이라 함은 현금의 대여와 회수활동, 유가증권·투자자산·유형자산 및 무형자산의 취득과 처분 활동

■ 투자활동으로 인한 현금의 유입 : 대여금의 회수, 단기투자자산·유가증권·투자자산·유형자산·무형자산의 처분 등이 포함

■ 투자활동으로 인한 현금의 유출 : 현금의 대여, 단기투자자산, 유가증권·투자자산·유형자산·무형자산의 취득에 따른 현금유출로서 취득 직전 또는 직후의 지급액 등이 포함

(3) 재무활동으로 인한 현금흐름

■ 재무활동이라 함은 현금의 차입, 및 상환활동, 신주발행이나 배당금의 지급활동 등과 같이 부채 및 자본계정에 영향을 미치는 거래

■ 재무활동으로 인한 현금의 유입 : 단기차입금·장기차입금의 차입, 어음·사채의 발행, 주식의 발행 등이 포함

■ 재무활동으로 인한 현금의 유출 : 배당금의 지급, 유상감자, 자기주식의 취득, 차입금의 상환, 자산의 취득에 다른 부채의 지급 등이 포함

(4) 기타 표시방법

■ 현금의 유입과 유출내용에 대하여는 기중 증가 또는 기중 감소를 상계하지 아니하고 각각 총액으로 표시. 다만, 거래가 빈번하여 총액이 크고 단기간에 만기가 도래하는 현금의 유입과 유출항목은 순증감액으로 표시 가능

■ 사채발행 또는 주식발행으로 인한 현금유입 시에는 발행금액으로 표시

라) 현금흐름표의 패턴분석

패턴유형	영업	투자	재무	설 명
1	+	+	+	영업활동에서 현금창출, 자산매각 및 재무활동에서 조달한 현금을 비축하여 타 회사를 인수합병하거나 신사업분야에 진출을 모색하고 있는 유동성이 풍부한 회사
2	+	−	−	영업활동에서 창출한 현금으로 고정자산을 구입하고 있으며, 또한 부채를 상환하거나 배당금을 지급하고 있는 회사
3	+	+	−	영업활동에서 창출한 현금과 자산을 매각한 자금으로 부채를 상환하는 회사
4	+	−	+	영업활동에서 창출한 현금과 차입금 혹은 증자대금으로 회사의 확장에 필요한 투자를 하고 있는 회사
5	−	−	+	영업활동에서 현금을 창출하지 못하는 문제점을 자산 매각과 차입 또는 증자를 통해서 보전하고 있는 회사
6	−	−	+	영업활동에서의 부족자금과 고정자산의 구입에 필요한 자금을 장기차입 혹은 증자를 통해서 조달하고 있는 회사
7	−	+	−	영업활동에서의 부족자금과 채권자에 대한 차입금 상환액을 고정자산의 매각을 통하여 조달하고 있는 회사
8	−	−	−	영업활동의 부족현금과 시설투자 및 차입금 상환을 모두 기존의 현금 비축액에서 사용하고 있는 회사

5) 주석

가) 주석의 의의

■ 재무상태표, 포괄손익계산서, 자본변동표 및 현금흐름표에 표시하는 정보에 추가하여 제공하는 정보

■ 재무제표에 표시된 항목을 구체적으로 설명하거나 세분화한 정보를 제공

나) 주석의 작성방법

■ 주석에 포함되는 주요항목

(1) 재무제표작성기준 및 유의적인 거래와 회계사건의 회계처리에 적용한 회계정책
(2) 일반기업회계기준에서 주석공시를 요구하는 사항
(3) 재무상태표, 손익계산서, 현금흐름표 및 자본변동표의 본문에 표시되지 않는 사항으로서 재무제표를 이해하는 데 필요한 추가 정보

① 기업의 개황, 주요 영업 내용 및 최근의 경영환경 변화
② 사용이 제한된 예금
③ 자기 또는 타인을 위하여 제공하고 있거나 타인으로부터 제공받고 있는 담보 및 보증의 내용
④ 차입약정의 유의적인 위반사항
⑤ 천재지변, 파업, 화재, 유의적인 사고 등에 관하여는 그 내용과 결과
⑥ 기업이 가입하고 있는 보험의 종류, 보험금액 및 보험에 가입된 자산의 내용
⑦ 물가 및 환율변동과 같이 기업에 유의적인 영향을 미치는 불확실성 및 위험요소
⑧ 해당 회계연도 개시일전 2년 내에 결손보전을 한 경우에는 결손보전에 충당된 자본잉여금이나 이익잉여금의 명칭과 금액 및 결손보전을 승인한 주주총회일
⑨ 제조원가 또는 판매비와 관리비에 포함된 급여, 퇴직급여, 복리후생비, 임차료, 감가상각비, 세금 공과 등 부가가치 계산에 필요한 계정과목과 그 금액

■ 주석은 재무상태표, 손익계산서, 현금흐름표와 자본변동표에 인식되어 본문에 표시되는 항목에 관한 설명이나 금액의 세부내역 뿐만 아니라 우발상황 또는 약정사항과 같이 재무제표에 인식되지 않는 항목에 대한 추가정보 포함. 그리고 일반기업 회계기준 등의 최초적용으로 인한 회계기준의 중요한 변동이 요구되는 경우, 기업의 준비상황 및 재무제표에 미칠 수 있는 영향 등을 추가정보로 공시할 것을 권장
■ 주석은 일반적으로 재무제표 이용자가 재무제표를 이해하고 다른 기업의 재무제표와 비교하는 데 도움이 될 수 있도록 다음의 순서로 작성

① 일반기업회계기준에 준거하여 재무제표를 작성하였다는 사실의 명기
② 재무제표 작성에 적용된 유의적인 회계처리의 요약
③ 재무제표 본문에 표시된 항목에 대한 보충 정보(재무제표의 배열 및 각 재무제표 본문에 표시된 순서에 따라 공시)
④ 기타 우발상황, 약정사항 등의 계량정보와 비계량정보 등

라. 재무제표 간의 연관성

재무제표는 재무보고의 중심적인 수단으로서 이를 통하여 기업에 관한 재무정보를 외부의 이해관계자에게 전달하게 된다. 가장 일반적으로 이용되고 있는 재무제표는 재무상태표, 손익계산서, 현금흐름표, 자본변동표이며, 이에 대한 적절한 주석 및 부속명세서도 재무제표의 구성요소로 본다.

이러한 재무제표는 각각 역할이 다르면서도 상호간에 일정한 연관관계를 가지고 있다. 즉, 전기 말과 당기 말에 작성된 재무상태표 간의 차이인 두시점간 재무상태의 변화는 해당

연도의 경영성과에서 비롯된 것이기 때문에 이 차이는 경영성과를 표시하는 손익계산서를 통하여 얼마의 금액이 증가하였는지를 알 수 있는 것이다.

이러한 각 재무제표는 동일한 거래 또는 사건의 다른 측면을 반영하고 있으므로, 서로 연관되어 있으며 상호보완적인 관계가 있는데, 이러한 관계는 다음과 같다.

재무제표 간에 상호보완적인 관계

① 재무상태표는 기업실체의 유동성과 재무건전성을 평가하는데 유용한 정보를 제공하는데, 재무상태표 정보가 현금흐름표 정보와 함께 이용되면 유동성 또는 재무탄력성을 평가하는 데 더 유용할 수 있다.

② 손익계산서는 기업실체의 수익성을 평가하는 데 유용한 정보를 제공하는데, 손익 계산서 정보가 재무상태표 정보와 함께 사용되면 더욱 의미 있는 해석이 가능하게 된다. 예를 들어, 자기자본이익률 또는 재고자산회전율 등은 수익성의 기간비교 또는 기업 간의 비교에 보다 유용한 정보를 제공한다.

그러나 이는 발생주의 회계에 의거하여 작성되는 보고서이기 때문에 손익에 영향을 미치지 않으면서 재무상태에 영향을 미치는 항목들에 대한 정보를 제공하지 못한다. 따라서 영업활동뿐만 아니라 투자활동 및 재무활동에 기인한 재무상태의 변동을 파악하기 위해서는 자본변동표와 현금흐름표를 참조해야 한다.

③ 현금흐름표는 일정 기간 동안의 현금유입과 현금유출에 대해 많은 정보를 제공한다. 그러나 현금유입과 현금유출은 동일한 회계기간 내에서 수익과 비용과 같이 서로 대응되어 표시되지 않으므로 현금흐름표는 기업실체의 미래 현금흐름을 전망하는 데 충분한 정보를 제공하지 못한다.

예를 들어 영업활동에서의 현금유입은 많은 부분이 과거의 영업활동에 의해 나타나게 되고, 또한 현재의 현금지출은 미래의 현금유입을 위해 이루어진다. 그러므로 미래의 현금흐름을 예측하기 위해 현금흐름표 정보는 손익계산서와 재무상태표 정보가 함께 사용될 필요가 있다.

④ 자산변동표는 자산, 부채, 자본 변동의 주요 원천에 대한 정보를 제공한다. 그러나 이러한 정보는 다른 재무제표 정보와 함께 사용되어야 그 유용성이 증대된다. 예를 들어 주주에 대한 배당은 손익계산서 상의 이익과 비교될 필요가 있으며, 유상증자 및 자기주식 취득과 배당은 신규 차입 및 기존 채무의 상환 등과 비교될 때 정보의 유용성이 증대될 수 있다.

소유주의 투자와 소유주에 대한 분배를 제외한다면, 회계기간 말 현재의 자본은 회계기간 초와 비교할 때 회계기간 중 인식된 포괄이익 만큼 증가하게 되며, 자본변동의 모든 원천은 포괄이익에 의해 최종적으로 측정된다. 이러한 관점에서 재무상태표와 손익계산서는 상호연계되는 관계에 있다. 또한, 손익계산서는 재무상태표를 통해 현금흐름표와도 연계되는 관계에 있다.

Ⅲ 회계감사 절차

내부회계감사는 ① 사업의 이해 및 감사계획, ② 회계제도와 내부통제제도 평가단계,

③ 입증절차 수행, ④ 감사의견 형성 및 감사보고 단계로 구성되어 있으며, 이는 재무제표가 일반적 회계처리기준에 따라 중요성 관점에서 적정하게 표시하는지에 대한 의견표명하기 위해 회계감사인이 기말에 실시하는 **재무제표감사**를 일반적으로 말한다.

내부회계감사는 그 외에도 기중에 회계조직의 목표와 업무의 효율과 효과를 높이기 위하여 회계 업무 절차와 방법을 검토하는 **회계운영감사**와 감사를 받는 대상이 회계 관련 법률 또는 규정 등을 준수하였는가를 감사하는 **회계준법감사**가 있다. 내부회계 감사인이 명심하여야 할 회계감사의 자세와 이에 대한 감사절차를 요약하면 다음과 같다.

1. 회계감사의 자세

내부감사인은 다음과 같은 사항을 준수하여야 한다.

가. 성실

내부감사인은 직무를 수행함에 있어서 솔직하고 정직하여야 한다. 성실은 모든 내부감사인에게 전문가적인 관계에 있어서 솔직하고 정직하여야 할 의무를 부과한다. 성실은 또한 직무를 수행함에 있어 공정해야 하고 진실성이 있어야 한다는 의미도 내포하고 있다.

나. 공정

내부감사인은 직무를 수행함에 있어 편견이나 이해 상충 또는 외부의 부당한 영향을 받아서는 아니 된다. 공정은 모든 내부감사인에게 편견, 이해의 갈등 또는 타인의 부당한 영향 때문에 전문가적인 판단을 훼손하면 안 된다는 의무를 부과한다.

내부감사인은 공정함이 손상될 수 있는 상황에 처할 수 있다. 이러한 모든 상황을 정의하거나 규정하는 것은 불가능하다. 내부감사인은 전문가적 판단을 함에 있어서 편견을 일으키거나 부당한 영향을 미칠 수 있는 관계를 회피하여야 한다.

다. 전문가적 적격성과 정당한 주의

내부감사인은 의뢰인이나 자신이 소속하고 있는 조직이 최신의 업무, 법규 및 기술에 입각하여 적격성을 갖춘 **전문서비스**(professional service)를 제공받을 수 있도록 전문적 지식과 기법을 지속적으로 유지하여야 한다.

내부감사인은 직무를 수행함에 있어 정당한 주의를 기울여야 하며, 관련 기술적 또는 전문적 기준을 준수하여야 한다. 전문가적 적격성과 정당한 주의는 내부감사인에게 다음과 같은 의무를 부과한다.

① 내부감사인은 적격성을 갖춘 전문서비스를 제공하기에 합당한 수준의 전문적 지식과 기술을 유지해야 한다.
② 내부감사인은 전문서비스를 제공함에 있어 정당한 주의를 기울여 관련 기술적 기준 및 전문적 기준을 준수하여야 한다.

적격성을 갖춘 전문서비스를 제공하는 데 필요한 전문적 지식과 기술을 적용함에 있어

건전한 판단력을 발휘하여야 한다. 전문가적 적격성은 다음의 두 가지 단계로 구분된다.

① 전문가적 적격성의 습득
② 전문가적 적격성의 유지

전문가적 적격성을 유지하기 위해서는 관련된 기술적, 전문가적, 사업적 발전 동향에 대한 계속적인 관심과 이해가 필요하다. 내부감사인은 계속적인 전문가적 개발을 통해 전문적인 환경 속에서 적격하게 업무를 수행할 수 있는 역량을 개발하고 유지할 수 있다.

정당한 주의란, 맡은 업무의 요구조건에 따라, 철저하고도 신중하며 적시에 업무를 수행할 책임을 포함한다. 내부감사인은 자신의 통솔하에 전문가의 자격으로 업무를 수행하는 모든 구성원이 적절한 훈련과 감독을 받도록 조치를 취하여야 한다.

내부감사인은 필요하다면 회계감사서비스의 이용자에게 내부회계감사서비스가 갖는 고유한계를 일깨워 줌으로써 내부감사인의 의견표명이 사실에 대한 주장으로 잘못 해석되지 않도록 하여야 한다.

라. 비밀유지

내부감사인은 직무수행과정에서 지득한 정보에 대한 비밀을 지켜야 하며, 법적 또는 직업적으로 공개할 권리나 의무가 없는 경우에 적절하고 명확한 승인 없이 어떠한 정보도 제3자에게 누설하여서는 아니 된다. 또한 내부감사인은 직무수행 과정에서 지득한 기밀정보를 본인 또는 제3자의 개인적 이익을 위해 사용하여서는 아니 된다.

비밀유지는 내부감사인에게 다음과 같은 행위를 하지 말아야 할 의무를 부과한다.

① 직무상 지득한 기밀정보를 법적/직업적으로 공개할 권리나 의무가 없는 경우, 적절하고 명확한 승인 없이, 소속조직/소속기관 외의 외부에 누설하는 행위
② 직무상 지득한 기밀정보를 본인이나 제3자의 이익을 위해 사용하는 행위

내부감사인은 친밀한 관계에서도 비밀유지 강령을 준수하여야 한다. 내부감사인은 오랜 사업상의 관계자, 직계가족 또는 측근가족과의 사이에서 우연하게 기밀을 누설할 가능성이 있다는 점을 특히 경계하여야 한다.

내부감사인은 감사대상 조직/기관에서 제공한 정보에 대해서도 비밀을 유지하여야 하며, 소속기관 내부에서도 정보에 대한 기밀을 유지할 필요성이 있는지를 고려해야 한다. 아울러서 내부감사인은 자신의 통제하에 있는 직원과 자문 등 지원을 제공하는 구성원이 비밀유지의무를 반드시 지키도록 모든 합리적인 조치를 취하여야 한다.

내부감사인은 회사를 변경하거나 새로운 업무를 맡게 되는 경우, 내부감사인은 이전의 업무경험을 이용할 자격이 있다. 그러나 내부감사인은 직무수행과정에서 지득한 어떠한 기밀의 정보도 사용하거나 공개해서는 아니 된다.

다음의 경우에 회계감사인은 기밀의 정보를 공개할 수 있다.

1) 법규에 의해 정보의 공개가 허용되고 소속조직으로부터 공개를 허락받은 경우
2) 다음과 같이 법규에 의해 정보의 공개가 요구되는 경우

① 소송절차에 따라 문서를 제시하거나 기타증거로 제시하는 경우
② 이미 알려진 법규위반 사실을 해당 공공기관에 공개하는 경우

3) 법규에 의해 정보의 공개가 금지되지 아니한 경우로서, 정보의 공개에 대하여 전문가적인 권리 또는 의무가 있는 경우 내부감사인은 다음의 사항을 고려하여 정보의 공개 여부를 결정하여야 한다.

① 수감기관 또는 소속조직이 정보의 공개에 동의한 경우에도 내부감사인의 정보공개가 제3자를 포함한 모든 이해관계자의 이익에 나쁜 영향을 미치게 되는지 여부
② 모든 관련정보가 실제적으로 알려져 있고 입증될 수 있는지 여부. 사실관계를 입증할 수 없거나 정보가 불완전하거나 또는 결론을 입증할 수 없는 경우에는 정보공개의 유형을 결정함에 있어서 전문가적 판단을 발휘해야 한다
③ 의사소통방식과 그 대상자에 대한 고려. 내부감사인은 특히 의사소통 대상자가 적임자인지를 확실히 하여야 한다.

마. 전문가적 품위

내부감사인은 관련 법규를 준수하여야 하며 내부감사인의 품위를 실추시키는 행동을 삼가하여야 한다. 전문가적 품위강령은 내부감사인에게 관련 법규를 준수하고 회계감사의 품위를 실추시키는 행동을 하지 말아야 할 의무를 부과한다. 내부감사인이 하지 말아야 할 행동이란, 관련된 모든 정보를 알고 있는 합리적인 제3자가 내부감사인의 명성에 부정적인 영향을 줄 수 있다고 판단하는 행동을 말한다.

2. 회계감사의 계획[268]

가. 감사 참여인력 구성

내부감사최고책임자는 감사 참여인력을 독립성과 전문가적 적격성을 갖춘 자로 회사의 규모, 거래의 복잡성, 감사위험 등을 고려하여 그 수를 결정한다.

나. 사업에 대한 이해

내부감사인은 효과적인 회계감사를 위해 사업에 대한 충분한 지식을 보유 또는 습득해야 한다.

1) 정보의 수집 원천

① 경영자 등 내부 임직원과의 토의
② 전기감사 및 일상감사를 통해 파악한 지식
③ 타 감사인, 법률자문가 및 기타 자문가
④ 거래처, 경쟁자, 정부 등 외부인원과의 토의
⑤ 산업 관련 자료(정부 통계자료, 금융회사 통계, 경제신문, 협회지 등)

268 김성수, 전게게재문, 한국상장회사협의회, 2018, 26~27면.

⑥ 관련 법률, 경영관련 규정집

⑦ 내부자료(이사회의사록, 주주총회의사록, 경영계획, 전기감사보고서, 직무기술서, 업무분장표 등)

2) 수집하여야 할 정보

① 경기 및 이자율 동향, 인플레이션 변동

② 시장상황 및 경쟁상황

③ 제품기술의 변화, 사업위험

④ 경영자 특성, 주식 소유 관계 특성

⑤ 회사의 영업 : 제품, 시장, 공급자, 비용

⑥ 제반 규제 법규

⑦ 이용 가능한 정보의 원천과 신뢰성

⑧ 재무제표 작성 관련 외부 요인

⑨ 회사의 재무상태 및 수익성에 미치는 요소

3) 사업에 대한 이해 효익

① 효과적이고 효율적인 감사계획의 수립 및 감사절차의 진행

② 위험의 평가 및 문제점의 발견, 감사증거 평가 가능

다. 전반감사계획 수립

내부감사인은 전반감사계획을 수립하여, 예상되는 감사범위와 이의 수행방법을 결정한다.

1) 회계제도와 내부통제제도 이해

① 회사가 채택하고 있는 회계정책 및 변경 내용

② 새로운 회계처리기준과 감사 관련 법규가 회사에 미치는 영향

③ 회계제도와 내부통제에 대한 지식, 내부통제 시사 및 입증절차 수행 시 강조사항

2) 감사위험과 중요성

① 예상되는 고유위험과 통제위험의 수준, 양적·질적 중요성의 설정

② 중요한 왜곡표시 가능성 및 부정의 발생 가능성

③ 회계추정 등 회계처리가 복잡한 분야 파악

3) 감사절차의 성격, 시기 및 범위

① 회사가 채택하고 있는 IT기술이 감사에 미치는 영향

② 강조되어야 할 감사분야의 변경

4) 감사업무의 조정, 지휘, 감독 및 검토

① 감사를 실시하여야 할 회사의 사업장, 지점의 수

② 자회사 및 지점 등에 대한 타 감사인의 참여, 전문가의 참여

5) 기타 사항

① 회사의 계속기업 가정에 의문이 초래될 가능성

② 특수관계자의 존재 등 감사 시 특히 주의를 요하는 상황의 존재

라. 세부 감사계획 수립

전반감사계획을 구체적으로 수행하기 위해 감사절차의 성격, 시기 및 범위 등 세부감사계획을 수립하여야 한다.

1) 세부감사계획서의 역할

① 감사에 참여하는 감사보조자에 대한 일련의 지시서

② 감사업무의 적정한 실행을 통제하고 기록하는 수단

2) 계획 수립 시 고려사항

① 고유위험과 통제위험에 대한 구체적인 평가, 입증절차를 통해 획득할 확신 수준

② 내부통제의 시사와 입증절차의 수행 시기

③ 감사보조자의 확보 가능성, 타 감사인 또는 전문가의 참여 여부

* 전반감사계획과 세부감사계획은 감사업무 진행 중에 계속적으로 수정·보완

3) 회계제도와 내부통제제도 평가 세부감사계획

(1) 주요 계정 또는 거래 유형별로 작성(주로 중간 감사 시 수행)

(2) 계획에 포함되어야 할 주요 내용

① 주요 거래유형의 확인

② 회계제도와 내부통제제도가 달성해야 할 통제목표

③ 통제목표 달성을 위한 통제제도 및 운용상태의 확인

4) 입증절차 세부감사계획

① 계정 또는 거래 유형별로 작성(주로 기말감사 시 수행)

② 계획에 포함되어야 할 주요 내용 : 계정잔액 또는 거래유형별로 수행되어야 할 입증절차의 성격, 시기 및 범위

3. 내부통제의 평가[269]

가. 내부통제평가의 개요

내부통제제도 평가란 감사 또는 감사위원회가 정기적으로 해당 경영진이 자체적으로 수립·운영하는 회사의 내부통제시스템이 효과적으로 작동하고 있는지를 평가하는 동시에 문제점이 발견되는 경우 이를 시정하여 회사가 노출되어 있는 각종 위험을 최소화할 수 있는 개선 방안의 제시까지 포함하는 일련의 프로세스이다.

나. 일반내부통제의 평가

1) 내부통제제도의 평가 개요

내부통제제도의 평가 개요에 대하여는 제3편 제7장 제1절-Ⅰ-1. '내부통제제도평가의 개요' 항목을 참조하시기 바랍니다.

269 김성수, 전게게재문, 한국상장회사협의회, 2018. 1~23면.

2) 내부통제제도의 평가 방법

내부통제제도의 평가 방법에 대하여는 제3편 제7장 제1절-Ⅰ-2. '내부통제제도평가의 방법' 항목을 참조하시기 바랍니다.

3) 내부통제제도의 평가 보고

내부통제제도의 평가 보고에 대하여는 제3편 제7장 제1절-Ⅰ-3. '내부통제제도평가의 보고' 항목을 참조하시기 바랍니다.

다. 내부회계관리의 평가

1) 내부회계관리제도의 평가 개요

내부회계관리제도의 평가 개요에 대하여는 제3편 제7장 제1절-Ⅱ-1. '내부회계관리제도 평가의 개요' 항목을 참조하시기 바랍니다.

2) 내부회계관리제도의 평가 방법

내부회계관리제도의 평가 방법에 대하여는 제3편 제7장 제1절-Ⅱ-2. '내부회계관리제도 평가의 방법' 항목을 참조하시기 바랍니다.

3) 내부회계관리제도의 평가 보고

내부회계관리제도의 평가 보고에 대하여는 제3편 제7장 제1절-Ⅱ-3. '내부회계관리제도 평가의 보고' 항목을 참조하시기 바랍니다.

4. 부정위험의 평가

가. 부정위험평가의 개요

부정위험평가는 기업의 내부/외부에서 부정행위가 발생할 수 있는 방식들을 고려함으로써 광범위한 위험관리 프로세스의 중요한 부분을 구성하기도 한다. 궁극적으로 '부정위험평가는 기업에서 일어날 수 있는 부정사건 들의 유형을 정의하고, 그 발생가능성과 영향의 크기를 결정하며, 이러한 위험을 관리하기 위한 통제와 연계하는 활동'으로 정의한다.

나. 부정위험평가의 방법

부정위험평가의 방법에 대하여는 제1편 제4장 제5절-Ⅴ-3. '부정위험평가의 수행' 항목을 참조하시기 바랍니다.

다. 부정위험평가의 보고

부정위험평가의 보고에 대하여는 제1편 제4장 제5절-Ⅴ-4. '부정위험평가의 보고서' 항목을 참조하시기 바랍니다.

5. 회계감사 수행의 기본

가. 회계감사의 증거

1) 개요

감사증거란 감사의견의 증거가 되는 것으로, 내부감사인이 감사계획부터 감사결론에 이르기까지 수집한 모든 정보를 말한다. 감사증거는 회계기록[270]과 기타 정보를 모두 포함 한다.

내부감사인은 충분하고 적합한 감사증거에 기초하여 감사의견을 형성하여야 하며, 그 정도에 따라 자신이 표명한 감사의견에 대한 확신의 수준이 달라진다. 여기서 **충분은 감사증거의 양적 수준을, 적합은 감사증거의 질적 수준**을 의미한다.

감사(audit)는 절대적이지는 않지만 높은 수준의 확신을 제공하는 것으로 정의된다.[271] 따라서 내부감사인은 높은 수준의 확신을 제공하는 데 필요한 수준의 감사증거를 수집하고 이에 따라 감사의견을 표명하여 소송으로부터 자신을 보호하여야 한다.

반대로 **검토(review)는 보통수준의 확신을 제공하는 것으로 정의**된다.[272] 따라서 검토인은 보통 수준의 확신을 제공하는 데 필요한 수준의 감사증거를 수집하고 이에 따라 검토의견을 표명하여야 소송으로부터 자신을 보호할 수 있다.

그러나 내부감사인은 어떤 경우에도(극단적으로 전수감사를 수행하더라도) 감사의 고유한계 때문에 **절대적 확신(100% 확신: 보증)을 제공할 수는 없다.**[273] 따라서 내부감사인은 **합리적 확신을 얻기 위하여 감사를 계획하고 수행해야 한다**.

합리적 확신이란 내부감사인이 충분하고 적합한 감사증거를 입수해 감사위험, 즉 재무제표가 중요하게 왜곡 표시되어 있음에도 불구하고 내부감사인이 부적합한 의견을 표명할 위험(=감사위험)을 수용가능한 낮은 수준으로 감소시켰을 때 얻어진다.(ISA 500-A3)

이때 **합리적 확신**은 감사위험과 역의 관계에 있으므로 내부감사인이 합리적 확신을 얻기 위해 감사를 계획하고 수행한다 함은 감사위험을 최소화하기 위한 감사절차(=충분하고 적합한 감사증거의 수집)를 계획하고 수행하여야 한다는 의미와 동일하다.

즉, **감사**는 합리적으로 감사절차를 계획하고 이를 제대로 실행하면 충분하고 적합한 감사증거를 수집할 수 있으며, 충분하고 적합한 증거에 기초한 내부감사인의 판단(감사의견)은 높은 수준의 확신을 제공할 수 있다는 믿음에 기초하고 있다.

2) 감사증거의 분류[274]

가) 작성원칙별 분류

(1) 외부증거

외부증거는 내부감사인이 회사 외부로부터 얻는 증거이다. 내부감사인은 재무제표의

---

270 **회계기록**이란 원래 분개의 기록 및 이를 뒷받침하는 기록. 예를 들어 수표와 전자자금이체 기록, 송장, 계약서, 총계정원장과 보조원장, 분개장에 반영되지 않은 재무제표의 기타 조정사항, 그리고 원가배분, 계산, 조정사항 및 공시를 뒷받침하는 작업표와 스프레드쉬트와 같은 기록을 말한다.

271 노준화, 전게서, 2019, 350면.

272 노준화, 전게서, 2019, 350면.

273 노준화, 전게서, 2019, 350면.

274 선영규,「회계감사써포트」, 2015. 4-6~4-7면. 전홍준,「회계감사이해하기」,세학사, 74~75면.

잔액 등을 확인하기 위하여 제3자로부터 수치 또는 의견을 조회하는 경우가 있는데, 이러한 조회서, 타기관의 증명서나 보고서, 외부기관의 통계자료 등이 대표적인 외부증거이다.

외부증거는 회사 외부로부터 수집하여야 하므로 이를 수집하기 위해서 내부감사인이 상당한 시간과 비용을 들여야 한다. 그러나 제3자가 제공하는 정보이므로 내부증거에 비해 감사증거의 신뢰성은 높다.

(2) 내부증거

내부증거는 회사의 내부에서 얻어지는 증거를 말하며, 회사 내부문서, 각종 계약서, 각종 의사록 등의 원시증빙서류와 회사의 장부, 전표, 회사에 보관중인 회계 증빙서류 등의 회계기록이 그 예이다.

내부증거는 회사에 존재하는 서류이므로 내부감사인이 수집하기에는 편리하지만, 회사 내부에 존재하는 서류이므로 회사의 의도적인 위변조 등의 왜곡이 가능하여 증거로서의 신뢰성은 외부증거보다는 낮은 편이다.

나) 수집원천별 분류

(1) 직접증거

직접증거는 감사대상회사를 거치지 않고 내부감사인이 직접 수집한 감사증거를 말하다. 제3자로부터 직접 회신받은 조회서, 내부감사인의 실사나 관찰결과, 분석적 절차의 수행결과 등이 대표적인 직접증거이다. 직접증거는 간접증거에 비하여 상대적으로 신뢰성이 높다는 장점이 있으나, 입수에 시간과 비용이 많이 소요되는 단점이 있다.

(2) 간접증거

간접증거는 감사대상회사를 통하여 수집한 감사증거를 말한다. 회사의 장부, 전표, 회사에 보관중인 증빙서류, 각종 의사록, 회사에 보관 중인 계약서 등이 대표적인 간접 증거의 예이다.

다) 형태별 분류

(1) 물리적증거

물리적증거는 재화나 문서의 실재성에 대한 실물증거를 말한다. 물리적증거는 경영진의 주장 중 실재성에 대하여는 가장 강력한 증거력을 가지지만, ① 입수범위가 제한적 이며 입수에 따른 시간과 비용이 많이 소요되고, ② 권리(소유권)나 평가(진부화 여부)의 타당성에 대한 증거능력 부족 등의 단점이 있다.

(2) 문서적증거

문서적증거는 각종 계약서, 원시증빙 서류, 회계장부 등의 문서형태의 감사증거를 말한다. 내부감사인은 감사기술 중 문서검사와 조회확인 등의 감사기술로 감사대상회사의 내부 또는 외부로부터 문서적 감사증거를 입수한다.

문서적증거는 대부분의 회사업무가 문서화되므로 감사증거로 채택하기가 용이하다는 장점이 있으나, 문서의 성격, 입수 원천 및 내부통제의 유효성에 따라 증가능력이 낮을 수 있다는 단점을 가진다.

(3) 구두적증거(=구술적증거)

구두적증거(구술적증거)는 내부감사인이 감사업무를 수행하면서 감사대상 회사의 경영자 또는 종업원 등에게 질문을 통하여 또는 자발적으로 상대방이 진술 또는 증언함으로써 입수되는 감사증거를 말한다.

구두적증거는 ① 상대적으로 수집이 용이, ② 상대적으로 폭넓은 감사목적 달성, ③ 감사업무 초기에 입수되어 추가적인 감사증거를 수집할 필요가 있는지 여부를 결정하는 단서 역할을 수행하는 장점이 있으나, 신뢰성이 낮은 단점이 있다.

(4) 상황적증거(=정황적증거)

상황적증거는 특정상황이나 환경을 추론하는 형태로 수집된 감사증거를 말한다. 왜곡표시 위험의 평가결과나 분석적 절차의 수행결과, 소극적조회시 미회신항목 등이 대표적인 예이다. 상황적증거는 그자체로는 증거력이 약하므로 다른 증거의 확보가 중요하다.

3) 감사증거의 요건[275]

감사증거는 감사의견과 보고서를 뒷받침하는 데 필요하다. 내부감사인은 충분하고 적합한 감사증거를 입수하기 위하여 상황에 적합한 감사절차를 설계하고 수행해야 한다. 감사증거는 성격상 누적적이고 주로 감사의 진행 중에 수행되는 감사절차로부터 입수된다. 그러나 감사증거에는 과거의 감사 또는 감사업무의 품질관리절차와 같은 기타 원천으로부터 입수된 정보도 포함될 수 있다.(ISA 500-A1)

기업 내의 다른 원천과 더불어, 기업의 회계기록은 감사증거의 원천이다. 또 감사증거로 사용될 정보는 경영진 측 전문가의 작업을 이용하여 작성되었을 수도 있다. 감사증거는 경영진 측 주장을 뒷받침하거나 보강하는 정보, 그리고 그러한 주장과 상반되는 정보 모두 포함한다. 뿐만 아니라 어떤 경우에는 정보의 부재(예, 경영진이 진술을 거절한 경우)도 내부감사인이 사용하므로 감사증거를 구성한다.

가) 충분성

감사증거의 충분성은 감사증거의 양적인 측면으로 합리적으로 감사의견을 형성하기에 충분한 양을 의미한다. 즉, 감사증거의 양적 척도이다. 필요한 감사증거의 양은 중요한 ① 왜곡표시위험에 대한 감사인의 평가와 ② 해당 감사증거의 질에 의해 영향을 받는다.

구체적으로 재무제표의 왜곡표시위험에 대한 감사인의 평가가 높을수록 그리고 감사증거의 질이 낮을수록 더 많은 양의 감사증거가 요구되며, 반대로 이에 대한 감사인의 평가가 낮을수록 그리고 감사증거의 질이 높을수록 더 적은 양의 감사증거가 요구된다.

이는 재무제표의 왜곡표시위험이 낮은 고객에게 필요한 수준을 초과하여 증거를 수집

275 노준화, 전게서, 2019, 351~356면. 선영규, 전게서, 2015. 4-3~4-4면

하는 경우 감사비용을 낭비하는 결과를 초래하며, 위험이 높은 고객에게 필요한 수준 보다 부족하게 증거를 수집하는 경우 감사의견에 대한 합리적인 확신을 제공할 수 없다.

내부감사인은 정해진 기간 내에 투입할 수 있는 감사인력(감사비용)의 총량이 정해진 상황에서 다수의 고객을 동시에 감사하여야 하므로, 모든 고객에게 충분하고 적합한 증거를 수집함으로써 높은 수준의 확신을 제공하기 위해서는 고객의 왜곡표시위험을 평가하여 투입할 감사인력(감사비용)을 조절하는 전략이 필요하다.

나) 적합성

감사증거의 적합성은 감사증거의 질적 척도이다. 즉, 감사증거의 적합성은 내부감사인이 수집한 증거가 감사의견의 근거가 되는 결론을 뒷받침할 때 감사증거의 관련성과 신뢰성이 있다는 것을 의미한다.

감사증거의 적합성은 일반적으로 감사증거의 관련성과 신뢰성에 영향을 받으며, 해당 증거가 입수된 개별상황(예, 내부통제의 유효성, 경영진 측 전문가에 의해 입수된 정보의 신뢰성)에 따라 다르다.

(1) 감사증거의 관련성

감사증거는 제공하고자 하는 증거와 관련성이 높을수록 적합하다. 감사증거의 관련성은 감사절차의 목적, 그리고 적절한 경우 고려중인 경영진의 주장과의 논리적인 연결이나 관계의 정도를 말한다.(ISA 500-A27)

(2) 감사증거의 신뢰성

감사증거는 신뢰성이 높을수록 적합하다. 감사증거로 사용된 정보, 즉 감사증거 자체의 신뢰성은 그 원천과 성격, 그리고 해당되는 경우 그러한 증거의 작성과 유지에 대한 통제 등 감사증거가 입수된 상황에 영향을 받는다.(ISA 500-A31)

참고

감사증거의 신뢰성에 영향을 미치는 요소[276]

① 감사증거의 원천 : ㅇ 기업 외부의 독립된 원천에서 얻은 때 그 신뢰성이 증가
ㅇ 내부감사인이 입수한 감사증거(예, 통제의 적용에 대한 관찰)는 간접적으로 또는 추론으로 입수한 감사증거(예, 통제의 적용에 관한 질문)보다 신뢰성이 상위

② 감사증거의 성격 : ㅇ 문서나 書翰(片紙) 형태의 감사증거가 구두형태의 감사증거보다 신뢰성이 상위

③ 감사증거의 통제 : ㅇ 내부적으로 생성된 감사증거는 그 작성과 유지에 대한 통제 등 기업이 수립한 관련통제가 효과적일 때 그 신뢰성이 증가

276 회계감사기준(ISA 500-A7~A9) 상 요소 : 1~3, 이론상 요소 : 1~5.

④ 감사증거의 時宜適切性 ⑤ 감사증거의 客觀性 등

다) 경영진 측 정보의 신뢰성

감사증거로 사용될 정보가 경영진의 전문가적 도움으로 작성된 경우도 있다. 이 경우 내부감사인은 아래와 같은 감사절차를 수행한다.(ISA 500-8) 여기서 경영진 측 전문가란 회계나 감사 외의 분야에서 전문성을 보유하고, 해당 분야에서 기업의 재무제표 작성에 도움을 주는 개인 또는 조직(예, 감정평가사, 보험계리사 등)을 말한다.

(1) 경영진측 전문가의 적격성, 역량 및 공정성

전문가의 적격성은 경영진 측 전문가가 보유하고 있는 전문성의 성격 및 수준과 관련된다. **역량**은 이러한 적격성을 상황에 맞게 발휘할 수 있는 경영진 측 전문가의 능력과 관련된다.

이러한 역량에 영향을 줄 수 있는 요소는 지리적 위치, 기간과 자원의 이용가능성 등이 포함된다. **공정성**은 편의, 이해 상충 또는 타인의 영향이 경영진 측 전문가의 판단이나 업무상 판단에 미칠 수 있는 영향과 관련된다.

경영진 측 전문가의 적격성과 역량 및 공정성, 그리고 동 전문가가 수행한 업무에 대한 기업의 내부통제는 경영진 측 전문가에 의해 생성되는 정보의 신뢰성과 관련된 중요한 요소이다.(ISA 500-A38) 경영진 측 전문가의 적정성과 역량 및 공정성에 관한 정보는 아래와 같은 다양한 원천에서 나올 수 있다.(ISA 500-A38)

경영진 측 전문가의 적정성과 역량 및 공정성에 관한 정보

① 당해 전문가가 과거에 수행한 업무에 대한 개인적 경험
② 당해 전문가와의 토의
③ 당해 전문가가 수행한 업무에 익숙한 타인과의 토의
④ 당해 전문가의 자격, 전문직 단체 또는 협회의 회원여부, 개업요건 또는 기타 형태의 외부적 공인제도에 대하여 알고 있는 지식
⑤ 당해 전문가가 저술한 논문이나 서적
⑥ 내부감사인이 경영진 측 전문가에 의해 생성된 정보와 관련하여 충분하고 적합한 감사 증거를 얻는 데 도움을 줄 수 있는 감사인 측 전문가 등

(2) 경영진 측 전문가가 수행한 업무에 대한 이해

경영진 측 전문가가 수행한 업무를 이해할 때는 관련 전문영역을 이해하는 것도 포함한다. 관련 전문영역에 대한 이해는 내부감사인이 경영진 측 전문가가 수행한 업무를 평가할 전문성을 갖고 있는지 여부 또는 내부감사인이 이러한 목적을 위해 내부감사인 측 전문가를 필요로 하는지 여부에 대한 결정과 함께 이루어질 수 있다.(ISA 600-A44)

(3) 경영진 측 전문가가 수행한 업무의 적합성에 대한 평가

내부감사인 기업이 생산한 정보를 이용할 때, 해당 정보가 내부감사인의 목적을 위해 충분히 신뢰할 수 있는지 평가하여야 하며, 해당 상황의 필요에 따라 다음을 포함한 절차를 수행하여야 한다.(ISA 500-9)

경영진 측 전문가가 수행한 업무의 적정성 평가에 대한 감사절차[277]

① 해당 전문가의 발견사항이나 결론의 관련성과 합리성, 다른 감사증거와의 일관성, 그리고 이들이 재무제표에 적합하게 반영하였는지 여부
② 해당 전문가가 유의적 가정과 방법을 사용한 경우, 그러한 가정과 방법의 관련성과 합리성
③ 해당 전문가가 수행한 업무에 원천데이터가 유의적으로 사용되는 경우에는, 그러한 원천데이터의 관련성, 완전성 및 정확성

라) 감사증거 요건 간의 관계

감사증거의 충분성은 왜곡표시위험에 대한 내부감사인의 평가와 질적 척도인 적합성에 의하여 영향을 받는다고 하였다. 여기서 주의하여야 할 점은 감사증거의 충분성은 적합성이 전제되어야 한다는 점이다.

즉, 내부감사인이 감사증거의 입수량을 결정할 때에 낮은 품질의 감사증거를 더 많이 입수하였다고 하여 그 증거의 낮은 품질을 보완할 수는 없으므로, 감사목적을 달성하기 위한 충분하고 적합한 감사증거를 입수하였다고 볼 수는 없는 것이다.

따라서 감사증거의 量과 質은 일반적으로 逆의 관계에 있으나, 회계감사기준에서 '더 많은 감사증거를 입수하였다고 해서 그 증거의 낮은 품질을 보완할 수 없다'고 기술한 바와 같이, 낮은 품질의 감사증거에는 이러한 원칙이 적용되지 않는다고 하겠다.

4) 감사증거를 입수하기 위한 감사절차[278]

가) 감사절차의 개요

내부감사인은 충분하고 적합한 감사증거를 입수하기 위하여 상황에 적합한 감사절차를 설계하고 수행하여야 한다.(ISA 500-6) 감사의견의 근거가 되는 합리적인 결론을 도출하기 위한 감사증거는 다음과 같은 절차를 통하여 입수할 수 있다.(ISA 500-A10)

감사증거를 입수하기 위한 감사절차

(1) 위험평가절차
(2) 추가 감사절차(=후속감사절차)

277 ISA 500-A48.

278 노준화, 전게서, 2019, 356~357면. 선영규, 전게서, 2015. 4-14~4-15면

① 감사기준이 요구하거나 내부감사인이 수행하기로 선택한 **통제테스트**
② 실증절차 = 세부테스트 + 실증적인 분석테스트

나) 위험평가절차

위험평가절차란 기업과 기업환경 및 내부통제를 이해하고, 재무제표 및 경영진 주장 수준에서 부정이나 오류에 의한 중요한 왜곡표시 위험을 식별하고 평가하기 위하여 수행하는 감사절차를 말하며, 아래의 사항이 포함되어야 한다.(ISA 515-4, 6)

위험평가절차에 포함될 사항

① 경영진, 그리고 부정이나 오류에 의한 중요한 왜곡표시위험을 식별할 때 도움이 될 수 있는 정보를 가지고 있다고 판단되는 기업 내부의 관련자에 대한 질문
② 분석적 절차 ③ 관찰과 조사

위험평가절차는 부정과 오류에 의한 재무제표 및 경영진 주장 수준의 중요한 왜곡표시 위험의 식별과 평가에 대한 근거를 제공하지만, 위험평가절차 그 자체만으로는 감사의견의 근거가 되는 충분하고 적합한 감사증거를 제공하지 않음에 주의하기 바란다.(ISA 315-5, A5)

다만, 통제의 설계를 평가하고 이 통제의 실행여부에 대한 결정을 통하여 입수된 감사증거 등 위험평가절차의 수행으로부터 입수된 정보를 이용한다면 후속감사절차의 성격, 시기 및 범위를 결정하는 데 도움이 될 수 있다.(ISA 315-A114)

즉 위험평가절차는 직접적으로 재무제표의 왜곡표시와 관련된 증거를 제공하지는 않지만, 왜곡표시 위험을 낮추기 위한 추가감사절차를 계획하는 데 도움이 되는 위험평가 정보를 제공한다고 생각하면 될 것이다.

다) 추가감사절차

내부감사인은 경영진 주장 수준의 중요한 왜곡표시 위험에 대응한 감사절차를 위험평가 절차에 근거하여 추가감사절차를 설계하게 되며, 추가감사절차는 성격, 시기 및 범위를 구분하여 설계된다.

추가감사절차란 감사기준이 요구하거나 감사인이 수행하기로 선택한 통제테스트(Test of Controls : TOC)와 실증절차로서 ① 세부테스트(거래유형 세부테스트 및 계정잔액 세부테스트)와 ② 실증적인 분석절차를 의미한다.

통제테스트(TOC)란 내부통제가 구축된 바와 같이 운용되고 있는지를 테스트하는 것을 의미하며, 즉 고객의 통제위험을 평가하고 이를 확인하기 위한 것으로 이 과정에서 수집한 자료는 감사증거가 된다.

세부테스트란 계정전액이나 거래에 대한 세부테스트로 해당 계정잔액이나 거래가 회계기준에 따라 재무제표에 보고되었는지를 감사하기 위한 것으로 감사의견을 뒷받침하는 감사증거의 입수를 위한 주된 감사절차 중의 하나이다.

실증적인 분석절차란 내부감사인이 합리적인 방법을 이용해 특정 재무제표의 계정잔액에 대한 기대치를 추정하고, 이를 경영진이 주장하는 특정 재무제표의 계정잔액과 비교함으로써 특정재무제표의 계정잔액이 중요한 왜곡을 포함하고 있는지를 감사하는 것이다.

즉, 실증적 분석절차는 분석절차 중 실증절차단계에서 수행하는 것으로 이는 증거력은 낮지만 수집비용이 낮기 때문에 감사인은 상황에 따라 이를 적절하게 사용함으로써 충분하고 적합한 감사증거를 수집할 수 있다.

5) 충분하고 적합한 감사증거를 확보하지 못한 경우[279]

내부감사인은 재무제표가 적정하다고 합리적으로 확신할 수 있는 수준의 감사증거를 확보해야 한다. 만약 내부감사인이 충분하고 적합한 감사증거를 확보할 수 없을 때 이것이 회계감사에 미치는 영향을 단계별로 설명하면 다음과 같다.

가) 감사계획 수립단계

감사계획단계에서 충분하고 적합한 감사증거를 수집할 수 없다고 판단되면 다음 단계인 감사절차를 수행하여서는 아니 된다. 만약 충분하고 적합한 감사증거를 확보할 수 없을 것이라고 기대됨에도 불구하고 감사절차를 수행한다면 결국 감사실패로 이어질 수 있기 때문이다.

나) 감사절차 수행단계

감사절차를 수행하는 단계에서 여러 가지 사유로 충분하고 적합한 감사증거를 수집할 수 없다고 판단되면 감사계획을 수정 또는 추가함으로써 합리적 수준의 감사증거를 확보하여야 한다.

다) 감사의견 형성단계

감사절차를 완료하고 감사의견을 형성하는 단계에서 충분하고 적합한 감사증거를 확보하지 못하였다고 판단되면 내부감사인은 이를 감사의견에 반영하여야 한다. 즉, 충분하고 적합한 감사증거를 수집할 수 없었다면 감사범위가 제한되기 때문에 내부감사인은 중요성에 따라 한정의견 또는 의견거절을 표명하여야 한다.(ISA 500-2,3)

「상법」은 감사가 감사를 하기 위해 필요한 조사를 할 수 없었던 경우에는 감사보고서에 그 뜻과 이유를 적도록 하고 있다.(「상법」제447조의4 제3항) 감사의 유효한 감사는 이사의 협력 없이는 불가능하다. 따라서 이사의 비협조·수감불응·사고·재난·감사의 질병 등과 같이 조사를 불가능하게 하였던 사유를 모두 기재하여야 한다.

6) 재무제표에 의한 경영진 주장과 감사증거

경영진 주장이란 경영진이 명시적이든 암묵적이든 '재무제표가 재무보고체계(회계기준)에 따라 작성되었다'라고 주장하는 것을 의미한다. 내부감사인은 과연 경영진 주장이 적절한지 여부를 감사하기 위하여 감사증거를 수집하여야 한다. 따라서 경영진 주장은 곧 감사

---

279 노준화, 전게서, 2019, 358~361면.

목적이 된다.

가) 재무제표(범주)별 경영진 주장

재무제표에 대한 경영진 주장은 '재무제표가 회계기준에 따라 작성되었다'는 것이지만 다음의 세 가지 범주로 분류된다.(ISA 315-A111)

(1) 보고기간 말 계정잔액

① **실재성** : 자산, 부채 및 주주지분은 실재함
② **권리와 의무** : 기업은 자산에 대한 권리를 보유하거나 통제하고 있으며 부채는 기업의 의무임
③ **완전성** : 기록되어야 하는 자산, 부채 및 주주지분은 모두 기록되었음
④ **평가와 배분** : 자산, 부채 및 주주지분은 적합한 금액으로 재무제표에 계상되어 있으며, 평가나 배분의 결과는 적합하게 기록되어 있음

(2) 감사대상기간의 거래 및 사건

① **발생 사실** : 기록된 거래와 사건은 발생되었고 기업에 귀속됨
② **완전성** : 기록되어야 하는 모든 거래와 사건은 기록되었음
③ **정확성** : 기록된 거래와 사건에 관련된 금액 및 기타 데이터는 적합하게 기록되었음
④ **기간 귀속** : 거래와 사건은 해당 보고기간에 기록되었음
⑤ **분류** : 거래와 사건은 적절한 계정으로 기록되었음

(3) 표시와 공시

① **발생 사실** : 공시된 사건, 거래와 기타 사항 들은 발생되었음
② **권리와 의무** : 공시된 사건, 거래와 기타 사항들은 기업에 귀속됨
③ **완전성** : 재무제표에 포함되어야 하는 공시들은 모두 포함되어 있음
④ **분류와 이해가능성** : 재무정보는 적절하게 표시되고 기술되어 있으며, 공시들은 명확하게 표현되어 있음
⑤ **정확성과 평가** : 재무정보 및 기타의 정보는 공정하게 그리고 적합한 금액으로 공시되어 있음

나) 세부 경영진 주장

경영진 주장은 잔액에만 적용되는 것, 거래에만 적용되는 것 그리고 공시에만 적용되기도 하지만 둘 이상에 서로 복합적으로 적용되기도 한다. 또한 어떤 경영진 주장은 개념은 같지만 적용되는 대상(잔액, 거래 및 공시)에 따라 명칭이 다르기도 한다. 경영진 주장의 세부개념은 다음과 같다.

(1) 실재성과 발생사실

실재성이란 '자산•부채 및 자본은 보고기간 종료일 등 주어진 특정일자 현재에 존재한다'는 경영진 주장과 실제로 존재하는지 여부에 대한 감사목적을 말한다. 실제로 존재한

다는 것은 과대계상되지 않았다는 의미이다. 일반적으로 경영진은 자신의 경영성과를 과대계상하기 위해 자산은 과대계상, 부채는 과소계상하는 경향이 있다. 따라서 실재성은 부채보다 자산을 감사할 때 더 중요하게 여겨지는 감사목적이다. 예를 들면, 재무제표상 재고자산이 실제로 존재하는지 여부에 대해 실사하는 것 등이 있다.

발생 사실은 '거래나 사건들이 회계기간 동안 실제로 발생하였다'는 것에 대한 경영진 주장과 실제로 발생하였는지 여부에 대한 감사목적을 말한다. 반면에, 실재성은 특정시점에 자산, 부채 및 자본의 존재여부에 대한 경영진 주장과 감사목적을 말한다. 실제로 발생하였다는 것은 과대계상되지 않았다는 의미이다. 예를 들면, 포괄손익계산서상 매출이 가공거래를 통한 허위매출은 아닌지 여부를 검사하는 것 등이 있다.

(2) 완전성

완전성이란 '재무제표에 기록되지 아니한 사항은 없다' 즉, '완전하게 기록되었다'는 경영진 주장과 누락 없이 완전하게 기록되었는지 여부에 대한 감사목적을 말한다. 완전하게 기록되었다는 경영진 주장은 자산, 부채 및 자본과 같은 기말잔액, 손익항목과 자산·부채·자본의 기중거래 그리고 표시와 공시에까지 확장된다.

완전하게 기록하였다는 것은 과소계상되지 않았다는 의미이다. 일반적으로 경영진은 부채와 비용은 과소계상하려는 동기를 가지고 있다. 따라서 완전성은 자산과 수익보다는 부채와 비용을 감사할 때 더 중요하게 여겨지는 감사목적이다.

(3) 권리와 의무

권리와 의무란 '자산은 재무제표일 현재 회사가 소유권을 가지고 있으며, 부채는 재무제표일 현재 회사에 귀속되는 채무이다'는 경영진 주장과 실제로 회사가 권리를 가지고 있고 회사에 의무가 있는지 여부에 대한 감사목적을 말한다.

자산의 정의에 따르면 회사의 자산은 배타적으로 사용할 수 있어야 하는데 만약 회사가 권리를 가지고 있지 않은 자산을 재무제표에 계상한다면 이는 회계기준에 위배된 것이다.

예를 들면 운용리스 자산을 회사의 자산으로 계상하였다면 이는 회계기준에 위배된 것이다. 권리와 의무라는 경영진 주장은 재산, 부채 및 자본과 같은 기말잔액과 표시와 공시에 적용된다.

(4) 평가, 배분 및 정확성

평가는 '회사의 자산, 부채 및 자본이 회계기준에 따라 평가되었다'는 경영진 주장과 회계기준에 따라 평가되었는지 여부에 대한 내부감사인의 감사목적을 말한다. 예를 들면, 매출채권은 순실현가능액으로 평가되어야만 회계기준에 따라 평가된 것이다. 경영진은 순실현가능액으로 평가되었다고 주장하며, 내부감사인은 이것이 회계기준에 따라 평가되었는지 여부를 감사하고자 한다.

배분이란 '비용을 발생주의에 따라 적절한 기간에 배분하였다'는 경영진 주장과 회계 기준에 따라 배분되었는지에 대한 감사목적을 말한다. 예를 들면, 기계장치의 감가상각비는 합리적인 생산방법과 잔존가액 그리고 내용연수로부터 시작한다. 감가상각비는 대표적으로 비용의 기간 간 배분에 해당하며, 경영진은 감가상각비가 합리적으로 배분되었다고 주장하며, 내부감사인은 이것이 회계기준에 따라 배분되었는지 여부를 감사하고자 한다.

정확성이란 '기록된 거래와 사건에 관련된 금액 및 기타 데이터는 적합하게 기록 되었다'는 경영진 주장과 적합하게 기록되었는지에 대한 감사목적을 말한다. 여기서, 평가라는 경영진 주장은 자산, 부채 및 자본과 같은 기말잔액과 표시와 공시에 적용된다. 배분이라는 경영진 주장은 자산, 부채 및 자본과 같은 기말잔액에 적용된다. 정확성이라는 경영진 주장은 손익항목과 자산·부채·자본의 기중거래 그리고 표시와 공시에 적용된다.

(5) 기간귀속

기간귀속이란 '거래와 사건은 해당 보고기간에 기록되었다'는 경영진 주장과 재무제표일 기준으로 거래가 귀속될 연도가 엄격하게 구분되었는지에 대한 감사목적을 말한다. 수익의 경우 수익인식시기를 준수하는 것이 매우 중요하다.

소위 밀어내기 매출은 수익인식기준을 충족하지 않았는데도 수익으로 인식한 것으로 계상하는 것으로, 이를 회계기간별로 보면 당기에는 매출과대인식, 차기에는 매출과소 인식의 오류를 발생시킨다.

경영진은 매출이 수익인식기준에 따라 측정되었다고 주장하고 내부감사인은 이것이 회계 기준에 따라 인식되었는지 여부를 감사하고자 한다. 기간귀속이라는 경영진 주장은 손익항목에 적용된다.

(6) 분류 및 이해가능성

분류란 '거래와 사건은 적절한 계정으로 기록되었는지에 대한 감사목적을 말한다. 손익항목은 정상적인 영업활동으로부터 발생한 것과 우연하고 우발적으로 발생한 것으로 구분한다.

기업은 수익과 이득은 '영업활동'으로, 비용과 손실은 '영업외 활동'으로 분류하고자 하는 동기를 가지고 있다. 경영진이 부당하게 영업외 활동에서 발생한 이득을 영업 활동으로 분류하고 이를 정당하다고 주장하면, 내부감사인은 과연 이러한 주장이 정당한지를 감사하여야 할 것이다.

이해가능성이란 공시들이 이해할 수 있게 명확하게 표현되어 있다는 경영진 주장과 이해가능하게 표현되었는지에 대한 감사목적을 말한다. 분류라는 경영진 주장은 손익 항목과 표시와 공시에 적용된다. 그리고 이해가능성이라는 경영진 주장은 표시와 공시에 적용된다.

나. 회계감사의 기술

1) 검사

'검사'의 자세한 내용에 대하여는 제3편 제4장 제3절 Ⅳ-3-라. '검사' 항목을 참조하시기 바랍니다.

2) 관찰

'관찰'의 자세한 내용에 대하여는 제3편 제4장 제3절 Ⅳ-3-가. '관찰' 항목을 참조하시기 바랍니다.

3) 외부조회

'외부조회'의 자세한 내용에 대하여는 제3편 제4장 제3절 Ⅳ-3-다. '조회' 항목을 참조하시기 바랍니다.

4) 재계산

'재계산'의 자세한 내용에 대하여는 제3편 제4장 제3절 Ⅳ-3-마-(1). '재계산' 항목을 참조하시기 바랍니다.

5) 재수행

'재수행'의 자세한 내용에 대하여는 제3편 제4장 제3절 Ⅳ-3-마-(2). '재수행' 항목을 참조하시기 바랍니다.

6) 분석적 절차

'분석적 절차'의 자세한 내용에 대하여는 제3편 제4장 제3절 Ⅳ-3-바. '분석' 항목을 참조하시기 바랍니다.

7) 질문

'질문'의 자세한 내용에 대하여는 제3편 제4장 제3절 Ⅳ-3-나. '질문' 항목을 참조하시기 바랍니다.

다. 회계감사의 문서[280]

1) 감사문서의 개요

가) 감사문서의 정의

감사문서란 내부감사인이 수행한 감사절차, 입수한 감사관련 감사증거 및 내부감사인이 도달한 결론에 관한 기록을 말하며 '감사조서'라고 한다.(ISA 500-6) 감사문서는 종이, 전자 혹은 기타 매체의 형태로 기록될 수 있을 것이다. 감사문서의 예는 다음과 같다.

감사문서의 예[281]

① 감사프로그램 : 감사계획서(감사절차 지시서) ② 분석자료
③ 이슈에 대한 비망록 ④ 유의적 사항의 요약 ⑤ 조회서 및 진술서
⑥ 점검표 ⑦ 유의적 사항에 대한 왕복문서(전자우편 포함)

---

280 노준화, 전게서, 2019, 374~379면. 선영규, 전게서, 2015. 4-30~4-35면

281 ISA 230-A3.

나) 감사문서의 목적

(1) 감사문서의 기본목적

감사문서(감사조서)는 다음의 증거를 제공한다.

감사문서가 제공하는 증거(ISA 230-5)

① 감사인의 전반적인 목적 달성에 관한 결론의 근거
② 감사가 감사기준과 관련 법규의 요구사항에 따라 계획되고 수행되었다는 사실

(2) 감사문서의 추가목적

감사문서(감사조서)는 다음에 관한 사항 등 다수의 추가적인 목적에 기여한다.

감사문서의 효익(ISA 230-3)

① 감사업무팀이 감사를 기획하고 수행하는 것을 지원함
② 감독책임이 있는 감사업무팀원 들이 감사업무를 지휘·감독하며 감사기준에 따른 검토책임을 완수하도록 지원함
③ 감사업무팀이 자신이 수행한 업무에 대하여 책임질 수 있도록 함
④ 향후의 감사에 지속적으로 유의적인 사항에 대한 기록을 유지함
⑤ 품질관리기준에 따른 품질관리 검토와 검사를 가능하게 함
⑥ 관련 법규 또는 기타 요구사항에 따른 외부 검사업무 수행을 가능하게 함

2) 감사증거의 작성 시기

감사문서(감사조서)는 적시에 충분하고 적합하게 작성하는 것은 감사품질을 높이는 데 도움을 주며, 입수한 감사증거 및 도달된 결론에 대하여 감사보고서가 확정되기 前에 효과적으로 검토하고 평가하는 데 도움을 준다. 감사업무 수행 後에 작성된 감사문서는 감사업무 수행 중에 작성된 것보다는 정확성이 낮을 것이다.(ISA 230-A1)

3) 감사문서의 구성

계속감사에서는 효율적인 감사를 위해 조서를 영구조서와 당기조서로 구분하여 사용한다. 즉, 당기에만 필요한 당기조서와 장기적으로 중요한 영향을 미치며 당기 이후에도 필요한 영구조서를 구분함으로써 감사업무를 효율적으로 수행할 수 있다.

가) 영구조서

당기 감사뿐만 아니라 당기 이후에도 감사에 계속적으로 사용할 중요한 자료를 새로운 정보가 있을 때마다 갱신·정리한 조서를 말한다. 예컨대 정관, 법인등기부등본, 사업자등록, 중요한 법적 문서, 계약서 및 의사록의 발췌 또는 복사본 등이 있다.

나) 당기조서

당기감사와 관련하여 작성하고 입수한 정보를 정리한 조서로서 매년 정기조서를 말한다. 당기조서의 예로는 감사프로그램, 분석자료, 감사쟁점 비망록, 유의적 사항 요약문(종료 비망록), 조회확인 및 진술서, 각종 점검표 등이 있다.

4) 감사문서의 작성 방법

가) 감사문서의 형식적 요건

(1) 회계감사기준

내부감사인은 이전에 감사에 관여되지 아니한 숙련된 내부감사인이 다음 사항을 충분히 이해할 수 있도록 감사문서(감사조서)를 작성하여야 한다.(ISA 230-8)

감사문서의 내용

① 감사기준과 관련 법규의 요구사항을 준수하기 위해 수행한 감사절차의 성격, 시기 및 범위
- 테스트한 특정 항목이나 사항에 대하여 식별한 특성
- 감사업무의 수행자 및 그 수행업무의 종료일
- 수행된 감사업무를 검토한 사람, 검토일 및 검토 범위

② 감사절차의 수행결과 및 입수한 감사증거

③ 감사 중 발생한 유의적 사항, 그러한 사항에 대하여 도달한 결론 및 결론에 도달할 때 행한 유의적인 전문가적 판단

내부감사인은 감사문서의 일부로서 기업의 기록(예, 중요한 성격의 특정 계약서나 약정서)의 발췌본이나 사본을 포함시킬 수 있다. 그러나 감사문서가 기업의 회계기록을 대신하는 것은 아니다.(ISA 230-A3)

내부감사인은 교체된 감사문서 및 재무제표의 교체 전 초안, 불완전하거나 예비적인 생각을 나타낸 기록, 기재상의 실수나 기타 오류사항을 수정하기 전의 원고, 그리고 문서의 사본 등은 감사문서에 포함시킬 필요가 없다.(ISA 230-A4)

(2) 회계감사기준 이외

당기 감사조서의 각 면에는 다음과 같은 항목이 구비되어 있어야 한다.

당기 감사조서의 구비 항목

① 감사대상 회사명/감사대상 부문명

② 감사기준일　　③ 감사대상　　④ 감사목적

⑤ 실시한 감사절차의 내용 및 범위(거래일자, 적요, 증빙번호, 금액 등)

⑥ 발견사항, 이에 관련된 전문가적 판단과 결론

⑦ 감사조서 번호 및 타 감사조서와의 연결번호
⑧ 감사조서 작성일자(혹은 수행업무종료일)의 표시 및 작성자 성명
⑨ 검토일, 검토범위 및 검토자 서명

나) 감사문서의 실질적 요건

감사조서가 목적한 기능을 다하기 위해서는 필요한 내용이 누락되지 않아야 함은 물론이고, 내용이 올바르게 기재되어 있어야 한다. 감사조서가 갖추어야 하는 내용상의 요건은 다음과 같다.

(1) 논리성

감사조서에 포함되는 내용들은 서로 논리적으로 일관되어야 한다. 만약 수집한 항목 간에 상호 모순된 내용이 있는 경우 그 내용을 검토하고 최종 결과를 기록하여야 한다.

(2) 완전성

감사조서에는 감사의견 형성에 필요한 사항이 모두 포함되어야 하며 필요 없는 사항은 배제되어야 한다.

(3) 명료성

감사조서는 타인이 쉽게 이해할 수 있도록 내용을 정확하고 명료하게 작성하여야 한다. 감사기호(Tick-Mark)나 약어를 사용할 경우 하단에 그 의미를 기록하는 것이 명료하게 감사조서를 작성하는 대표적인 예다.

(4) 진실성

감사조서에 기재되어 있는 수량 및 금액 등과 계산 및 합계 등의 내용은 정확하여야 하며, 정당한 증빙에 의해 내용의 진실성이 입증되어야 한다.

(5) 연결성

관련 조서를 연결시키는 경우에는 조서번호 및 색인부호를 사용하여 관련항목 및 관련조서와 연결 관계를 분명히 하여야 한다. 다음의 실증절차 감사조서의 작성사례를 보면 관련 조서 간의 연결성의 의미를 보다 잘 이해할 수 있다.

다) 감사문서의 고려할 요소

감사문서(감사조서)의 형태, 내용 및 범위를 결정할 때 고려해야 할 요소는 다음과 같다.(ISA 230-A2)

감사문서를 결정할 때 고려하는 요소

① 기업의 규모와 복잡성
② 수행하여야 할 감사절차의 성격
③ 식별된 중요왜곡표시위험
④ 입수된 감사증거의 유의성
⑤ 식별된 예외사항의 성격과 범위

⑥ 수행한 업무나 입수한 감사증거의 문서화를 통하여는 손쉽게 결정을 내릴 수 없는 결론이나 그 근거에 대한 문서화의 필요성

⑦ 이용된 감사방법론과 수단 등

라) 감사문서의 작성절차

감사조서에는 조서번호 및 색인부호를 사용하여 관련 조서 간 연결관계, 관련 항목 간 상호관계 및 감사보고서에 첨부된 재무제표에 표시된 숫자 및 내용과의 연결 관계를 쉽게 파악할 수 있도록 작성한다. 동일한 감사항목에 관련되는 감사조서가 여러 장이고 종류가 많으면 색인 번호와 연결번호를 각 페이지에 기입하여 전후대조 및 상호참조가 가능하도록 한다.

내부감사인은 감사조서의 효율적인 작성과 검토를 위하여 표준화된 감사조서를 많이 이용한다. 주로 많이 사용하는 한국공인회계사회 '표준조서서식의 목록('14. 10. 16. 기준)이 표준화된 감사조서의 대표적인 예로 들 수 있다. 표준화된 감사조서를 이용하는 경우의 장점은 ① 감사업무의 품질관리 수단을 제공하고, ② 감사업무의 분장을 용이하게 한다.

5) 감사기준과 다른 절차를 취하는 경우

감사기준은 일반적인 상황에서 왜곡표시사항을 적발할 수 있는 절차를 제시하고 있다. 그러나 고객마다 감사환경이 상이하고 경우에 따라서는 감사기준에서 정한 절차가 특정상황에서 합리적이지 않을 수 있다. 이 경우 내부감사인은 감사기준과 다른 대체적 감사절차를 선택할 수 있다.

상기와 같은 예외적인 상황에서 특정 감사기준의 요구사항을 이탈할 필요가 있다고 판단한 경우, 다음을 문서화하여야 한다.

<u>감사기준의 요구사항을 이탈할 경우 문서화 사항</u>

① 이탈의 이유

② 해당 요구사항이 의도하는 목적을 달성하기 위해 수행한 대체적 감사절차가 그 목적을 어떻게 달성하였는지 여부 등

6) 감사보고서일 후 발생한 사항

내부감사인은 감사보고서일 後 내부감사인이 알게 된 사실로서, 감사보고서일 현재 존재하였고, 감사인이 감사보고서일에 알았더라면 재무제표를 수정하거나 감사의견을 변형하였을 경우와 같은 예외적인 상황에서 내부감사인이 감사보고서일 후 새로운 또는 추가적인 감사절차를 수행하거나 새로운 결론을 도출하는 경우, 다음 사항을 문서화하여야 한다.(ISA 230-A20)

<u>감사보고서일 후 발생사항의 문서화 사항</u>

① 당면한 사항
② 수행한 새로운 감사절차 또는 추가적인 감사절차, 입수한 감사증거, 도달된 결론 및 감사보고서에 미친 영향
③ 이에 따른 감사문서의 변경자와 검토자 및 그 시기 등

이 경우 변경된 감사문서는 감사기준에서 정한 바와 같이 검토받고, 감사팀장/반장은 그 변경에 대한 최종 책임을 진다.

7) 최종 감사파일의 취합, 보존 및 수정

가) 최종 감사파일의 취합

내부감사인은 모든 감사를 종료한 감사보고서일로부터 60일 이내에 감사와 관련된 문서들을 하나의 감사파일로 취합하는 행정적 절차를 완료하여야 한다.(ISA 220-14) 최종파일을 취합하는 행정적인 절차에는 교체된 문서의 삭제 또는 폐기, 감사조서의 분류나 병합 및 상호참조번호, 취합절차점검표의 서명확인 등이 포함된다.

나) 최종 감사파일의 보존

내부감사인은 최종감사파일의 취합이 완료된 후에는 그 본존기간 종료 전까지 어떠한 성격의 감사문서도 삭제하거나 폐기하여서는 안 된다.(ISA 230-15) 이는 Big 5 중 하나였던 아더 앤더슨 회계법인이 회계부정을 은익하기 위하여 Enron의 감사문서와 서류를 파기한 것으로부터 입법화가 추진된 것이다.

내부감사인은 감사문서를 체계적으로 조합하여 감사종료시점(감사보고서)부터 8년간 보관하여야 한다.(「신외감법」 제14조의2 제2항) 또한 내부감사인은 감사문서를 위조·변조·훼손 및 파기하여서는 안 된다.(「신외감법」 제14조의2 제3항) 그러나 「상법」에서는 상업장부의 보존기간을 10년으로 규정하고 있다.(「상법」 제33조제1항) 그러므로 내부감사인은 추후 소송가능성 등을 고려하여 안전한 기간 동안 이를 보존해야 할 의무가 있다.

다) 최종 감사파일의 수정 또는 추가

내부감사인은 최종 감사파일을 취합한 후에 감사보고서일 후 발생한 사항 외의 상황으로 인하여 기존 감사문서를 수정하거나 새로운 감사문서를 추가할 필요성을 발견한 경우 다음 사항을 문서화하여야 한다.(ISA 230-16)

<u>감사문서를 수정 또는 추가하는 경우 문서화할 사항</u>

① 감사문서를 수정 또는 추가하는 구체적 이유
② 감사문서를 수정 또는 추가하고 이를 검토한 자와 그 시기 등

이는 감사조서의 보존기간 중에 감사파일이 무단으로 위조되거나 삭제 또는 변조되는

것을 방지하기 위해서다.

8) 감사조서의 비밀유지

내부감사인은 감사과정에서 얻게 된 정보를 감사조서에 수록한다. 내부감사인은 재임 중 뿐만 아니라 퇴임 후에도 직무상 알게 된 회사의 영업상 비밀을 누설하여서는 아니 된다.(「상법」 제415조, 제382조의4 및 「신외감법」 제20조) 이는 내부감사인뿐만 아니라 모든 전문가에게 공통적으로 부여되는 의무이다. 영업비밀 유지의무의 자세한 내용에 대하여는 제2편 제4장 제6절 Ⅰ. '영업비밀 준수의무' 항목을 참조하시기 바랍니다.

6. 회계감사 수행의 절차

6-1. 회계감사의 기본적 실증절차

가. 기본개념[282]

1) 실증절차의 구성

가) 실증절차의 정의

실증절차란 경영진주장 수준의 중요왜곡표시위험을 발견하기 위하여 설계된 감사절차를 말한다. 이때 내부감사인은 이러한 위험에 대한 대응수준을 결정하게 되는데 내부감사인은 중요왜곡표시의 평가된 위험과 관계없이 중요한 각 거래유형과 계정잔액 및 공시에 대하여는 실증절차를 설계하고 수행하여야 한다.(ISA 330-18)

나) 실증절차의 구성

모든 실증절차는 실증적 분석절차와 **거래유형과 계정잔액 및 공시의 세부테스트로 구성**되어 있다. 위험관리접근법의 논리와 마찬가지로 실증적분석절차를 통해 경영진주장 수준의 중요한 왜곡표시위험을 식별·평가하고, 이에 대한 대응을 세부테스트를 통하여 수행한다.

다) 실증절차의 세부테스트

(1) 의의

세부테스트는 거래유형에 대한 세부테스트와 계정잔액에 대한 세부테스트로 나뉜다. 거래유형에 대한 세부테스트는 재무상태표 항목의 기중거래와 포괄손익계산서의 항목의 손익거래를 테스트하는 데 주로 이용되며, 계정잔액에 대한 세부테스트는 재무상태 항목의 잔액을 테스트를 하는 데 주로 이용된다.

(2) 거래유형에 대한 세부테스트

거래유형에 대한 세부테스트는 일반적으로 회계기간 중 거래발생 빈도가 작아 회전율이 낮은 비유동자산과 비유동부채와 손익거래를 테스트하는 데 주로 쓰이는 방법이다. 예를

282 노준화, 전게서, 2019, 388~400면. 선영규, 「회계감사써포트」, 2019. 7-2~7-9면

들면 계속감사의 경우 기초잔액에 대한 충분하고 적합한 증거가 존재하고 당기 중 거래량이 많지 않기 때문에 당기증가거래와 당기감소거래를 테스트하면 당기말잔액에 대한 충분하고 적합한 증거를 수집할 수 있다.

(3) 계정잔액에 대한 세부테스트

계정잔액에 대한 세부테스트는 일반적으로 회계기간 중 거래발생빈도가 많아 회전율이 높은 현금, 매출채권 및 매입채무 등의 자산, 부채의 기말잔액을 직접 테스트하는 것을 말한다.

(4) 실무적인 방법

거래유형에 대한 세부테스트와 계정잔액에 대한 세부테스트의 적용은 감사대상항목의 특성에 따라 상이한 바, 감사의 효율성에 따라 선택적으로 적용할 수 있으며, 실무적용에서는 두 가지 방법 중에 어느 하나에 전적으로 의존하기보다는 어느 하나의 방법을 중점적으로 실시하고 다른 방법을 보완적 수단으로 사용하는 것이 일반적이다.

예를 들면, 매출채권의 경우 계정잔액에 대한 세부테스트를 중점적으로 실시하지만 기중 거래유형에 대한 세부테스트도 병행하여 실시한다. 그러나 손익계정의 경우 그 특성상 계정잔액에 대한 세부테스트는 실시할 수 없으며 거래유형에 대한 세부테스트만 실시할 수 있다.

2) 실증절차의 분류

실증절차에는 ① 재무제표 결산절차와 관련된 실증절차와 ② 유의적 위험에 대응하는 실증절차로 크게 두 가지의 카테고리로 분류한다. 재무제표의 결산절차와 관련된 실증절차는 무조건 수행되어야 하며, 유의적 위험에 대응하는 실증절차는 유의적 위험의 존재에 따라 수행여부가 판단된다.

여기서, **재무제표 결산절차와 관련된 실증절차**란 평가된 위험과 관계없이 내부감사인이 기본적으로 실시하여야 하는 절차를 말한다. **유의적 위험에 대응하는 실증절차**란 소위 위험평가접근법에 따라 평가된 위험에 대응하기 위한 전반감사전략과 감사계획에 따라 실시하는 절차를 말한다.

가) 재무제표 결산절차와 관련된 실증절차(ISA 330-20)

(1) 재무제표가 그 기초가 되는 회계기록과 일치하는지를 확인하거나 차이를 조정

내부감사인은 경영진으로부터 감사받을 재무제표를 제시 받는다. 재무제표는 발생한 거래에 대한 회계기록의 요약이기 때문에 **내부감사인은 재무제표의 각 계정이 회계기록**(예, 총계정원장 등)**과 일치하는지 對照**(문서감사)하여야 한다.

혹자는 재무제표의 계정잔액과 회계기록은 당연히 일치하는 것인데 왜 서로 대조하느냐? 라고 반문할 수 있다. 부정이나 오류는 당연히 해야 할 것을 하지 않을 때 발생한다. 또한 경영진이나 종업원은 부정을 저지를 때 고난도의 기법만을 사용하는 것은 아니다.

예를 들면, 어떤 기업은 장부상 매출채권 잔액이 100원인데 재무제표에는 150원으로 왜곡하는 경우도 있다. 너무나도 당연한 것이기 때문에 내부감사인이 재무제표와 회계기록을 서로 대조하지 않는다면 재무제표의 왜곡표시를 발견할 수 없을 것이다. 이와 같이 내부감사인에게 있어서, 경영진이 쉬운 방법으로도 재무제표를 왜곡할 것이라고 의심하는 자세가 바로 **전문가적 의구심**이다.

만약, 재무제표의 특정 잔액과 회계기록이 일치하지 않는다면, 내부감사인은 그 차이의 원인을 규명하고 이를 조정하여야 한다. 이는 **재무제표의 왜곡표시위험과 관계없이 내부감사인이 기본적으로 수행하여야 할 기본적인 실증절차** 중 하나이다.

(2) 재무제표를 작성하는 과정에서 행한 중요한 분개 및 기타 수정 사항을 조사

내부감사인은 재무제표의 각 계정잔액과 회계기록이 일치하는지를 확인하였으니, 이제 경영진이 가장 일반적으로 재무제표를 왜곡하는 수단을 점검할 차례이다. 경영진은 회계기간 중에는 현금주의(예, 보험료의 지급) 또는 발생주의(예, 매출채권)에 따라 거래를 기록하고, 총계정원장과 수정전시산표에 해당 거래를 요약한다. 그리고 회계기간이 종료된 후 결산수정분개를 통하여 현금주의에 따른 거래를 발생주의로 전환(예, 미지급비용, 미수수익, 감가상각비 등)한다.

학자들은 재무제표의 중요한 왜곡표시가 주로 ① 결산일에 가까운 거래(예, 밀어내기 매출)와 ② 결산과정(결산수정분개)에서 발생한다고 보고 있다. 이는 결산일이 가까워지거나 지난 후에야 비로소 경영진은 자신의 목표이익을 달성하였는지를 알 수 있기 때문으로 추정된다. 따라서 **내부감사인은 재무제표의 왜곡표시위험과 관계없이 기본적인 실증 절차로서 경영진이 결산과정에서 행한 중요한 분개 및 기타 수정사항을 조사**해야 한다.

나) 유의적 위험에 대응하는 실증절차(ISA 330-21)

실증절차를 수행하기 전에 내부감사인은 재무제표의 왜곡표시위험을 평가하였다. 내부감사인은 평가된 위험이 낮은 경우 감사노력을 절약하고, 감사위험이 높은 경우 감사노력을 더 많이 투입하는 위험평가접근법에 따라 전반감사전략과 감사계획을 수립하였다.

유의적 위험에 대응하는 실증절차란 바로 내부감사인이 평가된 위험에 대응하기 위하여 수립한 감사계획에 따라 실시하는 것으로 실증절차의 성격, 시기 및 범위는 평가된 위험에 따라 상이하다. 여기에는 반드시 세부테스트를 포함하여야 한다.

3) 실증절차의 시기

감사의 대상은 재무상태표일 현재 또는 동일로 종료하는 회계기간 동안의 재무제표이다. 따라서 **실증절차는 재무상태표일 이후에 실시하는 것이 원칙이며 목적에 부합**한다. 그러나 매출채권과 같이 외부조회를 요하는 경우 회신을 받을 때까지 많은 시간을 요한다. 이 경우 내부감사인은 기중(예, 9월말 현재)의 특정일을 기준으로 채권에 대한 외부조회를 하는 경우가 있다.

그러나 이때 받은 조회에 대한 회신은 9월 말 잔액에 대한 증거만을 제공한다. 내부감사인이 궁극적으로 필요한 증거는 재무상태표일 현재 매출채권의 잔액에 대한 증거이다. 이와 같은 경우 감사기준에서는 후속기간(9월말부터 12월말까지)에 대하여 추가적인 절차를 취하는 등 재무상태표일 현재의 잔액에 대하여 충분하고 적합한 증거를 수집할 수 있는 절차를 제시하고 있다.

가) 중간기간에 실증절차를 수행할 수 있는 경우

회계감사는 재무제표를 감사하는 것이기 때문에 실증절차는 재무상태일 이후에 실시하는 것이 원칙이다. 다만 일정한 조건을 갖춘 예외적인 경우 중간기간에 실증절차를 실시할 수 있다.

다음은 내부감사인이 기중에 실증절차를 수행할지 여부를 판단할 때 고려할 요인이다.(ISA 330-A56)

중간기간에 실증절차를 수행할지 여부를 판단할 때 고려할 사항

① 통제환경 및 기타 관련 통제
- 내부통제가 효과적인 경우 예외적으로 중간기간에 실증절차의 실시 가능

② 내부감사인이 수행할 절차에 필요한 정보가 이후 시점에 입수될 수 있는지 여부
- 이후 시점에 정보를 입수할 수 있는 경우 예외적으로 중간기간에 실증절차의 실시 가능

③ 실증절차의 목적

④ 중요한 왜곡표시로 평가된 위험
- 위험이 낮다고 평가된 경우 예외적으로 중간기간에 실증절차의 실시 가능

⑤ 거래유형과 계정잔액의 성격 및 관련 경영진 주장

⑥ 보고기간 말에 존재할 수 있으나 발견되지 않을 왜곡표시위험을 감소시키기 위해 내부감사인이 잔여기간에 대하여 적합한 실증절차 혹은 통제테스트와 실증절차를 결합하여 수행할 수 있는지 여부

나) 중간에 입수한 감사증거를 이용할 경우–잔여기간에 대한 감사절차

실증절차가 기중의 일자를 기준으로 수행되면, 내부감사인은 기중 일자를 기준으로 얻은 감사결론을 보고기간 말까지 확대하기 위한 합리적인 근거를 제공하기 위하여 잔여기간에 대하여 다음 절차를 수행하여야 한다.(ISA 330-22)

중간기간에 입수한 감사증거를 이용할 경우 감사절차

① 잔여기간에 대한 통제테스트와 실증절차 수행

② 내부감사인이 충분하다고 결정한 경우 실증절차만 수행
- 즉, 통제테스트는 생략하고 후속적인 실증절차만 수행

잔여기간에 대한 실증절차 중 하나는 중간에 입수한 증거와 기말잔액을 비교·조정하는 것이다. 기말잔액을 중간기간에 입수한 증거와 비교·조정하는 이유는 다음과 같은 목적을

달성하는 데 있다.(ISA 330-55)

기말잔액을 중간기간에 입수한 증거와 비교·조정하는 이유

① 비정상적으로 보이는 금액을 식별 ② 식별한 비정상적인 금액을 조사
③ 잔여기간에 대하여 실증적 분석절차 또는 세부테스트를 수행 등

다) 기중에 발견된 왜곡표시

만약 중요왜곡표시위험을 평가할 때 예상하지 않았던 왜곡표시가 기중에 발견된 경우, 내부감사인은 관련된 위험평가 및 잔여기간을 포괄하는 실증절차의 계획된 성격, 시기 및 범위를 변경할 필요가 있는지 평가하여야 한다.(ISA 330-23)

내부감사인이 예상하지 않은 왜곡표시를 기중에 발견하여 잔여기간에 대한 실증절차의 계획된 성격, 시기 또는 범위를 변경시킬 필요가 있다고 결론을 내렸을 때는 기중에 수행한 감사절차를 보고기간 말로 확대하거나 반복하는 것이 포함될 수 있을 것이다.

4) 표시와 공시의 적절성

계정잔액에 대한 감사절차는 상기에서 설명한 바와 같다. 그러나 경영진주장 중 표시와 공시는 상기 절차만으로 충분하고 적합한 감사증거를 수집할 수 없다. 내부감사인은 관련공시를 포함하여 재무제표의 전반적인 표시가 해당 재무보고체계를 준수하였는지 여부를 평가하기 위한 감사절차를 수행하여야 한다.(ISA 330-24)

관련 공시를 포함하여 재무제표의 전반적 표시에 대한 평가는 단위재무제표가 재무정보에 대한 분류와 설명, 재무제표와 주식의 형태 및 배열 그리고 그 내용을 적합하게 반영하는 방법으로 표시하고 있는지 여부와 관련된다. 이에는 재무제표에 사용된 용어, 금액의 세목별 표시정도, 항목의 분류 및 표시금액의 단위에 대한 설명 등이 포함된다.

5) 감사증거의 평가와 의견

가) 충분하고 적합한지 여부 판단

내부감사인은 수행한 감사절차와 입수된 감사증거에 기초하여, 감사를 종결하기 전에 경영진 주장 수준의 중요한 왜곡표시위험에 대한 평가가 여전히 적합한지 여부를 평가하여야 한다.(ISA 330-25~27)

내부감사인은 감사를 종료하기 전에 과연 수집한 감사증거가 이미 형성한 감사의견을 뒷받침할 수 있을 정도로 충분하고 적합한지를 결정하여야 한다. 과연 무엇이 충분하고 적합한지는 다음 요소를 고려하여 결정한다.(ISA 330-A62)

감사증거가 충분하고 적합한지 여부를 판단할 때 고려하는 요소

① 경영진주장에 대한 잠재적 왜곡표시의 유의성, 그리고 잠재적인 왜곡표시가 개별적으로 또는

다른 잠재적인 왜곡표시와 합쳐질 때 재무제표에 중요한 영향을 미치게 될 가능성

② 위험에 대처하기 위한 경영진의 대응 및 통제의 효과성

③ 유사한 잠재적인 왜곡표시에 대하여 과거의 감사에서 얻은 경험

④ 해당 감사절차로 특정한 부정이나 오류를 식별했는지 여부 등 감사절차를 수행한 결과

⑤ 이용 가능한 정보의 원천 및 신뢰성

⑥ 감사증거의 설득력

⑦ 내부통제 등 기업과 기업 환경에 대한 이해 등

그런데 수집하여야 할 감사증거는 중요왜곡표시위험에 대한 감사인의 평가(주관적인 평가)에 따라 달라진다. 따라서 감사 종료단계에서 과연 수집한 감사증거가 충분하고 적합한지 여부를 평가할 때는 다음 절차를 포함한다.(ISA 330-25~27)

감사종료단계에서 감사증거가 충분하고 적합한지 여부를 평가할 때의 절차

① 감사계획단계에서 평가한 중요한 왜곡표시위험이 여전히 적합한가?

② 만약, 내부감사인이 충분하고 적합한 감사증거를 입수하지 못한 경우 다음과 같이 결정한다.

○ 1st STEP : 추가로 감사증거를 입수한다.

○ 2nd STEP : 최종적으로 충분하고 적합한 감사증거를 수집할 수 없다고 결론을 내릴 경우 감사의견에 반영한다.

나) 감사증거의 수준과 감사 의견

내부감사인은 충분하고 적합한 감사증거를 입수하였는지 여부에 대하여 결론을 내려야 한다. 내부감사인은 감사증거가 재무제표에 대한 경영진주장을 확인하는지 또는 배치되는지 여부와 관계없이 의견을 형성할 때는 관련된 감사증거를 모두 고려하여야 한다.(ISA 330-26)

만약 내부감사인이 제무제표에 대한 경영진의 중요한 주장에 대하여 충분하고 적합한 증거를 입수하지 못한 경우, 내부감사인은 감사증거를 추가로 입수할 수 있도록 노력하여야 한다. 만약 내부감사인이 충분하고 적합한 감사증거를 입수할 수 없는 경우에는 한정의견을 표명하거나, 재무제표에 대한 의견을 거절하여야 한다.(ISA 330-27)

실무적으로는 내부감사인이 감사를 하기 위하여 필요한 조사를 할 수 없었던 경우에는 감사보고서에 그 뜻과 이유를 적어야 한다.(「상법」 제447조의4 제3항) 내부감사인의 유효한 감사는 경영진의 협력 없이는 불가능하므로 경영진의 비협조·수감불응·사고·재난·감사인의 질병과 같이 조사를 불가능하게 하였던 사유는 모두 기재하여야 한다.

6) 재무제표별 실증절차의 특징

가) 재무상태표의 실증절차

(1) 자산 : 실재성과 권리에 중점

회사의 경영진은 보상계약, 차입약관 등으로 인하여 회사의 **자산을 과대평가하려는 유인**이 있다. 따라서 자산계정을 감사할 때 내부감사인은 자산의 과대계상 가능성(실재성, 권리)에 보다 많은 관심을 가지고 감사한다.

(2) 부채 : 완전성과 의무에 중점

회사의 경영진은 **부채는 과소계상하려는 유인**이 있다. 즉, 경영진은 부채를 과소계상함으로써 자신의 경영성과를 과대계상하려고 할 뿐만 아니라 보다 유리한 조건으로 차입금을 조달하려는 유인이 있다. 따라서 부채를 감사할 때 내부감사인은 부채의 과소계상 가능성(완전성, 의무)에 보다 많은 관심을 가지고 감사한다.

(3) 감사범위 : 재무상태표일 현재의 증거

재무상태표는 재무제표일 현재의 자산, 부채 및 자본을 표시한 재무제표이다. 재무상태가 회계기준에 따라 작성되었다는 감사증거는 재무제표일 인접의 것일수록 목적적합성이 높다. 따라서 재무상태표에 대한 감사범위는 재무상태일 인접일이 된다.

나) 포괄손익계산서 항목의 실증절차

(1) 재무상태표와의 연계성에 의한 동시감사

재무상태표 항목과 포괄손익계산서 항목은 서로 관련되어 있다. 일반적으로 자산은 수익과 부채는 비용과 관련되어 있다. 예를 들면 정기예금 등의 금융상품은 이자수익과, 차입금은 이자비용과 관련이 있다.

따라서 **포괄손익계산서 항목 중 재무상태표와 관련성이 있는 항목은 재무상태표 항목을 감사할 때 동시에 실시하는 것이 감사의 효율과 효과를 높일 수 있다**. 재무상태표 항목과 포괄손익계산서 항목을 연결시켜 감사하면 다음과 같은 장점이 있다.

재무상태표 항목과 포괄손익계산서 항목을 연결실킨 감사의 장점

① 업무의 중복을 피할 수 있어 감사의 효율을 높일 수 있다.
② 관련 계정을 동시에 분석함으로써 감사의 효과를 높일 수 있다.

(2) 거래에 대한 세부테스트가 주목적

재무상태표는 재무상태표일 현재의 재무상태를 표시하는 것이므로 재무상태표 항목에 대한 감사는 각 계정잔액에 대한 실재성, 권리와 의무, 평가 등에 초점을 맞추어 감사한다. 반면에 포괄손익계산서는 회계연도의 경영성과를 표시하는 것이므로 거래에 초점을 맞추어 감사한다.

(3) 감사범위 : 회계기간 동안의 증거

포괄손익계산서는 회계기간 동안의 경영성과를 표시한 재무제표이므로 전 회계기간 동

안 발생한 거래가 모집단이 된다.

(4) 권리와 의무의 감사목적 불필요

포괄손익계산서 항목에 대한 감사는 권리와 의무에 대한 감사를 수행할 필요가 없다.

나. 실증적인 분석적 절차[283]

1) 분석적 절차의 개요

가) 분석적 절차의 의의

실증적인 분석절차란 개념적으로 내부감사인이 합리적인 방법을 이용하여 특정 재무제표의 계정잔액에 대한 기대치를 추정하고, 이를 경영진이 주장하는 특정 재무제표의 계정잔액과 비교함으로써 특정 재무제표의 계정잔액이 중요한 왜곡을 포함하고 있는지를 감사하는 것이다.

여기서, **분석적 절차가 제공하는 증거력**은 ① **기대치를 추정하는 방법**, ② **사용하는 자료의 신뢰성**과, ③ **얼마나 상세한 자료를 이용**하느냐에 따라 달라진다. 분석적 절차는 어디까지나 재무정보의 기댓값을 추정하는 것이기 때문에 비교하려고 하는 대상과는 차이가 발생할 수밖에 없다.

이러한 차이는 기댓값을 추정하는 방법이 완전하지 못한 데서 기인하기도 하고, 실제로 비교하려고 하는 대상이 왜곡을 포함하고 있기 때문이기도 하다. 따라서 내부감사인은 사전에 차이에 대하여 수용할 수 있는 기준인 중요성 수준을 설정하고 차이가 중요한지 여부에 따라 세부테스트의 범위를 결정한다.

만약, 차이(차이 = 기댓값 − 비교대상)가 중요한 경우 내부감사인은 세부테스트의 범위를 확대하여야 한다. 그러나 차이가 중요하지 않은 경우 이는 기댓값이 가지는 한계 때문일 수도 있고, 설령 비교대상이 왜곡을 포함하고 있더라도 중요하지 않은 것을 의미한다. 이 경우 내부감사인은 세부테스트를 생략하거나 범위를 축소할 수 있다.

분석적 절차는 세부테스트에 비하여 감사증거 수집비용이 매우 낮다. 그러나 객관적인 증거를 제공하기보다는 설득적인 증거(정황적 증거)를 제공한다. 따라서 분석적 절차가 제공하는 증거는 세부테스트(예, 외부확인, 검사 등)가 제공하는 증거보다 증거력이 낮다.

분석적 절차 단독으로 증거가 충분하고 적합하다고 결론내리기 위해서는 여러 가지 상황을 고려해야 한다. 예를 들어, 중요왜곡표시위험이 낮다고 결론 내린 경우, 요구되는 증거량과 질은 상대적으로 낮다. 이 경우 분석적 절차만으로도 충분하고 적합하다고 결론을 내릴 수 있을 것이다. 그러나 내부감사인 이를 보완하기 위하여 단독으로 증거를 제공하기보다는 세부테스트와 결합하는 경우가 일반적이다.

나) 분석적 절차의 효과

실증적인 분석절차는 '얼마만큼 왜곡표시 되었다'는 객관적인 증거를 제공하지는 못하

---

283 노준화, 전게서, 2019, 434~443면. 선영규, 전게서, 2019. 7-10~7-16면

지만, 전반적으로 '얼마만큼 왜곡표시 되었을 것 같다'는 왜곡표시 가능성을 제공하고 있다.

따라서 실증적인 분석적 절차는 내부감사인이 실증적인 분석절차의 초기 단계에 전반적인 어떤 그룹(예를 들면, 유형자산 소계의 감가상각비 등)을 포괄적으로 분석하는 데 일반적으로 사용된다.

즉, 실증적인 분석 절차는 객관적인 증거를 제공하지는 않지만 감사증거의 수집비용이 많이 드는 세부테스트의 범위를 줄이는 데 기여하기도 하고, 단독으로 감사증거를 제공하기도 함으로써 감사를 보다 효율적으로 가능하게 한다.

다) 분석적 절차의 가정

분석적 절차를 위해 입수된 데이터 간에는 다음과 같은 가정을 충족하며, 이를 근거로 수행한다.

분석적 절차의 가정

① 이용할 수 있는 데이터 간 상관관계가 존재한다.

② 알려진 조건에 반증이 없는 한 그 관계가 지속된다.

라) 분석적 절차의 분류

경영진이 제시한 수치에 대하여 일정한 상관관계가 존재한다는 가정 하에 내부감사인이 재무제표 전체수준에서의 왜곡표시위험의 식별 혹은 독립된 기대치를 산출하는 데 내부감사인이 이용하는 분석적 절차는 비율분석과 추세분석으로 구분된다.

(1) 비율분석

비율분석은 재무자료 간의 상관관계나 재무자료와 비재무자료 간의 상관관계를 기초로 계산한 비율을 분석하는 것을 말한다. 내부감사인은 먼저 감사대상 재무제표에 대한 비율을 계산한 후 일정한 기대치와 비교하여 중요한 차이가 발생하는지 판단한다.

(2) 추세분석

추세분석은 과거 2개 이상(일반적으로 3~5년)의 사업연도별 또는 월별 금액이나 비율의 흐름을 분석하는 것을 말한다. 추세분석을 위해서는 재무적 수치가 그대로 이용되기도 하고, 상관관계를 기초로 계산한 비율이 이용되기도 한다.

2) 분석적 절차의 방법

가) 분석적 절차 방법의 개요

분석적 절차란 재무데이터와 비재무데이터 간의 개연적인 관계를 분석하여 재무정보를 평가하는 것을 의미한다. 또한 분석적 절차에는 다른 관련정보와 불일치하거나 기대치와 유의적인 금액만큼 차이가 있는 변동이나 관계를 조사하는 것도 포함된다.(ISA 520-3) 분석적 절차에는 기업의 재무정보를 다음의 기대치와 비교하거나 관계를 이용하는 것을 포함한

다.(ISA 520-A1~A2)

분석적 절차의 예시

(1) 재무정보를 다음의 기대치와 비교
① 과거 보고기간에 대한 비교 가능한 정보
② 기업의 예산 또는 예측과 같은 기업의 기대치 또는 감가상각비의 추정과 같은 감사인의 기대치
③ 유사한 산업정보(예, 산업평균 또는 동일한 산업에서 비슷한 규모를 가진 기업의 매출채권회전율과 해당 기업의 매출채권회전율을 비교)

(2) 재무정보와 비재무정보간 관계 이용
① 기업의 과거 경험에 근거할 때 예측 가능한 행태를 따를 것으로 기대되는 재무 정보 구성요소들 간의 관계(예, 매출총이익율)
② 재무정보와 관련 비재무정보 간의 관계(예, 종업원 수 대비 급여)

나) 분석적 절차의 세부 방법

(1) 재무정보를 기대치와 비교

분석적 절차의 가장 일반적인 방법은 재무정보(감사대상)를 합리적인 기대치와 비교하여 경영진이 주장하는 재무정보가 적정한지 여부에 대하여 내부감사인이 확신하는 것이다. 따라서 무엇보다 재무정보와 비교하려고 하는 기대치가 합리적이어야 한다.

(가) 과가 보고기간에 대한 비교 가능한 정보

전기의 재무정보는 당기의 합리적인 기대치가 될 수 있다. 따라서 당기 상품매출의 기대치와 당기 상품매출액을 대비하여 보면 당기 상품매출액이 과대 또는 과소 계상되었는지 여부에 대한 합리적인 증거를 얻을 수 있을 것이다.

실제로 감사 현장에서는 모든 계정잔액에 대한 실증절차에서 가장 먼저 전기의 재무 정보와 당기의 재무정보를 대비함으로써 계정잔액이 중요하게 왜곡되어 있는지 여부에 대한 설득적(정황적) 증거를 얻는다.

(나) 예산/예측과 같은 기업의 기대치 또는 감가상각비의 추정과 같은 감사인의 기대치

당기 재무정보에 대한 예측자료와 회사의 재무정보를 비교하는 것은 당기 재무정보가 적정한가에 대한 합리적인 감사증거를 수집하는 훌륭한 수단이 될 수 있다. 예를 들면, 당기 감가상각비에 대한 기대치와 회사의 재무정보를 비교하는 것은 감가상각비가 적정한가에 대한 합리적인 감사증거가 될 수 있다.

(다) 유사한 산업정보

회사가 속한 동종산업 재무정보는 회사의 재무정보와 관련이 있다. 따라서 내부감사인은 이를 비교함으로써 회사의 재무정보가 적정한가에 대한 합리적인 감사증거를 얻을 수 있다.

(2) 재부정보와 비재무정보간 관계 이용

(가) 예측 가능한 행태를 따를 것으로 기대되는 재무정보 구성요소들 간의 관계

분석적 절차는 관련 재무비율을 계산하여 그 추세를 이용하여 당기 재무정보의 합리적인 기대치를 추정할 수 있다.

(나) 재무정보와 관련 비재무정보 간의 관계

인건비(재무정보)와 종업원수(비재무정보)와의 상관관계를 이용하여 전기와 당기의 종업원 1인당 인건비를 계산하고 이를 대비함으로써 인건비계정의 적정성에 대한 합리적인 증거를 수집할 수도 있다.

다) 분석적 절차의 장·단점

(1) 장점

① 비교적 단순하게 중점감사항목의 파악 가능
② 상대적으로 폭넓은 감사목적의 달성 가능
③ 상대적으로 초기에 적용되어 다른 감사절차의 필요성을 결정하는 단서로서의 역할

(2) 단점

① 평가기준인 기대치가 부적합할 가능성
② 기대치와 특정 계정잔액의 차이가 왜곡표시 때문인지 특정 계정잔액에 포함된 우연한 변화 때문인지 판단하기 곤란
③ 자산 구성 등이 상이한 회사 간의 비교가 곤란
④ 회계처리방법 간 차이에 있는 경우 회사 간의 비교가 곤란
⑤ 분석적 절차는 상황적 증거만을 제공하므로 신뢰성 미약

3) 분석적 절차의 적용

가) 분석적 절차 적용의 개요

분석적 절차는 일반적으로 다음의 순차로 수행한다.

제1단계 : 기대치의 설정

실제정보와 기대치와의 중요한 차이를 분석하는 것이므로 내부감사인은 분석적 절차를 수행하기 위하여 비교 가능한 기대치를 설정하여야 한다.

제2단계 : 추가적인 조사를 하지 않고 수용할 수 있는 차이금액(중요성수준) 결정

분석적 절차를 통해 얻을 수 있는 감사증거는 상황적 증거에 불과하므로 실제 정보와 차이가 있을 수 있다. 따라서 내부감사인은 기대치와 실제 정보간의 수용 가능한 차이 금액(중요성)의 수준을 결정하여야 한다.

제3단계 : 기대치와 실제정보의 비교→차이발생

내부감사인은 감사대상항목의 비율 및 추세를 도출하고 기대치와 비교한다. 비율은 재

무 자료 간의 상관관계를 이용하거나 재무자료와 비재무자료 간의 상관관계를 이용하여 계산하며, 추세로는 과거 일정기간의 금액이나 비율의 흐름을 분석한다.

제4단계 : 유의적인 차이의 조사

차이가 중요하다고 판단되는 경우 또는 차이가 비정상적이라고 판단되는 경우에는 감사절차 수행한다. 단, 비유의적인 차이는 수용한다.

내부감사인은 실증절차로서 분석적 절차를 단독으로 또는 세부테스트와 결합하여 설계하고 수행할 때 다음의 절차를 수행하여야 한다.(ISA 510-5)

<u>분석적 절차의 적용절차</u>

① 주어진 경영진주장에 대한 평가된 중요왜곡표시위험과 해당되는 경우 이러한 주장에 대한 세부테스트를 고려하여, 특정 실증적인 분석절차가 적절한지 결정.
② 기록된 금액이나 비율에 대한 내부감사인의 기대치가 도출된 데이터의 신뢰성을 평가. 이때 이용 가능한 정보의 원천과 비교가능성 및 그 성격과 관련성을 고려하고, 그 작성에 대한 통제를 고려.
③ 기록된 금액이나 비율에 대한 기대치를 도출하고, 그러한 기대치가 개별적으로 또는 다른 왜곡표시와 합쳐져서 재무제표를 중요하게 왜곡 표시시킬 수 있는지 왜곡표시를 식별할 정도로 충분히 정확한지 여부를 평가.
④ 추가적인 조사를 하지 않고 수용할 수 있는 차이금액(기록된 금액−기대치)을 결정.

나) 경영진 주장에 대한 특정 분석적 절차의 적합성

실증적인 분석적 절차는 일반적으로 시간의 경과에 따라 예측가능성이 높아지는 대규모의 거래에 더 적합하다. 계획된 분석적 절차는 다음과 같은 가정(또는 기대)에 기초하여 적용된다.

<u>분석적 절차의 가정</u>

① 데이터 간 상관관계의 존재
② 알려진 조건에 반증이 없는 한 그러한 관계가 지속된다는 기대

반면, 특정의 분석적 절차가 적합한지 여부는 왜곡표시를 발견하는 데 해당 절차가 얼마나 효과적일 것인지에 대한 내부감사인의 평가에 따라 달라질 것이다.(ISA 520-A6)

다) 데이터의 신뢰성

분석적 절차는 그 사용하는 데이터의 신뢰성에 따라 제공하는 증거력이 달라진다. 따라서 사용할 데이터는 신뢰할 수 있어야 한다. 실증적인 분석적 절차를 설계할 때 데이터가 신

뢰할 수 있는지는 다음 요소에 따라 결정된다.(ISA 520-A12)

사용할 자료의 신뢰성

① 이용 가능한 정보의 원천

(예) 정보의 원천은 외부정보가 내부정보보다, 독립적일수록, 그리고 내부정보는 내부통제가 효과적일수록 신뢰성이 높다.

② 이용 가능한 정보의 비교가능성

(예) 광범위한 산업 데이터를 특정 제품을 생산, 판매하는 개별 기업의 데이터와 비교하기 위해서는 해당 데이터를 보완할 필요가 있을 것이다.

③ 이용 가능한 정보의 성격과 관련성

(예) 어떤 예산이 달성하고자 하는 목표에 근거한 것이 아니라 예상되는 결과에 따라 수립되었는지 여부.

④ 정보의 완전성과 정확성 및 타당성을 보장하도록 설계된, 정보의 작성에 대한 통제

(예) 예산의 작성과 검토 및 유지에 대한 통제

라) 기대치가 충분히 정확한 지에 대한 평가

분석적 절차에서 가장 중요한 것은 합리적인 기대치를 추정하는 것이다. 만약 합리적인 기대치를 추정할 수만 있다면 비교대상 정보에 포함되어 있는 중요한 왜곡표시를 식별할 수 있다. 얼마나 정확한 기대치를 산출할 수 있는가는 다음과 관련이 있다.(ISA 520-A15)

기대치의 정확성을 결정짓는 요소

① 실증적인 분석적 절차의 예상결과가 예측되는 정확성

(예) 감사인은 연구비 또는 광고비와 같은 재량적 비용을 비교하는 것보다는 특정기간의 매출총이익을 다른 기간의 그것과 비교할 때 기대치가 더 정확하다.

② 정보가 세분될 수 있는 정도

(예) 실증적인 분석적 절차는 재무제표 전체에 포괄적으로 분석할 때보다 개별 단위별로 세분화할 때 더욱 효과적이다.

③ 재무 및 비재무 정보의 이용가능성

(예) 예산 또는 예측과 같은 재무정보와 생산수량 또는 판매수량과 같은 비재무정보를 이용할 수 있는 경우 기대치는 더 정확하다.

마) 기록된 금액과 기대치의 수용될 수 있는 차이

내부감사인은 기대치를 추정할 때 일정한 가정에 기초하기 때문에 비교대상과 차이가 발생할 수밖에 없다. 내부감사인은 차이가 추가적인 조사 없이 수용할 수 있는 기준을 초과할 때에만 그 차이가 중요한 왜곡표시라고 판단한다.

내부감사인이 차이를 추가적인 조사 없이 수용할 수 있는지 여부는 중요성 및 요구되는 확신수준을 고려하여 결정한다. 이 경우 내부감사인은 왜곡표시가 개별적으로 또는 다른 왜곡표시들과 합쳐질 때 재무제표를 중요하게 왜곡시킬 가능성을 고려한다. 또한 감사 대상의 위험이 높다고 평가할수록 추가적인 조사 없이 수용 가능한 차이는 작아진다.

4) 분석적 절차의 결과에 대한 조사

분석적 절차의 결과, 다른 관련 정보와 일관성이 없거나 기대치와 유의적인 차이나 관계를 식별한 경우, 내부감사인은 그 차이에 대하여 다음과 같이 조사하여야 한다.(ISA 520-7)

기대치가 중요하게 차이나는 경우 추가적인 감사절차

① 경영진에게 질문하고 경영진의 답변과 관련성이 있는 적합한 감사증거를 입수함

② 그러한 상황에 필요한 기타의 감사절차를 수행함

경영진의 답변과 관련된 감사증거는 기업과 그 환경에 대한 내부감사인의 이해를 고려하여 이러한 답변을 평가함으로써 입수될 수 있고, 감사의 진행 중에 입수한 다른 감사증거를 고려하여 이러한 답변을 평가함으로써 입수될 수 있을 것이다.

예를 들어 경영진이 설명할 수 없거나 또는 경영진의 답변과 관련하여 입수한 감사 증거로 인하여 해당 설명이 적절하다고 고려될 수 없는 경우, 다른 감사절차를 수행할 필요성이 발생할 수 있다.(ISA 520-A20, A21)

5) 분석적 절차의 한계점

분석적 절차는 다른 방법에 비하여 적은 비용으로 증거를 수집할 수 있다는 장점이 있다. 그러나 분석적 절차는 다음과 같은 한계점도 가지고 있다. 따라서 내부감사인이 분석적 절차를 이용할 경우 다음과 같은 한계점을 충분히 고려해야 한다.

분석적 절차의 한계점

① 평가기준인 기대치가 부적합할 수 있다.

② 기대치와 특정 계정잔액의 차이가 왜곡표시 때문인지 아니면 특정 계정잔액에 포함된 우연한 변화 때문인지를 판단하기가 어렵다.

③ 회계기록이 역사적 원가에 기초하기 때문에 회사의 연혁이나 자산의 구성 등이 서로 상이한 회사와의 비교가 어렵다.

④ 회계처리방법의 차이는 회사 간 비교를 어렵게 한다.

⑤ 분석적 절차는 왜곡표시 사항을 직접 적발하는 것이 아니라 의미 있는 차이가 존재 할 경우 추가적인 감사절차를 수행할 수 있다는 정황적 증거만을 제시한다.

다. 외부조회[284]

1) 외부조회의 의의

가) 외부조회의 정의

외부조회는 내부감사인이 제3자(조회서 또는 조회대상자)로부터 종이형태나, 전자문서 또는 기타 매체를 통해 직접적인 서면회신으로 입수한 감사증거를 말한다. 외부조회는 조회하는 방법에 따라 적극적 조회와 소극적 조회로 구분된다.

적극적 조회란 조회처가 조회서의 정보에 동의 하는지 여부를 표시하거나, 또는 요청된 정보를 제공하여 내부감사인에게 직접 회신해 달라고 요청하는 조회의 방법이다. **소극적 조회**란 조회처가 조회서의 정보에 동의하지 않는 경우에만 내부감사인에게 직접 회신해 달라고 요청하는 조회의 방법이다.

나) 외부조회의 신뢰성

외부조회는 제공하는 증거력 때문에 감사에서 매우 중요하다. 감사기준은 감사증거의 신뢰성이 다음과 같이 그 원천과 성격에 영향을 받는다고 설명하고 있다.

감사증거의 신뢰성에 영향을 받는 그 원천과 성격

① 기업 외부의 독립된 원천으로부터 입수된 감사증거가 더욱 신뢰성이 높다.
② 내부감사인이 직접 입수한 감사증거가 간접적으로 또는 추론으로 입수한 감사증거보다 더욱 신뢰성이 높다.
③ 문서나 書翰 형태의 감사증거가 구투형태의 감사증거 보다 더욱 신뢰성이 높다.

외부조회는 기업의 외부로부터, 내부감사인이 직접 그리고 문서형태로 입수한다. 따라서 외부조회는 다른 어떤 증거보다 신뢰성이 높다.

다) 외부조회의 대상

외부조회는 일반적으로 계정잔액과 구성거래내역을 확인하기 위해 이용되지만, 그 이외의 경우에도 이용될 수 있다. 예를 들어 내부감사인은 회사가 상대방과 체결한 계약조건이나 거래조건을 조회할 수도 있다. 기타 외부조회가 이용될 수 있는 경우를 예시하면 다음과 같다.

외부 조회가 이용될 수 있는 사항(예시)

① 계정잔액과 구성거래 내역
② 금융기관에 대한 예금 잔액, 퇴직예치금 잔액, 및 기타 정보

284 노준화, 전게서, 2019, 412~422면. 선영규, 전게서, 2019. 7-20~7-27면

③ 매출채권 전액

④ 가공이나 위탁판매의 목적으로 제3자의 창고에 보관중인 물품

⑤ 안전상 또는 담보제공의 목적으로 변호사/금융기관이 보관중인 자산권리증서

⑥ 중개인을 통하여 취득한 유가증권으로서 재무제표일 현재 인도받지 아니한 것

⑦ 여신기관으로부터 차입잔액　　　⑧ 매입채무 잔액 등

2) 외부조회의 절차

가) 일반적 경우

내부감사인은 외부조회절차를 이용할 때 다음의 절차를 수행하여 외부조회의 요청에 대한 통제를 유지해야 한다.(ISA 505-7)

외부조회에 대한 통제 사항

① 확인하거나 요청한 정보의 결정　　　② 적합한 조회대상자의 선택

③ 조회서에 수신인이 적절히 표시되었으며, 감사인에게 직접 발송되도록 회신에 관한 정보가 포함되었는지에 대한 결정 등 조회서의 설계

④ 조회처에 대한 조회요청서의 발송, 적용 가능한 경우 후속확인조회서를 포함한다.

(1) 확인하거나 요청할 정보의 결정

내부감사인은 계정잔액과 그 구성요소에 관한 정보를 확인하거나 요청하기 위하여 외부 조회를 수행한다. 또한 외부조회는 해당 기업과 다른 당사자 간의 약정, 계약 또는 거래의 조건을 확인하거나 "이면계약"과 같은 특정의 조건이 없다는 것을 확인하기 위하여 이용되기도 한다.(ISA 505-A1)

(2) 적합한 조회대상자의 선택

내부감사인이 조회할 대상은 조회할 정보에 대해 지식이 있을 때, 그 회신은 보다 관련성이 있고 신뢰할 수 있는 감사증거를 제공한다. 예를 들어 금융기관에 조회하는 경우, 조회할 거래나 약정에 대하여 잘 알고 있는 금융기관의 책임자가 가장 적합한 대상이다.(ISA 505-A2)

(3) 조회서의 설계

조회서의 설계란 선택할 수 있는 다양한 절차 중에서 기업과 내부감사인의 사항을 고려하여 내부감사인이 특정 절차를 결정하는 것을 말한다. 조회서의 설계는 회신율, 그리고 회신을 통해 입수된 감사증거의 신뢰성과 성격에 영향을 미칠 수 있다. 조회서를 설계할 때 고려할 요소에는 다음이 포함된다.

조회서를 설계할 때 고려할 요소

① **관련 경영진 주장**

감사하려는 경영진 주장이 실재성인지 완전성인지에 따라 조회의 설계는 달라진다. 실재성이면 금액이 큰 거래처 위주로, 완전성이면 금액이 작더라도 기중에 거래가 있는 거래처이면 조회 대상에 포함하도록 설계한다.

② **부정위험을 포함하여 구체적으로 식별된 중요왜곡표시위험**

위험이 높을수록 표본수를 늘리고, 소극적 조회를 배제한다. 또한 미회신처에 대한 관리를 보다 철저하게 한다.

③ **조회서의 구성과 표시**

예를 들면, 조회의 대상을 금액이 큰 거래처 위주로만 선정할 것인지? 아니면 금액과 관계없이 무작위로 추출할 것인지?

④ **해당 감사업무 또는 유사업무에 관한 사전 경험**

위험이 높으면 경험이 충분한 내부감사인에게, 위험이 낮으면 경험이 낮은 내부감사인에게도 업무를 배정할 것을 고려할 수 있다.

⑤ **커뮤니케이션의 방법**

예를 들면, 종이 또는 전자 문서 중 어떤 형태로 조회할 것인지? 전자문서는 신속하고 회신율을 높일 수 있지만 종이보다 신뢰성이 낮다.

⑥ **조회처가 내부감사인에게 회신해 주도록 하는 경영진의 승인이나 독려**

조회처는 경영진의 승인이 있는 조회서에 대해서만 회신하려할 것이다. 따라서 조회할 때 조회 안내문이나 당부의 말을 포함한다.

⑦ **의도된 조회대상자가 요청된 정보를 확인하거나 제공할 수 있는 능력**

조회서의 신뢰성은 응답자가 조회 내용을 얼마나 잘 알고 있는가에 달려있다. 따라서 적절한 담당자를 찾아 조회서를 송부한다. 예를 들면, 수신인은 기업으로 하고, 참조인은 직접업무를 담당하는 자를 지정할 수 있다.

나) 적극적 조회

(1) 적극적 조회의 기본적 절차

적극적 조회는 주어진 정보에 대한 조회처의 동의를 표시하거나 조회처의 정보제공을 요청함으로써, 조회처가 모든 경우에 있어 내부감사인에게 회신하도록 요청하는 것이다. 적극적 조회에 대한 회신은 일반적으로 신뢰할 수 있는 감사증거를 제공한다. 반면, 조회처가 해당 정보가 정확한지 여부를 검증하지 않고 조회를 회신할 위험이 있다.

내부감사인은 조회서에 금액이나 기타 정보를 기재하지 않고 조회처가 해당 금액을 기재하거나 기타의 정보를 제공해 주도록 요청하는 적극적 조회를 이용함으로써 이러한 위험을 감소시킬 수 있다. 그러나 이러한 "공란" 형태의 조회는 조회처의 추가적인 노력을 요구하기 때문에 회신율이 더 낮을 수 있다.(ISA 505-A5)

조회서에 수신인이 제대로 표시되었는지 여부를 결정하는 데는 조회서가 발송되기 전에 주소의 일부 또는 전부에 대하여 그 타당성을 테스트 하는 것이 포함된다.(ISA 505-A6)

(2) 적극적 조회의 후속적 절차

내부감사인은 조회에 대하여 합리적인 기간 내에 회신을 받지 못하였을 경우, 추가적인 조회서를 보낼 수 있다. 예를 들어, 내부감사인은 최초의 주소가 정확한지 다시 확인한 후에 추가적이거나 후속적인 조회서를 보낼 수 있다.(ISA 505-A7)

(3) 적극적 조회의 단점 및 보완책

(가) 적극적 조회의 단점

① 조회처가 해당 정보가 정확한지 여부를 검증하지 않고 조회에 회신할 위험이 있다.

② 회신되지 않은 것이 수신인이 잘못표기 된 것 때문인지, 아니면 응답하지 않는 것인지 확신하기 어렵다.

(나) 적극적 조회의 보완책

① 조회 회사에 금액이나 기타의 정보를 기재하지 않고 조회처가 해당 금액을 기재하거나 기타의 정보를 제공해 주도록 요청한다.

② 조회서가 발송되기 전에 주소의 일부 또는 전부에 대하여 그 타당성을 테스트함으로써 수신인이 정확하게 표시되었는지 확인한다.

다) 소극적 조회

(1) 소극적 조회의 절차

소극적 조회는 확인당사자가 확인요청서의 정보에 동의하지 않는 경우에만 내부감사인에게 직접회신해 주도록 요청하는 것이다. 소극적 조회는 적극적 조회보다 설득력이 낮은 감사증거를 제공한다.

따라서 내부감사인은 다음 사항이 모두 충족되지 않는 한 경영진 주장 수준에서 평가된 중요왜곡표시위험에 대처하기 위한 유일한 실증감사절차로서 소극적 조회를 이용해서는 아니 된다.

소극적 조회를 할 수 있는 예외적인 상황(ISA 505-15)

① 내부감사인은 중요왜곡표시위험이 낮다고 평가하였고, 경영진주장과 관련된 통제의 운영효과성에 대하여 충분하고 적합한 감사증거를 입수하였다.

② 소극적 조회절차의 대상이 되는 항목의 모집단이 다수의 동질적이며, 소액인 계정잔액이나 거래 또는 조건들로 구성되어 있다.

③ 불일치사항의 발생률이 매우 낮을 것으로 예상된다.

④ 내부감사인은 소극적 조회의 수신자가 그러한 요청을 무시할 사항이나 조건에 대하여 알고 있지 아니하다.

(2) 소극적 조회의 단점 및 보완책

(가) 소극적 조회의 단점

① 미회신 시 수신인이 조회서를 수령하였는지, 내용의 정확성을 확인하였는지에 대한 명확한 증거가 없다. 따라서 적극적 조회보다 설득력이 낮은 감사증거를 제공한다.

② 조회처는 조회서에 있는 정보가 자신에게 불리한 경우 차이가 있다는 회신을 하고, 그 반대의 경우에는 회신하지 않을 수 있다.

(나) 소극적 조회의 보완책

소극적 조회는 적극적 조회에 비해 신뢰성 내지 설득력이 낮은 감사증거를 제공하므로 추가적인 감사절차 수행을 고려해야 한다.

라) 경영진이 외부조회를 거부하는 경우

특정 경영진 주장을 감사하기 위하여 외부조회를 결정한 경우, 내부감사인은 경영진에게 조회서의 발송을 요청한다. 그러나 경영진이 조회서 발송을 거부하면 어떻게 해야 할까? 이 경우 내부감사인은 다음 절차를 수행한다.(ISA 506-8)

<u>조회를 거부할 경우 감사절차</u>

① 경영진의 거부사유에 관해 질문하고 그 타당성과 합리성에 관해 감사증거를 구한다

② 경영진의 거부가 부정행위 등 관련 중요왜곡표시위험에 대한 내부감사인의 평가와 다른 감사절차의 성격, 시기 및 범위에 대하여 갖는 시사점을 평가한다.

③ 관련성이 있고, 신뢰할 수 있는 감사증거를 입수할 수 있도록 설계된 대체적 감사 절차를 수행한다.

(1) 경영진의 거부에 대한 합리성

경영진이 내부감사인의 조회서 발송을 거부하는 것은 내부감사인이 입수하고자 하는 감사증거에 대한 제한이 되는 것이다. 따라서 내부감사인은 경영진이 조회를 거부하는 이유를 질문하고 거부이유가 타당성이 있고 합리적인 감사증거를 수집하여야 한다.(ISA 505 -A48)

(가) 합리적인 경우

의도된 조회 대상자와 법적 분쟁이나 협상이 진행 중이기 때문에 조회가 이러한 분쟁이나 협상의 해결에 영향이 미칠 수 있는 경우를 들 수 있다. 이 경우 내부감사인은 대체적 감사절차를 통해 충분하고 적합한 감사증거를 수집해야 한다.(ISA 505 -A10)

만약 대체적인 감사절차로서도 충분하고 적합한 증거를 수집할 수 없는 경우 내부감사인은 ① 지배기구와 커뮤니케이션하고, ② 이것이 해당 감사와 감사의견에 미치는 시사점을 평가한다. 만약 해당 사항이 재무제표에 중요한 영향을 미친다면 **한정의견**을, 대단히 중요한 영향을 미친다면 **의견거절**을 표명하여야 한다.(ISA 505-9)

(나) 비합리적인 경우

경영진이 부정 또는 오류를 들어 낼 수 있는 감사증거에 대하여 내부감사인의 접근을 막기 위한 경우를 들 수 있다. 이 경우 내부감사인은 대체적인 감사절차를 취할 필요 없이 ① 지배기구와 커뮤니케이션하고, ② 이것이 해당 감사와 감사의견에 미치는 시사점을 평가한다. 만약 해당 사항이 재무제표에 중요하지만 전반적이지 않은 영향을 미친다면 한정의견을, 중요하고 전반적인 영향을 미친다면 의견거절을 표명한다.(ISA 505-9)

(2) 중요왜곡표시위험의 평가에 대한 시사점

경영진이 조회를 거부할 경우, 내부감사인은 경영진 주장수준의 중요왜곡표시위험에 대한 평가를 수정하고 계획된 감사절차도 그에 맞게 변경할 수 있다. 예를 들어, 외부조회절차를 취하지 말라는 경영진의 요구가 비합리적인 경우, 이것은 부정위험요소를 나타내는 것일 수 있다.(ISA 505-A49)

3) 외부조회의 수행

가) 외부조회의 단계별 수행

외부의 조회는 다음과 같은 절차로 수행한다.

(1) 제1단계 : 조회처의 선정

○ 조회처는 내부감사인이 직접 선정하여야 한다. 만약 기업이 조회처를 선정한다면 왜곡 표시된 거래처는 조회대상에서 누락할 위험이 있다.

(2) 제2단계 : 조회서의 작성

○ 조회서는 내부감사인이 직접 작성하는 것이 원칙이다. 그러나 예외적으로 기업의 도움을 받을 수 있다. 이 경우 내부감사인은 조회대상이 누락되지 않는지? 조회서는 장부상 잔액과 일치하게 작성되었는지? 확인하여야 한다.

○ 거래처의 주소를 확인하여야 한다. 왜냐하면, 가공의 거래처가 존재할 경우 외부조회가 의미를 상실하며, 제3의 장소로 조회서가 발송되어 누군가 부정한 방법으로 회신하는 것을 어느 정도 방지할 수 있기 때문이다.

(3) 제3단계 : 조회서의 발송

○ 조회서의 발송자 명의는 회사이며, 수신자는 내부감사인이어야 한다.

○ 조회서는 내부감사인이 직접 발송하여야 한다. 만약 회사가 조회서를 발송한다면 왜곡 표시된 조회서의 경우 발송과정에서 이를 누락시킬 가능성이 있다.

(4) 제4단계 : 조회서의 회수

○ 조회서는 내부감사인이 직접 회수하여야만 증거력이 유지된다. 만약 회사가 이를 수령하여 내부감사인에게 전달한다면 장부상 잔액과 일치하지 않다고 회신된 조회서를 변조 또는 전달하지 않을 위험이 있다.

○ 적극적 조회에서 미회신 거래처에 대해서는 추가적인 조회서를 보낸다.

(5) 제5단계 : 조회결과의 평가

○ 조회결과는 내부감사인이 직접 요약·평가하여야만 한다. 만약 회사가 조회결과를 요약·평가한다면 불일치사항이 있는 경우 불일치가 없다고 요약·평가할 위험이 있다.

○ 외부조회가 전수감사가 아닌 표본감사에 따라 수행되었다면 표본감사 결과를 토대로 모집단의 왜곡표시금액을 추정하는 절차가 필요하다.

나) 내부감사인의 외부조회 절차 통제

(1) 조회서의 작성

○ 회사에서 조회서를 작성하는 경우 회사측이 내부감사인에게 제시한 내용과 다른 조회서를 작성하는 경우를 들 수 있다. 즉, 내부감사인이 수령하여 발송한 조회서는 주소 조작 등을 통해 회신이 안 되도록 하고, 내부감사인 모르게 별도로 위조한 조회서를 감사인에게 회신하도록 할 가능성이 있다.

○ 이러한 문제점을 방지하기 위하여 회사가 작성한 조회서에서 회사 측이 모르는 일련번호를 매김으로써 진짜 조회서가 회수될 수 있도록 하는 방법을 이용할 수 있다.

(2) 조회서의 발송과 회수

○ 내부감사인은 조회서의 발송이나 회수 중 절취·변조로 인해 조회 결과가 왜곡될 가능성을 최소화하기 위해 회신자와의 적절한 의사소통을 통하여 조회절차를 적절히 통제해야 한다.

○ 그렇게 함으로써 내부감사인은 회신자와의 적절한 의사소통을 통해 조회서의 수신처가 적절하게 표시되었고, 모든 회신이 내부감사인에게 직접 수신되도록 요청되었는지에 대한 확신을 얻을 수 있으며, 내부감사인이 의도한 담당자로부터 회신되었는지를 확인할 수 있다.

4) 외부조회의 결과

가) 회신의 유형

내부감사인은 외부조회의 결과가 감사증거로서 적합성이 있는지 여부와 추가적인 감사증거가 필요한지 여부를 평가하여야 한다. 외부조회 결과는 회계기준에서 다음과 같이 4가지 유형으로 구분하고 있다.

외부조회 회신의 4가지 유형

○ 유형1 : 일치하는 회신

○ 유형2 : 불일치사항을 표시하고 있는 회신

○ 유형3 : 신뢰할 수 없다고 여겨지는 회신

- 신뢰성에 의문이 있는 회신
- 신뢰할 수 없는 회신

○ 유형4 : 미회신

나) 신뢰성에 의문이 있는 회신

(1) 조회의 회신에 대한 신뢰성에 의문을 갖게 할 수 있는 요인

조회에 대한 회신은 신뢰할 수 있어야 한다. 만약, 조회 회신에 대한 신뢰성에 의문이 제기된다면, 내부감사인은 이러한 의문을 해결하기 위한 추가적인 감사증거를 수집해야 한다. (ISA 505-10)

그러면 조회의 회신에 대하여 신뢰성에 의문이 제기되는 이유는 무엇일까? 모든 회신은 중간에 가로채이거나 변조 또는 부정이 발생할 위험이 있다. 회신의 신뢰성에 의문을 갖게 할 수 있는 요인에는 다음과 같은 상황이 포함된다.(ISA 505-A11)

<u>회신의 신뢰성에 의문을 갖게 할 수 있는 요인</u>

① 회신이 내부감사인에게 간접적으로 전달될 경우
② 회신이 원래 의도된 조회 대상자로부터 발송되지 않은 것으로 보이는 경우 등

(2) 조회의 회신에 대한 신뢰성에 의문이 제기되는 경우의 대응

조회의 회신에 대한 신뢰성에 의문이 제기되는 경우 내부감사인은 다음과 같이 사례별로 대응을 하여야 한다.(ISA 505-A12~15)

<u>조회의 회신에 대한 신뢰성에 의문이 제계되는 경우의 대응</u>

① 사례 : 팩스나 전자우편 등 전자적으로 수령한 회신

대응 : 회신자의 원천과 권한에 대한 증명을 확보하기가 어렵고 변조를 발견하는 것이 어려울 수 있다. 이를 방지하기 위하여 내부감사인과 회사는 전자적으로 전달되는 회신에 대하여 안전절차(예, 암호, 전자서명, 그리고 웹사이트의 신뢰성을 검증)를 이용함으로써 이러한 위험을 감소시켜야 한다.

② 사례 : 조회처가 제3자에게 조회서의 제공 및 회신의 관리를 의뢰한 경우

대응 : 내부감사인은 다음의 위험에 적절히 대처하여야 한다.

- 회신이 적절한 원천으로부터 이루어지지 않을 위험
- 회신자가 회신 권한이 없을 위험·전송의 진실성이 훼손되는 등의 위험

③ 사례 : 회신이 내부감사인에게 간접적으로 전달되는 경우

대응 : 내부감사인은 조회서 원본을 조회처가 내부감사인에게 직접 서면으로 회신해 달라고 요청할 수 있다.

④ 사례 : 조회에 대한 구두회신

대응 : 조회에 대한 구두회신은 내부감사인에 대한 직접적인 서면회신이 아니기 때문에 그 자체로는 외부조회의 정의를 충족하지 못하므로 내부감사인은 구두회신을 받은 즉시 내부감사인에게 직접 서면으로 회신해 달라고 요청하거나, 동 요청이 이루어지지 않는 경우 구두회신 정

보를 뒷받침할 기타 감사증거를 수집한다.

다) 신뢰할 수 없는 회신

내부감사인은 조회의 회신이 신뢰할 수 없는 경우 이것이 관련 중요왜곡표시위험(부정위험 등)에 대한 자신의 평가와 감사절차의 성격, 시기 및 범위에 미치는 영향을 평가하여야 한다.(ISA505-11) 필요한 경우 내부감사인은 경영진 주장 수준의 중요왜곡표시위험에 대한 평가를 수정하고 계획된 감사절차도 그에 맞게 변경할 수도 있다.(ISA 505-A17)

라) 조회서의 미회신

적극적 조회는 조회의 내용이 일치하든지 그렇지 않든지 관계없이 내부감사인은 조회처가 회신해 줄 것을 가정하고 실시한다. 그런데 적극적 조회에서 정해진 기간 내에 회신이 되지 않은 경우가 있다. 감사증거를 수집해야 할 책임은 내부감사인에게 있다.

적극적 조회의 경우 미회신은 경영진의 책임도 의도적인 것도 아니다. 또한 감사증거를 수집하여야 할 궁극적 책임은 내부감사인에게 있다. 조회는 증거를 수집하기 위한 하나의 선택이며, 다른 대체적인 방법도 존재한다. 따라서 적극적 조회에서 미회신의 경우 내부감사인은 대체적인 감사절차를 수행하여야 한다.(ISA 505-12)

그러나 매출채권이나 매입채무의 경우 조회만큼 높은 증거력을 가진 대체적인 증거를 찾기는 어렵다. 만약 내부감사인이 충분하고 적합한 감사증거를 수집하기 위하여 반드시 적극적 조회에 대한 회신이 필요하다고 결정한다면, 대체적인 감사절차는 의미가 없다.

이 경우 내부감사인은 그것이 해당 감사와 감사의견에 미치는 시사점을 평가하여야 한다.(ISA 505-13) 만약 해당사항이 재무제표에 중요하지만 전반적이지 않은 영향을 미친다면 한정의견을, 중요할 뿐만 아니라 전반적인 영향을 미친다면 의견거절을 표명한다.(ISA 509-9)

조회서가 조회처로부터 미회신이 된 경우 내부감사인이 수행할 수 있는 대체적 감사절차로는 다음이 포함된다.(ISA 505-A18)

<u>적극적 조회 미회신에 대한 대체적 절차</u>

(1) 매출채권 잔액

① 재무제표일 후 특정 현금회수 조사

② 선적서류 조사

③ 보고기간 말에 근접하여 발생한 매출거래에 대한 조사

(2) 매입채무 잔액

① 재무제표일 후 현금지급

② 제3자로부터 서신　　　　③ 상품수령증의 조사

마) 불일치사항 회신

불일치사항 회신이란 적극적 조회이건 소극적 조회이건 관계없이 회신된 조회에서 조회

한 내용과 회신된 내용이 일치하지 않는 경우이다. 이 경우 내부감사인은 해당 불일치사항이 왜곡표시를 나타내는 것인지(부정의 징후인지) 여부를 조사하여야 한다.(ISA 505-14) 불일치사항은 내부감사인에게 다음과 같은 의미를 제공한다.(ISA 505-14)

불일치사항의 의미

① 불일치사항은 재무제표의 왜곡표시 또는 잠재적 왜곡표시를 나타낼 수 있다.
② 불일치사항은 외부조회 절차의 시기나 측정상의 문제, 또는 사무적 오류에서 발생된 것일 수도 있고, 부정으로 인한 것일 수도 있다.
③ 불일치사항이 유사한 조회처 또는 계정의 회신에 대한 품질을 판단할 수 있는 지침을 제공할 수 있다.
④ 불일치사항은 또 기업의 재무보고에 대한 내부통제의 미비점을 나타내는 것일 수 있다.

라. 현장실사[285]

1) 실사의 개요

실사란 내부감사인이 형태가 있는 자산 혹은 현장에 대하여 눈으로 식별하고 그 존재성을 확인하거나, 상태 및 상황을 인지하는 것을 말한다.

실사입회는 회사의 내부통제에 의하여 수행되는 현상을 내부감사인이 관찰하는 과정으로 주로 종류나 수량이 많아서 내부감사인이 일일이 직접 실사가 곤란한 재고자산의 감사에 활용된다.

2) 실사의 증거력

감사절차는 통제테스트와 실증절차로 구분되며, 실사입회와 실사가 각각 이에 해당 된다. 즉, 실사입회는 통제테스트 수행 시 사용되며, 실사는 실증절차 수행 시 사용되는 감사기술이다.

감사기술을 통하여 획득된 **감사증거력**은 통상 **"외부확인 〉 조사(검사) 〉 관찰 〉 질문 = 분석적 절차"**의 순이며, 이에 따라 실사가 실사입회보다는 실재성의 경영진 주장과 관련하여 이론적으로 더 높은 신뢰성을 제공한다. 그러나 실사입회는 통제테스트를 위한 방법이며, 실사는 실증절차를 위한 방법이기 때문에, 그 목적이 상이하므로 동일선상에서 신뢰성을 비교하기에는 무리가 있다.

예를 들어, 재무제표 결산을 위한 재고자산 실사의 수행주체는 회사의 경영진이며, 이에 대한 실사입회는 내부감사인이 수행한다. 따라서 내부감사인은 실사입회라는 관찰의 절차를 통하여 내부통제의 유효성을 판단하는 것이며, 경영진이 수행하는 실사과정에서 부수적 내부감사인이 독립적으로 선별한 항목에 대하여 실사입회의 감사증거력을 보완하거나,

---

285 선영규, 전게서, 2019. 7–28~7–29면

실사의 합리성을 확보하기 위해 일부항목을 직접 실사할 수 있는 것이다(테스트실사).

참고

실사 관련 용어의 정리

① 재무제표 결산을 위한 경영진의 실사 : 내부통제
② 재무제표 결산을 위한 경영진의 실사과정을 내부감사인이 실사입회 : 통제테스트
③ 실사입회를 수행하면서 내부감사인이 선택한 항목의 일부 항목 테스트 : 실증절차

3) 실사의 적용분야

실사의 적용분야는 그 존재를 확인할 수 있는 자산을 현장 확인하는 절차에 적용된다. 예를 들면, 다음과 같다.

실사적용이 가능한 분야

① 실물형태로 보관하고 있는 각종 유가증권 및 증서 등 금융자산
② 건설 중이거나 취득이 완료된 설비장치 등 유형자산
③ 창고에 보관하고 있어 실물확인이 가능한 재고자산
④ 건설이 진행되었거나 완료되어 그 존재를 확인할 수 있는 프로젝트 현장 등

4) 통제테스트와 실증의 절차

경영진은 가치가 있는 자산을 내부통제에 의하여 적절히 보관·관리하여야 하며, 내부감사인은 이러한 자산이 재무제표에 적절하게 반영되었는지를 실증절차를 통하여 확인하게 된다.

따라서 계정과목별 감사수행 시 각 자산을 관리하는 내부통제의 유효성에 따라 실증절차를 통하여 입수하게 되는 감사증거의 성격과 범위가 결정되며, 결산절차의 특징으로 인하여 재무제표일 혹은 이에 근접한 일자에만 수행해야 하는 경우가 있다.

또한 회계감사기준이 위험중심접근법에 의하여 위험이 인지된 분야의 내부통제에 대하여 내부감사인이 주의를 집중하게 되므로 '6-2. 회계감사의 계정별 실증절차'에서 관련 내부통제와 함께 실증절차의 수행방법을 확인하게 될 것이다.

5) 실사적용의 한계

실사는 일반적으로 자산의 존재성 및 수량(실재성)을 확인하는 객관적인 수단은 될 수 있지만, 실사를 통하여 자산에 대한 현장의 소유권이 감사대상회사에 있다는 경영진 주장(권리)을 확인하기에는 불충분하다.

또한 규격 및 상태를 확인함에 있어서도 그 판단에 전문성이 필요한 품질 및 진부화 등 감사에 중요한 영향을 미칠 수 있는 특성을 판단할 수 있는 객관적인 능력이 없는 경우가 있어, 경영진의 주장을 확인은 할 수 있으나, 모두 확인하는 데는 한계가 있다.

마. 기타사항

마-1. 특수관계자[286]

1) 특수관계자의 개요

가) 특수관계자의 정의

특수관계자에 대한 정의는 재무보고체계마다 다를 수 있지만, 일반적으로 **특수관계자**라 함은 지배력과 유의적인 영향력이 있는 회사 또는 개인을 의미한다.(ISA 550-A4)

지배력이란 기업의 활동으로부터 효익을 얻기 위하여 기업의 재무정책과 영업정책을 결정할 수 있는 능력을 말한다.

유의적인 영향력(지분)이란 기업의 재무정책과 영업정책에 관한 의사결정에 참여할 수 있는 능력을 말한다. 그러나 이러한 정책에 대한 지배력을 의미하는 것은 아니다.

나) 특수관계자 거래의 성격

특수관계자 거래는 특별히 다르게 회계처리되는 것은 아니지만 정상거래와 다를 수 있다는 점에서 특별히 주의를 요한다. 예를 들면, 모기업이 관계회사에 정상가격보다 낮은 가격으로 자산을 구매 또는 판매할 수 있으며, 결제조건도 상거래와 다를 수 있다. 또한 상환조건, 기한 등 약정사항 없이 자금거래를 할 수 없다.

특수관계자 거래에 대한 정보는 외부 이해관계자의 의사결정에 중요하게 사용된다. 따라서 회계감사기준에서 특수관계자 및 그 거래에 대하여 적절하게 공시하고 있는가에 대한 충분하고 적절한 감사증거를 수집하도록 요구하고 있다.

특수관계자 거래는 정상적인 사업과정에서 존재하며, 이 경우 정상거래 보다 중요왜곡표시위험이 높지 않을 수 있다. 그러나 다음과 같은 예외적인 상황에서는 정상거래보다 중요왜곡표시위험이 높을 수 있다.(ISA 550-2)

특수관계자 거래가 중요왜곡표시위험이 높은 경우

① 특수관계자들은 그 성격상 광범위하고 복잡한 관계 및 구조를 통해 사업을 수행하고, 이에 따라 특수관계자 거래의 복잡성이 증가하는 경우
② 정보시스템이 해당기업과 그 특수관계자들 간의 거래와 잔액을 식별하거나 요약하는 데 효과적이지 않을 경우
③ 특수관계자 거래가 정상적인 시장의 계약조건 하에서 수행되지 않을 경우(예, 대가 없이 거래가 발생하는 경우)

이러한 특수관계자 거래는 일반적인 거래 중 일부를 구성하므로 내부감사인은 실증절

286 노준화, 전게서, 2019, 451~457면, 선영규, 전게서, 2019, 7-30~7-35면

차를 수행하면서 재무보고체계에서 요구하는 특수관계자 거래와 관련된 재무제표 공시의 적절성에 대한 감사증거 입수에 주의를 집중하여야 한다.

2) 내부감사인의 책임

가) 중요왜곡표시위험을 식별·평가하고, 적절한 감사절차를 수행할 책임

특수관계자는 서로 독립적이지 않기 때문에 다수의 재무보고체계에서는 재무제표 이용자가 특수관계, 관련거래 및 잔액에 대하여 그러한 사항들의 성격과 재무제표에 대한 실제적 또는 잠재적 영향을 이해할 수 있도록 회계처리 및 공시에 있어 특별한 요구사항을 정하고 있다.

해당 내부보고체계가 이러한 요구사항을 정하고 있는 경우, 내부감사인은 이에 따라 특수관계 및 특수관계자 거래 또는 잔액을 해당 체계의 요구사항에 따라 적합하게 회계처리하지 않거나 공시하지 않음으로써 발생하는 중요왜곡표시 위험을 식별하고, 평가하며, 이에 대응하기 위한 감사절차를 수행할 책임이 있다.(ISA 550-3)

나) 특수관계 및 특수관계자와의 거래·잔액을 이해하는 이유

내부감사인은 다음과 같은 이유 때문에 특수관계자 및 특수관계자와의 거래 및 잔액을 이해하여야 한다.

(1) 부정위험요소의 존재

부정은 특수관계자를 통해 더 용이하게 실행될 수 있다. 따라서 내부감사인이 해당 기업의 특수관계 및 특수관계자 거래를 이해하는 것은 부정위험 요소가 존재하고 있는지 여부를 평가하는 것과 관련이 있다.(ISA 550-5)

(2) 회계감사의 고유한계

감사가 감사기준에 따라 적절하게 계획되고 설계되어도, 감사의 고유한 한계 때문에 재무제표의 중요한 왜곡표시 중 어떤 것은 발견되지 않을 불가피한 위험이 있다. 특수 관계자의 경우 다음과 같은 이유 때문에 회계감사의 고유한계를 증가시킬 수 있다.(ISA 550-6)

특수관계자가 감사의 고유한계를 증가시키는 이유

① 특히 해당 재무보고체계에서 특수관계자에 대한 요구사항이 없는 경우, 경영진이 특수관계 및 특수관계자 거래를 모두 알지 못할 수 있다.
② 특수관계는 경영진에 의한 공모, 은폐, 조작의 기회를 더 많이 제공할 수 있다.

따라서 특수관계자와의 관계와 거래가 공시되지 않을 잠재성을 고려할 때, 내부감사인이 전문가적 의구심을 가지고 감사를 계획하고 수행하는 것은 특히 중요하다.

3) 특수관계자 등과 연관된 위험평가절차, 중요왜곡표시위험의 식별과 평가

가) 특수관계자 및 특수관계자 거래와 관련된 위험평가 절차

위험평가절차 및 관련 활동의 일부로서, 내부감사인은 특수관계 및 특수관계자 거래와 연관된 중요왜곡표시위험의 식별과 관련된 정보를 얻기 위하여 정해진 감사절차 및 관련 활동을 수행하여야 한다.(ISA 550-11)

(1) 기업의 특수관계 및 특수관계자 거래에 대한 이해

기업의 특수관계 및 특수관계자 거래를 이해하기 위하여 내부감사인은 다음 절차를 수행하여야 한다.

(가) 업무팀 내부의 토의

내부감사인은 기업의 특수관계 및 특수관계자 거래에 대하여 이해하기 위하여 업무팀 내부에서 토의하여야 한다.(ISA 550-12) 해당 기업의 특수관계 및 특수관계자 거래로부터 유발될 수 있는 부정이나 오류로 재무제표가 중요하게 왜곡표시될 취약성을 포함하여야 한다.

(나) 경영진에게 질문

내부감사인은 경영진에게 다음 사항에 대하여 질문하여야 한다.(ISA 550-13)

경영진에게 질문할 사항

① 특수관계자들의 신원(변동이 있는 경우에는 그 내용 포함)
② 기업과 특수관계자들 간 관계의 성격
③ 기업이 해당 기간 중에 특수관계자와 거래를 체결하였는지 여부, 만약 그렇다면 그러한 거래의 형태와 목적

(다) 경영진 및 기업의 내부에 질문, 적절한 위험평가 절차 수행

내부감사인은 특수관계자와의 거래에 대한 통제를 이해하기 위하여 경영진 및 기업 내부의 다른 사람에게 질문하고 또 적절하다고 고려되는 기타의 위험평가절차를 수행해야 한다. (ISA 550-14)

(2) 기록 또는 문서의 검토에 있어 특수관계자 정보에 대한 주의 유지

내부감사인은 감사 중에 기록이나 문서를 검사할 때, 경영진이 이전에 식별하지 못하였거나 내부감사인에게 공개하지 않았던 특수관계나 특수관계자 거래의 존재를 나타내는 것일 수 있는 약정이나 기타 정보에 대하여 주의를 유지하여야 한다. 이와 관련하여 내부감사인은 특히 다음 사항을 검사하여야 한다.(ISA 550-15)

특수관계자 정보에 대하여 검사해야 할 사항

① 감사절차의 일부로서 입수한 은행의 확인서(은행조회서)나 법률문제에 관한 확인서(변호사 조회서)
② 주주총회 의사록 및 지배기구(회의) 의사록

③ 해당 기업의 상황에서 감사인이 필요하다고 생각하는 기타의 기록이나 문서

만약 감사절차나 다른 감사절차를 수행할 때 해당 기업의 정상적인 사업과정을 벗어난 유의적 거래를 식별한 경우, 내부감사인은 경영진에게 다음 사항에 대하여 질문하여야 한다.

감사인이 경영진에게 질문하여야 할 사항

① 해당 거래의 성격　　② 특수관계자가 관여될 가능성

(3) 업무팀의 특수관계자 정보의 공유

내부감사인은 해당 기업의 특수관계자에 대하여 입수한 관련 정보를 감사업무팀의 다른 구성원과 공유하여야 한다.(ISA 550-17)

나) 특수관계자 및 특수관계자 거래와 관련된 위험의 식별과 평가

내부감사인은 특수관계 및 특수관계자 거래와 연관된 중요왜곡표시위험을 식별하고 평가하여야 하며, 그러한 위험 중 유의적 위험이 있는지 여부를 결정하여야 한다.

이를 결정할 때, 식별된 유의적인 특수관계자 거래가 해당 기업의 정상적인 사업과정을 벗어난 경우, 내부감사인은 이를 유의적 위험으로 취급하여야 한다.(ISA 550-18)

내부감사인은 특수관계자와 관련하여 위험평가절차 및 관련 활동을 수행하면서 부정위험 요소를 식별한 경우, 부정으로 인한 중요왜곡표시위험을 식별하고 평가할 때 그러한 정보를 고려하여야 한다.(ISA 550-19)

4) 특수관계자 등과 연관된 중요왜곡표시위험에 대한 대응

내부감사인은 특수관계 및 특수관계자 거래와 연관된 중요왜곡표시위험에 대하여 다음과 같이 대응할 수 있다.

가) 이전에 식별 또는 공개되지 않았던 특수관계자/유의적 특수관계자 거래의 식별

① 업무팀의 다른 구성원과 관련 정보를 신속하게 커뮤니케이션한다.

② 해당 재무보고체계에서 특수관계자에 관한 요구사항을 정하고 있는 경우 다음의 절차를 수행한다.

- ○ 내부감사인의 추가적인 평가를 위해 경영진에게 새로 식별된 특수관계자와의 모든 거래를 식별할 것을 요청한다.
- ○ 특수관계 및 특수관계자 거래에 대한 기업의 통제가 해당 특수관계나 특수관계자 거래를 식별하거나 공개하는 데 실패한 이유를 질문한다.

③ 새로 식별된 특수관계자 또는 이들과의 유의적 거래에 대하여 적합한 실증감사절차를 수행한다.

④ 경영진이 이전에 식별하지 못하였거나 내부감사인에게 공개하지 않았던 다른 특수관계자 및 이들과의 유의적 거래가 존재할 위험을 다시 고려하고, 필요에 따라 추가적

인 감사절차를 수행한다.

⑤ 만약 경영진의 미공개가 고의적인 경우에는, 해당 감사에 대한 시사점을 평가한다.

나) 기업의 정상적인 사업과정을 벗어난 유의적인 특수관계자거래를 식별한 경우

① 근거 계약이나 약정이 존재한다면 이를 검사하여 다음 사항을 평가한다.

○ 해당 거래의 사업상 이유(또는 그러한 근거의 결여)에 비추어 볼 때, 그러한 거래가 부정한 재무보고를 행하거나 자산의 유용을 은폐하기 위해 체결되었을 것임을 나타내는지 여부

○ 해당 거래의 조건이 경영진의 설명과 일관성이 있는지 여부

○ 해당 거래가 해당 재무보고체계에 따라 적합하게 회계처리되고 공시되었는지 여부

② 해당 거래가 적합하게 권한이 부여되고 승인되었다는 감사증거를 입수한다.

다) 당사간의 거래가 객관적인 조건으로 거래되었다는 경영진의 주장이 있는 경우

① 경영진이 내부감사인에게 입증하는 절차(ISA 550-A43)

○ 해당 특수관계자 거래의 조건을 하나 이상의 특수관계가 아닌 당사자와의 동일하거나 유사한 거래(객관적인 거래)의 조건과 비교한다.

○ 해당 거래에 대한 시장가치의 결정 및 시장계약조건의 확인을 위하여 외부전문가를 활용한다.

○ 해당 거래의 조건을 공개시장의 대체로 유사한 거래에 대하여 알려진 시장조건(공개시장의 조건)과 비교한다.

② 내부감사인이 경영진의 주장을 평가하는 절차(ISA 550-A44)

○ 해당 주장을 뒷받침하기 위한 경영진의 절차가 적합한지 고려한다.

○ 해당 주장을 뒷받침하는 내·외부 데이터의 원천을 검증하고 데이터의 정확성, 완전성 및 관련성을 결정하기 위해 이를 테스트한다.

○ 해당 주장의 근거가 되는 유의적 가정의 합리성을 평가한다.

5) 기타 사항

가) 특수관계자 등과의 거래에 대한 회계처리와 공시에 대한 평가

내부감사인은 왜곡표시와 관련된 재무제표에 대한 의견을 형성할 때 다음사항을 평가하여야 한다.(ISA 550-25)

특수관계와 관련한 회계처리 및 공시의 평가 절차

① 식별된 특수관계 및 특수관계자 거래가 해당 재무보고체계에 따라 적합하게 회계 처리 및 공시되었는지 여부

② 특수관계 및 특수관계자 거래가 재무제표에 영향을 미치는지 여부 등

나) 서면진술

해당 재무보고체계에서 특수관계자와 관련된 요구사항이 있는 경우, 내부감사인은 경영진(적절한 경우 지배기구 포함)으로부터 다음 사항에 대하여 서면진술을 입수해야 한다. (ISA 550-26)

특수관계자 및 특수관계자 거래에 대한 서면진술 내용

① 경영진(적절한 경우 지배기구 포함)은 그들이 알고 있는 기업의 특수관계자들의 신원과 모든 특수관계 및 특수관계자 거래의 내용을 내부감사인에게 모두 공개하였다.

② 경영진(적절한 경우 지배기구 포함)은 이러한 관계 및 거래들을 해당 재무보고체계에 따라 적합하게 회계처리하고 공시하였다.

다) 지배기구와의 소통

지배기구의 모든 구성원이 해당 기업의 경영에 참여하고 있지 않는 한, 내부감사인은 해당 기업의 특수관계자와 관련하여 감사 중 발생한 유의적 사항들에 대하여 지배기구와 커뮤니케이션을 하여야 한다.(ISA 550-27)

기업의 특수관계자와 관련하여 감사 중에 발생한 유의적 사항을 지배기구와 커뮤니케이션하는 것은 내부감사인이 이러한 사항들의 성격과 그 해결에 대하여 지배기구와 공통된 이해를 구축하는 데 도움이 된다.

라) 문서화

내부감사인은 식별된 특수관계자의 명칭과 특수관계의 성격을 감사문서에 포함하여야 한다. (ISA 550-28)

마-2. 회계추정치와 관련된 공시에 대한 감사[287]

1) 회계추정치의 개요

가) 회계추정치의 정의

회계추정치란 정확한 측정수단이 없이 화폐가액으로 추정된 근사치를 말한다. 예를 들면, 매출채권의 대손충당금, 충당부채, 그리고 공정가치에 따라 평가되는 자산과 부채를 포함한다. 특히 공정가치에 다라 평가되는 자산과 부채를 '**공정가치 회계추정치**(fair value accounting estimates)'라 한다.

즉, 회계추정치는 일반적인 회계추정치와 공정가치 회계추정치로 구분된다. 다음은 일반적인 회계추정치와 공정가치 회계추정치의 예이다.

일반적인 회계추정치(예시)

287 노준화, 전게서, 2019. 443~450면. 선영규, 전게서, 2019. 7-36~7-47면.

① 대손충당금 ② 재고자산의 진부화
③ 판매보증의무 ④ 감가상각방법 및 자산의 내용연수
⑤ 회수가능성과 관련하여 불확실성이 있는 투자자산의 장부가액에 대한 충당금
⑥ 장기계약의 향후 결과 ⑦ 소송의 합의와 판결에 다른 비용 등

공정가치 회계추정치(예시)

① 활성 고객시장에서 거래되지 않는 복잡한 금융상품
② 주식기준보상 ③ 매각 목적으로 보유 중인 자산이나 설비
④ 영업권이나 무형자산 등 사업결합에서 취득한 자산과 부채
⑤ 독립된 당사자 간에 금전적 대가없이 자산이나 부채의 교환을 수반하는 거래 등

나) 회계추정치의 성격

(1) 회계추정의 불확실성

회계추정치의 측정목적이 회계기준의 규정이나 보고대상항목의 성격에 따라 변할 수 있으므로, 회계추정의 근거가 되는 정보의 성격과 신뢰성은 매우 가변적일 수밖에 없으며 결국은 회계추정의 결과는 불확실하다. 반대로 회계추정치의 불확실성은 의도적 혹은 비의도적인 경영진의 편의가능성으로 인하여 중요한 왜곡표시 위험의 요소가 될 수 있다. 이러한 추정의 불확실성은 다음과 같은 추정의 불확실성에 영향을 미치는 요소의 정도에 따라 가변적이다.(ISA 540-A4)

추정의 불확실성에 영향을 미치는 요소

① 회계추정치의 성격
② 회계추정치의 도출에 사용되는 일반적으로 인정되는 방법이나 모델이 존재하고 있는 정도
③ 회계추정치의 도출에 사용되는 가정의 주관성

공정가치측정이 요구되는 재무제표의 모든 항목에 추정불확실성이 수반되는 것은 아니다. 예를 들면 가격에 대하여 쉽게 이용가능하고 믿을 만한 정보를 제공하는 활성공개시장이 있고, 실제로 해당 가격에 교환이 이루어지는 재무제표 항목의 경우 추정의 불확실성이 존재하지 않는다.

그러나 평가방법과 데이터가 잘 정의되어 있는 경우라 할지라도, 예를 들어 시장성이 제한된 경우 거래가격은 공정가치와 다를 수 있다. 이 경우 공정가치는 거래가격으로부터 추정하게 되며, 추정불확실성이 존재하게 된다.(ISA 540-A5)

(2) 경영진의 편의성

회계기준에서 편의가 개입되지 않는 중립성을 요구하더라도, 회계추정치란 부정확한 것이며, 경영진의 판단에 영향을 받을 수밖에 없으므로 경영진의 편의가 포함될 수 있다. 다만 상황에 따라 편의가 존재할 수 있는 불확실성의 정도가 차이가 있을 뿐이다.

경영진의 편의는 개별 계정의 수준에서는 발견되기 어려울 수 있다. 이는 일군의 회계추정치나 모든 회계추정치를 집합적으로 고려하였을 때 또는 다수의 보고기간을 통하여 관찰되어 왔을 경우에만 인식될 수 있을 것이다.

비록 어떤 형태의 경영진의 편의는 본질적으로 내재하는 것이지만, 이것이 곧 경영진이 재무제표 이용자를 誤導하려는 의도는 아닐 것이다. 그러나 경영진이 誤導의 의도가 있다면 경영진 편의는 부정에 해당된다.(ISA 540-A10)

다) 회계추정치의 분류

회계추정치는 **공정가치 회계추정치**와 그 외의 **일반적인 회계추정치**로 구분되며, 그 성격과 신뢰성의 정도에 따라 각각 그 추정의 불확실성이 낮은 추정치와 높은 추정치로 구분된다.(ISA 540-A2~A3)

불확실성이 낮은 추정치(예시)

① 복잡하지 않은 사업 활동을 수행하는 기업에서의 회계추정치
② 일상적인 거래와 관련이 있어 빈번하게 그 추정이 이루어지고 갱신되는 회계추정치
③ 공표된 시장이자율 데이터 또는 거래소의 유가증권 가격과 같이 쉽게 이용 가능한 정보로부터 도출되는 회계추정치(관찰 가능한 공정가치 회계추정치)
④ 해당 재무보고체계에 규정된 측정방법이 단순하며 공정가치 측정이 요구되는 자산이나 부채에 쉽게 적용할 수 있는 경우의 공정가치 회계추정치
⑤ 모델에 대한 제가정이나 투입자료가 관찰 가능한 경우를 가정한다면, 회계추정치의 측정을 위해 사용된 모델이 널리 알려져 있거나 일반적으로 수용되고 있는 경우의 공정가치 회계추정치

불확실성이 높은 추정치(예시)

① 소송의 결과와 관련된 회계추정치
② 공개시장에서 거래되지 않는 파생금융상품의 공정가치 회계추정치
③ 고도로 전문화된 자체 개발모델이 사용되거나 시장에서 관찰할 수 없는 가정이나 투입자료가 있는 경우의 공정가치 회계추정치

2) 회계추정치에 대한 위험평가절차와 관련활동

가) 회계추정치와 경영진의 재무보고절차

회계추정치를 도출할 책임은 경영진에게 있다. 따라서 경영진은 재무제표를 작성할 때

회계추정치에 대해서도 적절한 내부통제 등과 같은 재무보고절차를 수립하여야 한다. 회계추정치에 대하여 경영진이 갖추어야 할 재무보고절차에는 다음 사항이 포함된다. (ISA 540-A22)

회계추정치 관련 경영진의 재무보고절차에 포함될 사항

① 적합한 회계정책을 선택하고 적합한 추정치나 평가방법(모델) 등 추정절차를 규정함
② 회계추정치에 영향을 미치는 관련 데이터와 가정을 개발하거나 식별함
③ 회계추정치가 도출되는 상황을 주기적으로 검토하고, 필요한 경우 회계추정치를 재추정함

나) 회계추정치에 대한 감사인의 이해와 위험평가

내부감사인은 위험평가절차 및 관련 활동을 수행할 때, 회계추정치에 대해서도 중요왜곡표시위험을 식별하고 평가한다. 이를 위하여 내부감사인은 다음 사항을 이해하여야 한다. (ISA 540-8)

회계추정치의 왜곡표시위험을 식별·평가를 위해 이해할 사항

① 관련 공시 등 회계추정치와 관련된 해당 재무보고체계의 요구사항
② 경영진이 회계추정치를 필요로 하는 거래나 사건 또는 상황을 식별하는 방법
③ 경영진의 회계추정치 도출 방법과 회계추정치의 기초가 되는 데이터

- 회계추정치 도출에 사용된 방법(또는 모델)
- 관련 통제
- 경영진이 전문가를 활용했는지 여부
- 회계추정치의 바탕이 되는 가정
- 회계추정치의 도출방법에 있어 전기와 다르게 변경되었는지, 또는 변경을 해야만 했는지 여부, 만약 그렇다면 그 이유
- 경영진이 추정불확실성에 따른 영향을 평가해 왔는지 여부, 만약 그렇다면 그 방법

다) 전기 회계추정치의 검토

내부감사인은 전기재무제표에 포함된 회계추정치의 결과, 또는 해당되는 경우 후속적인 재추정을 검토하여야 한다. 이는 전기의 회계추정치의 결과가 당기에 나타나기 때문에 전기의 회계추정치와 당기의 결과를 비교함으로써 경영진의 회계추정치에 대한 신뢰성을 평가하는데 그 목적이 있으며, 회계추정치에 대하여 과거 보고기간에 내린 경영진의 판단에 의문을 제기하는 데 있지 않다.(ISA 540-9)

내부감사인이 전기 회계추정치와 당기 결과를 비교하는 과정에서 다음과 같은 정보를 얻을 수 있다.

전기 회계추정치와 당기 결과를 비교하는 과정에서 얻을 수 있는 정보

① 경영진의 전기 추정절차의 효과성에 관한 정보
② 전기의 회계추정치에 대한 당기의 재추정과 관련된 감사증거
③ 회계불확실성과 같이 재무제표의 공시가 요구될 수 있는 사항에 대한 감사증거

3) 회계추정치의 왜곡표시 위험의 식별과 평가

가) 회계추정치 관련 왜곡표시위험의 성격

회계추정치는 그 정도에 있어서 차이가 있으나, 본질적으로 불확실하다는 특징이 있다. 이에 따라 내부감사인이 경영진의 회계추정치에 대한 이해를 통해 관련 위험을 평가하는 과정에서 필연적으로 불확실성과 관련된 위험에 직면한다.

불확실성은 재무제표의 구성요소에 금액적으로 반영되며, 그러한 불확실성의 유의성이 어느 정도인지 평가하여야 한다. 따라서 중요왜곡표시위험을 식별하고 평가할 때, 내부감사인은 회계추정치와 연관된 추정불확실성의 정도를 평가하여야 한다.(ISA540-10)

나) 회계추정치 관련 왜곡표시위험의 식별과 평가

내부감사인이 아래와 같이 추정의 불확실성에 미치는 요소와 추정불확실성을 평가할 때 고려할 요소를 고려하여 불확실성의 정도를 평가한다. 이때에 내부감사인은 그 추정에 불확실성이 높은 것으로 식별된 회계추정치가 유의적 위험을 초래하는 것으로 판단되는지 여부를 결정해야 한다.

추정불확실성에 영향을 미치는 요소

① 회계추정치가 판단에 의존하는 정도 ② 회계추정치가 가정의 변경에 민감한 정도
③ 추정의 불확실성을 감소시킬 수 있는 널리 인정된 측정기법의 존재여부
④ 예측하는 기간의 범위(길이)
⑤ 외부에서 입수한 신뢰할 수 있는 자료의 이용가능성
⑥ 회계추정치의 결과가 관찰 가능한 투입변수에 의하여 결정되는지 여부 등

추정불확실성을 평가할 때 고려할 요소

① 회계추정치의 실제 혹은 예상되는 크기
② 경영진의 추정치와 내부감사인의 추정치 간의 차이
③ 경영진의 추정치 도출시 전문가를 이용하였는지 여부
④ 전기 회계추정치에 대한 검토 결과 등

왜곡표시위험은 성격과 크기에 의하여 결정되는 것인바, 비록 표면적으로는 재무제표에서 차지하는 금액적 비중이 적어 중요하지 않는 항목으로 취급될지라도, 추정불확실성의

성격으로 인해 중요한 왜곡표시를 일으킬 가능성이 있다. 따라서 회계추정치는 금액적 중요성보다는 그 성격을 더 중요하게 취급하여야 할 것이다.[288]

다) 높은 추정불확실성과 유의적 위험

회계추정치가 추정불확실성이 높은 것으로 식별된 경우, 내부감사인은 이것이 유의적 위험을 초래하는 것인지 여부를 결정하여야 한다.(ISA 540-11) 만약, 회계추정치가 유의적 위험을 초래한다고 결정하면, 내부감사인은 통제활동 등 기업의 관련 통제를 이행하여야 한다.(ISA 540-A50)

4) 회계추정치 관련 왜곡표시위험에 대한 대응

내부감사인은 평가된 중요왜곡표시위험에 대응하기 위하여 다음과 같은 절차를 수행하여야 한다.

가) 중요왜곡표시위험에 기초한 감사인 결정사항

내부감사인은 평가된 중요왜곡표시위험에 기초하여, 다음 사항을 결정하여야 한다.(ISA 540-12)

중요왜곡표시위험에 기초하여 감사인이 결정할 사항

① 경영진이 회계추정치와 관련하여 해당 재무보고체계의 요구사항을 적합하게 적용했는지 여부
② 회계추정치의 도출방법이 적합하며 일관되게 적용되어 왔는지 여부, 그리고 회계추정치와 이의 도출방법이 전기와 다르게 변경되었다면 그 변경이 해당 사항에 비추어 적합한지 여부 등

나) 중요왜곡표시위험에 대응하기 위한 감사절차

내부감사인은 평가된 중요왜곡표시위험에 대응할 때 회계추정치 성격을 고려하여 다음 절차 중 하나 이상을 수행하여야 한다.(ISA 540-13)

회계추정치에 대한 감사절차

(1) **감사보고서일까지 발생한 사건이 회계추정치에 관한 감사증거를 제공하고 있는지** 여부를 결정함

[사례1] 감사증거를 제공하는 경우

① 재무제표일 현재 존재하였던 채권의 부도발생 혹은 회수금액의 확인(회수가능가액)
② 재무제표일 현재 존재하였던 진부화 재고자산의 매각 가액의 확인(순실현가치)
③ 재무제표일 현재 존재하였던 소송사건의 진행사항에 대한 정보(최선의 추정치)

288 회계감사기준에서는 「회계추정치와 관련하여 재무제표에 인식되거나 공시된 금액의 크기는 추정의 불확실성에 대한 징후가 아닐 수 있다」고 하였다.(ISA 540–A48)

[사례2] 감사증거를 제공하지 않는 경우

① 재무제표일 이후에 결정된 판매보증조건의 변경

② 재무제표일 이후 발생한 공장의 화재

(2) 경영진의 회계추정치 도출방법과 그러한 추정의 근거가 된 데이터를 테스트함

이 과정에서 내부감사인은 다음 사항을 평가하여야 한다.

① 이용된 측정방법이 해당상황에 적합한지 여부

② 경영진이 적용한 가정이 해당 재무보고체계의 측정 목적에 비춰 합리적인지 여부

(3) 경영진의 회계추정치 도출방법에 대한 통제의 운용효과성 테스트와 적합한 실증절차 수행함

회계추정치와 관련하여 통제의 운영효과성테스트는 ① 관련 통제가 효과적으로 운영될 수 있을 것이라는 판단과, ② 실증절차만으로는 경영진 주장 수준의 충분하고 적합한 감사증거를 제공할 수 없을 것이라는 조건 중 하나 이상이 성립하여야 한다.

(4) 경영진의 점추정치를 평가하기 위해 내부감사인이 점추정치 또는 범위추정치를 도출함

[사례1] 내부감사인이 경영진과 다른 가정 또는 추정방법을 이용하는 경우

① 내부감사인이 점추정치 또는 범위추정치가 관련 변수들을 고려하고 있음을 보여 줌

② 또 이것이 경영진의 점추정치와 유의적인 차이가 있는 경우 이를 평가하는 데 충분하도록 경영진의 가정이나 추정방법을 이해함

[사례2] 내부감사인이 범위추정치를 이용하는 것이 적합하다고 판단하는 경우

일반적으로 입수한 감사증거를 근거로 하여 범위의 추정치 내의 모든 결과들이 합리적이라고 여겨질 때까지 해당 범위추정치를 좁힘

5) 유의적 위험에 대응한 후속실증절차

가) 내부감사인의 평가사항

후속실증절차도 중요한 왜곡표시 위험에 대한 내부감사인의 대응과 마찬가지로 추정의 불확실성에 주의를 집중하여야 한다. 내부감사인은 추정의 불확실성과 관련하여 유의적 위험을 초래하는 회계추정치에 대해 다음의 사항을 평가하여야 한다.(ISA 540-15)

유의적 위험을 초래하는 회계추정치에 대해 평가해야 할 사항

① 경영진이 대체적인 가정이나 결과를 어떻게 고려하였는지, 가정이나 결과를 고려하지 않은 경우 그 이유, 그렇지 않은 경우 회계추정치를 도출할 때의 추정불확실성에 어떻게 대응하였는지에 관한 사항

② 경영진이 이용한 유의적 가정들이 합리적인지 여부

③ 경영진이 이용한 유의적 가정들이 합리적인지 또는 해당 재무보고체계를 적합하게 적용하였는지와 관련하여, 특정한 일련의 행위를 실행할 경영진의 의도 및 이를 실행할 능력

만약 경영진이 유의적 위험이 유발되는 회계추정치의 추정불확실성에 따른 영향에 적절히 대응하지 못하였다고 판단되면, 내부감사인은 필요한 경우 범위추정치를 도출하여 회계 추정치의 합리성을 평가하여야 한다.(ISA 540-16)

나) 경영진의 대처가 부적절한 경우

회계추정치에 대한 추정 불확실성에 대하여 적절하게 대처하지 못한 경우의 예는 다음과 같다.

추정불확실성에 대하여 적절하게 대처하지 못한 경우

① 경영진이 추정의 불확실성의 영향에 대하여 어떻게 대처하였는지에 대한 평가를 통해 충분하고 적합한 감사증거를 입수할 수 없다고 보는 경우
- 회계추정의 결과가 너무 광범위하게 다양할 수 있는 경우
- 재무제표일 이후 감사보고서일까지 발생한 사건을 검토한 것으로 감사증거가 입수될 것 같지 않은 경우

② 회계추정치를 도출할 때 경영진의 편의에 대한 징후가 존재할 수 있다고 보는 경우

이러한 경우 내부감사인은 범위추정치를 도출하여 회계추정치의 합리성을 평가하여야 하며, 재무보고체계의 관점에서도 합리적인지 혹은 왜곡표인지 여부를 평가하여야 한다.

다) 회계추정치에 대한 공시

해당 재무보고체계에 따른 재무제표의 작성은 중요한 사항들에 대한 적절한 공시를 포함한다. 해당 재무보고체계는 회계추정치와 관련된 공시를 허용하거나 규정할 것이며, 기업에 따라서는 자발적으로 재무제표의 주석에 추가적인 정보를 공시할 것이다. 이러한 공시에는 예를 들어 다음과 같은 사항이 포함될 수 있을 것이다.

회계추정치 관련 재무제표의 주석에 추가정보 공시사항

① 사용된 제가정　　② 적용 가능한 모델 등 추정의 방법

③ 추정방법의 선택에 대한 근거

④ 추정방법이 전기로부터 변경이 있는 경우 그러한 변경의 영향

⑤ 추정 불확실성의 원천과 시사점

6) 회계추정치의 합리성에 대한 감사결과의 평가

가) 회계추정치 관련 왜곡표시의 개요

경영진이 추정한 회계추정치와 내부감사인이 독립적으로 추정한 회계추정치는 다를 수 있다. 내부감사인이 독립적으로 추정한 회계추정치는 하나의 점추정치일 수도 있고, 범위

추정치일수도 있다. 만약 내부감사인이 독립적으로 추정한 회계추정치가 신뢰성 있는 감사증거를 이용하여 추정한 결과라고 한다면, 양자 간의 차이는 왜곡표시를 구성한다.

나) 회계추정치 관련 왜곡표시의 평가

내부감사인은 감사증거에 기초하여 재무제표의 회계추정치가 합리적인지 또는 왜곡표시되었는지 여부를 평가하여야 한다.(ISA 540-19)

(1) 점추정치를 채택할 경우 왜곡표시의 결정

내부감사인이 점추정치를 채택할 경우 내부감사인의 점추정치가 경영진의 점추정치와 차이가 있을 경우, 그 차이는 왜곡표시를 의미한다.(ISA 540-A116)

○ 왜곡표시 = 경영진의 점추정치 – 내부감사인의 점추정치

(2) 범위추정치를 채택할 경우 왜곡표시의 결정

내부감사인 범위추정치가 충분하고 적합한 감사증거를 제공한다고 판단할 경우, 경영진의 점추정치가 내부감사인의 범위추정치 범위 밖에 있다면, 이는 왜곡표시이다. 이때 왜곡 표시의 금액은 경영진의 점추정치와 내부감사인의 범위추정치 중 경영진의 점추정치와 가장 가까이 있는 값과의 차이 이상이다.(ISA 540-A116)

○ 왜곡표시금액 ≧ 감사인의 범위추정치 중 경영진의 점추정치와 가장 가까운 값 – 경영진의 점추정치

(3) 부정이나 오류에 의한 왜곡표시

회계추정치와 관련하여 부정이나 오류에 의한 왜곡표시는 다음의 경과로부터 발생할 수 있다.(ISA 540-A118)

부정이나 오류에 의한 왜곡표시의 발생 사유

① 확실한 왜곡표시(사실적 왜곡표시)
② 회계추정치 혹은 회계정책의 선택이나 적용에 대한 경영진의 판단이 비합리적이거나 부적합하다고 내부감사인이 판단하는 경우에 발생한 차이(판단적 왜곡표시)
③ 모집단의 왜곡표시에 대한 내부감사인의 최선의 추정치로서 감사표본에서 식별된 왜곡표시를 표본이 추출된 전체 모집단으로 투영한 것(투영된 왜곡표시)

회계추정치에 관련된 왜곡표시는 경우에 따라 이러한 상황들의 결합적 결과로 발생될 수 있으며, 이때는 개별적인 식별이 곤란하거나 불가능할 수도 있을 것이다.

7) 기타 사항

7)-1. 회계추정치의 공시

내부감사인은 회계추정치와 관련된 재무제표의 공시가 해당 재무보고체계의 요구사항을 준수하고 있는지 여부에 대하여 충분하고 적합한 감사증거를 입수하여야 한다.(ISA 540-19)

7)-2. 서면진술

내부감사인은 경영진이 회계추정치를 도출할 때 적용한 유의적 가정들이 합리적이라고 믿는지 여부에 대하여 이들로부터 서면진술을 입수하여야 한다.(ISA540-22)

7)-3. 문서화

내부감사인은 회계추정치와 관련하여 다음 사항을 감사문서에 포함하여야 한다.(ISA 540-23)

회계추정치 관련 감사문서에 포함되어야 할 사항

① 유의적 위험이 유발되는 회계추정치와 그 공시의 합리성에 대한 내부감사인 결론 근거
② 해당 사항이 있는 경우 경영진의 편의 가능성에 대한 징후들

마-3. 소송과 배상청구[289]

1) 소송과 배상청구의 성격

감사위험은 재무제표감사의 과정과 관련된 것으로 소송과 배상청구 등으로 인한 손해나 부정적인 평판과 같은 내부감사인의 사업위험은 포함하지 않는다.(ISA 200-A33) 그러나 감사대상기업이 연루된 소송과 배상청구는 재무제표에 중요한 영향을 미칠 수 있으며, 재무제표에 공시하거나 계상하도록 요구된다.

이에 따라 내부감사인은 기업과 기업 환경에 대한 이해를 통해 중요한 왜곡표시위험의 식별과 평가의 과정에서는 경영진과 기업 내부자(예: 내부법률고문)에 대한 질문을 통해서 소송과 배상청구에 대한 정보를 입수하며(ISA315-A6), 이를 통해 소송과 배상청구와 관련한 위험의 식별·평가와 이에 대한 대응(감사절차)을 설계·수행하고, 소송과 배상 청구와 관련한 감사증거를 입수하여야 한다.(ISA 501-9)

감사증거 입수결과 계류 중인 소송사건의 최종결과치는 불확실성이 높은 회계추정치와 관련된 사례 중 하나로 유의적인 왜곡표시 위험과 관련이 있음에 유의하여야 할 것이다.

2) 소송과 배성청구에 대한 감사절차

가) 소송과 배상청구를 파악하기 위한 감사절차

회사와 관련된 소송과 배상청구 건은 그 영향을 **재무제표에 반영하거나 또는 주석으로 공시**하여야 한다. 따라서 내부감사인은 재무제표에 중요한 영향을 미칠 수도 있는 소송과 배상청구를 파악할 수 있는 다음과 같은 감사절차를 계획하고 수행하여야 한다.(ISA 501-9)

289 노준화, 전게서, 2019. 406~410면. 선영규, 전게서, 2019. 7-48~7-50면

소송과 배상청구를 파악하기 위한 감사절차

① 경영진, 내부 법률고문 등 기업 내부의 다른 사람에게 질문함
② 지배기구의 회의록 및 기업과 외부 법률고문 간의 왕복문서를 검토함
③ 법률비용 계정을 검토함

나) 파악한 소송과 배상청구에 중요표시위험이 있는 경우

파악한 소송이나 배상청구에 중요왜곡표시위험이 있다고 평가한 경우 또는 감사절차를 수행한 결과 그 밖의 중요한 소송이나 배상청구가 존재할 가능성이 있는 경우, 내부감사인은 기업의 외부법률고문과 직접 커뮤니케이션할 것을 추진하여야 한다.

외부 법률고문과의 직접적인 커뮤니케이션은 잠재적으로 중요한 소송과 매상청구가 알려져 있는지 여부, 그리고 관련 비용 등 재무적 영향에 대한 경영진의 추정이 합리적인지 여부에 관하여 내부감사인이 충분하고 적합한 감사증거를 얻는 데 도움이 된다. 구체적인 절차는 다음과 같다.(ISA 501-10)

외부 법률고문과 커뮤니케이션 절차

① 경영진이 작성한 질의서(변호사조회서)를 내부감사인이 발송한다.
② 외부 법률고문이 내부감사인과 직접 커뮤니케이션을 하도록 요청하여야 한다.

(1) 일반적인 커뮤니케이션

일반적인 경우 내부감사인은 일반질문서를 통하여 외부 법률고문과 커뮤니케이션한다. 그러나 변호사회 등과 같은 법률 전문적 단체가 소속 법률가로 하여금 일반질문서에 답하는 것을 금지하는 경우같이 해당 법률고문이 일반질문서에 적절하게 답변하지 않을 것으로 예상되는 경우 세부질문서를 통하여 커뮤니케이션할 수 있다.(ISA 501-A23)

일반질문서는 소송과 배상청구사항을 구체적으로 적시하지 않고 응답해 달라는 것이고, 세부질문서는 소송과 배상청구사항을 구체적으로 적시하고 이것이 맞고 전부인지 그리고 만약 맞지 않고 일부가 누락되었다면 이를 보완해 줄 것을 요청하는 것이다. 일반질문서와 세부질문서의 구체적인 차이는 다음과 같다.

일반질문서와 세부질문서의 차이

① **일반질문서** : 경영진이 외부 법률고문에게 소송과 배상청구사항을 알고 있으면, 이에 대하여 알려줄 것을 요청하는 포괄적인 부탁편지이다.
② **세부질문서** : 경영진이 구체적으로 관련 소송과 배상청구사항을 열거하고, 이에 대한 경영진의 재무적 추정치를 질문서에 기록하고, 경영진의 추정치가 타당한지 그리고 소송과 배상청구

목록이 불완전할 경우 이를 보완해 달라는 부탁편지이다.

법규 또는 관련 법률전문직 단체에 의해 내부감사인과 외부 법률고문간의 직접적인 커뮤니케이션이 금지된 경우, 내부감사인은 대체적인 감사절차를 수행하여야 한다.(ISA 501-9) 예를 들면 다음과 같이 외부 법률고문을 직접 만나는 것 등이다.

(2) 대체적 커뮤니케이션 : 외부 법률고문과 직접 만남

내부감사인은 소송이나 배상청구의 예상되는 결과를 논의하기 위하여 상황에 따라 기업의 외부 법률고문과 만날 필요가 있다고 판단할 수도 있을 것이다.(ISA 501-A24)

외부 법률고문과 만날 필요가 있다고 판단할 사항

① 유의적 위험이 있는 사항이라고 결정한 경우 ② 사항이 복잡한 경우
③ 경영진과 외부법률고문 간에 의견의 불일치가 있는 경우 등

일반적으로 그러한 회합에는 경영진의 동의가 요구되며, 경영진 측 대리인이 참석한 가운데 열린다. 왜냐하면 내부감사인에게는 업무상 지득한 정보를 정당한 사유 없이 누설할 수 없는 비밀유지의무가 있기 때문이다. 그러나 외부 법률고문과의 커뮤니케이션은 경영진의 동의가 필요하지 않다. 왜냐하면 질문서를 경영진이 작성하기 때문이다.

다) 서면진술

이상의 감사절차로 소송과 배상청구에 대한 충분하고 적합한 감사증거를 수집할 있을까? 아니다. 소송과 배상청구의 특성상 장부와 재무제표에 기록되지 않을 수 있을 뿐만 아니라 상기 절차로서 존재하는 모든 소송과 배상청구를 파악할 수는 없다. 따라서 내부감사인은 경영진에게 소송과 배상청구에 대한 정보를 모두 공개하였다는 진술을 받는다.

달리 애기하면 상기의 절차는 경영진이 적극적으로 소송과 배상청구를 내부감사인에게 노출시킬 때 충분하고 적합한 것이다. 이는 소송과 배상청구에 대한 감사절차가 매출 채권과 같이 외부조회로 충분하고 적합한 증거를 수집할 수 있는 강력한 절차가 아니기 때문이다.

이러한 절차로 내부감사인은 경영진(적절한 경우 지배기구 포함)에게 이들이 재무제표를 작성할 때 그 영향을 고려해야 할 알려진 실제의 또는 발생가능한 소송과 배상청구를 내부감사인에게 모두 공개하였으며, 이는 해당 재무보고체계에 따라 회계처리하고 공시하였다는 내용의 서면진술을 요구하여야 한다.(ISA 201-12)

3) 소송과 배상청구에 대한 감사보고

내부감사인은 다음의 모두에 해당되는 경우 감사의견을 변형한다.(ISA 501-11) 이 경우 내부감사인은 그 중요성에 따라 한정의견 또는 의견거절을 표명한다.

내부감사인이 감사의견을 변형할 사항

① 내부감사인이 기업의 외부 법률고문과 커뮤니케이션하거나 만나는 것을 경영진이 거부함
② 또는 기업의 외부 법률고문이 질의서에 대한 적절한 답변을 거부하거나 답변이 금지됨
③ 내부감사인이 대체적인 감사절차를 통해서 충분하고 적합한 감사증거를 얻을 수 없음

4) 소송과 배상청구와 감사보고서일

내부감사인은 재무제표에 대한 감사의견의 근거가 되는 충분하고 적합한 감사증거를 입수한 날보다 빠르지 않은 날을 감사보고서일로 한다. **소송과 배상청구의 진행상태에 대한 감사보고서일까지의 감사증거는 관련사항을 다룰 책임 있는 경영진**(사내 법률고문 포함)**에게 질문하여 입수할 수 있을 것**이다. 내부감사인은 경우에 따라 외부 법률고문으로부터 감사보고서일 이후에 갱신된 정보를 입수하는 것이 필요할 수도 있다.

마-4. 초도감사-기초잔액감사[290]

1) 기초잔액감사의 개요

가) 기초잔액감사의 의의

기초잔액감사는 초도감사 시 감사대상 회계연도 개시일에 존재하는 계정잔액에 대한 감사를 말한다. **초도감사**는 전기재무제표가 감사받지 않은 경우 혹은 전기재무제표가 타 내부감사인으로부터 감사를 받은 경우로 구분된다. 초도감사의 경우 특히 문제가 되는 것은 기초잔액이다. 특히 재무제표는 기초잔액에 기중거래가 반영되어 기말잔액이 산출되기 때문에 기초잔액은 재무상태표의 기말잔액에도 영향을 미친다.

특히 재무제표의 재고자산의 경우 기초잔액은 당기 매출원가에도 영향을 미친다. 따라서 내부감사인은 기중거래뿐만 아니라 기초잔액에 대해서도 적절한 감사절차를 수행하여야 한다. 일반적으로 계속감사의 경우 기초잔액에 대한 충분한 증거를 확보하고 있기 때문에 별도의 감사절차를 수행할 필요가 없다. 그러나 초도감사의 경우 기초잔액에 대한 별도의 감사절차를 수행할 필요가 있다.

나) 기초잔액감사의 목적

초도감사에서 기초잔액에 대한 감사절차의 목적은 다음에 관한 **충분하고 적합한 감사증거를 수집하는 것**이다.(ISA 510-3)

초도감사-기초잔액에 대한 감사목적

① 당기재무제표에 중요한 영향을 미치는 왜곡표시가 기초잔액에 포함되었는지 여부
② 기초잔액에 반영된 적합한 회계정책이 당기재무제표에 일관되게 적용되었는지 여부, 또는 회계정책이 변경되었다면 해당 재무보고체계에 따라 적절하게 처리되고 적절하게 표시 및 공시

---

290 노준화, 전게서, 2019, 424~433면, 선영규, 전게서, 2019, 7-51~7-55면

되었는지 여부

2) 기초잔액의 감사절차

가) 초도감사-기초잔액에 대한 감사절차

내부감사인이 초도감사의 기초잔액에 대하여 감사증거를 수집하기 위해서는 기초잔액에 대한 정보를 수집하는 것이 우선되어야 한다. 다음으로 적절한 감사절차를 수행하여 기초잔액이 당기재무제표에 중요하게 영향을 미치는 왜곡표시가 포함되었는지 여부에 대하여 충분하고 적합한 감사증거를 기초할 수 있을 것이다.

다음은 내부감사인이 기초잔액에 대한 정보를 수집하는 과정과 기초잔액에 대한 감사절차이다.(ISA 510-6, 7)

초도감사 시 기초잔액의 감사절차

(1) 기초잔액에 대한 정보수집(ISA 510-5)

내부감사인은 최근 재무제표 및 이에 대한 전임내부감사인의 감사보고서, 그리고 공시 등 기초잔액에 관한 정보가 존재하는 경우 이를 열람하여야 한다.

(2) 기초잔액이 중요하게 왜곡표시 되었는지에 대한 감사절차((ISA 510-6)

내부감사인은 다음의 절차를 수행함으로써 기초잔액이 당기재무제표에 중요하게 영향을 미치는 왜곡표시가 포함되었는지 여부에 대하여 충분하고 적합한 감사증거를 입수하여야 한다.

① 전기의 마감잔액이 정확하게 당기로 이월되었는지, 또는 해당되는 경우 재작성되었는지 여부를 결정함

② 기초잔액에 적합한 회계정책이 반영되어 있는지 결정함

③ 다음 절차 중 하나 이상을 수행함

- 전기 재무제표가 감사를 받은 경우, 기초잔액에 관한 증거를 입수하기 위해 전임내부감사인의 감사문서를 검토함
- 당기에 수행된 감사절차가 기초잔액과 관련된 증거를 제공하는지 여부를 평가함
- 기초 잔액에 관한 증거를 입수하기 위하여 특정의 감사절차를 수행함

(3) 기초잔액이 중요하게 왜곡표시된 경우((ISA 510-7)

기초잔액이 당기 재무제표에 중요하게 영향을 미칠 수 있는 왜곡표시가 존재한다고 결론 내린 경우, 내부감사인은 적합한 경영진 및 지배기구와 해당 왜곡표시에 대하여 커뮤니케이션을 하여야 한다.

기초잔액과 관련하여 충분하고 적합한 감사증거를 수집하기 위해 필요한 감사절차의 성격과 범위는 다음과 같은 사항에 따라 다르게 결정된다.(ISA 510-A3)

감사절차의 성격과 범위를 결정하는 사항

① 기업이 적용한 회계정책
② 계정잔액, 거래유형 및 공시의 성격과 당기 재무제표에서 중요왜곡표시위험
③ 당기 재무제표에 대한 기초잔액의 유의성
④ 전기 재무제표가 감사받았는지 여부, 그리고 감사받은 경우 전임내부감사인의 의견이 변형되었는지 여부

그러면 구체적으로 기초잔액에 대하여 감사증거를 어떻게 수집할 수 있을까? 다음은 일부계정에 대한 사례이다.(ISA 510-A6, A7)

① 유동자산 및 유동부채

유동자산과 유동부채의 경우 기초잔액에 대한 감사증거 중 일부는 당기 감사절차의 일부로서 입수될 수 있을 것이다. 예를 들어 당기 중 회수(지급)된 기초매출채권(매입 채무)은 보고기간 개시일의 실재성, 권리와 의무, 완전성 및 평가에 대한 감사증거 중 일부를 제공할 것이다.

② 재고자산

재고자산의 경우 해당계정의 마감 잔액에 대한 당기의 감사절차는 기초 재고자산에 대하여는 증거를 제공하지 아니한다. 그러므로 추가적인 감사절차가 필요할 수 있고, 다음 중 하나 이상의 절차가 충분하고 적합한 감사증거를 제공할 수 있다.

- 당기 재고자산 실사에 입회하고 그 결과를 기초 재고 수량으로 조정함
- 기초 재고자산항목의 평가에 대한 감사절차를 수행함
- 매출총이익과 기간귀속에 대하여 감사절차를 수행함

③ 비유동자산과 비유동부채

유형자산, 투자자산 및 장기부채와 같은 비유동자산, 비유동부채의 경우 감사증거 중 일부는 기초잔액의 증거가 되는 회계기록과 기타의 정보를 조사하여 일부 입수할 수 있을 것이다. 어떤 경우에는 (예, 장기부채와 투자자산인 경우) 제3자에 대한 조회를 통해 기초잔액에 대한 감사증거를 일부 입수할 수도 있을 것이다.

나) 기초잔액이 왜곡표시되고 당기재무제표에 중요한 영향을 미칠 경우

기초잔액에 당기 재무제표에 중요하게 영향을 미칠 수 있는 왜곡표시가 포함되어 있다는 감사증거를 입수한 경우, 내부감사인은 당기 재무제표에 대한 영향을 평가하기 위하여 해당 상황에 적합한 감사절차를 추가적으로 수행하여야 한다.

만약 기초잔액의 왜곡표시로 인해 당기재무제표에도 중요한 왜곡표시가 존재한다고 결론을 내린 경우, 내부감사인은 적합한 경영진 및 지배기구와 해당 왜곡표시에 대하여 커뮤니케이션하여야 한다.(ISA 510-7)

다) 기초잔액 관련해 회계정책의 적용 및 회계정책의 변경이 있는 경우

내부감사인은 기초잔액에 반영된 회계정책이 당기 재무제표에 일관되게 적용되고 있는

지 그리고 회계정책의 변경이 해당 재무보고체계에 따라 적절하게 처리·표시 및 공시되었는지 여부에 대하여 충분하고 적합한 감사증거를 입수하여야 한다.(ISA 510-8)

라) 기초잔액에 대한 전임내부감사인의 감사보고서가 변형된 경우

전기 재무제표가 전임내부감사인에 의하여 감사를 받았으며, 감사의견에 변형이 있었던 경우, 내부감사인은 당기 재무제표의 중요왜곡표시위험을 평가할 때 그 변형을 초래한 사항이 미치는 영향을 평가하여야 한다.(ISA 510-9)

3) 기초잔액에 대한 감사보고

당기 내부감사인은 재무제표 항목 중 기말잔액을 중심으로 감사를 수행하지만, 기초잔액의 적정성에 대하여도 충분하고 적합한 감사증거를 입수할 수 있어야만, 당기의 재무성과(경영성과, 자본변동)와 현금흐름에 대해서도 합리적인 확신을 얻을 수 있다.

그러나 그렇지 못한 경우에는 ① 기초잔액에 대한 충분하고 적합한 감사증거를 수집할 수 없는 경우, ② 기초잔액이 중요한 왜곡표시를 포함하고 있는 경우, ③ 회계정책의 변경에 대한 회계처리 및 공시가 적절하지 않은 경우 등으로 구분한다.

가) 기초잔액에 대한 감사증거를 수집할 수 없는 경우

- 원칙 : 모든 재무제표에 대하여 한정의견을 표명하거나 의견표명 거절
- 초도감사 : 기초잔액에 대하여 감사증거를 수집할 수 없고 이것이 재무상태에는 영향을 미치지 않지만, 재무성과 및 현금흐름에 영향을 미친다면 법규상 금지하지 않는 한, 해당상황에 적합하게 재무성과 및 현금흐름은 한정의견 또는 의견거절, 재무상태는 적정의견을 표명할 수도 있다.

나) 기초잔액에 중요한 왜곡표시를 포함하고 있고, 당기 재무제표에 영향을 미칠 경우

- 원칙 : 회계기준 위배(한정의견 혹은 부적정의견)

다) 회계정책 변경에 대한 회계처리 및 공시가 적절하지 않은 경우

- 원칙 : 회계기준 위배(한정의견 혹은 부적정의견)
- 조건 : 내부감사인은 다음의 두 가지 조건 중 어느 하나의 조건을 충족하는 경우 한정의견 또는 부적정의견을 표명한다.(ISA 510-12)

<u>회계정책 변경으로 인해 한정의견 혹은 부적정의견을 표명하는 경우</u>

① 당기 회계정책이 기초잔액과 관련하여 해당 재무보고체계에 따라 일관되게 적용 되지 아니한 경우

② 회계정책의 변경이 해당 재무보고체계에 따라 적합하게 회계처리되지 않았거나 적절하게 표시 또는 공시되지 않음

라) 전임내부감사인의 의견변형

① **감사의견 변형**

내부감사인의 감사의견변형이 있었고, 이것이 당기 재무제표에도 계속 관련성이 있으며, 중요한 경우 당기 재무제표에 대한 감사의견을 변형하여야 한다.

② **당기 감사의견을 변형하지 않는 경우**

당기 중 전기 재무제표에 대하여 전임내부감사인에게 재감사를 받고, 전임내부감사인이 적정의견의 감사보고서를 발행한 경우, 당기 내부감사인은 기초잔액에 대한 의견변형을 고려하지 않을 수 있다.

6-2. 회계감사의 계정별 실증절차

가. 기본적인 실증절차[291]

1) 개요

중요한 거래가 **계정잔액에 대한 일정수준의 실증절차**는 당해 거래와 계정잔액의 중요한 경영진 주장(material assertions)에 대하여 일반적으로 예상되는 감사절차를 수행하는 것을 말한다.

중요한 경영진 주장은 예를 들어 재고자산과 매출채권은 그 실제성과 평가, 현금과 유가증권은 실재성, 유형자산은 권리와 의무, 매입채무와 차입금은 부외부채의 존재여부(완전성) 등을 들 수 있다.

내부감사인은 이러한 유의적 경영진 주장에 대하여 실물자산이나 문서의 검사, 관찰, 질문, 외부조회, 재계산, 재수행 및 분석적 절차 등 적합하다고 판단되는 하나 이상의 절차를 적용하여 감사증거를 입수한다.

2) 기본적인 실증절차

주요 유형의 거래와 계정잔액에 대한 기본적인 실증절차를 예시하면 다음과 같다. 다음의 절차는 해당 거래나 계정잔액에 대한 경영진 주장과 이를 감사하기 위한 기본적인 실증절차를 예시한 것이다.

주요 거래 및 계정잔액에 대한 기본적인 실증절차의 예시[292]

(1) 현금 및 현금성 자산

○ 유의적 경영진 주장 : 실재성, 권리와 의무

○ 실증절차 예시 :

- 예금잔액 및 금융기관 지급보증, 금융상품에 대한 조회절차의 실시
- 은행계정조정표의 검토

(2) 매출채권

291 노준화, 전게서, 2019, 478~479면.

292 노준환, 전게서, 2019, 478~479면.

○ 유의적 경영진 주장 : 실재성, 평가, 완전성

○ 실증절차 예시 :

•매출채권에 대한 조회

•매출채권의 회수가능성에 대한 검토

•매출의 기간 귀속에 대한 검토

(3) 재고자산

○ 유의적 경영진 주장 : 실재성과 평가

○ 실증절차 예시 :

•재고실사의 입회

•재고자산의 원가계산 및 평가감의 적절성 검토

(4) 유가증권 및 투자자산

○ 유의적 경영진 주장 : 실재성, 평가

○ 실증절차 예시 :

•실사 또는 보관증권의 조회

•당기 취득금액의 취득증빙의 확인

•평가의 적정성에 대한 검토(지분법 포함)

•감액의 적절성에 대한 검토

(5) 유형자산

○ 유의적 경영진 주장 : 실재성, 권리와 의무, 배분

○ 실증절차 예시 :

•당기 취득금액의 취득증빙의 확인 •감가상각비의 적정성에 대한 검토

(6) 무형자산

○ 유의적 경영진 주장 : 실재성, 배분

○ 실증절차 예시 :

•당기 취득금액의 취득증빙의 확인

•당기 상각비 및 감액의 적절성에 대한 검토

(7) 매입채무

○ 유의적 경영진 주장 : 실재성, 완전성

○ 실증절차 예시 :

•재무제표일 후 지급금액 또는 매입거래증빙의 확인

•감사절차의 실시

(8) 차입금

○ 유의적 경영진 주장 : 실재성, 완전성

○ 실증절차 예시 :

•금융기관으로부터의 잔액, 차입조건, 기타 계약사항에 대한 조회

•부외부채 감사절차의 실시

(9) 퇴직급여 충당부채

○ 유의적 경영진 주장 : 완전성, 실재성

○ 실증절차 예시 :

•추계액의 적절성의 검토

•당기 지급액에 대한 확인

(10) 자본계정

○ 유의적 경영진 주장 : 실재성

○ 실증절차 예시 :

•등기부등본, 증거서류 등에 대한 검토

•자본조정과 관련 자산, 부채변동사항의 검토

(11) 손익항목

○ 유의적 경영진 주장 : 발생사실, 완전성

○ 실증절차 예시 :

•손익변동에 대한 분석적 검토 절차

나. 현금 및 현금성 자산[293]

1) 개요

현금 및 현금성자산은 통화 및 타인발행수표 등 통화대용증권과 당좌예금, 보통예금 및 기타의 현금성자산 등을 말한다. 현금 및 현금성자산에 대한 주요 감사절차는 다음과 같다.

현금 및 현금성자산에 대한 주요 감사절차

① 현금실사 : 실재성

② 예금에 대한 외부 조회 : 완전성, 실재성, 권리와 의무

③ 은행계정조정표의 검토 : 권리와 의무 등

2) 입증절차 수행

가) 총괄표의 작성

일반적으로 감사조서는 Top-down 방식으로 작성한다. 내부감사인은 각 계정과목별 총괄표를 우선 작성해 전반적인 내용을 파악한 후, 감사 증거에 대한 감사조서를 작성한다.

총괄표를 어떤 형식으로 작성하는가는 전문가적 판단에 따라 다르지만 일반적으로 유동의 경우 당기와 전기를 대비하고, 비유동의 경우 기초 잔액, 당기 증가, 당기 감소 및 기말 잔액으로 분류하여 표시한다.

내부감사인은 총괄표를 작성하면, 다음과 같은 절차를 통해 계정명세서와 총계정원장

---

293 노준화, 전게서, 2019, 479~489면. 이창우 외 3인, 전게서, 2019. 12-2~12-8면. 이효익 외 2인, 전게서, 2018, 719~734면.

과의 일치여부를 확인한다.

계정명세서와 총계정원장과의 일치여부 확인

① 현금 및 현금성 자산의 구성요소별(현금, 당좌예금, 보통예금 등)로 계정명세서를 요청하여 계정명세서상 잔액과 총괄표상 잔액이 일치하는지를 확인한다.

② 당기 잔액은 당기의 총계정원장 잔액과 은행조회서를 통하여 확인하며, 전기 잔액은 전기 감사조서 또는 감사보고서를 통하여 확인한다.

상기와 같이 총괄표를 작성하여 잔액을 확인함으로써 내부감사인은 감사목적 중 '정확성과 평가'를 달성할 수 있다.

나) 분석적인 절차[294]

현금 및 현금성자산 계정 총괄표를 작성하여 전기와 당기 잔액을 비교하여 전기에 비해 당기 잔액이 얼마나 변동하였는지를 파악한다. 이는 전기잔액은 당기잔액의 기대치라는 가정이 내포된 것으로 전형적인 분석적 절차의 기법 중 하나이다.

기초 잔액은 전기 감사조서와 대조하고, 기말 잔액은 당기에 감사할 재무제표의 총계정원장 또는 시산표의 잔액과 대조한다. 현금 및 현금성자산과 관련한 분석적 절차는 다음과 같다.

현금 및 현금성자산 관련한 분석적 절차

① 전기에 비해 중요한 비정상적 변동이 존재하는지를 파악한다.

즉, 전기 잔액은 당기 잔액의 기대치라는 가정 하에 당기 잔액이 전기 잔액에 비해 중요한 차이가 있다면 이는 비정상적인 변동이라 할 수 있다.

② 비정상적인 항목이 발견되면 경영진에게 질문하거나 기업의 장부 및 증빙자료 등을 통하여(문서검사) 그 원인을 규명한다.

자산에서 차지하는 비중이 지나치게 높거나, 수익률이 낮은 현금성 자산을 과다하게 보유하고 있거나, 기중에 비해 기말에 현금잔액이 지나치게 증가하면 계정잔액의 왜곡 표시 가능성에 유의한다.

③ 보고기간 말로부터 감사종료일까지 입출금거래전표를 개관하여 특이한 거래가 있는지를 검토한다.

예를 들어 보고기간 말에 존재하던 거액의 현금 및 현금성자산 계정이 보고기간 말 직후에 인출되었다면 자산의 실재성을 의심할 수 있다.

상기와 같이 분석적 절차를 수행함으로써 내부감사인은 완전성, 실재성 및 평가목적을 달성할 수 있다.

---

294 이효익 외 2인, 전게서, 2018, 722면.

다) 시재액의 실사[295]

내부감사인은 현금 및 현금성자산의 실재성을 확인하기 위해 재무제표일 현재 시재액을 실사한다. 내부감사인이 현금 및 현금성자산을 실사할 때 유의해야 할 사항은 다음과 같다.

현금 및 현금성자산의 실사시 유의사항

① 실물 분실로 인한 오해를 방지하기 위하여 반드시 기업 담당자의 참관 아래 실사를 수행한다. 실사 완료 이후에는 실물(현금 등)이 전액 반납되었다는 사실을 현금실사표 등에 기입하고 담당자에게 서명을 받아야만 한다.
② 현금 등이 여러 곳에 분산 보관되어 있으면, 현금성 자산 등을 한 곳에 모아 동시에 실사하거나 여러 감사인이 분담하여 각 보관소에서 동시에 실사한다.
③ 현금과 상호교환이 가능한 금융자산(유가증권, 투자자산 등)과 받을어음은 동시에 실사하여 상호 융통가능성을 배제한다.
④ 원칙적으로 실사는 재무제표일에 실사한다. 부득이하게 재무제표일이 아닌 일자에 실사하면 실사일로부터 재무제표일 까지 입·출금 거래에 대해 추가적인 증거(문서 증빙)를 확보해야 한다.

라) 외부조회 실시[296]

현금 및 현금성자산에 대한 실증절차에서 가장 중요한 감사절차는 현금 실사와 예금 및 중요한 약정서에 대한 조회이다. 내부감사인은 조회서를 통해 예금잔액만을 확인하는 것이 아니라 부외부채의 존재도 확인해야 하므로, 기중거래가 있었던 모든 은행을 대상으로 조회서를 발송하는 것이 원칙이다.

은행조회서를 통해 예금잔액의 감사증거 외에 만기, 이자율 및 사용제한 여부도 확인해야 하므로, 은행잔액증명서(또는 통장사본) 등을 통해 잔액만을 확인해서는 안 된다. 또한 차입금과 관련된 담보제공 및 질권 설정 등 예금 잔액의 사용제한 여부 등은 주석사항으로 기술해야 하므로 조회서 내용에 포함한다.

(1) 조회 내용

은행조회서의 발신자는 기업의 대표이사 명의로 하며, 발송 및 회신은 내부감사인이 직접 통제해야 한다. 은행조회서를 통해 확인 가능한 정보는 다음과 같다.

조회서에 포함되어야 할 사항

① 예금·적금과 관련된 사항

295 이효익 외 2인, 전게서, 2018, 722~723면.

296 이효익 외 2인, 전게서, 2018, 723면. 노준화, 전게서, 2019, 482~483.

예금·적금의 잔액(실재성), 적금은 만기(계정분류와 공시), 사용제한 여부(소유권, 계정분류와 공시), 이자율 및 이자지급조건(계정분류와 공시, 완전성 등)

② 차입금과 관련된 사항

잔액(완전성), 만기와 상환 조건(계정 분류와 공시), 동 차입금과 관련된 담보 사항(소유권, 계정분류와 공시)

③ 기타 중요 사항

어음·수표 교부액, 미회수 혹은 미도래 수표·어음의 정보, 지급보등 약정 및 미결제된 선물환 계약(부외부채와 관련된 사항)

은행조회는 예·적금 및 차입금의 잔액의 실재성, 완전성 및 권리와 의무에 대한 증거를 확보하는 데 매우 효과적이다. 채권·채무 조회와는 달리 은행조회는 달리 은행조회는 총계정원장상 예·적금 및 차입금 잔액이 존재하는 거래처뿐만 아니라 잔액은 없지만 기중에 거래가 있었던 모든 은행에 대하여 조회서를 발송해야 한다.

예를들면, 특정은행의 예금잔액이 존재하지 않더라도 차입금이 존재할 수 있다. 일반적으로 회사는 차입금을 누락할 유인을 가지므로 예금이나 차입금 잔액이 존재하는 거래처만 조회한다면 예금이나 차입금이 누락되었을 부정·오류를 적발할 수 없다.

(2) 조회서 발송

은행조회서는 내부감사인 회신용, 은행 보관용의 2부가 작성되며, 내부감사인은 이를 모두 거래은행에 송부한다. 해당 은행은 조회 내용을 확인하여 은행 보관용은 보관하고 내부감사인 회신용은 담당 내부감사인에게 회신한다. 은행조회의 구체적인 절차는 다음과 같다.

은행조회의 구체적인 절차

① 은행조회는 기말감사 이전에 내부감사인이 직접 작성하고, control sheet(조회서의 발송처, 회신여부 및 조회금액의 일치여부 등과 같은 조회결과를 요약하기 위해 내부감사인이 작성하는 통제표)를 작성한다. 또한 발송한 조회서는 미회신처에 대한 재조회에 대비하기 위해 내부감사인 보과용을 별도로 파일한다.

② 은행조회서는 은행으로부터 원본(전자 또는 우편)을 회수하는 것이 원칙이다.

③ 회수가 불가능한 겨우 내부감사인이 직접회수, 2차/3차 재발송, FAX로 수령한 후 현장 철수 후 우편으로 회신하는 등의 대체적인 절차를 취할 수 있다.

④ 기말감사 시작일 까지 은행조회서를 회수하지 못한 경우 은행측 담당자와 직접통화 하여 수신여부를 확인하고 답신을 독촉한다.

(3) 회신된 조회서 검토

은행조회서가 회신되면 내부감사인은 다음 사항을 검토하여야 한다.

회신된 은행조회서의 검토사항

① 은행조회서와 은행계정명세서를 對照한다.
② 발견된 불일치 사항에 대하여 미수정왜곡표시에 수록할 것인지 여부를 결정한다.
③ 확인된 특별약정사항이나 사용 제한의 영향을 평가하고 주석으로 공시할 것인지 여부를 판단한다.
④ 감사종료일까지 조회서가 미회신된 경우 임시적으로 잔고증명, 통장 등의 잔액을 활용하고 추후 반드시 은행조회서를 회수하여 보관한다.

마) 은행계정조정표 검토

당좌거래의 경우 회계인식 시점의 차이와 은행으로부터 무통장 거래내역을 즉시 통보받지 못하는 등으로 인하여 회사 측 당좌예금과 은행 측 당좌예금의 차이가 발생할 수 있다. 따라서 회사는 이러한 차이를 조정하는데 이를 **은행계정조정**이라 한다.

내부감사인이 재무제표일 현재 회사 측 당좌예금 잔액을 기재하여 은행에 조회 확인하면, 은행은 은행 측 잔액을 회신해 준다. 만약 회사 측 당좌예금잔액과 은행 측 조회회신잔액이 일치하지 않는다면 내부감사인은 은행계정조정표를 검토하여야 한다.

은행계정조정표는 회사가 작성하는 것이고 내부감사인은 그것이 정확한지 감사하는 것이다. 은행계정조정표를 감사하는 절차는 다음과 같다.

은행계정조정표를 감사하는 절차

① 계산검증을 통하여 은행계정조정표상의 계산상 오류가 없는지 확인한다.
② 은행계정조정표상의 회사측 잔액을 당좌원장과 對照한다.
③ 은행계정조정표상의 은행측 잔액을 은행거래내역서(bank statement)와 對照한다.
④ 차기 회계연도의 당좌원장을 추적해 기발행미인출수표와 미기입예금을 확인한다.
⑤ 장기 미인출수표 등이 존재하는지 확인하고, 그 회계처리가 적절한지 검토한다.
⑥ 당좌예금의 기간 귀속을 검토하여 회계처리의 적절성을 검토한다.

바) 은행 간 대체거래 검토

은행 간 대체거래를 추적하는 이유는 재무제표일 전·후에 은행 간 대체거래를 통하여 예금의 이중기록 또는 누락가능성(일반적으로 이중기록가능성)을 검토하기 위한 것이다. 이와 같은 부정이나 誤謬를 감사하기 위하여 재무제표일을 전·후로 하여 은행 간 대체거래를 집중적으로 추적하여야 한다. 이의 구체적인 감사절차는 다음과 같다.

은행 간 대체거래의 구체적인 감사절차

① 재무제표일을 전후하여 발생한 회사의 은행간 자금이체 거래는 은행거래내역서나 예금통장 또는 회사의 당좌원장과 對照한다.

② 회사와 은행간 자금이체의 입금과 출금이 각각 동일한 회계기간에 기록되었는지 檢證한다.

③ 은행계정조정표의 항목 중 적정한 회계기간에 은행측 장부(통장)에 기록되지 않은 항목이 있는지 確認한다.

사) 현금거래 기간귀속 검토

회사는 회계처리의 기간을 조정함으로써 재무제표를 왜곡할 수 있다. 이러한 가능성을 감사하기 위하여 감사인은 재무제표일 전후 일정기간(일반적으로 약 15일 내외) 동안의 당좌원장과 은행거래내역서의 거래 중 일부를 標本抽出하여 거래가 적절한 회계기간에 회계처리 되었는지 검토한다.

아) 재무제표 표시와 공시 확인

내부감사인은 다음사항이 적정하게 표시 또는 공시되었는지를 확인하여야 한다.

재무제표의 표시 및 공시가 적절한지 확인할 사항

① 장·단기 계정 분류
② 사용이 제한된 예금
③ 외화자산의 내용·환산기준 및 환산 손익 등

3) 회계부정 사례

사례1

현금 및 현금성자산의 허위계상

V사는 2xx3년 하반기 중 대표이사의 회사자금 무단인출로 회사 현금시재가 장부잔액보다 106억 원 부족한 것을 은폐하기 위하여 사채업자로부터 2xx4년 1월 6일 일시 빌린 자기앞수표 4매를 이용하여 현금 및 현금성자산 106억 원을 허위로 계상하였다. 또한 동사는 20x4년 1분기에는 동 가공예금 중 일부를 타법인 주식(비상장법인)을 취득한 것으로 회계처리한 후 선급금계정으로 대체 처리해 놓았다.

사례2

현금 및 현금성자산의 일시유용

서울(주)의 자금 및 경리를 담당하고 있는 이 부장은 천만 원 이하의 자금에 대하여는 무제한 입·출금 권한을 가지고 있으며, 그 이상의 자금에 대하여는 대표이사의 승인을 받도록 되어있다. 대표이사 김 사장은 매월 은행계정조정표를 작성하여 회사장부상의 기록과 은행에 입금되어 있는 금액 간의 비교검증절차를 수행하고 있다. 이 부장은 개인적 목적으로 월초에 자금을 천만 원 인출하여 유용한 다음 월말 은행계정조정표 작성 전에 동 자금을 다시 입금하는 형식으로 부정을 저지르고 있었다.

사례3

현금 및 현금성자산의 과대계상

회사 직원에게 은행조회서 발송 및 회수업무를 위임함에 따라 회사 직원이 은행조회서를 위조하여 회사의 예·적금 계좌에서 자금을 무단 인출하고, 받을어음을 임의 할인하는 방법으로 횡령한 사실을 재무제표에 반영하지 아니하였다.

사례4

현금 및 현금성자산의 과소계상

前 대표이사 등이 회사의 증자자금 등을 수표출금하거나, 표지어음 매입 후 사채업자에게 제공하는 방법으로 횡령한 사실 등을 은폐하기 위하여 현금, 현금성자산 및 금융 상품을 허위로 계상하였다.

다. 매출채권 및 매입채무[297]

1) 개요

매출채권은 영업활동과 관련된 채권으로서 외상매출금과 받을어음으로 구성되며, 매입채무는 영업활동과 관련된 채무로서 외상매입금, 지급어음 및 선수금으로 구성된다. 매출채권 및 매입채무는 유동항목이기 때문에 기초잔액으로부터 기중거래(당기증가와 당기감소)에 대한 증거를 수집하여 기말잔액에 대한 증거를 수집하는 절차보다는 기말 잔액에 대한 증거를 직접 수집하는 방법이 보다 효율적이고 효과적이다.

왜냐하면 기중거래보다는 기말잔액의 건수가 더 적기 때문이다. 따라서 기중거래보다는 기말잔액 위주로 감사가 진행된다. 매출채권과 매입채무의 감사절차는 매우 유사하다. 매출채권 및 매입채무에 대한 주요 감사절차는 다음과 같다.

매출채권 및 매입채무에 대한 주요 감사절차

① 외부조회 : 실재성, 완전성

② 매출채권의 회수가능성 평가 : 평가

③ 매출의 기간 귀속에 대한 검토 : 완전성 등

297 노준화, 전게서, 2019, 490~497면. 이창우 외 3인, 전게서, 2019. 12-8~12-22면. 선영규, 전게서, 2017, 8-6~8-25.

2) 입증절차 수행

가) 총괄표의 작성

내부감사인은 매출채권과 매입채무를 감사하기 위하여 전기와 당기를 비교하는 형식으로 총괄표를 작성하고, 당기 말 잔액은 총계정원장과 對照하고, 전기 말 잔액은 총계정원장 및 전기 감사보고서와 對照한다. 상기의 총괄표가 작성되면 내부감사인은 다음과 같은 절차를 통해 계정명세서와 총계정원장과의 일치여부를 확인한다.

계정명세서와 총계정원장과의 일치여부 확인절차

① 매출채권 및 매입채무의 구성요소별(예, 받을어음, 외상매출금, 선수금 등)로 계정 명세서를 요청하여 계정명세서상 잔액과 총괄표상 잔액이 일치하는지를 확인한다.

② 당기 잔액은 당기의 총계정원장 잔액과 채권·채무조회서를 통하여 확인하며, 전기 잔액은 전기 감사조서 및 감사보고서를 통하여 확인한다.

상기와 같이 총괄표를 작성하여 잔액을 확인함으로써 내부감사인은 감사목적 중 '정확성과 평가'를 달성할 수 있다.

나) 분석적 절차

상기의 총괄표에서 매출채권 및 매입채무는 전기와 당기 잔액을 대비함으로써 전기에 비하여 당기 잔액이 얼마나 변동하였는지를 알 수 있다. 분석적 절차는 다음과 같이 진행된다.

매출채권 및 매입채무에 대한 분석적 절차

① 전기에 비하여 중대한 비정상적 변동이 존재하는지를 파악한다.[298]

② 비정상적인 항목이 존재하면 경영진에게 질문하거나 회사의 장부 및 증빙자료 등을 통하여(문서검사) 그 원인을 규명한다.

③ 매출채권 및 매입채무의 구성요소별 또는 총액별로 회전율, 회수기간(지급기간)을 계산하여 전기와 비교하고, 회사의 채권 및 채무 의 회수 및 지급정책과 일치하는지를 조사한다.

④ 매출채권 및 매입채무가 총자산, 당좌자산, 유동자산(매입채무의 경우 유동부채)에서 차지하는 비중을 계산하고 전기와 비교하여 특이한 변동은 그 원인을 규명 한다.

⑤ 대손충당금이 매출채권에서 차지하는 비중을 계산하고 전기와 비교하여 특이한 변동은 그 원인을 규명한다.

상기와 같이 분석적 절차를 수행함으로써 내부감사인은 완전성, 측정(계산의 정확성/기간

---

298 당기 잔액은 전기 잔액의 기대치라는 가정하에 당기 잔액이 전기 잔액에 비하여 중요하게 차이가 존재한다면 이는 비정상적인 변동이라 할 수 있다.

귀속), 실재성/발생사실 및 평가 목적을 달성할 수 있다.

또한 각 계정과목별로 비율분석, 증감분석을 수행하게 되면 과대계상위험과 과소계상위험에 대한 정황적 증거를 입수하게 되는 바, 이를 근거로 채권 및 채무 관련 세분화된 정보로 실증적 분석절차를 수행하고, 경영진 주장에 대한 구체적인 감사절차인 실증절차 테스트를 계획할 수 있게 된다.

참고 1

매출채권 관련 비율분석

① 매출채권 회전율

- ㅇ 산식 : 매출채권회전율 = 매출액 ÷ 평균매출채권
- ㅇ 분석 : 매출채권회전율이 기대치와 비교하여 낮은 경우 회수불능채권이나 허위의 매출채권이 존재한다는 신호 가능성

② 매출채권 회수기간

- ㅇ 산식 : 매출채권 회수기간 = 365 ÷ 매출채권회전율
- ㅇ 분석 : 매출채권회수기간은 매출채권회전율과 반대로 해석. 즉, 회수기간이 전기 등 의 기대치와 비교하여 큰 경우(높은 경우) 회수불능채권이나 허위의 매출채권이 존재한다는 신호 가능성

③ 매출채권 증가율

- ㅇ 산식 : 매출채권증가율 = (기말 매출채권 − 기초 매출채권) ÷ 기초 매출채권
- ㅇ 분석 : 전기 대비 당기의 매출채권이 높은 비율로 증가한 경우 당기 중 회수불능 채권이 다수 발생하거나 가공의 매출채권이 존재한다는 신호 가능성

④ 매출채권 구성율

- ㅇ 산식 : 매출채권구성율 = 기말 매출채권 ÷ 기말 총자산
- ㅇ 분석 : 기대치와 비교하여 매출채권 구성률이 높은 경우 회수불능채권이나 허위의 매출채권이 존재할 수도 있다는 신호의 가능성

⑤ 매출채권대비 대손충당금비율

- ㅇ 산식 : 매출채권대비대손충당금비율 = 기말 대손충당금 ÷ 기말매출채권(명목가액)
- ㅇ 분석 : 비율이 기대치 대비 낮은 경우 회사가 대손충당금을 과소하게 설정하고 있다는 신호의 가능성

참고 2

매입채무 관련 비율분석

① 매입채무 회전율

- ㅇ 산식 : 매입채무회전율 = 매출원가 ÷ 평균매입채무
- ㅇ 분석 : 매입채무회전율이 기대치와 비교하여 높은 경우 매입채무가 과소계상 되었다

는 신호 가능성

② 매입채무 지급기간

○ 산식 : 매입채무 지급기간 = 365 ÷ 매입채무회전율

○ 분석 : 매입채무지급기간은 매입채무회전율과 반대로 해석. 즉, 지급기간이 기대치와 비교하여 작은 경우 미계상된 채무가 있다는 신호의 가능성

③ 매입채무 증가율

○ 산식 : 매입채무증가율 = (기말 매입채무 − 기초 매입채무) ÷ 기초 매입채무

○ 분석 : 전기 대비 당기의 매입채무가 현저하게 감소한 경우 당기 중 과소계상된 매입채무가 존재할 가능성

④ 매입채무 구성율

○ 산식 : 매입채무구성율 = 기말 매입채무 ÷ 기말 총자산

○ 분석 : 기대치와 비교하여 매입채무 구성률이 낮은 경우 과소계상된 매입채무가 존재할 수도 있다는 신호 가능성

다) 받을어음에 대한 실물검사

받을어음의 실재성에 대한 증거를 수집하기 위하여 내부감사인은 받을어음에 대한 실물검사를 실시한다. 받을어음의 실물검사는 재고자산의 실사에 대한 입회와 함께 실시하는 것이 원칙이다.

어떤 경우 회사가 받을어음을 실물로 보관하지 않고 은행에 위탁하는 경우도 있는데, 이 경우 실물검사 대신에 수탁통장과 대조 또는 조회 확인함으로써 실재성에 대한 증거를 확보한다.

라) 매출채권 및 매입채무에 대한 조회

매출채권 및 매입채무에 대한 실증절차에서 가장 중요한 감사절차는 거래처에 대한 조회이다. 채권 및 채무조회서는 원본, 회신용 2부가 작성되어 원본과 회신용은 해당 거래처에 송부한다. 해당 거래처는 조회 내용을 확인하여 원본은 보관하고, 회신용은 담당 내부감사인에게 직접 송부한다. 채권 및 채무조회의 구체적인 절차는 다음과 같다.

(1) 조회대상자의 선정

중요성과 감사위험의 평가결과 수립한 매출채권 및 매입채무의 실증절차 계획에 따라 조회의 범위와 조회방법(적극적 또는 소극적)을 검토한다. 실무적으로 매출채권의 경우 금액이 큰 거래순으로 누적하여 잔액의 일정금액 이상을 포괄할 수 있는 거래처까지 조회대상으로 선정한다.

이 같은 방법은 매출채권의 경우 과소계상 보다는 과대계상하려는 유인이 있기 때문이며 과대계상오류를 적발하는 데는 금액이 큰 거래처잔액을 조회하는 것이 효과적이다. 반대로 매입채무의 경우 보통 과소계상하려는 유인을 가지고 있으며, 이 경우 금액이 큰 거래처 위주로 조회대상을 선정하는 방법은 과소계상오류를 적발하는 데 매우 취약하다.

극단적으로 특정거래처의 매입채무를 완전히 누락하였다면 상기와 같은 방법으로는 조회대상에서 누락되어 과소계상 오류를 적발할 수 없다. 따라서 매입채무의 경우 모든 거래처에 대해 무작위 추출하는 것이 바람직할 것이다. 주의할 것은 조회대상은 반드시 내부감사인이 직접 선정하여야 한다는 것이다.

(2) 조회서의 발송

조회서는 내부감사인이 직접 발송하되, 이 조회서를 발송하기 위해서는 다름과 같은 절차를 거쳐야 한다.

조회서의 발송 절차

① 조회서에 표시된 거래처명, 주소, 금액을 채권자(또는 채무자)의 인명계정(거래처별 채권/채무의 보조부)과 對照한다.

② 조회 과정을 통제하기 위하여 control sheet(이는 조회서의 발송처, 회신여부 및 조회금액의 일치여부 등과 같은 조회결과를 요약하기 위하여 내부감사인이 작성하는 통제표이다)를 작성한다.

③ 모든 조회서는 내부감사인이 직접 발송한다. 물론 이 과정에서 내부감사인의 통제 하에 기계적인 처리과정(예, 조회서의 작성)은 회사의 도움을 받을 수 있다.

(3) 회신된 조회서의 검토

조회서가 회신되면 내부감사인은 회신 잔액과 장부(조회 리스트)를 對照하여 일치 여부를 확인하여 조회 결과를 요약·평가한다.

(4) 조회확인의 한계

매출채권의 경우 외부조회는 실재성에 대한 강력한 증거를 제공한다. 그러나 매입채무에 대한 외부조회는 실재성에 대한 증거를 제공하지만, ① 과대계상채무에 대한 미회신가능성과 ② 과소계상채무 및 부외부채의 경우 근본적으로 조회대상에서 누락될 가능성 때문에 완전성 목적을 검증하는 데 한계가 있다.

마) 매출채권의 회수가능성 검토

매출채권은 재무상태표에 회수가능가액으로 표시한다. 따라서 내부감사인은 매출채권의 회수가능성을 평가하여 대손충당금의 적정성에 대한 증거를 수집하여야 한다. 구체적인 절차는 다음과 같다.

대손충당금의 적정성에 대한 증거수집의 절차

① 합리적이고 객관적인 대손추계액의 산정기준(주로 개별법 또는 과거 대손경험률 등)에 의하여 대손충당금이 설정되고 있으며, 당해 기준을 계속적으로 적용하고 있는지를 확인한다.

② 연령분석표 등을 기준으로 매출채권의 회수가능성을 검토하고, 회수불능채권의 경우 책임자의 승인 하에 적절하게 대손처리 되었는지 확인한다.

바) 기간 귀속

매출채권의 기간귀속을 검증하기 위해서는 매출의 수익인식기간을 확인하여야 한다. 매출의 기간귀속은 매출채권뿐만 아니라 재고자산에도 영향을 미친다. 구체적인 절차는 다음과 같다.

매출의 수익인식 기간의 확인 절차

① 회계연도 말 전후 최종 및 최초 인도분에 대한 적송서류번호와 차기 회계연도의 매출거래기록을 비교한다.
② 재무제표일 전후한 일정기간(일반적으로 5인 내외) 동안의 재고인도(재고실사의 입회 때 입수한 cut-off 자료에 의한 감사 포함) 및 용역의 제공이 해당 기간에 적절히 반영되었는지 검사한다.
③ 재무제표일 이전에 판매한 재고의 반품에 대한 수정이 재무제표일 현재 적절하게 처리되었는지 검사한다.
④ 재무제표일 전후의 최근 월(또는 최근 일)에 대한 매출채권의 분석적 절차(일반적으로 추세분석)를 통하여 기간귀속이 왜곡되었을 징후를 파악한다.

사) 기타 사항

(1) 담보제공 및 할인

내부감사인은 받을어음 중 담보로 제공되었거나 할인 및 배서 양도한 어음금액에 대한 명세서를 요청해 조회서와 대조하고 이것이 주석으로 적절하게 기재되었는지 검사한다.

(2) 특수관계자와의 거래

내부감사인은 특수관계자에 대한 매출채권이 있는지 파악하여 이들 거래 중 비정상적인 거래가 존재하는지를 확인한다.

(3) 재무제표 표시와 공시

내부감사인은 다음 사항이 적절하게 표시 또는 공시되었는지 확인한다.

재무제표 표시 또는 공시의 적정성에 대한 확인 사항

① 정상영업활동 이외의 채권이 매출채권(매입채무)에 포함되었는지 여부
② 회사가 채택한 회계처리 방침(대손충당금 설정방법)
③ 담보제공·할인·배서양도한 매출채권 : 우발부채
④ 장기연불조건의 매출채권을 현재 가치로 평가하는 경우 적용한 이자율, 기간 및 회계처리 방법
⑤ 외화채권의 환산기준과 환산손익의 내용 등

3) 회계부정 사례

사례 1

매출채권의 이중계상

A사는 200x년에 A/S 및 교육시설 관련 임차보증금을 이미 회수하였으나, 200x년까지 실재하는 것처럼 허위계상하다가 200x년에 마치 동 임차보증금이 회수된 것처럼 나타내기 위하여 매출처로부터 받은 받을어음을 외상매출금과 대체하지 않고 이미 소멸된 임차보증금과 대체(임차보증금 → 받을어음)하는 허위의 회계처리를 하여 매출채권을 이중 계상하였다.

사례 2

매출 및 매출채권 관련 과대계상

A사는 x1기 4분기에 발생(10월, 11월 중 총 2회 거래)한 네비게이션 임가공납품거래에 대해 발주회사로부터 (일괄)공급받은 부품을 조립, 검사하여 발주회사에 납품하는 단순임가공업무를 수행함에 따라 관련 수수료 수익만 매출로(순액) 인식하여야 함에도 (부품) 구매와 (제품) 납품을 각각 수익과 비용으로 총액 인식함으로써 결과적으로 매출액 및 매출원가를 과대 계상하였다.

사례 3

매출액 및 매출채권 관련 허위계상

상장폐지 등에 직면한 한계기업이 관리종목 지정 또는 상장폐지를 모면하기 위해 관계 기업들과 공모하여 보안 장비를 매입한 것처럼 위장(재고자산 허위계상)하고 이를 관계기업에 매출한 것처럼 매출을 허위계상하였다.

사례 4

매출과 매출채권 관련 대손충당금 과소계상

A저축은행은 연체 회차 과다, 회수의문 분류 후 1년 경과한 대출채권의 자산건전성 분류는 '회수의문' 또는 '추정손실' 등으로 분류하여야 함에도 이를 위반하여 대손충당금을 과소 계상하였다.

또한 B회사는 거래처의 폐업 등으로 회수가 불가능한 부도어음에 대하여 개별적으로 회수가능성을 평가하여 전액 대손충당금을 설정하여야 하나, 매출채권 연령분석에 의거 정상채권에 적용되는 대손충당금 설정기준을 적용하여 대손충당금을 과소 계상하였다.

라. 재고자산[299]

299 노준화, 전게서, 2019. 497~501면. 이창우외3인, 「회계감사」. 2019. 경문사. 12-22~12-31면. 선영규. 전게서, 2017. 8-26~8-38면.

1) 개요

재고자산이란 정상적인 기업활동 과정에서 판매하기 위하여 보유하는 자산(상품, 제품)이나 또는 판매를 목적으로 제조과정 중에 있는 것(제조 중의 물품), 판매에 이용될 제품이나 용역의 생산을 위해 직·간접적으로 소비하기 위하여 보유하고 있는 자산(원재료, 소모품)을 말한다. 재고자산은 수량과 단가를 측정함으로써 그 가액을 확정한다. 따라서 감사절차도 수량을 파악하고 단가의 적정성에 대한 증거를 수집하는 것으로 구성된다.

① 수량

일반적으로 회사는 계속기록법에 의한 재고수불부와 실지재고조사법을 병행하여 기말 재고수량을 확정한다. 따라서 내부감사인은 회사로부터 재고자산 수불부를 확보하여 수량에 대한 표본조사를 실시한다. 이때 가능한 방법은 내부감사인이 직접 실물을 검사하는 방법과 회사가 재고실사를 수행하고 감사인이 입회하는 방법이 있다.

② 단가

원가법(FIFO 등)에 의한 회사의 원가계산서를 확보함으로써 단가계산이 적정한지에 대한 증거를 확보한다.

③ 평가감[300]

재고자산 중 일부는 평가손실을 인식하여야 하는 경우도 있다. 이 경우 내부감사인은 재고자산 실사의 입회 때, 확보한 진부화 재고자산에 대한 회사의 평가손실이 적정한지에 대한 증거를 확보한다.

재고자산에 대한 주요 감사절차는 다음과 같다.

재고자산에 대한 주요 감사절차

① 재고자산 실사의 입회 : 실재성

② 재고자산의 원가계산 및 평가의 적정성 검토 : 평가

2) 입증절차 수행

가) 총괄표 작성

내부감사인은 재고자산을 감사하기 위하여 전기와 당기를 비교하는 형식으로 총괄표를 작성하고, 당기 말 잔액은 총계정원장과 對照하고, 전기 말 잔액은 총계정원장 및 전기 감사보고서와 對照한다.

상기의 총괄표가 작성되면 내부감사인은 다음과 같은 절차를 통해 계정명세서와 총계정 원장과의 일치여부를 확인한다.

---

300 평가감이란 자산의 장부가액을 인하하고, 그 인하액을 손실로 처리하는 것.

계정명세서와 총계정원장과의 일치여부 확인절차

① 재고자산의 구성요소별(예, 상품, 제품, 재공품, 원재료 등)로 계정명세서를 요청하여 계정명세서상 잔액과 총괄표상 잔액이 일치하는지를 확인한다.
② 당기 잔액은 당기의 총계정원장 잔액과 전기잔액은 전기 감사조서 및 감사보고서를 통하여 확인한다.

상기와 같이 총괄표를 작성하여 잔액을 확인함으로써 내부감사인은 감사목적 중 '정확성과 평가'를 달성할 수 있다.

나) 분석적 절차

재고자산은 주된 영업활동과 관련이 있으므로 기중의 거래도 많을 뿐만 아니라 기말 잔액도 광범위하다. 따라서 제한된 예산으로 효과적이고 효율적인 감사를 실행하기 위해서는 분석적 절차를 통래 비정상항목을 발견하고 이를 중점적으로 감사하는 것이 합리적이다. 다음과 같이 진행된다.

재고자산에 대한 분석적 절차

① 전기에 비하여 중대한 비정상적 변동이 존재하는지를 파악한다[301].
② 비정상적인 항목이 존재하면 경영진에게 질문하거나 회사의 장부 및 증빙자료 등을 통하여(문서검사) 그 원인을 규명한다.
③ 재고자산회전율, 매출원가율, 제조원가구성비율 등을 계산하여 전기와 비교한다.
④ 재고자산이 총자산, 유동자산에 차지하는 비중을 계산하고 전기와 비교하여 특이한 변동은 그 원인을 규명한다.

상기와 같이 분석적 절차를 수행함으로써 내부감사인은 완전성, 측정(계산의 정확성/기간귀속), 실재성/발생사실 및 평가 목적을 달성할 수 있다.

또한 각 계정과목별로 비율분석, 증감분석을 수행하게 되면 과대계상위험과 과소계상위험에 대한 정황적 증거를 입수하게 되는 바, 이를 근거로 재고자산과 관련된 보다 세분화된 정보로 실증적 분석절차를 수행하고, 경영진 주장에 대한 구체적인 감사절차인 실증절차 테스트를 계획할 수 있게 된다.

참고

재고자산 관련 비율분석

301 전기 잔액은 당기 잔액의 기대치라는 가정하에 당기 잔액이 전기 잔액에 비하여 중요하게 차이가 존재한다면 이는 비정상적인 변동이라 할 수 있다.

① **재고자산 회전율**

○ 산식 : 재고자산회전율 = 매출원가 ÷ 평균재고자산

○ 분석 : 재고자산회전율 기대치와 비교하여 낮은 경우, 재고자산이 과대 계상되거나 진부화된 재고자산이 존재하는 신호가 될 수 있으며, 매출원가의 과소계상의 신호가 될 가능성

② **재고자산 회전기간**

○ 산식 : 재고자산 회전기간 = 365 ÷ 재고자산회전율.

○ 분석 : 재고자산기간이 기대치 대비 큰 경우(높은 경우) 재고자산의 과대 계상 및 매출원가의 과소계상, 또는 진부화된 재고자산의 존재를 나타내는 신호가 될 가능성

③ **재고자산 증가율**

○ 산식 : 재고자산증가율 = (기말 재고자산 − 기초 재고자산) ÷ 기초 재고자산

○ 분석 : 전기 대비 당기의 재고자산 증가율이 높게 증가한 경우 당기 말 재고자산이 과대 계상되거나, 당기 중 판매가 부진한 재고자산이 많이 발생하였다는 신호가 될 가능성

④ **재고자산 구성률**

○ 산식 : 재고자산 구성률 = 기말 재고자산 ÷ 기말 총자산.

○ 분석 : 기대치와 비교하여 재고자산 구성률이 높은 경우 재고자산이 과대 계상되어 있거나 진부화된 재고자산이 존재한다는 신호가 될 가능성

다) 실사의 입회

재고자산의 적정성에 대한 증거는 수량과 단가에 대한 증거가 필수적이다. 여기서 수량에 대한 증거는 재고자산 실사의 입회를 통하여, 단가에 대한 증거는 원가계산서를 검토함으로써 확보할 수 있다.

(1) 재고실사의 의의

재고실사의 입회에 있어서 재고실사의 주체는 회사이며, 그 목적은 특정 시점(재무제표일) 현재 회사가 보유하고 있는 재고자산의 수량과 상태(진부화 여부)를 확인함으로써 재고자산가액을 산출하는 데 필요한 정보를 확보하는 데 있다.

(2) 재고실사 입회의 목적

재고실사를 입회함에 있어 재고실사의 입회하는 주체는 내부감사인이며, 그 목적은 다음과 같다.

재고실사 입회의 목적

① 재무제표일 현재 재고자산 수량의 실재성 확인

② 기간 귀속(cut-off)의 적정성 확인

③ 담보제공 되었거나 처분이 제한된 재고자산의 확인

④ 진부화 재고자산의 파악

(3) 재고실사의 방법

내부감사인이 재고자산을 실사하는 방법에는 다음과 같은 방법이 사용된다.

(가) 재고조사표(TAG)법

재고자산의 종류별로 산전에 일련번호가 부여된 인식표를 준비하고 모든 재고자산에 대하여 수량을 파악하기 용이하게 정렬한 후 준비한 재고조사표(TAG)를 빠짐없이 부착한다. 이후 부착된 재고조사표를 절취하여 재고종류별로 정리하여 확인하면 재고수량을 파악할 수 있다.

(나) 재고목록표(LIST)법

계속기록법의 경우 재고자산 수불부가 계속적으로 갱신된다. 따라서 재고자산 수불부로부터 재고목록을 작성하고 당해 목록과 실물이 일치하는지를 확인함으로써 재고수량을 파악할 수 있다.

(다) 병행법

품목의 종류가 많지 않은 원재료와 제품 등의 경우 재고조사표법을 사용하고, 품목이 많은 저장품 등의 경우 재고목록표법을 사용하는 방법을 말한다.

(4) 재고조사의 입회 절차

재고조사를 실시함에 있어 감사의 재고실사 입회절차는 다음과 같다.

내부감사인의 재고조사 입회절차

① 재고실사 입회일정 확정

② 재고실사의 입회계획서 작성 : 입회 장소, 시기 및 수행하여야 할 구체적인 업무 등을 기술(재고실사계획서, 재고자산 배치도 등을 확보하여 참조함)

③ 재고실사의 입회 등

라) 단가의 평가

재고자산 수량에 대한 증거를 재고실사의 입회를 통하여 확보할 수 있다면 단가의 적정성은 원가계산을 검토함으로써 확보할 수 있다. 단가의 적정성에 대한 감사는 다음과 같이 진행된다.

단가의 적정성에 대한 감사사항

① 원가계산을 입수하여 전기와의 계속성, 원가계산 논리의 합리성을 검토

② 재고자산 단가적용과 계산과정의 정확성 검토
③ 진부화된 재고자산을 파악하고 그 평가의 적정성 검토
④ 순실현 가능액이 취득원가보다 하락한 경우 순실현가능액으로 평가 여부 검토
⑤ 재무제표일을 전·후한 일정기간 동안의 재고자산의 기간 귀속 검토 등

마) 기타 사항

(1) 특수관계자와의 거래 및 내부거래의 타당성

내부감사인은 관계회사 등 특수관계자와 거래유무를 파악하고 거래가격의 타당성(부당한 고가 또는 저가)을 파악하고, 또한 본·지점 등 내부거래가 있는 경우 내부거래이익이 적절하게 제거되었는가를 검토한다.

(2) 재무제표 표시 및 공시

내부감사인은 다음사항이 적절히 재무제표의 주석에 공시되었는가를 검토한다.
① 재고자산 수량 확인방법과 평가기준 및 평가손익의 내용
② 담보제공 및 보험가입 재고자산의 내역
③ 평가방법이 변경되었을 경우 그 변경 내용, 변경 사유 및 변경으로 인한 효과
④ 특수관계자와의 거래 내역 등

3) 회계부정 사례

사례 1

재고자산 관련 과대계상

A사는 허위 결산조정표를 입력하고, 재고자산 수불부, 제조원가명세서 등을 조작하여 실제 존재하지도 않는 가공의 재공품, 반제품, 파지 등을 재무제표에 계상함으로써 재고자산 및 당기 순이익을 과대계상하였다.

사례 2

재고자산 관련 과대계상

B사는 우월한 구매력을 가진 발주처로부터 무상으로 사급자재를 공급받아 가공용역을 제공하고 있었다. 회사는 당기실적이 적자로 예상되자 원재료 창고에 보관 중이던 발주처 소유의 재고자산(무상사급 자재)를 회사 소유의 재고자산인 것처럼 제조원가 명세서 및 원재료 수불부 등을 조작하는 방식으로 기말 재고자산 및 당기 순이익을 과대 계상하였다.

사례 3

재고자산 관련 과대계상

C사는 타처 보관 재고자산 등의 수량 조작, 부실채권을 가공의 재고자산으로 대체 계상, 재고자산 단가를 임의 적용하거나 원재료 매입 단가를 부풀리는 방법으로 재고 자산을 과대 계상하였다.

마. 유형자산[302]

1) 개요

유형자산이란 재판매 목적보다는 재화의 생산, 용역의 제공, 타인에 대한 임대 또는 자체적으로 사용할 목적으로 보유하는 물리적 형체가 있는 자산을 의미하며, 토지, 건물(냉난방, 전기, 통신시설 등 포함), 구축물, 기계장치, 건설 중인 자산, 기타자산(차량 운반구, 선박, 비품, 공기구 등) 등을 말한다.

유형자산에서 내부감사인이 감사할 대상은 당기 말 현재의 취득가액, 감가상각누계액 및 당기에 계상한 감가상각비이다. 이를 감사하는 방법은 당기 말 현재의 취득가액, 감가상각누계액 및 당기에 계상한 감가상각비를 모두 감사하는 방법을 사용할 수 있다.

다른 방법은 만약 전기 말 잔액에 대한 감사가 이루어졌고 따라서 전원의 잔액에 대한 합리적인 확신이 가능하다면 당기 증가분과 감소분을 감사함으로써 당기 말 현재의 취득가액, 감가상각누계액 및 당기에 계상한 감가상각비에 대한 합리적인 확신을 가질 수 있을 것이다.

따라서 유형자산에 대한 감사는 취득가액의 경우 기중거래(취득과 처분)를 감사하며 감가상각비의 경우 거래가 많기 때문에(즉, 감가상각비를 계산한 대상이 광범위함) 분석적 절차를 통하여 비정상적인 부분을 파악하고 이 부분을 집중적으로 감사하는 방법을 사용한다. 유형자산에 대한 주요 감사절차는 다음과 같다.

유형자산에 대한 주요 감사절차

① 기중 거래에 대한 시사 : 실재성　② 감가상각비에 대한 분석적 절차 : 완전성
③ 소유권 확인(소유권을 보장하는 보험가입과 소유권을 제한하는 담보제공 포함) : 권리와 의무

2) 입증절차 수행개요

가) 총괄표 작성

내부감사인은 유형자산을 감사하기 위하여 전기와 당기를 비교하는 형식으로 총괄표를 작성하고, 당기 말 잔액은 총계정원장과 對照하고, 전기 말 잔액은 총계정원장 및 전기감사보고서와 對照한다. 상기의 총괄표가 작성되면 내부감사인은 다음과 같은 절차를 통해 계정명세서와 총계정원장과의 일치여부를 확인한다.

302 노준화, 전게서, 2019, 502~506면. 이창우 외 3인, 전게서, 2019. 12-35~12-41면. 선영규, 전게서, 2017. 8-41~8-49면.

계정명세서와 총계정원장과의 일치여부 확인절차

① 유형자산의 구성요소별(예, 토지, 건물, 구축물 등)로 계정명세서를 요청하여 계정 명세서상 잔액과 총괄표상 잔액이 일치하는지를 확인한다.
② 당기 잔액은 당기의 총계정원장과 유형자산 관리대장(일반적으로 자산을 관리하고 감가상각비를 계산하기 위하여 자산별로 고유번호를 부여하여 관리하는 장부)을 통해 확인하며, 전기잔액은 전기 감사조서 및 감사보고서를 통하여 확인한다.

상기와 같이 총괄표를 작성하여 잔액을 확인함으로써 내부감사인은 감사목적 중 '정확성과 평가'를 달성할 수 있다.

나) 분석적 절차

유형자산에 대한 감사는 취득가액의 경우 기중거래(취득과 처분)를 감사하며, 감가상각비의 경우 거래가 많기 때문에(즉, 감가상가비를 계산한 대상이 광범위함) 분석적 절차를 통해 비정상적인 부분을 파악하고 이 부분을 집중 감사하는 방법을 사용한다.

따라서 제한된 예산으로 효과적이고 효율적인 감사를 실행하기 위해서는 분석적 절차를 통하여 비정상항목을 발견하고 이를 중점적으로 감사하는 것이 합리적이다. 유형자산에 대한 분석적 절차는 다음과 같이 진행된다.

유형자산에 대한 분석적 절차

① 전기에 비하여 중대한 비정상적 변동이 존재하는지를 파악한다.
② 비정상적인 항목이 존재하면 경영진에게 질문하거나 회사의 장부 및 증빙자료 등을 통하여(문서검사) 그 원인을 규명한다.
③ 유형자산회전율, 유형자산비율 등을 계산하여 전기와 비교한다.
④ 분석적 절차와 질문에 대한 증거력을 보완하기 위하여 추가적인 절차(예, 문서조사, 실물조사 등)를 수행하여 그 원인을 규명한다.

또한 각 계정과목별로 비율분석, 증감분석을 수행하게 되면 과대계상위험과 과소계상위험에 대한 정황적 증거를 입수하게 되는 바, 이를 근거로 재고자산과 관련된 보다 세분화된 정보로 실증적 분석절차를 수행하고, 경영진 주장에 대한 구체적인 감사절차인 실증절차 테스트를 계획할 수 있게 된다.

참고

유형자산 관련 비율분석

① 유형자산 회전율

○ 산식 : 유형자산회전율 = 매출액 ÷ 평균유형자산
○ 분석 : 유형자산의 효율적 이용정도를 나타내는 지표로서 자본의 고정화 정도를 판단하는 수단인데 이 비율이 높을수록 유형자산의 이용도가 양호한 상태를 나타 내며, 이 비율이 낮을 때는 유형자산의 이용이 불충분하고, 유형자산에 대한 투자가 과대하다는 신호가 될 가능성

② 유형자산비율

○ 산식 : 유형자산비율 = 유형자산 ÷ 총자산
○ 분석 : 유형자산의 대표적인 예로 설비투자를 들 수 있는데, 이는 일시에 거액이 투입되고, 회계상으로 장기간에 걸쳐 감가상각에 의해 조금씩 푼돈으로 회수하게 된다. 따라서 설비투자가 경기상황에 따라 적절한 투자가 이루어진 경우 호황 시에는 추가 투자가 없어도 미래수익창출능력이 높아지며 성장성이 향상되는 반면, 불황 시에는 이미 과도한 설비투자가 진행된 상황이라면 유휴설비로 인해 매출수익 감소 및 고정비 부담으로 도산의 원인이 되는 신호일 가능성

다) 거래유형 테스트

유형자산에 대한 감사는 거래건수가 많지 않으므로 거래유형에 대한 세부테스트는 다음과 같은 절차에 따라 수행한다.

유형자산의 거래유형에 대한 세부테스트 절차

① 당기 중 중요한 증감(취득과 처분) 내용에 대하여 계약서 등의 증빙을 대조하고, 취득 승인 및 회계처리의 적정성을 검토한다.
② 수익적 지출 및 자본적 지출 구분의 타당성 및 계속성을 검토한다.
③ 유형자산 감가상각방법의 적정성, 원가배분의 합리성, 감가상각비 계산의 정확성 등을 검토한다.
④ 유형자산처분명세서를 별도로 제시받아 그 적정성을 검토하고, 처분손익 등 관련 손익계정과 상호 검토한다.

라) 감가상각의 적정성

(1) 감가상각의 개요

감가상각(Depreciation)이란 시간의 흐름에 따른 자산의 가치 감소를 회계에 반영하는 것이다. 경제학적으로는 자산의 가치감소를 의미하나, 회계학의 관점에서 감가상각이란 취득한 자산원가(취득원가)를 자산의 사용기간에 걸쳐 비용으로 배분하는 과정을 의미한다.

(2) 감가상각의 대상

감가상각의 대상으로는 건물, 기계장치 등 유형자산과 무형자산 중 광업권, 어업권 등이 있다. 다만, 토지는 영구적으로 이용이 가능하고, 건설 중인 자산은 후에 건물로 전환된

다. 따라서 이 두 종류의 자산에 대해서는 감가상각을 하지 않는다.

(3) 감가상각의 방식

(가) 정액법

정액법은 각 기간마다 일정액을 감가상각하는 방법으로, 간단하다는 장점 때문에 가장 많이 쓰이고 있다. 정액법으로 감가상각하는 자산은 일반적으로 유형자산이고, 특히 건물의 경우에는 세법상 정액법으로 감가상각하는 것을 원칙으로 하고 있다.

○ 공식 : 감가상각비 = (취득가액 – 잔존가치) ÷ 내용연수

(나) 정률법

정률법은 자산의 기초 장부금액에서 일정비율을 감가상각비로 산출하는 방법이다. 감가상각 첫해에 가장 많은 상각비가 계산되지만, 점차 상각비가 감소하여 감가상각 마지막 해에는 가장 적은 감가상각비가 계산되는 특징이 있다.

○ 공식 : 감가상각비 = (취득가액 – 기초자산 장부가액) × 상각비율.

(다) 생산량비례법

생산량비례법은 자산의 이용정도를 고려하여 예상조업도나 예상생산량에 근거한 비율로 감가상각비를 계산하는 방법이다. 생산량비례법은 일반적인 유형자산보다 자연자원(광산, 유전 등)의 감모상각 방법에 적합하다.

○ 공식 : 감가상각비 = (취득가액 – 잔존가치) × (당기 실제생산량 ÷ 추정 총생산량)

(라) 연수합계법

연수합계법은 취득원가에서 잔존가치를 뺀 금액을 해당 자산의 내용연수의 합계로 나눈 후 남은 내용연수로 곱하여 감가상각비를 산출하는 방식이다. 급수법이라고도 한다. 기간이 지날수록 감가상각비가 감소하는 특징이 있다.

○ 공식 : 감가상각비 = (취득가액 – 잔존가치) × [잔존 내용연수 ÷ (1+2+3•••+내용연수)]

(4) 감사상각의 처리

결산 시 가치 감소액을 계산 후 비용으로 처리한다. 이때 계정명은 '감가상각비'이다.

① 직접법 : 감가상각비 계상과 함께 해당 자산계정의 대변에 직접 올린다.

② 간접법 : 해당 자산계정의 대변에 직접 올리지 않고 대변에 계정별로 '감가상각누계액'이라는 특수계정을 설정한다. 취득원가를 알 수 있다는 장점이 있어 실무에서 많이 사용된다.

(5) 감가상각의 테스트

감가상가비명세서를 입수하여 분석적 절차를 실시하고, 계속 적용 여부 및 제조원가·

비용배분기준의 타당성을 검토한다. 또한 감가상각방법을 변경한 경우 그 타당성과 재무제표에 미치는 영향을 확인한다.

회사가 보유하고 있는 유형자산은 광범위하기 때문에 감가상각비를 전수 조사하는 것은 비효율적이다. 일반적으로 분석적 절차를 통해 비정상적인 항목을 파악하고, 비정상적인 항목은 집중적으로 감사하고 정상적인 항목은 기본적인 실증절차만으로 감사를 종료하는 방법을 사용한다.

구체적으로 감가상각비는 평균 감가상각률을 적용하여 내부감사인이 계산한 기대금액과 회사가 계상한 금액을 비교하는 분석적 절차를 거쳐 중요한 차이가 발생하는 계정에 대해서만 추가적으로 세부테스트를 수행함으로써 감사범위를 축소할 수 있다.

마) 기타 사항

(1) 소유권과 소유권의 제한

유형자산의 실사는 실재성에 대한 증거를 제공하지만 법적소유권에 대한 증거를 제공하지 못하므로 다음과 같이 문서검사를 병행한다.

문서검사와 병행하여 감사할 사항

① 유형자산의 법적 소유권을 확인하기 위하여 권리증서(등기부 등본, 등록원부 등), 보험증서, 재산세영수증 등을 조사한다.

② 기업이 자금을 차입할 때 금융기관은 채권회수를 위해 유형자산에 담보권을 설정한다. 등기부등본의 열람을 통해 소유권뿐만 아니라 적절한 공시가 필요한 담보 제공 등의 소유권 제한 여부를 확인한다.

(2) 리스자산

유형자산 중에는 리스자산이 존재할 수 있다. 리스자산의 경우 다음과 같은 감사절차가 필요하다.

리스자산에 대한 감사절차

① 리스계약서를 입수하여 운용리스와 금융리스의 구분이 정확한지 검토한다.

② 리스자산이 실제로 존재하며 회사의 영업활동을 위해 사용되고 있는지 확인한다.

(3) 재무제표 표시와 공시

내부감사인은 다음사항이 적절히 재무제표의 주석에 표시 또는 공시되었는가를 확인·검토한다.

유형자산 관련 재무제표 표시 및 공시 확인 사항

(가) 유형고장자산의 평가방법 및 감가상각방법을 파악하고 매기 계속적으로 적용하였으며, 간접법으로 표시되었는지 확인한다.

(나) 감가상각방법을 변경한 경우에는 변경의 사유가 정당한지 검토하고, 변경내용·변경사유 및 변경으로 인하여 당해 회계연도의 재무제표에 미치는 영향이 주석에 적절히 공시되었는지 확인한다.

(다) 내부감사인은 다음사항이 주석에 공시되었는가를 파악한다.

① 보유토지의 공시지가

② 담보제공자산의 내용　　③ 보험가입자산의 내용

④ 리스계약의 회계처리방법 및 관련 자산, 부채의 금액과 그 내용

⑤ 자본화금융비용 금액과 그 내용

⑥ 감가상각누계액을 일괄하여 표시한 경우 그 내용 등

3) 회계부정 사례

사례 1

유형자산 관련 과대계상

A사는 x6년 재무제표를 작성·공시함에 있어 감사대상 연도 중 최첨단기술인 ○○기술의 기술개발을 담당한 전문인력이 대부분 퇴사(평균 13명이 투입되었으나 현재 1명만 근무 중)하여 제품화를 위한 기술적 실현가능성이 없어졌고 동 기간 중 직접적인 기술개발투자도 전혀 없는 등 사실상 개발이 중단되어 자산성과 장래 경제적 효익 발생 가능성을 상실한 ○○기술 관련 개발비는 전액 손상 차손으로 인식하여야 함에도 동 개발비를 x6년 말에 재무제표에 계상하고 자기자본을 동액만큼씩 과대 계상하였다.

사례 2

유형자산 관련 허위계상

B사는 리베이트 제공을 목적의 부외자금을 조성하기 위해 제공받지 않은 용역 거래 상대방과 공모하여 거래대금을 송금한 후 돌려받고, 매립시설(구축물)로 허위 처리하였다.

사례 3

유형자산 관련 허위계상

① 취득사실이 없는 기계장치를 취득한 것으로 계상

② 폐기·매각한 기계장치의 장부가액을 미제거

③ 제조원가 처리대상인 노무비·소모품비 등을 사운전비라며, 기계장치 등의 취득부대비용으로 계상

④ 매입한 소모품을 기계장치로 계상

사례 4

유형자산 관련 사용제한

○ 투자부동산에 대한 전세권 등 사용 제한 내역이 있었음에도 주석에 미기재

바. 차입금[303]

1) 개요

차입금이란 일정 기한 내에 상환과 일정한 이자를 지급한다는 채권, 채무 계약에 따라 조달된 자금을 말한다. 기업을 경영하는 데 있어 운영 자금의 부족 또는 시설투자를 위해 외부로부터 자금을 조달하는 경우에 차용증서를 교부하고 타인으로부터 금전을 차용하는 것을 말한다.

차입금은 단기차입금과 장기차입금으로 구성되어 있다. 단기차입금은 금융기관으로부터의 당좌차월과 1년 이내에 상환될 차입금을 말하며, 장기차입금은 1년 후에 상환되는 차입금을 말한다.

장기차입금 중 1년 이내에 만기가 도래하는 금액은 유동성장기부채계정으로 대체한다. 이와 같이 차입금 중 유동계정과 고정계정은 상호 유기적인 관계가 있기 때문에 동시에 감사하는 것이 그 효과와 효율을 높일 수 있다.

또한 은행으로부터 차입하는 것이 일반적이기 때문에 현금 및 현금성자산에서 설명한 은행조회서를 통하여 차입금 잔액과 차입 관련 주요 약정사항(담보제공 여부등)에 대한 증거를 확보할 수 있다. 차입금에 대한 주요 감사절차는 다음과 같다.

차입금에 대한 주요 감사절차

① 은행조회서를 통한 당기 말 잔액, 만기, 주요 약정사항(담보제공 등) 및 부외부채의 감사 : 실재성, 완전성

② 이자비용과 차입금 간의 상관관계를 이용한 부외부채의 감사 : 완전성

2) 입증절차 수행

가) 총괄표의 작성

303 노준화, 전게서, 2019, 506~511면. 이창우 외 3인, 전게서, 2019. 12-45~12-46면. 선영규, 전게서, 2017. 8-50~8-54면.

차입금을 감사하기 위해서 내부감사인은 총괄표를 작성한다. 차입금은 단기와 장기가 존재하기 때문에 총괄표는 당기와 전기를 대비하는 유동계정과는 달리 기초 잔액, 당기증가, 당기 감소 및 기말 잔액으로 표시함으로써 기중거래를 파악할 수 있도록 작성한다. 또한 장기차입금 중 1년 이내에 만기가 도래하는 금액은 유동성장기부채로 대체되기 때문에 이를 별도로 구분 표시한다.

구체적으로 단기차입금은 차입할 때부터 만기가 1년 이내에 도래하기 때문에 전기로부터 이월된 기초 잔액은 모두 당기에 상환되며, 당기에 차입한 것 중 일부는 당기에 상환되며 나머지는 차기에 이월된다. 장기차입금은 차입할 때 만기가 1년 이후에 도래하는 것으로 분할상환방식과 일시 상환방식이 있다. 분할상환방식이 보다 보편적이며 이 경우 시간이 지남에 따라 순차적으로 만기가 도래하며 재무제표일로부터 1년 이내에 만기가 도래하는 금액은 유동성 장기부채로 대체한다.

나) 은행조회

차입금의 경우 조회를 통하여 상당부분의 감사목적을 달성할 수 있으므로 누락하거나 생략하여서는 안 된다. 재무제표일 현재 차입금 잔액이 없는 거래처라 할지라도 은행과 금융거래가 있다면 반드시 조회하여야 한다.

예를 들어 지방거래의 매출채권 수금거래만 있는 은행이라 할지라도 예금·차입금 등 모든 사항을 총망라하여 조회하여야 한다. 왜냐하면 예금거래만 있는 은행이라 할지라도 장부에 기록되지 않은 차입금이 존재할 가능성이 있기 때문이다. 즉, 차입금은 채권·채무 조회와는 달리 모든 거래처에 대하여 조회하여야 한다.

아래 차입금 관련 은행조회서에서 제시한 바와 같이 은행조회를 통하여 감사인은 차입금과 관련하여 다음과 같은 증거를 확보할 수 있다.

은행조회를 통해 차입금 관련 증거를 확보할 수 있는 사항

① 대출금의 종류, 금액, 대출일과 만기일, 이자율 및 최종이자지급기간(이는 선급 이자와 미지급이자에 대한 객관적인 증거로 필요), 상환방법(만기 일시상환 또는 분할상환) 및 담보 또는 보증

② 지급보증 및 주요 약정사항　　③ 미결제된 선물환 계약 등

다) 분석적 절차

회사는 일반적으로 차입금을 누락하려는(부외부채) 의도를 가지고 있다. 장부에 계상된 차입금의 경우 외부에 조회함으로써 축소된 차입금의 존재를 파악할 수 있지만 완전히 누락된 차입금은 외부조회로서는 파악하기 어려운 경우도 있다.

예를 들면, 특정 금융기관의 예금잔액은 계상하고 차입금은 누락하였다면 금융거래에 대한 조회가 이루어질 것이고 이 과정에서 금융기관은 조회에 기재된 금융거래 잔액뿐만 아니라 모든 금융거래 잔액(누락된 금융 포함)을 조회 회신할 것이다.

그러나 예금과 차입금 등 모든 거래를 누락하였다면 특정 은행에 대한 조회 자체가 이

루어지지 않을 수 있다. 또한 금융기관 이외의 차입금을 누락하였을 경우에도 조회 자체가 이루어지지 않을 수 있다. 따라서 부외부채 존재가능성은 외부조회뿐만 아니라 추가적인 감사기법을 사용할 필요가 있고 주로 사용하는 기법 중 하나가 차입금과 이자비용의 상관관계를 이용한 분석적 절차이며, 구체적으로 다음과 같이 진행한다.

(1) 이자비용과 차입금의 분석절차 단계

내부감사인은 실증적인 분석적 절차의 전 단계로서 다음의 절차를 먼저 수행하여야 한다.

분석적 절차의 전 단계로써 먼저 수행해야 할 사항

① 실증적인 분석절차가 적절한지 결정한다.
② 데이터의 신뢰성을 평가한다.

내부감사인은 이자비용과 차입금의 상관관계를 이용한 분석적 절차는 다음과 같은 단계별로 수행한다.

이자비용과 차입금의 상관관계를 이용한 분석절차

제1단계 : 이자비용의 기대치 산출

○ 차입금 장부에서 이자율별 차입금 적수 산출
○ 차입금 적수로부터 평균차입금 산출
○ 이자비용의 기대치 = 평균 차입금 x 평균 이자율

↓

제2단계 : 수용할 수 있는 기대치와의 차이금액을 계산(중요성 수준)

↓

제3단계 : 장부상 이자비용과 이자비용의 기대치를 비교

○ 차이 = 기대 이자비용 – 장부상 이자비용

↓

제4단계 : 계정잔액과 기대치와의 중요한 차이

○ Case 1 : **기대 이자비용 〈 장부상 이자비용**

이자비용의 기대치를 계산할 때 장부로부터 차입금을 추출하여 평균차입금을 계산하였기 때문에 차입금이 장부에서 누락되었을 경우 기대 이자비용이 낮을 수 있다. 이 경우 부외부채 가능성이 존재한다.

○ Case 2 : **기대 이자비용 〉 장부상 이자비용**

미지급이자 등 발생주의 이자비용 등을 계상하지 않았을 가능성이 존재한다.

(2) 차입금 적수의 평균차입금의 계산 사례

차입금 보조원장에서 이자율별 차입금 적수를 산출하고, 차입금 적수를 이용하여 평균차입금을 계산하고, 동 금액에 평균이자율(계약서의 약정이자율을 근거로 계산)을 곱해 이자비용의 기대치를 구한다. 이때 수용할 수 있는 기대치와의 차이금액(중요성수준)을 결정하고, 장부상 이자비용과 이자비용 기대치를 비교한다.

(3) 분석적 절차의 결론

상기의 사례에서와 같이 평균차입금에 평균이자율을 적용하여 내부감사인이 계산한 이자 비용의 기댓값은 정확한 이자계산방법은 아니지만 장부에 기록된 이자비용과 차입금에 대한 합리적인 확신을 제공할 수 있다.

만약 장부에 기록된 차입금을 근거로 하여 내부감사인이 계산한 이자비용의 기댓값이 회사가 장부상에 계상한 이자비용보다 적으며 그 차이 또한 합리적인 수준을 초과하는 경우 이는 이자비용을 계산할 때 사용된 장부상 차입금의 일부가 장부에 기록되지 않았기 때문일 수도 있다. 즉, 부외부채가 존재할 가능성이 있다.

만약 분석적 절차의 수행결과 내부감사인이 기대한 금액과 회사의 재무제표 상 차이가 합리적인 수준을 능가한다면 이는 재무제표상 해당 계정잔액이 합리적이라는 확신을 가질 수 없다. 따라서 내부감사인은 추가적으로 해당 계정에 대하여 감사범위를 확대하여 세부 테스트를 수행하여야 할 것이다.

또한 각 계정과목별로 비율분석, 증감분석을 수행하게 되면 과대계상위험과 과소계상위험에 대한 정황적 증거를 입수하게 되는 바, 이를 근거로 차입금 관련된 보다 세분화된 정보로 실증적 분석절차를 수행하고, 경영진 주장에 대한 구체적인 감사절차인 실증절차 테스트를 계획할 수 있게 된다.

참고

차입금 관련 비율분석

① 단기차입금비율

- 산식 : 단기차입금비율 = 단기차입금 ÷ 전체 차입금
- 분석 : 단기차입금비율이 높을수록 단기적으로 갚아야 할 빚이 많다는 신호일 가능성

② 차입금평균이자율

- 산식 : 차입금평균이자율 = 금융비용 ÷ (회사채 + 장·단기 차입금)
- 분석 : 기업의 수익성 관련 지표 중의 하나로 회사채, 차관, 금융기관 차입금 등과 같은 이자부 부채에 대한 금융비용의 비율로서 외부차입에 대한 평균 이자율을 의미

③ 차입금보상률

- 산식 : 차입금보상률 = 영업활동 현금흐름비율 ÷ 총차입금
- 분석 : 영업에 의한 기업의 지속적인 현금창출능력이 차입금의 몇 배인가를 나타내는 것으로 비율이 1보다 크면 차입금의 모든 원금을 일시에 상환할 수 있음을 의미

④ 차입금의존도

○ 산식 : 차입금의존도 = (회사채 + 장·단기 차입금) ÷ 총자본

○ 분석 : 기업이 차입금에 의존하는 정도를 나타내는 것으로서 통상 총자본에 대한 차입금의 비율을 말하며, 차입금 의존도가 높은 기업일수록 이자 등 금융비용의 부담이 커 수익성이 떨어지고 안전성도 낮아지게 됨을 의미

라) 이자비용의 검토

차입금과 이자비용은 매우 밀접한 관련이 있다. 따라서 내부감사인은 차입금을 감사하면서 동시에 관련 손익계정인 이자비용, 미지급이자, 선급이자 등도 감사한다. 이와 같이 관련 계정을 동시에 감사하면 감사의 효율과 효과를 높일 수 있다. 구체적으로 관련 계정에 대한 감사절차는 다음과 같이 진행된다.

이자비용 관련 계정에 대한 감사절차

① 주요 금액에 대한 미지급·선급이자의 계산을 은행조회서상의 최종 이자지급일을 활용해 검토하고 이것을 미지급비용명세서 또는 선급비용명세서와 相互 檢討한다.

② 차입금과 이자비용의 상관관계를 이용하여 당기 이자비용에 대한 분석적 절차를 실시한다.

③ 분석적 절차에 만족할 수 없는 경우 중요 이자지급거래에 대하여 이자지급 증빙에 대하여 문서검사하고 관련 손익계정과 相互 檢討한다.

마) 재무제표 표시 및 공시

감사인은 다음사항이 적절히 재무제표의 주석에 표시 또는 공시되었는가를 확인·검토한다.

차입금 관련 재무제표 표시 및 공시 확인 사항

① 장·단기 계정분류

② 차입약정서상 주요 제약사항 등의 준수여부와 연체유무를 확인하고 위배사항이 회계 및 감사의견에 미치는 영향

③ 차입금과 관련된 담보제공자산 및 제공받은 담보 또는 지급보증

④ 외화부채의 내용·환산기준 및 환산손익 등

3) 회계부정 사례

사례 1

차입금 관련 허위계상

A사는 20x1년 중에 최대주주(대표이사)가 횡령한 회사자금 및 주주에게 손실보전 목적으로 지급

한 자금을 적정하게 회계처리하지 아니하고 현금 및 현금성 자산으로 회계처리함으로써 결산기말까지 마치 현금이 실재한 것처럼 회계처리한 후 기말감사 시 부족한 현금을 충당하기 위하여 외부로부터 65억 원을 차입하여 다시 예금에 불입한 것처럼 허위회계처리(외부로부터 차입한 65억 원은 20xx년 12월 31일 입금했다가 20xx년 1월 2일 동 자금을 인출하여 차입금을 상환하는 데 사용)를 함으로써 결과적으로 기말차입금 65억 원, 단기대여금 65억 원(대손충당금 65억 원)을 누락하여 당기순이익 및 자기자본을 각각 65억 원 과대계상 하였다.

사례 2

차입금 관련 미계상

B사는 금전소비대차계약에 따라 회사명의 통장으로 00억 원을 수령하였음에도, 입금액과 이자를 부채(차입금 등)로 계상하지 않고, 이후 동 금액을 대표이사가 횡령하였음에도 불구하고 그에 따른 불법행위 미수금과 해당 대손충당금을 미계상하였다.

사례 3

차입금 관련 분류착오

C사는 보고기간 말로부터 1년 이내에 행사 가능한 조기상환청구권(Put Option)이 부여된 사모 전환사채(또는 신주인수권부사채)를 유동부채로 분류*하여야 함에도 비유동부채로 분류하였다.

* 발행자가 보고기간 말로부터 1년 이상 부채의 결제를 연기할 수 있는 무조건의 권리를 가지고 있지 않은 사채의 경우 유동부채로 분류

사례 4

차입금 관련 주석 미기재

D사는 차입금 담보 목적으로 발행하였으나 회수되지 않은 다수의 어음·수표(타인에게 견질 제공)를 주석에 기재하지 않았고, 또한 자회사가 차입한 금액에 대해 지급 보증한 사실을 주석에 미기재

사. 기타 계정별 실증절차[304]

사-1. 유가증권

1) 실사·조회·사용제한

○ 보유중인 증권 실사, 타처에 보고되고 있는 증권은 보관자에게 직접 조회 확인

○ 취득 · 처분 증빙검토 및 당기 중 증감 내용을 검토하고, 취득 및 처분가격의 적정성

304 이정금, 「감사실무 Ⅲ」-재무·회계·세무부문-, 한국상장회사협의회, 2018, 51~52 및 74~80면.

여부 검토

○ 담보제공된 유가증권은 없는지 여부를 확인하기 위하여 담당자에게 질문 또는 조회 확인

2) 분석적 절차

○ 분석적 절차 수행 : 전기 대비, 월별 변동 상황, 비율 분석, 유가증권계정과 이자수익, 수입 배당금 계정 등 관련 계정과 대조, 평균잔액에 의한 이자수익의 전반적 타당성 검토

3) 평가

○ 유가증권의 취득원가 적정성 검토

○ 유가증권의 시가평가 적정성 검토　○ 유가증권의 손상차손 평가 적정성 검토

○ 지분법투자주식의 지분법 평가 적정성 검토

4) 측정

○ 유가증권명세서의 제계산 검사

○ 명세서상 금액과 총계정원장상의 해당 계정 잔액 및 유가증권관리대당 등 보조부와 대조 확인

5) 표시 · 공시

○ 유가증권의 재무제표 표시방법 및 계정분류가 적정한지 여부 확인

○ 유가증권의 장/단기 구분의 적정성 검토(단기매매증권, 매도가능증권, 만기보유 증권 등)

○ 담보 제공된 유가증권 주석공시가 적정한지 검토 등

6) 회계부정 사례

사례 1

유가증권 관련 허위계상

A사는 실제로는 경영진이 사채업자로부터 차입(자금을 융통)하여 가장 납입하여 회사를 설립한 후, 즉시 사채업자의 차입금을 상환하여, 회사가 투자한 특정회사는 아무런 매출 및 공장시설이 존재하지 않는 Paper Company 임에도 지분법적용 투자주식회사로 허위계상하였다.

사례 2

유가증권 관련 허위계상

① B사는 계열회사 주식을 회사 직원이 무단 매도하여, 소유 주식수가 감소하였음에도 이를 반영하지 아니함으로써 지분법적용투자주식을 과대계상

② C사는 투자유치 실패 및 거액 손실로 인한 완전자본잠식 과 특수관계자에 대한 대여금 부실화

등으로 매도가능증권의 자산성이 없음에도 불구하고 손상차손 인식을 하지 않고 매도가능증권을 과대계상

사-2. 자본계정

1) 실재성 · 발생사실

○ 주주명부나 주식대장을 통하여 기중 자본 변동 상황 확인
○ 정관, 법인등기부등본, 주주총회의사록, 이사회의사록 등으로 자본 증감 적법성 여부 확인 및 유가증권신고서나 주식청약서, 주식납입보관증 등과 비교 확인
○ 주식할인발행차금이나 배당건설이자는 적법하게 발생되어 계상되었는지 확인
○ 자기주식이 있는지를 확인하고, 취득 경위가 합법적인가를 확인

2) 권리 · 의무

○ 회사의 수권 주식 수, 발행 주식 수 등을 정관이나 등기부등본과 대조 확인
○ 전화사채, 신주인수권부사채 등의 발행 및 상환조건, 전환 내용 등을 검토
○ 배당금의 산정 내용과 배당금 지급, 미지급 상황 등을 이사회 의사록 및 배당 기록철과 대조

3) 완전성

○ 주식할인발행차금의 신주발행비항목 검토로 증자내역 검토 확인
○ 주주총회 의사록, 이사회 의사록 등 검토

4) 평가 · 측정

○ 각종 잉여금계정의 기입내용을 관계증빙과 대조, 잉여금계정이 합법적인지 검토
○ 주식할인발행차금이나 배당건설이자의 상각이 적정한지 검토
○ 명세서상 금액과 총계정원장의 해당 계정잔액 및 보조부와 대조 확인 등

5) 회계부정 사례

○ A회사는 유상증자로 조달된 자금이 가장 납입의 사유로 존재하지 아니함에도, 대표이사는 가장납입을 숨길 목적으로 ○○○으로부터 투자받은 금액을 해당계정에 계상하지 않고 현금(자기앞수표)으로 보관하고 있었다.

사-3. 급여

1) 발생사실 · 정확성

○ 특정월의 급여대장을 표본추출하여 계산검증 실시, 보조부 등과 대조
○ 직급, 호봉, 제수당 등을 인사기록부와 대조하고, 승인 적정성 검토
○ 급여대장과 세무서에 신고한 소득세 징수 집계표와 일치 여부 확인
○ 급여지급 내역과 자금이체 내역을 대조
○ 임원급여에 대한 주주총회 또는 이사회 승인 확인

○ 제수당(연월차 수당, 시간외 수당)의 지급규정에 의거, 계산의 정확성 확인

2) 분석적 절차·완전성·측정

○ 제조원가 중 노무비, 판매비와 관리비 중 인건비에 대한 월별 명세서를 징구하여 계산검증하고 보조부 및 총계정원장과 대조

○ 급여 Overall Test : 입사 및 퇴직을 감안한 임직원 수, 급여 상승 등을 이용한 감사인 추정 급여와 회사 계상 급여액을 비교하여 그 적정성(타당성) 여부 검토

○ 예산과 실적을 비교, 차이가 큰 항목에 대해 차이이유 파악 및 그 적정성 검토

○ 급여 산정기간을 파악하여 미지급비용 계상의 적정성 검토

○ 명세서상 금액과 총계정원장상의 해당 계정잔액 및 보조부와 대조 확인

사-4. 이연법인세 및 법인세 비용

1) 과세소득 검토

○ 전기 및 당기의 법인세과세표준 및 세액조정계산서, 소득금액조정합계표를 징구 하여 다음사항을 검토

과세소득 검토 사항

① 전기분과 당기분 소득금액조정합계표상의 조정항목들 간의 차이항목 및 타당성을 검토

② 전기 세무조정계산서 내의 '자본금과 적립금 조정명세서'을 검토하여 당기에 익금산입 혹은 손금산입되어야 할 금액이 적정히 처리되었는지 검토

③ 신고조저에 의해 조정계산서에만 계상된 조세특례제한법상 준비금 관련 잉여금 처분이 적정하게 되었는지 여부 검토

2) 법인세 계산·미지급법인세

○ 법인세, 주민세 세율과 산출세액의 적정성 확인

○ 공제감면세액의 적정성 검토

○ 최저한세 대상인지 여부를 확인하고, 최저한세 계산내역과 비교하여 산출세액 적정성 검토

○ 장부계상 기납부세액의 내용 검토하고, 세액신고서와 일치여부 확인

○ 원천납부세액은 이자수익과의 관계를 고려하여 타당성 검토

○ 당기 혹은 전기 세무조사 받은 경우, 결정결의서로 미지급법인세 등으로 계상여부 확인

○ 차가감 납부세액과 주민세 합계액이 미지급법인세로 적절히 계상되었는지 확인

3) 이연법인세 자산 · 부채

○ 이연법인세 계산 sheet를 입수하여 차감할 일시적 차이와 가산할 일시적 차이가 적절히 계상되었는지 검토하고, "자본금과 적립금조정명세서"상의 유보잔액과 비교하여

차이항목에 원인을 규명

- ○ 이연법인세(이월결손금 및 세액공제 포함)의 경우 차감할 일시적 차이가 소멸될 기간에 따른 과세소득의 충분여부 등 그 실현 가능성을 검토
- ○ 향후 과세소득 검토 시 회사가 제공한 각 항목의 추정치의 합리성을 검토하고, 각 세부항목에 대하여 회사의 정책 및 가정의 합리성을 평가
- ○ 이연법인세 계산 시 적용된 세율의 적정성을 검토
- ○ 이연법인세 자산 및 부채의 유동성과 비유동성 구분이 적정한지 검토
- ○ 매도가능증권평가손익, (부의)지분법자본변동, 파생상품평가손 등 이연법인세자산(부채)에서 직접 조정할 항목이 있는지 검토 등

4) 법인세 비용

- ○ 법인세부담액 및 이연법인세자산(부채)의 변동이 법인세 비용과 일치하는지 검토
- ○ 당기 및 전기의 '법인세 차감 전 순이익' 증감률을 고려할 때 법인세 등의 금액이 적정한지 검토하고, 중요한 차이가 발생할 경우 차이 원인을 규명

5) 회계부정 사례

사례 1

이연법인세 및 법인세비용 관련 과대계상

A사는 국세청으로부터 세무조사결과 통지 및 법인세 등의 과세예고통지를 받은 후 국세청에 과세 전 적부심사를 청구하였으나 불채택 결정 통보를 받았음에도 미지급법인세를 계상하지 않아 당기순이익 및 자기자본을 과대계상하였다.

사례 2

이연법인세 및 법인세비용 관련 과대계상

B사는 재고자산에서 발생한 차감할 일시적 차이(평가손실, 유보)가 이연법인세자산 인식 요건에 해당하지 아니함에도 자산으로 인식함에 따라 자기자본을 과대계상하였다.

6-3. 회계감사 실증절차의 완료

가. 실증 절차의 완료과정[305]

1) 실증절차의 완료과정

회계감사 실증절차의 완료과정은 감사현장에서 수행하는 종료절차와 감사현장에서

---

305 선영규, 전게서, 2017, 3면.

철수한 후 수행하는 종료절차로 구분한다.

2) 감사현장에서 수행하는 종료절차

감사현장에서 수행하는 종료절차의 과정은 다음과 같다.

감사현장에서 수행하는 종료 절차

① 실증절차

○ 후속사건에 대한 감사

○ 계속기업에 대한 감사: 필요한 경우 변호사 조회

↓

② 공시사항의 검토

↓

③ 미수정왜곡표시사항의 집계와 수정권고(커뮤니케이션)

○ 이사회에서 공표용 재무제표 승인

↓

④ 공표용 재무제표 요청 및 서면진술

↓

⑤ (실질적) 감사현자에서의 철수

감사현장에서의 철수는 실제 업무현장에서 철수한다는 의미로 해석해서는 아니 되며, 실질적인 감사업무에서의 철수를 의미하는 것으로 회사로부터 감사 후 징구하게 되는 이사회에서 승인받은 공표용 재무제표를 입수한 이후 경영진 확인서/질문서를 징구하는 시점까지 연장되는 것으로 이해해야 한다. 이를 사실상의 감사절차 종료일이라고 한다.

3) 감사현장에서 철수한 이후에 수행하는 종료절차

감사현장에서 철수한 이후에 수행하는 종료절차는 행정절차로 이해하면 충분할 것이다. 감사현장에서 철수한 이후에 수행하는 종료절차는 다음과 같다.

감사현장에서 철수한 이후에 수행하는 종료절차

① 감사의견 형성과 분석적 절차

↓

② 감사보고서 작성(초안)

↓

③ 감사업무의 수행 점검

↓

④ **감사보고서 수정(최종)**

↓

⑤ **감사보고서의 인쇄와 제출**

실질적인 감사업무에서 철수(감사현장에서의 철수)한 이후 감사의견을 최종적으로 결정하면 나머지의 절차는 행정적인 절차이며, 내부감사인은 자체적으로 감사보고서를 검토하고 인쇄하여 이사에게 제출하여야 한다.

감사보고서 제출 기일

○ 일반회사 : 대표이사로부터 제출받은 날로부터 4주간 이내(주주총회일의 2주 전)
○ 상장회사 : 주주총회일의 1주 전

참고

회계감사 관련 일자별 정의

가) 재무제표일 : 재무제표가 작성되는 회계기간의 가장 최근 회계연도의 말일을 의미한다. 일반적으로 기업의 재무제표일은 12월 31일이 된다.

나) 재무제표승인일 : 재무제표(주석 포함)가 작성 · 완료되고, 이사회와 같은 의사결정기구로부터 승인된 날을 의미한다. 일반적으로 재무제표 승인일은 주주총회에 제출하기 위한 재무제표를 이사회가 발행 · 승인한 날이다.

다) 감사보고서일 : 내부감사인이 재무제표에 대한 감사보고서에 기재한 일자를 의미하는 것으로 사실상 감사절차가 종료되는 일자를 의미한다.

① 감사보고서일의 의미
○ 충분하고 적합한 감사증거를 수집 · 완료한 날짜
○ 감사보고서일은 아무리 빨라도 이사회의 재무제표 승인일보다 빨라서는 곤란
○ 내부감사인의 책임한계를 구분 짓는 기준일

② 내부감사인의 적극적 책임과 감사보고서일
○ 감사보고서일 이전에 발생한 사건에 대해서 내부감사인은 적극적으로 감사증거를 수집할 책임

③ 내부감사인의 소극적 책임과 감사보고서일
○ 감사보고서일 이후에는 내부감사인이 알게 된 사건에 대해서만 감사보고서에 반영할지 여부를 고려

라) 재무제표발행일 : 감사보고서와 감사받은 재무제표를 제3자들이 이용할 수 있게 된 날을 의미한다. 「상법」규정에 따라 '주주총회에 의하여 최종 승인된 재무제표가 발행되어 감사보고서와 함께 유통되기 시작한 날짜'로 해석. 즉, 일반적으로 주주총회

가 재무제표를 승인한 날을 의미한다.

나. 후속 사건에 대한 감사[306]

1) 후속 사건의 의미

회계감사에서의 **후속사건**이라 함은 재무제표일과 감사보고서일 사이에 발생한 사건 및 감사보고서일 후 내부감사인이 알게 된 사실을 말한다. 즉, 재무제표일 후 발생한 어떤 사건에 의하여 재무제표가 영향을 받을 수 있다.

이와 같이 재무제표일 후에 발생한 사건으로 재무제표에 영향을 미치는 사건을 후속 사건이라 하며, 후속사건은 이것이 재무제표에 미치는 영향에 따라 다음의 두 가지로 분류한다.

후속 사건의 분류

① 재무제표일 현재에 존재하였던 상황에 대한 증거를 제공하는 사건

② 재무제표일 이후에 발생한 상황에 대한 증거를 제공하는 사건

2) 후속사건의 회계처리

가) 후속사건에 대한 재무제표 수정

재무제표일 현재에 존재하던 사실에 대한 추가적 증거가 재무제표일 후에 발생하였다면, 당해 사건은 재무제표일 현재의 자산·부채 등의 평가나 회계추정에 영향을 주기 때문에 재무제표를 직접 수정할 필요가 있다.

즉, 재무제표일 현재에는 가장 합리적인 방법에 의한 추정이나 평가에 따라 회계처리되었으나 재무제표일과 감사보고서일 사이에 이러한 추정/평가와 현저히 다른 거래나 사건이 발생하였기 때문에 그 전의 추정이나 평가가 잘못되었다고 판단되는 경우이다.

재무제표의 수정을 요하는 사건[307]

① 보고기간 말에 존재하였던 현재 의무가 보고기간 후에 소송사건의 확정에 의해 확인되는 경우
: 충당부채 혹은 우발부채

② 보고기간 말에 이미 자산 손상이 발생되었음을 나타내는 정보를 보고기간 후에 입수하거나, 이미 손상차손을 인식한 자산에 대하여 손상차손금액을 수정이 필요한 정보를 보고 기간 후에 입수하는 경우

③ 보고기간 말 이전에 구입한 자산의 취득원가나 매각한 자산의 대가를 보고기간 후에 결정하는

306 노준화, 전게서, 2019, 521~537면. 선영규, 전게서, 2017. 9-6~9-20면.

307 IFRS 1010. 9.

경우

④ 보고기간 말 이전 사건의 결과로서 보고기간 말에 종업원에게 지급해야 할 법적 의무나 의제 의무가 있는 이익분배나 상여금지급금액을 보고기간후에 확정하는 경우

⑤ 재무제표가 부정확하다는 것을 보여주는 부정이나 오류를 발견한 경우 등

나) 후속사건에 대한 주석 공시

재무제표일 현재로는 존재하지 않았으나 그 후 발생한 사건이 이용자의 의사결정에 중요한 영향을 미치는 사건은 재무제표의 주석으로 공시한다. 후속사건에 대한 회계처리는 '당해 사건이 재무제표일 현재에 존재하였는가?'에 따라 달라진다.

즉, 회사의 인지여부에 관계없이 재무제표일 현재 존재하였던 사항에 대한 후속사건은 재무제표를 수정하지만, 재무제표일 현재 존재하지 않았지만 재무제표일 후에 발생한 중요한 사건은 주석으로 공시한다.

재무제표의 주석공시를 요하는 사건[308]

① 보고기간 후에 발생한 사업결합 또는 주요 종속기업의 처분

② 영업중단 계획 발표

③ 자산의 주요 구입, 자산을 매각예정으로 분류, 자산의 기타 처분, 정부에 의한 주요 자산의 수용

④ 보고가간 후에 발생한 화재로 인한 주요 생산설비의 파손

⑤ 주요한 구조조정계획의 공표나 이행 착수

⑥ 보고기간 후에 발생한 주요한 보통주 거래와 잠재적 보통주 거래

⑦ 보고기간 후에 발생한 자산가격이나 환율의 비정상적인 변동

⑧ 당기 법인세자산과 부채 및 이연법인세 자산과 부채에 유의적 영향을 미치는 세법이나 세율에 대한 보고기간 후의 변경 또는 변경 예고

⑨ 유의적인 지급보증 등에 의한 우발부채의 발생이나 유의적인 약정의 체결

⑩ 보고기간 후에 발생한 사건에만 관련되어 제기된 주요한 소송의 개시 등

3) 재무제표일과 감사보고서일 사이에 발생한 사건

내부감사인은 감사보고서일까지 발생한 사건으로써 재무제표의 수정이나 공시를 필요로 하는 사건을 모두 파악(적극적 책임)하였는지 충분하고 적합한 감사증거를 수집할 수 있도록 감사절차를 설계·수행하여야 한다.

제무제표일 후 감사보고서일까지 발생한 사건은 아직 감사가 종료되지 않았기 때문에 내부감사인의 노력 여하에 따라 충분하고 적합한 감사증거를 수집할 수 있다. 따라서 내부감사인은 감사보고서일까지 발생한 사건으로서 재무제표의 수정이나 공시를 필요로 하는

---

308 IFRS 1010. 22.

사건을 모두 파악(적극적 책임)하는 데 필요한 충분하고 적합한 감사증거를 수집할 수 있도록 감사절차를 설계·수행하여야 한다.(ISA 560-6)

그러나 후술하고 있는 감사보고서일 후 재무제표 발행일 전에 발견한 사건은 내부감사인이 감사증거를 수집할 수 있는 위치에 있지 않기 때문에 적극적으로 감사절차를 수행할 의무는 없다(소극적 책임)(ISA 560-10). 재무제표일 후 감사보고서일까지의 발생한 사건에 대한 감사절차는 다음과 같다.

가) 후속사건의 감사 절차

내부감사인은 다른 일반적인 감사절차를 수행하는 과정에서 후속사건에 대한 감사증거를 수집할 수도 있다. 예를 들면 기간귀속 절차 또는 매출채권 후속회수와 관련된 절차와 같이 재무제표일 계정잔액에 대한 감사증거를 입수하는 과정에서 후속사건에 대한 감사증거를 수집할 수 있을 것이다.

이러한 감사절차는 후속사건에 대한 감사절차가 아니라 일반적인 감사절차이다. 만약 그 과정에서 후속사건에 대한 충분하고 적합한 감사증거를 수집할 수 있었다면 내부감사인은 추가적인 감사증거를 수집할 필요가 없다.(ISA 560-6)

그러나 일반적인 감사절차를 수행하는 과정에서 후속사건에 대한 충분하고 적합한 감사증거를 수집할 수 없다면, 내부감사인은 후속사건에 대한 감사증거를 수집하는 데 특화된 감사절차(이를 '후속사건 감사절차'라 함)을 수행하여야 한다.(ISA 560-7)

재무제표일 후 감사보고서일까지 발생한 사건에 대한 감사절차

(1) 후속사건에 대한 경영진의 절차 이해

경영진이 후속사건을 식별하기 위하여 수립한 절차들을 이해한다.

(2) 후속사건에 대하여 경영진에 질문

재무제표에 영향을 미칠 수 있는 후속사건이 발생하였는지 여부에 대해 경영진(적절한 경우 지배기구 포함)에게 질문한다. 경영진에게 하는 질문의 구체적 사례는 다음과 같다.

① 새로운 약정이나 차입 또는 보증이 발생하였는지 여부
② 자산의 매각 또는 취득이 발생하였거나 예정되었는지 여부
③ 신주 및 사채의 발행과 같이 자본의 증가 또는 채무상품의 발행이 있었는지, 또는 합병이나 청산에 대한 계약이 체결되었거나 예정되었는지 여부
④ 정부에 수용되거나 화재 또는 홍수에 의해 멸실된 자산이 있었는지 여부
⑤ 우발상황에 관한 진전이 있었는지 여부
⑥ 비경상적인 회계수정이 이루어졌는지 또는 고려 중인지 여부
⑦ 재무제표에 적용된 회계정책의 적합성에 의문을 유발한 사건이 발생하였거나 발생할 가능성이 있는지 여부
⑧ 재무제표에 반영된 추정치나 충당부채의 측정과 관련된 사건의 발생 여부
⑨ 자산의 회수가능성과 관련된 사건이 발생하였는지 여부

(3) 주요 회의록 열람

재무제표일 후에 개최된 주주, 경영진 그리고 지배기구 회의록이 있을 경우 이를 열람하고, 회의록이 아직 이용가능하지 않는 경우에는 해당 회의에서 논의된 사항들에 대하여 질문

(4) 기업의 최근 후속 중간 재무제표 열람

기업의 최근 후속 재무제표가 있다면 이를 열람

상기의 감사절차는 회계감사기준에서 요구하는 후속사건에 대한 감사절차이다. 그러나 상기의 후속사건 감사절차 이외에 내부감사인은 상황에 따라 추가적으로 고려할 수 있는 감사절차는 다음과 같다.(ISA 560 - A8)

<u>추가적으로 고려할 수 있는 감사절차</u>

① 재무제표일 후의 기간에 대하여 해당 기업의 이용가능한 최근의 예산, 현금흐름 예측 및 기타 경영관리 보고서를 열람
② 기업의 법률고문에게 소송과 배상청구에 관하여 질문하거나 기존의 구두 및 서면 질문을 확장
③ 다른 감사증거를 뒷받침하고 이에 따라 충분하고 적합한 감사증거를 입수하기 위해 특정의 후속사건에 대한 서면진술이 필요한 것인지 여부를 고려

나) 후속사건의 감사 기간

상기의 후속사건에 대한 감사절차를 수행할 때 중요한 것 중 하나는 과연 언제까지 감사절차를 연장할 것인가? 이다. 이에 대해 감사기준은 재무제표일로부터 감사보고서일 또는 감사보고서일과 가장 가까운 실행 가능한 일자까지의 기간에 대하여 상기의 후속 사건 감사절차를 수행하여야 한다.(ISA 560-7)

다) 서면진술

내부감사인은 경영진(적절한 경우 지배기구 포함)에게 재무제표일 후에 발생한 사건으로서 해당 재무보고체계에 따라 수정이나 공시가 요구되는 사건이 모두 수정 또는 공시되었다는 서면진술을 경영진(지배기구 포함)에게 요청하여야 한다.(ISA 560-9)

4) 감사보고서일 후 재무제표 발행일 전에 알게 된 사실

가) 소극적 책임과 감사절차

감사보고서일 후에는 내부감사인이 감사증거를 수집할 수 있는 위치에 있지 않다. 따라서 **내부감사인은 감사보고서일 후에 재무제표에 대하여 어떠한 감사절차도 수행할 의무가 없다.**(ISA 560-10) 그러나 **경영진은 감사업무 조건에 의하여 감사보고서일부터 재무제표 발행일까지의 기간 중 알게 된 사실을 내부감사인에게 통지할 의무**가 있다.

왜냐하면, 감사업무 조건에는 재무제표에 영향을 미칠 수 있는 사실로서 경영진이 감사보고서일부터 재무제표 발행일까지의 기간 중 알게 된 사실을 내부감사인에게 통지하는 것

에 대한 동의를 포함하고 있기 때문이다.(ISA 560 - A11)

그러나 내부감사인이 감사보고서일에 알았더라면 감사보고서를 수정할 원인이 될 수도 있었던 사실을 감사보고서일 후 재무제표 발행일 전에 알게 된 경우(소극적 책임), 내부감사인은 다음의 절차를 수행하여야 한다.

<u>**소극적 책임의 경우 감사절차**</u>

① 경영진(적절한 경우 지배기구 포함)과 이 사항을 토의
② 재무제표의 수정이 필요한지 여부를 결정
③ 재무제표의 수정이 필요하다고 결정했다면, 경영진이 재무제표에 이 사항을 어떻게 다룰 계획인지에 대하여 질문

만약, 내부감사인이 재무제표가 수정되어야 하는 상황이라고 판단할 경우 후속 감사절차는 경영진이 재무제표를 수정하는 경우와 경영진이 재무제표를 수정하지 않는 경우에 따라 달라진다.

나) 경영진이 재무제표를 수정하는 경우

내부감사인 보고서일 후 발생한 사건으로 ① 경영진이 내부감사인에게 알려왔고, ② 내부감사인이 재무제표가 수정되어야 한다는 것에 동의하며, 또한 ③ 경영진이 재무제표를 수정하는 경우 새로운 재무제표가 작성된다.

이 경우 감사증거 수집 완료일은 확대되어야 한다. 그러나 과연 내부감사인이 후속사건에 대한 감사증거를 적극적으로 수집하여야 할 기간(적극적 책임기간)을 연장하는 것에 동의하여야 할 것인가? 하는 것은 매우 민감한 사항이다. 이러한 사항에 대하여 내부감사인이 취할 수 있는 선택사항은 다음 두 가지로 나눌 수 있다.(ISA 560-11)

(1) 선택 1 : 모든 후속사건에 대하여 새로운 감사보고서일까지 감사절차를 확대

추가 후속사건을 포함한 모든 후속사건에 대하여 새로운 감사보고서일까지 내부감사인의 적극적 책임을 연장한다. 이 경우 최초 감사보고서일은 새로운 감사보고서에서 새로운 감사보고서일로 대체되어 사라지며, 내부감사인의 적극적 책임은 모든 후속 사건에 대하여 새로운 감사보고서일까지로 확대된다.(ISA 560-11) 이와 같이 내부감사인이 단일감사보고서일을 사용할 경우 감사절차는 다음과 같다.

<u>**모든 후속사건에 대하여 새로운 감사보고서일까지 감사절차를 확대하는 경우**</u>

(가) 새로운 감사보고서일까지 필요한 감사절차를 수행

① 해당 수정사항 : 해당 수정사항에 대하여 해당 상황에 필요한 감사절차를 수행
② 모든 후속사건 : 해당 후속사건 외에도 모든 후속사건에 대하여 상기의 '후속사건 감사절차'

를 새로운 감사보고서일까지 연장

(나) 수정된 재무제표에 대한 새로운 감사보고서를 작성하여 경영진에게 제출

수정된 재무제표에 대하여 내부감사인은 새로운 감사보고서를 경영진에게 제출. 단, 새로운 감사보고서의 일자는 수정된 재무제표의 승인일 보다 빠르면 곤란

(2) 선택 2 : 추가 후속사건에 한정하여 새로운 감사보고서일까지 감사절차를 확대

추가적인 후속사건에 대한 감사절차를 해당 수정사항에만 한정하는 것이 허용된다. 이와 같은 경우에는 내부감사인은 다음 중 하나의 절차를 선택하여 감사절차를 수행하여야 한다.(ISA 560 - 12.)

첫 번째 방법은 이중 감사보고서일(최초 감사보고서일+새로운 감사보고서일)**을 사용하는 방법이다.** 이는 기존 후속사건에만 한정하여 새로운 감사보고서일까지 감사절차를 확대한다. 이 경우 기존 후속사건은 최초 감사보고서일이 적용되며, 추가 추속사건은 새로운 감사보고서일이 적용된다. 이는 후속사건에 대한 내부감사인의 적극적 책임을 모든 후속사건에 대하여 연장하지 않고 오직 추가 후속사건에만 한정하기 위한 것이다.

이와 같이 내부감사인이 추가 후속사건으로 인한 수정사항에만 한정된 추가 감사보고서일을 포함(이중 감사보고서일)하도록 감사보고서를 수정하는 경우, 최초 감사보고서일은 변경 없이 남는다. 왜냐하면, 최초 감사보고서일자는 감사보고서의 이용자들에게 해당 재무제표에 대한 감사업무가 언제 종료되었는지 알려주기 때문이다.

그러나 추가일자는 '최초 감사보고서일 후에 수행된 내부감사인의 절차는 해당 재무제표의 후속적 수행에만 한정한다'는 점을 알리기 위해 감사보고서에 포함하는 것이다. 추가일자 사례는 다음과 같다.

- ㅇ 감사보고서일 : 주석 Y에 관한 사항을 제외한다.
- ㅇ 추가적인 일자 : 주석 Y에 기술된 수정사항에 한정하여 수행된 감사절차의 종료일

두 번째의 방법은 최초 감사보고서일 만을 사용 + 추가 후속사건을 강조(기타)**사항 문단을 추가하여 설명하는 방법이다.** 이는 기존 후속사건은 최초 감사보고서일까지로 고정하고, 추가 후속사건에만 한정하여 후속사건 감사절차를 확대하며, 추가 후속사건에 대한 감사절차는 오직 재무제표의 관련 주석에 기술된 수정에만 한하여 수행되었다는 설명을 강조사항문단 또는 기타사항문단에 포함하는 새로운(또는 수정된) 감사보고서를 제출할 수 있다. 이때 감사보고서일은 최초 감사보고서일을 그대로 사용한다.

<u>추가 후속사건에만 한정해 새로운 감사보고서일까지 감사절차를 확대하는 경우</u>

(가) 필요한 감사절차를 수행

추가적인 후속사건에 대한 감사절차를 해당 수정사항에만 한정하는 것이 허용된다. 이와 같은 경우에는 내부감사인은 다음 중 하나의 감사절차를 수행하여야 한다.

① 이중 감사보고서일(최초 감사보고서일 + 새로운 감사보고서일)을 사용

○ 기존 후속사건에 대해서는 이미 최초 감사보고서일까지 후속사건 감사절차를 완료하였기 때문에 최초 감사보고서일을 유지

○ 추가 후속사건에 대하여는 새로운 감사보고서일까지 후속사건 감사절차를 수행하고 새로운 감사보고서일을 추가[309]

② 최초 감사보고서일만을 사용 + 추가 후속사건을 강조사항 문단에 추가하여 설명

추가 후속사건에 대한 감사절차는 오직 재무제표의 관련 주석에 기술된 수정에만 한정하여 수행되었다는 설명을 강조사항 문단 또는 기타사항 문단에 포함하는 새로운 (또는 수정된) 감사보고서를 제출

(나) 수정된 재무제표에 대한 새로운 감사보고서를 작성하여 경영진에게 제출

수정된 재무제표에 대하여 내부감사인은 새로운 감사보고서를 경영진에게 제출. 단, 새로운 감사보고서의 일자는 수정된 재무제표의 승인일 보다 빠르면 곤란

참고

재무제표 발행일 전에 알게 된 후속사건에 대한 감사보고서일별 내부감사인의 책임

① 최초의 감사보고서일

○ 적극적 책임 : 재무제표일로부터 감사보고서일까지

○ 소극적 책임 : 감사보고서일 이후

② 감사보고서일 후 재무제표 발행 전에 알게 된 사실로 재무제표가 수정되고, 모든 후속사건에 대해 후속사건 감사절차를 확대한 경우→새로운 감사보고서일로 대체

○ 적극적 책임 : 재무제표일로부터 새로운 감사보고서일까지

○ 소극적 책임 : 새로운 감사보고서일 이후

③ 감사보고서일 후 재무제표발행일 전에 알게 된 사실로 재무제표가 수정되고, 추가 후속사건에만 후속사건 감사절차를 한정하는 경우

○ 적극적 책임 : 재무제표일로부터 최초 감사보고서일까지

○ 적극적·소극적 책임 :

•기존 후속사건(소극적 책임) : 최초 보고서일로부터 새로운 감사보고서일까지

•추가 후속사건(적극적 책임) : 최초 보고서일로부터 새로운 감사보고서일까지

○ 소극적 책임 : 새로운 감사보고서일 이후

다) 경영진이 재무제표를 수정하지 않는 경우

경영진이 감사보고서일 후 재무제표 발행일 전에 알게 된 사건의 영향을 재무제표에 반영하지 않은 경우 내부감사인은 감사보고서가 회사에 전달되었느냐에 따라 상이한 절차를

309 이는 후속사건 감사절차가 오직 재무제표 관련 주석에 기술된 수정(추가 후속사건)에만 한정하여 수행되었다는 것을 의미.

수행하여야 한다.

(1) 감사보고서가 회사에 전달되지 않은 경우

내부감사인이 감사보고서일 후 재무제표발행일 전에 발생한 사건으로 재무제표가 수정되어야 한다고 판단하고, 아직 감사보고서가 회사에 전달되지 않은 상황에서 경영진이 재무제표를 수정하지 않은 경우, 내부감사인은 감사보고서를 재발행하여 감사의견을 변형(한정의견 또는 부적정의견)하여야 한다.[ISA 560-13(a)] 왜냐하면 내부감사인이 수정을 권고하였음에도 불구하고 경영진이 이를 받아들이지 않으면 회계기준 위배이기 때문이다.

후속사건으로 재무제표가 수정되어야 함에도 불구하고 경영진이 재무제표를 수정하지 않고 감사보고서가 아직 회사에 전달되지 않았기 때문에 내부감사인은 감사보고서를 수정할 수 있다. 즉, 내부감사인은 최초 감사보고서일 후에 감사의견이 변형되어야 하는 추가적인 증거를 수집한 것이다.

따라서 내부감사인은 추가적인 증거를 수집한 날을 고려하여 감사보고서일을 정할 수 있다. 이 경우 감사보고서일은 내부감사인이 후속사건에 대하여 ① 해당 후속사건을 포함하여 모든 후속사건에 대하여 감사절차를 포괄적으로 수행하였는지, ② 해당 후속사건에만 국한하여 감사절차를 수행하였는지에 따라 상이하다.

<u>후속사건에 대한 감사절차의 수행과 감사보고서일</u>

① **해당 후속사건을 포함하여 모든 후속사건에 대하여 감사절차를 포괄적으로 수행한 경우**
: 새로운 감사보고서일

② **해당 후속사건에만 국한하여 감사절차를 수행한 경우**(두 가지 중 하나선택) :

- 최초 감사보고서일 + 새로운 감사보고서일
- 최초 감사보고서일 + 강조사항 문단 or 기타사항 문단

(2) 감사보고서가 회사에 전달된 경우

감사보고서가 변형되지 않은 채 회사에 이미 감사보고서가 제출된 경우 내부감사인은 다음과 같은 감사절차를 수행하여야 한다.

<u>감사보고서가 변형되지 않은 채 회사에 전달된 경우의 감사절차</u>

① 내부감사인은 경영진(지배기구를 포함)에게, 필요한 수정을 하기 전에는 재무제표를 제3자에게 발행하지 말라고 통보하여야 한다. 또한 경영진이 그 요청을 동의하였다고 하더라도 내부감사인은 이와 별도로 추가적인 법적의무를 이행할 필요가 있다.(ISA 560-A15)

② 그럼에도 불구하고 필요한 수정 없이 재무제표가 발행된 경우, 내부감사인은 재무제표 이용자가 해당 보고서에 의존하는 것을 방지하기 위한 적합한 조치를 취하여야 한다.[ISA 560-13(b)] 이때 적합한 조치란 내부감사인의 법적 권리와 의무에 따른다.(ISA 560-A16)

후속사건으로 재무제표가 수정되어야 함에도 불구하고 이미 감사보고서가 회사에 전달되었다. 즉, 내부감사인은 최초 감사보고서일 후에 감사의견이 변형되어야 하는 추가적인 증거를 수집하였지만 감사보고서를 수정할 수 없는 환경이다. 따라서 내부감사인은 감사 보고서일을 추가로 고려할 필요가 없다.

5) 재무제표 발행일 후 알게 된 사실

재무제표 발행일 후 후속사건을 ① 감사보고서일에 알려졌을 경우, ② 동 감사보고서를 수정할 원인이 될 수도 있었던 사실을, ③ 재무제표 발행일 후에 알게 된 경우, 내부감사인은 다음과 같은 절차를 수행하여야 한다.(ISA 560-14)

재무제표 발행일 후 알게 된 후속사건의 감사절차

① 경영진(적절한 경우 지배기구 포함)과 이 사항을 토의
② 재무제표의 수정이 필요한지 여부를 결정
③ 재무제표의 수정이 필요하다고 결정했다면, 경영진이 재무제표에서 이 사항을 어떻게 다룰 계획인지에 대하여 질문

가) 경영진이 재무제표를 수정하는 경우

경영진이 재무제표를 수정하는 경우 내부감사인은 다음의 절차를 수행하여야 한다.(ISA 560-15~16)

경영진이 재무제표를 수정하는 경우

(1) 해당 수정사항에 대하여 해당사항에 필요한 감사절차(후속사건 감사절차)를 수행

이때 감사보고서일을 단일로 사용할 것인지 아니면 이중으로 사용할 것인지에 따라 후속사건 감사절차를 수행할 기간이 달라진다.

(2) 재무제표 재발행 상황에 대하여 경영진이 취한 조치를 검토

이전에 발행된 재무제표와 감사보고서를 수령한 모든 사람들이 이러한 상황에 대한 통보를 받았는지 확인하게 하기 위하여 경영진이 취한 조치를 검토한다.

(3) 수정된 재무제표에 대한 새로운 감사보고서 제출

(가) 모든 후속사건에 대하여 새로운 감사보고서일까지 감사절차를 확대하는 경우 : 단일 감사보고서일을 사용

(나) 추가 후속사건에만 한정하여 새로운 감사보고서일까지 감사절차를 확대하는 경우 : 다음 중 **어느 하나의 절차를 수행**

① 이중 감사보고서일(최초 감사보고서일 + 새로운 감사보고서일)을 사용

○ 기존 후속사건에 대해서는 이미 최초 감사보고서일까지 후속사건 감사절차를 완료하였기 때문에 최초 감사보고서일을 유지

○ 추가 후속사건에 대하여는 새로운 감사보고서일까지 후속사건 감사절차를 수행하고 새로운 감사보고서일을 추가[310]

② 최초 감사보고서일만을 사용 + 추가 후속사건을 강조사항 문단에 추가하여 설명

추가 후속사건에 대한 감사절차는 오직 재무제표의 관련 주석에 기술된 수정(추가적인 후속사건)에만 한정하여 수행되었다는 설명을 강조사항 문단 또는 기타사항 문단에 포함하는 새로운(또는 수정된) 감사보고서를 제출

(4) 강조사항 문단 기타사항 문단에 다음을 추가

내부감사인은 새로운 감사보고서 또는 수정된 감사보고서에 강조사항 문단 또는 기타사항 문단을 추가한다. 그 문단에는 ① 이전 발행한 재무제표의 수정이유를 더 넓게 논의한 재무제표 주석을 참조하라는 내용과 ②내부감사인이 이전에 발행한 감사보고서를 언급한다.

참고

재무제표 발행일 후에 알게 된 후속사건에 대한 감사보고서일별 내부감사인의 책임

① 최초의 감사보고서일

○ 적극적 책임 : 재무제표일로부터 감사보고서일까지

○ 소극적 책임 : 감사보고서일 이후

② 재무제표 발행 후에 알게 된 사실로 재무제표가 수정되고, 모든 후속사건에 대해 후속사건 감사절차를 확대한 경우→새로운 감사보고서일로 대체

○ 적극적 책임 : 재무제표일로부터 새로운 감사보고서일까지

○ 소극적 책임 : 새로운 감사보고서일 이후

③ 재무제표발행일 후에 알게 된 사실로 재무제표가 수정되고, 추가 후속사건에만 후속사건 감사절차를 한정하는 경우

○ 적극적 책임 : 재무제표일로부터 최초 감사보고서일까지

○ 적극적·소극적 책임 :

•기존 후속사건(소극적 책임) : 최초 보고서일로부터 새로운 감사보고서일까지

•추가 후속사건(적극적 책임) : 최초 보고서일로부터 새로운 감사보고서일까지

○ 소극적 책임 : 새로운 감사보고서일 이후

나) 경영진이 재무제표를 수정하지 않는 경우

310 이는 후속사건 감사절차가 오직 재무제표 관련 주석에 기술된 수정(추가 후속사건)에만 한정하여 수행되었다는 것을 의미.

내부감사인이 재무제표의 수정이 필요하다고 믿는 상황에서 경영진이 이전에 발행된 재무제표를 수령한 사람들에게 이러한 상황을 확실히 알리기 위한 필요한 조치를 취하지 않고 재무제표를 수정하지 않은 경우에는 다음과 같은 절차를 취하여야 한다.(ISA 560-17. A18)

첫째, 내부감사인은 경영진(그리고 지배기구의 모든 구성원이 그 기업의 경영에 참여하고 있는 경우가 아니라면, 지배기구를 포함)에게 감사보고서에 대한 차후의 의존을 방지할 조치를 취할 것이라고 통보하여야 한다.

둘째, 그러한 통보에도 불구하고 경영진 또는 지배기구가 재무제표의 수정 등 필요한 조치를 취하지 않으면, 내부감사인은 해당 감사보고서에 한 의존을 방지하기 위한 적합한 조치를 취하여야 한다.

다. 계속기업에 대한 감사[311]

1) 회계의 계속기업 전제

회계의 계속기업 전제하에서 재무제표는 기업은 계속기업이고 예측할 수 있는 미래의 기간 동안 영업을 계속할 것이라는 가정에서 작성된다. 일반적 재무제표는 경영진이 기업을 청산하거나 영업을 중단할 의도가 없는 한 또는 그 외에는 다른 현실적인 대안이 없는 한, 회계의 계속기업 전제를 사용하여 작성한다.

특정적 재무제표(예, 청산 목적)는 회계의 계속기업전제가 적절한 재무보고체계에 따라 작성될 수도 있고 그렇지 않을 수도 있다. 회계의 계속기업전제의 사용이 적절한 경우, 자산과 부채는 기업이 전상적인 사업과정에서 자산을 실현하고 채무를 상환할 수 있을 것이라는 점에 근거하여 기록된다.(ISA 560 - 2)

따라서 재무제표의 자산과 부채는 계속기업전제하의 측성속성에 의하여 재무제표가 기록되므로 재무제표에 대한 경영진의 주장에 대하여 확신을 얻기 위해서는 내부감사인은 감사절차를 계획·수행하고 그 결과를 평가할 때 우선 재무제표 작성의 전제가 되는 계속기업전제가 타당한지를 평가하여야 한다.

2) 계속기업의 가정에 대한 평가의 책임

가) 경영진의 책임

계속기업은 재무제표 작성을 위한 전제이므로 계속기업으로서의 존속능력을 평가할 책임은 경영진에게 있다. 따라서 한국채택국제회계기준에서도 경영진에게 계속기업으로서 존속능력에 대하여 평가하도록 명시하고 있다.(ISA 570-3)

이러한 책임은 재무제표를 작성할 때 사용되는 재무보고체계가 경영진에게 계속기업으로서의 존속능력을 구체적으로 평가하도록 명시적인 요구사항(예, IFRS)을 포함하지 않는 경우에도 존재한다.(ISA 570-7) 왜냐하면, 계속기업전제는 회계기준에서 명시하고 있지 않더라도 재무제표 작성의 기본전제이기 때문이다.

311 노준화, 전게서, 2019, 537~551면. 선영규, 전게서, 2017. 9-22~9-30면. 이창우 외 3인, 전게서, 2019. 14-1~14-14.

계속기업으로서의 존속능력에 대한 경영진의 평가에는 근본적으로 불확실한 미래사건이나 상황의 결과에 대해 특정시점에서 경영진의 판단이 수반된다. 이러한 판단에 영향을 미치는 요소에는 다음과 같은 것이 있다.(ISA 570-5)

계속기업으로서 존속능력에 대한 경영진의 평가에 영향을 미치는 사항

① 장래의 시간

사건이나 상황 또는 그 결과가 보다 먼 미래에 발생할수록 그 결과와 연관된 불확실성의 정도가 유의적으로 증가한다. 그러한 이유로 경영진 평가를 명시적으로 요구하는 대부분의 재무보고체계는 경영진이 이용 가능한 모든 정보를 고려해야 하는 기간(IFRS 에서는 12개월)을 명시한다.

② 기업의 규모와 복잡성, 사업의 성격과 상황

기업의 규모와 복잡성, 사업의 성격과 상황 그리고 기업의 외적 요인에 영향을 받는 정도는 사건이나 상황의 결과를 판단하는 데 영향을 미친다.

③ 후속 사건

미래에 대한 어떤 판단도 판단시점에서 이용 가능한 정보에 기초하여 이루어짐. 후속사건들은 그 당사자에는 합리적이었던 판단과는 연관되지 아니한 결과를 초래할 수 있다.

개별적으로 또는 복합적으로 계속기업으로서의 존속능력에 대하여 유의적 의문을 초래할 수 있는 사건이나 상황의 사례는 다음과 같다. 다음의 사례는 모든 사례를 포함하고 있는 것이 아니며 또한 다음의 사례 중 하나 또는 둘 이상이 존재한다고 해서 항상 중요한 불확실성이 존재한다는 것을 의미하는 것은 아니다.(ISA 570-A3)

계속기업 가정에 중대한 의문을 불러일으킬 수 있는 사건이나 상황의 사례

(1) 재무적 상황

① 순부채 또는 순유동부채 상태
② 현실적으로 갱신이나 상환의 가능성이 없는 확정만기 차입금의 만기 도래, 또는 장기성 자산의 취득자금을 단기차입금에 지나치게 의존
③ 채권자들의 금융지원 철회 징후
④ 역사적 재무제표 또는 추정 재무제표 부의 순영업현금흐름
⑤ 핵심 재무비율의 악화
⑥ 상당한 규모의 영업손실의 발생, 또는 현금흐름의 창출에 사용된 자산가치의 유의적 악화
⑦ 배당금 지급의 연체 또는 배당의 중단
⑧ 채무의 지급기일 준수 불능 ⑨ 차입약정 조건의 준수 불능
⑩ 공급자와의 거래가 신용에서 현금결제조건으로 변경
⑪ 핵심 신제품의 개발이나 기타 필수적 투자에 대한 자금조달 능력의 부재 등

(2) 영업적 상황

① 경영진의 기업청산이나 영업중단 의도
② 후임자의 선임 없이 주요 경영진이 퇴진
③ 주요 시장, 주요 고객, 프랜차이즈, 면허 혹은 주요 공급자의 상실
④ 노사문제의 어려움 ⑤ 주요 부품의 부족 ⑥ 대단히 성공적인 경쟁자의 출현 등

(3) 기타

① 금융기관에 대한 지급능력 또는 유동성 요건 같은 자본에 대한 요구사항 또는 기타 법령상의 요구사항에 대한 위반
② 기업을 상대로 소송 또는 징계절차가 진행 중이며, 실패할 경우에는 기업이 감당할 수 없을 정도의 배상책임을 부담할 수 있는 경우
③ 기업에 불리한 영향을 미칠 것으로 예상되는 법규나 정부정책의 변화
④ 발생할 경우에 재앙이 될 사고에 대한 보험에 미가입 또는 불충분한 부보금액 등

나) 감사인의 책임

계속기업전제에 있어 내부감사인의 책임은 ① 재무제표의 작성에 있어 경영진의 회계의 계속기업전제의 사용의 적합성에 대하여 충분하고 적합한 감사증거를 입수하고 결론을 내리며, ② 입수된 감사증거에 기초하여 계속기업으로서의 존속능력에 대한 중요한 불확실성이 존재하는지 여부에 대하여 결론을 내리는 것이다.

그러나 계속기업으로서의 존속을 중단시킬 미래의 사건이나 상황의 경우에는 감사의 고유한계가 중요한 왜곡표시를 발견할 수 있는 내부감사인의 능력에 미치는 잠재적 영향이 더욱 크다. 내부감사인은 그러한 미래 사건이나 상황을 예측할 수 없다.

따라서 감사보고서에서 계속기업으로서의 존속능력에 대한 중요한 불확실성에 대한 언급이 없다고 하여 계속기업으로서의 존속능력을 보증하는 것은 아니며, 재무제표 작성 시 적용한 재무보고체계에서 계속기업에 대한 경영진의 책임을 요구하지 않는 경우에도 이러한 책임은 존재함에 주의하여야 한다.(ISA 570 - 6~7)

3) 계속기업에 대한 감사인의 위험 평가

내부감사인은 감사계획을 수립하기 위하여 위험평가절차를 수행할 때 계속기업으로서의 존속능력에 대하여 유의적 의문을 초래할 수 있는 사건이나 상황이 존재하는지 여부를 고려하여야 한다. 이 경우 내부감사인은 경영진이 이미 계속기업으로서의 존속능력에 대한 예비평가를 수행하였는지 여부를 결정하여야 하고 다음의 절차 중 어느 하나를 선택하여 수행하여야 한다.

가) 경영진이 예비평가를 수행한 경우

경영진이 예비평가를 수행한 경우, 내부감사인은 ① 경영진과 그 평가에 대하여 討議하여야 하며, ② 경영진이 개별적으로 또는 집합적으로 계속기업으로서의 존속능력에 유의적 의문을 제기할 수 있는 사건이나 상황을 식별하였는지 여부를 확인하여야 하고, ③ 식별된 경우에는 계속기업으로서 존속능력에 유의적 의문에 대한 경영진의 계획을 확인하여야 한

다.(ISA 570-10)

나) 경영진이 예비평가를 수행하지 않은 경우

경영진이 아직 예비평가를 수행하지 않은 경우, ① 경영진이 계획하는 회계의 계속 기업 전제 사용의 근거에 대하여 내부감사인은 경영진과 토의하여야 하고, ② 개별적으로 또는 집합적으로 계속기업으로서의 존속능력에 유의적 의문을 초래할 수 있는 사건이나 상황이 존재하는지 여부를 질문하여야 한다.(ISA 570-10)

이러한 위험평가절차는 내부감사인이 계속기업전제 적용이 중요한 쟁점이 될 가능성이 있는지 여부를 결정하고 감사를 계획할 때 미치는 영향을 결정하는 데 도움을 준다. 이러한 절차는 또 계속기업 쟁점을 식별한 경우 이에 대한 경영진의 계획과 해결책에 관한 토의 등 경영진과의 적시 토의를 가능하게 해 준다.

4) 계속기업에 대한 내부감사인의 감사 절차

가) 경영진의 평가에 대한 검토

내부감사인은 계속기업으로서의 존속능력에 대한 경영진의 평가에 대하여 평가하여야 한다.(ISA 570-12)

(1) 평가대상 기간

내부감사인은 계속기업으로서의 존속능력의 평가기간이 재무제표일로부터 12개월에 미달 하는 경우 경영진에게 그 평가대상기간을 적어도 12개월로 하도록 요구하여야 한다.(ISA 570-13)

(2) 평가에 대한 검토절차

내부감사인이 회사의 계속기업가정에 관해 고려할 핵심사항은 계속기업으로서의 존속능력에 대하여 경영진이 평가한 내용이다. 경영진의 평가내용을 검토할 때는 다음 사항을 고려하여야 한다.(ISA 570-A9)

경영진의 평가를 내부감사인이 평가할 때 고려사항

① 경영진이 평가를 위해 수행한 절차 ② 평가의 기초가 된 가정
③ 경영진의 향후 실행계획 ④ 경영진 계획의 실행가능성 여부를 평가

또한 내부감사인은 이러한 평가를 수행할 때, 감사를 수행한 결과 알게 된 관련 정보가 경영진의 평가에 모두 포함되었는지 여부를 고려하여야 한다.(ISA 570-14)

계속기업에 대하여 경영진이 수행한 분석이 부족할 경우 이를 바로잡는 것은 내부감사인의 책임이 아니다. 그러나 경영진 평가를 뒷받침하기 위한 경영진의 세부분석이 부족하다고 해서 내부감사인이 회계의 계속기업 전제에 대한 경영진의 판단이 적합한지 여부에 대하여 결론을 내릴 수 없는 것은 아니다.

한 예로 기업이 이익을 실현해 왔고 용이하게 금융지원에 접근할 수 있으면, 세부적인 분석을 수행하지 않아도 경영진은 계속기업으로서 존속능력을 평가할 수 있다. 이 경우 재무제표 작성에 있어 경영진의 회계의 계속기업전제 사용이 해당 상황에서 적합한지 여부에 대하여 내부감사인의 다른 감사절차가 충분하다면, 내부감사인은 세부적인 감사절차를 수행하지 않고도 경영진의 평가가 적합한지 여부를 평가할 수 있다.(ISA 570 -A9)

나) 경영진이 평가한 기간 후의 계속기업 문제

내부감사인은 경영진이 평가한 기간 후에 발생될 알려진 사건이나 상황이 있을 가능성에 대하여도 주의를 유지한다.(ISA 570-A14) 따라서 내부감사인은 경영진의 평가대상기간(재무제표일로부터 12개월) 이후에 계속기업으로서의 존속능력에 대하여 중대한 의문을 초래할 수 있는 사건이나 상황을 경영진이 알고 있는지 질문하여야 한다.(ISA 570-15)

내부감사인은 경영진에 대한 질문 이외에는 경영진의 평가기간을 초과하여 계속기업으로서의 존속능력에 유의적 의문을 불러일으키는 사건이나 상황을 식별하기 위한 다른 감사절차를 수행할 책임이 없다.(ISA 570-A15)

다) 계속기업 문제와 관련된 사건이나 상황이 파악된 경우의 추가적 감사절차

계속기업으로서의 존속능력에 대하여 유의적 의문을 초래할 만한 사건이나 상황을 식별한 경우, 내부감사인은 계속기업으로서의 존속능력에 대하여 유의적 의문을 초래할 수 있는 사건이나 상황과 관련된 중요한 불확실성이 존재하는지 여부를 결정하기 위해 추가적인 감사절차를 수행함으로써 충분하고 적합한 감사증거를 입수하여야 한다. 이에는 아래의 절차가 포함되어야 한다.(ISA 570-16)

(1) 경영진이 존속능력을 평가하지 않은 경우 : 평가요청

경영진은 계속기업으로서 존속능력에 대하여 평가할 책임이 있다. 내부감사인은 경영진의 평가가 적합한지를 감사하는 것이다. 따라서 만약 경영진이 이를 평가하지 않은 경우 내부감사인은 경영진에게 이를 평가하도록 요청하여야 한다.

(2) 경영진의 향후 계획의 실행가능성 검토 : 경영진에게 질문

계속기업에 대하여 의문이 제기될 경우에 경영진은 이를 해소하기 위한 향후의 실행 계획을 수립함으로써 계속기업의 타당성을 주장할 것이다. 과연 경영진이 수립한 향후의 실행계획이 실현되어 계속기업으로 존속하는 것이 타당한 것인지 여부는 내부감사인의 전문가적 판단에 달려있다.

그러면 내부감사인이 경영진의 향후 실행계획이 타당한지 여부는 어떤 감사절차를 통하여 감사할 수 있을까? 여기에는 자산의 처분, 자금의 차입, 부채구조의 조정, 지출의 축소나 지연, 증자에 대한 계획을 포함한 향후 실행계획에 대하여 경영진에게 질문하는 것 등이 포함된다.(ISA 570-A17)

(3) 미래 현금흐름의 예측치에 대한 신뢰성 검증

계속기업으로서 존속 여부에 대하여 의문이 제기될 경우, 경영진은 이를 해소하기 위한 실행계획이 실현됨으로써 미래의 현금흐름이 개선되어 재무적 어려움을 극복할 수 있을 것이라는 예측치를 내부감사인에게 제시할 것이다. 이 경우 내부감사인은 미래의 현금흐름에 대한 예측치가 신뢰할 수 있는 것인지 감사한다.(ISA 570-16. A18)

(4) 경영진이 평가한 이후 평가에 도움이 되는 추가적인 정보수집

계속기업에 대한 경영진의 평가는 특정일까지 이용가능한 정보이다. 계속기업에 대한 평가는 기업의 미래에 대한 평가이기 때문에 내부감사인은 특정일 이후에도 추가적인 사실이 발생하거나 새로운 정보가 이용가능한지 여부를 고려하여야 한다.

(5) 경영진의 서면진술

계속기업에 대한 감사절차는 매우 제한적이다. 따라서 내부감사인은 주로 경영진에게 질문함으로써 증거를 수집한다. 알고 있는 바와 같이 질문으로 수집할 수 있는 증거는 그 증거능력이 낮다. 따라서 내부감사인은 추가적으로 경영진에게 향후 실행계획과 이러한 계획의 실행가능성에 대하여 서면진술을 요청하여야 한다.

5) 감사 결론과 보고

내부감사인은 입수한 감사증거를 기초로 회사의 계속기업으로서의 존속능력에 대하여 개별적 또는 복합적으로 유의적인 의문을 불러일으키는 사건이나 상황과 관련하여 중요하다고 판단되는 불확실성이 존재하는지를 결정하여야 한다. 여기서 **'중요한 불확실성'**이란 내부감사인 그 영향의 잠재적 크기와 발생가능성으로 인해 재무제표에 공시할 필요가 있다고 판단하는 경우의 불확실성을 말한다.(ISA 570-17)

가) 계속기업전제의 적용은 적절하나 중요한 불확실성이 존재하는 경우

사건이나 상황이 식별되었고 중요한 불확실성이 존재하는 경우란 계속기업 존속가능성에 유의적 의문을 惹起 시키는 사건이나 상황이 경영진의 회계의 계속기업전제의 적용은 적절하지만 중요한 불확실성이 존재하는 경우를 말한다.

내부감사인은 사건이나 상황이 식별되었고 중요한 불확실성이 존재하는 경우(회계의 계속기업전제가 적절하나 중요한 불확실성이 존재하는 경우) 다음사항을 결정하여야 한다. (ISA 570-19)

<u>중요한 불확실성이 존재하는 경우 내부감사인이 고려할 사항</u>

① 계속기업으로서의 존속능력에 대하여 유의적 의문을 초래할 수 있는 주요 사건이나 상황 및 이러한 사건이나 상황을 다루기 위한 경영진의 계획이 재무제표에 적절히 기술되어 있는지 여부
② 계속기업으로서의 존속능력에 대하여 유의적 의문을 초래할 수 있는 사건이나 상황과 관련하여 중요한 불확실성이 존재하고, 정상적인 사업과정에서 자산을 회수하고 부채를 상환하지 못할 수 있다는 사실이 재무제표에 명확히 공시되어 있는지 여부

만약, 해당 내용을 주석에 적절하게 공시한 경우와 공시하지 아니한 경우 내부감사인의

감사보고서에 미치는 영향은 다음과 같다.(ISA 570-19~20)

(1) 재무제표에 중요한 불확실성에 대한 적절한 공시가 이루어진 경우

재무제표에 중요한 불확실성에 대한 적절한 공시가 이루어진 경우, 내부감사인은 적정의견을 표명하야야 하며, 다음 목적을 위한 "계속기업 관련 중요한 불확실성"이라는 제목의 별도 단락을 감사보고서에 포함하여야 한다.(ISA 570-22)

계속기업 관련 중요한 불확실성이라는 재목의 별도단락을 표시하는 이유

① 계속기업 관련 중요한 불확실성을 공시하고 있는 재무제표의 주석에 주의를 기울이도록 한다.

② 이러한 사건과 상황이 계속기업으로서의 존속능력에 유의적 의문을 초래할 수 있는 중요한 불확실성이 존재한다는 사실을 나타내는 점을 명시하고 해당 사항과 관련하여 감사의견이 변형되지 않았음을 명시한다.

(2) 재무제표에 중요한 불확실성에 대한 적절한 공시가 이루어지지 않은 경우

재무제표에 중요한 불확실성에 대한 적절한 공시가 이루어지지 않은 경우, 내부감사인은 다음의 절차를 수행하여야 한다.(ISA 570-23)

중요한 불확실성에 대한 적절한 공시가 이루어지지 않은 경우 감사절차

① 해당 중요성에 따라 '한정의견'이나 '부적정의견'을 표명한다.

② 감사보고서의 '한정 의견' 근거('부적정 의견' 근거) 단락에, 계속기업으로서의 존속능력에 유의적 의문을 초래할 수 있는 중요한 불확실성이 존재한다는 점을 명시하고 재무제표에는 이 사항이 적절하게 공시되어 있지 않음을 명시한다.

단, 재무제표 전체에 유의적 영향을 미치는 여러 가지의 중요한 불확실성이 연루된 상황이라면 내부감사인은 별도단락을 기재하기보다는 극히 드물지만 의견표명을 거절하는 것이 적절한지 고려하여야 할 것이다.

나) 사건이나 상황이 파악되었으나 중요한 불확실성이 존재하지 않는 경우

계속기업으로서의 존속능력에 유의적 의문을 초래할 수 있는 사건이나 상황이 식별되었으나 입수된 감사증거를 근거로 내부감사인이 중요한 불확실성이 존재하지 않는다고 결론을 내린 경우, 내부감사인은 해당 재무보고체계의 요구사항에 비추어 재무제표에 이러한 사건이나 상황에 대한 적절한 공시가 이루어지는지 여부를 평가해야 한다.(ISA 570-20)

전문가들은 오랫동안 'close call'의 재무제표에 대한 공시가 적절한지에 대한 검토를 내부감사인에게 요구하는 것이 바람직한 것인지에 대하여 논의해 왔다. 결국 국제감사기준(ISA)과 개정 회계감사기준은 내부감사인에게 "경영진이 close call 상황*을 적절하게 공시하였는지"에 대하여 평가할 의무를 부여하였다.

***close call 상황**이란 계속기업으로서의 존속능력에 대하여 유의적 의문을 초래할 수 있

는 사건이나 상황이 식별되었으나 이러한 사건 및 상황을 다루기 위한 경영진의 계획을 고려한 후 경영진과 내부감사인이 중요한 불확실성이 존재하지 않는다는 결론을 내리는 상황을 말한다.

다) 계속기업 전제의 적용이 부적절한 경우

재무제표가 계속기업 전제에 근거하여 작성되었지만 재무제표에 적용한 경영진의 계속기업 전제가 적절하지 않다고 판단되면, 경영진의 계속기업 전제가 적절하지 않다는 사실이 재무제표에 공시되었는지 여부와 관계없이 내부감사인은 **'부적정 의견'**을 표명해야 한다.(ISA 570-21)

단, 계속기업 전제가 부적절한 상황에서 기업의 경영진이 재무제표를 작성해야 하거나 작성하기로 결정하였으면, 재무제표는 대체적인 기반(예를 들어, 청산기반)을 토대로 작성된다. 내부감사인이 해당 상황에서 대체적인 기반이 수용 가능한 재무보고체계라고 결정한 경우에는 내부감사인은 그러한 재무제표에 대해 감사를 수행할 수 있다.

또 내부감사인은 제무제표에 적절한 공시가 있다면 적정의견을 표명할 수 있을 것이다. 이 경우 내부감사인은 재무제표 이용자의 주의를 환기시키기 위하여 감사보고서에 대체적인 기반 및 이를 적용한 이유에 대한 강조사항 문단을 포함하는 것이 적합하거나 필요한지 여부를 고려해야 할 것이다.

라) 경영진이 계속기업에 대한 평가나 평가기간 확대를 하지 않으려고 하는 경우

내부감사인의 요구에도 불구하고 경영진이 계속기업에 대한 평가를 하지 않거나 평가기간을 확대하지 않으려고 하면, 내부감사인은 감사보고서에 대한 시사점을 고려하여야 한다.(ISA 570-24) 만약 이러한 경영진의 행동으로 내부감사인이 충분하고 적합한 감사증거를 수집할 수 없다고 판단하면, 내부감사인은 한정의견 또는 의견 거절하여야 한다.(ISA 570-A35)

마) 경영진이나 지배기구에 의한 재무제표의 승인이 유의적으로 지연되는 경우

내부감사인은 재무제표일 후 경영진이나 지배기구에 의한 재무제표 승인이 유의적으로 지연되고 있으면, 그 사유를 질문하여야 한다. 재무제표 승인의 지연이 계속기업 평가와 관련된 사건이나 상황과 연관되었을 수 있다고 믿는다면, 내부감사인은 ① 중요한 불확실성의 존재에 대한 내부감사인의 결론에 미치는 영향을 고려할 뿐만 아니라 ② 계속기업으로서 존속능력에 대하여 유의적 의문을 초래할 만한 사건이나 상황이 식별된 경우와 같이 필요한 추가적인 감사절차를 수행해야 한다.(ISA570-26)

라. 공시사항에 대한 검토[312]

1) 공지사항의 점검

감사의 완료단계에서 내부감사인은 회계기준에 의한 재무제표의 공시가 적절히 이루어

312 노준화, 전게서, 2019, 552면. 선영규, 전게서, 2017. 9–34면.

졌는지를 검토하여야 한다. 공시사항의 분류와 공시방법의 적정성 및 회계처리 변경여부는 감사의 전 과정에서 파악되어야 하지만, 내부감사인은 감사완료단계에서 공시사항이 감사조서에 의하여 뒷받침되고 있는지 여부를 총괄적으로 검토할 필요가 있다.

또한 회계기준에서 요구하는 공시사항이 모두 포함되었는지를 검토하여야 한다. 일반적으로 실무에서는 '공시사항 점검표'를 이용함으로써 공시사항에 대한 감사절차가 누락될 가능성을 사전에 방지하고 있다. 재무제표에 공시할 사항은 다음과 같다.

재무제표에 공시할 사항

① 계정과목 분류에 관한 사항
② 주석과 주기하여야 할 사항
③ 관련 법률에서 특별히 요청하는 명세서(예, 상장법인 재무관리규정 관련 명세서)

2) 공지사항의 감사의견

회계기준에서는 회사가 재무제표와 함께 공시해야 할 사항을 규정하고 있다. 따라서 만약 중요한 공시사항이 누락되었거나 적절하게 공시되지 않은 경우, 이는 회계기준의 위배(재무제표의 왜곡표시)이므로 중요성에 따라 한정의견 또는 부적정의견을 표명한다.

재무보고체계에서 공시여부에 대해 선택적 조항을 규정한 경우에는 경영진과 내부감사인의 판단에 따라 달라질 수 있는 부분이므로 내부감사인의 입장에서 경영진과 감사인간의 의견불일치(판단적 왜곡표시)로 보아 중요성에 따라 '한정의견'/'부적정의견'을 표명해야 한다.

마. 미수정왜곡표시의 요약 및 수정권고[313]

1) 미수정왜곡표시의 개요

가) 왜곡표시의 의의

왜곡(歪曲)이란 표준국어대사전에 의하면 '사실과 다르게 해석하거나 그릇되게 함을 말한다.'라고 설명하고 있는바, **왜곡표시**란 어떠한 現狀을 사실과 다르게 해석하거나 그릇되게 표시하는 것'을 의미한다 할 것이다.

내부감사인은 재무제표에 대한 의견을 형성할 때 재무제표 전체에 중요한 왜곡표시가 없는지 여부에 대한 합리적인 확신을 얻어야 할 것이며, 이러한 결론을 내리기 위해서 왜곡표시가 재무제표에 미치는 영향을 고려하여야 한다.

따라서 내부감사인은 위험평가절차부터 감사계획의 수행 및 완료까지 왜곡표시의 발견을 위해(왜곡표시를 발견하지 못할 위험을 회피하기 위해) 적절한 기준에 의하여 감사를 계획하고 수행하여야 한다. 이때 적절한 기준이란 중요성을 의미한다.

---

313 노준화, 전게서, 2019, 553~560면. 선영규, 전게서, 2017. 9-35~9-40면. 이창우 외 3인, 전게서, 2019. 14-26~14-32면.

나) 왜곡표시의 분류와 발생원인

(1) 왜곡표시의 분류

왜곡표시는 감사의 절차에 따라 '식별된 왜곡표시', '미수정 왜곡표시' 및 '미발견 왜곡표시'로 구분되며, 그리고 감사과정에서 식별된 왜곡표시는 다시 그 유형과 중요성에 따라 다음과 같이 구분한다.

(가) 유형별 구분

① **사실적 왜곡표시** : 의심의 여지가 없는 왜곡표시

② **판단적 왜곡표시** : 회계추정치와 관련하여 내부감사인이 비합리적이라고 고려하는 경영진의 판단 또는 내부감사인이 회계정책의 선택과 적용이 적합하지 않다고 고려 하는 경우에 발생하는 차이를 의미

③ **투영된 왜곡표시** : 모집단의 왜곡표시에 대한 내부감사인의 최선의 추정치이며, 감사 표본에서 식별된 왜곡표시를 표본이 추출된 전체 모집단으로 투영하는 것

(나) 중요성별 구분

① **중요한 왜곡표시** : 내부감사인이 설정한 중요성 수준 이상의 왜곡표시 금액

② **중요하지 않은 왜곡표시 금액** : 내부감사인이 설정한 중요성 수준 미만의 왜곡표시 금액

③ **명백히 경미한 왜곡표시 금액** : 개별적, 집합적으로도 그 크기나 성격 또는 상황이 어떤 기준으로 판단해도 명백하게 사소한 항목

중요한 왜곡표시인지 여부를 판단하기 위해서는 중요성의 수준에 따라 달라지는 바, 중요성 수준은 감사를 계획하는 시점(중간감사시점)과 결산완료시점에서 상이해질 수 있다. 이에 따라 회계감사기준에서는 내부감사인은 미수정 왜곡표시의 영향을 평가하기 전에 최초 위험평가 후 설정한 계획단계의 중요성 수준이 기업의 실제 재무결과의 관점에서도 여전히 적합한지 여부를 재평가하여야 한다.(ISA 450-10)

(2) 왜곡표시의 발생원인

왜곡표시는 해당 재무보고체계의 요구사항과 작성된 재무제표간의 금액, 분류, 공시 또는 표시의 차이, 부정과 오류로 발생할 수 있는 바, 이는 다음과 같다.(ISA 450-4)

왜곡표시의 발생원인

① 재무제표의 작성의 원천이 되는 데이터의 수집하고 처리할 때의 부정확성

② 금액이나 공시의 누락

③ 사실에 대한 간과나 해석상 명백한 오류에 따른 부정확한 회계추정치

④ 회계추정치와 관련하여 내부감사인이 비합리적이라고 고려하는 경영진의 판단, 또는 내부감

사인이 회계정책의 선택과 적용이 적합하지 않다고 고려하는 경우

2) 식별된 왜곡표시의 집계

내부감사인은 명백하게 사소한(cleary trivial) 것을 제외하고는 감사 중 식별된 왜곡표시를 집계하여야 한다.(ISA 450-5). 내부감사인은 어느 왜곡표시가 일정금액에 미달하며, 이 항목이 명백하게 사소할 것이고 또한 그 합계금액이 재무제표에 중요한 역할을 미치지 않을 것이 명백하다고 예상되므로 그 왜곡표시의 집계도 불필요할 것이라고 판단하는 일정 금액을 지정할 수 있다.

"명백하게 사소하다(cleary trivial)"는 것은 "중요하지 않다(not material)"와 동일한 표현은 아니다. **명백하게 사소한(cleary trivial) 사항**이란 감사기준에 따라 결정된 중요성의 규모와는 전적으로 다른(즉, 더 작은) 차원이 될 것이며, 개별적으로나 집합적으로 보거나, 혹은 크기, 성격 또는 상황의 어느 기준으로 판단하더라도 명백하게 영향이 미미한 사항일 것이다.

특정 사항이 명백하게 사소한지 여부에 대해서 **어떤 불확실성이 존재한다면, 이는 명백하게 사소한 사항이 아니라고 판단한다.**(ISA 450-A2) 내부감사인은 감사 중 집계한 왜곡표시의 영향을 평가하고, 경영진 및 지배기구와 왜곡표시에 대한 커뮤니케이션을 하는 데 유익하도록, 사실적 왜곡표시와 판단적 왜곡표시 그리고 투영된 왜곡표시를 앞에서 설명한 바와 같이 유형별로 구별하는 것이 유용할 것이다.(ISA 450-A3)

3) 감사 진행 중 식별된 왜곡표시에 대한 고려

가) 식별된 왜곡표시와 감사계획의 수정

내부감사인은 다음 중 어느 하나에 해당되는 경우 전반적 감사전략과 감사계획을 수정할 필요가 있는지 결정하여야 한다.(ISA 450-6)

식별된 왜곡표시로 감사전략과 감사계획을 수정할 필요가 있는 경우

① 식별된 왜곡표시의 성격과 그 발생도나 상황에 따르면 다른 왜곡표시가 존재할 가능성을 나타내고 있으며, 이것이 감사 중 집계한 (다른)왜곡표시들과 합쳐졌을 때 중요할 수 있는 경우
② 감사 중 집계한 왜곡표시의 합계가 중요성에 근접한 경우

내부감사인은 위와 같은 식별된 왜곡표시로 감사전략과 감사계획을 수정할 필요가 있는 경우에는 ① 전반감사전략과 감사계획을 수정하여 추가 감사절차의 수행하고, ② 최종 식별한 미수정 왜곡표시를 경영진에게 수정 요청하여야 한다. 어떤 경우 단독으로는 중요하지 않지만 다른 왜곡표시와 합쳐졌을 경우 재무제표를 중요하게 왜곡 표시할 수 있는 왜곡표시도 있다.

감사 중 집계한 왜곡표시의 합계가 중요성에 근접하는 경우, 이것이 미발견 왜곡표시와 합쳐졌을 경우 중요성을 초과할 수 있는 위험(실질 감사위험)은 수용가능한 낮은 수준(목표감사

위험 = 허용감사위험)보다 높을 수도 있다. 이와 같은 미발견 왜곡표시는 표본위험과 비표본위험 때문에 존재할 수 있다.(ISA 450-7)

나) 왜곡표시를 수정한 경우 추가 감사절차

만약 내부감사인의 요청으로 경영진이 거래유형, 계정잔액 혹은 공시를 조사하여 그 발견된 왜곡표시들을 수정한 경우, 내부감사인은 왜곡표시가 잔존하고 있는지 여부를 결정하기 위해 추가적인 감사절차를 수행하여야 한다.(ISA 450-7)

잔존 가능한 왜곡표시를 파악하기 위한 감사절차

① 내부감사인이 식별한 왜곡표시의 원인을 이해할 수 있도록 거래유형, 계정잔액 또는 공시를 조사
② 이 항목들에서의 실제 왜곡표시 금액을 결정하는 절차를 수행
③ 재무제표에 적합한 수정을 하도록 내부감사인은 경영진에게 요청 가능[314]

4) 왜곡표시에 대한 커뮤니케이션과 수정 권고

가) 왜곡표시에 대한 커뮤니케이션과 수정 요청

내부감사인은 법규상 금지되지 않는 한 감사 중 집계한 모든 왜곡표시에 대하여 적합한 수준의 경영진과 적시에 커뮤니케이션을 하여야 한다. 또한 내부감사인은 경영진에게 이러한 왜곡표시를 수정할 것을 요청하여야 한다.(ISA 450-8) 내부감사인은 경영진과 커뮤니케이션한 왜곡표시 등 모든 왜곡표시를 경영진에게 수정하게 함으로써, 정확한 회계장부와 회계기록을 유지할 수 있게 하고, 과거의 중요하지 않은 미수정 왜곡표시가 누적되어 향후 재무제표도 중요하게 왜곡표시 될 위험을 감소시킬 수 있다.(ISA 450-A9)

나) 경영진이 왜곡표시의 일부 또는 전부에 대해 수정을 거부한 경우

만약 경영진이 내부감사인이 커뮤니케이션한 왜곡표시의 일부 또는 전부에 대하여 수정을 거절하는 경우, 내부감사인은 경영진이 수정하지 않는 이유를 이해해야 하며, 재무제표 전체에 중요한 왜곡표시가 없는지 여부를 평가할 때 그 사유를 고려해야 한다.(ISA 450-9)

5) 미수정왜곡표시의 영향에 대한 평가

가) 중요성의 재평가

내부감사인은 미수정왜곡표시의 영향을 평가하기 전에, 중요성이 기업의 실제 재무결과의 관점에서도 여전히 적합한지 여부를 평가하여야 한다.(ISA 450-10) 내부감사인이 중요성을 결정할 때에는 기업의 실제 재무결과를 알수 없기 때문에 재무정보의 추정치를 사용한다. 그러므로 내부감사인은 미수정왜곡표시의 영향을 평가하기에 앞서 추정치에 근거한 중

314 감사인이 감사표본에서 식별된 왜곡표시를 표본이 추출된 전체 모집단에 투영한 결과에 근거.

요성을 실제 재무정보에 따라 수정할 필요가 있다.(ISA 450-A12)[315]

만약 경영진이 왜곡표시 중 일부를 수정하지 않았는데 해당 미수정 왜곡표시가 여전히 중요한 경우, 내부감사인이 중요성수준을 높임으로써 적정의견을 제시한 경우를 생각해 보자. 이와 같은 사후적 중요성 수준의 수정은 감사에서 바람직한 감사품질과는 동떨어진 결과를 초래한다. 따라서 중요성을 수정할 경우에는 반드시 내부감사인이 미수정왜곡표시의 영향을 평가하기 전에 수정하여야 한다.

그러나 중요성을 재평가한 결과 중요성 금액이 작아 진 경우에는 감사의견의 근거가 되는 충분하고 적합한 감사증거를 입수하기 위하여 수행중요성과 추가 감사절차의 성격, 시기 및 범위가 적합한지 여부를 고려하여야 한다.(ISA 450-A13) 즉, 중요성 금액이 이전보다 작아 진 경우 내부감사인은 감사범위를 확대하는 등의 방향으로 추가감사절차를 수정할 것을 고려하여야 한다.

나) 미수정왜곡표시의 평가

내부감사인은 미수정 왜곡표시가 개별적으로 또는 집합적으로 중요한지 여부를 결정하여야 한다. 이를 결정하기 위하여 미수정 왜곡표시의 중요성을 평가할 때 내부감사인은 다음사항을 고려하여야 한다.(ISA 450-11)

(1) 특정 거래 유형, 계정 잔액 혹은 공시 그리고 재무제표 전체와 관련된 왜곡표시의 규모와 성격, 그리고 왜곡표시가 발생된 특정 상황

(가) 만약 개별 왜곡표시가 중요하다고 판단되는 경우

다른 왜곡표시에 의해 상계될 가능성은 희박하다. 예를 들어 수익이 중요하게 과대 계상된 경우와 같이, 이익은 동액만큼 과대계상된 비용으로 완전히 상계될 수 있어도 재무제표 전체로는 중요하게 왜곡표시 될 것이다.

동일한 계정잔액이나 거래유형 내에서 발생된 왜곡표시는 상계하는 것이 적절할 수 있다. 그러나 중요하지 아니한 왜곡표시의 상계가 적합하다고 결론을 내리는 경우, 그 전에 추가적인 미발견 왜곡표시가 존재할 위험이 고려되어야 한다.(ISA 450-A14)

참고

개별왜곡표시에 대한 내부감사인의 평가

○ 개별 미수정왜곡표시 ≥ 경영진주장 수준의 중요성 → 중요한 미수정왜곡표시

○ 개별 미수정왜곡표시 〈 경영진주장 수준의 중요성 → 중요하지 않은 미수정 왜곡표시

---

315 ISA 320에서는 감사인이 최초에 설정한 중요성을 다르게 결정할 만한 정보를 감사 중에 알게 된 경우에는, 재무제표 전체에 대한 중요성(그리고 해당되는 경우, 특정 거래유형과 계정잔액 및 공시에 대한 중요성 수준)은 수정되어야 한다고 설명하고 있다.

(나) 분류의 왜곡표시가 중요한지 여부를 결정할 경우

분류의 왜곡표시가 부재 또는 기타 계약상의 약정사항들에 대하여 미치는 영향, 개별 항목이나 소재에 미치는 영향, 또는 주요 비율에 미치는 영향과 같이 질적인 면에 대한 평가가 수반된다. 내부감사인은 분류의 왜곡표시가 다른 왜곡표시를 평가하는 데 적용된 중요성 수준을 초과하는 경우에도 재무제표 전체의 관점에서 중요하지 않다는 결론을 내리는 상황도 있을 것이다.

예를 들어 재무상태표의 관련 계정항목 크기에 비해 분류의 왜곡표시 금액이 작고 이것이 포괄손익계산서나 다른 주요 비율에 영향을 미치지 않는다면, 재무상태표 계정 항목 간 분류의 왜곡표시는 재무제표 전체의 관점에서 중요하지 않다고 고려될 수 있을 것이다.(ISA 450-A15)

참고

계정분류왜곡표시에 대한 내부감사인의 평가

① **재무제표 전체의 관점에서 중요한 경우**

○ 개별 미수정왜곡표시 ≥ 경영진주장 수준의 중요성 → 중요한 미수정왜곡표시

② **재무제표 전체의 관점에서 중요하지 않은 경우**

○ 개별 미수정왜곡표시 ≥ 경영진주장 수준의 중요성 → 중요하지 않은 미수정 왜곡표시

(다) 해당 왜곡표시가 재무제표 전체의 중요성에 미달하는 경우

왜곡표시 상황에 따라서는 비록 해당 왜곡표시가 재무제표 전체의 중요성에 미달하는 경우에도 내부감사인은 개별적으로 또는 감사 중 누적된 다른 왜곡표시들과 집합적으로 고려할 때는 중요하다고 평가할 수 있을 것이다.(ISA 450-A16)

재무제표 전체 중요성에 미달하더라도 중요하다고 평가할 수 있는 사례

① 규제 요구사항의 준수에 영향을 미치는 경우

② 부채 약정 또는 기타 계약상의 이행조건을 준수하는 데 영향을 미치는 경우

③ 당기 재무제표에는 중요한 영향이 없지만, 부적합한 회계정책의 선택이나 적용과 관련되어 향후 재무제표에는 중요한 영향을 미칠 가능성이 높은 경우

④ 특히 일반적인 경제와 산업 환경과 관련하여 이익의 변동이나 기타의 추세를 은폐한 경우

⑤ 기업의 재무상태나 영업성과 또는 현금흐름을 평가할 때 이용되는 비율에 영향을 미치는 경우

⑥ 예를 들어 보너스 지급이나 기타의 인센티브에 대한 요건을 충족시키게 됨으로써 경영진에 대한 보상을 증가시키는 효과를 발생시키는 경우 등

(2) 과거 보고기간에 관련된 미수정왜곡표시가 관련 거래유형, 계정잔액 또는 공시 그리고 재무제

표 전체에 미치는 영향

과거 보고기간과 연관된 중요하지 않은 미수정 왜곡표시라도 그 누적 효과는 당기 재무제표에 중요한 영향을 미칠 수 있다. 내부감사인이 이러한 미수정 왜곡표시가 당기 재무제표에 미치는 영향을 평가하는 데는 수용 가능한 다양한 접근방법이 있다. 이때 동일한 평가방법을 사용하면 기간 간에 일관성이 있을 것이다.(ISA 450-A18)

다) 미수정왜곡표시의 중요성 판단

미수정 왜곡표시가 집계된 후 내부감사인은 이러한 사항이 재무제표에 미치는 중요성을 판단한다. 중요성 판단기준은 내부감사인이 사전적으로 설정한 중요성이다. 만약 미수정 왜곡표시가 중요성을 초과한다면, 미수정 왜곡표시가 재무제표에 미치는 영향이 중요하다고 판단할 수 있다.

라) 지배기구와의 커뮤니케이션

내부감사인은 미수정 왜곡표시가 개별적으로 또는 집합적으로 감사의견에 미칠 영향에 대하여 지배기구와 커뮤니케이션하여야 한다. 이때 내부감사인은 중요한 미수정 왜곡표시들을 개별적으로 식별하고, 수정하도록 요청하여야 한다.

또한 내부감사인은 과거의 보고 기간에 관련된 미수정 왜곡표시가 관련 거래유형, 계정잔액 혹은 공시 그리고 재무제표 전체에 미치는 영향에 대하여 지배기구와 커뮤니케이션을 하여야 한다.

6) 서면진술과 문서화

가) 미수정왜곡표시에 대한 서면진술의 요청

내부감사인은 경영진(적절한 경우 지배기구 포함)에게 이들이 미수정 왜곡표시가 개별적으로 또는 집합적으로 재무제표 전체에 중요하지 않다고 믿는지 여부에 대한 서면진술을 요청해야 한다. 이때 미수정사항들은 해당 서면진술에 요약되어 포함되거나 첨부되어야 한다.(ISA 450-14)

나) 경영진이 미수정 왜곡표시에 대하여 동의하지 않는 경우

경영진은 상황에 따라 특정 미수정 왜곡표시가 왜곡표시가 아니라고 믿을 수 있다. 따라서 경영진 서면진술에 "우리는 다음과 같은 이유 때문에 아래 사항 들이 왜곡표시를 구성하는 데 동의하지 않는다."와 같은 문구를 추가할 수 있다. 또한 이렇게 하는 것이 가능하다. 왜냐하면 서면진술은 경영진이 작성해 내부감사인에게 제출하는 것이기 때문이다.

그러나 내부감사인이 이와 같은 진술서를 입수하여도 미수정 왜곡표시의 영향에 대하여 그 결론을 형성할 필요성이 경감되는 것은 아니다.(ISA 450-A24) 즉, 미수정 왜곡표시에 대해 경영진의 주장과 내부감사인의 주장이 일치하지 않은 경우 내부감사인은 자신의 판단에 따라 감사의견을 형성한다. 왜냐하면, 내부감사인의 판단기준은 회계기준이기 때문이다. 또한 해당 불일치가 중요한 경우 내부감사인은 한정의견 또는 부적정의견을 표명할 수 있다.

다) 감사조서에 문서화

내부감사인은 다음의 사항을 감사문서(조서)에 포함하여야 한다.(ISA 450-15)

감사문서(조서)에 문서화할 사항

① 일정 금액 미만의 왜곡표시로서 사소하다고 간주하게 되는 금액
② 감사 중 집계한 모든 왜곡표시 및 그러한 왜곡표시가 수정되었는지 여부
③ 미수정 왜곡표시가 개별적으로 또는 집합적으로 중요한지 여부에 대한 내부감사인의 결론과 그 근거

바. 공표용 재무제표 요청

경영진은 내부감사인이 권고한 미수정 왜곡표시를 반드시 받아들여야 하는 것은 아니다. 미수정 왜곡표시를 공표용 재무제표(주기 및 주석)에 반영할 것인지 여부는 전적으로 경영진이 판단하고 공표용 재무제표는 이사회가 승인한다.

내부감사인은 자신이 수정 권고한 미수정 왜곡표시가 공표용 재무제표에 반영되었는가를 판단하기 위하여 회사의 대표이사와 회계담당임원이 기명날인한 공표용 재무제표를 요청·징구한다.

사. 서면진술[316]

1) 서면진술의 의의

가) 서면진술의 정의

서면진술(서)이란 특정 사항을 확인하거나 다른 감사증거를 뒷받침하기 위해, 경영진이 내부감사인에게 제공하는 서면진술(서)을 말한다. 따라서 재무제표, 재무제표 내 경영진 주장, 이를 뒷받침하는 장부와 기록은 서면진술에 포함되지 아니한다.(ISA 580-7)

나) 서면진술의 특징

서면진술은 다음과 같은 특징을 가지고 있다.(ISA 580-4)

서면진술의 특징

① 서면진술은 필요로 하는 수준의 감사증거를 제공한다.
② 서면진술 그 자체는 충분하고 적합한 감사증거의 역할을 수행하지는 못한다.
③ 경영진이 서면진술을 제공하였다고 하여 경영진의 책임이 완수되는 것은 아니다.
④ 내부감사인이 경영진으로부터 서면진술을 제공받았다 하여, 내부감사인이 입수하는 다른 감사증거의 성격이나 범위에 영향을 미치는 것은 아니다.

---

316 노준화, 전게서, 2019, 561~568면. 선영규, 전게서, 2017. 9-41~9-44면. 이창우 외 3인, 전게서, 2019. 14-22~14-25면.

다) 서면진술의 목적

서면진술의 주된 목적은 경영진에게 책임을 인정하게 하는 데 목적이 있다. 그 주요 내용은 다음과 같다.(ISA 580-10~12)

서면진술을 목적

① 경영진 책임에 대한 내용을 감사계약서와 같이 서면으로 확인받기 위함이다.
② 경영진의 구두진술에 대한 질(신뢰성)을 향상시킬 수 있다.

라) 서면진술 대상자

내부감사인은 재무제표에 대한 적절한 책임을 갖고 있고 관심사항에 대한 지식이 있는 경영진으로부터 서면진술을 요청하여야 한다.(ISA 580-9) 서면진술은 재무제표의 작성에 대한 책임이 있는 사람에게 요청하여야 한다.

이들은 지배기구와 관련 법규에 따라 달라질 수 있다. 그러나 (지배기구보다는) 경영진이 종종 이러한 책임의 당사자다. 그러므로 서면진술은 최고경영진과 재무담당 임원에게 요청할 수 있을 것이다. 그러나 어떤 경우에는 지배기구와 같은 기타 당사자도 재무제표의 작성에 대하여 책임을 진다.(ISA 580-A2)

2) 요청할 서면진술

서면진술에는 필수 서면진술과 기타 서면진술이 있다. 경영진이 필수 서면진술을 신뢰할 수 없거나 거부하는 경우 대체적 절차 없이 의견거절한다. 그러나 기타 서면진술의 경우 대체적 절차를 통하여 감사증거를 보완한다.

가) 필수 서면진술

내부감사인이 경영진으로부터 요청하여야 할 필수 서면요청에는 다음의 두 가지가 있다. (ISA 580-10, 11) 필수 서면진술은 '감사의 전제조건(ISA 210-8)'이기도 하다.

필수 서면진술

① 재무제표 작성 : 경영진이 해당 재무보고체계에 따라 재무제표를 작성할 책임을 완수하였다.
② 제공된 정보 및 거래의 완전성 : 경영진은 감사업무 조건에서 합의한 대로 모든 관련 정보를 내부감사인에게 제공하고 접근하게 하였다. 또한 경영진은 모든 거래를 기록하고 재무제표를 반영하였다.

(1) 재무제표 작성

내부감사인은 감사업무 조건에서 정하는 바와 같이 경영진이 해당 재무보고체계에 따라 재무제표를 작성할 책임을 완수하였다는 서면진술을 경영진에게 요청하여야 한다. 여기에는 다음의 내용을 포함한다.

재무제표 작성 관련 서면진술에 포함되어야 할 사항

① 공정가치 측정을 포함한 회계추정치 도출 시 우리가 사용한 유의적 가정은 합리적 입니다.(ISA 540)
② 특수관계 및 특수관계자 거래는 한국채택국제회계기준의 요구사항에 따라 적합하게 회계처리되고 공시되었습니다.(ISA 550)
③ 수정이나 공시가 요구되는 재무제표일 후의 모든 후속사건은 한국채택국제회계 기준의 요구에 따라 수정이나 공시가 요구되는 재무제표일 후의 모든 후속사건은 수정되고 공시되었습니다.(ISA 560)
④ 미수정 왜곡표시는 개별적으로나 집합적으로 재무제표에 대한 영향이 중요하지 않습니다. 미수정 왜곡표시의 목록은 본 진술서한에 첨부되었습니다.(ISA 560)

(2) 제공된 정보 및 거래의 완전성

감사의 전제조건인 제공된 정보 및 거래의 완전성이 보장되기 위해서는 다음과 같은 내용을 포함한다.

제공된 정보 및 거래의 완전성에 포함될 사항

① 경영진은 감사업무 조건에서 합의한 대로 모든 관련 정보를 내부감사인에게 제공하고 접근하게 하였습니다.
② 경영진은 모든 거래를 기록하고 재무제표에 반영하였습니다.

나) 기타 서면진술

재무제표 또는 재무제표 내 (하나 또는 그 이상의) 특정 경영진 주장과 관련된 다른 감사증거를 뒷받침할 수 있는 (하나 또는 그 이상의) 서면진술을 입수하는 것이 필요하다고 결정하는 경우, 내부감사인은 그러한 서면진술을 추가로 요청해야 한다.(ISA 580-13)

(1) 재무제표에 대한 추가적인 서면진술

상기의 서면진술 외에 내부감사인은 재무제표에 대하여 기타 서면진술을 요청할 필요가 있다고 생각할 수 있다. 그러한 서면진술은 상기의 서면진술을 보충할 수 있지만, 그 일부를 구성하는 것은 아니다. 추가적인 서면진술에는 다음 사항에 대한 진술이 포함될 수 있다.(ISA 580-A10)

추가적인 서면진술할 사항

① 회계정책의 선택과 적용이 적합한지 여부
② 해당 재무보고체계하에서 관련성이 있는 경우 다음과 같은 사항들이 해당 체계에 따라 인식, 측정, 표시 또는 공시되었는지 여부
○ 자산과 부채의 장부가액이나 그 분류에 영향을 미칠 수 있는 계획 또는 의도
○ 실제 발생된 부채 및 우발부채
○ 재무제표에 영향을 미칠 수 있는 법규와 계약(이에 대한 위반 포함)에 관한 측면

(2) 내부감사인에게 제공된 정보에 대한 추가적 서면진술

내부감사인은 상기의 서면진술 외에도 경영진이 알고 있는 내부통제의 모든 미비점을 내부감사인에게 전달하였다는 서면진술을 경영진에게 요청할 필요가 있다고 생각할 수있다. (ISA 580-A11)

3) 한도기준금액과 의사소통

감사기준서는 명백하게 사소한(clearly trivial) 것을 제외하고는 감사 중 식별된 왜곡표시를 집계하도록 내부감사인에게 요구한다. 내부감사인은 그 금액 이상은 명백하게 사소하다(clearly trivial)고 간주될 수 없는 한도기준을 결정할 것이다. 마찬가지로 내부감사인은 요청된 서면진술의 목적을 위하여 한도기준을 경영진과 커뮤니케이션할 것을 고려할 수 있다.(ISA 580-A14)

4) 서면 진술일과 대상 기간

서면진술일은 가능한 한 재무제표에 대한 감사보고서일에 실행가능한 가장 근접한 날로 하되, 감사보고서일보다 늦지 않아야 한다. 서면진술은 감사보고서에서 언급된 모든 재무제표와 기간을 대상으로 하여야 한다.(ISA 580-14)

가) 서면진술일과 감사보고서일

서면진술은 필요 감사증거이기 때문에 서면진술일 전에 감사의견이 표명될 수 없고, 감사보고서일을 정할 수 없다. 내부감사인은 또한 재무제표에 대한 수정이나 공시를 요구할 수 있는 감사보고서일까지 발생한 사건에 관심을 두기 때문에, 서면진술일은 가능한 한 재무제표에 대한 감사보고서일에 실행 가능한 가장 근접한 날로 하되 감사보고서일 후가 되어서는 안 된다.(ISA 580-A15) 따라서 내부감사인은 통상적으로 서면진술일을 감사보고서와 일치시킨다. 즉, 감사보고서일자를 정할 때는 다음과 같은 몇 가지 원칙이 있다.

감사보고서일자를 정하는 원칙

① 발행될 감사보고서(감사의견)를 뒷받침하는 데 충분하고 적합한 감사증거를 수집한 날보다 빨라서는 안 된다.(ISA 220-17)
② 공시할 재무제표를 이사회가 승인한 날보다 빨라서는 안 된다.
③ 감사보고서일은 품질관리업무 검토일보다 빨라서는 안 된다.(ISA 220-19)

④ 감사보고서일은 서면진술일보다 빨라서는 안 된다.

⑤ 감사보고서일 후 최종감사파일의 취합을 완료하는 것은 새로운 감사절차의 수행이나 새로운 결론의 도출과는 관계없는 행정적 절차이다. 따라서 감사보고서일에 영향을 미치지 아니한다.(ISA 230-A21)

상기 원칙은 감사보고서일이 곧 감사증거 수집완료일인데 공시할 재무제표, 품질관리 업무검토 관련문서 및 서면진술 등이 모두 감사증거에 해당되기 때문에 가능한 것이다.

나) 감사수행 등 서면진술을 받은 경우

내부감사인은 상황에 따라서는 재무제표 내의 특정 경영진 주장에 대하여 감사의 수행 중에 서면진술을 입수하는 것이 적합할 수 있다. 이 경우, 서면진술을 최신의 것으로 갱신해 달라고 요청하는 것이 필요할 수 있다.(ISA 580-A16)

다) 회계기간 중 경영진이 교체된 경우

현재의 경영진이 감사보고서에 언급된 모든 기간 동안 재직하지 않았을 상황이 발생할 수 있다. 이 경우 이들은 해당 기간 중 경영진의 지위가 아니므로 서면진술의 일부 또는 전부를 제공할 수 없다고 주장할 수 있다.

그러나 이러한 사실이 재무제표 전체에 대한 이들의 책임을 경감하지는 않는다. 따라서 이들에게 관련된 전체 기간을 포함하는 서면진술을 요청해야 할 상황은 여전히 적용된다.(ISA 580-18)

5) 서면진술의 성격 및 형태

가) 서면진술의 성격

서면진술이 비록 필요한 감사증거를 제공하지만, 서면진술이 다루는 그 어떠한 사항도 서면진술 그 자체만으로 충분하고 적합한 감사증거를 제공하지는 않는다. 뿐만 아니라 신뢰할 수 있는 서면진술을 경영진이 제공했다는 사실이 경영진의 책임이행 또는 특정 경영진 주장에 대하여 내부감사인이 입수하는 다른 감사증거의 성격이나 범위에 영향을 미치는 것이 아니다.(ISA 580-4)

내부감사인은 또한 다른 감사증거를 통하여 특히 특정 주장과 관련된 경영진의 판단이나 의도 또는 그 완전성에 대해 얻은 이해를 뒷받침하기 위하여, 재무제표의 특정 주장에 대하여 경영진에게 서면진술을 제공해 줄 것을 요청할 필요가 있는지 고려할 수 있을 것이다.

예를 들어 경영진의 의도가 투자에 대한 평가의 중요한 근거가 된다면, 경영진으로부터 그 의도에 대한 서면진술을 받지 않고는 충분하고 적합한 감사증거의 입수가 가능하지 않을 수 있다. 그렇지만 비록 그러한 서면진술이 필요한 감사증거를 제공하여도 동 진술 자체만으로는 해당 주장에 대하여 충분하고 적합한 감사증거를 제공하지 않는다. (ISA 580-A13)

나) 서면진술의 형태

서면진술은 내부감사인을 수신인으로 하는 진술서 형태이어야 한다. 그러나 국가에 따라서는 경영진이 법규에 따라 경영진의 책임에 대하여 서면진술을 공표하도록 요구될 수 있다. 비록 이러한 공표문이 재무제표 이용자 또는 관련 당국에 대한 진술이라 하더라도, 내부감사인은 해당 공표문이 회계감사기준(ISA 580-10, 11)에서 요구하는 일부 또는 모든 진술의 관점에서도 적합한 형태의 서면진술이라고 결정할 수 있을 것이다.

따라서 그러한 공표문에 포함되어 있는 관련 사항은 다시 진술서에 포함될 필요가 없다.(ISA 580-15, A17) 그러나 법규의 준수 또는 재무제표의 승인에 대한 공식적인 공표문은 필요한 모든 진술이 신중하게 작성되었다고 내부감사인이 만족할 수 있을 만큼 충분한 정보를 포함하지는 않을 것이다. 법규상 경영진 책임 표명이 내부감사인이 요청하는 서면 진술을 대체할 수는 없다.(ISA 580-A20)

6) 서면진술의 신뢰성에 대한 의문 및 서면진술의 미제공

내부감사인이 감사증거를 수집할 때 사용할 수 있는 감사기술에는 검사, 관찰, 질문, 외부조회, 재계산, 재수행 및 분석적 절차가 있다. 이 중 내부감사인이 질문이라는 감사기술을 적용하면 경영진은 이에 대하여 진술한다.

내부감사인은 경영진의 진술을 감사증거로 채택할 수 있으나 그 증거력이 낮기 때문에 추가적으로 서면진술을 받는 등의 조치를 수행한다. 따라서 질문에 대한 답변과 마찬가지로 서면진술도 감사증거에 속한다.

그러면 경영진이 제공하는 서면진술에 의문이 제기되거나 경영진이 서면진술을 제공하지 않을 경우 내부감사인은 다음과 같은 절차를 수행하여야 한다.

가) 서면진술의 신뢰성에 대한 의문

경영진의 적격성, 성실성, 윤리적 가치나 근면성, 또는 이에 대한 경영진의 약속이나 이행에 대하여 내부감사인이 우려를 갖고 있다면, 내부감사인은 그러한 우려가 경영진 진술(구두 또는 서면) 및 감사증거 일반의 신뢰성에 미칠 수 있는 영향을 결정하여야 한다.(ISA 580-16) 특히 서면진술이 다른 감사증거와 불일치하는 경우 내부감사인은 이러한 사항의 해결을 시도하는 감사절차를 수행하여야 한다.

만약 이러한 사항이 해결되지 않고 있으면, 내부감사인은 경영진의 적격성, 성실성, 윤리적 가치나 근면성 또는 이에 대한 경영진의 약속이나 그 이행에 대한 평가를 재고하여야 하며, 경영진 진술(구두 또는 서면) 및 감사증거의 신뢰성에 미칠 수 있는 영향을 결정 하여야 한다.(ISA 580-17) 그리고 서면진술을 신뢰할 수 없다고 결론을 내리면, 내부감사인은 이것이 감사의견에 미칠 수 있는 영향을 결정하는 등 적절한 조치를 취해야 한다.

나) 서면진술의 미제공 시 감사 절차

경영진이 내부감사인이 요청한 서면진술 중 하나 이상을 제공하지 않는 경우, 내부감사인은 다음의 절차를 수행하여야 한다.(ISA 580-19)

<u>서면진술을 거부할 경우 감사절차</u>

① 해당 사항을 경영진과 토의함
② 경영진의 성실성을 다시 평가하고, 경영진 진술(구두 또는 서면) 및 감사증거 일반의 신뢰성에 미칠 수 있는 영향을 평가함
③ 감사의견에 미칠 가능성이 있는 영향의 결정을 포함한 적절한 조치를 취함

다) 서면진술의 미제공 시 감사 보고

서면진술에는 필수서면진술과 기타서면진술로 구분된다. 필수서면진술은 재무제표의 작성과 제공된 정보 및 거래의 완전성에 대한 서면진술이다. 만약 내부감사인이 서면진술을 요청하였는데, 다음 중 어느 하나와 같이 필수 서면진술에 의문이 있거나 서면진술을 거부하는 경우 내부감사인은 재무제표에 대한 의견표명을 거절하여야 한다.(ISA 580-20)

재무제표에 대한 의견표명을 거절할 사항

① 경영진의 성실성에 대해서 재무제표의 작성과 제공된 정보 및 거래의 완전성에 대한 서면진술을 신뢰할 수 없을 정도로 의문이 있다고 내부감사인이 결론을 내린 경우
② 경영진이 재무제표의 작성과 제공된 정보 및 거래의 완전성에 대한 서면진술을 제공하지 않는 경우

아. 감사의견의 결정 및 분석적 절차[317]

1) 감사의견의 결정

내부감사인은 공표용 재무제표를 제시받아 수정권고사항이 모두 반영되었는가를 확인한다. 만약 공표용 재무제표에 반영되지 아니한 미수정 왜곡표시가 존재한다면 내부감사인은 그 중요성에 따라 감사의견을 결정한다.

즉, 감사의견은 공표용 재무제표에 대한 의견이지 회사가 최초로 내부감사인에게 제시한 재무제표에 대한 의견이 아니다. 만약 감사의견이 회사가 최초로 제시한 재무제표에 대한 것이라면 이는 시험이지 회계감사가 아닐 것이다.

2) 전반적인 결론을 내리기 위한 분석적 절차

내부감사인은 공표용 재무제표에 대한 감사의견을 결정한 후 재무제표 전반에 대한 분석절차를 수행한다. 분석적 절차는 위험평가단계(감사계획단계), 실증절차단계 및 전반적인 결론을 내리는 단계(감사의 종결단계)에서 수행된다. 이 중에서 ① 위험평가단계와 ② 전반적인 결론을 내리는 단계에서 실시하는 분석적 절차는 생략해서는 안 된다.

가) 분석적 절차의 목적

내부감사인은 감사의 종료의 시점에 근접하여 기업에 대하여 이해한 바와 같이 재무제

317 노준화, 전게서, 2019. 569~570면. 선영규. 전게서, 2017. 9-45면.

표가 일관성 있는지에 대하여 전반적인 결론을 내리기 위하여 분석적 절차를 설계하고 수행하여야 한다.(ISA 520-6)

전반적인 결론을 내리기 위하여 설계되고 수행된 분석적 절차의 결과부터 도출된 결론은 재무제표의 개별부문이나 요소에 대하여 감사 중 형성한 결론을 확인하기 위한 것이다. 이는 감사의견의 근거가 되는 합리적인 결론을 도출하는 데 도움이 된다.(ISA 520-A20)

이와 같이 분석적 절차의 결과 이전에 인식되지 않았던 중요한 왜곡표시위험이 식별될 수도 있다. 이 경우 내부감사인은 중요왜곡표시위험에 대한 내부감사인의 평가를 수정하고 이에 따라 계획된 후속 감사절차를 변경하여야 한다.

나) 분석적 절차의 내용

전반적인 결론을 내리기 위한 분석적 절차는 구체적인 감사증거를 확보하는 목적이 아니라 내부감사인의 확신에 도움을 주기위한 것이므로 다음 같은 절차를 실시할 수 있다.

분석적 절차의 내용

① 백분율 재무상태표를 작성하고 주요 변동원인 규명
② 재무상태표와 포괄손익계산서를 작성하고 원가율 등 주요 변동 원인 규명
③ 재무상태표와 포괄손익계산서의 주요 항목에 대한 추세분석을 비교하고 동종 산업의 일반적인 추세 등과 대비
④ 제조원가 구성비율 등의 분석
⑤ 활동성비율(총자본회전율, 자기자본회전율, 재고자산회전율, 매출채권회전율 등)을 분석하고 주요 변동원인 규명
⑥ 안정성비율(유동비율, 당좌비율, 부채비율 등)을 분석하고 주요 변동원인 규명
⑦ 수익성비율(총자본이익률, 자기자본이익률 등)을 분석하고 주요 변동원인 규명
⑧ 자기자본이 잠식되어 있거나 매출총손실이 나타나는 경우에는 기업의 계속적 존속가능 여부, 정상조업도, 판매가격 형성, 생산성 등과 관련하여 주요 변동원인을 분석하여 정상화 방안 검토 등

Ⅳ 회계감사 결과의 보고

1. 회계감사보고의 개요[318]

가. 회계감사보고서의 의의

회계감사는 경영진이 작성한 회계기록에 대하여 독립적인 제3자 즉, 내부감사조직이 분석적으로 검토해 그의 적정여부에 관한 의견을 표명하는 절차를 말한다. 여기서 회계기록

318 노준화, 전게서, 2019, 584면. 이효익 외 2인, 「NEW ISA 회계감사」, 신영사, 2018, 555면.

이란 회계장표 만을 의미하는 것이 아니고, 회계장표의 객관적 사실을 뒷받침해 주는 각종 증빙서류와 회계기록 내용을 명백히 하는 제사실을 모두 포괄하는 개념이다.

회계감사는 독립적인 제3자 즉, 내부감사조직이 허위와 부정 및 오류를 적발하는 것도 중요하지만 오히려 회계처리가 회계기준의 의거 적정하게 처리하고 있는지 여부를 확인하고, 재무제표상의 여러 계정을 분석하여 그것이 기업의 재무상태와 경영성과를 적정 하게 표시하고 있는지를 확인하는 데 있다.

회계감사보고서는 이러한 내부감사인의 전문가적 의견을 서면으로 전달하기 위해 작성되는 회계감사활동의 최종 산출물이다. 즉, **회계감사보고서**는 독립적인 내부감사인의 회계감사결과를 기재한 보고서이다. 회계운영감사나 회계준법감사에 대한 보고서는 업무감사보고서와 동일하므로 이곳에서는 기말 재무제표감사보고서 중심으로 설명코자 한다.

나. 회계감사보고서의 기능

회계감사보고서는 경영진이 작성한 재무제표 등을 독립적인 제3자 입장에서 감사절차를 수행하고, 중요성의 관점에서 해당 재무보고체계에 따라 공정하게 표시되었는지에 관한 의견을 형성하여 정보이용자에게 전달함으로써 다음과 같은 기능을 한다.

① 재무제표의 신뢰성 제고

내부감사인은 재무제표의 신뢰성에 대하여 전문가로서의 의견을 감사보고서에 표명함으로써 재무정보의 신뢰성을 높인다.

② 내부감사인의 독자적 정보전달

감사보고서는 이러한 신뢰성 제고의 기능 외에도 독자적 정보 전달의 기능도 가지고 있다. 내부감사인은 경영진이 작성한 재무제표만으로는 간과하기 쉬운 특정사실(핵심 감사 사항이나 강조사항)을 감사보고서에 기술함으로써 기업의 경영진과는 별개로 독립적인 정보전달의 기능을 수행한다.

③ 감사업무 책임소재의 최종 근거

감사보고서는 감사결과를 요약하는 동시에 감사업무 전반에 대한 책임 소재 근거를 제시한다. 내부감사인은 재무제표의 공정한 표시에 관한 의견을 표명하기 위해 감사기준에서 정한 감사절차를 적용하여 감사증거를 얻는다는 사실을 감사보고서에 기술하여 자신의 책임한계를 분명히 한다.

다. 회계감사보고의 과정

내부감사인은 감사결과를 요약하여 그 중요성을 평가한 후 이를 경영진과 커뮤니케이션 하고, 미수정 왜곡표시의 수정을 권고한다. 만약 경영진이 미수정 왜곡표시를 모두 수정한다면, 내부감사인은 적정의견을 표명한다. 그러나 경영진이 일부 또는 전부를 수정하지 않는다면, 내부감사인은 수정하지 아니한 미수정 왜곡표시의 중요성을 평가하여 감사의견을 표명하고 감사보고서를 작성한다. 또한 내부감사인은 감사보고서를 제출하기 전에 감사업무의 전반적인 과정을 검토하고 감사조서를 검토함으로써 감사품질을 통제한다.

<u>감사보고와 관련된 일련의 과정</u>

① 감사보고서 작성
↓
② 감사업무의 관리(감사업무 수행점검표 작성 및 감사조서 검토)
↓
③ 감사보고서 제출

2. 회계감사보고의 종류

감사/감사위원회가 회계감사결과를 보고하는 보고서의 종류에는 ① 내부회계관리제도 운영실태 평가보고서와 ② 이사의 직무집행에 대한 감사보고서의 두 종류가 있다.

가. 내부회계관리제도평가보고서

내부회계관리제도란 회사의 재무제표가 일반적으로 인정되는 회계처리기준에 따라 작성·공시되었는지에 대한 합리적인 확신을 제공하기 위해 설계·운영되는 내부통제제도의 일부분으로서 회사의 이사와 경영진을 포함한 모든 구성원들에 의해 지속적으로 실행하는 과정을 의미한다.

회사의 대표자는 내부회계관리제도의 관리·운영을 책임지며, 이를 담당하는 상근이사(담당하는 이사가 없는 경우에는 해당 이사의 업무를 집행하는 자) 1명을 내부회계관리자로 지정하여야 하고, 사업연도마다 주주총회, 이사회 및 감사/감사위원회에 해당회사의 내부회계제도의 운영실태를 보고하여야 한다.

감사/감사위원회는 사업연도마다 평가기준일 현재 내부회계관리제도가 효과적으로 설계되고 적정하게 운영되고 있는지의 여부를 경영진과 독립적인 입장에서 평가하고, 감사/감사위원회의 내부회계관리제도의 평가보고서에 종합결론을 내려 그 결과를 이사회에 보고하는 것이다.

나. 감사/감사위원회 감사보고서

감사보고서는 감사/감사위원회가 이사의 직무집행에 관해 업무 및 회계의 양면에서 행한 감사결과를 종합·정리한 것으로서 주주 및 회사 채권자 등 이해관계자의 열람에 제공되는 일종의 공시서류이다.

감사/감사위원회는 이사(대표이사)로부터 재무제표와 그 부속명세서 및 영업보고서를 정기주주총회일의 6주 전에 제출받아 정기주주총회일 2주 前(상장회사의 경우 정기주주총회일 1주 前)까지 감사보고서를 작성하여 이사에게 제출하여야 한다.(「상법」 제447조의 4 제1항, 제542조의12 제6항)

감사/감사위원회는 이러한 회계서류가 적법하게 작성된 것인지 여부에 대한 회계감사결과와 이사의 직무집행에 관해 부정행위 또는 법령이나 정관의 규정에 위반하는 중대한 사실이 있는지 여부에 대한 업무감사 결과를 종합·정리한 후 감사보고서에 기재하여 이사회에 제출하는 것이다.

3. 회계감사보고서의 의견 형성[319]

내부감사인은 재무제표가 중요성관점에서 재무보고체계에 따라 공정하게 표시되었는지 의견을 형성하여야 한다. 이러한 의견을 형성하기 위해 내부감사인은 재무제표에 부정이나 오류로 인한 중요왜곡표시가 없다는 결론에 대해 합리적인 확신을 가질 수 있어야 한다.

가. 감사의견의 형성

내부감사인은 재무제표가 중요성의 관점에서 해당 재무보고체계에 따라 작성되었는지 여부에 대하여 의견을 형성하여야 한다.(ISA 700-10) 감사결과 내부감사인이 의견을 형성하기 위해서는 다음의 두 가지 측면을 고려하여야 한다.

1) 재무제표가 전체적으로 중요한 왜곡표시가 없다는 합리적 확신

내부감사인은 해당 의견을 형성하기 위하여 재무제표가 전체적으로 부정이나 오류로 인한 중요한 왜곡표시가 없는지에 대한 합리적인 확신을 얻었는지 여부에 대하여 결론을 내려야 한다. 이러한 결론에는 다음 사항이 고려되어야 한다.(ISA 700-11)

내부감사인이 합리적인 확신을 얻었는가를 평가할 때 고려할 사항

① 감사기준에 따라 충분하고 적합한 감사증거를 입수했는지 여부에 대한 내부감사인의 결론
② 미수정 왜곡표시가 감사기준에 따라 개별적 또는 집합적으로 중요한지 여부에 대한 내부감사인의 결론
③ 재무제표가 중요성의 관점에서 해당 재무보고체계에 따라 작성되었는지 여부에 대한 평가

2) 재무제표가 해당 재무보고체계에 따라 작성

해당 재무보고체계란 재무제표를 작성할 때 기준이 되는 회계기준을 말한다. 내부감사인은 재무제표가 중요성의 관점에서 해당 재무보고체계에 따라 작성되었는지 여부를 평가하여야 한다. 이때 내부감사인은 해당 기업 회계실무의 질적인 측면(경영진 판단의 편의 가능성 징후 포함)을 고려하여야 한다. 내부감사인이 해당 재무보고체계 요구사항의 관점에서 특히 다음 사항을 평가하여야 한다.(ISA 700-13)

해당 재무보고체계의 요구사항을 따랐는가를 평가할 때 점검할 사항

---

319 노준화, 전게서, 2019. 597~607면. 이효익 외 2인, 전게서, 2018. 556면. 선영규, 전게서, 2017. 10-4~10-7면.

① 경영진이 선택하고 적용한 유의적인 회계정책이 재무제표에 적절히 공시되었는지 여부
② 경영진이 선택하고 적용한 회계정책이 해당 재무보고체계와 일관성 있으며 또한 적합한지 여부
③ 경영진이 도출한 회계추정치가 합리적인지 여부
④ 재무제표에 표시된 정보가 목적적합하고, 신뢰할 수 있고, 비교가능하며, 이해가능한지 여부
⑤ 의도된 이용자들이 중요한 거래와 사건이 재무제표의 정보에 미치는 영향을 이해할 수 있도록 재무제표의 공시는 적절한지 여부
⑥ 재무제표에 사용된 용어가 적합한지 여부 등

나. 감사의견의 종류

내부감사인은 재무제표가 중요성의 관점에서 해당 재무보고체계(채택한 회계기준)에 따라 작성되었는지 여부에 대하여 의견을 형성하여야 한다.(ISA 700-10) 즉, **감사의견**이란 재무제표가 중요성의 관점에서 채택한 회계기준에 따라 작성되었는가에 대한 내부감사인의 의견이다.

감사의견에 영향을 미치는 사항은 ① 재무제표의 왜곡표시(회계기준 위배)와 ② 충분 하고 적합한 감사증거 불충분(감사범위 제한)이다. **감사의견**에는 **적정의견, 한정의견, 부적정의견** 및 **의견거절**의 **4가지**가 있으며, 이것은 감사의견에 영향을 미치는 상항과 그 중요성에 따라 구분된다. 감사의견에 영향을 미치는 사항과 감사의견은 다음과 같다.

1) 적정의견

내부감사인은 재무제표가 중요성의 관점에서 해당 재무보고체계(회계기준)에 따라 작성되었다고 결론을 내릴 경우 적정의견을 표명한다.

2) 한정의견

내부감사인이 다음과 같은 경우 한정의견을 표명한다.(ISA 705-7)

내부감사인이 한정의견을 표명할 사유

① 내부감사인이 충분하고 적합한 감사증거를 입수한 결과, 왜곡표시가 재무제표에 개별적으로 또는 집합적으로 중요하나, 전반적이지 않다고 결론을 내린 경우
② 내부감사인의 감사의견의 근거가 되는 충분하고 적합한 감사증거를 입수할 수 없었지만, 발견되지 아니한 왜곡표시가 재무제표에 미칠 수 있는 영향이 중요할 수는 있으나, 전반적이지 않을 것으로 결론을 내린 경우

3) 부적정의견

내부감사인이 충분하고 적합한 감사증거를 입수한 결과 왜곡표시가 재무제표에 개별적으로 또는 집합적으로 중요하며, 동시에 전반적이라고 결론을 내리는 경우 부적정의견을 표명한다.(ISA 705-8)

4) 의견거절

내부감사인이 감사의견의 근거가 되는 충분하고 적합한 감사증거를 입수할 수 없으며, 발견되지 아니한 왜곡표시가 있을 경우 이것이 재무제표에 미칠수 있는 영향이 중요하고 동시에 전반적일 수 있다는 결론을 내리는 경우*의견거절을 표명해야 한다.(ISA705 -9)

* **전반적**이란 왜곡표시가 재무제표에 미치는 영향 또는 충분하고 적합한 감사증거를 입수할 수 없어서 발견되지 아니한 왜곡표시가 재무제표가 미칠 수 있는 영향을 기술하기 위해 왜곡표시의 관점에서 사용되는 용어이다.

또한 다수의 불확실성을 수반하는 극히 드문 상황에서 내부감사인이 각각의 불확실성에 대해 충분하고 적합한 감사증거를 입수하였음에도 불구하고 이들 개별 불확실성 사이의 잠재적 상호작용과 이들 불확실성이 재무제표에 미칠 수 있는 누적적 영향 대문에 재무제표에 대한 의견을 형성하는 것이 가능하지 않다고 결론을 내리는 경우, 내부감사인은 의견거절을 하여야 한다.(ISA 705-10)

참고

감사의견에 영향을 미치는 사항과 감사 의견

(1) 재무제표가 왜곡표시된 경우(회계기준 위배)

① 중요하지 않은 경우 : 적정의견

② 중요 but 전반적이지 않은 경우 : 한정의견 ③ 중요 & 전반적인 경우 : 부적정의견

(2) 충분하고 적합한 감사증거를 입수할 수 없는 경우(감사범위 제한)

① 중요하지 않은 경우 : 적정의견

② 중요 but 전반적이지 않은 경우 : 한정의견 ③ 중요 & 전반적인 경우 : 의견거절

재무제표에 대한 전반적인 영향은 그 영향이 다음 중 하나에 해당된다고 내부감사인이 판단하는 경우이다.(ISA 705-5)

재무제표에 대한 전반적인 영향이라고 판단할 사항

① 재무제표의 특정 요소, 계정과목 또는 항목에 국한되지 않을 경우

② 재무제표의 특정 요소, 계정과목 또는 항목에 국한되지만, 이들이 재무제표의 상당부분을 나타내거나 나타낼 수 있는 경우

③ 공시와 관련하여 이용자가 재무제표를 이해하는 데 근본적인 경우 등

다. 감사의견의 변형

내부감사인은 다음 중 하나에 해당되는 경우 감사의견을 변형하여야 한다.(ISA 705-4) 여

기서 **감사의견의 변형**이란 적정의견을 표현할 수 없는 경우를 말한다.

내부감사인이 감사의견을 변형해야하는 사항

① 내부감사인이 입수한 감사증거에 기초하여 재무제표 전체에 중요한 왜곡표시가 존재한다는 결론을 내린 경우
② 내부감사인이 재무제표 전체에 중요한 왜곡표시가 없다고 결론을 내릴 수 있을 만큼 충분하고 적합한 감사증거를 입수할 수 없는 경우

내부감사인이 감사의견을 변형해야 할 사항으로 전자는 중요한 왜곡표시가 존재하는 경우이며, 후자가 감사범위가 제한된 경우라고 약칭한다. 회계감사기준에서는 중요한 왜곡표시가 존재하는 경우(회계기준 위배)와 감사범위가 제한된 경우를 구분하여 그 상황을 그룹화하여 다음과 같이 제시하고 있다.

1) 감사범위가 제한된 경우(ISA 705-A8~A12)

가) 기업의 통제범위 밖의 상황
① 기업의 회계기록이 파기 · 훼손된 경우
② 유의적 부문의 회계기록이 정부당국에 의해 무기한 압류 또는 압수된 경우

나) 내부감사인이 수행하는 업무의 성격과 시기와 관련된 상황
① 관련 기업에 대하여 지분법을 적용하도록 요구되는 상황에서 내부감사인이 지분법 적용의 적합성을 평가하는데 동기업의 재무정보에 대하여 충분하고 적합한 감사증거를 입수할 수 없는 경우
② 내부감사인이 그 선임시기 때문에 재고자산의 실사를 입회할 수 없는 경우
③ 내부감사인이 실증절차를 수행하는 것만으로는 충분하지 않다고 판단하였으나, 기업의 통제가 효과적이지 않은 경우

다) 경영진이 가한 제한
① 경영진이 재고자산 실사에 감사인의 입회를 막는 경우
② 경영진이 특정 계정잔액에 대한 감사인의 외부확인 요청을 막는 경우 등

2) 중요한 왜곡표시가 존재하는 경우(회계기준 위배, ISA 705-A4~A7)

가) 선택된 회계정책의 적합성
① 선택된 회계정책이 해당 재무보고체계와 일관성이 없는 경우
② 재무제표(주석포함)가 기본적인 거래와 사건들을 공정하게 표시하지 않는 경우

나) 선택된 회계정책의 적용
① 선택된 회계정책을 보고기간 간 혹은 유사거래와 사건 간에 일관되게 적용하지 않

는 경우 등 경영진이 선택된 회계정책을 해당 재무보고체계와 일관되게 적용하지 않은 경우(적용의 일관성이 없는 경우)

② 의도하지 않은 적용의 오류와 같이 선택된 회계정책의 적용방법에 문제가 있는 경우 등

다) 재무제표 공시의 적합성/적절성

① 해당 재무보고체계에서 요구되는 공시가 재무제표에 모두 포함되지 않은 경우

② 재무제표 공시가 해당 재무보고체계를 준수하여 표시되지 않은 경우

③ 재무제표의 공정한 표시를 달성하는 데 필요한 공시를 재무제표가 제공되지 않은 경우 등

한국과 미국 그리고 선진국의 사례를 보면 감사받은 기업의 95% 이상이 적정의견을 받는다. 이는 별 문제가 없으면 대부분의 기업이 적정의견을 받는다는 것을 의미한다. 따라서 적정의견을 받지 못하면 상장기업의 경우 극단적으로 상장폐지 되기도 한다. 그러면 왜 기업의 대부분이 적정의견을 받는지 그 이유는 몇 가지로 해석할 수 있다.

대부분의 기업이 적정의견을 받는 이유

① 기업이 원래 재무제표를 왜곡하지 않았고, 따라서 감사과정에서도 중요한 왜곡표시가 발견되지 않은 경우

② 기업이 재무제표를 중요하게 왜곡하였으나, 감사인이 감사과정에서 이를 적발하여 수정할 것을 권고했고, 경영진이 감사인 제안을 받아들여 재무제표를 수정한 경우

③ 기업이 재무제표를 중요하게 왜곡하였으나, 감사인이 감사과정에서 이를 발견하지 못한 경우 등

위 세 가지의 경우가 전체 감사보고서 중 약 95% 이상에 해당하기 때문에 적정의견을 받지 못한다는 것은 시장에서 두드러지며 차별을 받을 수 있다. 따라서 적정의견은 어떻게 보면 4가지의 감사의견 중 기본값에 해당한다. 따라서 적정의견 이외의 의견은 기본 값에서 변형된 의견에 해당한다.

(1) 한정의견

한정의견에 대한 자세한 내용은 앞의 '나. 감사의견의 종류 – (2) 한정의견' 항목을 참조하시기 바랍니다.

(2) 부적정의견

부적정의견에 대한 자세한 내용은 앞의 '나. 감사의견의 종류 – (3) 부적정의견' 항목을 참조하시기 바랍니다.

(3) 의견거절

의견거절에 대한 자세한 내용은 앞의 '나. 감사의견의 종류 – (4) 의견거절' 항목을 참

조하시기 바랍니다.

(4) 부적정의견 또는 의견거절에 관련된 기타 고려사항

단일 재무보고체계를 적용하고 전체 재무제표와 그 하부의 재무제표 또는 계정과목에 대해서도 감사의견을 표명하는 경우도 가정해 보자.

이 경우 전체 재무제표에 대해서 부적정의견 또는 의견거절을 표명하는데, 그 하부의 재무제표 또는 계정과목은 적정의견을 표명하면 전체 재무제표의 의견(부적정의견 or 의견거절)과는 서로 상충되기 때문에 허용되지 않는다.(ISA 700-15의 수정)

그러나 다음은 감사기준에서 허용하는 것으로 상기의 상충에 해당하지 않는다.(ISA 705-A16) 즉, 다음의 감사보고서는 감사기준에 따라 허용된 것으로 상기의 사례와는 다른 것이다.

감사기준에 따라 허용되는 사례

① 2개의 재무보고체계를 모두 준용하여 하나의 재무제표가 작성된 경우 : 예를 들면 하나의 재무보고체계에 따라서는 적정의견, 다른 보고체계기준에 따라서는 부적정 의견을 표명하는 경우가 이에 해당된다.(이는 ISA 700-A32에서 허용된 것)

② 초도감사 - 기초잔액에 대한 감사범위의 제한으로 재무상태는 적정의견, 영업성과와 현금흐름은 의견을 거절하는 경우(이는 ISA 510-10에서 허용된 것)

라. 감사의견의 판단

감사의견을 표명하기 위해서는 감사의견 표명을 위한 충분하고 적합한 감사증거의 입수가 전제되고, 이러한 감사증거를 근거로 왜곡표시의 존재여부에 대한 합리적인 확신을 획득할 수 있어야 한다. 감사의견의 결정을 위한 2가지 전제조건의 충족여부에 대한 판단을 할 때는 먼저 감사범위의 제한 여부를 판단하고, 이후 왜곡표시의 중요성에 대한 감사의견을 결정하도록 한다.

또한 각각의 감사의견 변형의 사유의 정도에 따라 표명할 감사의견도 상이해지는 바, 그 「정도」의 기준은 중요한 경우와 중요하고 전반적인 경우로 구분된다. 「중요한 경우」와 「중요하고 전반적인 경우」는 모두 중요한 경우지만, 후자는 중요성을 넘어 전반적인 경우를 의미하는 것이고, 중요하다는 표현만으로 전반적인 경우를 의미하는 것은 아니며, 반드시 전반적이라는 특성을 충족해야만 '중요하고 전반적이다'라고 표현할 수 있다.

중요한 경우와 전반적인 경우의 판단 기준

1) **중요한 경우** : 감사범위의 제한 및 집계된 왜곡표시의 합계가 재무제표 전체 수준의 중요성을 초과하는 경우

2) **전반적이라고 판단하는 경우 :**

① 재무제표의 특정요소, 계정과목 또는 항목에 국한되지 않는다.
② 재무제표의 특정요소, 계정과목 또는 항목에 국한되지만, 이들 재무제표의 상당한 부분을 나타내거나 나타낼 수 있는 경우
③ 공시와 관련하여 이용자가 재무제표를 이해하는 데 근본적인 경우 등

한편 앞서 서술한 바와 같이 재무제표가 왜곡표시되지 않았다는 합리적인 확신의 의견이 반영된 표준이 되는 의견인 적정의견이 반영된 보고서를 **표준감사보고서**라고 하며, 그 이외의 감사보고서는 **변형된 감사보고서**라고 한다.

4. 회계감사보고서의 내용과 형식

감사/감사위원회는 위의 회계감사결과를 근거로 해서 아래의 회계감사 관련 보고서를 작성하여 제출 및 공시하여야 한다.

가. 내부회계관리제도 평가보고서의 내용과 형식

1) 내부회계관리제도의 평가개요

가) 내부회계관리제도 평가의 의의

제1편 제4장 제4절 – Ⅶ – 2 – 마 – (1) '내부회계관리제도의 평가개요' 항목을 참조하시기 바랍니다.

나) 내부회계관리제도 평가의 시기

제1편 제4장 제4절 – Ⅶ – 2 – 마 – (4) '내부회계관리제도의 평가시기' 항목을 참조하시기 바랍니다.

다) 내부회계관리제도 평가의 평가자

제1편 제4장 제4절 – Ⅶ – 2 – 마 – (5) '내부회계관리제도의 평가자' 항목을 참조 하시기 바랍니다.

2) 내부회계관리제도의 평가 방법

가) 내부회계관리제도 평가의 대상

제1편 제4장 제4절 – Ⅶ – 2 – 마 – (3) '내부회계관리제도의 평가대상' 항목을 참조하시기 바랍니다.

나) 내부회계관리제도 평가의 방법

제1편 제4장 제4절 – Ⅶ – 2 – 마 – (2) '내부회계관리제도의 평가방법' 항목을 참조하시기 바랍니다.

다) 내부회계관리제도 평가의 절차

제1편 제4장 제4절 – Ⅶ – 2 – 마 – (6) '내부회계관리제도의 평가절차' 항목을 참조

하시기 바랍니다.

3) 내부회계관리제도의 평가보고

제1편 제4장 제4절 – Ⅶ – 2 – 마 – (7) '내부회계관리제도의 평가보고' 항목을 참조하시기 바랍니다.

나. 감사/감사위원회 감사보고서의 내용과 형식

1) 감사보고서 개요

가) 감사보고서의 의의

제3편 제7장 제2절 – Ⅰ – 1. '감사보고서의 의의' 항목을 참조하시기 바랍니다.

나) 감사보고서의 기능

제3편 제7장 제2절 – Ⅰ – 2. '감사보고서의 기능' 항목을 참조하시기 바랍니다.

2) 감사보고서의 기재 사항

제3편 제7장 제2절 – Ⅱ. '감사보고서의 기재 사항' 항목을 참조하시기 바랍니다.

3) 감사보고서의 작성 및 제출

제3편 제7장 제2절 – Ⅲ. '감사보고서의 작성 및 제출' 항목을 참조하시기 바랍니다.

5. 회계감사보고서의 사례

가. 지적사항이 없는 경우 감사보고서

1) 회계방침의 변경이 없는 경우

제3편 제7장 제2절 – Ⅲ – 2 – 가. '회계방침의 변경이 없는 경우' 항목을 참조하시기 바랍니다.

2) 정당성이 인정되는 회계방침의 변경이 있는 경우

제3편 제7장 제2절 – Ⅲ – 2 – 나. '정당성이 인정되는 회계방침의 변경이 있는 경우' 항목을 참조하시기 바랍니다.

나. 지적사항이 있는 경우 감사보고서

1) 부당한 회계처리가 있는 경우

제3편 제7장 제2절 – Ⅲ – 3 – 가. '부당한 회계처리가 있는 경우' 항목을 참조하시기 바랍니다.

2) 부당한 회계방침의 변경이 있는 경우

제3편 제7장 제2절 – Ⅲ – 3 – 나. '부당한 회계방침의 변경이 있는 경우' 항목을 참조하시기 바랍니다.

3) 영업보고서에 표시가 정확하지 않은 경우

제3편 제7장 제2절 – Ⅲ – 3 – 다. '영업보고서에 표시가 정확하지 않은 경우' 항목을 참조하시기 바랍니다.

4) 위법한 이사의 직무수행이 있는 경우

제3편 제7장 제2절 – Ⅲ – 3 – 라. '위법한 이사의 직무수행이 있는 경우' 항목을 참조하시기 바랍니다.

다. 감사를 위하여 필요한 조사를 할 수 없었던 경우

제3편 제7장 제2절 – Ⅲ – 4. '감사를 위하여 필요한 조사를 할 수 없었던 경우 감사보고서' 항목을 참조하시기 바랍니다.

제4절 진단감사업무

Ⅰ 진단감사의 개요

1. 진단감사의 일반

가. 진단감사의 의의[320]

진단감사란 내부 감사기관이 경영진과 같은 책임은 없이 조직의 위험관리, 내부통제, 부정관리 와 지배구조 프로세스의 가치를 증대시키고 개선할 의도를 갖고하는 조언 및 관련 서비스 활동, 즉, 예를 들면 카운슬링, 조언, 지도 그리고 훈련을 말 한다.

따라서 내부감사기관의 진단감사 활동은 경영진의 요청에 의하여 하는 경우도 있고, 내부감사기관의 평상시 일상 업무의 일부분으로 수행할 수도 있다. 각 조직은 제공될 진단감사 활동의 형태를 검토하고 각 활동의 형태별로 특별한 규정이나 절차를 마련해야 하는지 결정한다.

나. 진단감사의 필요성

기업 경영은 총무·기획(전략)·인사·자재·구매·생산·판매·회계·연구개발 등의 기능이 상호간에 유기적으로 연계해서 기업본래의 목적인 이윤을 추구, 발전해 나가는 것이다. 이러한 모든 활동은 경영자 혼자서 달성해 가는 것이 아니라 조직 속에 있는 모든 부서의 구성원들이 상호 협력해서 전체 속의 조화를 이루어 유지, 발전해 나간다.

따라서 그 일부에 결함이 있게 되면 경영활동은 원활하지 못하게 되며 경영성과는 떨어지게 된다. 이러한 경영활동상의 결함이나 동맥경화 현상들은 경영가적 관점에서 사전에 조

---

320 국제내부감사인협회, 전게서, 2017, 253면. 김용범, 전게서, 2017, 1,195면.

기 진단하여 예방책을 수립하거나 문제가 조금 있을 때 취약점을 보완할 필요가 있게 된다. 그러므로 건전한 기업경영의 유지 및 경영합리화와 더불어 기업경영의 모든 활동을 종합적으로 진단해 볼 필요가 있게 된다.

큰 강의 붕괴는 조그마한 쥐구멍으로 일어나듯이 경영상의 문제들을 사전에 점검하지 아니하고 있다가 문제가 점점 커지게 되면 기업자체의 암세포가 확대되어 구제불능의 상태로 진전되기 때문이다. 따라서 기업이 경쟁의 대열에서 낙오하지 않고 생산성과 경쟁력을 향상시키기 위해서는 독립성을 가진 내부감사기관이 기업자체의 암적 요인을 진단해 보고 취약점에 대하여는 사전에 대응책을 강구해 나가는 것이 필요하다.

다. 진단감사자의 역할

기업경영에 있어서 가장 중요한 사람은 사장을 비롯한 경영관리자라고 할 수 있다. 오늘날 기업도산이나 부실기업의 경우를 보면 그 실패의 원인은 경영관리자들의 경험 부족, 무능력, 무계획 등이 가져온 하나의 결과임이 많은 사례에서 나타나고 있다. 따라서 기업진단에 있어서도 가장 중요한 일면은 기업의 경영자라고 할 수 있다.

그러나 사장을 비롯한 경영자가 기업을 지켜나가고 발전시키기 위해서 열심히 노력한다고 치열한 생존경쟁의 시대에 대응력이 되지는 아니한다. 다시 말해서 기업 자체의 경영능력 부족으로 자사의 경영체질 개선방안을 발견할 능력이 없다면, 기업생존의 문제와 직결된다. 따라서 감사기구의 독립적인 진단감사를 통하여 경영상의 문제점을 해결할 뿐만 아니라 사전에 예방하는 기능을 병행해 나가야 할 것이다.

진단감사를 위해서는 기업진단 전반에 관한 진단능력이 선행되어야 한다. 내부감사 기구가 여건의 제약으로 전문적인 진단능력을 확보하지 못하더라도 자체의 진단전문요원을 양성해서 기업 스스로의 경영내용을 체계적으로 분석 개선해 나갈 수 있다면 경영 성과의 개선과 경영부문별 관리수준이 훨씬 양호하게 되어 경영상의 과제들을 해결해 가는 지름길이 될 수 있을 것이다.

라. 진단감사자의 자세[321]

기업 경영진단의 良·否는 진단자의 판단력과 자세에 의해 좌우될 수 있다. 예를 들면, 자동차가 주행 도중에 고장이 나는 경우 카센타에 갔을 때 우선 자동차 정비원의 정확 하고 객관적인 진단여부와 정비원의 고객에 접근하는 태도에 따라서 성패를 좌우하는 이치와 같다.

1) 진단감사자의 객관성과 공정성

진단은 객관적이면서 공정하게 유지되어야 한다. 기업의 진단감사결과를 어떤 특수 목적으로 이용하기 위해서 의도적으로 계수를 증가시키거나 누락시키게 된다면, 진단 감사는 의미가 없다. 바꾸어 말하면 진단감사 결과를 가지고 외자를 도입하거나 자금을 차입하거나 기업을 공개하게 되는 등의 경우가 그러하다.

---

321 김용범, 「경영컨설팅」, 건양사이버대학과, 장수용, 「기업자가 진단 컨설팅 전략」, SBC 전략기업컨설팅, 2011. 2. 5~7면.

그러므로 우선 진단감사의 목적을 바르게 인식하고 목적에 부응하는 진단을 수행하되 엄격히 객관성을 유지할 필요가 있다. 만일 진단의 결과가 비객관화되거나 공정성을 상실하게 되는 경우, 금융기관, 일반투자가, 기업 내 이해 관계되는 타 부문 사람들에게 막대한 피해를 끼칠 수가 있게 된다.

따라서 진단감사자는 객관성 있는 자료와 기준에 근거해서 합리적인 공정한 방법과 절차에 따라 진단감사를 실시하여야 한다. 즉, 진단감사자는 주관에 좌우되지 않고 언제 누가 보아도 그러하다고 인정되는 성질인 **객관성**과 어떤 일을 판단할 때에 어느 한쪽으로 치우치지 않은 공평하고 올바른 성질인 **공정성**을 항상 유지하여야 한다.

2) 진단감사자의 원만성과 설득력

기업의 진단감사는 연구보고서나 형식적인 것이 아니라, 그 결과를 종합 판단해 향후의 경영관리를 개선코자 하는 것이다. 따라서 진단감사는 진단결과의 개선안을 권고할 수 있는 보고서를 어떻게 효과적으로 작성해서 관계자에게 설득시키고 납득하게 하느냐에 따라 진단감사의 사후관리가 이루어지게 된다.

그러므로 진단감사자는 평소 경영관리자나 조직 구성원으로부터 신뢰를 받을 수 있는 대인관계의 태도가 良好해야 한다. 다시 말해서 진단 감사자로서 기본적으로 갖추어야 할 질은 진단감사자의 객관성과 공정성, 전문성과 준비성도 중요하지만 원만한 대인관계 능력과 설득력, 즉 리더십이 매우 필요하다.

어떠한 경영혁신이나 개선안이 성공하려면 다수의 많은 지지자와 협력자가 필요하게 된다. 따라서 진단감사의 개선권고안이 경영관리자들의 지지와 협력을 얻기 위해서 인간관계를 잘 엮어나가야 되며, 신뢰를 얻을 수 있는 평소의 언행과 진단감사 시의 진단감사자의 태도여하에 의해서 결과가 좌우될 수 있다.

3) 진단감사자의 전문성과 준비성

진단감사에 임하는 진단감사자는 진단에 필요한 기초지식과 경험을 갖고 있어야 한다. 우리네 속담에 '선무당이 사람 잡는다'라는 말도 있듯이 경영진단을 해보겠다는 의욕이나 허세만으로 진단감사에 착수할 수는 없다.

왜냐하면 진단의 결과에 따라 상황파악이나 판단력에 의해 처방이 잘못되게 되면 기업에 치명적인 악영향이 될 수 있기 때문이다. 따라서 진단감사자는 기업에 영향을 끼칠 내·외부 환경에 대한 일반적인 지각능력을 가져야 한다. 특히 기업의 경영분석과 종업원의 태도 등을 파악하고 이들로부터 협조를 얻어낼 수 있도록 인간행동과 심리학에 관한 지식도 갖추어야 한다. 이렇게 볼 때 진단감사자는 기업에 있어 진단에 필요한 기초적 준비상황은 물론 폭넓고 깊이 있는 전문지식 등의 사전적인 준비과정이 뒤따라야 한다.

또한 진단업무에 임하는 진단감사자는 진단시의 대인접촉에 있어 항상 상대방의 업무에 대하여 성실히 검토하여야 하며, 기업 내의 소중한 장부 및 운영 면을 검토하는 과정에서 상대방 직무의 존엄성을 명심하여야 한다.

이와 함께 장기간에 걸친 조사 분석 활동상의 인내력이 있어야 한다. 일과 사람을 대상으로 자료, 면담 과정에서 인내력이 확보되지 아니하고는 진단을 장시간 프로젝트성 과제로 수행할 수가 없게 된다. 기업의 진단감사자가 진단 수행과정에서 일반적으로 직면하는 애로사항은 다음과 같다.

진단감사자가 직면하는 애로사항

① 진단 대상 기관/부서의 비협조 ② 허위, 은폐, 조작된 자료의 제출
③ 재무 자료의 평가 및 수정 ④ 현지 실사의 제한 및 실사의 애로
⑤ 조사 경험의 부족과 인력의 부족 등

마. 진단감사자의 능력

1) 전문지식과 경험

특정분야에 대한 전문지식은 진단감사자가 가져야 할 필수조건이며, 경험지식은 실무적으로 습득한 지식으로서 현장에 바로 활용할 수 있는 만큼 진단감사자에게 가장 중요한 능력요소이다. 따라서 진단감사자는 해당 분야에 대한 객관적인 평가와 올바른 판단을 위한 고도의 전문지식과 해당 기업체의 실무와 현장경험을 통해 습득하는 경험지식을 평소에 적극 배양하여야 한다.

2) 정보수집능력

정보수집능력은 인적, 물적 정보원을 확보하고 주기적으로 모니터링하여 변화의 요인을 사전탐색하고 대응하는 데 필요한 능력이다. 새로운 제도나 기술에 대해 끊임없이 관심을 기울이거나 주변의 관련자들로부터 정보를 입수하는 것은 수시로 바뀌는 경영 환경을 탐색하는 데 매우 중요하다.

3) 문제발견능력

문제발견능력은 관찰력과 분석력이 수반되어야 하는 능력이다. 현상으로부터 문제점과 그 요인을 발굴해 내기 위해서는 현상에 대한 개별요인을 찾아내고 여기서 파생되는 문제점 상호 간의 관련성과 영향을 통합적 접근을 통해 분석할 필요가 있다. 진단감사자가 예리한 감식력을 가지고 현상으로부터 개선점을 발견할 수 있는 것도 시스템 관점에서 사안을 관찰하고 분석하여 문제점을 도출해 내는 능력 때문이다.

4) 對案 提示 能力

기업진단에서 발견된 문제점에 대해 해결방안을 모색하고 기업이 가지고 있는 조직적, 문화적, 특성에 맞는 해법모델을 제시하는 것, 즉 **對案 提示 能力**은 진단자의 중요한 능력 중의 하나이다.

5) 협상 및 의사소통 능력

이를 위해서는 평소 원만한 대인관계를 유지하는 것이 중요하며, 또한 고객과의 관계에

서 의사소통이 원활하려면 충분히 대화하고 부드러우면서 분명하게 의사를 전달하는 것이 요구된다. 아울러 상대방의 입장을 이해하면서 자신의 생각을 합리적으로 표현할 수 있어야 한다.

6) 창의력과 미래 예측능력

창의력은 가장 부가가치가 높은 능력 중의 하나이다. 미래 예측능력은 앞서 기술한 여러 능력들이 바탕이 되지 않고서는 갖추기 힘든 능력이며 현실을 직시하고 전체를 살펴본 후 통합적 접근을 시도할 경우만 가능하다.

2. 진단감사의 대상 및 종류

가. 기업진단의 대상

1) 진단의 범위

기업진단의 범위로는 종합진단과 부문진단으로 구별할 수 있다.

가) 종합진단

종합진단이라 함은 경영전반을 책임지고 있는 경영자 층을 비롯하여 경영스텝이 수립한 경영지표, 기본방침, 장기경영계획, 경영조직, 내부통제체제 등 경영기본관리에 대한 사항을 조사·분석하게 됨을 말한다.

대부분의 모든 기업체는 다소 정도의 차이는 있지만 경영관리를 효율화하고자 하는 업무영역을 생산, 판매, 인사·노무, 구매, 재무 등 직능별로 구분하는 동시에 이들을 관리의 대상으로 하여 계획, 조직, 제 자원의 조달, 지휘, 통제, 조정 등의 관리직능을 부여하고 있다.

그러나 이러한 업무들이 기능별로 나누어져 있는 점과 결부되어 있는 관리직능은 독립적으로 활동하는 것이 아니라 전체 속의 조화 있는 복합적인 조직체로서 결합되어야 기업전체로서의 합리적인 운영을 기대할 수 있게 된다.

따라서 종합진단은 최고경영자의 종합적 기능을 포함하여 기업의 조직 활동 전체에 대해 조사·진단하는 것이다.

나) 부문진단

부문진단은 현실적 요구로서 경영의 특정부문, 예컨대 생산, 판매, 재무, 인사, 마케팅 부문 등을 진단하는 것이다. 부문진단을 실시하는 경우 기업 활동의 전체적 관점에서 조사, 분석, 판단을 하는 것이 바람직하다.

다시 말해서 최고경영자의 종합적 기능을 포함해서 기업의 조직 활동 전체에 대하여 조사·진단한다. 왜냐하면 기업 활동은 어느 특정부문 자체만으로 이루어지는 것이 아니라 각 부문의 협력과 相互調和 속에서 경영의 성과가 창출되기 때문이다.

2) 진단의 대상

기업진단은 기업의 전체적 활동을 대상으로 하고 있으므로 다음과 같은 두 가지의 대상으로 대별할 수 있다.

가) 경영의 기본적 사항

기업은 각각 자사의 경영이념과 정책, 경영조직, 전반적 방침 등과 같이 부문적 경영활동을 가이드하고, 유도하며, 종합하는 경영의 총괄적 기능을 수행을 한다. 경영의 기본적 사항으로는 경영이념, 경영조직, 경영전략, 경영방침 등으로 대별할 수 있다.

(1) 경영이념

경영이념은 경영자가 기업을 영위하는 데 있어 지침이 되는 기본적인 의식, 다른 말로 경영신조, 경영철학이라고도 한다. 즉, 기업이 사회적 존재 이유를 표시하고 경영활동을 방향 짓게 하는 기업의 신조를 말한다.

경영이념은 기업의 신조인 동시에 경영자의 경영철학이기 때문에 경영목적 달성을 위한 활동을 하기 위해 구체화할 수 있는 현실적 지침이 되는 것으로서 기업 내에서 공유되는 가치로 전 조직원의 행동 규범화가 되는 사시(社是), 사훈(社訓) 등으로 표현되기도 한다.

따라서 경영이념은 기업의 본질에서 출발한다. “기업이란 무엇인가?”라는 물음에 대한 답변은 여러 가지로 나올 수 있다. 이는 기업을 보는 가치관이 다르기 때문이다. 따라서 경영이념은 기업목적을 정립하는 데 영향을 미칠 뿐만 아니라 나아가 기업행동을 규명하는 데 있어 기초가 된다.

(2) 경영조직

경영조직은 경영목적을 달성하기 위하여 필요한 여러 활동을 많은 경영구성원에게 분담시키고 그 관계를 규정하며, 여러 활동이 전체적으로 유효하게 이루어지도록 통합한 협동활동 시스템이다. 즉, 조직의 목표달성을 위해서 각 부문의 역할과 기능들이 협동체 속에 조화를 이루도록 하는 것이 경영자의 역할이다.

회사의 조직구조가 성공적 경영을 하기 위해서는 목표달성의 기여도에 따라 수행업무의 중요성이 인식되어야 하고 그에 따라서 권한과 책임이 균형 있게 배분되어야 한다. 따라서 경영조직의 구조와 활동을 면밀히 조사·분석하여야 한다.

또한 경영조직은 살아서 움직이는 협동활동 체제이므로 단 한 번만으로 만들어서 유지하는 게 아니고 환경과 전략에 맞추어 유연하게 대응할 수 있어야 한다. 이러한 제기능은 경영자의 중요한 역할의 하나로 인식되어야 하고 기업진단의 많은 내용들이 포함되어야 한다.

현실의 경영조직은 조직구조를 기본적으로 두고서, 감정과 성격을 달리하는 살아있는 사람들이 직위를 차지하고 기관을 구성하며, 서로 협력과 갈등을 되풀이 하면서 활동해 나가고 있다. 따라서 우선 기본적으로 사람과 사물 및 기술의 시스템으로 파악하고 그것이 의사결정에 의해 움직여 나간다고 보아야 한다.

(3) 경영전략

경영전략은 변동하는 기업 환경 아래서 기업의 존속과 성장을 도모하기 위해 환경의 변화에 대해 기업 활동을 전체적·계획적으로 적응시켜 나가는 전략이다.

경영전략은 경영목적을 달성하기 위한 포괄적인 수단으로, 환경적응의 기능을 가지며 (이러한 기능에서 경영전략은 내부전략과 외부전략으로 구분됨), 기업이 장차 당면할 전략적 문제나 전략적 기회를 발견하는 기능을 가진다. 또한 경영전략은 각 부문의 경영활동을 전체로 종합하는 기능을 가지며, 정보 수집을 효율적으로 하기 위한 결정 룰이 되기도 한다.

경영전략은 전략의 책정과 전략의 실천이라는 두 가지 측면에서 진단의 대상이 될 수 있다. 전략과 경영진단의 관계는 불확실한 미래의 환경에 대응해서 기업이 장기적으로 나아가야 될 경쟁우위를 진단을 통해서 제시할 필요가 있기 때문이다.

전략의 책정은 최고경영자, 임원진, 기획실무팀 등 참여자들이 기업전체와 시장구조, 환경의 변화 등을 통해 거시적인 관점에서 기업이 살아남기 위한 기획을 하는 것이다. **설정된 전략**은 실행이라는 측면에서 운영실태, 기업 내외적 환경과의 적응 및 기능관계, 경영관리 부문활동과의 연관성 등에 대하여 조사·분석하게 된다.

(4) 경영방침

경영방침이라는 것은 기업경영의 계속적인 활동이 기업목적에 적합하도록 미리 일정한 방향으로 규정하기 위하여 확립한 기본적인 원칙을 의미한다.

기본방침에는 기업의 장기적인 예측에 따라 경영이념이나 장기목표 내지 경영계획의 개요를 표시하는 일반적 성격의 것으로부터 경영활동의 기본을 표기한 개별적 성격의 것도 포함된다.

미국의 '존스&존스' 회사(예)

(가) 우리는 제1의 책임을 고객이라고 확신한다.

① 우리의 제품은 항상 양질의 것이어야 하고, 더욱 저가로 고객에게 제품을 제공 하도록 노력을 경주한다.

② 우리는 고객의 주문에 대하여 신속히 대응해야 하며, 거래처는 공정한 이익을 올릴 수 있는 것이어야 한다.

(나) 우리의 제2책임은 종업원에 대한 것이다.

① 우리 회사에서 일하는 남녀직원은 그의 일에 안정감을 가져야 하며, 임금은 공정·타당해야 한다.

② 승진될 가치가 있는 사람에게는 그 기회가 공평하게 부여되어야 하며, 각자는 자기의 존엄성과 장점에 의거하여 개인적인 지위가 인정된다.

③ 종업원은 자신의 제안과 불평처리에 관한 제도를 가진다.

나) 경영의 부문적 사항[322]

현대의 기업경영은 제조업이나 서비스업, 중·소기업이나 대기업이거나를 막론하고 과학적 경영관리 기법을 모든 경영활동에 적용하고 있다.

---

322 장수용. 전게서. SBC 전략기업컨설팅. 13~15면.

따라서 경영진단도 공통적 경영활동 부문은 어느 정도 표준으로서 기준을 제시할 수 있으나 업종, 규모 등에 따라서 경영진단 감사 시에 상대평가기준이 차이가 있기 때문에 평가항목과 등급구간의 설정이 각각 다를 수 있다.

다음에 제시하는 경영 각 부문의 진단항목들은 기업 규모나 업종 등에 따라 다소 차이가 날 수 있다. 경영 각 부문의 진단 대상단위를 일반적으로 제조업을 중심으로 세분하게 되면 다음과 같다.

경영 각 부문의 진단 항목(예시)

(1) 종합관리 부문

○ 경영목표, 경영정책, 장단기 경영계획의 적부 판단 기준
○ 내부통제체제의 적부 판단기준 ○ 위임 전결제도와 그 운영 사항
○ 사무문서관리 시스템의 적부 판단 등

(2) 인사 · 조직관리 부문

○ 채용 및 승진제도 기준과 운영실태 ○ 인사고과제도의 운영상태
○ 노동생산성과 필요노동량 및 실제노동량의 투입 현황
○ 노동의 질적 수준 - 근태현황, 입 · 퇴사 현황
○ 급여체계 및 제도 내용 ○ 노무비 비율현황
○ 교육훈련제도와 복리후생비 현황 ○ 종업원의 직무 만족도 등

(3) 마케팅 부문

○ 판매 계획과 조직 활동, 유통구조 현황
○ 시장조사 및 판매촉진을 위한 홍보, 광고 선전 전략
○ 제품특성과 제품별 마켓 셰어 현황
○ 판매부문별, 판매월별, 판매능력과 살적 현황
○ 시장동향과 제품동향, 거래선과 경쟁업체의 동향
○ 판매정책과 기업전략과의 과제 ○ 판매거래관행과 판매촉진정략 내용 등

(4) 생산 및 구매관리 부문

○ 생산계획 및 공정관리 체계와 구조 ○ 작업표준 및 공정검사 제도의 효율성
○ 제조설비 및 작업공구의 관리 현황 ○ 설비배치 현황과 공정흐름의 체계도
○ 운반관리와 재공품 및 완제품 관리 내용
○ 설비자동화 현황과 작업능률 구조 ○ 설비점검 및 보수 관리 현황
○ 원가관리 시스템 구조와 그 기능 ○ 재해 및 안전사고 현황과 관리체계
○ 원부자제 구매 및 수불관리 현황과 구매효율성
○ 구매 시장조사 및 외주관리 시스템
○ 원부자제 재고 통제관리 기준과 그 효율성 등

(5) 재무 및 회계관리

○ 목표 이익관리의 적합성 ○ 자산관리 기준과 자본, 부채 구조현황

○ 표준원가관리와 그 효율성 ○ 회계감사와 손익관리 내용
○ 자금계획현황과 각 부문별 예산집행 현황 등

다) 기본적 사항과 부문적 사항의 관련성

경영의 기본적 사항은 앞에서 서술한 바와 같이 각 관리부문의 기능적 활동을 종합한 것이므로 상호 관련성을 갖고 있다. 따라서 진단과정에서는 아래와 같이 경영의 기본적 문제 검토와 각 부문활동을 상호 유기성을 갖고 종합적으로 판단하여야 한다.

진단과정에서 본 경영의 기본적 사항과 부문활동의 관련성

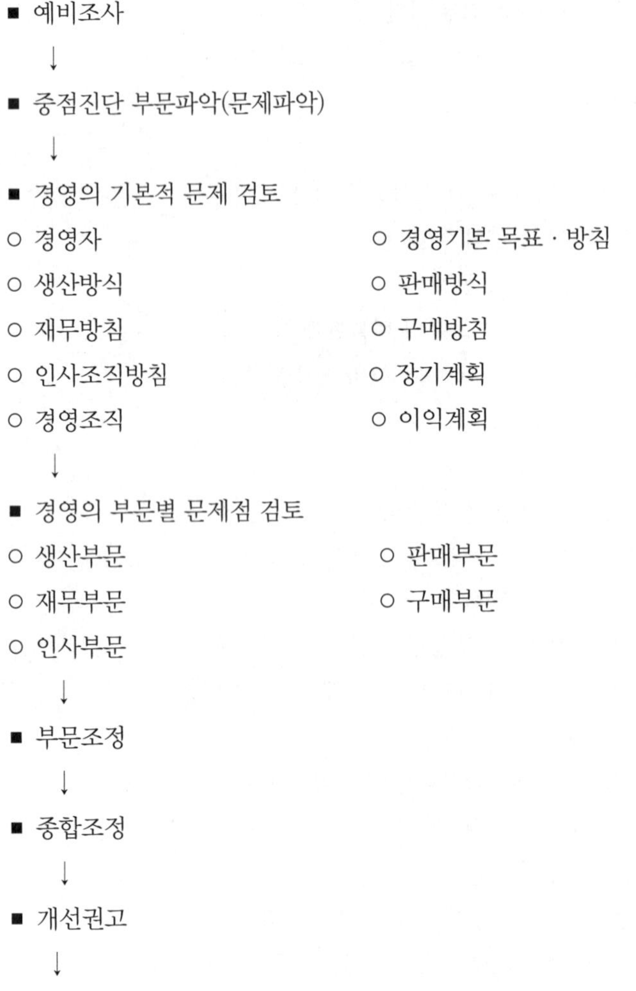

나. 기업진단의 종류

기업진단은 진단대상과 기업의 숫자, 진단범위, 진단기관, 진단주체 등의 여부에 따라

여러 가지로 구분될 수 있다.

1) 진단대상에 따른 유형

먼저 진단대상에 따라 산업체, 공장, 1개 사업소 등의 유형으로 구분해 볼 수 있다.

진단대상별 진단유형

- 산업진단
- 공장진단 ■ 사무소진단 등

산업진단은 제조업, 서비스업 또는 조선업, 자동차업, 통신업 등 산업별로 진단하는 것이며, **공장진단**은 특정의 산업체나 제조업 등의 현장인 공장만을 대상으로 진단한다. **사무소진단**은 지방 연락소나 어느 특정의 사무소 단위를 대상으로 진단한다.

2) 기업의 수에 따른 유형

오늘날 기업규모는 모기업 외에 계열사, 자회사, 자매회사로 분류되고, ○○연구단지, ○○조합 등 기업규모의 수치로 분할 운영되기도 한다. 이상과 같은 기업의 수에 관계되는 진단의 종류로 다음과 같이 구분할 수 있다.

기업의 수별 진단유형

- 개별진단 – 개별기업
- 집단진단 – ○ 둘 이상의 기업 ○ 단지진단
  ○ 조합진단 ○ 계열진단 등

3) 진단범위에 따른 유형

진단의 범위가 종합 진단이냐 생산, 판매, 회계부문이냐에 따라 다음과 같이 구별된다.

- 종합진단
- 부문진단 – ○ 생상부문 진단 ○ 판매부문 진단 ○ 회계부문 진단 등

4) 진단 기관별, 주체별 유형

진단기관에 따라서 **공공진단**과 **사설진단**으로 구분되며, 진단의 주체에 따라 **자가진단**과 **외부진단**으로 나눌 수 있다. **자가진단**은 기업의 경영관리자가 경영활동의 내역을 자체적으로 분석하여 기업 스스로 개선책을 마련하여 나가는 것을 말하며 가능하다면 자가진단에 의해서 스스로 계속적으로 개선해 나가는 것이 이상적이라 할 수 있다.

그러나 기업의 진단 시 자가진단만을 할 경우 자가진단 시 내부조직원 상호간의 결점을 탐지한다는 심리적 영향이 있게 되면 문제점 발견과 해결이 어렵게 되는 원인이 있기 때문에 일반적으로 자가진단과 외부진단을 병행하는 경우가 많다.

진단 주체별 · 기관별 유형

■ 진단주체 – ○ 자가진단 ○ 외부진단
■ 진단기관 – ○ 공공진단(국가기관이 무료로 진단하는 것)
○ 사설진단(진단기관이 유료로 진단하는 것)

5) 계열진단의 특성과 유의점

계열진단이란 계열기업에 있어 그 산하 계열 전체 또는 특정기업에 대하여 행하는 경영진단으로서 주로 도·소매업의 판매계열, 모공장과 하청공장의 계열을 그 대상으로 한다. 계열진단은 그 입장과 목적에 따라 다르지만 일반적으로 다음과 같이 세 가지로 분류한다.

① 제3자 또는 전문진단원이 계열 전체로서의 양부(良否)를 검토하는 진단이다. 계열 진단은 원기업과 연계기업 간의 관계를 대상으로 한다.
② 메이커 또는 도매업의 입장에서 산하의 계열 도매업 또는 소매점에 대하여 실시하는 계열적 입장에 따른 경영진단을 말한다.
③ 母工場 산하의 계열 하청공장에 대하여 실시하는 경영진단이다.

상기 ②, ③항의 경우는 주로 상위 기업 또는 원 기업이 산하의 계열, 하위 기업의 계열화 상황을 검토하여 계열을 강화할 목적으로 행하는 경영진단이다.

이런 종류의 진단을 행하는 경우 특히 주의해야 할 점은 모든 진단의 판단기준이 계열 모기업의 형편과 이익에 기준하고 강압적 태도가 되어서는 안 된다. 일반적으로 큰 메이커가 계열진단을 행할 경우 자칫 잘못하게 되면 양사 간의 세력관계의 균형 때문에 계열기업의 감정 악화로 오히려 진단결과의 후유증이 심각해질 수 있다.

따라서 계열진단의 최종목표는 계열기업 전체의 조화와 번영에 있는 것이므로, 원기업과 산하의 계열 기업 그리고 하위 기업 간에 상호 협조와 신뢰관계 속에서 계열진단을 실시함으로써 진단결과의 후유증을 최소화하고, 감사기구의 독립적인 진단감사를 통하여 경영상의 문제점 해결기능과 예방기능을 병행해 나가야 할 것이다.

3. 진단감사의 절차 및 체제[323]

가. 기업진단감사의 절차

기업이 진단감사를 실시하기 위해서는 다음과 같은 4단계의 과정이 필요하다.

기업 진단감사의 절차

① 조사 및 준비단계 ② 진단감사 단계

323 장수용. 전게서. SBC 전략기업컨설팅. 20~24면.

③ 문제점 발견 및 개선 단계 ④ 차기 진단감사 단계

나. 기업진단감사의 과정

기업 진단감사의 절차는 앞에서 설명한 바와 같이 조사 및 준비 단계, 진단감사 단계, 문제점 발견 및 개선 단계, 차기 진단감사단계로 진행할 수 있다. 그러나 진단절차라고 해서 꼭 순서에 입각해서 진행하는 것이 만능이라고 할 수는 없다. 여기에서는 진단감사단계로서 다음과 같은 절차로서 진단감사를 수행할 수 있다.

기업 진단감사의 과정

① 경영성과 평가항목 분석 : 종합적인 경영효율성 파악
② 관리수준 평가항목 분석 : 판매, 인사, 재무. 생산 등 경영부문별 관리효율성 파악
③ 체크리스트 점검 : 관리실태의 구체적 점검 및 문제점(원인) 발견과 개선안의 제시
④ 관리상 문제점 개선 : 경영관리의 개선
⑤ 관리 효율성 향상 ⑥ 경영 성과의 향상

다. 기업진단감사의 체제

진단감사의 실시를 위해서 우선 진단의 조직 체제를 확립할 필요가 있다. 기업의 진단감사체제는 외부의 전문적인 컨설팅회사를 이용하거나 별도 컨설팅조직을 만들어 운영 할 수도 있으나, 여기서는 기업에 별도의 조직 없이 내부감사최고책임자가 독자적으로 진단감사를 실시하는 체제를 말한다.

이와 같이 기업에 별도 조직 없이 내부감사최고책임자가 독자적으로 진단감사를 실시하는 체제 하에서 진단감사요원은 내부감사최고책임자를 보좌하여 경영진단업무를 수행하게 되며, 진단감사요원이 진단감사의 주체로서 활동하기 위해서는 다음과 같은 자격요건을 구비하는 것이 바람직하다.

진단감사요원의 자격 요건

① 자사의 산업상의 위치를 파악할 수 있어야 한다.
② 자사의 연혁, 정책, 방침, 계획, 조직, 기술, 제품 등을 이해할 수 있어야 한다.
③ 조직, 계획, 관리의 기본개념을 알아야 한다.
④ 인사, 조직, 판매, 생산, 재무·회계에 대한 기본개념을 이해하여야 한다.
⑤ 통계자료의 이해력이 있어야 한다. ⑥ 서면상의 표현력이 있어야 한다.

이상과 같은 자격요건을 구비하기 위해서는 다년간의 여러 부문에서 자사근무 경험이 요구되기도 한다. 따라서 진단감사 체제를 여러 사람이 한시적 프로젝트팀으로 편성하여 기

업의 진단감사업무를 수행할 수 있게 조직을 확립할 필요가 있다.

경영조직이란 재료, 설비, 기술, 정보 등 제 투입요소들이 상호 유기적으로 결합하여 관계를 갖고 조직목표를 추구해 가는 것이다. 따라서 생산, 판매, 재무, 인사 등의 전문가가 모여 진단감사 체제의 프로젝트팀을 구성하고 각각의 업무분담을 정하여 한시적으로 수행해 간다면 진단감사의 성과도 커질 것이다.

4. 조사 및 준비단계의 절차

기업은 시장과 밀접한 관련이 있다. 특히 오늘날에는 자사의 제품에 대한 고객들의 요구의 다양성과 함께 수요구조가 급격히 변화하는 상황에서 시장의 동향을 무시하고 경영의 실태를 파악한다는 것은「나무를 보고 숲을 보지 않는 것」과 같다. 기업의 시장을 둘러싸고 있는 경영상에 영향을 주는 요인은 기업의 외부활동요인과 내부활동요인의 양면적 관계에서 조사, 분석하여야 한다.

경영의 내부요인은 생산활동, 판매활동, 재무활동, 인사관리 등 경영활동의 제요소로부터 구체적인 생산, 판매의 실적자료 등을 구할 수 있다. 외부요인은 각종의 시장정보와 고객분석 자료를 활용할 수 있다. 실제로 조사에 들어갈 때에는 중점적인 진단부문 범위를 체계적으로 계획하여야 한다. 진단에 앞서 조사활동은 총괄적인 경영의 아우트라인의 파악과 중요요소를 판단해서 단계적으로 접근해 가야 한다.

따라서 조사코자하는 분야별 진단내용을 숙지하여 자사에 적합한 평가항목과 점검항목을 결정해야 한다. 조사과정에서는 적절한 조사표와 관찰, 면담뿐만 아니라 필요한 경영내외의 자료를 준비한다. 예로서 최근 3년간의 경영실적이나 경영지표, 각 부문의 경영 관리 실태를 조사토록 한다. 조사사항은 업종에 따라 다양하지만 비교적 공통적이고 총괄적인 자료를 가지고 예비조사표를 작성하여 분석에 들어가게 된다.

조사 및 준비단계의 절차

① 경영 아우트라인의 파악

↓

② 분야별 진단내용 숙지

↓

③ 자사에 해당하는 평가항목과 점검항목의 결정

↓

④ 자료준비(경영실적, 경영지표, 각 부문의 실태조사)

II 일반부문 진단감사

1. 마케팅부문 진단감사[324]

가. 마케팅부문 진단의 목표

기업에 있어서 **마케팅**이란 생산된 제품을 소비자(고객)에게 판매하여 기업의 목표라고 할 수 있는 이윤을 창출해 가는 중요한 활동과정이라 할 수 있다.

그러나 기업의 상행위라 할 수 있는 마케팅부문의 활동은 판매조직, 시장조사와 판매계획, 제품 전략, 가격 전략, 판매촉진 전략, 판매경로 전략 등의 복합적인 기능이 相互有機的으로 시스템을 이루어 활동해 가는 과정이다.

따라서 **마케팅부문의 진단의 목표**는 이러한 활동을 효율적으로 추구해 가는 판매부분의 관리현황을 조사·진단해서 궁극적으로 기업의 고유 역할인 이윤창출을 극대화하는 데 목표를 두어야 한다.

나. 마케팅부문 진단의 방법

기업 마케팅부문의 진단은 업종의 경영실태를 충분히 고려하여 점검사항과 평가항목을 선정해야 한다. 일반적으로 제조업 마케팅부문의 특성은 판매활동의 중요성에 대한 인식부족과 이로 인한 전담조직의 취약, 그리고 높은 주문판매(납품판매) 및 대고객 의존성으로 요약될 수 있다.

이와 같은 특성으로 인하여 제조업은 전반적인 마케팅 기능의 취약, 대고객 종속적 판매구조, 저렴한 주문단가로 인한 낮은 판매마진, 신제품 개발노력의 미흡 등의 문제점을 유발시키고 있다. 따라서 마케팅부문을 진단할 때에는 사전에 다음과 같은 사전점검 사항에 의하여 마케팅부문을 체크하여야 한다.

1) 마케팅부문의 점검사항

가) 판매조직

- ○ 지점, 영업소, 출장소의 소재지와 판매담당구역은 어떻게 되어있나?(판매전담조직의 유·무)
- ○ 판매부서의 책임자에게 부여되어 있는 책임과 권한은 어떠한가?(직위별 책임과 권한의 적절한 委讓)
- ○ 판매부서와 타 부서와의 협력체계는 어떠한가?(생산부서, 개발부서, 자금부서와의 협조 수준)
- ○ 마케팅부문의 조직구성은 어떻게 되어있나?(본사, 사업소의 마케팅 조직 구조)
- ○ 영업담당 최고책임자의 시내에 있어서의 지위와 권한은?

나) 제품

- ○ 제품별 과거 3~5년의 매출 추이와 앞으로의 전망은?

---

324 김용범. 「경영컨설팅」. 건양사이버대학. 28강 강의자료(마케팅부문 경영컨설팅). 장수용. 전게서. SBC 전략기업컨설팅. 2011. 2. 30~40면.

○ 제품별 업계의 지위와 경쟁 사정은? ○ 앞으로 개발이 예정되어 있는 제품은?
○ 제품분석 시 제품의 특성(품질, 디자인, 포장, 상표, 제품명 등)의 고려 수준
○ 제품분석의 체계적 실시(생산기술 측면의 검토, 판매측면의 검토) 수준
○ 연구개발로부터 제품생산까지의 절차
○ 가격의 결정 및 유지의 문제점과 대책은?
○ 제품개발 전담부서 설치 및 운영의 적절성

다) 판매계획 수립 및 시장 조사

○ 판매계획은 장기경영계획의 일환인가?
○ 계획은 과학적 기초에 근거하고 있는가?
○ 시장조사를 위한 정보 수집 ○ 시장조사의 합리성 여부?
○ 기간별, 제품별 판매계획의 수립여부?
○ 지역 및 고객별(거래선별) 판매계획 수립 여부?
○ 판매계획 수립 시 객관적 자료 확보 여부?
○ 판매목표 수량방법의 합리성 여부?

라) 판매가격

○ 주문 판매 시 판매가격의 적절성 여부? ○ 가격정책의 합리성 등

마) 판매촉진

○ 업계 및 당사의 판매촉진책은? ○ 광고매체의 적절성 여부?
○ 판매원의 판매촉진을 효과적으로 실시할 수 있는 자료 정비는?
○ 광고와 인적판매의 상승효과 수준은? ○ 잠재적 시장(고객)에 대한 관리는?

바) 판매경로

○ 각 제품은 어떤 경로로 소비자에게 도달되고 있는가?
○ 판매경로별 문제점과 앞으로의 전망은?
○ 유통경로 관리의 철저성 여부(유통업체 공동 대응 노력)
○ 유통업체 관리 및 지원 수준
○ 대고객 의존도 및 거래유통업체수 추이 분석 등

사) 판매원 관리

○ 판매관리자는 효과적으로 판매원을 지원하고 있는가?
○ 판매원에게 요구되는 직무내용은 명확한가?
○ 판매원의 능력 수준은 만족할 만한가?
○ 판매원의 교육 내용은 목적에 적합한가?
○ 판매원의 활동은 조직적이며, 계획적으로 이루어지고 있는가?
○ 판매원의 평가제도와 보상은 적절한가?

아) 거래처 관리

○ 거래처 관리를 위한 자료의 정비는? ○ 판매망 강화를 위한 조직화는?
○ 수요 동향 파악 및 상품의 개선, 개발을 위한 협력체제는?
○ 영업 서비스의 수준은?

2) 마케팅부문 활동의 거시적 진단

마케팅부문의 활동은 궁극적으로 기업의 목적을 달성하는 활동과정이며, 그 성과는 매출이익률에 의해 표시된다. 판매부문의 능률을 높이는 요인으로서는 다음과 같은 거시적인 분석방법을 활용할 수 있다.

마케팅부문 거시적 분석방법(예시)

① 수익성 판단비율 : 총이익 대 매출액 비율
② 판매부문 성과 판단비율 : 영업이익 대 매출액 비율, 대손액 대 매출액 비율, 영업 비용 대 매출액 비율, 광고선전비 대 매출액 비율
③ 상품별 판매능률 : 상품별 총(순)이익 대 매출액 비율
④ 판매부문별 판매능률 : 판매부문별 총(순)이익 대 매출액 비율
⑤ 판매원별 판매능률 : 판매원 1인당 매출액(량), 매장 혹은 진열대당 매출액(량)
⑥ 판매원의 효율 : 인건비 대 매출액 비율, 광고비 대 매출액 비율, 판촉비 대 매출액 비율
⑦ 판매효율 ; 반품액 대 총매출액 비율

이상과 같은 거시적인 판매실적을 분석하기 위해서는 기초자료로서 판매실적에 관한 다음과 같은 자료들이 확보되어야 한다.

거시적 판매실적 분석을 위한 기초자료

① 월별 판매계획 및 실적(금액, 수량) ② 거래선별 판매계획 및 실적(월별, 연도별)
③ 지역별 판매계획 및 실적(월별, 계절별, 연도별)
④ 제품별 판매계획 및 실적(월별, 계절별, 연도별)
⑤ 판매원의 1인당 판매계획 및 실적 ⑥ 반품 및 할인(디스카운트)
⑦ 재고자산 회전율 ⑧ 제품, 생산, 판매 및 재고추세 ⑨ 판매비 예산 및 실적 등

이상과 같은 자료들을 정밀하게 조사 및 분석하여 문제점과 개선방안을 도출하도록 한다.

3) 마케팅부문 진단의 사전 정보 수집 항목

마케팅부문을 진단하려 할 때는 사전에 다음과 같은 정보수집을 하게 되면 진단을 보다 더 효율적으로 할 수 있게 된다.

가) 시장의 동향

○ 시장은 어떻게 변화하고 있는가? ○ 유통경로는 어떻게 변화 하였는가?
○ 소비자의 욕구와 구매경향의 변화는?
○ 잠재고객은 어디에 있는가? ○ 시장개척의 강점과 약점은?

나) 상품(제품)의 동향

○ 자사 상품에 대한 고객의 반응은? ○ 상품별 판매량과 그 장래성은?
○ 왜 팔리는가? 팔리지 않는가? ○ 자사 상품의 장점과 단점은?
○ 상품의 새로운 효용은? ○ 신상품 출현의 전망은?

다) 거래선의 동향

○ 거래선별 판매량과 그 장래는? ○ 소액거래처와 그 거래액의 장래 증가책은?
○ 앞으로 개척해야 할 거래처와 그 현상은?
○ 당사에 대한 클레임이나 요망사항은?
○ 대형거래처와 그 내용은? ○ 거래처의 신용상태는?

라) 고객의 동향

○ 어떤 손님에게 팔리고 있는가? ○ 그것은 어떻게 해서 팔리는가?
○ 어떤 의견을 갖고 있는가? ○ 어떤 점이 개선되면 팔리는가?

마) 경쟁사의 동향

○ 상품의 특성, 서비스의 방식은? ○ 시장 개척 방침 및 유통경로는?
○ 판매활동과 조직 관리 방침은? ○ 가격 거래 조건은? ○ 선전 광고는?

다. 마케팅부문 진단의 체크리스트

많은 경우에 마케팅은 어떻게 관리하느냐에 따라서 그 효율이 달라질 수 있다. 그러므로 판매관리면에서 다음과 같은 다음과 같은 내용들을 체크리스트에 의해 점검할 필요가 있다.

1) 판매정책의 확립

○ 제품은 자사의 생산능력과 기술에 적합하여 특수 기술적 제품의 판매에 노력하고 있는가?
○ 일정한 방침에 의하여 거래처, 거래방법, 판매품목을 정하고 있는가?
○ 판매계획을 수립할 때에는 시장의 변동과 생산계획을 고려하고 있는가?
○ 월별 판매량의 변동 원인은 무엇이며(계절, 경기동향등) 그 대책은 강구하고 있는가?

2) 거래관계, 거래방법의 적정성

○ 판매망은 적당하게 짜여져 있으며 유지 및 확대 방안은 무엇인가?
○ 거래처 선정방법은 적당하며 각 거래처의 특색이나 동 업종의 경쟁은 어떠한가?
○ 거래 방법은 적당하며 거래실적에 따라 개선하려 하고 있는가?

3) 판매촉진방법(광고선전)의 적정성

○ 광고 선전과 서비스 개선을 위해 노력하고 있으며, 시장조사, 상품연구를 하고 있는가?
○ 유사 제품이나 동 업종의 경쟁에 대한 대응책은 확립되어 있는가?
○ 과거 광고 선전방식의 실적은 효과가 있는가?
○ 광고방법에 대한 검토가 이루어지고 있는가? ○ 광고비는 적정하게 배분되고 있는가?

라. 마케팅부문 진단의 요령

기업 마케팅부문의 평가나 진단항목은 시장, 제품, 업종, 규모에 따라서 각각 다양하다고 할 수 있다. 그러므로 여기서는 공통적으로 활용할 수 있는 마케팅부문의 평가, 진단 항목으로 종업 1인당 매출액, 시장구조의 안정성, 판매구조의 대고객 의존성, 적정 마진율 확보 수준, 신제품 개발 수준 등을 선정하여 진단 요령을 설명하고자 한다.

1) 종업원 1인당 매출액

종업원 1인당 매출액은 마케팅부문의 총체적인 판매활성화 수준(기업의 총체적 판매 능력)을 평가하기 위한 지표로서 활용할 수 있다. 평가척도는 순매출액을 종업원수로 나누게 되면 종업원 1인당 순매출액(종업원 1인당 순매출액 = 순매출액 ÷ 종업원 수)이 산출된다.

일반적으로 우리나라 기업의 경우 앞에서 언급한 바와 같이 마케팅에 대한 인식 부족과 전담조직의 취약으로 기업 전체의 총체적 판매능력을 저하시키며, 1인당 매출액도 낮아지게 된다. 그러나 마케팅부문의 기능을 강화시키고 전략화한다면 1인당 매출액도 상대적으로 높아지게 된다.

이와 같은 관점에서 종업원 1인당 순매출액을 기업 마케팅부문의 전반적인 능력에 대한 수준평가의 도구로서 경영진단 시에 활용할 수 있다.

2) 시장구조의 안정성

시장구조의 안정성은 기업의 판매시장이 어느 정도 안정적으로 확보되어 있는지를 의미하며 최근 3년간 정도의 기간을 설정해서 주문량의 평균 변화율(경기변동에 따른 매출액 변동폭 수준)을 평가척도로 삼을 수 있다. 이 부문의 능력평가에 있어서는 매출액 수준의 안정적 유지능력이 중요하게 고려되어야 한다. 왜냐하면 마케팅부문의 고유기능 중 제품의 판매안정성이 가장 중요시되기 때문이다.

제조업에 있어서 판매대금이 자금원으로서 중요한 역할을 하기 때문에 판매부진으로 인해 투자자금의 회전기간이 길어지면 자금동원능력이 부족한 기업은 심각한 자금 압박을 받게 되므로 안정적 판매시장 확보의 중요성이 더욱 높아진다고 할 수 있다.

3) 시장구조의 적절성

시장구조의 적절성은 시장구조에 있어 대고객 의존성 수준을 평가하는 것이다. 이는 판매구조적 측면에서의 대고객 종속성 수준을 판단하는 데 그 목적이 있다. 시장구조의 적정성을 평가하는 척도는 3대고객 매출액 ÷ 순매출액의 산식에 의해서 용이하게 평가가 가능하게 된다.

일반적으로 우리나라 기업은 주문생산(하청생산) 비율이 높을 뿐만 아니라 몇몇 대고객에 대한 판매 의존성이 경영의 독립성을 저해하고 있는 경우가 많다. 즉, 제조업이 대고객에 대한 판매의존도가 높으면, 주요고객이 거래선을 변경하게 되면 경영상에 심각한 타격을 받게 될 것이므로 이와 같은 결과를 피하기 위해서는 촉박한 납기나 저렴한 주문단가, 까다로운 품질검사 등을 수용할 수밖에 없게 된다.

따라서 기업이 경영의 자율성을 확보하고 장기적으로 안정적인 성장을 도모하기 위해서는 자사 상품에 의한 시장판매의 확대 등 판매구조의 대고객 의존도를 낮추어야 한다.

4) 판매가격의 적정 마진율 확보 수준

이는 판매가격 전략의 적절성 수준을 평가하기 위한 목적으로 평가척도는 [(판매가격 × 100) ÷ 제품 단위당 생산원가] − 100의 산식에 의해서 평가가 가능하다. 기업은 높은 주문생산 의존성과 기업 상호 간의 경쟁으로 판매가격에 적절한 마진율을 확보하고 있지 못하다.

따라서 기업의 매출액 증대가 수익성 증대로 이루어지기 위해서는 판매가격 결정에 있어서 자사의 주장을 강력히 반영시킬 수 있어야 한다. 이와 같은 측면에서 볼 때 판매가격의 적정 마진율 확보수준도 마케팅부문 능력 평가의 적절한 척도이다.

5) 신제품 개발 수준

제품전략 수준을 평가하기 위해서는 신제품개발 판매액을 측정할 필요가 있다. 기업의 신제품 개발 수준의 척도는 순매출액에 대한 최근 3년간 개발한 신제품 판매액의 비율로 산정한다.

기업의 규모를 막론하고 신제품 개발은 마케팅부문의 주요한 역할을 차지한다. 우리나라의 일반 기업은 판매 구조의 대고객의존도가 높고 시장조사를 위한 정보원을 주로 고객업체에 국한시킴으로써 신제품 개발수준이 대기업에 비하여 열위에 있다.

중소기업은 다품종소량생산이기 때문에 대량생산이 가능한 대기업과의 가격경쟁은 불리하게 된다. 따라서 이것을 극복하기 위해서는 대기업보다 먼저 신제품을 개발하여 시장을 점유해야 한다. 이와 같은 관점에서 신제품개발 노력은 기업 마케팅부문의 중요한 역할이라고 할 수 있다.

2. 인사·조직부문 진단감사[325]

가. 인사 · 조직부문 진단의 목표

인사관리란 인간을 대상으로 하는 관리이다. 인간을 관리한다는 것은 인간의 개성 존중과 능력개발, 그리고 종업원의 인간만족이라는 점에서 조직부문과 상호 연관성이 높다. 따라서 인사부문과 조직부문의 진단은 상호작용으로 보아 독립적으로 논의하는 것보다 복합적으로 검토해 볼 수 있다. 특히 중소기업의 경우는 소규모 조직으로서 조직의 세분화보다

---

325 김용범. 전게강의자료. '인사 · 조직 분문 경영컨설팅'. 장수용. 전게서. 47~70면.

인사와 상호 관련성을 가지고 검토할 수 있다.

기업경영의 3요소는 사람, 돈, 물자라고 할 수 있다. 이 중에서 돈, 물자, 정보, 설비, 관리전반 등의 활동을 직접적으로 담당하는 조직의 인적자원에 인사관리가 합리적으로 수행되어야 한다. 인사관리의 범위는 종업원의 능력을 최고도로 활용하는 것을 목표로 기업이 필요로 하는 태도, 능력을 가진 인재를 확보하여 활용하고, 그들의 능력을 향상, 개발하는 데 필요한 모든 관리를 말한다.

이러한 인사관리의 내용 구성은 직무분석, 선발과 배치, 교육훈련, 직무평가와 계층 질서 관리, 인사고과 등의 영역과, 좀 더 넓게 노사관계관리와 인간관계관리에 이르기까지 진단의 대상으로 포함해서 검토할 필요가 있다. 회사에 대한 애정은 사원에 대한 사랑을 토대로 할 때 건전한 경영기반이 될 수 있다. 따라서 현장을 알고, 더불어 總和의 장을 이룩하고자 하는 끈기 있는 노력이 뒤따라야 한다.

그러므로 종업원의 불만사항 하나하나에 대하여 경청하고 해결하려는 적극적인 태도는 물론 사원에 대한 말씨 하나하나에 이르기 까지 세심한 배려가 있어야 한다. 인사·조직관리 진단에 있어 그 핵심이 되는 것은 질적으로 우수한 종업원이 최소 비용에 대하여 최대 효과를 내는 관점에서 조직의 성과가 나와야 된다.

이런 의미에서 인사관리의 진단의 방향은 다음과 같이 인사관리의 정책면, 비용면, 효과면 등 세 가지 측면에서 유기적으로 조사·분석토록 하여야 한다.

나. 인사·조직관리 진단의 검토 항목

1) 인사관리의 정책면

인사관리에 관련된 全部門에 대하여 어떠한 인사이념과 시책이 있는가와 그 정책이 기업의 경영과 종업원의 개인 목표에 얼마나 합치되고 있으며, 기업의 규모 및 업종 등과 조화해서 적정한가를 분석·검토하는 것이다. 일반적으로 검토해 볼 수 있는 항목 으로는 다음과 같은 것들이 있다.

인사관리 정책면에서 일반적으로 검토할 항목

① 인사관리 조직　　② 채용, 배치 : 고용계획, 승진제도, 전환배치 등

③ 인사 자료 : 인사기록, 승진제도, 전환배치 등

④ 복무 : 취업규칙, 근로시간의 관리, 인사고과제도, 포상·징계제도 등

⑤ 급여 : 급여·임금체계, 승급제도, 상여제도, 퇴직금, 연금제도 등

⑥ 교육훈련 : 계획과 실시의 상황 등. ⑦ 안전위생 : 위생작업 관리, 안전관리 등

⑧ 복리후생 : 보험, 복리후생활동, 기업문화 활동 등

⑨ 홍보·의사소통활동 ; 종업원과의 의사소통, 회사의 의사방침 전달 등

⑩ 노사관계 : 노동조합, 노사협약, 노사관계운영 등

2) 인사관리의 비용 면

인사관리의 활동상황을 비용 면에서 파악하고 또한 담당요원을 분석함으로써 인사관리의 전반적 규모 및 그 직능별 구성의 적부를 분석·검토하는 것이다. 일반적으로 검토해 볼 수 있는 항목으로는 다음과 같은 것들이 있다.

인사관리 비용 면에서 일반적으로 검토할 항목

① 인사관리비 분석측정항목 : 노사관계비, 고용관리비, 교육훈련비, 안전·위생관리비, 복리후생관리비, 홍보활동비 등
② 인사관계 요원비율 분석측정항목 : 노사관계 요원비율, 고용관리 요원비율, 급여관리 요원비율, 교육훈련 요원비율, 안전위생관리 요원비율, 복리후생 요원비율, 홍보 활동 요원비율 등
③ 노무비 분석 : 노무비 구성항목과 노무비 합계, 월급여액 조사, 동업계와 비교 등

3) 인사관리의 효과면

인사관리의 제활동 결과를 측정한 제통계자료에 의하면 그 효과 내지 결함을 분석·검토하는 것이다. 일반적으로 검토해 볼 수 있는 항목은 다음과 같은 것들이 있다.

인사관리 효과 면에서 일반적으로 검토할 항목

① 경영 : 매출지수(매출액/종업원수), 생산지수(생산액/종업원수), 노동장비율(유형고정자산-건설가계정/종업원수), 기계장비율(기계장치/종업원수) 등
② 구성 : 사무직원화(사무직원수/종업원수), 노무직원화(노무직원수/종업원수), 임시종사원비율(임시종사원수/종업원수), 배치전환율(배치전환자수/종업원수)등
③ 복무 : 출근율(취업노동자수/취업일 종사원수 연간합계), 지각조퇴율(지각 및 조퇴종업원수/취업일 종사원수 연간합계), 징계율(규정 위반 종업원수/취업일 종사원수 연간합계)
④ 급여·복리후생 : 급여지수(현금급여액/생산액 · 현금급여액/매출액), 현금급여 구조화(현금급여액/총원가), 복리후생비 지수(복리후생비/현금급여액), 퇴직금 지수(퇴직급지급총액/현금 급여액), 근로소득 분배율(인건비/부가가치액)
⑤ 손실 : 불량률(불량품/생산액), 재해 년수 등
⑥ 기타 : 제안율(제안건수/평균종업원수), 교육훈련 수강률(교육훈련 수강자 연수/종업원수)

다. 인사·조직부문 진단의 점검 항목

1) 조직관리

조직은 다음과 같은 4가지 조직원칙이 있다. 즉, ① 책임·권한 위양의 원칙, ② 관리한계의 원칙, ③ 전문화의 원칙, ④ 지시명령일원화의 원칙으로 나눌 수 있다. 이러한 4가지의 원칙에 입각하여 구체적인 점검 내용은 다음과 같다.

조직관리 부문의 점검항목

① 조직체계 및 업무분장의 명확화 ② 조직도의 작성과 게시·배포
③ 조직도상에 부서별 업무의 구체적 명시
④ 조직체계의 합리성(부서별 중복 및 누락업무 유무)
⑤ 부서별 업무의 전문성 제고 ⑥ 직위별 직무의 구체적 명시
⑦ 불필요한 직위의 존재유무 ⑧ 책임과 권한의 위양정도
⑨ 직위별 직무권한 위양의 구체성 ⑩ 직무 권한, 책임의 준수 수준
⑪ 부서 간의 업무협조 ⑫ 사무직과 생산직 간의 이질감 정도
⑬ 본사, 사업부서, 공장과의 갈등정도 ⑭ 상하 간 의사소통과 조직분위기
⑮ 참여적 경영의사 결정수준 ⑯ 경영개선을 위한 종업원의 아이디어 제안수준
⑰ 상급자의 하급자에 대한 인격적 대우 수준 등

2) 급여(임금)·보수관리

기업에서의 인사부문은 기업목표 달성을 위하여 필요한 인적자원을 효율적으로 확보, 배치하여 노동의 성과가 최대한으로 발휘되도록 필요한 활동을 수행한다. 이 중에서 동기부여, 보상관리의 직능은 크게 ① 급여(임금)·보수관리, ② 신분관리, ③ 평가관리의 3가지 분야로 구분될 수 있다.

급여(임금)·보수관리는 근로자에게 근로의 대가로 지불하는 임금과 복리후생제도를 중심과제로 하고 있다. 급여(임금)는 사용자에게 있어서는 비용이며 생산원가의 한 요소이지만 근로자의 입장에서는 생계비이면서 기업에 근무하는 가장 강력한 일하는 동기 부여 요인의 한 요소이다.

따라서 사용자와 근로자에게 있어 매우 중요한 일면을 가지고 있다. 이러한 급여(임금), 보수관리를 진단하고자 할 때에는 다음과 같은 구체적 점검내용들이 필요하다.

급여(임금) · 보수관리 부문의 점검항목

가) 임금인상율 결정의 합리성

① 노동생산성 수준(기업의 지불능력) ② 생계비 상승률(근로자의 표준생계비)
③ 동종 타사 혹은 동지역의 타사수준(동업종의 타사대비)

나) 임금체계의 공정성

① 임금테이블의 설정 ② 직무급과 생활급의 조화
③ 직종 간(사무직과 생산직 등) 임금격차의 균형성

다) 임금체계의 기능 수행 능력

① 성과급, 생산장려급 제도의 적절성
② 적절한 수당제도(기능수당, 자격수당, 특수작업수당, 근속수당 등) 설정

라) 복리후생제도

① 법정의 복리후생비 지급 수준

② 복리후생시설 제공 수준(휴게실, 목욕탕, 체육 · 오락시설, 구내식당, 통근버스 등)

3) 신분관리

인사관리에 있어서 **신분관리**는 인력의 확보, 유지, 발전, 이직관리 등을 중심 진단과제로 설정할 수 있다. 인력의 확보관리는 경영활동에 요구되는 인력을 선발·채용하기 위한 모든 절차를 관리범위로 하고 있다.

이는 직무분석을 통해서 단위조직, 직무, 직종별로 필요한 소요 인원을 산정하고, 인력수급을 예측한 후에 합리적인 선발 절차를 통해 질적 및 양적인 측면에서 필요한 인재를 채용해야 하는 절차를 거쳐야 한다.

인력의 유지 · 발전관리란 종업원의 근무의욕 고취와 업무수행 능력향상을 위한 모든 제도 및 절차를 의미한다. 여기에는 능력개발제도, 전환배치, 인간관계관리 등이 중심과제로 될 수 있다. 이직(퇴직) 관리란 종업원이 이직과 관련된 현황 파악, 원인분석, 대응방안 강구 등 제반활동을 의미한다.

이러한 이직의 형태도 본인의 자발적인 이직과 경영상 등의 이유로 인한 비자발적 移職으로 구분되며, 중소기업의 경우 급여, 근로조건의 열악한 조건 면에서 대부분 자발적 이직이 대부분이므로 진단 시 이 부분을 중심과제로 점검토록 하여야 한다. 이상과 같은 신분관리로 인력의 확보, 유지발전, 移職管理의 구체적 점검 내용은 다음과 같다.

신분관리 부문의 점검항목

1) 인력의 확보관리

가) 정원 설정 및 인력 계획

① 정원 설정 및 사후 관리(조직단위, 직무별, 직종별)

② 인력수급계획(소요인력 추정, 필요한 인력 수급 계획)

나) 모집 방법

① 연고자 추천제도 ② 게시판 활용

③ 직업훈련기관 의뢰, 직업소개 기관 의뢰, 신문 및 잡지 광고 활용 방법

다) 채용기준 및 절차의 합리성

① 채용기준(용모, 태도, 성격, 전문지식 및 기술, 체력)

② 전형절차(서류, 필기시험, 면접, 적성검사, 신체검사, 자격, 경력조회, 신원조사 등)

2) 유지 · 발전관리

가) 종업원의 의식(모랄) 및 사기진작

① 종업원의 주인의식(모랄조사)

② 사기진작(단합대회, 체육대회, 야유회, 종업원지주제도, 장기근속보상제도, 포상 등)

나) 안전 · 위생 관리

① 정기 건강진단, 검진

② 위험작업자의 안전장비 착용(안전모, 방진마스크, 보호안경, 안전화, 장갑 등)

③ 화재 예방 계획 및 소반 준비   ④ 안전규칙 제정 및 준수

⑤ 정기적 안전검사 실시   ⑥ 안전관리자, 보건관리자 선임 등

다) 종업원 능력 개발

① 신입 종업원과 미숙련 종업원에 대한 직능교육 및 OJT

② 다양한 업무지식 습득 목적의 직무순환 근무제도   ③ 자격취득제도 등

3) 이직(퇴직)관리

가) 이직 원인 및 특성 분석

① 이직 원인 분석

② 이직자의 특성분석(성별, 연령별, 직무별, 근속연수별 특성)

나) 이직 대책 수립

① 조퇴, 결근 동향 분석 및 종업원 사기 조사

② 고충처리기구 및 인사상담제도 설치

③ 재고용제, 근무연장제, 정년퇴직 준비 프로그램 실시

④ 퇴직자와 계속적인 관계유지 등

4) 인사평가관리

인사관리에 있어서 평가관리는 **직무평가**와 **인사고과**를 중심과제로 하고 있다. 직무평가는 직무의 가치를 일정 조사방법에 의하여 상대적으로 평가해서 직무급에 적용하기 위한 것이다. 인사고과란 인사관리에 활용하기 위하여 종업원의 능력과 업적, 태도를 조직적으로 파악·평가하는 방법이다. 이러한 인사평가관리상에는 다음과 같은 항목들을 구체적으로 점검해야 한다.

인사평가관리 부문의 점검항목

① 인사고과 목적의 합리적 설정   ② 인사고과의 체계적 실시

③ 객관적 고과요소의 설정   ④ 인사고과 평정의 공정성 등

라. 인사·조직부문 진단의 요령

기업경영에 있어서 인사·조직부문의 역할은 기업의 경영목표를 효율적으로 달성하기 위해서 필요한 인력과 조직을 결합해서 조직의 목표와 개인의 목표를 조화롭게 통합, 달성해 가는 것이다. 이렇게 볼 때 인사·조직부문에서 진단 항목으로는 ① 종업원의 근로의욕 수준, ② 생산직 종업원 부족률, ③ 생산직 종업원 이직률, ④ 임금수준, ⑤ 생산직 종업원 평균 근로시간, ⑥ 종업원 근로의욕 조사 등이 있다.

1) 종업원의 근로의욕 수준

○ 선정목적 : 조직 및 인사관리 정책의 결과 나타난 종업원의 사기수준을 평가해서 인사나 조직관리의 지표로 활용

○ 평가척도 : 여러 가지 질문법이나 인터뷰 방식 또는 종업원의 사기조사에 의한 근로의욕 수준의 주관적 판단(5점 서열척도)

2) 생산직 종업원의 부족률

○ 선정목적 : 기업의 총체적 생산직 종업원의 확보능력과 확보관리 수준을 평가해서 인력관리의 도구로 활용

○ 평가척도 : (부족인원수 ÷ 현종업원수) × 100

3) 생산직 종업원 연평균 이직률

○ 선정목적 : 기업의 생산직 종업원 장기근속 유도능력과 종업원 이직관리 수준을 평가해서 노동력 유지관리 지표로 활용

○ 평가척도 : (연중퇴직자수 ÷ 연평균 종업원수) × 100

4) 임금수준

○ 선정목적 : 근로조건 중 종업원의 근로에 대한 금전적 보수수준과 자사 종업원에 대한 정착성과 인사관리 중 보수관리 수준을 평가해서 임금수준 관리지표로 활용

○ 평가척도 : 종업원 1인당 연평균 인건비

○ 평가효과 : 임금수준은 종업원의 입장에서 생계비의 원천이므로 종업원의 근로의욕 확보 및 유지 관리 측면과 기업의 생산성을 좌우하는 중요한 요소

5) 생산직 종업원 평균 근로시간

○ 선정목적 : 근로조건 중 종업원의 작업조건 수준과 종업원 유지관리 수준을 평가해서 종업원의 유지관리 지표로 활용

○ 평가척도 : 생산직 종업원 1인당 주당 평균근로시간

6) 종업원 근로의욕 조사

직무만족, 사기(Morale), 종업원 태도 등은 비록 많은 경우에 서로 대체하여 쓰이고 있지만 동의어는 아니다. 태도가 비록 직무만족에 영향을 미치지만 직무만족 자체는 아니다. 왜냐하면 직무만족은 여러 가지의 태도로 구성되어 있기 때문이다. **직무만족**은 개인이 자신의 직업 혹은 직무에 만족하는 정도를 의미하며, 일반적으로 학자들은 직무만족을 크게 정서적 직무만족과 인지적 직무만족으로 구분한다.

정서적 직무만족은 개인들이 자신의 전반적인 직무에 대해 느끼는 긍정적인 정서를 의미한다. **인지적 직무만족**은 임금, 복지, 근무시간 및 기타 직무와 관련된 특정요인에 대한 개인의 만족도를 뜻하며 인지적 평가과정을 거치는 것으로 볼 수 있다. 따라서 직무만족은 마찬 가지로 사기에 영향을 주지만 사기와 동일 개념은 아니다.

가) 직무만족과 사기

士氣는 인관관계론에 있어 집단의 결합도, 응집도 내지 집단정신의 정도를 나타내는 말

이다. 조직의 사기가 높다고 할 때에는 집단의 구성원 사이에 협동 감정이 있고 각 구성원이 집단의 공동목적을 적극적으로 지지하고 집단의 공동목적을 달성할 수 있는 활동과정이 명확하며, 집단의 구성원은 그 공통목적의 달성에 필요하고 또한 의의 있는 역할을 담당하고 있는 경우이다.

따라서 士氣는 개인의 욕구가 만족되고 있는 정도 내지 개인이 그 조직의 전체적 상황에서 만족을 지각하는 정도를 말한다. 즉, 사기는 ① 단순한 만족감이 아니라 직무수행과 관련된 의욕이며, ② 개인적 현상일 뿐만 아니라 집단적 현상이다. 그리고 사기는 ③ 주관적 심리상태이며, ④ 인간의 욕구에 의하여 결정되는 내용(요소)이 포함되어 있음을 알 수 있다.

나) 직무만족과 태도

태도란 어떤 자극(대상 혹은 사람)에 대해 좋아하거나, 싫어하는 평가를 하는 개인의 善柔傾向으로서 정의될 수 있다. 여기서 평가란 한 사람이 대상에 대해 가지고 있는 반응의 준비상태를 말한다. 또한 태도는 특수한 대상이나 계급적 대상을 향한 개인의 인지적, 정서적, 행동적 지향을 말한다.

따라서 **태도**란 인간의 행동을 이해하는 기본개념의 하나이며, '개인이 어떤 사건이나 문제, 물건이나 사람 등에 관해서 어떤 인식과 감정 및 평가를 가지며, 거기에 입각하여 그 대상에 대해 가지고 있는 반응의 준비상태'를 말한다.

다) 직무만족과 직무수행

직무만족과 직무수행은 조직과 조직 구성원이 각각 추구하는 가장 기본적인 목표이다. 따라서 조직으로서는 이 두 목표를 동시에 달성할 수 있는 최선의 대책을 강구하게 된다. 그러나 일반적으로 직무만족이 높을 경우 항상 직무수행이 높으며 또 그 반대 현상이 성립된다고도 단정 지을 수는 없다.

한편 직무만족은 직장인들이 추구하는 일차적인 목표이다. 따라서 일차적 목표가 아니라고 하더라도 결국 생산성을 결정하는 조직 구성원의 개인 생활에 큰 영향을 미치게 된다는 점에서 최소한 조직의 그 다음 목표임에는 분명하다.

따라서 근로자의 직무만족은 조직 자체의 생산성이나 개인목표라는 두 가지 측면에서 더욱더 관심을 기울여야 한다.

3. 생산부문 진단감사[326]

가. 생산부문 진단의 목표

제조업체는 사람, 설비, 자금, 원재료 등을 투입하여 생산 활동을 수행하고 유형의 제품을 생산해서 판매한다. 여기에서 가장 본원적 활동인 제품의 생산을 담당하는 부문이 생산부문이므로 이 부문이 차지하는 역할의 중요성이 높으며 특히 중소제조업의 경우는 더욱 그러하다.

---

326 김용범. 전게강의자료. '생산분문 경영컨설팅'. 장수용. 전게서. 79~100면.

기업에서 생산부문의 목표를 구체적으로 표현하면 계획된 생산량을 적정수준의 품질을 유지해서 가장 경제적으로 생산하는 것이라고 볼 수 있다. 즉, 생산 활동이 합리적이고 효율적으로 수행되려면 비교적 단시간에 좋은 품질의 제품을 최소의 단시간에 생산할 수 있어야 한다. 그러므로 생산부문의 성과를 판단하기 위해서는 다음과 같은 사항들을 분석·검토하여야 한다.

생산부문 성과를 판단하기 위한 분석 · 검토사항

① 생산계획(생산실적 포함)	② 공정관리	③ 품질관리
④ 원가관리	⑤ 설비관리	⑥ 직장환경관리
⑦ 외주관리	⑧ 운반관리	⑨ 생산기술 등

이상과 같이 생산부문에서 다루어질 수 있는 진단의 대상은 여러 가지가 있을 수 있다. 생산부문의 기능은 크게 스탭기능과 라인기능으로 나눌 수 있다. 스탭의 기능에는 제품계획, 공정계획, 원료공급, 생산계획 및 통제, 품질관리, 원가관리 등이 포함되며, 라인은 기업의 생산 활동을 직접 담당한다.

나. 생산부문 진단의 방향

1) 생산계획

생산능력, 생산계획, 생산실적과 이에 따른 조업도는 생산관리에서만 아니라 궁극적으로는 기업의 수지예상에 이르기까지의 전체적인 기업진단자료가 된다. 그러므로 이들에 대한 조사는 생산능력, 생산실적, 생산품종, 조업도, 생산계획 달성률 등에 관한 조사를 검토할 필요가 있다.

2) 공정관리

공정관리의 제1차 목적은 제품을 제작함에 있어 각 부분의 단위가공 내지 공정의 시간적 계획을 세워 그 실행을 관리하는 것이다. 진단 시 공정관리가 합리화되어 있는가를 알기 위해서는 생산기간 분석과 작업자 · 기계가동률 분석을 실시해야 한다.

먼저 생상기간 분석에 대해서 본다면 작업 대상물이 원재료로서 공정에 투입된 후부터 완성되어 창고에 입고될 때까지의 시간, 즉 생산기간을 단축하여야 하므로 생산기간 중 어떠한 요소가 많은 비용을 차지하고 있는가를 조사하여야 한다.

공정관리의 제2차적 목적은 일정기간 중의 작업량의 증대를 지향하는 것이다. 작업량 증대는 계획생산량을 소정기일 내에 완성하도록 할 뿐 아니라 인적, 물적 요소의 활용을 증대함으로써만 가능하다. 따라서 작업자의 활동분석(가동률분석)을 실시할 수 있으며, 기계의 가동분석, 납기 지연실적 및 표준시간 설정 여부를 조사토록 한다. 특히 반복성이 많은 작업에서는 그 실시를 권유해 볼 수 있다.

3) 품질관리

품질관리란 고객에게 충분한 만족을 줄 수 있는 품질의 제품을 가장 경제적으로 생산할 수 있도록 기업 내 각 부문의 품질유지 및 품질개선의 노력을 종합적으로 조정하는 효과적인 체계이다. 이를 위해서는 진단 시에 통계적 품질관리의 실시여부를 조사하고, 불량품 조사, 클레임의 발생상황, 품질관리비 조사, 검사 방법, 표준화 등의 진단을 실시할 수 있다.

4) 원가관리

원가관리는 각 작업단위별로 표준원가를 설정하고, 실제원가를 이와 비교하여 통제해 나가는 것이다. 그런데 표준원가의 설정에 있어서는 특히 작업자의 표준작업시간의 설정을 전제로 하는데 우리나라 기업체에서 이를 완벽하게 확립하고 있는 곳이 얼마나 될지는 미지수인 상태이다.

5) 설비관리

설비관리란 기업의 수익성을 높이기 위하여 기업방침에 의거해서 설비에 관하여 계획, 유지, 개선을 기함으로써 설비의 기능을 최대한으로 활용하고자 하는 제 활동단체라 할 수 있는데, 이는 설비의 계획과 취득에 관한 것과 유지에 관한 것으로 나누어 후자를 특히 **설비보전**이라 한다. 설비관리에서는 주요 시설 고장 실적 조사, 예방보전제도의 유무, 설비생산성의 측정, 설비표준의 유무, 설비배치의 적정선 등을 조사한다.

6) 직장환경관리

직장의 재해를 없애고 위생상태를 양호히하여 생산성을 높이고자 하는 것이 직장환경의 관리이다. 과거의 재해실적을 원인별, 부문별, 연도별로 조사하고, 안전시설 대책을 조사한다. 또한 채광, 조명, 분진, 가스 등의 유해물 조사, 공해요소의 유무를 검토한다.

7) 외주관리

외주관리는 외주공장의 실태조사, 납기와 품질을 조사한다. 또한 외주방침이 타당한 것인지를 파악해 보고 외주조직, 외주방법(단가결정, 대금지불, 하청의 육성지도 등)에 관 하여 조사하고 검토한다.

8) 기타

생산부문의 진단·검토 대상은 상기 외에도 운반관리, 생산기술연구, 특허관리 등을 목적에 따라 검토한다.

다. 생산부문 진단의 항목

생산부문이 기업경영조직에서 달성해야 될 역할은 한정된 경영자원을 가지고 가장 효율적인 생산활동을 통하여 기업의 목표를 달성하는 일이다. 이를 위해서 기업의 생산부문 경영의 특성으로 보아 진단의 체크리스트를 생산계획 및 통제, 작업관리, 자재 및 외주관리, 기술개발 및 자동화 등의 분야로 나누어 설명하고자 한다.

1) 생산계획

생산계획 및 통제는 일정기간에 있어서 생산품목과 생산량을 작업인력, 생산설비, 자금력, 원자재 수급현황 등에 대한 생산계획을 수립하고, 생산계획에 따라 생산 활동이 진행될 수 있도록 관리·통제하는 활동이다. 이러한 활동에 있어 구체적인 점검 사항은 다음과 같이 몇 가지로 나누어 생각해 볼 수 있다.

<u>생산계획 및 통제에 관한 점검사항</u>

가) 생산계획 수립의 합리성 및 구체성

① 생산계획 수립 시 타 부문과의 조정수준(판매, 자금, 구매부서와의 조정)

② 기간별(대 · 중 · 소로 구분된 일정) 계획 수립 정도

③ 생산계획의 분야별 계획수립 정도(공정계획, 공수계획, 일정계획, 자재계획, 외부계획)

나) 생산통제의 적절성

① 진도관리(작업지시방법, 작업진도조사, 기록방법, 지연작업회복, 대응방법)

② 여력관리(작업장별 공정별 공수관리, 일일설비계획, 인원조정방법, 작업할당방법)

③ 현물관리(재가동, 현황파악 및 보관상태, 현품인수인계방법)

④ 생산실적 자료관리(생산량 및 작업시간의 기록 및 보고체계, 실적의 활용)

다) 생산통제 사무절차의 합리성

① 준비단계(생산대장의 작성과 전표발행)

② 작업준비 및 작업분배(작업 내용 검토, 治工具 준비, 작업량 분배, 작업대기 낭비시간 제거)

③ 통제(진도관리, 현품관리, 여력관리, 자료관리)

④ 사후처리(보고 및 불량품 처리)

라) 공정회의의 효율적 운영수준

① 생산계획 회의 횟수 및 참석자의 적절성(생산, 판매, 구매, 자금담당자)

② 생산진도 회의 횟수 및 참석자의 적절성(생산, 구매외주 담당자 참석)

2) 작업관리

작업관리는 생산부문의 능률제고를 위하여 작업방법을 가장 효율적으로 수행할 수 있도록 하는 활동이다. 작업관리는 크게 작업 방법의 관리, 작업 환경의 관리, 기계 및 공구관리 등의 세 분야로 구분되며 각 분야별로 구체적 점검사항은 다음과 같다.

<u>작업관리에 관한 점검사항</u>

(1) 작업 실적 관리

① 작업실적 기록수준(작업시간, 재료, 사용량, 생산량의 각종 조건)

② 작업실적 기록양식의 적절성

(2) 작업표준화 수준

① 작업표준화 수준(명문화 양식, 작업자의 이행정도)

② 작업표준화 양식(작업조건과 작업시간 지정, 작업속도와 공구취급방법의 적절성, 재료와 공구의 표준화)

③ 표준시간의 정확성(표준시간과 실적시간의 일치여부)

(3) 작업지도 및 작업방법의 개선 노력

① 작업지도 실시여부 ② 작업방법 개선 제안제도 실시여부

(4) 작업장 정리정돈 상태

① 불용품의 청소상태, 제공품과 치공구의 정리정돈상태, 통로 및 위치의 표시상태

② 소음, 통풍, 분진, 온도, 습도 유지상태

③ 위험유해물 위치표시 및 흡연실 지정

(5) 작업대 및 자료공구의 능률적 배치

① 작업대의 높이와 재료공구 배치의 적절성

② 운반구의 적절한 활용과 노면의 상태

(6) 기계 및 공구의 보수 · 점검 수준

① 기계 및 공구의 손질, 연마, 보수 상태

② 기계 및 공구의 정기적 검사 실시 정도

③ 기계 및 공구의 보관 및 대출관리 철저 상태

(7) 기계 및 공구관리의 체계

① 담당자 선정 여부 ② 기계 설비대장 작성 및 소관부서 결정

③ 기계 및 공구의 분류체계 확립 ④ 폐기절차 명시 등

3) 품질관리

품질관리란 적절한 자재비용이나 제조원가를 투입해서 생산한 제품의 품질이 소비자가 요구하는 적절한 등급, 사용상의 적합성, 일관성을 유지하여 소비자의 욕구를 충족시킬 수 있도록 관리하는 모든 활동을 의미한다.

제품의 품질은 소비자의 욕구수준을 만족시키지 못하면 그 제품은 상품으로서의 생명이 상실되기 때문에 품질관리의 중요성이 높으며 특히 주문생산 비율이 높은 중소제조업체의 입장에서는 주문업체의 품질검사기준이 까다로워 그 중요성이 더욱 높아지고 있다고 할 수 있다.

이러한 품질관리의 진단 시 점검항목은 전사적 품질관리의 정도, 품질검사기준의 명확성, 품질검사 방식의 적절성, 불량발생의 체계적 집계수준, 수율분석, 불량방지대책 수준 등이다.

<u>품질관리에 관한 점검사항</u>

(1) 품질관리 활동의 체계적 실시

① 전사원의 품질제일주의 사고 확립 정도
② 품질관리 전담조직의 설치 여부
③ 품질관리 교육의 실시 정도
④ 품질관리 분임조직의 조직 및 활동 수준

(2) 불량검사기준의 명확성

① 검사기준의 최종제품, 중간공정, 부품, 재료 등의 구체적 설정 및 명시
② 검사기준 허용 폭의 적절성

(3) 검사방식의 적절성

① 품질검사 요구 정비 수준 ② 출하검사, 공정검사, 수납검사 등의 실시여부
③ 개별검사 혹은 전수검사 여부
④ 샘플링검사의 표본크기, 표본추출방법, 판정기준 등의 확립수준

(4) 불량발생의 체계적 집계

① 불량발생 통계의 구성비
② 불량원인별 분류(근로자 미숙련 및 부주의, 작업량 과다, 작업방법, 기술부족, 설비노후 등)
③ 현상별 분류(작업자별, 품종별, 월·일별, 기계별, 공정별 등)
④ 품질관리기법(불량그래프, 파레토도, 특성요인도)

(5) 수율관리

① 재료별, 품목별 수율 표준설정 여부 ② 불량률 포함 종합수율 측정 여부
③ 수율변동 원인 분석 및 수율 향상 대책 수립 여부 등

(6) 불량감소대책 정도

① 품질관리도표(불량그래프, 파레토도, 특성요인도)의 활용 수준
② 품질개선 제안제도 실시
③ 설비 및 공정 개선 ④ 사내 표준화 확산 등

4) 자재 및 외주관리

자재 및 외부관리의 주요 관리 내용은 자재관리와 외부관리로 구분해서 설명토록 한다. **자재관리**는 제품의 생산과정에서 원재료 등의 자재수급 필요성이 발생한다. 이러한 자재를 신속·정확하게 경제적으로 공급할 수 있도록 하는 관리활동이다.

대부분의 제조업체는 여러 가지 원인으로 생산목표의 일부를 외부생산으로 충당하고 있는 것이 현실이다. 따라서 목표생산량의 일부를 외주생산으로 충당할 경우 모기업의 입장에서 외주기업체가 적기에 적정수준 품질의 제품을 제대로 납품할 수 있도록 하는 것이 우선 시급한 관리 목표이다.

이러한 관리목표를 달성하기 위해서는 외주업체에 대한 관리통제의 강화만으로는 불충분하며, 자사의 외주방침 확립과 외주업체의 육성지도 능력이 병행되어야 한다. 이에 따라 외주관리의 점검사항은 외주 방침 설정, 외주방법의 확립, 외주업체의 관리 통제 측면에서 구체적인 점검이 필요하다.

이러한 자재 및 외주관리의 진단 시 점검항목은 다음과 같이 자재관리와 외주관리로 구분해서 설명하고자 한다.

자재 및 외주관리에 관한 점검사항

(1) 자재관리

(가) 구매관리 수준

① 구매계획 관련 정보자료(시세변동, 시중재고수준, 수요변동 등)의 확보 노력

② 발주의 신속성(주문 보충량 제도화)

③ 구매처별 납기일 문서철 ④ 현품과 납품서의 대조 철저

(나) 창고관리 수준

① 납입품의 수납절차 및 검사기준 확립 ② 불량품 처리 절차 확립

③ 창고대장 작성 및 재고심사 수준 ④ 보관 및 정리방법의 적절성

(2) 외주관리

(가) 외주방침의 설정수준

① 외주품목 및 외주비율에 대한 방침 ② 외주업체 수의 상한선에 대한 방침

③ 외주업체의 생산능력 및 경영상태에 대한 방침

(나) 외주방법의 확립수준

① 직접 하청 및 2차 하청 규제 ② 재료 지급 거부

③ 단가 결정 방법 ④ 하청대금 지급 방법 ⑤ 기술지도 여부 등

(다) 외주업체관리 통제수준

① 생산계획 표준일정 작성 ② 납기준수 관리 수준

③ 검수 철저 등

5) 기술개발 및 자동화

점차 치열해지는 기술 및 품질경쟁을 이겨내기 위해서는 기업에서도 자사에 알맞는 기술개발과 공장자동화에 노력하여야 한다. 기업의 기술개발활동의 주요 점검사항은 자사기술의 효율적 축적 노력과 외부기술의 적극적 도입에 중점을 두어 점검할 필요가 있다. 한편 공장 자동화는 제조업의 구인난과 생산성 향상을 위해서 자동화 추진의 노력정도와 인력확보, 기술수준을 점검할 필요가 있다.

자재 및 외주관리에 관한 점검사항

(1) 기술개발

(가) 기술축적 노력

① 기술관리 전담조직의 유·무

② 기술(설계 및 응용기술) 축적을 위한 체계적 노력 수준

③ 연구개발 투자 의지 ④ 기술인력의 장기근속 노력

(나) 외부기술의 적극 도입

① 모기업의 기술전수 노력 수준 ② 동업종 타사와의 공동연구 노력 수준

③ 산학연계 연구개발 노력 수준 ④ 외국기술 도입 노력 수준

2) 외주관리

(가) 자동화 추진 노력

① 경영자 및 종업원의 자동화에 대한 인식 수준

② 공장 자동화 단계 및 공장자동화 자금 확보율

(나) 자동화 인력확보 노력과 기술 수준

① 자동화 전문 인력 수 및 학력 수준

② 자동화 전문인력의 설비운용 능력 등

라. 생산부문 진단의 요령

생산활동이 효율적으로 수행되려면 생산직 종업원의 확보 및 숙련도 향상, 생산설비의 개선과 설비가동률 증대, 납기관리의 철저, 품질불량률 감소 등에 노력하여야 한다. 우리기업 생산부문의 특성으로 제조업 생산부문은 주문생산의존도가 높고 다품종 소량생산의 형태로 생산계획 및 통제가 곤란하다. 또한 전용설비를 사용할 수 없고, 작업표준화나 분업화가 이루어지지 아니하며 품질 관리면에서도 어려움이 많다.

또한 우리나라 제조업의 경우 여러 가지 경영자원의 부족에 따른 애로점들을 안고 있으며, 그 구체적인 내용은 생산직 종업원의 화보 어려움, 생산설비의 부족 및 노후화, 기술수준의 취약점 등으로 요약할 수 있다. 이와 같은 기업의 특성과 문제점들을 고려해 볼 때 제조업의 생산효율성을 증대시키기 위해서는 생산직 종업원의 확보 및 숙련도 향상, 생산벌비의 개선과 설비가동률 증대, 납기관리의 철저, 품질불량률 감소 등에 노력해야 한다.

1) 생산직 종업원 1인당 생산량

생산직 종업원의 물적 노동생산성 수준을 평가하기 위해서는 종업원 한사람 한사람의 생산량을 파악할 필요가 있다. 이것은 노동생산성이며 이 지표로서 **생산효율성을 파악**할 수 있다. 중소제조업은 다품종 소량생산 형태와 낮은 노동장비도로 인하여 대기업에 비해 상대적으로 노동집약도가 높기 때문에 생산직 종업원의 생산효율성 수준은 생산부문의 중요한 평가척도이다.

이 지표는 자사의 기간별 생산량을 종업원수로 나눔으로써 산정하며, 생산품목이 여러 종류이면 품목별 생산량을 가치로 환산하여 단일지표로 전환하여야 한다.

○ 생산직 종업원 1인당 생산량 = 매출액 ÷ 생산직종업원수

또 한 가지 방법으로는 종업원 전체의 1인당 생산량을 다음과 같은 산식으로 산출할 수

있다. 이 비율을 종업원 1인당 급여액과 비교함으로써 1인당의 수익상태를 파악할 수 있다.

○ 생산직 종업원 1인당 생산량 = [(매출액 - 당기제품매입액) - (직접재료비 + 외주공임 + 보조 재료비)] ÷ (사무원 + 판매원 + 공장종업원)

이외에도 추가적으로 이용할 수 있는 작업능률 진단의 평가항목은 다음과 같다.

추가적으로 이용할 수 있는 작업능률 진단항목

① 종업원 1인당의 생산량

② 기계 1대당의 생산액 ③ 기계 1대당의 생산량

④ 공장 1평당의 생산액 ⑤ 공장 1평당의 생산량

2) 납기지연비율

제조업은 주문생산비율이 높기 때문에 생산관리에 있어서 납기관리의 중요성이 매우 높다. 주문생산의 경우 납기를 준수하지 못하면 계약조건에 따라 여러 가지 형태의 클레임이 제기될 뿐만 아니라 기업의 신용도도 낮아지기 때문이다.

따라서 공정관리에 있어서 생산계획 및 통제 시 진도관리가 뒤따라야 되며 진단 시에는 납기지연비율을 평가해야 한다. 납기지연비율의 평가척도는 단기별 총생산량에 대한 납기지연생산량의 비율로 표시되며 이러한 지표는 생산계획 및 통제수준을 평가하는 중요한 척도가 된다.

○ 납기지연비율(%) = (납기지연생산량 ÷ 총생산량) × 100

3) 품질불량률

품질이란 오랜옛날 물물교환의 시장형태가 이루어졌을 무렵부터 상품교환 가치의 척도로서 생산자와 소비자 간의 갈등적 요소로 작용해 왔으며, 오늘날과 같은 시장경제 사회로 발전되는 과정에서는 거래조정 대상으로 가격과 더불어 중요시되어 왔음을 볼수 있다.

따라서 생산관리활동에 있어서 품질관리는 대기업이나 중소기업을 막론하고 그 중요성이 매우 높다. 특히 중소기업의 경우는 주문 혹은 하청생산 비율이 높기 때문에 납품 시 대기업의 품질검사가 까다로워 그 중요성이 더욱 높다고 할 수 있다.

특히 오늘날에 있어 품질의 개념은 바로 고객의 만족수치로 나타날 수 있으며, 이것은 생산자가 소비자를 만족시키는 정도를 의미하기도 한다. 품질의 향상은 소비자로부터의 반품감소, 제품규격의 유지, 재생산으로 인한 비용발생의 감소, 기업 이미지 향상 등의 효과가 있다.

따라서 제조업의 생산관리수준 평가에는 품질수준 평가가 필수적으로 포함되어야 하며 이에 따라 품질불량률을 평가항목으로 선정한다. 품질불량률의 평가척도는 자체 불량검사에 의해 집계한 불량발생 정도이며 제품의 총생산량에 대한 불량제품 비율로 표시된다.

○ 품질불량률(%) = (불량발생률 ÷ 총생산량) × 100

4) 설비가동률

제조업이 생산효율성을 제고시키기 위해서는 생산설비를 효율적으로 운영하여야 한다. 따라서 설비의 가동률을 평가하여야 한다. 그리고 설비의 가동률을 평가항목으로 선정 할 수 있으며 이것은 작업관리에 있어서 설비운용의 합리성 수준을 평가하기 위해서 필요하다.

일반제조업의 경우 생산설비가 오래되고 설비자체의 부족도 많은 애로점이 되고 있다. 이러한 문제는 단시간 내에 해결하기는 어렵다. 이에 따라 제조업의 생산계획 수립 시에는 설비운용계획도 철저히 고려함으로써 현재 보유하고 있는 설비의 활용도를 최대한 높여 설비부족의 애로점을 극복하도록 노력해야 한다.

설비가동률의 평가척도는 설비의 생산능력에 대한 생산시설의 비율로 표시되며 생산활동에서 설비의 활용도를 나타낸다.

○ 설비가동률(%) = (생산실적 ÷ 설비의 총생산능력) × 100

5) 공장자동화율

일반제조업의 경우 생산직 종업원의 경우 구인난과 높은 이직현상을 극복하고 생산성 향상을 이루기 위해서는 공장자동화를 적극 추진할 필요가 있다.

공장자동화에는 투자가 필요하고 여러 가지 도입의 어려움이 따르기는 하지만 기업 생존을 위해 필수적인 투자라는 인식을 갖고 적극적으로 유치해 나가야 한다.

공장자동화율은 기업의 총생산공수에 대한 자동화공수 비율로 표시되며 기업의 생산능력 수준을 평가하는 중요한 척도가 된다.

○ 공장자동화율(%) = (자동화공수 ÷ 총생산공수) × 100

Ⅲ 재무부문 진단감사

1. 재무비율 분석을 활용한 진단감사

가. 재무비율 분석의 개관

1) 재무비율 분석의 정의

재무비율 분석은 재무제표상 연관된 항목들을 비교하여 필요한 재무비율을 산출한 다음, 이 비율을 이용하여 대상기업 내 또는 기업 간의 안정성·수익성·성장성·생산성·활동성 등을 분석·판단하는 기법을 의미한다.

2) 재무비율 분석의 유용성

재무비율 분석이 기업의 재무적 건전도를 평가하는 데 가장 오랫동안 널리 이용되어 온 것은 아래와 같이 여러 가지 이유가 있다.

첫째, 재무비율은 쉽고도 가장 저렴하게 구할 수 있는 재무제표로부터 논리적 연관성이 있는 두 항목을 서로 나누어 구해지므로 계산이 쉽다는 점이다.

둘째, 비록 재무제표의 두 항목을 비교하여 계산하지만, 그 결과로 기업의 지급능력, 안정성, 효율성, 수익성 등 수 많은 정보를 파악할 수 있기 때문에 해당 기업에 관해 의사결정을 하기 위한 중요한 수단으로 사용된다는 점이다.

셋째, 더욱이 특정기업의 재무비율을 산업평균비율과 같은 표준비율과 상호비교 함으로써 여러 형태의 의사결정에 도움이 되는 정보를 제공해 줄 수 있다는 점이다.

넷째, 과거 수년간의 추세를 분석함으로써 경영내용이 개선되고 있는지 또는 악화되고 있는지를 평가할 수 있으므로 유용한 정보가 되고 있는 점이다.

3) 재무비율분석의 한계성

재무비율분석의 유용성을 높이기 위해서는 비율분석의 한계점을 인식할 필요가 있다. 즉, 비율분석을 경영평가에 활용할 때에는 다음의 몇 가지 한계점을 인식하고 분별력 있게 사용할 필요가 있다.

첫째, 재무비율분석은 결국 재무제표를 근간으로 하여 이루어지는 것이므로 재무제표 그 자체가 신빙성 있는 회계자료이어야 하며, 만약 그렇지 못하면 분석결과는 의미를 상실하게 되는 점이다.

둘째, 대차대조표는 특정시점의 잔액을 나타내는 것이므로 조정된 수치를 사용할 필요가 있다. 즉, 연중평균자료나 기초·기말의 평균치, 계절성을 띤 사업일 경우에는 계절성을 고려한 수정치도 고려하여야 한다는 점이다.

셋째, 재무비율은 기업의 재무적 건강상태를 나타내는 하나의 신호 또는 징후의 의미 외에, 확정된 결론으로 사용해서는 안 된다는 점이다.

넷째, 재무비율에 담겨진 정보내용은 상대적일 수 있으므로 해석에 유의할 필요가 있다는 점이다. 예를 들면 유동성이 많으면 은행 등 채권자 입장에서는 긍정적이나 경영자나 주주입장에서는 운전자본 관리가 비효율적임을 암시할 수 있는 것이다.

다섯째, 비율분석은 과거 일정기간의 재무제표에 근거한 재무적 건전도에 대한 평가이므로 미래에 대한 예측에 활용하는 데 한계가 있다는 점이다.

나. 재무비율 분석의 종류

1) 분석자료에 의한 분류

가) 분석자료의 취득원천에 따른 분류

재무비율 계산에 있어 원천적 자료가 되는 재무제표 중 어떤 재무제표를 이용하느냐에 따른 분류방법이다.

① 대차대조표비율 : 두 항목이 모두 대차대조표에서 얻어진 비율
② 손익계산서비율 : 두 항목이 모두 손익계산서에서 얻어진 비율
③ 혼합비율 : 한 항목은 대차대조표에서, 다른 항목은 손익계산서에서 얻어진 비율

나) 분석자료의 시간개념에 따른 분류

이와 같은 구분은 분석자료에 따른 것인데, 이들 분석자료 중에서 대차대조표는 특정시

점을 기준하여 작성된 것이고, 손익계산서는 일정기간을 중신으로 만들어진 것이므로 다음과 같이 정태비율과 동태비율로 구분하기도 한다.

① 정태비율 : 한 시점에서의 재무상태를 나타내는 비율. 즉, 대차대조표비율.
② 동태비율 : 일정기간 동안의 영업성적을 나타내는 비율. 즉, 손익계산서비율.

2) 분석방법에 의한 분류

재무비율을 분석할 때 항목 대 항목의 상대적 비율을 보기도 하지만, 각 항목이 전체에서 차지하는 비율이나 단순히 두 항목사이의 비율을 보기도 한다.

① 구성비율 : 대차대조표 항목의 구성비율은 총자산을 100으로 보고 각 항목은 백분율을 산출하게 되고, 손익계산서의 경우 매출액을 100으로 보고 각 항목의 백분율로 나타내는 비율
② 관계비율 : 재무제표를 구성하는 개별 두 항목이 선택되어 이루어지는 비율

3) 분석자의 분석목적에 따른 분류

G. White, A. Sondhi & Fried에 따른 분류는 다음과 같다.
① 활동성비율, ② 유동성비율, ③ 장기지급능력비율, ④ 수익성비율

4) 수익-위험 상관관계에 따른 분류

가) 기업 수익력 평가비율

① 수익성비율 : 총자산이익률, 자기자본순이익률, 매출액 이익률
② 활동성비율 : 매출채권회전율, 재고자산회전율, 순운전자본회전율

나) 기업 위험도 평가비율

① 유동성비율 : 유동비율, 당좌비율, 순운전자본구성비율, 방어기간비율
② 레버리지비율 : 부채비율, 이자보상비율, 현금흐름보상률, 총자산회전율

다) 기업 기타 평가비율

① 생산성비율, ② 성장성비율, ③ 보통주평가비율

다. 수익성비율[327]

수익성비율은 기업의 총괄적인 경영성과를 나타내는 비율로써 투하자본이용의 효율성 정도에 관한 정보를 제공해 준다. 수익성 관계 비율은 대개 이익관계 항목을 투하자본 으로 나누어 계산하게 되는데, 투하자본으로는 총자본, 자기자본, 경영자산, 장기자본, 매출액을 분모로 하고, 투자성과 측정치로는 순이익, 경상이익, 영업이익, 매출총이익을 사용한다.

---

327 김용범. 전게강의자료 '재무분석방법 수익성 분석. 장수용. 전게서. 129~134면.

1) 총자산영업이익률

총자산영업이익률은 영업이익을 총자산으로 나눈 비율로 뒤에 설명하려고하는 자기자본순이익률과 함께 대표적으로 쓰이는 수익성비율이다.

○ 총자산영업이익률 = 영업이익 ÷ 총자산

이 비율은 자본의 원천이 자기자본인지, 타인자본인지를 구분하지 않고 주로 경영자의 입장에서 기업에 조달된 총자본(총자산)에 대한 자본사용의 효율성을 평가하는 비율이다.

투자성과 측정치로서 영업이익을 사용하는 것은, 총자본은 타인자본과 자기자본의 합계이므로 총자본의 최종 사외유출 가능한 몫인 주주 귀속분 순이익이나 채권자 귀속분 지급이자 등이 차감되기 전 이익수준인 영업이익이 그 성과측정의 바람직한 기준이다.

2) 자기자본순이익률

자기자본순이익률은 앞에서 설명한 바와 같이 주주들의 지분인 자기자본에 대한 성과의 효율성을 나타내는 비율이다. 즉, **자기자본순이익률**은 주주나 소유주 입장에서 그 효율성을 평가하는 비율이라고 볼 수 있다.

○ 자기자본순이익률 = 당기순이익 ÷ 자기자본

이때 자기자본은 자본금뿐만 아니라 유보이익과 자본준비금 등을 포함한 금액을 사용하고, 기간 중에 커다란 자본변동 즉 증자나 감자 등이 있었을 경우에는 기초의 자기 자본과 기말 자기자본의 평균치를 사용할 수 있다.

자기자본순이익률은 주주의 입장에서 보면 자기자본의 투자효율성을 나타내는 것이므로, 그들이 최소한 요구하는 수익률에 미치지 못할 경우에는 더 이상의 자본 제공을 하지 않게 될 것이다. 이처럼 그들이 요구하는 최소한의 투자수익률을 자기자본비용이라 한다.

한편 주주의 입장에서 수익성을 평가할 때 타인자본(부채)의 적절한 이용은 최종적으로 주주(투자자)의 부(富)를 증가시킬 수 있으므로 이를 적절히 이용하면 기업의 자본조달의 효율성과 구성비를 결정하는 데 유용한 정보가 될 수 있다.

참고

자기자본순이익률과 총자산이익률, 타인자본의존도와의 관계

○ 자기자본순이익률 = [총자본영업이익률 + (총자본영업이익률 - 타인자본 평균이자율) × (총부채 ÷ 자기자본)] × (1 - 법인세율)

이는 자기자본순이익률이 총자본영업이익률, 부채의 평균이자율, 부채의존도(부채비율), 법인세율에 의해서 결정됨을 의미한다.

이 관계식을 좀 더 분석하면, 총자본이익률이 평균부채비용 보다 높은 한 부채를 많이 쓸수록 (즉, 부채의존도가 높을수록) 주주의 몫인 자기자본순이익률이 증가하게 된다는 것을 의미한다.

그러나 이때 유의해야 할 점은 부채차입이 지나치게 높게 되면 기업의 안전성을 해치게 되어 채무불이행의 가능성 즉 도산가능성이 높아지게 된다.

3) 경영자산영업이익률

기업에 투자된 자산은 경영활동에 직접 사용되는 자산인 경영자산과 직접 사용되지 않는 비영업용자산으로 나눌 수 있다. 이때 비영업용자산에는 비업무용부동산, 건설가계정, 관계회사출자금과 같은 투자자산 등이 포함된다.

경영자산영업이익률은 영업활동에 직접 투하된 자산의 수익성을 나타내는 비율로 다음과 같은 식으로 표시된다.

○ 경영자산영업이익률 = 영업이익 ÷ 경영자산 = 영업이익 ÷ [총자산 − (건설가계정 + 투자자산 + 이연자산)]

4) 장기자본경상이익률

장기자본경상이익률은 장기자본, 즉 자기자본과 고정부채의 합인 장기성자본의 사용에 대한 효율성을 평가하는 비율인데 미래수익률예측의 근거로 자주 사용된다.

○장기자본경상이익률 = 경상이익 ÷ 장기자본 = 경상이익 ÷ (자기자본 + 고정부채)

따라서 장기자본경상이익률은 장기성자본의 운용 효율성을 측정하는 비율로 다음과 같이 변형될 수 있다.

○ 자기자본 + 고정부채 = (고정자산 + 유동자산 + 투자자산) − 유동부채
= 투자와 고정자산 + (유동자산 − 유동부채) = 투자와 고정자산 + 순운전자본

이는 투자와 고정자산이 단시일에 회수할 수 없는 장기성자산이고 순운전자본 역시 기업운영에 투자되어서 회전 중인 자산으로 기업확장과 동시에 점점 늘어가게 될 뿐만 아니라 그 회수 역시 기업을 종료하는 시점에서 청산가능하기 때문에 이들 두 자산의 합을 장기성자산이라 보고, 여기에서 산출된 비율을 장기성자산의 효율성, 즉 미래예측 수익률의 근거로 활용할 수 있는 것이다.

5) 매출액이익률

매출액이익률은 일정기간 동안의 매출액으로부터 여러 가지 비용을 뺀 이익항목들을 대비시켜 구하는 비율이다.

이때 이익항목이 무엇이냐에 따라 4가지의 비율로 산출될 수 있다. 즉, 이익항목이 매출총이익이면 매출액총이익률, 영업이익이면 매출액영업이익률, 경상이익이면 매출액 경상이익률, 순이익이면 매출액 순이익률이 된다. 이 중에서 사용빈도가 높은 것은 매출액영업이익률과 매출액순이익률이다.

○ 매출액영업이익률 = 영업이익 ÷ 매출액

○ 매출액순이익률 = 당기순이익 ÷ 매출액

매출액영업이익률은 기업의 주된 영업활동인 생산, 판매, 영업, 관리활동에서 발생하는 비용을 매출액으로부터 차감한 영업이익을 매출액으로 나눈 것이다. 따라서 이 비율은 영업효율성을 나타내는 비율로 사용된다. 이러한 매출액영업이익률을 가지고 좀 더 자세히 활용할 수 있는 의미를 살펴보면 다음과 같다.

○ 매출액영업이익률 = 영업이익 ÷ 매출액 = (매출총이익 ÷ 매출액) × (영업이익 ÷ 매출총이익)

○ 영업이익률 = 생산효율성 × 관리효율성

즉 영업이익률이 낮을 경우 그 원인을 생산부문 효율이 낮은 것인지, 관리부문의 효율이 낮은 것인지를 분석할 수 있는 것이다.

생산의 효율성을 나타내는 매출총이익 대 매출액의 비율(매출액총이익률)은 매출액에서 매출원가를 차감한 매출총이익을 기준으로 하므로, 생산원가가 낮아지면 매출총이익이 커지고, 반대로 생산원가가 높아지면 매출총이익은 낮아지게 된다.

관리의 효율성을 나타내는 영업이익 대 매출총이익의 비율은, 매출총이익에서 판매비와 일반관리비를 차감한 금액이 영업이익이므로, 이 비율이 낮으면 판매·관리비용 지출이 크다는 것을 의미하고 이 비율이 높으면 지출비용 통제가 양호하다는 것을 의미한다.

한편 매출액 순이익률은 기업의 주된 영업활동 외에 지급이자 등의 영업외 비용까지 감안한 비율로 기업의 모든 영업 내외의 변수를 감안한 수익성 비율이다.

6) 주당순이익

주당순이익은 당기순이익에서 우선주 배당금을 차감한 보통주 당기순이익을 보통주 주식수로 나눈 값으로 기업의 자본 규모에 관계없이 한 주당 수익을 나타내는 기업 간 수익성을 비교하는 데 용이한 지표이다. 영어식 표기인 'Earning Per Share'를 줄여서 'EPS'라고도 한다.

○ 주당순이익 = (당기순이익 – 우선주배당금) ÷ 평균발행주식수

주당순이익은 투자지표 또는 영업목표로서 사용될 때가 많다. 왜냐하면 당기순이익 그 자체는 총액이어서 주주 개인에게 돌아가는 이익의 크기가 아니지만, 주당순이익은 기업이 1년 동안 벌어들인 수익에 대한 주주의 몫도 나타내는 것이기 때문에 EPS가 높으면 주식의 투자가치가 높다고 판단한다. 또한 주당순이익은 발행주식의 가치평가에 이용되고, 배당정책에 유용한 정보를 제공하기 때문이다.

7) 기타 주요 수익성 비율

○ 수지비율 : 총비용 ÷ 총수익 = (매출원가 + 판매비와 관리비 + 영업외비용 + 특별손실) ÷ (매출액 + 영업외수익 + 특별이익)

○ 금융비용부담률 = 금융비용 ÷ 매출액

라. 안정성비율[328]

안정성비율은 기업의 장·단기 채무의 지급능력을 측정하는 데 사용되는 비율로 레버리지비율(leverage ratios)이라고도 부르며, 기업의 부채 의존도를 나타내는 부채 관계 비율로서 기업의 안정성을 평가하는 기준이 된다.

채권자의 입장에서 보면 부채 의존도는 채권회수에 대한 위험성의 정도를 나타내게 되고, 경영자의 입장에서 보면 기업운용에 필요한 자금을 어느 정도로 타인자본에 의존할 것인가를 판단하는 기준이 되기도 한다.

1) 부채비율

부채비율은 기업이 갖고 있는 자산 중 부채가 얼마정도를 차지하고 있는가를 나타내는 비율로, 기업의 재무구조 특히 타인자본 의존도, 즉 건전성을 평가하는 중요한 경영지표이며, 또한 부채비율은 부채총액을 자기자본으로 나눈 관계 비율로 안정성을 나타내는 대표적인 비율이다.

○ 부채비율 = 총부채 ÷ 자기자본 = (유동부채 + 고정부채) ÷ 자기자본

이 비율은 일반적으로 100% 이하를 표준비율로 보고 있는데, 선진국에서는 200% 이하 업체를 재무 구조가 우량한 업체로 간주한다. 하지만 금융기관 등에서 자금을 차입하기 위해서는 너무 높은 부채비율을 가지고 있는 기업은 거절당할 위험이 크므로 경영자는 항상 적정수준이 유지되도록 노력하여야 한다.

2) 고정비율

고정비율은 장기적으로 자금이 고착되게 되는 고정자산과 투자자산에 장기 안정자금인 자기자본으로 얼마나 충당되어 있는가를 나타내 주는 비율이다. 고정비율은 고정 자산과 투자자산을 자기자본으로 나눈 비율로서 자본의 유동성을 나타내는 지표이며, 기업의 안정성을 측정하는 데 이용된다.

○ 고정비율 = (고정자산 + 투자자산) ÷ 자기자본

즉 기업의 안정성을 위해서는 단기간 내 현금화될 수 없는 고정자산과 투자자산의 투자에는 단기간 내에 상환할 필요가 없는 자기자본으로 조달되는 것이 바람직하다. 따라서 고정비율은 100% 이하로 나타나는 것이 이상적이며, 이 값이 낮을수록 안정성이 높아진다.

3) 고정장기적합률

고정장기적합률이란 고정자산 대 장기자본비율이라고 한다. 즉, 자기자본에 고정부채와 준비금을 보탠 장기자금을 가지고 어느 정도까지 고정자산을 조달하고 있는가를 판단하는 데 사용한다. 이 비율도 고정비율과 마찬가지로 100% 이하를 표준비율로 보고 있다.

---

328 김용범. 전게강의자료. '재무분석방법 안정성분석'. 장영광.「경영분석」. 무역경영사. 2009. 97~102면. 장수용. 전게서. 138~140면.

일반적으로 고정자산에 대한 투자는 자기자본의 범위 내에서 이루어지는 것이 안정적이나, 실제로 거액의 설비투자를 필요로 하는 기간산업(전력, 철강 등)에 있어서는 소요자금을 모두 자기자본 만으로 충당하는 데는 어려움이 있다.

따라서 고정부채도 안정성 있는 장기자금이므로 장기적으로 자금이 고착되는 고정자산에 대한 투자는 자기자본과 비교적 안정성이 큰 고정부채의 합(장기자본)의 범위 내에서 하게 되면 안정성이 있다고 볼 수 있다.

○ 고정장기적합률 = (고정자산 + 투자자산) ÷ (자기자본 + 고정부채)

이 비율은 100까지가 한계점이며, 고정비율이 큰 경우라도 고정부채가 차지하는 비율이 클 경우, 고정장기적합률은 낮게 나타나므로 외관상 좋은 자본구조를 표시하게 된다. 이런 경우, 만약 고정자산의 내용연수에 비하여 고정부채의 상환기간이 상대적으로 짧으면 기업은 고정부채의 상환을 위한 자금난에 봉착할 우려가 있다. 이 비율의 활용에는 고정자산의 구성과 고정부채의 상환기간 및 자기자본 증가의 정도에 유의하여 판단해야 한다.

4) 이자보상비율

이자보상비율은 기업의 채무상환능력을 나타내는 지표로, 기업이 영업이익으로 금융비용(이자비용)을 얼마나 감당할 수 있는지를 보여주는 지표이다. 즉, 과연 이 회사가 영업이익으로 이자를 감당할 수 있는가, 감당한 후 얼마나 여유가 있는가를 알아보는 지표이다.

○ 이자보상비율 = 영업이익 ÷ 금융비용 혹은 (경상이익 + 금융비용) ÷ 금융비용

이자보상비율이 1이면 영업활동에서 창출한 돈을 이자지급비용으로 다 쓴다는 의미이며, 이자보상비율이 1보다 클 경우 해당 기업은 자체수익으로 금융비용을 능히 부담하고 추가 이익도 낼 수 있다는 사실을 의미한다. 통상 1.5배 이상이면 기업의 이자지급능력이 충분하다고 본다.

반대로 1보다 작다는 것은 기업이 영업활동으로 창출한 이익을 갖고 대출금이나 旣發行 회사채에 대한 이자 등 금융비용조차 감당할 수 없는 상태를 의미한다. 이자를 지급하기 위해 또다시 자금을 차입해야 하는 상태인 셈이다. 영업이익이 적자인 경우 이자보상비율은 당연히 1 이하이며, 잠재적 부실기업이다.

5) 기타 주요 안정성비율

○ 자기자본비율 = 자기자본 ÷ 총자본 ○ 유동비율 = 유동자산 ÷ 유동부채
○ 당좌비율 = 당좌자산 ÷ 유동부채 ○ 고정부채비율 = 고정부채 ÷ 자기자본
○ 차입금의존도 = (장·단기 차입금 + 회사채) ÷ 총자본 등

마. 활동성비율[329]

329 김용범. 전게강의자료. '재무분석방법 활동성분석'. 장영광. 전게서. 2009. 83~89면. 장수용. 전게서. 141~145면.

활동성비율은 기업이 경영활동을 위하여 취득한 자산들이 어느정도 효율적으로 이용되고 있는가를 측정하는 비율이다. 특정 자산관리의 효율성 정도를 표현한다는 의미에서 효율성비율 또는 자산관리비율이라고 불리운다. 또 비율의 계산은 기업의 매출액에 특정자산 금액을 나누어 산출하게 되므로 이를 회전율비율이라고도 한다. 활동성비율은 정보이용자에게 여러 가지 의미를 제공한다.

첫째, 회전율을 정하는 활동성비율은 그 특정자산에 얼마의 자금이 묶여있는지에 대한 정보를 제공해 준다. 즉, 특정자산이 영업활동의 순환과정(현금→ 재고자산→ 매출→ 외상매출금 → 현금)에서 어느 단계에 얼마의 자금이 묶여있는지를 나타내 준다.

둘째, 회전율은 특정자산(제조업의 경우 보통 고정자산)에 투하된 자본 한 단위가 얼마의 매출실현에 공헌하였는가를 평가할 수 있다.

셋째, 회전율은 특정 사업을 시작하기 전에 다른 기업(동종업종)의 각 자산별 회전율을 기초로 하여 일정한 목표매출액을 실현하기 위해 얼마만큼의 자금이 필요한지 계산할 수 있게 해준다. 목표매출액을 특정자산의 회전율로 나누면 그 특정자산에 대한 소요액을 구할 수 있기 때문이다.

1) 매출채권 회전율

매출채권회전율은 매출액을 매출채권(외상매출금 + 받을어음)으로 나눈 비율로서 매출채권 잔액이 1년간의 영업활동을 통하여 현금인 매출액으로 회전되는 속도를 나타낸다. 매출채권 회전율이 높다는 것은 매출채권이 순조롭게 회수되고 있음을 나타내나, 반대로 회전율이 낮게 되면, 매출채권의 회수기간이 길어지므로 그에 따른 대손발생의 위험이 증가하고 수익감소의 원인이 된다.

○ 매출채권 회전율 = 매출액 ÷ (외상매출금 + 받을어음) = ( )회

2) 매출채권 회수기간

매출채권 회전율은 회수로 표시된 특정자산의 현금화 속도비율을 나타내 주지만, 이를 좀 더 이해하기 쉽게 현금화에 걸리는 평균회수기간으로 나타내 주는 지표가 더 유용하게 쓰일 수 있다. 즉, 평균회수기간을 회전율을 이용하여 날짜로 표시하면 자금이 매출채권에 묶여있는 정도 또는 매출채권을 회수하는 데 평균 며칠이 걸리는가를 알 수 있다.

○ 매출채권 회수기간 = 365(일) ÷ 매출채권 회전율(회) = ( )일

3) 재고자산 회전율

재고자산 회전율은 매출액을 재고자산(기업이 정상적인 영업활동 과정에서 판매를 위해 보유하고 있는 자산)으로 나눈 비율로, 한 기업이 재고를 얼마나 잘 운용하고 있는지를 나타내는 지표이다. 이는 재고자산 보유수준의 과부족을 판단하는 데 가장 적합한 지표로서 일정한 표준비율은 없다.

○ 재고자산 회전율 = 매출액 ÷ 재고자산 = ( )회

이 회전율이 낮으면 재고자산에 과대투자되고 있어, 자금이 재고자산에 묶여 있는 기간이 장기화되고 있음을 뜻한다. 반대로 이 회전율이 높으면 재고자산 관리가 효율적임을 뜻한다. 그러나 이 회전율이 너무 높으면 보유 재고자산의 여유분이 없으므로 긴급 수요물량에 긴급 대처할 수 없는 단점도 있다.

4) 총자산 회전율

총자산 회전율은 기업이 소유하고 있는 자산들을 얼마나 효과적으로 이용하고 있는가를 측정하는 활동성비율의 하나로서 기업의 총자산이 1년에 몇 번이나 회전하였는가를 나타내는 지표이다. 총자산 회전율이 높으면 유동자산·고정자산 등이 효율적으로 이용되고 있다는 것을 뜻하며, 반대로 낮으면 과잉투자와 같은 비효율적인 투자를 하고 있다는 것을 의미한다.

○ 총자산 회전율 = 매출액 ÷ 총자산

총자산 회전율이 높으면 1단위 자산의 투자로 인해 높은 매출을 실현하고 있다는 뜻이 된다. 이때 기업의 보유자산이 인플레이션 상황하에서 재산재평가가 이루어지지 않은 경우, 실제가치보다 장부가액이 너무 낮은 결과로 인해 회전율이 높게 나타날 수 있으므로 이 점을 유의하여 판단하여야 한다.

또한 분모의 총자산 대신에 자기자본을 사용하여 자기자본 회전율을 구할 수 있는데, 이때 자기자본 회전율이 너무 높게 나오면, 이는 자기자본 이용의 효율성이 높다고 평가할 수도 있지만, 지나치게 높은 것은 자기자본이 너무 적고 타인자본이 너무 많아서 그런 경우도 있으므로 평가 시 유의하여야 한다.

5) 고정자산 회전율

고정자산 회전율은 고정자산이 일정기간 중에 몇 번 회전하였는가 하는 고정자산 회전속도를 표시하는 비율로서 주로 고정자산의 의존비중이 높은 장치산업 업종 등 자본 집약적 기업에 유용한 회전율로서, 고정자산 이용의 효율성과 고정자산에의 자본고착화 정도를 측정하는 비율로 사용된다.

○ 고정자산 회전율 = 매출액 ÷ 고정자산

이 비율이 동종업종 내 타기업 또는 동종업종 평균보다 높으면, 적은 고정자산 투자로 많은 매출을 실현하고 있음을 나타내 주므로 고정자산의 효율성이 높다고 평가할 수 있다. 그러나 주의할 점은 보유하고 있는 고정자산 대부분이 감가상각 기간이 끝나서 그 장부가액의 잔액이 낮은 결과에 따라 회전율이 높게 나타날 수 있으므로, 이 점을 간과하면 정확한 평가가 이루어지지 않게 된다.

또한 위와 같이 감가상각이 끝난 기계장치를 많이 갖고 있는 기업은 경험적으로 제조원가가 높게 발생하게 된다. 왜냐하면 그만큼 노후화된 기계가 많다는 뜻이기 때문이다. 따라서 수익성중 매출액 총이익률이 낮고, 고정자산 회전율이 높은 기업은 대부분 고정자산 중

노후화된 기계보유가 많음에 그 원인이 있다고 볼 수 있다.

6) 순운전자본 회전율

순운전자본 회전율은 위의 고정자산 회전율과는 반대로 운전자본집약적인 업종, 즉 재고자산 보유가 많은 판매 · 유통업종에 있어서의 자본의 효율적 이용도를 측정하는 비율이다. 순운전자본 회전율은 매출액을 순운전자본(유동자산 – 유동부채)으로 나누어 구한 비율로서, 순운전자본 이용의 효율성과 회전속도를 나타내 준다.

○ 순운전자본 회전율 = 매출액 ÷ 순운전자본 = 매출액 ÷ (유동자산 – 유동부채)

이 회전율이 너무 낮으면 순운전자본에 자본이 너무 많이 묶여있음을 뜻하므로 이에 대한 대책, 즉 신용정책이나 판매촉진책 등을 재검토하여 불필요한 유동자산 보유를 낮추거나, 매입채무의 결제기일 연장 등을 통해 매출채권 회수에 비해 매입채무 결제가 너무 빠른 경우 등을 시정할 필요가 있다.

이와 같이 각 회전율은 그 기업이 운용하는 자산 중 가장 영향력이 큰 항목에 대해 효율성을 측정할 수 있으므로 업종에 따라 분모인 항목을 바꾸어 적용할 수 있다. 따라서 모든 기업은 매출액에 대하여 각 업종에서 가장 중요한 경영요소나 시설요소를 나누어 각각의 효율성을 측정해 볼 수 있다.

바. 생산성비율[330]

생산성비율은 기업경영활동에 투입되는 노동, 자본 등 여러 가지 생산요소가 달성하는 경영능률과 성과배분의 합리성을 평가하는 비율이다. 생산성 분석은 기업경영의 여러가지 생산요소가 달성하는 능률을 평가하는 것으로서 경영능률의 정도와 성과배분의 합리성을 분석하는 것이 핵심이다.

생산성이란 기본적으로 생산요소 투입량(Input) 대비 생산량(산출량, Output)의 관계 비율을 의미한다. 따라서 보통 가능한 한 적은 생산 요소 투입을 통해서 많은 산출을 올리면 생산성이 높은 것으로 평가하여 왔다.

생산성의 측정은 생산요소별로 측정하기도 한다. 즉, 생산량은 생산요소인 노동·자본·경영의 투입량과 결합에 따라 좌우되므로, 생산성은 생산 요소별로 나누어 노동생산성, 자본생산성으로 구분하여 측정하기도 한다.

1) 부가가치율

부가가치란 기업이 생산활동을 한 결과, 외부에서 구입한 것 이외에 새로이 그 기업에서 창출한 가치를 말한다. 하나의 제품이 만들어져 최종 소비자에게 전달되는 데는 보통 여러 생산단계를 거치게 되는데, 부가가치란 특정 생산단계에서 새로이 창출된 가치를 말한다.

부가가치를 계산하는 방법에는 가산법과 감산법이 두 가지가 있다.

---

330 김용범. 전게강의자료. '재무분석방법 생산성 분석'. 장영광. 전게서. 2009. 113~121면. 장수용. 전게서. 2011. 147~149면.

① 감산법

어떤 특정 생산단계에 있는 기업이 생산한 총가치인 기업의 매출액(수익)에서 그 생산을 위하여 외부로부터 도입한 기존가치, 즉 중간투입물인 재료비, 부품구입비, 용역비 등을 공제하여 구한다. 이와 같이 감산법에 의하여 구하는 방법은 부가가치를 생산측면에서 파악한 것이다.

○ 부가가치 = 매출액 – 타기업의 생산가치 = 매출액 – (재료비 + 구입부품비 + 구입전력·용수비 + 외주가공비 + 구입용역비 + · · ·)

② 가산법

어떤 기업이 생산활동에서 창출한 가치는 그 가치창출에 참여한 생산요소의 공여자에게 분배된다. 기업이 창출한 가치는 그 가치창출에 참여한 생산요소의 공여자에게 분배된다. 기업이 창출한 가치는 주주에게는 이윤, 종업원에게는 노동의 대가인 임금, 지주에게는 임차료, 채권자 같은 자본공여자에게는 이자, 국가에 대해서는 세금형태로 분배되는 것이다. 따라서 이들 구성요소를 모두 합해 부가가치를 구할 수 있다. 이와 같이 가산법에 의해 구하는 방법은 부가가치를 분배측면에서 파악한 것이다.

○ 부가가치 = 순이익 + 인건비 + 임차료 + 이자비용 + 세금과 공과 + 감가상각비 + · · ·

부가가치율은 일정기간 중에 창출된 부가가치액을 같은 기간 중의 매출액으로 나누어 계산한 비율로서, 매출액 중에서 생산활동, 가치창출활동에 참여한 생산요소 제공자에게로 귀속되는 소득의 비율을 나타낸다.

○ 부가가치율 = 부가가치액 ÷ 매출액

이러한 부가가치율은 매출액 대신 부가가치액 중에서 각 요소소득이 차지하는 비중으로도 분석할 수 있는데, 다음의 노동소득 분배율은 인건비가 부가가치 총액에서 차지하는 비중을 나타내는 것으로서, 생산성기준의 임금결정방식에 기초자료로 활용된다.

○ 노동소득분배율 = 인건비 ÷ 부가가치

이는 부가가치가 높아지면 인건비가 상승했느냐 그렇지 않느냐의 판단기준이 될 수 있으므로, 생산성 향상과 임금 인상을 상호 비교 가능하게 해준다. 따라서 이 비율은 노사문제와 관련하여 임금결정방식의 기초자료로 많이 쓰이는 비율이다.

2) 자본생산성비율

자본생산성이란 생산요소의 하나인 투하자본의 단위당 경영능률을 나타내는 것으로서, 가장 대표적인 비율은 총자본투자효율이다. 이 비율은 투하된 자본 1단위가 1년간 얼마만큼의 부가가치를 창출하였는가를 나타내는 비율이다. 이 비율이 높을수록 총자본이 효율적으로 운영되었음을 의미한다.

○ 총자본투자효율 = 부가가치 ÷ 총자본

자본생산성비율의 보조비율로 이용되는 것에는 설비투자효율이 있다. 설비투자효율은 기업이 생산활동에 실제로 사용하고 있는 설비자산(유형자산 - 건설중인 자산)의 한 단위가 어느 정도의 부가가치를 창출하였는가를 나타내는 비율이다.

○ 설비투자효율 = 부가가치 ÷ (유형고정자산 - 건설 중인 자산)

3) 노동생산성비율

노동생산성이란 가장 중요한 생산요소인 노동력의 단위당 성과를 나타내는 지표를 말하며, 가장 대표적인 것은 부가가치를 종업원 수로 나눈 종업원 1인당 부가가치이다.

○ 종업원 1인당 부가가치 = 부가가치 ÷ 종업원 수

이 1인당 부가가치는 흔히 타 기업과 생산성을 비교할 때 가장 대표적으로 사용되는 지표로, 이 1인당 부가가치가 높을수록 대외경쟁력이 우위에 있음을 의미하며, 이 밖에도 노동력 한 단위당의 생산성을 측정하는 방법으로 종업원 1인당 매출액(매출액 ÷ 종업원 수), 종업원 1인당 순이익 등이 이용되기도 한다.

또한 기업경영방식의 근대화 정도를 측정하는 비율로 자본집약도, 노동장비율, 기계장비율 등의 지표가 활용되는데, 이는 종업원 한사람이 어느 정도의 자본액이나 기계 장비를 보유하는지 나타내는 것으로서, 기업경영이 자본집약적인지(자본집약도 등이 낮은 경우), 노동집약적인지를 측정하는 비율이다.

○ 자본집약도 = 총자본 ÷ 종업원 수
○ 노동장비율 = 설비자산 ÷ 종업원 수 = (유형고정자산 - 건설중인 자산) ÷ 종업원 수
○ 기계장비율 = 기계장치 ÷ 종업원 수

노동생산성을 나타내는 대표적인 비율인 종업원 1인당 부가가치는 다음과 같이 상관관계를 갖고 있음을 알 수 있다.

○ 노동생산성 = 부가가치 ÷ 종업원 수 = (기계장치 ÷ 종업원 수) x (부가가치 ÷ 기계장치) = 기계장비율 x 기계투자효율

이는 노동생산성을 높이려면, 종업원 1인당 기계장비율을 높이거나 생산능률이 높은 기계장치를 보유하던지 두 가지 효과가 복합되어 결정되는 것을 나타내 준다. 즉 종업원 수는 낮추고 기계설비투자를 늘리거나, 자동화율이 높은 기계설비를 많이 보유하여야 노동생산성이 높아진다는 것이다.

사. 유동성비율[331]

331 김용범. 전게강의자료. '재무분석방법 안정성 분석'. 장영광. 전게서. 2009. 91~96면. 장수용. 전게서. 2011. 135~137면.

유동성이란 단기간에 정당한 가격으로 현금화될 수 있는 가능성을 말한다. 이때 단기라 함은 통상 1년을 말하는 것으로 유동성비율 분석은 1년 이내에 만기가 돌아오는 채무에 대한 변제 능력을 측정하는 데 목적이 있다.

따라서 1년 이내에 만기가 도래하거나 조만간 갚아야 할 단기성 부채에 대한 변제능력을 분석하는 것은 기본적으로 1년 이내에 현금화가 가능한 유동성 자산의 크기와 유동성 부채와의 크기를 비교하는 것으로부터 출발하여야 한다.

1) 유동비율

유동비율은 1년 이내에 현금화가 가능한 유동자산을 1년 이내에 만기가 돌아오는 유동부채로 나누어 봄으로써, 단기채무에 충당할 수 있는 유동자산이 몇 배나 되는가를 평가하여 단기채무 상환능력을 판단하는 비율이다.

○ 유동비율 = 유동자산 ÷ 유동부채.

이 비율은 높을수록 단기채무에 대한 지급능력이 양호하다고 볼 수 있는데, 전통적으로 200% 이상이 채권자에게 안전대로 평가되어 왔다. 그러나 이 기준에 절대적 의미를 부여할 필요는 없다. 유동성에 대한 평가는 경제상황, 기업형태, 경영규모 등에 따라서 다르게 내려질 수 있기 때문이다.

유동성 분석은 분석자의 입장에서 양호와 불량의 기준이 달라질 수 있다. 예를 들어 유동비율이 높은 것은 채권자 입장에서는 상환능력이 높은 것으로 평가할 수 있지만, 경영자 입장에서는 과다한 유동자산의 보유는 곧 수익성을 저하시키는 요인이므로 반드시 좋게만 평가할 수는 없다.

2) 당좌비율

유동자산 중에서 현금화되는 속도가 늦고, 현금화되는 과정에서 불확실성이 높은 재고자산을 차감한 것을 **당좌자산**이라 한다. 이 당좌자산과 단기부채를 대응시키는 것이 **당좌비율**인데, 단기채무에 대한 지급능력을 평가하는 데 보다 효과적인 때가 있다. 당좌비율은 산성비율 또는 신속비율이라고도 한다.

○ 당좌비율 = 당좌자산 ÷ 유동부채 = (유동자산 - 재고자산) ÷ 유동부채

이 비율은 전통적으로 100% 이상이면 유동성이 양호하다고 보고 있지만, 유동성비율에 대한 해석과 마찬가지로 여러 가지 요소와 함께 평가할 문제인 것이다. 또한 유동성비율과 당좌비율처럼 두 항목이 모두 대차대조표 항목으로 된 관계비율은 결산기에 조작될 가능성이 높으므로 주의를 요한다.

3) 순운전자본 대 총자본비율

순운전자본은 유동자산에서 유동부채를 차감한 것이다. 단기성부채의 변제에 충당하고 유동자산이 얼마나 여유가 있는지 그 절대적 크기를 나타내는 것이므로 단기채무에 대한 지급능력을 나타내는 한 기준이 된다. 유동비율은 유동자산을 유동부채로 나눈 상대적 비율이

고, 순운전자본은 양자의 차이로 표현된 실수라는 점에서 차이가 있다.

○ 순운전자본구성비율 = 순운전자본 ÷ 총자본 = (유동자산 - 유동부채) ÷ 총자본

이 비율은 기업의 규모의 대소에 따른 유동성을 평가하는 지표로 같은 금액의 순운전자본을 보유하더라도 기업규모가 작은 경우에는 이 비율이 높아 안전성이 높지만, 기업규모가 큰 경우에는 그 구성비가 낮으므로 기업이 위험할 수도 있음을 나타내주는 것 이다. 즉, 이 비율은 유동성비율 중에서 비교적 기업의 부실 또는 도산의 예측에 도움을 주는 비율로 많이 알려져 있다.

4) 동태적 유동성비율

지금까지 설명한 3가지 비율은 모두 대차대조표를 이용한 정태적 비율이어서, 이 비율이 곧바로 현금상태를 나타내는 것은 아니므로 지급능력을 표시하는 데는 여전히 한계점을 지니게 된다. 이러한 한계점을 보완하고 기업의 현금상태를 측정하여 보다 적절한 지급능력을 평가할 수 있는 비율이 동태적 유동성비율이다.

이의 대표적인 것으로 방어기간비율이 사용되고 있다. 방어기간비율은 당좌자산을 1일 평균 현금지출비용금액으로 나눈 것이다.

○ 방어기간비율 = 당좌자산 ÷ [(영업비용 - 감가상각비) ÷ 365] = 당좌자산 ÷ 1일 평균 현금지출비용액

방어기간비율을 계산함에 있어서 분자의 **당좌자산**은 유동자산에서 유동성이 낮은 재고자산을 차감한 것으로 현금, 예금, 유가증권, 매출채권처럼 매일 매일의 비용지출에 곧바로 충당할 수 있는 준현금자산을 말한다.

분모에는 매출원가, 판매비와 관리비 등의 연간비용에서 비현금성 비용항목인 감가상각비 등을 차감하여 연간 현금지출영업비용총액을 측정하고 이를 365일 또는 영업일수로 나누어 1일 평균 현금지출비용액을 계상한 것이다.

따라서 이 비율은 준현금과 같은 방어자산인 당좌자산이 일상적인 영업비용 지출을 며칠 동안 충당할 수 있는 규모인지를 나타내므로 자금사정을 보다 적절히 나타낸다고 할 수 있다.

아. 성장성비율[332]

성장성비율은 일정기간 중에 기업의 경영규모 및 경영성과가 얼마나 향상되었는지를 나타내는 비율이다. 대부분 총자산, 매출액 또는 순이익의 증가율로 측정하는데 내용상으로는 성장잠재력, 미래 수익 발생능력이나 이익실현의 확실성 정도, 시장에서의 경쟁적 지위를 뜻하는 정보내용을 담고 있다.

성장성관계비율은 다양한 정보를 제공해 주고 있는데, 어느 기업의 이익성장률이 높다

---

332 김용범. 전게강의자료. '재무분석방법 성장성분석'. 장영광. 전게서. 2009. 108~113면. 장수용. 전게서. 150~151면.

면 투자자에게는 미래수익발생능력이 상대적으로 높음을 보여주고, 동 업종 평균보다 매출성장률이 높으면 고성장기업으로 유망기업으로 평가할 수 있게 된다.

1) 매출액증가율

매출액증가율은 당기 매출액 증가분을 전기 매출액으로 나눈 비율로 기업의 외형적인 신장세를 나타내는 대표적인 비율이다. 일반적으로 이 지표를 이용해 기업이 일정기간 동안 얼마나 성장하고 있는지 알 수 있다.

○ 매출액증가율 = (당기 매출액 – 전기 매출액) ÷ 전기 매출액 = (당기 매출액 ÷ 전기 매출액) – 1

매출액 증가는 판매단가의 인사에 기인할 수도 있고, 판매량의 증가에 기인할 수도 있다. 따라서 이에 대한 원인분석이 이루어지면 유용한 정보가 될 것이다. 한편, 경쟁기업보다 높은 매출액 증가율은 결국 시장점유율의 증가를 의미하므로 경쟁력 변화를 보는 한 방법이 된다.

2) 총자산증가율

총자산증가율은 일정기간 동안의 총자산증가분을 기초 총자산으로 나눈 증가율로서, 기업의 외형적 규모의 신장을 나타내는 비율이다. 여기서 총자산이란 자본과 부채의 합을 의미하므로 총자산증가율은 다른 말로 총자본증가율이라고도 하며 수치는 동일하다.

○ 총자산증가율 = (기말 총자산 – 기초 총자산) ÷ 기초 총자산

총자산증가율과 매출액증가율을 서로 비교하면 기업 성장이 바람직한 방향으로 이루어지는지에 대한 평가가 가능하다. 만약 매출액증가율보다 총자산증가율이 높으면 상대적으로 자신에 대한 과대투자가 이루어지고 있음(총자산회전율의 증가)을 의미하므로 긍정적인 평가를 내리기가 어렵다.

3) 순이익증가율

순이익증가율은 기업활동의 최종 성과인 순이익이 전기에 비해 증가한 정도를 나타내는 지표로서, 정상적인 영업활동의 성과인 경상이익뿐만 아니라 특별손익을 모두 반영한 총괄적인 경영성과의 변화율을 나타낸다. 정상적인 영업활동 성과만의 증가율을 보고자 할 때에는 경상이익 증가율을 사용한다.

○ 순이익증가율 = (당기 순이익 – 전기 순이익) ÷ 전기 순이익
○ 경상이익증가율 = (당기 경상이익 – 전기 경상이익) ÷ 전기 경상이익

보통주주에게 더욱 의미가 있는 것은 순이익 그 자체보다 한 주당 귀속될 순이익, 즉 주당순이익성장률이다. 이 비율은 투자자에게 미래 이익발생능력에 대한 전망을 가능케 하는 한 지표가 된다.

○ 주당순이익성장률 = (당기 주당순이익성장률 – 전기 주당순이익성장률) ÷ 전기 주

당순이익성장률

2. 경영지표 분석을 활용한 진단감사

앞에서는 기업의 재무적 건전도를 평가할 수 있는 주요 재무비율에 대하여 설명하였다. 여러 가지 재무비율을 통하여 투자자본에 대한 이익발생능력, 자산투자의 효율성, 단기채무에 대한 상환능력, 자금 사정, 부채의 원리금 상환능력, 채권보전의 안전성, 생산요소들이 달성하고 있는 경영능률, 성장잠재력 등에 관한 정보가 추출될 수 있음을 보았다.

본 항목에서는 실제로 이들 재무비율을 종합적으로 이용하여 기업의 경영성과와 재무상태의 평가에 적용하는 방법에 대하여 다루고자 한다. 다음은 이해하여야 할 본 항목의 핵심 내용이다.

가. 상호비교법[333]

1) 상호비교법 의의

상호비교법은 특정 시점에서 분석대상기업의 재무비율을 적절한 비교기준인 표준비율과 비교함으로써 경영상태의 良否를 판단하는 방법이다. 예를 들어 A기업의 자기자본순이익률이 10.0%이고 A기업이 속하는 산업 내 대부분의 기업들의 그것이 15.0%이라면, 경쟁기업과 상호비교할 때 A기업의 이익발생능력이 불량하다고 판단하는 방법이다. 이런 의미에서 상호비교는 기업 간 비교, 횡단면분석, 수직적 분석이라는 용어로 쓰기도 한다.

그런데 상호비교를 통해서 경영상태를 판단하기 위해서 가장 중요한 전제조건은 적절한 표준비율이 설정되어야 하고, 또한 비교대상기업이 공통적 성격을 지녀야 한다는 점이다. 공통적 성격이란 비교대상기업이 동종산업 내의 기업이어야 하고, 기업규모가 비슷하여야 하며, 사용되고 있는 회계처리방법이 같아야 함을 말한다. 비교 대상기업 간에 이러한 **공통적 성격**이 결여되어 있으면 그만큼 상호비교분석의 유용성은 줄어들게 된다.

2) 표준비율법

요즈음 흔히 기업평가용어로 쓰이는 'bench marking(벤치마킹)'이라는 용어가 있는데, 재무분석을 위해 적절한 비교기준을 찾아 이용하여야 하는 경우, 이 비교기준을 'bench marking'이라 하는 데 여기서는 표준비율이 된다. 이러한 비교기준인 표준비율에는 이상적인 표준비율, 동업종 평균비율, 경쟁업체비율 등이 있는데 실제로는 동업종 평균비율(산업평균비율)이 가장 많이 쓰이고 있다.

가) 이상적 표준비율

상호비교 할 때 비교기준으로 특정 재무비율의 이상적인 값(ideal bench mark)을 정하여 분석할 수 있다. 특정 재무비율의 이상적인 비율은 그 나라의 국민경제적 여건과 그 기업이 속해 있는 산업상의 특성 등을 고려하여 설정될 수 있다.

---

333 김용범. 전게강의자료. '경영지표활용진단법. 상호비교법'. 장영광. 전게서. 2009. 130~139면. 장수용. 전게서. 152~155면.

그러나 이는 결코 쉬운 작업이 아니므로, 경험적으로 인정되는 재무비율의 이상치를 사용해 오고 있다. 이러한 표준비율로서 미국에서 오랫동안 사용되고 있는 것은 유동비율 200% 이상, 당좌비율 100% 이상, 부채비율 100% 이하, 고정비율 100% 이하 등이 있다.

이러한 이상적인 표준비율이 항상 적용 가능한 비교기준치가 되는 것은 아니다. 그 이유는, 첫째, 이들 이상적 표준비율은 특정 국가의 경제적 여건이나 산업상의 특성을 고려하지 않은 기준치이기 때문 이다. 둘째, 재무비율의 이상치란 어느 관점에서 보느냐에 따라 달라지기 때문이다.

나) 동업종 평균비율(산업평균비율)

상호비교의 기준비율로서 가장 널리 사용하고 있는 것은 산업평균비율이다. 즉, 동일 산업에 속하는 모든 기업의 재무비율의 평균치와 비교하여 특정 기업의 경영성과나 재무상태를 평가하는 방법으로 사용하고 있다. 이 비율은 자기기업과 동일한 산업평균 비율과 비교하므로 비교적 현실적인 진단이 가능한 비율이다.

산업평균비율을 사용하여 상호비교분석을 하고자 할 때는, 먼저 그 기업이 어떤 산업에 속하는지를 판단하여야 한다. 보편적인 정의에 의하면 동일 산업 내의 기업으로 분류되기 위해서는 서로 대체적 관계에 있는 동질적 최종제품을 생산하는 기업집단 내의 한 기업으로 식별될 수 있어야 한다.

이러한 산업평균비율은 우리나라에서는 한국은행의 「기엽경영분석」과 산업은행의 「재무분석」 자료가 주로 이용되고 있으며, 중소기업의 경우는 중소기업협동조합중앙회의 「중소기업경영지표」 자료가 보다 유용하게 이용되고 있다.

다) 경쟁업체비율

상호비교의 기준비율로서 당해 기업과 경쟁관계에 있는 경쟁업체의 재무비율을 이용하는 것이 유용할 때도 있다. 경쟁업체 간에는 영업규모나 특성 등이 더욱 유사하므로, 비슷한 여건에서 나타난 경영성과나 재무상태의 차이를 대조적으로 파악하는 데 더 적절할 것이다.

경쟁업체비율을 비교기준으로 삼는 것은 현실적으로 공공자료에서 산업분류가 잘 이루어지지 않아 산업평균비율을 이용하기 곤란한 경우에 시도되기도 한다. 이 밖에도 부실산업 내에서 경영평가를 할 때도 경쟁업체비율이 비교기준이 되기도 한다.

3) 공통형 재무제표

동종 산업 내의 기업들이라 하더라도 자산규모가 5억원인 기업과 500억원, 5천억원인 기업과는 자산구조·재무구조·비용구조면에서 크게 차이 나는 여러 가지 특수성을 지니게 된다. 이러한 경우 비교하고자 하는 기업에 대해서 규모의 차이를 제거하고 상호 비교하는 방법으로 작성되는 것이 공통형 재무제표이다.

공통형 재무제표는 대차대조표의 경우(공통형 대차대조표), 자산총계나 부채·자본총계를 100%로 하고 자산의 각 항목, 부채·자본의 각 항목의 구성비를 백분율로 표시해 작성하고, 손익계산서의 경우(공통형 손익계산서)는 순매출액을 100%로 하여 각 비용, 수익항목의 구성비를 백분율로 표시하여 작성한다.

이렇게 각 구성항목이 전체에 대한 구성비로 표시되면 규모의 차이가 제거되어 기업 간의 자산구조·재무구조·비용구조에 대한 상호비교가 가능하게 된다. 또한 특정 우량기업 또는 부실기업의 재무구조 등과 자기기업의 재무구조 등과 비교하는 자료로 활용될 수 있다.

나. 추세분석법[334]

1) 추세분석 의의

추세분석이란 일정기간 동안의 재무비율 또는 계정과목 금액의 증감이나 변화 추세를 파악하여 기업의 경영상태가 개선되는지 아니면 악화되고 있는지를 분석하는 것을 말한다. 이러한 추세분석은 한 기업의 연차별 비교 또는 표준비율 등과의 상호 연차별 비교 등의 방법으로 분석할 수 있는데, 이는 단순한 1년 치의 상호비교에서는 얻을 수 없는 여러 가지 정보를 알아낼 수 있는 장점이 있다.

예를 들어 어느 기업의 자기자본순이익률이 10%로서 산업평균비율 15%와 비교할 때 불량하다고 판단되더라도, 과거 3년 동안 5%에서 7%, 10%로 상승하였다면 단순 상호 비교로 불량판단을 할 것이 아니라 장기적으로 볼 때 개선되고 있으므로 긍정적인 평가가 내려질 수 있다. 이런 의미에서 추세분석은 기업 내 분석, 시계열분석, 수평적 분석이라고도 한다.

2) 추세분석 방법

추세분석은 보통 재무비율의 추세분석, 비교재무제표의 이용, 추세지수의 이용, 다기간 공통형 재무제표의 이용, 상관추세분석 등의 방법을 통하여 행하여진다.

가) 재무비율의 추세분석

재무비율의 추세분석은 시간의 흐름에 다른 각종 재무비율의 움직임을 동태적으로 파악하여 경영성과와 재무상태의 개선여부를 평가하는 것을 말한다. 과거 수년간에 걸친 유동비율, 자기자본수익률 등의 변화를 관찰하여 이들 비율이 증가하면 개선되고 있고, 감소하면 악화(부채비율과 고정비율의 해석은 반대)되고 있는 것으로 평가한다.

나) 비교재무제표

비교재무제표는 어느 두 시점 간의 대차대조표, 손익계산서 각 항목의 증감을 표시하여 그 기간에 일어난 재무상태의 변화, 성장추세를 나타내고자 하는 것이다.

따라서 비교대차대조표는 어느 두 시점 사이에 있었던 자산운용의 변화나 자본조달 원천별 변화가 큰 항목을 보여준다. 이러한 측면을 보여주므로 현금흐름표 작성 시 이용되고 있다.

비교손익계산서도 마찬가지로 어느 두 기간에 있어 손익계산서의 각 항목의 증감을 표시하는 것이데, 순이익 변동의 원인이 될 정도로 크게 증가 또는 감소한 제반 비용과 수익항목을 식별할 수 있게 해준다.

---

334 김용범. 전게강의자료. '경영지표활용진단법. 추세분석법'. 장영광. 전게서. 2009. 139~143면. 장수용. 전게서. 157면.

다) 지수재무제표와 다기간 공통형 재무제표

앞에서 설명한 상호비교법과 본 항목에서 설명하는 추세분석법이 병용된다면 더욱 효과적인 분석이 될 수 있다. 즉, 수년간에 걸쳐 재무상태가 변화되는 추세를 분석할 때, 그 시계열 기간 내의 전체 연도에 걸쳐 표준비율과 비교하면 표준비율의 추세와 분석 대상기업의 추세를 비교할 수 있으므로 새로운 정보를 얻을 수 있게 된다.

이와 같이 시계열 분석에서의 규모차이를 제거하기 위해서 작성하는 것이 '지수재무제표'이다. 이 지수재무제표는 대차대조표, 손익계산서 공히 기준연도를 정해 기준연도의 각 항목을 100으로 놓고 그 이후 연도부터는 [(비교연도 각 항목의 잔액 ÷ 기준연도 각 항목의 잔액) X 100]으로 하는 지수를 계산하여 그 증감의 추세를 볼 수 있도록 작성된 것이다.

한편 다기간 공통형 재무제표는 앞에서 설명한 상호비교분석 시에 기업규모의 차이를 제거하기 위해서 작성되는 공통형 재무제표를 특정 기업에 한정하여 여러 기간에 걸쳐 확장시킨 것이다. 기업의 총자산이나 매출액 규모는 매년 달라지겠지만, 각 연도의 총자산, 매출액을 100으로 하면, 자산구조, 재무구조, 비용구조면에서의 변화추세를 파악할 수 있다.

다. ROI분석법[335]

1) ROI분석 의의

ROI이란 투자수익률(Return On Investment)을 말하는 것으로 기업의 총괄적인 경영성과를 분석하는 대표적인 비율이다. 이 투자수익률은 원래 미국의 화학회사 듀퐁사에 의해 사업부의 업적을 평가하고 관리하기 위해 사용되어 투자수익률 분석이라는 내부 통제기법으로 개발되었다.

이 분석은 투자수익률이 경영성과의 종합척도가 된다는 관점에서 투자수익률을 결정하는 요인을 수익성과 회전율로 분해한 다음 각 결정요인의 세부항목에 대한 관리를 통하여 궁극적으로는 회사의 경영성과를 계획·통제하는 것을 목적으로 한다.

그러나 최근에는 이 투자수익률 분석이 투자수익률 변동원인을 분석하는 것뿐만 아니라 기업전체의 경영계획, 내부통제, 자원배분, 이익예측, 채권자 및 투자자에 의한 기업 성과의 평가 등 여러 가지 목적에 사용되고 있다.

2) ROI분석 체계

가) 총자본순이익률법

듀퐁시스템의 기본분석체계는 총자본순이익률(ROA)을 다음 식과 같이 분모 · 분자에 매출액을 곱해 매출액순이익률과 총자본회전율의 곱의 관계에서 분석하는 것이다. 이는 총자본순이익률이 제품의 마진을 나타내는 매출액순이익률과 총자본의 효율적 이용도를 나타내는 총자본회전율의 두 가지로 구성됨을 볼 수 있다.

---

335 김용범. 전게강의자료. '경영지표활용진단법. ROI분석법'. 장영광. 전게서. 2009. 144~156면. 장수용. 전게서. 159~161면.

○ 총자본순이익률 = 순이익 ÷ 총자본 = (순이익 ÷ 매출액) X (매출액 ÷ 총자본)
= (매출액순이익률) X (총자본회전율)

예를 들어 A기업의 0000년 총자본순이익률이 10%(매출순이익률 5%, 총자본회전율 2회)였는데 0000년에는 총자본순이익률이 8%(매출액순이익률 4%, 총자본회전율 2회)로 하락한 경우, 수익성 하락의 원인을 매출액순이익률의 감소에서 찾을 수 있으며, 이를 분석하면 판매단가가 낮아졌거나 판매비용이 높아지는 경우 또는 둘 다 발생한 경우 등으로 파악할 수 있게 된다.

나) 자기자본순이익률법

이러한 듀퐁분석체계는 자기자본순이익률(ROE)의 변동 원인 분석에도 확장 적용할 수 있다. 자기자본순이익률은 아래 식처럼 분모·분자에 각각 매출액과 총자본을 곱하여 보면 매출액순이익률, 총자본 회전율, 그리고 부채레버리지비율의 곱으로 표시된다.

○ 자기자본순이익률 = 순이익 ÷ 자기자본
= (순이익 ÷ 매출액) × (매출액 ÷ 총자본) × (총자본 ÷ 자기자본)
= (순이익 ÷ 매출액) × (매출액 ÷ 총자본) × [1 + (부채 ÷ 자기자본)]
= (매출액순이익률) × (총자본회전율) × (부채레버리지비율)

총자본순이익률의 변동원인분석에서와 마찬가지로 타 기업의 자기자본순이익률 구성요인과 비교하여 경영패턴의 특징을 평가할 수 있을 뿐만 아니라, 수년간의 자기자본 순이익률 변동원인이 수익성(마진), 활동성 또는 부채의존도 중 어디에 기인하는지를 분석할 수 있다.

라. 종합지수법

1) 종합지수법 의의

종합지수법은 기업의 경영성과나 재무상태를 단일지수 혹은 종합점수로 나타내어 기업경영의 良否를 종합적으로 평가하는 방법이다. 앞에서 설명한 각종 재무비율은 기업의 경영성과와 재무상태의 특정한 일면만을 나타내기 때문에 종합적인 판단을 내리는 데 어려움이 있으나 종합지수법은 기업의 경영성과나 재무상태를 종합적으로 평가할 수 있을 뿐만 아니라 여러 주요 재무비율을 동시적으로 고려할 수 있다.

2) 종합지수법 체계

가) 일반적 종합평가체계

종합지수법에 의해서 경영평가하는 방법이 최초로 제시된 것은 1919년 월에 의해서다. 월에 의해서 제시된 종합지수법은 주로 평가지표를 재무비율로만 한정하고 있지만, 보다 일반화 시켜서 종합평가체제를 제시하면 다음과 같다.

일반적 종합평가체제 항목

① 주요 지표(평가항목)의 선정
② 가중치의 부여　　　　　③ 개별항목별 점수분포의 추정
④ 항목별 점수의 산정　　　⑤ 종합점수의 산출과 종합판정

나) 월과 트랜트 지수법

종합지수법으로 가장 오랫동안 사용되어 온 월과 트랜트지수법은 몇 가지의 재무비율만으로 종합 평가하는 체제이다. 월과 트랜트지수법의 종합평가체제는 다음과 같다.

월과 트랜트 지수법의 종합평가체제 항목

① 주요 지표(평가항목)의 선정　　　② 가중치의 부여
③ 해당 회사의 재무비율 점수　　　④ 산업평균 항목별 점수의 산정
⑤ 관계비율 산정(해당회사 재무비율 점수 ÷ 산업평균 재무비율 점수)
⑥ 종합점수의 산출(가중치 × 관계비율)과 종합판정

마. 부실예측법[336]

1) 부실예측의 의의

가) 기업부실의 정의

부실기업이란 용어는 기업의 부실의 실태가 매우 복잡 다양하기 때문에 한마디로 정의하기 어렵다. 일반적으로 기업부실을 의미하는 용어로는 경제적 실패, 지급불능, 그리고 파산이 있다.[337]

참고

학자별 부실기업의 정의

○ 비버(W.H. Beaver) : 파산, 채권에 대한 지급불능, 은행의 부도 발생, 우선주의 배당미지급 중에서 어느 한 가지에 해당하면 부실기업
○ 디킨(E.B. Deakin) : 파산, 지급불능 혹은 채권자를 위한 청산을 가리키는 의미
○ 포스터(G. Foster) : 기업부실 대신에 재무적 실패라는 용어 사용

이처럼 제각기 쓰이고 있는 용어를 정리하면 **기업부실**은 경제적 실패, 지급불능, 파산

336 김용범. 전게강의자료. '경영지표활용진단법. 부실예측기법'. 박정식 외 1인. 「경영분석」. 다산출판사. 2016. 315~365면. 장영광. 전게서. 2005. 378~433면.

337 박정식 외 1인, 「경영분석」. 다산출판사. 2016. 315면. E.I. Altman, 「Corporate Financial Distress」. New York : John Wiley & Sons, 1983. 5~7면.

의 삼자를 포함하는 포괄적 개념으로 사용된다고 할 수 있다.

참고

기업부실 관련 용어의 정의

○ **경제적 실패** : ① 기업의 총수익이 총비용에 미달하는 경우, ② 기업의 평균투자 수익률이 자본조달비용에 미달하는 경우, ③ 특정기업의 투자수익률이 업종평균의 투자수익률에 미달하는 경우 등 주로 기업의 수익성 저하가 원인이 되어 나타나는 경제적 문제를 말한다.

○ **지급불능** : 기업이 유동성 부족으로 만기가 된 채무를 상환할 수 없는 기술적 지급불능과 기업의 총부채가치가 총자산가치를 넘어 실질순자산가치가 마이너스가 되는 실질적 지급불능을 말한다.

○ **파산** : 채무자가 지급불능의 상태에 이르거나 기업의 자산가치가 부채가치에 미치지 못하는 채무초과 상황이 발생하면 채권자들이 기업의 폐지를 법원에 신청 하고 기업을 종식시키는 경우를 말한다.

나) 부실예측의 중요성

기업부실은 사회적·경제적 측면에서도 심각한 문제를 야기 시킨다. 부도기업, 도산기업의 속출은 실업증가, 투자와 성장 둔화, 금융기관의 부실채권 증가, 금융비용의 증가로 기업채산성 악화, 국제신인도 하락, 경기침체로 이어질 수 있다.

한편 정책적 차원에서 보면 경쟁력이 떨어져 가는 산업이나 전망이 없는 斜陽産業에서 발생하는 부실기업들은 장기적인 안목에서 정리될 필요성이 있다. 정부가 추진하고 있는 부실기업의 구제와 정리책은 이러한 여러 가지 측면을 고려하여야 하는 정책적 과제인 것이다.

이와 같이 주주, 채권자, 국가경제에 미치는 영향을 고려할 때 기업부실을 미리 예측할 수 있는 방법이 강구된다면 매우 유용한 정보가 된다. 조기에 도산 가능성을 예측할 수 있다면 주주와 채권자는 상기한 여러 가지 도산 비용을 줄일 수 있다.

금융기관 같은 여신기관에서는 도산가능성에 따라 대출이자율을 조정한다든지 대출계약조건에 반영할 수 있다. 정책기관에서는 사전에 부실가능성을 예측한 정보를 부실기업의 정리나 구제책 수립에 이용할 수 있을 것이다.

다) 부실예측의 접근방법

기업부실의 가능성을 예측할 수 있는 접근방법은 여러 가지 각도에서 시도될 수 있다. 그러나 대부분의 경우 재무분석을 중심으로 하고 여기에 시장정보분석, 경영전략분석 등을 보완적으로 이용하면 비교적 정확한 예측결과를 얻을 수 있다.

(1) 현금흐름분석

기업부실은 궁극적으로 현금이 부족하여 채무불이행으로 나타나므로 현금흐름분석을 통해 그 가능성을 판단할 수 있다. 따라서 현금흐름분석 기법을 이용하여 현금부족이나 현금창출능력의 부족, 자금의 사용과 조달의 심한 불균형 등을 찾아내는 방법이다.

(2) 경영전략분석

기업이 부실해지는 근본적 원인은 경쟁업체와의 경쟁력, 상대적 비용구조, 경영자의 자질, 산업경쟁구조의 변화 등과 같은 경영전략적 측면이 크므로 이러한 부분을 분석하여 부실가능성을 예측할 수 있다.

(3) 재무제표분석

상호비교 가능한 기업들의 재무비율이나 재무변수들의 차이를 분석함으로써 부실기업과 정상기업을 식별할 수 있다. 이 분석방법은 물론 기업의 재무제표가 그 기업의 경영성과와 재무상태를 정확하게 나타내고 있다는 가정 하에서 유용하다.

(4) 시장정보분석

증권시장이 효율적일수록 기업에 관한 모든 정보는 그 기업의 주가나 채권가격에 신속하게 반영된다. 따라서 기업 가치를 나타내는 시장지표인 주가수익률이나 채권등급 자료는 위 3가지 정보를 모두 함축하고 있다고 볼 수 있으므로 이들 지표의 변화로부터 부실 가능성을 예측할 수 있다.

2) 단변량에 의한 부실예측방법

가) 단변량 분석의 정의

단변량분석이란 부실예측 모형에 한 개의 변수만을 포함시켜 예측하는 것을 말한다. 부실을 예측하는 방법은 계량적 방법과 비계량적 방법으로 나누어 볼 수 있다. 계량적 방법은 부실기업에 대한 예측가능성을 높여줄 것으로 보는 재무변수를 중심으로 예측하는 것이고, 비계량적 방법은 부실기업이 되는 원인이나 질적인 측면을 근거로 예측하는 것을 말한다.

나) 단변량 분석의 과제

내부감사인은 단변량 분석에 의한 부실예측을 시도하기 위해서는 먼저 다음의 두 가지 과제를 해결하여야 한다.

단변량 분석의 선결 과제

① 여러 변수들 중에서 부실예측 가능성을 높여주는 특정 재무비율을 발견하는 일

② 어느 특정 재무변수를 발견하면 그 변수의 어느 수준을 기준으로 하여 부실기업을 예측할 것인가를 결정하는 일

다) 재무제표에 나타날 수 있는 기업부실 징후

재무제표에 나타날 수 있는 기업의 부실징후의 예는 다음과 같다.

재무제표에 나타날 수 있는 기업의 부실징후(예시)

(1) 손익계산서 :

① 매출액의 지속적 감소 ② 매출원가, 판매관리비의 급증
③ 과다한 금융비용 ④ 영업마진, 순마진의 급감지속
⑤ 결손의 누적 등

(2) 재무상태표 :

① 매출채권, 재고자산의 급증 ② 운전자본 부족 지속
③ 비유동자산의 과다 투자 ④ 단기차입금 등 유동부채 급증
⑤ 과다한 장기차입, 부채비율의 급증 ⑥ 금융비용부담률의 증가 등

(3) 현금흐름표 :

① 영업활동 현금흐름이 (-)이거나 급감
② 장 · 단기 자본조달과 운용의 불일치(단기부채 차입으로 비유동자산투자 등)
③ 단기부채 차입으로 장기부채 상환
④ 장기간에 걸친 잉여현금흐름(FCF)의 (-) 시현 등

라) 분석과제 해결방법

첫 번째 과제의 해결에 도움을 주는 방법은 '두 집단 평균의 차이 분석'의 방법이고, **두 번째** 과제를 해결하는 데 도움을 주는 방법은 '이원분류법(최적절사점의 결정)'의 방법이다.

첫 번째 과제를 해결하는 방법은 근본적으로 여러 재무변수들 중에서 과연 어느 특정 변수가 기업부실예측에서 예측력이 높은가를 따지는 것으로 가장 손쉬운 방법은 부실 기업과 정상기업 사이에 평균치가 현격한 차이를 보이는 특정 재무변수를 찾아내는 것이다. 이에 대한 판단은 통계학에서 이용하는 두 표본의 평균차이에 대한 통계적 검증방법(t-검증)을 이용한다.

참고로 과거의 연구결과에 따라 일반적으로 도산기업과 정상기업 간에 현격한 차이를 보여주는 변수 집단으로 다음 4가지의 변수들을 제시하고 있다.

도산기업과 정상기업 간에 현격한 차이를 보여주는 변수집단

① 투자수익률 : 도산기업의 수익률이 매우 낮다.
② 재무레버리지 : 도산기업의 부채의존도가 매우 높다.
③ 고정금융비용보상률 : 도산기업의 고정금융비용에 대한 현금흐름이나 이익이 매우 낮다.
④ 추세와 분산도 : 도산기업들의 평균주식투자수익률이 낮고, 그 변동성은 매우 크다.

두 번째 과제의 해결방법은 이원분류법으로서 부실기업집단과 정상기업집단으로 적절히 분류하기 위해 예측오차를 최소화하는 최적절사점을 정하는 방법이다. 구체적으로 예측

오차를 최소화시켜 주는 최적절사점을 다음 절차에 의해 찾는다.

최적절사점의 결정방법

① 재무비율을 크기순으로 배열한다. ② 각 중간점에 대하여 예측오차를 계산한다.
③ 예측오차가 최소인 중간점을 최적절사점으로 결정한다.

이렇게 평가된 절사점은 추정표본에 대해서 이루어진 것이므로 기업의 특수성에 따라 생기는 우연성에 의해서 영향을 받을 수 있으므로, 예측능력에 대한 평가가 신뢰성을 얻기 위해서는 별도의 표본기업, 즉 실험표본 또는 타당성 검증표본에 대해서도 실시하여 예측능력을 평가하여야 할 것이다.

마) 단변량분석의 장단점

○ 장점 : 부실예측 변수를 쉽게 찾아낼 수 있다.
○ 단점 :
① 부실로 예측된 기업의 재무비율의 상대적 차이가 고려되지 못한다는 점이다.
② 재무비율에 서로 다른 예측결과가 제시되는 상황이 발생할 수 있다는 점이다.

3) 다변량분석에 의한 부실예측방법

앞에서 살펴본 단일변량 부실예측모형이 지니는 문제점 중의 하나는 같은 기업이라도 어떤 재무비율을 부실예측지표로 선택하느냐에 따라 부실기업 또는 정상기업으로 분류될 수 있다는 것이다. 이와 같은 모순을 해결하기 위해 다변량 부실예측모형이 필요하다. **다변량 부실예측모형**이란 부실예측에 유용하다고 판단되는 여러 개의 재무비율을 결합 하여 작성한 모형을 말한다.

다변량모형을 작성하기 위해서는 ① 어느 재무비율이 부실예측에 가장 중요한가, ② 선택된 비율에 얼마만 한 가중치를 부여할 것인가, ③ 가중치를 객관적으로 부여하는 방법은 무엇인가, ④ 가중치가 부여된 재무비율을 수학적으로 어떻게 결합시킬 것인가 하는 문제들이 해결되어야 한다. 이 같은 문제를 다룰 수 있는 통계적 기법 중에서 부실예측에 널리 활용되는 것이 **판별분석**이다.

가) 판별분석의 의의

판별분석은 관찰치가 지니는 특성에 따라 관찰치를 어느 한 범주(그룹)로 분류하는 데 널리 이용되고 있는 통계적 기법이다. 예를 들면 다수의 재무비율을 기초로 하여 어느 기업의 부실을 판단하거나, 개인의 소득 및 재산상태에 의하여 그 사람의 신용 상태를 판단하고자 할 때 판별분석을 이용할 수 있다.

이때 다수의 재무비율, 개인의 소득 및 재산 등의 변수가 관찰치의 특성에 해당되며, 기업의 부실여부 또는 개인의 신용상태 등의 변수가 범주에 해당된다. 관찰치를 어느 범주로 분류하기 위해서는 분류기준이 필요한데, 판별분석에서는 판별함수가 분류기준을 제공한다.

판별분석은 원래 생물학이나 행동과학 등에서 질적 성격을 갖는 변수의 분류에 많이 이용되었으나 오늘날에는 경영학 특히, 경영분석이 많이 적용되고 있다. 위에서 언급한 기업의 부실예측, 개인의 신용평가 외에도 채권의 신용등급 예측, 기업의 신용평가 등이 그 예이다.

나) 판별분석의 절차

판별분석을 하기 위해서는 먼저 그룹 분류를 명확히 해야 한다. 판별분석에 필요한 표본기업들을 선정하고 나면 각 그룹에 속하는 관찰치의 특성과 관련된 자료를 수집한다. 이 작업은 다음과 같은 가정을 전제로 한다.

표본기업군의 추출과 자료수집 작업에 대한 가정의 전제

① 부실예측 시 표본기업을 부실기업집단(F)와 정상기업집단(N)으로 확연히 분류할 수 있다고 가정한다.

② 양 집단으로 잘 분류해 줄 수 있는 부실예측에 적절한 변수들을 선정할 수 있다는 가정이다.

③ 이들 변수들은 다변량 정규분포를 이룬다는 가정이다.(변수들의 분산 · 공분산 행렬은 각 집단이 서로 같고, 평균은 집단 간에 유의적 차이가 존재한다고 가정)

이상에서 열거한 가정하에서 판별분석의 주요 절차는 판별함수 Zi = aXi + bYi를 추정하는 것이다. 이 선형판별함수는 분류 오차를 최소화시킬 수 있도록 추정되어야 할 것이다. 여기서 Zi : 판별점수, Xi : 독립변수 1, Yi : 독립변수 2, a, b : 추정하여야 할 판별함수 계수(가중치)이다.

두 집단(부실기업집단 F와 정상기업집단 N) 사이를 가장 잘 판별해 주는 함수는 판별점수(Z)의 집단 간의 변동성을 최대로 하고, 집단 내의 변동성을 최소로 하는 재무변수와 판별계수를 선형으로 결합한 것이다. 즉, 다음 비율을 극대화시키는 재무변수의 판별계수를 구하는 것이다.

$$\overset{\max}{Z} = \frac{(Z_n - Z_F)^2}{\sum_{i=1}^{n}\sum_{j=1}^{n}(Z_{ij} - \overline{Z}_i)^2}$$

여기서, i : N,F(정상기업집단, 부실기업진단)

j : 집단 내의 기업(1,2,3, …, n)

$\overline{Z}_N$: 정상기업집단의 판별점수 평균

$\overline{Z}_F$: 부실기업집단의 판별점수 평균

Z_{ij} : i집단 내의 j기업의 판별점수

Z_i : i집단의 판별접수 평균

다) 판별분석에 의한 부실예측 모형

(1) Z - Score Model

알트먼 교수는 총자산에 비해 운전자본이나 이익잉여금, 영업이익, 부채총계, 시가총액, 매출액 등이 어느 정도가 되는지 각각의 비중을 가중 처리해 Z-Score를 구하는 공식을 만들었다. 이 공식을 기준으로 일정수준 이상의 점수가 나오지 않는 기업은 부도위험이 높다고 보고 경고를 한다.

알트먼의 Z-Score 산출 공식

○ Z-Score = 1.2(순운전자금*/총자산)+1.4(이익잉여금/총자산)+3.3(영업이익/총자산) + 0.6(시가총액/부채총계) + 1.0(매출액/총자산) * 순운전자금=유동자산 - 유동부채

계산해서 나온 Z-Score가 2.99 이상이면 안전하며, 1.81 이상 ~2.99 미만이면 회색지대, 1.81 미만 이면 위험하다는 게 알트먼 교수가 제시한 판정 방법이다. 또 Z - Score의 판정력을 1년 이내에는 90%, 2년 이내는 80%로 제시하고 있다.

알트먼 교수는 어떤 모델을 이용해 부도를 예측했는가보다는 모델에서 나온 결과를 의사 결정 때 반드시 사용하는 것이 중요하다고 강조했다. 경제가 좋아질 때면 사람들이 이 같은 기준 자체를 도외시하기 때문에 문제를 키운다는 것이 그의 지적이다.

(2) K - Score Model

부실기업 표본으로는 1989~1992년 사이에 도산한 34개 상장기업을 선정하고, 61개 우량기업은 정상 기업표본으로 선정하여, 기업의 부실상황을 잘 반영할 것으로 기대되는 20개 재무지표 중 최종 4개 재무지표를 사용하여 알트먼과 한국금융연구원이 공동으로 개발한 부실예측 판별모델을 보면 알 수 있다.

이상 4개 재무지표인 ① 기업규모(총자산, X_1), ② 회전율(매출액/총자산, X_2), ③ 누적적 수익성(이익 잉여금/총자산, X_3), ④ 재무구조[자기자본(장부가치)/총부채, X_4], ④-1. 재무구조[자기자본(시장가치)/총부채, X_4'] 지표를 이용하여 K1 - Score Model 과 K2 - Score Model 구분하고 있다.

○ K1-Score = $-17.862 + 1.472X_1 + 3.041X_2 + 14.839X_3 + 1.516X_4$.

○ K2-Score = $-18.696 + 1.501X_1 + 2.706X_2 + 19.760X_3 + 1.146X_4'$

위 두 모형의 판정기준은 다음과 같다.

○ 부실 가능성 없음	:	K1 〉 0.75	K2 〉 0.75
○ 판정 유보	:	$-2.00 \le$ K1 ≤ 0.75	$-2.30 \le$ K2 ≤ 0.75
○ 부실가능성 심각	:	K1 〈 -2.00	K2 〈 -2.30

부실기업 표본에 대한 각 모형의 예측정확도를 보면, K1-Score Model의 경우 도산 1년 전에는 97.1%, 도산 5년 전에는 68.8%로 나타나고 있고, K2-Score Model의 경우 도산 1년 전에는 96.6%, 도산 5년 전에는 75.0%로 나타나고 있다.

라) 부실예측모형의 유용성과 한계점

(1) 부실예측모형의 응용성

첫째, 부실예측모형은 금융기관에서 거래대상기업이나 개인에 대한 신용평가, 소비자 금융, 및 신용카드 신청에 대한 평가, 그리고 금융기관이 보유하는 대출포토폴리오의 효율적 운용 등에 적용될 수 있다.

특히 신용평가 시 대출심사역은 심사대상 기업 및 개인의 신용도에 관한 개괄적 정보를 얻는데 예측모형을 활용할 수 있다. 또한 기업 및 개인의 신용도에 관한 개괄적 정보를 얻는데 예측모형을 활용할 수 있다. 기업 및 개인의 기초자료가 전산화되어 있다면 이 방법은 시간과 비용 면에서 크게 도움이 될 수 있다.

둘째, 부실예측모형은 기업의 내부통제에도 적용될 수 있다. 경영자는 자사의 내부적 문제점을 파악하거나, 사업부나 자회사 또는 계열기업의 경영상태를 종합적으로 판단하고 필요한 조치를 취함에 있어 예측모형을 이용할 수 있을 것이다.

셋째, 부실예측모형은 투자자가 주식 및 채권의 최적 포토폴리오를 구성함에 필요한 투자정보를 제공할 수 있다. 즉, 판별모형에 의해 부실이 예측된 기업의 주식은 매각하거나 대주(貸株)를 하고, 부실기업에서 정상기업으로 전환될 것으로 예측되는 기업의 주식은 매입함으로써 포토폴리오 관리에 도움을 줄 수 있다.

채권의 경우에도 예측모형은 채권의 채무불이행 위험에 관한 정보인 신용등급 또는 수익률차를 상당히 정확하게 예측할 수 있는 것으로 나타나고 있다.

(2) 부실예측모형의 유용성

앞에서 살펴본 바와 같이 판별분석 등에 의하여 작성된 부실예측모형은 이에 부실 예측은 물론 신용평가·여신결정·주식평가·내부통제·투자결정·감사 등의 분야로 그 적용범위가 확대되어 가고 있다. 그 이유는 이들 예측모형이 다음과 같은 유용성을 가지고 있기 때문이다.

첫째, 판별모형은 종합적인 경영분석기법으로 활용될 수 있다. 즉, 유동성, 수익성, 재무구조, 지급능력, 활동성 등을 대표하는 재무지표를 포함해 평가모형을 작성할 경우, 이 모형은 기업의 경영성과나 지급능력 등을 종합적으로 평가할 수 있는 분석기법이다.

둘째, 예측모형은 객관적 분석을 가능하게 한다. 기업평가에 구체적으로 사용되는 모형이 Z-Score 모형, K-Score 모형, 또는 기타 어떤 모형이든지 간에, 동일한 모형을 써서 여러 기업을 동시에 평가한다면 같은 기준에 의한 평가가 이루어지므로 분석자의 주관적 판단이 개입될 여지가 없게 된다.

셋째, 부실발생 가능성이 있는 기업을 발견하는 데 경제적·시간적으로 도움을 준다. 예측모형을 통하여 불실위험이 없는 기업군, 부실위험이 있는 기업군, 정밀분석이 필요한 기업군 등으로 신속히 분류할 수 있다.

또 분류오류로 인한 손실이 클 경우(예를 들어 부실위험이 있는 기업을 부실위험이 없는 기업군으로 분류할 경우)에는 절사점[338]을 적절히 조정함으로써 손실을 사전에 방지할 수 있다.

금융기관의 조기경보시스템 형성에 유용하다. 여신대상기업의 신용평가를 위해 많은 양의 기업관련 자료를 데이터베이스에 축적하고 있는 금융기관은 이 같은 다양한 자료를 부실예측 모형에 포함시킴으로써 신속하게 기업평가를 할 수 있다.

(3) 부실예측모형의 한계점

이와 같은 유용성을 지닌 부실예측모형도 다음과 같은 한계가 있음을 인식하여야 한다. 그러나 판별분석에 의하여 작성된 부실예측모형은 이러한 한계점에도 불구하고 금융기관을 중심으로 그 이용범위가 늘어나고 있다.

첫째, 대부분의 연구에서 예측모형에 어떤 재무변수를 이용할 것인가에 관해 이론적 뒷받침이 제공되지 못하고 있다. 또 같은 표본을 대상으로 추정한 예측모형에서도 도산 1년 전 모형과 도산 2년 전 모형에 포함된 재무비율이 서로 일관성이 없는 경우가 많다.

둘째, 판별모형의 경우에는 독립변수들이 다변량 정규분포를 하고 있다고 가정하고, 또 정상기업과 부실기업에 있어 각 재무비율의 분포가 동일하다고 가정하고 있는데, 표본기업들의 재무비율 분포는 이 같은 통계적 가정과 괴리될 수 있다.

4) 부실 원인 분석과 예측 이용법[339]

기업의 성장성이나 도산위험을 간단하게 예측할 수 있다면 아주 바람직한 일이나 유감스럽게도 현재로서는 불가능하다. 기업을 평가하는 요인들이 너무 많고 계량적인 것 이외에 비계량적인 것도 있으며, 더욱이 이러한 것들이 상호 관련되어 있으므로 매우 복잡하다.

또 기업을 둘러싼 환경이 시시각각으로 변화해서 예상할 수 없으며, 이 환경 변화가 어떻게 기업에 영향을 미칠 것인지 예측조차 하기 어렵다. 따라서 모든 것이 계량화되지 않는 한 그 기업의 장래성을 예측하기란 무척 어려울 뿐만 아니라 정확한 예측은 거의 불가능하다.

따라서 부실기업을 예측하는 또 다른 시도로는 기업부실의 인과관계나 기업부실화의 과정을 모형화하거나, 사례연구를 통하여 부실의 원인분석을 체계화하여 부실예측에 이용하는 방법이 있을 수 있다.

가) 기업의 부실 원인

기업이 부실화를 겪는 과정이나 원인은 나라마다 경제환경, 거래관습 등의 특성 때문에 부실원인들의 중요성 면에서 차이가 있을 수 있다. 따라서 미국·영국·일본·한국에서의 부실

338 절사점이란 조사목적을 위하여 데이터가 충분히 얻어졌을 때 어떤 점에서 추출과정을 인위적으로 절단하는 경우에 그 점을 절사점이라 한다.

339 김용범. 전게강의자료. '경영지표활용진단법. 기업도산 원인'. 장수용. 전게서. 169~173면.

원인 조사결과는 부실기업예측에 도움을 줄 수 있는 실증적 자료로서 의미가 크다 하겠다.

(1) 미국 : Dun & Bradstreet 사

(가) 표면적 부실원인

① 판매경험의 부족, ② 과다한 영업비, ③ 경쟁력 약화 등

(나) 근본적 부실원인

① 경영자의 무능력, ② 경영관리 각 분야(판매, 재무, 생산 등)에서의 경험의 부족, ③ 관리경험의 부족, ④ 업계에서의 경험 부족 등

(2) 영국 : N. Collett & C. Schell

① 경기불황에 따른 판매부진, ② 최고 경영자의 무능력, ③ 집중화된 재무통제제도의 미비, ④ 부적절한 기업인수·통합, ⑤ 부적절한 제품·시장전략, ⑥ 비효율적인 생산 관리, ⑦ 과다한 고정비 부담, ⑧ 재무정책의 실패, ⑨ 운전자본관리의 실패, ⑩ 신규 사업·신제품의 문제 등

(3) 일본 : 동경상공리서치

① 판매 부진, ② 경영 미숙, ③ 경영정책 부재, ④ 방만 경영, ⑤ 관계회사의 연쇄도산, ⑥ 장기영업 부진으로 인한 적자누적, ⑦ 운전자금의 부족, ⑧ 금리부담의 증가 등

(4) 한국 : 중소기업청(현 중소벤처기업부)

(가) 기업도산의 재무적 요인

① 투자실패, ② 판매 부진, ③ 적자 누적, ④ 재무관리 실패 등

(나) 기업도산의 비재무적 요인

① 거래기업의 도산, ② 판매대금 회수부진, ③ 방만한 경영, ④ 환경변화 대응능력 부족 등

나) 기업의 위험 징후

(1) 경영자와 종업원의 이상징후

(가) 경영자의 빈번한 교체

경영자의 교체가 빈번한 회사는 그 만큼 경영이 어렵다는 표시이므로 기업의 자가진단 전문요원은 그 원인은 어디에 있는지를 분석해 적절히 대응하는 방안을 기업주에게 건의하여야 할 것이다. 경영자의 통상적 교체(임기만료, 정년, 전직 등)의 경우는 우려할 것이 없으나 ① 업적부진으로 인한 교체, ② 돌발사태에 의한 교체, ③ 내분에 의한 교체 등 과 같은 異常的 交替는 주의하여야 한다.

(나) 경영자의 경영 외 활동 전념

경영자가 종교, 운동, 도박, 정치 등에 몰입하여 많은 시간을 경영 외 활동에 소비하거

나, 회사자금을 유출시키는 등의 행위를 할 경우 이는 방만 경영에 의한 도산위험이 있으므로 기업의 자가진단 전문요원은 이를 미리 경계하여 회사 경영에 전념할 수 있도록 요청하여야 할 것이다.

(다) 빈번한 노동쟁의 발생

경영자 측과 종업원 간의 이해관계가 노사의 합의에 의해 해결되지 못하고 쟁의행위가 빈번히 일어나게 되면, 이는 결국 생산의 중단과 납기의 차질, 회사의 대외 신용도 추락 등을 가져와 급기야는 기업도산에 까지 이를 수 있으므로 주의하여야 한다.

(라) 종업원의 이직률 증가

종업원의 정착성이 떨어지는 것, 즉 이직률이 높은 것은 좋지 않은 징후이다. 이직률이 높은 것은 그만큼 종업원의 불만요인이 많기 때문이다. 종업원의 의견이나 개선제안을 무시하는 경우 자발적 협력을 기대할 수 없게 되고 자기실현 욕구를 저하하게 되어 불만이 쌓이게 된다. 또 급여·승진·배치 등 인사관리가 공정치 못하여 불만을 갖게 되는 경우도 많다.

이러한 경우 종업원은 자기 및 회사의 장래에 대하여 불만을 갖게 되고 결국에는 회사를 떠나게 된다. 따라서 기술 및 관리부서의 유능한 종업원까지 이직을 가세할 경우 회사의 지탱기반이 무너지게 되므로 종업원의 높은 이직률은 기업경영에 위험이 있다는 징후로 받아들여 보다 합리적인 경영개선을 할 수 있도록 노력해야 할 것이다.

(2) 재무상의 위험징후

(가) 차입금 대 월매출액 비율의 증가

기업 경영의 안정성을 해치는 가장 큰 요인은 과다한 차입금이다. 적정한 수준의 차입금은 기업 확장에 도움을 주지만 너무 많은 차입금은 오히려 경영에 압박을 주게 된다.

따라서 기업의 위험징후를 진단할 수 있는 첫째 방법은 자기기업의 차입금(단기차입금, 장기차입금, 지급어음, 할인어음 등)을 월평균매출액으로 나누어 산출한 비율이 일정 배수 이상이면 위험하므로 주의를 하여야 한다.

즉, 그 비율이 제조업의 경우 6.0 이상, 유통업의 경우 3.0 이상이 되면 위험하므로 각별히 조심하여 차입금의 추가사용을 자제하여야 할 것이다.

(나) 매출액에 대한 지급이자 비중 증대

지급이자의 과대여부를 판정하는 데는 여러 가지 방법이 있으나, 그중에서 매출액과 비교하는 것이 가장 효과적이다. 매출액에 대한 이자의 비중은 기업의 자본구조, 금리수준, 영업활동 등에 따라 차이가 있게 된다. 자본구조가 비교적 건전한 미국 및 일본의 경우는 그 비중이 1~3% 에 불과하나 우리나라의 경우는 이보다 훨씬 높은 수준이다.

우리나라 부실기업의 매출액에 대한 지급이자 비용은 부실기업일수록 이 비중이 높아지므로 각 기업에서도 이비율의 최대허용치를 정하고 이를 넘으면 기업의 이자비용 과다로 도산의 위험이 커진다는 것을 명심하고 철저 관리하여야 할 것이다.

(다) 고정자산 증가율 보다 매출액 증가율이 미달

기업이 투자에 의해서 영업규모를 확대하려고 한다. 기계·건물·토지 등에 대한 투자는 영업활동의 기초가 되기 때문에 필요하지만 그것은 어디까지나 판매증진을 통한 이익의 증가를 전제로 한 것이기 때문에 고정자산 투자에 상응하는 매출액 증가가 없는 것은 그만큼 과다한 고정비부담이 발생하여 기업 수지를 악화시키는 역할을 하게 된다.

고정비의 과다한 증가는 그것이 경기상승 시에는 이익을 확대시키는 역할을 하지만, 반대로 경기 침체 시에는 손실을 증대시키는 역할을 하기 때문에 이를 영업레버리지라고 부르고 이 영업레리지가 높을수록 그 만큼 기업의 영업위험도 높아지게 된다. 이러한 영업레버리지는 다음과 같은 식으로 산출될 수 있다.

○ 영업레버리지度 = [Q(P − V)] ÷ [Q(P − V) − F]
Q : 판매량 P : 판매가격
V : 단위당 변동비 F : 고정비 총액

(라) 적자경영의 지속

적자를 2기 이상 계속 내거나 적자와 흑자를 반복하여 발생하는 경우에는 기업 경영이 상당히 어렵다는 증거이다. 계속되는 적자는 기업의 재무적 자원을 고갈시켜 상환 능력의 부족은 물론 자본을 잠식함으로써 기업의 존립을 위태롭게 한다.

경우에 따라서는 한 번의 적자로서 보유 자본금 전부를 잠식할 수 있고 그것이 원인이 되어 도산하는 경우도 있다. 이러한 경우에 기업의 진단요원은 자기 기업의 수익성 저하 원인이 어디에 있는지를 진단하고 그 개선책을 제시하여야 할 것이다.

(3) 기타 기업 활동상의 위험징후

(가) 투기적 경영

경영자가 도박에 가까운 사업을 추진함으로써 부당하게 높은 위험을 기업에 안겨주는 경우이며, 항상 폭리에 가까운 이익만을 추구하는 나머지 사업실패 시 이에 따르는 손실이 기업이 부담할 수 없는 정도의 위험이 따르는 사업을 추진하는 경우이다.

기업은 과학적 근거에 입각하여 위험을 예측하고 그러한 위험을 기업이 감당할 수 있을 대만 사업실패 시에도 도산을 면할 수 있다. 기업의 능력에 비해 너무 큰 프로젝트의 수주 및 신규 사업 착수, 비전업 분야에의 무리한 진출, 고리자금에 의한 고정자산 투자 등이 투기적 행위에 속한다고 볼 수 있다.

(나) 제품판매처의 편중

제품의 판매가 1~2개사에 편중될 때 기업의 위험은 높아진다. 그것은 판매처로부터 구매중단, 경쟁업체 출현 등으로 불시에 전시장을 상실할 위험이 있고 또한 판매처의 도산으로 연쇄도산 가능성이 높아지기 때문이다.

(다) 차입금에 의한 사업 확장

높은 수익성은 높은 위험을 동반한다. 오늘날 우리는 전자분야를 수익성, 장래성이 있는 업종으로 평가하고 있다. 그래서 많은 기업들이 이 분야에서 신규투자를 하거나 사업을 확장하고 있는데, 사실은 고도기술 분야일수록 제품의 라이프 사이클이 짧아지고 거액자금이 소요되어 투자자금 회수에 엄청난 불확실성을 안겨주고 있다.

그렇기 때문에 이러한 투자의 성패가 곧 기업의 운명을 좌우하는 경우가 많다. 그리고 이러한 투자가 타인자본에 의해 이루어질 때 기업위험은 더욱 높아진다. 따라서 신규 사업 진출 시의 자금소요 계획은 가급적 기업 내의 축적자금이 어느 정도 동원 가능할 때 비로소 추가적인 외부자금 차입을 검토하여야 할 것이다.

(라) 분식결산(粉飾決算)

결산 시 이익조작을 하는 것은 취약한 경영 내용을 은폐하여 기업의 대외적 신용을 유지하기 위한 것이다. 물론 보수적 의미의 분식(세금절세 목적으로 비용의 과대계상, 수익 누락 등) 결산도 있을 수 있지만, 분식결산은 주로 적자를 흑자로 만든다든지, 적자금액을 줄이는 것과 같이 경영의 약점을 대외에 노출시키지 않기 위한 수단으로서 비용의 과소계상, 수익의 과대계상에 의해 이루어진다.

이러한 분식결산에 의한 재무자료는 그 자료자체를 믿을 수 없으므로 이를 갖고 평가한 재무비율은 더욱더 신뢰할 수 없다. 따라서 이러한 재무제표 분식을 알고 있을 경우에는 재무부문 경영진단을 더 이상 추진할 필요가 없을 뿐만 아니라 계속하여 분식된 평가 자료를 이용할 경우에는 오히려 그릇된 진단결과를 갖고(곪은 부분을 건강한 상태로 판정하여) 실제로 잘못된 부분에 대해 적극 대처, 치료할 수 있는 기회를 놓치는 결과를 초래할 것이다.

다) 기업부실의 인과관계 [340]

기업이 부실하게 되는 데는 여러 가지의 부실요인이 복합적으로 작용하며, 이들 부실요인들은 현상적으로 기업부실의 징후로 나타난다.

다음에 소개하는 부실용인이나 부실화 과정을 파악하게 되면, 부실기업 예측에 활용할 수 있고, 기어 부실예방, 경영관리상의 문제점 개선 등에 유용한 정보로 이용할 수 있게 된다.

부실기업의 단계별 요인과 징후

(1) 제1차 요인(遠因)

(가) 부실 요인

① 경영자 요인 : 지식·경험·의사결정능력 부족, 가족 경영, 방만 경영

② 기업외적 용인 : 불황(경기 변동), 시중자금사정의 악화, 원자재 가격의 급등, 연쇄 도산

(나) 부실 징후

○ 수익성 저하

(2) 제2차 요인(近因)

340 장영광. 전게서. 2009. 413~416면.

(가) 판매 요인

① 부실 요인 : 소수 주요 고객에 대한 과도한 의존, 과도한 신용판매, 가격정책 실패, 부적합한 판매경로, 시장조사 결여, 제품 다양화 실패

② 부실 징후 : 매출 감소, 반품 증가

(나) 구매 · 생산 요인

① 부실 요인 : 단일 구입처 의존, 계획성 없는 재고관리, 저질의 품질관리, 시설노후, 제품개발 노력 부족 · 실패, 낮은 기술 수준, 부적절한 입지

② 부실 징후 : 불량품 증가, 과다 재고, 원가 증대

(다) 재무 요인

① 부실 요인 : 자기자본 부족, 과다한 설비 투자 확장, 자금계획의 결여, 과다한 운전자본 투자

② 부실 징후 : 자금 부족, 일부 자산매각, 금융어음 과다, 임금 체불, 회계처리방법 변경, 결손 누적-자본잠식

(라) 조직·노무 요인

① 부실 요인 : 내부 견제 조직의 결여, 노사관계의 불안정, 책임·권한의 불명확 등 경영조직의 불안정성

② 부실 징후 : 높은 이직률, 생산성 저하 등

기업이 부실화되는 과정은 '부실기업의 단계별 요인과 징후'와 같이 시간의 경과에 따라서 제1차(遠因, 간접적인 원인), 제2차(近因, 직접적인 원인)으 단계로 나누어 설명할 수 있고, 각 단계별로 여러 가지 부실의 징후를 관찰 할 수 있다.

대부분 기업들이 부실화되는 데는 제1차 요인(遠因)으로서 경영자의 지식·경험·의사결정 능력 부족 등 경영자 요인과 경기변동, 시중자금 사정의 악화와 같은 외생적 요인이 작용하게 된다. 이 같은 요인이 작용한 결과는 수익성 악화의 징후로 표출된다.

부실기업이 되어가는 2차 요인(近因)은 각 경영관리부문에서의 비효율적인 방만 경영이나 여러 가지 위험을 높이는 의사결정, 계획성 없는 경영관리가 이루어지는 데서 찾아 볼 수 있다. 이러한 요인이 작용하여 기업의 매출이 감소하거나 재고가 증가하거나 자금사정이 악화되거나 생산성이 저하되는 증세를 보인다.

한편 위에서 살펴본 기업부실화단계 외에도 기업부실과정에 대하여는 여러 가지 요인이 있을 수 있는데 대체로 수익성 저하 → 지급능력 저하 → 파산의 단계로 진행된다고 할 수 있다. 기업부실은 일반적으로 경기 불황 시에 무리한 기업 확장과 판매능력 저하가 주된 요인이라 할 수 있는데 다음과 같이 4가지 부실화 유형별로 살펴볼 수 있다.

기업부실화의 유형과 과정[341]

341 장영광. 전게서. 2009. 415면.

(1) 유형 1 : 제품개발의 실패와 무리한 기업 확장

○ 신제품개발 실패 후 재고 누증과 매출채권 증가로 금융기관 차입금이 증가, 지급 이자 과중으로 인한 수익 악화, 끝내 자금부족의 심화로 도산하게 되는 유형

제품 개발 실패
재고 누증 → 차입금 증가 → 금융비용 증가 → 부도
매출 채권 증가

(2) 유형 2 : 경기 불황으로 인한 판매여건의 악화

○ 경기불황에 따른 판매부진으로 재고누증 및 매출채권의 회수가 지연되면서 덤핑·할인판매를 강행하게 되나, 결국 매출채권의 회수지연에 따른 자금경색으로 도산하게 되는 유형

경기 불황
덤핑 판매 → 매출채권 미회수 → 자금 경색 → 부도
판매 부진

(3) 유형 3 : 만성적인 자금부족

○ 자기자본이 충실하지 못한 기업으로 시설 및 운영자금을 타인에게 크게 의존하는 관계로 제때 기계시설 노후화에 대비하지 못하여 불량률 급증 및 거래처 이탈로 부도에 이르게 되는 유형

만성적인 자금부족
시설 노후화 → 반품소동 빈발 → 거래처 감소 → 부도
제품불량률 증가

(4) 유형 4 : 연쇄 부도

○ 기업 자체의 문제보다 전방기업이나 후방기업에 문제가 발생하여 그 영향력의 파급으로 연쇄부도가 발생하거나, 계열기업에 대한 채무보증이나 채권 미회수로 인해 계열기업의 부도가 파급되어 부도에 이르게 되는 유형

관련기업 도산 → 채권 미회수 → 자금 부족 → 연쇄 부도

5) 부실기업의 회생전략

부실화된 기업의 회생가능성은 회생전략이 실행되기 전의 부실화의 심각도, 외부 환경 여건, 새 경영진의 능력 등에 좌우될 뿐만 아니라 회생전략이 일관성 있게 추진되느냐에 달려 있다. 회생전략이 수립될 때 고려되어야 할 요소들로는 다음과 같다.

회생전략 수립할 때 고려되어야 할 요소

① 과거의 경영전략
② 부실화의 원인
③ 부실화의 심각도
④ 기업 환경의 경제적·산업적 특성
⑤ 경쟁업체들의 경영전략과 기회
⑥ 당해 기업 제품과 서비스의 특징

⑦ 당해 기업 비용 – 가격 구조　　　　⑧ 당해 기업 채권자, 주주, 경영자의 요구사항 등

이들 요소 가운데 부실화 원인에 상응되는 회생전략을 추진하는 것이 회생가능성을 가장 높이는 주요 요소가 된다. 다음은 기업의 부실화 원인에 대응하여 선택할 수 있는 회생전략이다.

부실화 원인과 회생전략

부실화 원인		회생 전략
(1) 경영자의 무능, 관리능력 부족	→	① 새경영진 구성
		② 동기유발
		③ 조직개편/분권화 등
(2) 경기하강으로 인한 수요 감소	→	① 원가절감
		② 마케팅 강화
		③ 제품품질 개선
(3) 부적절한 재무통제	→	① 재무통제시스템의 개선
		② 정보의 집중과 분산
(4) 부적절한 제품·시장 전략	→	① 제품평가
		② 마케팅 활동의 강화
(5) 고비용 구조	→	① 고정비·제조원가 절감
		② 마케팅 효과성 제고
(6) 대형투자사업추진·기업인수	→	①사업 매각, 철수
(7) 잘못된 재무정책	→	① 새로운 재무전략의 추진
		② 금융전문가의 기능 증대 등

부실화되었던 기업이 회생하기 위해서는 여러 가지 회생전략을 구사할 수 있지만, 슐래터(S, Slatter)의 사례연구에 의하면, 가장 많이 활용되는 회생전략은 다음과 같다.

슐래터의 부실화 회생전략

① 새경영진 재무담당 중역의 교체

② 제품 시장 전략의 변화　　　　③ 사업 매각

④ 재무 통제제도의 개선　　　　⑤ 조직의 리스트럭츄어링 등

3. 손익분기점 분석을 활용한 진단감사

가. 손익분기점 분석[342]

1) 손익분기점 분석의 개요

손익분기점(BEP : Break-even Point)은 매출액(총수익)과 총비용이 같아 이익이 영(0)이 되는 조업도(판매량 또는 매출액)를 말한다. 즉, 이익도 손실도 나지 않은 수준의 조업도, 최소한 손실을 면하는 조업도를 가리킨다.

따라서 손익분기점을 구하면 손익분기점을 구하며 예상되는 미래 매출액 대비 이익 수준을 예측할 수 있을 뿐만 아니라 현재 자기 기업의 매출 수준이 손익분기점 이상인지 이하인지 판단할 수 있으므로 수익성의 안전도를 평가하는 기준으로 활용할 수 있다.

손익분기점 분석은 기업의 매출액에 대해 비용이 비례적으로 증가하지 않는다는 인식에서 출발한다. 만약 매출에 따른 비용이 비례적으로 발생한다면 모든 매출은 그 발생 순간부터 원가 이상으로 판매된다면 손익분기점 이상을 유지하게 될 것이다.

그러나 기업의 경영 활동은 그렇지 않다. 대부분의 기업은 생산 활동을 위해 많은 액수를 고정자산(기계, 건물 등)에 투자하게 되고, 이러한 고정자산에서 발생하는 비용(고정비)은 기업의 조업도(즉, 생산 활동 여부)에 상관없이 계속 발생하게 된다.

따라서 기업의 매출액이 이러한 고정적비용과 단위당 발생하는 비례적 변동적 비용을 상회할 수 있어야만 이익이 발생하게 되므로 이때 수익과 총비용이 어느 시점(매출액 기준)에서 일치하게 되는지를 파악하는 것은 매우 중요하다.

또 한 가지 손익분기점 분석에서 간과하지 않아야 할 사항은 손익분기점이 현금입출금분기점이 아니라는 사실이다. 손익분기점은 기업의 매출이 현금매출이든 외상매출이든지를 구분하지 않으므로, 기업의 현금수입과 현금지출의 일치점이 아니게 된다.

따라서 이 손익분기점분석은 회계적 관점에서의 손익개념으로 원가(Cost), 매출액(판매량, Volume), 이익(Profit)의 상호관계에서 비롯된 분석이므로, 원가·매출액·이익의 영문 이니셜을 따서 일명 CVP분석이라고도 한다.

2) 고정비와 변동비의 분류

먼저 손익분기점을 구하기 위해서는 기업 내에서 발생하는 모든 비용을 고정비와 변동비로 구분할 수 있어야 한다. 즉, 모든 비용을 조업도에 따라 변동하는 변동비와 조업도의 변동에 관계없이 일정한 고정비로 분류할 수 있어야 한다.

이때 조업도란 기업의 업종에 따라 여러 가지 형태로 나타날 수 있는데, 예를 들어 생산량, 매출량(매출액), 호텔의 객실 이용수, 병원의 환자수, 또한 병상수 등의 의미로 사용될 수 있다. 손익분기점분석에서는 조업도를 매출량이나 생산량을 기준으로 한다.

기업의 회계과목으로부터 변동비와 고정비를 구분해 내는 것은 어려움이 많지만 일반적으로 다음과 같이 구분된다.

---

342 김용범. 전게강의자료. '비용구조분석진단법. 손익분기점 분석'. 박정식 외 1인. 전게서. 2016. 212~218면. 장영광. 전게서. 2005. 263~274면. 장수용. 전게서. 174~180면.

가) 고정비

고정비는 매출액이나 조업도의 증감 변화에 관계없이 일정하게 고정적으로 발생하는 비용을 말하며, 감가상각비, 고정급 급여, 고정자산 보험료, 임차료, 차입금 지급이자, 제세공과금 등이 이에 속한다.

나) 변동비

변동비는 매출액이나 조업도의 증감 변화에 따라서 비례해서 변동하는 비용을 말하며, 재료비, 성과급급여, 외주가공비, 판매수수료, 운반비, 포장비 등이 이에 속한다.

다) 준고정비와 준변동비

비용 중에는 고정비와 변동비의 성질을 동시에 갖고 있는 경우가 있기 때문에 총비용을 완전히 고정비와 변동비로 구분하는 것은 매우 어려운 일이다. 현실적으로는 조업도와 전혀 무관하게 항상 일정하게만 발생되는 고정비란 있기 힘들고 또한 매출액 또는 조업도가 10% 변동되면 정확하게 10% 변동되는 변동비는 없을 것이다.

그러므로 대부분 비용항목은 이러한 고정비적 성격과 변동비적 성격을 함께 갖고 있으나, 분류 편의상 비중이 큰 쪽을 중심으로 고정비항목, 변동비항목으로 구분하고, 그 비중이 비슷하거나 분간하기 힘든 경우에는 준고정비 또는 준변동비로 분류하여 70% : 30% 등과 같이 항목의 구성비중에 따라 그 금액을 배분한다.

3) 고정비와 변동비의 계산

가) 개별법

개별법은 일반적인 분류방법으로 손익계산서, 제조원가명세서의 계정과목 하나하나에 대하여 일일이 그 발생 성격을 검토하여 그 항목의 성질상 고정비와 변동비로 분해하는 방법으로 계정과목법 또는 계정과목분류법이라고도 한다. 이 개별법은 간단하다는 장점은 있으나 준변동비, 즉 변동비적 요소와 고정비적 요소를 아울러 가지고 있는 비용항목의 처리가 쉽지 않다는 문제점이 있다.

나) 총비용법

총비용법은 총비용을 수학적 또는 통계적 방법으로 고정비와 변동비로 분해하는 방법이다. 여기에는 비례율법, 산포도법 및 최소자승법이 있다.

(1) 비례율법

비례율법은 일정기간에 걸친 매출액 증가분에 대한 총비용 증가분의 비율을 변동비율로 보고 비용을 분해하는 방법이다.

○ 변동비율 = 총비용증가분 ÷ 매출액증가분 = (당기총비용 − 전기총비용) ÷ (당기매출액 − 전기매출액)
○ 변동비 = 총비용 × 변동비율
○ 고정비 = 총비용 − 변동비

비례율법은 추정이 간편하지만 분석기간 중에 판매가격, 제품당 변동비, 고정비, 제품 구성 등에 변동이 없을 경우에만 적용될 수 있다는 한계가 있다.

(2) 산포도법

산포도법은 과거기간의 매출액과 총비용과의 관계를 그래프 위에 직선으로 표시하여 모든 점과 균형을 이루는 직선을 그려서 평균적인 값을 구하는 방법이다. 즉, 매출액과 총비용과의 관계를 수개월 또는 수년간의 자료를 기반으로 하여 상관관계를 표시하는 산포도표를 이용하는 비용분해방법이다.

이때 활용하는 공식은 그래프상에 수년간의 자료를 점으로 표시하고 이들을 최대한 포함하는 직선을 그어 이에 대해 총비용 = 고정비 + 변동비율 × 매출액이라는 식으로 산출하면 된다.

(3) 최소자승법

최소자승법은 접근원리가 산포도표법과 거의 같으나 그래프상의 직선을 산출할 때 통계적 기법인 최소자승법에 의해서 변동비율을 산출하는 점이 다르다. 비록 계산절차는 다소 복잡한 편이나 주어진 자료를 갖고 최대한 정확한 변동비율을 산출할 수 있는 장점이 있다.

그러나 최소자승법은 실무적으로 상관관계를 이용한 판매량예측, 매출액예측 등의 회귀분석의 기초자료로도 이용되므로 정확히 알아두면 유용한 방법이다. 최소자승법은 Y = a + bX 라는 직선함수를 산출하기 위하여 그래프상에 산포된 많은 점들(Yi)과 Y와의 차이 즉 (Yi - Y)의 제곱의 합을 최소화시키는 a와 b 값을 산출하는 방법이다.

4) 손익분기점 분석의 계산

모든 비용을 고정비와 변동비로 분류할 수 있다면 총수입과 총비용이 같게 되는 손익분기점의 판매량(또는 판매액)을 구할 수 있게 된다. 분석을 단순화시키기 위하여 손익 분기점 분석에는 다음과 같은 가정을 한다.

손익분기점 분석의 가정

① 모든 비용은 조업도와 연관되어 발생하며, 고정비와 변동비로 구분될 수 있다.
② 비용과 수입의 형태는 이미 결정되어 있는 적정 범위 내에서 선형관계이다.
③ 변동비는 조업도에 비례한다. 단, 고정비는 적정조업도 범위 내에서 불변이다.
④ 판매단가는 불변이다. ⑤ 비용을 발생시키는 요소의 가격이 불변이다.
⑥ 효율성과 생산성이 불변이다.

가) 손익분기점(채산점)을 산출하는 공식

○ 손익분기점 매출액 = 고정비 ÷ [1 − (변동비 ÷ 매출액)]

나) 어떤 일정한 매출액을 하였을 때에 발생하는 손익액을 산출하는 공식

○ 손익액 = 매출액 × [1 − (변동비 ÷ 매출액)] − 고정비

다) 특정의 목표이익을 얻기 위하여 필요로 하는 매출액을 산출하는 공식

○ 필요매출액 = (고정비 + 목표이익) ÷ [1 − (변동비 ÷ 매출액)]

그러나 비용을 고정비와 변동비(비례비)로 2분하는 것은 편의적 방법이므로 그 논리의 유효범위는 극히 제한적이다. 예를 들면 조업도가 극단적으로 상위인 경우 등에는 비용곡선 자체가 다른 커브를 나타내게 되므로 부분적인 분석결과를 가지고 나머지를 유추할 수는 없다. 따라서 손익분기점의 정밀한 분석은 유효범위마다 구분하여 별개로 분석하여야 한다.

5) 손익분기점 분석의 활용

손익분기점분석은 총수입과 총비용이 일치하는 판매량을 구하는 작업이 근간이 된다. 또한 공헌이익이라는 개념은 판매량 변화에 따른 이익변화의 분석을 가능케 하므로 여러 가지 관리적 의사결정에 이용되고 있다. 즉, 가격 결정, 투자 결정 등의 의사결정, 그리고 목표이익 달성을 위한 이익계획 수립에 이용되고 있다.

○ 목표이익 달성에 필요한 매출량 = (총고정비 + 목표이익) ÷ 단위당 공헌이익

○ 목표이익 달성 판매액 = (총고정비 + 목표이익) ÷ 공헌이익

한편 경영분석의 입장에서는 손익분기점이 적자를 면하는 최소한의 판매량이 되므로 미래수익 발생 능력의 안전도를 평가하는 기준(안전율, M/S비율)이 될 수 있고, 여러 가지 관리적 의사결정이 손익분기점에 미치는 영향을 분석하여 미래 경영성과를 예측 하는 수단으로 이용될 수 있다.

○ 안전율 = { [실제(예상)판매량 − 손익분기점 판매량] ÷ [실제(예상) 판매량] } × 100

나. 레버리지 분석[343]

1) 레버리지 분석의 개요

손익분기점에서는 기업의 손실을 면하는 최소한의 매출량을 산출해 봄으로써 기업 수익성의 안전도를 진단하거나, 여러 가지 경영관리적 의사결정을 통한 기업의 손익을 평가하는 기법을 다루었다.

이 같은 분석은 기업에서 발생하는 비용을 변동비와 고정비로 분해할 수 있음을 전제로 한 것이다. 여기에서 얻어진 중대한 결론 중 하나는 고정비가 차지하는 비중이 높아질수록 손익분기점은 높아져 기업의 안전도는 떨어진다는 점이다.

고정비가 기업의 손익에 미치는 영향은 고정비의 손익확대 효과를 통해서 보다 잘 이해될 수 있다. 즉 고정비의 비중이 높아질수록 매출액이 증가할 때 이익 증가의 폭이 커지고, 반대로 매출액이 감소할 때는 손실확대의 폭이 커지는 효과가 발생한다.

---

343 김용범. 전게강의자료. '비용구조분석 진단법. 레버리지 분석법'. 박정식 외 1인. 전게서. 2016. 219~231면. 장영광. 전게서. 2005. 279~293면. 장수용. 전게서. 181~184면.

레버리지 분석이란 기업의 총비용 중에서 고정비가 차지하는 비중이 클수록 기업의 이익과 손실이 확대되는 원리를 분석한 것이다. 고정비의 존재로 인해서 발생하는 이 같은 손익확대 효과는 고정비가 지렛대 역할을 하여 나타나기 때문에 레버리지 효과/ 지렛대 효과라고 부른다.

2) 재무 레버리지의 계산

손익확대효과를 가져오는 레버리지는 영업고정비의 존재로 인하여 손익이 확대되는 영업 레버리지와 재무 고정비의 존재로 인해 손익이 확대되는 재무 레버리지, 그리고 이 두 가지 고정비(영업고정비 + 재무고정비) 모두 때문에 손익이 확대되는 결합 레버리지 등이 있다.

여기서 **영업고정비**란 매출(제조)원가나 판매관리비 중에서 생산판매량과 관계없이 일정하게 발생하는 감가상각비나 임차료, 관리직의 인건비 등을 가리키는 것인데, 이 영업 고정비의 증가는 대규모로 고정자산(생산시설)을 증가시키거나 관리직에 많은 사람을 채용할 때 발생한다. 따라서 영업 레버리지는 기업의 투자결정, 자산구조 결정 등에 있어서 유용한 정보를 제공한다.

한편 **재무고정비**란 지급이자나 우선주배당과 같이 재무활동에 다른 고정금융비용을 가리키는데, 이 재무고정비용의 증가는 타인자본을 많이 사용할 경우에 발생한다. 따라서 재무고정비의 존재로 손익이 확대되는 재무레버리지는 기업의 자본구조와 관계가 있는 것이다.

○ 재무 레버리지도(DFL) = 영업이익 ÷ (영업이익 − 재무고정비)

그러나 경기의 호전으로 영업이익수준이 높아지면 이자지급 후 남는 이익이 커지므로 상대적으로 비중이 낮은 자기자본 소유주(주주)에게는 주당 이익이 커지게 된다. 따라서 재무레버리지는 재무구조상 타인자본을 사용하지 않는 기업은 발생하지 않게 된다.

3) 영업 레버리지의 계산

영업 레버리지는 앞서 설명한 것처럼 영업비중에서 고정비 지출을 가져오는 자산의 보유에서 발생한다. 영업 레버리지 분석의 목적은 영업고정비의 존재로 인하여 매출액의 일정한 변화에 대응하여 영업이익보다 크게 변화하는 손익확대효과를 분석하는 데 있다.

즉 기업이 생산시설을 확대하면 영업고정비는 증가하지만, 규모의 경제성이 작용하여 생산단가는 훨씬 낮아지게 되므로 매출액 증가에 따라 직접비용 및 영업고정비를 차감한 영업이익은 높게 된다. 반대로 매출수요가 감소하게 될 경우에는 역으로 생산단가는 올라가고 고정비의 부담이 크게 비중을 차지하게 되어 영업이익이 급속히 감소하거나 손실 폭이 커지게 된다.

이러한 매출액 변화에 대한 영업이익 변화의 정도를 영업 레버리지(DOL : Degree of Operating Leverage)라 하고 다음과 같이 산출한다.

○영업 레버리지도(DOL) = 영업이이의 변화율 ÷ 매출액(량)의 변화율

$$= (\Delta EBIT \div EBIT) \div [(P \times \Delta Q) \div (P \times Q)]$$

이때 영업이익(EBIT)은 매출액(P×Q)에서 영업고정비(F)와 영업변동비(P×V)를 차감한

것이므로 다음과 같이 변형될 수 있다.

○ 영업 레버리지도 = (매출액 – 총변동비) ÷ (매출액 – 총변동비 – 총영업고정비)

즉, 분모의 영업고정비가 영(0) 일 때는 영업 레버리지 값이 1이지만, 영업고정비가 클수록 영업 레버리지도는 1보다 크게 되어 손익확대효과가 커짐을 알 수 있다. 예를 들어 영업 레버리지도가 2라면 매출액이 10% 증감할 때, 영업이익 증감은 20%가 됨을 의미한다.

단, 이때 중요한 점은 레버리지가 높다는 것이 반드시 기업경영에 좋다는 의미가 아니라는 것이다. 오히려 그만큼 영업위험이 높다는 의미로 해석하여 기업진단에 활용하여야 한다. 따라서 영업 레버리지 분석 시에는 경기의 호전 또는 감퇴여부의 예측과 병행하여 평가하는 것이 바람직한 분석방법이라고 할 수 있다.

4) 결합 레버리지의 계산

대분의 기업들에는 영업고정비와 재무고정비가 함께 존재하는 것이 일반적이다. 이와 같이 두 가지 고정비 때문에 레버리지 효과가 더 커지게 되는데, 두 가지 고정비로 인하여 매출액이 변화할 때 손익이 확대되는 현상을 **결합 레버리지 효과(combined leverage effect)**라고 한다.

다시 말해 기업이 영업활동을 하는 데 있어서 영업고정비를 수반하는 자산을 보유하고, 재무고정비를 수반하는 타인자본을 사용하고 있는 경우 매출액이 일정비율로 변화할 때 손익이 확대되는 데, 이를 **결합 레버리지 효과**라고 한다. 결합 레버리지도(DCL)는 영업 레버리지도(DOL)와 재무 레버리지도(DFL)의 곱으로 측정하면 된다.

○ 결합레버리지도(DCL) = 영업레버리지도(DOL) × 재무레버리지도(DFL).

4. 재무부문 진단 체크리스트 [344]

가. 재무 · 회계 관리부문 체크리스트

1) 재무방침 및 계획 수립 부문

가) 재무방침의 설정

① 자본구성비율에 대한 방침 ② 차입처별 자금차입구성비율에 대한 방침
③ 차입금 이자율 상한선에 대한 방침 ④ 매출채권 회수관리에 대한 방침
⑤ 자금운용 용도별 조달원천에 대한 방침 등

나) 재무계획의 수립

① 이익 및 비용 · 수익 계획 ② 현금수지계획
③ 운전자금계획 ④ 고정자금계획 등

2) 회계제도의 확립

---

344 장수용. 전게서. 185~194면.

가) 회계담당부서 확립 수준

① 재무회계전담부서 유무　　② 자금관리의 철저여부

③ 회계처리 및 장부정리 적정성 여부

○ 일계표 및 원장의 매일 또는 정기적 작성 여부, 시산표의 매월 작성 여부 등

나) 합리적 회계제도 확립

① 기업회계제도의 적정여부

○ 일반회계, 원가회계, 예산통제 등의 유기적 결합 여부

② 내부회계관리제도의 도입 및 적정운용 여부　　③ 원가계산실시 여부 등

다) 회계처리 및 결산절차의 적절성

① 회계처리의 진실성 여부

② 결산절차의 적절성 여부

○ 감가상각비 처리, 대손처리, 재고자산 실사, 미수금·선급금 처리의 적절성

③ 기말 결산 감사 실시여부 등

라) 회계자료의 활용

① 회계자료를 통한 수시 또는 정기적 경영상태 분석여부

② 경영계획 수립에 회계자료 분석결과 이용 여부 등

3) 자금수지관리

가) 현금수지 관리 수준

① 현금·예금·받을어음·가수금의 시재상태 매일 확인 여부

② 현금출납장 작성 여부　　③ 월간 자금수지표 작성 여부

④ 기간별 자금수입과 지출 추정 등

나) 운전자금 관리 수준

① 운전자금 지출이 재무주조에 미치는 영향

○ 당좌비율, 유동부채비율, 순운전자금 증가율, 고정비율의 추이 분석 등

② 운전자금 증감 추이 분석여부

○ 현금흐름표 작성 및 분석 등

다) 설비자금 관리 수준

① 설비투자자금 조달원천의 합리성 여부

○ 설비투자 조달자금의 장기자본 구성비율 등

② 설비투자에 따르는 자금유동성 영향분석 여부

○ 설비투자 전후의 유동비율의 비교 등

③ 설비투자의 경제성 분석 여부

○ 설비투자 전후의 고정자산회전율 비교 등

라) 매출채권 회수관리 수준

① 매출채권 회수관리 실시여부

○ 매출채권 회수율 및 회수기간 분석, 매출채권 관리도표 작성, 거래처별 신용조사 실시 등

② 불량채권 발생비율 분석　　　③ 매출 대비 외상매출 분석 등

마) 재고관리 수준

① 재고수준의 적정량 유지여부

② 재고제품의 노후화 정도별 분류관리 여부

○ 제품별 연수조사표 부착 등.

바) 금융기관 거래의 적극성 수준

① 거래 금융기관의 다양화 노력 여부

② 금융기관의 자기업체 신용도 평가수준의 인지 여부

○ 적격업체, 어음할인 우대업체 등

4) 이익 및 비용 · 수익관리

가) 자본이익률 관리수준

① 자본이익률의 분석관리 실시 여부

○ 각종 자본이익률, 매출이익률, 목표이익률 및 업계 평균이익률과의 비교, 자기업체 이익률의 추이분석 등

나) 비용 · 수익관리 수준

① 개별비용의 구성비 분석 여부

○ 원가구성비율, 영업비 비중, 지급이자 구성비중 등

② 비용과 수익 관계의 종합 분석 여부

○ 고정비, 변동비 구분과 손익분기점 분석 등

5) 재무구조 관리

가) 재무구조의 장기적 안정성

① 자기자본비율 추이분석 및 동 업계 평균비율과 비교 분석 여부 등

나) 재무구조의 개선 노력

① 총자본에 대한 경영자본비율의 증대

○ 유휴토지 및 건물매각, 재고자산 과다 보유분 정리, 불필요한 유가증권 매각 등

나. 경영지표를 이용한 체크리스트

재무적 비율을 분석하여 부실기업의 위험이 있는지 여부를 사전에 체크할 수 있는 기준

은 다음과 같다. 이때 각 항목에 자기기업이 해당되는 부분은 위험한 수준임을 나타내 주는 의미이므로 개선 노력과 동시에 각별한 주의가 필요할 것이다.

경영지표를 이용한 점검 항목(예시)

① 자기자본 구성비율이 10% 이하일 때
② 유동부채비율이 150% 이상일 때
③ 고정장기적합율이 100% 이상일 때
④ 고정자산회전율이 연간 1회 이하일 때
⑤ 순운전자본 1회전 기간이 6개월 이상일 때
⑥ 매출원가율이 90% 이상일 때
⑦ 매출액에 대한 일반관리비 구성비율이 15% 이상일 때
⑧ 매출액에 대한 지급이자비율이 10% 이상일 때 등

다. 금융기관의 기업체 종합평가 체크리스트

일반적으로 금융기관에서는 기업체를 종합적으로 평가하여 자기은행 등과 거래를 유지할지 여부를 판단하고 있는 바, 이 체크리스트를 참고하여 자기회사의 점검해 보는 것은 매우 유익하다고 생각된다.

A은행의 기업체 종합평가표 항목(예시)

1) 업종별 평가항목

가) 재무상태

① 자본구성 : 자기자본비율
② 유동성 : 유동비율
③ 수익성 : 총자본순이익률, 매출액경상이익률
④ 안전성 : 고정장기적합률의 역

나) 사업현황 및 전망

① 활동성 : 총자본회전율, 매출채권회전율
② 성장성 : 총자산증가율, 년간 순매출액 증가율
③ 생산성 : 부가가치율, 노동생산성 증가율, 총자본 투자효율 등

2) 전업종별 공통 평가항목

가) 사업현황 및 전망

① 사업전망 : 추정 매출액 순이익률, 추정 매출액 증가율, 거래조건 및 판매 전망, 품질 및 기술 개발 상태 등

나) 은행과의 관계

① 거래신뢰도 : 연체 및 대지급 발생 여부, 부도 발생 여부

② 채무상환능력 : 상환력 수준 ③ 기업경영 상담 : 경영상담 정도

다) 경영형태 및 경영자 인적 사항

① 경영방식 : 기업공개 여부, 경영관리체제의 합리성

② 경영능력 : 경영성과, 업력

③ 경영자 인격 및 종업원 관계 :

○ 경영자 업력, 경영자 및 업체 상벌 여부, 노사관계, 근로조직, 직원채용방식, 후생시설 및 제도 등.

Ⅳ 전략부문 진단감사[345]

1. 전략경영의 배경

기업 환경의 변화 속도가 빨라져 과거에 "10년이면 강산이 변한다"는 말이 이제는 "1년이면 강산이 변한다"는 말로 바뀌어 사용하게 되었다. 과학기술의 진보 등에 의하여 문명의 축적은 정보량의 증대를 초래하지만 그것은 단순히 직선적으로 증가하는 것이 아니고 기하급수적으로 증가한다고 볼 수 있다.

컴퓨터의 정보처리능력도 정보량의 막대한 증대가 지난 10년 동안에 수십 배 이상이나 확대되었다고 한다. 이와 같이 주변 기업 환경 변화의 속도가 질적으로나 양적으로 가속되고 있다는 것은 새로운 환경 변화의 요소가 계속 등장하여 기업의 경영원리가 전략적으로 도입되는 변환기를 맞이하고 있다는 것을 의미하기도 한다.

이러한 시대에는 과거의 경험, 지식이 통하는 분야가 점점 적어지게 되어 "1년이면 강산이 변한다"는 관점을 갖지 않으면 곧 환경정보에 대한 인식, 갭이 방생하게 된다. 따라서 우리는 여기서 대국적인 메카트랜드적 기업환경의 변화를 다음과 같이 생각해 볼 수 있다.

1) 사회구조의 성숙화

우리나라 사회구조가 성숙화한다는 것은 다음과 같은 현상을 말한다. 이러한 경향은 오늘날 사회구조가 복지를 강조하게 되어 기업의 입장에서 정년의 연장, 연금제도의 활성화, 기타 복지비의 증가를 가져오게 될 것이다.

사회구조의 성숙화 현상

① 고학력화 ② 여성의 직장진출 증가
③ 고령화 사회 ④ 여가시간의 증대
⑤ 평등의 강조 등

2) 산업의 국제화

345 김용범. 전게강의자료. '경영전략부문 경영진단. 장수용. 전게서. 2011. 195~218면.

우리는 싫든 좋든 모든 것이 글로벌화하고 있는 것을 볼 수 있다. 폐쇄된 사회는 바로 후진이라는 단어로 연결되고 개방된 사회는 바로 선진을 향해 달리는 것처럼 되어 있다.

우리기업의 해외 진출은 계속될 것이고 이에 따라 우리 국민의 해외거주 인구도 계속 증가할 것이다. 그러나 '국제화'나 '글로벌화'니 하는 것은 단순히 우리기업이나 국민의 해외 진출을 의미하는 것은 아니다. 이는 우리 국내외시장의 일체화를 의미하는 것이다.

따라서 국경을 초월한 자원의 조달, 운용 그리고 국내외 시장을 하나로 보고 기업활동을 전개할 것이다. 예를 들면 지방사업까지도 국제환경과 연결시켜 행동을 선택하는 시대로 되어가는 것이다. 이에 따라 우리의 무역구조도 변화하여 수출과 수입이 동등하게 중요시되고 있다.

3) 산업구조의 서비스화와 소프트화

산업별로 성장력을 보면 물건의 생산에 의한 부가가치 창출의 비중은 떨어지고 물건의 유통과 관련되는 부가가치, 상품과 직접 관계가 없는 서비스에 의한 부가가치 창출의 비중이 계속 증가하고 있다. 이러한 경향은 전 세계적으로 확산되고 있다.

산업구조의 서비스화나 소프트화가 되어 가는 데 있어서 중요한 요소는 정보전자공학의 기술혁신이다. 노동집약적인 인상이 강한 서비스산업 분야에 있어서 비즈니스 리엔지니어링의 추진과 컴퓨터에 의한 서비스의 평준화와 효율화가 진행되고 첨단적인 기업이 발전하고 있는 것이다.

2. 전략부문 진단감사

가. 전략경영의 개요

1) 전략의 개념

전략은 조직이나 기업이 주어진 조건이나 환경에서 관리자들이 적절한 결과를 달성할 수 있도록 목적, 정책 그리고 각 프로그램들이 서로 양립하지 않도록 조합하여 수행하는 행위를 의미한다. 이는 한 조직에 있어서 그 조직의 목표와 목적을 보여주며, 목적 달성을 위한 중요 정책과 계획을 세우고, 기업에서 추구하고자 하는 사업과 조직 형태를 정의하는 의사결정의 형태를 지칭하기도 한다.[346]

2) 전략의 유형

가) 부분별 분류

(1) 전략 "목표"(시장, 제품 등)에 의한 분류

경영전략		기술전략
① 원가 중심 전략	----------------------→	공정기술, 설계변경
② 차별화	----------------------→	제품개발, 기술주도

346 한국기업교육학회, 「HRD 용어사전」, 2010. 9. 6.

③ 집중전략(선별적 전략) ------------------→ ①, ②의 선별적 운용

(2) 전략목표를 찾는 기업의 적응자세에 의한 분류

환경적응패턴	경영전략	기술전략
① 방어형	한정된 시장에서의 적극적인 방어 태세	상례적이고 통합적인 기술의 채용
② 진취형	스스로 적극적으로 변화를 생성하여 시장을 선도	신기술, 신제품의 개발 선도
③ 분석형	기존시장의 기반확립하에 신제품 개발을 통한 안정적 성장	신기술, 신제품의 개발 추종형
④ 수동형	일관된 적용 패턴 무	반응 무

나) 분석단위에 의한 분류

(1) 전사적 전략

기업이 어떤 사업 분야에 종사할 것이며 어떤 사업정신으로 사회에 기여할 것인가 하는 기본적인 사업성격을 구현하는 전략을 말한다.

(2) 사업부 전략

주어진 사업 영역 또는 사업안에서 경영전략을 다루는 그 하위 개념을 말한다.

(3) 기능부문 전략

경영정책의 하위 개념으로서 어떤 특정 사업분야에 종사하는 기업이 수행해야 하는 여러 기능부문에 대한 정책을 의미한다.

3) 경쟁의 확보

전략 개념에 있어서 기업은 어떻게 경쟁사에 비하여 리더의 위치를 차지할 것이며, 또 어떻게 경쟁우위를 창출한 것인지를 결정해야 하는데 이를 달성하는 방법으로 다음의 두 가지가 있다.

가) 차별화에 의한 우위 확보

경쟁사와 대비해서 품질 경쟁에서의 우위를 확보하여야 하고 이미지, 유통분야, 기술혁신이 수반되어야 한다.

나) 원가절감에 의한 우위 확보

경쟁사에 비해 자신의 제품원가가 유리하다면 기업은 역시 경쟁이익을 획득하는 위치를 점하게 될 것이다.

전략경영이란 앞에서 열거한 것처럼 경쟁사에 비해 경쟁우위를 확보해야 한다. 경쟁 우위를 확보하기 위한 전략경영에는 다음과 같은 몇 가지 원칙이 필요하다.

경쟁우위를 확보하기 위한 전략경영의 원칙

① 자사의 강점 및 경쟁사의 약점 파악, 기업 환경기회의 포착, 간접 접근방법의 개발 등에 힘을 집중하여야 한다.
② 힘의 집중과 시너지 효과를 위해 기회를 개발한다.
③ 시장 환경 및 기회를 유리하게 이용한다.
④ 위험을 사전에 예측하고 전략 경영의 목표와 자원을 결합한다.
⑤ 조직 구성원의 동기 부여 및 일에 대한 열정을 지니도록 전략 경영의 목적을 통합시켜야 한다.

나. 전략 절차와 행동

1) 전략 수립 시 유의사항

기업이 전략 수립 시 고려할 사항으로는 다음과 같다.

전략 수립 시 고려할 사항

① 전략계획 기간은 장기적이어야 하나 행동은 단기적 목표와 일치해야 한다.
② 목표 달성을 위해서는 구조적이 아닌 행동적 수단을 선택하여야 한다.
③ 전략 계획이 신축성을 유지하여 상황에 따라 적응할 수 있는 Contingency Planning(불예측사태 대응계획)의 설정이 매우 중요한 관건이다.

Contingency Planning(**불예측사태 대응계획 또는 비상사태 대비계획**)이란 어떤 사태가 발생했을 때 그 사태에 기민하고 적절하게 대응하기 위한 장래에 일어날 수 있는 사태에 대한 대책을 미리 전략계획 안에 넣어두는 것을 말한다.

경영전략 수립과정을 체계화하기 위해서 고려해야 할 주요 내용은 환경 및 산업 분석, 내부자원(능력) 분석을 신중히 고려해야 할 것이며, 주요 고려사항을 살펴보면 다음과 같다.

경영전략을 체계화하기 위해 고려해야 할 사항

(1) 기업 내부능력 평가 :

① 경영관리능력, ② 경쟁능력, ③ 내부능력, ④ 기술능력 등

(2) 환경예측방법 :

환경예측방법은 내부, 외부환경 예측 및 분석을 동시에 고려하여야 하며 현실적으로 주로 정상적인 방법이 사용되고 있으며, 시계열분석 및 인과적 방법은 주로 선진국에 위탁하고 있는 실정이다.

2) 전략수립의 절차

가) 전략수립 과정

전략 수립과정은 다음과 같다.

① 제1단계 : 기업의 비젼 = 기업철학/사명/회사를 둘러싼 환경, 능력 분석
② 제2단계 ; 기본전략의 방향/도덕적 과제/목표(전략 분석 기법 활용)
③ 제3단계 : 회사의 사명=비즈니스 영역/제품 및 시장의 영역
④ 제4단계 : 회사의 전략 및 광의 Action Program
⑤ 제5단계 ; 분야별 전략
⑥ 제6단계 : 회사레벨에서 전략의 조정과 통합
⑦ 제7단계 : 회사레벨에서 구체적 전략과 Action Program의 평가와 확정
⑧ 제8단계 : 기능분야 레벨에서의 Action Program의 평가와 확정
⑨ 제9단계 : 자원배분/활동 측정방법/통제
⑩ 제10단계 : 회사레벨에서의 예산 수립
⑪ 제11단계 : 기능분야 레벨에서의 예산 수립
⑫ 제12단계 : 회사레벨에서의 예산의 조정/확정 등

나) 단계별 주요사항

(1) 제1단계 : 기업의 비젼 = 기업 철학/사명

(가) 사업 철학의 명시적 제시

○ 회사의 이해당사자와의 관계를 천명(사원, 고객, 주주, 소비자, 사회 일반)
○ 회사의 사업 목적의 설정(성장, 이윤, 복지, 사업보국)
○ 기본정책 방향(경영스타일, 조직원칙, 인력관리원칙, 재무정책, 마케팅정책, 기술정책)

(나) 기업의 사명

○ 사업 분야, 시장 성격, 지리적 영역 등의 정의
○ 기본적인 성취전략의 방향　　○ 5~10년 후의 회사의 위상

(2) 제2단계 : 기본전략

(가) 여건 분석
(나) 강·약점 분석　　(다) 목표 설정

(3) 제3단계 : 회사의 사명 = 비즈니스 영역/ 제품 및 시장의 영역

(가) 회사레벨의 사명보다 좀 더 구체적　(나) 제4단계 분석에 의하여 영향

(4) 제4단계 : 회사의 전략 및 광의의 Action Program

(가) 일반 외부여건 분석(기회, 위협) – 경영이슈 도출
(나) 경쟁회사 분석
(다) 내부여건 분석(강점, 약점)
○ 위협, 기회, 약점, 강점분석(TOWS), 기업내부 평가
(라) 전략의 대안 평가 – 적용 조건

(5) 제5단계 : 분야별 전략

(6) 제6단계 : 회사 레벨에서의 전략의 조정과 통합

(가) 서로 상충되는 회사 전략의 조정

(나) 단기적 이익 추구와 장기적 기반 개발 등을 고려한 포트폴리오의 조화

(다) 현금흐름의 조정과 재무구조 조정 (라) Action Program의 우선순위

(7) 제7~8단계 : 기능분야에서의 구체적 활동

(가) 회사 레벨에서의 구체적 전략과 Action Program 평가와 확정

(나) 기능분야 레벨에서의 Action Program의 평가와 확정

(8) 제9~12단계 : 자원배정과 예산과정

(가) 자원배분/활동 측정방법/통제 (나) 회사 레벨에서의 예산 수립

(다) 기능 분야 레벨에서의 예산 수립 (라) 회사 레벨에서의 예산의 조정/확정

3) 전략적 행동과 사고의 원칙

가) 전략적 행동의 원칙

전사적 경영혁신을 추진하는 데는 회사 내 각 계층이 그 역할별로 각 경영혁신소집단(자율)과 전체(조화)를 중심으로 전원의 참가활동이 필요하며 사업경영층은 경영의 기본 경영목표 및 전략을 결정·추진한다.

그리고 관리자는 부분 경영자로서 일상의 추진 관리에 국한하지 말고 기본전략을 바탕으로 삼고 담당분야의 구조개혁을 추진한다. 종업원은 이상의 개혁 활동의 제일선담당자로서 개혁실시를 수행하며 실적에 직결되는 존재로서 활동한다.

나) 전략적 思考의 원칙

경영 각 계층이 각각의 역할을 분담하며, 자율적으로 사업구조 개혁을 추진하기 위한 기본자세로서 다음의 4가지 항목을 행동원칙으로 한다.

(1) 중점관리의 思考

이 원칙은 각 계층의 사람들이 각자의 업무에 중점을 정해놓고 여기에 정력을 집중하여 한 점을 돌파하며 그렇게 함으로써 업무의 전체 국면을 변화시키는 것이다. 경영자와 관리자가 직면하고 있는 문제는 과거에 비해 크게 변화했고, 그것을 해결해야 할 문제가 서로 깊이 관련되어 있다.

이런 시대에는 우선 자신을 둘러싼 문제를 검토하고 문제 상호 간의 인과관계를 명확하게 밝힌 후에 어느 한 점에 정력을 집중하여, 해결하면서 다른 문제도 해결하도록 시도한다. 즉, 문제가 발생된 점을 찾아내어 그곳에 정력을 집중한다는 思考方式이다.

중점관리의 상고방식은 회사의 그룹규모, 단위회사 규모, 사업부문 규모, 부·과 규모의 소집단 형성을 통해서 각 단위별로 정력을 집중해서 경영혁신 전략의 중심을 파악하고 현재의 환경변화 속에서 돌파해야 할 중심전략을 택하게 된다.

(2) 미래지향적 思考

각 분야에서 압도적인 위치를 차지하고 있는 우량기업은 정보를 재빨리 파악하여 장래의 구상을 타사가 짐작하기 전에 확립해 그간의 노력을 장기간 계속함으로서 여러 가지 경영혁신을 이루어 왔다.

경영혁신은 신기술 개발, 새로운 판매망 확보, 생산, 인사, 재무 등 여러 가지 형태를 취하지만, 그 성과가 나타나기 시작하면 비로소 다른 회사가 따르더라도 선행한 기업은 차이에 의해 압도적 지위를 확립하므로 그 뒤에는 따라잡기 어려운 격차를 벌리게 된다.

(3) 전사적 접근방식

전체성이란 행동에 있어서 항상 전체를 염두에 두고 전체가 최적의 상태가 되도록 자신이 결정하는 것이다. 전사적 차원의 지속적인 경영혁신을 추구하기 위해서는 전체의 조화와 개체의 자율을 유도하는 행동원칙이 필요하다. 이러한 원칙이 지켜지지 않을 경우, 부문 혹은 집단의 최적화(Sub - Optimization) 현상이 생기게 된다.

(4) 기동성 있는 사고

전사적 경영혁신을 위해서는 전략에서부터 시작해서 개별행동에까지 공통된 프로세스로 정보를 입수하고, 각 집단의 목표를 정하고, 착수한 노력을 지속하여 성과를 획득해야 한다.

기동성이란 이러한 정보수집에서 성과의 달성까지의 기간을 최단화하는 것이다. 급변하는 환경 변화의 징조를 재빨리 파악하고 조기에 적절한 결정을 기초로 실행하는가가 문제이다. 그러기 위해서는 환경의 변화에 따른 새로운 정보의 상황이 확보되어야 한다.

다. 전략우위의 경영

1) 전략우위의 경영분야

모든 유명한 기업은 성공요인으로 특별한 전략 우위의 선택을 꼽고 있다. 성공적인 기업은 전략적으로 관련된 요소에 대해 주의를 기울이며 끈기를 가지고 자신만의 특수한 가능성을 개발한다. 이러한 전략적 우위경영은 다음 세 가지 분야로 나누어진다.

① 제품에 관련된 전략우위 경영
○ 경쟁사가 생산하는 제품보다 더 우수한 제품을 개발한다.
② 시장에 관련된 전략우위 경영
○ 시장에서 소비자에게 우리 회사의 탁월한 이미지를 구축한다.
○ 동일한 상품을 유리한 원가로 생산할 수 있는 조직 운영의 효율성을 높인다.
③ 기능에 관련된 전략우위 경영
○ 각 부문 역할에서 전략우위를 점유한다.

2) 전략우위 경영의 정의

전략우위 경영(SEP : Strategic Excellence Position)이란 "기업으로 하여금 경쟁사에 비해 장기적으로 평균이상의 양호한 결과를 얻을 수 있도록 하는 경영"을 말한다.

3) 전략우위 경영의 일반원칙

전략우위 경영의 일반원칙은 다음과 같다.

가) 전략우위 경영의 존재여부가 기업의 성패를 좌우한다.

세계 60개의 우량기업을 대상으로 전략우위 경영과 경영성과의 상관관계를 조사해 본 결과 상관관계가 있다고 답변(관계가 매우 높다, 관계가 높다, 어느 정도 관계가 있다)한 비율이 전체의 85%를 차지하는 것으로 다음과 같이 나타났다.

전략우위 경영의 존재여부와 경영성과의 상관관계

○ 관계가 매우 높다.	20%	○ 관계가 높다	40%
○ 어느 정도 관계가 있다.	25%	○ 관계가 없다	10%
○ 전혀 관계가 없다			5%
계			100%

나) 전략우위 경영은 전략적인 경영자원 배분에 의해 개발된다.

경영이 제 기능을 발휘하려면 인력, 설비, 자금 등의 자원이 필요한데 이와 같은 전통적인 경영자원 외에 경영시간이라는 개념이 중요한 자원으로서 부각되고 있다. 제품이나 시스템 개발을 위한 프로젝트를 마칠 수 있도록 계획되어야만 한다.

시장수요가 생기기도 전에 이미 끝난 제품의 개발은 시간관리의 손실을 말하게 되고 또한 이미 소비자 층에서 우리 회사보다 더 넓게 퍼져 있는 비용이 싼 제품을 공급하는 경쟁사 제품에 대해 가격 경쟁적 측면에서 볼 때 시장점유율을 넓혀 주는 경우가 생길 수 있다. 또한 반대로 시장에 늦게 제품을 내놓는 경우도 상당한 손해를 의미하고 있다.

다) 전략우위 경영들 사이에 시너지 효과가 없을 때는 한 가지에 자원을 집중시켜라.

경영시간, 자금, 설비, 인력 과 같은 경영자원은 한정되어 있고 동시에 두 가지 역할을 수행할 수는 없는 것이므로 原價 優位 대 品質 向上과 이질적인 戰略 優位 經營을 동시에 달성하기 위해 자원을 배분하는 것은 두 마리 토끼를 잡으려는 것과 같다.

라) 전략우위 경영은 적절한 자원 배분과 지속적인 촉진방법을 통해 유지가 가능하다.

기업 경쟁 속에서 각 사의 전략 우위 경영은 동태적으로 끊임없이 변화되어 가고 전략우위 경영의 강도는 절대적인 것보다는 상대적인 優越이 관건이므로 그 유지를 위해서는 지속적인 노력이 필요하다.

마) 전략우위 경영에 의한 수익은 시간의 지남에 따라 變化 한다.

시장 환경은 계속적으로 변화하고 강력하게 구축된 전략우위 경영이라 할지라도 환경에 적합하지 않은 것은 그 의미가 약해지고 전략우위 경영으로 인한 수익도 감소되므로 경영자는 자사의 경영이 그 변화에 부합하는 가를 그때그때 검토해야 한다.

따라서 그 검토 결과 경영자는 미래의 시장 환경을 예측하고, 그 환경에서 관건이 될 경쟁 요소를 파악하여, 만약 시장의 환경 변화에 부합하지 않은 경우 자사의 경쟁우위 경영을 능동적으로 전환시키거나 변화시켜 나가야 한다.

바) 전략우위 경영과 기업문화 사이에는 밀접한 관계가 있다.

기업문화란 조직구성원들의 행동을 결정하는 가치체계 및 행동규범 등으로서 의식적, 무의식적으로 지켜지며 그것을 준수하지 못하는 구성원은 점차적으로 소외되게 된다. 전략우위경영은 현재 보유하고 있거나 미래에 보유하게 될 기업의 전략자산을 지칭하는 반면 기업문화는 구성원들이 공유하는 포괄적이고 심리적인 현상이다.

경영층이 구축하고자 하는 전략 우위 경영은 기존의 기업문화 시스템과 조화될 수 있을 때 원활하게 소기의 목표가 달성되며 구축된 전략우위 경영은 다시 기업문화 자체에 영향을 미치게 된다. 비용감소 지향적인 기업문화가 강력한 조직의 구성원들은 단기적 효율화 업무를 하게 되어 장기적인 전략적 사고를 할 수 있는 능력이 약화되기 때문에 최고 경영층이 전략적 변신을 도모하고자 할 때 많은 어려움에 봉착하게 된다.

이와 같이 전략우위 경영을 개발함에 있어서 지향하고 있는 전략우위 경영들 간의 조화뿐만 아니라 기존의 기업문화를 파악하여 그것과도 조화될 수 있는가를 검토해야 한다. 서로 모순되는 관계일지라도 그 전략우위 경영의 추진을 강행해야 된다면 기존의 기업문화와 조화를 이루는 경우보다 더 많은 노력이 투입되어야 하며, 기업문화 자체를 변화시켜 나가는 과정이 될 것이다.

4) 전략우위 경영의 프로세스

가) 정보 분석

전략을 수립한다는 것은 자사에게 적합한 전략우위 경영을 찾아내는 과정으로서 먼저 자사의 장점 및 약점과 환경의 기회 및 위협을 파악하기 위한 정보를 수집하고 분석한 후 전사적인 전략을 설정하게 된다.

(1) 정보 수집의 기법

기존 문헌에 대한 탐색, 개인별 인터뷰, 설문조사, 현장관찰, 컨설팅 의뢰 등 정보를 수집하는 방법은 다양하지만 한 가지 방법에만 의지해서는 안 되고 여러 가지 기법들을 혼합하여 사용하여야 한다. 수집된 정보를 분석함에 있어서는 반갑지 않은 정보는 축소되고 긍정적인 정보는 과장되며 과거로부터 굳어진 사고방식에 의해 새로운 아이디어의 창출이 어려워지거나 새롭게 부각되는 변화를 수용하지 못하는 등 심리적 요인에 의해 객관적인 분석이 저해될 수 있음에 주의해야 한다.

(2) 정보 분석의 내용

(가) 기업 분석

① 경영 능력 분석

자사의 능력이 탁월한 분야와 타사가 이미 전략우위 경영을 구축한 분야를 파악하고 새로운 전략의 실행을 통해 얻을 수 있는 시너지 효과의 기능성을 분석한다.

새로운 전략 실행을 위해 자사가 조달할 수 있는 경영자원을 과거, 현재, 미래시점으로 나누어 분석하며 심리적 용인에 의한 착오를 방지하기 위한 객관적인 자료를 보완해야 한다.

② 원가 구조 분석

전략적 성공에 있어서 비용 요인의 중요성이 크므로 자사의 비용 구조를 연구개발비, 재료비, 생산비, 광고비, 판매비, 관리비 등으로 나누어 분석하고 경쟁업체의 비용구조와 비교해야 한다.

③ 과거 전략 분석

어느 기업이든 기업 특유의 방향성이 있고 그에 따라 자원배분이 결정되는 그 방향이 최고경영자 머릿속에 있기도 하고 공식적으로 문서화되어 있기도 한다.

문제는 설정된 방향과 실제의 활동 사이에 차이가 큰 경우가 많다는 것으로서 그 원인을 파악하고 해결 방안을 모색하기 위해서는 과거의 자사 전략에 대한 분석이 필요하다.

과거의 회의록 내용을 체크하여 사내의 커다란 이슈가 무엇이었으며 그에 따라 자원 배분이 어떻게 진행되었는가를 파악하거나 경영 스태프들과의 인터뷰, 설문조사를 통해 지금까지 진행 내용을 알아 볼 수 있다.

(나) 기업 환경 분석

① 일반 환경 분석

일반적인 환경에는 생태적 환경, 기술적 환경, 경제일반 환경, 인구학적·사회 심리적 환경, 정치적·법률적 환경 등이 포함되어 그 영역이 광범위 하므로 전반적인 조사 후에 자사와 밀접하게 관련되는 부분을 찾아 집중적으로 분석하는 것이 중요하다.

② 산업 분석

산업 또한 그 영역이 막연하므로 자사가 속한 산업에 집중하여 그 부분의 산업구조, 경쟁기업 출현에 대한 가능성, 경쟁상황 등을 분석해야 한다.

③ 시장 분석

정량적인 측면과 정성적인 측면으로 나누어 분석하는데 전자에는 시장 규모, 제품수명주기상의 위치, 수요량의 포화정도, 시장 성장률, 시장점유율, 수요의 안정성 등이 체크되며 후자에서는 고객의 구매 동기, 고객욕구의 충족정도, 구입 시기 및 장소, 상품정보 획득방식 등이 검토되어야 한다.

(다) 이해관계자 분석

① 주주 ② 조직 구성원 ③ 고객
④ 공급업체 ⑤ 지역사회 등의 자사에 대한 기대 및 영향력 분석

(라) 전략적 분석

① **성공 요인 파악**

기업이 처한 시장 환경에 따라 사업의 성공요인이 달라지므로 그것에 적합하도록 전략우위경영을 개발하여야 한다. 시장 환경을 분석하여 사업의 성패에 큰 영향을 미치는 성공요인이 어떤 것인가를 파악하고 가능하면 경쟁업체 들이 미처 구축하지 못한 성공 요인 쪽을 택하여 자사의 전략우위경영을 육성해야 한다.

② **새로운 활동가능성 분석**

환경 분석을 바탕으로 제품시장, 공급선, 기술, 유통망 등에 관련된 기존의 활동에 추가하여 새롭게 할 수 있는 사업의 가능성을 검토한다.

③ **핵심적 전략 과제**

자사의 능력, 비용구조, 환경상의 기회 및 위협에 대한 분석이 끝나면 자사의 현재 위치가 파악되므로 능력을 갖추고 있는데 충분히 이해되지 못한 부문, 환경변화에 따라 새롭게 창출될 기회부문 등에 착안하여 핵심적인 전략적 과제를 설정해야 한다.

나) 전략 개발

전사적인 전략은 그 대상영역이 넓기 때문에 전반적인 방향제시로 끝나고 실제행동에 적용되지 않는 경우가 많으므로 단순명료하게 작성되어야 하며, 전략적인 경영자원의 집중방안이 뚜렷하게 제시되어야 한다. 전사적인 전략 방안의 분량은 4~6 페이지 정도가 적당하며, 다음과 같은 내용이 포함되어야 한다.

(1) 전략우위경영의 수립 방법

전략의 성공가능성뿐만 아니라 전략에 관한 심리적, 사회적 요인을 함께 고려해야 하며 경영층이 공감할 수 있는 평가방식에 따라 선택함으로써 조직 내부의 갈등을 줄이고 선택된 전략의 목표달성을 위해 경영력이 집중될 수 있도록 하여야 한다. 전략을 평가할 때는 다음과 같은 점들을 고려해야 한다.

전략을 평가할 때 고려해야 할 사항

① **차별화** : 어느 정도까지 전략이 경쟁사와 차별화되어 있는가?

② **효율성** : 전략이 어느 정도까지 유리한 단위원가, 고부가가치 또는 저투자집약도를 이끌어 낼 것인가?

③ **시 기** : 전략에서 이점(利點), 우위(優位)는 언제 수반되는가? 그것은 경쟁사에 앞서 전략우위를 점할 수 있는가?

④ **힘의 집중** : 어느 정도까지 힘이 전략으로 집중되는가? 그것은 간접적인 접근으로 수행될 수 있는가?

⑤ **장점의 집중과 시너지 효과의 활용** : 전략은 어느 정도 이용 가능한 장점에 의존하는가? 시너지 효과가 이용될 수 있는가? 얼마나 약점을 회피할 수 있는가?

⑥ **환경적 기회의 이용** : 전략에서 이용할 수 있는 환경적 기회와 피할 수 있는 위협은 어느 정

도인가?

⑦ **목적을 경영자원에 적합하게 하고 리스크를 피할 것** : 위험 회피 전략이 유용한 자원들로 수행될 수 있는가? 성공가능성은 얼마나 있는가?

⑧ **목표의 통합** : 전략이 직원에게 동기부여를 제공할 수 있고 그들의 열정적인 지지를 얻을 수 있는가? 그것은 목적의 통일을 이루어 낼 수 있는가?

(2) 전략구조 설정 시 고려요인

① 비전

비전은 기업의 향후 발전 방향이며 전략적 의도의 선언이고 육성하고자 하는 전략우위경영과 밀접하게 연결된다.

② 전략우위경영

전사적인 전략의 가장 중요한 요소로서 향후 경쟁우위를 달성하고자 하는 기업 특유의 분야(제품관련, 시장관련, 기능관련 등)를 설정하는 것이다. 이미 강조했듯이 전략우위 경영은 각각의 것이 조화를 이룰 수 있는 2~3 가지의 개발에 경영력이 집중되어야 하며 자사가 이미 보유하고 있는 강점을 최대한 이용하여야 한다.

③ 제품 시장 목표

제품은 단순히 물리적인 상품 그 자체만이 아니라 소비자의 욕구를 충족시키기 위해 하드웨어와 소프트웨어를 결합시키는 전체적인 과정을 의미하며, 제품시장의 목표에는 제품, 시장/시장분할, 생산, 성장, 재무 목표 등이 포함된다.

④ 기능과 문화에 대한 전략

기업의 기능 및 문화에 대한 전략은 설정된 비전과 전략우위경영 전략으로부터 유추되는 것으로서 자사의 혁신(연구 & 개발), 시장 판매, 생산, 이윤·비용·재무, 직원, 경영과 조직, 협력협정·사업협력 획득, 문화 등이 어떻게 변화되어야 할 것인가를 규정해야 한다.

다) 전략 수행

전통적인 전략실행 방법은 새로운 전략우위경영에 부합되는 세부적인 행동계획을 작성하는 것인데 각 부서가 전사적인 전략을 해석하는 관점이 달라 문제가 되는 경우가 많았고, 전략실행에 따르는 변화를 싫어하는 그룹이 있는 것이 보통이므로 그 문제해결을 위해서는 변화가 유발되는 부문에 경영력을 집중시켜야 한다.

전략실행은 조직에 의해 기계적으로 이루어지는 것이 아니라, 사람에 의해 추진되는 것이므로 각 구성원들이 전략의 목표달성을 위해 무엇을 해야 하는가 등을 느끼게 함으로써 적극적인 참여를 유도해야 한다. 전략을 실행하는 방법에는 행동계획, 예산집행과 같이 정량적이고 직접적인 것과 기업문화 조성, 교육, 동기부여와 같이 정성적이고 간접적인 것이 있다.

라) 결론

지금까지 기업이 경쟁우위경영을 달성하기 위한 전략위위경영 개념과 전략우위경영과정을 논의하였는데 단계별로 정리하면 다음과 같다.

경쟁우위경영을 달성하기 위한 전략우위경영

① 기업전략의 원리와 전략우위경영의 법칙을 소개했고 전략의 탁월성을 구축하는 방법으로서 차별화, 비용절감, 적절한 타이밍 등 세 가지를 제시할 수 있다.
② 전사적인 전략수립을 위한 정보 분석에 대해 논의하였는데 정성적인 측면, 정량적인 측면, 미래 발전 계획측면 등이 고려되어야 한다.
③ 전사적인 전략을 수립하는 방법을 논하고 기업의 미래 발전 방향으로서 전략 및 전략우위경영 개념의 중요성을 말할 수 있다.
④ 전사적인 전략을 실행하는 방안을 논의하였는데 특히 모든 경영력이 뒷받침될 때 전략이 성공적으로 시행될 수 있다.

그리고 전략우위경영 개념의 개방이 되는 체계는 다음과 같다.

전략우위경영 개념의 개방 체계

① 미래 지향적인 비전이 없는 기업은 조직이 관료화될 것이며, 장기적으로 생존할 수 없다. 전략우위경영 개념을 바탕으로 하는 전략경영은 계속적인 혁신과 변화를 통해 지속적인 생존과 성장을 도모하고자 하는 것이다.
② 전략개념의 요체는 방어적인 경영보다는 경영 환경상의 기회와 자사의 강점을 최대한 활용한 유연한 공격경영에 있다.
③ 기업 활동으로 인한 이윤창출은 우연한 일치가 아니며, 계속적인 기업능력의 배양을 통해 고객이 필요로 하는 상품 또는 서비스를 제공할 때 가능하다.
④ 전략우위 경영의 목표달성을 위해서는 모든 조직 구성원들의 강력한 결속이 전제되어야 하므로 미래지향적이고, 명확한 방향 설정, 조직 내부의 갈등이 최소화될 수 있는 기회확충 등을 통해 동기를 부여하여야 한다.
⑤ 최고경영자는 미래지향적인 전략경영을 통해 조직 내에 새로운 가치, 긍정적인 사고, 미래에 대한 확신과 활력을 불어 넣음으로써 근무환경을 개선하고 고용을 창출하는 등 지역사회 발전에 기여하게 된다.

3. 경영부문 진단감사

기업의 경영자는 모든 분야의 의사결정과 기업경영의 최종 책임자로서 그 역할이 막대하다고 할 수 있다. 특히 기업의 특성상 최고경영자의 경영관리능력에 따라 기업의 성패가 달라진다고 하여도 과언이 아닐 것이다.

따라서 기업 경영자 개인의 능력과 경영자세가 경영성패의 결정적인 영향력을 가져오기 때문에 경영자의 포괄적 경영능력에 대한 진단을 우선시할 필요가 있는 바, 기업에 있어 경영자의 활동영역은 다음과 같이 여러 가지로 대별할 수 있다.

가. 경영환경변화 대응능력

오늘날에 있어 기업을 둘러싸고 있는 대내외 환경변화는 그 속도와 방향에서 엄청난 파문을 가져오고 있다. 기업의 경우 경영자가 이러한 환경변화에 대하여 얼마나 빨리 인식하고 대응해 나가느냐에 따라 기업의 미래가 달라질 수 있다.

지금까지의 기업 성패에 대한 사례를 통해서 보면 많은 경우 도산기업들의 공통된 특징 중 하나는 변화해 가는 환경에 대한 기회와 위험요소, 자사의 강점과 약점을 파악하지 못하고 과거의 성장이 지속되리라는 안이함에서 기업의 도산이나 실패가 있었다는 점을 알 수 있다.

따라서 경영자의 환경변화 대응 노력이란 기업 내외의 환경변화를 항상 면밀히 파악하고 환경변화에서 발생하는 기회와 위험요인들을 정확히 분석하여 적절한 전략방향과 대응책을 강구하는 역할이다. 기업은 조직의 규모 면에서 경영자 휘하 별도로 기획부문이 있어 의사결정과 정보수집 스탭을 둘 수 있도록 조직이 분화되어 있지 못하기 때문에 경영자 자신이 이러한 역할을 수행하여야 한다.

환경요인이 급변할 때 비즈니스에서 항상 고려해야 될 요소는 선택과 제거라는 혁신 전략의 구상이다. 특히 혁신의 깃발은 최고 경영자 스스로가 모범적으로 앞장서 갈 때만이 전 사원도 동참해 갈 수 있게 된다.

환경변화 대응능력 수준을 평가할 수 있는 척도는 자사의 기업을 둘러싼 정치, 경제, 사회적 변화 요인과 고객, 시장, 경쟁사, 기업의 미래에 대한 비전 제시력 등을 파악하고 있고 대응해 가려는 노력도 등의 주관적 판단이 가능하리라 생각된다.

나. 리더십 및 경영전념도

경영관리자는 각기 리더로서의 다양한 스타일이 있고 또한 경영에 임하는 자세가 다르다. 이러한 리더십이나 경영전념도는 경영자에 대한 종업원의 신뢰도를 결정하는 수준이 되며 또 한편으로는 경영자의 기업 경영에 대한 충성도 수준이 될 수 있다.

기업 경영자는 기업 상황에 알맞는 고유의 리더십 스타일을 개발하여야 한다. 이 부분에 대한 평가 척도는 다소 주관적인 판단기준에 의해서 진단하기 애매모호한 일면이 있지만 기업 내에 존재하는 구성원들의 경영자에 대한 강한 신뢰감을 회복하며 종업원의 근로의욕과 주인정신을 고취시키고 노사 간에 일체감을 조성할 수 있는 계기를 마련해 준다.

다. 중장기 비전 및 경영계획 수립 정도

중소기업은 계속적으로 중소기업으로만 존재하지는 아니한다. 기업의 성장 발전사를 보면 항상 기업 창업에서 성장의 과정을 거쳐 대기업이 되고 발전 혹은 조직 사망이라는 몰락의 과정을 갈 수 있기 때문이다.

따라서 경영자는 자사의 기업 미래에 대한 청사진이나 달성할 수 있는 비전을 제시할 수 있어야 하고 이를 체계적으로 중장기 경영계획에 반영해서 구체적인 목표를 갖고 기업 성장 발전을 추구해 나가야 한다.

이렇게 되었을 때 경영자를 믿고 따르며 불안감을 갖고 있는 종업원에게 미래의 희망과 꿈을 심어 주게 될 것이다. 따라서 경영자에게 있어 이러한 기능은 매우 중요한 진단의 평가 항목이 되어 경영자 고유의 기능이 될 수 있을 것이다.

라. 기업가로서의 가치관 확립과 자기혁신 의지

기업 경영자에게 있어 또 하나의 중요한 책임은 기업가로서의 사명과 가치관 확립, 자기혁신의 의지라고 생각할 수 있다. 특히 이러한 뚜렷한 기업관이나 자기혁신력이 없이는 어려운 경영상의 제조건을 오래 지탱해 갈 수 없게 된다.

기업가는 이윤도 추구해야 되지만 이러한 이윤추구에 있어 이해관계자인 종업원이나 소비자, 더 나아가 국민 경제의 발전에 대한 사회적 책임이 존재하게 되어, 쉽게 창업하고 마음 내키지 아니하면 금방 폐쇄하겠다는 나약한 기업의식이 아닌 종업원의 장래보장, 소비자의 편익증대, 기업을 둘러싼 모든 이해관계자의 공헌 등과 같은 책임이 부여된다.

마. 정부 및 유관기능의 지원제도 활용 수준

정부는 기업의 육성정책에 따라 여러 가지 기업지원제도를 활성화하고 있다. 따라서 기업 경영자가 이러한 제도를 적시에 파악하고 활용코자 하는 노력 정도에 따라 성장 발전할 수 있다.

따라서 경영자 요인 부문의 평가항목으로 정부 및 유관기관의 다양한 지원제도에 대한 숙지여부와 자사에서 활용 가능한 제도의 활용 수준에 대한 주관적 판단에 의해서 진단할 필요가 있다.

V 진단감사 결과보고

1. 진단감사 체크리스트

경영진단 체크리스트란 경영진단을 실시할 때 경영부문별 관리 실태분석을 용이하게 할 수 있도록 기업에서 중점적으로 점검해야 할 점검 항목을 경영부문별로 정리·제시한 것이다. 경영진단 체크리스트는 경영성과 평가 → 경영부문별 관리수준 평가 → 경영 부문별 관리 실태 분석 → 문제점 발견 및 개선방안 마련으로 이어지는 경영진단 과정 에서 마지막 두 단계를 용이하게 하고자 함에 그 목적이 있다.

한편 체크리스트의 구성 항목들이 경영부문별로 중점적으로 관리해야 할 경영수칙들이므로 경영자가 일상적인 경영활동을 수행할 때 이 항목들을 항상 염두에 두고 중점관리함으로써 경영자들이 경영능력 부족으로 인한 전근대적 경영을 미리 예방하는 효과를 가져올 수 있다. 이에 따라 기업의 경영자들은 경영부문별 체크리스트들을 충분히 숙지하고 이 항목들을 일상적으로 체크해 보도록 노력하면 더욱 효과적이다.

가. 경영자 요인부문 점검 항목

(1) 환경 변화 대응 노력

① 시장 및 경쟁 환경 변화 파악 노력 ② 기술적 환경 변화 파악 노력

③ 경제·사회·문화 등 일반적 환경 변화 파악 노력

④ 기술적 혁신 노력

ㅇ 제품혁신 노력 ㅇ 생산 공정 혁신 노력

⑤ 관리적 혁신 노력 등

ㅇ 조직구조 개편 노력 ㅇ 새로운 판매 및 구매시장 개척 노력

(2) 정부 및 유관기관 지원정책 활용 노력

① 금융지원제도 활용 노력 ② 신용보증제도 활용 노력

③ 종업원 병역혜택제도 활용 노력 ④ 기타 지원제도 활용 노력 등

(3) 리더십 스타일 및 경영전념도 수준

① 종업원의 근로의욕 및 주인의식 고취노력 ② 노사 간의 일체감 및 신뢰감 조성

③ 생산현장 애로요인 개선 노력 ④ 재무회계관리의 명확화 노력

⑤ 판매력 강화 및 판매구조의 독립성 확보 노력 등

(4) 중장기 비전 및 경영계획 수립 정도

① 기업 규모에 대한 중장기계획 수립

② 생산 및 판매구조의 중장기계획 수립 ③ 근로조건 개성 계획 등

(5) 기업가로서의 가치관 확립과 혁신 의지

① 기업에 대한 사회적 기대 변화에 대한 대응 수준 ② 경영자 혁신 의지 등

나. 마케팅 부문 점검 항목

(1) 판매 조직

① 판매 전담조직 수준 ② 판매부서와 타부서의 협력체제 등

(2) 시장조사와 판매계획

① 시장조사 범위의 적정성 ② 시장조사 방법의 합리성

③ 판매계획의 구체성

ㅇ 기간별, 제품별, 지역 및 고객별, 판매점 및 영업점 담당자별 판매계획

④ 판매목표 설정의 합리성 등

(3) 제품 전략

① 제품계획 수립의 합리성

② 제품계획의 범위 및 방향의 명확화 ③ 제품 개발 추진의 합리성 등

(4) 가격 전략

① 주문 판매 시 판매가격의 적절성 ② 가격 정책의 합리성 등

(5) 판매 촉진 전략

① 판매원의 교육훈련 실시수준 ② 판매원의 인센티브제도 실시수준
③ 광고매체 선정의 적절성 ④ 인적 판매와 광고의 조화 수준
⑤ 잠재적 시장 관리 노력 등

(6) 판매 경로 전략

① 유통경로 관리의 철저성 ② 시장구조 다변화 노력 등

다. 인사·조직 부문 점검 항목

1) 조직 관리

(1) 조직체계 및 업무분장의 명확화

① 조직도의 작성과 게시 · 배포 ② 조직도상에 부서별 업무의 구체적 명시
③ 조직체계의 합리성(부서별 중복 및 누락 여부 등)
④ 부서별 업무 전문성 제고 수준 ⑤ 직위별 직무의 구체적 명시 수준
⑥ 불필요한 직위의 존재 유무 등

(2) 권한의 분권화 정도

① 직위별 직무권한 규정의 구체성 ② 직무권한 규정의 구체성 등

(3) 부서 간 업무협조 수준

① 사무직과 생산직 간의 이질감 수준 ② 사업부서와 관리부서의 갈등 수준

(4) 상호 간 의사소통과 조직 분위기 정도 등

2) 인사(노무) 관리

(1) 임금인상 결정의 합리성

① 노동생산성 수준 고려. ② 생계비 상승률 고려. ③ 동종 타사/동지역 타사 고려

(2) 임금체계의 공정성

① 임금테이블의 설정 ② 직무급과 생활급의 조화 유지
③ 직종 간(사무직과 생산직) 임금격차의 균형성

(3) 임금체계의 기능 수행 능력

① 생산장려급제도의 적정성
② 적절한 수당제도(기능수당, 자격수당, 특수작업수당, 장기근속수당) 설정 등

(4) 복리후생제도 실시 등

3) 인사(신분) 관리

(1) 정원 설정 및 인력계획 수준

○ 조직 단위별, 직무별, 직종별 구분

(2) 모집 노력의 적극성 **(3) 채용기준 및 절차의 합리성**

(4) 종업원의 주인의식 및 사기진작 수준

(5) 안전·위생 관리 수준

① 정기적 건강검진 ② 위험 작업자의 안전장비 착용 철저 ③ 안전관리자 선임
④ 화재예방계획 및 소방준비 ⑤ 안전규칙 제정 및 준수 ⑥ 정기적 안전검사 실시

(6) 종업원 능력 개발 노력 **(7) 이직 원인 분석과 특성 분석**

(8) 이직 대책 수립 등

① 조퇴 결근 동향 분석 및 종업원 사기 조사
② 고충처리기구 및 인사상담제도 설치
③ 재고용제, 근로연장제, 퇴직준비프로그램 실시
④ 퇴직자와의 계속적인 관계유지 등

4) 평가 관리

(1) 직무평가 수준

① 직무평가의 실시 여부(직무분석 결과를 근거로 평가)
② 직무평가 결과의 합리적 활용 여부(직무급, 승진, 인사고과, 교육훈련)

(2) 인사고과제도 및 확립 수준

① 인사고과 목적의 합리적 설정(능력 개발, 적정 배치, 조직 개발 등 기초자료 활용)
② 인사고과의 합리적 실시
③ 공정·객관적 비교가 가능한 고과 방식 ④ 인사고과 권한 위양 및 분권 관리 등

라. 생산 부문 점검 항목

1) 생산 계획 및 통제

(1) 생산계획 수립의 합리성

○ 생산계획 수립 시 타 부문과의 조정 수준(판매부문과의 조정, 자금부문과의 조정, 구매부문과의 조정 등)

(2) 생산계획의 구체성

① 기간별(대일정, 중일정, 소일정) 계획 수립 정도
② 생산계획 분야별 구체적 수립정도(공정계획, 일정계획, 자재계획, 외주계획 등)

(3) 생산통제의 적정성

① 진도관리(작업지시 방법, 작업진도 조사·기록 방법, 지연작업 회복·대응 방법)
② 여력관리(작업장별, 공정별, 공수관리, 인력조정 방법, 작업할당 방법)
③ 현물관리(재공품 현황 파악 및 보관 상태, 현품 인수·인계 방법)
④ 생산실적 자료 관리 등

(4) 생산통제 사무절차의 합리성 **(5) 공정회의 효율적 운영 수준 등**

2) 작업 관리

(1) 작업 실적 관리

○ 작업 시간, 재료 사용량, 생산량 등

(2) 작업 표준화 수준

① 작업 표준화 방식 ② 표준시간의 정확성 등

(3) 작업 지도 및 작업 방법 개선 노력

○ 기간별, 제품별, 지역 및 고객별, 판매점 및 영업점 담당자별 판매계획

(4) 작업장 정리정돈 상태

① 불용품의 청소상태, 재공품과 치공구의 정리정돈 상태, 통로 및 위치 표시상태

② 소음, 통풍, 분진, 온도, 습도 유지 상태 ③ 위험·유해물 위치 표시 등

(5) 작업대 및 재료공구의 능률적 배치

① 작업대 높이와 재료·공구 배치의 적절성

② 운반구의 적절한 활용과 노면의 상태 수준 등

(6) 기계 및 공구의 보수 · 점검 수준

① 기계 및 공구의 손질, 연마 및 보수 노력

② 기계 및 공구의 정기적 검사 실시 ③ 기계 및 공구의 보관 및 대출 관리 수준

(7) 기계 및 공구의 관리 체계

① 담당자 지정 ② 기계·설비대장 작성 및 소관 부서 결정

③ 기계 및 공구 분류 체계 확립 ④ 폐기 절차 명시

3) 품질 관리

(1) 품질관리 활동의 체계적 실시

① 전사원의 품질지상주의 사고확립 수준 ② 품질관리 전담조직 설치 여부

③ 품질관리 교육 실시 수준 ④ 품질관리 분임조 조직 수준

(2) 불량 검사기준의 명확화

(3) 검사방식의 적절성

① 품질검사 용구정비 수준 ② 출하검사, 공정검사, 수납검사 등의 체계적 여부

③ 개별검사 혹은 전수검사 여부

④ 샘플링검사의 표본크기, 표본추출 방법, 판정기준 확립 수준

(4) 불량발생의 체계적 집계

① 불량발생 집계의 구체적 수준

② 원인별 분류(근로자 미숙련 및 부주의, 작업량 과다, 작업방법, 기술부족, 설비 노후) 집계여부

③ 현상별 분류(작업자별, 품종별, 기계별, 월 · 일별, 공정별) 집계여부

④ 품질관리기법(불량그래프, 파레토도, 특성요인도)의 적절성

(5) 수율 관리

① 재료별, 품목별, 수율표준 설정 여부 ② 불량률 포함 종합수율 측정 여부

③ 수율 변동 원인 분석 및 수율 향상 대책 수립 여부

(6) 불량감소 대책 정도

① 품질관리도표(불량그래프, 파레토도, 특성 요인도)의 활용 수준

② 품질개선 제안제도 실시 ③ 설비 및 공정 개선 노력 ④ 사내 표준화 확산

4) 자제 및 외주 관리

(1) 구매 관리 수준

① 구매계획 관련 정보자료(시세변동, 시중재고 수준, 수요 변동 등) 확보 노력

② 발주의 신속성(주문보충량 제도화) 수준

③ 구매처별 납기일 파일링 실시 여부　　④ 현품과 납품처의 대조 철저

(2) 창고 관리 수준

① 납입품 수납절차 및 검사기준 확립 수준

② 불량품 처리절차 확립　③ 창고대장 작성 및 재고실사 수준

④ 보관 및 정리방법의 적절성(보관 중 분실, 파손 방지)

(3) 외부방침의 설정수준

① 외주품목 및 외주비율에 대한 방침　　② 외주업체수의 상한선에 대한 방침

③ 외주업체의 생산 능력 및 경영상태에 대한 방침

(4) 외주방법의 확립 수준

① 직접 하청 및 2차 하청 규제　　② 재료 지급 여부　③ 단가 결정 방법

④ 하청대금 지급 방법　　⑤ 기술지도 여부

(5) 외주업체 관리통제 수준

① 생산계획 표준 일정 작성　② 납기 준수 관리 수준　　③ 검수철저

5) 기술개발 및 자동화

(1) 기술 축적 노력

① 기술관리 전담조직 유무

② 기술(설계 및 응용기준) 축적을 위한 체계적 노력 수준

③ 연구개발 투자 의지　　④ 기술 인력의 장기근속 노력

(2) 외부기술의 적극적 도입

① 모기업 기술전수 노력　　② 동 업종 타사와의 공동연구 노력

③ 산학연계 연구개발 노력　　④ 외국기술 도입 노력

(3) 자동화 추진 노력

① 경영자 및 종업원의 자동화에 대한 인식 수준

② 공정자동화 단계 및 공장자동화 자금 확보율

(4) 자동화 인력확보 노력 및 기술 수준

① 자동화 전문인력 수 및 학력 수준　　② 자동화 전문 인력의 설비운용 능력

마. 재무·회계부문 점검 항목

(1) 재무방침 설정 및 계획 수립

① 재무방침의 설정　　② 재무계획의 수립

(2) 회계제도의 확립

① 회계담당부서 확립 수준 ② 기업회계제도의 합리적 확립
③ 내부회계관리제도의 도입 및 적정운용 수준
④ 회계처리 및 결산절차의 적절성 ⑤ 회계자료 활용의 합리성

(3) 자금수지 관리

① 현금수지 관리 수준 ② 운전자금 관리 수준
③ 설비자금 관리 수준 ④ 매출채권 회수관리 수준
⑤ 재고관리 수준 ⑥ 금융기관 거래의 적극적 수준

(4) 이익 및 비용·수익 관리

① 자본이익률 관리 수준 ② 비용수익 관리 수준

(5) 재무구조 관리

① 재무구조의 장기적 안정성 ② 재무구조 개선 노력 등

재무·회계부문의 점검에 필요한 자세한 내용은 제3권 제9장 제4절 – Ⅲ – 1. '재무 비율 분석을 활용한 진단감사'의 항목을 참조하시기 바랍니다.

2. 부문별 경영관리지표

가. 영업 부문

1) 매출 달성률 : (실적매출 ÷ 계획 매출) × 100
2) 시장 점유율 : (당사매출액 ÷ 시장 수요) × 100
3) 전략제품 구성비 : (전략제품매출 ÷ 총 매출) × 100
4) 신제품 구성비 : (신제품매출 ÷ 종 매출) × 100
5) 수입품 M/S : (수입품 ÷ 국내 시장 수요) × 100. 6) PPM 분석 : 생략
7) 매출 신장률 : [(당년매출 – 전년매출) ÷ 전년 매출] × 100
8) 수주이익률 : [(수주가 – 견적원가) ÷ 수주가] × 100
9) 대당가격 : 매출액 ÷ 대수
10) 가격인상률 : [(당년가격 – 전년가격) ÷ 전년 가격] × 100
11) 면당가격 : 매출액 ÷ 면수
12) 매출채권회전율 : 평균매출채권 ÷ 일평균매출액
13) 받을어음월령 : Σ(받을어음 × 기일) ÷ 총받을어음
14) 선수금율 : (선수금 ÷ 수주사) × 100 15) 부실채권금액 : 생략
16) 시장구조비율 : (시장별매출 ÷ 총매출) × 100
17) 판관비율 : (판매관리비 ÷ 매출액) × 100
18) 신용한도율 : (외상매출 ÷ 담보액) × 100
19) 경쟁제품광고비율 : (당사광고회수 ÷ 경쟁사광고회수) × 100
20) 매체별 광고건수 : 생략 21) 매체별 광고금액 : 생략

22) 광고비율 : (광고비 ÷ 매출액) × 100 또는 (광고비 ÷ 총비용) × 100
23) 클레임 해결률 : (해결건수 ÷ 접수건수) × 100. 24) 대리점수 : 생략
25) 대리점 평균매출액 : (대리점매출총계 ÷ 대리점수) × 100
26) 계약건수 : 생략. 27) 수주성공률 : (계약건수 ÷ 견적건수) × 100
28) 계약건당매출액 : (매출액 ÷ 계약건수) × 100
29) 수주신장률 : [(당년수주 − 전년수주) ÷ 전년수주] × 100
30) 이월수주잔률 : (이월수주액 ÷ 익년매출계획) × 100

나. 생산 부문

1) 생산 Capa : 생략. 2) 외주율 : (외주생산액 ÷ 총생산액) × 100
3) 생산액 달성률 : (실적생산액 ÷ 계획생산액) × 100
4) FA설비율 : [FA설비 ÷ 고정자산(기계장치)] × 100
5) 납기지연률 : (지연제번수 ÷ 총제번수) × 100
6) 평균지연일수 : Σ(지연일수 × 제번수) ÷ 총제번수
7) 장납기비중 : (장납기제번수 ÷ 총제번수) × 100. 8) 시점별 LEAD TIME : 생략
9) 설비가동률 : (가동시간 ÷ 조업시간) × 100
10) 실동률 : (실동공수 ÷ 직접공수) × 100 11) 능률 : (S.T ÷ 실동공수) × 100
12) 간접률 : (간접인원 ÷ 총인원) × 100
13) 임률 : (기능직인건비 ÷ 실동공수) 또는 (총인건비 ÷ 실동공수) 또는 (총가공비 ÷ 실동공수)
14) 공수생산성 : (생산액 ÷ 실동공수) × 100
15) 인당생산액 : (생산액 ÷ 인원) × 100
16) 생산증가율 : [(당년생산 − 전년생산) ÷ 전년생산] × 100
17) 제품불량률 : (불량건수 ÷ 검수건수) × 100
18) 수입검사불합격률 : (불합격건수 ÷ 수입검사건수) × 100
19) 특채율 : (특채구매액 ÷ 총구매액) × 100
20) 현금결제율 : (현금결제액 ÷ 총결제대금) × 100
21) 지급어음월령 : Σ(지급어음 × 기일) ÷ 총지급어음 22) 진부화 재고금액 : 생략
23) 수율 : (생산량 ÷ 사용량) × 100 24) 재료비율 : (재료비 ÷ 생산액) × 100
25) 외주재료비율 : (외주재료비 ÷ 재료비) × 100
26) 도입재료비율 : (도입재료비 ÷ 재료비) × 100
27) 노무비율 : (노무비 ÷ 생산액) × 100 28) 제조경비율 : (제조경비÷생산액) × 100
29) 제조변동비율 : (제조변동비 ÷ 매출액) × 100
30) 제조한계이익률 : (제조한계이익 ÷ 매출액) × 100
31) 제조원가율 : (제조원가 ÷ 생산액) × 100 32) 분임조 등록수 : 생략
33) 테마해결건수 : (테마해결건수 ÷ 분임조수) × 100

34) 제안건수 : (제안건수 ÷ 인) × 100
35) 제안채택률 : (채택건수 ÷ 제안건수) × 100 36) 표준화건수 : 생략
37) 품질관리 교육회수 : 생략 38) 에너지절감액 : 생략
39) 재고자산 회전일수 : (평균재고자산 ÷ 일평균생산액) × 100

다. 연구·개발 부문

1) 연구인력비중 : (연구인력 ÷ 종업원수) × 100
2) 연구개발비용 : (연구개발비 ÷ 매출액) × 100
3) 인건비율 : (인건비 ÷ 연구개발비) × 100
4) 자체개발비중 : (자체개발비 ÷ 연구개발비) × 100
5) 공업소유권출원건수 : 당년출원건수 또는 전년비중증가건수
6) 특허출원률 : (특허출원건수 ÷ 총출원건수) × 100
7) 연구개발 ITEM 수 : 생략 8) 상품화 완료건수 : 생략
9) 매출기여도 : (개발제품매출 ÷ 해당 제품군매출) × 100
10) 일정준수율 : (계획일정 ÷ 실적일정) × 100

라. 기획·심사 부문

1) 매출액 경상이익률 : (경상이익 ÷ 매출액) × 100
2) 자기자본 순이익률 : (순이익 ÷ 자기자본) × 100
3) 부가가치율 : (부가가치 ÷ 매출액) × 100
4) 노동생산성 : (부가가치 ÷ 종업원수) × 100
5) 노동장비율 : [(유혀고정자산 − 건설가계정) ÷ 종업원수]
6) 투자수익률 : (당기순이익 ÷ 투자금액) × 100
7) 투자회수시간 : (회수금액 ÷ 투자금액) × 100
8) 손익분기점 : (고정비 ÷ 한계이익률) × 100 9) 시장정보 분석회수 : 생략
10) 예산준수율 : (집행 ÷ 계획) × 100

마. 자금·회계 부문

1) 차입코스트율 : (지급이자 ÷ 평균차입금) × 100
2) 자금수지준수율 : (실적수지 ÷ 계획수지) × 100
3) 단기차입금의존율 : (단기차입금 ÷ 총차입금) × 100
4) 자기자본이율 : (자기자본 ÷ 총자산) × 100
5) 총환거래액 : 생략 6) 외환운용차익 : 생략 7) 금융거래건수 : 생략
8) 차입금비율 : (차입금 ÷ 자기자본) × 100
9) 고정장기적합률 : [(고정자산 + 투자와 기타자산) ÷ (자기자본 + 고정부채)] × 100
10) 부채비율 : [(유동부채 + 고정부채) ÷ 자기자본] × 100 11) 결산일정 단축 : 생략
12) 마감일정준수율 : [1 −(지연일수 ÷ 계획일정)] × 100

13) 계정과목착오율 : (착오건수 ÷ 총기표건수) × 100
14) 제신고 착오율 : (착오건수 ÷ 신고건수) × 100 15) 절세금액 : 생략

바. 교육·훈련 부문

1) 교육시간 : (연교육량 ÷ 종업원수) 2) 교육수혜율 : (수혜자수 ÷ 종업원 수)
3) 교육훈련비율 : (교육훈련비 ÷ 매출액) × 100
4) 자체교육비율 : (자체교육량 ÷ 총교육량) × 100 5) 교육프로그램 개발수 : 생략

사. 인사·노무 부문

1) 직능별인력구조율 : (직능별인력 ÷ 총인원) × 100
2) 평균근속년수 : Σ(개인별근속년수 ÷ 총인원)
3) 평균년령 : Σ(개인별년령 ÷ 총인원) 4) 인당 인건비 : (인건비 ÷ 종업원수)
5) 인건비수준도 : (당사인당인건비 ÷ 경쟁사인당인건비)
6) 인건비율 : (인건비 ÷ 매출액) × 100
7) 인건비증가율 : [(당년인건비 − 전년인건비) ÷ 전년인건비] × 100
8) 인원증가율 : [(당해인원 − 전년인원) ÷ 전년인원] × 100
9) 퇴직률 : (퇴직자수÷종업원수)×100 10) 출근율 : (출근자수÷종업원수)×100
11) 노동분배율 : (인건비 ÷ 부가가치) × 100
12) 인당노동시간 : (총노동시간 ÷ 종업원수) 13) 안전사고 건수 : 생략
14) 재해도수율 : (재해건수 ÷ 년노동시간) × 100만 시간 15) 산재비용 : 생략

아. 사무·개선 부문

1) OA기기보급대수 : (종업원수 ÷ 대수) 2) OA전문요원수 : (전문요원 ÷ 부서수)
3) S/W보급수 : (보급수 ÷ 부서수) 4) OA교육시간 : (연교육량 ÷ 종업원수)
5) 전산화율 : (전산리포터수 ÷ 총이용리포터수)

3. 진단감사보고서 작성

가. 진단보고서의 의의

경영진단이 완료되면 진단주체인 내부감사인은 제자료를 정리하여 진단결과에 대한 의견을 보고하여야 한다. 이 보고서식을 '**진단보고서**' 혹은 '**지도권고서**'라고 한다. 통상 일반적으로 사용하고 있는 진단보고서의 목차는 다음과 같다.

일반적으로 사용되고 있는 진단보고서의 목차

① 경영현황 및 문제점 ② 지도 내용
③ 종합의견 및 권고사항 ④ 첨부 자료

진단보고서나 진단권고서의 작성은 내부감사인의 가장 중요한 임무의 하나이다. 경영진단이 아무리 완전하게 실시되었다 하여도, 진단보고서나 지도권고서에 의한 의견표명이 분명하지 않거나 적당치 않을 때는 진단고객에게 하등의 도움이 되지 않는다.

따라서 진단주체인 내부감사인은 그가 행한 진단의 개요와 진단 실시 중에 발견된 제문제점에 기초하여 개선지도사항을 명료하게 표시하여야 한다. 진단보고서는 말하자면 진단전말서로서 진단주체인 내부감사인과 지도고객을 결부시키는 연결고리이다.

진단기술이 숙련된 내부감사인이라 할지라도 진단결과에 대하여 명료하고 체계적이며, 정확하고 자료적으로 풍부한, 그리고 의미 있는 보고서를 작성함에 필요한 능력을 가지지 않고서는 진단고객의 요구에 응할 수 없을 뿐만 아니라 내부감사인 자신의 직무에 대해서도 불충실함을 면할 수 없다.

요컨대 진단보고서는 내부감사인이 자신을 위해서가 아니고 고객을 위하여 작성하는 것이므로 가급적이면 진단고객의 입장을 고려하여 진단을 하고, 그 진단의 내용과 결과를 용이하게 이해할 수 있도록 작성해야 한다.

나. 진단보고서의 목적

결과적으로 진단보고서의 기능은 피진단부서/기관의 문제점 및 개선안을 경영층에게 전달하는 수단이며 진단의 최종 결정체이다. 이는 진단자의 의견표명의 수단이 되며 피진단부서장/기관장에게 적절한 조치를 하도록 하는 수단이다.

진단보고서의 작성 목적은 경영자에게 정확한 정보를 제공하는 데 있다. 따라서 사실에 입각하여 간결·명료하게 요약·기술하여야 한다. 이러한 진단보고서는 제도 개선안을 제시토록 하고, 효과적이고 실행 가능한 경영에 반영하기 위하여 설득력과 논리성, 타당성, 적시성이 확보되어야 한다.

다. 진단보고서의 유형

진단보고서는 그 목적에 따라 여러 가지로 구분된다. 일반적으로 진단항목의 유형에 따라 다음과 같은 내용으로 구분될 수 있다.

진단보고서의 유형

1) 지도보고서

가) 경영지도, 원가절감지도, 각부문지도

나) 시스템지도

○ 실제원가계산 제도도입 지도　　○ 관리회계 제도도입 지도

○ 목표관리 제도도입 지도　　○ 사업부제 제도도입 지도

○ 전산화 제도도입 지도　　○ 종합관리 제도도입 지도

다) 사업계획서 작성 지도, 법인설계 및 세무대책 지도, 공장이전 지도 등

2) 진단보고서

가) 종합 진단, 부문 진단　　　　나) 세부 진단, 특정사안 진단

3) 타당성 검토보고서

가) 신규사업계획의 타당성 검토　　　　나) 증설사업계획의 타당성 검토
다) 공장이전계획의 타당성 검토　　　　라) 전산도입계획의 타당성 검토 등

4) 조사 보고서

가) 원가조사보고　　　　나) 특정사안보고 등

라. 진단보고서의 구성

앞에서 언급한 바와 같이 현재 진단기관에서 채택 중인 진단보고서의 구성은 ① 기업 현황 및 문제점, ② 지도 내용, ③ 종합 의견 및 권고 사항, ④ 첨부 자료로 구성되어 있다.

이 진단보고서 혹은 지도보고서의 번호 붙이기는 진단주체인 감사인에 따라 자유롭게 붙일 수 있으나, 일반적으로는 「정부문서관리규정」의 번호 붙이기 순서인 1, 가, 1), 가), (1), (가)의 순서로 세분하여 작성한다.

진단보고서(지도권고서)의 작성기준을 문서화하여 준 바는 없다. 따라서 진단·지도에 임한 진단주체가 요약하여 작성할 바이지만, 핵심을 빠트리지 않은 요령 있고 간결한 체제로 진단 내용이 활용할 사람 중심으로 실무에 적용하기 쉽도록 작성하기를 일반적으로 바라고 있다.

기업은 경영관리 수준이나 기술수준은 천태만별이며 진단결과를 실무에 적용할 근무자도 수준의 차이가 심하다. 그러니까 진단받은 기업체의 능력과 수준에 맞는 진단·지도 내용이어야 하고, 진단보고서나 지도권고서 또한 실무자의 활용 이 편리하게 작성하여야 한다.

마. 진단보고서의 작성 방법

1) 진단조서의 작성방법

진단보고서를 작성하기 전에 진단조서를 작성하면 여러 가지 면에서 도움을 받을 수 있다. 진단조서의 기능은 진단보고서 작성의 기초자료가 된다. 이것은 진단결과에 대한 증거 데이터이며 확인서, 자술서의 기능을 가지고 있다.

진단조서는 진단보고서의 내용에 문제점이 있을 시 증거서류로 확보할 수 있으며, 진단업무의 효율적인 추진으로 진단업무 추진의 이력관리 자료로 활용할 수 있다. 따라서 차후 진단 시 자료로서 활용된다.

진단조서의 작성 목적은 진단업무를 조직화하거나 조정을 가능하게 하는 것이며 진단의견의 입증을 위해서 진단보고서 내용의 Back Data가 되어야 한다. 또한 분쟁 시 진단 업무를 성실히 수행하였다는 유일한 자료가 될 수 있다.

진단조서 작성요령은 통일된 조서 용지를 사용하는 게 좋다. 따라서 가능한 인쇄하여 사용하거나 시중에 판매되는 용지를 사용할 수 있다.

작성방법은 좌측 좌상단에 피진단부서/기관을 기재하고, 좌측 상단에 진단의 '주제'를, 우측 좌상단에 진단일자를, 우측 하단에 주요사항, 미비된 점, 진단조서 기재인을, 우측 최하단에 진단자의 서명을 기재토록 한다.

조서용지는 가능한 한 면만 사용토록 하는 것이 좋으며, 진단이니 직접 작성치 않은 자료는 정보처 및 진단명을 기재토록 하고, 중요 증거서류는 즉시 copy를 징구하여 조서 뒤에 첨부한다.

2) 진단보고서의 작성방법

가) 진단보고서의 작성 요건

어설프게 작성된 진단보고서는 경영자로부터 불신과 진단자의 능력까지도 의심받게 된다. 그러므로 진단보고서의 작성방법은 다음과 같은 세 가지 요건이 필요하다.

진단보고서 작성방법의 3가지 요건

① 완전성으로 필요한 것은 전부 수집되어야 한다.
② 명확성으로 작성자 이외에 누구라도 알아볼 수 있도록 하여야 한다.
③ 확실성으로 내용이 진실되어야 하고 정확히 기록되어야 한다.

이상에서 언급된 세 가지 요건에 부언해서 구체적으로 설명하면 다음과 같다.

첫째, 경영자의 관점에서 진단보고서를 쓴다.

둘째, 가장 중요한 문제점을 제일 먼저 작성한다. 단, 사안이 매우 중대하여 인사문제나 금전적인 문제가 결부된 것은 2번이나 3번으로 배열한다.

셋째, 문제점 지적뿐만 아니라 개선안을 제시한다. 단, 이때 주의해야 될 점은 대안도 없는 문제점만 거론하는 것은 금지되어야 한다는 것이다.

넷째, 문제 내용에 대해 가능한 수치화시킨다.

다섯째, 전문 용어, 애매한 용어는 피한다.

여섯째, 글자보다 BOX·도표·그래프를 사용한다.

일곱째, 개별 지적사항과는 별도로 앞면에 3매 이내로 가급적 요약 보고한다.

나) 진단보고서의 작성 원칙

(1) 먼저 요약부터 진단보고서를 시작한다.

진단보고서의 첫머리에는 진단결과의 요점을 쓴다. 이 부분은 「요약」 또는 「결론」이라고 부른다.

(2) 목차를 쓴다.

이렇게 함으로써 진단보고서를 읽는 사람은, 읽고 싶은 부분을 선택할 수 있다. 또 목차를 봄으로써 그 정리법과 강조된 곳을 알 수 있다.

(3) 상세한 데이터를 붙인다.

이렇게 함으로써, 말하고자 하는 점을 간결하게, 그러면서도 빨리 이야기할 수 있다. 정확성과 객관성을 요구하는 진단의뢰자에 대해서는 표·도표·기타 실증적 데이터를 첨부한다.

다) 진단보고서의 작성 방법

(1) 진단보고서의 구성법

진단보고서의 구성법은 일반적으로 다음과 같은 형식을 갖춘다.

① **표지의 타이틀**

② **타이틀 페이지**

표제를 가운데 쓰고 여백을 충분히 남긴다.

③ **목차**

여기에는 페이지수를 넣어, 각 부분의 길이를 나타내도록 한다.

④ **머리말**

문제를 간단히 정의하고, 그 해결법을 간략하게 작성한다.

⑤ **보고서의 본론**

문제를 상세히 정의하고, 그 해결책과 이론을 전개 및 주장하며, 결론을 맺는다.

⑥ **「요약」 및 「결론」**

중요한 사항만으로 압축해야 한다. 지도·권고 사항을 쓰고, 이 안이 채택될 경우 그 이점과 그에 대한 비용을 적어 넣는다. 또 상세한 계획(이것은 만약 길다면 부록으로 해도 좋다)에도 주의를 끌게 한다.

(2) 진단보고서의 작성 요령

진단보고서를 한 페이지 가득 쓰거나 어려운 기술적 용어를 남용하는 것은 잘못이다. 그렇게 쓰면 읽을 마음이 줄어들 것이며, 또 싫증을 느끼게 된다. 페이지를 적당히 읽기 쉽도록 하기 위해서는 다음과 같은 방법을 유념하여 작성하는 것이 효과적이다.

① **문장은 쉽고 짧게 쓸 것**

너무 어려운 기술적인 용어나 내용과는 관계없는 추상적인 개념 등을 남용해서는 안 된다. 어려운 말이나 긴 문장을 쓰면 아는 것이 많을 것이라고 생각해서는 안 된다. 사실은 그와 반대이다.

또한 문장은 전혀 문외한이라도 그 내용을 알 수 있도록 쉽게 써야 한다. 따라서 필요 이상으로 어려운 한자 용어나 외래어를 무분별하게 남발함으로써 진단고객자로 하여금 이해를 어렵게 해서는 안 된다.

② **중요 부분은 강조할 것**

문장 내용의 중요한 부분은 밑줄을 긋든가, 고딕으로 하든가 또는 독립된 문장을 만들어 눈에 띄게 한다. 경우에 따라서는 중요한 곳을 강조하고 싶을 때 색을 써서 주의를 끌게 하기도 한다.

③ 사진·그림을 이용할 것

진단결과 사실에 관한 상황을 보이고 싶을 때는 사진이나 그림 같은 자료를 얻어 첨부하면 더욱더 상황을 명확하게 전달할 수 있게 된다.

④ 표·그래프를 사용할 것

만약 숫자나 데이터를 넣고 싶으면, 표나 그래프를 사용하는 것이 보는 사람으로 하여금 이해를 빠르게 한다.

⑤ 난해 부분은 각주 달 것

기술적으로 문외한인 진단고객자를 전문용어에 시달리게 한다는 것은 무의미하다. 이런 것은 페이지 아래에 각주를 다는 것이 좋다. 그러면 난해한 곳은 읽고 싶은 사람만 읽게 할 수 있다.

⑥ 어휘 사용에 주의할 것

어휘에도 특히 주의하여야 한다. 애써 쓴 글자가 오자·탈자·오기 등으로 나타나면 전체를 망치는 결과가 되기 때문이다.

좋은 진단보고서란 확실한 사실에 근거한 것이며, 문제에 대한 해결방법은 창조력을 발휘하여 조리 있게 제시한 보고서를 말한다. 좋은 진단보고서 작성의 지식을 얻기 위해서는 학자나 그 부문의 연구가 및 조사 기관의 지원 이외에 다음과 같은 기관이나 자료 등을 활용하는 것이 좋다.

좋은 진단보고서의 작성에 활용할 기관 및 자료

ㅇ 전문잡지　ㅇ 기술관계의 협회·학회　ㅇ 경제단체

ㅇ 서적　ㅇ 잡지목록서 발췌　ㅇ 신문축쇄판　ㅇ 도서관

ㅇ 특허 목록　ㅇ 유명인　ㅇ 정부간행물 등

참고문헌

1. 국내문헌

감사원,「공공감사용어집」.

「공공감사기준 주석서」. 2000. 12.

감사임원센터,「역동적인 환경에서의 기회포착」(번역본), 2015. July.

감사위원지원센타.「2017년 상장법인 내부감사부서 편제현황」. 2018. 5.

강경국,「감사선임시의 의결권 제한 관련 사례 분석」, 상장회사 감사회회보 제90호, 2007.

강기탁.「징계위원회 구성방법에 관한 절차상 하자를 중심으로」. 민변. 2006.

강대섭,「대표소송의 제소가격과 담보제공-대표소송 활성화를 위한 제언-」, 안암법학 제4집, 1996.

강봉수.「이사 등의 집무집행정지·직무대행자 선임의 가처분」. 재판자료 제38집

강용현.「징계절차의 적법성」. 828면.

강위두,「전정 회사법」, 형설출판사, 2003.

강위두. 임재호,「상법강의(상)」, 형설출판사, 2006.

강태수.「통신의 비밀보장에 관한 연구」, 경희법학 제45권 제4호. 2010.

강희갑,「한국 주식회사법상 지배구조의 문제점과 개선 방향」, 한국상장회사 협의회, 1990.

「지배주주의 충실의무」, 상사법연구 제12집, 한국상사법학회, 1993.

「상법상 주주의 대표소송」, 기업과 법, 사법행정학회, 1997.

「집행임원제도의 도입과 기업환경」, 상사법연구 제25권 제4호, 2007.

강희주,「감사와 감사위원회의 각종 소제기권의 법리적 차이」, 상장회사감사회회보 제106호, 2008.

「대표소송에 관한 일고」, 인권과 정의 제28호, 대한변호사협회, 1999.

강희철,「상법상 감사책임 관련 주요판례 해설」, 상장회사감사회회보, 2009.

고창현. 박권의,「상법개정안 중 주주총회 관련 특례규정에 관한 소고」, 서울대학교금융 센터 BFL 제27호, 2008.

곽관훈,「기업규제의 패러다임 전환과 내부통제시스템」, 한국경제학회 경제법연구 제8권 제1호, 2009.

「한국적 내부통제시스템의 구축방안」, 상장회사감사회회보 제109호, 2009.
「기업내부통제제도의 바람직한 입법방향」, 상장회사감사회회보 제145호, 2012.
곽윤직. 「채권각론(제6판)」. 박영사. 2005. 4.
곽홍규, 「주주대표소송의 개선방안에 관한 연구」, 전북대학교대학원, 2007.
권기범, 「현대 회사법론」, 삼영사, 2010. 2014. 및 2017.
권순옥, 「주주대표소송에서의 회사의 절차법상의 지위」, 사회과학연구 제7집, 광주대학교 사회과학연구소, 1997.
권영상, 「2016. SOPAC 참가보고서」, 내부감사저널 April 2016.
권영성. 「헌법학개론」. 법문사. 2009.
권우철, 「부정위험관리 및 진단사례」, 2010.5.20.
권재열, 「이중대표소송의 허부에 대한 비교법적 검토」, 비교사법 제11권 제2호, 한국비교 사법학회, 2004.
「이중대표소송의 법리적 검토」, 기업소송연구회 기업소송연구, 2005.
「개정 상법 제44조의2의 의의」, 상사법연구 제30권 제3호, 한국상사법학회, 2011.
권재열· 노혁준·양기진·이재호, 「국제회계기준에 부합하는 상법,회계제도 정비를 위한 개선 연구」, 법무부연구용역보고서, 2011.
권제열, 「경영판단의 원칙의 도입에 관련된 문제점」, 연세법학연구 제3집, 연세법학연구원, 1995.
권종호, 「감사제도에 관한 소고」, 일감법학 제3권, 1998.
「일본의 기업지배구조 동향과 우리나라 감사제도의 개선」, 상장협 제39호, 1999.
「감사제도의 개선과 감사위원회제도의 과제」, 상사법연구 제19권 제3호, 2001.
「감사와 감사위원회제도」, 한국상장회사협의회, 2004.
「미국 과 일본의 내부통제제도 운영 현황 과 시사점」, 상장회사감사회회보 제98호, 2008.
「법제의 변화와 감사의 대응」, 상장회사감사회회보 제111호, 2009.
「감사관련 법제의 변화와 과제」, 상장회사감사회회보 제109호, 2009.
「감사·감사위원 선임시 의결권 제한 법리의 문제점과 개선 방안」, 상장회사감사회 회보 제125호, 2010.
「기업내부통제제도의 바람직한 입법방향」,상장회사감사회회보 제142호, 2011.
「우리나라 감사법제의 특징」, 상장회사 감사회 회보 제160호, 2013.
「감사법제 해설」, 한국상장회사협의회. 2014.
권종호 외 , 「주요국 회사법」, 전국경제인 연합회, 2008.
금동신. 「사용자의 징계행위와 부당노동행위」, 단국대학교. 1989.

금융감독원, 「금융회사의 감사업무를 위한 실무지침서」, 2003.

「금융감독실무개론」, 2006.

「주요국의 금융감독 프로세스와 우리나라 금융감독 선진화 방안」, 2005.

「자본시장 불공정거래 판례 분석」, 자본시장본부, 2009.

「알기쉬운 국제회계기준」, 금융감독원 회계제도실, 2010.

「금융감독용어사전」, 2011.

「기업공시실무안내」, 2013.

「자본시장 불공정거래 및 기업공시 판례분석」, 2015. 12.

금융위원회, 「금융회사의 지배구조에 관한 법률(안)」, 2012. 6. 5. 국무회의 의결

「금융회사의 지배구조에 관한 법률(일부개정법률안)」.2018. 9. 11. 국무회의 의결.

「안전한 자본시장 이용법」, 2015.

기업지배구조개선위원회, 「기업지배구조 모범규준」, 2003.

기획재정부. 「시사 경제용어사전」, 2010. 11.

「공기업·준정부기관 상임감사·감사위원 직무수행실적 평가보고서」. 2019. 8.

김광윤·김영태, 「분식회계에 대응한 기업윤리와 감사인의 책임」, 세무학연구 제2권 제1호, 한국세무학회, 2003.

김건식, 「주주대표소송의 활성화 관련된 몇 가지 문제점」, 서울대법학, 1996.

「상법개정 요강안에 대한 발표의견(Ⅱ」, 상법개정공청회자료, 1999.

「기업지배구조에 관한 최근 논의에서 무엇을 배울 것인가?」, 기업지배구조연구 제1호, 2001.

「우리기업 지배구조의 전환」, 강원대 강원법학 제16권, 2003.

「은행이사의 선관주의 의무화와 경영판단원칙」, 민사판례연구제26권, 박영사, 2004

「법적 시각에서 본 감사위원회」, 서울대학교 금융법센타, 2005.

「회사법」, 박영사, 2014.

「감사의 제3자에 대한 책임」. 민사판례연구 12집.

김건식, 노혁준, 천경훈. 「회사법」. 박영사. 2021.

김건식 · 안수현, 「준법감시인 조기정착을 위한 시론」, 증권법연구 제3권 제1호, 2002.

김건식 · 정순섭, 「자본시장법 제3판」, 두성사, 2013.

「새로 쓴 자본시장법」, 두성사, 2013.

김건식 · 최문희, 「증권거래법상 상장법인 특례규정의 문제점과 개선 방안」, BFI 제23호. 2007.

김경수, 「회계학 영한 · 한영 사전」, 한국사전연구사, 1995.

김경태, 「징계양정의 적정성 판단기준에 대한 검토」, 2013.

김교창, 「집중투표제의 채택 의제, 강행법규화의 위헌성」, 상장협 제44호, 2001.

「주주총회의 운영」, 한국상장회사협의회, 2010.
「주주총회와 관련된 감사의 업무」, 상장회사감사회회보 제146호, 2012.
「이사의 직무집행정지 등 가처분」.
김교태, 「전사적 리스크 관리」, 상장회사감사회회보(제109호), 2009.
김기범, 「현대회사법론(제5판)」, 삼영사, 2014.
김남재, 「기업 부정의 사례와 시사점」, 상장회사 감사회회보 제148호, 2012.4.
김동석, 「주주의 대표소송」, 사회고학논집 제9집, 수원대학교사회과학연구소, 1997.
김동훈, 「주주대표소송의 이용범위 확대」, 한국외국어대학교 법학연구소 외법논집 제13권, 2002.
김득갑, 「세계는 지금 아웃소싱 중」, 삼성경제연구소, 2006.
김대연, 「주주대표소송의 화해」, 한국상사판례학회지 상사판례연구, 1997.
「지배·종속회사에서의 대표소송」, 상사법연구 제19권 제2호, 2000.
「이사의 책임 제한 및 면제」, 비교사법 제10권제2호, 2003.
김명자. 「대전환의 파도 4차산업혁명:초연결, 초지능 시대의 모습은?」, KCFST, 2017. 11.
김명수, 문태곤, 문호승 등 14명, 「세계의 감사원」, 조명문화사, 2009.
김민식·최주환. 「제4차 산업혁명과 Industrial IoT·Industrial Internet의 이해」. 2016.7.
김병연, 「미국판례법상 시장사기이론과 증권거래법상 손해배상책임에 있어서 인과관계의 문제」, 비교사법 제11권 제1호, 한국비교사법학회, 2004.
「감사(위원) 선임시 의결권 제한의 타당성 검토」, 상장회사감사회회보, 2006.
「상근감사위원과 준법감시인 간의 업무효율화 방안」, 상장회사감사회회보 제102호, 2008.
「현행 상법상 주식회사의 감사선임의 문제점」, 경영법률, 2014.
김병연·권재열·양기진, 「자본시장법(2판)」, 박영사, 2015.
김상규, 「감사위원회제도에 관한 연구」, 상사법연구 제20권 제4호, 2002.
「주주대표소송에 관한 소고- 당사자를 중심으로-」, 법학논집 제25권 제3호, 한양 대학교법학연구소, 2008.
김상균, 「공동소송 보조참가에 관한 고찰」, 법조 제53권 제3호(통권 570호), 법조협회, 2004.
김상원외. 「주해민사집행법(Ⅵ)」. 한국사법행정학회. 2004.
김석균, 「M&A 시장의 최근 동향과 특징」, 월간 기술과 경영, 한국산업기술진흥회, 2010.
김석연, 「경영판단의 원칙 입법화의 전제조건과 입법방향」, 기업지배구조연구 제23권, 좋은기업지배구조연구소, 2007.
김선정, 「D&O보험에 관한 검토」, 상사법연구 제17권 제3호, 1999.
김성기, 「중요성 결정에 대한 고찰」, 서울대학교 경영논집 제25권 제4호, 2001.

김성범, 「내부회계관리제도 모범규준 해설」,BPL 제13호, 2005.
김성수, 「부정위험관리체계」, 상장회사 감사회, Auditor Journal 2016 April.
「부정발생 경향과 Trend」, 상장회사 감사회, Auditor Journal 2016 March.
「경영진단」-재무제표분석·취약부문발견기법. 한국상장회사협의회. 2018.
김성진. 「사용자의 징계권에 대한 연구」, 고려대학교대학원. 2014.
김성태. 「시말서 제출명령의 한계」. 한국노동법학. 제33호. 2010.
김성현, 「외부감사 관련 실무」, 한국상장회사협의회, 2004.
김소연, 「임원배상책임에 관한 고찰」, 경희대학교 국제법무대학원, 2001.
김소영. 「사용자의 징계권의 범위」. 노동법학 제35호. 2010.
「근로기준법의 이론과 사례」, 충남대학교. 2012,
김순석, 「미국의 기업개혁법의 주요내용과 우리나라에 대한 시사점」, 상장협 제47호, 2003.
「미국 감사위원회제도의 최근 동향과 시사점」, 상법학의 전망, 2003.
「금융산업규제 개선 건의」, 한국상장회사협의회 상장, 2007.
「상장회사에 있어 지배구조 관련 제도의 입법적 과제」, 상사법연구 제26권 제2호, 2008.
「우리나라 감사제도의 운영실태 조사와 비교 평가」, 한국상장회사협의회, 2009. 「규제개혁과 기업경쟁력」, 상장. 2014.
김영곤, 「주주의 대표소송 관한 소고」, 한국기업법학회 기업법연구, 2002.
김영삼, 「내부회계관리제도 운영평가에서 나타난 주요 이슈와 시사점」, 상장회사 감사회회보 제101호, 2008.
「리스크와 내부통제」, 한국상장회사협의회(감사. 감사위원을 위한 연수교재), 2010.
김영선, 「전문직업인 배상책임보험」, 상사법연구 제18권 제2호, 1999.
「분식회계는 왜 일어나며 그 결과는 어떻게 되는가?」, 사업경영 Q&A, 2015.
김영성, 「전문직업인 배상책임보험」, 상사법연구 제18권 제2호, 1999.
김영희. 「주주대표소송제도 활성화를 위한 개선방안」, 경제개혁연구소. 2013.
김용범, 「현대 내부감사 -이론과 실제-」, 도서출판 어울림, 2012.
「내부감사 조직의 전문성」, 감사저널 제14권 제12호, 2013 신년호.
「내부감사 조직의 독립성」, 감사저널 제16권 제14호, 2013. 5~7.
「내부감사 상근의 필요성」, 감사저널. 2013. 9.
「내부감사의 범위와 한계」, 감사저널 제8권 제16호, 2013.12.
「감사보조조직 설치의 필요성」, 감사저널 2014 신년호, 2014.
「바람직한 내부감사기관 형태」, 감사저널 2014. 3~4월호, 2014.,
「내부감사의 역할과 행동원칙」, 내부감사저널 2014. 7월호, 2014.
「바람직한 경영감시기관」, 내부감사저널 2014 9월호 및 11월호, 2014.

「내부통제제도와 감사기법」, 금융연수원, 2014.
「내부감사의 권한과 취약점」, 내부감사저널, 한국감사협회, 2016. 1.
「내부감사의 의무와 임무해태」, 내부감사저널, 2016. 4.
「내부감사의 민사책임 및 손해배상」, 감사저널, 2016 가을호.
「내부감사학 강의-이론, 법무와 실무」, 도서출판 어울림. 2017. 7.
「감사와 부정행위」, Auditor Journal. 2018. 1. ~ 3.
「감사와 분식회계」, Auditor Journal. 2018. 4. ~ 6.
「감사와 불공정거래」, Auditor Journal. 2018. 7. ~ 9.
「감사와 주주총회」, Auditor Journal. 2018. 10.~ 12.
「감사위원회 모범규준의 주요 쟁점과 과제」, Auditor Journal. 2019. 5.
「내부감사이론·내부감사법무」. 한국감사협회. 2020. 1.

김원기, 「임원배상책임보험에서 보험자 면책의 행위기준」, 보험학회 54집, 1999.

김원기·박수영, 「회사이사배상책임보험의 현황과 문제점」, 기업법연구 제3집, 한국기업법학회, 1998.

김유니스, 「미국기업의 법규준수 체제와 내부감사 사례를 통한 우리 기업의 시사점」, 상장회사감사회회보 제113호, 2009.

김유성, 「노동법 1」, 2005.

김인환, 「주주대표소송에 관한 연구」, 경북대학교대학원, 2007.

김장래, 「부정위험관리」, 2002-6호, 2005.,

김재범, 「회사지배구조 관련 회사법제의 나아갈 방향-2008년 상법개정안 검토」, 경영법률, 2008.
「주주의 질문권과 회사의 설명의무」, 상연 21권 4호. 2003.

김재형, 「주주대표소송에 관한 개선 방안」, 법학논총 제5권, 조선대학교 법학연구소, 1999.

김재호, 「감사위원회제도에 관한 실무적 이해」, 상장 2011. 8월호, 2011.

김재훈. 「징계절차의 하자관행과 징계행위의 효력」. 2006.

김정수, 「자본시장법원론」, 서울파이낸스그룹, 2014.
「미공개정보이용 관련 시장질서 교란행위」, 자본시장법 세미나교재, 2015. 5. 28.

김정호, 「상법강의(상)」, 법문사, 2000.
「집행임원제에 대한 연구」, 경영법률 제18집 제4권, 2008.
「회사법 제2판」, 법문사, 2012.

김종희. 「기업의 규모별 특성이 사회적 책임과 기업 가치 간의 비선형 관계를 유발하는 임계점에 미치는 영향에 대한 연구」. 아태비즈니스연구. 2020. 6.

김창종. 「휴직제도에 관하여」. 사법연구자료 제20집. 1993.

김태진, 「이사의 감시의무에 대한 판례의 고찰」, 한국상자법학회 상사법연구 제29권 제

1호, 2010.
「감사위원회에 준용하는 상법규정 정비를 위한 제안」, 선진상사법률연구, 제62호, 2013.
김학원, 「주식회사 감사제도의 효율성 제고를 위한 개선방안 연구」, 건국대학교, 2010.
김형배, 「노동법」. 박영사. 2002 및 2021.
김화진. 「이사회 운영원리와 법률적 책임」, 박영사, 2005.
「분식회계 범위설정 관련 법령의 정비」, 전경련 증권집단소송 ISSUE 시리즈 5., 2005.
김환표. 「트랜드 지식 사전」. 인물과 사상사. 2013.
김홍기, 「주주대표소송 판례의 동향과 그 연구」, 법학연구 제48권 제1호, 부산대학교법학연구소, 2007.
김흥률, 「내부통제와 자체감사의 역할」, 상장회사감사회회보 제120호, 2009.
김홍엽, 「민사소송법(제3판)」, 박영사, 2012.
나승성, 「기업지배구조론」, 자유, 2000. 118면.
남광우, 「주주대표소송에 의한 경영책임 추궁에 관한 연구」, 법조 제506호, 1998.
남상구, 「기업가치 제고를 위한 감사(감사위원호)의 역할」, 한국상장회사협의회, 2008.
「글로벌경쟁과 기업지배구조」, 상장협연구 제53호, 2006.
남영호, 「기업내부의 감사진단 실무」, 세명서관, 2009.
내부회계관리제도위원회, 「COSO Framework 개정내용과 시사점」, 2013.
노동법실무연구회, 「근로기준법주해Ⅱ」, 박영사. 2010.
노준화. 「회계감사」. 탐진. 2018.
다니엘오, 「미국 지배구조 최근 동향과 시사점」, 상장회사감사회회보 제143호, 2011.
도재형. 「직위해제에 이은 당연퇴직의 정당성」. 강원법학 제18권. 2004.
「징계해고의 절차적 제한」. 노동법연구 제9호. 1999.
딜로이트 안진회계법인, 「부정 및 부패 대응 전략-성공기업의 위험관리-」(번역서), FKI 미디어, 2010.
류종기, 「리질리언스와 기업리스크」, 2016년 상반기 상장회사감사회 세미나, 2016. 4. 22.
「바르고 강력하면서 창의적인 조직을 고민하라」. internal Auditor. 2018. 2.
「주목해야 하는 기업 리스크의 미래」, Auditor Journal, 2019.3.
「파괴적 혁신 리스크가 경영 최우선 과제가 되다」. Auditor Journal. 2019. 12.
「AI(인공지능)경영, 디지털 트랜스포메이션 시대와 기업 리스크 관리」, Auditor Journal. 2020. 2.
문재우, 「감사의 역할과 비젼」, 한국감사인대회 발표자료, 2008.
민승기. 「근로기준법 사용자 범위」. 근로기준법 이야기. 2010.
민형기, 「주주의 대표소송-회사법의 제문제(하)-」, 재판자료 제38집, 법원행정처, 1987.
박광덕, 「분식회계 사례와 대책에 관한 연구」, 2011.

박길준. 홍복기, 「이사 및 이사회 제도」, 상장회사협의회, 2000.
박덕세. 박기성. 「한국의 노동조합-단위노동조합을 중심으로-」. 한국노동연구원.
박상조, 「신회사법」, 형설출판사, 2000.
박세화, 「효과적인 내부통제체제 구축을 위한 입법적 과제」, 재산법연구 제23권 제2호, 2006.
「내부통제시스템의 설계와 지배구조에 관한 회사법적 고찰」, 상사법연구 제26권 제2호, 2007.
「내부통제시스템에 관한 국내외 법제화 동향」, 상장회사감사회회보 제121호, 2010.
박소영, 「IT를 화용한 감사 기법 사례와 활용」, 한국상장회사협의회, 2008.
박연화·박철원·배수일, 「환헤지 통화옵션, 상품의 손실 현황 및 대응 방안 : KIKO를 중심로」, 회계저널 제18권 제3호, 2009.9월호.
박영길, 「주주의 대표소송」, 손주찬교수 기념논문집, 삼성출판사, 1993.
박영숙, 「주주대표소송에 관한 연구」, 서울시립대학교 대학원, 2004.
박영진, 「IFRS 전면 도입과 효율적 내부감사업무 수행을 위한 제언」, 상장회사감사회회보 제133호, 2011.
박은영, 「신임 감사의 업무와 역할에 대한 기대」, 상장회사감사회회보 제136호, 2011.
박정식 외 1인, 「경영분석」. 다산출판사. 2016.
박정우·정래용, 「증권집단소송제에 따른 감리제도 개선방안에 관한 연구」, 한국상사법학회 상사법연구 제25권 제3호, 2006.
박지순, 「징계권의 법적구조와 개별쟁점」, 노동법포럼, 노동법이론실무학회, 2008
백승재, 「부정위험 적발과 내부통제 유효성 확보방안」, 상장회사감사회회보 제142호, 2011.
백원기, 「경영리스크 다양화에 따른 감사의 대응」, 상장회사감사회회보 제135호, 2011.
방순원, 「민사소송법(상)」, 한국사법행정학회, 1989.
방준식, 「사용자의 지시권에 관한 연구」. 고려대학교. 2006.
「사용자 지시권의 내재적 한계와 제한의 결정 원리」, 노동법학. 2007.
「사용자의 시말서 제출명령에 대한 법적 판단」. 경영법률. 2009.
「근로자의 개인정보와 프라이버시 보호에 관한 법적 판단」, 2010.
법무부, 「상법일부개정법률안」, 2008.
법원행정처, 「전정 증보판 법원실무제요 민사(상)」, 1996.
사법연수원. 「해고와 임금」.
삼일회계법인. 「전사적리스크 관리-통합프레임웍(번역서)」. 2006. 6. 22.
상장회사감사협의회, 「기업환경개선을 위한 규제완화 의견서」, 상장회사 감사회보 제99호, 2008.

상장회사협의회, 「내부통제의 통합체계」, 상장 2002. 1월호, 2002.
「우리나라 감사제도의 운영실태 조사와 비교·평가」, 상장회사감사회회보 제118호, 2009.
서돈각, 정완용, 「제4전정 상법강의(상)」, 1999.
서완석, 「업무감사의 범위와 감사의 책임」, 상장회사감사회회보 제97호, 2008.
「회사법상 의결권 규제의 합리화 방안」, 기업법연구 제28권 제2호, 2014.
서울대학교 금융센터, 「주주총회 운영의 실무와 문제점」, BFL 제6호, 2004.,
서의경. 「기업의 사회적 책임 확산을 위한 입법적 검토」. 상사판례연구 제27집. 2014. 12.
서의할, 「사기적 부정거래에서 위계의 적용문제」, 증권연구 제8권 제1호, 한국증권법학회, 2007.
서정갑, 「주석 실무 개정상법총람」, 홍문관, 1984.
서정우, 「국제회계기준의 도입과 감사(위원회)의 역할」, 상장회사감사회회보, 2009.
서진석, 「감사. 감사위원의 기능과 위상을 제고해야」, 상장회사감사회회보 제139호, 2011.
서헌재, 「사례 중심 회사법」, 법문사, 2000.
「사례중심체계상 상법강의(상)」, 법문사, 2007.
성범규, 「준법지원인 도입으로 본 내부통제 체제」, 상장회사감사회회보 제148호, 2012.
성의활, 「시장질서교란행위 규제도입의 함의와 전망」, 상장회사감사회 Auditor Journal 제182권, 2015. 2.
소륜·안동섭, 「개정상법해설」, 홍문관, 2010.
손성, 「미국회사법제에서의 준법감시인제도에 관한 법리적 고찰」, 상장협 제43호, 2001.
손주찬, 「개정상법 축조해설」, 한국사법행정학회, 1984.
「상법(상)」, 박영사, 2002.
손주찬. 정동윤, 「주석 상법(회사 Ⅳ)」, 한국사법행정학회, 2003.
손창희. 「노동위원회 명령과 사법심사의 한계」. 조정과 심판 제3호. 2000.
송옥렬, 「상법강의(제4판)」, 홍문사, 2014. 및 2018.
「외부감사법 전부개정으로 인한 감사위원책임 강화와 이에 대응으로서의 임원배상책임보험의 실효성」. 2018. 8.
송종준, 「2010년도 기업지배구조법제의 동향」, 상장회사감사회 회보 제121호, 2010.
송호신, 「시세조종행위에 대한 자본시장통합법의 규제」, 한양법학 제20권 제3집, 한양법학회, 2009.
송현석. 「조건부 징계의 법적 쟁점」, 노동법포럼 . 2008.
신영규, 「회계감사써포트」. 샘 앤 북스. 2017.
신지원, 「회계부정에 대한 법적 분석」, 이화여자대학교, 2015.

제3편 감사실무

신창균. 「CSR 과 CSV(Creating Shared Value)」. 토픽분석 Ⅱ.
신현국, 「회계부정 기업의 재무구조와 지배구조 특성에 관한 연구」, 신라대학교대학원, 2015.
심영. 「상법상 감사제도 개선방향에 관한 연구」. 상사법연구 제35권. 제4호. 2017.
심재한, 「상법개정안에서의 회사지배구조와 집행임원제도」, 한림법학포럼제19권, 2008.
안성포, 「이사의 면책에 관한 입법론적 고찰」, 상사법연구 제22권 제2호, 2003.
「주주의 대표소송과 원고적격성」, 비교사법 제12권 제1호, 2005.
「시세조종행위와 손해배상책임」, 법학논총 제29권, 단국대학교법학연구소, 2005.
안수현, 「준법감시인 조기정착을 위한 시론」, 증권법연구 제3권 제1호, 2002.
「내부통제의 회사법제 정비를 위한 검토」, 상사판례연구 제20집 제2권, 2007.
「기업의 현대적 사회적 책임론– 내부통제 측면에서의 법적 검토」. 외법논집 제28집. 2007. 11.
「내부통제와 위험 관리 : 미국과 일본의 도입과정과 활용실태」, 상장회사 감사회회보, 2009.
「내부통제제도를 통한 감사업무의 효율화 방안」, 상장회사감사회회보 제112호, 2009.
「우리나라 현실에 맞는 내부통제제도 도입과 활용방안」, 상장회사감사회회보 제114호, 2009.
「기업책임의 신기원 : 기업투명성과 CSR」, 상장회사감사회회보 제133호, 2011.
「시장규율 강화를 통한 지배구조 개선」, 2016.4.
안영균, 「IFRS 시행 1년, 변화와 과제」, 상장회사감사회회보 제148호, 2012.
안종식. 「4차 산업혁명과 내부감사 역할의 변화」, 감사저널, 2017년 여름호.
안택식. 「회사법강의」. 2012.
「기업의 사회적 책임론과 회사법의 변화」. 재산법 연구 제28권 제3호. 2011. 11.
안진, 「분식회계에 대한 감사대책 및 제도적 보완」, 공인회계사, 2001. 9.
양경남, 「Tone at the Top– 2013년 주시해야할 8가지 우선순위–」(번역문), 감사저널 2013년 신년호, 2013.
양동석, 「이사의 책임 제한」, 상법학의 전망, 법문사, 2003.
「기업의 지배구조개선을 위한 주주대표소송」, 상사법연구 제19권 제2호, 2000.
「주주대표소송」, 고시연구사 고시연구, 2001.
양동석/박진호, 「경영판단의 원칙과 주주대표소송」, 조선대학교통일문제연구소, 2001.

양석완, 「주주대표소송에 관한 연구」, 제주대학교논문집 제33권, 1991.
양수지, 「주주대표소송에 관한 연구」, 연세대학교대학원, 1997.
엄익수, 「회사이사배상책임보험」, 연세법학연구 제3집, 연세대학교법학연구소, 1995.
엄창희, 「전문직 위험과 배상책임(Ⅲ)-임원배상책임보험」, 보험개발원 보험연구소, 1999.
오문완. 「징계절차 거치지 않은 일용근로자 해고의 정당성」. 월간경영계. 1996.
오세빈, 「주주대표소송에 관한 몇 가지 문제점」, 한국사법행정학회, 2003.
오성근, 「주주대표소송에 관한 소고-상법과 영국회사법제와의 비교를 중심으로-」, 상사법 연구 제29권 제2호, 상사법학회, 2010.
오수근, 「회계감사의 법적 책임」, 한국상사판례학회 상사판례 연구 제31권, 2002.
「IFRS 시행에 따른 감사환경의 변화와 내부감사의 법적책임」, 한국상장회사협의회, 2010.
「회계에 대한 법적 규율체계」, 상사법연구 제18권 제3호, 2000.
왕순모, 「분식결산의 법적 의의 및 책임 문제」, 경성대학교, 경성법학 제10호, 2001.
「기업회계법의 구축과 전망」, 경성대출판부, 2004.
우홍구, 「주주의 대표소송」, 월간고시, 1993.
유건, 「주주대표소송에 관한 연구」, 창원대학교 대학원, 2014.
유영일, 「상근감사와 사외감사제도의 도입 의의 와 경영 효율화 방안」,상장협 제37호
유인상, 「내부통제 취약점 해소방안과 감사기능의 확충」, 상장회사감사회회보 제130호, 2010.
유훈, 「전사적 리스크관리의 중요성과 성공사례」, 상장회사감사회회보 제113호, 2009.
윤민섭, 「지배주주의 충실의무 도입에 관한 연구」, 성균관대학교, 2011.
윤민원·주기종, 「기업회계기준 위반(분식회계)에 대한 법적 고찰」, 한국법학회 법학연구 제 18집, 2005.
윤석찬, 「직장내에서 전자우편의 사적사용과 감청허용 여부」, 인권과 정의, 2006.
윤승영·정재규, 「G20/OECD 기업지배구조원칙 개정의 특징」, ESG Focus 2016-01.
윤영신, 「주주총회 소집철회·변경의 법률관계」, 상사판례연구 제23집 제4권 한국상사판례학회, 2010.
이경훈, 「미국 감사위원회의 현황과 시사점」, 상장회사감사회회보 제95호, 2007.
「미국 내부감사제도의 최근 동향과 시사점」, 상장회사감사회회보 제142호, 2011.
이광엄. 「빅데이터를 활용한 감사효율화 방안」. 고려대학교 정책대학원. 2018. 6.
이기수, 「제4판 회사법학」, 박영사, 1997.
이기수·최병규, 「회사법 제9판」, 박영사, 2011.
이도형· 최누리샘, 「사전동의 없이 위임직 채권추심인 등이 사용하는 물품을 개봉·열람·

조사할 수 있는지 여부」, 2018. 1.

이동률. 「채권자 대위소송과 법정소송 담당」, 민사소송 제2호, 1992.

이범찬. 오욱환, 「주식회사의 감사제도」, 한국상장회사협의회, 1997.

이범찬 외 6인, 「상법개정안 해설」, 법문사, 1995.

이범찬(외). 회사법. 2012.

이병규·최준선, 「주주의결권 제한의 위헌성」, 성균관 법학 제21권 제3호, 2009.

이병운. 「해고구제제도」. 동아법학 제64호

이병윤. 이시연, 「은행권 사외이사제도 개선방안」, 한국금융연구원, 2009.

이병태, 「전정 상법(상)」, 법원사, 1988.

「최신노동법 제8전정판」. 중앙경제. 2008.

「법률용어사전」, 법문북스, 2011.

이봉의·이의영·김재구·양덕순, 「지배구조개편을 위한 주주대표소송제도의 국제비교-한·독·미·일을 중심으로-」, 한국상사판례학회 상사판례연구 제19권 제1호, 2006.

이상국, 「사용자의 징계권에 관한 연구」, 한양법학 제21집, 한양법학회, 2007.

「징계권 행사의 법률지식」, 고시세계사. 2008.

이상규 외 「IFRS-회계국경이 사라진다」, 교보문고, 2008.

이상돈, 「부실감사법」, 법문사, 2004.

이상은, 「주주대표소송과 이사의 책임에 관한 연구」, 조선대학교대학원, 2006.

이성봉·이형근, 「OECD 기업지배구조 원칙의 제정과 한국경제에 대한 시사점」, 대외경제정책연구원 보도자료, 1999.

이승욱. 「해고절차에 관한 고찰」, 노동법연구 제2호. 서울대 노동법연구회. 1992.

이시윤, 「신민사소송법(제8판)」, 박영사, 2014.

이영기, 「한국 기업소유지배구조」, 한국개발연구원, 1996.

이완석, 「신상법(상)」, 법지사, 1984.

이재혁, 「주식회사 감사위원회제도의 개선방안에 관한 연구」, 성균관대학교 대학원, 2007.

「내부통제제도를 통한 감사기능의 충실화」, 상장회사감사회회보 제105호, 2008.

이재훈. 「제4차 산업혁명의 미래와 투자」, 2017. 12.

이점금. 「변화하는 Global 환경에서의 내부감사 핵심 성공 요소」, Auditor Journal 2016. 5.6.7호. 2016.

「감사실무 Ⅲ」-재무·회계·세무부문-. 한국상장회사협의회. 2018.

이정. 「권리남용 및 부당해고 무효론에 대한 재고찰」. 외법논집 제10집. 2001.

이준섭, 「상법상 감사 및 감사위원회의 내부감사기능의 효율적 정립방안」, 상장회사협의회, 2006.

이진효, 「상법상 회사의 회계처리기준에 관한 연구」, 고려대학교 대학원, 2014.

이창기, 「이중대표소송제도의 도입장안에 대한 소고」, 기업법연구 제27권 제2호, 2013.
이창범. 「사업장내 전자우편감시제도에 관한 연구」. 2005년.
이창우, 「내부회계관리제도」, 2010.
이창우, 송혁준, 전규안, 권오상. 「회계감사」. 경문사. 2019.
이철송, 「이사의 경영책임과 주주의 소송-문제점과 대책을 중심으로-」, 상장 제287호, 1998.
「우리나라 감사관련 법제의 개정 방향」, 한국상장회사협의회, 2005.
「바람직한 감사(감사위원)의 역할과 책임 범위」, 상장회사감사회회보 제101호. 2008. 「상법총칙·상행위(제12판)」, 박영사, 2013.,
「회사법 강의」, 박영사, 2014, 2015. 2019 및 2021.
이태로·이철송, 「회사법강의」, 박영사, 1996.
이태로·한민수, 「조세법강의(신정9판)」, 박영사, 2013.
이태엽, 「경영 판단의 원칙과 업무상 배임」, 상장회사감사회회보 제128호, 2010.
이태종, 「주주대표소송에 관한 연구- 사문화와 남소방지를 위한 절차를 중심으로-」, 서울대학교 대학원, 1997.
이태형, 「미국 엔론사의 회계부정 사건에서 나타난 문제점및 그 대책(1,2)」, 상장회사감사회회보 제122호 및 제123호, 2010.
이해동·이병언, 「재무제표 구축과 해설」, 일조각, 1959.
이형규, 「기업지배구조개혁의 미해결과제」, 한국상사법학회 상사법연구 제20권 제2호, 2001
이홍재. 「해고의 법리와 실제」. 다산출판사. 1996.
이효경, 「일본의 감사제도에 대한 최근 동향-내부통제제도를 중심으로」, 상장회사 감사 회보, 2008.
이효익 외 2인. 「NEW ISA 회계감사」, 신영사. 2018.
이희성. 「직장내에서 전자메일 및 CCTV의 감시와 근로자의 프라이버시 보호」, 2002.
「사용자의 경영권과 근로자의 노동 3권의 충동에 관한 연구」, 2007.
임재연, 「미국회사법」, 박영사, 2004.
「회사법 I 개정2판」, 박영사, 2014.
「회사법 II 개정2판」, 박영사, 2014.
「자본시장법」, 박영사, 2016. 및 2019.
임종률. 「정당한 조합 활동」. 성균법학 제8호. 1997.
「근로자 징계의 법리」. 숭실대 법학논총 5집. 1989.
「노동법」(12판). 박영사. 2014.
임중호, 「주식회사 감사제도의 변천 과정」, 한국상사법학회, 2001.
「감사, 감사위원회의 업무감사권 범위」, 중앙법학 제6집 제4호, 2004.
「감사.감사위원회제도의 효율적 운용과 기능제고 방안」, 상장회사협의회,

2007.
「감사위원회. 감사의 현상과 과제」, 중앙법학 제10집 제3호, 2008.
임홍근, 「회사법」, 2001.
장수용. 「기업자가진단 컨설팅 전략」. SBC 전략기업컨설팅. 2011.
장승욱·김용현. 「기업의 ESG 와 재무성과」. 재무관리연구 제30권 제1호. 2013.
장영광. 「경영분석」. 무역경영사. 2009.
장영수, 「헌법학」, 홍문사, 2015.
전경련, 「국회계류 상법개정안에 대한 검토」, 2007.
「상법상 특수관계인 규정의 쟁점과 개선 방안」, 2010.
「증권집단소송법안과 분식회계」, CEO MEMBER, 2013.
전삼현, 「지배구조 관련 상법개정의 쟁점과 개선방안」, 기업소송연구, 2005.
「국내 분식회계 관련 사례 및 시사점」, 증권집단소송 ISSUE 시리즈, 2005.
「주요국의 최근 감사제도 변화와 우리나라 감사제도의 개선」, 2006.12. 6.
전형배. 「해고서면통지의 효력요건」.노동판례비평. 2011.
전홍준. 「회계감사 이해하기」. 세학사. 2018.
정경영, 「(개정판) 상법강의」, 박영사, 2009.
정광선. 김영호. 문형구, 「한국형 사외이사제도에 관한 연구」, 한국상장회사협의회, 1999.
정금회, 「기업의 부정적발 유형과 예방」, 상장회사감사회회보 제173호, 2014.5.
정대, 「내부통제제도의 변화와 감사위원회의 역할」, 상장회사감사회회보 제100호, 2008.
정경영. 「상법학강의」. 2009.
정동윤, 「주주의 대표소송-실무상 문제점을 중심으로-」, 사법논집 제2집, 법원행정처, 1972
「(제7판)회사법」, 법문사, 2001.
「상법(상)」, 법문사, 2009. 및 2012.
「기업지배구조의 바람직한 개선방향」, 상장협 제42호, 2000.
「주석상법(총칙·상행위 Ⅰ)」, 한국사법행정학회, 2013.
정동윤, 도명국, 윤세리, 이정치, 최문희, 「감사기능의 효율화를 위한 현안과 과제」, 상장 제412호, 2009.
정동윤·유병현, 「민사소송법(제3판)」, 법문사, 2009.
정무동, 「(제2전정판)상법강의(상)」, 박영사, 1996.
정병화. 「근로기준법상 사용자의 개념 및 묵시적 근로관계」. 2018.
정순현, 「주식회사의 감사 및 감사위원회제도의 연구」, 성균관대학교, 2008.
「독일 회사법 개설」. 도서출판 한아름. 2019. 4. 10.
정순현·권태로. 「일본회사법」. 도서출판 가꿈. 2019. 1. 10.

정영일. 「ESG 경영의 실제」. Auditor Journal. 2021. 6.
「ESG 경영과 감사위원회(감사)의 역할」. Auditor Journal. 2021. 7.
정용찬. 「빅데이터」, 커뮤니케이션북스. 2013.
정원찬. 「피해자가 징계위원으로 참여한 징계의결의 효력」. 서울지방변호사회. 1996.
정운오, 「감사의 전문성. 윤리성 제고방안」, 상장회사감사회회보 제111호, 2009.
「윤리경영 이란?」, 서울대학교 Advanced Auditor Program, 2010.
정운오·나인철·이명곤·조성표, 「IFRS 중급회계」, 경문사, 2014.
정웅석, 「주요선진국의 수사초기단계에서의 효율적 증거 취득 방법 및 도입방안 연구」, 2007년도 대검찰청 용역과제, 2007.
정재규, 「OECD 기업지배구조 원칙의 개정」, BPL 제5호, 2004.
「기업지배구조 모범규준 개정안 주요 내용」, 2016. 4.
정재성. 「징계절차를 위반한 징계의 효력」. 1992.
정재영, 「기업지배구조의 이론적 배경과 중요성」, Corporate Governance Service CG Review, 2007.
정준우, 「감사와 외부감사인의 법적책임」, 상장협연구보고서 제2005-5호, 2005.
「주주대표소송의 원고적격에 관한 쟁점사항 검토」, 기업법연구 제19권 제2호, 2005.
「감사. 감사위원의 역할 및 위상 제고 방안」, 상장회사감사회회보 제145호, 2012.
「상법상 감사관련 법규해설」. 상장회사감사회. 2018.
정준우 외, 「준법지원인제도와 준법경영의 활성화 방안」, 사단법인 한국법정학회, 2014.
정찬형, 「상법강의(상)」, 박영사, 2010.,2012., 및 2014.
「한국 주식회사에서의 집행임원에 관한 연구」, 고려법학 제43호, 2004.
「주식회사의 바람직한 업무감독기관 및 업무감사기관」, 상장회사감사회회보 제122호, 2010.
「상법강의 요론 제12판」, 2013.
정창모, 「금융사고 사례와 대책」, 매일경제신문사, 2006.
정태호, 「CCTV 감시에 대한 개인정보보호법의 규율에 대한 헌법적 평가」, 2004.
정혜자. 「징계의 정당성 판단에 관한 연구」, 강원대학교 대학원. 2012.
정희철, 「상법학(상)」, 박영사, 1989.
조민연, 「IT환경 변화와 감사의 대응」, 상장회사감사회회보 제145호, 2012.
조윤정. 「한국형 4차 산업혁명 대응 전략」. 산은조사월보. 2017. 3.
조창훈/이근택/김종천/민병조, 「영업점 컴플라이언스(상)」, 한국금융연수원, 2009.
조희준. 「IFRS와 내부통제」,상장회사감사회회보 제125호, 2010.
「규정준수 프로그램과 내부통제」, 상장회사감사회회보 제128호, 2010.
주재형, 「IFRS하에서의 효율적 내부감사를 위한 제언」, 상장회사감사회회보 제145호,

2012.
증권법학회,「자본시장법 주석서 Ⅰ」, 박영사, 2015.
차종선,「주주대표소송제도의 개선방안에 관한 연구」, 전북대학교대학원, 2000.
채이식,「상법강의(상)」, 박영사, 1996.
최기권,「신회사법론 제14개정판」, 박영사, 2012.
최기원,「신회사법」, 박영사, 2009. 및 2012.
「독일법에서의 주주의 충실의무」(마르쿠스 루터 저, 최기권 외 옮김), 서울대학교 법학 제38권 제1호, 1997.
최동렬,「시세조종 관련 시장질서 교란행위」, 자본시장법 세미나 교재, 2015. 5. 28.
최명수,「뒤집어 보는 경제 회계부정 이야기」, 굿인포메이션, 2003.
최문희,「감사보조기구로서 내부감사부서의 활용을 위한 시론」, 상장회사감사회회보 제110호, 2009.
「임원배상책임보험의 면책사유에 관한 고찰」, 실무연구회. 춘천지방검찰청, 2007.「이사의 손해배상책임의 제한」. 2007.
최성근,「지주회사의 해금과 상법관련 제도에 관한 연구」, 한국법제연구원, 1998.
「이사의 의무와 이사회의 책무에 관한 OECD 기업지배구조원칙과 상법관련규정 비교연구」, 한국증권법학회 증권법연구 제8권 제2호, 2007.
최승재,「회사 내부통제기관의 재구성과 대안적 설계」, 상사판례연구 제22집 제3권, 한국 상사판례학회, 2009.
「집행임원제도의 도입과 감사(감사위원회)의 감사기능 활성화」상장회사감사회회보 제121호, 2010.
최승환,「내부통제제도(내부회계관리제도 포함)의 평가 절차와 방법」, 상장회사감사회회보, 2009.
최영덕,「주주대표소송의 화해와 강제집행에 대한 소고」, 충남대학교 법학연구소,법학연구, 2008.
최영호.「기업내 조합활동의 정당성 정도」. 노동법학 제8호. 1998.
최완진,「감사위원회 위원의 자격 적격성과 업무수행의 효율성에 관한 고찰」, 상장회사감사회회보 제199호, 2008.
「이중대표소송제도에 관한 법적 고찰」, 경영법률 제18집 제2호, 2008.
「상법개정에 관한 비판적 고찰」, 경영법률 제17집 제2호, 2007.
「기업지배구조법 강의」, 한국외국어대학교 출판부, 2011.
최원락,「감사인의 과제와 변화관리 사고」, 한국감사협회 조찬회자료, 2009.
최은배.「단체협약상 해고사전 합의 조항의 의미와 적용」. 대법원판례 해설 제72호. 2007
최인선,「주주대표소송에 관한 연구」, 인천대학교, 2013.
최준묵,「감사정보 수집 방법 및 기법」, 한국금융연수원, 2016

최준선, 「2006년 회사법 개정안의 논점」, 2006.

「이중대표소송제도의 입법론에 대한 검토」, 성균관 법학 제18권 제3호, 2006.

「감사(감사위원회) 와 외부감사인의 관계」, 상장회사감사회회보 97호, 2008.

「효율적인 감사제도 운영을 위한 입법과제」, 상장회사감사회회보, 2008.

「감사. 감사위원 선임 시 의결권 제한 법리의 문제점과 개선 방안」, 상장회사감사회회보 제125호, 2010.

「상법총칙·상행위법(제7판)」, 삼영사, 2011.

「회사법」, 삼영사, 2011. 및 2014.

「회사법제의 개선과 감사의 역할」, 상장회사감사회회보 제133호, 2011.

「내부통제의 바람직한 개선방향」, 상장회사감사회회보 제137호, 2011.

최진규, 「주식회사 경영감독법제의 개선에 관한 연구」, 성균관대학교, 2008.

최진봉. 「기업의 사회적 책임」. 커뮤니케이스 북스. 2014.

최진이, 「지배회사 주주의 종속회사 이사 등에 대한 이중대표소송 허용에 관한 연구」, 기업법연구 제23권 제3호, 2006.

피정현, 「주주대표소송에서의 회사의 소송 참가」, 원광법학 제25권 제1호, 원광대학교 법학연구소, 2009.

하갑래, 「근로기준법(전정 제26판)」, 2014.

하경호. 「근로관계에 있어서 근로자의 양심의 자유와 자기책임」. 1994.

「노동법 사례 연습」. 박영사. 2006.

「해고서면 요건의 제도적 기능과 적응상의 쟁점」

하문춘, 「경영자 부정의 대처와 내부통제 프레임워크의 설정」, 상장회사감사회회보 제141호, 2011.

한국감사인협회, 「The Professional Practices Framework(직무수행방안)」(번역서), 2007. 2012. 및 2017.

「전문자료 용어집」

한국거래소. 「ESG 정보가이던스」. 2021. 1.

한국상장회사협의회, 「우리나라와 주요국의 감사제도」, 2007.

「우리나라 감사제도의 운영실태 조사와 비교 평가」, 상장회사감사회회보 제118호, 2009.

「상장회사 감사의 감사실시 요령」, 2009.6.18.

「상장회사 감사 및 감사위원을 위한 감사실무 가이드」. 2005. 12.

한국기업지배구조원, 「기업지배구조 모범규준」, 2003. 및 2016. 7. 26.

「한국지배구조 모범규준 개정」, 보도자료, 2016. 8. 9.

한국은행. 「G20/OECD 기업지배구조원칙」. 2018. 12.

한국정보통신기술협회. 「IT 용어사전」.

한국회계기준원 조사연구실. 「'중요성에 대한 판단' 번역서」. 2018.

한종철, 「효율적 내부통제를 위한 과제」, 상장회사감사회회보 제133호, 2011.
한종호. 「사용자의 징계행위의 근거와 한계에 관한 연구」, 숭실대 노사관계대학원. 1991.
회계기준위원회, 「기업회계기준」, 2011. 1. 1.
홍복기, 「이사의 책임에 관한 보상 」, 동아법학 창간호, 1985.
「이사회의 위원회에 관한 연구」, 경제법·상사법논총, 1989.
「감사. 감사위원회의 독립성과 직무범위 및 법적책임의 재인식」, 한국상장회사협의회, 2006.
「회사법강의(제2판)」, 법문사, 2010.
「주식회사법(판례와 이론)」, 박영사, 2010.
「회사법사례와 이론」, 박영사, 2012.
홍복기 외 7인, 「회사법(사례와 이론) 제3판」, 박영사, 2014.
황남석, 「기업회계기준의 법규성 제고」, 한국상사법학회 상사법연구 제31권, 2012.
황성기, 「통신제한조치의 헌법적 한계와 구체적인 통제 방안」, 한국정보법학회., 1999.
황영목. 「징계처분(해고) 절차에 관한 판례의 검토」. 대구판례연구회. 1995.
황이석, 「회계수정과 집단소송」, 전국경제인연합회 증권집단소송 ISSUE 시리즈 5, 2005.

2. 외국문헌

가. 영 미

AAA, 「A Statement of Basic Auditing Concepts : ASOBAC」, 1973.

ALI, 「Principles of Corporate Governance : Analysis of Recommendation」, 1992.

Athur R Pinto & Gustavo Visentini, The Legal Basis of Corporate Governance in Publicly Held Corporations, Kluwer Law, 1998.

Basel Committee on Banking Supervision, 「Internal audit in banks and the supervisor's relationship with auditors」, 2001.

Carrie Weber. 「Critical Thinking for Auditors」. 2016년. 제75차 감사인대회.

Ceres. 「Running the Risk」. 2019.

Clark. Feiner. and Viehs. 「From the Stockholder to the Stakeholder」. 2015.

COSO, 「Internal Control-Integrated Framework」, 1992.

C. W. Wulford. E. E. Comiskey. 「Financial Warnings」, John Wiley & Sons, Inc., New york., 1996.

E. Fama & M. Jensen, 「Separation of Ownership and Control」, 26 Journal of Law and Economics, 1983.

E.I. Altman, 「Corporate Financial Distress」. New York : John Wiley & Sons, 1983.

EU. 「NFRD(Non-Financial Reporting Directive」. 2017.

Florence Shu-Acquaye, 「Corporate Governance Issues : United States and the European Union」, 29 Hous. J. Int'l L, 1998.

Floyd Norris, 「Board Proposes Lighter Auditing of Internal Controls」, N. Y. Times, Dec. 20, 2006.

Gus De Franco et atl., 「The Weath Change and Redistribution Effects of Sarbanes-Oxley Internal Control Disclosures 6」, Apr. 2005

Henn, Harry G./Alexander, John R., 「Laws of Corporations」,3rd ed., West Publishing Co., 1979.

John Fraser. 「Implementing Enterprise Risk Management : A Practical Guide」. 감사저널 가을호. 2016.

John F. Olson and Josiah O. Hatch Ⅲ. 「Director & Officer Liability : Indemnification and Insurance」. West Group. 1998.

Joseph P. Monteleone and Nicholas J. Concs. 「Directors and Officers Indemnification and Liability Insurance : An Overview of Legal and Practical Issues」. May.

Laura Lin, 「The Effectiveness of Outside Directors as a Corporate Governance Mechanism : Theory and Evidence」, Northwestern Univ. Law Review Vol.

90 No. 3. 1996.

Mckinsey & Co. 「Sustaining New York's and the US' Global Financial Services Leadership」, 2007.

Melvin A. Eisenberg, 「Corporations and Other Organizations and Materials」, 2005.

「The Board of Director and Internal Control」, 19 Cardozo L., Re

Natalia Ortiz-de-Mandojana & Pratima Bansal. 「The Long-term Benefits of Organizational Resilience Through Sustainable Business Practices」. Strategic Management Journal. Vol 37. 2016.

Reliance National. 「Directors and officers Liability Including Company Reimbursement」.

Richard Chambers. 「Internal Auditors as Trusted Advisors」. 2017.

Michael S. Emen, 「Corporate Governance, The View from Nasdaq」, 2002.

Michael Sean Quinn & Andrea D Leyin. 「Directors and Officers Liability Insurance : Probable Directions in Taxas Law」. 2001.

Michael Oxley, 「Sarbanes - Oxley at four : Protecting Investors and Strengthening Markets」, 2006.

OECD, 「OECD Principles of Corporate Governance」, 2004.

Pankaj k. Jain, Jang-Chul Kim, & Zabihollah Rezaee, 「The Effect of The Sarbanes-Oxley Act of 2002」, 2006, 14th Annual Conference on Financial Economics and Accounting

Robert Prentice, 「Sarbanes-Oxley : The Evidence Regarding the Impact of SOX 404」, 2007.

The Committe of Sponsoring Organizations of the Treadway Commission, 「Internal Control-Integrated Framework」, 1992.

The Global Risk Report 2019. World Economic Forum. 2019.

The Institute of Internal Auditors Research Foundation, 「Internal Auditing : Assurance & Consulting Services」, 2009.

The Treadway Commission, 「Report of National Commission on Fraudulent Reporting」, 1987.

Thomas Healey & Robert Steel, 「Sarbanes-Oxley Has Let Fresh into Boardooms」, Fin, Times(London), July 20, 2005, at 17

UN. 「Principles for Responsible Investment」.

Werther. W. b. & Chandler. D. 「Strategic corporate social responsibility : Stakeholders in a global environment」. Thousand Oaks. CA : Sage.

W. Scott, 「Financial Accounting Theory」, Englewood Cliffs, N. J. Prentice-Hall, 1997.

나. 일 본

田中誠仁,「監査役制度 改正の現在の問題點」, 商事法研究 第2卷,

「三全訂 會社法詳論(上)(下)」, 經草書房, 1982.

鴻常夫·竹內昭夫 외. 新版 註釋會社法(6).

神田秀樹,「會社法入門」, 岩波新書, 2006.

渡辺智子,「ユーポレート・ガパナンスと企業倫理」, 慶應義熟大學出版會, 2006.

平田光弘,「ユーポレート・ガバナンスとCSR」, 中央經濟社, 2006.

倉澤康一郎,「監査役制度强化の方向」, 月刊 監査役 制312号, 2007.

江頭憲治郎,「株式會社法」, 有斐閣, 2006 및 2017.

「(第3版)株式會社・有限會社法」, 有斐閣, 2004.

山田降夫, "企業の內部統制 シスムの構築とリスクマネシメント",「最新倒産法, 會社法 をぬぐろ實務上の諸問題」, 民事法研究會, 2005.

長谷川俊明,「新會社法がぬろ內部統制とそ開示」, 中央經濟社, 2005.

鈴木克昌,「會社法 金商法下の內部統制と開示」, 商事法務, 2007.

相澤哲 外 ,「株主總會以外の機關」, 商事法務 第1761号, 2005.

山本一範,「社外監査役の省察」, 中央經濟社, 2009.

商事法研究會編,「監査役 ハンドブッグ」, 2000.

會社法問題研究會編,「監査役ガィドシク」(新訂2版), 經營法友會, 2003.

濟藤俊,「監査役の實務」, 商事法務, 2003.

上柳克郎 외, 「新版 註釋會社法(1)~(14)」, 有斐閣, 1985~1990.

飯野利夫,「財務會計論(3訂版)」, 同文館, 1993.

近藤光男,「經營判斷 と 取締役 の 責任」, 中央經濟社, 1994.

「取締役責任保險 の 保險料 の 支拂」, 商事法務 1329호, 1993.

「取締役 の 責任 と 救濟(2)」, 法學協會雜誌 99卷 7號, 1982.

新谷 勝,「株主代表訴訟 と 取締役 の 責任」, 中央經濟社, 1994.

渡部喬一,「株主代表訴訟」, 中央經濟社, 1995.

北澤正啓,「會社法(新版)」, 靑林書原新社, 2001.

내부감사학 Ⅲ (실무편)

초판 1쇄 발행 2022년 3월 1일

지 은 이 김용범
발 행 인 권선복
디 자 인 오지영
발 행 처 도서출판 행복에너지
출판등록 제315-2011-000035호
주 소 (07679) 서울특별시 강서구 화곡로 232
전 화 0505-613-6133
팩 스 0303-0799-1560
홈페이지 www.happybook.or.kr
이 메 일 ksbdata@daum.net

값 40,000원
ISBN 979-11-5602-969-4(13320)